Soergel

Kommentar zum
Bürgerlichen Gesetzbuch

Band 5/1b

Stand der 13. Auflage

Band 1:	Allgemeiner Teil 1	§§ 1 – 103	Frühjahr 2000
Band 2:	Allgemeiner Teil 2	§§ 104 – 240	März 1999
Band 2a:	Allgemeiner Teil 3	§§ 13, 14 126a, 126b, 127 194 – 218	Herbst 2002
Band 3/1:	Schuldrecht 1/1	§§ 241, 242	
Band 3/2:	Schuldrecht 1/2	§§ 243 – 304	Mai 2014
Band 4:	Schuldrecht 2	§§ 305 – 310, UKlaG	Oktober 2018
Band 5/1a:	Schuldrecht 3/1a	§§ 311, 311a – c, 313, 314	April 2013
Band 5/1b:	Schuldrecht 3/1b	§§ 312 – 312k, 315 – 319	März 2022
Band 5/2:	Schuldrecht 3/2	§§ 320 – 327	Frühjahr 2005
Band 5/3:	Schuldrecht 3/3	§§ 328 – 432	August 2009 mit Nachtrag zur Neufassung der §§ 355 – 361 BGB i.d. ab 11.6.2010 geltenden Fassung
Band 6/1:	Schuldrecht 4/1	§§ 433 – 453	–
Band 6/2:	Schuldrecht 4/2	§§ 454 – 480	Januar 2009
Band 7:	Schuldrecht 5	§§ 481 – 534	Sommer 2014
Band 8:	Schuldrecht 6	§§ 535 – 610	Sommer 2007
Band 9/1:	Schuldrecht 7/1	§§ 611 – 630; AGG	–
Band 9/2:	Schuldrecht 7/2	§§ 631 – 651y	Januar 2022
Band 10:	Schuldrecht 8	§§ 652 – 704	Sommer 2011
Band 11/1:	Schuldrecht 9/1	§§ 705 – 758	Sommer 2011
Band 11/2:	Schuldrecht 9/2	§§ 759 –779	2015
Band 11/3:	Schuldrecht 9/3	§§ 780 – 822	Sommer 2011
Band 12:	Schuldrecht 10	§§ 823 – 853. ProdHG. UmweltHG	Sommer 2005
Band 13:	Schuldrechtl. Nebengesetze 1	CISG	Frühjahr 2000
Band 14:	Sachenrecht 1	§§ 854 – 984	Sommer 2002
Band 15/1:	Sachenrecht 2/1	§§ 985 – 1017 ErbbauVO	Herbst 2006
Band 15/2:	Sachenrecht 2/2	WEG	August 2017 mit grundlegenden Nachträgen bis März 2018
Band 16:	Sachenrecht 3	§§ 1018 – 1296	Frühjahr 2001
Band 17/1:	Familienrecht 1/1	§§ 1297 – 1588	Sommer 2012
Band 17/2:	Familienrecht 1/2	NehelLG. LPartG. GewSchG. FamFG	Herbst 2012
Band 18:	Familienrecht 2	§§ 1587 – 1588. VAHRG. VAÜG	Frühjahr 2000
Band 18a:	Familienrecht 2a	VersAusglG	Frühjahr 2012
Band 19/1:	Familienrecht 3/1	§§ 1589 – 1615n	Frühjahr 2012
Band 19/2:	Familienrecht 3/2	§§ 1616 – 1717	Herbst 2016
Band 20:	Familienrecht 4	§§ 1741 – 1921	Frühjahr 2000
Band 21:	Erbrecht 1	§§ 1922 – 2063	Januar 2002
Band 22:	Erbrecht 2	§§ 2064 – 2273. BeurkG	Winter 2002/2003
Band 23:	Erbrecht 3	§§ 2274 – 2385	Sommer 2002
Band 24:	EGBGB 1	Art. 1 –12	–
Band 25:	EGBGB 2	Art. 13 –26	–
Band 26:	EGBGB 3	Art. 27 –37	–
Band 27/1:	Rom II-VO; Internationales Handelsrecht; Internationales Bank- und Kapitalmarktrecht		Oktober 2018

Bürgerliches Gesetzbuch
mit Einführungsgesetz und Nebengesetzen

Band 5/1b
Schuldrecht 3/1b
§§ 312–312k, 315–319

Wissenschaftliche Redaktion

Prof. Dr. Beate Gsell, München

Bearbeitet von:

Prof. Dr. Christian Gomille
§§ 312–312k

Jun.-Prof. Dr. Jannik Otto
§§ 315–319

Stand: 3/2022

Verlag W. Kohlhammer

Zitiervorschlag:
Soergel/Gomille § 312 Rz 1

13. Auflage 2022

Alle Rechte vorbehalten
© W. Kohlhammer GmbH, Stuttgart
Gesamtherstellung: W. Kohlhammer GmbH, Stuttgart

Print:
ISBN 978-3-17-041809-7

Für den Inhalt abgedruckter oder verlinkter Websites ist ausschließlich der jeweilige Betreiber verantwortlich. Die W. Kohlhammer GmbH hat keinen Einfluss auf die verknüpften Seiten und übernimmt hierfür keinerlei Haftung.

Vorwort zur 13. Auflage

Im Jahre 1921 begründeten die bayerischen Juristen Hofrat Soergel und Oberjustizrat Lindemann einen neuen Kommentar zum Bürgerlichen Gesetzbuch. Zusammen mit ihren Mitarbeitern, die alle der juristischen Praxis angehörten, waren sie darauf bedacht, die „einschlägigen Entscheidungen und Ergebnisse der Rechtsprechung und Rechtslehre vollständig" zusammenzustellen. In seiner 1. Auflage konnte sich der Kommentar noch auf zwei Bände (Band 1: Allgemeiner Teil, Recht der Schuldverhältnisse; Band 2: Sachenrecht, Familienrecht, Erbrecht, Einführungsgesetz) beschränken und dies auch über die folgenden Auflagen einhalten; erst später wuchs er um einen weiteren Band auf drei Bände an.

Nach dem Kriege wurde mit der 8. Auflage (1952 ff), die dann schon vier Bände umfasste, die bisherige Tradition des auf reichhaltige Kasuistik bedachten Fundstellennachweises mit Erläuterungen zunächst noch fortgeführt. An dieser Auflage arbeiteten erstmals neben Praktikern auch Wissenschaftler mit, darunter der Heidelberger Professor Siebert. Siebert entwickelte mit Fachkollegen zusammen eine neue Konzeption, die die bewährte Eigenart des Kommentars „die einschlägigen Entscheidungen – auch aus der Praxis der Untergerichte – möglichst vollständig zusammenzustellen" beibehielt, darüber hinaus aber großen Wert darauf legte, die wissenschaftliche Literatur mit aufzuarbeiten und sich am wissenschaftlichen Gespräch selbst zu beteiligen. Diese Konzeption wurde mit der 9. Auflage (1959 ff) verwirklicht. Zu Recht erschien der nun auf sechs Bände angewachsene Kommentar für zwei Auflagen unter dem Namen „Soergel-Siebert"; er entwickelte sich zu einer „der Praxis wie der Wissenschaft gleichermaßen dienliche, vollständige und systematisch gestraffte Darstellung des gesamten Rechtsstoffes", die in den Folgejahren ihren Beitrag zur Fortentwicklung des Bürgerlichen Rechts und zur Klärung von Streitfragen leisten konnte.

Der verstärkten Kodifizierung bürgerlich-rechtlicher Materien in eigenständigen Gesetzen musste der Kommentar Rechnung tragen und sich diesen „Nebengesetzen" öffnen. Dies und das zunehmende Bestreben nach Einzelfallgerechtigkeit, das sich in Zahl und Umfang der gerichtlichen Entscheidungen niederschlägt, steigerten den Umfang der Gesamtkommentierung stetig. So umfasste die 12. Auflage zwölf Bände größeren Umfangs.

Die 13. Auflage wird aus Gründen der leichteren Handhabbarkeit auf schmalere Bände übergehen. Da mit einem weiteren Wachsen des zu behandelnden Stoffes gerechnet werden muss, ist die neue Auflage auf fünfundzwanzig Bände angelegt. Die ausgewogene Zusammensetzung der Autoren aus Wissenschaft, häufig auch als Richter im Nebenamt tätig, und wissenschaftlich ausgewiesenen Praktikern bietet die Gewähr dafür, dass in der Verbindung von Wiedergabe der Rechtsprechung mit einer systematisch und wissenschaftlich fundierten Darstellung der Rechtsprobleme sowohl gemeinsame Grundlagen und sich anbahnende rechtliche Entwicklungen aufgezeigt werden, als auch die Rechtsprechung vor diesem Hintergrund eine kritische Beleuchtung erfährt.

Der vorliegende, im Rahmen des allgemeinen Schuldrechts angesiedelte Band 5/1b, Teilband 3/1b, behandelt zwei inhaltlich und hinsichtlich ihres Entstehungszeitpunktes wie auch Entwicklungsgeschichte heterogene Gegenstände: Die §§ 312–312k regeln maßgeblich durch europäisches Richtlinienrecht geprägtes Verbrauchervertragsrecht und damit eine recht junge und dynamische Rechtsmaterie. Es werden allgemeine Pflichten und Grundsätze (§§ 312, 312a) statuiert, vor allem aber besondere Vertriebsformen wie namentlich außerhalb von Geschäftsräumen geschlossene Verträge und Fernabsatzverträge (§§ 312b bis 312h) adressiert. Für die Kommentierung konnte Prof. Dr. Christian Gomille gewonnen werden, der seit dem Jahr 2020 einen Lehrstuhl für Bürgerliches Recht, Europäisches und Internationales Privatrecht sowie Zivilprozessrecht an der Universität des Saarlandes innehat. §§ 315 bis 319 behandeln einseitige Leistungsbestimmungsrechte und damit das Regime, das – im Normtext seit 1900 im Wesentlichen unverändert – eingreift, wenn ein Vertrag dahin unvollständig ist, dass er die Bestimmung der Leistung oder Gegenleistung einer Partei oder einem Dritten überlässt. Die Vorschriften, die nicht allein materielles Recht enthalten, sondern darüber hinaus die gerichtliche Ersetzung einer unwirksamen Bestimmung im Wege des Urteils (§ 319) regeln, werden von Jun.-Prof. Dr. Jannik Otto kommentiert, der seit dem Jahr 2019 Juniorprofessor für Wirtschaftsrecht an der Heinrich-Heine-Universität Düsseldorf ist.

Bürgerliches Gesetzbuch
mit Einführungsgesetz und Nebengesetzen

Kohlhammer-Kommentar

begründet von
Dr. Hs. Th. Soergel, Bayer. Hofrat (†)

neu herausgegeben von
Dr. W. Siebert, o. Professor der Rechte in Heidelberg (†)

Dreizehnte neubearbeitete Auflage

Verlag W. Kohlhammer

Dr. Claus Ahrens
Professor an der Bergischen Universität Wuppertal

Dr. Christoph Althammer
Professor an der Universität Freiburg

Dr. Clemens Appl
Professor an der Donau-Universität Krems

Dr. Stefan Arnold, LL.M. (Cambridge)
Professor an der Universität Graz

Dr. Jürgen F. Baur
Professor (em.) an der Universität Köln, Richter am Hanseatischen Oberlandesgericht a.D., Hamburg

Dr. Axel Beater
Professor an der Universität Greifswald

Dr. Peter Becker, Zertif. Mediator (CVM)
Notarassessor, Tauberbischofsheim

Dr. Christoph Benicke
Professor an der Universität Gießen

Dr. Volker Beuthien
Professor (em.) an der Universität Marburg

Dr. Günter Borchert
Professor an der Bergischen Universität Wuppertal

Dr. Mag. Priv.-Doz. Henriette Christine Boscheinen-Duursma, LL.M. (Passau), M.A.S. (European Law)
em. Rechtsanwältin in Linz, Dozentin an der Universität Salzburg

Hans-Christoph Bruß
Rechtsanwalt in Karlsruhe

Dr. Wolfram Buchwitz
Professor an der Universität Würzburg, Richter am Oberlandesgericht Frankfurt a. M.

Dr. Katja Ciolek-Krepold
Richterin am Amtsgericht München

Dr. Dagmar Coester-Waltjen, LL.M. (Univ of Mich)
Professorin an der Universität München

Dr. Ignacio Czeguhn
Professor an der Freien Universität Berlin

Dr. Jürgen Damrau
Professor (em.) an der Universität Konstanz, Richter am Landgericht a.D. Rechtsanwalt

Dr. Albrecht Dieckmann †
Professor (em.) an der Universität Freiburg i.Br.

Dr. Hans-Werner Eckert
Professor (em.) an der Universität Greifswald

Dr. Jens Ekkenga
Professor an der Universität Gießen

Johannes Engel
Rechtsanwalt in Frankfurt/Main

Dr. Hermann Fahse
Kanzler der Technischen Universität Kaiserslautern a.D., Honorarprofessor an der Technischen Universität Kaiserslautern

Dr. Christian Fischer
Professor an der Universität Jena

Dr. Gerfried Fischer, LL.M.
Professor (em.) an der Universität Halle-Wittenberg

Dr. Philipp S. Fischinger, LL.M. (Harvard)
Professor an der Universität Mannheim

Dr. Wolfgang Forster
Professor an der Universität Tübingen

Dr. Jörg Fritzsche
Professor an der Universität Regensburg

Dr. Dr. h.c. Hans Friedhelm Gaul
Professor (em.) an der Universität Bonn

Dr. Martin Gebauer
Professor an der Universität Tübingen

Dr. Andreas Gietl
Richter am Amtsgericht Cham

Dr. Jochen Glöckner, U. M. (USA)
Professor an der Universität Konstanz, Richter am Oberlandesgericht Karlsruhe

Christian Grebe
Wissenschaftlicher Mitarbeiter an der Universität Gießen

Dr. Peter Gröschler
Professor an der Universität Mainz

Dr. Dr. Herbert Grziwotz
Notar in Regen, Honorarprofessor an der Universität Regensburg

Dr. Beate Gsell
Professorin an der Universität München

Dr. Christian Gomille
Professor an der Universität des Saarlandes

Dr. Otmar Häberle
Vorsitzender Richer am Oberlandesgericht a.D., Stuttgart

Dr. Mathias Habersack
Professor an der Universität München

Dr. Walther Hadding
Professor (em.) an der Universität Mainz

Dr. Jan Dirk Harke
Professor an der Universität Jena

Dr. Franz Häuser
Professor (em.) an der Universität Leipzig

Dr. Röse Häußermann
Präsidentin des Landgerichts Tübingen a.D.

Dr. Dr. h.c. Wolfgang Hefermehl †
Professor (em.) an der Universität Heidelberg, Honorarprofessor an den Universitäten Mannheim und Salzburg

Dr. Irmgard Heinrich
Notarin in Hamburg a.D.

Dr. Walther Heintzmann
Präsident des Landgerichts a.D., Lüneburg Honorarprofessor an der Universität Hannover

Jan F. Hellwig
Wissenschaftlicher Mitarbeiter an der Universität Gießen

Dr. Martin Henssler
Professor an der Universität Köln

Dr. Katharina Hilbig-Lugani
Professorin an der Universität Düsseldorf

Dr. Günther Hönn
Professor (em.) an der Universität des Saarlandes

Dr. Bernd von Hoffmann
Professor an der Universität Trier

Dr. Gerhard Hohloch
Professor an der Universität Freiburg i.Br., Richter am Oberlandesgericht Stuttgart

Dr. Matthias Jacobs
Professor an der Bucerius Law School, Hamburg

Axel Jakobitz
Richter am Amtsgericht Schwandorf

Dr. Susanne Kappler
Notarin in Arnstorf

Dr. Tobias Kappler
Notar in Osterhofen, Lehrbeauftragter Universität Regensburg

Dr. Erik Kießling
Richter am Oberlandesgericht Zweibrücken

Dr. Gerhard Klumpe
Vorsitzender Richter am Landgericht Dortmund

Dr. Eckart Klein
Professor an der Universität Potsdam

Dr. Robert Koch, LL.M.
Professor an der Universität Hamburg

Dr. Dieter Krimphove
Professor an der Universität Paderborn, Jean-Monnet-Professor ad personam

Dr. Dr. h.c. Horst Konzen
Professor (em.) an der Universität Mainz

Dr. Kai-Oliver Knops
Professor an der Universität Hamburg

Dr. Rüdiger Krause
Professor an der Universität Göttingen

Dr. Hans-Michael Krepold
Professor an der Hochschule Aschaffenburg Syndikus

Dr. Dr. h.c. Herbert Kronke
Generalsekretär a.D., Professor an der Universität Heidelberg

Dr. Thilo Kuntz, LL.M. (University of Chicago)
Professor an der Bucerius Law School, Hamburg

Dr. Martin Leiß, M.A.
Notar in Rosenheim

Dr. Alina Lengauer
Professorin an der Universität Wien

Dr. Gabriel M. Lentner
Assistenzprofessor an der Donau-Universität Krems

Dr. Ulrich Leptien †
Vorsitzender Richter am Hanseatischen Oberlandesgericht Hamburg

Dr. Saskia Lettmaier, LL.M. (Harvard)
BA (Oxford), Universität Regensburg

Dr. Stephan Liermann
Präsident des Landgerichts a.D., Bonn, Honorarprofessor an der Universität Köln

Dr. Walter Lindacher
Professor (em.) an der Universität Trier, Richter am Oberlandesgericht a.D.

Dr. Martin Lipp
Professor an der Universität Gießen

Dr. Thomas Lobinger
Professor an der Universität Heidelberg

Dr. Martin Löhnig
Professor an der Universität Regensburg

Dr. Karl-Georg Loritz
Professor an der Universität Bayreuth

Dr. Heiner Lück
Professor an der Universität Halle-Wittenberg

Dr. Dr. h.c. Alexander Lüderitz †
Professor an der Universität Köln

Dr. Jochen Marly
Professor an der Technischen Universität Darmstadt

Dr. Jörg Mayer †
Notar in Simbach

Aeneas Nalbantis
Wissenschaftlicher Mitarbeiter an der Universität Gießen

Dr. Hubert Minz
Rechtsanwalt in Sankt Augustin, Präsident der Fachhochschule des Bundes für öffentliche Verwaltung a.D.

Dr. Joachim Münch
Professor an der Universität Göttingen

Dipl.-Kfm. Dr. Klaus Neuhoff
Leiter, Institut Stiftung und Gemeinwohl, Private Universität Witten/Herdecke, Witten

Dr. Werner Niedenführ
Richter am Oberlandesgericht Frankfurt/Main

Dr. Jannik Otto
Juniorprofessor an der Universität Düsseldorf

Dr. Dr. h. c. Thomas Pfeiffer
Professor an der Universität Heidelberg, Richter am Oberlandesgericht a.D.

Dr. Ina Plettenberg
Wissenschaftliche Mitarbeiterin an der Universität Regensburg

Dr. Mareike Preisner, LL.M. (Wien)
Richterin am Amtsgericht Wolfratshausen

Dr. Thomas Raab
Professor an der Universität Trier

Dr. Thomas Ratka
Professor an der Donau-Universität Krems

Dr. Roman Alexander Rauter
Wien

Alexander von Reden, LL.M. (Suffolk Univ Boston)
Rechtsanwalt in Frankfurt/Main

Dr. Oliver Remien
Professor an der Universität Würzburg

Maria-Viktoria Runge-Rannow
Wissenschaftliche Mitarbeiterin an der Universität Regensburg

Dr. Judith Schacherreiter
Privatdozentin an der Universität Wien

Dr. Daniel Schäuble
Notar in Waldshut-Tiengen

Dr. Dietmar Schmeiduch
Abteilungsdirektor der Deutschen Rentenversicherung Rheinland a.D.

Dr. Martin Schmidt-Kessel
Professor an der Universität Bayreuth

Dr. Adrian Schmidt-Recla
Professor an der Universität Leipzig

Dr. Franz Schnauder
Richter am Oberlandesgericht Karlsruhe

Dr. Klaus Schreiber
Professor an der Universität Bochum

Dr. Christian Schubel
Professor an der Andrássy-Universität Budapest

Dr. Hans Schulte-Nölke
Professor an der Universität Osnabrück

Dr. Eva Schumann
Professorin an der Universität Göttingen

Dr. Wolfgang Schur Apl.
Professor an der Universität Gießen

Dr. Klaus Schurig
Professor (em.) an der Universität Passau

Dr. Maximilian Seibl, LL.M. (Harvard)
Akademischer Rat auf Zeit, Universität München

Dr. Achim Seifert
Professor an der Universität Jena

Dr. Dominik Skauradszun
Professor an der Hochschule Fulda

Dr. Dennis Solomon, LL.M. (Berkeley)
Professor an der Universität Passau

Dr. Andreas Spickhoff
Professor an der Universität München

Andreas Spreng
Richter am Landgericht Konstanz

Dr. Astrid Stadler
Professorin an der Universität Konstanz

Dr. Axel Stein
Professor an der Fachhochschule Münster

Dr. Hans-Wolfgang Strätz
Professor (em.) an der Universität Konstanz

Dr. Rolf Stürner
Professor (em.) an der Universität Freiburg i.Br., Richter am Oberlandesgericht Karlsruhe a.D.

Dr. Arndt Teichmann
Professor (em.) an der Universität Mainz, Richter am Oberlandesgericht Koblenz a.D.

Dr. Thomas Thiede, LL.B., LL.M.
Univ.-Lekt. an der Universität Graz, Lehrbeauftragter an der Universität Bochum, Rechtsanwalt in Dortmund

Dr. Harald Vinke
Staatsbetrieb Sächsisches Immobilien-und Baumanagement, Dresden

Hans-Joachim Weber
Vizepräsident des Landgerichts Waldshut-Tiengen a.D.

Dr. Bernd Wegmann
Notar in Ingolstadt, Honorarprofessor an der Hochschule Ingolstadt

Dr. Marina Wellenhofer
Professorin an der Universität Frankfurt/Main

Dr. Reinhard Welter
Professor an der Universität Leipzig

Dr. Christoph Wendelstein
Akademischer Rat a.Z. Universität Konstanz

Dr. Stephan Wendt
Notar in Freinsheim

Dr. Stefan Werner
Rechtsanwalt in Frankfurt/Main

Dr. Johannes Wertenbruch
Professor an der Universität Marburg

Dr. Gerrit Winter
Professor (em.) an der Universität Hamburg

Dr. Manfred Wolf †
Professor (em.) an der Universität Frankfurt/Main, Rechtsanwalt

Dr. Sebastian Zander
Notar in Weinheim

Dr. Barbara Zecca-Jobst
Richterin am Verwaltungsgericht Regensburg

Dr. Walter Zimmermann
Vizepräsident des Landgerichts Passau a.D., Honorarprofessor an der Universität Regensburg

Inhaltsverzeichnis

zu Band 5/1b

Abkürzungsverzeichnis		XIII
bearbeitet von Rechtsanwalt Dr. Michael Matthiessen, Berlin		

Buch 2	**Recht der Schuldverhältnisse**	
Abschnitt 3	**Schuldverhältnisse aus Verträgen**	
Titel 1	**Begründung, Inhalt und Beendigung**	
Untertitel 2	**Grundsätze bei Verbraucherverträgen und besondere Vertriebsformen**	
Kapitel 1	Anwendungsbereich und Grundsätze bei Verbraucherverträgen §§ 312–312a . . . . *bearbeitet von Prof. Dr. Christian Gomille, Saarbrücken*	1
Kapitel 2	Außerhalb von Geschäftsräumen geschlossene Verträge und Fernabsatzverträge §§ 312b–312h . . . . *bearbeitet von Prof. Dr. Christian Gomille, Saarbrücken*	57
Kapitel 3	Verträge im elektronischen Geschäftsverkehr §§ 312i, j . . . . *bearbeitet von Prof. Dr. Christian Gomille, Saarbrücken*	138
Kapitel 4	Abweichende Vereinbarungen und Beweislast §§ 312k . . . . *bearbeitet von Prof. Dr. Christian Gomille, Saarbrücken*	167
Untertitel 4	**Einseitige Leistungsbestimmungsrechte §§ 315–319** . . . . *bearbeitet von Jun.-Prof. Dr. Jannik Otto, Düsseldorf*	170
Stichwortverzeichnis . . . . *bearbeitet von Rechtsanwalt Dr. Michael Matthiessen, Berlin*		307

Abkürzungsverzeichnis

Bei **Kommentaren und Lehrbüchern** sind die neuesten Auflagen genannt; in Zweifelsfällen ist die Auflage in den Fußnoten angegeben. Bei Kommentaren ist im Abkürzungsverzeichnis auf Bearbeiter und/oder auf Herausgeber verwiesen.

Bei **Zeitschriften, Entscheidungssammlungen und Gesetzblättern** ist neben der jeweils am Ende angegebenen Zitierweise, soweit möglich, auch angeführt, in welcher Zeit sie erschienen sind. Soweit die Erscheinungsdauer nicht überprüft werden konnte, ist auf die Angabe bei Kirchner/Butz, „Abkürzungsverzeichnis der Rechtssprache", 7. Auflage 2021, zurückgegriffen worden.

In den Fußnoten sind von den **Gerichten** die Oberlandesgerichte in der Regel nur mit Ortsnamen, die übrigen mit Abkürzungen und, soweit erforderlich, mit Ortsnamen zitiert. Bei mehreren aufeinanderfolgenden Zitaten von Entscheidungen desselben Gerichts ist das Gericht im allgemeinen nur vor der ersten Fundstelle genannt.

In der **alphabetischen Reihenfolge** werden die Umlaute ä, ö, ü wie a, o, u angesehen; sie stehen also nicht als ae, oe, ue hinter ad, od, ud.

A

aA	andere Auffassung
aaO	am angegebenen Ort
abl	ablehnend
Abl, AblEG	Amtsblatt der Europäischen Gemeinschaft (1.1958ff; ab 11.1968: Ausg C: Mitteilungen u Bekanntmachungen) (Jahr, Seite)
AcP	Archiv für civilistische Praxis (1.1818–149.1944; 150.1948/49ff) (Band [Jahr], Seite)
aF	alte Fassung
AP	Arbeitsrechtliche Praxis, Sammlung der Entscheidungen des Bundesarbeitsgerichts, der Landesarbeitsgerichte und Arbeitsgerichte (1.1950–5.1954) (Jahr, Nr), Arbeitsrechtliche Praxis, Nachschlagewerk des Bundesarbeitsgerichts, (Nr zu §. .. Stichwort)
Assmann/Schütze/Buck-Heeb/…(Bearb), Hdb KapitalanlageR	Handbuch des Kapitalanlagerechts, hrsg v H-D Assmann, R A Schütze u P Buck-Heeb, versch Bearb, 5. Aufl 2020
ausf	ausführlich

B

BAGE	Entscheidungen des Bundesarbeitsgerichts (1.1954ff) (Band, Seite)
Baumbach/Hopt, HGB	K J Hopt/H Merkt, Kommentar zum Handelsgesetzbuch, begr v A Baumbach, 40. Aufl 2021
BauR	Baurecht (1.1970ff) (Jahr, Seite)
BB	Der Betriebs-Berater (1.1946ff) (1946: Jahr, Heft, Seite; dann: Jahr, Seite)
Beck'scher VOB-Kommentar/…(Bearb)	Beck'scher VOB-Kommentar: VOB Teil B, hrsg v H Ganten, G Jansen u W Voit, versch Bearb, 4. Aufl 2022
Beckmann/Matusche-Beckmann, VersRHdb	Versicherungsrechts-Handbuch, hrsg v R M Beckmann u A Matusche-Beckmann, versch Bearb, 4. Aufl 2022
BeckOGK/…(Bearb)	Beck'scher Online-Großkommentar zum Zivilrecht, hrsg v B Gsell, W Krüger, St Lorenz u J Mayer, versch Bearb, 2022
BeckOK AktG/…(Bearb)	s BeckOGK/…(Bearb)
BeckOK BGB/…(Bearb)	Beck'scher Online-Kommentar zum BGB, hrsg v H G Bamberger u H Roth, versch Bearb, 46. Edition, Stand 2022
BeckOK CISG/…(Bearb)	s BeckOGK/…(Bearb)
BeckOK HGB/…(Bearb)	Beck'scher Online-Kommentar zum HGB, hrsg v M Häublein u R Hoffmann-Theinert, versch Bearb, 20. Edition, Stand 2019
BeckOK InfoMedienR/…(Bearb)	Beck'scher Online-Kommentar zum Informations- und Medienrecht, hrsg v H Gersdorf u B P Paal, versch Bearb, 34. Edition, Stand 2021
BeckOK IT-Recht/…(Bearb)	Beck'scher Online-Kommentar zum IT-Recht, hrsg v G Borges u M Hilber, versch Bearb, 4. Edition, Stand 2021
BeckOK VOB/B/…(Bearb)	Beck'scher Online-Kommentar zur VOB/B, hrsg v St Cramer, R Kandel u M Preussner, versch Bearb, 44. Edition, Stand 2021
BeckOK/DatenschutzR/…(Bearb)	Beck'scher Online-Kommentar zum Datenschutzrecht, hrsg v S Brink, 38. Edition, Stand 2021
BeckRS	Beck Rechtsprechung, abrufbar in der Online-Datenbank des C H Beck-Verlags (www.beck-online.de)
Begr	Begründung
Beil	Beilage
BGBl I	Bundesgesetzblatt Teil I (1951ff) ([Jahr,] Seite)
BGBl II	Bundesgesetzblatt Teil II (1951ff) ([Jahr,] Teil, Seite) (Teil, Gliederungsnummer)
BGHZ	Entscheidungen des Bundesgerichtshofes in Zivilsachen (1.1951ff) (Band, Seite)
BKR	Zeitschrift für Bank- und Kapitalmarktrecht (1.2001ff) (Jahr, Seite)
Bräutigam/Rücker/…(Bearb), E-Commerce	Rechtshandbuch E-Commerce, hrsg v P Bräutigam u D Rücker, versch Bearb, 2017

Abkürzungsverzeichnis

BR-Drucks, BRat-Drucks	Drucksache des Deutschen Bundesrates (Nummer, Jahr)
BReg	Bundesregierung
Bruck/Möller/…(Bearb), VVG	Großkommentar zum VVG, hrsg v E Bruck u H Möller, versch Bearb, mehrere Bde, 10. Aufl 2021
BT-Drucks, BTag-Drucks	Drucksache des Deutschen Bundestages (Wahlperiode, Nummer)
Bülow/Artz, VerbraucherprivatR	P Bülow u M Artz, Verbraucherprivatrecht, 6. Aufl 2018
BVerfGE	Entscheidungen des Bundesverfassungsgerichts (1.1952ff) (Band, Seite)
BVerwGE	Entscheidungen des Bundesverwaltungsgerichts (1.1954ff) (Band, Seite)

C

CR, CuR	Computer und Recht (1.1985ff) (Jahr, Seite)

D

DAR	Deutsches Autorecht (1.1926–18.1943; [20.] 1951- [21.] 1952 vereinigt mit RdK; 22.1953ff; seit 26.1956 wieder vereinigt mit RdK) (bis 14.1939: Jahr, Spalte; dann: Jahr, Seite)
Dauses/Ludwigs/…(Bearb), EU-WirtschaftsR-HdB	Handbuch des EU-Wirtschaftsrechts, begr v M A Dauses, hrsg v M Ludwigs, versch Bearb, Loseblatt, zwei Bde, Stand: 54. Aufl 2021
DB	Der Betrieb (1.1948ff) (Jahr, Seite)
Dreier/Schulze/…(Bearb), UrhG	Kommentar zum Urheberrechtsgesetz, hrsg v Th Dreier u G Schulze, versch Bearb, 7. Aufl 2022
DStR	Deutsche Steuer-Rundschau (1.1951–11.1961); Deutsches Steuerrecht (1.1962/63ff) (Jahr, Seite)
DStRE	Deutsches Steuerrecht – Entscheidungsdienst (1.1997ff) (Jahr, Seite)

E

EBJS/…(Bearb), HGB	Kommentar zum HGB, begr v K Ebenroth u C Th Boujong, hrsg v D Joost u L Strohn, versch Bearb, zwei Bde, 4. Aufl 2020
Ehlers/Pünder/…(Bearb), Allg VerwR	D Ehlers u H Pünder, Allgemeines Verwaltungsrecht, 15. Aufl 2015
EnWZ	Zeitschrift für das gesamte Recht der Energiewirtschaft (1.2011ff) (Jahr, Seite)
Erbs/Kohlhaas/…(Bearb), PAngV	Strafrechtliche Nebengesetze, begr v G Erbs u M Kohlhaas, hrsg v P Häberle, versch Bearb, Loseblatt, Stand: 213. EL 2017
ErfK ArbR/…(Bearb)	Erfurter Kommentar zum Arbeitsrecht, hrsg v R Müller-Glöge, U Preis u I Schmidt, versch Bearb, 22. Aufl 2022
Erman/…(Bearb)	W Erman, Handkommentar zum Bürgerlichen Gesetzbuch, begr v W Erman, neu hrsg v H P Westermann, 16. Aufl 2020
EuZW	Europäische Zeitschrift für Wirtschaftsrecht (1.1990ff) (Jahr, Seite)
EWIR, EWiR	Entscheidungen zum Wirtschaftsrecht, Rechtsprechung mit Kurzkomm für die Praxis (1985ff) (Jahr, Seite)

F

FS	Festschrift

G

Gernhuber, Das Schuldverhältnis	J Gernhuber, Das Schuldverhältnis, 1989
GPR	Zeitschrift für Gemeinschaftsprivatrecht (1.2003ff) (Jahr, Seite)
Greger/Stubbe, Schiedsgutachten	R Greger u Ch Stubbe, Schiedsgutachten: Außergerichtliche Streitbeilegung durch Drittentscheidungen, 2007
Grüneberg/…(Bearb)	Grüneberg (vormals: Palandt) Bürgerliches Gesetzbuch u EG-BGB, Kurz-Komm, versch Bearb, 81. Aufl 2022
GRUR	Gewerblicher Rechtsschutz und Urheberrecht (1.1896–49. 1944; 50.1948ff) (Jahr, Seite)
GRUR-Prax	Gewerblicher Rechtschutz und Urheberrecht. Praxis im Immaterialgüter- und Wettbewerbsrecht (1.2008ff) (Jahr, Seite)
GRUR-RR	GRUR-Rechtsprechungsreport (1. 2001ff) (Jahr, Seite)
GVBl, GVOBl	Gesetz- und Verordnungsblatt
GWR	Gesellschafts- und Wirtschaftsrecht (1.2009ff) (Jahr, Seite)

H

Harte-Bavendamm/Hennig-Bodewig/…(Bearb), UWG	Kommentar zum UWG, hrsg v H Harte-Bavendamm u F Henning-Bodewig, versch Bearb, 5. Aufl 2021
HK VVG/…(Bearb)	Handkommentar zum VVG, hrsg v W Rüffer, D Halbach u P Schimikowski, versch Bearb, 2015
HK-BGB/…(Bearb)	H Dörner, I Ebert ua, Handkommentar zum Bürgerlichen Gesetzbuch, 11. Aufl 2022
HK-ZPO/…(Bearb)	Handkommentar zur ZPO, hrsg v I Saenger, versch Bearb, 9. Aufl 2021

Abkürzungsverzeichnis

HK-ZV/...(Bearb)	Handkommentar zur Zwangsvollstreckung, hrsg v J Kindl u C Meller-Hannich, versch Bearb, 4. Aufl 2021
Hoeren/Sieber/Holznagel/ ...(Bearb), MultimediaR	Handbuch Multimedia-Recht, hrsg v Th Hoeren, U Sieber u B Holznagel, versch Bearb, 57. Aufl 2022

I

idF	in der Fassung
iE, iErg	im Ergebnis
IPrax	Praxis des Internationalen Privat- und Verfahrensrechts (1.1981ff) (Jahr, Seite)
ITRB	IT-Rechts-Berater (1.2001ff) (Jahr, Seite)

J

Jauernig/...(Bearb)	Kommentar zum BGB, hrsg v R Stürner, versch Bearb, 18. Aufl 2021
JR	Juristische Rundschau (Bd I: Aufsätze 1.1925-3.1927) (Jahr, Spalte; Bd II s. HRR) (4.1928-11.1935; 1.1947ff) (Jahr, Seite)
JURA, Jura	Jura – Juristische Ausbildung, (1.1979ff)) (Jahr, Seite)
jurisPK-BGB/...(Bearb)	jurisPK-BGB/...(Bearb) Juris Praxiskommentar zum BGB, hrsg v M Herberger, versch Bearb, mehrere Bde, 8. Aufl 2017ff
JW	Juristische Wochenschrift (1.1872-68.1939, dann DR) (Jahr, Seite)
JZ	Juristenzeitung (6.1951ff; Fortsetzung von DRZ u SJZ) (Jahr, Seite)

K

K&R	Kommunikation und Recht (Jahr, Seite)
Köhler/Bornkamm/Feddersen/ ...(Bearb), UWG	Kommentar zum UWG, begr v A Baumbach, bearb v H Köhler, J Bornkamm, J Feddersen ua, 40. Aufl 2022

L

Langheid/...(Bearb), VVG	Th Langheid, R Rixecker ua, Kommentar zum VVG, 6. Aufl 2019
Larenz, SchR	K Larenz, Lehrbuch des Schuldrechts, Bd. 1: Allgemeiner Teil, 14. Aufl 1987, Bd 2: Besonderer Teil, 13. Aufl 1986
LM	Nachschlagewerk des Bundesgerichtshofes, Leitsätze u Entscheidungen mit Anmerkungen, hrsg v Lindenmaier u Möhring (LM Nummer. .. zu Gesetz §. . .; ohne Gesetzesangabe: BGB)
LMK	Kommentierte BGH-Rechtsprechung, hrsg v F Lindenmaier u P Möhring (1.2003ff) (Jahr, Seite)
Looschelders, SchuldR AT	D Looschelders, Schuldrecht Allgemeiner Teil: Schuldrecht AT, 19. Aufl 2021
LS, Ls	Leitsatz

M

mablAnm	mit ablehnender Anmerkung
mAnm	mit Anmerkung
Martinek/Semler/Flohr/ ...(Bearb), VertriebsR	Handbuch Vertriebsrecht, hrsg v M Martinek, F-J Semler u E Flohr, versch Bearb, 5. Aufl 2023
Mayer/Kroiß/...(Bearb), RVG	Kommentar zum RVG, hrsg v H-J Mayer u L Kroiß, versch Bearb, 8. Aufl 2021
MDR	Monatsschrift für Deutsches Recht (1.1947ff) (Jahr, Seite)
Messerschmidt/Voit/...(Bearb), Priv BauR	Privates Baurecht, Kommentar, hrsg v B Messerschmidt u W Voit, versch Bearb, 4. Aufl 2022
MittBayNot	Mitteilungen des Bayerischen Notarvereins (1.1924–10.1933; vorher u später: BayNotZ) (Jahr, Seite)
MittRhNotK	Mitteilungen der Rheinischen Notarkammer (1961ff; bis 1976: Mitteilungen Rheinische Notarkammer) (Jahr, Seite)
mkritAnm	mit kritischer Anmerkung
MMR	Multi Media und Recht (1.1998ff) (Jahr, Seite)
Mot, Motive	Motive zum Entwurf eines Bürgerlichen Gesetzbuches für das Deutsche Reich, Bd I Allgemeiner Teil; Bd II Recht der Schuldverhältnisse; Bd III Sachenrecht; Bd IV:
Müller-Broich, TMG	J D Müller-Broich, Nomos-Kommentar zum TMG, 2012
MünchKommAktG/...(Bearb)	Münchener Kommentar zum Aktiengesetz, 7 Bde, hrsg v W Goette, versch Bearb, 5. Aufl 2022ff
MünchKommBGB/...(Bearb)	Münchener Kommentar zum Bürgerlichen Gesetzbuch, hrsg v K Rebmann u F Säcker, 13 Bde, versch Bearb, 9. Aufl 2022ff
MünchKommCISG/...(Bearb)	s MünchKommBGB/...(Bearb)
MünchKommHGB/...(Bearb)	Münchener Kommentar zum Handelsgesetzbuch, hrsg v K Schmidt, 7 Bde, versch Bearb, 5. Aufl 2021ff
MünchKommInsO/...(Bearb)	Münchener Kommentar zu Insolvenzordnung, hrsg v H-P Kirchhof/H-J Lwowski/R Stürner, 3 Bde, versch Bearb, 4. Aufl 2022ff
MünchKommUWG/...(Bearb)	Münchener Kommentar zum Lauterkeitsrecht (UWG), hrsg v P W Heermann u J Schlingloff, versch Bearb, 2 Bde, 3. Aufl 2022
MünchKommVVG/...(Bearb)	Münchener Kommentar zum VVG, hrsg v Th Langheid u M Wandt, versch Bearb, 3 Bde, 3. Aufl 2022

Abkürzungsverzeichnis

MünchKommZPO/...(Bearb)	Münchener Kommentar zur Zivilprozessordnung, hrsg v G Lüke/P Wax, versch Bearb, 3 Bde, 6. Aufl 2022ff
Musielak/Voit, ZPO	Kommentar zur Zivilprozeßordnung, hrsg v H J Musielak u W Voit, versch Bearb, 19. Aufl 2022
mweitBsp	mit weiteren Beispielen
mwN, mwNachw	mit weiteren Nachweisen
mzustAnm	mit zustimmender Anmerkung

N

Nachw	Nachweise
Neuner BGB AT	J Neuner, Allgemeiner Teil des BGB, 12. Aufl 2020
Nicklisch/Weick/Jansen/Seibel/...(Bearb), VOB/B	Kommentar zur VOB/B, hrsg v G Jansen u M Seibel, versch Bearb, 5. Aufl 2019
NJOZ	Neue Juristische Online-Zeitschrift (1.2001ff) (Jahr, Seite)
NJW	Neue Juristische Wochenschrift (1.1947/48ff) (Jahr, Seite)
NJW-RR	NJW-Rechtsprechungsreport Zivilrecht (1.1986ff) (Jahr, Seite)
NK-BGB/...(Bearb)	Nomos-Kommentar zum BGB, hrsg v B Dauner-Lieb, mehrere Bde, versch Bearb, 3. Aufl 2022
NomosKommentar/...(Bearb)	s NK-BGB/...(Bearb)
NVersZ	Neue Zeitschrift für Versicherung und Recht (1.1998ff) (Jahr, Seite)
NVwZ	Neue Zeitschrift für Verwaltungsrecht, vereinigt mit Verwaltungsrechtsprechung (1.1982ff) (Jahr, Seite)
NVwZ-RR	Neue Zeitschrift für Verwaltungsrecht, Rechtsprechungs-Report (1.1988ff) (Jahr, Seite)
NZA	Neue Zeitschrift für Arbeits- und Sozialrecht (1.1984ff) (Jahr, Seite)
NZA-RR	NZA-Rechtsprechungsreport (1.1996ff) (Jahr, Seite)
NZFam	Neue Zeitschrift für Familienrecht (1.2013ff) (Jahr, Seite)
NZG	Neue Zeitschrift für Gesellschaftsrecht (1.1998ff) (Jahr, Seite)
NZM	Neue Zeitschrift für Miet- und Wohnungsrecht (1.1998ff) (Jahr, Seite)
NZS	Neue Zeitschrift für Sozialrecht (1.1992ff) (Jahr, Seite)

O

Oetker/...(Bearb), HGB	Kommentar zum HGB, hrsg v H Oetker, versch Bearb, 7. Aufl 2021
Ohly/Sosnitza/...(Bearb), UWG	Kommentar zum UWG, begr v H Köhler u H Piper, hrsg v A Ohly u O Sosnitza, 7. Aufl 2016
Ohly/Sosnitza/...(Bearb), PAngV	s Ohly/Sosnitza/...(Bearb), UWG
OLG, OLGZ	Entscheidungen der Oberlandesgerichte in Zivilsachen einschl der freiwilligen Gerichtsbarkeit (1.1965ff) (Jahr, Seite)

P

Paal/Pauly/...(Bearb), DSGVO	Kommentar zur DSGVO und zum BDSG, hrsg v B Paal u D A Pauly, versch Bearb, 3. Aufl 2021
Pal/...(Bearb)	s Grüneberg/...(Bearb)
PraxisKomm VVG/...(Bearb)	Praxiskommentar zum VVG, hrsg v H-P Schwintowski u Ch Brömmelmeyer, versch Bearb, 4. Aufl 2021
Prölss/Martin, VVG	Kommentar zu VVG und EGVVG sowie Kommentierung wichtiger Versicherungsbedingungen, begr v E R Prölss, fortgef v A Martin, versch Bearb, 31. Aufl 2021
Prot, Protokolle	Protokolle der Kommission für die zweite Lesung des Entwurfs des Bürgerlichen Gesetzbuchs. Bd I u IV, 1897; Bd II, 1898; Bd III u V, 1899
Prütting/Wegen/Weinreich/...(Bearb)	Kommentar zum BGB, hrsg v H Prütting, G Wegen u G Weinreich, versch Bearb, 16. Aufl 2021

R

RefE	Referentenentwurf
RegE	Regierungsentwurf
RGRK/...(Bearb)	Das Bürgerliche Gesetzbuch mit besonderer Berücksichtigung der Rechtsprechung des Reichsgerichts und des Bundesgerichtshofes. Komm, hrsg v Mitgliedern des Bundesgerichtshofes, versch Bearb, 12. Aufl 1974–2000
RGZ	Entscheidungen des Reichsgerichts in Zivilsachen (1.1880–172.1945) (Band, Seite)
Rosenberg/Schwab/Gottwald, ZPO	L Rosenberg, K H Schwab u P Gottwald, Zivilprozessrecht, 18. Aufl 2018
RRa	Reiserecht aktuell (1.1993ff) (Jahr, Seite)

S

SchiedsVZ	Zeitschrift für Schiedsverfahren (1.2003ff) (Jahr, Seite)
Schlechtriem/Schwenzer/Schroeter/...(Bearb), CISG	Kommentar zum Einheitlichen UN-Kaufrecht, hrsg v P Schlechtriem u I Schwenzer, 5. Aufl 2008
Schricker/Loewenheim/...(Bearb), UrhR	Kommentar zum Urheberrecht, hrsg v U Loewenheim, M Leistner u A Ohly, versch Bearb, 6. Aufl 2020

Abkürzungsverzeichnis

Schwab/Walter, Schiedsgerichtsbarkeit	K H Schwab u G Walter, Schiedsgerichtsbarkeit, 2005
Spindler/Schmitz/…(Bearb), TMG	G Spindler, P Schmitz u M Liesching, Kommentar zum TMG, 2. Aufl 2018
Spindler/Schuster/…(Bearb)	Recht der elektronischen Medien, hrsg v G Spindler u F Schuster, versch Bearb, 4. Aufl 2019
Staub/…(Bearb), HGB	Handelsgesetzbuch, Großkommentar der Praxis in 15 Bd, begr v H Staub, hrsg v C W Canaris, M Habersack u C Schäfer, 6. Aufl 2021ff
Staud/…(Bearb)	J v Staudingers Kommentar zum Bürgerlichen Gesetzbuch, begr v J v Staudinger, 12. Aufl 1978ff., 13. Bearb 1993ff
Stein/Jonas/…(Bearb), ZPO	Kommentar zur Zivilprozessordnung, begr v F Stein u M Jonas, fortgef v W Grunsky, versch Bearb, 8 Bde, 23. Aufl 2022ff
stRspr	ständige Rechtsprechung

U

Uhlenbruck/…(Bearb), InsO	Insolvenzordnung: Kommentar, begr v F Mentzel, fortgef v G Kuhn u W Uhlenbruck, hrsg v W Uhlenbruck, versch Bearb, 15. Aufl 2020

V

Vennemann, FernUSG	M Vennemann, Kommentar zum FernUSG, 2. Aufl 2014
VersR	Versicherungsrecht. Juristische Rundschau für die Individualversicherung (1.1950ff) (Jahr, Seite)
Voraufl	Vorauflage
Vorbem	Vorbemerkung
VuR	Verbraucher und Recht (1.1986ff) (Jahr, Seite)

W

Warn, WarnR	Warneyer Rechtsprechung des Bundesgerichtshofes in Zivilsachen (1.1962ff) (Jahr, Nummer)
Westphalen/Thüsing, VertrR/AGB-Klauselwerke	Vertragsrecht und AGB-Klauselwerke, hrsg v F Graf v Westphalen u G Thüsing, 3 Bde, versch Bearb, 46. Aufl 2021
WM	Wertpapier-Mitteilungen, Zeitschrift für Wirtschaft und Bankrecht (1.1947ff) Teil IV B (Jahr, Seite)
WRP	Wettbewerb in Recht und Praxis (1.1955ff) (Jahr, Seite)

Z

ZfPW	Zeitschrift für die gesamte Privatrechtswissenschaft (1.2014ff) (Jahr, Seite)
ZGS	Zeitschrift für das gesamte Schuldrecht (1.2002ff) (Jahr, Seite)
ZHR	Zeitschrift für das gesamte Handelsrecht (ab 60.1907:) und Konkursrecht, (ab 124.1962:) für das gesamte Handelsrecht und Wirtschaftsrecht, begr v Goldschmidt (1.1858–110.1944; 111.1946/47ff) (Band (Jahr), Seite)
ZIP	Zeitschrift für Wirtschaftsrecht und Insolvenzpraxis (1.1980ff) (Jahr, Seite)
ZJS	Zeitschrift für das Juristische Studium (1.2008ff) (Jahr, Seite)
ZNER	Zeitschrift für Neues Energierecht (1.1996ff) (Jahr, Seite)
Zöller/…(Bearb), ZPO	Kommentar zur ZPO, begr v R Zöller, versch Bearb, 34. Aufl 2022
ZRP	Zeitschrift für Rechtspolitik (1.1968ff) (Jahr, Seite)
ZTR	Zeitschrift für Tarifrecht (1.1987ff) (Jahr, Seite)
zust	zustimmend
ZVertriebsR	Zeitschrift für Vertriebsrecht (1.2011ff) (Jahr, Seite)
ZVglRWiss	Zeitschrift für vergleichende Rechtswissenschaft (1.1878ff) (Bd (Jahrgang) S)
ZZP	Zeitschrift für (bis 62.1942: Deutschen) Zivilprozeß, begr v H Busch, hrsg v F Baur, D Leipold, K H Schwab, R Stürner (1.1879-63.1943; 64.1950/51ff) (Band, Seite)

Buch 2
Recht der Schuldverhältnisse

Abschnitt 3
Schuldverhältnisse aus Verträgen

Titel 1
Begründung, Inhalt und Beendigung

Untertitel 2
Grundsätze bei Verbraucherverträgen und besondere Vertriebsformen

Kapitel 1
Anwendungsbereich und Grundsätze bei Verbraucherverträgen

§ 312 Anwendungsbereich

(1) Die Vorschriften der Kapitel 1 und 2 dieses Untertitels sind auf Verbraucherverträge anzuwenden, bei denen sich der Verbraucher zu der Zahlung eines Preises verpflichtet.

(1a) Die Vorschriften der Kapitel 1 und 2 dieses Untertitels sind auch auf Verbraucherverträge anzuwenden, bei denen der Verbraucher dem Unternehmer personenbezogene Daten bereitstellt oder sich hierzu verpflichtet. Dies gilt nicht, wenn der Unternehmer die vom Verbraucher bereitgestellten personenbezogenen Daten ausschließlich verarbeitet, um seine Leistungspflicht oder an ihn gestellte rechtliche Anforderungen zu erfüllen, und sie zu keinem anderen Zweck verarbeitet.

(2) Von den Vorschriften der Kapitel 1 und 2 dieses Untertitels ist nur § 312a Absatz 1, 3, 4 und 6 auf folgende Verträge anzuwenden:

1. notariell beurkundete Verträge
   a) über Finanzdienstleistungen, die außerhalb von Geschäftsräumen geschlossen werden,
   b) die keine Verträge über Finanzdienstleistungen sind; für Verträge, für die das Gesetz die notarielle Beurkundung des Vertrags oder einer Vertragserklärung nicht vorschreibt, gilt dies nur, wenn der Notar darüber belehrt, dass die Informationspflichten nach § 312d Absatz 1 und das Widerrufsrecht nach § 312g Absatz 1 entfallen,
2. Verträge über die Begründung, den Erwerb oder die Übertragung von Eigentum oder anderen Rechten an Grundstücken,
3. Verbraucherbauverträge nach § 650i Absatz 1,
4. (aufgehoben)
5. (aufgehoben)
6. Verträge über Teilzeit-Wohnrechte, langfristige Urlaubsprodukte, Vermittlungen und Tauschsysteme nach den §§ 481 bis 481b,
7. Behandlungsverträge nach § 630a,
8. Verträge über die Lieferung von Lebensmitteln, Getränken oder sonstigen Haushaltsgegenständen des täglichen Bedarfs, die am Wohnsitz, am Aufenthaltsort oder am Arbeitsplatz eines Verbrauchers von einem Unternehmer im Rahmen häufiger und regelmäßiger Fahrten geliefert werden,
9. Verträge, die unter Verwendung von Warenautomaten und automatisierten Geschäftsräumen geschlossen werden,
10. Verträge, die mit Betreibern von Telekommunikationsmitteln mit Hilfe öffentlicher Münz- und Kartentelefone zu deren Nutzung geschlossen werden,
11. Verträge zur Nutzung einer einzelnen von einem Verbraucher hergestellten Telefon-, Internet- oder Telefaxverbindung,
12. außerhalb von Geschäftsräumen geschlossene Verträge, bei denen die Leistung bei Abschluss der Verhandlungen sofort erbracht und bezahlt wird und das vom Verbraucher zu zahlende Entgelt 40 Euro nicht überschreitet, und
13. Verträge über den Verkauf beweglicher Sachen auf Grund von Zwangsvollstreckungsmaßnahmen oder anderen gerichtlichen Maßnahmen.

(3) Auf Verträge über soziale Dienstleistungen, wie Kinderbetreuung oder Unterstützung von dauerhaft oder vorübergehend hilfsbedürftigen Familien oder Personen, einschließlich Langzeitpflege, sind von den Vorschriften der Kapitel 1 und 2 dieses Untertitels nur folgende anzuwenden:
1. die Definitionen der außerhalb von Geschäftsräumen geschlossenen Verträge und der Fernabsatzverträge nach den §§ 312b und 312c,
2. § 312a Absatz 1 über die Pflicht zur Offenlegung bei Telefonanrufen,
3. § 312a Absatz 3 über die Wirksamkeit der Vereinbarung, die auf eine über das vereinbarte Entgelt für die Hauptleistung hinausgehende Zahlung gerichtet ist,
4. § 312a Absatz 4 über die Wirksamkeit der Vereinbarung eines Entgelts für die Nutzung von Zahlungsmitteln,
5. § 312a Absatz 6,
6. § 312d Absatz 1 in Verbindung mit Artikel 246a § 1 Absatz 2 und 3 des Einführungsgesetzes zum Bürgerlichen Gesetzbuche über die Pflicht zur Information über das Widerrufsrecht und
7. § 312g über das Widerrufsrecht.

(4) Auf Verträge über die Vermietung von Wohnraum sind von den Vorschriften der Kapitel 1 und 2 dieses Untertitels nur die in Absatz 3 Nummer 1 bis 7 genannten Bestimmungen anzuwenden. Die in Absatz 3 Nummer 1, 6 und 7 genannten Bestimmungen sind jedoch nicht auf die Begründung eines Mietverhältnisses über Wohnraum anzuwenden, wenn der Mieter die Wohnung zuvor besichtigt hat.

(5) Bei Vertragsverhältnissen über Bankdienstleistungen sowie Dienstleistungen im Zusammenhang mit einer Kreditgewährung, Versicherung, Altersversorgung von Einzelpersonen, Geldanlage oder Zahlung (Finanzdienstleistungen), die eine erstmalige Vereinbarung mit daran anschließenden aufeinanderfolgenden Vorgängen oder eine daran anschließende Reihe getrennter, in einem zeitlichen Zusammenhang stehender Vorgänge gleicher Art umfassen, sind die Vorschriften der Kapitel 1 und 2 dieses Untertitels nur auf die erste Vereinbarung anzuwenden. § 312a Absatz 1, 3, 4 und 6 ist daneben auf jeden Vorgang anzuwenden. Wenn die in Satz 1 genannten Vorgänge ohne eine solche Vereinbarung aufeinanderfolgen, gelten die Vorschriften über Informationspflichten des Unternehmers nur für den ersten Vorgang. Findet jedoch länger als ein Jahr kein Vorgang der gleichen Art mehr statt, so gilt der nächste Vorgang als der erste Vorgang einer neuen Reihe im Sinne von Satz 3.

(6) Von den Vorschriften der Kapitel 1 und 2 dieses Untertitels ist auf Verträge über Versicherungen sowie auf Verträge über deren Vermittlung nur § 312a Absatz 3, 4 und 6 anzuwenden.

(7) Auf Pauschalreiseverträge nach den §§ 651a und 651c sind von den Vorschriften dieses Untertitels nur § 312a Absatz 3 bis 6, die §§ 312i, 312j Absatz 2 bis 5 und § 312k anzuwenden; diese Vorschriften finden auch Anwendung, wenn der Reisende kein Verbraucher ist. Ist der Reisende ein Verbraucher, ist auf Pauschalreiseverträge nach § 651a, die außerhalb von Geschäftsräumen geschlossen worden sind, auch § 312g Absatz 1 anzuwenden, es sei denn, die mündlichen Verhandlungen, auf denen der Vertragsschluss beruht, sind auf vorhergehende Bestellung des Verbrauchers geführt worden.

(8) Auf Verträge über die Beförderung von Personen ist von den Vorschriften der Kapitel 1 und 2 dieses Untertitels nur § 312a Absatz 1 und 3 bis 6 anzuwenden.

ÜBERSICHT

I. Normzweck 1–4	5. Bereitstellung von personenbezogenen Daten durch den Verbraucher . 27–31
II. Verbraucherverträge gemäß § 312 Abs 1 und Abs 1a 5–31	III. Eingeschränkte Anwendung auf Verträge nach § 312 Abs 2 32–77
1. Legaldefinition 5	1. Notariell beurkundete Verträge, Abs 2 Nr 1 33–40
2. Die Leistung des Unternehmers ... 6–15	a) Unionsrechtlicher Hintergrund . 33
a) Waren 7, 8	b) Notarielle Beurkundung 34
b) Dienstleistungen 9	c) Verträge über Finanzdienstleistungen, lit a) 35–37
c) Sonstige unverkörperte Gegenstände 10, 11	d) Verträge über andere Leistungen, lit b) 38–40
d) Mitgliedschaften 12–15	2. Grundstücksverträge, Abs 2 Nr 2 .. 41–44
3. Erbringung der vertragscharakteristischen Leistung durch den Verbraucher 16–24	3. Verbraucherbauverträge, Abs 2 Nr 3 . 45–48
a) Grundsatz 16, 17	4. Timesharing-Verträge, Abs 2 Nr 6 . 49, 50
b) Bürgschaften und sonstige Sicherungsgeschäfte 18–23	5. Behandlungsverträge, Abs 2 Nr 7 .. 51–53
c) Arbeitsverträge 24	6. Verträge über Nahrungsmittel und ähnliche Bedarfsgegenstände, Abs 2 Nr 8 54–61
4. Verpflichtung des Verbrauchers zur Zahlung eines Preises 25, 26	

a) Erfasste Vertragsgegenstände ... 54–58	1. Der unionsrechtliche Hintergrund . 91–95
b) Der privilegierte Vertriebsvorgang 59–61	a) Die Verbraucherschutzinstrumente der RL 2002/65/EG 91
7. Warenautomaten und automatisierte Geschäftsräume, Abs 2 Nr 9 62–66	b) Reduzierter Geltungsbereich bei längerfristigen Geschäftsbeziehungen 92–94
8. Verträge mit Betreibern öffentlicher Münz- oder Kartentelefone, Abs 2 Nr 10 67–69	c) Vollanwendungsbereich außerhalb längerfristiger Geschäftsbeziehungen 95
9. Herstellung einzelner Kommunikationsverbindungen, Abs 2 Nr 11 .... 70, 71	2. Der Begriff der Finanzdienstleistung 96–101
10. Geringwertige Gegenleistung, Abs 2 Nr 12 72–74	a) Allgemeines 96
11. Zwangsvollstreckung und andere gerichtliche Maßnahmen, Abs 2 Nr 13 75–77	b) Finanzierungshilfen als Finanzdienstleistungen iSd Abs 5 97–99
	c) Vermittlungs- und Beratungsleistungen 100, 101
IV. **Verträge über soziale Dienstleistungen, Abs 3** 78–83	3. Längerfristige Geschäftsbeziehungen mit bestehendem Rahmenvertrag .. 102, 103
1. Systematik 78–80	4. Längerfristige Geschäftsbeziehungen ohne Rahmenvertrag 104, 105
2. Soziale Dienstleistungen, Abs 3 ... 81–83	
V. **Verträge über die Vermietung von Wohnraum, Abs 4** 84–90	VII. **Versicherungsverträge, Abs 6** ... 106
1. Anwendbare Verbraucherschutzregeln 84	VIII. **Pauschalreiseverträge, Abs 7** 107–114
2. Wohnraummietverträge nach vorheriger Besichtigung, Abs 4 Satz 2 85–89	1. Allgemeines, Abs 7 Satz 1 .... 107, 108
3. Wohnraummietverträge gemäß Abs 4 Satz 1 90	2. Widerrufsrecht, Abs 7 Satz 2 109–114
VI. **Fortgesetzte Verträge über Finanzdienstleistungen, Abs 5** 91–105	IX. **Personenbeförderungsverträge, Abs 8** 115–119

Schrifttum:
Monographien und Handbücher:
Bittner/Clausnitzer/Föhlisch, Das neue Verbrauchervertragsrecht – Leitfaden für die Beratungspraxis, 2014; Bourzutschky, Rechtliche Fragestellungen bei Internatauktionen am Beispiel des Auktionsplattform eBay, 2014; Bräutigam/Rückert, E-Commerce, 2017; Brönneke/Tonner, Das neue Schuldrecht – Verbraucherrechtsreform 2014 – Internethandel, Widerrufsrecht, Informationspflichten, 2014; Bydlinski/Lurger, die Richtlinie über die Rechte der Verbraucher – Entstehung – Inhalt – Umsetzung, 2012; Gießelmann, Die gesetzlichen Informationspflichten im Spannungsfeld zwischen Verbraucherschutz und Privatautonomie – Zur Geltungskraft und Einordnung des Grundsatzes caveat emptor im nationalen bürgerlichen Recht, 2014; Gofferjé, Vertragsschluss und Vertragsbindung bei Verbraucherverträgen, 2016; Härting, Internetrecht, 6. Aufl. 2017; Schmidt-Kessel, Stellungnahme zum Entwurf eines Gesetzes zur Umsetzung der Verbraucherrechterichtlinie und zur Änderung des Gesetzes zur Regelung der Wohnungsvermittlung, 2013; Stammer, Sektorspezifischer Verbraucherschutz: Verbraucherschutz im Regulierungsrecht am Beispiel des Telekommunikationssektors, 2014.
Aufsätze:
Alexander, Die Umsetzung der Verbraucherrechte-Richtlinie und die Auswirkungen auf das Lauterkeitsrecht, WRP 2014, 501; ders, Der Schutz des privaten Letztverbrauchers durch das Energie- und Vertragsrecht, EnWZ 2015, 490; Apathy, Die Rückabwicklung verbundener Verträge, VbR 2013, 40; Artz/Brinkmann/Ludwigkeit, Besondere Vertriebsformen nach neuem Recht – Voraussetzungen und Rechtsfolgen des Widerrufs, jM 2014, 222; Bauer/Romero, Kein Widerrufsrecht bei Aufhebungsverträgen, ZfA 2019, 608; Bauer/Arnold/Zeh, Widerruf von Arbeits- und Aufhebungsverträgen – Wirklich alles neu?, NZA 2016, 449; Beck, Die Reform des Verbraucherschutzrechts, Jura 2014, 666; Bierekoven, Neuerungen für Online-Shops nach Umsetzung der Verbraucherrechterichtlinie, MMR 2014, 283; Bierekoven/Crone, Umsetzung der Verbraucherrechterichtlinie – Neuerungen im deutschen Schuldrecht – Ein erster Überblick, MMR 2013, 687; Bisges, Schlumpfbeeren für 3000 Euro – Rechtliche Aspekte von In-App-Verkäufen an Kinder, NJW 2014, 183; Bittner, Gesetz zur Umsetzung der Verbraucherrechterichtlinie: Informationspflichten und Widerrufsrecht im Direktvertrieb, ZVertriebsR 2014, 3; Boos/Bartsch/Volkamer, Rechtliche und technische Nutzerunterstützung bei der Button-Lösung – Ein Lösungsvorschlag zur Erkennbarkeit von Kostenfallen als dem immer noch ungelösten Kernproblem, CR 2014, 119; Bray/Perkins, The New Consumer Contracts Regulations: Key Changes and Implications, CTLR 2014, 98; Brinkmann/Ludwigkeit, Neuerungen des situativen Anwendungsbereichs besonderer Vertriebsformen, NJW 2014, 3270; Brönneke, Operation am offenen Herzen, VuR 2013, 441; Brönneke/Schmidt, Der Anwendungsbereich der Vorschriften über die besonderen Vertriebsformen nach der Umsetzung der Verbraucherrechterichtlinie, VuR 2014, 3; Buchmann, Aktuelle Entwicklungen im Fernabsatzrecht 2012/2013, K&R 2013, 535; ders, Das neue Fernabsatzrecht 2014 (Teil 1) – Ausgewählte Neuerungen zum neuen Widerrufsrecht bei Warenkäufen, K&R 2014, 221; ders, Das neue Fernabsatzrecht 2014 (Teil 2) – Die neuen Rechtsfolgen des widerrufenen Fernabsatzvertrags und die neue Musterwiderrufsbelehrung bei Warenkäufen, K&R 2014, 293; ders, Das neue Fernabsatzrecht 2014 (Teil 3) – Anwendungsbereich und Ausnahmen vom Widerrufsrecht bei Fernabsatzverträgen über Waren, K&R 2014, 369; ders, Das neue Fernabsatzrecht 2014 (Teil 4) – Die neuen Informationspflichten bei Warenkäufen, K&R 2014, 453; ders, Das neue Fernabsatzrecht 2014 (Teil 5) – Besonderheiten bei Dienstleistungsverträgen, K&R 2014, 562; ders, Das neue Fernabsatzrecht 2014 (Teil 6) – Besonderheiten bei digitalen Inhalten, K&R 2014, 621; ders, Freitag der 13. – das neue Fernabsatzrecht tritt in Kraft, BB Heft 24/2014, 1; ders, Keine Versandkostenerstattung bei Waren-Einzelwerten unter 40 Euro – AG Augsburg, Urteil vom 14.12.2012 – 17C4362/12, K&R 2013, 508; Busch, Implementation of the Consumer Rights Directive Germany, euvr 2014, 119; Czajkowski/Müller-ter Jung, Datenfinanzierte Premiumdienste und Fernabsatzrecht, CR 2018, 157; De Franceschi, Informationspflichten und „formale Anforderungen" im Europäischen E-Commerce – Das Spannungsverhältnis zwischen der Richtlinie über Verbraucherrechte, dem geplanten Europäischen Kaufrecht und der E-Commerce-Richtlinie, GRUR Int 2013, 865; Ehmann/Forster, Umsetzung der Verbraucherrechterichtlinie – Teil 1: Der neue „allge-

meine Teil" des Verbraucherschutzrechts, GWR 2014, 163; Ernst, Widerruf von Anwaltsverträgen im Fernabsatz?, NJW 2014, 817; ders, Zeitlich gebundene und zu reservierende Dienstleistungen im neuen Fernabsatzrecht (§ 312g Abs. 2 Nr. 9 BGB), VuR 2015, 337; Fischinger/Werthmüller, Der Aufhebungsvertrag im Irish Pub, NZA 2016, 193; Flohr, Umsetzungsgesetz zur EU-Verbraucherrechte-Richtlinie, ZVertriebsR 2013, 334; Föhlisch, Endlich Vollharmonisierung im Fernabsatzrecht? Auswirkungen der geplanten Europäischen Verbraucherrechtsrichtlinie, MMR 2009, 75; ders, BGH: Rückgaberecht bei eBay, MMR 2010, 166; Föhlisch/Dyakova, Das Widerrufsrecht im Onlinehandel – Änderungen nach dem Referentenentwurf zur Umsetzung der Verbraucherrechterichtlinie, MMR 2013, 71; Förster, Neues Verbraucherrecht im BGB – Anwendungsbereich, Informationspflichten und Widerrufsrecht bei Außergeschäftsraum- und Fernabsatzverträgen seit dem 13.6.2014, ZIP 2014, 1569; Fritz, Der Verbraucher als Bürge, NJW 2020, 3629; Glöckner, Die Folgen der Verbraucherrechterichtlinie und ihrer Umsetzung für Bauverträge, BauR 2014, 411; Grams, Widerrufsrecht bei einem über das Internet geschlossenen Immobilien-Maklervertrag ohne Verbraucherbelehrung, ZfIR 2014, 319; Gräbig, Umsetzung der Verbraucherrechte-Richtlinie aus wettbewerbsrechtlicher Sicht, IPRB 2014, 63; Große-Wilde/Fleuth, Reform der Verbraucherrechte – Erweiterung der Informationspflichten für Rechtsanwälte, MDR 2014, 1425; Habersack/Schürnbrand, Verwirkung des Widerrufsrechts aus einem Verbraucherdarlehensvertrag bei fehlerhafter Widerrufsbelehrung, ZIP 2014, 749; Halm, Die Umsetzung der EU-Verbraucherrechterichtlinie – Kommt ein grundlegender Umbruch im neuen Jahr?, VuR 2014, 1; Handig, Aus einem Fass ohne Boden – Mehr Informationspflicht für Webshops, ecolex 2014, 411; Hau, Verbraucherschützende Widerrufsrechte im Wohnraummietrecht, NZM 2015, 435; Heinig, Verbraucherschutz – Schwerpunkte der EU-Verbraucherrechte-Richtlinie, MDR 2012, 323; Heinzelmann, BGB-Änderungen bei Verbraucherverträgen: Handlungsbedarf wegen neuer Informationspflichten, DSB 2014, 63; Hengstler, Kick-back-Klauseln in IT-Verträgen – Rechtliche und wirtschaftliche Aspekte von Rückvergütungsklauseln, ITRB 2014, 68; Hilbig-Lugani, Neuerungen im Außergeschäftsraum- und Fernabsatzwiderrufsrecht – Teil 1, ZJS 2013, 441; C. Hergenröder, Vertragsschlüsse im E-Commerce, ZJS 2017, 131; Hoeren/Föhlisch, Ausgewählte Praxisprobleme des Gesetzes zur Umsetzung der Verbraucherrechterichtlinie, CR 2014, 242; Hoffmann, Die Entwicklung des Internetrechts bis Mitte 2013, NJW 2013, 2645; Hoffmann, Aufklärungs- und Informationspflichtverletzungen im Europäischen Kollisionsrecht, in: FS Dauses, 2014, 153; Hohlweger/Ehmann, Umsetzung der Verbraucherrechterichtlinie – Teil 2: Das neue Widerrufsrecht, GWR 2014, 211; Janal, Alles neu macht der Mai: Erneute Änderungen im Recht der besonderen Vertriebsformen, WM 2012, 2314; Kahlert/Dovas, E-Commerce im B2B-Verhältnis – Beschränkung von Angeboten in Onlineshops auf Unternehmen unter Ausschluss der Verbraucherschutzvorschriften, ITRB 2014, 285; Kamanabrou, Eindeutig kein Widerrufsrecht bei Aufhebungsverträgen am Arbeitsplatz?, NZA 2016, 919; Kathrein, Neues Konsumentenrecht, ZVR 2014, 184; Koch, Verbraucherrecht = brauchbares Recht? Ausgewählte Aspekte nach Umsetzung der Verbraucherrechterichtlinie. Zugleich ein Beitrag zu den Grundfragen der Rechtsharmonisierung, GPR 2014, 128; ders., Rechte des Unternehmers und Pflichten des Verbrauchers nach Umsetzung der Richtlinie über die Rechte der Verbraucher, JZ 2014, 758; ders, Reform der Verbraucherrechte – Die neuen Informationspflichten für den Handel, MDR 2014, 1421; Kieffer, Digitalisierung des stationären Vertriebs und automatisierte Geschäftsräume, DB 2019, 1888; Kieninger, Grenzenloser Verbraucherschutz?, in: FS Magnus, 2014, 449; Klink-Straub, Do ut des data – Bezahlen mit Daten im digitalen Vertragsrecht, NJW 2021, 3217; Koch, Ausweitung des Verbraucherschutzrechts: Der Widerruf im Mietrecht, VuR 2016, 92; Kolba/Kosesnik-Wehrle, Leitfaden Rücktrittsrechte im Kern des Konsumentenschutzes, VbR 2014, 78; Könnecke, Formgerechte Mitteilung der Widerrufsbelehrung – Zugleich Kommentar zum Urteil des BGH vom 15.5.2014 – III ZR 368/13, K&R 2014, 524; Korth, Zur Auslegung des Tatbestandes der „geringfügigen Vertragswidrigkeit" in der Verbrauchsgüterkaufrichtlinie, GPR 2014, 87; Kramme, Die Einbeziehung von Pflichtinformationen in Fernabsatz- und Außergeschäftsraumverträge, NJW 2015, 279; Kropf, Anwendbarkeit des Fernabsatzrechts auf von Verbrauchern bestellte Kreditsicherheiten nach dem 13.6.2014?, WM 2015, 1699; Kulke, Das Widerrufsrecht des Verbrauchers als Kompensation der Beeinträchtigung rechtsgeschäftlicher Entscheidungsfreiheit, MDR 2019, 1985; ders. Sicherheiten als Haustürgeschäfte, MDR 2021, 526; ders., Neue Regelungen für faire Verbraucherverträge, MDR 2022, 129; Lange/Werneburg, Makler und Verbraucher im Internet, NJW 2015, 193; Lechner, Der Immobilienmakler in den Fängen des Europarechts, NZM 2013, 751; ders, Die neuere Rechtsprechung des BGH zum Widerruf von Verbraucherkreditverträgen, WM 2017, 689; Leier, Die Rückabwicklung des widerrufenen Vertrags – Neuerungen durch das Gesetz zur Umsetzung der Verbraucherrechterichtlinie, VuR 2013, 457; Leitmeier, Die unwiderrufliche Bürgschaft des Verbrauchers, VuR 2021, 92; Liebelt-Westphal/Goldner, Abschied von der Widerrufsbelehrung bei Grundstücksnutzungsverträgen für Windparks?, EnWZ 2014, 551; Limmer/Huttenlocher/Simon, Anregungen der (notariellen) Rechtspraxis für ein erfolgreiches Gemeinsames Europäisches Kaufrecht, EuZW 2013, 86; v. Loewenich, Einbeziehung von Finanzdienstleistungen in das Gesetz zur Umsetzung der Verbraucherrechterichtlinie, NJW 2014, 1409; ders., Zum Anwendungsbereich der Verbraucherrechte-Richtlinie und zur Frage der Auslegung des § 312 Abs. 1 BGB, WM 2016, 2011; Ludwigkeit, Der bewegliche Geschäftsraum iSv § 312b II 1 BGB, NJOZ 2018, 321; Maier, Das Widerrufsrecht als Element des Verbraucherschutzes unter besonderer Berücksichtigung des Versicherungsrechts, in Drees/Koch/Nell, Aktuelle Probleme des Versicherungsvertrags, 2013, 1; Maier-Rigaud, Dimensionen des Verbraucherschutzes, ZögU 2013, 324; Mankowski, Apps und fernabsatzrechtliches Widerrufsrecht – Neues und altes Fernabsatzrecht sowie Initiative der Länderverbraucherschutzminister, CR 2013, 508; Maume, Der umgekehrte Verbrauchervertrag, NJW 2016, 1041; Mayer, Das Gesetz zur Umsetzung der Verbraucherrechterichtlinie unter Berücksichtigung praxisrelevanter Fragen, NJ 2014, 364; Mediger, Das neue (?) Widerrufsrecht des Mieters, NZM 2015, 185; Meier, Sind Bürgschaften wieder unwiderruflich?, ZIP 2015, 1156; Mesch, Verbraucherschutz bei Wohnungsmaklerverträgen, VuR 2015, 251; Micklitz, The (Un)Systematics of (Private) Law as an Element of European Culture, in: Helleringer/Purnhagen, Towards a European Legal Culture, 2014, 81; Micklitz/Kas, Overview of cases before the CJEU on European Consumer Contract Law (2008–2013) – Part I, ERCL 2014, 1; dies, Overview of cases before the CJEU on European Consumer Contract Law (2008–2013) – Part II, ERCL 2014, 189; Möller, Die Umsetzung der Verbraucherrechterichtlinie im deutschen Recht, BB 2014, 1411; Mongillo, Intellectual Property Rights and Distance Sales Contracts, EIPR 2014, 312; Müller, Kundenhotline zum „Grundtarif" – Auswirkung von § 312c Abs. 4 BGB-E auf Mehrwertdienste, MMR 2013, 76; Nelte, Vertriebskanal Internet: Grenzen der Steuerungshoheit des Lieferanten und die Notwendigkeit von Vertragsstandards, BB 2014, 1155; Niebling, AGB-Klauseln in Online-Partnerschaftsvermittlungsverträgen, MDR 2015, 6; Oelschlägel, Neues Verbraucherrecht mit Auswirkungen auf den Fernabsatz/E-Commerce, MDR 2013, 1317; ders, Neues Verbraucherrecht mit Auswirkungen auf den Fernabsatz/E-Commerce, MDR 2013, 1317; Omlor, Zahlungsentgelte unter Verbraucherrechter- und Zahlungsdienste-Richtlinie, NJW 2014, 1703; Otting, Das Widerrufsrecht aus § 312g BGB und der Rechtsanwalt in eigener Sache, SVR 2014, 413; Pavillon, Private Standards of Fairness in European Contract Law, ERCL 2014, 85; Peifer, Please Take Your Personal Belongings With

You – Portabilität und Zugang als Paradigmen für Verträge über digitale Güter, AfP 2017, 8; Piekenbrock Der Widerrufsjoker sticht nicht immer, GPR 2020, 31; ders. Verbraucherwiderruf und Bürgschaft, GPR 2021, 18; Pisuliński, Die Entwicklung des europäischen Zivilrechts – Gedanken namentlich zum Entwurf eines Gemeinsamen Europäischen Kaufrechts, GPR 2013, 254; Popova, Die Verbraucherrechterichtlinie – Einfluss auf das deutsche und europäische Rückabwicklungsrecht, ZJS 2013, 552; Purnhagen, Die Auswirkungen der neuen EU-Richtlinie auf das deutsche Verbraucherrecht, ZRP 2012, 36; Riesenhuber, Von den Rändern ins Zentrum? Zur „allgemeinen" vorvertraglichen Informationspflicht bei Verbraucherverträgen im Europäischen Vertragsrecht, FS Kirchner, 2014, 159; Reuß/Vollath, Wie viel Schutz braucht der Verbraucher? Überlegungen zu einer möglichen Kaufrechtsreform, ZRP 2013, 228; Riehm/Ibold, Rechtsbehelfe von Verbrauchern bei Verträgen über digitale Produkte, CR 2021, 530; Rolfs/Möller, Widerrufsrechte im Wohnraummietrecht, NJW 2017, 3275; Rosenkranz, Eigenverantwortung und Verbraucherschutz bei Verträgen über digitale Inhalte, GPR 2018, 28; Schärtl, Der verbraucherschützende Widerruf bei außerhalb von Geschäftsräumen geschlossenen Verträgen und Fernabsatzverträgen, JuS 2014, 577; Schinkels, Verbraucherbürgschaft und Verbraucherverkauf als Außergeschäftsraumoder Fernabsatzvertrag i.S.d. Verbraucherrechte-Richtlinie?, WM 2017, 113; Schirmbacher/Engelbrecht, Neues Verbraucherrecht: Erleichterte Informationspflichten bei begrenzter Darstellungsmöglichkeit, ITRB 2014, 89; Schirmbacher/Freytag, Neues Verbraucherrecht: Entgelte für Zahlungsmittel und Kundenhotlines, ITRB 2014, 144; Schirmbacher/Grasmück, Neues Verbraucherrecht: Muster-Widerrufsformular und Online-Widerrufserklärung, ITRB 2014, 20; dies., Neues Verbraucherrecht – Kostenpflichtige Zusatzleistungen im E-Commerce, ITRB 2014, 66; Schirmbacher/Schmidt, Neues Verbraucherrecht 2014 – Handlungsbedarf für den E-Commerce, CR 2014, 107; Schmidt, „Inertia selling" de lege lata und de lege ferenda – die Reform im europäischen und deutschen Recht, GPR 2014, 73; Schmidt/Brönneke, Das Widerrufsrecht bei Fernabsatz- und Haustürgeschäften – Neuerungen durch das Gesetz zur Umsetzung der Verbraucherrechterichtlinie, VuR 2013, 448; Schmidt-Kessel/Gläser, Zur Wirksamkeit der Musterwiderrufsbelehrung nach der BGB-InfoV, WM 2014, 965; Schmidt-Kessel/Grimm, Unentgeltlich oder entgeltlich? – Der vertragliche Austausch von digitalen Inhalten gegen personenbezogene Daten, ZfPW 2017, 84; Schmidt-Kessel/Sorgenfrei, Neue Anforderungen an die Umsetzung verbraucherschützender Richtlinien, GPR 2013, 242; Schmidt-Kessel, Verträge über digitale Inhalt – Einordnung und Verbraucherschutz, K&R 2014, 475; Schmitt, Die Änderungen beim Rücktrittsrecht nach § 323 BGB durch das Gesetz zur Umsetzung der Verbraucherrechterichtlinie, VuR 2014, 90; Schmitt-Gaedke, Anwaltsdienstleistungen im Fernabsatz?, ZAP Fach 23, 977; Schomburg, Mehr Verbraucherschutz bei Kosten für Nebenleistungen – Die Regelungen des neuen § 312a Abs. 2 bis 6 BGB, VuR 2014, 18; Schürnbrand, Anwendbarkeit des Rechts der außerhalb von Geschäftsräumen geschlossenen Verträge und des Fernabsatzrechts auf Kreditsicherheiten, WM 2014, 1157; Schwab/Hromek, Alte Streitstände im neuen Verbraucherprivatrecht, JZ 2015, 271; Spindler/Thorun/Blom, Die Evaluation der Button-Lösung – Ergebnisse einer empirischen Studie, MMR 2015, 3; Stabentheiner, Das neue Fern- und Auswärtsgeschäfte-Gesetz, VbR 2014, 108; ders., Das Verbraucherrechte-Richtlinie-Umsetzungsgesetz, VbR 2014, 68; Stiegler, Der Online-Verbrauchsgüterkauf, JA 2021, 634; Strobl, Neue Vorgaben für den Kunst- und Kulturgüterhandel durch die Umsetzung der Verbraucherrechterichtlinie, NJW 2015, 721; Tacou, Verbraucherschutz auf hohem Niveau oder Mogelpackung? Der Vorschlag für eine Richtlinie über Rechte der Verbraucher, ZRP 2009, 140; Tamm, Informationspflichten nach dem Umsetzungsgesetz zur Verbraucherrechterichtlinie, VuR 2014, 9; Tavakoli, Mieterhöhung und Verbraucherwiderrufsrechte, VuR 2019, 203; Tonner, Das Gesetz zur Umsetzung der Verbraucherrechterichtlinie – unionsrechtlicher Hintergrund und Überblick; VuR 2013, 443; ders., Die Umsetzung der Verbraucherrechterichtlinie – Auswirkungen der Vollharmonisierung, VuR 2014, 23; Vander, Reform des Fernabsatzrechts – Probleme und Fallstricke der neuen Widerrufsbelehrung, MMR 2015, 75; Verbraucherzentrale Bundesverbande, Stellungnahme zum Gesetzesentwurf der Bundesregierung zur Umsetzung der Verbraucherrechterichtlinie – Neuregelung des Verbraucherschutzes in besonderen Vertragsschlusssituationen; Vogenauer, Verbraucherbild(er) im EU-Recht, euvr 2014, 59; Weiss, Neujustierung im Rücktrittsrecht, NJW 2014, 1212; Wendehorst, Das neue Gesetz zur Umsetzung der Verbraucherrechterichtlinie, NJW 2014, 577; Wendt/Lorscheid-Kratz, Das Widerrufsrecht bei „Zusammenhängenden Verträgen", BB 2013, 2434; Wessel/Schwenker, Verbrauchervertrag und Bauträgervertrag, MDR 2017, 1218; Winkemann, Informationspflichten im Voice-Commerce, CR 2020, 451.

I. Normzweck

Die Vorschrift ist im Wesentlichen ein Resultat des Gesetzes zur Umsetzung der Verbraucherrechterichtlinie (RL 2011/83/EU)[1] und zur Änderung des Gesetzes zur Regelung der Wohnungsvermittlung vom 20. September 2013[2] und wurde seither durch Reformen in verschiedenen Teilbereichen des Bürgerlichen Rechts immer wieder verändert, zuletzt durch (i) das Gesetz zur Umsetzung der Richtlinie über bestimmte vertragsrechtliche Aspekte der Bereitstellung digitaler Inhalte und digitaler Dienstleistungen (RL [EU] 2019/770) vom 25. Juni 2021[3], (ii) das Gesetz für faire Verbraucherverträge vom 10. August 2021[4] und (iii) das Gesetz zur Änderung des Bürgerlichen Gesetzbuchs und des Einführungsgesetzes zum Bürgerlichen Gesetzbuche in Umsetzung der EU-Richtlinie zur besseren Durchsetzung und Modernisierung der Verbraucherschutzvorschriften der Union (RL [EU] 2019/2161) und zur Aufhebung der Verordnung zur Übertragung der Zuständigkeit für die Durchführung der Verordnung (EG) Nr 2006/2004 auf das Bundesministerium der Justiz und für Verbraucherschutz ebenfalls vom 10. August 2021[5]. § 312 regelt den Anwendungsbereich der §§ 312a bis § 312h und entscheidet somit darüber, für welche Verbraucherverträge die dort aufgestellten besonderen Pflichten der Unternehmer und Rechte der Verbraucher gelten,

---

1 Richtlinie 2011/83/EU vom 25. Oktober 2011 über die Rechte der Verbraucher, zur Abänderung der Richtlinie 93/13/EWG des Rates und der Richtlinie 1999/44/EG des Europäischen Parlaments und des Rates sowie zur Aufhebung der Richtlinie 85/577/EWG des Rates und der Richtlinie 97/7/EG des Europäischen Parlaments und des Rates, ABl L 304/73 vom 22.11.2011.
2 BGBl 2013 I, S 3642.
3 BGBl 2021 I, S 2123.
4 BGBl 2021 I, S 3433.
5 BGBl 2021 I, S 3483.

insbesondere also die Regelungen über die Bereitstellung von Vertragsinformationen (§ 312a Abs 2 iVm EGBGB Art 246; § 312d Abs 1 iVm EGBGB Art 246a; § 312d Abs 2 iVm EGBGB 246b), über missbilligte Zusatzentgelte (§ 312a Abs 1 Satz 2, Abs 2 bis Abs 6; § 312e) und natürlich über das Widerrufsrecht (§ 312g). Umgekehrt ergibt sich aus § 312 zugleich, welche Verbraucher sich gegenüber Unternehmern nicht auf diese Rechte berufen können.

2 Systematisch folgt § 312 einem **Regel-Ausnahme-Schema**, wobei Abs 1 im Ausgangspunkt einen recht weitreichenden Anwendungsbereich bestimmt. Danach gelten die in §§ 312a bis 312h niedergelegten Rechte und Pflichten zunächst für alle Verbraucherverträge, bei denen der Verbraucher sich entweder zur Zahlung eines Preises verpflichtet (Abs 1) oder personenbezogene Daten bereitstellt oder sich hierzu verpflichtet (Abs 1a Satz 1). Es gilt der bereits aus § 310 Abs 3 bekannte Begriff des Verbrauchervertrags, mag dieser im Wortlaut von Abs 1 auch nicht mehr ausdrücklich in Bezug genommen sein[6]. Erfasst sind also Verträge zwischen einem Unternehmer und einem Verbraucher. Das entspricht der Vorgabe aus RL 2011/83/EU Art 3 Abs 1 Satz 1.

3 Aus diesem zunächst weiten Anwendungsbereich nehmen die kaum übersichtlich gestalteten § 312 Abs 2 bis Abs 8 jedoch zahlreiche Verträge wieder aus (**„Bereichsausnahmen"**)[7]. Die Grundlagen dieser Bereichsausnahmen sind in erster Linie RL 2011/83/EU Art 3 Abs 3, wonach die Richtlinie für die dort beschriebenen Verträge schlechthin nicht gilt, sowie RL 2011/83/EU Art 3 Abs 4, der es den Mitgliedstaaten gestattet, eine Bagatellgrenze für außerhalb von Geschäftsräumen geschlossene Verträge vorzusehen[8]. Anders als die zugrunde liegende Richtlinie erklärt der deutsche Gesetzgeber die Rechte und Pflichten gemäß § 312a bis 312h jedoch nicht generell für auf die in § 312 Abs 2 bis Abs 8 aufgezählten Verträge unanwendbar. Vielmehr bleiben einzelne der verbraucherschützenden Bestimmungen auch in diesen Fällen anwendbar, was letztlich zu einem reichlich komplizierten, gestaffelten Anwendungsbereich der §§ 312a bis 312h führt[9]. Unionsrechtlich ist dieses Vorgehen allerdings unproblematisch. Zwar untersagt RL 2011/83/EU Art 4 es den Gesetzgebern der Mitgliedstaaten, strengere als die in der Richtlinie aufgestellten Regeln über das Verbraucherschutzniveau aufzustellen. Allerdings besagt Erwägungsgrund Nr 13 ausdrücklich, dass die Mitgliedstaaten weiterhin befugt sind, die Richtlinieninhalte auch auf Gebiete jenseits ihres eigenen Geltungsbereichs anzuwenden. Das Verbot einer strengeren Ausgestaltung des Verbraucherschutzniveaus aus RL 2011/83/EU Art 4 betrifft demnach nur den Inhalt der in das nationale Recht transferierten Rechte und Pflichten, nicht aber den persönlichen oder gegenständlichen Anwendungsbereich.

4 Allein aufgrund von § 312 lässt sich indes noch **nicht die Letztentscheidung** darüber treffen, ob eine konkrete Vorschrift innerhalb der §§ 312a bis 312h auf den konkreten Verbrauchervertrag auch tatsächlich Anwendung findet. Beispielsweise steht das Widerrufsrecht nicht jedem an einem Vertrag iSd § 312 beteiligten Verbraucher zu, sondern nur Verbrauchern, die Partei eines Fernabsatzvertrags oder eines außerhalb von Geschäftsräumen geschlossenen Vertrags sind[10], für den nicht wiederum eine besondere Bereichsausnahme gemäß § 312g Abs 2 oder Abs 3 eingreift[11]. Auch differieren die Informationspflichten des Unternehmens je danach, ob er mit dem Verbraucher einen allgemeinen Verbrauchervertrag, einen Fernabsatzvertrag oder einen außerhalb von Geschäftsräumen geschlossenen Vertrag eingeht.

II. Verbraucherverträge gemäß § 312 Abs 1 und Abs 1a

5 **1. Legaldefinition.** Gemäß § 312 Abs 1 sind §§ 312a bis 312h auf Verträge zwischen einem Unternehmer und einem Verbraucher anwendbar, bei denen sich der Verbraucher zu der Zahlung eines Preises verpflichtet (Abs 1) oder dem Unternehmer personenbezogene Daten bereitstellt oder sich hierzu verpflichtet (Abs 1a Satz 1). Für die Begriffe des Unternehmers und des Verbrauchers gelten die allgemeinen Bestimmungen der §§ 14 bzw 13[12].

6 **2. Die Leistung des Unternehmers.** Anders als früher ist Abs 1 nicht mehr ausdrücklich zu entnehmen, dass §§ 312a bis 312h nur für Verträge gelten, aufgrund derer der Unternehmer gegenüber dem Verbraucher eine Leistung erbringt. In unionsrechtskonformer Auslegung kann man indes nicht davon ausgehen, dass §§ 312a ff auch auf Verträge anwendbar wären, die eine einseitige Zahlungspflicht des Verbrauchers begründeten. So entspricht § 312 Abs 1 dem durch RL (EU)

---

6 BT-Drucks 19/27653, 35.
7 Erman/Koch Rz 1; NK-BGB/Ring Rz 1; Wendehorst NJW 2014, 577, 580.
8 BT-Drucks 17/12637 S 45; s auch Grüneberg/Grüneberg Rz 1 und 8; NK-BGB/Ring Rz 1.
9 Wendehorst NJW 2014, 577, 580.
10 MünchKommBGB/Wendehorst Rz 10.
11 MünchKommBGB/Wendehorst Rz 11.
12 BGH NJW 2018, 3380 Rz 15; Erman/Koch Rz 4; MünchKommBGB/Wendehorst Rz 15; NK-BGB/Ring Rz 5; Grüneberg/Grüneberg Rz 2.

2019/2161[13] Art 4 Nr 1 neu gefassten RL 2011/83/EU Art 3 Abs 1, der für den Preis wiederum die Legaldefinition in RL (EU) 2019/770 Art 2 Nr 7[14] in Bezug nimmt, wonach das Geld oder die digitale Darstellung eines Werts die Gegenleistung für die Bereitstellung digitaler Inhalte oder digitaler Dienstleistungen darstellt. Ebenso ergibt sich aus den Begriffen des Kauf- und des Dienstleistungsvertrags gemäß RL 2011/83/EU Art 2 Nr 5 und 6, dass der Preis die Gegenleistung des Verbrauchers für die Übereignung einer Ware bzw die Erbringung einer Dienstleistung durch den Unternehmer darstellt. Ungeachtet des geänderten Wortlauts muss der Unternehmer also nach wie vor eine Leistung gegenüber dem Verbraucher erbringen oder sich dazu verpflichten, damit §§ 312a ff auf den Vertrag anwendbar sein können[15]. Die unterschiedlichen denkbaren Leistungsgegenstände lassen sich aufgrund der RL 2011/83/EU und der RL (EU) 2019/770 in folgende Kategorien unterteilen:

a) **Waren.** Die erste von diesen bilden die Waren, welche in RL 2011/83/EU Art 2 Nr 3 iVm RL (EU) 2019/771 Art 2 Nr 5 lit a) als **körperliche Gegenstände** legaldefiniert sind. Mit umfasst sind Wasser, Gas und Strom, obwohl diese Leistungsgegenstände an sich flüssig bzw flüchtig sind. Voraussetzung ist allerdings ihre Abgabe zum Verkauf in einem begrenzten Volumen oder in einer bestimmten Menge, also in Flaschen oder sonstigen Behältern bzw in Batterien. Gemäß RL 2019/771 Art 2 Nr 5 lit b)[16] gehören zu den Waren auch bewegliche körperliche Gegenstände, die in einer Weise digitale Inhalte oder digitale Dienstleistungen enthalten oder mit ihnen verbunden sind, dass die Waren ihre Funktionen ohne diese digitalen Inhalte oder digitalen Dienstleistungen nicht erfüllen könnten („Waren mit digitalen Elementen"). 7

Für **geistige Leistungen**, wie insbesondere Sprachwerke, Filmwerke, Werke der Musik oder Computerprogramme, ist ihre Körperlosigkeit charakteristisch. Nach früherem Verständnis waren sie aber dennoch als Waren anzusehen, wenn sie auf einem Datenträger verkörpert waren und in dieser Form abgegeben wurden. Mittlerweile liegt aber auch in diesem Fall ein Vertrag über digitale Inhalte vor[17]. 8

b) **Dienstleistungen.** RL 2011/83/EU Art 2 Nr 6 betrifft den Dienstleistungsvertrag und benennt die Dienstleistung als seinen charakteristischen Leistungsgegenstand, ohne dass die Dienstleistung im Einzelnen positiv definiert würde. Nach allgemeinen Regeln ist der Dienstleistungsbegriff deshalb zu bestimmen unter Berücksichtigung des allgemeinen Zusammenhangs, in dem er verwendet wird, und entsprechend dem Sinn, den er nach dem gewöhnlichen Sprachgebrauch hat[18]. Daraus ergibt sich, dass sowohl § 312 Abs 1 als auch der Richtlinie ein **weiter Dienstleistungsbegriff** zugrunde liegt[19]. So grenzt RL 2011/83/EU Art 2 Nr 6 den Dienstleistungsvertrag negativ gegen den Kaufvertrag ab. Das entspricht AEUV Art 57 Abs 1, der die Dienstleistung ebenfalls als jede Leistung bestimmt, die weder den Vorschriften über den freien Waren- und Kapitalverkehr noch denjenigen über die Freizügigkeit der Personen unterliegt. Der BGH übernimmt diese Negativabgrenzung im Ausgangspunkt auch für die Begriffsbildung bei § 312 Abs 1 und bezeichnet Dienstleistungsverträge dementsprechend als im Kern Dienstverträge, die keine Arbeitsverträge sind, Werk- und Werklieferungsverträge und Geschäftsbesorgungsverhältnisse[20]. Gemeinsames Merkmal sei, dass eine entgeltliche, tätigkeitsbezogene Leistung an den Verbraucher erbracht werde, insbesondere gewerblicher, kaufmännischer, handwerklicher oder freiberuflicher Art[21]. Dazu gehören insbesondere auch Tätigkeiten von Immobilienmaklern[22], und zwar gleichermaßen bei Nachweis- und Vermittlungsmaklerverträgen[23]. Vom Dienstleistungsbegriff des § 312 Abs 1 umfasst bleiben die digitalen Dienstleistungen iSd § 327 Abs 2 Satz 2. 9

---

13 Richtlinie (EU) 2019/2161 des Europäischen Parlaments und des Rates vom 27. November 2019 zur Änderung der Richtlinie 93/13/EWG des Rates und der Richtlinien 98/6/EG, 2005/29/EG und 2011/83/EU des Europäischen Parlaments und des Rates zur besseren Durchsetzung und Modernisierung der Verbraucherschutzvorschriften der Union, ABl L 328/7 vom 18.12.2019.
14 Richtlinie (EU) 2019/770 des Europäischen Parlaments und des Rates vom 20. Mai 2019 über bestimmte vertragsrechtliche Aspekte der Bereitstellung digitaler Inhalte und digitaler Dienstleistungen, ABl L 136/1 vom 22.5.2019.
15 Piekenbrock GPR 2021, 18, 21.
16 Richtlinie (EU) 2019/771 des Europäischen Parlaments und des Rates vom 20. Mai 2019 über bestimmte vertragsrechtliche Aspekte des Warenkaufs, zur Änderung der Verordnung (EU) 2017/2394 und der Richtlinie 2009/22/EG sowie zur Aufhebung der Richtlinie 1999/44/EG, ABl L 136/28 vom 22.5.2019.
17 Erwägungsgrund Nr 19 zur RL (EU) 2019/771.
18 EuGH ECLI:EU:C:1988:34 Rz 9 – Kommission/Dänemark; ECLI:EU:C:2000:48 Rz 26 – DIR International Film.
19 EuGH EuZW 2020, 486 Rz 22 – DB Vertrieb GmbH; BGHZ 123, 380, 385; BGH NJW 2017, 1024 Rz 40; Kienle IPrax 2006, 614, 615; NK-BGB/Ring Rz 9.
20 BGHZ 190, 28 Rz 24; BGH NJW 2017, 1024 Rz 40; 2018, 690 Rz 12; NJW-RR 2017, 368 Rz 37.
21 BGH NJW 2017, 1024 Rz 40; Erman/Koch Rz 8; NK-BGB/Ring, Rz 9; Grüneberg/Grüneberg Rz 3.
22 BGH NJW 2015, 2339 Rz 11; ÖOGH IPrax 2006, 608, 610; Kienle IPrax 2006, 614, 616; NK-BGB/Ring Rz 9; s auch Erwägungsgrund 26.
23 BGH NJW 2017, 1024 Rz 43.

10 c) **Sonstige unverkörperte Gegenstände.** Aus Erwägungsgrund 19 zur RL 2011/83/EU ergibt sich freilich, dass es nach dem Verständnis des Richtliniengebers neben den Waren und den Dienstleistungen noch eine dritte Kategorie von Leistungsgegenständen iSd RL 2011/83/EU Art 3 Abs 1 und § 312 geben soll[24]. Hierunter fallen zunächst die **digitalen Inhalte**, die in RL 2011/83/EU Art 2 Nr 11 iVm RL (EU) 2019/770 Art 2 Nr 1 als Daten definiert sind, die in digitaler Form erstellt und bereitgestellt werden. In Erwägungsgrund 19 zur RL 2011/83/EU werden Computerprogramme, Apps, Spiele, Musik, Videos und Texte als Beispiele für die digitalen Inhalte genannt. Unerheblich ist es, ob der digitale Inhalt auf einem Datenträger oder in sonstiger Form abgegeben wird (Rz 8). Ebenso ist es unerheblich, ob der Verbraucher den digitalen Inhalt im Wege des Streamings lediglich konsumiert oder ob er von ihm eine dauerhafte Kopie auf seinem eigenen Datenträger anfertigt[25].

11 Zu den sonstigen Leistungsgegenständen zählen ausweislich des Erwägungsgrunds Nr 19 zur RL 2011/83/EU überdies **Wasser, Gas und Strom**, sofern sie nicht als fixe Menge in einem entsprechenden Behältnis abgegeben werden. Erwägungsgrund 25 ergänzt diese Auflistung um die **Fernwärme**. Freilich wird man diese in den Erwägungsgründen ausdrücklich genannten Fälle kaum als abschließend ansehen können. Das zeigt etwa das Beispiel des Rechtskaufs, welcher sich ebenfalls korrekt weder als Vertrag über eine Ware noch als Vertrag über eine Dienstleistung einordnen lässt.

12 d) **Mitgliedschaften.** Umstritten ist, ob und ggf unter welchen Voraussetzungen die Begründung einer Mitgliedschaft in einem Verein oder einer Gesellschaft den §§ 312 ff unterfällt[26]. Das Problem besteht hier darin, dass mit der Mitgliedschaft der Erwerb einer Gesamtheit von Rechten gegenüber dem Verein oder der Gesellschaft verbunden ist, insbesondere **Organschafts-, Wert- und Schutzrechte**[27]. Der Wortlaut von § 312 Abs 1 schließt derlei Verträge keinesfalls aus. Soll das Mitglied seinen Beitrag nämlich in Geld entrichten, liegt darin jedenfalls eine Verpflichtung zur Zahlung eines Preises[28]. Angesichts des konturlosen Dienstleistungsbegriffs ist es auch ohne Weiteres möglich, diesen Preis mindestens als die Gegenleistung für den Erwerb der Wertrechte, das heißt für die Teilhabe an den Vorteilen des Verbandes, zu begreifen. Die Folge eines solchen Verständnisses bestünde – die Unternehmereigenschaft vorausgesetzt – nun darin, dass etwa ein Beitritt zu einer Gewerkschaft nicht mehr ohne Geltung der §§ 312 ff möglich wäre. Denn die Gewerkschaften gewähren Rechtsschutz gegenüber den Arbeitgebern, beschränken diesen Service allerdings auf ihre Mitglieder. Ähnlich verhält es sich bei Sportvereinen, die ihre Anlagen und Trainingsangebote ebenfalls ihren Mitgliedern vorbehalten. Freilich liegt dem unionsrechtsbasierten Verbraucherrecht die Vorstellung zugrunde, dass der Verbraucher dem Unternehmer strukturell unterlegen sei und aus diesem Grund des Schutzes durch den Gesetzgeber bedürfe[29]. Im Verhältnis des Arbeitnehmers zu der ihn vertretenden Gewerkschaft oder des einzelnen Freizeitsportlers zu seinem Verein kann allerdings kaum generell von einer solchen strukturellen Unterlegenheit die Rede sein. Angesichts des Gesetzeszwecks wäre die einschränkungslose Anwendung der §§ 312 ff auf den Mitgliedschaftsvertrag folglich unangemessen.

13 Die hM will diesem Problem mit einem differenzierten Lösungsansatz begegnen. Danach sind §§ 312 ff auf die Begründung einer Mitgliedschaft in einem Verband grundsätzlich nicht anzuwenden. Die Aufnahme als Mitglied eines Vereins oder einer Gesellschaft sei nämlich **grundsätzlich nicht als Gegenleistung** für die Zahlung des Beitrags als Preis durch den Verbraucher zu verstehen[30]. Allerdings steht diese Aussage unter einem doppelten Vorbehalt, der ihre Eignung zur Lösung konkreter Fälle praktisch wieder entfallen lässt. Sehr wohl könne eine Leistungsgewährung an den Verbraucher nämlich dort vorliegen, wo dieser mit der Mitgliedschaft anstrebe, in den **Genuss von Leistungen** zu kommen, die ausschließlich den Mitgliedern vorbehalten seien[31]. Gleiches gelte, wenn der Verbraucher mit dem Erwerb einer Mitgliedschaft an einer Gesellschaft vorrangig **Zwecke der Kapitalanlage** verfolge[32]. Freilich wird beinahe jeder Erwerb einer Mitgliedschaft zumindest auch dadurch motiviert sein, an die damit verbundenen Wertrechte zu

---

24 Staud/Thüsing Rz 3.
25 Erwägungsgründe 19 zur RL 2011/83/EU sowie zur RL (EU) 2019/770.
26 Nicht hierher gehören freilich solche Konstellationen, in denen – wie häufig etwa bei Fitnessstudios – das Rechtsverhältnis zwischen dem Verbraucher und dem Leistungsanbieter lediglich als Mitgliedschaft bezeichnet wird, ohne dass ihm irgendwelche organschaftlichen Rechte eingeräumt werden. Hier handelt es sich um gewöhnliche Dienstleistungsverträge, die ohne weiteres unter § 312 Abs 1 fallen; vgl auch Erman/Koch Rz 11.
27 MünchKommBGB/Leuschner § 38 Rz 11.
28 Vgl BT-Drucks 19/27653, 35.
29 S nur MünchKommBGB[7]/Micklitz/Purnhagen Vorbemerkungen zu §§ 13, 14 Rz 38.
30 MünchKommBGB/Wendehorst Rz 27; BeckOK BGB/Martens Rz 9; Staud/Thüsing Rz 4; Erman/Koch Rz 11 f; iErg auch EuGH = NJW 2010, 1511 – Friz.
31 Staud/Thüsing Rz 4; MünchKommBGB/Wendehorst Rz 27.
32 EuGH NJW 2010, 1511 Rz 34 – Friz; MünchKommBGB/Wendehorst Rz 27; Erman/Koch Rz 11 f; Grüneberg/Grüneberg Rz 7.

gelangen. Legt man den differenzierten Lösungsansatz der hM zugrunde, könnte also doch wieder jeder Mitgliedschafts- und Gesellschaftsvertrag als ein Anwendungsfall der §§ 312 ff in Betracht kommen. Mit dem Konzept der hM lässt sich das Problem der Anwendbarkeit von §§ 312 ff auf Mitgliedschaftsverträge folglich nicht wirklich lösen.

Tatsächlich dürfte die sachgerechte Lösung nicht unmittelbar beim Leistungsbegriff des § 312 Abs 1 anzusiedeln sein. Maßgeblich ist vielmehr, ob der Verein oder die Gesellschaft **Unternehmer iSd § 14** ist. Insoweit ist die Rechtsform des Handelnden belanglos[33]. Entscheidend kommt es vielmehr darauf an, ob der Verein oder die Gesellschaft beim Abschluss des Mitgliedschafts- bzw Gesellschaftsvertrags mit dem Verbraucher eine gewerbliche oder selbständige berufliche Tätigkeit ausübt. Als unternehmerische Tätigkeit wird dabei jedes planmäßige und dauerhafte Angebot von Waren und Dienstleistungen angesehen[34]. Vor diesem Hintergrund muss der „Vertrieb" von Mitgliedschaften selbst als planmäßiges und auf Dauer angelegtes Dienstleistungsangebot angesehen werden, um die Anwendung von §§ 312 ff auf den Mitgliedschafts-/Gesellschaftsvertrag zu begründen. Dies generell anzunehmen würde der Rechtsnatur der Mitgliedschaft als einem organisationsrechtlichen Geschäft, mit dem der Erwerb eines ganzen Bündels von unterschiedlichen Rechten und Pflichten verbunden ist, indes nicht gerecht[35]. Dieses aus der Rechtsnatur der Mitgliedschaft gewonnene Argument wider die Anwendung der §§ 312 ff lässt sich lauterkeitsrechtlich absichern. Danach sind nämlich die Mitgliederwerbung und Mitgliederbetreuung jedenfalls gemeinnütziger Einrichtungen keine geschäftlichen Handlungen iSd UWG § 2 Nr 1[36], was auch dann gilt, wenn der Gegenstand der Betreuung als mitgliedschaftliches Wertrecht außerhalb des Verbands nur gegen Entgelt am Markt zu erwerben ist[37]. Entscheidender Wertungsgesichtspunkt ist hier, dass diese Art der Leistungsgewährung lediglich ein verbandsmäßiger Nebenzweck ist[38].

Freilich sind ohne Weiteres Fälle denkbar, in denen der Erwerb des Betreuungsanspruchs als Wertrecht zum zentralen Ziel der Mitgliedschaft und seine Verwirklichung zum verbandsmäßigen Hauptzweck wird. In solchen Konstellationen ist es – auch insoweit übereinstimmend mit lauterkeitsrechtlichen Wertungen[39] – nicht mehr angebracht, den Verband als Anbieter schlechthin von §§ 312 ff freizustellen. Dort ist die sachgerechte Lösung aber nicht in der unmittelbaren Geltung des § 312 Abs 1 zu suchen, sondern beim verbotenen **Umgehungsgeschäft** gemäß § 312k Abs 1 Satz 2[40]. Hierher gehört etwa die vom EuGH entschiedene Situation des außerhalb von Geschäftsräumen erfolgten Beitritts zu einem geschlossenen Immobilienfonds[41]. Auch den Beitritt zu einem Lohnsteuerhilfeverein wird man über § 312k den Regelungen der §§ 312 ff unterstellen können[42]. Zu weit geht es jedoch, auch die Aufnahme eines Mitglieds in einen gewöhnlichen Sportverein im Ergebnis als einen Verbrauchervertrag anzusehen.

3. Erbringung der vertragscharakteristischen Leistung durch den Verbraucher. – a) Grundsatz. Die Bestimmungen der RL 2011/83/EU sowie der §§ 312a bis 312h basieren auf der Vorstellung, dass **der Unternehmer die vertragscharakteristische Leistung erbringt**[43]. Anders als früher bringt die gegenwärtige Fassung des § 312 Abs 1 dieses Verständnis vom Inhalt der Leistungspflichten jedoch nicht klar zum Ausdruck. Gleiches gilt für RL 2011/83/EU Art 3 Abs 1. Allerdings geht aus RL 2011/83/EU Art 2 Nrn 5 und 6 sehr deutlich hervor, dass bei Kauf- und Dienstleistungsverträgen der Unternehmer zur Übereignung der Ware bzw zur Erbringung der Dienstleistung verpflichtet wird. Auch ergeben die Informationspflichten etwa der RL 2011/83/EU Art 5 Abs 1 lit c) und lit d) sowie RL 2011/83/EU Art 6 Abs 1 lit e) und lit g) nur vor dem Hintergrund Sinn, dass der Unternehmer die vertragscharakteristische Warenlieferung oder Dienstleistung vornimmt und deshalb über das überlegene Wissen verfügt, welches er dem Verbraucher mitzuteilen verpflichtet ist[44]. Demgegenüber mögen andere Informationen – etwa diejenige über die Identität seines Vertragspartners – für den Verbraucher auch dort von Interesse sein, wo er selbst die für den Vertrag charakteristische Leistung erbringt[45]. Auch in solchen Fällen ist

---

33 Jauernig/Mansel § 14 Rz 2.
34 BeckOK BGB/Martens § 14 Rz 26; Jauernig/Mansel § 14 Rz 2.
35 Assmann/Schütze/Buck-Heeb/Edelmann Hdb KapitalanlageR § 2 Rz 13.
36 BGHZ 42, 210, 219; Harte-Bavendamm/Henning-Bodewig/Keller UWG § 2 Rz 41; Ohly/Sosnitza UWG § 2 Rz 18; MünchKommUWG/Bähr § 2 Rz 72.
37 MünchKommUWG/Bähr § 2 Rz 73; Ohly/Sosnitza/Sosnitza UWG § 2 Rz 18.
38 MünchKommUWG/Bähr § 2 Rz 73; Ohly/Sosnitza/Sosnitza UWG § 2 Rz 19.
39 MünchKommUWG/Bähr UWG § 2 Rz 74; Ohly/Sosnitza/Sosnitza UWG § 2 Rz 19.
40 Erman/Koch Rz 11; BeckOGK BGB/Busch Rz 17.
41 EuGH NJW 2010, 1511 Rz 34 – Friz.
42 Vgl BGH GRUR 2011, 535 Rz 19 – Lohnsteuerhilfeverein Preußen.
43 BGHZ 227, 72 Rz 15; BGH NJW 2015, 1009 Rz 22; Jauernig/Stadler Rz 2; MünchKommBGB/Wendehorst Rz 28; NK-BGB/Ring Rz 5 und 12 f; Grüneberg/Grüneberg Rz 2; s bereits BT-Drucks 17/12637, 45.
44 BeckOGK BGB/Busch Rz 14; Erman/Koch Rz 4; NK-BGB/Ring Rz 12 f.
45 BeckOGK BGB/Busch Rz 14; Erman/Koch Rz 4; NK-BGB/Ring Rz 12 f.

eine pauschale Anwendung der §§ 312 ff aber nicht sachgerecht. Beispielsweise wäre dann nämlich wegen § 312k Abs 1 Satz 1 das verdeckte Geschäft für den, den es angeht, im Verhältnis zwischen dem erwerbenden Unternehmer und dem veräußernden Verbraucher ausgeschlossen. Dafür besteht allerdings weder Bedürfnis noch Rechtfertigung.

17   Das bedeutet allerdings nicht, dass eine **analoge Anwendung** einzelner Vorschriften auf den die vertragscharakteristische Leistung erbringenden Verbraucher von vornherein außer Betracht bleiben muss. Diskutiert wird insoweit insbesondere ein Widerrufsrecht des Verbrauchers gegenüber einem Unternehmer, der im Fernabsatz oder außerhalb von Geschäftsräumen systematisch Gebrauchtwaren erwirbt[46]. Entsprechende Ankaufsmodelle haben zuletzt wahrnehmbar zugenommen, etwa durch die prominent beworbenen Angebote unter rebuy.de oder wir-kaufen-dein-auto.de. Allerdings befindet sich der Verbraucher, der den von dem Unternehmer begehrten Gegenstand in seinen Händen hält, wenigstens regelmäßig in keiner strukturell unterlegenen Verhandlungsposition. Folglich besteht hier auch kein pauschales Schutzbedürfnis zugunsten des Verbrauchers. Anders kann es lediglich in Überrumpelungssituationen liegen, die der Unternehmer gezielt initiiert, etwa wenn er gezielt Senioren aufsucht und diese bedrängt, ihm Antiquitäten oder dergleichen zu überlassen. In solchen Konstellationen spricht das Bedürfnis nach einem effektiven Verbraucherschutz in der Tat dafür, dem Verbraucher ein Widerrufsrecht analog § 312g einzuräumen[47]. Dies verstärkt auch die Wertung des UWG § 7 Abs 1, wonach insbesondere das unerwünschte gezielte Ansprechen in der Öffentlichkeit sowie die Haustürwerbung unlautere Geschäftspraktiken sind[48]. Eine solche Analogie läuft der in RL 2011/83/EU Art 4 festgelegten Vollharmonisierung nicht zuwider. Ausweislich des Erwägungsgrundes Nr 13 zur RL 2011/83/EU steht es den Mitgliedstaaten nämlich offen, alle oder einzelne Bestimmungen der Richtlinie auch auf Verträge auszudehnen, die vom Geltungsbereich der Richtlinie an sich nicht umfasst sind.

18   b) **Bürgschaften und sonstige Sicherungsgeschäfte.** Wesentlich sind in diesem Zusammenhang auch Bürgschaften und sonstige Sicherungsgeschäfte, die der Verbraucher gegenüber einem Unternehmer für eine fremde Schuld eingeht. Aus zwei Gründen **liegt die Anwendung der §§ 312 ff an sich fern**: Zum einen übernimmt der Verbraucher die vertragsspezifische Leistungspflicht, zum anderen erbringt der Unternehmer keine Leistung gegenüber dem Verbraucher als Sicherungsgeber, sondern lediglich gegenüber dem Schuldner der gesicherten Hauptschuld.

19   Unter der Geltung der RL 85/577/EWG[49] betonte der EuGH, dass der zu schützende Verbraucher nicht notwendig der Empfänger der von dem Unternehmer versprochenen Leistung sein müsse[50]. Entscheidend sei der Richtlinienzweck, wonach der Verbraucher einen Vertrag widerrufen können solle, der nicht auf seine, sondern auf Initiative des Unternehmers geschlossen wurde, so dass der Verbraucher möglicherweise nicht alle Folgen seines Handelns überblicken konnte. Allerdings erfasse die Richtlinie nur solche Bürgschaften, die ein Verbraucher im Rahmen eines Haustürgeschäfts gegenüber einem Gewerbetreibenden als Gegenleistung für Waren oder Dienstleistungen eingegangen sei[51]. In Anwendung dieser **sog Dietzinger-Rechtsprechung** hat der BGH dem bürgenden Verbraucher den Widerruf seiner zur Absicherung eines Verbrauchervertrags abgegebenen Bürgschaft zugestanden[52].

20   Diese Rechtsprechung hat der BGH zwischenzeitlich allerdings aufgegeben und hält Verbraucherbürgschaften generell nicht mehr für Verträge iSd § 312 Abs 1[53]. Zur Begründung führt der BGH im Wesentlichen den Wortlaut von § 312 Abs 1 in seiner bis zum 31.12.2021 geltenden Fassung an. Danach seien §§ 312a ff nur auf solche Verträge anwendbar, bei denen der Unternehmer die vertragsgegenständliche Leistung erbringe. Anders als in noch früheren Fassungen des § 312 Abs 1, die lediglich einen Vertrag über eine entgeltliche Leistung irgendeiner Partei forderten, sei deshalb eine Subsumtion der Verbraucherbürgschaft unter § 312 Abs 1 in der bis zum 31.12.2021 geltenden Fassung ohne ein Überschreiten der Wortlautgrenze nicht mehr möglich[54]. Für eine Analogie zu Gunsten des bürgenden Verbrauchers bestehe weder Raum noch Bedürfnis, da dem Gesetzgeber die Bürgschaftsproblematik bei der Formulierung des § 312 Abs 1 in seiner

---

46   HK-BGB/Schulte-Nölke Rz 4; MünchKommBGB/Wendehorst 29.
47   Ähnlich MünchKommBGB/Wendehorst Rz 29.
48   MünchKommUWG/Leible § 7 Rz 67 f; Ohly/Sosnitza/Ohly UWG § 7 Rz 74 und 80 f; ausführlich dazu Harte-Bavendamm/Henning-Bodewig/Schöler UWG § 7 Rz 60 ff sowie 90 ff.
49   Richtlinie 85/577/EWG des Rates vom 20. Dezember 1985 betreffend den Verbraucherschutz im Falle von außerhalb von Geschäftsräumen geschlossenen Verträgen, Abl Nr L 372 vom 31.12.1985, 31 ff.
50   EuGH NJW 1998, 1295 Rz 19 – Dietzinger.
51   EuGH NJW 1998, 1295 Rz 22 – Dietzinger.
52   BGHZ 139, 21, 24 f; Grüneberg/Grüneberg Rz 5; Prütting/Wegen/Weinreich/Stürner Rz 7; Loewenich WM 2016, 2011, 2014 f.
53   BGHZ 227, 72 Rz 15; zust Hk-BGB/Schulte-Nölke Rz 3; Omlor JuS 2020, 1209, 1211; Schinkels LMK 2020, 434762; Deiß/Kähler BKR 2021, 42, 43 f; iErg auch Leitmeier VuR 2021, 92, 97.
54   BGHZ 227, 72 Rz 16, 19.

bis zum 31.12.2021 gültigen Fassung bekannt gewesen sei[55]. Davon, dass der BGH diese Sichtweise angesichts des nun abermals geänderten Wortlauts von § 312 Abs 1 revidieren wird, ist nicht auszugehen. Auch aus der gegenwärtigen Gesetzesformulierung geht nämlich deutlich hervor, dass der von dem Verbraucher zu zahlende Preis die Gegenleistung für die vertragscharakteristische Leistung des Unternehmers darstellt.

Betrachtet man allein die deutsche Umsetzungsvorschrift, mögen diese Erwägungen des BGH methodisch durchaus zustimmungsfähig sein. Problematisch ist freilich, ob sie auch angesichts des unionsrechtlichen Hintergrunds tragfähig sind. Dafür spricht, dass RL 2011/83/EU Art 2 Nrn 5 und 6 ebenfalls zugrunde legen, dass die vertragscharakteristische Pflicht zur Lieferung von Waren bzw zur Erbringung einer Dienstleistung von dem Unternehmer zu erbringen sei, und ein Widerrufsrecht auch nur insoweit besteht[56]. Allerdings verhielt es sich bei RL 85/577/EWG Art 1 Abs 1 und Art 5 Abs 1, vor deren Hintergrund der EuGH seine Dietzinger-Grundsätze formulierte, keineswegs anders. Dort ließ der EuGH dem bürgenden Verbraucher das Widerrufsrecht aus RL 85/577/EWG Art 5 Abs 1 auch nicht etwa aufgrund einer isolierten Betrachtung der Bürgschaft zugutekommen, sondern aufgrund einer wertenden Gesamtbetrachtung des aus dem Gläubiger, dem Schuldner und dem Bürgen bestehenden Dreiecks. Für die Frage, ob der Unternehmer eine Warenlieferung oder Dienstleistung iSd RL 85/577/EWG Art 1 Abs 1 erbringt, war damals allein das Verhältnis zwischen dem Unternehmer als Gläubiger und dem Schuldner maßgeblich. Die Bürgschaft wurde als akzessorisches Sicherungsinstrument für die verbraucherschützenden Zwecke gewissermaßen als unselbständiger Bestandteil des Verbrauchervertrags zwischen dem Gläubiger und dem Schuldner angesehen. Nachdem der frühere RL 85/577/EWG Art 1 Abs 1 und der aktuelle RL 2011/83/EU Art 2 Nrn 5 und 6 sich in der Sache, wenn überhaupt, nicht nennenswert unterscheiden, ist es einerseits alles andere als ausgeschlossen, dass die Dietzinger-Argumentation unionsrechtlich auch in Zusammenhang mit der RL 2011/83/EU weiterhin Geltung beansprucht[57].

Andererseits ist diese Fortgeltung der Dietzinger-Argumentation aber auch nicht zwingend. Zum einen hat der Unionsgesetzgeber die Verbraucherbürgschaft nicht ausdrücklich den schützenden Bestimmungen der RL 2011/83/EU unterworfen, obwohl die Problematik bekannt war. Zum anderen hat er aber – obwohl das an sich bereits aus der Rechtsnatur der Akzessorietät resultiert – in RL 2011/83/EU Art 15 Abs 1 noch einmal ausdrücklich festgehalten, dass der Widerruf des Verbrauchervertrags zugleich auch alle akzessorischen Sicherungsmittel beendet. Wollte man nun dem akzessorischen Sicherungsgeber in Anwendung der Dietzinger-Grundsätze ein selbständiges Widerrufsrecht gewähren, müsste der Widerruf des Bürgen konsequenterweise in entsprechender Anwendung des RL 2011/83/EU Art 15 Abs 1 auch die Beendigung des Vertrags zwischen dem Gläubiger und dem Schuldner zur Folge haben, denn dem Gläubiger dürfte es nicht ohne Weiteres zumutbar sein, an dem wegen eines Verbraucherwiderrufs nun unbesicherten Vertrag mit dem Dritten festgehalten zu werden. Das erscheint kaum sachgemäß. Hinzu kommt, dass die in der Richtlinie für alle erfassten Verträge vorgesehenen Informationspflichten inhaltlich nicht sinnvoll auf Bürgschafts- und andere Sicherungsverträge zugeschnitten sein können[58].

Nach alledem zeigt sich, dass es durchaus plausible Gründe dafür gibt, unter der Geltung der RL 2011/83/EU nicht länger an den Dietzinger-Grundsätzen festzuhalten. Die Auslegungsfrage hätte der BGH allerdings dem EuGH nach AEUV Art 267 zur Vorabentscheidung vorlegen müssen. Anders als der BGH meint[59], kann von einem acte clair im Sinne seines Verständnisses vom Inhalt der Richtlinie keine Rede sein[60].

c) **Arbeitsverträge.** Arbeitsverträge gehören nicht in den Regelungsbereich der RL 2011/83/EU[61]. Da aber nach den allgemeinen Regeln, insbesondere in Zusammenhang mit § 310 Abs 3, der Arbeitsvertrag überwiegend als Verbrauchervertrag angesehen wird, werden Arbeitsverträge verbreitet auch als von § 312 Abs 1 erfasst angesehen[62]. Freilich ist es beim Arbeitsvertrag der Arbeitnehmer (Verbraucher), der die weisungsgebundene und fremdbestimmte Arbeitsleistung

---

55 BGHZ 227, 72 Rz 20 ff.
56 BGHZ 227, 72 Rz 27.
57 BeckOGK BGB/Busch Rz 19; Erman/Koch Rz 14 ff; MünchKommBGB/Wendehorst Rz 35; Fritz NJW 2020, 3629, 3630; Piekenbrock GPR 2021, 18, 22; Kulke MDR 2021, 526, 528, 532; noch weitergehend Hoffmann ZIP 2015, 1365, 1367 f.
58 Piekenbrock GPR 2021, 18, 21.
59 BGHZ 227, 72 Rz 31.
60 Schinkels LMK 2020, 434762; Piekenbrock GPR 2021, 18, 22; Kulke MDR 2021, 526, 532.
61 Erwägungsgrund 8: „Die zu harmonisierenden Aspekte der Regelungen sollten nur Verträge zwischen Unternehmern und Verbrauchern betreffen. Deshalb sollte diese Richtlinie die innerstaatlichen Rechtsvorschriften über Arbeitsverträge und Verträge auf dem Gebiet des Erb-, Familien- und Gesellschaftsrechts unberührt lassen.".
62 BeckOGK BGB/Busch Rz 20; Erman/Koch Rz 22; Hk-BGB/Schulte-Nölke Rz 3; NK-BGB/Ring Rz 18; aA Grüneberg/Grüneberg Rz 2.

und damit die vertragscharakteristische Leistung erbringt[63]. Wer Arbeitsverträge unter § 312 Abs 1 fassen will, setzt sich folglich in Widerspruch zu der für §§ 312 ff grundlegenden Konzeption, wonach der Unternehmer die für den Vertrag kennzeichnende Leistung übernimmt[64]. Außerdem ist es beim Arbeitsvertrag keineswegs der Arbeitnehmer (Verbraucher), der den Preis für eine Leistung bezahlt, sondern vielmehr der Arbeitgeber (Unternehmer). Der einfache Hinweis auf das allgemeine deutsche Verständnis von der Einordnung des Arbeitsvertrags als Verbrauchervertrag kann eine solche Durchbrechung nicht erklären, insbesondere auch deshalb nicht, weil die meisten der in §§ 312a bis 312h aufgestellten Regeln auf das Arbeitsverhältnis von vornherein nicht zugeschnitten sind[65]. Allenfalls kann sich also auch in diesem Zusammenhang wieder die Frage stellen, ob wenigstens einzelne Bestimmungen analog zugunsten des Arbeitnehmers Anwendung finden können, um eine strukturelle Unterlegenheit des Arbeitnehmers auszugleichen. Doch muss auch eine solche Analogie ausscheiden, da der Arbeitnehmer hinreichenden Schutz über die spezifisch arbeitsrechtlichen Instrumente erfährt[66].

25 **4. Verpflichtung des Verbrauchers zur Zahlung eines Preises.** §§ 312a bis 312h sind nur auf Verbraucherverträge anzuwenden, bei denen der Verbraucher sich zu der Zahlung eines Preises verpflichtet. Mit dieser Formulierung hat der deutsche Gesetzgeber den neu gefassten RL 2011/83/EU Art 3 Abs 1 Satz 1 in das bürgerliche Recht überführt. RL (EU) 2019/770 Art 2 Nr 7 enthält eine Legaldefinition des Preises, die auch in Zusammenhang mit der RL 2011/83/EU und mit § 312 Abs 1 zu beachten ist[67]. Danach ist unter einem Preis Geld oder eine digitale Darstellung eines Werts zu verstehen, das bzw die im Austausch für die Bereitstellung digitaler Inhalte oder digitaler Dienstleistungen geschuldet wird. Danach muss das Geld oder die digitale Darstellung eines Werts die Gegenleistung für die Ware, die Dienstleistung oder den digitalen Inhalt sein, was mindestens regelmäßig mit einer synallagmatischen Verknüpfung einhergeht.

26 **Geld** bezeichnet auch hier ein allgemein verwendetes Tausch- und Zahlungsmittel, das auf eine Rechnungseinheit lautet und vom Staat geschaffen oder doch zumindest zugelassen sein muss. Bargeld und Buchgeld sind gleichermaßen umfasst. Dementsprechend handelt es sich auch bei E-Geld iSd RL 2009/110/EG[68] Art 2 Nr 2 um Geld, denn E-Geld ist letztlich nichts anderes als eine besondere Form des Buchgeldes[69]. In welcher Währung der Verbraucher sich zur Zahlung eines Preises verpflichtet, ist gleichgültig. Die **digitalen Darstellungen von Werten** zeichnen sich demgegenüber dadurch aus, dass sie weder von einer Zentralbank emittiert oder garantiert werden noch den gesetzlichen Status einer Währung oder von Geld besitzen, aber von natürlichen oder juristischen Personen als Tauschmittel akzeptiert werden und die auf elektronischem Wege übertragen, gespeichert und gehandelt werden können. Umfasst sind in erster Linie virtuelle Währungen iSd RL (EU) 2015/849 Art 3 Nr 18[70]. Erbringt der Verbraucher eine andere Form der Gegenleistung oder verpflichtet er sich dazu, ist jedenfalls § 312 Abs 1 nicht einschlägig.

27 **5. Bereitstellung von personenbezogenen Daten durch den Verbraucher.** Gemäß § 312 Abs 1a Satz 1 sind §§ 312a ff auch auf Verbraucherverträge anzuwenden, bei denen der Verbraucher dem Unternehmer personenbezogene Daten bereitstellt oder sich hierzu verpflichtet. **Unionsrechtlich** liegt der durch RL (EU) 2019/2161 neu eingefügte RL 2011/83/EU Art 3 Abs 1a zugrunde. Im Ergebnis bedeutet diese Vorschrift keine wesentliche Neuerung. Auch nach der bis zum 31.12.2021 geltenden Rechtslage war es als eine Entgeltleistung des Verbrauchers anzusehen, wenn er dem Unternehmer über das gesetzlich für die Vertragsabwicklung notwendige Maß hinaus personenbezogene Daten von sich zur Verfügung stellte[71]. § 312 Abs 1a dient insoweit aber der Klarstellung und Präzisierung.

---

63 BeckOK BGB/Martens Rz 13; Jauernig/Stadler Rz 2; Bauer/Arnold/Zeh NZA 2016, 449, 450.
64 BAG NZA 2019, 688 Rz 28.
65 BAG NZA 2019, 688 Rz 20 ff; MünchKommBGB/Wendehorst Rz 16.
66 MünchKommBGB/Wendehorst Rz 16; Bauer/Arnold/Zeh NZA 2016, 449, 450.
67 BT-Drucks 19/27653, 35.
68 Richtlinie 2009/110/EG des Europäischen Parlaments und des Rates vom 16. September 2009 über die Aufnahme, Ausübung und Beaufsichtigung der Tätigkeit von E-Geld-Instituten, zur Änderung der Richtlinien 2005/60/EG und 2006/48/EG sowie zur Aufhebung der Richtlinie 2000/46/EG, ABl L 267/7 vom 10.10.2018.
69 BeckOGK BGB/Freitag § 244 Rz 17.
70 Richtlinie (EU) des Europäischen Parlaments und des Rates vom 20. Mai 2015 zur Verhinderung der Nutzung des Finanzsystems zwecke der Geldwäsche und der Terrorismusfinanzierung, zur Änderung der Verordnung (EU) Nr 648/2012 des Europäischen Parlaments und des Rates und zur Aufhebung der Richtlinie 2005/60/EG des Europäischen Parlaments und des Rates und der Richtlinie 2006/70/EG der Kommission, ABl L 141/73 vom 5.6.2016, in der durch die Richtlinie (EU) 2018/843 des Europäischen Parlaments und des Rates vom 30. Mai 2018 zur Änderung der Richtlinie (EU) 2015/849 zur Verhinderung der Nutzung des Finanzsystems zum Zwecke der Geldwäsche und der Terrorismusfinanzierung und zur Änderung der Richtlinien 2009/138/EG und 2013/36/EU, ABl L 156/43 vom 19.6.2018, geänderten Fassung.
71 BeckOK BGB/Martens Rz 10; BeckOGK BGB/Busch Rz 11; MünchKommBGB/Wendehorst Rz 38; vgl auch Beschlussempfehlung des RA BT-Drucks 17/13951, 72.

Der **Begriff** der personenbezogenen Daten ist in demselben Sinn zu verstehen wie bei DSGVO 28
Art 4 Nr 1[72]. Sie werden dem Unternehmer von dem Verbraucher bereitgestellt, wenn dieser ihre
Verarbeitung iSd DSGVO Art 4 Nr 2 durch jenen zulässt[73]. Danach sind zahlreiche Verhaltensweisen erfasst, insbesondere die Speicherung der IP-Adresse beim Webseitenbesuch[74], das Setzen von
Cookies durch den Unternehmer[75] oder das Erheben von Metadaten etwa über das von dem
Verbraucher verwendete Endgerät oder über seinen Browserverlauf[76]. Für § 312 Abs 1a spielt es
keine Rolle, ob die Datenverarbeitung nach datenschutzrechtlichen Maßstäben rechtmäßig ist
oder nicht[77].

Der Wirkungsbereich von § 312 Abs 1a Satz 1 wird freilich dadurch begrenzt, dass die Bereit- 29
stellung der personenbezogenen Daten oder die Verpflichtung dazu aufgrund bzw durch einen
Vertrag zwischen dem Unternehmer und dem betroffenen Verbraucher geschieht. Der dafür erforderliche Rechtsbindungswille ist dabei unproblematisch zu bejahen, wenn der Verbraucher für
den Erhalt einer Ware, Dienstleistung oder eines unkörperlichen Gegenstands nicht nur personenbezogene Daten bereitstellt, sondern sich auch zur Zahlung eines Preises verpflichtet. Ist das
Bereitstellen der personenbezogenen Daten hingegen die einzige Leistung, die der Verbraucher
gegenüber dem Unternehmer erbringt, fällt die Auslegung nach § 133 schwerer. Ein Verbrauchervertrag ist dabei aber jedenfalls anzunehmen, wenn der Verbraucher sich für die Nutzung eines
von dem Unternehmer angebotenen Dienstes registrieren und dabei einem von dem Unternehmer
gestellten Regelwerk unterwerfen muss[78]. Das betrifft etwa Dienstleister wie Facebook oder Instagram[79], bei denen der Verbraucher zudem ein Interesse daran hat, einen Anspruch auf Speicherplatz und Zugang zur Plattformöffentlichkeit zu bekommen. Dementsprechend bedeutet auch
die Registrierung etwa bei einem Messengerdienst oder bei einem Rabattsystem den Abschluss
eines Verbrauchervertrags mit dem jeweiligen Anbieter[80]. Ebenfalls auf vertraglicher Grundlage
werden die personenbezogenen Daten bereitgestellt, wenn der Nutzer im Austausch für
bestimmte Daten eine individualisierte Leistung, etwa in Form einer Information, erhält[81]. Kein
Vertrag kommt aber zustande, wenn der Verbraucher lediglich eine Seite im Internet ansteuert,
um dort allgemein zugängliche Informationen abzurufen.

Inwieweit das Recht an den eigenen Daten neben der persönlichkeitsrechtlichen Komponente 30
auch ein Vermögensrecht darstellt, ist im Einzelnen umstritten. Weder RL 2011/83/EU Art 3
Abs 1a noch der darauf basierende § 312 Abs 1a Satz 1 nehmen zu diesem Problem Stellung[82].
Dementsprechend ist es für die Einschlägigkeit von § 312 Abs 1a Satz 1 auch unerheblich, ob die
Bereitstellung der personenbezogenen Daten schuldrechtlich als eine Leistungspflicht iSd § 241
Abs 1 zu qualifizieren ist und ob sie im Sinne einer Gegenleistung, sei es synallagmatisch, konditional oder kausal, mit der Leistungspflicht des Unternehmers verknüpft ist oder nicht[83].

§§ 312a bis 312h sind gemäß § 312 Abs 1a Satz 2 allerdings nicht anzuwenden, wenn der Unter- 31
nehmer die von dem Verbraucher bereitgestellten personenbezogenen Daten **ausschließlich verarbeitet, um seine Leistungspflicht oder an ihn gestellte rechtliche Anforderungen zu erfüllen**, und sie zu keinem anderen Zweck verarbeitet. Durch diese Regelung wird RL 2011/83/
EU Art 3 Abs 1a UAbs 2 umgesetzt. Orientieren kann man sich insoweit an den zu DSGVO Art 6
Abs 1 UAbs 1 lit b), c) und e) entwickelten Grundsätzen[84]. Als Beispiel für § 312 Abs 1a Satz 2
Alt 1 wird der Unternehmer genannt, der die Postanschrift oder die E-Mail-Adresse des Verbrauchers erhebt, um diesem die bestellte Leistung zukommen lassen zu können[85]. Rechtliche Anforderungen an den Unternehmer iSd § 312 Abs 1a Satz 2 Alt 2 sind in erster Linie öffentlich-rechtlicher Natur und können ihre Grundlage gleichermaßen im Unions-, Bundes- oder Landesrecht
haben[86]. Freilich sollen §§ 312a bis 312h doch wieder zur Anwendung kommen, wenn der Unternehmer die Daten später auch zu anderen Zwecken als zur Erfüllung seiner Leistungspflicht oder
der an ihn gestellten rechtlichen Anforderungen verwendet. Streng genommen hätte das zur
Folge, dass §§ 312a bis 312h rückwirkend zur Anwendung kommen, wenn der Unternehmer erst
nachträglich den Entschluss fasst, die vorhandenen Daten etwa zu Werbezwecken zu verwenden.
Das ist kaum sachgerecht.

---

72 BT-Drucks 19/27653, 36.
73 BT-Drucks 19/27653, 36; Hk-BGB/Schulte-Nölke Rz 6.
74 Paal/Pauly/Ernst DSGVO Art 4 Rz 18.
75 BT-Drucks 19/27653, 36; Hk-BGB/Schulte-Nölke Rz 6.
76 BT-Drucks 19/27653, 36.
77 BT-Drucks 19/27653, 36.
78 Härting, Internetrecht, Rz 1052.
79 Beurskens NJW 2018, 3418, 3419.
80 Vgl EuGH EuZW 2020, 485 Rz 23 – DB Vertrieb GmbH.
81 Hacker ZfPW 2019, 148, 158.
82 BT-Drucks 19/27653, 35.
83 BT-Drucks 19/27653, 35.
84 BT-Drucks 19/27652, 36.
85 BT-Drucks 19/27653, 36.
86 BT-Drucks 19/27653, 37.

III. Eingeschränkte Anwendung auf Verträge nach § 312 Abs 2

32 Auf die in § 312 Abs 2 aufgezählten Verträge kommen von den §§ 312a bis 312h lediglich § 312a Abs 1, 3, 4 und 6 zur Anwendung. Hinzu kommen die §§ 312i ff, sofern die dort normierten Voraussetzungen erfüllt sind. Weil diese Verträge dem allgemeinen Verbraucherschutz der §§ 312 ff nur in sehr geringem Umfang unterliegen, zählt man sie zu dem sog **Minimalanwendungsbereich**[87]. Der Begriff steht im Gegensatz zum sog **Vollanwendungsbereich** der §§ 312 bis 312h, der diejenigen Verbraucherverträge beschreibt, auf die die Bestimmungen des allgemeinen Verbraucherschutzes uneingeschränkt anwendbar sind. Da alle diese Verträge aus dem Geltungsbereich der RL 2011/83/EU herausfallen, hätte der Gesetzgeber sie von den dort aufgestellten Regeln auch schlechthin ausnehmen können. Im Interesse eines hohen Verbraucherschutzniveaus hielt man es aber für angezeigt, die Regelungen des Minimalanwendungsbereichs möglichst umfassend anzuwenden[88].

33 1. **Notariell beurkundete Verträge, Abs 2 Nr 1.** – a) **Unionsrechtlicher Hintergrund.** Die RL 2011/83/EU gilt gemäß ihres RL 2011/83/EU Art 3 Abs 3 lit i) nicht für Verträge, die nach dem Recht der Mitgliedstaaten vor einem öffentlichen Amtsträger geschlossen werden, der gesetzlich zur Unabhängigkeit und Unparteilichkeit verpflichtet ist und durch umfassende rechtliche Aufklärung sicherzustellen hat, dass der Verbraucher den Vertrag nur aufgrund gründlicher rechtlicher Prüfung und in Kenntnis seiner rechtlichen Tragweite abschließt. Nach dem Recht der Bundesrepublik Deutschland handelt es sich bei diesen öffentlichen Amtsträgern um die Notare[89]. Hier erhält der Verbraucher die für seine Willensbildung maßgeblichen Informationen durch den beurkundenden Notar, der auf diese Weise zugleich die strukturelle Unterlegenheit des Verbrauchers gegenüber dem Unternehmer ausgleicht.

34 b) **Notarielle Beurkundung.** Die notarielle Beurkundung ist **im technischen Sinn** der BeurkG §§ 7 ff zu verstehen[90].

35 c) **Verträge über Finanzdienstleistungen, lit a).** Gemäß Abs 2 Nr 1 lit a) hat der Unternehmer gegenüber dem Verbraucher lediglich die Pflichten aus § 312a Abs 1, 3, 4 und 6 zu beachten, wenn es sich um einen notariell beurkundeten Verbrauchervertrag über Finanzdienstleistungen handelt, der **außerhalb von Geschäftsräumen** geschlossen wurde. Weitergehende Informationspflichten entfallen hier ebenso wie ein Widerrufsrecht des Verbrauchers. Die Finanzdienstleistung ist in Abs 5 Satz 1 legaldefiniert, der außerhalb von Geschäftsräumen geschlossene Vertrag in § 312b. Ohne diese Ausnahmeregelung würde der Vollanwendungsbereich der §§ 312 ff auch für im Notariat beurkundete Präsenzgeschäfte gelten, was angesichts der Beratungspflicht des Notars nicht sachgerecht erscheint[91].

36 Demgegenüber beanspruchen die §§ 312a ff in vollem Umfang Geltung für notariell beurkundete **Fernabsatzverträge über Finanzdienstleistungen**. Wegen § 312g Abs 2 Nr 13 gilt das besonders wichtige Widerrufsrecht aber auch in diesen Fällen nicht. Die im Verhältnis zu den außerhalb von Geschäftsräumen beurkundeten Verträgen gesteigerten Pflichten des Unternehmers beziehen sich somit in erster Linie auf Informationspflichten[92]. Dies ist dem unionsrechtlichen Hintergrund geschuldet, wonach die RL 2002/65/EG[93] in ihrem Art 6 Abs 3 lit c) den Mitgliedstaaten den Verzicht zwar auf das Widerrufsrecht gestattet, nicht aber auf die besonderen Informationspflichten[94]. Freilich sind Fälle, in denen ein Fernabsatzvertrag über Finanzdienstleistungen notariell beurkundet wird, angesichts der Begriffsbestimmung in § 312c jedenfalls so lange nur mit Mühe vorstellbar, wie die Möglichkeit einer elektronischen Beurkundung nach BeurkG §§ 16a ff nicht auf andere Geschäfte als die Gründung einer GmbH ausgedehnt wird[95].

37 Bei notariell beurkundeten Verträgen über Finanzdienstleistungen, die **weder im Fernabsatz noch außerhalb von Geschäftsräumen** geschlossen werden, hat der Unternehmer den Verbraucher in vollem Umfang gemäß § 312a zu informieren[96]. Das führt zu dem eigenartigen Ergebnis, dass die Informationspflicht sich in diesen Fällen auch auf die Informationen gemäß § 312a Abs 2

---

[87] MünchKommBGB/Wendehorst Rz 14.
[88] BT-Drucks 17/12637, 46; Brönneke/Schmidt VuR 2014, 3, 5; Beck Jura 2014, 666.
[89] BT-Drucks 17/12637, 46; Brönneke/Schmidt VuR 2014, 3, 5.
[90] MünchKommBGB/Wendehorst Rz 49.
[91] Beschlussempfehlung des RA BT-Drucks 17/13951, 61; BeckOK BGB/Martens Rz 16; HK-BGB/Schulte-Nölke Rz 9.
[92] MünchKommBGB/Wendehorst Rz 50; NK-BGB/Ring Rz 27.
[93] Richtlinie 2002/65/EG des Europäischen Parlaments und des Rates vom 23. September 2002 über den Fernabsatz von Finanzdienstleistungen an Verbraucher und zur Änderung der Richtlinie 90/619/EWG des Rates und der Richtlinien 97/7/EG und 98/27/EG, Abl Nr L 271 v 9.10.2002, 16 ff.
[94] BT-Drucks 17/12637, 95; BeckOK BGB/Martens Rz 16; NK-BGB/Ring Rz 27.
[95] MünchKommBGB/Wendehorst Rz 50; BeckOK BGB/Martens Rz 16.
[96] BeckOK BGB/Martens Rz 17; MünchKommBGB/Wendehorst Rz 52; NK-BGB/Ring Rz 24.

und Abs 5 erstreckt, während dies bei außerhalb von Geschäftsräumen geschlossenen Verträgen nicht der Fall ist[97].

d) **Verträge über andere Leistungen, lit b**). Für notariell beurkundete Verbraucherverträge, **38** deren charakteristischer Leistungsgegenstand keine Finanzdienstleistung ist, gelten gemäß Abs 2 Nr 1 lit b) grundsätzlich nur die §§ 312a Abs 1, 3, 4 und 6 sowie ggf §§ 312i ff. Ohne Weiteres ist das jedoch nur für die Fälle **gesetzlich angeordneter notarieller Beurkundung**[98] anzunehmen. Das folgt aus der Erwägung, dass der Verbraucher seinen Informationsanspruch gegenüber dem Unternehmer nicht durch eine freiwillige Beurkundung des Vertrags oder einer Vertragserklärung verlieren soll[99]. Für isoliert betrachtet nicht formbedürftige Vereinbarungen hat der BGH verschiedentlich dennoch eine notarielle Beurkundungspflicht angenommen, und zwar dann, wenn dieses Geschäft mit einem gesetzlich beurkundungsbedürftigen Geschäft nach dem Willen der Parteien derart rechtlich zusammenhängt, dass beide miteinander „stehen und fallen" sollen[100]. Auch solche Beurkundungserfordernisse sind iSd lit b) als gesetzlich angeordnet anzusehen[101].

Für die Fälle der **freiwilligen Beurkundung** ordnet lit b) Hs 2 hingegen die Geltung des **39** Vollanwendungsbereichs der §§ 312 ff an, sofern der Notar den Verbraucher über den Fortfall der Informationspflichten gemäß § 312d Abs 1 und des Widerrufsrechts nicht belehrt[102]. Selbst bei einer insoweit unterlassenen Belehrung bleibt es jedoch beim Wegfall des Widerrufsrechts aufgrund von § 312g Abs 2 Nr 13[103].

Für Verbraucherverträge, die **weder im Fernabsatz noch außerhalb von Geschäftsräumen** **40** abgeschlossen werden, greifen weder die Informationspflichten aus § 312d noch das Widerrufsrecht aus § 312g. Sie unterliegen lediglich den allgemeinen Bestimmungen des § 312a. In diesen Fällen folgt aus lit b), dass der Ausnahmetatbestand auch ohne jede Belehrung anwendbar ist[104]. Auch wird man keine Umgehung iSd § 312k Abs 1 Satz 2 annehmen können.

2. **Grundstücksverträge, Abs 2 Nr 2**. Gemäß Abs 2 Nr 2 finden auch auf Verträge über die **41** Begründung, den Erwerb oder die Übertragung von Eigentum oder anderen Rechten an Grundstücken lediglich die Informationspflichten der § 312a Abs 1, 3, 4 und 6 sowie ggf §§ 312i ff Anwendung. Die **unionsrechtliche Grundlage** dieser Bestimmung ist RL 2011/83/EU Art 3 Abs 3 lit e). Laut Erwägungsgrund 26 hält der Unionsgesetzgeber die Bestimmungen der RL 2011/83/EU für ungeeignet, Verbraucherverträge über Grundstücke sachgerecht zu erfassen, zumal der Grundstücksverkehr Gegenstand einer Reihe spezifischer einzelstaatlicher Rechtsvorschriften sei.

Da die Regelung lediglich Verträge über Rechte an Grundstücken betrifft, sind rein **relativ** **42** **wirkende Rechte** auf ein Grundstück, wie insbesondere Miete und Pacht, nicht erfasst[105].

Dementsprechend nimmt Abs 2 Nr 2 lediglich Verträge über **dingliche Rechte** an Grundstü- **43** cken aus dem Vollanwendungsbereich der §§ 312 ff heraus[106]. Insbesondere geht es also um Eigentum, Dienstbarkeiten, Vorkaufsrechte, Reallasten, Hypotheken, Grund- und Rentenschulden. Auch grundstücksgleiche Rechte wie etwa das Erbbaurecht, das Wohnungseigentum oder nach Landesrecht grundstücksgleiche Rechte (EGBGB Art 55 ff) fallen unter die Vorschrift[107]. Gleiches gilt für den **Bauträgervertrag**[108], bei dem freilich §§ 650i ff zu beachten sind[109]. Auch die **Vormerkung** ist trotz ihrer hybriden Ausgestaltung[110] Regelungsgegenstand von Abs 2 Nr 2. Entscheidend ist insoweit, dass die Vormerkung bereits wesentliche Wirkungen des gesicherten dinglichen Rechts entfaltet. Bei alledem bezieht sich Abs 2 Nr 2 nicht nur auf das Verfügungs-, sondern auch auf das entsprechende Verpflichtungsgeschäft[111]. Für die Begründung oder Übertragung des **Rechtes an einem solchen Recht**, wie zB dem Nießbrauch an einer Grundstücksbelastung[112], gilt hingegen nicht Abs 2 Nr 2, sondern Abs 2 Nr 1 lit b).

---

97 MünchKommBGB/Wendehorst Rz 52.
98 BT-Drucks 17/12637, 46; MünchKommBGB/Wendehorst Rz 53; Grüneberg/Grüneberg Rz 9.
99 BT-Drucks 17/12637, 95.
100 BGHZ 101, 393, 396; BGH NJW 2002, 142,143; s auch BGH NJW 1983, 1843, 1844.
101 BT-Drucks 17/12637, 46; HK-BGB/Schulte-Nölke Rz 13; MünchKommBGB/Wendehorst Rz 53.
102 Jauernig/Stadler Rz 8; MünchKommBGB/Wendehorst Rz 54; NK-BGB/Ring Rz 28.
103 BeckOGK BGB/Busch Rz 28; Erman/Koch § 312 Rz 26; Grüneberg/Grüneberg Rz 9.
104 MünchKommBGB/Wendehorst Rz 54.
105 BeckOK BGB/Martens Rz 21; BeckOGK BGB/Busch Rz 29; MünchKommBGB/Wendehorst Rz 58s auch Brandenburg NJOZ 2014, 1004, 1005.
106 BeckOGK BGB/Busch Rz 29; MünchKommBGB/Wendehorst Rz 57.
107 OLG Dresden BeckRS 2020, 34801; BeckOK BGB/Martens Rz 21; MünchKommBGB/Wendehorst Rz 57.
108 BeckOK BGB/Martens Rz 21; MünchKommBGB/Wendehorst Rz 57; Glöckner BauR 2014, 411, 415.
109 Wessel/Schwenker MDR 2017, 1218 ff; Basty MittBayNot 2017, 445, 446.
110 MünchKommBGB/Kohler § 883 Rz 5.
111 MünchKommBGB/Wendehorst Rz 57; BeckOGK BGB/Martens Rz 21; BeckOGK BGB/Busch Rz 29.
112 Jauernig/Berger § 873 Rz 3.

44 Die genannten Grundstücksverträge bedürfen zu ihrer Wirksamkeit regelmäßig der notariellen Beurkundung. Im **Verhältnis zu Abs 2 Nr 1** ergibt sich demnach ein erheblicher Überschneidungsbereich. Allerdings greift Abs 2 Nr 2 auch dort ein, wo die Parteien das Grundstücksgeschäft freiwillig beurkunden lassen[113]. Daraus folgt im Konfliktfall der Vorrang von Abs 2 Nr 2 gegenüber Abs 2 Nr 1 lit b) Hs 2. Unberührt bleiben ggf die Bestimmungen über den **Verbraucherbauvertrag** gemäß §§ 650i ff. Bei Grundstücksverträgen, die eine **Einheit mit einem Vertrag über eine Finanzdienstleistung** bilden, sollen nach der Regierungsbegründung die in § 312d Abs 2 genannten Informationspflichten bestehen bleiben, und zwar aufgrund der Vorgabe in RL 2002/65/EG Art 6 Abs 3 lit c)[114].

45 3. **Verbraucherbauverträge, Abs 2 Nr 3**. Gemäß Abs 2 Nr 3 finden auch auf Verbraucherbauverträge iSd § 650i lediglich die Informationspflichten der § 312a Abs 1, 3, 4 und 6 sowie ggf §§ 312i ff Anwendung. Die **unionsrechtliche Grundlage** dieser Bestimmung ist RL 2011/83/EU Art 3 Abs 3 lit f). Auch insoweit hält der Unionsgesetzgeber ausweislich des Erwägungsgrundes 26 die Bestimmungen der RL 2011/83/EU für sachlich unpassend. Gleichwohl bestanden bereits zur Zeit des früheren § 312b Abs 3 Nr 4 Zweifel an Sinn und Zweck dieser Ausnahme[115]. Dementsprechend hat der deutsche Gesetzgeber mit Wirkung vom 1.1.2018 in §§ 650i bis 650n spezifische Bestimmungen über den Verbraucherbauvertrag aufgenommen.

46 Der Verbraucherbauvertrag ist in § 650i Abs 1 legaldefiniert als Vertrag, durch den der Unternehmer von einem Verbraucher zum Bau eines neuen Gebäudes oder zu erheblichen Umbaumaßnahmen an einem bestehenden Gebäude verpflichtet wird. Diese Definition ist mit der Terminologie in RL 2011/83/EU Art 3 Abs 3 lit f) identisch[116]. Da das Verständnis von ihnen den zu Gunsten des Verbrauchers definierten Schutz durch die §§ 312 ff einschränkt, ist insoweit eine enge Auslegung geboten.

47 Verträge über den **Bau eines neuen Gebäudes** sind dementsprechend nur Verträge über Maßnahmen, die das Grundstück wesentlich umgestalten und daher den klassischen Immobiliengeschäften gleichgestellt werden[117]. So liegt es, wenn das Gebäude zur dauerhaften Wohnnutzung durch Menschen geeignet und bestimmt ist[118]. Somit fallen Verträge, die ein Verbraucher außerhalb von Geschäftsräumen oder im Wege des Fernabsatzes über die Errichtung von Gartenlauben, Werkzeugschuppen, Carports und dergleichen abschließt, in den Vollanwendungsbereich der §§ 312 ff[119].

48 In Erwägungsgrund 26 beschreibt der Unionsgesetzgeber **erhebliche Umbaumaßnahmen** als solche, die dem Bau eines neuen Gebäudes vergleichbar sind. Das ist insbesondere bei der Entkernung anzunehmen, bei der lediglich die Fassade des Gebäudes erhalten bleibt[120]. Als erhebliche Umbaumaßnahmen sollten darüber hinaus aber auch Kernsanierungen anzusehen sein, bei denen ein bestehendes Gebäude bis auf seine tragenden Strukturen zurückgebaut und in einen neuwertigen Zustand zurückversetzt wird. Einfache Renovierungsarbeiten sowie die Errichtung von Anbauten wie Wintergärten, Garagen oder auch der Einbau eines Treppenlifts erreichen die geforderte Erheblichkeitsschwelle hingegen noch nicht[121]. Insgesamt ist die Erheblichkeitsschwelle eher hoch anzusetzen[122].

49 4. **Timesharing-Verträge, Abs 2 Nr 6**. Auf Verträge über Teilzeit-Wohnrechte, langfristige Urlaubsprodukte, Vermittlungen und Tauschsysteme nach den §§ 481 bis 481b sind gemäß Abs 2 Nr 6 lediglich § 312a Abs 1, 3, 4 und 6 sowie ggf §§ 312i bis 312k anwendbar. **Unionsrechtliche Grundlage** ist RL 2011/83/EU Art 3 Abs 3 lit h). Insoweit erachtet der Unionsgesetzgeber die verbraucherschützenden Bestimmungen der RL 2008/122/EG[123] für vorrangig und ausreichend[124]. In Deutschland finden sich die entsprechenden Bestimmungen in §§ 481 ff.

50 Die Bereichsausnahme gilt unionsrechtlich jedoch nur, „soweit" einer der dort bezeichneten Timesharing-Verträge auch in den Geltungsbereich der Richtlinie fällt. Ist das nicht der Fall, weil etwa die Jahresdauer gemäß §§ 481, 481a nicht erreicht wird, greift auch Abs 2 Nr 6 nicht zu Gunsten des Unternehmers ein[125].

---

113 BT-Drucks 17/12637, 46.
114 BT-Drucks 17/12637, 46.
115 Staud[12]/Thüsing § 312b aF Rz 74.
116 Vgl BT-Drucks 18/8486, 61 unter Hinweis auf § 312b Abs 3 Nr 4 aF.
117 BT-Drucks, 18/8486, 24, 61; MünchKommBGB/Wendehorst Rz 59.
118 BeckOK BGB/Martens Rz 23.
119 BeckOK BGB/Martens Rz 23; MünchKommBGB/Wendehorst Rz 60; HK-BGB/Schulte-Nölke Rz 16.
120 BT-Drucks 17/12637, 46; NK-BGB/Ring Rz 39.
121 BGH NJW 2018, 3380 Rz 16.
122 KG BeckRS 2021, 39589.
123 Richtlinie 2008/122/EG des Europäischen Parlaments und des Rates vom 14. Januar 2009 über den Schutz der Verbraucher im Hinblick auf bestimmte Aspekte von Teilzeitnutzungsverträgen, Verträgen über langfristige Urlaubsprodukte sowie Wiederverkaufs- und Tauschverträgen, ABl Nr L 33, 10 ff.
124 RL 2011/83/EU Erwägungsgrund 32.
125 BeckOGK BGB/Busch Rz 40; Erman/Koch Rz 51.

5. **Behandlungsverträge, Abs 2 Nr 7**. Gemäß Abs 2 Nr 7 sind auf Behandlungsverträge iSd 51
§ 630a lediglich die § 312a Abs 1, 3, 4 und 6 sowie ggf §§ 312i bis 312k anwendbar. **Unionsrechtliche Grundlage** ist RL 2011/83/EU Art 3 Abs 3 lit b). Nach Erwägungsgrund 30 sieht der Unionsgesetzgeber die Bestimmungen der RL 2011/83/EU als nicht sachgerecht für den Umgang mit Gesundheitsdienstleistungen an. Vielmehr seien für die Gesundheitsversorgung wegen ihrer technischen Komplexität, ihrer Bedeutung als Dienst von allgemeinem Interesse und ihrer weitgehenden öffentlichen Finanzierung besondere Regelungen erforderlich. Der deutsche Gesetzgeber sieht deshalb kein Bedürfnis dafür, Behandlungsverträge dem Vollanwendungsbereich der §§ 312 ff zu unterstellen, weil bereits in §§ 630c, 630e und 630f spezifische Patientenrechte normiert seien und im Übrigen ein Widerrufsrecht etwa von vereinbarten Hausbesuchen nicht erforderlich sei[126].

Freilich hat der deutsche Gesetzgeber mit Abs 2 Nr 7 den von RL 2011/83/EU Art 3 Abs 3 lit b) 52
gewährten Spielraum zur Schaffung einer Bereichsausnahme nicht ausgeschöpft[127]. So entstammt der dort verwendete Begriff der **Gesundheitsdienstleitung** dem RL 2011/24/EU Art 3 lit a)[128]. Dort ist die Gesundheitsversorgung definiert als Gesundheitsdienstleistungen, die von Angehörigen der Gesundheitsberufe gegenüber Patienten erbracht werden, um deren Gesundheitszustand zu beurteilen, zu erhalten oder wiederherzustellen, einschließlich der Verschreibung, Abgabe und Bereitstellung von Arzneimitteln und Medizinprodukten. Der Ausnahmetatbestand des Abs 2 Nr 7 umfasst demgegenüber lediglich den **Behandlungsvertrag iSd § 630a Abs 1**, also das Versprechen einer medizinischen Behandlung gegen eine Vergütung. Somit unterfällt der gesamte Bereich der Versorgung des Patienten mit Arzneimitteln und Medizinprodukten dem Vollanwendungsbereich der §§ 312 ff[129].

Der deutsche Gesetzgeber will den Vollanwendungsbereich der §§ 312 ff auch in den Konstella- 53
tionen eröffnet wissen, in denen der Behandelnde **gleichzeitig mit einem Behandlungsvertrag einen weiteren Vertrag** mit dem Verbraucher abschließt, zB über den Verkauf eines Medizinprodukts oder eines Gesundheitspräparats[130]. Das mag dazu führen können, dass der Arzt hinsichtlich eines Arzneimittels oÄ an §§ 312 ff gebunden ist, soweit er dieses dem Patienten im Rahmen eines Hausbesuchs überlässt[131]. Doch kann es zu diesem gleichzeitigen Vertragsschluss nur kommen, wenn bereits bei der Verabredung des Hausbesuchs feststeht, welches konkrete Präparat oder Medizinprodukt der Verbraucher/Patient benötigt. Denn andernfalls kommt der Vertrag hierüber erst im Anschluss an die Diagnoseerstellung zustande. Praktisch mag das Problem somit regelmäßig nur dort auftreten, wo der Arzt den Patienten dauerhaft und gleichförmig wegen eines chronischen Leidens versorgt. Insoweit steht einem Handel des Arztes mit Arzneimitteln gegenüber seinem Patienten indes AMG § 43 entgegen. Der Vertrieb sonstiger Waren unterliegt den Einschränkungen des MBO § 3. Schließlich bleibt die Ausnahme vom Widerrufsrecht gemäß § 312g Abs 2 Nr 3 zu beachten[132]. Für die in der Regierungsbegründung erwähnte Konstellation dürfte sich deshalb kein wesentlicher Anwendungsbereich ergeben.

6. **Verträge über Nahrungsmittel und ähnliche Bedarfsgegenstände, Abs 2 Nr 8**. – a) 54
Erfasste Vertragsgegenstände. Gemäß Abs 2 Nr 8 finden auf Verträge über die Lieferung von Lebensmitteln, Getränken oder sonstigen Haushaltsgegenständen des täglichen Bedarfs, die am Wohnsitz, am Aufenthaltsort oder am Arbeitsplatz eines Verbrauchers von einem Unternehmer im Rahmen häufiger und regelmäßiger Fahrten geliefert werden, lediglich die § 312a Abs 1, 3, 4 und 6 sowie ggf §§ 312i bis 312k Anwendung. **Unionsrechtliche Grundlage** ist RL 2011/83/EU Art 3 Abs 3 lit j). Dahinter steht der Gedanke, dass die Vertragsgegenstände, welche dieser sog „Pizza-Klausel"[133] unterfallen, in aller Regel nur geringwertig sind. Daraus folgt, dass dem Verbraucher das Risiko eines Fehlkaufs eher zuzumuten ist als dem Unternehmer die Belastung mit den kostenintensiven Maßnahmen des Verbraucherschutzes[134].

In Anlehnung an VO (EG) 178/2002[135] Art 2 sind unter **Lebensmitteln** und **Getränken** alle 55
Stoffe oder Erzeugnisse zu verstehen, die dazu bestimmt sind oder von denen nach vernünftigem Ermessen erwartet werden kann, dass sie in verarbeitetem, teilweise verarbeitetem oder unverarbei-

---

126 BT-Drucks 17/12637, 47.
127 BeckOK BGB/Martens Rz 33; MünchKommBGB/Wendehorst Rz 66.
128 Richtlinie 2011/24/EU des Europäischen Parlaments und des Rates vom 9. März 2011 über die Ausübung der Patientenrechte in der grenzüberschreitenden Gesundheitsversorgung, ABl Nr L 88, 45 ff.
129 BT-Drucks 17/12637, 47; BeckOK BGB/Martens Rz 35; HK-BGB/Schulte-Nölke Rz 19; MünchKommBGB/Wendehorst Rz 66.
130 BT-Drucks 17/12637, 47.
131 MünchKommBGB/Wendehorst Rz 67.
132 BeckOGK BGB/Busch Rz 43.
133 MünchKommBGB/Wendehorst Rz 68.
134 BT-Drucks 14/2658, 32; MünchKommBGB/Wendehorst § 312 Rz 68.
135 Verordnung (EG) Nr 178/2002 des Europäischen Parlaments und des Rates vom 28. Januar 2002 zur Festlegung der allgemeinen Grundsätze und Anforderungen des Lebensmittelrechts, zur Errichtung der Europäischen Behörde für Lebensmittelsicherheit und zur Festlegung von Verfahren zur Lebensmittelsicherheit, ABl Nr L 31, 1.

tetem Zustand von Menschen aufgenommen werden. Danach fällt die Biokiste ebenso in den Geltungsbereich von Abs 2 Nr 8 wie die fertig zum Verzehr bereitete Speise. Auf einen Ernährungs- oder Genusszweck kommt es für diesen unionsrechtlich geprägten Lebensmittelbegriff nicht an[136].

56 Die **Bedarfsgegenstände des täglichen Lebens** erscheinen in verschiedenen Regelungskontexten des bürgerlichen Rechts. Zu nennen ist etwa § 1357. Dort ist der Begriff freilich nicht ausschließlich auf den alltäglichen Bedarf zugeschnitten. Vielmehr sind durchaus auch Möbel, Unterhaltungselektronik, langlebige Haushaltsgegenstände etc erfasst[137]. Ein derart weitreichendes Verständnis vom Bedarfsgegenstand des täglichen Lebens kommt im hier interessierenden Kontext jedoch nicht in Betracht, denn es widerspräche den nach §§ 312 ff schützenswerten Verbraucherinteressen. Demgegenüber erkennen manche letztlich den gesamten **Warenbestand eines Supermarkts** als Bedarfsgegenstände des täglichen Lebens an[138]. Dieses Verständnis ist für eine erste Orientierung sicherlich geeignet. Es bestehen aber Schwierigkeiten, den Wandel im Sortiment insbesondere von Discountern, die gar nicht selten Computer, Fernseher, Fahrräder und dergleichen vertreiben, sachgerecht zu erfassen[139]. Nachdem die Ausnahmetatbestände des RL 2011/83/EU Art 3 Abs 3 eng auszulegen sind, sollten als Bedarfsgegenstände des täglichen Lebens nur **Verbrauchsgüter** angesehen werden, solche also, die typischerweise und regelmäßig im Haushalt verwendet werden und für die deshalb ein regelmäßiger und häufiger Neuanschaffungsbedarf besteht[140]. Unter Abs 2 Nr 8 fallen somit etwa Kosmetika, Putz- und Waschmittel, Kaffeefilter und dergleichen. Die Vertreter eines dritten Interpretationsvorschlags stellen darauf ab, ob der Vertragsgegenstand **von einem durchschnittlichen Verbraucher häufig und regelmäßig nachgefragt** wird[141]. Danach soll Abs 2 Nr 8 auch Verträge über länglebige Gebrauchsgegenstände der Haushaltsführung aus dem Vollanwendungsbereich der §§ 312 ff herausnehmen, wie etwa Gartenschläuche und kleinere Elektrogeräte (Toaster, einfache Kaffeemaschine)[142]. Richtig ist, dass auch insoweit kein Bedarf nach einem umfassenden Verbraucherschutz besteht. Diesem Gesichtspunkt ist allerdings bei Abs 2 Nr 12 Rechnung getragen. Aus § 312g Abs 2 Nr 7 ergibt sich, dass **Zeitschriftenabonnements** keine Verträge über Haushaltsgegenstände des täglichen Bedarfs sind[143].

57 Bestellt der Verbraucher länglebige Gebrauchsgegenstände **gemeinsam** mit Lebensmitteln und/oder Gegenständen des täglichen Bedarfs, bezieht sich der Vollanwendungsbereich der §§ 312 ff nur auf die von Abs 2 Nr 8 nicht umfassten Gegenstände[144].

58 Abs 2 Nr 8 ist nicht auf den einmaligen Austauschvorgang beschränkt. Vielmehr betrifft der Ausnahmetatbestand auch **Verpflichtungen zum fortlaufenden Bezug** der jeweiligen Gegenstände[145], beispielsweise die Vereinbarung der wöchentlichen Lieferung einer Biokiste.

59 b) **Der privilegierte Vertriebsvorgang**. Abs 2 Nr 8 greift nur ein, wenn ein Unternehmer die bestellten Gegenstände im Rahmen häufiger und regelmäßiger Fahrten liefert. Wenn Abs 2 Nr 8 dabei das **Ziel dieser Auslieferung** als Arbeitsplatz, Wohnsitz oder Aufenthaltsort des Verbrauchers beschreibt, ist das lediglich in Abgrenzung zu den Geschäftsräumen des Unternehmers zu verstehen. Eine für Abs 2 Nr 8 ausreichende Auslieferung kann an jeden beliebigen Ort erfolgen[146].

60 Wenigstens weitgehend einig ist man sich, dass der Schuldner des Vertragsgegenstands die Auslieferung auch **unmittelbar selbst**, durch eigene Mitarbeiter oder wenigstens in organisatorischer Hoheit vorzunehmen hat, um in den Genuss von Abs 2 Nr 8 zu gelangen. Beauftragt er hingegen ein **Logistikunternehmen**, so bleibt es beim Vollanwendungsbereich der §§ 312 ff[147]. Das führt dazu, dass Restaurantbetreiber, die keinen eigenen Lieferdienst unterhalten, sondern insoweit die Dienste von Vermittlungsplattformen wie etwa Lieferando oder Gorillas in Anspruch nehmen, in den Vollanwendungsbereich der §§ 312 ff fallen. Hinnehmen kann man das deshalb, weil die nach § 312d Abs 1 iVm EGBGB Art 246a erforderlichen Informationen hier bereits über die zentral verwaltete Vermittlungsplattform bereitgestellt werden können und das Widerrufsrecht gemäß § 312g Abs 2 Nr 2 ausgeschlossen ist. Dennoch erscheint es zweifelhaft, ob die derart rest-

---

136 Streinz/Meisterernst Basis-VO/LFGB Art 2 Rz 7; aA MünchKommBGB/Wendehorst Rz 69.
137 BeckOK BGB/Hahn § 1357 Rz 17.
138 Grüneberg/Grüneberg Rz 16; kritisch Erman/Koch Rz 54.
139 Staud/Thüsing Rz 40.
140 BeckOK BGB/Martens Rz 38; BeckOGK BGB/Busch Rz 47; Erman/Koch Rz 54; HK-BGB/Schulte-Nölke Rz 20.
141 MünchKommBGB/Wendehorst Rz 69; Staud/Thüsing Rz 40.
142 MünchKommBGB/Wendehorst Rz 69; Staud/Thüsing Rz 40; Buchmann, K&R 2014, 369, 370.
143 BGH GRUR 2012, 188 Rz 20.
144 MünchKommBGB/Wendehorst Rz 69.
145 BT-Drucks 17/12637, 92; Grüneberg/Grüneberg Rz 16.
146 BeckOGK BGB/Busch Rz 49; MünchKommBGB/Wendehorst Rz 71.
147 BGH GRUR 2012, 188 Rz 23; BeckOK BGB/Martens Rz 39; Staud/Thüsing Rz 41 kritisch MünchKommBGB/Wendehorst Rz 70.

riktive Interpretation teleologisch tatsächlich geboten ist. Immerhin liegt die Begründung für den durch Abs 2 Nr 8 reduzierten Verbraucherschutz wenigstens primär in der Eigenart des Vertragsgegenstands begründet und nicht in der Organisation und Durchführung seiner Auslieferung.

Für das Erfordernis **regelmäßiger und häufiger Lieferung** ist maßgeblich, ob das Geschäftsmodell des Unternehmers darauf ausgerichtet ist, die Nachfrage der Verbraucher nach den erfassten Vertragsgegenständen durch häufige oder regelmäßige Lieferfahrten im Rahmen eines Vertragsverhältnisses zu befriedigen[148]. Danach ist Abs 2 Nr 8 nicht einschlägig, wenn der ansonsten stationär tätige Unternehmer nur in Ausnahmefällen die Lieferung nach Hause übernimmt. In diesem Fall liegt dann auch kein Fernabsatzvertrag vor, so dass es bei den Pflichten für den stationären Vertrieb verbleibt. Weiter sei Abs 2 Nr 8 nicht anwendbar, wenn der Unternehmer – wie etwa der Heizöllieferant – den einzelnen Verbraucher nur selten aufsuchen müsse, um dessen Bedarf nach dem Vertragsgegenstand zu befriedigen[149]. Hier lässt sich freilich schon das Vorliegen eines Haushaltsgegenstands für den täglichen Bedarf in Frage stellen.

7. **Warenautomaten und automatisierte Geschäftsräume, Abs 2 Nr 9**. Verträge, die unter Verwendung von Warenautomaten und automatisierten Geschäftsräumen geschlossen werden, unterliegen gemäß Abs 2 Nr 9 lediglich den § 312a Abs 1, 3, 4 und 6 sowie ggf §§ 312i bis 312k. **Unionsrechtlicher Hintergrund** ist RL 2011/83/EU Art 3 Abs 3 lit l). Diese Bereichsausnahme soll dem Umstand Rechnung tragen, dass bei solchen Verträgen ein Widerrufsrecht nicht und Informationspflichten nur rudimentär durchgeführt werden können[150]. Auch spielt die für den Verbraucher im Fernabsatz spezifisch riskante Situation, den Vertragsgegenstand vor dem Vertragsschluss nicht in Augenschein nehmen zu können, bei den Automatenverträgen häufig keine Rolle[151].

Im Hinblick auf die **außerhalb von Geschäftsräumen geschlossenen Verträge** dürfte an sich keine Notwendigkeit für diese spezielle Regelung bestehen. Ähnlich einer nicht fest mit dem Erdboden verbundenen Ticketbox[152] lassen sich Warenautomaten und automatisierte Geschäftsräume nämlich als bewegliche Geschäftsräume des Unternehmers begreifen. Aus dem Ablauf des Vertragsschlusses ergibt sich indes, dass die Automatenverträge ohne die Bereichsausnahme des Abs 2 Nr 9 den Bestimmungen über den **Fernabsatz** unterliegen würden. So richtet der Unternehmer durch das Aufstellen des Automaten ein Vertragsangebot ad incertas personas[153]. Der Verbraucher nimmt dieses durch Betätigen des Automaten an, wobei der Zugang der Annahmeerklärung beim Unternehmer wegen § 151 entbehrlich ist[154]. Da also sämtliche übermittlungsbedürftigen Erklärungen hier allein mithilfe des Automaten zu dem Empfänger transportiert werden, liegt begrifflich ein Fernabsatzvertrag vor.

Automaten iSd Vorschrift sind technische Einrichtungen, durch die ein Vertrag geschlossen und erfüllt werden kann und die zu diesem Zweck nicht auf Personal angewiesen sind[155]. Warenautomaten und automatisierte Geschäftsräume unterscheiden sich dabei nach der Art der erbrachten Leistung. Während mithilfe des **Warenautomaten** Kauf- und Übereignungsverträge über Waren iSd RL 2011/83/EU Art 2 Nr 3 geschlossen werden, geht es bei den **automatisierten Geschäftsräumen** um die Erbringung sonstiger Leistungen. Folglich handelt es sich bei den klassischen Getränke-, Zigaretten- und Süßwarenautomaten um Warenautomaten iSd Vorschrift[156]. Gleiches gilt aber auch für gewissermaßen begehbare Warenautomaten, insbesondere für Supermärkte mit vollautomatisiertem Kassensystem[157]. Hingegen sind vollautomatisierte Waschanlagen, Schließfächer, Spielautomaten, Musikboxen, Münzfernrohre oder Münzsprechanlagen automatisierte Geschäftsräume[158].

Die die Bereichsausnahme rechtfertigenden Schwierigkeiten bei der Verbraucherinformation und der Ausübung des Widerrufsrechts bestehen nur bei der **Realofferte**. Abs 2 Nr 9 greift mithin nur dort ein, wo der Unternehmer die Waren oder sonstigen Vertragsgegenstände ohne vorherigen Vertragsschluss tatsächlich zur Verfügung stellt, der Vertragsschluss und die Vertragserfüllung also zugleich und unter Einsatz desselben Automaten erfolgen[159]. Der Erwerb eines Bahntickets am Fahrkartenautomaten ist demzufolge keine von Abs 2 Nr 9 erfasste Situation, weil das Bahnticket

---

148 BeckOK BGB/Martens Rz 40; der Sache nach auch MünchKommBGB/Wendehorst Rz 70; Staud/Thüsing Rz 55.
149 BeckOK BGB/Martens Rz 40; MünchKommBGB/Wendehorst Rz 70; Grüneberg/Grüneberg Rz 16.
150 BT-Drucks 14/2658, 33.
151 MünchKommBGB/Wendehorst Rz 72; Staud/Thüsing Rz 44.
152 MünchKommBGB/Wendehorst § 312b Rz 20.
153 MünchKommBGB/Busche § 145 Rz 12; Grüneberg/Ellenberger § 145 Rz 7.
154 MünchKommBGB/Busche § 145 Rz 12; Grüneberg/Ellenberger § 145 Rz 7.
155 Erman/Koch Rz 57; Staud/Thüsing Rz 45.
156 Erman/Koch Rz 57; Staud/Thüsing Rz 45.
157 AA Staud[12]/Thüsing § 312b aF Rz 87: Automatisierter Geschäftsraum.
158 Erman/Koch Rz 57; MünchKommBGB/Wendehorst Rz 73.
159 BeckOGK BGB/Busch Rz 52.1; MünchKommBGB/Wendehorst Rz 73.

noch nicht die Erbringung der vertragsgegenständlichen Leistung selbst darstellt, sondern dem Verbraucher nur die Berechtigung verschafft, diese später auf andere Weise zu beziehen[160]. Für den am Automaten erworbenen Fahrschein gilt jedoch Abs 2 Nr 5.

66 Begrifflich mag es auf den ersten Blick nicht ausgeschlossen sein, auch manchen **Vertragsschluss im Internet** unter Abs 2 Nr 9 zu fassen. Stellt nämlich der Unternehmer digitale Inhalte zum Download bereit, so erfolgen Vertragsschluss und Vertragserfüllung durch denselben Rechner und Server des Unternehmers. Allerdings kann die Erfüllung hier nicht unmittelbar gegenüber dem Verbraucher erfolgen, vielmehr bedarf auch er eines Fernkommunikationsmittels, um den Vertrag schließen und die Leistung entgegennehmen zu können. Auf diese Situation ist bereits der Wortlaut von Abs 2 Nr 9 nicht zugeschnitten[161]. Auch erfolgt der Leistungsaustausch bei einem über das Internet geschlossenen Vertrag jedenfalls regelmäßig nicht ohne einen vorherigen Vertragsschluss, so dass es auch an der für den klassischen Automatenvertrag typischen Realofferte fehlt. Folglich ist der Vertragsschluss im Internet auch kein Automatenvertrag iSd Abs 2 Nr 9[162].

67 **8. Verträge mit Betreibern öffentlicher Münz- oder Kartentelefone, Abs 2 Nr 10.** Gemäß Abs 2 Nr 10 finden auf Verträge, die mit Betreibern von Telekommunikationsmitteln mit Hilfe öffentlicher Münz- und Kartentelefone zu deren Nutzung geschlossen werden, nur die § 312a Abs 1, 3, 4 und 6 sowie ggf §§ 312i bis 312k Anwendung. **Unionsrechtlicher Hintergrund** ist RL 2011/83/EU Art 3 Abs 3 lit m) Alt 1. Die Erwägungen, aufgrund welcher der Unions- und der nationale Gesetzgeber entschieden haben, diese Verträge aus dem Vollanwendungsbereich der Bestimmungen der RL 2011/83/EU sowie der §§ 312 ff herauszunehmen, sind dieselben wie bei den Automatenverträgen gemäß Abs 2 Nr 9[163]. Da das öffentliche Karten- und Münztelefon sämtliche Begriffsmerkmale des automatisierten Geschäftsraums erfüllt[164], hat die Vorschrift neben Abs 2 Nr 9 lediglich klarstellende Funktion.

68 Der Begriff des Münz- und Kartentelefons ist ebenso zu verstehen wie bei **TKG § 3 Nr 15**[165]. Gemeint ist mithin ein der Allgemeinheit zur Verfügung stehendes Telefon, für dessen Nutzung als Zahlungsmittel unter anderem Münzen, Kredit- und Abbuchungskarten oder Guthabenkarten, auch solche mit Einwahlcode, verwendet werden können. Nach wohl hM sollen trotz des Gleichlaufs mit dem TKG in teleologischer Interpretation auch Verträge über die Nutzung öffentlicher **Telefaxgeräte** und **E-Mail-Terminals** darunter fallen[166]. Wer sich dem nicht anschließen will, muss diese öffentlichen Kommunikationseinrichtungen unter Abs 2 Nr 9 fassen.

69 Abs 2 Nr 10 gilt nur für den **Vertrag mit dem Betreiber** über die Nutzung des Münztelefons[167]. Über die Verbindungsleistung hinausgehende Dienste fallen ggf unter Abs 2 Nr 11, nicht aber unter Abs 2 Nr 10[168].

70 **9. Herstellung einzelner Kommunikationsverbindungen, Abs 2 Nr 11.** Gemäß Abs 2 Nr 11 finden auf Verträge zur Nutzung einer einzelnen von einem Verbraucher hergestellten Telefon-, Internet- oder Telefaxverbindung nur die § 312a Abs 1, 3, 4 und 6 sowie ggf §§ 312i bis 312k Anwendung. **Unionsrechtlicher Hintergrund** ist RL 2011/83/EU Art 3 Abs 3 lit m) Alt 2. Abermals geht es darum, dass der Vertragsschluss und die Erbringung der vertragscharakteristischen Leistung durch die Verbindungsherstellung zusammenfallen[169]. Insbesondere in Anbetracht des Umstandes, dass für die von Abs 2 Nr 11 erfassten Dienstleistungen die telekommunikationsrechtlichen Sonderbestimmungen der TKG §§ 66a ff zu beachten sind, hielt der Gesetzgeber eine weitere verbraucherrechtliche Überlagerung nicht für sinnvoll[170].

71 Ausweislich der Begründung zum Regierungsentwurf fallen unter Abs 2 Nr 11 ua sog **Call-by-Call-Dienstleistungen**, die auf Veranlassung des Verbrauchers unmittelbar und in einem Mal erbracht und über die Telefonrechnung abgerechnet werden. Dies nimmt konkreten Bezug auf die über Mehrwertdienstenummern abgerechneten und in TKG § 66a aufgezählten Dienste, für die dann etwa die Preisansagepflicht nach TKG § 66b besteht[171]. Auch die kurzfristige **Einwahl in ein öffentliches WLAN-Netz** ist ein Anwendungsfall von Abs 2 Nr 11[172]. Freilich kommt es für den Betreiber etwa eines Hotspots auf Abs 2 Nr 11 erst an, wenn sämtliche Voraussetzungen

---

160 Vgl MünchKommBGB/Wendehorst Rz 73: Chips für einen Münzwaschsalon.
161 Staud/Thüsing Rz 47; i Erg auch LG Hamburg CR 2001, 475, 476.
162 LG Hamburg CR 2001, 475, 476; Staud/Thüsing Rz 47; Erman/Koch Rz 57.
163 Erman/Koch Rz 58; Staud/Thüsing Rz 48.
164 BeckOGK BGB/Busch Rz 56; MünchKommBGB/Wendehorst Rz 74.
165 BT-Drucks 17/12637, 47.
166 BeckOK BGB/Martens Rz 44; BeckOGK BGB/Busch Rz 58; Erman/Koch Rz 59; Jauernig/Stadler Rz 8; MünchKommBGB/Wendehorst Rz 74; NK-BGB/Ring Rz 53; Grüneberg/Grüneberg Rz 18.
167 Erman/Koch Rz 59; Staud[12]/Thüsing Rz 49.
168 BeckOGK BGB/Busch Rz 57.
169 MünchKommBGB/Wendehorst Rz 75.
170 BT-Drucks 17/12637, 47.
171 Erman/Koch Rz 60; Prütting/Wegen/Weinreich/Stürner Rz 21.
172 MünchKommBGB/Wendehorst Rz 75; Spindler/Schuster/Schirmbacher Rz 59.

eines Verbrauchervertrags nach § 312 Abs 1 und/oder Abs 1a erfüllt sind. Daran mangelt es in den Fällen, in denen der Betreiber für die Nutzung keine Vergütung verlangt und auch keine über die TKG §§ 96, 98 hinausgehenden Daten erhebt. Da die Nutzung der letzteren nämlich keinem Einwilligungsvorbehalt unterliegt, kann ihre Preisgabe die lediglich rechtliche Vorteilhaftigkeit der Bereitstellung nicht infrage stellen.

10. **Geringwertige Gegenleistung, Abs 2 Nr 12**. Gemäß Abs 2 Nr 12 finden auf außerhalb von Geschäftsräumen geschlossene Verträge, bei denen die Leistung bei Abschluss der Verhandlungen sofort erbracht und bezahlt wird und das vom Verbraucher zu zahlende Entgelt 40 Euro nicht überschreitet, lediglich § 312a Abs 1, 3, 4 und 6 sowie ggf §§ 312i bis 312k Anwendung. **Unionsrechtlicher Hintergrund** ist RL 2011/83/EU Art 3 Abs 4. Dabei hat der deutsche Gesetzgeber von der Befugnis Gebrauch gemacht, einen niedrigeren Wert als die dort veranschlagten 50 Euro festzusetzen. Dahinter steht der Gedanke, dass der geringwertige Umfang solcher Geschäfte in keinem vernünftigen Verhältnis zu dem mit einem vollen Verbraucherschutz verbundenen Aufwand stünde[173]. 72

In die **Berechnung des Wertes der Gegenleistung** sind sämtliche Vergütungsbestandteile für sämtliche Vertragsgegenstände einzubeziehen, und zwar einschließlich etwaiger Nebenkosten[174]. Die Angabe der Wertgrenze in Euro sowie die weitere Verwendung des Terminus „Bezahlung" zeigen, dass die von dem Verbraucher zu erbringende Leistung wenigstens einen fixen Vermögenswert haben muss. Verlangt der Unternehmer dem Verbraucher andere Gegenleistungen ab, kann er sich nicht auf Abs 2 Nr 12 berufen. 73

Sowohl die vertragsgegenständliche Leistung des Unternehmers als auch die Bezahlung des Verbrauchers müssen sofort nach oder zeitlich zusammenfallend mit dem Vertragsschluss erbracht werden. Von dem Vollanwendungsbereich ausgenommen sind somit nur **Bargeschäfte**, die der Unternehmer und der Verbraucher außerhalb von Geschäftsräumen iSd § 312b abgeschlossen haben[175]. Entscheidend ist die Vornahme der letzten geschuldeten Leistungshandlung[176]. Folglich zieht der Annahmeverzug einer der beiden Parteien nicht die Eröffnung des Vollanwendungsbereichs der §§ 312 ff nach sich. 74

11. **Zwangsvollstreckung und andere gerichtliche Maßnahmen, Abs 2 Nr 13**. Gemäß Abs 2 Nr 13 gelten für Verträge über den Verkauf beweglicher Sachen auf Grund von Zwangsvollstreckungsmaßnahmen oder anderen gerichtlichen Maßnahmen lediglich § 312a Abs 1, 3, 4 und 6 sowie ggf §§ 312i bis 312k. **Unionsrechtlicher Hintergrund** ist RL 2011/83/EU Art 2 Nr 3, der bewegliche Gegenstände, die aufgrund von gerichtlichen Maßnahmen verkauft werden, von dem Warenbegriff ausnimmt[177]. Allgemein wird die vollumfängliche Geltung der §§ 312 ff bei hoheitlich vollzogenen Gütertransfers als nicht sachgerecht angesehen[178]. 75

Welchen Sinn es haben sollte, die Durchführung einer Zwangsversteigerung uÄ neben den einschlägigen verfahrensrechtlichen Bestimmungen auch nur dem Minimalanwendungsbereich der §§ 312 ff zu unterwerfen, drängt sich zumindest nicht auf. Letztlich dürfte diese Frage aber keine Rolle spielen, da die in Abs 2 Nr 13 beschriebenen Maßnahmen bereits **keine Verbraucherverträge iSd Abs 1** darstellen. So handelt es sich bei der Versteigerung durch Zuschlag und Ablieferung gemäß ZPO § 817 um einen hoheitlichen Vorgang, der aufgrund der öffentlich-rechtlichen Verstrickung der Sache erfolgt[179]. Nach hM kommt es dabei zu einem öffentlich-rechtlichen Vertrag zwischen dem Hoheitsträger und dem Ersteiger sowie einer hoheitlichen Eigentumszuweisung an Letzteren[180]. Gleiches gilt bei den anderen Verwertungsarten nach ZPO § 825[181]. Ein Verbrauchervertrag ist folglich nur unter der Voraussetzung anzunehmen, dass man diese hoheitliche Tätigkeit als unternehmerische Tätigkeit iSd § 14 qualifiziert. Zwar mag einer solchen Einordnung die Eigenschaft des Vertrags als öffentlich-rechtlicher Vertrag noch nicht zwingend entgegenstehen[182]. Davon unabhängig erfasst der unionsrechtliche Unternehmerbegriff aber jedenfalls nicht den hoheitlich handelnden Staat[183], um den es bei den in Abs 2 Nr 13 beschriebenen Fällen 76

---

173 BT-Drucks 17/12637, 47 f; NK-BGB/Ring Rz 56; Prütting/Wegen/Weinreich/Stürner Rz 22.
174 MünchKommBGB/Wendehorst Rz 78; NK-BGB/Ring Rz 56.
175 MünchKommBGB/Wendehorst Rz 77; Grüneberg/Grüneberg Rz 20.
176 Staud/Thüsing Rz 53.
177 Vgl BT-Drucks 17/12637, 48.
178 BeckOK BGB/Martens Rz 48; BeckOGK BGB/Busch Rz 65; MünchKommBGB/Wendehorst Rz 79; Wendehorst NJW 2014, 577, 580.
179 MünchKommZPO/Gruber § 817 Rz 3; HK-ZPO/Kemper § 817 Rz 1; HK-ZV/Kindl ZPO § 817 Rz 2.
180 HK-ZPO/Kemper § 817 Rz 6; MünchKommZPO/Gruber § 817 Rz 5.
181 HK-ZPO/Kemper § 825 Rz 12; HK-ZV/Kindl ZPO § 825 Rz 10; MünchKommZPO/Gruber ZPO § 825 Rz 9.
182 S zu dieser außerordentlich umstrittenen Frage Erman/Saenger § 14 Rz 6; Staud/Fritzsche § 14 Rz 40 ff.
183 Dauses/Ludwigs/Hoffmann EU-WirtschaftsR-HdB H I § 1 Rz 65.

aber ausschließlich geht. Aus diesem Grund kommt es auch für die Zwangsverwertung von Immobilien auf Abs 2 Nr 2 gar nicht erst an.

77 Mancherorts wird erwogen, ob Abs 2 Nr 13 auch **Prozessvergleiche** erfasst[184]. Anders als etwa in RL 2008/48/EG[185] Art 2 Abs 2 lit i) hat dieses Problem in der RL 2011/83/EU keine besondere Regelung erfahren. Jedenfalls wird man dem Prozessvergleich nicht generell eine Eigenschaft als Verbrauchervertrag absprechen können, der den Verbraucher zur Zahlung eines Preises oder zur Bereitstellung personenbezogener Daten verpflichtet. Die Annahme hoheitlichen Handelns einer Vertragspartei scheitert jedenfalls schon daran, dass der Vertrag zwischen den Parteien des Prozesses zustande kommt. Weiter lässt sich die Prozessführung nicht schlechthin aus der unternehmerischen Sphäre ausklammern, mag es sich dabei natürlich auch nicht um den Kern des unternehmerischen Geschäftsmodells handeln. Schließlich lässt sich auch die Leistungserbringung im Austausch gegen Geld oder personenbezogene Daten nicht pauschal mit dem Argument verneinen, Gegenstand eines Prozessvergleichs sei lediglich das wechselseitige Nachgeben. Entscheidend kommt es vielmehr auf die protokollierten Pflichten an, welche die Parteien nach dem Vergleichsschluss treffen und sogar durchaus in einem Gegenseitigkeitsverhältnis gemäß § 320 stehen können[186]. Sofern der Vergleich das Ergebnis der mündlichen Verhandlung ist, liegt aber die analoge Anwendung von Abs 2 Nr 1 nahe. Nachdem RL 2011/83/EU Art 3 Abs 3 lit i) maßgeblich auf den Abschluss vor einem unabhängigen und unparteilichen öffentlichen Amtsträger abstellt, ist diese Analogie unionsrechtlich jedenfalls unbedenklich.

IV. Verträge über soziale Dienstleistungen, Abs 3

78 1. **Systematik.** Für Verträge über soziale Dienstleistungen sieht der deutsche Gesetzgeber zwar einen gegenüber dem Minimalanwendungsbereich intensiveren Verbraucherschutz vor, ohne sie aber dem Vollanwendungsbereich zu unterwerfen. Insoweit ist deshalb mitunter vom sog **eingeschränkten Anwendungsbereich** der §§ 312 ff die Rede[187].

79 Abs 3 Nrn 2 bis 5 stellen zunächst klar, dass § 312a Abs 1, 3, 4 und 6 sowie ggf §§ 312i ff auch für Verträge über soziale Dienstleistungen gelten. Hinzu kommen gemäß Abs 3 Nrn 1, 6 und 7 die Legaldefinitionen des außerhalb von Geschäftsräumen geschlossenen Vertrags (§ 312b) und des Fernabsatzvertrags (§ 312c), die Gewährung des Widerrufsrechts (§ 312g) sowie schließlich die Belehrung darüber (§ 312d Abs 1 iVm EGBGB Art 246a § 1 Abs 2 und 3). Anders ausgedrückt unterliegen Verträge über soziale Dienstleistungen also dem **vollen Verbraucherschutz mit Ausnahme** von § 312a Abs 2 (allgemeine Verbraucherinformation nach EGBGB Art 246) und 5 (kostenpflichtige Kundenhotline), § 312d Abs 1 iVm EGBGB Art 246a § 1 Abs 1, §§ 3 und 4, § 312e (Verletzung von Informationspflichten über Kosten), § 312f (Abschriften und Dokumente) sowie § 312h über die Kündigung von Dauerschuldverhältnissen. § 312d Abs 2 spielt wegen des erfassten Vertragsgegenstands für Abs 3 keine Rolle.

80 In der Literatur werden zu Recht Zweifel an der rechtspolitischen Stringenz dieser Regelung angemeldet[188]. Darüber hinaus ergeben sich **dogmatische Ungereimtheiten**. So leuchtet nicht ein, weshalb im eingeschränkten Anwendungsbereich der Unternehmer den Verbraucher zwar über das Widerrufsrecht informieren muss, er gleichzeitig aber von den formellen Anforderungen an die Erfüllung dieser Informationspflicht befreit sein sollte. Sinnvoller ist es, § 312f und § 312d Abs 1 Satz 1 iVm EGBGB Art 246a § 4 als Annex zur Informationspflicht über das Widerrufsrecht insoweit ebenfalls anzuwenden[189]. Gleiches gilt für EGBGB Art 246a § 3 Satz 1 Nr 4[190].

81 2. **Soziale Dienstleistungen, Abs 3.** Die **unionsrechtliche Grundlage**, um Verträge über soziale Dienstleistungen partiell aus dem Vollanwendungsbereich der §§ 312 ff herauszunehmen, findet sich in RL 2011/83/EU Art 3 Abs 3 lit a). Sinn und Zweck dieser Privilegierung bestehen darin, solche Dienstleistungen neben bereits bestehenden unions- und/oder mitgliedstaatlichen Regelungen – etwa des WBVG[191] – nicht zusätzlich mit den Regelungen des allgemeinen Verbraucherschutzes zu überfrachten[192].

---

184 MünchKommBGB/Wendehorst Rz 79; Brönnecke/Schmidt VuR 2014, 3, 6.
185 Richtlinie 2008/48/EG des Europäischen Parlaments und des Rates vom 23. April 2008 über Verbraucherkreditverträge und zur Aufhebung der Richtlinie 87/102/EWG des Rates, ABl Nr L 133, 66 ff.
186 Erman/Müller § 779 Rz 26; Jauernig/Stadler § 779 Rz 2; MünchKommBGB/Habersack § 779 Rz 37.
187 MünchKommBGB/Wendehorst Rz 93.
188 BeckOK BGB/Martens Rz 57.1; BeckOGK BGB/Busch Rz 74.1; MünchKommBGB/Wendehorst Rz 92.
189 MünchKommBGB/Wendehorst Rz 92; Staud/Thüsing Rz 63.
190 MünchKommBGB/Wendehorst Rz 92.
191 Wohn- und Betreuungsvertragsgesetz vom 29. Juli 2009 (BGBl I S 2319), das zuletzt durch Artikel 12 des Gesetzes vom 30. November 2019 (BGBl I S 1948) geändert worden ist.
192 RL 2011/83/EU Erwägungsgrund 29; BT-Drucks 17/12637, 48.

Der **Begriff** der sozialen Dienstleistung erfährt keine Legaldefinition, sondern wird lediglich **82** durch beispielhafte Aufzählungen präzisiert. RL 2011/83/EU Art 3 Abs 3 lit a) nennt die Bereitstellung und Vermietung von Sozialwohnungen, die Kinderbetreuung oder die Unterstützung von dauerhaft oder vorübergehend hilfsbedürftigen Familien oder Personen einschließlich der Langzeitpflege. Diese Aufzählung hat der deutsche Gesetzgeber mit Ausnahme der Sozialwohnungen, welche unter Abs 4 fallen, übernommen. In den Gesetzgebungsmaterialien ist die Rede von Dienstleistungen für besonders benachteiligte, schutzbedürftige oder einkommensschwache Personen, insbesondere von Dienstleistungen für Kinder und Jugendliche, zur Unterstützung von Familien, Alleinerziehenden, älteren Menschen und Migranten[193]. Dass diese Orientierung allein an der Bedürftigkeit des Betroffenen den Kern des Regelungsanliegens trifft, darf bezweifelt werden. Danach könnte nämlich – man denke etwa an Nachhilfeunterricht – ein und dieselbe Dienstleistung, die ein und derselbe Dienstleister erbringt, mal von Abs 3 erfasst sein und mal nicht, und zwar je nach der Einkommenssituation des Verbrauchers. Um Schutzlücken zu vermeiden, sollte Abs 3 jedenfalls **eng ausgelegt** werden[194], und zwar als eine Dienstleistung, die vorübergehend oder dauerhaft Hilfe bei der alltäglichen Lebensführung leistet und typischerweise – jedoch nicht notwendig im konkreten Fall – für hilfs- oder schutzbedürftige Dienstempfänger erbracht wird[195].

Ausweislich des Erwägungsgrundes 29 zur RL 2011/83/EU ist es gleichgültig, ob der die soziale **83** Dienstleistung erbringende Unternehmer in staatlicher Trägerschaft, aufgrund staatlicher Beleihung oder **auf vollständig privatrechtlicher Grundlage** agiert. Auch muss nicht derjenige, an den die Dienstleistung erbracht wird, zwingend der Vertragspartner des Unternehmers sein[196]. Für die Verbrauchereigenschaft ist gemäß §§ 312 Abs 1 iVm 310 Abs 3 freilich der Vertragspartner maßgeblich.

V. Verträge über die Vermietung von Wohnraum, Abs 4

1. Anwendbare Verbraucherschutzregeln. Aufgrund der Verweisung in Abs 4 Satz 1 unter- **84** liegen Mietverträge über Wohnraum grundsätzlich in demselben Umfang den verbraucherschutzrechtlichen Bestimmungen der §§ 312a bis 312h wie Verträge über soziale Dienstleistungen. Auch insoweit kann man also von einer Zugehörigkeit zum eingeschränkten Anwendungsbereich der §§ 312 ff sprechen[197]. Für Verträge über die Begründung von Mietverhältnissen über Wohnraum werden von dieser Verweisung durch die Regelung in Abs 4 Satz 2 jedoch die Nrn 1, 6 und 7 ausgenommen. Im Ergebnis sind diese Verträge damit den in Abs 2 genannten gleichgestellt („Minimalanwendungsbereich"). Die **unionsrechtliche Grundlage** für diese Beschränkung des Verbraucherschutzes ist RL 2011/83/EU Art 3 Abs 3 lit f). Von dem dort eröffneten Spielraum hat der Umsetzungsgesetzgeber letztlich aber nur in sehr geringem Umfang Gebrauch gemacht. Während nämlich der Unionsgesetzgeber es angesichts des bestehenden mitgliedstaatlichen Mieterschutzes generell für verzichtbar hielt, Verträge über die Vermietung von Wohnraum den verbraucherschützenden Regeln der RL 2011/83/EU zu unterwerfen[198], sah der deutsche Gesetzgeber dennoch ein Bedürfnis, das mietrechtliche Schutzniveau mit Mitteln des allgemeinen Verbraucherschutzrechts noch über §§ 535 bis 577a hinaus anzuheben[199]. Das ist rechtspolitisch verfehlt, weil die Konstellationen der §§ 312 ff inhaltlich völlig andersartige strukturelle Ungleichgewichte auszugleichen versuchen als die Bestimmungen über das soziale Mietrecht[200].

2. Wohnraummietverträge nach vorheriger Besichtigung, Abs 4 Satz 2. Der **Mietvertrag** **85** hat das relative Recht zum Gebrauch einer Sache gegen Entgelt zum Gegenstand. Insoweit bestehen zwischen § 535 und dem Abs 4 zugrunde liegenden Unionsrecht keine Unterschiede.

Beziehen muss der Mietvertrag sich auf **Wohnraum**. Seinem Wortlaut nach lassen sich von **86** der kurzfristigen Vermietung von Pensions- und Hotelzimmern bis hin zur Vermietung von Häusern und Wohnungen zum Wohnen im bauplanungsrechtlichen Sinn – also zum Zwecke einer auf gewisse Dauer angelegten, eigenständigen Gestaltung des häuslichen Lebens auf der Grundlage eines freiwilligen Aufenthalts – zahlreiche Phänomene unter diesen Begriff subsumieren. Einen Ansatz zur näheren Konkretisierung liefert lediglich RL 2011/83/EU Art 16 lit l), in dem das Widerrufsrecht in den Fällen des **Beherbergungsvertrags** eine gesonderte Regelung erfahren hat. Dieser Vertragstyp ist im unionsrechtlichen Zusammenhang des Rom I-VO Art 4 dadurch gekennzeichnet, dass er über die Überlassung von Wohnraum hinausgehende Dienstleistungs-

---

[193] BT-Drucks 17/12637, 48 unter Hinweis auf RL 2011/83/EU Erwägungsgrund 29.
[194] BeckOGK BGB/Busch Rz 69; Brönneke/Schmidt VuR 2014, 3, 7.
[195] HK-BGB/Schulte-Nölke Rz 24.
[196] BeckOGK BGB/Busch Rz 71; HK-BGB/Schulte-Nölke Rz 24; NK-BGB/Ring Rz 64.
[197] MünchKommBGB/Wendehorst Rz 95.
[198] RL 2011/83/EU Erwägungsgrund 26.
[199] BT-Drucks 17/12637, 48.
[200] Fervers NJW 2019, 308.

pflichten begründet, etwa Service, Verköstigung oder sonstige Hotelleistungen[201]. Demnach handelt es sich bei der Vermietung von Hotelzimmern um keinen Fall des Abs 4 Satz 2, wohl aber bei der Vermietung von Ferienwohnungen, sofern der Unternehmer dem Verbraucher keine nennenswerten, über die Überlassung benutzbarer Räumlichkeiten hinausgehenden Dienstleistungen gewährt[202]. Folglich liegt auch dort eine Beherbergung vor, wo der Gast seinen dauerhaften Aufenthalt in einem Hotelzimmer einrichtet. Das betreute Wohnen für Pflegebedürftige passt zu keiner dieser beiden Kategorien, sondern ist ein Anwendungsfall von Abs 3.

87 Mietverträge über Immobilien, die **anderen nichtunternehmerischen Zwecken** als dem Wohnen dienen, fallen nicht unter Abs 4[203]. Das betrifft insbesondere Garagen, Tiefgaragenstellplätze, Lagerräume oder Kleingärten, sofern sie isoliert vermietet werden. Erfolgt die entgeltliche Gebrauchsüberlassung hingegen gemeinsam mit Wohnraum, so kommt es auf den Schwerpunkt des Vertragsverhältnisses an[204]. Dieser liegt etwa in solchen Fällen nicht auf der Überlassung von Wohnraum, in denen der Vertragsgegenstand ein Unternehmen mit angeschlossener Betriebsleiterwohnung ist.

88 Mit den Widerrufsrechten nach § 312g Abs 1 soll der Verbraucher vor den Risiken geschützt werden, die sich spezifisch aus der Überrumpelungssituation oder aber der fehlenden Möglichkeit zur Inaugenscheinnahme des Vertragsgegenstands vor Vertragsschluss ergeben. Hat der Verbraucher sich vor dem Abschluss des Mietvertrags zu der Wohnung begeben, um sie zu **besichtigen**, sind beide Risiken minimiert, sodass kein Bedürfnis nach einem Schutz, insbesondere durch das Widerrufsrecht, mehr besteht[205]. Dem stehen virtuelle Präsentationen ebenso wenig gleich wie die bloß angebotene, vom Verbraucher jedoch nicht wahrgenommene Möglichkeit zur persönlichen Besichtigung vor Ort[206]. Nach dem Rechtsgedanken des § 166 Abs 1 fallen auch solche Konstellationen unter Abs 4 Satz 2, in denen nicht der später zum Mieter werdende Verbraucher die Wohnung persönlich besichtigt, sondern ein Dritter in dessen Auftrag.

89 Der deutsche Gesetzgeber will den Mieter mit den Mitteln der §§ 312 ff – insbesondere mit der Einräumung eines Widerrufsrechts – vor allem in solchen Situationen schützen, in denen der gewerbliche Vermieter den Verbraucher unangemeldet in der Mietwohnung aufsucht und ihn dort zu einer wesentlichen Änderung des Mietvertrags, etwa einer Mieterhöhung, veranlasst[207]. Diese Überrumpelungsgefahr besteht natürlich auch nach einer ursprünglichen Wohnungsbesichtigung durch den Verbraucher fort. Aus diesem Grund ist die Reduzierung auf den Minimalanwendungsbereich auch nur für die **Begründung des Mietverhältnisses** vorgesehen, nicht auch für spätere Vertragsänderungen. Als Vertragsänderung und nicht als Vertragsbegründung ist auch die Verlängerung eines befristeten Mietverhältnisses anzusehen. Auch hier ist der Verbraucher nämlich in ganz anderer Weise als beim erstmaligen Abschluss des Mietvertrags einer Überrumpelungsgefahr und psychischen Drucksituation ausgesetzt, da er im Zweifel dazu tendieren wird, einen Umzug zu vermeiden.

90 **3. Wohnraummietverträge gemäß Abs 4 Satz 1.** Bei Abs 4 Satz 1 geht es zunächst um Verträge über die Begründung eines Mietverhältnisses über Wohnraum, ohne dass der Mieter oder ein von ihm ermächtigter Dritter die Wohnung zuvor besichtigt hätte. Beweisbelastet ist insoweit der Vermieter[208]. Weiter sind auch Änderungen bestehender Mietverhältnisse erfasst, etwa die Zustimmung zu einer Mieterhöhung, wenn der gewerbliche Vermieter den Verbraucher unangekündigt in dessen Wohnung aufgesucht oder die einvernehmliche Mieterhöhung mit dem Verbraucher unter ausschließlicher Verwendung von Fernkommunikationsmitteln vereinbart hat[209]. Für den zuletzt genannten Fall ist nach der Rechtsprechung des BGH jedoch eine teleologische Reduktion des Inhalts vorzunehmen, dass das dem Verbraucher über die Verweisung auf § 312 Abs 3 Nr 7 an sich zustehende Widerrufsrecht doch nicht gegeben sei[210]. Zur Begründung wird angeführt, dass der Verbraucher bei der fernkommunikativ vereinbarten Mieterhöhung auf die ortsübliche Vergleichsmiete weder einer Überrumpelungsgefahr noch dem für den Fernabsatz sonst typischen Nachteil ausgesetzt sei, den Vertragsgegenstand nicht persönlich in Augenschein nehmen zu können[211]. Diese Argumentation des BGH ist auf andere Veränderungen innerhalb

---

201 BeckOGK BGB/Köhler Rom I-VO Art 4 Rz 431.
202 BeckOGK BGB/Busch Rz 76; aA BeckOK BGB/Martens Rz 51; MünchKommBGB/Wendehorst Rz 81.
203 RL 2011/83/EU Erwägungsgrund 26.
204 BeckOK BGB/Martens Rz 52; MünchKommBGB/Wendehorst Rz 81.
205 BT-Drucks 17/12637, 48; Prütting/Wegen/Weinreich/Stürner Rz 28.
206 BeckOK BGB/Martens Rz 53; MünchKommBGB/Wendehorst Rz 83 f.
207 BT-Drucks 17/12637, 48; Jauernig/Stadler Rz 10; NK-BGB/Ring Rz 71; Prütting/Wegen/Weinreich/Stürner Rz 29.
208 MünchKommBGB/Wendehorst Rz 95.
209 BGH NJW 2019, 303 Rz 40; BT-Drucks 17/12637, 48; NK-BGB/Ring Rz 75; Staud/Thüsing Rz 66.
210 BGH NJW 2019, 303 Rz 13; zust Börstinghaus NZM 2018, 1015, 1016.
211 BGH NJW 2019, 303 Rz 39, 48.

eines laufenden Mietverhältnisses gewiss übertragbar. Für eine Verlängerung des Mietverhältnisses in einer Außergeschäftsraumsituation kommt dann der Verweis auf § 312 Abs 3 in vollem Umfang zum Tragen. Werden die entsprechenden Willenserklärungen jedoch mit Fernkommunikationsmitteln ausgetauscht, wird jedenfalls das Widerrufsrecht des Mieters nach § 312 Abs 3 Nr 7 iVm § 312g Abs 1 nicht bestehen. Inhaltlich ist der Bewertung durch den BGH sicherlich zuzustimmen. Dennoch bestehen einige Zweifel, dass die von dem BGH vorgenommene teleologische Reduktion methodisch zulässig ist. Viel mehr als für eine planwidrige Regelungslücke spricht hier nämlich für eine reine rechtspolitische Fehlleistung des Gesetzgebers.

VI. Fortgesetzte Verträge über Finanzdienstleistungen, Abs 5

1. Der unionsrechtliche Hintergrund. – a) Die Verbraucherschutzinstrumente der RL 2002/65/EG. Angesichts des anderweitig bestehenden sektorspezifischen Verbraucherschutzes regelt die RL 2011/83/EU die Verträge über Finanzdienstleitungen nicht selbständig (RL 2011/83/EU Art 3 Abs 3 lit d)). Folglich geht es bei den Bestimmungen des Abs 5 auch nicht um die Umsetzung der RL 2011/83/EU, sondern um andere unionsrechtliche Vorgaben, namentlich diejenigen der **RL 2002/65/EG**. Auch dort hat der Unionsgesetzgeber ua auf Informationspflichten, das Widerrufsrecht sowie Regelungen zur Vertragsdurchführung als bewährte Instrumente des Verbraucherschutzes zurückgegriffen[212]. 91

b) **Reduzierter Geltungsbereich bei längerfristigen Geschäftsbeziehungen.** Kämen diese 92
Instrumente nun aber zwingend für jede einzelne gegenüber dem Verbraucher erbrachte Finanzdienstleistung zur Anwendung, so würde dies jedenfalls dort einen erheblichen und im Hinblick auf den hinzugewonnenen Verbraucherschutz unangemessenen Aufwand erfordern, wo es um im Wesentlichen gleichartige **Finanzdienstleistungen innerhalb längerfristiger Geschäftsbeziehungen** geht[213]. Das betrifft etwa die Einzelzahlungsverträge, die der Unternehmer in Erfüllung seiner Pflichten aus einem Zahlungsdiensterahmenvertrag für den Verbraucher durchführt, oder auch einzelne Wertpapiertransaktionen bei einem bestehenden Depotvertrag[214]. Um in solchen Fällen eine übermäßige Belastung des Geschäftsverkehrs zu vermeiden, bestimmt RL 2002/65/EG Art 1 Abs 2 UAbs 1, dass bei Verträgen über Finanzdienstleistungen, die eine erstmalige Dienstleistungsvereinbarung mit daran anschließenden aufeinander folgenden Vorgängen oder einer daran anschließenden Reihe von Vorgängen der gleichen Art umfassen, die in einem zeitlichen Zusammenhang stehen, die Verbraucherschutzinstrumente der RL 2002/65/EG nur für die **erste Vereinbarung** gelten, also für den Zahlungsdiensterahmenvertrag, Depotvertrag oÄ.

Abs 5 dient der Umsetzung dieser Vorgabe[215]. Danach gelten §§ 312a bis 312h gemäß Abs 5 93
Satz 1 in vollem Umfang nur für die Erstvereinbarung, während für die **Folgeverträge** – zB also für die einzelne Überweisung – nur der Minimalanwendungsbereich (Rz 32) der §§ 312 ff zu beachten ist[216]. Freilich setzt auch die Geltung des Minimalanwendungsbereichs voraus, dass der einzelnen Dienstleistung ein Verbrauchervertrag iSd Abs 1 zugrunde liegt. Sofern für die einzelne Überweisung keine Gebühren oder dergleichen verlangt werden, müssen mangels Entgeltlichkeit insoweit also keinerlei Pflichten aus §§ 312 ff beachtet werden.

RL 2002/65/EG Art 1 Abs 2 UAbs 2 stellt klar, dass eine längerfristige Geschäftsbeziehung, die 94
eine umfassende Anwendung der Verbraucherschutzinstrumente der RL 2002/65/EG entbehrlich macht, **nicht zwingend einen Erstvertrag als Rahmenvertrag** voraussetzt. Vielmehr kann die längerfristige Geschäftsbeziehung sich auch schlicht daraus ergeben, dass zwischen den Parteien aufeinander folgende oder getrennte Vorgänge der gleichen Art abgewickelt werden, die in einem zeitlichen Zusammenhang stehen. Abs 5 Satz 3 und Satz 4 betreffen diese Konstellation. Hier gilt der Vollanwendungsbereich der §§ 312 ff nur für den ersten Vorgang. Für die anschließenden Vorgänge wird der Unternehmer von den in RL 2002/65/EG Art 3 und 4 aufgestellten **Informationspflichten** frei. Das Widerrufsrecht bleibt freilich bestehen[217].

c) **Vollanwendungsbereich außerhalb längerfristiger Geschäftsbeziehungen.** Für die 95
einzelne Finanzdienstleistung, die außerhalb einer längerfristigen Geschäftsbeziehung erfolgt, gelten die Bestimmungen der §§ 312 ff gemäß Abs 1 ungekürzt, sofern sie nicht im Einzelfall durch anderweitige Spezialregelungen verdrängt werden.

---

212 Spindler/Schuster/Schirmbacher EGBGB Art 246a Rz 1 ff; Dauses/Ludwigs/Kreuzer/Wagner/Reder EU-WirtschaftsR-HdB, R Rz 193; Felke/Jordans WM 2004, 166, 167; Rott BB 2005, 53.
213 Felke/Jordans WM 2004, 166, 167; Rott BB 2005, 53, 54.
214 Grüneberg/Grüneberg Rz 27; Koch/Maurer WM 2002, 2481, 2490 f; Rott BB 2005, 53, 54.
215 Erman/Koch Rz 67; NK-BGB/Ring Rz 77.
216 MünchKommBGB/Wendehorst Rz 119; Grüneberg/Grüneberg Rz 27.
217 MünchKommBGB/Wendehorst Rz 124; NK-BGB/Ring Rz 83; Grüneberg/Grüneberg Rz 28.

96 2. **Der Begriff der Finanzdienstleistung.** – a) **Allgemeines**. Abs 5 S 1 definiert die Finanzdienstleistungen übereinstimmend mit RL 2002/65/EG Art 2 lit b) als Bankdienstleistung sowie jede Dienstleistung im Zusammenhang mit einer Kreditgewährung, Versicherung, Altersversorgung von Einzelpersonen, Geldanlage oder Zahlung. Diese Aufzählung ist nicht abschließend[218]. Es gilt ein weites Begriffsverständnis[219]. Bei der konkreten Auslegung ist zu berücksichtigen, dass die Finanzdienstleistung als Rechtsbegriff unionsrechtlich nicht nur in Zusammenhang mit der RL 2002/65/EG und der RL 2011/83/EU eine Rolle spielt, sondern etwa auch im Anhang II zur RL (EU) 2015/1535[220] oder auch bei Nr 2 lit a) und lit b) des Anhangs zur RL 93/13/EWG[221]. Insgesamt handelt es sich somit um einen unionsrechtlich geprägten Begriff, der dementsprechend auch **unionsrechtlich auszulegen** ist[222]. Gleichwohl dienen der unionsrechtliche wie auch die gleichlautenden mitgliedstaatlichen Begriffe letztlich dazu, wenigstens sehr ähnliche tatsächliche Phänomene auf dem Tätigkeitsfeld des Finanzsektors zu beschreiben. Im Ergebnis ist eine vorsichtige Orientierung an den in KWG § 1 aufgezählten Bankgeschäften und Finanzdienstleistungen durchaus zulässig, sofern die jeweilige Leistung im Geschäftsverkehr zwischen Unternehmern und Verbrauchern erbracht wird[223]. Erfasst sind danach insbesondere[224]: Das Einlagengeschäft, das Geldkreditgeschäft, das Diskontgeschäft, die Erbringung von Zahlungsdiensten, das Kreditkartengeschäft, der Handel mit Finanzinstrumenten, das Finanzkommissionsgeschäft, das Depotgeschäft sowie generell die individuelle Vermögensverwaltung. Begrifflich ist zwar auch die Versicherung eine Finanzdienstleistung, jedoch unterfällt diese der selbständigen Bereichsausnahme in Abs 6, welche gegenüber Abs 5 systematisch vorrangig ist[225].

97 b) **Finanzierungshilfen als Finanzdienstleistungen iSd Abs 5**. Daraus, dass § 312g Abs 3 den Vorrang des Widerrufsrechts nach KAGB §§ 495, 506 ff oder § 305 Abs 1 bis 6 gegenüber demjenigen aus § 312g Abs 1 besonders anordnet, ergibt sich, dass §§ 495 ff und §§ 312 ff im Übrigen nebeneinander zur Anwendung kommen[226]. Folglich hätte jedenfalls der gewerbsmäßige **Geldkreditgeber** den Verbraucher an sich sowohl gemäß § 312d Abs 2 iVm EGBGB Art 246b als auch gemäß § 491a iVm EGBGB Art 247 zu informieren. Die doppelte Information erübrigt sich gemäß EGBGB Art 247 § 2 Abs 3 Satz 2 freilich dort, wo der Kreditgeber zur Verbraucherinformation auf die Muster in den Anlagen 4 und 5 zum EGBGB zurückgreift. In diesem Fall kommt es auch nicht mehr darauf an, ob die Kreditvergabe unter den weiteren Voraussetzungen des Abs 5 erfolgt.

98 Das Gleiche gilt, wenn der Unternehmer dem Verbraucher keinen Geldkredit einräumt, sondern eine Finanzierungshilfe in Form eines **Warenkredits** gewährt, also mit seiner Leistungspflicht in Vorleistung geht und die Bezahlung erst nach Ablauf einer vereinbarten Fälligkeitsfrist einfordert. Verbraucherschutzrechtlich relevant sind solche Verträge freilich ohnehin nur unter der weiteren Voraussetzung, dass der Verbraucher für das Hinausschieben der Fälligkeit ein selbständiges Entgelt zu entrichten hat[227]. Unberührt bleiben selbstverständlich das Widerrufsrecht und die Informationspflichten in Bezug auf den finanzierten Vertragsgegenstand.

99 Das Nebeneinander von §§ 312 ff und §§ 491 ff besteht schließlich auch in manchen Fällen des **Leasings**. Man unterscheidet insoweit zwischen dem sog Operating-Leasing und dem Finanzierungsleasing. In beiden Fällen sucht der Leasingnehmer sich eine bewegliche Sache nach seinen Bedürfnissen aus und bekommt sie vom Leasinggeber entgeltlich zum Gebrauch überlassen. Insoweit folgt die Abwicklung des Leasingverhältnisses weitgehend den mietrechtlichen Vorschriften[228]. Beim **Operating-Leasing** hat es damit sein Bewenden, das heißt der Leasinggeber erhält die Sache nach Ablauf der Vertragszeit zurück. Hier fehlt jegliches Finanzierungsmoment[229]. §§ 491 ff greifen deshalb von vornherein nicht ein und der Umfang, in dem §§ 312 ff anwendbar sind, beurteilt sich einzig danach, ob dieser Leasingvertrag im Fernabsatz oder außerhalb von Geschäftsräumen zustande kommt[230]. Demgegenüber ist das **Finanzierungsleasing** wirtschaft-

---

218 Spindler/Schuster/Schirmbacher Rz 70.
219 BeckOK BGB/Martens Rz 62; HK-BGB/Schulte-Nölke Rz 26.
220 Richtlinie (EU) 2015/1535 des Europäischen Parlaments und des Rates vom 9. September 2015 über ein Informationsverfahren auf dem Gebiet der technischen Vorschriften und der Vorschriften für die Dienste der Informationsgesellschaft, ABl Nr L 241, 1 ff.
221 Richtlinie 93/13/EWG des Rates vom 5. April 1993 über mißbräuchliche Klauseln in Verbraucherverträgen, ABl Nr L 95, 29 ff.
222 BeckOK BGB/Martens Rz 61; BeckOGK BGB/ Busch Rz 84; MünchKommBGB/Wendehorst Rz 97.
223 Vgl Erman/Koch Rz 68; NK-BGB/Ring Rz 79.
224 Ausführlich MünchKommBGB/Wendehorst Rz 98-112.
225 HK-BGB/Schulte-Nölke Rz 26; Jauernig/Stadler Rz 11; NK-BGB/Ring Rz 80.
226 Vgl dazu bereits BT-Drucks 15/2946, 39; BeckOK BGB/Martens Rz 63; Spindler/Schuster/Schirmbacher Rz 70.
227 MünchKommBGB/Wendehorst Rz 101.
228 S nur MünchKommInso/Ganter § 47 Rz 218.
229 BeckOK BGB/Martens Rz 63; MünchKommBGB/ Wendehorst Rz 102; Uhlenbruck/Brinkmann InsO § 47 Rz 121; Staud/Thüsing Rz 71; Riehm, Jura 2000, 505, 509.
230 S aber den Vorlageschluss zum KFZ-Leasing mit Kilometerabrechnung OLG Frankfurt/Main VuR 2021, 477.

lich betrachtet ein Fall des Geldkredits[231]. Hier erhält der Leasingnehmer eine bewegliche Sache für eine feste Grundmietzeit überlassen, die regelmäßig etwas kürzer ausfällt als die gewöhnliche Nutzungsdauer der Sache[232]. Am Ende der Grundmietzeit hat sich das Geschäft für den Leasinggeber entweder bereits durch die bis dahin gezahlten Leasingraten amortisiert oder aber spätestens durch dann fällig werdende Zahlungen[233]. In dieser Gestaltung ist das Leasing eine sonstige Finanzierungshilfe[234], sodass §§ 491 ff in dem durch § 506 Abs 1 bestimmten Umfang zur Anwendung kommen. Weiter wird man hier auch eine Finanzdienstleistung anzunehmen haben[235], so dass §§ 312 ff daneben nicht zwingend mit ihrem Vollanwendungsbereich gelten, sondern nur in dem durch Abs 5 bestimmten Umfang. Auch hier sind jedoch § 312g Abs 3 und EGBGB Art 247 § 2 Abs 3 Satz 2 zu beachten.

c) **Vermittlungs- und Beratungsleistungen.** Schließlich wird darüber diskutiert, ob die 100 Reduzierung des Anwendungsbereichs der §§ 312 ff durch Abs 5 auch Vermittlungs- und Beratungsverträge erfasst, die der Verbraucher im Hinblick auf Kreditverträge, Geldanlagen oÄ abschließt. Insoweit ist eine Dienstleistung, die in Zusammenhang mit einer Kreditgewährung oÄ erbracht wird, jedenfalls dort zu bejahen, wo die Beratungs- und/oder Vermittlungsleistung direkt **in einen Hauptvertrag mündet**[236]. Hier ergibt es keinen Sinn, an die Vermittlung und die Beratung strengere Verbraucherschutzanforderungen zu stellen als an den Vertrag über die Kreditgewährung, Geldanlage etc. Freilich entsteht dieses Problem nur in den Fällen, in denen die Vermittlungs- und/oder Beratungsleistung selbständig zahlungspflichtig ist.

Hingegen unterliegt der Unternehmer dem Vollanwendungsbereich der §§ 312 ff, wenn seine 101 Dienstleistung in der entgeltlichen Beratung besteht, ohne einen direkten Zusammenhang mit dem etwaigen Abschluss des Vertrags über die Finanzierungsleistung oÄ aufzuweisen. Wird diese Beratungsleistung über Fernkommunikationsmittel angefragt, zugesagt und erbracht, lässt sich allenfalls noch das Vorliegen eines Fernabsatzvertrags verneinen, und zwar mit dem Argument, dass bei Beratungsleistungen die persönliche Erbringung durch den Schuldner im Vordergrund stehe, so dass kein für den Fernabsatz organisiertes Dienstleistungssystem vorliegt[237].

3. **Längerfristige Geschäftsbeziehungen mit bestehendem Rahmenvertrag.** Bei Verträgen 102 über Finanzdienstleistungen, die eine erstmalige Vereinbarung mit daran anschließenden aufeinanderfolgenden Vorgängen oder eine daran anschließende Reihe getrennter, in einem zeitlichen Zusammenhang stehender Vorgänge gleicher Art umfassen, ist der Vollanwendungsbereich der §§ 312 ff gemäß Abs 5 Satz 1 und Satz 2 auf die erste Vereinbarung als Rahmenvertrag beschränkt. Die ausgesprochen sperrige Formulierung dieser Vorschrift entspricht RL 2002/65/EG Art 1 Abs 2 UAbs 1. Letztere ist den Umständen geschuldet, dass die einzelnen Vorgänge innerhalb eines solchen Rahmenvertrags in den verschiedenen Mitgliedstaaten rechtlich unterschiedlich konstruiert werden und der Unionsgesetzgeber diese Unterschiede einebnen wollte[238]. In Erwägungsgrund 17 zur RL 2002/65/EG werden als Beispiele für die erste **Rahmenvereinbarung** die Kontoeröffnung, der Erwerb einer Kreditkarte oder der Abschluss eines Portfolioverwaltungsvertrags genannt. **Einzelne Vorgänge** in Vollzug dieser ersten Rahmenvereinbarung sind dementsprechend etwa Einzahlungen und Abhebungen auf das bzw von dem eigenen Girokonto, Zahlungen per Kreditkarte, Transaktionen im Rahmen eines Portfolioverwaltungsvertrags oder Zeichnungen neuer Anteile desselben Investmentfonds.

Aus dem Richtlinienhintergrund von Abs 5 Satz 1 folgt, dass es bei seiner Anwendung keiner 103 trennscharfen Unterscheidung zwischen den aufeinanderfolgenden Vorgängen und der Reihe getrennter Vorgänge bedarf. Gleiches gilt für die **Gleichartigkeit** und den **zeitlichen Zusammenhang** zwischen den einzelnen Vorgängen. Vielmehr ist die Frage, ob der einzelne Vorgang trotz bestehenden Rahmenvertrags dem Vollanwendungsbereich oder nach Abs 5 Satz 2 lediglich einer beschränkten Geltung der §§ 312 ff unterfällt, stets danach zu beantworten, ob der zu beurteilende Einzelvorgang das verbraucherrechtliche Schutzbedürfnis neu entstehen lässt[239]. Das ist nur dann nicht der Fall, wenn der Verbraucher bereits anlässlich des Abschlusses des Rahmenvertrags sämtliche Informationen erhalten hat, die ihm nun – bei isolierter Betrachtung des Einzelvor-

---

[231] MünchKommInso/Ganter § 47 Rz 220; Canaris NJW 1982, 305, 307 f.
[232] MünchKommInso/Ganter § 47 Rz 220; Uhlenbruck/Brinkmann InsO § 47 Rz 121.
[233] MünchKommInso/Ganter § 47 Rz 220; Uhlenbruck/Brinkmann InsO § 47 Rz 122; Skusa NJW 2011, 2993, 2997.
[234] Erman/Nietsch § 506 Rz 20; MünchKommBGB/Schürnbrand/Weber § 506 Rz 31; Skusa NJW 2011, 2993, 2998.
[235] OLG München NJW-RR 2020, 1248, 1251; BeckOK BGB/Martens Rz 63; MünchKommBGB/Wendehorst Rz 102.
[236] MünchKommBGB/Wendehorst Rz 104 f.
[237] Vgl AG Charlottenburg NJW-RR 2016, 184, 185: für den Anwaltsvertrag.
[238] Erman/Koch Rz 69; MünchKommBGB/Wendehorst Rz 115 unter Hinweis auf RL 2002/65/EG Erwägungsgrund 16.
[239] Der Sache nach auch MünchKommBGB/Wendehorst Rz 117.

gangs – zu erteilen wären. Das ist insbesondere bei Erweiterungen oder sonstigen Änderungen des bestehenden Rahmenvertrags zu verneinen, wofür Erwägungsgrund 17 zur RL 2002/65/EG als Beispiel die Möglichkeit nennt, ein elektronisches Zahlungsinstrument zusammen mit dem vorhandenen Bankkonto zu nutzen.

104   **4. Längerfristige Geschäftsbeziehungen ohne Rahmenvertrag.** Abs 5 Satz 3 und RL 2002/65/EG Art 1 Abs 2 UAbs 2 stellen klar, dass eine längerfristige Geschäftsbeziehung nicht zwingend nach einem Rahmenvertrag zwischen dem Unternehmer und dem Verbraucher verlangt. Vielmehr kann sie auch durch die schlichte Aufeinanderfolge von gleichartigen Vorgängen iSd Abs 5 Satz 1 zustande kommen, mit der Folge, dass die Informationspflichten des Unternehmers nur bei dem ersten Vorgang zu beachten sind. Aus Abs 5 Satz 4 ergibt sich, dass die längerfristige Geschäftsbeziehung endet und neu initiiert werden muss, wenn während der Dauer eines Jahres zwischen den Parteien kein gleichartiger Vorgang stattgefunden hat. Die Gleichartigkeit der Vorgänge ist auch hier danach zu beurteilen, ob der Verbraucher sämtliche Informationen, die für den Folgevorgang erheblich sind, bereits bei der ersten Transaktion erhalten hat[240].

105   Auf der **Rechtsfolgenseite** lässt die Systematik des Abs 5 leicht den Eindruck entstehen, dass in den Fällen des Abs 5 Satz 3 für die Folgevorgänge § 312a Abs 1, 3, 4 und 6 nicht zu beachten sind, da Abs 5 Satz 2 sich nur auf die längerfristige Geschäftsbeziehung mit einem bestehenden Rahmenvertrag nach Abs 5 Satz 1 bezieht. Freilich trügt dieser Eindruck. Zum einen existiert kein sachliches Kriterium, welches eine solche Differenzierung rechtfertigen könnte. Zum anderen befreit Abs 5 Satz 3 den Unternehmer von den Vorschriften über die Informationspflichten, zu denen § 312a Abs 1, 3, 4 und 6 jedoch nicht zählen[241]. Aus der Privilegierung lediglich hinsichtlich der Informationspflichten folgt weiter, dass bei Abs 5 Satz 3 das **Widerrufsrecht** auch für die Folgevorgänge besteht. Schließlich ist der zugrunde liegende RL 2002/65/EG Art 1 Abs 2 UAbs 2 insoweit missverständlich, als er den Unternehmer für die Folgevorgänge von den Informationspflichten gemäß RL 2002/65/EG Art 3 und 4 befreit, nicht aber von RL 2002/65/EG Art 5 über die Art und Weise der Informationserteilung[242]. Freilich werden die Vorschriften über die Art und Weise der Informationserteilung obsolet, sobald die Information als solche bereits nicht geschuldet ist.

VII. Versicherungsverträge, Abs 6

106   Gemäß Abs 6 finden auf Versicherungsverträge lediglich § 312a Abs 3, 4 und 6 sowie ggf §§ 312i ff Anwendung. An die Stelle des § 312a Abs 1 tritt der inhaltlich entsprechende VVG-InfoV § 5 Abs 1. **Unionsrechtlicher Hintergrund** ist RL 2011/83/EU Art 3 Abs 3 lit d), da die Versicherung gemäß RL 2011/83/EU Art 2 Nr 12 zu den dort geregelten Finanzdienstleistungen zählt. Der Grund für diese Bereichsausnahme ist, dass VVG §§ 7 ff und 152 ff bereits eigenständige verbraucherschützende Bestimmungen enthalten[243]. Neben dem Versicherungsvertrag als solchem ist auch der entsprechende Vermittlungsvertrag erfasst. Für diese Begriffe sind VVG §§ 1 bzw 59 maßgeblich[244].

VIII. Pauschalreiseverträge, Abs 7

107   **1. Allgemeines, Abs 7 Satz 1.** Verbraucherverträge über Pauschalreisen waren früher durch RL 2011/83/EU Art 3 Abs 3 lit g) generell vom Geltungsbereich der Verbraucherrechterichtlinie ausgenommen. Insoweit erachtete der Unionsgesetzgeber den spezifischen Verbraucherschutz durch die RL 90/340/EWG[245] als vorrangig und ausreichend[246]. Durch RL (EU) 2015/2302 Art 27 Abs 2[247] wurde RL 2011/83/EU Art 3 Abs 3 lit g) jedoch ergänzt um die Bestimmung, dass RL 2011/83/EU Art 6 Abs 7, Art 8 Abs 2 und 6 sowie Art 19, 21 und 22 auch für Reisende iSd RL (EU) 2015/2302 Art 3 Nr 6 entsprechend gelten.

---

240 AA MünchKommBGB/Wendehorst Rz 123: Strengere Anforderungen.
241 BeckOK BGB/Martens Rz 72; BeckOGK BGB/Busch Rz 89; HK-BGB/Schulte-Nölke Rz 28; Spindler/Schuster/Schirmbacher Rz 72.
242 MünchKommBGB/Wendehorst Rz 125.
243 BeckOK BGB/Martens Rz 54; MünchKommBGB/Wendehorst Rz 85.
244 BeckOGK BGB/Busch Rz 91.1.
245 Richtlinie 90/314/EWG des Rates vom 13.6.1990 über Pauschalreisen, ABl. Nr L 158, 59, geändert durch Art 29 ÄndRL (EU) 2015/2302 vom 25.11.2015, ABl. Nr L 326, 1.
246 Kritisch BeckOK BGB/Martens Rz 24; BeckOGK BGB/Busch Rz 38; MünchKommBGB/Wendehorst Rz 40; NK-BGB/Ring Rz 41.
247 Richtlinie (EU) 2015/2302 des Europäischen Parlaments und des Rates vom 25. November 2015 über Pauschalreisen und verbundene Reiseleistungen, zur Änderung der Verordnung (EG) Nr 2006/2004 und der Richtlinie 2011/83/EU des Europäischen Parlaments und des Rates sowie zur Aufhebung der Richtlinie 90/314/EWG des Rates, ABl L 326/1 vom 11.12.2015.

Diesen unionsrechtlichen Vorgaben entsprechend sind gemäß § 312 Abs 7 Satz 1 Hs 1 auf Pau- **108** schalreiseverträge nach §§ 651a und 651c von den §§ 312 ff nur § 312a Abs 3 bis 6, §§ 312i, 312j Abss 2 bis 5 sowie § 312m anzuwenden. Wenig konsequent ist es freilich, dass § 312a Abs 1, den der Gesetzgeber in Abs 2 immerhin zum Gegenstand des Minimalanwendungsbereichs der §§ 312 ff gemacht hat, ausgerechnet bei Pauschalreiseverträgen nicht anwendbar sein soll[248]. Durch Hs 2 werden diese Vorschriften auch auf den Fall ausgedehnt, dass der Reisende ein Unternehmer oder ein anderer Nichtverbraucher ist. Damit werden auch diejenigen insoweit in den persönlichen Schutzbereich miteinbezogen, die iSv RL (EU) 2015/2302 Art 2 Abs 2 lit c) geschäftlich reisen und aus unionsrechtlicher Perspektive dennoch teils als ebenso schutzbedürftig wie ein Verbraucher angesehen werden.

2. **Widerrufsrecht, Abs 7 Satz 2**. Aufgrund von § 312 Abs 7 Satz 2 steht einem Reisenden, **109** der **Verbraucher** ist, zudem ein Widerrufsrecht nach § 312g Abs 1 zu, sofern es sich bei dem Vertragsgegenstand um einen Pauschalreisevertrag nach § 651a handelt, der außerhalb von Geschäftsräumen geschlossen wurde. Dieses Widerrufsrecht ist unionsrechtlich nicht zwingend vorgegeben, sondern beruht auf der den Mitgliedstaaten durch RL (EU) 2015/2302 Art 12 Abs 5 eröffneten Option. Deshalb ist dieses Widerrufsrecht auch nicht von der Vollharmonisierung gemäß RL (EU) 2015/2302 Art 4 Hs 1 umfasst, so dass der deutsche Gesetzgeber es auch hinsichtlich seiner Voraussetzungen ohne Widerspruch zu vorrangigem Unionsrecht ausgestalten konnte. Gegenüber dem ohnehin jedem Vertragspartner des Reiseveranstalters zustehenden Rücktrittsrecht nach § 651h Abs 1 Satz 1 hat das den Vorteil, dass der Widerruf nicht die Folge des § 651h Abs 1 Satz 3 auslöst.

Das **Widerrufsrecht besteht allerdings nicht**, wenn die mündlichen Verhandlungen, auf **110** denen der Vertragsschluss beruht, auf vorhergehende Bestellung des Verbrauchers geführt wurden. Diese Formulierung ist GewO § 55 entnommen, so dass für ihre Interpretation auf die dort gewonnenen Erkenntnisse zurückgegriffen werden kann[249]. Zugrunde liegt der Gedanke, dass ein Verbraucher, der einen geschäftlichen Kontakt zu dem späteren Vertragspartner selbst initiiert hat, keiner **Überrumpelungsgefahr** ausgesetzt ist und insoweit deshalb auch nur eines eingeschränkten Schutzes bedarf[250].

Der Begriff der **Bestellung** beschreibt dabei die konkrete Aufforderung des Verbrauchers an **111** den Unternehmer, ihn zum Zwecke der Verhandlungsführung über den Abschluss eines Reisevertrags außerhalb von Geschäftsräumen zu treffen[251]. Dabei genügt es nicht, dass der Verbraucher lediglich um die **Übersendung von Katalogen** oÄ bittet[252] oder zu einem **unverbindlichen Informationsgespräch** einlädt[253]. Vielmehr muss in der Aufforderung sowohl zum Ausdruck kommen, dass bei dem erbetenen Treffen Verhandlungen mit dem potentiellen Ziel des Vertragsabschlusses geführt werden sollen[254], als auch der **Gegenstand des möglichen Vertragsschlusses** bereits seiner Art nach konkret beschrieben sein[255]. Wesentliche Abweichungen vom avisierten Verhandlungsgegenstand sind von Abs 7 Satz 2 aE nicht mehr gedeckt[256]. Die Situation, in der ein Verbraucher zu Gesprächen über eine Wochenendreise nach Juist einlädt, um im Anschluss an das Gespräch eine mehrwöchige Kreuzfahrt gebucht zu haben, lässt das Widerrufsrecht demnach nicht entfallen[257]. Wegen der fehlenden Konkretisierung des möglichen Reisevertrags bleibt das Widerrufsrecht auch dort bestehen, wo der Verbraucher sich zu einer Kaffeefahrt angemeldet hat, auf der eine Verkaufsveranstaltung für Reiseverträge stattfindet[258].

Stets muss die **Initiative von dem Verbraucher** als dem späteren Vertragspartner ausgehen[259]. **112** Zwar kann diese Initiative durchaus auch die Reaktion auf eine vorangegangene persönlich adressierte Werbemaßnahme des Unternehmers darstellen[260]. Allerdings darf der Unternehmer den Verbraucher dabei nicht manipulativ **zur Bestellung provozieren**[261], etwa indem er überra-

---

248 MünchKommBGB/Wendehorst Rz 87.
249 BT-Drucks 10/2876, 12; BGH NJW 1989, 584, 585; Erman/Koch Rz 38; Staud[12]/Thüsing § 312 aF Rz 153.
250 BT-Drucks 17/13951, 62; Erman/Koch Rz 33.
251 Vgl Staud[12]/Thüsing § 312 aF Rz 153; vgl auch MünchKommBGB/Wendehorst Rz 41.
252 BGH NJW 2008, 3422, 3423; Erman/Koch Rz 39; jurisPK-BGB/Junker § 312 Rz 39; Grüneberg/Grüneberg Rz 31.
253 BGHZ 109, 127, 137; 110, 308, 310; BGH NJW 2010, 2868, 2869; Erman/Koch Rz 45.
254 BGH NJW 2010, 2868 Rz 15; Erman/Koch Rz 46.
255 BGHZ 110, 308, 310; BGH NJW 1990, 1048, 1049; NJW 2008, 3423 Rz 19; NJW 2010, 2868 Rz 15; Erman/Koch Rz 46; Grüneberg/Grüneberg Rz 31.
256 Vgl BGH NJW 2010, 2868 Rz 15.
257 Beispiel bei BeckOGK BGB/Busch Rz 40.1.
258 BT-Drucks 17/13951, 97; BeckOGK BGB/Busch Rz 40; Erman/Koch Rz33; jurisPK-BGB/Junker Rz 67.
259 BGH NJW, 1984, 584, 585; 1994, 3351, 3352; Erman/Koch Rz 38.
260 BGHZ 109, 127,137; BGH ZIP 1989, 365, 366; Erman/Koch Rz 38, 43.
261 BGHZ 109, 127, 137; BGH GRUR 1990, 46, 47 – Heizgeräte-Vertrieb; BeckOGK BGB/Busch Rz 42; Erman/Koch Rz39; NK-BGB/Ring § 312 Rz 40; Ulmer WRP 1986, 356, 357.

schend persönlich oder telefonisch anfragt, ob ein Besuch zu Vertragsgesprächen über eine Pauschalreise gewünscht sei[262].

113 Damit das Widerrufsrecht entfällt, muss der Verbraucher die Aufforderung nicht unmittelbar selbst an den Unternehmer richten. Vielmehr genügt es, wenn die Aufforderung von einem hierzu analog § 164 ermächtigten **Dritten** stammt[263]. Die Befugnis zur gesetzlichen Mitverpflichtung unter Ehegatten gemäß § 1357 steht einer solchen Ermächtigung nicht gleich[264].

114 Wegen der negativen Formulierung trifft den Unternehmer die objektive Beweislast für die Voraussetzungen, unter denen das Widerrufsrecht des Verbrauchers nicht entsteht[265].

IX. Personenbeförderungsverträge, Abs 8

115 Gemäß Abs 8 sind auf Verträge über die Beförderung von Personen von den §§ 312a bis 312h lediglich § 312a Abs 1 und Abs 3 bis Abs 6 anwendbar. Die Regelung des § 312a Abs 5 über die Nutzung überteuerter Kundenhotlines gilt also auch für Personenbeförderungsverträge. Das beruht auf der Regelung in RL 2011/83/EU Art 3 Abs 3 lit k) in der durch RL (EU) 2019/2161 Art 4 Nr 2 lit c) Ziff i) geänderten Fassung.

116 Dass Personenbeförderungsverträge nur in einem sehr eingeschränkten Maß den Bestimmungen der RL 2011/83/EU sowie der §§ 312 ff unterliegen, wird dadurch gerechtfertigt, dass dieser Bereich, insbesondere durch die VO (EG) 261/2004[266] und das PBefG[267], sowohl auf der Unions- als auch auf der nationalen Ebene, im Hinblick auf die Verbraucherinteressen bereits anderweitig hinreichend reguliert sei[268]. Allerdings hat der Unternehmer den Verbraucher nach RL 2011/83/EU Art 8 Abs 2 dennoch über die Zahlungspflichtigkeit seiner Bestellung zu informieren. Weiter gelten für Personenbeförderungen auch die Bestimmungen der RL 2011/83/EU Art 19 und 22, wonach der Unternehmer für die Nutzung von Zahlungsmitteln keine Entgelte verlangen darf, die über seine eigenen entsprechenden Nutzungskosten hinausgehen, bzw die ausdrückliche Zustimmung des Verbrauchers zu jeder Extrazahlung einholen muss, die über das vereinbarte Entgelt für die Hauptleistung hinausgeht. Der deutsche Gesetzgeber hat dem durch §§ 312j Abs 3 Satz 1, 312a Abs 4 und Abs 3 Rechnung getragen.

117 Unter einem Personenbeförderungsvertrag ist jeder Vertrag zu verstehen, der **auf die Ortsveränderung von natürlichen Personen gerichtet** ist, und zwar unabhängig von dem jeweils verwendeten Verkehrsmittel[269]. Zwischen dem Heranwinken eines Taxis und der Onlinebuchung eines Fluges besteht somit kein Unterschied. Ausgangs- und Endpunkt der Beförderung müssen sich nicht unterscheiden, so dass auch Stadtrundfahrten unter Abs 2 Nr 5 fallen. Ebenso sind Beförderungen in die Höhe erfasst, etwa der Online-Erwerb eines Tickets für den Besuch der Aussichtsplattform des Montparnasse-Turms in Paris. Nicht unter Abs 8 fallen jedoch Verträge, die dem Verbraucher lediglich die Möglichkeit eröffnen, bei der späteren Buchung einer Beförderungsdienstleistung einen Rabatt zu verlangen[270]. Solche Verträge haben nämlich noch nicht die Beförderungsdienstleistung zum Gegenstand.

118 Zum Ausnahmetatbestand des RL 97/7/EG Art 3 Abs 2[271] hatte der EuGH entschieden, dass eine Beförderungsdienstleistung auch dort anzunehmen sei, wo der Unternehmer dem Verbraucher lediglich ein Beförderungsmittel zur Verfügung stelle, und aus diesem Grund die **Kfz-Vermietung** aus dem Anwendungsbereich der Richtlinie ausgenommen[272]. Da die Vermietung von Kfz nunmehr jedoch eine selbständige Regelung in § 312g Abs 2 Nr 9 erfahren hat, kann sie nicht gleichzeitig Regelungsgegenstand von Abs 8 sein[273].

---

262 BGH NJW 1994, 3351, 3352; Staud[12]/Thüsing § 312 aF Rz 162.
263 Staud[12]/Thüsing § 312 aF Rz 155; jurisPK-BGB/Junker BGB Rz 70.
264 IErg Staud[12]/Thüsing § 312 aF Rz 155; aA BeckOGK BGB/Busch Rz 41; Erman/Koch Rz 35; BGH NJW 1991, 923, 925.
265 BGH NJW 2010, 2868 Rz 11; Erman/Koch Rz 37.
266 Verordnung (EG) Nr 261/2004 des Europäischen Parlaments und des Rates vom 11. Februar 2004 über eine gemeinsame Regelung für Ausgleichs- und Unterstützungsleistungen für Fluggäste im Fall der Nichtbeförderung und bei Annullierung oder großer Verspätung von Flügen und zur Aufhebung der Verordnung (EWG) Nr 295/91, ABl L 46, 1 ff.
267 Personenbeförderungsgesetz in der Fassung der Bekanntmachung vom 8. August 1990 (BGBl I S 1690), das zuletzt durch Artikel 1 des Gesetzes vom 16. April 2021 (BGBl I S 822) geändert worden ist.
268 BT-Drucks 17/12637, 47; kritisch MünchKommBGB/Wendehorst Rz 62.
269 MünchKommBGB/Wendehorst Rz 63; BeckOK BGB/Martens Rz 31; BeckOGK BGB/Busch Rz 37.
270 EuGH EuZW 2020, 485 Rz 39 – DB Vertrieb GmbH.
271 Richtlinie 97/7/EG des Europäischen Parlaments und des Rates vom 20. Mai 1997 über den Verbraucherschutz bei Vertragsabschlüssen im Fernabsatz, ABl Nr L 144, 19 ff.
272 EuGH NJW 2005, 3055 Rz 31 – easyCar.
273 HK-BGB/Schulte-Nölke Rz 18; MünchKommBGB/Wendehorst Rz 64.

Anders als bei Abs 2 Nr 6 und Abs 6 fehlt hier eine normative Aussage über den Umgang mit **119** **Vermittlungsverträgen**. Relevant kann diese Frage werden, wenn der Verbraucher die Leistung nicht direkt bei dem Anbieter der Beförderungsleistung bucht, sondern über einen dazwischengeschalteten Dienstleister, wie beispielsweise ein Online-Reisebüro oder eine Taxizentrale. Nimmt man den Vermittlungsvertrag aus dem Geltungsbereich von Abs 8 heraus, mag man hierin immer noch die Erbringung einer weiteren Dienstleistung in Zusammenhang mit Freizeitbetätigungen erblicken, so dass das Widerrufsrecht des Verbrauchers aufgrund von § 312g Abs 2 Nr 9 ausgeschlossen wäre. Wer das aber verneint und dem Verbraucher den Widerruf des Vermittlungsvertrags gestattet, der gewährt dem Verbraucher zugleich über § 360 Abs 1 Satz 1 die Möglichkeit, sich von dem Beförderungsvertrag zu lösen, was freilich in Widerspruch zu Sinn und Zweck sowohl von Abs 8 als auch von RL 2011/83/EU Art 3 Abs 3 lit k) steht[274]. Manche wollen dieses Ergebnis über eine teleologische Reduktion des § 360 Abs 1 Satz 1 vermeiden[275]. Konsequenter ist es, Abs 8 entsprechend auch auf den Vermittlungsvertrag anzuwenden. Freilich ergibt sich das Problem der selbständigen Widerruflichkeit nicht bei Vermittlungsverträgen, die für den Verbraucher lediglich rechtlich vorteilhaft sind.

§ 312a Allgemeine Pflichten und Grundsätze bei Verbraucherverträgen; Grenzen der Vereinbarung von Entgelten

(1) Ruft der Unternehmer oder eine Person, die in seinem Namen oder Auftrag handelt, den Verbraucher an, um mit diesem einen Vertrag zu schließen, hat der Anrufer zu Beginn des Gesprächs seine Identität und gegebenenfalls die Identität der Person, für die er anruft, sowie den geschäftlichen Zweck des Anrufs offenzulegen.

(2) Der Unternehmer ist verpflichtet, den Verbraucher nach Maßgabe des Artikels 246 des Einführungsgesetzes zum Bürgerlichen Gesetzbuche zu informieren. Der Unternehmer kann von dem Verbraucher Fracht-, Liefer- oder Versandkosten und sonstige Kosten nur verlangen, soweit er den Verbraucher über diese Kosten entsprechend den Anforderungen aus Artikel 246 Absatz 1 Nummer 3 des Einführungsgesetzes zum Bürgerlichen Gesetzbuche informiert hat. Die Sätze 1 und 2 sind weder auf außerhalb von Geschäftsräumen geschlossene Verträge noch auf Fernabsatzverträge noch auf Verträge über Finanzdienstleistungen anzuwenden.

(3) Eine Vereinbarung, die auf eine über das vereinbarte Entgelt für die Hauptleistung hinausgehende Zahlung des Verbrauchers gerichtet ist, kann ein Unternehmer mit einem Verbraucher nur ausdrücklich treffen. Schließen der Unternehmer und der Verbraucher einen Vertrag im elektronischen Geschäftsverkehr, wird eine solche Vereinbarung nur Vertragsbestandteil, wenn der Unternehmer die Vereinbarung nicht durch eine Voreinstellung herbeiführt.

(4) Eine Vereinbarung, durch die ein Verbraucher verpflichtet wird, ein Entgelt dafür zu zahlen, dass er für die Erfüllung seiner vertraglichen Pflichten ein bestimmtes Zahlungsmittel nutzt, ist unwirksam, wenn
1. für den Verbraucher keine gängige und zumutbare unentgeltliche Zahlungsmöglichkeit besteht oder
2. das vereinbarte Entgelt über die Kosten hinausgeht, die dem Unternehmer durch die Nutzung des Zahlungsmittels entstehen.

(5) Eine Vereinbarung, durch die ein Verbraucher verpflichtet wird, ein Entgelt dafür zu zahlen, dass der Verbraucher den Unternehmer wegen Fragen oder Erklärungen zu einem zwischen ihnen geschlossenen Vertrag über eine Rufnummer anruft, die der Unternehmer für solche Zwecke bereithält, ist unwirksam, wenn das vereinbarte Entgelt das Entgelt für die bloße Nutzung des Telekommunikationsdienstes übersteigt. Ist eine Vereinbarung nach Satz 1 unwirksam, ist der Verbraucher auch gegenüber dem Anbieter des Telekommunikationsdienstes nicht verpflichtet, ein Entgelt für den Anruf zu zahlen. Der Anbieter des Telekommunikationsdienstes ist berechtigt, das Entgelt für die bloße Nutzung des Telekommunikationsdienstes von dem Unternehmer zu verlangen, der die unwirksame Vereinbarung mit dem Verbraucher geschlossen hat.

(6) Ist eine Vereinbarung nach den Absätzen 3 bis 5 nicht Vertragsbestandteil geworden oder ist sie unwirksam, bleibt der Vertrag im Übrigen wirksam.

---

274 S Staud/Bauer NJW 2016, 913, 916; AG Leipzig, Urt v 29.06.2015 – 104 C 1160/15.

275 Staud/Bauer NJW 2016, 913, 916.

EGBGB Art 246
Informationspflichten beim Verbrauchervertrag

(1) Der Unternehmer ist, sofern sich diese Informationen nicht aus den Umständen ergeben, nach § 312a Absatz 2 des Bürgerlichen Gesetzbuchs verpflichtet, dem Verbraucher vor Abgabe von dessen Vertragserklärung folgende Informationen in klarer und verständlicher Weise zur Verfügung zu stellen:
1. die wesentlichen Eigenschaften der Waren oder Dienstleistungen in dem für den Datenträger und die Waren oder Dienstleistungen angemessenen Umfang,
2. seine Identität, beispielsweise seinen Handelsnamen und die Anschrift des Ortes, an dem er niedergelassen ist, sowie seine Telefonnummer,
3. den Gesamtpreis der Waren und Dienstleistungen einschließlich aller Steuern und Abgaben oder in den Fällen, in denen der Preis auf Grund der Beschaffenheit der Ware oder Dienstleistung vernünftigerweise nicht im Voraus berechnet werden kann, die Art der Preisberechnung sowie gegebenenfalls alle zusätzlichen Fracht-, Liefer- oder Versandkosten und alle sonstigen Kosten oder in den Fällen, in denen diese Kosten vernünftigerweise nicht im Voraus berechnet werden können, die Tatsache, dass solche zusätzlichen Kosten anfallen können,
4. gegebenenfalls die Zahlungs-, Liefer- und Leistungsbedingungen, den Termin, bis zu dem sich der Unternehmer verpflichtet hat, die Waren zu liefern oder die Dienstleistungen zu erbringen, sowie das Verfahren des Unternehmers zum Umgang mit Beschwerden,
5. das Bestehen eines gesetzlichen Mängelhaftungsrechts für die Waren oder die digitalen Produkte sowie gegebenenfalls das Bestehen und die Bedingungen von Kundendienstleistungen und Garantien,
6. gegebenenfalls die Laufzeit des Vertrags oder die Bedingungen der Kündigung unbefristeter Verträge oder sich automatisch verlängernder Verträge,
7. gegebenenfalls die Funktionalität der Waren mit digitalen Elementen oder der digitalen Produkte, einschließlich anwendbarer technischer Schutzmaßnahmen, und
8. gegebenenfalls, soweit wesentlich, die Kompatibilität und die Interoperabilität der Waren mit digitalen Elementen oder der digitalen Produkte, soweit diese Informationen dem Unternehmer bekannt sind oder bekannt sein müssen.

(2) Absatz 1 ist nicht anzuwenden auf Verträge, die Geschäfte des täglichen Lebens zum Gegenstand haben und bei Vertragsschluss sofort erfüllt werden.

(3) Steht dem Verbraucher ein Widerrufsrecht zu, ist der Unternehmer verpflichtet, den Verbraucher in Textform über sein Widerrufsrecht zu belehren. Die Widerrufsbelehrung muss deutlich gestaltet sein und dem Verbraucher seine wesentlichen Rechte in einer dem benutzten Kommunikationsmittel angepassten Weise deutlich machen. Sie muss Folgendes enthalten:
1. einen Hinweis auf das Recht zum Widerruf,
2. einen Hinweis darauf, dass der Widerruf durch Erklärung gegenüber dem Unternehmer erfolgt und keiner Begründung bedarf,
3. den Namen und die ladungsfähige Anschrift desjenigen, gegenüber dem der Widerruf zu erklären ist, und
4. einen Hinweis auf Dauer und Beginn der Widerrufsfrist sowie darauf, dass zur Fristwahrung die rechtzeitige Absendung der Widerrufserklärung genügt.

ÜBERSICHT

I. Allgemeines 1	c) Offenkundige Informationen ... 20, 21
II. Die Offenlegungspflicht bei der geschäftlichen Kontaktaufnahme über Telefon, Abs 1 2–14	d) Bargeschäfte des täglichen Lebens 22–24
1. Normzweck 2, 3	3. Die Art und Weise der Information . 25–27
2. Das Entstehen der Offenlegungspflicht 4–6	4. Die einzelnen nach EGBGB Art 246 Abs 1 geschuldeten Informationen . 28–55
3. Die offenlegungspflichtige Person .. 7	a) Wesentliche Eigenschaften des Vertragsgegenstands, Nr 1 28–31
4. Die offenlegungspflichtigen Umstände 8–11	b) Identität des Unternehmers, Nr 2 32
5. Rechtsfolgen eines Verstoßes 12–14	c) Preisangabe, Nr 3 33–38
III. Die Informationspflichten gemäß Abs 2 iVm EGBGB Art 246 Abs 1 . 15–58	d) Vertragsbedingungen und Beschwerdemanagement, Nr 4 .. 39–43
1. Normzweck 15, 16	e) Mängelhaftung, Nr 5 44–46
2. Anwendungsbereich 17–24	f) Laufzeit und Kündigung von Dauerschuldverhältnissen, Nr 6 . 47, 48
a) Systematisch vorrangige Informationspflichten 17	g) Funktionsweise und Interoperabilität bei digitalen Inhalten, Nr 7 und Nr 8 49–55
b) Finanzdienstleistungen 18, 19	

5. Rechtsfolgen einer Informationspflichtverletzung 56–58	1. Normzweck und Anwendungsbereich 75–78
IV. Die Belehrungspflicht über das Widerrufsrecht gemäß Abs 2 iVm EGBGB Art 246 Abs 3 59–63	2. Entgeltpflichtige Zahlungsmittel . . . 79–81
	3. Keine gängige und zumutbare unentgeltliche Zahlungsmöglichkeit, Nr 1 82, 83
V. Unwirksame Vereinbarungen über Zusatzentgelte, Abs 3 64–74	4. Die Selbstkosten des Unternehmers übersteigendes Entgelt, Nr 2 . . . . . 84, 85
1. Allgemeines 64	**VII. Überteuerte Kunden-Hotlines, Abs 5** 86–97
2. Entgeltliche Zusatzleistungen 65–67	1. Normzweck und Anwendungsbereich 86–89
3. Ausdrückliche Vereinbarung 68, 69	
4. Zusatzentgelte für den Erhalt der Hauptleistung 70–72	2. Rufnummer für Fragen und Erklärungen zu einem bestehenden Vertrag 90–94
5. Konkurrenzen 73, 74	3. Die unwirksame Entgeltvereinbarung und ihre Folgen 95–97
VI. Unwirksame Vereinbarungen über Entgelte zur Nutzung von Zahlungsmitteln, Abs 4 75–85	

I. Allgemeines

Ein einheitlicher Normzweck lässt sich § 312a nicht entnehmen. Vielmehr vereint die Norm **1** verschiedene inhaltlich disparate Einzelbestimmungen, die allein dadurch miteinander verbunden sind, dass sie auf alle Verbraucherverträge Anwendung finden, gleichviel ob diese im stationären Vertrieb, außerhalb von Geschäftsräumen, im Fernabsatz oder sonst im elektronischen Geschäftsverkehr zustande kommen[1]. Abs 1 betrifft dabei eine eher lauterkeitsrechtlich anmutende Offenlegungspflicht bei der geschäftlichen Kontaktaufnahme über Telefon. In Abs 2 werden dem Unternehmer allgemeine Informationspflichten auferlegt, die er gegenüber Verbrauchern stets zu erfüllen hat. Abs 3 bis 5 formulieren Anforderungen an das Verlangen nach zusätzlichen Entgelten, während Abs 6 schließlich festlegt, dass eine unwirksame Vereinbarung über solch ein Zusatzentgelt die Wirksamkeit des Vertrags im Übrigen unberührt lässt.

II. Die Offenlegungspflicht bei der geschäftlichen Kontaktaufnahme über Telefon, Abs 1

1. Normzweck. Gemäß Abs 1 hat der Unternehmer, sein Stellvertreter oder sonst Beauftragter, **2** der einen Verbraucher anruft, um mit diesem einen Vertrag abzuschließen, diesem zu Beginn des Gesprächs seine eigene Identität sowie gegebenenfalls die Identität des hinter ihm stehenden Unternehmers ebenso offenzulegen wie den geschäftlichen Zweck des Anrufs. **Unionsrechtlicher Hintergrund** sind zum einen RL 2011/83/EU Art 8 Abs 5, den der deutsche Gesetzgeber beinahe wortgleich in das deutsche Recht übernommen hat, und zum anderen RL 2002/65/EG Art 3 Abs 3 lit a)[2]. Ebenso wie RL 2002/58/EG Art 13[3] und der jedenfalls in wesentlichen Teilen hierauf basierende UWG § 7[4] trägt Abs 1 dem Umstand Rechnung, dass der Verbraucher durch einen Anruf bei sich zu Hause in seiner Privatsphäre gestört und dort der **Suggestivkraft der Werbebotschaft ausgesetzt** wird[5]. Diese Störung ist im Fall des Telefonanrufs, bei dem eine direkte Kommunikation mit dem Anrufer stattfindet, wesentlich intensiver als bei der Versendung von Textnachrichten oder Werbebroschüren. Die sofortige Information des Verbrauchers über die Identität und die Intentionen des anrufenden Unternehmers soll es dem Verbraucher ermöglichen, das Telefonat sogleich zu beenden, ohne sich zunächst auf ein subtiles Verkaufsgespräch einzulassen.

Mit ihrem Fokus auf die telefonische Vertragsanbahnung wird die Norm in erster Linie im **3** Fernabsatzrecht relevant, weshalb sie systematisch dort auch besser verortet wäre[6]. Der Gesetzgeber misst ihr allerdings derart grundlegenden Charakter für jede Art der telefonischen Kontaktaufnahme bei, dass er sie zu einer allgemeinen Vorschrift für alle Verbraucherverträge gemacht hat[7].

---

1 MünchKommBGB/Wendehorst Rz 1; NK-BGB/Ring Rz 1; BeckOK BGB/Martens Rz 1.
2 Richtlinie 2002/65/EG des Europäischen Parlaments und des Rates vom 23. September 2002 über den Fernabsatz von Finanzdienstleistungen an Verbraucher und zur Änderung der Richtlinie 90/619/EWG des Rates und der Richtlinien 97/7/EG und 98/27/EG, ABl L 271, 16 ff.
3 Richtlinie 2002/58/EG des Europäischen Parlaments und des Rates vom 12. Juli 2002 über die Verarbeitung personenbezogener Daten und den Schutz der Privatsphäre in der elektronischen Kommunikation, ABl Nr L 201, 37 ff.
4 Gesetz gegen den unlauteren Wettbewerb in der Fassung der Bekanntmachung vom 3. März 2010 (BGBl I S 254), das zuletzt durch Artikel 1 des Gesetzes vom 10. August 2021 (BGBl I S 3504) geändert worden ist.
5 Erman/Koch Rz 3; Staud/Thüsing Rz 3; BeckOK BGB/Martens Rz 3.
6 Spindler/Schuster/Schirmbacher Rz 5.
7 BT-Drucks 17/12637, 51; Erman/Koch Rz 2; NK-BGB/Ring Rz 5.

Zu beachten bleibt, dass Abs 1 keinen eigenständigen Legitimationsgrund für das Eindringen in die Privatsphäre schafft, sondern voraussetzt, dass ein solcher anderweitig gegeben ist.

4   **2. Das Entstehen der Offenlegungspflicht.** Situativer Anknüpfungspunkt ist der Anruf bei dem Verbraucher, um mit ihm einen Vertrag zu schließen. Es reicht aus, dass der Unternehmer einen **Vertragsschluss zunächst fernmündlich vorbereiten** will. Er muss den Vertragsschluss also nicht bereits für den konkreten Anruf vorgesehen haben[8]. Marktforschungsanrufe oder dergleichen stehen indes in keinem Zusammenhang mit einem konkret beabsichtigten Vertragsschluss, so dass für sie Abs 1 nicht gilt. Da Abs 1 gerade auf die spezifische Drucksituation zugeschnitten ist, in die der Verbraucher durch den Anruf bei ihm versetzt wird, kommt eine Anwendung auf die Vertragsanbahnung durch **andere Fernkommunikationsmittel** nicht in Betracht.

5   Der Wortlaut legt es an sich nahe, dass die Offenlegungspflicht gemäß Abs 1 nur besteht, wenn der Unternehmer den **Verbindungsaufbau zu dem Verbraucher selbst herstellt**. Bei vom Verbraucher getätigten Anrufen bestünde dementsprechend keine solche Pflicht, und zwar unabhängig von den Begleitumständen, die diesen Anruf ausgelöst haben. Für diese streng am Wortlaut orientierte Lesart wird RL 2011/83/EU Art 8 Abs 5 angeführt, in dem ebenfalls von einem Anruf des Unternehmers bei dem Verbraucher die Rede ist[9]. In teleologischer Hinsicht bestehe schließlich kein Schutzbedürfnis für den Verbraucher, wenn er selbst den Kontakt zu dem Unternehmer aufnehme[10].

6   Damit würde der Unternehmer freilich auch in solchen Fällen von der Pflicht aus Abs 1 frei, in denen er einen Anruf bei dem Verbraucher tätigt, die Verbindung alsbald nach dem Aufbau beendet, um sodann den Rückruf des Verbrauchers zu erwarten, der die unbekannte Nummer auf seinem Display vorfindet. In diesem Fall weiß der Verbraucher nicht, dass die Telefonnummer einem Unternehmer zuzuordnen ist, so dass sein Schutzbedürfnis fortbesteht. Um derlei Schutzlücken zu vermeiden, sollte man einen Anruf in Anlehnung an § 312c Abs 2 aF überall dort annehmen, wo der Unternehmer die **telefonische Kontaktaufnahme durch den Verbraucher initiiert** hat und ihn dabei über die geschäftliche Natur seines Anrufs im Unklaren ließ[11]. Hatte der Unternehmer etwa sämtliche Informationen auf der Mailbox des Verbrauchers hinterlassen, besteht für ihn beim Rückruf des Verbrauchers kein Anlass für eine abermalige Offenlegung. Unionsrechtliche Bedenken gegen dieses etwas großzügigere Verständnis vom Telefonanruf des Unternehmers bestehen deshalb nicht, weil Abs 1 nicht nur der Umsetzung von RL 2011/83/EU Art 8 Abs 5 dient, sondern auch von RL 2002/65/EG Art 3 Abs 3[12]. Dort kommt es aber nicht darauf an, wer letztlich den technischen Verbindungsaufbau herstellt, sondern darauf, ob der Anruf von dem Unternehmer initiiert ist.

7   **3. Die offenlegungspflichtige Person.** Als offenlegungspflichtige Person führt Abs 1 zunächst den **Unternehmer** auf, der den Anruf tätigt und den Vertrag in eigenem Namen abschließen möchte. Gleichberechtigt daneben steht der **Stellvertreter**, der den Verbraucher anruft und den Vertragsschluss im Namen des Unternehmers anstrebt. Schließlich sind auch solche Personen offenlegungspflichtig, die **im Auftrag des Unternehmers** anrufen, ohne dessen Stellvertreter zu sein. Hierzu zählen zunächst Mitarbeiter im Telefonmarketing, die selbst über keine Abschlussvollmacht verfügen und dementsprechend auch keine Willenserklärung im Namen des Unternehmers formulieren. Gleiches gilt für den **Handels- oder Zivilmakler**, der im Vermittlungsauftrag des Unternehmers an den Verbraucher herantritt. Hingegen ist der **Verkaufskommissionär** kein Beauftragter des Kommittenten, wenn er einen Verbraucher anruft, um das Kommissionsgut an diesen zu veräußern. Er ist selbst Unternehmer und als einziger intendierter Vertragspartner des Verbrauchers nach Abs 1 offenlegungspflichtig, freilich nur für sich selbst. Tritt ein Unternehmer im Rahmen eines **Agenturgeschäfts** an den Verbraucher heran, um diesem ein Kfz oder ein Kunstwerk im Namen eines anderen Verbrauchers zum Kauf anzubieten, sind lediglich die beiden Verbraucher die intendierten Vertragsparteien[13]. Gleichwohl sieht der Verbraucher sich hier in gleicher Weise der psychischen Drucksituation durch eine telefonische Kontaktaufnahme in seinem privaten Rückzugsbereich durch einen geschulten Verkäufer ausgesetzt. Nach dem Sinn und Zweck sowohl von Abs 1 als auch von RL 2011/83/EU Art 8 Abs 5 sollte man deshalb auch in

---

8   BeckOGK BGB/Busch Rz 3.1; MünchKommBGB/Wendehorst Rz 3; BeckOK BGB/Martens Rz 4; aA Spindler/Schuster/Schirmbacher Rz 8.
9   BeckOGK BGB/Busch Rz 3; NK-BGB/Ring Rz 7.
10 BT-Drucks 15/2946, 20; BeckOGK BGB/Busch Rz 3; jurisPK-BGB/Junker Rz 4.
11 Grüneberg/Grüneberg Rz 2; MünchKommBGB/Wendehorst Rz 3; NK-BGB/Ring Rz 9; Erman/Koch Rz 3; HK-BGB/Schulte-Nölke Rz 2; aA Spindler/Schuster/Schirmbacher Rz 7.
12 BeckOK BGB/Martens Rz 4 Grüneberg/Grüneberg Rz 2; NK-BGB/Ring Rz 7; HK-BGB/Schulte-Nölke Rz 2.
13 BeckOGK BGB/Augenhofer § 476 Rz 37.

diesen Fällen den Anruf des Unternehmers unter Abs 1 fassen, obwohl es zu keinem Verbrauchervertrag iSd § 312 Abs 1 kommen wird.

4. **Die offenlegungspflichtigen Umstände.** Offenzulegen ist zunächst die **Identität des anrufenden Unternehmers.** Dazu ist zunächst die Angabe des Handelsnamens erforderlich, ggf ergänzt um weitere die Identifizierung ermöglichende Informationen[14]. Ist der Anrufer ein Stellvertreter oder ein Beauftragter, so hat er die Identitätsmerkmale des Unternehmers mitzuteilen, für den er anruft. Seine eigene Identität muss der anrufende Stellvertreter oder Beauftragte, der selbst kein Unternehmer ist, hingegen nicht preisgeben[15]. Das mag sich nicht zwingend aus dem Wortlaut von Abs 1 ergeben, folgt jedoch aus RL 2011/83/EU Art 8 Abs 5. Danach ist die Offenlegungspflicht nur für einen anrufenden Unternehmer angeordnet, und zwar auch dann, wenn er nicht selbst Partei des am Telefon mit dem Verbraucher zu schließenden Vertrages werden soll.

Weiter ist die **Identität des Unternehmers** anzugeben, der Vertragspartei werden soll. Hier ergeben sich keine weiteren Probleme, wenn der Unternehmer unmittelbar persönlich anruft. Setzt er hingegen einen Stellvertreter oder Beauftragten ein, hat dieser auch den Handelsnamen des Unternehmers mitzuteilen. In den Fällen des Agenturgeschäfts ist der anrufende Unternehmer demgegenüber nicht gehalten, den Namen des Verbrauchers kundzutun, der später Vertragspartei werden soll. Das legt zum einen schon der Wortlaut von Abs 1 nahe. Zum anderen benötigt der Verbraucher diese Information auch nicht, um den geschäftlichen Gegenstand des Anrufs zu erkennen und das Gespräch ggf sogleich abbrechen zu können. Schwieriger sind die Fälle zu entscheiden, in denen ein Zivil- oder Handelsmakler im Auftrag des Unternehmers in telefonischen Kontakt mit dem Verbraucher tritt. Hier mag im Einzelfall ein berechtigtes Interesse bestehen, den Namen des Maklerkunden zunächst noch zurückzuhalten. Für den Verbraucher resultieren daraus keine Nachteile, vor denen Abs 1 ihn zu schützen beabsichtigt: Er erhält Kenntnis über die Identität des Maklers sowie über den Umstand, dass dieser ein Geschäft über einen bestimmten Gegenstand mit einem zunächst noch nicht genannten Unternehmer anbahnen möchte, und kann aufgrund dieser Kenntnis das Telefonat umgehend beenden. Vor diesem Hintergrund sollte man es dem Makler gestatten, die Identität seines Kunden unter Umständen erst zu einem späteren Zeitpunkt mitzuteilen. Der Wortlaut von Abs 1 steht dem zumindest nicht zwingend entgegen, ist doch die Identität des hinter dem Beauftragten stehenden Unternehmers nur „gegebenenfalls" mitzuteilen.

Der **geschäftliche Zweck** des Anrufs ist ebenfalls zu offenbaren. Dieser wird sich häufig bereits daraus ergeben, dass ein Unternehmer den Verbraucher anruft[16]. Allerdings gilt es auch Verschleierungstaktiken entgegenzuwirken, etwa der Behauptung, man rufe an, um einen kostenlosen Strompreisvergleich[17] oder eine Meinungsumfrage durchzuführen[18]. Erforderlich ist demnach der Hinweis darauf, dass das Interesse des Verbrauchers an einem Vertragsschluss über eine Ware oder Dienstleistung geweckt werden soll, die als Vertragsgegenstand wenigstens in groben Zügen zu beschreiben ist[19].

Diese Informationen hat der Unternehmer oder die für ihn anrufende Person bereits **zu Beginn des Gesprächs** mitzuteilen, das heißt unmittelbar im Anschluss an die Begrüßungsformel[20]. Nur auf diese Weise wird effektiv verhindert, dass der Verbraucher nichtsahnend zunächst in ein belangloses Gespräch verwickelt wird, in dessen Verlauf er eine emotionale Verbindung zu seinem Gesprächspartner aufbaut, und in der weiteren Folge den Vertrag abschließt[21].

5. **Rechtsfolgen eines Verstoßes.** Abs 1 legt selbst keine Rechtsfolgen eines Verstoßes gegen die Offenbarungspflicht fest. Freilich stehen **Unterlassungsklagen** nach UKlaG § 2[22] offen, für die der betroffene Verbraucher nach UKlaG § 3 jedoch nicht aktivlegitimiert ist. Weiter handelt es sich bei Abs 1 um eine Marktverhaltensregelung, so dass der Verstoß über UWG § 3a auch **lauterkeitsrechtlich** verfolgt werden kann[23]. Allerdings gehört der Verbraucher gemäß UWG § 8

---

14 MünchKommBGB/Wendehorst Rz 4; Erman/Koch Rz 3; jurisPK-BGB/Junker Rz 7; NK-BGB/Ring Rz 7; Grüneberg/Grüneberg Rz 2.
15 BGH GRUR 2018, 950 Rz 18 – Namensangabe.
16 Spindler/Schuster/Schirmbacher Rz 12.
17 LG Ravensburg EnWZ 2017, 326, 327.
18 BeckOK BGB/Martens Rz 7.
19 Staud/Thüsing Rz 8.
20 LG Ravensburg EnWZ 2017, 326, 327; BeckOK BGB/Martens Rz 8; MünchKommBGB/Wendehorst Rz 4; Staud/Thüsing Rz 9.
21 BeckOK BGB/Martens Rz 7; jurisPK-BGB/Junker Rz 8; Staud/Thüsing Rz 9.
22 Unterlassungsklagengesetz in der Fassung der Bekanntmachung vom 27. August 2002 (BGBl I S 3422, 4346), das zuletzt durch Artikel 3 des Gesetzes vom 25. Juni 2021 (BGBl I S 2123) geändert worden ist.
23 BeckOK BGB/Martens Rz 9; Harte-Bavendamm/Henning-Bodewig/v Jagow UWG § 3a Rz 69; HK-BGB/Schulte-Nölke Rz 10; s allgemein BGH GRUR 2007, 159 Rz 15; GRUR 2010, 652, 653 f; GRUR 2010, 1142, 1144; GRUR 2012, 188, 189.

Abs 3 auch insoweit nicht zu den Anspruchsberechtigten. Die Nichtbeachtung der Offenlegungspflicht begründet für sich betrachtet noch keinen Verstoß gegen UWG § 7.

13 Dass der Unternehmer seine Pflichten aus Abs 1 missachtet, zieht **noch nicht die Unwirksamkeit des Vertrags** nach sich. Das ist schon deshalb sachgerecht, weil eine derart scharfe und undifferenzierte Reaktion keineswegs stets den Interessen des Verbrauchers entsprechen muss. Hinzu kommt, dass in den meisten Fällen des Abs 1 zugleich ein Fernabsatzgeschäft vorliegt, bei dem der Verbraucher ein **Widerrufsrecht** nach § 312g hat. Hier kann er sich unproblematisch selbst von dem Vertrag lösen, wenn er ihn im Nachhinein als für sich ungünstig erachtet.

14 Indes ist nicht für jeden fernmündlich geschlossenen Vertrag auch zwingend ein Widerrufsrecht vorgesehen. So mag der Unternehmer den Verbraucher außerhalb eines für den Fernabsatz organisierten Vertriebs- oder Dienstleistungssystems kontaktiert haben, eine Bereichsausnahme nach § 312 Abs 2 gegeben oder das Widerrufsrecht nach § 312g Abs 2 ausnahmsweise ausgeschlossen sein. In diesen Fällen kann der Verbraucher sich nur über den **Schadensersatz** von dem unerwünschten Vertrag lösen. Als Haftungsgrund scheidet dabei eine Verletzung des Allgemeinen Persönlichkeitsrechts unter dem Gesichtspunkt der unzumutbaren Belästigung aus den gleichen Gründen aus wie ein Lauterkeitsverstoß nach UWG § 7. Hier wie dort ist für die Verwirklichung des Verletzungstatbestands das Hinwegsetzen über die fehlende erforderliche Einwilligung des Betroffenen notwendig, was unabhängig von Abs 1 zu beurteilen ist. Jedoch handelt es sich bei Abs 1 um ein Schutzgesetz iSd § 823 Abs 2, so dass dem betroffenen Verbraucher auf dieser Grundlage ein Schadensersatzanspruch zusteht[24]. Da die Belastung mit einem unerwünschten Vertrag einen ersatzfähigen Vermögensschaden gemäß § 253 Abs 1 darstellt, kann der Verbraucher auf diese Weise auch von dem im Anschluss an den Verstoß gegen Abs 1 geschlossenen Vertrag loskommen. Nach den Umständen des Einzelfalls kann hier die Vermutung für das aufklärungsrichtige Verhalten dahingehend eingreifen, dass der Verbraucher das Telefonat sogleich beendet hätte, wenn der Unternehmer ihn sogleich über den kommerziellen Zweck des Anrufs aufgeklärt hätte. Neben dem Schadensersatzanspruch aus § 823 Abs 2 iVm § 312a Abs 1 stehen dem Verbraucher zudem die **negatorischen Ansprüche** aus § 1004 Abs 1 zur Verfügung. Zu denken ist schließlich noch an Ersatzansprüche aus § 280 Abs 1 iVm § 241 Abs 2 und § 311 Abs 2 wegen der Verletzung einer Informationspflicht im vorvertraglichen Bereich.

III. Die Informationspflichten gemäß Abs 2 iVm EGBGB Art 246 Abs 1

15 1. **Normzweck.** Nach Abs 2 Satz 1 ist der Unternehmer unabhängig sowohl vom Inhalt des in Aussicht genommenen Vertrags als auch von der konkreten Situation des Vertragsschlusses verpflichtet, dem Verbraucher die in EGBGB Art 246 im Einzelnen aufgeführten Informationen rechtzeitig vor Vertragsschluss zur Verfügung zu stellen. Diese Informationspflicht betrifft namentlich den **stationären Vertrieb** und dient dazu, eine angenommene Informationsasymmetrie zwischen dem Verbraucher und dem Unternehmer auszugleichen[25]. Insoweit unterscheidet sie sich nicht von anderen verbraucherschutzrechtlichen Informationspflichten („Informationsmodell"). Im herkömmlichen sektorspezifischen Verbraucherschutz resultieren die Informationsasymmetrie und damit das Schutzbedürfnis freilich entweder aus der besonderen Komplexität des Vertragsgegenstands oder aus der besonderen Situation, in der der Verbraucher seine auf den Vertragsschluss gerichtete Erklärung abgeben soll. So liegt es etwa im Verbraucherkreditrecht[26] bzw bei den im Fernabsatz[27] oder außerhalb von Geschäftsräumen zu schließenden Verträgen[28]. Wenn Abs 2 demgegenüber eine allgemeine Informationspflicht des Unternehmers statuiert, kann dem nur die Annahme einer generellen Unterlegenheit des Verbrauchers zugrunde liegen, die sich eben aus seiner Stellung als Verbraucher ergibt. Insofern ist bereits seit längerer Zeit davon die Rede, dass neue Produkte und Dienstleistungen iVm immer komplexer werdenden Angebotsstrukturen es dem Verbraucher zunehmend erschweren, sich über die Eigenschaften, Qualitäten und Risiken von Produkten und Dienstleistungen Aufklärung zu verschaffen[29].

16 Grund und Inhalt dieser allgemeinen verbraucherschutzrechtlichen Informationspflicht ergeben sich **unionsrechtlich** aus RL 2011/83/EU Art 5. Insoweit ist abweichend von RL 2011/83/EU Art 4 jedoch lediglich eine Mindestharmonisierung angeordnet, RL 2011/83/EU Art 5 Abs 4.

---

24 Staud/Thüsing Rz 10; für Schadensersatzanspruch aus §§ 280 Abs 1, 241 Abs 2, 311 Abs 2: BeckOK BGB/Martens Rz 9; HK-BGB/Schulte-Nölke Rz 2; NK-BGB/Ring Rz 10.
25 BeckOK BGB/Martens Rz 11; MünchKommBGB/Wendehorst Rz 6; Koch GPR 2014, 128, 131.
26 MünchKommBGB/Schürnbrand/Weber Vor § 491 Rz 1; Grüneberg/Weidenkaff § 491 Rz 1.
27 Grüneberg/Grüneberg § 312c Rz 1; MünchKommBGB/Wendehorst § 312b Rz 3.
28 BeckOK BGB/Maume § 312b Rz 4; Jauernig/Stadler § 312b Rz 1.
29 Knitsch ZRP 2003, 113, 117.

2. **Anwendungsbereich. – a) Systematisch vorrangige Informationspflichten.** Die allgemeine verbraucherschutzrechtliche Informationspflicht des Abs 2 betrifft im Ausgangspunkt sämtliche Verbraucherverträge, für die die Anwendbarkeit nicht bereits durch § 312 Abs 2 bis 5 ausgeschlossen ist. Für außerhalb von Geschäftsräumen oder im Fernabsatz geschlossene Verträge sind in § 312d iVm EGBGB Art 246a bzw 246b allerdings besondere Informationspflichten normiert. In Bezug auf diese Verträge stellt Abs 2 Satz 3 klar, dass § 312d systematisch vorrangig ist, eine kumulative Anwendung von Abs 2 und § 312d also ausscheidet.

b) **Finanzdienstleistungen.** Gemäß Abs 2 Satz 3 ist die allgemeine verbraucherschützende Informationspflicht auch auf Finanzdienstleistungen nicht anwendbar. Relevant wird diese Bestimmung nur für solche Finanzdienstleistungen, die nicht bereits aufgrund von § 312 aus dem Anwendungsbereich des Abs 2 herausfallen. Erfasst sind neben den stationär vertriebenen Finanzdienstleistungen also insbesondere auch die Rahmenvereinbarung und der erste Vorgang bei § 312 Abs 5 Satz 1 und Satz 3. Gleiches gilt für notariell beurkundete Verträge über Finanzdienstleistungen, die weder im Fernabsatz noch außerhalb von Geschäftsräumen geschlossen werden. Der Begriff der Finanzdienstleistung ist in demselben Sinn zu verstehen wie bei § 312 Abs 5 Satz 1. Freilich kann die Befreiung von Abs 2 Satz 1 iVm EGBGB Art 246 nur dort eingreifen, wo diese Pflicht prinzipiell eingreift. Folglich lässt Abs 2 Satz 3 die Informationspflichten aus § 312d iVm EGBGB Art 246a, 246b für Finanzdienstleistungen, die **außerhalb von Geschäftsräumen** oder **im Fernabsatz** vertrieben werden, unberührt.

Da Finanzdienstleistungen zumindest in zahlreichen Fällen durchaus komplexe Vertragsgegenstände darstellen, erscheint es **in rechtspolitischer Hinsicht** wenig konsequent, den Ausgleich der Informationsasymmetrie nur für die besonderen Vertriebsformen gemäß §§ 312c und 312d zwingend vorzuschreiben[30]. Der Unionsgesetzgeber verweist insoweit auf den für bestimmte Finanzdienstleistungen bestehenden sektorspezifischen Verbraucherschutz und ermutigt darüber hinaus die Gesetzgeber der Mitgliedstaaten dazu, sich für einen ergänzenden Verbraucherschutz auf nationaler Ebene von den maßgeblichen bestehenden Rechtsvorschriften der Union in diesem Bereich anregen zu lassen[31]. Der deutsche Gesetzgeber begnügt sich insoweit mit dem Hinweis, dass bei im Präsenzgeschäft geschlossenen Verträgen über Finanzdienstleistungen oftmals zusätzlich konkludent ein Beratungsvertrag abgeschlossen werde, welcher den Erbringer der Finanzdienstleistungen zu anlage- und anlegergerechter Beratung verpflichte[32].

c) **Offenkundige Informationen.** EGBGB Art 246 Abs 1 stellt die aktive Aufklärungspflicht des Unternehmers unter den Vorbehalt, dass die verlangten Informationen sich nicht bereits aus den Umständen des Vertragsschlusses ergeben. Damit übernimmt der deutsche Gesetzgeber im Wesentlichen die Formulierung des RL 2011/83/EU Art 5 Abs 1. Nach Sinn und Zweck der Vorschrift betrifft das solche Eigenschaften des Vertragsgegenstands, die der Verbraucher bereits vor Vertragsschluss aufgrund eigener Anschauung überprüfen kann[33]. Nach einer Formulierung aus den Gesetzesmaterialien soll insoweit maßgeblich sein, ob die Information für den Verbraucher **ohne weiteres Suchen zur Verfügung steht**[34]. Danach erübrigen sich gesonderte Angaben über Handelsnamen, Niederlassung, etc nach EGBGB Art 246 Abs 1 Nr 1, wenn der Verbraucher das Ladengeschäft des Inhabers von sich aus betritt. Weiter ist etwa der Verkäufer nicht verpflichtet, von sich aus die produktbezogenen Informationen zu wiederholen, mit denen bereits der Hersteller die Verpackung bedruckt hat.

Schwierigkeiten bereiten die Fälle, in denen der Verbraucher das in Form der Realofferte unterbreitete Angebot zum Abschluss eines **Energielieferungsvertrags** dadurch annimmt, dass er die dargebotene Leistung schlicht verwendet. Für den Versorger besteht hier das Problem, dass er die geforderten Informationen nur allgemein zur Kenntnisnahme zur Verfügung stellen kann, eine Aufklärung in unmittelbarem Zusammenhang mit dem Vertragsschluss aber aus praktischen Gründen ausscheidet. In den deutschen Gesetzesmaterialien werden diese Konstellationen deshalb als Anwendungsbeispiele für solche Informationen genannt, die sich bereits aus den Umständen ergeben[35]. Immerhin stehen die übliche Qualität, das Grundversorgungsunternehmen und auch der Preis gemäß der jeweiligen Grundversorgungsverordnung objektiv fest. Um den Inhalt der jeweils einschlägigen Grundversorgungsverordnung vor dem Vertragsschluss zu kennen, müsste der Verbraucher sie aber vor dem Vertragsschluss von sich aus ermitteln. Das passt zum einen nicht zu dem Kriterium von der Verfügbarkeit der Information ohne weiteres Suchen. Zum anderen wäre nicht erklärlich, weshalb die Bestimmungen der Grundversorgungsverordnungen aus

---

30 BeckOK BGB/Martens Rz 12; MünchKommBGB/Wendehorst Rz 13.
31 RL 2011/83/EU Erwägungsgrund 32.
32 BT-Drucks 17/12637, 51.
33 BeckOK BGB/Martens EGBGB Art 246 Rz 9; Beck-OGK BGB/Busch EGBGB Art 246 Rz 8.1; Grüneberg/Grüneberg EGBGB Art 246 Rz 2.
34 BT-Drucks 17/12637, 74.
35 BT-Drucks 17/12637, 74; dazu kritisch MünchKommBGB/Wendehorst Rz 15.

den Umständen ersichtlich sein sollten, nicht aber etwa die Allgemeinen Geschäftsbedingungen sonstiger Leistungsanbieter. Sachgerecht wäre diese Fallgruppe erfasst, wenn man den Schwierigkeiten der Verbraucheraufklärung bei der Realofferte auch hier im Wege einer § 312 Abs 2 Nr 9 entsprechenden Bereichsausnahme Rechnung getragen hätte. Deshalb erscheint es sinnvoll, eine aus den Umständen ersichtliche Information trotz der Notwendigkeit des Suchens auch dort anzunehmen, wo das Vertragsverhältnis durch Annahme einer Realofferte zustande kommt, die in EGBGB Art 246 aufgezählten Informationen in allgemein zugänglichen Quellen einsehbar sind und gegenüber allen Verbrauchern unterschiedslos zur Anwendung kommen.

22 d) **Bargeschäfte des täglichen Lebens.** Gemäß EGBGB Art 246 Abs 2 ist der Unternehmer von den Informationspflichten gemäß EGBGB Art 246 Abs 1 entbunden, sofern der Vertrag ein Geschäft des täglichen Lebens zum Gegenstand hat und von beiden sofort erfüllt wird. Durch diese Regelung macht der deutsche Gesetzgeber von der **unionsrechtlichen Öffnungsklausel** des RL 2011/83/EU Art 5 Abs 3 Gebrauch. Erheblich wird die Ausnahmevorschrift nur dort, wo die in EGBGB Art 246 Abs 1 genannten Informationen nicht bereits aus den Umständen gegeben sind. Dahinter steht der Gedanke, dass der Verbraucher die in EGBGB Art 246 aufgezählten Informationen für seine Erwerbsentscheidung über solche Gegenstände gar nicht erst benötigt, wenn beide Parteien ihre primären Leistungspflichten sofort erfüllen[36].

23 Bei EGBGB Art 246 Abs 2 handelt es sich nicht um die Übertragung der aus § 312 Abs 2 Nr 8 bekannten Regel auch auf den stationären Handel. Während es dort nämlich lediglich um eine Privilegierung der Geschäfte über Haushaltsgegenstände des täglichen Bedarfs geht, sind hier sämtliche Geschäfte des täglichen Lebens erfasst. Die in § 312 Abs 2 Nr 8 genannten Vertragsgegenstände sind somit eine Teilmenge dessen, was in EGBGB Art 246 Abs 2 geregelt ist. Im Übrigen besteht **begriffliche Übereinstimmung mit § 105a**. Bei Auslegungsfragen zu EGBGB Art 246 Abs 2 soll deshalb ein Rückgriff auf diese Vorschrift möglich sein[37]. Gegen diesen Rückgriff werden zwar die unionsrechtliche Herkunft des EGBGB Art 246 Abs 2 sowie der unterschiedliche Zweck beider Vorschriften vorgebracht[38]. Jedoch haben die Gesetzeszwecke zumindest insoweit eine Schnittmenge, als es hier wie dort um die Beschreibung von Rechtsgeschäften geht, die auch für eine prinzipiell als schutzbedürftig eingestufte Person abstrakt-generell nur ein derart geringes Gefahrpotential aufweisen, dass auf die ansonsten bestehenden Schutzmechanismen verzichtet werden kann. Außerdem ist für beide Vorschriften anhand der **Verkehrsauffassung** zu entscheiden, ob ein Rechtsgeschäft als Geschäft des täglichen Lebens einzuordnen ist[39]. Hierfür sind die Wert-, Häufigkeits- und Gefahrenkomponente des jeweils zu beurteilenden Geschäfts maßgeblich[40]. Geschäfte des täglichen Lebens sind über die in § 312 Abs 2 Nr 8 genannten Vertragsgegenstände hinaus somit auch Presseerzeugnisse, CDs, DVDs, Textilien, einfache Dienstleistungen und Ähnliches mehr[41]. Vor diesem Hintergrund sind kaum Fälle vorstellbar, in denen EGBGB Art 246 Abs 2 und § 105a zu einer unterschiedlichen Zuordnung des konkret betroffenen Geschäfts führen.

24 Die Ausnahme des EGBGB Art 246 Abs 2 greift nur bei Geschäften ein, die **von beiden Seiten sofort erfüllt** werden. Das erfordert im Grundsatz, dass beide Seiten den von ihnen jeweils geschuldeten Leistungserfolg gleichzeitig mit dem Abschluss des Kausalgeschäfts oder unmittelbar danach erfüllen. Auf Seiten des Verbrauchers ist dem jedenfalls Genüge getan, wenn er dem Unternehmer Geldzeichen übereignet. Im bargeldlosen Zahlungsverkehr tritt die Erfüllungswirkung jedoch erst in dem Moment ein, in dem der Betrag auf dem Konto des Gläubigers gutgeschrieben ist und ihm endgültig zur freien Verfügung steht[42]. Nach der auch insoweit maßgeblichen Verkehrsauffassung steht die bargeldlose Zahlung mittels Girocard, Kreditkarte oÄ einer Barzahlung aber trotzdem gleich[43].

25 3. **Die Art und Weise der Information.** Der Unternehmer muss dem Verbraucher die in EGBGB Art 246 Abs 1 genannten Informationen **in klarer und verständlicher Weise** zur Verfügung stellen. Im unionsrechtlichen Kontext ist dieses Transparenzgebot aus RL 93/13/EWG Art 5[44]

---

36 Köhler WRP 2017, 1, 5.
37 BT-Drucks 17/12637, 74.
38 BeckOGK BGB/Busch EGBGB Art 246 Rz 4; MünchKommBGB/Wendehorst Rz 10; Heinig MDR 2012, 323, 324.
39 BT-Drucks 17/12637, 74; jurisPK-BGB/Junker Rz 21; BeckOK BGB/Martens EGBGB Art 246 Rz 3 f; MünchKommBGB/Spickhoff § 105a Rz 6; Grüneberg/Ellenberger § 105a Rz 3.
40 BeckOK BGB/Martens EGBGB Art 246 Rz 4; MünchKommBGB/Wendehorst Rz 11.
41 Vgl die Aufzählungen bei BeckOK BGB/Martens EGBGB Art 246 Rz 4; jurisPK-BGB/Junker Rz 22; MünchKommBGB/Spickhoff § 105a Rz 6; Heinig MDR 2012, 323, 324.
42 BGH NJW 1996, 1207; 1999, 210; WM 2008, 1703 Rz 26; ZIP 2018, 179 Rz 17; 2018, 226 Rz 18; MünchKommBGB/Fetzer § 362 Rz 21; Grüneberg § 362 Rz 12.
43 BeckOK BGB/Martens EGBGB Art 246 Rz 5; MünchKommBGB/Wendehorst Rz 12.
44 Richtlinie 93/13/EWG des Rates vom 5. April 1993 über mißbräuchliche Klauseln in Verbraucherverträgen, ABl Nr L 95, 29 ff.

bekannt. Folglich sind für die Transparenz die Verständnismöglichkeiten eines durchschnittlichen Vertreters der angesprochenen Kundenkreise maßgeblich[45]. Nach der Rechtsprechung des EuGH muss die Darreichung der Information so gestaltet sein, dass der durchschnittliche Verbraucher die sich daraus für ihn ergebenden wirtschaftlichen Folgen auf der Grundlage genauer und nachvollziehbarer Kriterien absehen kann[46]. Diesen Anforderungen genügen inhaltlich widersprüchliche Aussagen ebenso wenig wie inhaltlich überfrachtete Informationskonvolute. Regelmäßig genügt es, wenn der Unternehmer die geforderten Informationen **in deutscher Sprache** bereitstellt[47]. Etwas anderes kann sich aber ergeben, wenn er sich etwa durch seine Werbung gezielt auch an Kundenkreise mit anderen Sprachen wendet[48].

Anders als für die Belehrung über das Widerrufsrecht gemäß EGBGB Art 246 Abs 3 ist für die allgemeine Verbraucherinformation keine Textform vorgeschrieben. Daraus folgt, dass der Unternehmer in der Verwendung des Kommunikationsmediums grundsätzlich frei ist[49]. Jedoch muss der Unternehmer dem Verbraucher eine **zumutbare Möglichkeit der Kenntnisnahme und Reflexion** verschaffen[50]. Da Abs 2 die Verbraucherinformation im stationären Vertrieb regelt, müssen die geforderten Informationen wenigstens regelmäßig am Ort des Vertragsschlusses in einer Weise dargeboten werden, dass der Verbraucher sie ohne Weiteres zur Kenntnis nehmen kann. Die Anwesenheit eines auf Verlangen auskunftsbereiten Verkäufers genügt dementsprechend für sich betrachtet noch nicht. Inwieweit der Unternehmer den Verbraucher zweckentsprechend durch mündliche Aussagen informieren kann, ist eine Frage des Einzelfalls und insbesondere von Umfang und Komplexität der Informationen abhängig. Jedenfalls lässt sich EGBGB Art 246 Abs 1 Nr 1 nicht entnehmen, dass die nur mündliche Verbraucherinformation ungenügend wäre[51]. Zwar ist dort – ebenso wie in der deutschen Sprachfassung des RL 2011/83/EU Art 5 Abs 1 lit a) – von einem Datenträger die Rede. Demgegenüber stellen die englische[52] und die französische[53] Sprachfassung ganz allgemein auf das verwendete Kommunikationsmedium ab, ohne dabei unverkörperte Erklärungszeichen kategorisch auszuschließen.

Zeitlich muss die Kenntnisnahmemöglichkeit bestehen, bevor der Verbraucher seine auf den Vertragsschluss gerichtete Erklärung abgibt. Ein besonderes Rechtzeitigkeitserfordernis findet sich weder in EGBGB Art 246 Abs 1 noch in RL 2011/83/EU Art 5 Abs 1. Freilich ergibt sich bereits aus dem grundsätzlichen Sinn und Zweck des Informationsmodells, eine Informationsasymmetrie zwischen Unternehmer und Verbraucher auszugleichen, dass der Verbraucher hinreichend Gelegenheit haben muss, um die Bedeutung der mitgeteilten Informationen für seine geschäftliche Entscheidung zu bedenken[54]. Im stationären Vertrieb ergeben sich insoweit in der Regel deshalb keine Probleme, weil der Unternehmer an den Verbraucher meist lediglich eine invitatio ad offerendum richtet. Demzufolge kann der Verbraucher selbst steuern, ob und wann er sein Vertragsangebot an den Unternehmer richtet.

4. Die einzelnen nach EGBGB Art 246 Abs 1 geschuldeten Informationen. – a) Wesentliche Eigenschaften des Vertragsgegenstands, Nr 1. Parallele Bestimmungen zu EGBGB Art 246 Abs 1 Nr 1 und RL 2011/83/EU Art 5 Abs 1 lit a) finden sich in UWG § 5a Abs 3 Nr 1 und RL 2005/29/EG Art 7 Abs 4 lit a)[55]. Der Wortlaut beschränkt die Informationspflicht auf die wesentlichen Eigenschaften von Waren und Dienstleistungen. Bei dieser Formulierung dürfte aufgrund eines redaktionellen Versehens übersehen worden sein, dass das Begriffspaar „Ware und Dienstleistung" anders als früher (§ 312i Rz 7) heute nicht mehr jeden denkbaren Vertragsgegenstand abdeckt. Dessen ungeachtet greift EGBGB Art 246 Abs 1 Nr 1 nach seiner ratio aber selbstverständlich auch bei Verträgen über sonstige unkörperliche Gegenstände[56]. Zu den Eigenschaften des Vertragsgegenstands zählen in Anlehnung an den sonstigen fachsprachlichen Gebrauch alle tat-

---

45 BGHZ 170, 1 Rz 41; 199, 355 Rz 23; 200, 362 Rz 37; 208, 52 Rz 13; BGH NJW 2015, 152 Rz 18; 2015, 2244 Rz 17; 2016, 401 Rz 22; 2016, 1575 Rz 31; 2016, 2101 Rz 30; GRUR 2016, 606 Rz 24.
46 EuGH ECLI:EU:C:2014:282 = NJW 2014, 2335, 2338 Rz 73.
47 BeckOK BGB/Martens EGBGB Art 246 Rz 8.
48 BeckOK BGB/Martens EGBGB Art 246 Rz 8.
49 BeckOK BGB/Martens EGBGB Art 246 Rz 7; Erman/Koch Rz 18; Grüneberg/Grüneberg EGBGB Art 246 Rz 2.
50 BeckOK BGB/Martens EGBGB Art 246 Rz 7; Erman/Koch Rz 18; Grüneberg/Grüneberg EGBGB Art 246 Rz 2.
51 MünchKommBGB/Wendehorst Rz 16.
52 „[...] to the extent appropriate to the medium.".
53 „[...] dans la mesure appropriée au support de communication utilisé.".
54 RL 2011/83/EU Erwägungsgrund 34; BeckOK BGB/Martens EGBGB Art 246 Rz 6; Erman/Koch Rz 21; MünchKommBGB/Wendehorst Rz 36; Grüneberg/Grüneberg EGBGB Art 246 Rz 2.
55 Richtlinie 2005/29/EG des Europäischen Parlaments und des Rates vom 11. Mai 2005 über unlautere Geschäftspraktiken im binnenmarktinternen Geschäftsverkehr zwischen Unternehmen und Verbrauchern und zur Änderung der Richtlinie 84/450/EWG des Rates, der Richtlinien 97/7/EG, 98/27/EG und 2002/65/EG des Europäischen Parlaments und des Rates sowie der Verordnung (EG) Nr 2006/2004 des Europäischen Parlaments und des Rates (Richtlinie über unlautere Geschäftspraktiken), ABl Nr L 149, 22 ff.
56 BeckOK BGB/Martens EGBGB Art 246 Rz 10; MünchKommBGB/Wendehorst Rz 16.

sächlichen und rechtlichen Verhältnisse, die infolge ihrer Beschaffenheit und Dauer auf die Brauchbarkeit und den Wert von Einfluss sind[57]. Je nach Eigenart des Vertragsinhalts können das etwa die physischen Merkmale einer Sache oder eines Dienstleistungsergebnisses sein, ferner auch die geistigen Wesenszüge einer immateriellen Leistung. Auch die Frage, ob eine Sache dem Verbraucher dauerhaft zu Eigentum oder lediglich vorübergehend zum Gebrauch überlassen werden soll, gehört zu den (wesentlichen) Eigenschaften des Vertragsgegenstands[58].

29 **Wesentlich** iSd EGBGB Art 246 Abs 1 Nr 1 sind alle Eigenschaften, die nach der Verkehrsanschauung die Erwerbsentscheidung des Verbrauchers beeinflussen[59]. Insoweit kommen zunächst sämtliche Eigenschaften des Vertragsgegenstands in Betracht, mit denen die Konkurrenten sich auf dem Absatzmarkt voneinander abgrenzen. Auf diese Weise wird für den Verbraucher das auf dem Markt verfügbare Angebot erst vergleichbar gemacht. Weiter ist auch die Verwendungseignung des Vertragsgegenstands anzugeben. Letztlich kommt man um eine wertende Betrachtung im Einzelfall jedoch nicht herum[60]. Gängige **Beispiele** sind der Hersteller, die Größe, das Material und die Pflegehinweise bei Textilien[61], der Hersteller, die technischen Daten und die Interoperabilität mit anderen Komponenten bei elektronischen Geräten[62], bei Sonnenschirmen der Bezugsstoff, das Material des Gestells, die Regenbeständigkeit sowie die leichte Transportmöglichkeit und Standsicherheit[63] oder auch der Hersteller, das Material und die Maße bei Möbelstücken. Hingegen wird man ethische Faktoren, wie etwa die Produktionsbedingungen im Herstellungsland, nicht zu den wesentlichen Eigenschaften des Vertragsgegenstands zählen können, weil diese sich nicht auf die Brauchbarkeit auswirken. Auch wird die Anzahl der registrierten Kunden des jeweils anderen Geschlechts bei Partnersucheportalen nicht als wesentliche Eigenschaft der Dienstleistung angesehen[64]. Sofern der Vertragsgegenstand im Ladengeschäft des Unternehmers wenigstens als Vorführobjekt verfügbar ist, werden zahlreiche der wesentlichen Eigenschaften bereits **aus den Umständen ersichtlich** werden. Wichtiger werden die Beschreibungen dort, wo der Unternehmer den Vertragsgegenstand für den Verbraucher erst bestellt.

30 EGBGB Art 246 Abs 1 Nr 1 beschränkt die Informationspflicht des Unternehmers auf den für den Datenträger und den Vertragsgegenstand **angemessenen Umfang**. Diesen Passus mag man zunächst als selbständiges Tatbestandsmerkmal neben die wesentliche Eigenschaft stellen. Bei diesem Verständnis hätte man zwar in einem ersten Prüfungsschritt die Wesentlichkeit einer Eigenschaft für die Erwerbsentscheidung des Verbrauchers festgestellt, würde sie ihm aber dennoch vorenthalten, weil ein zweiter Prüfungsschritt ihre Verzichtbarkeit ergab. Mit dem Sinn und Zweck des Informationsmodells wäre solch ein Ergebnis freilich nicht vereinbar. Richtigerweise ist diese Beschränkung der Informationspflicht auf den angemessenen Umfang deshalb bereits bei der Frage nach der Wesentlichkeit einer Eigenschaft zu berücksichtigen[65]. Das bedeutet: Eine Verbraucherinformation, die im Hinblick auf die Komplexität oder sonstige Eigenart des Vertragsgegenstands nach der Verkehrsanschauung unangemessen detailliert wäre, betrifft bereits keine wesentlichen Eigenschaften. Gleiches gilt für Informationen, die außerhalb eines vernünftigen Verhältnisses zu dem Platz stehen, der dem Unternehmer in dem von ihm zulässigerweise gewählten Informationsmedium zur Verfügung steht. Dieser Punkt dürfte für den stationären Vertrieb allerdings praktisch bedeutungslos sein, da hier keine technischen Grenzen für die Informationsvermittlung bestehen[66].

31 Die Mitteilung der wesentlichen Eigenschaften des Vertragsgegenstands hat zunächst nur **beschreibende Funktion** und bedeutet für sich betrachtet noch keine Garantieübernahme des Unternehmers[67]. Ob und ggf auf welche Weise mit der Mitteilung der Informationen zwischen den Vertragsparteien zugleich eine Beschaffenheitsvereinbarung oder gar eine Garantieübernahme vereinbart ist, ist durch Auslegung gemäß §§ 133, 157 zu ermitteln.

32 **b) Identität des Unternehmers, Nr 2.** Gemäß EGBGB Art 246 Abs 1 Nr 2 hat der Unternehmer dem Verbraucher seine Identität und seine Telefonnummer mitzuteilen. Lauterkeitsrechtliche

---

57 Vgl Staud/Singer § 119 Rz 87; Grüneberg/Ellenberger § 119 Rz 24.
58 LG Berlin BeckRS 2016, 13955.
59 LG Berlin BeckRS 2016, 13955; BeckOK BGB/Martens EGBGB Art 246 Rz 11; Erman/Koch Rz 8; Grüneberg/Grüneberg EGBGB Art 246 Rz 5.
60 OLG Hamburg MMR 2014, 818; OLG Köln BeckRS 2016, 119172; Erman/Koch Rz 8.
61 BeckOK BGB/Martens EGBGB Art 246 Rz 11; Erman/Koch Rz 8; MünchKommBGB/Wendehorst Rz 18; Grüneberg/Grüneberg EGBGB Art 246 Rz 5.
62 MünchKommBGB/Wendehorst Rz 18.
63 OLG Hamburg MMR 2014, 818; OLG Köln BeckRS 2016, 119172; OLG Hamm GRUR-RR 2017, 359, 360; OLG München MMR 2019, 249, 251; BeckOK BGB/Martens EGBGB Art 246 Rz 11.
64 LG Berlin BeckRS 2016, 13955.
65 Der Sache nach auch BeckOGK BGB/Busch EGBGB Art 246 Rz 20; MünchKommBGB/Wendehorst Rz 17; anders Erman/Koch Rz 8, der die Beschränkung auf den angemessenen Umfang als Schutz vor einer Informationsüberflutung versteht. Diesen Schutz gewährleistet freilich bereits das Transparenzgebot.
66 BeckOGK BGB/Busch EGBGB Art 246 Rz 22.
67 Erman/Koch Rz 8; Grüneberg/Grüneberg EGBGB Art 246 Rz 5.

c) **Preisangabe, Nr 3**. In EGBGB Art 246 Abs 1 Nr 3 hat der deutsche Gesetzgeber RL 2011/83/ **33** EU Art 5 Abs 1 lit c) über die Pflicht des Unternehmers zur Information über den Preis wörtlich übernommen. Unter dem Preis ist die für die Leistung vereinbarte Gegenleistung zu verstehen[69], und zwar für eine Produkteinheit oder für eine bestimmte Erzeugnismenge[70]. Die Vorschriften über die Preisangabe dienen der Preiswahrheit und Preisklarheit und sollen dem Verbraucher den Preisvergleich erleichtern[71]. Insoweit besteht inhaltlicher Gleichlauf mit PAngV § 1[72]. Im Zusammenhang sind außerdem UWG § 5a Abs 3 Nr 3 und RL 2005/29/EG Art 7 Abs 4 lit c) zu sehen. Abermals haben es der Unions- und der deutsche Gesetzgeber versäumt, die **sonstigen unverkörperten Gegenstände** in den Wortlaut aufzunehmen. Natürlich besteht die Informationspflicht aber auch in diesen Fällen. Unterbleibt die erforderliche Information, hat der Unternehmer die Transport- oder sonstigen Kosten gemäß Abs 2 Satz 2 selbst zu tragen.

Gemäß EGBGB Art 246 Abs 1 Nr 3 Alt 1 hat der Unternehmer dem Verbraucher den **Gesamt-** **34** **preis der Waren und Dienstleistungen** einschließlich aller Steuern und Abgaben mitzuteilen, und zwar in einer Einzelsumme[73]. Zu den Steuern und Abgaben zählen in erster Linie die Umsatz- und etwaige weitere Verbrauchsteuern. Folglich ist es unzulässig, Nettopreise mit dem Hinweis anzugeben, dass die gesetzliche Umsatzsteuer noch hinzukomme[74]. Mitteilungspflichtiger Preis ist jedoch nur dasjenige, was der Verbraucher an den Unternehmer aufgrund des zwischen ihnen bestehenden Vertragsverhältnisses zu bezahlen hat. Eigene Abgabeschulden des Verbrauchers, wie etwa die Kurtaxe, muss der Unternehmer nicht mit in die Gesamtpreisangabe aufnehmen[75]. Gleiches gilt für Kosten aus Verträgen, die der Verbraucher mit Dritten abschließen muss, beispielsweise zur notariellen Beurkundung[76]. Eigene Abgabeschulden des Unternehmers, die er lediglich an den Verbraucher weiterreicht, sind demgegenüber notwendiger Bestandteil einer ordnungsgemäßen Gesamtpreisangabe[77].

EGBGB Art 246 Abs 1 Nr 3 Alt 2 enthält eine **Ausnahme von der Pflicht zur Gesamtpreis-** **35** **angabe**, die ihre Grundlage in RL 2011/83/EU Art 5 Abs 2 lit c) Alt 2 hat. Danach leisten bereits Angaben über die Art der Preisberechnung eine ausreichende Verbraucherinformation, sofern der Gesamtpreis nach EGBGB Art 246 Abs 1 Nr 3 Alt 1 aufgrund der Beschaffenheit des Vertragsgegenstands vernünftigerweise nicht im Voraus berechnet werden kann. Parallele Bestimmungen finden sich in RL 2005/29/EG Art 7 Abs 4 lit c) und in UWG § 5a Abs 3 Nr 3. Die Rechtsprechung hat diese Ausnahme mittlerweile auch für PAngV § 1 Abs 1 übernommen[78]. Im lauterkeitsrechtlichen Zusammenhang geht es hier um Fälle, in denen der vom jeweiligen Verbraucher zu entrichtende Endpreis von einer Reihe variabler Faktoren abhängt[79]. Für Reiseleistungen werden insoweit etwa der Zeitpunkt der Reservierung und die Attraktivität des Reiseziels aufgrund von Ereignissen im Bereich der Religion, der Kunst oder des Sports, die Besonderheiten der jahreszeitlichen Gegebenheiten sowie die Reisedaten und -zeiten angeführt[80]. Unter solchen Umständen darf der Unternehmer mit sog „Ab-Preisen" werben. Trotz der identischen Wortlaute ist bei der Übertragung der lauterkeitsrechtlichen Fälle auf EGBGB Art 246 Abs 1 Nr 3 Zurückhaltung geboten[81]. Denn jedenfalls in dem Moment, in dem der jeweilige Verbraucher die für seinen Vertrag maßgeblichen

---

68 MünchKommBGB/Wendehorst Rz 20; Köhler/Bornkamm/Feddersen/Köhler UWG § 5a Rz 4.31.
69 BeckOK BGB/Martens EGBGB Art 246 Rz 15; Erman/Koch Rz 10; Erbs/Kohlhaas/Häberle PAngV § 1 Rz 16.
70 Köhler/Bornkamm/Feddersen/Köhler UWG § 5a Rz 4.44; MünchKommUWG/Alexander UWG § 5a Rz 375.
71 BGH GRUR 1979, 553.
72 BGH NJW 2006, 211, 212; Erman/Koch Rz 10; MünchKommBGB/Wendehorst Rz 24; Grüneberg/Grüneberg EGBGB Art 246 Rz 7.
73 Erman/Koch Rz 10; Köhler/Bornkamm/Feddersen/Köhler UWG § 5a Rz 4.44; Laoutoumai WRP 2020, 978, 979.
74 BGH GRUR 1979, 553; 2011, 82 Rz 32.
75 OLG Köln GRUR-RR 2014, 298, 299; Ohly/Sosnitza/Sosnitza PAngV § 1 Rz 34.
76 Köhler/Bornkamm/Feddersen/Köhler PAnGV § 1 Rz 17.
77 OLG Köln GRUR-RR 2014, 298, 299.
78 BGH GRUR 2016, 516 Rz 31.
79 Erman/Koch Rz 10; EuGH ECLI:EU:C:2011:299 = GRUR 2011, 930 Rz 64.
80 EuGH ECLI:EU:C:2011:299 = GRUR 2011, 930 Rz 64.
81 AA BeckOGK BGB/Busch EGBGB Art 246 Rz 27.

Variablen konkretisiert hat, ist eine Gesamtpreisangabe vor der Willenserklärung des Verbrauchers möglich und erforderlich. Praktisch relevant wird EGBGB Art 246 Abs 1 Nr 3 Alt 2 deshalb in erster Linie bei **verbrauchsabhängigen Entgelten**, etwa für Telekommunikationsdienstleistungen[82], Energielieferungen oder die Nutzung von Mietsachen[83].

36 EGBGB Art 246 Abs 1 Nr 3 Alt 3 verpflichtet den Unternehmer zur Mitteilung aller zusätzlichen **Fracht-, Liefer- oder Versandkosten**. Gemeint sind nur die Kosten, um den Vertragsgegenstand an den vereinbarten Erfolgsort zu verbringen. Sie sind ebenso wie der Gesamtpreis in einer Einzelsumme anzugeben. Der Hinweis, Auslandsversandkosten bitte gesondert zu erfragen, ist keine ausreichende Information[84]. Die Vorschrift greift nur, sofern solche Kosten überhaupt anfallen[85]. Sie ist dahingehend zu verstehen, dass der Unternehmer wählen kann, ob er diese Kosten gesondert ausweist oder in seine Gesamtpreisangabe aufnimmt[86]. Im **lauterkeitsrechtlichen Zusammenhang** sollen damit irreführende Anlockeffekte vermieden werden, die durch das Verschweigen solcher Transportkosten entstehen[87]. Im **Fernabsatz** trifft den Unternehmer mindestens regelmäßig eine Schickschuld. Daraus folgt, dass es sich bei den Transportkosten ebenso regelmäßig um eigene Kosten des Unternehmers handelt, die er lediglich an den Verbraucher weitergibt. Den zu EGBGB Art 246 Abs 1 Nr 3 Alt 1 gewonnenen Erkenntnissen würde es demnach entsprechen, wenn der Unternehmer diese Kosten von vornherein in den Gesamtpreis aufnehmen müsste. Gleichwohl ist der gesonderte Ausweis verkehrsüblich. Immerhin sorgt dies für ein gewisses Maß an Transparenz[88]. Im **stationären Vertrieb** liegen die Dinge etwas anders. Hier geht es gemäß § 269 Abs 1 regelmäßig um Holschulden. Folglich muss der Verbraucher ohnehin davon ausgehen, dass er den Leistungsgegenstand auf eigene Verantwortung und Kosten an seinen Wohnsitz verbringen muss. In der Zusage des Unternehmers, er werde den Transport des Vertragsgegenstands zu dem Verbraucher übernehmen, liegt deshalb ein über das normale Pflichtenprogramm des stationären Vertreibers hinausgehender Service. Hier sind der Hinweis auf diesen Service und der gesonderte Ausweis der für seine Inanspruchnahme anfallenden Kosten nur konsequent.

37 Neben den Transportkosten kann der Unternehmer nach EGBGB Art 246 Abs 1 Nr 3 Alt 3 auch **sonstige Kosten** aus der Gesamtpreisangabe herausnehmen. Damit dieser unbestimmte Rechtsbegriff die Bestrebungen nach Preisklarheit und Preiswahrheit nicht zu konterkarieren droht, fallen hierunter nur solche Zusatzkosten, für die nach der Verkehrsanschauung feststeht, dass sie üblicherweise gesondert neben dem Gesamtpreis anfallen[89]. Auf ominöse Bearbeitungs- und Verwaltungskosten trifft das nicht zu[90], wohl aber auf Kosten, die bei der Zahlung durch den Verbraucher entstehen, etwa ein erhöhtes Entgelt für eine Versendung per Nachnahme oder bei Zahlung mit einer Kreditkarte[91].

38 EGBGB Art 246 Abs 1 Nr 3 Alt 4 sieht schließlich vor, dass der Unternehmer sich mit dem Hinweis auf das Entstehen von **Transport- oder sonstigen Kosten** bescheiden darf, wenn diese **im Voraus vernünftigerweise nicht berechnet werden können**. Das kommt lediglich bei veränderlichen, etwa distanzabhängigen, Kosten in Betracht[92]. Doch gilt auch hier, dass die für die Kalkulation erheblichen Variablen üblicherweise feststehen, sobald der Verbraucher dem Unternehmer mitteilt, an welchen Ort er den Vertragsgegenstand geliefert haben möchte. Folglich bleibt für diese Vorschrift kaum ein Anwendungsbereich[93]. Zu denken ist allenfalls an solche Fälle, in denen der Verbraucher selbst im Zeitpunkt des Vertragsschlusses noch nicht sagen kann, wohin die Lieferung erfolgen soll.

39 d) **Vertragsbedingungen und Beschwerdemanagement, Nr 4.** Gemäß EGBGB Art 246 Abs 1 Nr 4 hat der Unternehmer den Verbraucher ggf über die Zahlungs-, Liefer- und Leistungsbedingungen, den Termin, bis zu dem sich der Unternehmer verpflichtet hat, die Waren zu liefern oder die Dienstleistungen zu erbringen, sowie das Verfahren des Unternehmers zum Umgang mit Beschwerden zu informieren. Nach den Parallelbestimmungen der UWG § 5a Abs 4 Nr 4 und RL 2005/29/EG Art 7 Abs 4 lit d) besteht die entsprechende lauterkeitsrechtliche Informationspflicht nur unter der Voraussetzung, dass die konkreten Leistungsbedingungen vom Standard der unternehmerischen Sorgfalt abweichen.

---

82 OLG München MMR 2017, 544, 545.
83 BeckOGK BGB/Busch EGBGB Art 246 Rz 25.1.
84 LG Bonn BeckRS 2011, 15944.
85 LG Berlin BeckRS 2013, 15956.
86 BeckOK BGB/Martens EGBGB Art 246 Rz 15; Erman/Koch Rz 11; MünchKommBGB/Wendehorst Rz 21.
87 BGH GRUR 2010, 1110 Rz 27.
88 Vgl Erman/Koch Rz 10; iErg auch BeckOK BGB/Martens EGBGB Art 246 Rz 15.
89 Ohly/Sosnitza/Sosnitza PAngV § 1 Rz 34.
90 Offengelassen bei MünchKommBGB/Wendehorst Rz 22.
91 MünchKommUWG/Alexander § 5a Rz 377.
92 Köhler/Bornkamm/Feddersen/Köhler UWG § 5a Rz 4.45; MünchKommUWG/Alexander § 5a Rz 382.
93 BeckOGK BGB/Busch EGBGB Art 246 Rz 26.

Keine Hinweispflicht besteht, soweit es der Unternehmer für die Abwicklung des Vertragsverhältnisses beim **dispositiven Gesetzesrecht** belassen möchte. Will er hiervon abweichen, kann er eine **individualvertragliche Regelung** mit dem Verbraucher treffen. In diesem Fall erübrigt sich eine weitergehende Informationspflicht. Die Alternative besteht in der **Verwendung Allgemeiner Geschäftsbedingungen**. Damit diese Vertragsbestandteil werden können, müssen indes die Vorgaben der § 305 Abs 2 und § 305c erfüllt sein. In der ordnungsgemäßen Einbeziehung in den Vertrag liegt zugleich die ausreichende Information des Verbrauchers über Abweichungen vom dispositiven Gesetzesrecht[94]. Jedenfalls werden diese Vertragsbedingungen im stationären Vertrieb durch einen den Anforderungen des § 305 Abs 2 Nr 1 Alt 2 genügenden Aushang im Ladenlokal des Unternehmers aus den Umständen ersichtlich. Freilich können die Allgemeinen Geschäftsbedingungen nur einen Teil der von EGBGB Art 246 Abs 1 Nr 4 verlangten Informationen enthalten. 40

Wird das **Vertragsverhältnis sofort noch im Ladenlokal des Unternehmers abgewickelt**, ergeben sich hinsichtlich der Zahlung keine wesentlichen Besonderheiten. Auf den nach wie vor bestehenden Grundsatz der Barzahlung ist ohnehin nicht hinzuweisen. Hinsichtlich bestehender Möglichkeiten zur bargeldlosen Zahlungsabwicklung genügt ein allgemein sichtbarer Hinweis auf die akzeptierten Zahlungssysteme am Ort des Vertragsschlusses, also etwa an der Eingangstüre zum Ladenlokal[95]. Entsprechendes gilt für die Liefer- und Leistungsbedingungen. Entrichtet der Verbraucher das geschuldete Entgelt sogleich, so erhält er Zug um Zug auch die Gegenleistung. 41

Wesentliche praktische Bedeutung erlangt EGBGB Art 246 Abs 1 Nr 4 deshalb nur dort, wo der Vertrag zwar im Ladenlokal des Unternehmers geschlossen wird, der vollständige Leistungsaustausch jedoch auf einen späteren Zeitpunkt verschoben wird. Das betrifft zum einen die Fälle, in denen der **Unternehmer erst zu einem späteren Zeitpunkt leistungsbereit** sein wird, etwa weil er den Vertragsgegenstand selbst erst besorgen muss. Hier ergibt sich die Abweichung von § 271 Abs 1 aus der Natur der Sache und es muss der Unternehmer vor dem Vertragsschluss darüber aufklären, wann er seine geschuldete Leistung erbringen wird. Hierzu kann er entweder einen fixen Liefertermin angeben oder eine Zeitspanne ab Vertragsschluss[96]. Informationsbedarf besteht darüber hinaus über den Ort, an den die Lieferung erfolgen soll, sowie darüber, wer die Verantwortung für den Transport übernimmt. Soll der Unternehmer erst zu einem späteren Zeitpunkt erfüllen, wirkt sich das auch auf die Gegenleistung des Verbrauchers aus. Ohne eine entsprechende Vereinbarung bliebe es bei der Barzahlung Zug um Zug, was bestenfalls selten als praktikabel anzusehen ist. Hier ist darüber zu informieren, ob von dem Verbraucher Vorleistung verlangt oder auch seine Leistungspflicht entsprechend hinausgezögert wird. Weiter sind die Modalitäten der Zahlung anzugeben, beispielsweise bargeldlos gegenüber der Transportperson, per Banküberweisung nach Rechnungstellung oder im SEPA-Lastschriftverfahren. Entsprechendes gilt in den Konstellationen, in denen der Unternehmer in Vorleistung tritt und nur **die Erfüllung der Leistungspflicht des Verbrauchers zeitlich aufgeschoben wird**. Das betrifft insbesondere Ratenkäufe sowie Dauerschuldverhältnisse mit verbrauchs- oder nutzungsabhängiger Entgeltpflicht des Verbrauchers. Auch hier ist der Verbraucher vorab darauf hinzuweisen, in welchen Intervallen und zu welchen Zeitpunkten er welche Zahlung zu leisten hat. Wiederum besteht eine Informationspflicht über die zur Verfügung stehenden Möglichkeiten der Zahlungsabwicklung. Schließlich ist der Verbraucher über etwaige Eigentumsvorbehalte aufzuklären[97]. 42

Da der Unternehmer nur „gegebenenfalls" über das Verfahren des Unternehmers zum **Umgang mit Beschwerden** informieren muss, begründet EGBGB Art 246 Abs 1 Nr 4 insoweit weder eine Pflicht, solch ein Verfahren einzurichten, noch setzt die Vorschrift eine solche Pflicht als existierend voraus. Folglich trifft die Unterrichtungspflicht nur den Unternehmer, der ein Verfahren zum Beschwerdemanagement eingerichtet hat[98]. Hält der Unternehmer solch ein Verfahren vor, erstreckt sich seine Informationspflicht auf die für die Beschwerdebearbeitung zuständige Stelle, die Art und Weise der Beschwerdeeinlegung sowie den Zeitraum, innerhalb dessen mit einer Rückmeldung zu rechnen ist[99]. 43

e) **Mängelhaftung, Nr 5.** Gemäß EGBGB Art 246 Abs 1 Nr 5 hat der Unternehmer den Verbraucher über das Bestehen eines gesetzlichen Mängelhaftungsrechts für die Waren oder die digitalen Produkte (§ 327 Abs 1 Satz 1) und ggf über das Bestehen und die Bedingungen von Kunden- 44

---

[94] AA Erman/Koch Rz 20.
[95] BeckOK BGB/Martens EGBGB Art 246 Rz 18; MünchKommBGB/Wendehorst Rz 25.
[96] LG München I MDR 2017, 1413; BeckOK BGB/Martens EGBGB Art 246 Rz 19; MünchKommBGB/Wendehorst Rz 26; Buchmann K&R 2014, 453, 458.
[97] MünchKommBGB/Wendehorst Rz 26.
[98] BeckOK BGB/Martens EGBGB Art 246 Rz 20; MünchKommBGB/Wendehorst Rz 27.
[99] Erman/Koch Rz 13; Grüneberg/Grüneberg EGBGB Art 246 Rz 8.

dienstleistungen und Garantien zu informieren. Unklar ist, worin die rechtspolitische Rechtfertigung für die Pflicht zur **Aufklärung über gesetzliche Mängelrechte** bestehen sollte[100]. So sind die rechtlichen Grundlagen über die gesetzlichen Mängelrechte im Vertragsrecht jedermann und zu jeder Zeit frei zugänglich. Eine abstrakt-generelle Informationsasymmetrie zwischen dem Unternehmer und dem Verbraucher lässt sich diesbezüglich deshalb allenfalls daraus ableiten, dass der Unternehmer gewöhnlich über eine größere Erfahrung in der Abwicklung von Mängelhaftungsfällen verfügt, also mit den Einzelheiten vertraut ist. Gerade über diese Einzelheiten muss der Unternehmer dem Verbraucher nach ganz hM jedoch nichts mitteilen[101]. Es genüge vielmehr der ganz allgemeine Hinweis, dass ein gesetzliches Mängelhaftungsrecht bestehe, wonach der Unternehmer für jede Vertragswidrigkeit, die innerhalb von zwei Jahren nach der Lieferung offenbar werde, hafte[102]. Überdies ist diese Pflicht in zweierlei Hinsicht beschränkt. Erstens erfasst sie lediglich die Mängelrechte des besonderen Schuldrechts und nicht auch das danebenstehende allgemeine Leistungsstörungs- oder gar Deliktsrecht[103]. Zweitens betrifft sie lediglich Verträge, deren Leistungsgegenstand Waren iSd § 241a oder digitale Produkte iSd § 327 Abs 1 Satz 1 sind, gilt also nur für Kauf- und Werklieferungsverträge[104] sowie für Verträge über digitale Dienstleistungen.

45 Unter **Kundendienstleistungen** sind Verkaufsfolgemaßnahmen wie insbesondere Wartungs-, Instandhaltungs- und Reparaturdienstleistungen zu verstehen[105]. Entsprechende Informationen sind nur zu erteilen, soweit der Unternehmer eigene Kundendienstleistungen anbietet[106]. Aus den Informationen soll insbesondere hervorgehen, an welchem Ort die jeweilige Kundendienstleistung erbracht wird und wer etwaige Transportkosten zu tragen hat[107]. Übernimmt der Unternehmer **freiwillige Garantieleistungen**, so sind sowohl ihr Bestehen als auch die Bedingungen ihrer Inanspruchnahme informationspflichtig. Es gilt derselbe Garantiebegriff wie bei § 443[108]. Der Hinweis auf das Bestehen hat dabei keine selbständige Bedeutung, da die Garantie ohne einen entsprechenden Konsens zwischen Unternehmer und Verbraucher im maßgeblichen Zeitpunkt des Vertragsschlusses bereits kein Vertragsbestandteil wird. Hinsichtlich der Bedingungen und der Information darüber ist der Maßstab des § 479 zu beachten[109].

46 Stammt das Garantieversprechen von einem Dritten („Herstellergarantie"), soll der Unternehmer hierüber und über die Bedingungen der Inanspruchnahme nur informieren müssen, wenn er selbst damit wirbt[110]. Der Wortlaut befreit den Unternehmer, der Partei des Verbrauchervertrags wird, zwar nicht zwingend von einer entsprechenden Informationspflicht. Jedoch müsste er dann Einzelheiten über ein erst künftig zwischen anderen Parteien zustande kommendes Rechtsverhältnis mitteilen, was naturgemäß mit einigen Unsicherheiten verbunden ist. Aus diesem Grund sollte es dem Unternehmer in der Tat freigestellt sein, ob er mit dem Hinweis auf Garantieversprechen des Dritten seinen eigenen Absatz fördern will und deshalb auch über die weiteren Einzelheiten informieren muss, oder ob er das mögliche Garantieversprechen des Herstellers unerwähnt lässt. Für den Verbraucher entstehen aus dieser Lösung keine Nachteile, denn dort, wo der Unternehmer auf keine Herstellergarantie hinweist, wird er sich darauf einstellen, dass eine solche nicht existiere[111]. Geht ihm in der Folge unverhofft der herstellerseitige Antrag auf Abschluss eines Garantievertrags zu, hat der Verbraucher daraus nur Vorteile.

47 f) **Laufzeit und Kündigung von Dauerschuldverhältnissen, Nr 6**. Gemäß EGBGB Art 246 Abs 1 Nr 6 hat der Unternehmer den Verbraucher ggf über die Laufzeit des Vertrags oder über die Bedingungen der Kündigung unbefristeter Verträge oder sich automatisch verlängernder Verträge zu informieren. Diese Regelung betrifft **Dauerschuldverhältnisse** und **Sukzessivlieferungsverträge**, wie etwa zur Energieversorgung[112]. Soweit es auch hier um Vertragsinhalte geht, gilt abermals, dass der Informationspflicht Genüge getan ist, wenn der Unternehmer dem Verbrau-

---

100 Kritisch bereits Staud[12]/Thüsing § 312c aF Rz 132.
101 BeckOK BGB/Martens EGBGB Art 246 Rz 21; BeckOGK BGB/Busch EGBGB Art 246 Rz 34; Grüneberg/Grüneberg EGBGB Art 246 Rz 9; MünchKommBGB/Wendehorst Rz 28; Ehmann/Forster GWR 2014, 163, 166; Buchmann K&R 2014, 453, 458; aA Erman/Koch Rz 14.
102 RL 2011/83/EU Umsetzungsleitfaden GD-Justiz, 34; MünchKommBGB/Wendehorst Rz 28.
103 Buchmann K&R 2014, 453, 458.
104 BeckOK BGB/Martens EGBGB Art 246 Rz 21; BeckOGK BGB/Busch EGBGB Art 246 Rz 35.
105 BeckOK BGB/Martens EGBGB Art 246 Rz 22; BeckOGK BGB/Busch EGBGB Art 246 Rz 37.
106 RL 2011/83/EU Umsetzungsleitfaden GD-Justiz, 34; weitergehend BeckOGK BGB/Busch EGBGB Art 246 Rz 40, der auch von Dritten gewährte Garantien als erfasst ansieht. Diese beruhen jedoch auf einer selbständigen rechtsgeschäftlichen Abrede.
107 RL 2011/83/EU Umsetzungsleitfaden GD-Justiz, 34.
108 BeckOK BGB/Martens EGBGB Art 246 Rz 22; BeckOGK BGB/Busch EGBGB Art 246 Rz 38.
109 BeckOK BGB/Martens EGBGB Art 246 Rz 22; MünchKommBGB/Wendehorst Rz 29; aA BeckOGK BGB/Busch EGBGB Art 246 Rz 39.
110 OLG Celle WRP 2020, 751, 754; LG Bochum ZVertriebsR 2020, 248, 250; s auch BGH WRP 2021, 619 Rz 18 ff – Herstellergarantie III.
111 BGH WRP 2021, 619 Rz 24 – Herstellergarantie III.
112 OLG Düsseldorf EnWZ 2016, 458, 460; BeckOK BGB/Martens EGBGB Art 246 Rz 25; MünchKommBGB/Wendehorst Rz 30.

cher eine solche Möglichkeit der Kenntnisnahme verschafft hat, damit der Vertrag mit diesem Inhalt zustande kommen kann.

Unter **Laufzeit** ist die feste Dauer zu verstehen, für die der Vertrag eingegangen wird[113]. **Kündigung** ist die Gestaltungserklärung einer Partei, die das Vertragsverhältnis zu einem bestimmten Zeitpunkt enden lässt. Aufzuklären ist über die Rechte des Unternehmers und des Verbrauchers zur ordentlichen Kündigung, nicht aber zur außerordentlichen Kündigung[114]. Bei unbefristeten und sich vorbehaltlich einer rechtzeitigen Kündigung automatisch verlängernden Verträgen ist jeweils anzugeben, wann die Kündigung erstmals erfolgen kann[115]. Ferner sind die Kündigungsfristen sowie die weiteren Kündigungsmodalitäten, insbesondere die Form, bereits im Vorfeld des Vertragsschlusses mitzuteilen[116]. Die entsprechende Informationspflicht folgt schon daraus, dass – wie insbesondere § 309 Nr 13 zeigt – auch diese Kündigungsmodalitäten zwischen den Parteien bei Abschluss des Vertrags konsentiert sein müssen. 48

g) **Funktionsweise und Interoperabilität bei digitalen Inhalten, Nr 7 und Nr 8.** Gemäß EGBGB Art 246 Abs 1 Nr 7 hat der Unternehmer den Verbraucher ggf über die Funktionsweise der Waren mit digitalen Elementen oder der digitalen Produkte, einschließlich anwendbarer technischer Schutzmaßnahmen, zu informieren. In engem Zusammenhang hiermit steht EGBGB Art 246 Abs 1 Nr 8, wonach ggf, soweit wesentlich, die Kompatibilität und die Interoperabilität der Waren mit digitalen Inhalten oder der digitalen Produkte mitzuteilen sind, soweit diese Informationen dem Unternehmer bekannt sind oder bekannt sein müssen. Damit übernimmt der Gesetzgeber RL 2011/83/EU Art 5 Abs 1 lit g) und lit h) in das deutsche Recht. 49

Gemäß der in § 327 Abs 1 Satz 1 enthaltenen Legaldefinition ist das **digitale Produkt** der Oberbegriff für digitale Inhalte und digitale Dienstleistungen. **Digitale Inhalte** sind in RL (EU) 2019/770 Art 2 Nr 1[117] definiert als Daten, die in digitaler Form erstellt und bereitgestellt werden. Bei **digitalen Dienstleistungen** handelt es sich gemäß RL 2019/770 Art 2 Nr 2 um (a) Dienstleistungen, die dem Verbraucher die Erstellung, Verarbeitung oder Speicherung von Daten in digitaler Form oder den Zugang zu solchen Daten ermöglichen, oder um (b) Dienstleistungen, die die gemeinsame Nutzung der vom Verbraucher oder von anderen Nutzern der entsprechenden Dienstleistung in digitaler Form hochgeladenen oder erstellten Daten oder sonstige Interaktionen mit diesen Daten ermöglichen. Unionsrechtlich vorgegeben ist schließlich auch der Begriff der **Waren mit digitalen Inhalten**. Bei ihnen handelt es sich gemäß RL 2019/770 Art 2 Nr 3 um bewegliche körperliche Gegenstände, die in einer Weise digitale Inhalte oder digitale Dienstleistungen enthalten oder mit ihnen verbunden sind, dass die Waren ihre Funktionen ohne diese digitalen Inhalte oder digitalen Dienstleistungen nicht erfüllen könnten. Die entsprechende Regelung des deutschen Rechts ist in § 327a Abs 3 Satz 1 zu finden. 50

Erwägungsgrund 19 zur RL 2019/770 ist zu entnehmen, dass unter den Begriff des digitalen Produkts etwa Computerprogramme, Anwendungen, Videodateien, Audiodateien, Musikdateien, digitale Spiele, elektronische Bücher und andere elektronische Publikationen fallen sollen. Umfasst seien aber auch digitale Dienstleistungen, die die Erstellung, Verarbeitung oder Speicherung von Daten in digitaler Form sowie den Zugriff auf sie ermöglichen, einschließlich Software-as-a-Service, wie die gemeinsame Nutzung von Video- oder Audioinhalten und andere Formen des Datei-Hosting, Textverarbeitung oder Spiele, die in einer Cloud-Computing-Umgebung und in sozialen Medien angeboten werden. Eine ähnliche, wenngleich weniger umfangreiche, **Auflistung von Beispielen** findet sich auch in Erwägungsgrund 19 zur RL 2011/83/EU. 51

Sofern digitale Produkte **auf einen körperlichen Träger gebannt** sind, sollen sie zwar als Waren iSd RL 2011/83/EU Art 2 Nr 3 behandelt werden. Gleichwohl verlieren sie dadurch nicht ihre Eigenart als digitales Produkt[118]. Folglich hat der Unternehmer in gleicher Weise über die Funktionsweise und die Interoperabilität aufzuklären unabhängig davon, ob der Verbraucher auf das digitale Produkt – beispielsweise ein Computerspiel oder eine Musikdatei – über ein **elektronisches Netzwerk** oder von einem **körperlichen Datenträger** aus zugreift. Das digitale Produkt behält seine Eigenart darüber hinaus aber auch dort, wo es lediglich **integrierter Bestandteil** 52

---

113 BeckOK BGB/Martens EGBGB Art 246 Rz 25; Erman/Koch Rz 15; MünchKommBGB/Wendehorst Rz 31.
114 OLG Frankfurt/M BeckRS 2020, 37611; BeckOK BGB/Martens EGBGB Art 246 Rz 26; Erman/Koch Rz 15; MünchKommBGB/Wendehorst Rz 31.
115 Erman/Koch Rz 15.
116 LG Berlin MMR 2017, 50 f; RL 2011/83/EU Umsetzungsleitfaden GD-Justiz, 35; BeckOGK BGB/ Busch EGBGB Art 246 Rz 43; Erman/Koch Rz 15; Grüneberg/Grüneberg EGBGB Art 246 Rz 10; aA BeckOK BGB/Martens EGBGB Art 246 Rz 26; MünchKommBGB/Wendehorst Rz 31.
117 Richtlinie (EU) 2019/770 des Europäischen Parlaments und des Rates vom 20. Mai 2019 über bestimmte vertragsrechtliche Aspekte der Bereitstellung digitaler Inhalte und digitaler Dienstleistungen, ABl L 136/1.
118 RL 2011/83/EU Erwägungsgrund 19.

eines sog smarten Produkts ist[119], wie zB bei Roboterstaubsaugern, Kühlschränken mit Bestellfunktion, GPS-Uhren, Fitness-Armbändern oder Smart-TVs, also Fernsehgeräten mit zusätzlichen Computerfunktionen. Würde man die Informationspflichten über Funktionsweise und Interoperabilität nicht auch auf solche integrierten digitalen Produkte erstrecken, müsste man ggf unterscheiden zwischen Apps, die auf einem Mobiltelefon vorinstalliert sind, und solchen, die der Verbraucher erst später darauf lädt. Eine solche Differenzierung ergibt teleologisch jedoch keinerlei Sinn. Hinzu kommt, dass die integrierten digitalen Produkte für die Verwendungseignung und damit auch für die Erwerbsentscheidung von wesentlicher Bedeutung sind[120]. Wer also EGBGB Art 246 Abs 1 Nr 7 und Nr 8 auf die integrierten digitalen Produkte nicht anwenden wollte, müsste nach den entsprechenden Informationen jedenfalls im Rahmen von EGBGB Art 246 Abs 1 Nr 1 verlangen.

53 Ausweislich des Erwägungsgrundes 19 zur RL 2011/83/EU bezieht sich der **Begriff der Funktionsweise** darauf, wie digitale Produkte verwendet werden können, etwa für die Nachverfolgung des Verbraucherverhaltens. Freilich geht es nicht nur um die Verwendungsmöglichkeiten für den Unternehmer, sondern auch – und wohl primär – um die Beschreibung der dem Verbraucher zur Verfügung stehenden Funktionalitäten[121]. Besonders erwähnt sind die technischen Schutzmaßnahmen, womit der gesamte Bereich der digitalen Rechteverwaltung gemeint ist[122]. Aufzuklären ist dementsprechend darüber, in welchem inhaltlichen und zeitlichen Umfang der Verbraucher ein Nutzungsrecht an dem digitalen Produkt erwirbt, sowie darüber, ob Kopierschutzmaßnahmen oder regionale Nutzungsbeschränkungen bestehen.

54 Gemäß den Ausführungen in Erwägungsgrund 19 zur RL 2011/83/EU beschreibt der Begriff der wesentlichen **Interoperabilität** die Information in Bezug auf die standardmäßige Umgebung an Hard- und Software, mit der die digitalen Produkte kompatibel sind, etwa das Betriebssystem, die notwendige Version und bestimmte Eigenschaften der Hardware. In diesem Zusammenhang sind jedenfalls die Systemvoraussetzungen für die Nutzung des digitalen Produkts anzugeben, insbesondere also Betriebssystem, Version, benötigter Speicherplatz, Arbeitsspeicher und Prozessor[123]. Im Übrigen kann angesichts der Komplexität und schnellen Wandelbarkeit der jeweiligen Soft- und Hardwareumgebung von dem Unternehmer indes keine erschöpfende Auskunft verlangt werden[124]. So mag es durchaus sein, dass eine auf dem Endgerät installierte Software nach einem Update oder einem Patch nicht mehr störungsfrei mit dem vertragsgegenständlichen digitalen Produkt interagiert. Vor diesem Hintergrund ist die Informationspflicht auf wesentliche Beschränkungen von Interoperabilität und Kompatibilität begrenzt, die der Unternehmer zudem wenigstens kennen muss.

55 Im Umsetzungsleitfaden der GD-Justiz zur RL 2011/83/EU wird hinsichtlich der Funktionsweise darauf hingewiesen, dass es in Anbetracht der großen Vielfalt an digitalen Produkten nicht sinnvoll sei, eine umfassende Liste der Funktionsweise- und Interoperabilitätsparameter aufzustellen, die sich auf sämtliche digitalen Produkte anwenden lasse. Auf den Seiten 81 f werden dann die Hauptparameter für Funktionsweise und Interoperabilität aufgezählt. Diese Aufzählung könne als Checkliste genutzt werden, wenn die Entscheidung anstehe, welche Information zu einem spezifischen Produkt bereitgestellt werden soll.

56 **5. Rechtsfolgen einer Informationspflichtverletzung.** Jenseits von Abs 2 Satz 2 findet sich keine Aussage über die Rechtsfolgen für den Fall, dass der Unternehmer seiner Informationspflicht aus Abs 2 Satz 1 iVm EGBGB Art 246 Abs 1 nicht nachkommt. Es gelten folglich die **allgemeinen Regeln**[125]. Danach werden fehlende Informationen, soweit sie eine Abweichung vom dispositiven Gesetzesrecht bezwecken, bereits **nicht Vertragsinhalt**. Konsentierte Angaben über wesentliche Eigenschaften zählen auch dann zur **vereinbarten Beschaffenheit**, wenn sie auf den konkreten Vertragsgegenstand objektiv nicht zutreffen[126]. Je nach Inhalt der fehlenden oder unzutreffenden Information kommt auch die Anfechtbarkeit des Verbrauchervertrags nach §§ 119 ff in Betracht.

57 In den Gesetzesmaterialien wird ferner auf die Möglichkeit des **Schadensersatzes** nach Maßgabe der culpa in contrahendo hingewiesen[127]. Daneben steht auch hier § 823 Abs 2, da die der Informationspflicht zugrundeliegenden Vorschriften sämtlich individualschützenden Charakter

---

119 MünchKommBGB/Wendehorst Rz 33.
120 MünchKommBGB/Wendehorst Rz 33.
121 BeckOK BGB/Martens EGBGB Art 246 Rz 27; Ehmann/Forster GWR 2014, 163, 166; Buchmann K&R 2014, 621, 622.
122 RL 2011/89/EU Erwägungsgrund 19; BeckOK BGB/Martens EGBGB Art 246 Rz 27; Erman/Koch Rz 16; Grüneberg/Grüneberg EGBGB Art 246 Rz 11.
123 BeckOK BGB/Martens EGBGB Art 246 Rz 28; Buchmann K&R 2014, 621, 622.
124 BeckOK BGB/Martens EGBGB Art 246 Rz 28; Ehmann/Forster GWR 2014, 163, 166.
125 MünchKommBGB/Wendehorst Rz 38; jurisPK-BGB/Junker Rz 25.
126 MünchKommBGB/Wendehorst Rz 38.
127 BT-Drucks 17/12637, 51.

haben. Insoweit kommt wiederum die Belastung mit einem unerwünschten Vertrag als maßgeblicher Schadensposten in Betracht. Freilich muss die fehlende Information kausal für den Vertragsschluss geworden sein. Daran fehlt es, wenn der Verbraucher die fehlende Information aufgrund eigener Vorfeldrecherche bereits selbst ermittelt hatte. Je nach den Umständen des einzelnen Falles wird man auch hier eine Vermutung für das aufklärungsrichtige Verhalten in Betracht ziehen können.

Schließlich eröffnet der Verstoß gegen Abs 2 den jeweils Aktivlegitimierten ein Vorgehen nach UKlaG § 2 und/oder nach UWG § 8.

IV. Die Belehrungspflicht über das Widerrufsrecht gemäß Abs 2 iVm EGBGB Art 246 Abs 3

Der Unternehmer ist gemäß EGBGB Art 246 Abs 3 verpflichtet, den Verbraucher über ein bestehendes Widerrufsrecht zu belehren. Diese Belehrung betrifft zwingendes Gesetzesrecht, so dass auf den ersten Blick ebenfalls nicht recht klar wird, woraus sich hier die **ausgleichsbedürftige Informationsasymmetrie** zwischen dem Unternehmer und dem Verbraucher ergeben sollte. Freilich bedeutet das einseitige und voraussetzungslose Recht, sich von einer eingegangenen vertraglichen Verpflichtung wieder zu lösen, eine wesentliche Durchbrechung des Grundsatzes pacta sunt servanda. Hier mag man tatsächlich davon ausgehen, dass die Kenntnis von den Verträgen, für welche solch ein Recht des Verbrauchers besteht, noch nicht in das Alltagsbewusstsein vorgedrungen ist. Wichtiger dürfte allerdings sein, dass die Modalitäten des Widerrufsrechts kompliziert sind und zwischen den einzelnen Vertragstypen mehr oder weniger stark divergieren. Hier ist der mit dem jeweiligen Vertragstypus professionell befasste Unternehmer abstrakt-generell tatsächlich sehr viel besser über die Rechtslage informiert als der Verbraucher. Insgesamt dient somit auch die Belehrung über das Widerrufsrecht dazu, die privatautonome Entscheidung des Verbrauchers zu unterstützen[128].

EGBGB Art 246 Abs 3 **gewährt selbst kein Widerrufsrecht**, sondern setzt voraus, dass ein solches andernorts eingeräumt ist. Grundlagen solcher Verbraucherwiderrufsrechte sind etwa § 312g Abs 1, § 485 oder auch § 495 Abs 1. In den meisten Fällen enthält der Regelungsrahmen, durch den das Widerrufsrecht angeordnet wird, zugleich selbständige Bestimmungen über die Widerrufsbelehrung. Exemplarisch zeigen das etwa EGBGB Art 242 § 2, EGBGB Art 246a § 1 Abs 2, EGBGB Art 246b Abs 2 Satz 1 Nr 5 oder auch EGBGB Art 247 § 3 Abs 1 Nr 13. Aus diesem Grund verbleibt für EGBGB Art 246 Abs 3 nur sein **sehr geringer selbständiger Anwendungsbereich**. Letztlich ist dieser auf die Widerrufsrechte bei Ratenlieferungsverträgen gemäß § 510 Abs 2 und – aufgrund der Verweisung in KAGB § 305 Abs 2 Satz 2[129] – bei bestimmten Kapitalanlageverträgen beschränkt[130].

Inhaltlich muss die Belehrung gemäß EGBGB Art 246 Abs 3 Satz 3 zunächst den **Hinweis auf das Bestehen des Widerrufsrechts** enthalten (Nr 1). Die Verwendung des Begriffs „Widerrufsbelehrung" ist nicht erforderlich; „Widerrufsinformation" wurde deshalb ebenfalls für zulässig befunden[131]. Der Verbraucher ist sodann darüber zu informieren, dass der Widerruf durch **Erklärung gegenüber dem Unternehmer** erfolgt und **keiner Begründung** bedarf (Nr 2). Weist der Unternehmer in diesem Zusammenhang auf ein Zugangserfordernis hin, soll das die Belehrung fehlerhaft machen[132]. Das kann jedoch schon deshalb kaum überzeugen, weil der Zugang unverzichtbare Voraussetzung für das Wirksamwerden des Widerrufs ist, da es sonst an einer Erklärung gegenüber dem Unternehmer fehlt. Weiter sind der **Name und die ladungsfähige Anschrift** desjenigen anzugeben, gegenüber dem der Widerruf zu erklären ist (Nr 3). Bei juristischen Personen ist dementsprechend ein vertretungsberechtigtes Organ zu benennen[133]. Postfach- oder c/o-Adressen genügen den Anforderungen an die Ladungsfähigkeit nicht[134]. Schließlich muss der Unternehmer den Verbraucher über **Dauer und Beginn der Widerrufsfrist** sowie darüber belehren, dass zur Fristwahrung die **rechtzeitige Absendung der Widerrufserklärung** genügt

---

128 Möller VuR 2017, 283, 284.
129 Kapitalanlagegesetzbuch vom 4. Juli 2013 (BGBl I S 1981), das zuletzt durch Artikel 5 des Gesetzes vom 10. August 2021 (BGBl I S 3483) geändert worden ist.
130 BeckOK BGB/Martens EGBGB Art 246 Rz 29; iErg auch Erman/Koch Rz 23; MünchKommBGB/Wendehorst Rz 41 sieht darüber hinaus auch die Widerrufsrecht gemäß § 4 S 1 FernUSG als erfasst an. Der Fernunterrichtsvertrag dürfte aber eher den Regeln über den Fernabsatzvertrag folgen, vgl Vennemann FernUSG § 4 Rz 1.
131 OLG Stuttgart BeckRS 2020, 130 19.
132 LG Berlin NJW-RR 2006, 639; BeckOK BGB/Martens EGBGB Art 246 Rz 33; BeckOGK BGB/Busch EGBGB Art 246 Rz 64; Erman/Koch Rz 31.
133 AA BeckOGK BGB/Busch EGBGB Art 246 Rz 63.
134 OLG Koblenz NJW 2006, 919; BeckOK BGB/Martens EGBGB Art 246 Rz 33; Erman/Koch Rz 31; MünchKommZPO/Becker-Eberhard § 253 Rz 57; Grüneberg/Grüneberg EGBGB Art 246 Rz 13.

(Nr 4). Einzelheiten über die Fristberechnung muss der Unternehmer dabei nicht erläutern[135]. Präzise angegeben sein muss jedoch das fristauslösende Ereignis[136]. Die Widerrufserklärung bleibt zugangsbedürftig, obwohl ihre rechtzeitige Absendung fristwahrend ist. Dem Verbraucher wird also lediglich das Verzögerungs- und nicht auch das Verlustrisiko abgenommen.

62 In formaler Hinsicht muss die Belehrung gemäß EGBGB Art 246 Abs 3 Satz 1 **in Textform** erfolgen. Dies beurteilt sich nach § 126b. Erforderlich ist also eine lesbare Erklärung auf einem dauerhaften Datenträger. Der mit der Dauerhaftigkeit verbundenen Informations- und Dokumentationsfunktion[137] wird ein Datenträger nach § 126b Abs 1 Satz 2 dabei nur gerecht, wenn er es dem Empfänger ermöglicht, eine auf dem Datenträger befindliche, an ihn persönlich gerichtete Erklärung so aufzubewahren oder zu speichern, dass sie ihm während eines für ihren Zweck angemessenen Zeitraums zugänglich ist und geeignet ist, die Erklärung unverändert wiederzugeben. Das bei der allgemeinen Regel des § 126b systematisch wenigstens unglücklich verortete **Kriterium der an den Empfänger persönlich gerichteten Erklärung**[138] trägt RL 2011/83/EU Art 2 Nr 10 sowie der Rechtsprechung des EuGH Rechnung, wonach der Verbraucher sich bei der Erhalt der Widerrufsbelehrung passiv verhalten darf[139]. Danach reicht die Belehrung über einen vom Verkäufer zur Verfügung gestellten Link nicht aus, um die Anforderungen an die Textform zu erfüllen[140]. Im stationären Vertrieb in Geschäftsräumen des Unternehmers wird indes ohnehin die Widerrufsbelehrung in Urkundenform am einfachsten und zweckmäßigsten sein.

63 Das **Deutlichkeitsgebot** des EGBGB Art 246 Abs 3 Satz 2 hat sowohl eine formale als auch eine inhaltliche Komponente. Die **formalen Anforderungen** hängen auch von der Eigenart des vom Unternehmer zulässigerweise gewählten Kommunikationsmittels ab. Bei der im stationären Vertrieb in Geschäftsräumen des Unternehmers sachdienlichen Urkundenform muss die Widerrufsbelehrung drucktechnisch so deutlich gestaltet sein, dass sie sich unübersehbar aus dem sonstigen Vertragstext – etwa durch Verwendung einer Überschrift und/oder Fettdruck – hervor- und heraushebt[141]. Orientierung liefern die in den Anhängen zum EGBGB enthaltenen Muster-Widerrufsbelehrungen. Danach sind Zwischenüberschriften, Absätze, eine hinreichende Schriftgröße sowie grundsätzlich das Verfassen in deutscher Sprache die maßgeblichen Kennzeichen von formal deutlich gestalteten Widerrufsbelehrungen[142]. **In inhaltlicher Hinsicht** verlangt die Deutlichkeit eine möglichst umfassende, unmissverständliche und aus dem Verständnis der Verbraucher eindeutige Belehrung über die wesentlichen Rechte des Verbrauchers[143]. Das umfasst auch die Rechtsfolgen des Widerrufs, und zwar sowohl die für den Verbraucher günstigen als auch die für ihn nachteiligen[144].

V. Unwirksame Vereinbarungen über Zusatzentgelte, Abs 3

64 **1. Allgemeines.** Gemäß Abs 3 Satz 1 kann ein Unternehmer mit einem Verbraucher eine Vereinbarung, die auf eine über das vereinbarte Entgelt für die Hauptleistung hinausgehende Zahlung des Verbrauchers gerichtet ist, nur ausdrücklich treffen. Danach ist die Vereinbarung eines solchen Zusatzentgelts **unwirksam**, wenn sie dem Ausdrücklichkeitserfordernis des Abs 3 Satz 1 nicht genügt[145]. Abs 3 Satz 2 präzisiert das dahingehend, dass eine solche Vereinbarung im elektronischen Geschäftsverkehr nur Vertragsbestandteil wird, wenn der Unternehmer die Vereinbarung nicht durch eine Voreinstellung herbeiführt. Weitergehende Aussagen über die inhaltliche Wirksamkeit solcher Vereinbarungen über Zusatzentgelte sind Abs 3 nicht zu entnehmen[146]. Im Grundsatz gilt die Vorschrift **für jeden Verbrauchervertrag**, einschließlich der Fernabsatz- und Außergeschäftsraumverträge[147]. Ihr **unionsrechtlicher Hintergrund** ist RL 2011/83/EU Art 22.

---

135 BGHZ 187, 97 Rz 26; Grüneberg/Grüneberg EGBGB Art 246 Rz 13.
136 BGHZ 180, 123 Rz 14; 187, 97 Rz 26; BGH NJW 1993, 1013; 2002, 3396, 3398; NJW-RR 2009, 709 Rz 14; 2009, 1275 Rz 14; Erman/Koch Rz 31; Grüneberg/Grüneberg EGBGB Art 246 Rz 13.
137 Jauernig/Mansel § 126b Rz 1; MünchKommBGB/Einsele § 126b Rz 9.
138 S die berechtigte Kritik von MünchKommBGB/Einsele § 126b Rz 5.
139 EuGH ECLI:EU:C:2012:419 = NJW 2012, 2637 Rz 35.
140 EuGH ECLI:EU:C:2012:419 = NJW 2012, 2637 Rz 50.
141 BGH NJW 2009, 3020 Rz 24; BGH NJW 2011, 1061, 1062; OLG Stuttgart BeckRS 2020, 13019; BeckOK BGB/Martens EGBGB Art 246 Rz 31; BeckOGK BGB/Busch EGBGB Art 246 Rz 57; Erman/Koch Rz 27; Grüneberg/Grüneberg EGBGB Art 246 Rz 14.
142 BGH NJW 2011, 1061 Rz 19; Erman/Koch Rz 27 f; Grüneberg/Grüneberg EGBGB Art 246 Rz 14 f.
143 BGHZ 172, 58 Rz 13; BGH NJW 2002, 3396, 3397; 2010, 989 Rz 12; 2013, 155 Rz 44; NJW-RR 2012, 1197 Rz 19; NZG 2013, 101 Rz 29; BeckOK BGB/Martens EGBGB Art 246 Rz 32.
144 BGHZ 172, 58 Rz 15; BGH NJW 2013, 155 Rz 44; NJW-RR 2012, 1197 Rz 19; NZG 2013, 101 Rz 29; BeckOK BGB/Martens EGBGB Art 246 Rz 32; BeckOGK BGB/Busch EGBGB Art 246 Rz 58; Erman/Koch Rz 26; Grüneberg/Grüneberg EGBGB Art 246 Rz 13.
145 NK-BGB/Ring Rz 24; Erman/Koch Rz 35; jurisPK-BGB/Junker Rz 36.
146 BGH ZIP 2014, 1266 Rz 72; 2014, 1369 Rz 79.
147 Spindler/Schuster/Schirmbacher Rz 17.

Sie steht in Zusammenhang mit EGBGB Art 246 Abs 1 Nr 3, denn hier wie dort geht es jedenfalls auch um die **Preistransparenz** zugunsten des Verbrauchers[148].

2. Entgeltliche Zusatzleistungen. Die Vorschrift soll primär Fälle erfassen, in denen der Verbraucher zusätzlich zum Entgelt für die Hauptleistung des Unternehmers ein weiteres Entgelt für eine daneben tretende Zusatzleistung entrichten soll[149]. Im ursprünglichen Regierungsentwurf war ihr Regelungsbereich dementsprechend auch auf solche sog entgeltlichen Nebenleistungen beschränkt. **Beispiele für diese Fallgruppe** sind Reiserücktritts-[150] oder sonstige Versicherungen etwa für die Beschädigung, die Zerstörung oder den Verlust des Vertragsgegenstands[151]. Weiter zu nennen sind kostenpflichtige Verlängerungen der üblichen vertraglichen Garantielaufzeit, Geschenkverpackungen[152], Expresslieferdienste[153] oder auch die Reservierung eines Sitzplatzes in einem öffentlichen Transportmittel. Schließlich gehören hierher auch Fälle, in denen der Unternehmer im **stationären Vertrieb** den Vertragsgegenstand als zusätzlichen Service an den Verbraucher liefert (Rz 36)[154]. Im **Fernabsatz** ist der Versand demgegenüber Bestandteil des von dem Unternehmer von vornherein geschuldeten Leistungsprogramms und folglich keine zusätzliche Leistung. Verlangt der Unternehmer von dem Verbraucher für bestimmte Zahlungsdienste ein erhöhtes Entgelt, so liegt hierin ebenfalls eine entgeltliche Nebenleistung iSd Abs 3 Satz 1. Diese liegt darin, dass der Unternehmer dem Verbraucher die Nutzung gerade dieses Zahlungsdienstes ermöglicht[155]. Abs 3 und Abs 4 sind hier nebeneinander anwendbar[156].

Ausweislich der Begründung zum Regierungsentwurf dient Abs 3 dem Zweck, den Verbraucher davor zu schützen, sich vertraglich in einem größeren Umfang zu verpflichten, als er es tatsächlich will[157]. **Tatsächlicher Hintergrund dieser Vorschrift** waren früher gerade im Fernabsatz durchaus nicht unübliche Praktiken, dem Verbraucher durch die Voreinstellung der Bestell- oder Buchungsmaske zusätzliche Leistungen – wie etwa Reiserücktrittsversicherungen – gewissermaßen unterzuschieben[158]. Der auf den Erwerb der Hauptleistung konzentrierte Verbraucher drohte diese Voreinstellungen zu übersehen und sodann durch das eilige Klicken auf „Weiter" unbewusst zu bestätigen[159]. Kein Fall des Abs 3 soll es aber sein, wenn der Unternehmer und der Verbraucher in einem Mobilfunkvertrag vereinbaren, dass der Verbraucher nach der Ausschöpfung eines ihm zunächst zur Verfügung gestellten Datenvolumens ein zusätzliches Entgelt für die Bereitstellung weiteren Datenvolumens zu bezahlen habe[160]. Ebenfalls nicht von Abs 3 umfasst sind nach Nr 12 Abs 5 AGB-Banken zulässige Änderungen des Entgelts für die von dem Unternehmer geschuldete Hauptleistung[161].

Freilich kann der Verbraucher sich in solchen Konstellationen bereits aufgrund von §§ 119 Abs 1, 142 Abs 1 von der zusätzlichen Verpflichtung lösen. **Das praktische Bedürfnis für die Sonderregelung in Abs 3** wird aus zwei Gesichtspunkten abgeleitet[162]: Erstens setze die Anfechtbarkeit die Kausalität des Irrtums für die Willenserklärung voraus, welche insbesondere infrage stehe, wenn sich die Fehlvorstellung des Verbrauchers im Einzelfall nur auf eine geringe zusätzliche Zahlungspflicht bezog. Zweitens ziehe die Anfechtung die Nichtigkeit des gesamten Vertrags nach sich, so dass der Verbraucher auch den Anspruch auf die Hauptleistung verliere. Letzteres werde durch Abs 3 iVm Abs 6 vermieden. Zwingend sind diese Prämissen freilich nicht. Zwar mag man in der Kombination aus Haupt- und Nebenleistung ein einheitliches Rechtsgeschäft erblicken. Dieses ist aber immerhin teilbar, weil es jedenfalls hinsichtlich der Hauptleistung auch ohne die Abrede über die Zusatzleistung existieren kann[163]. Dementsprechend ist es auch einer Teilanfechtung in Bezug auf die untergeschobene Zusatzleistung zugänglich[164], weshalb auch der Irrtum sich nur auf diesen Teil des Rechtsgeschäfts beziehen muss. Die weiteren Rechtsfolgen beurteilen sich dann nach § 139. Folglich liegt die eigentliche Bedeutung von Abs 3 iVm Abs 6

---

148 BeckOGK BGB/Busch Rz 13; HK-BGB/Schulte-Nölke Rz 4; Jauernig/Stadler Rz 11; NK-BGB/Ring Rz 18.
149 Beschlussempfehlung des RA BT-Drucks 17/13951, 63; BeckOGK BGB/Busch Rz 15; Erman/Koch Rz 37; NK-BGB/Ring Rz 19; Grüneberg/Grüneberg Rz 4.
150 JurisPK-BGB/Junker Rz 30; Spindler/Schuster/Schirmbacher Rz 15; Schirmbacher/Grasmück ITRB 2014, 66.
151 HK-BGB/Schulte-Nölke Rz 4; MünchKommBGB/Wendehorst Rz 44; Schirmbacher/Schmidt CR 2014, 107, 117.
152 BeckOGK BGB/Busch Rz 16.2; jurisPK-BGB/Junker Rz 30; Spindler/Schuster/Schirmbacher Rz 15; Schirmbacher/Grasmück ITRB 2014, 66.
153 RL 2011/83/EU Leitfaden GD-Justiz, 76 f; jurisPK-BGB/Junker Rz 30; Spindler/Schuster/Schirmbacher Rz 15; Schirmbacher/Schmidt CR 2014, 107, 117.
154 Differenzierend MünchKommBGB/Wendehorst Rz 58.
155 Vgl BGHZ 185, 359 Rz 43.
156 MünchKommBGB/Wendehorst Rz 61.
157 BT-Drucks 17/12637, 53.
158 Ehmann/Forster GWR 2014, 163, 166; Stöhr ZIP 2016, 1468, 1471.
159 Ehmann/Forster GWR 2014, 163, 166.
160 BGH NJW 2018, 534 Rz 30; LG Frankfurt/M Urt v 23.3.2017 – 2-24 O 148/16 (juris).
161 Edelmann BB 2018, 394, 397.
162 BT-Drucks 17/12637, 53.
163 Vgl Staud[15]/Roth § 119 Rz 60.
164 BeckOK BGB/Wendtland § 142 Rz 5; MünchKommBGB/Busche § 142 Rz 10.

darin, die Nichtigkeit der untergeschobenen Zusatzleistung zwingend anzuordnen und die aus § 139 resultierenden Unsicherheiten auszuräumen.

68 3. **Ausdrückliche Vereinbarung.** Verbraucher und Unternehmer können eine entgeltliche Zusatzleistung wirksam nur ausdrücklich vereinbaren. Nach dem herkömmlichen Sprachgebrauch des deutschen bürgerlichen Rechts ist „ausdrücklich" der Gegenbegriff zu „konkludent". Eine ausdrückliche Erklärung liegt dabei vor, wenn sie den **Geschäftswillen direkt in Wort oder Schrift** zum Ausdruck bringt[165]. Ganz in diesem Sinne soll das Ausdrücklichkeitserfordernis auch bei Abs 3 zu verstehen sein[166], so dass die Vereinbarung einer entgeltpflichtigen Zusatzleistung jedenfalls grundsätzlich auch durch **Allgemeine Geschäftsbedingungen** erfolgen kann[167]. Bei diesem Begriffsverständnis wäre freilich auch eine durch Voreinstellung iSd Abs 3 Satz 2 herbeigeführte Vereinbarung eine ausdrückliche. Das wird allerdings der Systematik weder des Abs 3 noch des zugrundeliegenden RL 2011/83/EU Art 22 gerecht. Danach ist die durch Voreinstellung des Unternehmers veranlasste Vereinbarung nämlich keine ausdrückliche Vereinbarung, die ausnahmsweise doch unwirksam ist, sondern ein besonders häufiger Fall der nicht ausdrücklichen Vereinbarung[168]. Dies muss bei der Interpretation des Ausdrücklichkeitserfordernisses Berücksichtigung finden.

69 Richtigerweise kann eine ausdrückliche, auf den Abschluss einer entgeltlichen Zusatzleistung gerichtete Willenserklärung des Verbrauchers nur dort anzunehmen sein, wo der Verbraucher die Erklärung unmittelbar selbst in Wort oder Schrift formuliert, sie mit dem Unternehmer individuell aushandelt oder aber sich eine vorformulierte Erklärung durch eine eigene Aktion zu Eigen macht, beispielsweise durch Ankreuzen oder durch Setzen eines Häkchens[169]. In keinem Fall ist den Anforderungen des Abs 3 genügt, wenn der Unternehmer eine Tarifänderung auf ein anderes Leistungspaket zu höherem Preis ankündigt und sodann der Verbraucher diesen Tarifwechsel widerspruchslos hinnimmt[170]. Allenfalls kann nämlich in der Inanspruchnahme der neuen Leistung und der Zahlung des höheren Preises eine konkludente Zustimmung zu dem Vertragsänderungsantrag des Unternehmers gesehen werden.

70 4. **Zusatzentgelte für den Erhalt der Hauptleistung.** Im Zuge des Gesetzgebungsverfahrens wies der Rechtsausschuss jedoch zu Recht darauf hin, dass RL 2011/83/EU Art 22 nicht nur entgeltliche Zusatzleistungen erfasse, sondern auch **Zusatzentgelte, die der Verbraucher entrichten muss, um den Vertragsgegenstand zu erhalten**[171]. Beispielhaft werden Verwaltungs- und Bearbeitungsgebühren genannt[172], doch können begrifflich durchaus auch die Fracht-, Liefer- oder Versandkosten erfasst sein. Hier stellt sich dann die Frage nach dem Verhältnis zu Abs 2.

71 Weist der Unternehmer zusätzliche **Verwaltungs- und Bearbeitungsgebühren** gesondert neben dem Preis für die Hauptleistung aus, begeht er einen Verstoß gegen EGBGB Art 246 Abs 1 Nr 3. Dieser Verstoß ändert freilich nichts daran, dass – eine formal ordnungsgemäße Information vorausgesetzt – die Vereinbarung über diese zusätzlichen Kosten nach allgemeinen Regeln zum wirksamen Vertragsbestandteil wird und eine entsprechende Zahlungspflicht des Verbrauchers auslöst[173]. Folglich liegt in EGBGB Art 246 Abs 1 Nr 3 allein noch keine hinreichende Umsetzung des Regelungsziels von RL 2011/83/EU Art 22. Dieses wird vielmehr erst erreicht, wenn man Zusatzentgelte, die der Unternehmer neben den Preis für die Hauptleistung stellt, darüber hinaus dem Ausdrücklichkeitserfordernis des Abs 3 unterstellt[174].

72 Ein Sonderproblem stellen die **Standardkosten für Fracht, Lieferung oder Versand im Fernabsatz** dar. EGBGB Art 246 Abs 1 Nr 3 gestattet ihre Herausnahme aus der Gesamtpreisangabe. Während des Bestellvorgangs wird diese Versandart mitsamt den hierfür veranschlagten Kosten in einer Checkbox voreingestellt[175]. Schließt der Verbraucher nun den Bestellvorgang unter Übernahme dieser Voreinstellung ab, hat der Unternehmer über die anfallenden Transportkosten zwar ordnungsgemäß informiert, jedoch keine ausdrückliche Willenserklärung des Verbrauchers eingeholt. Folglich wären sie trotz der Regelung in Abs 2 Satz 2 nicht geschuldet. Man könnte den Unternehmer deshalb anhalten, auch für die Standard-Versandkosten eine ausdrückliche

---

165 Neuner BGB AT[12] § 31 Rz 4.
166 LG Berlin RRa 2018, 267, 270.
167 BT-Drucks 17/12637, 53; MünchKommBGB/Wendehorst Rz 62; NK-BGB/Ring Rz 20; Grüneberg/Grüneberg Rz 4; iErg auch BeckOGK BGB/Busch Rz 18 f; Erman/Koch Rz 39; aA wohl jurisPK-BGB/Junker Rz 33; HK-BGB/Schulte-Nölke Rz 4.
168 BeckOGK BGB/Busch Rz 14; jurisPK-BGB/Junker Rz 44; MünchKommBGB/Wendehorst Rz 62; Wendehorst NJW 2014, 577, 579.
169 OLG Koblenz NJW-RR 2019, 1140, 1141; RL 2011/83/EU Umsetzungsleitfaden GD-Justiz, 60; Gräbig ITRB 2014, 63, 64; Tonner VuR 2017, 150, 151; iErg auch Erman/Koch Rz 41.
170 LG Berlin MMR 2016, 824, 825.
171 Beschlussempfehlung des RA BT/Drucks 17/13951, 63.
172 Beschlussempfehlung des RA BT/Drucks 17/13951, 63.
173 MünchKommBGB/Wendehorst Rz 56.
174 Beschlussempfehlung des RA BT-Drucks 17/13951, 63.
175 Hoeren/Föhlisch CR 2014, 242, 248.

Erklärung des Verbrauchers einzuholen. Diese Lösung ist freilich wenig sinnvoll, weil der Verbraucher den Vertragsgegenstand nicht geliefert bekommt, wenn er die Übernahme der Standard-Versandkosten verweigert. Somit bliebe auch eine seitens des Verbrauchers ausdrücklich erklärte Vereinbarung hierüber ohne materielle Substanz. Richtigerweise hat man deshalb daran anzusetzen, dass der Unternehmer im Fernabsatz den Versand des Vertragsgegenstands von vornherein schuldet. Die entsprechenden Kosten fallen also notwendig an, damit der Verbraucher an die Hauptleistung gelangen kann. Sie sind deshalb integrierter Bestandteil des für die Hauptleistung zu entrichtenden Entgelts (Rz 36)[176].

5. Konkurrenzen. Regelungen über Vereinbarungen von Zusatzentgelten finden sich auch andernorts im Unionsrecht. Zu nennen sind etwa VO (EG) 100/2008 Art 23 Abs 1[177], der Regelungen ua über fakultative Zusatzkosten im Flugverkehr enthält, der auf RL 2007/64/EG[178] Art 44 beruhende § 675g Abs 2 über die Änderung des Zahlungsdiensterahmenvertrags oder auch § 308 Nr 5 über fingierte Erklärungen des Verbrauchers, für den es in RL 93/13/EWG keine Entsprechung gibt[179]. 73

Im Kollisionsfall wird autonomes mitgliedstaatliches Recht bereits aufgrund des unionsrechtlichen Anwendungsvorrangs verdrängt. Da **§ 308 Nr 5** als im Verhältnis zu Abs 3 allgemeinere Regel aber ohnehin zurücktritt[180], bedarf es gar nicht erst des Rückgriffs auf diese Regel des Unionsrechts. Im Übrigen ordnet RL 2011/83/EU Art 3 Abs 2 den Nachrang von Abs 3 iVm RL 2011/83/EU Art 22 an, sofern diese Bestimmungen in Widerspruch zu sektorspezifischen Sonderregeln treten. Zu **VO (EG) 1008/2008 Art 23 Abs 1** besteht indes kein solcher Konflikt, denn auch dort ist die wirksame Vereinbarung fakultativer Zusatzkosten von einer positiven Aktion des Verbrauches abhängig. Deshalb sind beide Bestimmungen nebeneinander anwendbar[181]. Demgegenüber ist die Regelung des § 675g Abs 2 über den Modus zur Änderung Zahlungsdiensterahmenvertrags vorrangig vor Abs 3[182]. 74

VI. Unwirksame Vereinbarungen über Entgelte zur Nutzung von Zahlungsmitteln, Abs 4

1. Normzweck und Anwendungsbereich. Die Regelung des Abs 4 betrifft das sog **Surcharging**. Dieser Begriff bezeichnet das Phänomen, dass der Zahlungsgläubiger von dem Schuldner ein extra Entgelt dafür verlangt, dass der Schuldner seine Leistungspflicht unter Verwendung eines bestimmten bargeldlosen Zahlungsmittels erfüllt. Gängiges Beispiel ist die Erhebung einer Gebühr bei der Zahlung mit Kreditkarte. **RL 2011/83/EU Art 19** erlegt hierzu den Mitgliedstaaten die Pflicht auf, es den Unternehmern zu verbieten, von Verbrauchern für die Nutzung von Zahlungsmitteln Entgelte zu verlangen, die über die Kosten hinausgehen, die dem Unternehmer für die Nutzung solcher Zahlungsmittel entstehen. Der deutsche Gesetzgeber setzt diese unionsrechtliche Vorgabe um, indem er eine Vereinbarung, durch die der Verbraucher sich mit einem solchen Surcharging einverstanden erklärt, **unwirksam** sein lässt, wenn (1.) für den Verbraucher keine gängige und zumutbare unentgeltliche Zahlungsmöglichkeit besteht oder (2.) das vereinbarte Entgelt über die Kosten hinausgeht, die dem Unternehmer durch die Nutzung des Zahlungsmittels entstehen. Für die Wirksamkeit des Vertrags im Übrigen sorgt jedenfalls Abs 6. Dass die durch Nr 1 angeordnete Unwirksamkeit über die Vorgaben des Unionsgesetzgebers hinausgeht, wird überwiegend deshalb als unproblematisch angesehen, weil RL 2011/83/EU Art 19 solche weitergehenden Maßnahmen nicht untersage[183]. 75

---

[176] HK-BGB/Schulte-Nölke Rz 5; Hoeren/Föhlisch CR 2014, 242, 248; iErg zust MünchKommBGB/Wendehorst Rz 57 f.

[177] Verordnung (EG) Nr 1008/2008 des Europäischen Parlaments und des Rates vom 24. September 2008 über gemeinsame Vorschriften für die Durchführung von Luftverkehrsdiensten in der Gemeinschaft, ABl Nr L 293, 3 ff.

[178] Richtlinie 2007/64/EG des Europäischen Parlaments und des Rates vom 13. November 2007 über Zahlungsdienste im Binnenmarkt, zur Änderung der Richtlinien 97/7/EG, 2002/65/EG, 2005/60/EG und 2006/48/EG sowie zur Aufhebung der Richtlinie 97/5/EG, ABl Nr L 319, 1 ff.

[179] BeckOK BGB/Becker § 308 Nr 5 Rz 26; MünchKommBGB/Wurmnest § 308 Nr 5 Rz 2.

[180] BeckOK BGB/Martens Rz 24; MünchKommBGB/Wendehorst Rz 49.

[181] BeckOK BGB/Martens Rz 24; BeckOGK BGB/Busch Rz 24; MünchKommBGB/Wendehorst Rz 47; Deutsch GRUR 2011, 187, 190.

[182] BT-Drucks 17/12637, 53; BeckOK BGB/Martens Rz 24; BeckOGK BGB/Busch Rz 24; Erman/Koch Rz 39; Jauernig/Stadler Rz 12; MünchKommBGB/Wendehorst Rz 48; NK-BGB/Ring Rz 23; Grüneberg/Grüneberg Rz 4; Prütting/Wegen/Weinreich/Stürner Rz 5; Rodi VuR 2015, 14, 16.

[183] BT-Drucks 17/12637, 51; zust OLG Dresden K&R 2015, 262, 263; OLG Hamburg MMR 2021, 425, 427; BeckOK BGB/Martens Rz 26; BeckOGK BGB/Busch Rz 25.1; Erman/Koch Rz 44; HK-BGB/Schulte-Nölke Rz 7; MünchKommBGB/Wendehorst Rz 81; NK-BGB/Ring Rz 37; aA Jauernig/Stadler Rz 16; Omlor NJW 2014, 1703, 1706; Schirmbacher K&R 2015, 602, 603; offengelassen von BGH NJW 2017, 3289 Rz 19.

76 Im Ausgangspunkt hat Abs 4 einen weiten **Anwendungsbereich**. So gilt die Vorschrift grundsätzlich für sämtliche Verbraucherverträge[184]. Auch ist der **Begriff des Zahlungsmittels** denkbar weit zu verstehen[185]. Er umfasst jede Art der Zahlung, die der Schuldner mit dem Gläubiger für die Erfüllung einer Geldschuld vereinbaren kann[186], also jede Form des bargeldlosen Zahlungsverkehrs ebenso wie die Barzahlung in Fremd- oder Landeswährung[187]. **Praktische Relevanz** hat Abs 4 freilich nur dort, wo nicht bereits der in Umsetzung von RL (EU) 2015/2366 Art 62 Abs 4[188] ergangene **§ 270a** eingreift. Schlechterdings unwirksam ist nach Satz 1 dieser Vorschrift nämlich eine Vereinbarung, durch die der Schuldner verpflichtet wird, ein Entgelt für die Nutzung einer **SEPA**-Basislastschrift, einer SEPA-Firmenlastschrift oder einer SEPA-Überweisung zu entrichten. Diese Aufzählung meint im Ergebnis sämtliche von der VO (EU) Nr 260/2012[189] erfassten Zahlungsdienstleistungen[190]. Bei Verbraucherverträgen wird diese Regelung durch § 270a Satz 2 auf die Vereinbarung über die Nutzung bestimmter Arten von **Zahlungskarten** erstreckt. Unter einer Zahlungskarte ist dabei jedes personalisierte Instrument für Debit- und Kreditkartentransaktionen zu verstehen, dessen Verwendung zwischen Zahlungsdienstnutzer und Zahlungsdienstleister vereinbart wurde und welches zur Erteilung von Zahlungsaufträgen verwendet wird[191]. Zahlungskarten dieser Art fallen jedoch nur unter der weiteren Voraussetzung in den Regelungsbereich von § 270a Satz 2, dass VO (EU) 2015/751 Art 3 bis 5[192] auf sie anwendbar sind. Das gilt für alle Debit- und Kreditkarten, die im sog Vier-Parteien-Kartenzahlverfahren abgewickelt werden, wozu insbesondere Visa und Mastercard zählen[193]. Auf Zahlungskarten, denen das Drei-Parteien-System zugrunde liegt, ist § 270a Satz 2 demgegenüber nicht anwendbar. Das betrifft etwa American Express und Diners-Card[194].

77 Im verbraucherrechtlichen Sinn soll Abs 4 davor schützen, dass Unternehmer sich durch überhöhte Zahlungsmittelentgelte ungerechtfertigt **auf Kosten der Verbraucher bereichern**[195]. Daneben dienen RL 2011/83/EU Art 19 und Abs 4 aber auch als Instrument zur Förderung des Wettbewerbs und der Nutzung effizienter Zahlungsmittel[196].

78 Entgelte, die der Unternehmer von dem Verbraucher für die Nutzung bestimmter Zahlungsmittel erhebt, dürfen nach EGBGB Art 246 Abs 1 Nr 3 als sonstige Kosten aus der **Gesamtpreisangabe** herausgenommen werden (Rz 37). Wirksam vereinbart sind solche Entgelte jedoch nur, wenn der Verbraucher ausdrücklich zustimmt, da Abs 3 und Abs 4 hier nebeneinander zur Anwendung kommen (Rz 65). Entgeltpflichtige Zahlungsmittel, die der Unternehmer **in einer Checkbox voreingestellt** hat, sind demnach unabhängig von Abs 4 schon aus diesem Grund unwirksam.

79 **2. Entgeltpflichtige Zahlungsmittel.** Von der entgeltpflichtigen Nutzung eines Zahlungsmittels kann nur dort die Rede sein, wo der Unternehmer über den Gesamtpreis für die Hauptleistung hinaus einen zusätzlichen Betrag dafür erhebt, dass der Verbraucher seine Geldschuld gerade mit diesem Instrument erfüllen darf. Mit anderen Worten müssen die **über den Gesamtpreis für die Hauptleistung hinausgehenden Kosten kausal durch die Nutzung gerade dieses Zahlungsmittels** entstehen. In der Zurverfügungstellung eines solchen Zahlungsmittels liegt somit zugleich eine entgeltliche Zusatzleistung iSd Abs 3 (Rz 65). Daraus folgt: Sind etwaige Zahlungsmittelentgelte integrierter Bestandteil des Gesamtpreises für die Hauptleistung, ist Abs 4 nicht einschlägig[197]. Insoweit fehlt es bereits an der notwendigen Zusatzleistung.

---

184 OLG Karlsruhe ZIP 2018, 1773, 1775.
185 BeckOGK BGB/Busch Rz 28; MünchKommBGB/Wendehorst Rz 77; Omlor NJW 2014, 1703, 1705.
186 RL 2011/83/EU Umsetzungsleitfaden GD-Justiz, 71; BT-Drucks 17/12637, 52; BeckOGK BGB/Busch Rz 28; Erman/Koch Rz 43; HK-BGB/Schulte-Nölke Rz 7; jurisPK-BGB/Junker Rz 48; NK-BGB/Ring Rz 40; Grüneberg/Grüneberg Rz 5; Spindler/Schuster/Schirmbacher Rz 46; Omlor NJW 2014, 1703, 1705.
187 RL 2011/83/EU Umsetzungsleidfaden GD-Justiz, 75; MünchKommBGB/Wendehorst Rz 77.
188 Richtlinie (EU) 2015/2366 des Europäischen Parlaments und des Rates vom 25. November 2015 über Zahlungsdienste im Binnenmarkt, zur Änderung der Richtlinien 2002/65/EG, 2009/110/EG und 2013/36/EU und der Verordnung (EU) Nr 1093/2010 sowie zur Aufhebung der Richtlinie 2007/64/EG, ABl Nr L 337, 35 ff.
189 Verordnung (EU) Nr 260/2012 des Europäischen Parlaments und des Rates vom 14. März 2012 zur Festlegung der technischen Vorschriften und der Geschäftsanforderungen für Überweisungen und Lastschriften in Euro und zur Änderung der Verordnung (EG) Nr 924/2009, ABl Nr L 94, 22 ff.
190 BeckOK BGB/Schmalenbach § 270a Rz 3; BeckOGK BGB/Foerster § 270a Rz 32.1.
191 BeckOK BGB/Schmalenbach § 270a Rz 6.
192 Verordnung (EU) 2015/751 des Europäischen Parlaments und des Rates vom 29. April 2015 über Interbankenentgelte für kartengebundene Zahlungsvorgänge ABl Nr L 123, 1 ff.
193 Buchmüller/Burke MMR 2017, 728, 729.
194 BT-Drucks 18/11495, 146 f; BeckOK BGB/Schmalenbach § 270a Rz 6; BeckOGK BGB/Foerster § 270a Rz 71.
195 BeckOK BGB/Martens Rz 25; MünchKommBGB/Wendehorst Rz 74; Schomburg VuR 2014, 18, 21.
196 RL 2011/83/EU Erwägungsgrund 54; BT-Drucks 17/12639, 52.
197 BeckOK BGB/Martens Rz 30.

Die kausale Verknüpfung zwischen den entstehenden Mehrkosten und der Nutzung des Zah- 80
lungsmittels ist **unabhängig von der Bezeichnung durch den Unternehmer**. Deshalb sind
auch als Verwaltungs-, Buchungs- oder Bearbeitungsgebühren bezeichnete Entgelte, die sich durch
die Verwendung bestimmter Zahlungsmittel vermeiden lassen, Anwendungsfälle von Abs 4[198].
Zweifel können aber zunächst in Fällen entstehen, in denen die von dem Unternehmer angegebenen **Preise nach Zeitpunkten differieren** und nicht für jeden Zeitpunkt dieselben Zahlungsmittel zur Verfügung stehen[199]. So liegt es etwa, wenn der Preis bei Vorkasse günstiger ist als bei
der Zahlung erst nach Lieferung und lediglich für die Vorkasse eine Zahlung mit Kreditkarte oder
SEPA-Lastschrift möglich ist. Ganz ähnliche Fragen treten bei der **Preisdifferenzierung nach
verschiedenen Vertriebswegen** auf[200]. Man denke zB an den Pizza-Lieferdienst, der nur Selbst-
abholern die bargeldlose Zahlung ermöglicht. Freilich werden sich die Kausalitäten hier in aller
Regel zuverlässig aus der Verkehrsanschauung ableiten lassen. Wer den Vorkasse leistenden Verbraucher begünstigt, vergütet letztlich dessen Verzicht auf das Sicherungsinstrument des § 320.
Mit welchem Mittel diese Zahlung abgewickelt wird, ist gleichgültig. Nicht anders ist es zu beurteilen, wenn der Unternehmer Kostenvorteile, die ihm aus der Wahl eines bestimmten Vertriebska-
nals durch den Verbraucher entstehen, partiell an diesen weitergibt[201].

Für Diskussionen sorgen weiter **Preisnachlässe**, die der Unternehmer für die Verwendung 81
eines oder mehrerer Zahlungsmittel im Verhältnis zu anderen gewährt. In diesen Konstellationen
könne der versagte Preisnachlass auch als erhöhtes Entgelt für die Nutzung der nicht rabattierten
Zahlungsmittel verstanden werden. Nach Auffassung mancher sollen solche Preisnachlässe nicht
unter Abs 4 fallen, wenn sie ihre Ursache in dem berechtigten Interesse des Unternehmers haben,
zur Verwendung bestimmter Zahlungsmittel anzuregen, die für seine Unternehmensstruktur am
effizientesten sind und bei denen er die Kosten für den Einsatz einiger anderer Zahlungsmittel
nicht tragen muss. Dies müsse für jede Rabattregelung auf Einzelfallbasis überprüft werden[202].
Dieser Vorschlag berücksichtigt allerdings nicht hinreichend, dass der Vergleichswert für das Entstehen zusätzlicher Kosten nicht die Preise bei der Verwendung anderer Zahlungsmittel sind,
sondern der in Beachtung von EGBGB Art 246 Abs 1 Nr 3 ausgewiesene Gesamtpreis[203]. Lässt der
Unternehmer hiervon bei der Nutzung bestimmter, für ihn besonders kostengünstiger Zahlungsmittel etwas nach, gibt er – nicht anders als bei der preislichen Privilegierung bestimmter Vertriebswege – lediglich einen Kostenvorteil an den Verbraucher weiter. In diesem Fall greift Abs 4
nicht ein. Versucht der Unternehmer jedoch, den zahlungsmittelneutralen Gesamtpreis zu ver-
schleiern, indem er für jedes zur Verfügung stehende Zahlungsmittel einen eigenen Gesamtpreis
ausweist, ist der geringste Preis der maßgebliche Vergleichswert. Hier beurteilt sich die Zulässigkeit der übrigen Entgelte nach Abs 4.

3. Keine gängige und zumutbare unentgeltliche Zahlungsmöglichkeit, Nr 1. Die Verein- 82
barung eines Entgelts für die Nutzung eines bestimmten Zahlungsmittels ist unwirksam, wenn
der Unternehmer dem Verbraucher keine gängige und zumutbare unentgeltliche Zahlungsmöglichkeit als Alternative zur Verfügung stellt. Diese Umsetzung des RL 2011/83/EU Art 19 beruht
auf der bereits früher anhand des § 307 Abs 1 ergangenen Rechtsprechung[204]. Unwirksam ist die
Vereinbarung somit zum einen, wenn der Unternehmer für jede Entgegennahme der Leistung des
Verbrauchers einen Aufschlag auf den nach EGBGB Art 246 Abs 1 Nr 3 angegebenen Gesamtpreis
verlangt, oder zum anderen, wenn er ohne Aufschlag lediglich nicht gängige und/oder nicht
zumutbare Alternativen bereithält.

Die **Gängigkeit** eines Zahlungsmittels beurteilt sich nach dem Verbreitungsgrad innerhalb der 83
von dem Unternehmer angesprochenen Verkehrskreise[205]. Das Zahlungsmittel muss hinreichend
allgemein verbreitet sein[206]. Erforderlich ist nicht nur die Kenntnis von diesem Zahlungsmittel,
sondern auch der praktische Zugang dazu[207]. Danach dürfte etwa die Zahlung in Fremdwährung
allenfalls in exotischen Sonderkonstellationen noch ein gängiges Zahlungsmittel darstellen. Gleiches gilt für Firmenkundenkarten[208]. Regelmäßig sind gängige Zahlungsmittel **zugleich zumutbar**[209]. Etwas anderes kann sich aber ausnahmsweise dort ergeben, wo die Nutzung des Zahlungs-

---

198 OLG Dresden RRa 2020, 80, 82; MMR 2021, 75, 76; OLG Hamburg MMR 2021, 425, 426; RL 2011/83/EU Umsetzungsleitfaden GD-Justiz, 71.
199 MünchKommBGB/Wendehorst Rz 79.
200 MünchKommBGB/Wendehorst Rz 79.
201 IErg ebenso RL 2011/83/EU Umsetzungsleitfaden GD-Justiz, 72.
202 RL 2011/83/EU Umsetzungsleitfaden GD-Justiz, 72.
203 Der Sache nach auch MünchKommBGB/Wendehorst Rz 80.
204 BT-Drucks 17/12637, 51; BGHZ 185, 359 Rz 47.
205 JurisPK-BGB/Junker Rz 51; Schirmbacher K&R 2015, 602, 603.
206 OLG Dresden MMR 2021, 75, 76.
207 Schirmbacher K&R 2015, 602, 603.
208 OLG Dresden K&R 2015, 262, 263; BeckOGK BGB/Busch Rz 33.1; jurisPK-BGB/Junker Rz 51; Grüneberg/Grüneberg Rz 5.
209 BGH NJW 2017, 3289 Rz 21; OLG Frankfurt BKR 2017, 126, 129; Schirmbacher K&R 2015, 602, 603; s auch BGHZ 185, 359 Rz 34; jurisPK-BGB/Junker Rz 52.2.

mittels für den Verbraucher mit Mehraufwand, zeitlichen Verzögerungen oder besonderen Risiken verbunden ist[210]. Unter dem Gesichtspunkt des Mehraufwands wird das bejaht, wenn der Verbraucher zunächst eine Prepaid-Karte erwerben und aufladen muss[211]. Gleiches gilt für die Notwendigkeit, einen besonderen Kreditkartenvertrag abzuschließen[212]. Unzumutbar ist auch die Nutzung eines Zahlungsmittels, welches den Verbraucher zum Vertragsbruch gegenüber Dritten verleitet, etwa weil es einen Verstoß gegen Sicherheitsbestimmungen bei der Nutzung von Online-Banking mit sich bringt[213].

84   **4. Die Selbstkosten des Unternehmers übersteigendes Entgelt, Nr 2.** Weiter ist das vereinbarte Entgelt für die Nutzung eines bestimmten Zahlungsmittels gemäß Nr 2 auch dann unwirksam, wenn es über die Kosten hinausgeht, die dem Unternehmer durch die Nutzung des Zahlungsmittels entstehen. Ihrem Wortlaut nach können sich die als Zusatzentgelt auf den Kunden umlagefähigen Kosten sowohl auf die **von der konkreten Transaktion abhängigen Kosten** als auch auf **die transaktionsbegleitenden allgemeinen Betriebskosten** zur Vorhaltung des jeweiligen Zahlungsmittels beziehen[214]. Dem verbraucherschützenden Zweck von Abs 4 entspricht es freilich eher, nur die transaktionsabhängigen Kosten als durch ein zusätzliches Entgelt umlagefähige Kosten anzusehen[215]. Bei genauerer Betrachtung findet diese Interpretation auch durchaus im Wortlaut Niederschlag. So ist der Anknüpfungspunkt für das zusätzliche Entgelt in Abs 4 die Nutzung des Zahlungsmittels durch den Verbraucher, und zwar bei dem konkreten Geschäft. Dementsprechend kann es auch in Nr 2 nur um die Kosten gehen, die dem Unternehmer durch die Nutzung des Zahlungsmittels durch den Verbraucher entstehen[216].

85   Zu den umlagefähigen transaktionsabhängigen Kosten gehört zunächst die **Händlergebühr**, die – je nach Zahlungsmittel – entweder als bestimmter Prozentsatz des Transaktionswerts oder als Pauschalgebühr abgerechnet wird[217]. Darüber hinaus sollen aber auch die **Gemeinkosten**, die für einen Teil oder für die Gesamtheit der Leistungen im Rahmen des Händlerservices an den Zahlungsverkehrsdienstleister gezahlt wurden, zu den im Wege des Abs 4 Nr 2 umlagefähigen Kosten zählen[218]. Das ergibt Sinn, wenn der Dienstleister des Unternehmers nicht nach der einzelnen Transaktion, sondern pauschal abrechnet[219]. Als transaktionsunabhängig und damit nicht wirksam umlegbar gelten demgegenüber die Kosten der Geräte für die Abwicklung des Zahlungsverkehrs, die Betrugsüberwachung, die Betrugsbekämpfung und ähnliche Dienstleistungen[220]. Die praktische Abgrenzung soll deshalb möglich sein, weil die Zahlungsverkehrsdienstleister solche Kosten im Allgemeinen getrennt von den Gemeinkosten oder Händlergebühren in Rechnung stellten[221]. Befriedigen kann diese Regelung kaum.

VII. Überteuerte Kunden-Hotlines, Abs 5

86   **1. Normzweck und Anwendungsbereich.** Das Schuldverhältnis erlegt den Parteien verschiedene Pflichten auf. Als **primäre Leistungspflicht** hat etwa der Verkäufer dem Käufer gemäß § 433 Abs 1 Satz 1 die Sache zu übereignen und zu übergeben oder der Telekommunikationsdienstleister dem Kunden den Zugang zu dem vertragsgegenständlichen Telefonnetz zu eröffnen und es ihm zu ermöglichen, unter Aufbau abgehender und Entgegennahme ankommender Telefonverbindungen mit beliebigen Teilnehmern eines Mobilfunknetzes oder Festnetzes Sprache auszutauschen[222]. Erfüllt der Schuldner seine Pflicht nicht, nicht rechtzeitig oder nicht wie versprochen, stehen dem Gläubiger die jeweils maßgeblichen **sekundären Ansprüche** zu. Hinzu kommen nach Maßgabe des § 241 Abs 2 auch verschiedene vertragliche Nebenpflichten, beispielsweise die Pflicht zur Mitwirkung bei der Durchführung des Vertrags[223]. Man spricht insoweit von **leistungssichernden Nebenpflichten**, denen zufolge der Schuldner der jeweiligen Leistungs-

---

210 BGH NJW 2017, 3289 Rz 21; OLG Frankfurt BKR 2017, 126, 129; jurisPK-BGB/Junker Rz 52.1; MünchKommBGB/Wendehorst Rz 82.
211 OLG Dresden K&R 2015, 262, 263; BeckOGK BGB/Busch Rz 31; jurisPK-BGB/Junker Rz 52.
212 OLG Dresden K&R 2015, 262, 263; RRa 2020, 80, 82; MMR 2021, 75, 76; BeckOGK BGB/Busch Rz 31; jurisPK-BGB/Junker Rz 52.
213 BGH NJW 2017, 3289 Rz 22; für die der Entscheidung zugrunde liegende Konstellation ist das Vertragsbruch-Argument zwischenzeitlich allerdings obsolet (Elteste CR 2019, 663, 664).
214 RL 2011/83/EU Umsetzungsleitfaden GD-Justiz, 72 f; BeckOGK BGB/Busch Rz 35; Spindler/Schuster/Schirmbacher Rz 52; Omlor NJW 2014, 1703, 1705.
215 BeckOK BGB/Martens Rz 34; MünchKommBGB/Wendehorst Rz 83; Grüneberg/Grüneberg Rz 5.
216 OLG Karlsruhe ZIP 2018, 1773, 1775; NK-BGB/Ring Rz 39; Omlor NJW 2014, 1703, 1705.
217 BGHZ 222, 240 Rz 75; RL 2011/83/EU Umsetzungsleitfaden GD-Justiz, 73; MünchKommBGB/Wendehorst Rz 84.
218 BGHZ 222, 240 Rz 77; RL 2011/83/EU Umsetzungsleitfaden GD-Justiz, 73; BeckOGK BGB/Busch Rz 35.
219 Spindler/Schuster/Schirmbacher Rz 55.
220 BGHZ 222, 240, Rz 78; OLG Karlsruhe ZIP 2018, 1773, 1775; RL 2011/83/EU Umsetzungsleitfaden GD-Justiz, 74.
221 RL 2011/83/EU Umsetzungsleitfaden GD-Justiz, 74.
222 BGH NJW 2002, 361, 362; 2002, 2386, 2387.
223 BeckOK BGB/Sutschet § 241 Rz 62; MünchKommBGB/Bachmann § 241 Rz 89; Staud/Olzen § 241 Rz 192.

pflicht alles Mögliche und Erforderliche zu unternehmen hat, damit der Leistungserfolg eintreten und der Vertragszweck verwirklicht werden kann[224]. Insbesondere ist dem Gläubiger eine dem Vertragszweck entsprechende Verwendung des Leistungsgegenstands zu ermöglichen[225]. Bei punktuellen Austauschverträgen muss der Schuldner den anderen Teil deshalb etwa über die Funktionalitäten, die Behandlung und die erforderliche Wartung einer Maschine aufklären[226]. Bei Dauerschuldverhältnissen muss der Schuldner während der gesamten Zeitspanne des Vertrags das beständige Erreichen des Vertragszwecks sicherstellen[227]. Schließlich verpflichtet das Schuldverhältnis die Parteien dazu, sich für die Entgegennahme von Erklärungen des jeweils anderen Teils empfangsbereit zu halten.

Es liegt auf der Hand, dass die Parteien für die Abwicklung all dieser Pflichten miteinander ggf Kontakt aufnehmen müssen. Aus diesem Grund sind sie auch **verpflichtet, einander Kommunikationskanäle zu eröffnen**, über die sie für den jeweils anderen Teil erreichbar sind[228]. Dem sind in der Vergangenheit nicht wenige Unternehmer auf die Weise nachgekommen, dass sie zur Kontaktaufnahme **kostenpflichtige Mehrwertnummern** zur Verfügung stellten, bei deren Nutzung sich die Verbraucher zuweilen viertelstundenlang in einer **Warteschleife** wiederfanden. Die so agierenden Unternehmer bezweckten damit, bei der Erfüllung ihrer vertraglichen Pflichten weitere Umsätze zu generieren, obwohl sie hierfür durch die primäre Leistungspflicht des Verbrauchers bereits vollständig vergütet waren[229]. Folglich liegt in den von Abs 5 erfassten Fällen zugleich ein verstecktes Zusatzentgelt für den Erhalt der Hauptleistung. Daneben sollte die kostenpflichtige Kunden-Hotline einen Abschreckungseffekt auf die Verbraucher entfalten, um die Anzahl der Anfragen zu minimieren. **87**

Derartigen Praktiken soll Abs 5 Satz 1 entgegenwirken[230]. Danach ist eine Vereinbarung, durch die ein Verbraucher verpflichtet wird, ein Entgelt dafür zu zahlen, dass der Verbraucher den Unternehmer wegen Fragen oder Erklärungen zu einem zwischen ihnen geschlossenen Vertrag über eine Rufnummer anruft, die der Unternehmer für solche Zwecke bereithält, unwirksam, wenn das vereinbarte Entgelt das Entgelt für die bloße Nutzung des Telekommunikationsdienstes übersteigt. Kommt Abs 5 im Einzelfall zur Geltung, greift für den Vertrag im Übrigen die salvatorische Klausel des Abs 6. Dadurch wird RL 2011/83/EU Art 21 umgesetzt, der die Mitgliedstaaten zur Sorgetragung dafür verpflichtet, dass der Verbraucher nicht verpflichtet ist, bei einer telefonischen Kontaktaufnahme mit dem Unternehmer mehr als den Grundtarif zu zahlen, wenn der Unternehmer eine Telefonleitung eingerichtet hat, um mit ihm im Zusammenhang mit dem geschlossenen Vertrag telefonisch Kontakt aufzunehmen. Für die **Sonderproblematik der Warteschleifen** ist TKG § 66g[231] zu beachten. **88**

Abs 5 gilt nicht im Minimalanwendungsbereich der §§ 312 ff. Im Übrigen ist er aber unabhängig vom jeweiligen Vertriebsweg anwendbar[232]. **89**

2. Rufnummer für Fragen und Erklärungen zu einem bestehenden Vertrag. Abs 5 betrifft Rufnummern, die der Unternehmer wegen Fragen und Erklärungen zu einem zwischen ihm und dem Verbraucher bestehenden Vertrag bereithält. Rufnummern, über die der **Vertrag erst zustande kommen soll**, sind demnach von vornherein nicht erfasst[233]. Darüber hinaus greift Abs 5 auch nicht bei Rufnummern des Herstellers ein, wenn der Verbraucher das Produkt nicht direkt von ihm bezogen hat. Vorbehaltlich einer abweichenden Gestaltung im Einzelfall fehlt es hier an dem erforderlichen bestehenden Vertrag. **90**

Weiter betrifft Abs 5 nur Rufnummern, über welche gewissermaßen die Begleitkommunikation zum wechselseitigen Leistungsaustausch stattfinden soll (**„Vertragsangelegenheiten"**)[234]. Die Anrufe über diese Rufnummer müssen bestimmungsgemäß also dazu dienen, dass der Verbraucher gegenüber dem Unternehmer etwas geltend macht, das von seinem ursprünglichen Leistungsprogramm umfasst und folglich bereits vergütet ist. Es geht also etwa um Erkundigungen nach dem Lieferstatus, um die Abgabe von Erklärungen wegen Mängeln oder anderen Leistungsstörungen, um Nachfragen hinsichtlich der Funktionalitäten, um die Abgabe von Gestaltungserklärun- **91**

---

224 MünchKommBGB/Bachmann § 241 Rz 83.
225 BeckOK BGB/Sutschet § 241 Rz 64.
226 BGHZ 47, 312, 315.
227 Vgl BGHZ 132, 175, 177 f; BGH NJW 1978, 416, 417; Staud/Olzen § 241 Rz 235.
228 RGZ 110, 34, 36; BGHZ 137, 205, 208; 67, 271, 278; BAG NZA 2006, 204 Rz 15; 2003, 719, 723.
229 Müller MMR 2013, 76, 78 f.
230 BT-Drucks 17/12637, 52.
231 Telekommunikationsgesetz vom 22. Juni 2004 (BGBl I S 1190), das zuletzt durch Artikel 30 des Gesetzes vom 5. Juli 2021 (BGBl I S 3338) geändert worden ist.
232 JurisPK-BGB/Junker Rz 63; MünchKommBGB/Wendehorst Rz 88.
233 BeckOK BGB/Martens Rz 39; MünchKommBGB/Wendehorst Rz 90; Grüneberg/Grüneberg Rz 6; NK-BGB/Ring Rz 42.
234 Spindler/Schuster/Schirmbacher Rz 62; NK-BGB/Ring Rz 43.

gen und dergleichen mehr[235]. Unzulässig ist es deshalb, wenn der Unternehmer eine fernmündliche Widerrufserklärung des Verbrauchers über eine entgeltpflichtige Telefonnummer entgegennimmt[236].

92 Schwierigkeiten bereitet in diesem Zusammenhang der Umgang mit Rufnummern, unter denen der Unternehmer eine **Service-Betreuung** anbietet. Hierbei kann es sich nämlich entweder um die Erfüllung leistungssichernder Nebenpflichten handeln oder um zusätzliche Angebote, die über das ursprünglich vereinbarte Leistungsprogramm hinausgehen. Entscheidend kommt es auf den Leistungsumfang des bestehenden Vertrags an, der im Zweifel durch Auslegung gemäß §§ 133, 157 zu ermitteln ist. Hat der Unternehmer bei einem **punktuellen Austauschvertrag** seine Pflichten zur Aufklärung über die Funktionalitäten, den korrekten Umgang oder die ggf erforderliche Wartung des Vertragsgegenstands etwa durch Überlassen eines Handbuchs ordnungsgemäß erfüllt, liegt – sofern nicht eine gesetzliche Aktualisierungspflicht wie etwa diejenige aus § 327 f Abs 1 Satz 1 besteht – regelmäßig eine über das ursprüngliche Pflichtenprogramm hinausgehende Leistung vor. Hier ist eine gesonderte Vergütung somit auch in Anbetracht des Abs 5 wirksam vereinbar[237]. Geht es hingegen bei **Dauerschuldverhältnissen** darum, die vertragszweckgemäße Verwendung des Leistungsgegenstands aufrechtzuerhalten, erbringt der Unternehmer über diese Rufnummer im Zweifel eine leistungssichernde Nebenpflicht, so dass ein Anwendungsfall von Abs 5 gegeben ist.

93 Ob der Unternehmer die konkrete Rufnummer für Fragen und Erklärungen zu dem bestehenden Vertrag bereithält, ist anhand der nach außen erkennbaren Widmung durch den Unternehmer zu beurteilen[238]. Im Sinne eines effektiven Verbraucherschutzes genügt es, wenn die fragliche Rufnummer **jedenfalls auch dazu dient, die die Vertragsabwicklung begleitende Kommunikation vorzunehmen**. Die Kostenbegrenzung gemäß Abs 5 gilt in diesem Fall für jede Nutzung der betroffenen Rufnummer[239].

94 Seinem Wortlaut nach ist Abs 5 **auf die Nutzung von Rufnummern beschränkt**. Vereinbaren der Unternehmer und der Verbraucher, dass die Erörterung von Fragen und Erklärungen über den bestehenden Vertrag auf anderen Kommunikationskanälen zahlungspflichtig sein soll, steht Abs 5 an sich nicht entgegen. Manche erkennen hier eine Lücke im Verbraucherschutz und plädieren für eine analoge Anwendung[240]. Dem ist zuzustimmen. Zwar soll Abs 5 den Verbraucher gerade vor den spezifischen Gefahren des Einsatzes eines telefonischen Mehrwertdienstes schützen[241]. Das missbilligte Verhalten des Unternehmers liegt indes darin, dass er sich mit der Erörterung von Vertragsangelegenheiten eine Leistung vergüten lässt, die nach dispositivem Gesetzesrecht Bestandteil seines ohnehin geschuldeten Pflichtenprogramms ist. Die Verwendung einer Mehrwertdienstenummer stellt dabei nur ein besonders verbreitetes Instrument zur technischen Abwicklung dieser Vergütung dar.

95 3. **Die unwirksame Entgeltvereinbarung und ihre Folgen.** Abs 5 verpflichtet den Unternehmer nicht dazu, eine Rufnummer gerade für die Erörterung von Vertragsangelegenheiten einzurichten[242]. Sobald er dies aber tut, ist eine mit dem Verbraucher getroffene Verabredung, wonach die Nutzung dieser Rufnummer entgeltpflichtig sein soll, unwirksam, sofern das vereinbarte Entgelt das Entgelt für die bloße Nutzung des Telekommunikationsdienstes übersteigt. In den Worten der Richtlinie muss sichergestellt sein, dass der Verbraucher für den Anruf nicht mehr zu zahlen hat als den **Grundtarif**. Der Verbraucher darf also nur diejenigen Kosten zu tragen haben, die für die Inanspruchnahme der Telekommunikationsdienstleistung als solcher entstehen[243]. Eine nach Abs 5 Satz 1 wirksame Vereinbarung hat letztlich also zum Inhalt, dass der Verbraucher den Unternehmer auf eigene Kosten anruft und dem Unternehmer für die Erörterung der Vertragsangelegenheit selbst keine weitere Vergütung schuldet.

96 Da es freilich Telefonleitungen mit ganz unterschiedlichen Kostenniveaus gibt, war für einige Zeit umstritten, wonach der unionsrechtlich maßgebliche Grundtarif zu ermitteln sei. Im Anschluss an die zum Regierungsentwurf gegebene Begründung galt es nach wohl überwiegender Auffassung in erster Linie sicherzustellen, dass der Unternehmer aus dem Betrieb der Hotline

---

235 Vgl BeckOGK BGB/Busch Rz 39; Erman/Koch Rz 48; HK-BGB/Schulte-Nölke Rz 9; NK-BGB/Ring Rz 43.
236 Scheuch ITRB 2019, 149.
237 MünchKommBGB/Wendehorst Rz 91.
238 Der Sache nach auch Spindler/Schuster/Schirmbacher Rz 64.
239 BeckOK BGB/Martens Rz 39; BeckOGK BGB/Busch Rz 39; MünchKommBGB/Wendehorst Rz 90; Schirmbacher/Freytag ITRB 2014, 144, 146.
240 MünchKommBGB/Wendehorst Rz 89.
241 BT-Drucks 17/12637, 52.
242 BeckOGK BGB/Busch Rz 38; Müller MMR 2013, 76, 79.
243 RL 2011/83/EU Umsetzungsleitfaden GD-Justiz, 75 f; BT-Drucks 17/12637, 52.

keine Gewinne ziehe[244]. Allerdings greift dieser Fokus auf mögliche finanzielle Gewinne des Unternehmers zu kurz, realisiert er doch erst einen der beiden Schutzzwecke von Abs 5 und RL 2011/83/EU Art 21. Jede Handhabung von Abs 5 und RL 2011/83/EU Art 21 muss aber darüber hinaus gewährleisten, dass die von dem Unternehmer bereitgehaltene Rufnummer keine Abschreckungswirkung auf den Verbraucher entfaltet[245]. In dieser Hinsicht ist es nämlich gleichgültig, ob die Gewinne aus einer objektiv überteuerten Telefonleitung dem Telekommunikationsanbieter verbleiben oder an den Unternehmer weitergegeben werden. Richtigerweise ist Abs 5 Satz 1 deshalb in dem Sinn zu interpretieren, dass mit der von dem Unternehmer bereitgestellten Rufnummer für den Verbraucher keine höheren Kosten entstehen als für einen gewöhnlichen Telefonanruf[246], das heißt einen Anruf bei den sonstigen Telefonleitungen des Unternehmers für seinen allgemeinen Geschäftsverkehr[247].

Werden Vergütungen für die Nutzung bestimmter Dienste durch die Anwahl einer Nummer nach TKG §§ 66a ff erhoben, erfolgt die Abrechnung im Verhältnis des Telekommunikationsanbieters zum Nutzer. Es nutzt dem Verbraucher deshalb wenig, wenn Abs 5 Satz 1 lediglich Auswirkungen auf seine Entgeltabrede mit dem Unternehmer zeitigt. Vielmehr muss auch seine Zahlungspflicht gegenüber dem Telekommunikationsanbieter erlöschen. Diese notwendigen verbraucherschützenden Folgen regeln Abs 5 Satz 2 und Satz 3. **97**

Kapitel 2

Außerhalb von Geschäftsräumen geschlossene Verträge und Fernabsatzverträge

§ 312b Außerhalb von Geschäftsräumen geschlossene Verträge

(1) Außerhalb von Geschäftsräumen geschlossene Verträge sind Verträge,
1. die bei gleichzeitiger körperlicher Anwesenheit des Verbrauchers und des Unternehmers an einem Ort geschlossen werden, der kein Geschäftsraum des Unternehmers ist,
2. für die der Verbraucher unter den in Nummer 1 genannten Umständen ein Angebot abgegeben hat,
3. die in den Geschäftsräumen des Unternehmers oder durch Fernkommunikationsmittel geschlossen werden, bei denen der Verbraucher jedoch unmittelbar zuvor außerhalb der Geschäftsräume des Unternehmers bei gleichzeitiger körperlicher Anwesenheit des Verbrauchers und des Unternehmers persönlich und individuell angesprochen wurde, oder
4. die auf einem Ausflug geschlossen werden, der von dem Unternehmer oder mit seiner Hilfe organisiert wurde, um beim Verbraucher für den Verkauf von Waren oder die Erbringung von Dienstleistungen zu werben und mit ihm entsprechende Verträge abzuschließen.

Dem Unternehmer stehen Personen gleich, die in seinem Namen oder Auftrag handeln.

(2) Geschäftsräume im Sinne des Absatzes 1 sind unbewegliche Gewerberäume, in denen der Unternehmer seine Tätigkeit dauerhaft ausübt, und bewegliche Gewerberäume, in denen der Unternehmer seine Tätigkeit für gewöhnlich ausübt. Gewerberäume, in denen die Person, die im Namen oder Auftrag des Unternehmers handelt, ihre Tätigkeit dauerhaft oder für gewöhnlich ausübt, stehen Räumen des Unternehmers gleich.

ÜBERSICHT

I. Normzweck und unionsrechtlicher Hintergrund 1–4	3. Bewegliche Gewerberäume, Abs 2 Satz 1 Alt 2 13–17
II. Geschäftsräume des Unternehmers, Abs 2 5–18	a) Begriff 13
1. Gewerberäume 6–8	b) Gewöhnliche Nutzung des beweglichen Gewerberaums ... 14–17
2. Unbewegliche Gewerberäume, Abs 2 Satz 1 Alt 1 9–12	4. Zugerechnete Gewerberäume anderer Personen 18
a) Begriff 9	III. Vertragsschluss außerhalb von Geschäftsräumen, Abs 1 19–37
b) Dauerhafte Nutzung des unbeweglichen Gewerberaums 10–12	1. Einigung außerhalb eines Geschäftsraums 19–24

---

244 BT-Drucks 17/12637, 52; BeckOGK BGB/Busch Rz 37; Erman/Koch Rz 49; HK-BGB/Schulte-Nölke Rz 9; jurisPK-BGB/Junker Rz 61; NK-BGB/Ring Rz 44.
245 EuGH ECLI:EU:C:2017:154 = NJW 2017, 1229 Rz 29; Erman/Koch Rz 46; HK-BGB/Schulte-Nölke Rz 9; jurisPK-BGB/Junker Rz 61.
246 EuGH ECLI:EU:C:2017:154 = NJW 2017, 1229 Rz 31; LG Hamburg GRUR-RS 2021, 19230.
247 MünchKommBGB/Wendehorst Rz 93.

a) Der maßgebliche Zeitpunkt des Vertragsschlusses	19, 20	c) Der zeitliche Zusammenhang	31
b) Gleichzeitige körperliche Anwesenheit	21–23	4. Verkaufsausflug	32–37
		a) Normzweck	32
c) Außerhalb von Geschäftsräumen der Vertragspartei	24	b) Begriff des Ausflugs	33
2. Angebot des Verbrauchers außerhalb von Geschäftsräumen	25, 26	c) Zum Zweck der Absatzförderung	34
3. Ansprache des Verbrauchers außerhalb von Geschäftsräumen	27–31	d) Die Zusammenarbeit zwischen Unternehmer und Ausflugsveranstalter	35–37
a) Normzweck	27, 28	**IV. Beweislast**	38, 39
b) Die Kontaktaufnahme mit dem Verbraucher	29, 30		

I. Normzweck und unionsrechtlicher Hintergrund

1   Die Umsetzung der RL 2011/83/EU in das deutsche Recht brachte erhebliche Änderungen im Recht des Direktvertriebs mit sich. Diese betreffen ua den Verbraucherschutz bei den sog Haustürgeschäften, die es unter dieser Bezeichnung in den §§ 312 ff nicht mehr gibt. An ihre Stelle sind die außerhalb von Geschäftsräumen geschlossenen Verträge („Außergeschäftsraumverträge") getreten, die in § 312b legaldefiniert werden. Anders als § 312 aF ordnet § 312b das Widerrufsrecht als eines der in diesem Zusammenhang zentralen Verbraucherschutzinstrumente nicht mehr selbst an. Vielmehr beließ es der Gesetzgeber in § 312b bei der Legaldefinition. Die wesentliche Funktion der Vorschrift innerhalb der §§ 312b ff besteht mithin darin, den Anwendungsbereich insbesondere für die Informationspflichten gemäß § 312d und das Widerrufsrecht gemäß § 312g festzulegen[1].

2   Im Unterschied zu der aufgehobenen RL 85/577/EWG[2] greift in der RL 2011/83/EU gemäß ihres Art 4 das Konzept der **Vollharmonisierung**. Dementsprechend hat der deutsche Gesetzgeber die unionsrechtlichen Grundlagen der RL 2011/83/EU Art 2 Nr 8 und Nr 9 beinahe wortgleich übernommen. Aus der Vollharmonisierung folgt zunächst, dass die in Abs 1 erfolgte Aufzählung derjenigen Situationen, in denen der Verbraucher den besonderen Schutz durch die §§ 312d ff erfährt, abschließend ist[3]. Allerdings reicht die Vollharmonisierung nicht weiter als der Anwendungsbereich der Richtlinie[4]. Folglich steht das Unionsrecht einer analogen Anwendung auf nicht von der Richtlinie erfasste Bereiche nicht entgegen[5].

3   Die Prämisse des Verbraucherschutzrechts lautet, dass der Verbraucher dem Unternehmer in der geschäftlichen Situation schon aufgrund seines Daseins als Verbraucher strukturell unterlegen sei, wobei diese Unterlegenheit das Ergebnis einer Informationsasymmetrie zwischen den beiden Akteuren sei. Folgerichtig geschieht der allgemeine Verbraucherschutz in § 312a Abs 2 durch die Information des Verbrauchers nach Maßgabe des EGBGB Art 246. Gemäß den Grundvorstellungen des sog **Informationsmodells** geht man davon aus, dass der ausreichend informierte Verbraucher in der Lage sei, gegenüber dem Unternehmer eine auch materiell privatautonome Entscheidung zu treffen[6]. Dieser Gedanke ist durch § 312d iVm EGBGB Art 246a auch für die außerhalb von Geschäftsräumen geschlossenen Verträge umgesetzt.

4   Freilich geht der Verbraucherschutz in den von § 312b beschriebenen Konstellationen deutlich weiter, indem der Verbraucher unter den weiteren Voraussetzungen des § 312g ein Widerrufsrecht als einseitiges Lösungsrecht vom geschlossenen Vertrag erhält. Die Rechtfertigung für dieses höhere Schutzniveau liegt darin, dass § 312b unterschiedliche Konstellationen beschreibt, in denen der Verbraucher abstrakt-generell mit einer geschäftlichen Kontaktaufnahme durch einen Unternehmer entweder nicht rechnet oder aber wenigstens nicht vollständig frei ist, sich den geschäftlichen Avancen zu widersetzen. In den Fällen des § 312b sieht sich der Verbraucher demnach einer **psychischen Drucksituation** und/oder **Überrumpelungsgefahr** ausgesetzt, die ihn potentiell dazu verleitet, unbedacht unerwünschte Verträge abzuschließen[7].

---

[1] MünchKommBGB/Wendehorst Rz 1; BeckOGK BGB/Busch Rz 1.
[2] Richtlinie 85/577/EWG des Rates vom 20. Dezember 1985 betreffend den Verbraucherschutz im Falle von außerhalb von Geschäftsräumen geschlossenen Verträgen, ABl Nr L 372, 31 ff.
[3] BeckOGK BGB/Busch Rz 8; NK-BGB/Ring Rz 3.
[4] Erwägungsgrund 13 RL 2011/83/EU.
[5] BeckOGK BGB/Busch Rz 8; MünchKommBGB/Wendehorst Rz 10; aA HK-BGB/Schulte-Nölke Rz 4; Grüneberg/Grüneberg Rz 3.
[6] Etwa MünchKommBGB/Emmerich § 311 Rz 94; Alexander EnWZ 2015, 490, 492; Möller VuR 2017, 283, 284.
[7] EuGH EuZW 2018, 742 Rz 33 – Unimatic; BGH NJW 1990, 3265 f; 1992, 1889, 1890; 2002, 3100, 3101; 2004, 362 f; NJW-RR 2005, 1417; s auch BeckOK BGB/Maume Rz 4; BeckOGK BGB/Busch Rz 4; HK-BGB/Schulte-Nölke Rz 2; Jauernig/Stadler Rz 1; MünchKommBGB/Wendehorst Rz 2; Martinek/Semler/Flohr/Martinek VertriebsR § 9 Rz 7.

II. Geschäftsräume des Unternehmers, Abs 2

Die Situationen, in denen der Verbraucher sich abstrakt-generell einer solchen Überrumpelungsgefahr gegenübersieht, werden im Gegensatz zu früheren Schutzkonzepten nicht mehr positiv beschrieben. Vielmehr legt der Gesetzgeber zugrunde, dass der Verbraucher lediglich beim stationären Betrieb in Geschäftsräumen des Unternehmers keines besonderen Schutzes bedürfe, und nimmt eine entsprechende **negative Abgrenzung** vor[8]. Das bedeutet, dass jeder Vertragsschluss an einem Ort, der nicht als Geschäftsraum des Unternehmers qualifiziert werden kann, das volle Schutzprogramm der §§ 312d ff auslöst. Je enger man den Begriff des Geschäftsraums versteht, desto stärker fällt der Verbraucherschutz demnach aus. Legaldefinitionen finden sich in Abs 2 Satz 1 und dem zugrundeliegenden RL 2011/83/EU Art 2 Nr 9. Geschäftsräume sind danach zum einen unbewegliche Gewerberäume, in denen der Unternehmer seine Tätigkeit dauerhaft ausübt, und zum anderen bewegliche Gewerberäume, in denen der Unternehmer seine Tätigkeit für gewöhnlich ausübt. Diese Legaldefinition ist wenig geglückt, da sie den Schutzzweck von § 312b gleich in mehrerer Hinsicht nicht korrekt abbildet.

1. Gewerberäume. Gemeinsames Tatbestandsmerkmal von Abs 2 Satz 1 Alt 1 und Alt 2 ist der Gewerberaum. **Im strengen Wortsinn** beschreibt dieses Merkmal nur umfriedete Örtlichkeiten, in denen der Unternehmer bestimmungsgemäß einer planvollen und dauerhaften Tätigkeit am Markt nachgeht, die auf Gewinnerzielung ausgerichtet ist und nicht zu den Freien Berufen gehört. Nach diesem Verständnis würde ein Unternehmer, der seine Waren von einem schlichten Marktwagen veräußert, dem vollen Pflichtenprogramm der §§ 312d ff unterliegen, während derjenige, der zu demselben Zweck einen massiven Marktstand verwendet, diesen Pflichten nicht unterliegt. Weiter würden die Angehörigen der Freien Berufe den Pflichten aus §§ 312d ff unter keinen Umständen entgehen können, sofern für sie nicht eine Bereichsausnahme gemäß § 312 Abs 2 eingriffe.

Es liegt auf der Hand, dass diese aufgrund der strengen Wortlautauslegung gewonnenen Differenzierungen mit Sinn und Zweck von § 312b nicht übereinstimmen. Sobald der Verbraucher nämlich erkennt, dass eine bestimmte Tätigkeitsstätte ihrem Betreiber dazu dient, in geschäftlichen Kontakt mit Kunden zu treten, kann er sich auf die Verhandlungssituation einstellen und befindet sich somit nicht mehr in einer Überrumpelungsgefahr[9]. Insoweit spielt es weder eine Rolle, ob diese Tätigkeitsstätte umfriedet ist, noch, ob der Gegenstand des Geschäfts den Freien Berufen zuzuordnen ist oder nicht[10]. Gewerberäume sind deshalb im Ausgangspunkt **sämtliche Tätigkeitsstätten eines Unternehmers, die für den Verbraucher objektiv erkennbar zur Anbahnung geschäftlicher Kontakte mit Kunden** genutzt werden[11]. Nicht hierzu zählen etwa reine Verwaltungs- oder Lagerhaltungsräumlichkeiten. Gleiches gilt für die Privatwohnung und den Arbeitsplatz des Verbrauchers oder Messestände, die an sich lediglich der Präsentation einer unternehmerischen Leistung dienen, nicht aber zu ihrem Absatz[12]. Vertragsschlüsse auf Tupperware- und anderen Verkaufs„partys" erfolgen demnach außerhalb von Geschäftsräumen[13]. Demgegenüber ist die Privatwohnung des Unternehmers – man denke etwa an die sog Wohnzimmerkanzlei – zugleich Gewerberaum, wenn ihre bestimmungsgemäße Nutzung für geschäftliche Kontakte für den Verbraucher objektiv erkennbar ist[14].

Auch angesichts dieses begrifflichen Ausgangspunkts bereiten freilich noch solche Unternehmer Probleme, die sich **mit ihrer objektiv als solche erkennbaren Vertriebsinfrastruktur auf den Verbraucher zubewegen.** Man denke insoweit etwa an fliegende Händler, die ihre Souvenirs oder sonstigen Waren auf öffentlichen Plätzen wie Straßen, Stränden oder Sportanlagen feilbieten. Hier mag der Verbraucher im Zeitpunkt seiner Ansprache durch den Unternehmer zwar erkennen, dass dieser einen Vertrag mit ihm zu schließen beabsichtigt. Dennoch ist er überrumpelt und somit schutzbedürftig, weil er die Verhandlungssituation nicht selbst sucht, sondern

---

8 Martinek/Semler/Flohr/Martinek VertriebsR § 9 Rz 17; Hilbig-Lugani ZJS 2013, 441, 448.
9 Jauernig/Stadler Rz 8; MünchKommBGB/Wendehorst Rz 13; NK-BGB/Ring Rz 3.
10 Vgl Erwägungsgrund 22 RL 2011/83/EU.
11 BeckOK BGB/Maume Rz 28; HK-BGB/Schulte-Nölke Rz 2; MünchKommBGB/Wendehorst Rz 13 f.
12 Brinkmann/Ludwigkeit NJW 2014, 3270, 3271; Klocke EuZW 2016, 411, 414; anders verhält es sich aber bei sog „Verkaufsmessen": EuGH EuZW 2018, 742 Rz 46 – Unimatic; BGH NJW-RR 2019, 753 Rz 24 f; 2019, 1069 Rz 28 ff; OLG München BeckRS 2017, 103848; gibt es auf einer Messe sowohl reine Informations- als auch Verkaufsstände, kommt es auf das konkrete Erscheinungsbild des Messestands an, das sich einem normal informierten, angemessen aufmerksamen und verständigen Verbraucher bietet (EuGH EuZW 2018, 742 Rz 46 – Unimatic; BGH NJW-RR 2019, 1069 Rz 32; Klocke GPR 2019, 26, 27).
13 HK-BGB/Schulte-Nölke Rz 5; MünchKommBGB/Wendehorst Rz 18.
14 OLG Nürnberg NJW-RR 2018, 1390, 1396; BeckOK BGB/Maume Rz 29; BeckOGK BGB/Busch Rz 31; MünchKommBGB/Wendehorst Rz 17; Brinkmann/Ludwigkeit NJW 2014, 3270, 3271.

ihm diese von dem Unternehmer aufgenötigt wird[15]. Dies übersieht der Unionsgesetzgeber, wenn er solche Konstellationen der Richtlinie allein dann unterstellen will, wenn der Unternehmer seiner Geschäftstätigkeit nur in Ausnahmefällen auf diese Weise nachgeht[16]. Danach wäre der Verbraucher schutzbedürftig, wenn ein fliegender Händler sich nur gelegentlich auf ihn zubewegte, nicht aber, wenn es sich hierbei um sein regelmäßiges Geschäftsgebaren handelte. Das ist wertungsmäßig nicht nachvollziehbar[17]. Richtigerweise kann von einem Gewerberaum deshalb nur dort die Rede sein, wo die Tätigkeitsstätte des Unternehmers für den Verbraucher objektiv erkennbar zur Anbahnung geschäftlicher Kontakte mit Kunden genutzt wird und derart im Raum fixiert ist, dass der Verbraucher aktiv auf den Unternehmer zugehen muss, um den geschäftlichen Kontakt anzubahnen[18]. Folglich unterstehen alle Fälle, in denen der Unternehmer mit einem mobilen Gewerberaum an den Verbraucher herantritt, dem vollen Pflichtenprogramm der §§ 312d ff, es sei denn, es greift eine Bereichsausnahme gemäß § 312 Abs 2 ein. Unionsrechtlich ist diese Interpretation des Gewerberaums wegen Erwägungsgrund 13 zur RL 2011/83/EU unproblematisch[19].

9   **2. Unbewegliche Gewerberäume, Abs 2 Satz 1 Alt 1. – a) Begriff.** Die besonderen Bestimmungen der §§ 312d ff gelten gemäß Abs 2 Satz 1 Alt 1 nicht für Verträge, die der Verbraucher und der Unternehmer in unbeweglichen Gewerberäumen schließen, in denen der Unternehmer seine Tätigkeit dauerhaft ausübt. Das Kriterium der Unbeweglichkeit dient dabei einzig der Abgrenzung zum beweglichen Gewerberaum. Erfüllt ist es nur bei Gewerberäumen, die fest mit dem Erdboden verbunden sind (§ 94)[20]. Erfasst ist mithin insbesondere der stationäre Vertrieb in Ladenlokalen[21]. Jenseits des Handels werden aber auch Verträge über die Nutzung von Straßen, über den Zugang zu Museen oder Schwimmbädern und dergleichen mehr in unbeweglichen Geschäftsräumen geschlossen[22].

10 **b) Dauerhafte Nutzung des unbeweglichen Gewerberaums.** Dem Wortlaut von Abs 2 Satz 1 Alt 1 zufolge ist ein unbeweglicher Gewerberaum nur unter der weiteren Voraussetzung als Geschäftsraum des Unternehmers anzusehen, dass er seiner Tätigkeit dort **dauerhaft im Sinne von „ständig"** nachgeht[23]. Zwar verlangt bereits der Unternehmerbegriff des § 14, ohne dessen Verwirklichung § 312b ohnehin nicht anwendbar ist, nach einem dauerhaften Tätigwerden. Hier geht es aber nicht nur darum, dass der Unternehmer die fragliche Tätigkeit insgesamt dauerhaft ausübt, sondern gerade auch in dem jeweils fraglichen unbeweglichen Geschäftsraum. Freilich ist das Tatbestandsmerkmal der dauerhaften Nutzung nur sehr bedingt dazu geeignet, die Situationen zu kennzeichnen, in denen der Verbraucher eines spezifischen Schutzes bedarf.

11 Zunächst fallen solche Konstellationen aus dem Geschäftsraumbegriff heraus, in denen ein Unternehmer **den Verbraucher in den Geschäftsräumen eines anderen Unternehmers kontaktiert**, ohne von dem Geschäftsinhaber hierzu beauftragt zu sein[24]. Somit unterliegt auch der Unternehmer, der den gemeinsamen Aufenthalt im Wartezimmer eines Arztes zu Akquisezwecken nutzt, gegenüber Verbrauchern in vollem Umfang den §§ 312d ff. Das folgt daraus, dass der Verbraucher sich lediglich auf Geschäfte eines bestimmten Inhalts mit einem bestimmten Vertragspartner einstimmt, wenn er dessen Geschäftsraum betritt. Deshalb tritt ein Überrumpelungseffekt ein, wenn ihn dort ein anderer Unternehmer mit einem gegenständlich anderen Angebot konfrontiert. Nach diesen Grundsätzen sind auch die Fälle des **Vertriebs branchenfremder Leistungen** zu lösen. Danach kann der Verbraucher sich im Geschäftsraum eines Unternehmers unvorbereitet in einer Verhandlungssituation wiederfinden, wenn ihm dort ein Geschäft angetragen wird, mit dem er nach der Verkehrsanschauung objektiv nicht zu rechnen braucht. Dem Wortlaut von Abs 2 Satz 1 Alt 1 entsprechend werden zwar auch solche Geschäfte in Geschäftsräumen des Unternehmers geschlossen. Doch kommt in Einzelfällen eine (unionsrechtlich unbedenkliche) teleologische Reduktion zugunsten des Verbrauchers in Betracht[25]. Für die durch den unerwarteten Vertragsgegenstand verursachte Überrumpelung des Verbrauchers bedeutet es nämlich keinen

---

15 MünchKommBGB/Wendehorst Rz 13; NK-BGB/Ring Rz 31; Brönnecke/Schmidt VuR 2014, 3, 4.
16 RL 2011/83/EU Erwägungsgrund 22; s auch BT-Drucks 17/12637, 50.
17 MünchKommBGB/Wendehorst Rz 12.
18 MünchKommBGB/Wendehorst Rz 14; Brinkmann/Ludwigkeit NJW 2014, 3270, 3271; Strobl NJW 2015, 721, 722; der Sache nach auch EuGH EuZW 2018, 742 Rz 36 ff – Unimatic.
19 MünchKommBGB/Wendehorst Rz 10.
20 Grüneberg/Grüneberg Rz 2; aA Erman/Koch Rz 29; MünchKommBGB/Wendehorst Rz 16: es komme darauf nicht entscheidend an.
21 BT-Drucks 17/12637, 49; BeckOGK BGB/Busch Rz 31; NK-BGB/Ring Rz 29; Martinek/Semler/Flohr/Martinek VertriebsR § 9 Rz 17.
22 MünchKommBGB/Wendehorst Rz 25; Grüneberg/Grüneberg Rz 2.
23 BT-Drucks 17/12637, 50; BeckOGK BGB/Busch Rz 31; NK-BGB/Ring Rz 27.
24 MünchKommBGB/Wendehorst Rz 28; Grüneberg/Grüneberg Rz 2; NK-BGB/Ring Rz 32; vgl auch BT-Drucks 17/12637, 50, wo dieser Fall allerdings den beweglichen Geschäftsräumen zugeordnet wird, was systematisch freilich nicht richtig ist.
25 MünchKommBGB/Wendehorst Rz 23.

Unterschied, ob ihm dieser von dem Geschäftsinhaber selbst oder einem unautorisierten Dritten präsentiert wird.

Dauerhaft iSd Abs 2 Satz 1 Alt 1 sollen ferner auch saisonale Tätigkeiten sein, wobei als Bei- **12** spiele Verkaufsstätten genannt werden, die der Unternehmer während der Fremdenverkehrssaison an einem Skiort oder Seebadeort betreibt[26]. Systematisch richtig ist das Problem der nur saisonal ausgeübten Tätigkeit jedoch zunächst beim Unternehmerbegriff (§ 14) zu verorten. Auch dort steht eine nur saisonal ausgeübte Tätigkeit der Unternehmereigenschaft nicht entgegen, wenn regelmäßige Tätigkeitsabschnitte mit regelmäßigen Ruhepausen wechseln[27]. Spezifische Probleme im Hinblick auf Abs 2 Satz 1 Alt 1 ergeben sich erst, wenn der Unternehmer einen unbeweglichen Geschäftsraum nicht dauerhaft, sondern lediglich als Einzel-, Zwischen- oder Übergangslösung nutzt, etwa um in einem **vorübergehend leerstehenden Ladengeschäft** einen Sonderverkauf durchzuführen. Gleiches gilt für den nur saisonal tätigen Unternehmer, der für seine Tätigkeit **in jedem Zeitabschnitt einen anderen unbeweglichen Gewerberaum** verwendet. In diesen Konstellationen besteht sicherlich kein Bedarf für einen spezifischen Überrumpelungsschutz. Nimmt man den jeweiligen Wortlaut von Abs 2 und RL 2011/83/EU Art 2 Nr 9 lit a) aber ernst, so liegt mangels dauerhafter Nutzung ein und derselben Vertriebsstätte dennoch ein Verkauf außerhalb von Geschäftsräumen vor. Allerdings muss eine solche, dem strengen Wortsinn nach nur vorübergehende Nutzung aus teleologischen Gründen ausreichen, um die Dauerhaftigkeit iSd Abs 2 Satz 1 Alt 1 zu bejahen[28]. Für den Fall allerdings, dass der Unternehmer einen unbeweglichen Geschäftsraum allerdings derart kurzfristig nutzt, dass eine Subsumtion unter den Begriff „dauerhaft" nicht mehr möglich ist[29], ist Abs 2 Satz 1 Alt 1 teleologisch zu reduzieren.

3. **Bewegliche Gewerberäume, Abs 2 Satz 1 Alt 2.** – a) **Begriff**. Bewegliche Gewerberäume **13** zeichnen sich dadurch aus, dass sie nicht fest mit dem Erdboden verbunden sind. Die Materialien nennen beispielhaft Markt-, Messe- und sonstige Verkaufsstände[30]. Weiter sind Schaustellerbetriebe auf Jahrmärkten und Verkaufsautomaten zu nennen[31]. Auch das sog Onboard-Shopping in Beförderungsmitteln wie Flugzeug, Bahn und Schiff fällt unter die beweglichen Gewerberäume[32]. Nachdem es für die Annahme eines Gewerberaums keinerlei räumlichen Umfriedung bedarf[33], sondern es einzig darauf ankommt, ob die Eigenart eines Ortes als unternehmerische Verkaufsstätte für den Verbraucher objektiv erkennbar ist und zur Anbahnung eines geschäftlichen Kontakts von ihm aufgesucht werden muss (Rz 8), kann auch die bloße Auslage von Waren am Strand oder Straßenrand einen beweglichen Gewerberaum begründen[34]. Dafür spricht entscheidend bereits der 22. Erwägungsgrund zur RL 2011/83/EU, wonach der Öffentlichkeit zugängliche Orte nur in den Fällen nicht als beweglicher Gewerberaum in Betracht kommen, in denen der Unternehmer sie nur ausnahmsweise für Vertriebszwecke nutzt. Erst Bauchläden und ähnliche Hilfsmittel, mit denen der Unternehmer sein Angebot an den Verbraucher heranträgt, können keinen beweglichen Gewerberaum darstellen.

b) **Gewöhnliche Nutzung des beweglichen Gewerberaums**. Während ein unbeweglicher **14** Gewerberaum nach dem Wortlaut von Abs 2 nur unter der weiteren Bedingung zum Geschäftsraum wird, dass der Unternehmer ihn dauerhaft für seine Tätigkeit nutzt, reicht es bei beweglichen Gewerberäumen, dass der Unternehmer seine Tätigkeit dort für gewöhnlich ausübt. Auch dieses Tatbestandsmerkmal beschreibt die Situationen, in denen der von der Norm intendierte Verbraucherschutz geboten ist, lediglich näherungsweise.

In Parallele zu den bei Abs 2 Satz 1 Alt 1 relevanten Konstellationen mag man zunächst an **15** Fälle denken, in denen der Unternehmer die geschäftliche Initiative in einem beweglichen Gewerberaum ergreift, in denen der Verbraucher mit einer solchen Kontaktaufnahme vernünftigerweise nicht zu rechnen braucht. Man denke etwa an einen Uhrenhändler, der auf einem Langstreckenflug mit seinem Sitznachbarn ins Geschäft kommen möchte. Einen Schutz vor dem unbedachten Abschluss eines Vertrags kann man hier ohne Weiteres befürworten. Nimmt man den **Wortlaut** von Abs 2 Satz 1 Alt 2 allerdings ernst, so hängt der Schutz des Verbrauchers davon ab, ob der Uhrenhändler seine Langstreckenflüge üblicherweise für diese Zwecke nutzt oder ob er nur eine

---

26 RL 2011/83/EU Erwägungsgrund 22; BT-Drucks 17/12637, 49 f; s auch EuGH EuZW 2018, 742 Rz 42 – Unimatic.
27 BeckOK BGB/Martens § 14 Rz 30; BeckOGK BGB/ Alexander § 14 Rz 134; MünchKommBGB/Micklitz § 14 Rz 20.
28 BeckOGK BGB/Busch Rz 31.1; HK-BGB/Schulte-Nölke Rz 2; aA wohl Grüneberg/Grüneberg Rz 2.
29 Vgl EuGH EuZW 2018, 742 Rz 29 – Unimatic.
30 RL 2011/83/EU Erwägungsgrund 22; BT-Drucks 17/12637, 50.
31 Erman/Koch Rz 30; NK-BGB/Ring Rz 29; MünchKommBGB/Wendehorst Rz 20.
32 AA MünchKommBGB/Wendehorst Rz 25; Karsten/Schuster-Wolf VuR 2013, 6, 12.
33 OLG München BeckRS 2017, 103848.
34 Wohl auch Grüneberg/Grüneberg Rz 2; Jauernig/Stadler Rz 9; aA MünchKommBGB/Wendehorst Rz 21; Prütting/Wegen/Weinreich/Stürner Rz 21; Klocke EuZW 2016, 411, 413.

einmalige sich bietende Gelegenheit ergreifen wollte. Für die Schutzbedürftigkeit des überrumpelten Verbrauchers ist das aber kein sachlich begründetes Differenzierungskriterium[35]. Ähnlich liegt es, wenn der Verbraucher auf einem Markt auf zwei Händler trifft, von denen der eine für gewöhnlich dort erscheint, der andere aber nur ausnahmsweise. Richtigerweise kann es für die Frage, ob der Unternehmer einen beweglichen Gewerberaum für gewöhnlich iSd Abs 2 Satz 1 Alt 2 nutzt, **aus teleologischer Sicht** nur darauf ankommen, ob der Verbraucher an diesem Ort mit einer derartigen geschäftlichen Kontaktaufnahme rechnen musste[36].

16 Mittels des Kriteriums der gewöhnlichen Nutzung sollen ausweislich der Begründung zum Regierungsentwurf außerdem solche Fälle aus dem Vertragsschluss in einem beweglichen Gewerberaum ausgeschieden werden, in denen dem Verbraucher auf Märkten oder Messen überraschend **fachfremde, nicht mit dem Thema des Marktes, der Messe oder der Ausstellung im Zusammenhang stehende Waren** angeboten werden[37]. Aus diesem Grund soll der Messestand eines Staubsaugerherstellers auf der Messe „Reisen" kein beweglicher Gewerberaum und damit insgesamt kein Geschäftsraum sein[38]. Doch kann das schon deshalb nicht überzeugen, weil der Verbraucher auch nach dieser Auffassung den Schutz durch §§ 312d ff wieder verliert, wenn der Unternehmer seine Produkte gewöhnlich auf fachfremden Messen feilbietet. Außerdem wird der Verbraucher in diesen Fällen nicht innerhalb eines fest umrissenen Gewerberaums mit einem unerwarteten Produkt konfrontiert. Vielmehr handelt es sich bei Märkten und Messen jeweils um Ansammlungen von zahlreichen beweglichen Gewerberäumen, welche der Verbraucher nach eigenem Gutdünken ansteuern kann oder auch nicht. Aus welchem Grund sich eine gesteigerte Überrumpelungsgefahr oder gar psychische Drucksituation, welche die Anwendung der §§ 312d ff gebote, allein deshalb einstellen sollte, weil der Verbraucher auch ein dem Messethema eher fernes Produkt erwerben kann, leuchtet nicht ein. Folglich sind auch Messe- und Marktstände mit unternehmerischen Leistungen, die mit dem Thema des Marktes oder der Messe in keinem oder einem nur entfernten Zusammenhang stehen, bewegliche Gewerberäume, sofern für den Verbraucher nur objektiv erkennbar ist, dass sie der Anbahnung geschäftlicher Kontakte dienen[39].

17 Eine gewöhnliche Nutzung eines Verkaufsstandes wird schließlich auch nicht durch eine – etwa auf Märkten oder Messen – womöglich nur **kurzzeitige Nutzung** ausgeschlossen[40]. Zwar mag es sein, dass der Verbraucher auf einem nur für kurze Zeit stattfindenden Verkaufsereignis keine Möglichkeit hat, den gesamten Angebotsmarkt in Ruhe zu sondieren und eine abgewogene Kaufentscheidung zu treffen[41]. Allerdings gewährt auch der gewöhnliche stationäre Vertrieb in unbeweglichen Gewerberäumen dem Verbraucher keineswegs stets eine mehrwöchige Überlegungsfrist. Vielmehr kann auch dort ein Angebot bereits nach wenigen Stunden nicht mehr verfügbar sein, ohne dass hierdurch der Verbraucherschutz über das durch § 312 gebotene Maß intensiviert würde[42].

18 **4. Zugerechnete Gewerberäume anderer Personen.** Gemäß Abs 2 Satz 2 stehen Gewerberäume, in denen die Person, die im Namen oder Auftrag des Unternehmers handelt, ihre Tätigkeit dauerhaft oder für gewöhnlich ausübt, Räumen des Unternehmers gleich. Offenbar soll diese Bestimmung auf den Unternehmerbegriff des RL 2011/83/EU Art 2 Nr 2 abgestimmt sein[43]. Die selbständige praktische Bedeutung dürfte jedoch bestenfalls gering sein. Betreibt der Unternehmer selbst eine **Filiale**, in der Angestellte als seine Stellvertreter tätig werden, steht die Zuordnung dieses Geschäftsraums zu dem Unternehmer schon nach allgemeinen Regeln außer Frage. **Vertragshändler** tätigen Eigengeschäfte in eigenen Geschäftsräumen, so dass es auf den Hersteller von vornherein nicht ankommt. Erfasst sein können deshalb lediglich **die selbständigen Absatzmittler**. In diesen Fällen ergibt sich das durch Abs 2 Satz 2 erstrebte Ergebnis aber wenigstens

---

35 BGH EuZW 2017, 809 Rz 18 mAnm Klocke; BeckOK BGB/Maume Rz 32; Klocke EuZW 2016, 411, 413.
36 EuGH EuZW 2018, 742 Rz 36 ff – Unimatic; BGH EuZW 2017, 809 Rz 18 mAnm Klocke; NJW-RR 2019, 753 Rz 17; 2019, 1069 Rz 24; OLG München BeckRS 2017, 103848; iErg auch BeckOGK BGB/Busch Rz 35; Riehle-Nagel DAR 2015, 645; aA HK-BGB/Schulte-Nölke Rz 3; Jauernig/Stadler Rz 8; MünchKommBGB/Wendehorst Rz 14; Grüneberg/Grüneberg Rz 2.
37 BT-Drucks 17/12637, 50; iErg auch BGH EuZW 2017, 809 Rz 22 f mAnm Klocke; OLG München BeckRS 2017, 103848; AG Bad Oeynhausen BeckRS 2016, 119194; vgl auch Prütting/Wegen/Weinreich/Stürner Rz 20; Klocke GPR 2017, 26, 28.
38 AG Pinneberg BeckRS 2016, 2899; anders für den Verkauf ähnlicher Produkte auf der „Grünen Woche" OLG Karlsruhe BeckRS 2016, 11358.
39 In diese Richtung auch EuGH EuZW 2018, 742; BeckOGK BGB/Busch Rz 35; aA HK-BGB/Schulte-Nölke Rz 3; Jauernig/Stadler Rz 8; Grüneberg/Grüneberg Rz 2; Martinek/Semler/Flohr/Martinek VertriebsR § 9 Rz 17; Klocke EuZW 2016, 411, 414.
40 EuGH EuZW 2018, 742 Rz 45 – Unimatic; BGH NJW-RR 2019, 753 Rz 19; OLG Zweibrücken Urt v 28.10.2019 – 5 U 72/19; aA noch LG Bielefeld BeckRS 2017, 108081; Klocke EuZW 2016, 411, 416; differenzierend Klocke GPR 2019, 26, 28.
41 LG Bielefeld BeckRS 2017, 108081; Klocke EuZW 2016, 411, 415.
42 Ludwigkeit NJOZ 2018, 321, 326.
43 BeckOK BGB/Maume Rz 35.

regelmäßig bereits aus Abs 1 Satz 2[44]. Zwar mag es sein, dass solche Absatzmittler in ihren Privaträumen auf Abschlüsse zugunsten des Geschäftsherrn hinarbeiten. Sofern die **privaten Räumlichkeiten des Absatzmittlers** hier den Anforderungen an den Gewerberaum nicht genügen, ist der Tatbestand von Abs 2 Satz 2 nicht verwirklicht. Im Übrigen fallen auch diese Konstellationen unter Abs 1 Satz 2[45]. Im Ergebnis ähnlich verhält es sich dort, wo **primär anderweitig genutzte Geschäftsräume** auch für die Tätigkeit als Absatzmittler eines anderen genutzt werden. Man denke etwa an die Änderungsschneiderei, in der Avon-Kosmetika vertrieben werden. Solche Fälle sind nach den Grundsätzen über den Vertrieb branchenfremder Leistungen zu lösen (→ Rz 11). Schließlich dürfte Abs 2 Satz 2 auch für die zuweilen diskutierte Konstellation, in der ein Dritter in verdeckter Stellvertretung für den Unternehmer einen Verbrauchervertrag in seinen eigenen Geschäftsräumen abschließt[46], keine Bedeutung erlangen. Denn hier liegt ein Eigengeschäft des Handelnden vor, so dass es auf das Verhältnis des Verbrauchers zu dem weiter dahinter stehenden Unternehmer nicht ankommt.

III. Vertragsschluss außerhalb von Geschäftsräumen, Abs 1

1. Einigung außerhalb eines Geschäftsraums. – a) Der maßgebliche Zeitpunkt des Vertragsschlusses. Gemäß Abs 1 Satz 1 Nr 1 greifen §§ 312d ff zugunsten des Verbrauchers zunächst bei solchen Verträgen ein, die bei gleichzeitiger körperlicher Anwesenheit des Verbrauchers und des Unternehmers an einem Ort geschlossen werden, der kein Geschäftsraum des Unternehmers ist. Dies entspricht der Vorgabe aus RL 2011/83/EU Art 2 Nr 8 lit a).

Abs 1 Satz 1 Nr 1 stellt auf die Situation des Vertragsschlusses ab. Maßgeblich ist, dass die Einigung iSd §§ 145, 147 bei gleichzeitiger körperlicher Anwesenheit außerhalb eines Geschäftsraums des Unternehmers vollendet wird[47]. Das ist jedenfalls gegeben, wenn Antrag und Annahme direkt aufeinanderfolgend in dieser Situation erklärt werden. Bei einer zeitlich gestreckten Einigung kommt es entscheidend darauf an, dass der Verbraucher die Annahme persönlich gegenüber dem Unternehmer erklärt.

b) **Gleichzeitige körperliche Anwesenheit.** Gleichzeitig körperlich anwesend sind der Unternehmer und der Verbraucher, wenn sie in einem unmittelbaren Sicht- und Hörkontakt stehen, das heißt ohne zwischengeschaltete Fernkommunikationsmittel[48]. Das Erfordernis der gleichzeitigen räumlichen Anwesenheit bezieht sich jedoch **nicht zwingend auf die Parteien des Verbrauchervertrags**. So ergibt sich schon aus Abs 1 Satz 2, dass seitens des Unternehmers die Anwesenheit eines Stellvertreters oder einer sonst beauftragten Person – namentlich geht es um Empfangs- und Erklärungsboten – genügt[49].

Nicht geregelt ist hingegen der **Einsatz von Hilfspersonen durch den Verbraucher**. Würde man auf die unmittelbar persönliche Anwesenheit des Verbrauchers bestehen, bliebe ihm der Schutz durch die §§ 312d ff stets verwehrt, wenn er rechtsgeschäftlich andere für sich tätig werden ließe. Auch § 312c griffe in diesem Fall nicht ein, da der vom Verbraucher eingesetzte menschliche Repräsentant kein Fernkommunikationsmittel iSd Vorschrift ist (§ 312c Rz 7 f). Dadurch würde der beabsichtigte Verbraucherschutz aber unangemessen verkürzt. Dementsprechend steht es der gleichzeitigen körperlichen Anwesenheit ebenfalls nicht entgegen, wenn der Verbraucher einen Stellvertreter oder einen Boten einsetzt[50]. Damit in solchen Fällen die spezifischen Verbraucherschutzpflichten des Unternehmers eingreifen, ist allerdings erforderlich, dass die situativen Voraussetzungen – also der Vertragsschluss außerhalb von Geschäftsräumen – in der Person des Repräsentanten erfüllt sind[51]. Weiter muss auch der Repräsentant ein Verbraucher sein[52]. Das wird damit begründet, dass die spezifische Überrumpelungsgefahr nicht gegenüber der Vertragspartei bestehen müsse, sondern gegenüber der Person, die bei Wirksamwerden der Vertragserklärungen anwesend ist[53]. Dies entspricht der Wertung des § 166 Abs 1. An der früher noch weiter gezogenen Konsequenz, dass ein Haustürgeschäft auch dort zu bejahen sei, wo ein Verbraucher als Stellvertre-

---

44 MünchKommBGB/Wendehorst Rz 26; NK-BGB/Ring Rz 9; Grüneberg/Grüneberg Rz 2.
45 OLG Nürnberg NJW-RR 2018, 1390, 1396.
46 BeckOK BGB/Maume Rz 27; Grüneberg/Grüneberg Rz 9; Prütting/Wegen/Weinreich/Stürner Rz 10–13.
47 OLG Celle, BeckRS 2022, 442.
48 Erman/Koch Rz 16; Jauernig/Stadler Rz 11; MünchKommBGB/Wendehorst Rz 36; Staud/Thüsing Rz 17.
49 MünchKommBGB/Wendehorst Rz 37; NK-BGB/Ring Rz 9; Prütting/Wegen/Weinreich/Stürner Rz 10.
50 MünchKommBGB/Wendehorst Rz 37; NK-BGB/Ring Rz 9; Grüneberg/Grüneberg Rz 8; Prütting/Wegen/Weinreich/Stürner Rz 11.
51 BGHZ 144, 223, 227 f; 161, 15 Rz 44; s auch BVerfG NJW 2004, 151, 152.
52 BeckOK BGB/Maume Rz 15; NK-BGB/Ring Rz 6; Grüneberg/Grüneberg Rz 8; Staud/Thüsing Rz 43.
53 Erman/Koch Rz 8; Grüneberg/Grüneberg Rz 8; Staud/Thüsing Rz 43.

ter eines Unternehmers den Vertrag abschließe[54], kann allerdings nicht mehr festgehalten werden. Sie ist mit dem allgemeinen Erfordernis des Vorliegens eines Verbrauchervertrags gemäß § 312 Abs 1 nicht vereinbar. Zur Erteilung der Vollmacht in der Situation des Abs 1 siehe § 312c Rz 22.

23 Für das Vorliegen der situativen Voraussetzungen des § 312b ist es unerheblich, ob der Verbraucher die **Vollmacht außerhalb von Geschäftsräumen erteilt** hat[55]. Allenfalls kann man an die selbständige Widerruflichkeit des der Stellvertretung zugrunde liegenden Innenverhältnisses denken, und zwar dort, wo dieses selbst einen entgeltlichen Verbrauchervertrag darstellt. Ggf kann dann der Widerruf des Innenverhältnisses die Vollmacht und somit auch das Vertretergeschäft zu Fall bringen[56]. Zugunsten des Unternehmers können dann freilich immer noch die Rechtsscheinregeln der §§ 170 ff eingreifen. Letzteres gilt allerdings nur, wenn der Vertreter des Verbrauchers kein Absatzhelfer des Unternehmers ist. Zählt er hingegen zu dessen Lager, entfällt entweder die Schutzbedürftigkeit nach § 173 oder aber es ist über § 312k korrigierend einzugreifen[57].

24 c) **Außerhalb von Geschäftsräumen der Vertragspartei**. Gleichzeitig räumlich anwesend müssen der Verbraucher und der Unternehmer nicht nur außerhalb irgendwelcher Geschäftsräume sein, sondern außerhalb von Geschäftsräumen gerade des Unternehmers, der Vertragspartei wird. Die Repräsentation des Unternehmers durch einen Stellvertreter oder sonst mit dem Vertragsschluss Beauftragten bereitet dabei aber keine Probleme. Hier folgt bereits aus der Repräsentation gemäß Abs 1 Satz 2, dass die Geschäftsräume des Repräsentanten zugleich Geschäftsräume des Unternehmers sind. Abs 2 Satz 2 hat insoweit eine rein klarstellende Funktion. Demnach handelt es sich auch um einen Vertragsschluss in Geschäftsräumen des Unternehmers, wenn für diesen ein **Rechtsanwalt** in seiner eigenen Kanzlei handelt[58], etwa beim Abschluss eines Vergleichs (§ 312 Rz 77). Ist der Anwalt hingegen nur beratend tätig, bleibt es beim Vertragsschluss außerhalb von Geschäftsräumen[59]. Notare handeln für keine der beiden Seiten, weshalb der Vertragsschluss im Notariat grundsätzlich außerhalb von Geschäftsräumen erfolgt[60].

25 2. **Angebot des Verbrauchers außerhalb von Geschäftsräumen**. Gemäß Abs 1 Satz 1 Nr 2 liegt ein außerhalb von Geschäftsräumen geschlossener Vertrag auch vor, wenn der Verbraucher unter den in Abs 1 Satz 1 Nr 1 genannten Umständen ein Angebot abgegeben hat. Die Regelung basiert auf RL 2011/83/EU Art 2 Nr 8 lit b). Dahinter steht die Überlegung, dass der Unternehmer die Geltung der §§ 312d ff vermeiden könnte, indem er zunächst das Vertragsangebot des Verbrauchers in einer Haustürsituation herbeiführte, um den Vertragsschluss mit seiner Annahmeerklärung erst später in seinen Geschäftsräumen zu finalisieren[61].

26 Erfasst ist **nur das Angebot des Verbrauchers** und nicht auch seine Annahme[62]. Die bei gleichzeitiger körperlicher Anwesenheit und außerhalb von Geschäftsräumen abgegebene Annahmeerklärung des Verbrauchers fällt nämlich bereits unter Abs 1 Satz 1 Nr 1 (Rz 20). Gibt er sie bei körperlicher Abwesenheit ab, ist Schutz nur nach Maßgabe des § 312c gewährt. Außerdem ist das Angebot **im technischen Sinn des § 145** zu verstehen, also als die grundsätzlich verbindliche Willenserklärung des Verbrauchers, mit der er dem Unternehmer den Abschluss des Vertrags anträgt[63]. Das folgt bereits daraus, dass in der Norm von der Abgabe der Erklärung die Rede ist, die sich rechtstechnisch aber nur auf Willenserklärungen beziehen kann. Wenn der Gesetzgeber in Abs 1 Satz 1 Nr 2 auf die Abgabe abstellt, bedeutet das freilich nicht, dass die Verbraucherwillenserklärung dem Unternehmer **an einem anderen Ort als demjenigen der Abgabe zugehen** könnte[64]. So verlangt der Tatbestand stets nach einer Abgabe der Erklärung bei gleichzeitiger körperlicher Anwesenheit[65]. Eine in dieser Situation abgegebene Erklärung geht indes auch sogleich zu[66]. Für den Einsatz von Hilfspersonen gilt sowohl auf Seiten des Unternehmers als auch auf Seiten des Verbrauchers das zu Abs 1 Satz 1 Nr 1 Gesagte entsprechend (Rz 21).

---

54 Staud[12]/Thüsing § 312 aF Rz 43 mwN.
55 BGHZ 144, 223, 227 f; BGH NJW 2000, 2268, 2271; 2004, 154, 155; Erman/Koch Rz 8; NK-BGB/Ring Rz 6.
56 Vgl BGHZ 102, 60, 62; 110, 363, 369; BGH NJW 2000, 2268, 2271; NK-BGB/Ring Rz 7; Grüneberg/Grüneberg Rz 8.
57 Erman/Koch Rz 27.
58 BeckOK BGB/Maume Rz 26; Hohlweger/Ehmann GWR 2014, 211, 212; differenzierend MünchKommBGB/Wendehorst Rz 31.
59 Hohlweger/Ehmann GWR 2014, 211, 212; wiederum differenzierend MünchKommBGB/Wendehorst Rz 32.
60 BeckOK BGB/Maume Rz 26; BeckOGK BGB/Busch Rz 5; Wendehorst NJW 2014, 577, 581.
61 BeckOK BGB/Maume Rz 16; NK-BGB/Ring Rz 19; Grüneberg/Grüneberg Rz 5.

62 AA BeckOGK BGB/Busch Rz 14; HK-BGB/Schulte-Nölke Rz 6; NK-BGB/Ring Rz 19.
63 Erman/Koch Rz 19; HK-BGB/Schulte-Nölke Rz 6; NK-BGB/Ring Rz 19; aA MünchKommBGB/Wendehorst Rz 40; differenzierend Staud/Thüsing Rz 20.
64 AA MünchKommBGB/Wendehorst Rz 38.
65 Erman/Koch Rz 19; HK-BGB/Schulte-Nölke Rz 6; NK-BGB/Ring Rz 19.
66 BeckOGK BGB/Gomille § 130 Rz 63, 98; der Sonderfall des besonders umfangreichen oder nur maschinell auslesbaren Angebotstextes, bei dem zwischen Entgegennahme und Zugang tatsächlich einmal eine größere Zeitspanne verstreichen kann, spielt für den hier interessierenden Kontext keine Rolle.

3. Ansprache des Verbrauchers außerhalb von Geschäftsräumen. – a) Normzweck. 27
Abs 1 Satz 1 Nr 3 betrifft die **Vertragsschlüsse unter Beteiligung eines sog Anreißers**. Hierbei handelt es sich nach allgemeinem Sprachverständnis um eine Person, die die Leistungen eines Unternehmers im öffentlichen Raum gegenüber potentiellen Kunden anpreist und diese dazu bewegt, den Unternehmer aufzusuchen, um dort den Vertrag zu schließen und die Leistungen in Anspruch zu nehmen. Hier beginnt die Überrumpelung des Verbrauchers im öffentlichen Raum und setzt sich bis zum Vertragsschluss in den Räumlichkeiten des Unternehmers fort. Gemäß Abs 1 Satz 1 Nr 3 und RL 2011/83/EU Art 2 Nr 8 lit c) unterstehen auch diese Konstellationen dem Pflichtenprogramm der §§ 312d ff. Zu den Außergeschäftsraumverträgen gehören demnach auch solche Verträge, die in Geschäftsräumen des Unternehmers oder durch Fernkommunikationsmittel geschlossen werden, bei denen der Verbraucher jedoch unmittelbar zuvor außerhalb der Geschäftsräume des Unternehmers bei gleichzeitiger körperlicher Anwesenheit des Verbrauchers und des Unternehmers persönlich und individuell angesprochen wurde.

Führt das erfolgreiche Anreißen zu einem **Vertragsschluss durch Fernkommunikations-** 28
mittel, kommt prinzipiell auch ein Fernabsatzvertrag gemäß § 312c in Betracht. Indem sowohl RL 2011/83/EU Art 2 Nr 8 lit c) als auch die deutsche Umsetzung diese Konstellation aber den außerhalb von Geschäftsräumen geschlossenen Verträgen zuordnen, stellen sie klar, dass der persönliche Kontakt im Rahmen des Anreißens genügt, um eine Fernabsatzsituation zu verneinen. Folglich sind die Regelungen über den Fernabsatzvertrag in dieser Situation vollständig verdrängt (§ 312c Rz 5)[67]. Folgen hat das insbesondere für die nach § 312d konkret zu erteilenden Informationen, für die nach § 312f zu erteilenden Abschriften und Bestätigungen sowie für die Widerrufsfolgen[68].

b) **Die Kontaktaufnahme mit dem Verbraucher.** Erforderlich ist zunächst eine **persönliche** 29
und individuelle Ansprache des Verbrauchers durch den Unternehmer oder eine seiner Hilfspersonen gemäß Abs 1 Satz 2. Das ist in Abgrenzung zu an die Allgemeinheit gerichteten Anpreisungen zu verstehen[69], sei es in Form der Marktschreierei[70], sei es in Form des Verteilens von Handzetteln oder sonstigem Werbematerial an jedermann[71]. Erst recht fehlt es danach an einer individuellen Ansprache des Verbrauchers, wenn dieser von sich aus den Kontakt mit dem als solchem erkennbaren Absatzhelfer des Unternehmers sucht[72]. Letztlich geht es bei Abs 1 Satz 1 Nr 3 wenigstens in erster Linie um solche Konstellationen, die der lauterkeitsrechtlichen Fallgruppe des Ansprechens in der Öffentlichkeit zugehören, also der gezielten individuellen Kontaktaufnahme zu Verbrauchern an einem allgemein zugänglichen Ort mit dem Ziel der Absatzförderung[73].

Weiter muss die individuelle und persönliche Ansprache **bei gleichzeitiger körperlicher** 30
Anwesenheit von Verbraucher und Unternehmer bzw den jeweils eingesetzten Hilfspersonen erfolgen. Das ist in diesem Zusammenhang nicht anders zu beurteilen als bei Abs 1 Satz 1 Nr 1 (Rz 21)[74]. Die Kontaktaufnahme über technische Hilfsmittel wie Lautsprecher oder standortbezogene Werbung über das Mobiltelefon erfüllt dieses Kriterium folglich nicht[75]. Einer Analogie bedarf es hier ebenso wenig wie bei der Ansprache des Verbrauchers aus einem Ladengeschäft heraus[76]. Eine vergleichbare psychische Drucksituation und Überrumpelung wie bei der persönlichen Ansprache in direktem persönlichem Kontakt kann es hier von vornherein nicht geben.

c) **Der zeitliche Zusammenhang.** Schließlich ist Abs 1 Satz 1 Nr 3 nur für Verträge einschlä- 31
gig, die zeitlich **unmittelbar im Anschluss** an die persönliche und individuelle Ansprache zustande kommen. Insoweit ist maßgeblich, ob die Überrumpelung und der damit einhergehende psychische Druck auch in dem Moment noch andauern, in dem der Verbraucher den Geschäftsraum des Unternehmers aufsucht[77]. Ob der Verbraucher sich nach dem Wegfall der Überrumpelungssituation noch ausreichend Zeit nimmt, um seine Erwerbsentscheidung in Ruhe zu überlegen, spielt nach dem Schutzzweck von Abs 1 Satz 1 Nr 3 keine entscheidende Rolle[78]. Ein

---

67 AA BeckOGK BGB/Busch Rz 17.1; MünchKommBGB/Wendehorst Rz 56; Brinkmann/Ludwigkeit NJW 2014, 3270, 3275: Lösung zu Ungunsten des Unternehmers.
68 Brinkmann/Ludwigkeit NJW 2014, 3270, 3275.
69 BeckOGK BGB/Busch Rz 18; Erman/Koch Rz 20; MünchKommBGB/Wendehorst Rz 42.
70 HK-BGB/Schulte-Nölke Rz 7; Jauernig/Stadler Rz 13.
71 RL 2011/83/EU Umsetzungsleitfaden GD-Justiz, 19; NK-BGB/Ring Rz 21; Prütting/Wegen/Weinreich/Stürner Rz 17.
72 MünchKommBGB/Wendehorst Rz 43; s auch RL 2011/83/EU Erwägungsgrund 21.
73 Vgl Köhler/Bornkamm/Feddersen/Köhler UWG § 7 Rz 63.
74 MünchKommBGB/Wendehorst Rz 46; Prütting/Wegen/Weinreich/Stürner Rz 17.
75 BeckOGK BGB/Busch Rz 18; MünchKommBGB/Wendehorst Rz 46.
76 BeckOGK BGB/Busch Rz 18; differenzierend MünchKommBGB/Wendehorst Rz 46.
77 BeckOGK BGB/Busch Rz 19; HK-BGB/Schulte-Nölke Rz 7; MünchKommBGB/Wendehorst Rz 48; NK-BGB/Ring Rz 20; Staud/Thüsing Rz 28.
78 Missverständlich RL 2011/83/EU Erwägungsgrund 21.

unmittelbarer zeitlicher Zusammenhang wird jedenfalls dort verneint, wo der Verbraucher den Geschäftsraum zunächst betritt, wieder verlässt und zu einem späteren Zeitpunkt zurückkehrt, um den Vertrag abzuschließen[79]. Auch besteht Einigkeit, dass am nächsten Tag der zeitliche Zusammenhang zwischen Ansprache und Vertragsschluss unterbrochen ist[80]. Schließlich weisen die Materialien besonders darauf hin, dass kein Fall des Abs 1 Satz 1 Nr 3 vorliegt, wenn der Unternehmer zunächst in die Wohnung des Verbrauchers kommt, um ohne jede Verpflichtung des Verbrauchers lediglich Maße aufzunehmen oder eine Schätzung vorzunehmen, und der Vertrag erst zu einem späteren Zeitpunkt in den Geschäftsräumen des Unternehmers auf der Grundlage der Schätzung des Unternehmers abgeschlossen wird[81]. Im Übrigen sei auf die Umstände des Einzelfalls abzustellen[82]. Wortlaut und Schutzzweck der Norm legen es dabei allerdings nahe, **strenge Anforderungen** an den unmittelbaren Zusammenhang zu stellen[83]. Richtigerweise wird man davon ausgehen müssen, dass die durch die persönliche Ansprache ausgelöste psychische Drucksituation für den Verbraucher endet, sobald er sich dem direkten Gesprächskontakt mit dem Unternehmer oder seinem Absatzhelfer erfolgreich entzogen hat[84]. Kehrt er im Anschluss daran nochmals zurück und bezieht die angepriesene Leistung, mag die frühere individuelle und persönliche Ansprache für diesen Vertragsschluss immer noch kausal sein. Sie hat in diesem Moment aber keine anderen Auswirkungen auf die Entscheidungsfreiheit des Verbrauchers als jede gewöhnliche Werbung auch.

32 4. **Verkaufsausflug.** – a) **Normzweck.** Eine verbreitete Absatzmethode stellen die sog **Werbefahrten** dar, bei denen der Unternehmer eine Erlebnisfahrt – meist mit dem Schiff oder Reisebus – organisiert, in deren Rahmen eine Verkaufsveranstaltung stattfindet. Die besondere Gefahr solcher Veranstaltungen besteht für den Verbraucher zunächst darin, dass der Freizeitcharakter der Veranstaltung den Verbraucher in eine seine **rechtsgeschäftliche Entschließungsfreiheit beeinflussende Stimmung versetzt**[85]. Hinzu kommt, dass er sich der Verkaufsveranstaltung aufgrund der Organisation **nicht einfach durch räumliches Entfernen entziehen** kann[86]. Beide Faktoren werden nicht dadurch ausgeschaltet, dass der Veranstalter die Durchführung des Verkaufs rechtzeitig vor der Buchung des Ausflugs ankündigt[87]. Der Gesetzgeber erfasst solche Konstellationen durch Abs 1 Satz 1 Nr 4. Danach sind auch solche Verträge außerhalb von Geschäftsräumen geschlossen, die auf einem Ausflug zustande gekommen sind, der von dem Unternehmer oder mit seiner Hilfe organisiert wurde, um beim Verbraucher für den Verkauf von Waren oder die Erbringung von Dienstleistungen zu werben und mit ihm entsprechende Verträge abzuschließen. Dies dient der Umsetzung von RL 2011/83/EU Art 2 Nr 8. Neben Abs 1 Satz 1 Nr 1 erlangt die Vorschrift selbständige Bedeutung, wenn der Ausflug den Verbraucher zu einem Geschäftsraum des veranstaltenden oder eines anderen Unternehmers führt[88].

33 b) **Begriff des Ausflugs.** Der Begriff des Ausflugs erfasst nicht beliebige Veranstaltungen mit Freizeitcharakter, sondern nur solche, die mit einer **organisierten Ortsveränderung des Verbrauchers** verbunden sind[89]. Diese muss freilich keine große Strecke betreffen, so dass bereits eine Stadtführung genügt[90]. Im Umsetzungsleitfaden ist von Reisen die Rede, die neben der alleinigen Beförderung an den Ort, an dem der Verkauf stattfindet, Besichtigungen oder andere Freizeitaktivitäten umfassen[91]. Folglich fallen Einladungen des Unternehmers zu besonderen Shopping-Erlebnissen in seinen Geschäftsräumen, wie etwa Weinproben oder Modenschauen, nicht unter Abs 1 Satz 1 Nr 4[92]. Ebenso verhält es sich, wenn der Verbraucher aufgefordert wird,

---

79 RL 2011/83/EU Umsetzungsleitfaden GD-Justiz, 19.
80 BeckOK BGB/Maume Rz 18; MünchKommBGB/Wendehorst Rz 48; Staud/Thüsing Rz 29; Hilbig-Lugani ZJS 2013, 441, 448.
81 RL 2011/83/EU Erwägungsgrund 21; BT-Drucks 17/12637, 49; s auch HK-BGB/Schulte-Nölke Rz 7; Prütting/Wegen/Weinreich/Stürner Rz 17; NK-BGB/Ring Rz 22; an sich fehlt es in diesem Fall aber bereits an der persönlichen und individuellen Ansprache des Verbrauchers durch den Unternehmer.
82 NK-BGB/Ring Rz 20; Grüneberg/Grüneberg Rz 6; Martinek/Semler/Flohr/Martinek VertriebsR § 9 Rz 26.
83 So auch BeckOK BGB/Maume Rz 19; BeckOGK BGB/Busch Rz 19; MünchKommBGB/Wendehorst Rz 48; Hilbig-Lugani ZJS 2013, 441, 448.
84 Der Sache nach auch BeckOK BGB/Busch Rz 19; Jauernig/Stadler Rz 13; NK-BGB/Ring Rz 20; Grüneberg/Grüneberg Rz 6; aA BeckOK BGB/Maume Rz 19; Erman/Koch Rz 21.
85 BGH NJW 1992, 1889, 1890; 2002, 3100, 3101; 2004, 362, 363; NJW-RR 2005, 1417, 1418; HK-BGB/Schulte-Nölke Rz 8; NK-BGB/Ring Rz 26; Martinek/Semler/Flohr/Martinek VertriebsR § 9 Rz 28.
86 BGH NJW 1992, 1889, 1890; 2002, 3100, 3101; 2004, 362, 363; NJW-RR 2005, 1417, 1418; BeckOGK BGB/Busch Rz 22; Staud[12]/Thüsing § 312 aF Rz 103.
87 RL 2011/83/EU Umsetzungsleitfaden GD-Justiz, 19 f; Erman/Koch Rz 22; MünchKommBGB/Wendehorst Rz 50.
88 BT-Drucks 17/12637, 49; BeckOGK BGB/Busch Rz 23.1; HK-BGB/Schulte-Nölke Rz 8; Martinek/Semler/Flohr/Martinek Vertriebs § 9 Rz 29.
89 So MünchKommBGB/Wendehorst Rz 49.
90 HK-BGB/Schulte-Nölke Rz 8; NK-BGB/Ring Rz 23.
91 RL 2011/83/EU Umsetzungsleitfaden GD-Justiz, 20.
92 BeckOGK BGB/Busch Rz 24.1.; HK-BGB/Schulte-Nölke Rz 8; NK-BGB/Ring Rz 23; aA Jauernig/Stadler Rz 14.

sich in den Geschäftsräumen des Unternehmers einen Gewinn abzuholen, und er sich bei der Abholung in einer unangekündigten Verkaufsveranstaltung wiederfindet[93]. In diesen Fällen greift auch Abs 1 Satz 1 Nr 1 nicht zugunsten des Verbrauchers ein[94].

c) **Zum Zweck der Absatzförderung**. Der Unternehmer muss den Ausflug ferner jedenfalls **34** auch zu dem Zweck organisieren, für den Absatz von Waren oder Dienstleistungen zu werben und entsprechende Verträge abzuschließen[95]. Freilich wird diese in der deutschen Umsetzung angelegte **finale Beziehung zwischen der Ausflugsorganisation und dem Leistungsabsatz** unter Hinweis auf den abweichenden Richtlinienwortlaut für verzichtbar erklärt[96]. In der Tat lässt es RL 2011/83/EU Art 2 Nr 8 lit d) genügen, dass der Unternehmer den Ausflug entweder in der Absicht oder mit dem Ergebnis der Absatzförderung organisiert. Deshalb soll es ausreichen, wenn der Vertragsschluss nur gelegentlich des Ausflugs geschieht[97]. Jedoch dient diese Richtlinienformulierung lediglich zur Klarstellung, dass die Annahme eines außerhalb von Geschäftsräumen geschlossenen Vertrags nicht daran scheitert, dass der Unternehmer seine Absicht, auf dem Ausflug eine Verkaufsveranstaltung durchzuführen, vorab offenlegt[98]. Tatsächlich sind auch Konstellationen, in denen der Veranstalter für seine eigenen Leistungen Werbung treibt, ohne dies bei der Organisation des Ausflugs in Betracht gezogen zu haben, nur schwer vorstellbar. Erforderlich ist die **aktive Förderung des Vertragsschlusses**[99], das heißt der Unternehmer muss versuchen, den Verbraucher zu einer Erwerbsentscheidung zu veranlassen.

d) **Die Zusammenarbeit zwischen Unternehmer und Ausflugsveranstalter**. Freilich muss **35** der Unternehmer, der die Verkaufsveranstaltung durchführt und Partei der Verbraucherverträge werden soll, den Ausflug nicht selbst organisiert haben. Vielmehr lässt Abs 1 Satz 1 Nr 4 seine **bloße Mithilfe bei der Organisation** genügen. Diese gegenüber dem Richtlinientext vorgenommene und unionsrechtlich zulässige[100] Erweiterung soll ausweislich der Begründung zum Regierungsentwurf notwendig sein, um auch den Fall zu erfassen, dass ein anderer Unternehmer den Ausflug organisiert als der Unternehmer, der die Waren oder Dienstleistungen anbietet[101]. An diese Mithilfe seien nur geringe Anforderungen zu stellen. Es genüge bereits die Lieferung von Beschreibungen einer Sehenswürdigkeit, die Zurverfügungstellung von Broschüren, das Angebot einer Führung vor Ort oder auch nur die zeitliche Abstimmung des Besuchsprogramms oder die Zurverfügungstellung von Parkplätzen[102]. Der Ausflugsveranstalter müsse aber zumindest wissen und dulden, dass der Ausflug in einen Geschäftsraum führt; umgekehrt müsse sich der Unternehmer den Ausflug zumindest wissentlich zunutze machen[103]. Freilich ergibt sich all dies bereits aus Abs 1 Satz 2, so dass es der besonderen Erwähnung des organisatorischen Zusammenwirkens von Unternehmer und Ausflugsveranstalter an sich nicht bedurft hätte[104]. Wie nämlich Abs 1 Satz 1 Nr 3 zeigt, ist die Erweiterung des unternehmerischen Handlungsrahmens durch Abs 1 Satz 2 nicht auf das Tätigwerden im rechtsgeschäftlichen Bereich beschränkt.

Freilich droht die Formulierung des Ausflugstatbestandes zu einer wenig sachgerechten Ausweitung **36** der auf Ausflügen außerhalb von Geschäftsräumen geschlossenen Verträge. Man denke etwa an einen **organisierten Museumsbesuch mit Führung**, bei dem die Teilnehmer ihre Eintrittskarten vor Ort selbst bezahlen müssen. Selbstverständlich wirkt hier der Ausflugsveranstalter auf den Vertragsschluss der Verbraucher mit dem Museumsbetreiber hin, so dass der Tatbestand von Abs 1 Satz 1 Nr 4 ohne Weiteres erfüllt ist[105]. Im Ergebnis nicht anders verhält es sich bei Einkäufen, die die Teilnehmer sodann als Erinnerung im Museumsladen tätigen[106]. Zwar ist es hier nicht der Ausflugsveranstalter, der auf diese Vertragsschlüsse hinarbeitet, wohl aber bewirbt der Museumsbetreiber selbst sein Angebot. Nach dem Wortlaut von Abs 1 Satz 1 Nr 4 ist es jedoch gleichgültig, ob der Unternehmer oder der ggf von ihm personenverschiedene Ausflugsveranstalter die Absatzförderung vornimmt.

Es liegt auf der Hand, dass solche Geschäfte nicht unter den Schutzzweck der Norm fallen. **37** Berücksichtigen kann man dies, indem man zunächst Abs 1 Satz 1 Nr 4 für solche Verträge **teleo-**

---

93 BeckOK BGB/Maume Rz 22; Hilbig-Lugani ZJS 2013, 441, 448.
94 Differenzierend BeckOK BGB/Maume Rz 21; Hilbig-Lugani ZJS 2013, 441, 448.
95 Erman/Koch Rz 24; NK-BGB/Ring Rz 23; MünchKommBGB/Wendehorst Rz 52.
96 BeckOGK BGB/Busch Rz 23; BeckOK BGB/Maume Rz 24; aA Erman/Koch Rz 24.
97 BeckOGK BGB/Busch Rz 23; BeckOK BGB/Maume Rz 24; aA Erman/Koch Rz 24.
98 Umsetzungsleitfaden GD-Justiz RL 2011/83/EU, 20.
99 BeckOK BGB/Maume Rz 24; Erman/Koch Rz 24; MünchKommBGB/Wendehorst Rz 52.
100 BeckOGK BGB/Busch Rz 25; HK-BGB/Schulte-Nölke Rz 8; Friesen VuR 2016, 174, 178; BeckOK BGB/Maume Rz 23 hält die Erweiterung für überflüssig.
101 BT-Drucks 17/12637, 49.
102 MünchKommBGB/Wendehorst Rz 54.
103 Jauernig/Stadler Rz 14; HK-BGB/Schulte-Nölke Rz 8; Grüneberg/Grüneberg Rz 7.
104 So BeckOK BGB/Maume Rz 23.
105 Vgl MünchKommBGB/Wendehorst Rz 53.
106 Vgl MünchKommBGB/Wendehorst Rz 52; Staud/Thüsing Rz 36.

logisch reduziert, die der Verbraucher notwendigerweise abschließen muss, um den erstrebten Freizeitzweck des Ausflugs zu erreichen[107]. Damit wäre der Erwerb der Eintrittskarten an der Museumskasse kein Außergeschäftsraumvertrag mehr. Für die im Museumsladen geschlossenen Verträge kann man darauf abstellen, dass der Ausflugsveranstalter und der Museumsbetreiber nicht einmal nachrangig mit dem Zweck zusammenarbeiten, dass die Verbraucher dort Erinnerungen an ihren Museumsbesuch erwerben sollen. Hier fehlt es dann insgesamt an einer aktiven Verkaufsförderung durch die Beteiligten[108]. Anders liegt es hingegen bei den sog Teppichfällen, in denen der Besuch der Werkstatt lediglich den äußeren Anlass bietet, um den Verbrauchern Teppiche zu verkaufen[109].

IV. Beweislast

38 Mangels abweichender Anordnungen bleibt es für § 312b bei den allgemeinen Grundsätzen über die Verteilung der objektiven Beweislast. Danach kann eine Tatsache, die eine für eine Partei günstige Rechtsfolge auslöst, nur festgestellt werden, wenn diese Partei sie erforderlichenfalls zur vollen Überzeugung des Gerichts gemäß ZPO § 286 Abs 1 nachweist. Entsprechendes gilt für die Darlegung dieser Tatsache auf der Ebene des Parteienvortrags. Folglich ist es die Aufgabe des Verbrauchers, den Vertragsschluss außerhalb eines Geschäftsraums nach Maßgabe der Abs 1 Satz 1 Nr 1 bis Nr 4 zu behaupten und im Bestreitensfall zu beweisen.

39 Darüber hinaus schlagen manche vor, dem Unternehmer die objektive Beweislast für die Dauerhaftigkeit oder Gewöhnlichkeit seiner Tätigkeit an einem Ort aufzuerlegen, der dem äußeren Anschein nach kein Geschäftsraum ist[110]. Tatsächlich dürfte dies aber keine Rolle spielen. Sobald nämlich erwiesen ist, dass eine bestimmte Tätigkeitsstätte für den Verbraucher objektiv nicht als Geschäftsraum des Unternehmers erkennbar ist, wird diese Stätte auch dadurch nicht zum Geschäftsraum, dass der Unternehmer dort dauerhaft seinen Geschäften nachgeht.

§ 312c Fernabsatzverträge

(1) Fernabsatzverträge sind Verträge, bei denen der Unternehmer oder eine in seinem Namen oder Auftrag handelnde Person und der Verbraucher für die Vertragsverhandlungen und den Vertragsschluss ausschließlich Fernkommunikationsmittel verwenden, es sei denn, dass der Vertragsschluss nicht im Rahmen eines für den Fernabsatz organisierten Vertriebs- oder Dienstleistungssystems erfolgt.

(2) Fernkommunikationsmittel im Sinne dieses Gesetzes sind alle Kommunikationsmittel, die zur Anbahnung oder zum Abschluss eines Vertrags eingesetzt werden können, ohne dass die Vertragsparteien gleichzeitig körperlich anwesend sind, wie Briefe, Kataloge, Telefonanrufe, Telekopien, E-Mails, über den Mobilfunkdienst versendete Nachrichten (SMS) sowie Rundfunk und Telemedien.

ÜBERSICHT

I. Normzweck und unionsrechtlicher Hintergrund 1–5	2. Das Problem der Leistungserbringung im persönlichen Kontakt 16–19
II. Fernkommunikationsmittel, Abs 2 6–8	3. Vertragsschluss im Rahmen 20
III. Ausschließliche Verwendung ... 9–13	V. Beteiligung Dritter 21, 22
1. Bei Vertragsschluss 10	VI. Beweisfragen 23, 24
2. Bei den Vertragsverhandlungen ... 11–13	
IV. Im Rahmen eines für den Fernabsatz organisierten Absatzsystems 14–20	
1. Begriff und Zweck 14, 15	

---

107 Vgl MünchKommBGB/Wendehorst Rz 53.
108 IErg Erman/Koch Rz 24; HK-BGB/Schulte-Nölke Rz 8; Jauernig/Stadler Rz 14.
109 LG Bonn BeckRS 2018, 44421; BeckOK BGB/Maume Rz 24; HK-BGB/Schulte-Nölke Rz 8; Friesen VuR 2016, 174.

110 BeckOK BGB/Maume Rz 37; BeckOGK BGB/Busch Rz 41; NK-BGB/Ring Rz 11; Grüneberg/Grüneberg Rz 3; Staud/Thüsing Rz 60; aA Prütting/Wegen/Weinreich/Stürner Rz 24.

I. Normzweck und unionsrechtlicher Hintergrund

Anders als die Haustürgeschäfte haben die im Fernabsatz geschlossenen Verträge durch die Umsetzung der RL 2011/83/EU begrifflich keine wesentlichen Änderungen erfahren. In Abs 1 werden **Fernabsatzverträge legaldefiniert** als Verträge, bei denen der Unternehmer oder eine in seinem Namen oder Auftrag handelnde Person und der Verbraucher für die Vertragsverhandlungen und den Vertragsschluss ausschließlich Fernkommunikationsmittel verwenden, es sei denn, dass der Vertragsschluss nicht im Rahmen eines für den Fernabsatz organisierten Vertriebs- oder Dienstleistungssystems erfolgt. Das dient der Umsetzung von RL 2011/83/EU Art 2 Nr 7 in das deutsche Recht. Zwar findet die Beschreibung der **Fernkommunikationsmittel** in Abs 2 als alle Kommunikationsmittel, die zur Anbahnung oder zum Abschluss eines Vertrags eingesetzt werden können, ohne dass die Vertragsparteien gleichzeitig körperlich anwesend sind, wie Briefe, Kataloge, Telefonanrufe, Telekopien, E-Mails, über den Mobilfunkdienst versendete Nachrichten (SMS) sowie Rundfunk und Telemedien, keine Basis in den Richtlinienvorschriften. Sie orientiert sich aber an der Aufzählung in Erwägungsgrund 20. 1

Der Wortlaut der Vorschrift entspricht weitgehend § 312 Abs 1 und 2 aF. Ebenso wie § 312b ergeben sich aus der Vorschrift keine **Rechtsfolgen**, die darüber hinausgingen, den Anwendungsbereich insbesondere für die Informationspflichten gemäß § 312d und das Widerrufsrecht gemäß § 312g festzulegen[1]. 2

Der Ausgleich der sich zwischen dem Unternehmer und dem Verbraucher nach der Vorstellung der Gesetzgeber ohnehin ergebenden strukturellen Unterlegenheit erfolgt auch hier zunächst über das **Informationsmodell**. Dabei tragen die Informationen, die der Unternehmer dem Verbraucher aufgrund von § 312d Abs 1 iVm EGBGB Art 246a zur Beseitigung der Asymmetrie zur Verfügung stellen muss, der spezifischen Situation des Fernabsatzgeschäfts Rechnung. 3

Allerdings genügt die Zurverfügungstellung von Informationen hier ebenso wenig wie bei den Außergeschäftsraumverträgen, um die Ungleichgewichte zwischen Unternehmer und Verbraucher effektiv auszugleichen. Deshalb steht dem Verbraucher auch im Anwendungsbereich des Fernabsatzrechts ein **Widerrufsrecht** als einseitiges Lösungsrecht vom geschlossenen Vertrag zu. Der besondere Schutzbedarf des Verbrauchers ergibt sich im Fernabsatz daraus, dass der Unternehmer und der Verbraucher einander **nicht physisch begegnen** und der Verbraucher den Vertragsgegenstand vor Vertragsschluss **nicht in Augenschein nehmen** kann[2]. Hierin unterscheidet sich die Fernabsatzsituation wesentlich vom stationären Vertrieb, bei dem der Verbraucher sich aus eigener Anschauung nicht nur ein Bild von der Leistung des Unternehmers machen kann, sondern auch von dessen persönlicher Seriosität[3]. Durch die Einräumung eines Widerrufsrechts wird somit der Ort zur persönlichen Begutachtung immerhin der unternehmerischen Leistung vom Ladenlokal in die Wohnung des Verbrauchers verlegt. Dabei gewährt das Fernabsatzrecht einen **typisierten Schutz**[4]. Seine Instrumente entfallen also nicht deshalb, weil der Verbraucher sich im Einzelfall anderweitig vollständig informiert hat, etwa indem er Erkundigungen über den Unternehmer einholte und/oder die zu bestellende Ware vorab im Ladengeschäft eines anderen Unternehmers auf ihre Tauglichkeit für seine Zwecke testete. 4

Der Fernabsatz- und der Außergeschäftsraumvertrag bilden **begriffliche Gegensätze**. Es kann also nicht ein und dasselbe Geschehen zugleich die Voraussetzungen des § 312b und des § 312c erfüllen[5]. Andernfalls kämen die bei den Informationspflichten gemäß § 312d iVm EGBGB Art 246a, bei den Abschriften und Bestätigungen gemäß § 312f und bei den Widerrufsfolgen teils abweichenden Rechtsfolgen nebeneinander zur Anwendung[6]. Diese unerwünschte Konsequenz ist dabei nicht erst in der Rechtsfolgenbestimmung zu korrigieren, sondern bereits auf der Tatbestandsebene zu vermeiden. Das hierfür maßgebliche Kriterium ist die gleichzeitige Anwesenheit des Unternehmers und des Verbrauchers in den Phasen der Vertragsverhandlung und/oder des Vertragsabschlusses, welche eine Fernabsatzsituation ausschließt[7]. Die deutsche Umsetzung verwendet das Merkmal der gleichzeitigen körperlichen Anwesenheit freilich lediglich als Kennzeichen des Außergeschäftsraumvertrags, nicht aber auch als zwingendes Ausschlusskriterium eines 5

---

[1] BeckOK BGB/Martens Rz 8; NK-BGB/Ring Rz 2; Spindler/Schuster/Schirmbacher Rz 1.
[2] RL 97/7/EG Erwägungsgrund 14; RL 2011/83/EU Erwägungsgrund 37; RegE BT-Drucks 14/2658, 15; BGHZ 160, 393, 398 f; 187, 268 Rz 23; BGH ZIP 2009, 1013 Rz 5; BeckOGK BGB/Busch Rz 2; MünchKommBGB/Wendehorst Rz 3; Martinek/Semler/Flohr/Martinek VertriebsR § 10 Rz 3; Martinek NJW 1998, 207; Heinemann NZFam 2015, 438, 440; zweifelnd Buchmann K&R 2014, 369, 371.
[3] BeckOGK BGB/Busch Rz 2; BeckOK BGB/Martens Rz 5.
[4] BeckOK BGB/Martens Rz 7.
[5] AA MünchKommBGB/Wendehorst § 312b Rz 56; Brinkmann/Ludwigkeit NJW 2014, 3270, 3274; Prütting/Wegen/Weinreich/Stürner Rz 12.
[6] Brinkmann/Ludwigkeit NJW 2014, 3270, 3275; aA Prütting/Wegen/Weinreich/Stürner Rz 12.
[7] Spindler/Schuster/Schirmbacher Rz 4; aA Prütting/Wegen/Weinreich/Stürner Rz 12; Brinkmann/Ludwigkeit NJW 2014, 3270, 3274.

Fernabsatzvertrags. Theoretisch mögen somit durchaus Konstellationen denkbar sein – § 312b Abs 1 Satz 1 Nr 3 beschreibt eine solche –, die sich gleichermaßen unter beide Tatbestände subsumieren lassen. Allerdings zeigt der Blick in RL 2011/83/EU Art 2 Nr 7, dass solche Überschneidungen unionsrechtlich jedenfalls nicht beabsichtigt sind. Danach ist ein Fernabsatzvertrag nämlich nur ein Vertrag, der ohne die gleichzeitige Anwesenheit von Unternehmer und Verbraucher verhandelt und/oder abgeschlossen wird. Dass der deutsche Gesetzgeber Verwirrung stiftende Schnittmengen zwischen beiden Vertragstypen schaffen wollte, kann unabhängig von der unionsrechtlichen Zulässigkeit nicht angenommen werden. Im Gegenteil deuten die Materialien darauf hin, dass mit der gewählten Formulierung der Regelungsgehalt von RL 2011/83/EU Art 2 Nr 7 voll abgebildet werde[8].

II. Fernkommunikationsmittel, Abs 2

6   Für den Fernabsatzvertrag ist der ausschließliche Einsatz von Fernkommunikationsmitteln bei der Verhandlung und dem Abschluss des Vertrags charakteristisch. Abs 2 enthält eine Legaldefinition dieser Fernkommunikationsmittel, die sich zusammensetzt aus einer abstrakten Beschreibung ihrer kennzeichnenden Merkmale und einer **nicht abschließenden Aufzählung** besonders verbreiteter Fernkommunikationsmittel[9]. Maßgeblich ist, dass das Kommunikationsmittel zur Anbahnung oder zum Abschluss eines Vertrags eingesetzt werden kann, ohne dass die Vertragsparteien gleichzeitig körperlich anwesend sind. Nicht erforderlich ist allerdings, dass das Kommunikationsmittel selbst die zwischen dem Unternehmer und dem Verbraucher liegende räumliche Distanz überbrückt. Vielmehr ist auch der Fall erfasst, dass der Verbraucher den Unternehmer in dessen Geschäftsraum nicht antrifft und ihm deshalb dort eine schriftliche Nachricht hinterlässt. Konkrete Erwähnung finden Briefe, Kataloge, Telefonanrufe, Telekopien, E-Mails, über den Mobilfunkdienst versendete Nachrichten (SMS) sowie Rundfunk und Telemedien. Unerheblich ist es, ob die vermittelten Inhalte standardisiert oder individuell formuliert sind[10]. Dementsprechend unterfällt auch die durch einen individuellen Briefwechsel erfolgte Vereinbarung einer Mieterhöhung dem § 312c, sofern alle weiteren tatbestandlichen Voraussetzungen ebenfalls erfüllt sind[11]. Die offene Formulierung dieser Liste ermöglicht es, eher exzentrische Formen der Distanzkommunikation, wie etwa das Morsen, ebenso zu erfassen wie technisch neu hinzutretende.

7   Nach grammatischer Auslegung ist es nicht von vornherein ausgeschlossen, auch **menschliche Kommunikationshelfer** als Fernkommunikationsmittel anzusehen. Immerhin ermöglichen auch sie es dem Verbraucher und dem Unternehmer, untereinander Botschaften auszutauschen, ohne dass sie sich hierfür physisch am selben Ort einfinden müssten. Allerdings erweitert auch Abs 1 den Handlungsrahmen des Unternehmers auf Personen, die in seinem Auftrag handeln, und trägt damit dem Unternehmerbegriff des RL 2011/83/EU Art 2 Nr 2 Rechnung. Dem Unternehmer werden demnach die Handlungen seiner Stellvertreter und sonstigen autorisierten Absatzhelfer als eigene Handlungen zugerechnet. Ebenso wie bei § 312b Abs 1 Satz 2 fehlt es auch in diesem Zusammenhang an einer entsprechenden Regelung für den Verbraucher. Jedoch kann hier nichts anderes gelten als dort (§ 312b Rz 21). Danach handelt es sich nicht um Fernkommunikation, sondern um Kommunikation bei gleichzeitiger Anwesenheit der Parteien, wenn in der Phase der Vertragsverhandlungen oder des Vertragsabschlusses autorisierte Gehilfen des Unternehmers oder des Verbrauchers in kommunikativen Kontakt mit dem Unternehmer bzw dem Verbraucher oder untereinander treten.

8   Dieses Ergebnis ist anerkannt, soweit es den **Stellvertreter** sowie **zur Auskunft** über den Vertrag und seinen Inhalt **fähige und ermächtigte Absatzhelfer des Unternehmers** betrifft[12]. Hingegen sollen solche Erklärungs- und Empfangsboten des Unternehmers wertungsmäßig als Fernkommunikationsmittel angesehen werden, die zu keinen derartigen Auskünften in der Lage sind (**„stummer Bote"**)[13]. Zugrunde lag eine Konstellation, in der der Verbraucher einen Gegenstand bei dem Unternehmer bestellte, der Vertrag aber nicht gemäß § 151 durch Verpackung und Versand der bestellten Ware zustande kam, sondern erst durch Erklärung gegenüber dem Ausliefe-

---

8   BT-Drucks 12/637, 50.
9   BeckOK BGB/Martens Rz 10; MünchKommBGB/Wendehorst Rz 14; NK-BGB/Ring Rz 16; Spindler/Schuster/Schirmbacher Rz 5; Martinek/Semler/Flohr/Martinek VertriebsR § 10 Rz 20; Staud/Thüsing Rz 22.
10 BGH NJW 2019, 303 Rz 21 ff.
11 BGH NJW 2019, 303 Rz 21 ff; s auch Bülow/Artz VerbraucherprivatR Rz 265.
12 BeckOK BGB/Martens Rz 12; BeckOGK BGB/Busch Rz 15; Erman/Koch Rz 12; MünchKommBGB/Wendehorst Rz 15; Prütting/Wegen/Weinreich/Stürner Rz 9; Bülow/Artz VerbraucherprivatR Rz 259.
13 BGHZ 160, 393, 399; BeckOK BGB/Martens Rz 12; BeckOGK BGB/Busch Rz 15; Erman/Koch Rz 12; HK-BGB/Schulte-Nölke Rz 4; Jauernig/Stadler Rz 8; Hoeren/Sieber/Holznagel/Föhlisch MultimediaR 13.4 Rz 38; Schulte-Nölke LMK 2005, 20; Lorenz EWiR 2005, 157; Bülow/Artz VerbraucherprivatR Rz 259; aA MünchKommBGB/Wendehorst Rz 16; Staud/Thüsing Rz 26.

rer als Boten des Unternehmers („Postident-2-Verfahren"). Hierzu stellt der BGH fest, dass der Auslieferer im maßgeblichen Zeitpunkt außerstande sei, dem Verbraucher nähere Erläuterungen zu dem Vertragsgegenstand oder dem Unternehmer zu machen. Die gleichzeitige körperliche Anwesenheit mit einem solchen Absatzhelfer des Unternehmers helfe dem Verbraucher folglich nicht über das mit dem Fernabsatz typischerweise verbundene Informationsdefizit hinweg[14]. Seit der Neufassung des § 312b wird der Verbraucherschutz in dieser Situation jedoch über das Recht der außerhalb von Geschäftsräumen geschlossenen Verträge gewährleistet[15]. Insoweit ist es also überflüssig, den Boten zum Fernkommunikationsmittel zu erklären. Es bleiben somit die sehr theoretisch anmutenden Fälle zu betrachten, in denen der Verbraucher in den Geschäftsräumen des Unternehmers ausschließlich auf stumme Boten trifft und den Vertrag später über ein Fernkommunikationsmittel abschließt. Auch hier bedarf es nicht des Umwegs über das Fernkommunikationsmittel, um das erstrebte Maß an Verbraucherschutz aufrechtzuerhalten. Nachdem ein Fernabsatzvertrag nämlich dort noch nicht vorliegt, wo der Verbraucher den Geschäftsraum des Unternehmers lediglich zum Zwecke der Information über die Waren und Dienstleistungen aufsucht[16], vermag der stumme Bote keine Vertragsverhandlungen bei gleichzeitiger körperlicher Anwesenheit zu führen (Rz 12). Menschliche Kommunikationshelfer sollten deshalb generell nicht als Fernkommunikationsmittel angesehen werden[17].

III. Ausschließliche Verwendung

Das für den Fernabsatz typische Informationsdefizit des Verbrauchers besteht allerdings nicht, **9** wenn er vor der Abgabe seiner verbindlichen Vertragserklärung in persönlichen Kontakt mit dem Unternehmer oder einer von diesem beauftragten Person tritt. Aus diesem Grund liegt ein die besonderen Verbraucherschutzinstrumente der §§ 312d ff auslösender Fernabsatzvertrag nur dort vor, wo der Verbraucher und der Unternehmer von Beginn der Vertragsverhandlungen bis zu ihrem Abschluss in Form des zustande gekommenen Vertrags ausschließlich Fernkommunikationsmittel verwenden. Hierin zeige sich die unionsrechtliche Vorstellung von dem Vertrag als einem **Kontinuum von Rechtsbeziehungen**, das von der ersten Anbahnung bis zu seinem Abschluss reichte[18].

1. **Bei Vertragsschluss.** Abs 1 setzt voraus, dass die auf den Vertragsschluss gerichteten Willens- **10** erklärungen sowohl des Verbrauchers als auch des Unternehmers mit Fernkommunikationsmitteln übertragen werden[19]. Danach greifen die Bestimmungen über den Fernabsatz nicht ein, wenn der Unternehmer sein Angebot bei gleichzeitiger körperlicher Anwesenheit abgegeben hat und der Verbraucher seine Annahme später mit Fernkommunikationsmitteln erklärt. In dieser Konstellation gibt es auch keinen Verbraucherschutz nach den Grundsätzen über die außerhalb von Geschäftsräumen geschlossenen Verträge. Dieses Ergebnis entspricht der Wertung des § 312b Abs 1 Satz 1 Nr 3. Umgekehrt mögen der Unternehmer sein Angebot mit einem Fernkommunikationsmittel abgegeben und der Verbraucher die Annahme bei gleichzeitiger körperlicher Anwesenheit erklärt haben. Hier greift § 312b Abs 1 Satz 1 Nr 1 nur unter der weiteren Voraussetzung ein, dass die Annahmeerklärung außerhalb von Geschäftsräumen wirksam wird. Im Übrigen kommen §§ 312d ff nicht zur Anwendung.

2. **Bei den Vertragsverhandlungen.** Rechtlich weniger präzise lässt sich der Beginn der dem **11** Vertragsschluss vorangehenden Verhandlungen beschreiben. Als mögliche Einsatzzeitpunkte kommen das schlichte **Betreten eines Geschäftsraums** durch den Verbraucher[20], die **Aufnahme unverbindlicher Gespräche** über das Leistungsangebot des Unternehmers im Allgemeinen[21] oder aber erst der **wechselseitige, aktive Austausch von Informationen** und/oder Daten im Hinblick auf eine mögliche rechtsgeschäftliche Bindung[22] in Betracht. Der Normtext von RL 2011/83/EU Art 2 Nr 7 trägt zur Konkretisierung nichts bei. Dort heißt es lediglich, dass bis einschließlich zum Zeitpunkt des Vertragsabschlusses ausschließlich Fernkommunikationsmittel zur Anwendung kommen dürfen. Auch die positiven Erläuterungen zum Beginn des sog Kontinuums von Rechtsbeziehungen zwischen Unternehmer und Verbraucher beschränken sich auf den Hin-

---

14 BGHZ 160, 393, 399; zustimmend Schulte-Nölke LMK 2005, 20; Möller NJW 2005, 1605.
15 Erman/Koch Rz 7; MünchKommBGB/Wendehorst Rz 16.
16 RL 2011/83/EU Erwägungsgrund 20; RL 2011/83/EU Umsetzungsleitfaden GD-Justiz, 37; HK-BGB/Schulte-Nölke Rz 5; Prütting/Wegen/Weinreich/Stürner Rz 10.
17 MünchKommBGB/Wendehorst Rz 16; weiterhin differenzierend: Erman/Koch Rz 12 und 7; HK-BGB/Schulte-Nölke Rz 4; Jauernig/Stadler Rz 8; Prütting/Wegen/Weinreich/Stürner Rz 9.
18 OLG München BeckRS 2016, 20902; OLG Frankfurt/M GRUR-RR 2021, 387 (388); BeckOGK BGB/Busch Rz 16; Prütting/Wegen/Weinreich/Stürner Rz 10; Spindler/Schuster/Schirmbacher Rz 8; Reich EuZW 1997, 581, 582; Staud/Thüsing Rz 30.
19 BeckOK BGB/Martens Rz 17; MünchKommBGB/Wendehorst Rz 17.
20 Vgl MünchKommBGB/Emmerich § 311 Rz 46.
21 Vgl MünchKommBGB/Emmerich § 311 Rz 44.
22 Vgl BeckOGK BGB/Herresthal § 311 Rz 285 f.

weis, dass ein Vertrag, der in den Geschäftsräumen eines Unternehmers verhandelt und letztendlich über ein Fernkommunikationsmittel geschlossen werde, nicht als Fernabsatzvertrag gelten solle[23].

12 Ausgehend von **Sinn und Zweck des Verbraucherschutzes** muss für den Beginn eines die Regelungen über den Fernabsatz ausschließenden persönlichen Kontakts maßgeblich sein, ob der Verbraucher anlässlich dieses Kontakts sämtliche für seine Erwerbsentscheidung maßgeblichen Informationen bekommen hat oder wenigstens unschwer bekommen konnte[24]. Insoweit sind der Richtlinie zwei Orientierungspunkte zu entnehmen. Zum einen soll ein Fernabsatzvertrag auch in Situationen vorliegen, in denen der Verbraucher die Geschäftsräume lediglich zum Zwecke der Information über die Waren oder Dienstleistungen aufsucht und anschließend den Vertrag aus der Ferne verhandelt und abschließt[25]. Zum anderen begründet aus RL 2011/83/EU Art 2 Nr 8 lit c) ersichtlich aber bereits die persönliche und individuelle Ansprache durch einen Anreißer eine Vertragsverhandlung, die das Fernabsatzrecht ausschließt. Folglich kann die Annahme einer Vertragsverhandlung **nicht von allzu strengen Voraussetzungen** abhängen[26]. Es genügt, wenn der Verbraucher von dem Unternehmer oder einem seiner Mitarbeiter individuell und persönlich Informationen zu einem konkret in Aussicht genommenen Vertragsgegenstand mitgeteilt bekommt[27]. Umgekehrt reicht es noch nicht aus, wenn der Verbraucher den Geschäftsraum des Unternehmers zur bloßen Sichtung des Angebots und ohne feste Kaufabsicht betritt. Ebenso wenig können unverbindliche Vorgespräche, mit denen der Verbraucher sich einen Überblick über die am Markt zur Verfügung stehenden Leistungen verschafft, bereits das Stadium der Vertragsverhandlung eröffnen. Gleiches gilt schließlich für die Kontaktaufnahme mit einem stummen Boten, da dieser definitionsgemäß keinerlei Auskünfte über den möglichen Vertrag und seinen Gegenstand erteilt.

13 Allerdings schließt der persönliche Kontakt bei gleichzeitiger körperlicher Anwesenheit die Anwendung des Fernabsatzrechts nur aus, wenn der Vertragsschluss **in nahem zeitlichem Zusammenhang** mit der vorangegangenen Verhandlung erfolgt[28]. Die Verhandlung und der Vertragsschluss müssen somit einen einheitlichen Lebenssachverhalt darstellen. Das ist etwa zu verneinen, wenn ein Läufer sich zu Beginn der Saison im Ladengeschäft nach intensiver Beratung ein Paar Schuhe kauft und sich zum Ende der Saison ein weiteres Paar im Online-Shop desselben Unternehmers bestellt. Auch bei einem Abstand von mehr als eineinhalb Monaten wurde der nahe zeitliche Zusammenhang verneint[29]. Insgesamt sollte die praktische Bedeutung der die Anwendung des Fernabsatzrechts ausschließenden Vertragsverhandlung aber nicht überschätzt werden. Jedenfalls im Massengeschäft ist bei eingehenden Bestellungen praktisch nicht ermittelbar, ob der konkrete Kunde womöglich zuvor im Ladengeschäft gewesen ist und dort Gespräche führte, die die Voraussetzungen einer Vertragsverhandlung erfüllen, so dass §§ 312d ff hier unterschiedslos beachtet werden. Allerdings ist ein Fernabsetzvertrag zu verneinen, wenn die Parteien einen Vertrag über Gartenbauarbeiten durch Fernkommunikationsmittel abschließen, nachdem zuvor eine gemeinsame Ortsbegehung stattgefunden hat[30]. Gleiches gilt für Leasingverträge, die unter Mitwirkung von Leasingnehmer und Leasinggeber in den Geschäftsräumen der Fahrzeuglieferantin angebahnt werden[31].

IV. Im Rahmen eines für den Fernabsatz organisierten Absatzsystems

14 1. **Begriff und Zweck.** Fernabsatzverträge sind schließlich nur solche, die im Rahmen eines für den Fernabsatz organisierten Absatzsystems geschlossen werden. Dazu muss der Unternehmer innerhalb seines Betriebs in personeller und sachlicher Ausstattung die **organisatorischen Voraussetzungen** geschaffen haben, die notwendig sind, um regelmäßig im Fernabsatz zu tätigende Geschäfte zu bewältigen[32]. Unmittelbar selbst muss er die erforderliche Infrastruktur nicht hergestellt haben. Vielmehr kann er auch eine von einem entsprechenden Dienstleister vorgehaltene

---

23 RL 2011/83/EU Erwägungsgrund 20.
24 Spindler/Schuster/Schirmbacher Rz 10; Martinek/Semler/Flohr/Martinek VertriebsR § 10 Rz 21; aA Brinkmann/Ludwigkeit NJW 2014, 3270, 3273.
25 RL 2011/83/EU Erwägungsgrund 20; RL 2011/83/EU Umsetzungsleitfaden GD-Justiz, 37.
26 BGH NJW-RR 2017, 368 Rz 51; BeckOK BGB/Martens Rz 15.
27 BeckOK BGB/Martens Rz 15; Erman/Koch Rz 7; dahin tendierend auch Hilbig-Lugani ZJS 2013, 441, 447; aA Brinkmann/Ludwigkeit NJW 2014 3270, 3273 f.
28 BeckOK BGB/Martens Rz 16; MünchKommBGB/Wendehorst Rz 23; Grüneberg/Grüneberg Rz 4; Prütting/Wegen/Weinreich/Stürner Rz 10; Spindler/Schuster/Schirmbacher Rz 10.
29 AG Frankfurt/M MMR 2004, 804.
30 OLG Schleswig NJW-RR 2022, 341 Rz 30 ff.
31 OLG Frankfurt/Main BeckRS 2021, 37583; OLG Hamm BeckRS 2021, 35853.
32 BT-Drucks 14/2658, 30; BGH NJW 2004, 3699, 3701; 2017, 1024 Rz 51; 2021, 304 Rz 14; BeckRS 2017, 139899 Rz 19; Wendehorst DStR 2000, 1311, 1314; Ernst NJW 2014, 817, 819; Koch VuR 2016, 92, 94.

verwenden[33]. An diese organisatorischen Voraussetzungen sind **keine allzu hohen Anforderungen** zu stellen[34]. Für sich betrachtet genügt aber weder, dass der Unternehmer auf Webseiten Informationen über sich, seine Leistungen und seine Kontaktdaten anbietet[35], noch, dass er **nur ausnahmsweise über E-Mail oder Telefon** einen Vertrag mit einem Verbraucher abschließt[36]. Wenn also etwa ein an sich nur im stationären Vertrieb aktiver Buchhändler in vereinzelten Fällen telefonische Bestellungen entgegennimmt und das Buch an den Wohnsitz des Bestellers liefern lässt, ist ein Fernabsatzvertrag zu verneinen[37]. Gleiches gilt für einen Autohändler, der üblicherweise nur nach einem persönlichen Verkaufsgespräch und Probefahrt kontrahiert, der ausnahmsweise einmal einen Vertrag unter jeglichem Verzicht auf einen unmittelbar persönlichen Kontakt abschließt[38]. Anders liegt es aber, wenn der Unternehmer **systematisch** auch mit dem Angebot telefonischer Bestellung und Zusendung der Waren wirbt[39]. Gleiches gilt für die explizit als Bestellmöglichkeit vorgehaltene E-Mail-Adresse[40]. Es ist dabei nicht erforderlich, dass der Unternehmer diesen womöglich nur alternativ angebotenen Vertriebsweg auch tatsächlich in erheblicher Anzahl einsetzen kann. Es genügt die gegenüber den potentiellen Kunden kundgetane Bereitschaft[41]. Im Übrigen ist eine offene Bewerbung eines solchen Lieferdienstes nur hinreichende und nicht auch notwendige Bedingung, um ein für den Fernabsatz organisiertes Vertriebs- oder Dienstleistungssystem annehmen zu können. Es reicht aus, dass der Unternehmer rein tatsächlich solch einen Vertragsschluss- und Abwicklungsprozess etabliert hat, über den er auch öfter als nur gelegentlich agiert[42].

15 Der **Zweck dieser tatbestandsmäßigen Beschränkung** des Fernabsatzes wird teils in dem Umstand gesehen, dass erst von der systematischen Nutzung des Fernabsatzvertriebs eine erhöhte Gefahr für den Verbraucher ausgehe[43]. Es ist allerdings zweifelhaft, ob die Unsichtbarkeit von Vertragsgegenstand und Unternehmer tatsächlich davon abhängt, ob der Unternehmer solch ein für den Fernabsatz organisiertes Absatzsystem unterhält. Entscheidend dürfte eher sein, dass der Unternehmer, der nicht gezielt eine Vielzahl von Fernabsatzgeschäften herbeizuführen gedenkt, für einen gelegentlich übernommenen Bestell- und Lieferservice nicht mit dem Aufwand insbesondere durch Informationspflichten und Widerrufsrecht belastet werden soll[44].

16 2. **Das Problem der Leistungserbringung im persönlichen Kontakt.** Viele Verträge werden ihrem Inhalt nach im **persönlichen Kontakt der Parteien abgewickelt**, obwohl sie ausschließlich mit Fernkommunikationsmitteln abgeschlossen wurden. Die Fälle reichen von der (nicht nur ausnahmsweisen) telefonischen Bestellung mit Selbstabholung durch den Kunden über die Kontaktaufnahme und den Versand von Objektbeschreibungen über Internetplattformen durch Immobilienmakler bis hin zur Erbringung persönlicher Dienstleistungen durch Ärzte, Handwerker, Rechtsanwälte oder Gastronomen. In allen diesen Fällen mag der Unternehmer zwar den Vertragsschluss über Fernkommunikationsmittel organisieren. Die Eigenart der jeweils versprochenen Leistung bringt es jedoch mit sich, dass sie dem Kunden nicht über eine räumliche Distanz hinweg nahegebracht werden kann. Den Materialien ist insoweit zu entnehmen, dass der Begriff des Fernabsatzvertrags keine Reservierungen eines Verbrauchers über ein Fernkommunikationsmittel im Hinblick auf die Dienstleistung eines Fachmanns einschließe, wie beispielsweise im Fall eines Telefonanrufs eines Verbrauchers zur Terminvereinbarung mit einem Friseur[45].

17 Aus dieser unionsrechtlichen Interpretationsleitlinie haben manche die Schlussfolgerung gezogen, dass ein notwendiges persönliches Element bei der Leistungserbringung durch den Unternehmer die Annahme eines Fernabsatzvertrags generell ausschließe. Demnach müssten also nicht nur der Vertragsschluss, sondern auch die Leistungserbringung in einem für den Fernabsatz organisier-

---

33 Erman/Koch Rz 8; Grüneberg/Grüneberg Rz 6; s auch Erwägungsgrund 20 RL 2011/83/EU: Plattform.
34 BGH NJW 2017, 1024 Rz 51; 2019, 303 Rz 19; 2021, 304 Rz 13; NJW-RR 2017, 368 Rz 51; OLG Oldenburg BeckRS 2020, 46793; BeckOK BGB/Martens Rz 21; Erman/Koch Rz 8; HK-BGB/Schulte-Nölke Rz 6; NK-BGB/Ring Rz 9.
35 RL 2011/83/EU Erwägungsgrund 20; BGH BeckRS 2017, 139899 Rz 19; NK-BGB/Ring Rz 9; Grüneberg/Grüneberg Rz 6.
36 RL 2011/83/EU Umsetzungsleitfaden GD-Justiz, 30; BT-Drucks 14/2658, 30; BGH NJW 2017, 1024 Rz 51; 2019, 303 Rz 19; 2021, 304 Rz 13; Bülow/Artz NJW 2000, 2049, 2053; Grigoleit NJW 2002, 1151.
37 BeckOK BGB/Martens Rz 23; NK-BGB/Ring Rz 9.
38 OLG Oldenburg BeckRS 2020, 46793.
39 BGH NJW 2017, 1024 Rz 51; 2021, 304 Rz 14;

BeckRS 2017, 139899 Rz 19; OLG Oldenburg BeckRS 2020, 46793; Erman/Koch Rz 8; Jauernig/Stadler Rz 9; Bülow/Artz VerbraucherprivatR Rz 266.
40 Erman/Koch Rz 8; Lorenz JuS 2000, 833, 838; s auch OLG Brandenburg BeckRS 2019, 42999.
41 BeckOK BGB/Martens Rz 23; Reich EuZW 1997, 581, 583; Riehm Jura 2000, 505, 510; Wendehorst DStR 2000, 1311, 1314.
42 MünchKommBGB/Wendehorst Rz 25; Wendehorst DStR 2000, 1311, 1314; Härting/Schirmbacher MDR 2000, 917, 918.
43 BGH NJW 2021, 304 Rz 15; Erman/Koch Rz 8; MünchKommBGB/Wendehorst Rz 4; Prütting/Wegen/Weinreich/Stürner Rz 5.
44 OLG Brandenburg BeckRS 2019, 42999; BeckOGK BGB/Busch Rz 25; HK-BGB/Schulte-Nölke Rz 6.
45 RL 2011/83/EU Erwägungsgrund 20; BT-Drucks 17/12637, 50.

ten Vertriebs- oder Dienstleistungssystem erfolgen[46]. Aufgrund dieser Sichtweise würden ausschließlich im Korrespondenzweg erbrachte Dienstleistungen eines Rechtsanwalts dem Fernabsatzrecht unterliegen, nicht hingegen die unmittelbar persönliche Beratung oder die Prozessvertretung[47]. Bei Immobilienmaklern hänge die Anwendbarkeit des Fernabsatzrechts von der konkreten Handhabung ab[48]. Bei der Selbstabholung von mit Fernkommunikationsmitteln bestellten Waren trete das Element der persönlichen Leistungserbringung indes in den Hintergrund[49]. Für diese Interpretation der Tatbestandseinschränkung spricht dabei zunächst der Wortlaut der Vorschrift. Sollte es für die Einordnung als Fernabsatzvertrag ausschließlich auf den Vertragsschluss durch Fernkommunikationsmittel ankommen, wäre die Differenzierung zwischen den Absatzsystemen für Dienstleistungen und sonstige Vertragsgegenstände überflüssig. Der rechtstechnische Ablauf des Vertragsschlusses ist nämlich unabhängig von seinem Gegenstand.

18 Gleichwohl nimmt der BGH ein für den Fernabsatz organisiertes Vertriebs- und Dienstleistungssystem stets an, wenn die **Leistungspflicht des Verbrauchers auf einem Vertragsabschluss mit Fernkommunikationsmitteln beruht** und der Unternehmer Fernkommunikationsmittel gezielt einsetzt, um auf diese Weise Verträge mit Kunden abzuschließen[50]. Der Verbraucher, der ohne persönlichen Kontakt zum Dienstleister eine Leistungsverpflichtung eingehe, sei nämlich nicht deswegen weniger schutzbedürftig, weil im Anschluss an den Vertragsschluss ein persönlicher Kontakt bei der Ausführung der Dienstleistung erfolge[51]. Deshalb unterhalten Immobilienmakler, die einen Onlinemarktplatz nutzen, um Kaufinteressenten für von ihnen vertriebene Immobilien zu finden und Maklerkunden zu gewinnen, ein für den Fernabsatz organisiertes Vertriebs- und Dienstleistungssystem[52]. Gleiches gelte für einen Rechtsanwalt, der seinen Kanzleibetrieb so organisiert habe, dass gerade für die von ihm erstrebten Mandate typischerweise weder für die Vertragsverhandlungen noch für den Abschluss des Mandatsvertrags eine gleichzeitige, persönliche Anwesenheit von Mandant und Anwalt erforderlich sei und der Anwalt eine Mandatserteilung unter ausschließlicher Verwendung von Fernkommunikationsmitteln im Außenverhältnis gegenüber Dritten aktiv bewerbe[53]. Hingegen unterhalte der Rechtsanwalt, der lediglich die technischen Möglichkeiten zum Abschluss eines Anwaltsvertrags im Fernabsatz vorhalte, die – wie etwa Briefkasten, elektronische Postfächer und/oder Telefon- und Faxanschlüsse – auch sonst zur Bewältigung des Betriebs einer Anwaltskanzlei erforderlich sind, kein solches Absatzsystem[54]. Nichts anderes kann für Arztpraxen gelten.

19 Nach dieser Rechtsprechung kommt es für die Abgrenzung maßgeblich darauf an, ob der Unternehmer einen gerade für **den Vertragsschluss gewidmeten Fernkommunikationskanal** bereithält. Das erinnert an § 312 Abs 5. Im Gegensatz zu dort soll hier eine gemischte Nutzung jedoch nicht ausreichen, um eine entsprechende Widmung zu begründen. Diese Lösung ist im Ergebnis durchaus zustimmungsfähig. Wertungsmäßig ist zwar festzuhalten, dass für den Bezieher einer persönlich zu erbringenden Dienstleistung der Vertragsgegenstand vor dem Vertragsschluss im stationären Vertrieb ebenso unsichtbar ist wie im Fernabsatz. Jedoch schützen §§ 312c ff auch das Interesse des Verbrauchers, sich vor der Unwiderruflichkeit seiner Leistungspflicht einen persönlichen Eindruck von dem Unternehmer zu verschaffen. Im Übrigen haben die problematischen Konstellationen beinahe durchweg gemeinsam, dass die Beteiligten per Fernkommunikation zwar einen Termin vereinbaren und eine grundsätzliche Verabredung über die Leistungserbringung treffen, der konkrete Inhalt der beiderseitigen Leistungspflichten jedoch erst vor Ort im persönlichen Gespräch näher konkretisiert wird[55], sei es durch die Bestellung im Restaurant, durch die Feststellung des Reparaturbedarfs an einem Kfz, durch die Auswahl des Haarschnitts etc. Hier werden also die essentialia negotii regelmäßig erst im Rahmen des verabredeten Termins geklärt, so dass auch erst zu diesem Zeitpunkt der Vertrag zustande kommt. Tatsächlich liegen hier also Geschäfte im stationären Vertrieb vor. Eine nicht wertungsgerechte Belastung des Unternehmers aufgrund der §§ 312c ff kann somit aus diesem Grund nicht eintreten. In diesem Sinne dürfte auch Erwägungsgrund 20 zu verstehen sein. Gegen die Verlagerung des Vertragsschlusses auf den Zeitpunkt des persönlichen Termins wird allerdings vorgebracht, dass der Unternehmer dann nur

---

46 Erman/Koch Rz 9; MünchKommBGB/Wendehorst Rz 18 f; Ernst NJW 2014, 817, 817 f; Große-Wilde/Fleuth MDR 2014, 1425, 1428.
47 MünchKommBGB/Wendehorst Rz 19; Grüneberg/Grüneberg Rz 6; Axmann/Degen NJW 2006, 1457, 1461 f; Ernst NJW 2014, 817, 821.
48 MünchKommBGB/Wendehorst Rz 19; Prütting/Wegen/Weinreich/Stürner Rz 15; Annahme eines Fernabsatzvertrags OLG Düsseldorf MMR 2015, 310, 311; LG Bochum NJOZ 2012, 1982; verneinend OLG Schleswig BeckRS 2015, 02069 Rz 49 ff; LG Hamburg BeckRS 2013, 12639.
49 MünchKommBGB/Wendehorst Rz 20.
50 BGH NJW 2017, 1024 Rz 53; 2021, 304 Rz 14; NJW-RR 2017, 368 Rz 53.
51 BGH NJW 2017, 1024 Rz 54; NJW-RR 2017, 368 Rz 54.
52 BGH NJW 2017, 1024 Rz 52 ff; NJW-RR 2017, 368 Rz 52 ff.
53 BGH NJW 2021, 304 Rz 14.
54 BGH NJW 2018, 690 Rz 19.
55 Vgl Jauernig/Stadler Rz 8; Erman/Koch Rz 7; MünchKommBGB/Wendehorst Rz 18 ff; aA Grigoleit NJW 2002, 1152.

den einfachen Schadensersatz aus §§ 280 Abs 1, 241 Abs 2, 311 Abs 2 verlangen könne, wenn der Verbraucher den Termin abredewidrig nicht wahrnehme, und nicht etwa den Schadensersatz statt der Leistung[56]. Doch ist das wertungsmäßig unproblematisch. So fehlt erstens der Bezugspunkt für die Ermittlung des positiven Interesses, solange die essentialia des Geschäfts noch nicht feststehen. Zweitens ist der Gewinn, der dem Unternehmer aus einem anderen Geschäft, welches er mit Rücksicht auf den verabredeten Termin ausgeschlagen hat, entgangen ist, auch vom negativen Interesse erfasst.

3. **Vertragsschluss im Rahmen.** Schließlich müssen die Parteien **den konkreten Vertrag** 20 auch im Rahmen dieses für den Fernabsatz organisierten Vertriebs- oder Dienstleistungssystems abgeschlossen haben[57]. Das ist stets anzunehmen, wenn der Unternehmer solch ein System unterhält und der Vertragsschluss sowie die Vertragsverhandlungen ausschließlich durch Fernkommunikationsmittel erfolgen. Abs 1 ist also nicht etwa deshalb nicht einschlägig, weil der Unternehmer für den Fernabsatz an sich nur einen Online-Shop vorsieht, aber ausnahmsweise dennoch eine Bestellung per Telefon akzeptiert hat[58].

V. Beteiligung Dritter

Verpflichten sich gegenüber dem Verbraucher wegen derselben Leistung eine **Mehrheit von** 21 **Unternehmern**, so ist ein Fernabsatzvertrag bereits ausgeschlossen, wenn der Verbraucher auch nur mit einem von ihnen bei gleichzeitiger persönlicher Anwesenheit verhandelte[59]. In den meisten Fällen wird sich das freilich schon daraus ergeben, dass der persönlich handelnde Unternehmer zugleich als Stellvertreter oder Bote der anderen Mitverpflichteten handelt. Entsprechendes gilt für eine **Mehrheit von Verbrauchern**. Auch hier wird die Zurechnung der situativen Umstände regelmäßig bereits über den zwischen ihnen bestehenden Auftrag hergestellt. Doch ist auch das – etwa in den Fällen des § 1357 – keine zwingende Voraussetzung[60]. Beim **Vertrag zugunsten Dritter** ist der Versprechensempfänger maßgeblich[61].

Handelte **ein Stellvertreter oder Bote im Auftrag des Verbrauchers**, ohne selbst Partei des 22 Vertrags zu werden, müssen die situativen Voraussetzungen des § 312c in der Person des Beauftragten vorliegen[62]. Für den Stellvertreter entspricht das wiederum § 166 Abs 1 (§ 312b Rz 22). Für Fälle, in denen der Verbraucher persönlich in den Geschäftsräumen des Unternehmers verhandelt und später einen Stellvertreter nach seinen Weisungen den Vertrag abschließen lässt, soll eine entsprechende Anwendung des § 166 Abs 2 das Zustandekommen eines Fernabsatzvertrags verhindern[63]. Doch ist § 312c hier schon deshalb nicht einschlägig, weil der Verbraucher selbst in der Verhandlungsphase in räumlich unmittelbaren Kontakt mit dem Unternehmer getreten ist. Für den Umgang mit Fällen, in denen nur die Vollmacht unter Einsatz von Fernkommunikationsmitteln erteilt wurde, § 312b Rz 23.

VI. Beweisfragen

Im Ausgangspunkt bleibt es bei den allgemeinen Regeln (§ 312b Rz 38). Unter der Voraussetzung, 23 dass der Austausch der vertragskonstituierenden Willenserklärungen ausschließlich durch Fernkommunikationsmittel feststeht, soll jedoch der Unternehmer objektiv beweisbelastet für einen erheblichen persönlichen Kontakt in der Verhandlungsphase sein[64]. Das überzeugt freilich nicht. Lässt sich bereits nicht feststellen, dass der Vertragsschluss im technischen Sinn ausschließlich durch Fernkommunikationsmittel erfolgte, sind etwaige persönliche Kontakte im Vorfeld ohnehin unerheblich. Von dem praktisch kaum streng zu führenden Negativbeweis, es habe auch in der Vertragsanbahnung keine relevanten persönlichen Kontakte gegeben, erfährt der Verbraucher hinreichende Entlastung durch die Grundsätze über die sekundäre Behauptungslast. Demnach muss der Unternehmer auf die einfache Behauptung des Verbrauchers, dass keine persönlichen Gespräche stattgefunden haben, bei Meidung des ZPO § 138 Abs 3 substantiiert darlegen,

---

56 MünchKommBGB/Wendehorst Rz 18; aA Grigoleit NJW 2002, 1152.
57 MünchKommBGB/Wendehorst Rz 28; aA Buchmann K&R 2014, 369, 371.
58 Buchmann K&R 2014, 369, 371; aA MünchKommBGB/Wendehorst Rz 28; HK-BGB/Schulte-Nölke Rz 6; Jauernig/Stadler Rz 9; NK-BGB/Ring Rz 4.
59 BeckOK BGB/Martens Rz 28; MünchKommBGB[7]/Wendehorst Rz 28.
60 BeckOK BGB/Martens Rz 28; MünchKommBGB[7]/Wendehorst Rz 28.
61 MünchKommBGB[7]/Wendehorst Rz 28.
62 BeckOK BGB/Martens Rz 29; Jauernig/Stadler Rz 5; Prütting/Wegen/Weinreich/Stürner Rz 7.
63 MünchKommBGB[7]/Wendehorst Rz 30; BeckOK BGB/Martens Rz 29; Jauernig/Stadler Rz 5; Prütting/Wegen/Weinreich/Stürner Rz 7.
64 BGH ZIP 2016, 1640 Rz 28; BeckOK BGB/Martens Rz 30; BeckOGK BGB/Busch Rz 29; MünchKommBGB/Wendehorst Rz 29; NK-BGB/Ring Rz 6; Prütting/Wegen/Weinreich/Stürner Rz 17; Spindler/Schuster/Schirmbacher Rz 11; Staud/Thüsing Rz 51.

dass und wenn es solche Gespräche gegeben haben soll. Für eine Umkehr der objektiven Beweislast gibt der Wortlaut des § 312c hingegen nichts her.

24 Aufgrund der negativen Formulierung wird das Vorliegen eines für den Fernabsatz organisierten Vertriebs- oder Dienstleistungssystems bis zum Beweis des Gegenteils vermutet, sofern der Vertrag ausschließlich mit Fernkommunikationsmitteln verhandelt und abgeschlossen wurde[65].

§ 312d Informationspflichten

(1) Bei außerhalb von Geschäftsräumen geschlossenen Verträgen und bei Fernabsatzverträgen ist der Unternehmer verpflichtet, den Verbraucher nach Maßgabe des Artikels 246a des Einführungsgesetzes zum Bürgerlichen Gesetzbuche zu informieren. Die in Erfüllung dieser Pflicht gemachten Angaben des Unternehmers werden Inhalt des Vertrags, es sei denn, die Vertragsparteien haben ausdrücklich etwas anderes vereinbart.

(2) Bei außerhalb von Geschäftsräumen geschlossenen Verträgen und bei Fernabsatzverträgen über Finanzdienstleistungen ist der Unternehmer abweichend von Absatz 1 verpflichtet, den Verbraucher nach Maßgabe des Artikels 246b des Einführungsgesetzes zum Bürgerlichen Gesetzbuche zu informieren.

Art 246a
Informationspflichten bei außerhalb von Geschäftsräumen geschlossenen Verträgen und Fernabsatzverträgen mit Ausnahme von Verträgen über Finanzdienstleistungen

§ 1 Informationspflichten

(1) Der Unternehmer ist nach § 312d Absatz 1 des Bürgerlichen Gesetzbuchs verpflichtet, dem Verbraucher folgende Informationen zur Verfügung zu stellen:
1. die wesentlichen Eigenschaften der Waren oder Dienstleistungen in dem für das Kommunikationsmittel und für die Waren und Dienstleistungen angemessenen Umfang,
2. seine Identität, beispielsweise seinen Handelsnamen sowie die Anschrift des Ortes, an dem er niedergelassen ist, sowie gegebenenfalls die Identität und die Anschrift des Unternehmers, in dessen Auftrag er handelt,
3. seine Telefonnummer, seine E-Mail-Adresse sowie gegebenenfalls andere von ihm zur Verfügung gestellte Online-Kommunikationsmittel, sofern diese gewährleisten, dass der Verbraucher seine Korrespondenz mit dem Unternehmer, einschließlich deren Datums und deren Uhrzeit, auf einem dauerhaften Datenträger speichern kann,
4. zusätzlich zu den Angaben gemäß Nummern 2 und 3 die Geschäftsanschrift des Unternehmers und gegebenenfalls die Anschrift des Unternehmers, in dessen Auftrag er handelt, an die sich der Verbraucher mit jeder Beschwerde wenden kann, falls diese Anschrift von der Anschrift unter Nummer 2 abweicht,
5. den Gesamtpreis der Waren oder der Dienstleistungen einschließlich aller Steuern und Abgaben, oder in den Fällen, in denen der Preis auf Grund der Beschaffenheit der Waren oder Dienstleistungen vernünftigerweise nicht im Voraus berechnet werden kann, die Art der Preisberechnung,
6. gegebenenfalls den Hinweis, dass der Preis auf der Grundlage einer automatisierten Entscheidungsfindung personalisiert wurde,
7. gegebenenfalls alle zusätzlich zu dem Gesamtpreis nach Nummer 5 anfallenden Fracht-, Liefer- oder Versandkosten und alle sonstigen Kosten, oder in den Fällen, in denen diese Kosten vernünftigerweise nicht im Voraus berechnet werden können, die Tatsache, dass solche zusätzlichen Kosten anfallen können,
8. im Falle eines unbefristeten Vertrags oder eines Abonnement-Vertrags den Gesamtpreis; dieser umfasst die pro Abrechnungszeitraum anfallenden Gesamtkosten und, wenn für einen solchen Vertrag Festbeträge in Rechnung gestellt werden, ebenfalls die monatlichen Gesamtkosten; wenn die Gesamtkosten vernünftigerweise nicht im Voraus berechnet werden können, ist die Art der Preisberechnung anzugeben,

---

[65] BGH ZIP 2016, 1640 Rz 28; NJW 2021, 304 Rz 12; OLG Brandenburg BeckRS 2019, 42999; BeckOK BGB/Martens Rz 30; Erman/Koch Rz 9; MünchKommBGB/Wendehorst Rz 30; NK-BGB/Ring Rz 6; Prütting/Wegen/Weinreich/Stürner Rz 17; aus unionsrechtlicher Sicht dazu kritisch Hilbig-Lugani ZJS 2013, 441, 447.

9. die Kosten für den Einsatz des für den Vertragsabschluss genutzten Fernkommunikationsmittels, sofern dem Verbraucher Kosten berechnet werden, die über die Kosten für die bloße Nutzung des Fernkommunikationsmittels hinausgehen,
10. die Zahlungs-, Liefer- und Leistungsbedingungen, den Termin, bis zu dem der Unternehmer die Waren liefern oder die Dienstleistung erbringen muss, und gegebenenfalls das Verfahren des Unternehmers zum Umgang mit Beschwerden,
11. das Bestehen eines gesetzlichen Mängelhaftungsrechts für die Waren oder die digitalen Produkte,
12. gegebenenfalls das Bestehen und die Bedingungen von Kundendienst, Kundendienstleistungen und Garantien,
13. gegebenenfalls bestehende einschlägige Verhaltenskodizes gemäß Artikel 2 Buchstabe f der Richtlinie 2005/29/EG des Europäischen Parlaments und des Rates vom 11. Mai 2005 über unlautere Geschäftspraktiken im binnenmarktinternen Geschäftsverkehr zwischen Unternehmen und Verbrauchern und zur Änderung der Richtlinie 84/450/EWG des Rates, der Richtlinien 97/7/EG, 98/27/EG und 2002/65/EG des Europäischen Parlaments und des Rates sowie der Verordnung (EG) Nr. 2006/2004 des Europäischen Parlaments und des Rates (ABl L 149 vom 11.6.2005, S. 22; L 253 vom 25.9.2009, S. 18), die zuletzt durch die Richtlinie (EU) 2019/2161 (ABl. L 328 vom 18.12.2019, S. 7) geändert worden ist, und wie Exemplare davon erhalten werden können,
14. gegebenenfalls die Laufzeit des Vertrags oder die Bedingungen der Kündigung unbefristeter Verträge oder sich automatisch verlängernder Verträge,
15. gegebenenfalls die Mindestdauer der Verpflichtungen, die der Verbraucher mit dem Vertrag eingeht,
16. gegebenenfalls die Tatsache, dass der Unternehmer vom Verbraucher die Stellung einer Kaution oder die Leistung anderer finanzieller Sicherheiten verlangen kann, sowie deren Bedingungen,
17. gegebenenfalls die Funktionalität der Waren mit digitalen Elementen oder der digitalen Produkte, einschließlich anwendbarer technischer Schutzmaßnahmen,
18. gegebenenfalls, soweit wesentlich, die Kompatibilität und die Interoperabilität der Waren mit digitalen Elementen oder der digitalen Produkte, soweit diese Informationen dem Unternehmer bekannt sind oder bekannt sein müssen, und
19. gegebenenfalls, dass der Verbraucher ein außergerichtliches Beschwerde- und Rechtsbehelfsverfahren, dem der Unternehmer unterworfen ist, nutzen kann, und dessen Zugangsvoraussetzungen.

Wird der Vertrag im Rahmen einer öffentlich zugänglichen Versteigerung geschlossen, können anstelle der Angaben nach Satz 1 Nummer 2 bis 4 die entsprechenden Angaben des Versteigerers zur Verfügung gestellt werden.

(2) Steht dem Verbraucher ein Widerrufsrecht nach § 312g Absatz 1 des Bürgerlichen Gesetzbuchs zu, ist der Unternehmer verpflichtet, den Verbraucher zu informieren
1. über die Bedingungen, die Fristen und das Verfahren für die Ausübung des Widerrufsrechts nach § 355 Absatz 1 des Bürgerlichen Gesetzbuchs sowie das Muster-Widerrufsformular in der Anlage 2,
2. gegebenenfalls darüber, dass der Verbraucher im Widerrufsfall die Kosten für die Rücksendung der Waren zu tragen hat, und bei Fernabsatzverträgen zusätzlich über die Kosten für die Rücksendung der Waren, wenn die Waren auf Grund ihrer Beschaffenheit nicht auf dem normalen Postweg zurückgesendet werden können, und
3. darüber, dass der Verbraucher dem Unternehmer bei einem Vertrag über die Erbringung von Dienstleistungen, für die die Zahlung eines Preises vorgesehen ist, oder über die nicht in einem bestimmten Volumen oder in einer bestimmten Menge vereinbarte Lieferung von Wasser, Gas, Strom oder die Lieferung von Fernwärme einen angemessenen Betrag nach § 357a Absatz 2 des Bürgerlichen Gesetzbuchs für die vom Unternehmer erbrachte Leistung schuldet, wenn der Verbraucher das Widerrufsrecht ausübt, nachdem er auf Aufforderung des Unternehmers von diesem ausdrücklich den Beginn der Leistung vor Ablauf der Widerrufsfrist verlangt hat.

Der Unternehmer kann diese Informationspflichten dadurch erfüllen, dass er das in der Anlage 1 vorgesehene Muster für die Widerrufsbelehrung zutreffend ausgefüllt in Textform übermittelt.

(3) Der Unternehmer hat den Verbraucher auch zu informieren, wenn
1. dem Verbraucher nach § 312g Absatz 2 Satz 1 Nummer 1, 2, 5 und 7 bis 13 des Bürgerlichen Gesetzbuchs ein Widerrufsrecht nicht zusteht, dass der Verbraucher seine Willenserklärung nicht widerrufen kann, oder
2. das Widerrufsrecht des Verbrauchers nach § 312g Absatz 2 Satz 1 Nummer 3, 4 und 6 sowie § 356 Absatz 4 und 5 des Bürgerlichen Gesetzbuchs vorzeitig erlöschen kann, über die Umstände, unter denen der Verbraucher ein zunächst bestehendes Widerrufsrecht verliert.

§ 2 Erleichterte Informationspflichten bei Reparatur- und Instandhaltungsarbeiten

(1) Hat der Verbraucher bei einem Vertrag über Reparatur- und Instandhaltungsarbeiten, der außerhalb von Geschäftsräumen geschlossen wird, bei dem die beiderseitigen Leistungen sofort erfüllt werden und die vom Verbraucher zu leistende Vergütung 200 Euro nicht übersteigt, ausdrücklich die Dienste des Unternehmers angefordert, muss der Unternehmer dem Verbraucher lediglich folgende Informationen zur Verfügung stellen:
1. die Angaben nach § 1 Absatz 1 Satz 1 Nummer 2 und 3 sowie
2. den Preis oder die Art der Preisberechnung zusammen mit einem Kostenvoranschlag über die Gesamtkosten.

(2) Ferner hat der Unternehmer dem Verbraucher folgende Informationen zur Verfügung zu stellen:
1. die wesentlichen Eigenschaften der Waren oder Dienstleistungen in dem für das Kommunikationsmittel und die Waren oder Dienstleistungen angemessenen Umfang,
2. gegebenenfalls die Bedingungen, die Fristen und das Verfahren für die Ausübung des Widerrufsrechts sowie das Muster-Widerrufsformular in der Anlage 2 und
3. gegebenenfalls die Information, dass der Verbraucher seine Willenserklärung nicht widerrufen kann, oder die Umstände, unter denen der Verbraucher ein zunächst bestehendes Widerrufsrecht vorzeitig verliert.

(3) Eine vom Unternehmer zur Verfügung gestellte Abschrift oder Bestätigung des Vertrags nach § 312f Absatz 1 des Bürgerlichen Gesetzbuchs muss alle nach § 1 zu erteilenden Informationen enthalten.

§ 3 Erleichterte Informationspflichten bei begrenzter Darstellungsmöglichkeit

Soll ein Fernabsatzvertrag mittels eines Fernkommunikationsmittels geschlossen werden, das nur begrenzten Raum oder begrenzte Zeit für die dem Verbraucher zu erteilenden Informationen bietet, ist der Unternehmer verpflichtet, dem Verbraucher mittels dieses Fernkommunikationsmittels zumindest folgende Informationen zur Verfügung zu stellen:
1. die wesentlichen Eigenschaften der Waren oder Dienstleistungen,
2. die Identität des Unternehmers,
3. den Gesamtpreis oder in den Fällen, in denen der Preis auf Grund der Beschaffenheit der Waren oder Dienstleistungen vernünftigerweise nicht im Voraus berechnet werden kann, die Art der Preisberechnung,
4. gegebenenfalls und die Bedingungen, die Fristen und das Verfahren für die Ausübung des Widerrufsrechts nach § 355 Absatz 1 des Bürgerlichen Gesetzbuchs und
5. gegebenenfalls die Vertragslaufzeit und die Bedingungen für die Kündigung eines Dauerschuldverhältnisses.

Die weiteren Angaben nach § 1 hat der Unternehmer dem Verbraucher in geeigneter Weise unter Beachtung von § 4 Absatz 3 zugänglich zu machen.

§ 4 Formale Anforderungen an die Erfüllung der Informationspflichten

(1) Der Unternehmer muss dem Verbraucher die Informationen nach den §§ 1 bis 3 vor Abgabe von dessen Vertragserklärung in klarer und verständlicher Weise zur Verfügung stellen.

(2) Bei einem außerhalb von Geschäftsräumen geschlossenen Vertrag muss der Unternehmer die Informationen auf Papier oder, wenn der Verbraucher zustimmt, auf einem anderen dauerhaften Datenträger zur Verfügung stellen. Die Informationen müssen lesbar sein. Die Person des erklärenden Unternehmers muss genannt sein. Der Unternehmer kann die Informationen nach § 2 Absatz 2 in anderer Form zur Verfügung stellen, wenn sich der Verbraucher hiermit ausdrücklich einverstanden erklärt hat.

(3) Bei einem Fernabsatzvertrag muss der Unternehmer dem Verbraucher die Informationen in einer den benutzten Fernkommunikationsmitteln angepassten Weise zur Verfügung stellen. Soweit die Informationen auf einem dauerhaften Datenträger zur Verfügung gestellt werden, müssen sie lesbar sein, und die Person des erklärenden Unternehmers muss genannt sein. Abweichend von Satz 1 kann der Unternehmer dem Verbraucher die in § 3 Satz 2 genannten Informationen in geeigneter Weise zugänglich machen.

Art 246b
Informationspflichten bei außerhalb von Geschäftsräumen geschlossenen Verträgen und Fernabsatzverträgen über Finanzdienstleistungen

§ 1 Informationspflichten

(1) Der Unternehmer ist nach § 312d Absatz 2 des Bürgerlichen Gesetzbuchs verpflichtet, dem Verbraucher rechtzeitig vor Abgabe von dessen Vertragserklärung klar und verständlich und unter Angabe des geschäftlichen Zwecks, bei Fernabsatzverträgen in einer dem benutzten Fernkommunikationsmittel angepassten Weise, folgende Informationen zur Verfügung zu stellen:
1. seine Identität, anzugeben ist auch das öffentliche Unternehmensregister, bei dem der Rechtsträger eingetragen ist, und die zugehörige Registernummer oder gleichwertige Kennung,
2. die Hauptgeschäftstätigkeit des Unternehmers und die für seine Zulassung zuständige Aufsichtsbehörde,
3. die Identität des Vertreters des Unternehmers in dem Mitgliedstaat, in dem der Verbraucher seinen Wohnsitz hat, wenn es einen solchen Vertreter gibt, oder die Identität einer anderen gewerblich tätigen Person als dem Anbieter, wenn der Verbraucher mit dieser Person geschäftlich zu tun hat, und die Eigenschaft, in der diese Person gegenüber dem Verbraucher tätig wird,
4. die ladungsfähige Anschrift des Unternehmers und jede andere Anschrift, die für die Geschäftsbeziehung zwischen diesem, seinem Vertreter oder einer anderen gewerblich tätigen Person nach Nummer 3 und dem Verbraucher maßgeblich ist, bei juristischen Personen, Personenvereinigungen oder Personengruppen auch den Namen des Vertretungsberechtigten,
5. die wesentlichen Merkmale der Finanzdienstleistung sowie Informationen darüber, wie der Vertrag zustande kommt,
6. den Gesamtpreis der Finanzdienstleistung einschließlich aller damit verbundenen Preisbestandteile sowie alle über den Unternehmer abgeführten Steuern oder, wenn kein genauer Preis angegeben werden kann, seine Berechnungsgrundlage, die dem Verbraucher eine Überprüfung des Preises ermöglicht,
7. gegebenenfalls zusätzlich anfallende Kosten sowie einen Hinweis auf mögliche weitere Steuern oder Kosten, die nicht über den Unternehmer abgeführt oder von ihm in Rechnung gestellt werden,
8. gegebenenfalls den Hinweis, dass sich die Finanzdienstleistung auf Finanzinstrumente bezieht, die wegen ihrer spezifischen Merkmale oder der durchzuführenden Vorgänge mit speziellen Risiken behaftet sind oder deren Preis Schwankungen auf dem Finanzmarkt unterliegt, auf die der Unternehmer keinen Einfluss hat, und dass in der Vergangenheit erwirtschaftete Erträge kein Indikator für künftige Erträge sind,
9. eine Befristung der Gültigkeitsdauer der zur Verfügung gestellten Informationen, beispielsweise die Gültigkeitsdauer befristeter Angebote, insbesondere hinsichtlich des Preises,
10. Einzelheiten hinsichtlich der Zahlung und der Erfüllung,
11. alle spezifischen zusätzlichen Kosten, die der Verbraucher für die Benutzung des Fernkommunikationsmittels zu tragen hat, wenn solche zusätzlichen Kosten durch den Unternehmer in Rechnung gestellt werden,
12. das Bestehen oder Nichtbestehen eines Widerrufsrechts sowie die Bedingungen, Einzelheiten der Ausübung, insbesondere Name und Anschrift desjenigen, gegenüber dem der Widerruf zu erklären ist, und die Rechtsfolgen des Widerrufs einschließlich Informationen über den Betrag, den der Verbraucher im Falle des Widerrufs nach § 357b des Bürgerlichen Gesetzbuchs für die erbrachte Leistung zu zahlen hat,
13. die Mindestlaufzeit des Vertrags, wenn dieser eine dauernde oder regelmäßig wiederkehrende Leistung zum Inhalt hat,
14. die vertraglichen Kündigungsbedingungen einschließlich etwaiger Vertragsstrafen,
15. die Mitgliedstaaten der Europäischen Union, deren Recht der Unternehmer der Aufnahme von Beziehungen zum Verbraucher vor Abschluss des Vertrags zugrunde legt,
16. eine Vertragsklausel über das auf den Vertrag anwendbare Recht oder über das zuständige Gericht,
17. die Sprachen, in welchen die Vertragsbedingungen und die in dieser Vorschrift genannten Vorabinformationen mitgeteilt werden, sowie die Sprachen, in welchen sich der Unternehmer verpflichtet, mit Zustimmung des Verbrauchers die Kommunikation während der Laufzeit dieses Vertrags zu führen,
18. gegebenenfalls, dass der Verbraucher ein außergerichtliches Beschwerde- und Rechtsbehelfsverfahren, dem der Unternehmer unterworfen ist, nutzen kann, und dessen Zugangsvoraussetzungen und

§ 312d

19. das Bestehen eines Garantiefonds oder anderer Entschädigungsregelungen, die weder unter die Richtlinie 94/19/EG des Europäischen Parlaments und des Rates vom 30. Mai 1994 über Einlagensicherungssysteme (ABl L 135 vom 31. Mai 1994, S 5) noch unter die Richtlinie 97/9/EG des Europäischen Parlaments und des Rates vom 3. März 1997 über Systeme für die Entschädigung der Anleger (ABl L 84 vom 26. März 1997, S 22) fallen.

(2) Bei Telefongesprächen hat der Unternehmer nur folgende Informationen zur Verfügung zu stellen:
1. die Identität der Kontaktperson des Verbrauchers und deren Verbindung zum Unternehmer,
2. die Beschreibung der Hauptmerkmale der Finanzdienstleistung,
3. den Gesamtpreis, den der Verbraucher dem Unternehmer für die Finanzdienstleistung schuldet, einschließlich aller über den Unternehmer abgeführten Steuern, oder, wenn kein genauer Preis angegeben werden kann, die Grundlage für die Berechnung des Preises, die dem Verbraucher eine Überprüfung des Preises ermöglicht,
4. mögliche weitere Steuern und Kosten, die nicht über den Unternehmer abgeführt oder von ihm in Rechnung gestellt werden, und
5. das Bestehen oder Nichtbestehen eines Widerrufsrechts sowie für den Fall, dass ein Widerrufsrecht besteht, auch die Widerrufsfrist und die Bedingungen, Einzelheiten der Ausübung und die Rechtsfolgen des Widerrufs einschließlich Informationen über den Betrag, den der Verbraucher im Falle des Widerrufs nach § 357b des Bürgerlichen Gesetzbuchs für die erbrachte Leistung zu zahlen hat.

Satz 1 gilt nur, wenn der Unternehmer den Verbraucher darüber informiert hat, dass auf Wunsch weitere Informationen übermittelt werden können und welcher Art diese Informationen sind, und der Verbraucher ausdrücklich auf die Übermittlung der weiteren Informationen vor Abgabe seiner Vertragserklärung verzichtet hat.

§ 2 Weitere Informationspflichten

(1) Der Unternehmer hat dem Verbraucher rechtzeitig vor Abgabe von dessen Vertragserklärung die folgenden Informationen auf einem dauerhaften Datenträger mitzuteilen:
1. die Vertragsbestimmungen einschließlich der Allgemeinen Geschäftsbedingungen und
2. die in § 1 Absatz 1 genannten Informationen.

Wird der Vertrag auf Verlangen des Verbrauchers telefonisch oder unter Verwendung eines anderen Fernkommunikationsmittels geschlossen, das die Mitteilung auf einem dauerhaften Datenträger vor Vertragsschluss nicht gestattet, hat der Unternehmer dem Verbraucher abweichend von Satz 1 die Informationen unverzüglich nach Abschluss des Fernabsatzvertrags zu übermitteln.

(2) Der Verbraucher kann während der Laufzeit des Vertrags vom Unternehmer jederzeit verlangen, dass dieser ihm die Vertragsbedingungen einschließlich der Allgemeinen Geschäftsbedingungen in Papierform zur Verfügung stellt.

(3) Zur Erfüllung seiner Informationspflicht nach Absatz 1 Satz 1 Nummer 2 in Verbindung mit § 1 Absatz 1 Nummer 12 über das Bestehen eines Widerrufsrechts kann der Unternehmer dem Verbraucher das in der Anlage 3 vorgesehene Muster für die Widerrufsbelehrung bei Finanzdienstleistungsverträgen zutreffend ausgefüllt in Textform übermitteln.

ÜBERSICHT

I. Normzweck und Systematik ... 1–3	d) Anschriften für Beschwerden, Nr 4 18
II. Informationspflicht und Vertragsinhalt 4–10	e) Gesamtpreis, Nr 5 19
1. Die Einigung gemäß §§ 145, 147 .. 4	f) Automatisierte Entscheidungsfindung über den Preis, Nr 6 .. 20–23
2. Allgemeine Geschäftsbedingungen des Unternehmers 5, 6	g) Fracht-, Liefer-, Versand- und sonstige Kosten, Nr 7 24
3. Dissensfälle und konkludente Verabredungen 7	h) Gesamtpreis bei unbefristeten Verträgen, Nr 8 25
4. Die ausdrücklich abweichende Vereinbarung 8, 9	i) Kosten für Fernkommunikationsmittel, Nr 9 26
5. Nachträgliche Abweichung 10	j) Zahlungs-, Liefer- und Leistungsbedingungen, Nr 10 27
III. Informationspflichten gemäß Abs 1 iVm EGBGB Art 246a 11–80	k) Gesetzliches Mängelhaftungsrecht, Nr 11 28
1. Gemäß § 1 Abs 1 zu erteilende Informationen 11–35	l) Kundendienstleistungen und Garantien, Nr 12 29
a) Wesentliche Eigenschaften des Vertragsgegenstands, Nr 1 12	m) Verhaltenskodizes, Nr 13 30
b) Identität des Unternehmers, Nr 2 13–15	n) Laufzeit und Kündigung von Dauerschuldverhältnissen, Nr 14 31
c) Kommunikationsmittel, Nr 3 .. 16, 17	o) Mindestlaufzeit von Dauerschuldverhältnissen, Nr 15 32

p)	Kaution und sonstige finanzielle Sicherheiten, Nr 16	33
q)	Funktionsweise und Interoperabilität bei Waren mit digitalen Elementen oder digitalen Produkten, Nr 17 und 18	34
r)	Außergerichtliche Rechtsbehelfs- und Beschwerdeverfahren, Nr 19	35
2.	Informationen über ein bestehendes Widerrufsrecht, § 1 Abs 2	36–46
a)	Allgemeines	36–38
b)	Bedingungen, Fristen und Verfahren, Nr 1	39–42
c)	Kosten der Rücksendung, Nr 2 .	43, 44
d)	Wertersatzpflicht, Nr 3	45, 46
3.	Informationen bei einem nicht bestehenden Widerrufsrecht, § 1 Abs 3 . .	47, 48
4.	Erleichterte Informationspflichten bei Reparatur- und Instandhaltungsarbeiten, § 2	49–57
a)	Normzweck	49, 50
b)	Die erfassten Instandhaltungs- und Reparaturarbeiten	51, 52
c)	Abschriften, Abs 3	53
d)	Zu erteilende Informationen, Abs 1 und 2	54–57
5.	Erleichterte Informationspflichten bei begrenzter Darstellungsmöglichkeit, § 3	58–66
a)	Normzweck	58
b)	Zum Vertragsschluss verwendete Fernkommunikationsmittel . . .	59, 60
c)	Begrenzte Darstellungsmöglichkeiten	61–65
d)	Rechtsfolgen	66
6.	Formale Anforderungen an die Erfüllung der Informationspflichten, § 4 .	67–80
a)	Das Transparenzgebot, Abs 1 . .	68–71
b)	Außergeschäftsraumverträge, Abs 2	72, 73
c)	Fernabsatzverträge, Abs 3	74–80
aa)	Der Grundsatz der mediengerechten Information	74
bb)	Informationen auf Webseiten	75–77
cc)	Informationen per Telefon .	78
dd)	M-Commerce und Teleshopping	79
ee)	Dauerhafte Datenträger . . .	80

IV.	**Informationspflichten gemäß Abs 2 iVm EGBGB Art 246b**	81–126
1.	Allgemeines	81
2.	Gemäß EGBGB Art 246b § 1 Abs 1 zu erteilende Informationen	82–114
a)	Identität des Unternehmers und Unternehmensregister, Nr 1 . . .	83
b)	Hauptgeschäftstätigkeit des Unternehmers und Aufsichtsbehörde, Nr 2	84, 85
c)	Repräsentanten des Unternehmers, Nr 3	86–89
d)	Ladungsfähige Anschrift, Nr 4 . .	90–92
e)	Wesentliche Merkmale der Finanzdienstleistung, Nr 5	93, 94
f)	Gesamtpreis, Nr 6	95
g)	Zusätzliche Kosten, Nr 7	96
h)	Spezielle Risiken, Nr 8	97, 98
i)	Gültigkeitsdauer der zur Verfügung gestellten Informationen, Nr 9	99, 100
j)	Zahlung und Erfüllung, Nr 10 .	101
k)	Zusätzliche Kosten für die Benutzung des Fernkommunikationsmittels, Nr 11	102
l)	Widerrufsrecht, Nr 12	103–105
m)	Mindestlaufzeit des Vertrags, Nr 13	106
n)	Kündigungsbedingungen, Nr 14	107, 108
o)	Anwendbares Recht, Nr 15 . . .	109
p)	Rechtswahl und vereinbarter Gerichtsstand, Nr 16	110
q)	Vertragssprache, Nr 17	111, 112
r)	Außergerichtliche Beschwerdeverfahren, Nr 18	113
s)	Garantiefonds und Entschädigungsregeln, Nr 19	114
3.	Bei Telefongesprächen zur Verfügung zu stellende Informationen	115–119
4.	Die weiteren Informationspflichten gemäß EGBGB Art 246b § 2	120–126
a)	Die Grundregel des EGBGB Art 246b § 2 Abs 1 S 1	120
b)	Telefonischer Vertragsschluss gemäß EGBGB Art 246b § 2 Abs 1 S 2	121–124
c)	Vertragsbedingungen in Papierform	125, 126

I. Normzweck und Systematik

§ 312d ist die **Umsetzung des Informationsmodells** für Außergeschäftsraum- und Fernabsatzverträge. Gegenüber den allgemeinen und für alle Verbraucherverträge geltenden Regeln über Informationspflichten sind sie gemäß § 312a Abs 2 Satz 3 systematisch vorrangig. Dabei verfolgt der Gesetzgeber dieselbe Regelungstechnik wie bei § 312a Abs 2. Danach wird die Informationspflicht im BGB lediglich angeordnet und die Ausgestaltung der konkreten Pflichten in das EGBGB verlagert[1]. Dadurch soll dieser ohnehin kaum übersichtlich ausgestaltete Regelungskomplex wenigstens etwas besser fassbar gemacht werden. Innerhalb des § 312d erfahren die Verträge über Finanzdienstleistungen eine gegenüber Abs 1 systematisch vorrangige[2] Sonderregelung in Abs 2. Die konkret zu erteilenden Informationen finden sich in EGBGB Art 246a und in EGBGB Art 246b. Die unionsrechtlichen Grundlagen sind jeweils RL 2011/83/EU Art 6 und Art 7. 1

Die in § 312d angeordneten Informationspflichten sollen das Informationsdefizit des Verbrauchers bewältigen, welches aus der Kombination seiner Stellung als Verbraucher und den besonderen Situationen des Vertragsschlusses außerhalb von Geschäftsräumen bzw im Fernabsatz resultiert. Ergibt sich – wie es etwa im Verbraucherkreditrecht der Fall ist – **aus dem Gegenstand des Vertrags ein darüber hinausgehender Informationsbedarf**, sind die entsprechenden Vor- 2

---

1   BT-Drucks 17/12637, 51.
2   BT-Drucks 17/12637, 74; MünchKommBGB/Wendehorst Rz 4.

schriften neben § 312d anzuwenden, sofern nicht ausnahmsweise etwas anderes angeordnet ist oder sich aus der Natur des jeweils betroffenen Rechtsverhältnisses ergibt[3].

3 Wegen der **Rechtsfolgen eines Verstoßes gegen die Informationspflichten** gelten dieselben Grundsätze wie für den Verstoß gegen § 312a Abs iVm EGBGB Art 246 (§ 312a Rz 56 ff).

II. Informationspflicht und Vertragsinhalt

4 1. **Die Einigung gemäß §§ 145, 147.** Gemäß Abs 1 Satz 2 werden die in Erfüllung der Informationspflicht gemachten Angaben des Unternehmers Inhalt des Vertrags, es sei denn, die Vertragsparteien haben ausdrücklich etwas anderes vereinbart. Unionsrechtliche Grundlage dieser Vorschrift ist RL 2011/83/EU Art 6 Abs 5. Sie gilt trotz der systematischen Stellung sowohl für Verträge gemäß Abs 1 als auch für Verträge gemäß Abs 2[4]. Der genaue Regelungsgehalt erschließt sich jedenfalls nicht auf den ersten Blick. So legen die Parteien die **essentialia des Vertrags** jedenfalls bei punktuellen Austauschverträgen durch eine selbständige Einigung gemäß §§ 145, 147 fest. Über das Fehlen einer solchen Grundabrede kann auch Abs 1 Satz 2 nicht hinweghelfen. Weichen die getroffene Verabredung und die in Erfüllung des § 312d gegebenen Informationen voneinander ab, so ordnet Abs 1 Satz 2 unmittelbar selbst den Vorrang der ausdrücklichen Parteiabrede an.

5 2. **Allgemeine Geschäftsbedingungen des Unternehmers.** Zahlreiche der aufgrund von § 312d zur Verfügung zu stellenden Informationen sind typischerweise in Allgemeinen Geschäftsbedingungen (AGB) des Unternehmers enthalten. Betroffen sind etwa die Zahlungs-, Liefer- und Leistungsbedingungen, Vertragslaufzeiten und Kündigungsbedingungen bei Dauerschuldverhältnissen oder die Ansprüche des anderen Teils im Fall von Leistungsstörungen. Beachtet der Unternehmer hierbei die formalen Anforderungen gemäß EGBGB Art 246a § 4, sind praktisch keine Konstellationen vorstellbar, in denen die AGB nicht bereits aufgrund von § 305 Abs 2, § 305c zum Vertragsbestandteil werden. Wiederum läuft Abs 1 Satz 2 ins Leere. Zwar mögen die **Einbeziehungsvoraussetzungen gemäß § 305 Abs 2** zuweilen hinter den Geboten aus EGBGB Art 246a § 4 zurückbleiben. Insbesondere kann die nur mündliche Mitteilung der AGB unter Umständen ausreichen[5]. In einem ernsthaften Konfliktfall wird man **Abs 1 Satz 2 dabei kaum eine verdrängende Wirkung** zuerkennen können[6]. Vielmehr ist der **Verstoß gegen § 312d selbständig zu sanktionieren**, insbesondere über UWG § 3a. Wohl aber ist EGBGB Art 246a § 4 bei der Interpretation der in § 305 Abs 2 enthaltenen unbestimmten Rechtsbegriffe heranzuziehen[7]. Auf diese Weise lassen sich Widersprüche zwischen EGBGB Art 246a § 4 und § 305 Abs 2 mindestens in großem Umfang vermeiden.

6 Der Gesetzgeber sieht für Abs 1 Satz 2 insbesondere dort ein Bedürfnis, wo der Unternehmer dem Verbraucher nach erfolgter Information seine **AGB übersendet, die abweichende Angaben enthalten**[8]. In solchen Fällen können die ursprünglichen Angaben nur dadurch abgeändert werden, dass der Verbraucher den allgemeinen Geschäftsbedingungen ausdrücklich zustimme. Ein schlüssiges Handeln oder ein Schweigen des Verbrauchers auf die Zusendung abweichender AGB sei hierfür nicht ausreichend. Doch lässt sich auch diese Situation ohne Weiteres mit den Mitteln des allgemeinen Vertragsrechts bewältigen. Gibt der Verbraucher nämlich seine Willenserklärung in Kenntnis einer bestimmten, ihm von dem Unternehmer mitgeteilten Informationslage ab, erscheint diese Informationslage nach §§ 133, 157 auch im Tatbestand seiner Willenserklärung. Im Verhältnis zu nachgereichten AGB liegt dann eine vorrangige Individualabrede iSd § 305b vor. Immerhin hat Abs 1 Satz 2 hier aber klarstellende Funktion.

7 3. **Dissensfälle und konkludente Verabredungen.** Dem Wortlaut nach kommt eine Anwendung von Abs 1 Satz 2 allerdings bei **offenen Einigungsmängeln** in Betracht. Präsentiert also der Unternehmer die gesetzlich geforderten Informationen und stößt dabei auf den Widerspruch des Verbrauchers, dürfte angesichts von Abs 1 Satz 2 jedenfalls dort kein Rückgriff auf § 154 Abs 1 möglich sein, wo die Parteien den Vertrag trotz des Widerspruchs in Vollzug gesetzt haben. Der Vertrag wäre dann seinem vollem Umfang nach gültig, und zwar mit der unternehmerischen Information als verbindlichem Inhalt. Für den **verdeckten Einigungsmangel** iSd § 155 ergibt sich demgegenüber praktisch kein Überschneidungsbereich. Allenfalls kann man an Konstellatio-

---

3 HK-BGB/Schulte-Nölke Rz 10; NK-BGB/Ring Rz 7.
4 BeckOK BGB/Martens Rz 7; Grüneberg/Grüneberg Rz 3.
5 MünchKommBGB/Basedow § 305 Rz 64; BeckOK BGB/Becker § 305 Rz 47.
6 Grigoleit NJW 2002, 1151, 1156; HK-BGB/Schulte-Nölke Rz 9; BeckOGK BGB/Busch Rz 23; Grüneberg/Grüneberg Rz 4; aA MünchKommBGB/Wendehorst Rz 13; Kramme NJW 2015, 279, 281.
7 MünchKommBGB/Wendehorst Rz 13; NK-BGB/Ring Rz.
8 BT-Drucks 17/12637, 54.

nen des Erklärungsdissenses[9] denken, etwa wenn der Unternehmer sich bei der Erstellung der Vertragsinformation verschreibt oÄ. Auch in dieser Situation wäre der Vertrag mit der von dem Unternehmer fehlerhaft erstellten Information zunächst wirksam zustande gekommen. Schließlich mag man an Fälle denken, in denen der Verbraucher und der Unternehmer lediglich **konkludent von einer erteilten Vertragsinformation abweichen**. So liegt es etwa, wenn die Parteien allein durch schlüssiges Verhalten zum Ausdruck bringen, dass die Kaufsache bestimmte Beschaffenheitsmerkmale haben und sich außerdem zu einer bestimmten Verwendung eignen soll. Nun mag es sein, dass die konkrete Ware sich zu ebendieser Verwendung nicht eignet, was aus der nach EGBGB Art 246a § 1 Abs 1 Satz 1 Nr 1 mitgeteilten Beschaffenheitsbeschreibung auch deutlich hervorgeht. Nach § 434 Abs 2 Satz 1 Nr 1 und Nr 2 muss die Kaufsache an sich sowohl die vereinbarten Beschaffenheitsmerkmale aufweisen als auch zu der vertraglich vorausgesetzten Verwendung geeignet sein. Nimmt man den Wortlaut von Abs 1 Satz 2 ernst, wird indes stets und nur die mitgeteilte Beschaffenheit zum Vertragsinhalt.

4. **Die ausdrücklich abweichende Vereinbarung**. Es liegt auf der Hand, dass diese Ergebnisse nicht sachgerecht sind. So wäre etwa im Fall der konkludent vereinbarten Verwendungseignung die den Informationen gemäß EGBGB Art 246a § 1 Abs 1 Nr 1 entsprechende Lieferung vertragskonform, wohingegen die der individuellen Parteiabrede entsprechende Lieferung sachmangelhaft wäre. Abs 1 Satz 2 wirkte sich somit für beide Parteien gleichermaßen nachteilig aus. Das entspricht freilich mitnichten dem hinter der Norm stehenden Regelungskonzept. Verhindert werden sollte hiermit nämlich lediglich, dass der Unternehmer von den mitgeteilten Informationen mittels der übrigen Vertragsgestaltung zu Lasten des Verbrauchers abzuweichen versucht[10]. Berücksichtigen lässt sich dieser Regelungszweck bei dem Tatbestandsmerkmal der **ausdrücklich abweichenden Vereinbarung**. Zwar mag die ausdrückliche Erklärung im herkömmlichen zivilrechtlichen Sprachgebrauch den begrifflichen Gegensatz zur konkludenten Erklärung bilden. Doch zeigte sich bereits in Zusammenhang mit § 312a Abs 3, dass dieses Verständnis nicht durchgängig Geltung beanspruchen kann (§ 312a Rz 68 f). Vielmehr ist eine ausdrückliche Erklärung des Verbrauchers insbesondere dort anzunehmen, wo er ihren Inhalt mit dem Unternehmer individuell ausgehandelt oder sogar von sich aus formuliert hat. Es geht bei diesem Tatbestandsmerkmal lediglich darum, dass der Unternehmer dem Verbraucher nicht unbemerkt neue Erklärungen unterschieben soll. Nichts anderes gilt für das Begriffsverständnis bei Abs 1 Satz 2[11]. Folglich setzt sich das individuell erzielte Verhandlungsergebnis stets gegenüber abweichenden Informationen gemäß EGBGB Art 246a § 1 Abs 1 Satz 1 Nr 1 durch, und zwar namentlich auch dann, wenn die Parteien dabei Erklärungszeichen verwenden, die nach gewöhnlichem Verständnis als konkludent anzusehen sind.

Ungeklärt bleiben damit freilich noch die **Dissensfälle**, da es dort definitionsgemäß bereits an einer Vereinbarung fehlt. Insoweit wird man Abs 1 Satz 2 dahingehend interpretieren müssen, dass seine Anwendung das Bestehen einer Grundeinigung der Parteien voraussetzt. Mit anderen Worten regelt die Vorschrift lediglich Meinungsverschiedenheiten über den Inhalt eines geschlossenen Vertrags. Auf diese Weise bleiben die Anwendungsbereiche der §§ 154, 155 unberührt.

5. **Nachträgliche Abweichung**. Auch die nachträgliche Änderung der ursprünglich erteilten Informationen ist grundsätzlich nur durch eine ausdrückliche Parteivereinbarung möglich[12]. Auch dies ergibt sich unabhängig von Abs 1 Satz 2 bereits aus § 311 Abs 1. Für Dauerschuldverhältnisse ist § 308 Nr 5 jedoch systematisch vorrangig.

III. Informationspflichten gemäß Abs 1 iVm EGBGB Art 246a

1. **Gemäß § 1 Abs 1 zu erteilende Informationen**. Hinsichtlich der Inhalte sowie der Art und Weise der Information ist EGBGB Art 246a in vier einzelne Paragraphen unterteilt. § 1 regelt dabei den Inhalt der Informationspflicht, §§ 2 und 3 gewähren gewisse Erleichterungen in spezifischen Fällen und § 4 trifft Anordnungen über die Art und Weise der Informationserteilung.

a) **Wesentliche Eigenschaften des Vertragsgegenstands, Nr 1**. Gemäß EGBGB Art 246a § 1 Abs 1 Satz 1 Nr 1 ist der Unternehmer verpflichtet, dem Verbraucher die wesentlichen Eigenschaften der Waren oder Dienstleistungen in dem für das Kommunikationsmittel und für die Waren und Dienstleistungen angemessenen Umfang mitzuteilen. Die Vorschrift ist wortlautidentisch mit

---

9 Vgl MünchKommBGB/Busche § 155 Rz 11.
10 Jauernig/Stadler Rz 2; Kramme NJW 2015, 279, 280.
11 MünchKommBGB/Wendehorst Rz 8; BeckOGK BGB/Busch Rz 8; Prütting/Wegen/Weinreich/Stürner Rz 8; Erman/Koch Rz 37.
12 Staud/Thüsing Rz 148; MünchKommBGB/Wendehorst Rz 8; Prütting/Wegen/Weinreich/Stürner Rz 8.

RL 2011/83/EU Art 6 Abs 1 lit a). Im Unterschied zu EGBGB Art 246 Abs 1 Nr 1 (§ 312a Rz 28 ff) ist hier nicht von einem Datenträger, sondern von einem Kommunikationsmittel die Rede. Inhaltliche Abweichungen sind damit nicht verbunden[13].

13   b) **Identität des Unternehmers, Nr 2.** Gemäß EGBGB Art 246a § 1 Abs 1 Satz 1 Nr 2 ist der Unternehmer verpflichtet, den Verbraucher zu informieren über seine Identität, beispielsweise seinen Handelsnamen sowie die Anschrift des Ortes, an dem er niedergelassen ist, sowie ggf über die Anschrift und die Identität des Unternehmers, in dessen Auftrag er handelt. Die Vorschrift setzt die Vorgaben aus RL 2011/83/EU Art 6 Abs 1 lit b) und lit c) um. Soweit es um die Identität des Unternehmers und den Ort seiner Niederlassung geht, entspricht die Vorschrift **EGBGB Art 246 Abs 1 Nr 2** (§ 312a Rz 32).

14   Weiter wird hier über EGBGB Art 246 Abs 1 Nr 2 hinausgehend verlangt, dass der Unternehmer auch die Identität und Anschrift eines weiteren Unternehmers mitteilt, **in dessen Auftrag** er handelt. Diese erweiterte Mitteilungspflicht ähnelt sehr stark § 312a Abs 1 (§ 312a Rz 8 ff). Freilich ergibt sich bereits aus dem **Offenkundigkeitsprinzip der Stellvertretung**, dass der Geschäftsherr grundsätzlich eindeutig zu bezeichnen ist, wenn derjenige, der die Willenserklärung gegenüber dem anderen Teil formuliert, nicht oder nicht allein Vertragspartner werden soll. Allerdings wird man § 312d Abs 1 iVm EGBGB Art 246a Abs 1 Satz 1 Nr 2 als Anordnung verstehen müssen, dass für die erfassten Vertragstypen ein **rechtsgeschäftliches Handeln für den, den es angeht**, seitens des Unternehmers ausgeschlossen ist[14]. Erfasst sind zum einen die Fälle, in denen dem Verbraucher eine Mehrheit von Unternehmern als Vertragspartner gegenüberstehen soll. Weiter geht es aber auch um die Fälle, in denen dem Verbraucher ein **Bote** des Unternehmers oder ein **Stellvertreter** begegnet, der ausschließlich in fremdem Namen handelt. In diesen Fällen sind sowohl der Vertragspartner als auch der für diesen handelnde Vertreter oder Bote identifizierbar zu machen[15]. Kann der Verbraucher die von dem Unternehmer beauftragte Person nämlich nicht namhaft machen, schränkt dies im Streitfall die effektive Verfolgung seiner Ansprüche ein.

15   Wird der Vertrag im Rahmen einer **öffentlich zugänglichen Versteigerung** geschlossen, können gemäß EGBGB Art 246a § 1 Abs 1 Satz 2 anstelle der Angaben nach Nr 2 bis Nr 4 die entsprechenden Angaben des Versteigerers zur Verfügung gestellt werden. Das beruht auf RL 2011/83/EU Art 6 Abs 3. Der Begriff der öffentlichen Versteigerung ist dabei in RL 2011/83/EU Art 2 Nr 13 legaldefiniert. Namentlich die Online-Versteigerung ist hiervon nicht umfasst[16]. Zwar mag es sein, dass der Verbraucher in dieser Konstellation den Namen seines Vertragspartners zunächst nicht erfährt. Das ist allerdings von den offenen Geschäften für den, den es angeht – zu denen auch die in EGBGB Art 246a § 1 Abs 1 Satz 2 geregelte Situation gehört –, bekannt und im Grundsatz nicht problematisch. Denn wenn der Vertreter die Identität des objektiv feststehenden Geschäftsherrn zunächst nicht preisgibt, kann der andere wegen des damit verbundenen Risikos von dem Geschäft absehen[17]. Eine auch nach dem Vertragsschluss fortgesetzte Weigerung, die Identität des Geschäftsherrn preiszugeben, führt zur Eigenhaftung des Vertreters entsprechend § 179[18]. Bei Nichthervortreten des Handelns in fremdem Namen liegt ohnehin ein Eigengeschäft vor. Im Übrigen dürfte für EGBGB Art 246a § 1 Abs 1 Satz 2 ohnehin nur ein sehr schmaler praktischer Anwendungsbereich gegeben sein, da öffentliche Versteigerungen regelmäßig in Geschäftsräumen stattfinden.

16   c) **Kommunikationsmittel, Nr 3.** Aufgrund von Nr 3 hat der Unternehmer den Verbraucher zu informieren über seine **Telefonnummer**, seine **E-Mail-Adresse** sowie ggf andere von ihm zur Verfügung gestellte **Online-Kommunikationsmittel**, sofern diese gewährleisten, dass der Verbraucher seine Korrespondenz mit dem Unternehmer, einschließlich deren Datum und deren Uhrzeit, auf einem dauerhaften Datenträger speichern kann. Nr 3 wurde in dieser Form durch Gesetz vom 10. August 2021[19] in den Katalog der Informationspflichten aufgenommen. Diese Ergänzung hat ihrerseits ihre Grundlage in RL 2019/2161 Art 4 Nr 4 lit a) i)[20]. Die Informationspflicht trägt den üblichen Kommunikationsmitteln im Fernabsatz Rechnung und soll sicherstellen, dass der Verbraucher auf diesen üblichen Wegen schnell und effizient zu dem Unternehmer

---

13 BeckOK BGB/Martens EGBGB Art 246a § 1 Rz 4; MünchKommBGB/Wendehorst Rz 19; Staud/Thüsing Rz 16.
14 Vgl Staud/Schilken BGB Vorbem zu §§ 164 ff Rz 51.
15 AA MünchKommBGB/Wendehorst Rz 22; in diese Richtung auch BeckOGK/Busch EGBGB Art 246a § 1 Rz 14.
16 Erwägungsgrund 24 RL 2011/83/EU; Umsetzungsleitfaden GD-Justiz RL 2011/83/EU.
17 MünchKommBGB/Schubert § 164 Rz 125.
18 MünchKommBGB/Schubert § 164 Rz 125; Staud/Schilken BGB Vorbem zu §§ 164 ff Rz 51.
19 BGBl I, S 3483.
20 Richtlinie (EU) 2019/2161 des Europäischen Parlaments und des Rates vom 27. November 2019 zur Änderung der Richtlinie 93/13/EWG des Rates und der Richtlinien 98/6/EG, 2005/29/EG und 2011/83/EU des Europäischen Parlaments und des Rates zur besseren Durchsetzung und Modernisierung der Verbraucherschutzvorschriften der Union, ABl Nr L 328/7.

Kontakt aufnehmen kann[21]. Die Gesetzgeber halten das **Telefax** für einen überholten Kommunikationsweg und haben es deshalb aus den Gegenständen der Informationspflicht herausgenommen[22]. Neu eingeführt wurden demgegenüber die anderen Online-Kommunikationsmittel, für die Messengerdienste ein prominentes Beispiel sind[23]. Für die Speicherung auf einem dauerhaften Datenträger gilt § 126b Satz 2.

Mit Nr 3 ist zwar **keine Pflicht** verbunden, bestimmte Kommunikationskanäle erst zu etablieren. Ebenso wäre eine nationale Vorschrift, die den Unternehmer zur Einrichtung von bestimmten Kanälen zur Kommunikation mit den Verbrauchern verpflichtete, unionsrechtlich unzulässig[24]. Vielmehr ist eine Mitteilung an sich lediglich geboten, sofern und soweit der Unternehmer über die genannten Kommunikationsmittel verfügt und sie auch zur Kundenkommunikation einsetzt[25]. Dementsprechend bezieht sich die Informationspflicht auch nur auf die Telefonnummern, E-Mail-Adressen etc, die der Unternehmer für die Kommunikation mit Verbrauchern und nicht ausschließlich für andere geschäftliche Zwecke verwendet[26]. Gleichwohl ist der Unternehmer verpflichtet, jedem Verbraucher jedenfalls irgendein Kommunikationsmittel zur Verfügung zu stellen, über das dieser schnell mit ihm in Kontakt treten und effizient mit ihm kommunizieren kann[27]. 17

d) **Anschriften für Beschwerden, Nr 4**. Nr 4 betrifft den Fall, dass der Unternehmer Beschwerden unter einer anderen Anschrift als derjenigen seiner Niederlassung entgegennimmt[28]. Um dem Verbraucher eine möglichst effiziente Geltendmachung seiner Beschwerden zu ermöglichen[29], hat der Unternehmer auch diese Anschrift anzugeben. Unionsrechtlicher Hintergrund ist RL 2011/83/EU Art 6 Abs 1 lit d). Die Vorschrift erlegt dem Unternehmer nicht die Pflicht auf, eine solche besondere Beschwerdestelle einzurichten. Gleichzeitig gestattet sie ihm auch nicht die Zurückweisung von Beschwerden, die ihn auf anderen Kommunikationskanälen erreichen[30]. Erfolgt der Vertragsschluss durch eine öffentliche Versteigerung, können die Angaben über die Beschwerdestelle des Unternehmers gemäß EGBGB Art 246a § 1 Abs 1 Satz 2 wiederum durch die entsprechenden Angaben über den Versteigerer ersetzt werden. 18

e) **Gesamtpreis, Nr 5**. Nr 5 verpflichtet den Unternehmer zur Information über den Gesamtpreis der Waren oder Dienstleistungen einschließlich aller Steuern und Abgaben, oder in den Fällen, in denen der Preis auf Grund der Beschaffenheit der Waren oder Dienstleistungen vernünftigerweise nicht im Voraus berechnet werden kann, über die Art der Preisberechnung. Die Vorschrift basiert auf RL 2011/83/EU Art 6 Abs 1 lit e) und ist praktisch identisch mit **EGBGB Art 246 Abs 1 Nr 3 Hs 1** (§ 312a Rz 33 ff). Die früher von der Informationspflicht über den Gesamtpreis mitumfassten Fracht-, Liefer-, Versand- und sonstigen Kosten sind mittlerweile in Nr 7 selbständig geregelt. 19

f) **Automatisierte Entscheidungsfindung über den Preis, Nr 6**. Gemäß Nr 6 hat der Unternehmer ggf den Hinweis zu erteilen, dass der Preis auf der Grundlage einer automatisierten Entscheidungsfindung personalisiert wurde. Hintergrund ist, dass nicht jede Ware oder Dienstleistung für jeden Verbraucher denselben Preis kostet. Vielmehr setzen Unternehmen unterschiedlicher Branchen Datenverarbeitungstechniken ein, um zu prognostizieren, welchen Preis der konkrete Verbraucher die nachgefragte Ware oder Dienstleistung zu zahlen bereit ist[31]. Mittels dieser Information soll der Verbraucher bei seiner Entscheidung über den Vertragsschluss berücksichtigen können, dass ihm gegenüber eine **Preisdiskriminierung** erfolge, wodurch ein Mehr an Transparenz und Fairness erreicht werde[32]. Tatsächlich eröffnet das Wissen um diese datenbasierte Preisbildung die Möglichkeit, diese Mechanismen für sich zu nutzen. So mag der Verbraucher beispielsweise versuchen, die gewünschte Ware oder Dienstleistung zu einem günstigeren Preis zu bekommen, wenn er für den Vertragsschluss ein Endgerät verwendet, das keine oder nur wenige Daten über seine womöglich überdurchschnittlich hohe Kaufkraft preisgibt. 20

Anders als bei zahlreichen anderen Informationen gemäß EGBGB Art 246a § 1 genügt für Nr 6 die Aufnahme in die AGB des Unternehmers nicht den **Anforderungen an eine transparente Verbraucherinformation**[33]. Damit die Information den gewünschten Zweck erfüllen kann, ist es tatsächlich erforderlich, dass sie unmittelbar neben dem Preis gut lesbar angezeigt wird. Inhalt- 21

---

21 BR-Drucks 61/21, 32.
22 Erwägungsgrund 46 zur RL (EU) 2019/2161.
23 BR-Drucks 61/21, 32.
24 EuGH NJW 2019, 3365 Rz 53 – Amazon EU.
25 BeckOK BGB/Martens EGBGB Art 246a § 1 Rz 6; MünchKommBGB/Wendehorst Rz 21; krit BeckOGK BGB/Busch EGBGB Art 246a § 1 Rz 9; Staud/Thüsing Rz 17.
26 EUGH NJW 2020, 2389 Rz 36 – EIS; BGH GRUR 2020, 652 Rz 15 – Rückrufsystem II.
27 EuGH NJW 2019, 3365 Rz 46 – Amazon EU.
28 BeckOGK BGB/Busch EGBGB Art 246a § 1 Rz 15.
29 Erman/Koch Rz 9; MünchKommBGB/Wendehorst Rz 24.
30 BeckOK BGB/Martens EGBGB Art 246a § 1 Rz 9; Staud/Thüsing Rz 21.
31 Vgl Erwägungsgrund 45 zur RL (EU) 2019/2161; BR-Drucks 61/21, 32 f.
32 BR-Drucks 61/21, 33.
33 BR-Drucks 61/21, 33.

lich ist der Hinweis erforderlich, dass der Preis aufgrund personenbezogener Informationen des Verbrauchers automatisiert und gerade für ihn ermittelt wurde.

22 Nr 6 betrifft nur den Fall, dass der Unternehmer aufgrund personenbezogener Daten einen personalisierten Preis für den konkreten Verbraucher festlegt. Nicht unter die Vorschrift fallen deshalb **dynamische Preisgestaltungen**, die schnell und flexibel in Abhängigkeit von der aktuellen Nachfrage am Markt erfolgen[34]. Auch in einem solchen Fall ist Nr 6 jedoch zu beachten, wenn der Unternehmer zusätzlich zu der aktuellen Marktnachfrage auch noch personenbezogene Daten gerade des einzelnen Verbrauchers einfließen lässt.

23 Nr 6 trifft keine Aussage über die Grenzen der **Zulässigkeit einer solchen Preisdiskriminierung**. Verstößt der Unternehmer bei seiner Datenverarbeitung insbesondere gegen DSGVO Art 4 Nr 4 iVm Art 22, ist dieser Verstoß nach Maßgabe der Bestimmungen der DSGVO zu sanktionieren. Der Pflichtenverstoß entbindet nicht von der Informationspflicht gemäß Nr 6.

24 g) **Fracht-, Liefer-, Versand- und sonstige Kosten, Nr 7**. Gemäß Nr 7 hat der Unternehmer den Verbraucher ggf zu informieren über alle zusätzlich zu dem Gesamtpreis nach Nr 5 anfallenden Fracht-, Liefer- oder Versandkosten und über alle sonstigen Kosten, oder in den Fällen, in denen diese Kosten vernünftigerweise nicht im Voraus berechnet werden können, über die Tatsache, dass solche zusätzlichen Kosten anfallen können. Diese Regelung war früher in Nr 3 Hs 2 enthalten. Sie entspricht inhaltlich EGBGB Art 246 Abs 1 Nr 3 Hs 2 (§ 312a Rz 36 ff). Die **Lieferkosten** muss der Unternehmer freilich nur gesondert ausweisen, wenn sie nicht bereits in den angegebenen Endpreis integriert sind. In Online-Shops erfolgt nach der Rechtsprechung eine ordnungsgemäße Angabe der Lieferkosten, wenn sich bei Anklicken oder Ansteuern des Hinweises auf zusätzlich anfallende Versandkosten ein Fenster mit einer übersichtlichen und verständlichen Erläuterung der allgemeinen Berechnungsmodalitäten für die Versandkosten öffnet und außerdem die tatsächliche Höhe der für den Einkauf anfallenden Versandkosten jeweils bei Aufruf des virtuellen Warenkorbs in der Preisaufstellung gesondert ausgewiesen wird[35].

25 h) **Gesamtpreis bei unbefristeten Verträgen, Nr 8**. Gemäß Nr 8 ist der Unternehmer auch bei unbefristeten und Abonnement-Verträgen gehalten, den Gesamtpreis anzugeben. Nach Hs 2 dieser Vorschrift umfasst dieser die pro Abrechnungszeitraum anfallenden Gesamtkosten und, wenn für einen solchen Vertrag Festbeträge in Rechnung gestellt werden, ebenfalls die monatlichen Gesamtkosten; wenn die Gesamtkosten vernünftigerweise nicht im Voraus berechnet werden können, ist die Art der Preisberechnung anzugeben. Diese Regelung basiert auf RL 2011/83/EU Art 6 Abs 1 lit e) Satz 2. Der Hintergrund ist, dass bei verbrauchsabhängigen Entgelten in Dauerschuldverhältnissen die Angabe eines fixen Endpreises vernünftigerweise vorab nicht möglich ist (§ 312a Rz 35). Für solche Fälle benennt Nr 8 konkretere Eckpunkte für eine ordnungsgemäße Information über die Berechnungsgrundlagen[36].

26 i) **Kosten für Fernkommunikationsmittel, Nr 9**. Nr 9 verpflichtet den Unternehmer zur Information über die Kosten für den Einsatz des für den Vertragsabschluss genutzten Fernkommunikationsmittels, sofern dem Verbraucher Kosten berechnet werden, die über die Kosten für die bloße Nutzung des Fernkommunikationsmittels hinausgehen. Die Vorschrift dient der Umsetzung von RL 2011/83/EU Art 6 Abs 1 lit f) und soll insbesondere den unionsrechtlichen Begriff des Grundtarifs in das deutsche Recht übersetzen. Somit setzt die Informationspflicht voraus, dass die dem Verbraucher auferlegten Kosten diesen Grundtarif übersteigen. Dies beurteilt sich nach denselben Maßstäben wie bei § 312a Abs 5 (§ 312a Rz 95 ff).

27 j) **Zahlungs-, Liefer- und Leistungsbedingungen, Nr 10**. Nr 10 verpflichtet den Unternehmer zur Information über die Zahlungs-, Liefer- und Leistungsbedingungen, den Termin, bis zu dem der Unternehmer die Waren liefern oder die Dienstleistung erbringen muss, und das Verfahren des Unternehmers zum Umgang mit Beschwerden. Die Vorschrift basiert auf RL 2011/83/EU Art 6 Abs 1 lit g) und entspricht inhaltlich **EGBGB Art 246 Abs 1 Nr 4** in vollem Umfang (§ 312a Rz 39 ff)[37].

28 k) **Gesetzliches Mängelhaftungsrecht, Nr 11**. Nr 11 verpflichtet den Unternehmer zur Information über das Bestehen eines gesetzlichen Mängelhaftungsrechts für die Waren oder die digitalen Produkte (§ 327 Abs 1 Satz 1). Die Regelung basiert auf RL 2011/83/EU Art 6 Abs 1 lit l) und ist inhaltlich identisch mit **EGBGB Art 246 Abs 1 Nr 5 Hs 1** (§ 312a Rz 44).

---

34 Erwägungsgrund 45 zur RL (EU) 2019/2161; BR-Drucks 61/21, 33.
35 BGH NJW-RR 2010, 915 Rz 27.
36 MünchKommBGB/Wendehorst Rz 28; Staud/Thüsing Rz 25.
37 BeckOGK BGB/Busch EGBGB Art 246a § 1 Rz 22; MünchKommBGB/Wendehorst Rz 30.

l) **Kundendienstleistungen und Garantien, Nr 12.** Nr 12 verpflichtet den Unternehmer zur **29** Information über ggf bestehende Kundendienste, Kundendienstleistungen und Garantien sowie über die Bedingungen ihrer jeweiligen Inanspruchnahme. Die Regelung basiert auf RL 2011/83/ EU Art 6 Abs 1 lit m) und ist wortlautidentisch mit **EGBGB Art 246 Abs 1 Nr 5 Hs 2** (§ 312a Rz 45).

m) **Verhaltenskodizes, Nr 13.** Nr 13 verpflichtet den Unternehmer zur Information über ggf **30** bestehende einschlägige Verhaltenskodizes gemäß RL 2005/29/EG Art 2 lit f) sowie darüber, wie Exemplare davon erhalten werden können. Unionsrechtliche Grundlage ist RL 2011/83/EU Art 6 Abs 1 lit n). Gemäß der in Bezug genommenen Legaldefinition ist ein Verhaltenskodex eine Vereinbarung oder ein Vorschriftenkatalog, die bzw der nicht durch die Rechts- und Verwaltungsvorschriften eines Mitgliedstaates vorgeschrieben ist und das Verhalten der Gewerbetreibenden definiert, die sich in Bezug auf eine oder mehrere spezielle Geschäftspraktiken oder Wirtschaftszweige auf diesen Kodex verpflichten. Gemeint sind freiwillige Selbstverpflichtungen, die von Branchenverbänden formuliert werden, wie etwa der „Kodex Deutschland für Telekommunikation und Medien" (www.dvtm.net)[38]. Eine entsprechende Unternehmerpflicht ist in EGBGB Art 246c Nr 5 auch allgemein im elektronischen Geschäftsverkehr vorgesehen (§ 312i Rz 40 ff).

n) **Laufzeit und Kündigung von Dauerschuldverhältnissen, Nr 14.** Nr 14 verpflichtet den **31** Unternehmer zur Information über die Laufzeit des Vertrags oder die Bedingungen der Kündigung unbefristeter Verträge oder sich automatisch verlängernder Verträge. Die Regelung basiert auf RL 2011/83/EU Art 6 Abs 1 lit o) und ist wortlautidentisch mit **EGBGB Art 246 Abs 1 Nr 6** (§ 312a Rz 47 f). Anders als bei anderen Informationsgegenständen gemäß EGBGB Art 246 Abs 1 wird für die (Mindest)Laufzeit des Vertrags eine Einbettung in die AGB des Unternehmers nicht für ausreichend erachtet[39].

o) **Mindestlaufzeit von Dauerschuldverhältnissen, Nr 15.** Gemäß Nr 15 hat der Unternehmer den Verbraucher über die Mindestdauer der Verpflichtungen zu informieren, die er mit dem Vertrag eingeht. Unionsrechtliche Grundlage ist RL 2011/83/EU Art 6 Abs 1 lit p). Der Inhalt dieser Information lässt sich nicht sinnvoll von derjenigen aus Nr 14 trennen. Neben dieser hat Nr 15 folglich keine selbständige Bedeutung[40]. **32**

p) **Kaution und sonstige finanzielle Sicherheiten, Nr 16.** Nr 16 verpflichtet den Unternehmer zur Information über die Tatsache, dass der Unternehmer vom Verbraucher ggf die Stellung einer Kaution oder die Leistung anderer finanzieller Sicherheiten verlangen kann, sowie über deren Bedingungen. Unionsrechtliche Grundlage ist RL 2011/83/EU Art 6 Abs 1 lit q). Derlei Sicherheiten mögen in einzelnen Fällen bereits den Lieferbedingungen zuzuordnen sein, was insbesondere für den Eigentumsvorbehalt gilt (§ 312a Rz 42). Erfasst sind auch Sicherheitsleistungen etwa in Form von Barkaution, Sperrung eines Betrages auf einer Kredit- oder Debitkarte oÄ[41]. **33**

q) **Funktionsweise und Interoperabilität bei Waren mit digitalen Elementen oder digitalen Produkten, Nr 17 und Nr 18.** Nr 17 und Nr 18 verpflichten den Unternehmer zur Information über die Funktionsweise von Waren mit digitalen Elementen oder von digitalen Produkten, einschließlich anwendbarer technischer Schutzmaßnahmen, und, soweit wesentlich, über die Kompatibilität und die Interoperabilität und der Waren mit digitalen Elementen oder der digitalen Produkte, soweit diese Informationen dem Unternehmer bekannt sind oder bekannt sein müssen. Unionsrechtliche Grundlagen sind RL 2011/83/EU Art 6 Abs 1 lit r) und lit s). Die Regelung ist identisch mit **EGBGB Art 246 Abs 1 Nr 7 und Nr 8** (§ 312a Rz 49 ff). **34**

r) **Außergerichtliche Rechtsbehelfs- und Beschwerdeverfahren, Nr 19.** Schließlich hat der Unternehmer gemäß Nr 19 den Verbraucher darüber zu informieren, dass und unter welchen Zugangsvoraussetzungen er ein außergerichtliches Beschwerde- und Rechtsbehelfsverfahren nutzen kann, dem der Unternehmer unterworfen ist. Unionsrechtliche Grundlage ist RL 2011/83/EU Art 6 Abs 1 lit t). Die Vorschrift verpflichtet den Unternehmer nicht, sich solchen Verfahren zu unterwerfen[42]. Das Unionsrecht bezieht sich in RL 2002/65/EG Art 14 für den Bereich des Fernabsatzes von Finanzdienstleistungen auf solche Verfahren. Sie sind gekennzeichnet durch ein gewisses Maß an Formalisierung sowie dadurch, dass der Verbraucher sie unmittelbar selbst in Gang setzen kann[43]. Nur über solche Möglichkeiten der außergerichtlichen Streitbeilegung hat der **35**

---

[38] Ohly/Sosnitza/Sosnitza UWG § 2 Rz 83 mit weiteren Beispielen.
[39] OLG München MMR 2019, 249, 250.
[40] MünchKommBGB/Wendehorst Rz 35; BeckOK/Martens EGBGB Art 246a § 1 Rz 20.
[41] BeckOGK BGB/Busch EGBGB Art 246a § 1 Rz 29; Spindler/Schuster/Schirmbacher EGBGB Art 246a Rz 97.
[42] BeckOGK BGB/Busch EGBGB Art 246a § 1 Rz 32.
[43] Staud/Thüsing Rz 45; MünchKommBGB/Wendehorst Rz 39; Erman/Koch Rz 22.

Unternehmer zu informieren[44], insbesondere über Verbraucherschlichtungsstellen iSd VSBG § 2 Abs 1[45].

36 **2. Informationen über ein bestehendes Widerrufsrecht, § 1 Abs 2. – a) Allgemeines.** Dem Verbraucher steht bei Fernabsatz- und außerhalb von Geschäftsräumen geschlossenen Verträgen gemäß § 312g Abs 1 ein Widerrufsrecht zu, soweit kein Ausnahmefall gemäß § 312g Abs 2 eingreift. Mit dem Gewähren dieses Rechts geht die Notwendigkeit einher, den Verbraucher möglichst **umfassend, unmissverständlich und nach seinem eigenen Empfängerhorizont eindeutig** zu belehren[46]. Ein Hinweis auf die gesetzlichen Bestimmungen ist dabei keinesfalls ausreichend[47]. Vielmehr muss die Information durch den Unternehmer im Einzelnen den Vorgaben aus EGBGB Art 246a § 1 Abs 2 genügen. Unionsrechtlich hat diese Informationspflicht ihre Grundlagen in RL 2011/83/EU Art 6 Abs 1 lit h) bis lit j). Im Unterschied zu der allgemeinen Belehrungspflicht aus EGBGB Art 246 Abs 3 (§ 312a Rz 59 ff) werden hier insbesondere die von dem Unternehmer zu bezeichnenden Rechtsfolgen präzisiert. Weitere Abweichungen in den Wortlauten mögen den Besonderheiten des Vertragsschlusses im Fernabsatz oder außerhalb von Geschäftsräumen Rechnung tragen. Grundlegende konzeptionelle Unterschiede sind damit freilich nicht verbunden. Im Hinblick auf die Gesetzesklarheit wäre eine stärkere Annäherung der beiden pflichtenbegründenden Tatbestände allerdings wünschenswert gewesen.

37 EGBGB Art 246a § 1 Abs 2 Satz 2 **fingiert eine ordnungsgemäße Information** über das Widerrufsrecht, wenn der Unternehmer dem Verbraucher das in der Anlage 1 zum EGBGB vorgesehene Muster für die Widerrufsbelehrung zutreffend ausgefüllt in Textform (§ 126b) übermittelt[48]. Unionsrechtlich ist diese Fiktion in RL 2011/83/EU Art 6 Abs 4 vorgesehen. Sie gilt jedoch nur unter den Voraussetzungen, dass der Unternehmer die Belehrung nicht verändert und sie den Gestaltungshinweisen entsprechend ausfüllt und verwendet[49]. Ungeachtet des Entfallens des früheren BGB-InfoV Art 14 Abs 3 ginge es jedoch zu weit, eine vollständig formatgetreue Übernahme der im BGBl veröffentlichten oder auf den Webseiten des BMJV abrufbaren Belehrung zu verlangen[50]. Die Übermittlung des Formulars an den Verbraucher erfordert dabei den Zugang bei diesem[51]. Diesen kann der Unternehmer nicht bewirken, indem er den Verbraucher auf eine Webseite verweist, von der dieser sich die Widerrufsbelehrung herunterladen kann[52]. Weder begründet solch ein Vorgehen des Unternehmers den Eintritt in den Machtbereich, noch genügt es den Anforderungen an die Textform[53].

38 Der Unternehmer ist nicht verpflichtet, die ihm durch Anlage 1 zum EGBGB zur Verfügung gestellte Muster-Widerrufsbelehrung zu verwenden[54]. Allerdings ist ihre Verwendung dringend anzuraten. Wie schwierig es ist, eine den gesetzlichen Anforderungen genügende Widerrufsbelehrung zu formulieren, zeigt allein der Umstand, dass Gesetz- bzw Verordnungsgeber in der Vergangenheit selbst an dieser Aufgabe gescheitert sind[55].

39 b) **Bedingungen, Fristen und Verfahren, Nr 1.** Die ordnungsgemäße Information über das Widerrufsrecht erfordert gemäß Nr 1 zunächst Angaben über die Bedingungen, die Fristen und das Verfahren für die Ausübung des Widerrufsrechts nach § 355 Abs 1 sowie das Muster-Widerrufsformular in der Anlage 2 zum EGBGB. Inhaltlich besteht zunächst ein weitgehender Gleichlauf mit EGBGB Art 246 Abs 3 (§ 312a Rz 59). Mit der Widerrufsbelehrung muss der Unternehmer demnach (i) darauf hinweisen, dass der Verbraucher zum Widerruf eines bestimmt zu bezeichnenden Vertrags[56] berechtigt ist[57], (ii) ferner darauf, dass der Widerruf durch Erklärung gegenüber dem Unternehmer erfolgt und keiner Begründung bedarf[58]; anzugeben sind (iii) weiter der Name und die ladungsfähige Anschrift desjenigen Rechtssubjekts, gegenüber dem der Widerruf zu erklären ist[59], (iv) die Dauer und der Beginn der Widerrufsfrist sowie schließlich (v) der Umstand, dass zur Fristwahrung die rechtzeitige Absendung der Widerrufserklärung genügt[60].

---

44 BeckOK BGB/Martens EGBGB Art 246a § 1 Rz 24; Spindler/Schuster/Schirmbacher EGBGB Art 246a Rz 106.
45 Verbraucherstreitbeilegungsgesetz vom 19. Februar 2016 (BGBl I S 254).
46 BGHZ 172, 58 Rz 13; BGH NJW 2010, 989 Rz 12; NJW-RR 2012, 1197 Rz 19; ZIP 2012, 1509 Rz 27; NZG 2013, 101 Rz 29.
47 LG Wuppertal 2015, 1401, 1402.
48 BGHZ 194, 238 Rz 14.
49 BT-Drucks 17/12637, 75; s auch BGH NJW 2011, 1061 Rz 16; OLG Hamm CR 2015, 462; BeckRS 2015, 8483.
50 Erman/Koch Rz 26; aA BeckOK BGB/Martens EGBGB Art 246a § 1 Rz 35; Staud/Thüsing Rz 48.
51 BT-Drucks 17/12637, 75; Erman/Koch Rz 26.
52 BeckOK BGB/Martens EGBGB Art 246a § 1 Rz 36; BeckOGK BGB/Busch EGBGB Art 246a § 1 Rz 43; aA Staud/Thüsing Rz 48.
53 EuGH ECLI:EU:C:2012:419 = NJW 2012, 2637 Rz 50; BGH NJW 2010, 3566 Rz 19 f; 2014, 2857 Rz 19; HK-BGB/Dörner § 126b Rz 4.
54 BT-Drucks 17/12637, 75.
55 Vgl dazu Föhlisch MMR 2007, 139 ff.
56 OLG Naumburg BeckRS 2018, 16076.
57 BGH GRUR 2019, Rz 21 – Werbeprospekt mit Bestellpostkarte II; OLG Schleswig CR 2019, 390.
58 OLG Schleswig CR 2019, 390.
59 OLG Hamm WRP 2018, 362, 363.
60 LG Paderborn BeckRS 2018, 23627.

Mit Blick auf § 355 stellt sich die Frage, ob der Unternehmer gesondert darauf hinweisen **40** muss, dass die **Widerrufserklärung formlos** – also auch mündlich[61] – erfolgen kann[62]. Dagegen sprechen an sich die Muster-Widerrufsbelehrungen in Anlage 1 zum EGBGB und Anhang I A zur RL 2011/83/EU, in welchen lediglich von „einer eindeutigen Erklärung" die Rede ist, die der Verbraucher an den Unternehmer zu richten habe. Allerdings darf der Unternehmer bei dem Verbraucher auch nicht den irrigen Eindruck erwecken, dass der Widerruf nur schriftlich oder sonst formgebunden erfolgen könne. Deshalb muss der Unternehmer eine für die Zwecke der Kundenkommunikation genutzte Telefonnummer auch in das Formular zur Muster-Widerrufsbelehrung aufnehmen[63]. Telefonnummern, die der Unternehmer für andere geschäftliche Zwecke als die Kommunikation mit Verbrauchern verwendet, müssen demgegenüber nicht angegeben werden[64]. Erst recht besteht für den Unternehmer keine Verpflichtung, eine Telefonnummer für die unmittelbare Kundenkommunikation überhaupt erst einzurichten[65].

Obwohl das Deutlichkeitsgebot (§ 312a Rz 63) nicht ausdrücklich in das Regelungsprogramm **41** von EGBGB Art 246a Abs 3 aufgenommen ist, zählt zur Information über die Bedingungen des Widerrufsrechts auch eine **Information über seine Rechtsfolgen**[66]. Das folgt schon daraus, dass die Muster-Widerrufsbelehrungen in Anlage 1 zum EGBGB und Anhang I A zur RL 2011/83/EU ebenfalls Widerrufsfolgen benennen, und zwar auch solche, die nicht in Nr 2 oder Nr 3 ausdrücklich gefordert sind.

Der Unions- und der nationale Gesetzgeber haben mit Anlage 2 zum EGBGB und Anhang I B **42** zur RL 2011/83/EU Mustererklärungen für die Ausübung des Widerrufsrechts in ihre Normwerke aufgenommen, deren Verwendung freilich nicht vorgeschrieben ist. Nach überwiegender Auffassung hat der Unternehmer den Verbraucher nicht nur auf die Existenz dieser Mustererklärung hinzuweisen, sondern ihm auch ein **Exemplar zur Verfügung zu stellen**[67].

c) **Kosten der Rücksendung, Nr 2.** Nr 2 verpflichtet den Unternehmer ggf zur Information **43** darüber, dass der Verbraucher im Widerrufsfall die Kosten für die Rücksendung der Waren zu tragen hat, und bei Fernabsatzverträgen zusätzlich über die Kosten für die Rücksendung der Waren, wenn die Waren auf Grund ihrer Beschaffenheit nicht auf dem normalen Postweg zurückgesendet werden können. Diese Informationspflicht besteht nur, wenn der **Unternehmer dem Verbraucher diese Kosten auferlegt,** er also die Waren weder selbst abholt noch die Kosten der Rücksendung übernimmt oder übernehmen muss[68].

Einen **Betrag für die entstehenden Kosten** muss der Unternehmer nur mitteilen, wenn eine **44** Rücksendung auf dem normalen Postweg wegen der Eigenart der Waren nicht möglich ist. Zum normalen Postweg zählen dabei die Standardleistungen der Deutsche Post DHL Gruppe[69]. Scheidet ein Rückversand dieser Art aus, kommt der Unternehmer seiner Informationspflicht nach Nr 2 zB dadurch nach, dass er einen Beförderer und einen Preis für die Rücksendung der Waren angibt. Die Regierungsbegründung hält die betragsmäßige Berechnung der Rücksendekosten insbesondere dort für vernünftigerweise nicht möglich, wo der Unternehmer die Rücksendung der Waren nicht selbst organisiere. In solchen Konstellationen soll der Informationspflicht bereits mit dem Hinweis genügt sein, dass Kosten zu entrichten seien und diese Kosten hoch sein können. Weiter sei eine vernünftige Schätzung der Höchstkosten abzugeben, die auf den Kosten der Lieferung an den Verbraucher basieren könne[70].

d) **Wertersatzpflicht, Nr 3.** Verträge über die Lieferung von Waren lassen sich im Widerrufs- **45** fall verhältnismäßig einfach rückabwickeln. Anders liegt es bei Dienstleistungen und manchen anderen unkörperlichen Vertragsgegenständen, die – wurden sie einmal geleistet – als solche nicht herausgabefähig sind. Leistet der Unternehmer in einem solchen Fall, noch ehe das Widerrufsrecht abgelaufen ist, kann bei dessen Ausübung eine Rückabwicklung nur hinsichtlich des Entgelts

---

61 BeckOK BGB/Müller-Christmann § 355 Rz 27; MünchKommBGB/Fritsche § 355 Rz 48; Grüneberg/Grüneberg § 355 Rz 6.
62 Dafür wohl BeckOK BGB/Martens EGBGB Art 246 § 1 Rz 28; Staud/Thüsing Rz 47.
63 EuGH NJW 2020. 2389 Rz 37 f – EIS; BGH GRUR 2019, 961 Rz 23 f – Werbeprospekt mit Bestellpostkarte II; GRUR 2021, 84 Rz 29 – Verfügbare Telefonnummer; GRUR 2021, 752 Rz 54, 56 – Berechtigte Gegenabmahnung; OLG Hamm BeckRS 2017, 155450; aA noch OLG Düsseldorf WRP 2016, 739, 742.
64 EuGH NJW 2020, 2389 Rz 36 – EIS.
65 EuGH NJW 2019, 3365 Rz 48 – Amazon EU; NJW 2020, 2389 Rz 35 – EIS.
66 BeckOGK BGB/Busch EGBGB Art 246a § 1 Rz 33; MünchKommBGB/Wendehorst Rz 42; Schmidt/Brönneke VuR 2013, 448, 451; aA BeckOK BGB/Martens EGBGB Art 246 § 1 Rz 27.
67 BGH GRUR 2017, 930 Rz 31; 2019, 961 Rz 40 – Werbeprospekt mit Bestellkarte II; BGH NJW-RR 2021, 177 Rz 44; OLG Düsseldorf WRP 2016, 739, 742; BeckOK BGB/Martens EGBGB Art 246a § 1 Rz 30; Staud/Thüsing Rz 48; Schmidt/Brönneke VuR 2013, 448, 455; Klocke VuR 2015, 293, 296.
68 OLG Köln WRP 2021, 941, 942; BeckOK BGB/Martens EGBGB Art 246a § 1 Rz 31; MünchKommBGB/Wendehorst Rz 47.
69 MünchKommBGB/Wendehorst Rz 48.
70 BT-Drucks 17/12637, 75; im Anschluss an Erwägungsgrund 36 RL 2011/83/EU.

stattfinden, welches der Unternehmer von dem Verbraucher erhalten hat. Um nicht im Zweifel umsonst geleistet zu haben, wird der Unternehmer mit der **Erfüllung seiner vertraglichen Pflicht nicht vor dem Ablauf der Widerrufsfrist** beginnen. Diese Verzögerung kann für den Verbraucher durchaus sehr nachteilige Auswirkungen haben. Man denke insoweit etwa an den Rechtsanwalt, der zu Beginn einer angeordneten Untersuchungshaft in den Räumen der Justizvollzugsanstalt mandatiert wird.

46 Um dem Unternehmer eine **risikolose Leistungserbringung noch während der laufenden Widerrufsfrist** zu ermöglichen, erlegt § 357a Abs 2 dem Verbraucher eine Pflicht zum Wertersatz für die bis zum Widerruf erbrachte Leistung auf, sofern er von dem Unternehmer ausdrücklich den Leistungsbeginn vor Ablauf der Widerrufsfrist verlangt hat. Erbringt der Unternehmer seine Dienstleistung während der laufenden Widerrufsfrist gar vollständig, erlischt das Widerrufsrecht des Verbrauchers nach Maßgabe von § 356 Abs 4. Nr 3 nimmt die Wertersatzpflicht in Bezug und verpflichtet den Unternehmer zur Information darüber, dass der Verbraucher dem Unternehmer bei einem Vertrag über die Erbringung von Dienstleistungen oder über die nicht in einem bestimmten Volumen oder in einer bestimmten Menge vereinbarte Lieferung von Wasser, Gas, Strom oder die Lieferung von Fernwärme einen angemessenen Betrag nach § 357a Abs 2 für die vom Unternehmer erbrachte Leistung schuldet, wenn der Verbraucher das Widerrufsrecht ausübt, nachdem er auf Aufforderung des Unternehmers von diesem ausdrücklich den Beginn der Leistung vor Ablauf der Widerrufsfrist verlangt hat. Diese Wertersatzpflicht entsteht gemäß § 357a Abs 2 Nr 3 allerdings nur unter der Voraussetzung, dass der Unternehmer den Verbraucher nach EGBGB Art 246a Abs 2 Satz 1 Nr 1 und Nr 3 ordnungsgemäß informiert hat[71].

47 **3. Informationen bei einem nicht bestehenden Widerrufsrecht, § 1 Abs 3.** § 312g Abs 2 enthält mehrere Tatbestände, bei denen ein Widerrufsrecht entweder – das betrifft beispielsweise die Lieferung schnell verderblicher Waren – von vornherein nicht besteht oder noch vor dem Ablauf der Widerrufsfrist erlischt, etwa infolge der Entsiegelung von aus Gründen des Gesundheitsschutzes versiegelten Waren. Da der Unternehmer wegen seiner auf eine Vielzahl gleichartiger Geschäfte gerichteten Tätigkeit idR sehr viel besser als der Verbraucher weiß, ob für den konkreten Fall solch ein Ausschlusstatbestand in Betracht kommt, muss er nach Abs 3 den Verbraucher auch insoweit aktiv informieren. Außerdem muss er die Umstände benennen, die ein vorzeitiges Erlöschen des Widerrufsrechts bewirken können.

48 Nach Auffassung des BGH genügt der Unternehmer seiner Informationspflicht bereits dadurch, dass er dem Verbraucher die **gesetzlichen Tatbestände** mitteilt, unter denen Widerrufsrechte ausgeschlossen sind oder vorzeitig erlöschen[72]. Die Beurteilung, ob einer dieser Tatbestände auf den konkreten Vertragsgegenstand zutrifft, soll dem Verbraucher somit selbst überlassen sein[73]. Vor dem Hintergrund, dass der Unions- und der nationale Gesetzgeber ein abstrakt-generell überlegenes Wissen des Unternehmers unterstellen, kann das jedoch kaum überzeugen. Danach ist vielmehr von einer **konkret auf jeden einzelnen Vertragsgegenstand bezogenen Informationspflicht** auszugehen[74]. Ob die unterstellte Überlegenheit des Unternehmers indes für alle erfassten Konstellationen tatsächlich gegeben ist, ist eine andere Frage. Insbesondere in den Fällen des § 312g Abs 2 Nr 11 geht eine auf die konkrete Leistung bezogene Informationspflicht deutlich über das durch einen angemessenen Verbraucherschutz gebotene Maß hinaus[75]. Einstweilen ist das indes als Resultat einer rechtspolitischen Entscheidung der Gesetzgeber hinzunehmen.

49 **4. Erleichterte Informationspflichten bei Reparatur- und Instandhaltungsarbeiten, § 2.** – a) **Normzweck.** In seiner aktuellen Formulierung erstreckt sich der Begriff des außerhalb von Geschäftsräumen geschlossenen Vertrags auch auf Fälle, in denen der Verbraucher den Unternehmer ausdrücklich in seine Privatwohnung oder einen anderen Nicht-Geschäftsraum gebeten hat, ohne dass der Vertrag bereits anlässlich der Verabredung geschlossen worden wäre[76]. Konkret geht es um **Leistungen, deren Umfang und Gegenleistung erst vor Ort näher spezifiziert werden**. Betroffen sind namentlich Handwerkerleistungen[77]. Rechtfertigen lässt sich diese Ausweitung des Verbraucherschutzes lediglich mit der Erwägung, dass der Verbraucher einem unerwünschten Vertragsschluss in seiner Wohnung nicht durch das Verlassen der Räumlichkeiten entgehen kann[78]. Hinzu kommen mag ein diffuses Gefühl, dem Unternehmer den Geschäftsabschluss schuldig zu sein, da dieser immerhin den Weg hin zum Verbraucher auf sich genommen habe. Gleichwohl lässt sich nicht leugnen, dass der Verbraucher dem Unternehmer in solchen Situatio-

---

71 BGH NJW-RR 2021, 177 Rz 71.
72 BGH NJW 2012, 989 Rz 22.
73 BGH NJW 2012, 989 Rz 24.
74 BeckOK BGB/Martens EGBGB Art 246a § 1 Rz 38; Föhlisch, MMR 2010, 166, 172.
75 MünchKommBGB/Wendehorst Rz 51.
76 Jauernig/Stadler § 312b Rz 3; BeckOGK BGB/Busch § 312b Rz 4.2.
77 BeckOGK BGB/Busch § 312b Rz 4.2; Jauernig/Stadler § 312b Rz 3.
78 BeckOK/Maume § 312b Rz 4; BeckOGK BGB/Busch § 312b Rz 4.1.

nen sehr viel weniger ausgeliefert ist als bei unangekündigten, gewissermaßen überfallartigen Besuchen in seiner Privatwohnung.

Bereits auf unionsrechtlicher Ebene wurde erkannt, dass die Gestaltung des Verbraucherschut- 50 zes durch die RL 2011/83/EU das gebotene Maß an einigen Stellen mehr oder weniger deutlich überschreitet. Aus diesem Grund enthält die RL 2011/83/EU sowohl hinsichtlich des Widerrufsrechts als auch hinsichtlich des Informationsmodells Erleichterungen für bestimmte Verträge über Reparatur- und Instandhaltungsarbeiten. Während RL 2011/83/EU Art 16 lit h) insoweit Ausnahmen vom Widerrufsrecht benennt, ist das Informationsmodell in RL 2011/83/EU Art 7 Abs 4 geregelt. Dort ist den Mitgliedstaaten die Option eröffnet, für wenige Verträge über solche Dienstleistungen gewisse Erleichterungen von den Informationspflichten gemäß EGBGB Art 246a § 1 vorzusehen. Der deutsche Gesetzgeber hat von dieser Option durch EGBGB Art 246a § 2 Gebrauch gemacht[79]. Für die ausgeweiteten Informationspflichten des in die Privatwohnung des Verbrauchers bestellten Unternehmers ist der Ersatz des Haustürgeschäfts durch den Außergeschäftsraumvertrag allerdings nicht allein entscheidend. Wären diese Fälle nämlich nicht von § 312b erfasst, würden immer noch die ebenfalls sehr weitreichenden Informationspflichten gemäß § 312a Abs 2 iVm EGBGB Art 246 eingreifen.

b) **Die erfassten Instandhaltungs- und Reparaturarbeiten.** Vier Voraussetzungen müssen 51 erfüllt sein, damit der Unternehmer in den Genuss der erleichterten Informationspflichten kommt. (1.) Muss ein Außergeschäftsraumvertrag über Reparatur- und Instandhaltungsarbeiten betroffen sein, (2.) müssen die beiderseitigen Leistungen sofort erfüllt werden, (3.) darf die den Verbraucher treffende Vergütungspflicht 200 Euro nicht übersteigen und (4.) muss der Verbraucher die Dienste des Unternehmers ausdrücklich angefordert haben.

Der **Begriff** der Instandhaltungs- und Reparaturarbeiten ist nirgendwo näher beschrieben. 52 Orientieren mag man sich an den notwendigen Verwendungen iSd § 994, da es auch dort um die Sicherung des Bestands einer Sache als solcher geht. Deshalb verdient es Zustimmung, wenn die Instandhaltungs- und Reparaturarbeiten als alle handwerklichen Leistungen im Haushalt beschrieben werden, die dem Erhalt dienen, wie etwa Installateur-, Maler- und Schreinerarbeiten oder eine Heizungsreparatur[80]. Schlüsseldienste leisten nach hM nur Reparatur- oder Instandhaltungsarbeiten, wenn die Tür defekt ist, nicht aber, wenn es um das bloße Aufsperren geht[81]. Die Abgrenzung zu sachändernden Maßnahmen und der Lieferung neuer Waren anlässlich einer Reparatur mag dabei zwar mitunter schwerfallen. Doch dürfte dieses Abgrenzungsproblem angesichts der **Wertgrenze** von 200 Euro praktisch keine besondere Rolle spielen. Für die Berechnung gelten dieselben Grundsätze wie bei § 312 Abs 2 Nr 12 (§ 312 Rz 73)[82]. **Sofort erbracht** werden die beiderseitigen Vertragspflichten, wenn der Unternehmer unmittelbar nach oder zeitlich zusammenfallend mit dem Vertragsschluss mit der Vornahme seiner Leistungshandlungen beginnt. Der Verbraucher muss die Vergütung spätestens unmittelbar im Anschluss an die vollständige Leistungserbringung des Unternehmers leisten. Erfasst sind also nur Bargeschäfte. Schließlich muss der Verbraucher die Dienste des Unternehmers **ausdrücklich angefordert** haben. Für das Ausdrücklichkeitserfordernis ist auch hier eine aktive Handlung des Verbrauchers erforderlich. Insgesamt offenbart sich damit ein nur sehr geringer Anwendungsbereich für EGBGB Art 246a § 2[83].

c) **Abschriften, Abs 3.** Auch auf der Rechtsfolgenseite bringt die Vorschrift letztlich **keine** 53 **nennenswerten Erleichterungen.** So muss eine dem Verbraucher vom Unternehmer zur Verfügung gestellte Abschrift oder Bestätigung des Vertrags nach § 312f Abs 1 gemäß Abs 3 alle nach § 1 zu erteilenden Informationen enthalten. Dabei ist die Aushändigung solcher Abschriften und Bestätigungen keineswegs fakultativ, sondern nach § 312f Abs 1 Satz 1 verpflichtend. Erfüllt werden muss diese Pflicht „alsbald", worunter jedenfalls ein enger zeitlicher Zusammenhang mit dem Vertragsschluss zu verstehen ist[84]. Das wird teils recht restriktiv gehandhabt, sei es als während der noch fortdauernden körperlichen Anwesenheit beider Teile[85], sei es als während der Erfüllung[86]. Legt man dies zugrunde, muss der Unternehmer auch bei EGBGB Art 246a § 2 spätestens bei Empfang der Vergütung seitens des Verbrauchers sämtliche Informationen auf die übliche Art und Weise zur Verfügung stellen.

d) **Zu erteilende Informationen, Abs 1 und Abs 2.** In Abs 1 und 2 werden die Informatio- 54 nen aus dem Gesamtkatalog des EGBGB Art 246a § 1 aufgezählt, die der Unternehmer dem Verbraucher vor der Aushändigung einer Bestätigung/Abschrift iSd § 312f zu erteilen hat. Der **Unter-**

---

79 MünchKommBGB/Wendehorst Rz 53.
80 So BeckOK BGB/Martens EGBGB Art 246a § 2 Rz 2.
81 BeckOGK BGB/Busch § 312g Rz 61; Klocke NJW 2017, 2151, 2154.
82 BeckOK BGB/Martens EGBGB Art 246a § 2 Rz 3.
83 BeckOK BGB/Martens EGBGB Art 246a § 2 Rz 2; MünchKommBGB/Wendehorst Rz 54.
84 Jauernig/Stadler § 312f Rz 5; BeckOK/Martens § 312f Rz 7.
85 MünchKommBGB/Wendehorst § 312f Rz 13.
86 Erman/Koch § 312f Rz 2.

schied zwischen Abs 1 und Abs 2 besteht dabei in der Art und Weise der Informationserteilung. Während die Informationen nach EGBGB Art 246a § 2 Abs 1 in der Form des EGBGB Art 246a § 4 Abs 2 Satz 1 zur Verfügung zu stellen sind, gilt für die in EGBGB Art 246a § 2 Abs 2 genannten Informationen die Erleichterung des EGBGB Art 246a § 2 Abs 2 Satz 4.

55 Auf Papier oder sonst einem dauerhaften Datenträger hat der Unternehmer dem Verbraucher zunächst seine Identität (§ 312a Rz 32) und den Preis seiner Leistung mitzuteilen. Unter Preis ist dabei auch insoweit der Gesamtpreis zu verstehen (§ 312a Rz 33 ff)[87]. Lässt sich der Preis ad hoc nicht präzise ermitteln, verpflichtet EGBGB Art 246a § 2 Abs 1 Nr 2 Alt 2 den Unternehmer nicht nur zur Offenlegung seiner Berechnungsmethode, sondern auch zur Erstellung eines Kostenvoranschlags. Damit ist eine Schätzung über den zu erwartenden Gesamtpreis gemeint[88]. Dass der Unternehmer nur in diesem Zusammenhang und nicht auch allgemein zur Erstellung eines Kostenvoranschlags verpflichtet wird, stößt auf Kritik[89]. Allerdings erübrigt sich ein **Kostenvoranschlag**, sobald der Unternehmer in der Lage ist, einen verbindlichen Gesamtpreis zu nennen. Auf die Mitteilung einer bloßen Berechnungsmethode darf der Unternehmer sich deshalb in erster Linie nur in Konstellationen zurückziehen, in denen der Endpreis vom Verbrauchsumfang oder der Nutzungsdauer seitens des Verbrauchers abhängt (§ 312a Rz 35). Diese Faktoren sind – anders als die für Art 246a § 2 Abs 1 Nr 1 Alt 2 maßgeblichen – der Kenntnis des Unternehmers jedoch entzogen.

56 Nach Maßgabe des EGBGB Art 246a § 4 Abs 2 Satz 4 hat der Unternehmer den Verbraucher zu informieren (1.) über die wesentlichen Eigenschaften der Waren oder Dienstleistungen (§ 312a Rz 28 ff) in dem für das Kommunikationsmittel und die Waren oder Dienstleistungen angemessenen Umfang, (2.) ggf über die Bedingungen, die Fristen und das Verfahren für die Ausübung des Widerrufsrechts sowie das Muster-Widerrufsformular in der Anlage 2 (Rz 37 f) und (3.) gegebenenfalls darüber, dass der Verbraucher seine Willenserklärung nicht widerrufen kann, oder über die Umstände, unter denen der Verbraucher ein zunächst bestehendes Widerrufsrecht vorzeitig verliert (Rz 47 f).

57 Wird **der in die Privatwohnung des Verbrauchers bestellte Unternehmer** während der laufenden Widerrufsfrist des Verbrauchers tätig, läuft er Gefahr, im Widerrufsfall seinen Vergütungsanspruch zu verlieren. Dass diese Gefahr sich verwirklicht, kann er vermeiden, indem er die Erklärungen des Verbrauchers nach § 356 Abs 4 bzw – insoweit für die Konstellationen des EGBGB Art 246a § 2 irrelevant – nach § 357a Abs 2 einholt. Hiervon gewährt EGBGB Art 246a § 2 keine Erleichterung[90].

58 **5. Erleichterte Informationspflichten bei begrenzter Darstellungsmöglichkeit, § 3. – a) Normzweck.** Namentlich im Fernabsatz kommen zuweilen Kommunikationsmedien zum Einsatz, die keine umfassende Mitteilung der zahlreichen Informationen nach EGBGB Art 246a § 1 gestatten. Insoweit wird insbesondere auf die **beschränkte Anzahl von Zeichen auf bestimmten Displays** hingewiesen[91]. Dem trägt EGBGB Art 246a § 3 Rechnung. Wird danach für den Vertragsschluss ein Fernkommunikationsmittel verwendet, das nur begrenzten Raum oder begrenzte Zeit für die dem Verbraucher zu erteilenden Informationen bietet, muss der Unternehmer dem Verbraucher mittels dieses Fernkommunikationsmittels nur bestimmte, ausdrücklich aufgezählte **Kerninformationen** mitteilen. **Die weiteren Angaben** nach EGBGB Art 246a § 1 hat er dem Verbraucher in geeigneter Weise unter Beachtung von § 4 Abs 3 zugänglich zu machen. Insoweit kommen etwa die Angabe einer gebührenfreien Telefonnummer oder eines Hypertext-Links zu einer Webseite des Unternehmers in Betracht, auf der die einschlägigen Informationen unmittelbar abrufbar und leicht zugänglich sind[92]. EGBGB Art 246a § 3 durchbricht damit den Grundsatz, dass es für den Verbraucher unzumutbar ist, wenn er an die Gesamtheit der Informationen gemäß EGBGB Art 246 § 1 nur bei einer parallelen Nutzung von mehreren Kommunikationsmedien gelangen kann[93]. Zu beachten ist, dass die nur eingeschränkte Information über das Widerrufsrecht nach Art 246a § 3 Satz 1 Nr 4 gemäß § 356 Abs 3 Satz 1 nicht genügt, um den Lauf der Widerrufsfrist auszulösen[94]. Die unionsrechtliche Grundlage für diese Regelung liefert RL 2011/83/EU Art 8 Abs 4.

59 **b) Zum Vertragsschluss verwendete Fernkommunikationsmittel.** Nicht einfach zu beurteilen ist, was im Sinne dieser Vorschrift unter den **Fernkommunikationsmitteln** zu verstehen

---

87 MünchKommBGB/Wendehorst Rz 56.
88 MünchKommBGB/Wendehorst Rz 57.
89 Staud/Thüsing Rz 60; BeckOK BGB/Martens Art 246a § 2 Rz 4; MünchKommBGB/Wendehorst Rz 57.
90 MünchKommBGB/Wendehorst Rz 61.
91 EuGH NJW 2019, 1363 Rz 37 – Walbusch; Erwägungsgrund 36 RL 2011/83/EU; BT-Drucks 17/12637, 75.
92 Erwägungsgrund 36 RL 2011/83/EU.
93 BGH GRUR 2019, 961 Rz 24 – Werbeprospekt mit Bestellkarte II.
94 BGH NJW-RR 2021, 177 Rz 48.

ist, durch die der Vertrag geschlossen wird. Der Wortlaut legt es zunächst nahe, insoweit auf das Telekommunikationsmedium abzustellen, mittels dessen die Parteien ihre vertragskonstituierenden Willenserklärungen austauschen. Doch erweist sich dieses Verständnis sehr rasch als zu eng. So ergibt der Begriff einer erleichterten Informationspflicht nur vor dem Hintergrund der Prämisse Sinn, dass der Unternehmer ohne EGBGB Art 246a § 3 verpflichtet wäre, dem Verbraucher durch dieses Medium eine Möglichkeit zum Zugriff auf die Informationen zu verschaffen, und zwar noch bevor der Verbraucher seine Willenserklärung abgibt. Diese Prämisse mag insbesondere auf in Online-Shops geschlossene Verträge zutreffen, bei denen der Verbraucher während des gesamten Bestellvorgangs in kommunikativem Kontakt mit dem Unternehmer steht und erst ganz zum Schluss seinen rechtsgeschäftlichen Willen verbindlich erklärt. Viel schwieriger lässt sich bereits bei telefonischen Bestellungen des Verbrauchers eine umfängliche Informationspflicht des Unternehmers konstruieren, die zeitlich vor dem Wirksamwerden der Verbrauchererklärung erfolgt. Der Versuch einer solchen Konstruktion scheitert aber vollends bei postalisch übermittelten Angeboten, bei denen der Unternehmer erst im Zeitpunkt ihres Wirksamwerdens erstmals in einen individuellen Kontakt mit dem Verbraucher gerät.

60 Um EGBGB Art 246a § 3 auch für die zuletzt genannten Fälle einen sinnvollen Anwendungsbereich zu verleihen, ist der Vertragsschluss wiederum als **Kontinuum von Rechtsbeziehungen** zu verstehen, das von der ersten Anbahnung bis zu seinem Abschluss reicht (§ 312c Rz 9). Danach zählen zu den Fernkommunikationsmitteln, mit denen der Vertrag geschlossen wird, nicht nur die Medien, über die die Parteien die Vertragserklärungen austauschen. Vielmehr sind auch die Medien erfasst, mit denen die Vertragsanbahnung erfolgte, die aufgrund eines einheitlichen Lebensvorgangs in den Vertragsschluss mündete. So lässt sich auch erklären, weshalb in den Materialien Werbespots im Fernsehen als Beispiele für zum Vertragsschluss verwendete Fernkommunikationsmittel mit beschränkter Darstellungskapazität genannt werden[95]. Dementsprechend ist auch bei einem Werbeprospekt mit Bestellkarte nicht nur die Bestellkarte ein zum Vertragsschluss verwendetes Fernkommunikationsmittel, sondern auch der Prospekt selbst[96].

61 c) **Begrenzte Darstellungsmöglichkeiten.** Die begrenzten Darstellungsmöglichkeiten sind nicht im rein technischen Sinn zu verstehen. Hat etwa eine Seite eine Darstellungskapazität von 100 Zeichen, während der Umfang einer vollständigen Information nach EGBGB Art 246a § 1 sich auf 10.000 Zeichen beläuft, wäre es ohne Weiteres möglich, sämtliche Informationen auf 100 einander folgenden Seiten wiederzugeben. Tatsächlich stellt EGBGB Art 246a § 3 deshalb in Rechnung, dass solch ein Vorgehen unpraktikabel wäre[97].

62 Ausgangspunkt für die Frage nach der begrenzten Darstellungsmöglichkeit ist die Entscheidung des Unternehmers, dem Verbraucher mittels eines bestimmten Fernkommunikationsmittels eine bestimmte Botschaft zu übermitteln, um so einen Vertrag mit ihm anzubahnen. Diesem unternehmerischen Interesse dient die Botschaft aber nicht, wenn sie sich auf die Übermittlung von Pflichtinformationen gemäß EGBGB Art 246a § 1 beschränkt, sondern erst, wenn sie im Schwerpunkt einen den Verbraucher umwerbenden Inhalt transportiert. Dass seine Botschaft an den Verbraucher mit diesem Verhältnis von werbendem Inhalt und Pflichtinformation gestaltet sein darf, ist grundrechtlich durch EU-GRCh Art 16 abgesichert[98]. Gleiches gilt für die Wahl des Fernkommunikationsmittels und des Formats, mit bzw in dem die Botschaft an den Verbraucher herangetragen wird[99]. Diese grundrechtliche Ausgangssituation ist für die Auslegung von EGBGB Art 246a § 3 von entscheidender Bedeutung. Deshalb hat das von dem Unternehmer ausgewählte Fernkommunikationsmittel lediglich dann begrenzte Darstellungsmöglichkeiten im Sinne dieser Vorschrift, wenn bei einer Übermittlung sämtlicher Pflichtinformationen gemäß EGBGB Art 246a § 1 der den Verbraucher umwerbende Inhalt unangemessen in den Hintergrund tritt[100].

63 Für die konkrete Prüfung ist zwischen den verschiedenen Formen von Fernkommunikationsmitteln zu differenzieren. Bei der Vertragsanbahnung mithilfe von **Printmedien** greift EGBGB Art 246a § 3 jedenfalls noch nicht zugunsten des Unternehmers ein, wenn eine vollständige Verbraucherinformation gemäß EGBGB Art 246a § 1 nicht mehr als ein Fünftel des für die Gesamtbotschaft zur Verfügung stehenden Raums einnimmt[101]. Welchen Raum eine vollständige Verbraucherinformation gemäß EGBGB Art 246a § 1 benötigt, soll anhand der Mindestgröße des Schrifttyps zu ermitteln sein, die für einen durchschnittlichen Verbraucher angemessen ist, an den

---

95 Erwägungsgrund 36 RL 2011/83/EU.
96 BGH GRUR 2019, 961 Rz 24 – Werbeprospekt mit Bestellkarte II.
97 BeckOK BGB/Martens EGBGB Art 246a § 3 Rz 2; BeckOGK BGB/Busch EGBGB Art 246a § 3 Rz 2.
98 BGH GRUR 2017, 930 Rz 23; 2019, 961 Rz 30 – Werbeprospekt mit Bestellkarte II.
99 BGH GRUR 2017, 930 Rz 23; 2019, 961 Rz 30 – Werbeprospekt mit Bestellkarte II.
100 BGH GRUR 2019, 961 Rz 33 – Werbeprospekt mit Bestellkarte II.
101 BGH GRUR 2019, 961 Rz 33 – Werbeprospekt mit Bestellkarte II.

diese Botschaft gerichtet ist[102]. Ebenso in Rechnung zu stellen ist freilich die Anzahl der benötigten Schriftzeichen. Zwar darf der Unternehmer sich erst auf EGBGB Art 246a § 3 berufen, wenn es für die Gesamtbotschaft objektiv keine Gestaltungsmöglichkeit gibt, bei der der den Verbraucher umwerbende Inhalt und die Pflichtinformationen in einem angemessenen Verhältnis zueinander stehen[103]. Jedoch ist der Unternehmer nicht verpflichtet, einen größeren Gesamtraum für Informationen zu schaffen, um alle Informationen gemäß EGBGB Art 246a § 1 unterbringen zu können. Dementsprechend kann ein Unternehmer, der die Vertragsanbahnung über einen kleinen Flyer bewerkstelligen will, nicht darauf verwiesen werden, stattdessen einen umfangreicheren Prospekt zu verwenden, in den sich alle Informationen nach EGBGB Art 246a § 1 aufnehmen ließen. Auch kann von dem Unternehmer nicht erwartet werden, einen Prospekt von vornherein in einem Umfang zu produzieren, der eine vollständige Information gemäß EGBGB Art 246a § 1 ermöglicht[104]. Bei der Festlegung des Gesamtumfangs seiner Botschaft an den Verbraucher setzt vielmehr erst EGBGB Art 246a § 3 der Entscheidungsfreiheit des Unternehmers Grenzen.

64 Vor diesem Hintergrund unterfällt das typische **Online-Shopping** nicht dem EGBGB Art 246a § 3. Entscheidend ist hier, dass der Unternehmer stets die Möglichkeit hat, seinen Internetauftritt so zu gestalten, dass seine inhaltliche Botschaft nicht durch die Informationen gemäß EGBGB Art 246a § 1 überlagert wird. Aus dem gleichen Grund ist EGBGB Art 246a § 3 nicht zugunsten des Unternehmers anwendbar, wenn das Online-Geschäft über mobile Endgeräte abgewickelt wird (sog **M-Commerce**) und für das zum Einsatz kommende Endgerät des Verbrauchers keine Darstellungsgrenzen bestehen (zB Smartphone, Tablet)[105]. Anders liegt es aber für die Vertragsanbahnung etwa mittels **SMS**[106], weil hier Anzeigebegrenzungen bestehen, die den Printmedien ähnlich sind. Bei der Vertragsanbahnung und dem Vertragsschluss über **Telefon** oder mittels **Sprachassistenten** bestehen zwar deshalb keine natürlichen Grenzen der Darstellungsmöglichkeiten, weil dem Unternehmer an sich eine beliebig lange Zeit zur Verfügung steht, um dem Verbraucher vor der Abgabe von dessen auf den Vertragsschluss gerichteten Erklärung sämtliche Pflichtinformationen gemäß EGBGB Art 246a § 1 zu Gehör zu bringen. Allerdings würde eine Nichtanwendung von EGBGB Art 246a § 3 auf diese Fälle zur Folge haben, dass Telefon und Sprachassistenten als Vertriebswege gegenüber Verbrauchern ausfallen. Es ist nämlich beim besten Willen nicht vorstellbar, dass eine nennenswerte Anzahl von Verbrauchern bereit wäre, langatmige Belehrungen zur Kenntnis zu nehmen, ehe sie endlich ihre Vertragserklärung abgeben können. Folglich greift EGBGB Art 246a § 3 auch in diesen Fällen ein[107]. Erwägungsgrund 36 zur RL 2011/83/EU nennt als Anwendungsbeispiel für EGBGB Art 246a § 3 schließlich noch **Werbespots im Fernsehen**. Insoweit ist freilich zunächst klarzustellen, dass für Werbemaßnahmen, die nicht unmittelbar in einen Vertragsschluss münden und deshalb nicht als Maßnahmen zur Vertragsanbahnung anzusehen sind, von vornherein keinerlei Informationspflichten gemäß EGBGB Art 246a § 3 bestehen. Gemeint können deshalb nur die Fälle des **Teleshoppings** sein. Allerdings wird auch dort zwischen dem Ausstrahlen der Werbesendung und der Abgabe der Willenserklärung des Verbrauchers wenigstens noch eine Zwischenstation zu durchlaufen sein, bei der der Unternehmer den Verbraucher pflichtgemäß vollständig (etwa bei Nutzung einer Bestellmaske im Internet) oder wenigstens teilweise gemäß EGBGB Art 246a § 3 informieren kann (etwa bei der Nutzung einer telefonischen Bestellhotline). Erhält der Verbraucher die erforderlichen Informationen auf einer dieser weiteren Stationen, besteht für die Werbesendung eine Pflicht gemäß EGBGB Art 246a § 1 noch gar nicht.

65 Kann der Verbraucher die von dem Unternehmer bereitgehaltenen Informationsquellen mit **mehreren Fernkommunikationsmitteln von jeweils unterschiedlicher Darstellungskapazität** ansteuern, kommt es auf das konkret genutzte Kommunikationsgerät an[108]. Kann also der Verbraucher auf eine Webseite des Unternehmers mittels Mobiltelefon, Tablet oder PC zugreifen, findet EGBGB Art 246a § 3 zugunsten des Unternehmers nur Anwendung, wenn der Verbraucher konkret ein Gerät mit nur beschränkter Darstellungskapazität verwendet. Dabei ist es Angelegenheit des Unternehmers, herauszufinden, welches Fernkommunikationsmittel der Verbraucher bei dem konkreten Kommunikationsvorgang verwendet[109].

66 d) **Rechtsfolgen.** Zu den **Kerninformationen**, die zwingend mittels des für den Vertragsschluss verwendeten Fernkommunikationsmittels anzuzeigen sind, zählen nur (1.) die wesentlichen Eigenschaften der Waren oder Dienstleistungen (§ 312a Rz 28 ff), (2.) die Identität des Unter-

---

102 EuGH NJW 2019, 1363 Rz 39 – Walbusch.
103 EuGH NJW 2019, 1363 Rz 39 – Walbusch; BGH GRUR 2019, 961 Rz 34 – Werbeprospekt mit Bestellkarte.
104 AA BeckOGK BGB/Busch EGBGB Art 246a § 3 Rz 5.1.
105 BeckOGK BGB/Busch EGBGB Art 246a § 3 Rz 5.1.
106 BeckOGK BGB/Busch EGBGB Art 246a § 3 Rz 5.1.
107 BeckOGK BGB/Busch EGBGB Art 246a § 3 Rz 5.1; Winkemann CR 2020, 451, 453.
108 BeckOK BGB/Martens EGBGB Art 246a § 3 Rz 4; MünchKommBGB/Wendehorst Rz 64.
109 BeckOK BGB/Martens EGBGB Art 246a § 3 Rz 4; MünchKommBGB/Wendehorst Rz 64.

nehmers (§ 312a Rz 32), (3.) der Gesamtpreis oder in den Fällen, in denen der Preis auf Grund der Beschaffenheit der Waren oder Dienstleistungen vernünftigerweise nicht im Voraus berechnet werden kann, die Art der Preisberechnung (§ 312a Rz 33 ff), (4.) gegebenenfalls das Bestehen und die Bedingungen, die Fristen und das Verfahren für die Ausübung nach § 355 Abs 1 eines Widerrufsrechts und (5.) gegebenenfalls die Vertragslaufzeit und die Bedingungen für die Kündigung eines Dauerschuldverhältnisses (§ 312a Rz 47 f). An die ordnungsgemäße **Information über das Widerrufsrecht** sind, was der deutsche Gesetzgeber in Reaktion auf die einschlägige Rechtsprechung des EuGH[110] zu RL 2011/83/EU Art 8 Abs 4 mittlerweile klargestellt hat, auch in Zusammenhang mit EGBGB Art 246§ 3 Satz 1 Nr 4 dieselben Anforderungen zu stellen wie bei der regulären Information gemäß EGBGB Art 246a § 1 Abs 2 Nr 1. Dass hierdurch die Erleichterungsfunktion von EGBGB Art 246 § 3 in einem wesentlichen Punkt weitgehend leerläuft, soll im Hinblick auf die überragende Bedeutung der vorvertraglichen Information über das Widerrufsrecht hinzunehmen sein[111]. Immerhin muss der Unternehmer im Anwendungsbereich des EGBGB Art 246 § 3 dem Verbraucher nicht das Musterformular für die Erklärung des Widerrufs zur Verfügung stellen[112].

6. Formale Anforderungen an die Erfüllung der Informationspflichten, § 4. EGBGB 67
Art 246a § 4 regelt die Art und Weise, auf die der Unternehmer dem Verbraucher die erforderlichen Informationen darzubringen hat. Die Vorschrift dient der Umsetzung von RL 2011/83/EU Art 7 Abs 1 und 4 sowie Art 8 Abs 1 und 4. Sie wiederholt zunächst das Transparenzgebot als übergeordnetes Prinzip einer ordnungsgemäßen Verbraucherinformation (Abs 1). Im Übrigen stellt sie in Abs 2 und Abs 3 besondere Anforderungen, die den unterschiedlichen Kommunikationssituationen bei im Fernabsatz bzw außerhalb von Geschäftsräumen geschlossenen Verträgen Rechnung tragen. Wann und auf welche Weise der Unternehmer es bewerkstelligt, dem Verbraucher vor der Abgabe von dessen Willenserklärung die notwendigen Informationen zur Verfügung zu stellen, bleibt grundsätzlich ihm überlassen. Deshalb gibt es auch keine allgemeine Pflicht, bereits jede an den Verbraucher gerichtete Werbemaßnahme mit den Informationen nach EGBGB Art 246a § 1 zu versehen[113].

a) **Das Transparenzgebot, Abs 1.** Gemäß Abs 1 muss der Unternehmer dem Verbraucher die 68
Informationen nach den EGBGB Art 246a §§ 1 bis 3 vor Abgabe von dessen Vertragserklärung **in klarer und verständlicher Weise** zur Verfügung stellen. Dieses Transparenzgebot betrifft sowohl die sinnlich wahrnehmbare Darstellung der Informationen auf dem jeweiligen Medium als auch die Sprache, in der sie dem Verbraucher vermittelt werden soll[114]. Der pauschale Verweis auf gesetzliche Vorschriften und juristische Begriffe, die nicht zugleich der Alltagssprache zugehören, erfüllen die gesetzlichen Vorgaben demnach regelmäßig nicht[115]. Inhaltlich entspricht das Transparenzgebot auch hier der allgemeinen Regel für den stationären Vertrieb aus EGBGB Art 246 Abs 1 (§ 312a Rz 25 ff).

Im Vergleich zum stationären Vertrieb können sich gewisse Abweichungen vom **Zeitpunkt** 69
der Information ergeben. Dabei muss die Kenntnisnahmemöglichkeit bestehen, bevor der Verbraucher seine auf den Vertragsschluss gerichtete Erklärung abgibt. Damit dem Verbraucher eine hinreichende Gelegenheit verbleibt, um die Bedeutung der mitgeteilten Informationen für seine geschäftliche Entscheidung zu bedenken, muss ein gewisser zeitlicher Zusammenhang zwischen der Informationserteilung und der Abgabe der Willenserklärung durch den Verbraucher bestehen[116]. Dieser Zeitraum darf einerseits nicht zu kurz sein, damit der Verbraucher die mitgeteilten Informationen verarbeiten kann. Er darf andererseits aber auch nicht zu lang sein, damit ihm die Informationen im Zeitpunkt der Abgabe seiner Willenserklärung noch präsent sind. Im stationären Vertrieb ergeben sich insoweit keine Probleme, da der Unternehmer die Informationen in seinem Geschäftsraum vorhalten muss und der Verbraucher selbst darüber entscheidet, wann er sein Angebot abgibt. Gleiches ist jedoch weder bei den im Fernabsatz noch bei den außerhalb von Geschäftsräumen geschlossenen Verträgen gewährleistet. Unterbreitet hier der Unternehmer das Angebot, bestimmt er nach § 148 die Frist, innerhalb der die Annahme erfolgen kann. Folglich muss diese Frist angemessen lang bemessen sein, um dem Verbraucher die benötigte Reflexionszeit zu ermöglichen. Verstreicht zwischen der Information und der Abgabe der Willenserklärung durch den Verbraucher ein längerer Zeitraum, wird gegebenenfalls eine **Wiederholung** erforderlich[117]. Letzteres wird allerdings nur dort praktisch relevant, wo der Verbraucher die Informatio-

---

110 EuGH NJW 2019, 1363 Rz 46 – Walbusch.
111 EuGH NJW 2019, 1363 Rz 46 – Walbusch.
112 EuGH NJW 2019, 1363 Rz 46 – Walbusch.
113 OLG Brandenburg WRP 2018, 102.
114 LG Berlin WRP 2016, 533; BT-Drucks 17/12637, 75; s in Zusammenhang mit AGB auch BGHZ 102, 152, 159; 106, 42, 49; 112, 115, 118; 130, 150, 154; 201, 271 Rz 27; BGH NJW 2010, 2942 Rz 25; 2013, 2739 Rz 10.
115 Staud/Thüsing Rz 77; MünchKommBGB/Wendehorst Rz 70.
116 MünchKommBGB/Wendehorst Rz 69; Buchmann K&R 2014, 453, 454.
117 MünchKommBGB/Wendehorst Rz 69.

nen entweder zulässigerweise nicht auf einem dauerhaften Datenträger erhalten oder diesen Datenträger später verloren hat. Solange er die Informationen nämlich noch in gespeicherter Form in seinem Zugriffsbereich hat, bedarf es keiner weiteren Aktivitäten seitens des Unternehmers[118].

70 Vorbehaltlich der in den Abs 2 und Abs 3 aufgestellten Voraussetzungen ist der Unternehmer an sich frei, mit welchen Kommunikationsmedien er dem Verbraucher die Informationen zur Verfügung stellt. Die **Einbettung in AGB** ist ebenso wenig grundsätzlich ausgeschlossen[119] wie die Informationsvermittlung durch **Werbeprospekte**. Freilich müssen auch die in die AGB integrierten Informationen den Anforderungen des Transparenzgebots genügen[120]. Im Übrigen ist zu berücksichtigen, dass EGBGB Art 246a nur Genüge getan ist, wenn der Unternehmer den Verbraucher gerade **mit Bezug zu einem konkreten Vertrag** informiert[121]. Daraus wird teils der weitere Schluss gezogen, dass der Unternehmer seine Pflicht aus § 312d nicht schon dadurch erfüllt habe, dass er dem Verbraucher früher Werbematerialien zukommen ließ, um diesen auf das Leistungsangebot überhaupt erst aufmerksam zu machen[122]. Das dürfte in dieser Pauschalität jedoch zu weit gehen. Wenn nämlich unionsrechtlich der Vertrag als ein Kontinuum von Rechtsbeziehungen zu verstehen ist, das von der ersten Anbahnung bis zu seinem Abschluss reicht (§ 312c Rz 9), dann hat jede Werbemaßnahme, die dieses Kontinuum initiiert, grundsätzlich auch einen hinreichenden Bezug zu einem konkreten Vertrag (Rz 60). Freilich sind bei Weitem nicht alle Werbemaßnahmen hierfür geeignet, sondern allenfalls solche, die dem Verbraucher individuell und gegebenenfalls auf konkrete Anfrage zugeleitet wurden. Für Fernabsatzverträge s außerdem (Rz 74 ff).

71 Ausweislich der Materialien soll der Unternehmer bei der Bereitstellung der Informationen den besonderen Bedürfnissen von Verbrauchern Rechnung tragen, die aufgrund ihrer geistigen oder körperlichen Behinderung, ihrer psychischen Labilität, ihres Alters oder ihrer Leichtgläubigkeit **besonders schutzbedürftig** sind[123]. Jedoch gilt das nur, soweit der Unternehmer diese Schwierigkeiten des Verbrauchers bei der Erfassung der mitgeteilten Informationen und/oder der rechtsgeschäftlichen Willensbildung vernünftigerweise erkennen kann[124]. Dazu müssen Unternehmer und Verbraucher grundsätzlich direkt miteinander kommunizieren. Es muss zwischen beiden also ein unmittelbarer zeitgleicher Verständigungskontakt bestehen, der durchaus auch durch geeignete Fernkommunikationsmittel hergestellt werden kann. Daneben mag man noch an Fälle denken, in denen der Verbraucher den Unternehmer bei seiner ersten Kontaktaufnahme per E-Mail, Brief oÄ auf seine Gebrechen hinweist.

72 b) **Außergeschäftsraumverträge, Abs 2**. Bei einem außerhalb von Geschäftsräumen geschlossenen Vertrag muss der Unternehmer dem Verbraucher gemäß Abs 2 Satz 1 Alt 1 die Informationen **auf Papier** zur Verfügung stellen. Sowohl die Wortlaute von RL 2011/83/EU Art 7 Abs 1 und EGBGB Art 246a § 4 als auch die Materialien sehen das Papier als einen Unterfall der dauerhaften Datenträger an, zu denen außerdem auch USB-Sticks, CD-ROMs, DVDs, Speicherkarten, Festplatten von Computern sowie E-Mails gehören[125]. Mit dem Begriff Papier sind Erwartungen an bestimmte Eigenschaften verbunden, insbesondere was Alterungsbeständigkeit, Opazität oÄ anbelangt. Aus diesem Grund sollte der Begriff in diesem Zusammenhang auch in werkstoffkundlichem Sinn verstanden werden, so dass andere Beschreibstoffe lediglich **alternative dauerhafte Datenträger** sein können. Solche kann der Unternehmer gemäß Abs 2 Satz 1 Alt 1 verwenden, wenn der Verbraucher zustimmt. Der dauerhafte Datenträger ist dabei in demselben Sinn zu verstehen wie bei § 126b[126]. Gemeint ist also jedes Medium, das es dem Empfänger ermöglicht, eine auf dem Datenträger befindliche, an ihn persönlich gerichtete Erklärung so aufzubewahren oder zu speichern, dass sie ihm während eines für ihren Zweck angemessenen Zeitraums zugänglich ist, und geeignet ist, die Erklärung unverändert wiederzugeben. Zur Verfügung gestellt sind die Informationen dem Verbraucher nur, wenn ihm der Unternehmer einen dauerhaften Datenträger **zugehen** lässt, der die erforderlichen Informationen enthält[127]. Die Möglichkeit zum Abruf und Download in bzw aus dem Internet genügt folglich nicht (Rz 37). Die Zustimmung des Verbrauchers zur Abweichung von der Papierform muss nicht ausdrücklich erfolgen[128]. Daraus folgt, dass der Verbraucher nicht aktiv auf die Verwendung eines anderen Datenträgers hinwirken

---

118 Zu weitgehend deshalb Buchmann K&R 2014, 453, 454.
119 BT-Drucks 14/2658, 38.
120 MünchKommBGB/Wendehorst Rz 71.
121 Beschlussempfehlung des RA BT-Drucks 17/13951, 63.
122 Bittner ZVertriebsR 2014, 3, 7 f; Beschlussempfehlung des RA BT-Drucks 17/13951, 63.
123 Erwägungsgrund 34 RL 2011/83/EU; BT-Drucks 17/12637, 75.
124 Erwägungsgrund 34 RL 2011/83/EU; BT-Drucks 17/12637, 75; BeckOK BGB/Martens EGBGB Art 246a § 4 Rz 7; MünchKommBGB/Wendehorst Rz 70.
125 Erwägungsgrund 23 RL 2011/83/EU.
126 Staud/Thüsing Rz 85; MünchKommBGB/Wendehorst Rz 73.
127 BGH NJW-RR 2021, 177 Rz 43; BeckOGK BGB/Busch EGBGB Art 246a § 4 Rz 21.
128 BeckOK BGB/Martens EGBGB Art 246a § 4 Rz 8; BeckOGK BGB/Busch EGBGB Art 246a § 4 Rz 18.

muss. Weiter kann er sein Einverständnis auch durch schlüssiges Verhalten wirksam äußern[129]. Bei den außerhalb von Geschäftsräumen geschlossenen Verträgen wird freilich die Information in Papierform die praktisch bei weitem dominierende Rolle spielen.

Unabhängig davon, was für ein dauerhafter Datenträger im konkreten Fall zum Einsatz kommt, **73** müssen die darin enthaltenen Informationen **lesbar** (Abs 2 Satz 2) und die **Person des erklärenden Unternehmers genannt** sein (Abs 2 Satz 3). Insgesamt muss die Information damit in Textform gemäß § 126b erfolgen. Gleichwohl konnte der nationale Gesetzgeber an dieser Stelle nicht einfach auf § 126b verweisen. Auf diese Weise wäre nämlich die durch Art 7 Abs 1 vorgegebene Unterscheidung zwischen Papier und anderen dauerhaften Datenträgern nicht abgebildet worden. Für die Lesbarkeit kommt es auf die Verwendung von Schriftzeichen an[130]. Für die Person des erklärenden Unternehmers ist der Vertragspartner des Verbrauchers maßgeblich. Das gilt auch in den Fällen der Stellvertretung[131].

c) **Fernabsatzverträge, Abs 3**. – aa) **Der Grundsatz der mediengerechten Information**. **74** Gemäß Abs 3 Satz 1 muss der Unternehmer dem Verbraucher bei einem Fernabsatzvertrag die Informationen in einer den benutzten Fernkommunikationsmitteln angepassten Weise zur Verfügung stellen. Man spricht insoweit von der mediengerechten Information[132] oder auch einem mediumspezifischen Transparenzgebot[133]. Diese nur mediengerechte Information bringt für den Unternehmer **zwei bedeutende Abweichungen** von der Art und Weise der Informationserteilung bei den Außergeschäftsraumverträgen mit sich. Erstens muss der Unternehmer hier keinen Zugang der Informationen bei dem Verbraucher bewirken[134]. Vielmehr genügt es, wenn er dem Verbraucher eine zumutbare Möglichkeit eröffnet, die Informationen selbst in seinen Machtbereich zu holen. Zweitens erfordert die Eröffnung dieser Möglichkeit nicht, dass die Informationen auf einem dauerhaften Datenträger gewissermaßen zur Abholung bereitstehen[135]. Dementsprechend reicht es hier aus, die Informationen auf einer Webseite des Unternehmers zur Kenntnisnahme und zum Download vorzuhalten[136].

bb) **Informationen auf Webseiten**. Eine mediengerechte Information auf Webseiten des **75** Unternehmers verlangt zunächst nach einem **übersichtlichen und strukturierten Internetauftritt**[137]. Auf diesem Internetauftritt muss der Verbraucher sich sodann rasch orientieren und auch bei nur flüchtiger Betrachtung erkennen können, unter welcher verlinkten Seite er welche Art von Informationen finden wird[138]. Unzulässig ist es demnach, die erforderlichen Informationen an unerwarteten Stellen gewissermaßen zu verstecken[139] oder die Aufmerksamkeit des Verbrauchers etwa durch Werbeüberblendungen gezielt abzulenken[140]. Vor diesem Hintergrund hat der BGH es zu Recht für ausreichend erachtet, dass der Unternehmer über seine Identität anhand des Links „Kontakt" und des weiteren Links „Impressum" informiert[141]. Gleiches gilt für die Kontaktdaten, unter denen der Unternehmer für den Verbraucher erreichbar ist[142].

Bei Vertragsabschlüssen im Internet verlangt eine mediengerechte Information nicht nach einer **76** **Zwangsführung** des Nutzers in dem Sinne, dass dieser den Vertrag nicht abschließen kann, ohne zuvor mit dem Text der Widerrufsbelehrung und den sonstigen Pflichtinformationen konfrontiert worden zu sein[143]. Ausreichend – aber auch erforderlich – ist es, dass der Verbraucher während des Bestellvorgangs an den jeweils relevanten Stationen durch einen entsprechend gekennzeichneten Link zu der Information gelangen kann[144]. Der Verbraucher muss ohne Weiteres erkennen

---

129 Erman/Koch Rz 33; BeckOGK BGB/Busch EGBGB Art 246a § 4 Rz 18.
130 BGH ZIP 2011, 2311 Rz 17; BT-Drucks 14/4987, 19.
131 MünchKommBGB/Einsele § 126b Rz 7.
132 BGH GRUR 2018, 100 Rz 32; BeckOK BGB/Martens EGBGB Art 246a § 4 Rz 11; BeckOGK BGB/Busch EGBGB Art 246a § 4 Rz 23; Spindler/Schuster/Schirmbacher EGBGB Art 246a Rz 230; Härting InternetR Rz 1158; Schirmbacher/Schmidt CR 2014, 107, 111; Hossenfelder/Schilde CR 2014, 456, 457.
133 Spindler/Schuster/Schirmbacher EGBGB Art 246a Rz 231.
134 BeckOK BGB/Martens EGBGB Art 246a § 4 Rz 11; BeckOGK BGB/Busch EGBGB Art 246a § 4 Rz 24.
135 BeckOGK BGB/Busch EGBGB Art 246a § 4 Rz 23.
136 BeckOGK BGB/Busch EGBGB Art 246a § 4 Rz 23.
137 Spindler/Schuster/Schirmbacher EGBGB Art 246a Rz 237; Staud/Thüsing Rz 92; Mankowski CR 2001, 767, 770.
138 OLG Frankfurt/M GRUR-RR 2007, 56; MünchKommBGB/Wendehorst Rz 76; Spindler/Schuster/Schirmbacher EGBGB Art 246a Rz 247; Mankowski CR 2001, 767, 770.
139 OLG Frankfurt/M GRUR-RR 2007, 56; Spindler/Schuster/Schirmbacher EGBGB Art 246a Rz 247; Mankowski CR 2001, 767, 770.
140 Spindler/Schuster/Schirmbacher EGBGB Art 246a Rz 237; Staud/Thüsing Rz 92.
141 BGH NJW 2006, 3633 Rz 33; GRUR 2018, 100 Rz 32; krit MünchKommBGB/Wendehorst Rz 76; Spindler/Schuster/Schirmbacher EGBGB Art 246a Rz 248.
142 BGH GRUR 2020, 652 Rz 22 – Rückrufsystem II.
143 BGH NJW 2006, 3633 Rz 34; OLG Frankfurt/M GRUR-RR 2007, 56; MünchKommBGB/Wendehorst Rz 80; Härting InternetR Rz 1156; Mankowski CR 2001, 767, 771 f; Zimmerlich CR 2006, 852, 853; Janal/Jung VuR 2017, 332, 336.
144 Spindler/Schuster/Schirmbacher EGBGB Art 246a Rz 243; Mankowski CR 2001, 767, 772; Janal/Jung VuR 2017, 332, 336.

können, wo er die Widerrufsbelehrung findet[145]. Unterbleibt der Hinweis während des laufenden Bestellvorgangs, hilft es nicht, dass die Informationen an anderer Stelle vorgehalten und von der Startseite aus gut auffindbar sind[146]. Dem Verbraucher ist es nicht zuzumuten, parallel zu dem Bestellvorgang eine weitere Suche nach den für ihn relevanten Informationen zu starten. Auch die bloße – ohne Verlinkung – Angabe einer URL erfüllt nicht die Anforderungen an eine mediengerechte Information[147].

77 Schließlich ist auch die **Dauer**, für die die Information wahrnehmbar sein muss, eine Frage der mediengerechten Information. Während bei **Rundfunkmedien** der Unternehmer sowohl den Zeitpunkt der Informationsübermittlung als auch die zeitliche Abfolge der einzelnen Programmbestandteile vorgibt, kann in **Internetmedien** der Verbraucher typischerweise selbst darüber entscheiden, wann und von welchem Ort aus er auf eine auf den Webseiten des Unternehmers hinterlegte Information zugreifen kann[148]. Folglich entspricht nur eine beliebig lange Einsehbarkeit der Pflichtangaben nach EGBGB Art 246a einer (internet)mediengerechten Information[149].

78 cc) **Informationen per Telefon**. Erteilt der Unternehmer die Pflichtinformationen per Telefon, ist die Sprechgeschwindigkeit derart zu reduzieren, dass der Verbraucher dem Text folgen und ihn kognitiv verarbeiten kann[150]. Auf Voice-Mail hinterlegte Informationen müssen mehrfach abrufbar sein[151].

79 dd) **M-Commerce und Teleshopping**. Schwierigkeiten bereitet die mediengerechte Darstellung der Informationen insbesondere beim Online-Vertrieb über mobile Endgeräte und beim Teleshopping. Sie resultieren daraus, dass der Anzeigebildschirm bzw die zur Verfügung stehende Zeit gewissermaßen natürliche Kapazitätsgrenzen für eine übersichtliche Informationsübermittlung ziehen. Insoweit greifen ggf zunächst die Erleichterungen gemäß EGBGB Art 246a § 3. Im Übrigen gelten die medienspezifischen Anforderungen an das Transparenzgebot aber auch hier. Bei der Kommunikation über mobile Endgeräte wird der Unternehmer idR auf spezifisch hierfür entwickelte Anzeige- und Dateiformate zurückgreifen[152]. Beim Teleshopping kommt neben den Anpreisungen durch die Verkäufer auch das Laufband am unteren Bildschirmende in Betracht[153].

80 ee) **Dauerhafte Datenträger**. Gemäß Abs 3 Satz 2 kann der Unternehmer dem Verbraucher die Informationen auch im Fernabsatz auf einem dauerhaften Datenträger zur Verfügung stellen (Rz 72 f).

IV. Informationspflichten gemäß Abs 2 iVm EGBGB Art 246b

81 1. **Allgemeines**. Ist der Gegenstand des im Fernabsatz oder außerhalb von Geschäftsräumen des Unternehmers geschlossenen Vertrags eine **Finanzdienstleistung**, beurteilt sich die Informationspflicht gemäß Abs 2 nicht nach EGBGB Art 246a, sondern nach EGBGB Art 246b. Die unionsrechtliche Grundlage dieser Informationspflichten sind RL 2002/65/EG Art 3 ff[154] über den Fernabsatz von Finanzdienstleistungen an Verbraucher. Für den Begriff der Finanzdienstleistung gilt auch hier die Legaldefinition in § 312 Abs 5. Zwar handelt es sich danach auch bei **Versicherungen** um Finanzdienstleistungen. Wegen § 312 Abs 6 ist § 312d aber dennoch nicht auf Fernabsatz- oder Außergeschäftsraumverträge über Versicherungen anwendbar. Vielmehr sind dort die Regelungen der VVG §§ 7 ff, 152 sowie der VVG-InfoV einschlägig[155].

82 2. **Gemäß EGBGB Art 246b § 1 Abs 1 zu erteilende Informationen**. In EGBGB Art 246b § 1 Abs 1 sind die Informationen aufgelistet, die der Unternehmer dem Verbraucher rechtzeitig vor dessen auf den Vertragsschluss gerichteten Willenserklärung in klarer und verständlicher Form mitzuteilen hat. Für die **Gebote zu Rechtzeitigkeit und Transparenz** ergibt sich hier nichts anderes als bei EGBGB Art 246a § 4 Abs 1 (Rz 67 ff)[156]. Parallelen bestehen weiter zu § 312 Abs 2

---

145 OLG Köln WRP 2021, 941, 943; LG Berlin WRP 2016, 533; MMR 2017, 50, 51.
146 AA Spindler/Schuster/Schirmbacher EGBGB Art 246a Rz 239.
147 MünchKommBGB/Wendehorst Rz 79; Spindler/Schuster/Schirmbacher EGBGB Art 246a Rz 246; Mankowski CR 2001, 767, 770.
148 Vgl Dreier/Schulze/Dreier UrhG § 20 Rz 13.
149 Spindler/Schuster/Schirmbacher EGBGB Art 246a Rz 238.
150 BeckOK BGB/Martens EGBGB Art 246a § 4 Rz 12; Spindler/Schuster/Schirmbacher EGBGB Art 246a Rz 233.
151 MünchKommBGB/Wendehorst Rz 78.
152 Spindler/Schuster/Schirmbacher EGBGB Art 246a Rz 256.
153 Spindler/Schuster/Schirmbacher EGBGB Art 246a Rz 258; Staud/Thüsing Rz 93.
154 Richtlinie 2002/65/EG des Europäischen Parlaments und des Rates vom 23. September 2002 über den Fernabsatz von Finanzdienstleistungen an Verbraucher und zur Änderung der Richtlinie 90/619/EWG des Rates und der Richtlinien 97/7/EG und 98/27/EG.
155 Bräutigam/Rücker/Kunz E-Commerce 12. Teil D Rz 4; Grüneberg/Grüneberg § 312 Rz 29.
156 BeckOK BGB/Martens EGBGB Art 246b § 1 Rz 8.

iVm EGBGB Art 246 Abs 1 (§ 312a Rz 25 ff). Auch für das **Gebot der mediengerechten Information** gelten hier dieselben Grundsätze wie bei EGBGB Art 246a § 4 Abs 3 (Rz 74 ff).

a) **Identität des Unternehmers und Unternehmensregister, Nr 1**. Gemäß EGBGB Art 246b 83 § 1 Abs 1 Nr 1 hat der Unternehmer dem Verbraucher Informationen über seine Identität zur Verfügung zu stellen. Dabei ist auch das öffentliche Unternehmensregister anzugeben, bei dem der Rechtsträger des Unternehmens eingetragen ist. Zur Vollständigkeit dieser Information gehört auch die zugehörige Registernummer des Unternehmers oder eine gleichwertige Kennung. Die unionsrechtliche Grundlage dieser Informationspflicht ist RL 2002/65/EG Art 3 Abs 1 Nr 1 lit a) und lit d). Für die Angaben über die Identität gilt hier dasselbe wie bei § 312a Abs 2 iVm EGBGB Art 246 Abs 1 Nr 2 (§ 312a Rz 32). Das für die Bundesrepublik Deutschland wichtigste **Unternehmensregister** iSd EGBGB Art 246b § 1 Abs 1 Nr 1 ist das Handelsregister[157]. Weiter sind etwa das Partnerschafts- oder das Genossenschaftsregister zu nennen[158].

b) **Hauptgeschäftätigkeit des Unternehmers und Aufsichtsbehörde, Nr 2**. Gemäß 84 EGBGB Art 246b § 1 Abs 1 Nr 2 hat der Unternehmer den Verbraucher über seine Hauptgeschäftstätigkeit und die für seine Zulassung zuständige Aufsichtsbehörde zu informieren. Die unionsrechtliche Grundlage für diese Informationspflicht ist RL 2002/65/EG Art 3 Abs 1 Nr 1 lit a) und lit e). Anhand dieser Angabe soll sich der Verbraucher ein realistisches Bild davon machen können, ob die Erbringung der von dem Verbraucher nachgefragten Finanzdienstleistung das **hauptsächliche Geschäftsfeld des Unternehmers** darstellt oder ob es sich lediglich um eine Nebensparte von dessen geschäftlichen Aktivitäten handelt[159]. Wichtig mag das etwa sein, wenn ein hauptsächlicher Kaffeeröster nebenbei auch Finanzdienstleistungen erbringt. Bei Allfinanzunternehmen soll demgegenüber keine differenzierte Angabe darüber erfolgen, welche der verschiedenen angebotenen Finanzdienstleistungen die wichtigste sei[160]. Zu berücksichtigen ist bei alldem freilich, dass es stets auf das hauptsächliche Geschäftsfeld des potentiellen konkreten Vertragspartners des Verbrauchers ankommt. Ist dieser eine konzernierte Gesellschaft, die in der Hauptsache die fraglichen Finanzdienstleistungen erbringt, so sind diese Finanzdienstleistungen auch dann die anzugebende Hauptgeschäftstätigkeit des Unternehmers, wenn sie im gesamten Konzerngeflecht nur eine Nebensparte darstellen.

Angaben über **die für den Unternehmer zuständige Aufsichtsbehörde** sind nur erforder- 85 lich, wenn der Unternehmer für seine Tätigkeit einer Zulassung zum Markt bedarf und der Aufsicht unterliegt[161]. Die für deutsche Finanzdienstleister wichtigste Aufsichtsbehörde ist die Bundesanstalt für Finanzdienstleistungsaufsicht.

c) **Repräsentanten des Unternehmers, Nr 3**. Gemäß EGBGB Art 246b § 1 Abs 1 Nr 3 86 erstreckt sich die Informationspflicht des Unternehmers auch auf Angaben über die Identität seines Vertreters in dem Mitgliedstaat, in dem der Verbraucher seinen Wohnsitz hat. Zu informieren ist weiter über die Identität einer anderen gewerblich tätigen Person als dem Anbieter, wenn der Verbraucher mit dieser Person geschäftlich zu tun hat, sowie über die Eigenschaft, in der diese Person gegenüber dem Verbraucher tätig wird. Die unionsrechtliche Grundlage dieser Informationspflicht ist RL 2002/65/EG Art 3 Abs 1 Nr 1 lit c) und d).

Erfasst sind Fälle, in denen der Unternehmer und der Verbraucher in unterschiedlichen Staaten 87 ansässig sind. Um hier die Kommunikation mit dem Unternehmer für den Verbraucher zu erleichtern, soll der Unternehmer einen **Ansprechpartner** in dessen Heimatstaat nennen, sofern es einen solchen dort gibt. Dieser Ansprechpartner soll wenigstens in der Lage sein, Erklärungen des Verbrauchers mit Wirkung für den Unternehmer entgegenzunehmen. Demnach genügt das Bestehen von Botenmacht; Vertretungsmacht ist nicht erforderlich[162]. Dieser Ansprechpartner ist auch dann zu benennen, wenn er in die Vertragsschlüsse mit den Verbrauchern regelmäßig nicht eingeschaltet wird.

Demgegenüber wird die **andere gewerblich tätige Person**, mit der der Verbraucher geschäft- 88 lich zu tun hat, entweder im Rahmen des Vertragsschlusses oder aber bei der Vertragsabwicklung von dem Unternehmer eingeschaltet[163]. Als typische Beispiele werden Stellvertreter, Vermittler

---

157 MünchKommBGB/Wendehorst Rz 86; BeckOGK BGB/Busch EGBGB Art 246b § 1 Rz 10.
158 BeckOK BGB/Martens EGBGB Art 246b § 1 Rz 11; Grüneberg/Grüneberg EGBGB Art 246b § 1 Rz 5.
159 MünchKommBGB/Wendehorst Rz 87; Erman/Koch Rz 42.
160 BeckOK BGB/Martens EGBGB Art 246b § 1 Rz 12.
161 Staud/Thüsing Rz 101; MünchKommBGB/Wendehorst Rz 88.
162 BeckOGK BGB/Busch EGBGB Art 246b § 1 Rz 12; Erman/Koch Rz 43; MünchKommBGB/Wendehorst Rz 89.
163 MünchKommBGB/Wendehorst Rz 90.

und Lieferanten genannt[164]. Demnach kann der Ansprechpartner zugleich eine andere gewerbliche Person im Sinne dieser Vorschrift sein.

89 Für **die anzugebenden Identitätsmerkmale** dieser Personen gilt Entsprechendes wie für den Unternehmer selbst. Hat der Ansprechpartner im Heimatstaat des Verbrauchers einen Handelsnamen, muss nur dieser genannt werden. Ist das nicht der Fall, muss der Unternehmer den vollen bürgerlichen Namen mitteilen[165].

90 d) **Ladungsfähige Anschrift, Nr 4**. Gemäß EGBGB Art 246b § 1 Abs 1 Nr 4 hat der Unternehmer dem Verbraucher seine ladungsfähige Anschrift mitzuteilen und darüber hinaus jede andere Anschrift, die für die Geschäftsbeziehung zwischen ihm, seinem Vertreter oder einer anderen gewerblich tätigen Person nach EGBGB Art 246b § 1 Abs 1 Nr 3 und dem Verbraucher maßgeblich ist. Die unionsrechtliche Grundlage dieser Informationspflicht ist RL 2002/65/EG Art 3 Abs 1 Nr 1 lit a) bis lit c). Sie soll es dem Verbraucher ermöglichen, **bei einer etwaigen gerichtlichen Verfolgung seiner Ansprüche** den Unternehmer klar benennen zu können[166]. Anzugeben sind neben der Anschrift für den Sitz der unternehmerischen Hauptverwaltung auch die Anschriften sämtlicher Niederlassungen, die in den Abschluss oder in die Abwicklung des Vertrags mit dem Verbraucher eingebunden sind. Entsprechendes gilt für die Anschriften der Repräsentanten iSd EGBGB Art 246b § 1 Abs 1 Nr 3.

91 Ausgehend von dem Zweck des EGBGB Art 246b § 1 Abs 1 Nr 4 können ladungsfähige Anschriften nur solche sein, an die eine **Zustellung gerichtlicher Dokumente** möglich ist[167]. Postfächer und c/o-Adressen genügen demnach nicht[168]. Anzugeben sind vielmehr Straße, Hausnummer, Postleitzahl, Ort und Land[169].

92 Ist der Unternehmer ein **(teil)rechtsfähiger Verband**, wird er in einer Klage bereits durch die Firma ausreichend deutlich benannt[170]. Dementsprechend muss der Verbraucher für die Verfolgung seiner etwaigen Ansprüche nicht zwingend den Namen des vertretungsberechtigten Organs kennen, sondern den Namen einer Person, an die gerichtliche Dokumente zugestellt werden können. Das kann gemäß ZPO § 171 auch ein Prokurist oder ein Generalbevollmächtigter sein[171]. Anzugeben ist auch insoweit der volle bürgerliche Name der Person[172].

93 e) **Wesentliche Merkmale der Finanzdienstleistung, Nr 5**. EGBGB Art 246b § 1 Abs 1 Nr 5 verpflichtet den Unternehmer zur Information über die wesentlichen Merkmale der Finanzdienstleistung sowie darüber, wie der Vertrag zustande kommt. Wegen der wesentlichen Merkmale ist RL 2002/65/EG Art 3 Abs 1 Nr 2 lit a) die maßgebliche unionsrechtliche Grundlage. Inhaltlich gilt hier grundsätzlich nichts anderes als bei EGBGB Art 246 Abs 1 Nr 1 (§ 312a Rz 28 ff) und bei Art 246a § 1 Abs 1 Satz 1 Nr 1 (Rz 12)[173]. Da Finanzdienstleistungen ihre jeweilige Eigenart erst durch die Ausgestaltung des Vertrags zwischen dem Dienstleister und seinem Kunden erfahren, erhält der Verbraucher die vollständigen Merkmale der Finanzdienstleistung ohnehin gemäß EGBGB Art 246b § 2 Abs 1 Nr 1 rechtzeitig vor dem Vertragsschluss, und zwar gespeichert auf einem dauerhaften Datenträger[174]. Man geht deshalb davon aus, dass EGBGB Art 246b § 1 Abs 1 Nr 5 eine übersichtliche Darstellung der wichtigsten Vertragsbedingungen einschließlich der prägnanten Bezeichnung des Dienstleistungstyps meine[175]. Auch mit diesem Verständnis hat EGBGB Art 246b § 1 Abs 1 Nr 5 aber insoweit keine selbständige Bedeutung, weil die einzelnen wesentlichen Vertragsbedingungen sämtlich von anderen Ziffern des EGBGB Art 246b § 1 Abs 1 umfasst sind[176]. Um der Gesamtheit dieser Informationspflichten und damit letztlich auch EGBGB Art 246b § 1 Abs 1 Nr 5 zu genügen, wird eine Orientierung an den Informationsblättern gemäß KAGB § 166 Abs 2[177] und VermAnlG § 13 Abs 2[178] vorgeschlagen[179].

94 Darüber, wie der Vertrag zustande kommt, informiert der Unternehmer im Prinzip dadurch, dass er seine und die Handlung des Verbrauchers bezeichnet, welche jeweils **die den Vertrag**

---

164 Erman/Koch Rz 43; MünchKommBGB/Wendehorst Rz 90.
165 KG MMR 2008, 541, 542; MünchKommBGB/Wendehorst Rz 89.
166 BeckOK BGB/Martens EGBGB Art 246b § 1 Rz 15; MünchKommBGB/Wendehorst Rz 91.
167 MünchKommBGB/Wendehorst Rz 91.
168 MünchKommZPO/Becker-Eberhard § 253 Rz 57; Erman/Koch Rz 44.
169 Staud/Thüsing Rz 104; BeckOGK BGB/Busch EGBGB Art 246b § 1 Rz 13.
170 MünchKommZPO/Becker-Eberhard § 253 Rz 58.
171 Grüneberg/Grüneberg EGBGB Art 246b § 1 Rz 5; BeckOGK BGB/Busch EGBGB Art 246b § 1 Rz 14; MünchKommBGB/Wendehorst Rz 92.
172 KG MMR 2008, 541, 542.
173 BeckOGK BGB/Busch EGBGB Art 246b § 1 Rz 15.
174 BeckOK BGB/Martens EGBGB Art 246b § 1 Rz 18.
175 BeckOK BGB/Martens EGBGB Art 246b § 1 Rz 18.
176 MünchKommBGB/Wendehorst Rz 94.
177 Kapitalanlagegesetzbuch vom 4. Juli 2013 (BGBl I S 1981), das zuletzt durch Artikel 5 des Gesetzes vom 10. August 2021 (BGBl I S 3483) geändert worden ist.
178 Vermögensanlagegesetz vom 6. Dezember 2011 (BGBl I S 2481), das zuletzt durch Artikel 4 des Gesetzes vom 10. August 2021 (BGBl I S 3483) geändert worden ist.
179 BeckOGK BGB/Busch EGBGB Art 246b § 1 Rz 15; BeckOK BGB/Martens EGBGB Art 246b § 1 Rz 18.

konstituierende Willenserklärung darstellen[180]. Diese Informationspflicht ist in RL 2002/65/ EG Art 3 ff nicht enthalten. Unionsrechtliche Probleme ergeben sich daraus aber dennoch nicht, denn RL 2002/65/EG Art 4 Abs 2 gestattet es den Mitgliedstaaten, strengere Bestimmungen über die Anforderungen an eine vorherige Auskunftserteilung aufrechtzuerhalten oder zu erlassen, wenn diese Bestimmungen auch im Übrigen unionsrechtskonform sind.

f) **Gesamtpreis, Nr 6**. Gemäß EGBGB Art 246b § 1 Abs 1 Nr 6 hat der Unternehmer dem **95** Verbraucher Informationen über den Gesamtpreis der Finanzdienstleistung einschließlich aller damit verbundenen Preisbestandteile zur Verfügung zu stellen. Die Informationspflicht erstreckt sich weiter auf alle über den Unternehmer abgeführten Steuern. Sollte die Angabe eines genauen Preises nicht möglich sein, hat der Unternehmer dem Verbraucher die Berechnungsgrundlage mitzuteilen, so dass dieser den später erhobenen Preis überprüfen kann. Unionsrechtliche Grundlage dieser Informationspflicht ist RL 2002/65/EG Art 3 Abs 1 Nr 2 lit b). Für die Gesamtpreisangabe gilt inhaltlich nichts anderes als bei EGBGB Art 246 Abs 1 Nr 3 (§ 312a Rz 33 ff) und bei EGBGB Art 246a § 1 Abs 1 Nr 3 (Rz 19). Insbesondere begründet der Wortlaut der Vorschrift hier kein Bedürfnis nach einer gesteigerten Transparenz durch Aufschlüsselung der einzelnen Preisbestandteile[181]. Anders liegt es nur, wenn eine genaue Preisangabe nicht möglich ist[182].

g) **Zusätzliche Kosten, Nr 7**. Sollten für den Verbraucher über den Gesamtpreis hinaus zusätz- **96** liche Kosten anfallen, hat der Unternehmer gemäß EGBGB Art 246b § 1 Abs 1 Nr 7 auch darüber zu informieren. Gleiches gilt für mögliche weitere Steuern oder Kosten, die nicht über den Unternehmer abgeführt oder von ihm in Rechnung gestellt werden. Unionsrechtliche Grundlage dieser Informationspflicht ist RL 2002/65/EG Art 3 Abs 1 Nr 2 lit d). Hier geht es um Kosten, die für den Verbraucher aufgrund der Leistung des Unternehmers entstehen, die aber dennoch nicht in die Gesamtpreisangabe aufzunehmen sind. Auch insoweit kann auf die entsprechenden Erkenntnisse zu EGBGB Art 246 Abs 1 Nr 3 zurückgegriffen werden (§ 312a Rz 34, 37).

h) **Spezielle Risiken, Nr 8**. Gemäß EGBGB Art 246b § 1 Abs 1 Nr 8 muss der Unternehmer **97** den Verbraucher ggf darauf hinweisen, dass sich die Finanzdienstleistung auf Finanzinstrumente bezieht, die wegen ihrer spezifischen Merkmale oder der durchzuführenden Vorgänge mit speziellen Risiken behaftet sind oder deren Preis Schwankungen auf dem Finanzmarkt unterliegt, auf die der Unternehmer keinen Einfluss hat, und dass in der Vergangenheit erwirtschaftete Erträge kein Indikator für künftige Erträge sind. Unionsrechtliche Grundlage ist RL 2002/65/EG Art 3 Abs 1 Nr 2 lit c).

Aufzuklären ist nur über Risiken, die sich **unmittelbar aus der Eigenart der Finanzdienst- 98 leistung** ergeben[183]. Bei Geldanlagen betrifft das insbesondere das Risiko, dass der Nennwert des investierten Vermögens womöglich vollständig aufgezehrt werden kann[184]. Außerdem besteht eine Aufklärungspflicht auch dort, wo die Rendite an eine Größe gebunden ist, die ihrerseits Schwankungen unterliegt[185]. Schließlich mag es sein, dass eine Geldanlage sich künftig relativ zu anderen Anlageformen als ungünstig erweisen wird. So liegt es etwa, wenn der Verbraucher in Erwartung weiter fallender Zinsen ein Produkt mit einem verhältnismäßig niedrigen festen Zinssatz erwirbt und die Zinsen in der Folge überraschend steigen. Dieses Risiko ist aber allgemeiner Natur und nicht unmittelbar mit der Struktur der Dienstleistung verbunden. Hierüber ist dementsprechend auch nicht gemäß EGBGB Art 246b § 1 Abs 1 Nr 8 zu informieren[186].

i) **Gültigkeitsdauer der zur Verfügung gestellten Informationen, Nr 9**. Zahlreiche der **99** Umstände, über die der Unternehmer den Verbraucher im Vorfeld eines Außergeschäftsraum- oder Fernabsatzvertrags über Finanzdienstleistungen zu informieren hat, können eine von vornherein feststehende Verfallszeit haben, sei es, weil der Unternehmer den Preis für seine Dienstleistung bis zu einem bestimmten oder bestimmbaren Datum befristet hat, oder sei es, weil erhebliche externe Faktoren ihrerseits nur eine fest befristete Geltungsdauer haben. Damit der Verbraucher dies nicht übersieht, hat der Unternehmer ihn gemäß EGBGB Art 246b § 1 Abs 1 Nr 9 über eine Befristung der Gültigkeitsdauer der zur Verfügung gestellten Informationen, beispielsweise die Gültigkeitsdauer befristeter Angebote, insbesondere hinsichtlich des Preises, zu informieren. Unionsrechtliche Grundlage dieser Informationspflicht ist RL 2002/65/EG Art 3 Abs 1 Nr 2 lit e).

---

180 Erman/Koch Rz 45; Grüneberg/Grüneberg EGBGB Art 246b § 1 Rz 6; BeckOGK BGB/Busch EGBGB Art 246b § 1 Rz 15.
181 BeckOK BGB/Martens EGBGB Art 246b § 1 Rz 20; aA BeckOGK BGB/Busch EGBGB Art 246b § 1 Rz 16; Erman/Koch Rz 46.
182 MünchKommBGB/Wendehorst Rz 98.
183 MünchKommBGB/Wendehorst Rz 101; BeckOK BGB/Martens EGBGB Art 246b § 1 Rz 24.
184 BeckOGK BGB/Busch EGBGB Art 246b § 1 Rz 18; Staud/Thüsing Rz 112.
185 Staud/Thüsing Rz 112; MünchKommBGB/Wendehorst Rz 101.
186 MünchKommBGB/Wendehorst Rz 101; BeckOK BGB/Martens EGBGB Art 246b § 1 Rz 24.

Freilich zwingt die Vorschrift den Unternehmer nicht dazu, eine bestimmte Mindestdauer für die Gültigkeit etwa seiner Angebote festzusetzen. Er muss also – was den Wortlauten „gegebenenfalls" in EGBGB Art 246b § 1 Abs 1 Nr 9 und „etwaigen" in RL 2002/65/EG Art 3 Abs 1 Nr 2 lit e) zu entnehmen ist – erst informieren, sobald er eine entsprechende Bindungsfrist festsetzt oder sie sich aufgrund äußerer Faktoren ergibt.

100 Das Angebot iSd EGBGB Art 246b § 1 Abs 1 Nr 9 ist nicht im Sinne eines Antrags gemäß § 145 zu verstehen. Zwar kann der Antragende gemäß § 148 eine Annahmefrist einseitig festsetzen. An diese Frist ist der Antragende allerdings nur gebunden, wenn sie dem Antragsempfänger auch zugeht. Dementsprechend ist EGBGB Art 246b § 1 Abs 1 Nr 9 für auf den Vertragsschluss gerichtete Willenserklärungen des Unternehmers gegenstandslos. Tatsächlich geht es nur um die unternehmerseitige **invitatio ad offerendum**. Dementsprechend hat der Unternehmer den Verbraucher darüber zu informieren, bis zu welchem Zeitpunkt er Anträge des Verbrauchers zu den veröffentlichten Konditionen wenigstens grundsätzlich zu akzeptieren bereit ist[187].

101 j) **Zahlung und Erfüllung, Nr 10**. Gemäß EGBGB Art 246b § 1 Abs 1 Nr 10 hat der Unternehmer den Verbraucher über Einzelheiten hinsichtlich der Zahlung und der Erfüllung zu informieren. Unionsrechtliche Grundlage dieser Informationspflicht ist RL 2002/65/EG Art 3 Abs 1 Nr 2 lit f). Gegenständlich geht es um die **Modalitäten des Austauschs der wechselseitig bestehenden Leistungspflichten**[188]. Haben die Parteien insoweit nichts vereinbart, gelten die allgemeinen Regeln, insbesondere für die Fälligkeit und Erfüllbarkeit (§ 271), für den Leistungsort (§ 269) sowie für die Art und Weise der Zahlung. Richtigerweise muss der Unternehmer auch in diesem Fall informieren, denn die allgemeinen Regeln über die Vertragsabwicklung dürften kaum zum präsenten Alltagswissen eines verständigen Durchschnittsverbrauchers gehören[189]. Will der Unternehmer einseitig von den allgemeinen Regeln abweichen, muss er ohnehin entsprechende Vertragsbedingungen formulieren und sicherstellen, dass diese nach § 305 Abs 2 Vertragsgegenstand werden. In diesem Fall ist dann auch EGBGB Art 246b § 1 Abs 1 Nr 10 genügt.

102 k) **Zusätzliche Kosten für die Benutzung des Fernkommunikationsmittels, Nr 11**. Gemäß EGBGB Art 246b § 1 Abs 1 Nr 11 hat der Unternehmer den Verbraucher über alle spezifischen zusätzlichen Kosten zu informieren, die dieser für die Benutzung des Fernkommunikationsmittels zu tragen hat, sofern solche zusätzlichen Kosten durch den Unternehmer in Rechnung gestellt werden. Diese Informationspflicht hat ihre unionsrechtliche Grundlage in RL 2002/65/EG Art 3 Abs 1 Nr 2 lit g). Inhaltlich entspricht sie EGBGB Art 246a § 1 Abs 1 Satz 1 Nr 6. Unter zusätzlichen Kosten sind auch hier nur solche zu verstehen, die über den **Grundtarif** hinausgehen (Rz 21)[190]. Problematisch ist, dass EGBGB Art 246b § 1 Abs 1 Nr 11 nur solche Kosten für informationsbedürftig erklärt, die der Unternehmer selbst in Rechnung stellt, wohingegen RL 2002/65/EG Art 3 Abs 1 Nr 2 lit g) eine solche Beschränkung nicht enthält. Unionsrechtskonform ist die Information somit nur, wenn sie auch Kosten erfasst, die **Dritte** dem Verbraucher für die Nutzung des Fernkommunikationsmittels in Rechnung stellen. Insoweit wird eine richtlinienkonforme Interpretation des EGBGB Art 246b § 1 Abs 1 Nr 11 vorgeschlagen[191]. Das ist im Rahmen des methodisch Zulässigen, zumal die Rechnungstellung für die Telekommunikationsleistung regelmäßig ohnehin durch den Telekommunikationsanbieter erfolgt und nicht durch den Unternehmer.

103 l) **Widerrufsrecht, Nr 12**. Gemäß EGBGB Art 246b § 1 Abs 1 Nr 12 hat der Unternehmer den Verbraucher über das Bestehen oder Nichtbestehen eines Widerrufsrechts zu informieren. Diese Informationspflicht hat ihre unionsrechtliche Grundlage in RL 2002/65/EG Art 3 Abs 1 Nr 3 lit a) und lit d). Für den Fall, dass das Widerrufsrecht besteht, muss die Information darüber hinaus auch Folgendes umfassen: Die Bedingungen, die Einzelheiten der Ausübung, insbesondere Name und Anschrift desjenigen, gegenüber dem der Widerruf zu erklären ist, und die Rechtsfolgen des Widerrufs einschließlich Informationen über den Betrag, den der Verbraucher im Falle des Widerrufs nach § 357b für die erbrachte Leistung zu zahlen hat. Die **Informationspflicht über das bestehende Widerrufsrecht** ist weitestgehend identisch mit derjenigen aus Abs 1 iVm EGBGB Art 246a § 1 Abs 2 (Rz 36 ff), die ihrerseits große Schnittmengen mit der Informationspflicht aus § 312a Abs 2 iVm EGBGB Art 246 Abs 3 hat (§ 312a Rz 59 ff).

104 EGBGB Art 246b § 2 Abs 3 Satz 1 sieht eine dem EGBGB Art 246a § 1 Abs 2 Satz 2 (Rz 32) entsprechende Erleichterung der Informationspflicht über das bestehende Widerrufsrecht vor.

---

187 BeckOK BGB/Martens EGBGB Art 246b § 1 Rz 25; Erman/Koch Rz 49.
188 Staud/Thüsing Rz 114; BeckOK BGB/Martens EGBGB Art 246b § 1 Rz 26.
189 MünchKommBGB/Wendehorst Rz 104.
190 MünchKommBGB/Wendehorst Rz 106; Staud/Thüsing Rz 115.
191 BeckOGK BGB/Busch EGBGB Art 246b § 1 Rz 23; BeckOK BGB/Martens EGBGB Art 246b § 1 Rz 27; Erman/Koch Rz 51.

Danach kann der Unternehmer dem Verbraucher das jeweils einschlägige, in der Anlage 3, der Anlage 3a oder der Anlage 3b zum EGBGB vorgesehene Muster für die Widerrufsbelehrung bei Finanzdienstleistungsverträgen zutreffend ausgefüllt in Textform übermitteln und damit seiner entsprechenden Informationspflicht nachkommen. Obwohl die Wortlaute von EGBGB Art 246a § 1 Abs 2 Satz 2 und EGBGB Art 246b § 2 Abs 3 Satz 1 einander wenigstens sehr ähnlich sind, geht man hier nicht davon aus, dass mit der Übermittlung der in der Anlage vorgesehenen Muster-Widerrufsbelehrung eine ordnungsgemäße Erfüllung der Informationspflicht fingiert werde[192]. Praktisch sollen sich aber dennoch keine Unterschiede ergeben[193].

Ausdrücklich zu informieren ist auch über das **Nichtbestehen eines Widerrufsrechts**. Dabei ist der Verbraucher, der im Fernabsatz oder außerhalb von Geschäftsräumen einen Vertrag über Finanzdienstleistungen geschlossen hat, nach § 312g Abs 1 an sich schon wegen der Umstände des Vertragsschlusses zum Widerruf berechtigt. Ausgeschlossen ist das Widerrufsrecht aber zum einen gemäß **§ 312g Abs 2 Nr 8**, wenn der Preis der Finanzdienstleistung von Schwankungen auf dem Finanzmarkt abhängt, auf die der Unternehmer keinen Einfluss hat und die innerhalb der Widerrufsfrist auftreten können. Insoweit bedarf es der Information darüber, ob die konkrete Finanzdienstleistung, welche den Gegenstand eines potentiellen Vertrags zwischen dem Unternehmer und dem Verbraucher bilden könnte, solchen Schwankungen unterliegt[194]. Zum anderen kann das Widerrufsrecht auch bei notariell beurkundeten Fernabsatzverträgen über Finanzdienstleistungen gemäß **§ 312g Abs 2 Nr 13** ausgeschlossen sein. Solange die Möglichkeit einer elektronischen Beurkundung nach BeurkG § 16a aber auf die GmbH-Gründung beschränkt ist, ist dieser Ausschlussgrund von nur eher theoretischer Bedeutung. Schließlich kann das Widerrufsrecht des Verbrauchers bei einem Vertrag über Finanzdienstleistungen gemäß **§ 356 Abs 4 Satz 3** erlöschen, wenn der Vertrag von beiden Seiten auf ausdrücklichen Wunsch des Verbrauchers vollständig erfüllt ist, bevor der Verbraucher sein Widerrufsrecht ausübt. Auch dieses nachträgliche Erlöschen ist als ein Nichtbestehen iSd EGBGB Art 246b § 1 Abs 1 Nr 12 anzusehen, weshalb der Unternehmer hierüber zu informieren hat[195].

m) **Mindestlaufzeit des Vertrags, Nr 13**. Gemäß EGBGB Art 246b § 1 Abs 1 Nr 13 hat der Unternehmer den Verbraucher über die Mindestlaufzeit des Vertrags zu informieren, wenn dieser eine dauernde oder regelmäßig wiederkehrende Leistung zum Inhalt hat. Die unionsrechtliche Grundlage für diese Informationspflicht ist RL 2002/65/EG Art 3 Abs 1 Nr 3 lit b). **Echte Dauerschuldverhältnisse** sind von dieser Vorschrift ebenso umfasst wie **Sukzessivlieferungsverträge**[196]. Im Übrigen gilt hier nichts anderes als bei EGBGB Art 246a § 1 Abs 1 Satz 1 Nr 12 (Rz 31).

n) **Kündigungsbedingungen, Nr 14**. Gemäß EGBGB Art 246b § 1 Abs 1 Nr 14 hat der Unternehmer den Verbraucher über die vertraglichen Kündigungsbedingungen einschließlich etwaiger Vertragsstrafen zu informieren. Die unionsrechtliche Grundlage dieser Informationspflicht ist RL 2002/65/EG Art 3 Abs 1 Nr 3 lit c). Begrifflich lassen sich unter die vertraglichen Kündigungsbedingungen sowohl die privatautonom vereinbarten als auch die im **dispositiven, gesetzlichen Vertragsrecht** vorgesehenen Kündigungsmöglichkeiten fassen. Die „Vertragsbedingungen" im Wortlaut von RL 2002/65/EG Art 3 Abs 1 Nr 3 lit c) müssen nicht zwingend in einem engeren Sinn verstanden werden. Da das dispositive Gesetzesrecht über die Beendigung von Dauerschuldverhältnissen und Sukzessivlieferungsverträgen auch einem verständigen Durchschnittsverbraucher nicht geläufig sein dürfte, sprechen die besseren Gründe dafür, auch die Kündigungsbedingungen des dispositiven Gesetzesrechts als von der Informationspflicht umfasst anzusehen[197]. Ebenso wie bei EGBGB Art 246 Abs 1 Nr 6 geht es hier jedoch nur um die Rechte des Unternehmers und des Verbrauchers zur jeweils **ordentlichen Kündigung** des Vertrags[198].

Der **Vertragsstrafenbegriff** kann nicht im engen Sinn von §§ 339 ff gelesen werden. Entscheidend kommt es vielmehr auf alle negativen Folgen an, die dem Verbraucher aufgrund der vorzeitigen Kündigung im Verhältnis zum Unternehmer entstehen können[199]. Praktisch relevant wird das insbesondere für Vorfälligkeitsentschädigungen bei der Darlehensrückzahlung. Zu weit geht es jedoch, den Unternehmer auch zur Information über negative vermögensmäßige Folgen gegen-

---

192 BeckOK BGB/Martens EGBGB Art 246b § 2 Rz 13; MünchKommBGB/Wendehorst Rz 141.
193 BeckOK BGB/Martens EGBGB Art 246b § 2 Rz 13; MünchKommBGB/Wendehorst Rz 141.
194 BeckOK BGB/Martens EGBGB Art 246b § 1 Rz 29; MünchKommBGB/Wendehorst Rz 108; aA Beck-OGK BGB/Busch EGBGB Art 246b § 1 Rz 25 unter Hinweis auf BGH NJW 2010, 989 Rz 22 ff.
195 MünchKommBGB/Wendehorst Rz 108.
196 MünchKommBGB/Wendehorst Rz 110; anders hinsichtlich Ratenlieferungsverträge Erman/Koch Rz 53.
197 Grüneberg/Grüneberg EGBGB Art 246b § 1 Rz 14; BeckOK BGB/Martens EGBGB Art 246b § 1 Rz 31; MünchKommBGB/Wendehorst Rz 111; aA Beck-OGK BGB/Busch EGBGB Art 246b § 1 Rz 29.
198 Erman/Koch Rz 54; BeckOK BGB/Martens EGBGB Art 246b § 1 Rz 31; aA Staud/Thüsing Rz 121.
199 BeckOK BGB/Martens EGBGB Art 246b § 1 Rz 31; MünchKommBGB/Wendehorst Rz 112.

über Dritten zu verpflichten (zB über den rückwirkenden Verlust staatlicher Prämien)[200], denn diese haben mit dem Vertragsverhältnis zwischen dem Unternehmer und dem Verbraucher unmittelbar nichts zu tun.

109 o) **Anwendbares Recht, Nr 15**. Gemäß EGBGB Art 246b § 1 Abs 1 Nr 15 hat der Unternehmer den Verbraucher über die Mitgliedstaaten der EU zu informieren, deren Recht er der Aufnahme von Beziehungen zum Verbraucher vor Abschluss des Vertrags zugrunde legt. Es geht also nicht um das auf den Vertrag, sondern um das auf die **vorvertragliche Phase** anwendbare Recht. Die unionsrechtliche Grundlage für diese Informationspflicht ist RL 2002/65/EG Art 3 Abs 1 Nr 3 lit e). Anders als es der Wortlaut der Vorschrift nahelegt, kann der Unternehmer das in dieser Phase seiner Beziehung zu dem Verbraucher anwendbare Recht nicht einseitig festlegen[201]. Maßgeblich sind vielmehr die kollisionsrechtlichen Regeln der lex fori. Dem deutschen IPR ist dabei ein einheitliches Statut der vorvertraglichen Kontaktaufnahme unbekannt. Vielmehr existieren für die Vielzahl an denkbaren Konflikten im vorvertraglichen Bereich ebenso viele besondere Anknüpfungen[202]. Für den Unternehmer ist es deshalb praktisch ausgeschlossen, dass er seiner entsprechenden Informationspflicht ordnungsgemäß nachkommen kann. Der Vorschlag, der Unternehmer möge in Erfüllung von EGBGB Art 246b § 1 Abs 1 Nr 15 das Recht seines Herkunftslandes nennen[203], nimmt Bezug auf das (in diesem Zusammenhang nicht unmittelbar einschlägige) Herkunftslandprinzip gemäß RL 2000/31/EG Art 3 Abs 1 und ist lediglich ein Notbehelf. Insgesamt können die Regelungen der RL 2002/65/EG Art 3 Abs 1 Nr 3 lit e) und EGBGB Art 246b § 1 Abs 1 Nr 15 nur als missglückt bezeichnet werden.

110 p) **Rechtswahl und vereinbarter Gerichtsstand, Nr 16**. In Zusammenhang mit EGBGB Art 246b § 1 Abs 1 Nr 15 steht EGBGB Art 246b § 1 Abs 1 Nr 16. Danach hat der Unternehmer den Verbraucher über etwaige Klauseln zu informieren, durch die das auf den Vertrag anwendbare Recht und das für Streitigkeiten zwischen dem Unternehmer und dem Verbraucher zuständige Gericht bestimmt werden sollen. Die unionsrechtliche Grundlage dieser Informationspflicht ist RL 2002/65/EG Art 3 Abs 1 Nr 3 lit f). Wiederum gilt, dass der Unternehmer, der solche Klauseln gegenüber seinem Vertragspartner verwenden will, ohnehin § 305 Abs 2 zu beachten hat. Unberührt bleiben die Regeln über den **kollisionsrechtlichen Verbraucherschutz** gemäß Rom I-VO Art 6. Gleiches gilt für die **Wirksamkeitsvoraussetzungen einer Gerichtsstandsvereinbarung** gemäß Brüssel Ia-VO Art 25 sowie für die Regeln über den Verbrauchergerichtsstand gemäß Brüssel Ia-VO Art 17 ff. Auf **Sonderanknüpfungen**, die neben das Vertragsstatut treten können, erstreckt sich die Informationspflicht des Unternehmers nicht[204].

111 q) **Vertragssprache, Nr 17**. Gemäß EGBGB Art 246b § 1 Abs 1 Nr 17 hat der Unternehmer den Verbraucher zunächst über die Sprachen zu informieren, in welchen die Vertragsbedingungen und die in dieser Vorschrift genannten Vorabinformationen mitgeteilt werden, und darüber hinaus auch über die Sprachen, in welchen sich der Unternehmer verpflichtet, mit Zustimmung des Verbrauchers die Kommunikation während der Laufzeit dieses Vertrags zu führen. Die unionsrechtliche Grundlage dieser Informationspflicht ist RL 2002/65/EG Art 3 Abs 1 Nr 3 lit g). Die Vorschrift begründet **keine Pflicht zur mehrsprachigen Kommunikation**[205]. Auch muss ein Unternehmer, der sich bei seiner Kommunikation mit dem Verbraucher auf nur eine Sprache beschränkt, nicht darüber informieren, welche Sprache dies sei[206]. Wohl aber besteht die Informationspflicht bereits dann, wenn auch nur Teile seiner Werbebotschaften in mehreren Sprachen verfasst sind[207]. Diese Mehrsprachigkeit kann bei dem Verbraucher nämlich den ggf irrigen Eindruck hervorrufen, dass die Vertragsbedingungen in allen diesen Sprachen verfügbar seien und auch generell eine Kundenkommunikation in allen diesen Sprachen stattfinden könne[208].

112 Die Auflistung der verschiedenen optionalen Vertrags- und Kommunikationssprachen soll es dem Verbraucher ermöglichen, die für ihn am besten verständliche Sprache auszuwählen. Dazu soll es nicht ausreichen, wenn der Unternehmer Buttons mit verschiedenen Länderflaggen bereithält, bei deren Anklicken der Internetauftritt auf die jeweilige Landessprache wechselt. Aus dieser Webseitengestaltung ergebe sich nämlich noch nicht, dass auch die Vertragsbedingungen und die

---

200 Anders MünchKommBGB/Wendehorst Rz 112.
201 So auch Erman/Koch Rz 55; anders noch Härting/Schirmbacher CR 2002, 809, 812.
202 BeckOGK BGB/Busch EGBGB Art 246b § 1 Rz 30.
203 MünchKommBGB/Wendehorst Rz 113; Erman/Koch Rz 55.
204 BeckOGK BGB/Busch EGBGB Art 246b § 1 Rz 32; MünchKommBGB/Wendehorst Rz 115; Erman/Koch Rz 56.
205 Grüneberg/Grüneberg EGBGB Art 246b § 1 Rz 16; BeckOK BGB/Martens EGBGB Art 246b § 1 Rz 35; MünchKommBGB/Wendehorst Rz 116.
206 BeckOK BGB/Martens EGBGB Art 246b § 1 Rz 35; differenzierend MünchKommBGB/Wendehorst Rz 117.
207 MünchKommBGB/Wendehorst Rz 116.
208 Erman/Koch Rz 57; BeckOGK BGB/Busch EGBGB Art 246b § 1 Rz 33.1; MünchKommBGB/Wendehorst Rz 116.

weitere Vertragskommunikation ebenfalls in allen diesen Sprachen verfügbar seien bzw erfolgen könne[209].

r) **Außergerichtliche Beschwerdeverfahren, Nr 18**. Gemäß EGBGB Art 246b § 1 Abs 1 Nr 17 hat der Unternehmer darauf hinzuweisen, ob er einem außergerichtlichen Beschwerde- und Rechtsbehelfsverfahren unterworfen ist, welches der Verbraucher unter welchen Voraussetzungen zur Geltendmachung seiner Ansprüche nutzen kann. Die unionsrechtliche Grundlage für diese Informationspflicht ist RL 2002/65/EG Art 3 Abs 1 Nr 4 lit a). Hier gilt nichts anderes als bei dem entsprechenden EGBGB Art 246a § 1 Abs 1 Satz 1 Nr 16 (Rz 35).

s) **Garantiefonds und Entschädigungsregeln, Nr 19**. Gemäß EGBGB Art 246b § 1 Abs 1 Nr 18 hat der Unternehmer den Verbraucher schließlich auch über das Bestehen eines Garantiefonds oder anderer Entschädigungsregelungen zu informieren. Unter den Wortlaut dieser Bestimmung lassen sich sowohl das gesamte Leistungsstörungsrecht als auch die Regelungen zur außervertraglichen Haftung des Unternehmers subsumieren. Doch wird die Vorschrift nicht in diesem Sinn verstanden. Vielmehr soll es allein um Entschädigungsregeln gehen, die über diese allgemeine gesetzliche Grundausstattung hinausgehen[210]. Ein Beispiel mögen Ausfallversicherungen eines Emittenten von Anlageprodukten gegen Verluste seiner Anleger sein. Nicht von der Informationspflicht umfasst werden Garantiefonds und Entschädigungsregeln, die unter die RL 2014/49/EU oder unter die RL 97/9/EG fallen. Die unionsrechtliche Grundlage dieser Informationspflicht ist RL 2002/65/EG Art 3 Abs 1 Nr 4 lit b)

3. **Bei Telefongesprächen zur Verfügung zu stellende Informationen**. Die Informationspflichten des Unternehmers sind nach Maßgabe von EGBGB Art 246b § 1 Abs 2 deutlich reduziert, wenn er mit dem Verbraucher vorvertraglich im Rahmen eines Telefongesprächs kommuniziert. Dadurch wird RL 2002/65/EG Art 3 Abs 3 lit b) umgesetzt. Nachdem dort von „fernmündlicher Kommunikation" die Rede ist, kann auch das „Telefongespräch" der deutschen Umsetzung nicht in einem engen Wortsinn verstanden werden. Vielmehr greifen die Erleichterungen stets ein, wenn der Unternehmer und der Verbraucher **über eine räumliche Distanz mittels flüchtiger Erklärungszeichen in Echtzeit** kommunizieren[211].

Der unionsrechtlichen Grundlage entsprechend steht die Erleichterung der unternehmerischen Informationspflicht unter dem Vorbehalt eines ausdrücklichen Verzichts des Verbrauchers auf weitergehende Informationen (EGBGB Art 246b § 1 Abs 2). Dabei handelt es sich um eine **empfangsbedürftige Erklärung des Verbrauchers**, so dass Schweigen nicht als Verzicht gedeutet werden kann[212]. Damit der Verbraucher diesen Verzicht ausdrücklich erklären kann, muss der Unternehmer oder diejenige Person, die für ihn das Gespräch mit dem Verbraucher führt, den Verbraucher zuvor darüber aufklären, dass und welche Informationen vor dem Vertragsschluss zusätzlich zur Verfügung gestellt werden können. An den Inhalt dieser Information über die weiter zur Verfügung stehenden Informationen dürfen keine allzu strengen Anforderungen gestellt werden, denn andernfalls würde die Erleichterung bedeutungslos[213]. Da der Unternehmer die **objektive Beweislast für den Verzicht** trägt, wird er bestrebt sein, das Gespräch mit dem Verbraucher aufzuzeichnen. Dies ist nach Maßgabe des BDSG § 26 Abs 1 Satz 1 zulässig[214].

Im Umkehrschluss zu EGBGB Art 246b § 1 Abs 2 Satz 2 ist es für den Verbraucher nicht möglich, weitergehend auf die vorvertraglichen Informationen zu verzichten[215].

Die Informationen, welche der Unternehmer dem Verbraucher zwingend vor dem Vertragsschluss zur Verfügung zu stellen hat, sind im Einzelnen in EGBGB Art 246b § 1 Abs 2 Satz 1 aufgelistet. Gemäß EGBGB Art 246b § 1 Abs 2 Satz 1 Nr 1 muss der Unternehmer dem Verbraucher die **Identität seiner Kontaktperson** und deren Verbindung zu dem Unternehmer mitteilen. Insoweit gelten die zu § 312a Abs 1 bestehenden Grundsätze entsprechend (§ 312a Rz 2 ff). Mit den **Hauptmerkmalen der Finanzdienstleistung** iSd EGBGB Art 246b § 1 Abs 2 Satz 1 Nr 1 ist nichts anderes gemeint als mit ihren wesentlichen Merkmalen iSd EGBGB Art 246b § 1 Abs 1 Nr 5 (Rz 85 f)[216]. Für die ebenfalls geschuldeten Informationen über den Gesamtpreis, über mögliche **weitere Kosten und Steuern** sowie über das **Bestehen oder Nichtbestehen eines Wider-**

---

209 OLG Hamm MMR 2011, 586, 587.
210 MünchKommBGB/Wendehorst Rz 119; Erman/Koch Rz 59.
211 BeckOGK BGB/Busch EGBGB Art 246b § 1 Rz 39; MünchKommBGB/Wendehorst Rz 120.
212 Erman/Koch Rz 60; Staud/Thüsing Rz 131.
213 BeckOGK BGB/Busch EGBGB Art 246b § 1 Rz 41; MünchKommBGB/Wendehorst Rz 121.
214 Weth/Herberger/Wächter/Sorge/Byers, Daten- und Persönlichkeitsschutz im Arbeitsverhältnis, Teil B X. Rz 13; zum Verhältnis zur DSGVO s BeckOK DatenschutzR/Riesenhuber BDSG § 26 Rz 20.
215 Staud/Thüsing Rz 131; BeckOGK BGB/Busch EGBGB Art 246b § 1 Rz 42; MünchKommBGB/Wendehorst Rz 122.
216 MünchKommBGB/Wendehorst Rz 124; Staud/Thüsing Rz 130; BeckOK BGB/Martens EGBGB Art 246b § 1 Rz 44.

rufsrechts ergeben sich ebenfalls keine Unterschiede zu den entsprechenden Regelungen in Art 246b § 1 Abs 1 Nr 6 (Rz 95), Nr 7 (Rz 96) und Nr 12 (Rz 103 ff).

119 Von den Erleichterungen gemäß EGBGB Art 246b § 1 Abs 2 unberührt bleiben freilich die **Einbeziehungsvoraussetzungen gemäß § 305 Abs 2**.

120 **4. Die weiteren Informationspflichten gemäß EGBGB Art 246b § 2. – a) Die Grundregel des EGBGB Art 246b § 2 Abs 1 Satz 1.** EGBGB Art 246b § 2 Abs 1 Satz 1 Nr 2 unterscheidet sich von EGBGB Art 246b § 1 Abs 1 lediglich darin, dass dem Verbraucher die geschuldeten Informationen auf einem **dauerhaften Datenträger** zur Verfügung zu stellen sind[217]. Diesen Aspekt der Informationspflicht in einer selbständigen Vorschrift zu regeln, entspricht der Regelungstechnik der zugrunde liegenden RL 2002/65/EG Art 3 und Art 5. Weniger unübersichtlich wäre es freilich gewesen, wenn man ihn in RL 2002/65/EG Art 3 bzw in EGBGB Art 246b § 1 mitaufgenommen hätte. Dass der Unternehmer dem Verbraucher das gesamte vertragliche Regelungswerk rechtzeitig zur Verfügung zu stellen hat, bevor dieser seine auf den Vertragsschluss gerichtete Willenserklärung abgibt, folgt an sich bereits aus den allgemeinen Regeln der Rechtsgeschäftslehre sowie aus § 305 Abs 2. Demgegenüber selbständig ist jedoch die Pflicht, dem potentiellen Vertragspartner das beabsichtigte vertragliche Regelwerk auf einem dauerhaften Datenträger zur Verfügung zu stellen (EGBGB Art 246b § 2 Abs 1 Satz 1 Nr 1). Für den Begriff des dauerhaften Datenträgers gilt dasselbe wie bei EGBGB Art 246b § 4 Abs 2 und 3 (Rz 72 ff). Beim Vertragsschluss im Internet genügt es demnach nicht, wenn der Unternehmer dem Verbraucher lediglich einen Link zum Download der Vertragsbedingungen und der weiteren Informationen bereitstellt. Vielmehr muss er ihm wenigstens eine Datei mit den entsprechenden Inhalten zusenden.

121 b) **Telefonischer Vertragsschluss gemäß EGBGB Art 246b § 2 Abs 1 Satz 2.** Von der Pflicht, die geschuldeten Informationen noch vor dem Vertragsschluss auf einem dauerhaften Datenträger zur Verfügung zu stellen, wird der Unternehmer in den Fällen des EGBGB Art 246b § 2 Abs 1 Satz 2 jedoch teilweise befreit. Wird der Vertrag nämlich auf Verlangen des Verbrauchers **telefonisch oder unter Verwendung eines anderen Fernkommunikationsmittels** geschlossen, das die Mitteilung auf einem dauerhaften Datenträger vor Vertragsschluss nicht gestattet, so genügt der Unternehmer seiner Informationspflicht nämlich schon dann, wenn er dem Verbraucher die Informationen unverzüglich nach dem Abschluss des Fernabsatzvertrags auf einem dauerhaften Datenträger übermittelt.

122 Im Ausgangspunkt wird man unter einem telefonischen oder ähnlichen Vertragsschluss auch hier die Echtzeitkommunikation über eine räumliche Distanz mit **flüchtigen Erklärungszeichen** verstehen müssen. Hinzukommen muss allerdings, dass aufgrund der Eigenarten des verwendeten Kommunikationsmediums auch eine den mündlichen Erklärungsaustausch begleitende Übermittlung der Informationen auf einem dauerhaften Datenträger ausgeschlossen ist. Das ist bereits problematisch, wenn der Verbraucher mit dem Unternehmer mündlich Erklärungen austauscht, er aber **gleichzeitig Zugang zu einem internetfähigen Endgerät** hat, über das er eine von dem Unternehmer übersandte E-Mail empfangen könnte. Griffe EGBGB Art 246b § 2 Abs 1 Satz 2 in diesem Fall nicht zu Gunsten des Unternehmers ein, würde eine unterlassene Übersendung stets eine Verletzung seiner Informationspflicht darstellen, und zwar selbst dann, wenn der Verbraucher auf Nachfrage wahrheitswidrig behauptete, er habe aktuell keinen parallelen Zugriff auf seine E-Mails. Das ist nicht sachgerecht, weshalb es für EGBGB Art 246b § 2 Abs 1 Satz 2 nicht darauf ankommen kann, ob der Verbraucher über ein anderes als das für den Vertragsschluss verwendete Kommunikationsmedium die Informationen auf einem dauerhaften Datenträger erhalten könnte. Weiter sind die Fälle zu betrachten, in denen der Verbraucher **über dasselbe Kommunikationsgerät parallel sowohl mündliche Erklärungszeichen austauschen als auch Textdateien empfangen kann**. Das betrifft die mündliche Kommunikation mit beliebigen internetfähigen Endgeräten. Insoweit wird man jedoch nicht auf die Eignung des Geräts abstellen können, parallel mehrere Kommunikationsmedien zu eröffnen. Vielmehr muss es darauf ankommen, ob das konkrete auf diesem Gerät installierte und für den Vertragsschluss verwendete Programm nur die mündliche Kommunikation gestattet oder gleichzeitig das Übersenden von Text- oder Bilddateien. Wenn danach der Verbraucher mit dem Unternehmer den Vertrag über die Telefon-App seines Smartphones abschließt, greift EGBGB Art 246b § 2 Abs 1 Satz 2 ein. Andernfalls müsste man nämlich weiter danach differenzieren, ob während des Vertragsgesprächs eine Anbindung nicht nur an das Telefonnetz, sondern auch an das mobile Internet besteht. Dementsprechend kann sich der Unternehmer aber nicht auf EGBGB Art 246b § 2 Abs 1 Satz 2 berufen, wenn die Kommunikation über ein Videochatprogramm erfolgt, über das die Teilnehmer am

---

217 MünchKommBGB/Wendehorst Rz 130; BeckOGK BGB/Busch EGBGB Art 246 § 2 Rz 1.

Chat untereinander auch Textnachrichten und Dateien austauschen können. Lediglich beschränkte Darstellungsmöglichkeiten iSd EGBGB Art 246a § 3 lösen die Erleichterungen gemäß EGBGB Art 246b § 2 Abs 1 Satz 2 noch nicht aus.

EGBGB Art 246b § 2 Abs 1 Satz 2 kommt darüber hinaus aber auch nur dort zur Anwendung, **123** wo der Vertragsschluss **auf Verlangen des Verbrauchers** über dieses Kommunikationsmedium erfolgt. Das bedeutet zunächst, dass der Verbraucher dieses Kommunikationsmedium ausgewählt haben muss. Das setzt voraus, dass entweder der Verbraucher selbst die Verbindung initiiert oder den Unternehmer gebeten hat, ihn auf diesem Weg zu kontaktieren. Das Verlangen des Verbrauchers setzt dabei freilich stets voraus, dass der Unternehmer wenigstens ein alternatives Kommunikationsmedium zur Verfügung stellt, welches die vorherige Zurverfügungstellung der geschuldeten Informationen auf einem dauerhaften Datenträger ermöglicht. Das Verlangen beinhaltet darüber hinaus aber auch, dass der Verbraucher die Initiative zu dem Vertragsschluss über dieses Kommunikationsmedium ergreift[218]. Das ist etwa dann nicht gegeben, wenn der Verbraucher zunächst lediglich Informationen einholen will und im Verlauf des Gesprächs von dem Unternehmer von den Vorzügen eines unmittelbaren Vertragsschlusses überzeugt wird[219]. Generell sollte man von dem Unternehmer verlangen, dass er – sobald das Gespräch eine Entwicklung in Richtung Vertragsschluss nimmt – dem Verbraucher anbietet, diesem zunächst auf einem anderen Wege ergänzende Informationen zukommen zu lassen und den Vertrag zu unveränderten Konditionen erst später abzuschließen. Nur wenn der Verbraucher auch dann noch auf einem unmittelbaren Vertragsschluss beharrt, kann man von seinem Verlangen sprechen.

Die Erleichterung für den Unternehmer besteht in diesen Fällen darin, dass er die gemäß **124** EGBGB Art 246b § 2 Abs 1 Satz 1 geschuldeten Informationen dem Verbraucher erst **unverzüglich** nach dem (fern)mündlichen Vertragsschluss auf einem dauerhaften Datenträger zur Verfügung stellen muss. Das Unverzüglichkeitskriterium ist RL 2002/65/EG Art 5 Abs 2 entnommen und inhaltlich mit dem von § 121 bekannten Verständnis identisch[220]. Der Unternehmer muss die entsprechende Erklärung also ohne schuldhaftes Zögern abgeben, regelmäßig also noch am selben Tag[221]. Sofern der Verbraucher insoweit keine Wahl getroffen hat, kann der Unternehmer die Form des Datenträgers aussuchen.

c) **Vertragsbedingungen in Papierform**. Gemäß EGBGB Art 246b § 2 Abs 3 kann der Ver- **125** braucher während der Laufzeit des Vertrags von dem Unternehmer jederzeit verlangen, dass dieser ihm die Vertragsbedingungen einschließlich der Allgemeinen Geschäftsbedingungen in Papierform zur Verfügung stellt. Diese Bestimmung setzt RL 2002/65/EG Art 5 Abs 3 um und soll dem Verbraucher eine verkörperte und verbindliche Grundlage verschaffen, um die ordnungsgemäße Erfüllung seitens des Unternehmers zu überprüfen[222]. Dementsprechend muss das Dokument einen Aussteller erkennen lassen, mag dafür auch keine Unterschrift im technischen Sinn des § 126 Abs 1 vonnöten sein[223].

In zeitlicher Hinsicht besteht der Anspruch des Verbrauchers nur **während der Laufzeit des** **126** **Vertrags**. Der Anspruch auf eine papierne Fassung entsteht folglich erst mit dem Abschluss des Vertrags und erlischt erst, wenn feststeht, dass alle wechselseitigen Ansprüche aus dem Vertrag ordnungsgemäß erfüllt wurden[224]. Ob und ggf zu welcher Zeit der Verbraucher diesen Anspruch geltend machen will, ist ihm überlassen. Obwohl EGBGB Art 246b § 2 Abs 3 zur **Menge der beanspruchbaren Ausfertigungen** weder in die eine noch in die andere Richtung eine Aussage trifft, meinen manche, dass der Anspruch nur auf die einmalige Übersendung eines papiernen Dokuments gerichtet sei. Dem wird man mit der Maßgabe zuzustimmen haben, dass der Verbraucher bei einem berechtigten Interesse auch mehrmals eine papierne Fassung seines Vertrags anfordern kann, etwa wenn das ursprüngliche Dokument zerstört wurde oder dem Verbraucher abhandengekommen ist[225]. Letzteres ergibt sich aber ohnehin aus § 241 Abs 2. Ohne diesen Filter könnten Verbraucher missbräuchlich papierne Dokumente in unbegrenzter Zahl anfordern. Auch hat der Verbraucher für jede weitere als die erste papierne Fassung die dafür anfallenden **Kosten** selbst zu tragen[226].

---

218 Staud/Thüsing Rz 137; MünchKommBGB/Wendehorst Rz 135.
219 MünchKommBGB/Wendehorst Rz 135; BeckOK BGB/Martens EGBGB Art 246b § 2 Rz 9.
220 Erman/Koch Rz 65; MünchKommBGB/Wendehorst Rz 136; Staud/Thüsing Rz 139.
221 BeckOK BGB/Martens EGBGB Art 246b § 2 Rz 7; MünchKommBGB/Wendehorst Rz 136.
222 BeckOGK BGB/Busch EGBGB Art 246b § 2 Rz 7; Staud/Thüsing Rz 140.

223 MünchKommBGB/Wendehorst Rz 137.
224 BeckOK BGB/Martens EGBGB Art 246b § 2 Rz 12; BeckOGK BGB/Busch EGBGB Art 246b § 2 Rz 8; MünchKommBGB/Wendehorst Rz 139.
225 BeckOGK BGB/Busch EGBGB Art 246b § 2 Rz 8; MünchKommBGB/Wendehorst Rz 139.
226 BeckOGK BGB/Busch EGBGB Art 246b § 2 Rz 8; aA BeckOK BGB/Martens EGBGB Art 246b § 2 Rz 11; Staud/Thüsing Rz 142.

§ 312e Verletzung von Informationspflichten über Kosten

Der Unternehmer kann von dem Verbraucher Fracht-, Liefer- oder Versandkosten und sonstige Kosten nur verlangen, soweit er den Verbraucher über diese Kosten entsprechend den Anforderungen aus § 312d Absatz 1 in Verbindung mit Artikel 246a § 1 Absatz 1 Satz 1 Nummer 5 des Einführungsgesetzes zum Bürgerlichen Gesetzbuche informiert hat.

I. Normzweck und Systematik

1 § 312e dient der Umsetzung von RL 2011/83/EU Art 6 Abs 6. Ausgangspunkt ist die Informationspflicht des Unternehmers über Fracht-, Liefer-, Versandkosten und/oder sonstige Kosten bei Fernabsatzverträgen, die etwas anderes als eine Finanzdienstleistung zum Gegenstand haben, sowie bei einem Außergeschäftsraumvertrag. Der insoweit maßgebliche § 312d Abs 1 iVm EGBGB Art 246a § 1 Abs 1 Satz 1 Nr 5 (§ 312d Rz 19 f) lässt dem Unternehmer die Wahl, ob er diese Kosten in den anzugebenden Gesamtpreis für den Vertragsgegenstand integriert oder ob er sie gesondert ausweist (§ 312a Rz 36). Vor diesem Hintergrund ordnet § 312e nun an, dass es für den Verbraucher mit dem vereinbarten Gesamtpreis sein Bewenden hat, es sei denn, der Unternehmer hat die für **Fracht-, Lieferung etc anfallenden Kosten neben dem Gesamtpreis** ordnungsgemäß (EGBGB Art 246a § 4 Abs 1) ausgewiesen. Dem Unternehmer ist damit namentlich bei der Schickschuld der Vortrag abgeschnitten, dass er mit dem Versand lediglich ein Geschäft des Verbrauchers besorge und daher auch ohne ausdrückliche vertragliche Abrede einen Kostenerstattungsanspruch aus § 670 habe. Für den **stationären Vertrieb** findet sich eine entsprechende Vorschrift in § 312a Abs 2 Satz 2. Je nachdem, wie weit man das Tatbestandsmerkmal des für die Hauptleistung vereinbarten Entgelts gemäß § 312a Abs 3 fasst (§ 312a Rz 65 ff), ergibt sich eine mehr oder weniger große Schnittmenge mit § 312e[1]. Wegen der Identität der Rechtsfolgen ist die sich daraus ergebende kumulative Anwendung beider Vorschriften unproblematisch[2].

2 Gerade bei den Außergeschäftsraum- und Fernabsatzverträgen sind kaum Konstellationen denkbar, in denen die Parteien sich auf eine Kostenübernahme durch den Verbraucher geeinigt hätten, ohne dass der Verbraucher eine entsprechende Information erhalten hätte. Immerhin besteht aber die abstrakte Gefahr, dass die Auslegung des Parteiverhaltens nach §§ 133, 157 dennoch eine **stillschweigend vereinbarte Kostentragungspflicht des Verbrauchers** ergeben würde (s auch § 312d Rz 6). Einem solchen Auslegungsergebnis steht § 312e ebenso entgegen wie bereits der Diskussion darüber, was einen erheblichen Zugewinn an Rechtssicherheit bedeutet[3].

II. Rechtsfolge

3 Hat der Unternehmer den Verbraucher über die über den Gesamtpreis für die vertragsgegenständliche Ware oder Dienstleistung hinaus anfallenden Fracht-, Liefer- oder Versandkosten und sonstige Kosten nicht oder nicht ordnungsgemäß informiert, **entsteht sein Anspruch auf Kostenübernahme gar nicht erst**. Um eine seitens des Verbrauchers dennoch geleistete Zahlung ist der Unternehmer folglich **rechtsgrundlos bereichert** und deshalb nach Maßgabe von § 812 Abs 1 Satz 1 Alt 1 zur Herausgabe verpflichtet[4]. Im Umkehrschluss ergibt sich aus § 312e, dass der Unternehmer die Kosten im Fall einer ordnungsgemäßen Information verlangen kann, sofern die Kostentragungsklausel auch im Übrigen inhaltlich wirksam ist[5].

III. Beweislast

4 Der Unternehmer trägt gemäß § 312k Abs 2 die objektive Beweislast dafür, dass er den Verbraucher vollständig und ordnungsgemäß über Fracht-, Liefer-, Versand- und/oder sonstige Kosten informiert hat, die er über den Gesamtpreis hinaus geltend zu machen gedenkt. Daraus wird zuweilen der Schluss gezogen, dass der Verbraucher die Zahlung dieser Kosten zunächst verweigern und erst dann entrichten könne, sobald der Unternehmer den Nachweis einer ordnungsgemäßen Information erbracht habe[6]. Insoweit mag der Verbraucher natürlich darauf spekulieren können, dass er einen Prozess über die Kosten aufgrund von **Beweisnöten des Unternehmers** gewinnen werde. Zu berücksichtigen ist freilich, dass die Zahlungspflicht entsteht, sobald die Voraussetzungen einer ordnungsgemäßen Information objektiv gegeben sind[7]. Leistet der Verbrau-

---

1 MünchKommBGB/Wendehorst Rz 3; Stürner Jura 2015, 1045 (1047).
2 MünchKommBGB/Wendehorst Rz 3; Grüneberg/Grüneberg Rz 2.
3 Staud/Thüsing Rz 2.
4 MünchKommBGB/Wendehorst Rz 1; Staud/Thüsing Rz 5.
5 LG Bremen MMR 2016, 739 (740); Staud/Thüsing Rz 6.
6 MünchKommBGB/Wendehorst Rz 4.
7 BeckOK BGB/Martens Rz 10.

cher im Vertrauen auf die Beweisnöte des Unternehmers dennoch nicht, so haftet er nach Maßgabe der § 280 Abs 1 und 2 iVm § 286 sowie des § 288. Im Prozess über die geltend gemachten Kosten ist dem Verbraucher außerdem das Bestreiten des unternehmerischen Vortrags ordnungsgemäßer Information nach ZPO § 138 Abs 1 verboten, sofern er von der ordnungsgemäßen Information positiv weiß oder sein Bestreiten ins Blaue hinein erfolgt.

§ 312f Abschriften und Bestätigungen

(1) Bei außerhalb von Geschäftsräumen geschlossenen Verträgen ist der Unternehmer verpflichtet, dem Verbraucher alsbald auf Papier zur Verfügung zu stellen
1. eine Abschrift eines Vertragsdokuments, das von den Vertragsschließenden so unterzeichnet wurde, dass ihre Identität erkennbar ist, oder
2. eine Bestätigung des Vertrags, in der der Vertragsinhalt wiedergegeben ist.

Wenn der Verbraucher zustimmt, kann für die Abschrift oder die Bestätigung des Vertrags auch ein anderer dauerhafter Datenträger verwendet werden. Die Bestätigung nach Satz 1 muss die in Artikel 246a des Einführungsgesetzes zum Bürgerlichen Gesetzbuche genannten Angaben nur enthalten, wenn der Unternehmer dem Verbraucher diese Informationen nicht bereits vor Vertragsschluss in Erfüllung seiner Informationspflichten nach § 312d Absatz 1 auf einem dauerhaften Datenträger zur Verfügung gestellt hat.

(2) Bei Fernabsatzverträgen ist der Unternehmer verpflichtet, dem Verbraucher eine Bestätigung des Vertrags, in der der Vertragsinhalt wiedergegeben ist, innerhalb einer angemessenen Frist nach Vertragsschluss, spätestens jedoch bei der Lieferung der Ware oder bevor mit der Ausführung der Dienstleistung begonnen wird, auf einem dauerhaften Datenträger zur Verfügung zu stellen. Die Bestätigung nach Satz 1 muss die in Artikel 246a des Einführungsgesetzes zum Bürgerlichen Gesetzbuche genannten Angaben enthalten, es sei denn, der Unternehmer hat dem Verbraucher diese Informationen bereits vor Vertragsschluss in Erfüllung seiner Informationspflichten nach § 312d Absatz 1 auf einem dauerhaften Datenträger zur Verfügung gestellt.

(3) Bei Verträgen über die Lieferung von nicht auf einem körperlichen Datenträger befindlichen Daten, die in digitaler Form hergestellt und bereitgestellt werden (digitale Inhalte), ist auf der Abschrift oder in der Bestätigung des Vertrags nach den Absätzen 1 und 2 gegebenenfalls auch festzuhalten, dass der Verbraucher vor Ausführung des Vertrags
1. ausdrücklich zugestimmt hat, dass der Unternehmer mit der Ausführung des Vertrags vor Ablauf der Widerrufsfrist beginnt, und
2. seine Kenntnis davon bestätigt hat, dass er durch seine Zustimmung mit Beginn der Ausführung des Vertrags sein Widerrufsrecht verliert.

(4) Diese Vorschrift ist nicht anwendbar auf Verträge über Finanzdienstleistungen.

ÜBERSICHT

I. Normzweck und Anwendungsbereich 1, 2	2. Inhalt 15
	3. Art und Weise sowie Zeitpunkt der Zurverfügungstellung 16–18
II. Außergeschäftsraumverträge, Abs 1 3–13	
1. Abschrift des Vertragsdokuments, Abs 1 Nr 1 . . . . 4, 5	IV. Verträge über die Lieferung von digitalen Inhalten, Abs 3 19–25
2. Bestätigung des Vertrags, Abs 1 Satz 1 Nr 2 . . . . 6, 7	1. Erweiterte Dokumentationspflicht . . 19
3. Inhalt der Dokumentation 8–10	2. Der digitale Inhalt und seine Lieferung 20–22
4. Art und Weise der Zurverfügungstellung 11	3. Der Inhalt der zusätzlichen Dokumentation 23
5. Zeitpunkt der Zurverfügungstellung 12, 13	4. Der Zeitpunkt der Bestätigung 24, 25
III. Fernabsatzverträge, Abs 2 14–18	V. Rechtsfolgen einer Verletzung der Dokumentationspflicht 26–28
1. Bestätigung 14	

I. Normzweck und Anwendungsbereich

Über § 312f soll gewährleistet sein, dass der Verbraucher eine **vollständige Dokumentation** 1 des privatautonom vereinbarten Vertragsinhalts erhält[1]. Der Verbraucher soll demnach nicht nur im Moment der rechtsgeschäftlichen Einigung umfassend informiert sein. Vielmehr sollen ihm die Informationen dauerhaft zur Verfügung stehen, damit er im Streitfall nötigenfalls auch bewei-

---

[1] BT-Drucks 17/12637, 55.

sen kann, welches der Inhalt der Einigung zwischen ihm und dem Unternehmer gewesen ist[2]. Unionsrechtliche Grundlagen dieser Dokumentationspflicht sind RL 2011/83/EU Art 7 Abs 2 und Art 8 Abs 7.

2 In Abs 1 und Abs 2 stellt die Vorschrift unterschiedliche Anforderungen an die Dokumentationspflichten bei Außergeschäftsraum- bzw bei Fernabsatzverträgen. Sofern der Gegenstand eines Fernabsatzvertrags eine **Finanzdienstleistung** ist, ergibt sich die unternehmerische Dokumentationspflicht allerdings nicht aus § 312f, sondern aus § 312d Abs 2 iVm EGBGB Art 246b § 2 Abs 2. Dieses bereits aus der Gesetzessystematik folgende Ergebnis wird durch Abs 4 noch einmal ausdrücklich bekräftigt.

II. Außergeschäftsraumverträge, Abs 1

3 Bei Außergeschäftsraumverträgen muss der Unternehmer dem Verbraucher alsbald nach dem Vertragsschluss auf Papier entweder eine Abschrift des Vertragsdokuments oder eine Bestätigung des Vertrags zur Verfügung stellen, in der der Vertragsinhalt wiedergegeben ist.

4 **1. Abschrift des Vertragsdokuments, Abs 1 Nr 1.** Bei Außergeschäftsraumverträgen ist der Unternehmer gemäß Abs 1 Nr 1 verpflichtet, dem Verbraucher eine **Abschrift eines Vertragsdokuments** zur Verfügung zu stellen, das von den Vertragsschließenden so unterzeichnet wurde, dass ihre Identität erkennbar ist. Nr 1 setzt die Existenz eines Originaldokuments voraus, in dem die auf den Vertragsschluss gerichteten Willenserklärungen des Unternehmers und des Verbrauchers verkörpert sind[3]. Wenigstens regelmäßig wird es hier also um Fälle gehen, in denen für die Einigung **Formularverträge** zum Einsatz kommen. Das Trägermedium wird meist Papier sein. Zwingend erforderlich ist das aber nicht. Vielmehr greift Abs 1 Satz 1 Nr 1 etwa auch dann, wenn der Vertragstext auf einem Tablet gespeichert ist und die Zustimmung dazu durch Unterzeichnung mittels digitalen Stifts oder mittels Zeigefingers erklärt wird. Dementsprechend ist **unterzeichnet** auch keineswegs gleichbedeutend mit unterschrieben iSd § 126[4]. Vielmehr genügt für jede der beiden Parteien jedes Zeichen, dem die einer Unterschrift entsprechende Abschluss- und Identitätsfunktion zukommt. Das ist bei eindeutig zuordenbaren Handzeichen[5] ebenso zu bejahen wie bei Stempeln, computergenerierten Unterschriften oÄ[6].

5 Der Unternehmer erfüllt die ihm durch Abs 1 Satz 1 Nr 1 gestellte Aufgabe jedenfalls dadurch, dass er dem Verbraucher eine **fotomechanisch erstellte Kopie** des Originaldokuments zur Verfügung stellt. Haben die Parteien ihre vertragskonstituierenden Erklärungen demgegenüber auf einem digitalen Datenträger niedergelegt, kommt in erster Linie ein **Ausdruck** in Betracht. Selbstverständlich können die Parteien das Originaldokument auch sofort mehrfach ausfertigen. In diesem Fall ist Abs 1 Satz 1 Nr 1 genügt, sobald der Verbraucher eine dieser **Ausfertigungen** erhält.

6 **2. Bestätigung des Vertrags, Abs 1 Satz 1 Nr 2.** Gemäß Abs 1 Satz 1 Nr 2 kann der Unternehmer seiner Dokumentationspflicht auch dadurch nachkommen, dass er dem Verbraucher eine Bestätigung des Vertrags zur Verfügung stellt, in der der Vertragsinhalt wiedergegeben ist. Das kommt allerdings nur dort in Betracht, wo die Parteien ihre Willenserklärungen nicht in einem Vertragsdokument iSd Abs 1 Satz 1 Nr 1 verkörpert abgegeben haben. Anders als es die Gesetzesmaterialien anzudeuten scheinen[7], besteht **kein Wahlrecht** des Unternehmers, auf welche Weise er seine Pflicht aus Abs 1 zu erfüllen gedenkt. Das folgt daraus, dass eine Abschrift des Originaldokuments den Vertragsinhalt unmittelbarer dokumentiert als eine im Wortlaut ggf abweichende Beschreibung. Ein Ausweichen auf die Bestätigung sollte aber dort zulässig sein, wo es dem Unternehmer – etwa infolge von Zerstörung oder Abhandenkommen des einzigen Originals – unmöglich ist, Abschriften des Vertragsdokuments zu erstellen.

7 Dogmatisch handelt es sich bei der Vertragsbestätigung um eine **Wissenserklärung** des Unternehmers, auf deren Zustandekommen und Wirksamkeit die Regelungen über Willenserklärungen entsprechend anwendbar sind[8].

8 **3. Inhalt der Dokumentation.** Die dem Verbraucher von dem Unternehmer zur Verfügung gestellte Dokumentation muss den **gesamten privatautonom vereinbarten Vertragsinhalt** wiedergeben[9]. Bei der Abschrift gemäß Abs 1 Satz 1 Nr 1 ergibt sich das aus der Natur der Sache.

---

2 Erman/Koch Rz 1; MünchKommBGB/Wendehorst Rz 5.
3 MünchKommBGB/Wendehorst Rz 4; Staud/Thüsing Rz 3.
4 Grüneberg/Grüneberg Rz 2.
5 BT-Drucks 17/12637, 55.
6 MünchKommBGB/Wendehorst Rz 5; Staud/Thüsing Rz 3.
7 BT-Drucks 17/12637, 55.
8 MünchKommBGB/Wendehorst (8. Aufl 2019) Rz 4.
9 Stürner Jura 2015, 1045, 1048.

Für die Bestätigung gemäß Abs 1 Satz 1 Nr 2 hat der Gesetzgeber dies extra angeordnet. Mit aufzunehmen sind die Allgemeinen Geschäftsbedingungen des Unternehmers[10] sowie die Identitäten der Parteien[11]. Soweit die Parteien es bei den Bestimmungen des dispositiven Gesetzesrechts belassen, ist eine Wiedergabe weder in dem Vertragsdokument noch in einer Vertragsbestätigung erforderlich[12]. Jedenfalls muss die dem Verbraucher zur Verfügung gestellte Dokumentation auf einen bereits geschlossenen Vertrag Bezug nehmen. Aus der Perspektive eines objektiven Empfängers darf sie also nicht erst ein Antrag zum Vertragsschluss sein.

Die Informationen, die der Unternehmer dem Verbraucher in **Erfüllung seiner Informationspflicht aus § 312d Abs 1 iVm EGBGB Art 246a** vor dem Vertragsschluss zur Verfügung stellt, werden entweder bereits nach den allgemeinen Regeln oder jedenfalls aufgrund von § 312d Abs 1 Satz 2 zum Vertragsinhalt. Konsequenterweise müssen Vertragsbestätigungen oder Abschriften von Vertragsdokumenten, die der Unternehmer dem Verbraucher in Erfüllung seiner Pflicht aus Abs 1 überlässt, diese Informationen ebenfalls enthalten. Freilich ordnet dabei bereits EGBGB Art 246a § 4 Abs 2 Satz 1 an, dass der Unternehmer dem Verbraucher bei Außergeschäftsraumverträgen diese Informationen vor dem Vertragsschluss auf Papier oder auf einem anderen von dem Verbraucher konsentierten dauerhaften Datenträger zur Verfügung stellt. Um insoweit Doppelungen zu vermeiden, ergibt sich aus Abs 1 Satz 3, dass die dem Verbraucher nach dem Vertragsschluss auf Papier oder einem anderen dauerhaften Datenträger zur Verfügung gestellte Abschrift oder Bestätigung diese Informationen nicht abermals enthalten muss. Notwendig ist die Aufnahme der Informationen in die Abschrift oder die Bestätigung somit zunächst dort, wo der Unternehmer seiner vorvertraglichen Informationspflicht aus § 312d Abs 1 iVm EGBGB Art 246a § 4 Abs 2 nicht ordnungsgemäß nachgekommen ist, wobei die nachvertragliche Information die vorvertragliche Pflichtverletzung nicht heilen kann[13]. Weiter sind die Informationen gemäß EGBGB Art 246a auch in den Fällen des EGBGB Art 246a § 4 Abs 2 Satz 4 aufzunehmen, in denen der Unternehmer von der Pflicht zur vorvertraglichen Zurverfügungstellung auf Papier oder einem anderen dauerhaften Datenträger befreit ist. Die inhaltlichen Beschränkungen gemäß EGBGB Art 246a § 2 bleiben hier aber unberührt.

Ohne Weiteres sind freilich Fälle denkbar, in denen der Unternehmer dem Verbraucher Informationen gemäß EGBGB Art 246a irgendwann einmal zur Verfügung gestellt hat (zB durch einen Werbeprospekt, eine Werbe-E-Mail oÄ), ohne dass der Verbraucher den aktuellen Vertrag noch im Bewusstsein der damaligen Information abschließt. Dort wäre der Zweck von § 312f und den zugrunde liegenden unionsrechtlichen Bestimmungen verfehlt, wenn der Unternehmer sich unter Hinweis auf die frühere Zurverfügungstellung von Informationen auf die Erleichterungen gemäß Abs 1 Satz 3 zurückziehen dürfte[14]. In Erfüllung der Informationspflichten aus § 312d sind die Informationen deshalb nur zur Verfügung gestellt, wenn der Unternehmer sie dem Verbraucher **mit Bezug auf einen konkreten Vertragsschluss** hat zukommen lassen[15]. Damit greift Abs 1 Satz 3 jedenfalls dort nicht zu Gunsten des Unternehmers ein, wo der Unternehmer dem Verbraucher die Vorabinformationen durch Werbematerial zur Verfügung stellt, das der Herstellung des ersten geschäftlichen Kontakts iSd § 311 Abs 2 dient.

4. **Art und Weise der Zurverfügungstellung**. Der Unternehmer muss dem Verbraucher die Abschrift oder die Bestätigung in Papierform oder – wenn der Verbraucher hiermit einverstanden ist – auf einem anderen Datenträger zur Verfügung zu stellen. Hier gilt nichts anderes als in Zusammenhang mit EGBGB Art 246a § 4 Abs 2 (§ 312d Rz 72 f). Dort, wo kein Formularvertrag zum Einsatz kommt, ist es ebenso sinnvoll wie zulässig, die Allgemeinen Geschäftsbedingungen der Abschrift oder der Bestätigung beizuheften[16]. Zur Verfügung gestellt ist die Abschrift oder die Bestätigung dem Verbraucher dabei erst, wenn sie ihm **zugegangen** ist[17]. Da die Informationen hier auf einem Datenträger verkörpert sind, bemisst sich der Zugang nach § 130. Der Verweis auf öffentlich zugängliche Quellen reicht demnach nicht aus[18].

5. **Zeitpunkt der Zurverfügungstellung**. Der Unternehmer muss dem Verbraucher die Abschrift oder die Bestätigung **alsbald** zur Verfügung stellen. Da die Dokumentationspflichten auf einen bereits zustande gekommenen Vertrag Bezug nehmen, bemisst sich dieses „alsbald" vom Zeitpunkt des Wirksamwerdens der Annahmeerklärung an. Über die Dauer schweigen RL 2011/83/EU Art 7 Abs 2 ebenso wie seine deutsche Umsetzung. Den Bestimmungen, in denen der

---

10 BT-Drucks 17/12637, 55.
11 MünchKommBGB/Wendehorst (8. Aufl 2019) Rz 6.
12 MünchKommBGB/Wendehorst (8. Aufl 2019) Rz 8.
13 MünchKommBGB/Wendehorst Rz 31; aA wohl Artz/Brinkmann/Ludwigkeit DAR 2015, 507, 509.
14 Schirmbacher WRP 2015, 1402, 1404.
15 BeckOGK BGB/Busch Rz 10.2; Grüneberg/Grüneberg Rz 2; Stürner Jura 2015, 1045, 1048.
16 MünchKommBGB/Wendehorst Rz 12.
17 Erman/Koch Rz 2; Grüneberg/Grüneberg Rz 2.
18 BT-Drucks 17/12637, 55.

Begriff „alsbald" im BGB verwendet wird (§§ 55a, 1900 und 2263), lassen sich ebenfalls keine Anhaltspunkte für die Bedeutung im hiesigen Zusammenhang entnehmen[19]. Aus der Gesetzeshistorie zu FernAbsG aF § 2 Abs 3 Satz 1 mag sich ergeben, dass „alsbald" bei Fernabsatzverträgen weniger streng als „spätestens unmittelbar nach Vertragsschluss" verstanden werden müsse[20]. Doch sagt auch das nicht zwingend etwas über die Bedeutung bei Außergeschäftsraumverträgen aus[21]. Den entscheidenden Anhaltspunkt dürfte der systematische Zusammenhang mit EGBGB Art 246a § 4 Abs 2 liefern. Ist danach der Unternehmer nämlich ohnehin dazu verpflichtet, dem Verbraucher die Vorab-Informationen schon vor der Abgabe von dessen auf den Vertragsschluss gerichteter Willenserklärung in Papierform zur Verfügung zu stellen, sollte er keine Mühe haben, unmittelbar nach dem Wirksamwerden dieser Erklärung auch die Abschrift oder die Bestätigung in dieser Form zur Verfügung zu stellen[22]. Danach gilt: Werden beide Willenserklärungen bei gleichzeitiger Anwesenheit beider Parteien wirksam, ist die Abschrift oder die Bestätigung zur Verfügung zu stellen, während die gleichzeitige körperliche Anwesenheit noch andauert[23]. In den Fällen von § 312b Abs 2 Nr 2 und Nr 3 muss der Unternehmer, je nachdem in welcher Form er die Annahme erklärt, die Abschrift oder die Bestätigung entweder gleichzeitig mit oder unverzüglich nach seiner Willenserklärung abgeben[24]. Diese strenge Interpretation gewährleistet, dass der Verbraucher möglichst rasch nach dem Ende der Überrumpelungssituation verlässlich Klarheit über den Inhalt des von ihm geschlossenen Vertrags bekommt.

13 Der Unternehmer muss dem Verbraucher die Abschrift oder die Bestätigung von sich aus zur Verfügung stellen und nicht erst auf eine entsprechende Aufforderung hin. Ebenso wie bei EGBGB Art 246b § 2 Abs 2 ist der Anspruch des Verbrauchers grundsätzlich mit der einmaligen Übersendung der Abschrift oder Bestätigung erfüllt. Sollte der Verbraucher allerdings ein berechtigtes Interesse an einem weiteren Exemplar haben, ergibt sich ein entsprechender Anspruch jedenfalls aus § 242. Die Kosten hierfür hat der Verbraucher allerdings selbst zu tragen.

III. Fernabsatzverträge, Abs 2

14 1. **Bestätigung.** Anders als der Wortlaut es auf den ersten Blick nahelegt, kann der Unternehmer auch bei Fernabsatzverträgen seine Pflicht, dem Verbraucher eine Vertragsdokumentation zur Verfügung zu stellen, mittels einer Abschrift oder einer Bestätigung erfüllen. Für die Alternative der **Abschrift** bleibt freilich nur in den Konstellationen Raum, in denen von den Parteien unterzeichnete Vertragsurkunden hin- und hergeschickt werden. Dem Gesetzgeber mögen derlei Fälle als zu exotisch vorgekommen zu sein, um sie ausdrücklich in Abs 2 aufzunehmen. Dort, wo auch im Fernabsatz eine von beiden Parteien unterzeichnete Vertragsurkunde existiert, kann der Unternehmer seine Pflicht nach Sinn und Zweck der Vorschrift aber selbstverständlich auch durch die Zurverfügungstellung einer Abschrift erfüllen[25]. Wegen der Authentizität ist sogar auch hier ein **Vorrang der Abschrift** anzunehmen.

15 2. **Inhalt.** Auch bei Abs 2 muss die Bestätigung oder die Abschrift den gesamten Vertragsinhalt wiedergeben. Ebenso wie bei Abs 1 erstreckt sich die Pflicht allerdings nicht auf die Informationen gemäß § 312d Abs 1 iVm EGBGB Art 246a, sofern der Unternehmer sie dem Verbraucher bereits auf einem dauerhaften Datenträger zur Verfügung gestellt hat, bevor der Verbraucher seine auf den Vertragsschluss gerichtete Willenserklärung abgegeben hat. Letzteres ist beim Fernabsatzvertrag anders als beim Außergeschäftsraumvertrag nicht zwingend gesetzlich vorgesehen (EGBGB Art 246a § 4 Abs 3). Auch hier gilt, dass nur eine solche Vorabinformation den Unternehmer von seiner Pflicht zur abermaligen Information befreit, die mit Bezug zu einem konkret in Aussicht genommenen Vertrag erfolgte[26].

16 3. **Art und Weise sowie Zeitpunkt der Zurverfügungstellung.** Abs 2 stellt es in das Belieben des Unternehmers, auf welcher Art von dauerhaftem Datenträger er dem Verbraucher die Abschrift oder die Bestätigung zur Verfügung stellt. Anders als beim Außergeschäftsraumvertrag gibt es hier also keinen Vorrang der papiernen Form. Ungekürzt gelten die allgemeinen Anforderungen an die **Transparenz**, was insbesondere die Lesbarkeit von Information und Datenträger erfordert. Der Unternehmer erfüllt seine Pflicht aus Abs 2 somit nicht, wenn er dem Verbraucher den vollständigen Vertragsinhalt auf einer 5,25"-Diskette überlässt[27]. Zur Verfügung gestellt ist die Dokumentation des Vertragsinhalts auch hier erst mit ihrem **Zugang** bei dem Verbraucher[28].

---

19 Staud/Thüsing Rz 8.
20 BeckOK BGB/Martens Rz 6.
21 Staud/Thüsing Rz 8.
22 MünchKommBGB/Wendehorst Rz 13.
23 MünchKommBGB/Wendehorst Rz 13; Staud/Thüsing Rz 8.
24 Staud/Thüsing Rz 8; großzügiger Erman/Koch Rz 2;.
25 Staud/Thüsing Rz 10.
26 BeckOGK BGB/Busch Rz 20.2.
27 S auch MünchKommBGB/Wendehorst Rz 16.
28 Grüneberg/Grüneberg Rz 3.

Die Vertragsdokumentation muss dem Verbraucher **innerhalb einer angemessenen Frist** 17 **nach dem Vertragsschluss** zugehen. Ist der **Vertragsgegenstand eine Ware**, reicht es noch aus, wenn der Verbraucher die Abschrift oder die Bestätigung gleichzeitig mit der Warenlieferung erhält[29]. In diesem Fall dauert die angemessene Frist kraft gesetzlicher Definition also bis zur Erfüllung der vertraglichen Primärleistungspflicht durch den Unternehmer an. Das ist für den Verbraucher deshalb unproblematisch, weil die Frist zur Ausübung seines etwaigen Widerrufsrechts gemäß § 356 Abs 2 Nr 1 lit a) ohnehin nicht vor dem Erhalt der Ware zu laufen beginnt.

Ist der **Vertragsgegenstand eine Dienstleistung**, muss dem Verbraucher die Vertragsdoku- 18 mentation ebenfalls innerhalb einer angemessenen Frist seit dem Vertragsschluss zugehen. Hinsichtlich des spätesten noch angemessenen Zeitpunkts legt das Gesetz lediglich fest, dass der Zugang bei dem Verbraucher erfolgt sein muss, bevor der Unternehmer mit der Dienstleistung und damit der Erfüllung seiner primären vertraglichen Leistungspflicht beginnt. Der Wortlaut gestattet es dem Unternehmer also, dem Verbraucher die geschuldete Vertragsdokumentation erst unmittelbar vor dem Beginn mit der Dienstleistung zu überlassen. Der systematische Zusammenhang mit den Verträgen über Waren spricht sogar dafür, Abs 2 in Bezug auf Dienstleistungsverträge in ebendieser Weise zu verstehen. Problematisch wäre daran allerdings, dass der Verbraucher die auf einem dauerhaften Datenträger gespeicherte Vertragsdokumentation womöglich erst zu einem Zeitpunkt erhielte, in dem die Widerrufsfrist bereits abgelaufen wäre[30]. So liegt es gemäß § 355 Abs 2 iVm § 356 Abs 3 namentlich dort, wo der Unternehmer den Verbraucher vorab ordnungsgemäß über das Widerrufsrecht aufgeklärt hat und er mit der Dienstleistung erst nach dem Ablauf der Widerrufsfrist beginnt. Um Derartiges zu vermeiden, sollte die angemessene Frist bei Dienstleistungsverträgen im Sinne von „unverzüglich" verstanden werden[31]. Die Wortlautgrenze wird durch eine solche Interpretation nicht überschritten, denn auch die unverzüglich nach dem Vertragsschluss erfolgte Übersendung von Abschrift oder Bestätigung liegt zeitlich vor dem Beginn mit der Durchführung der Dienstleistung.

IV. Verträge über die Lieferung von digitalen Inhalten, Abs 3

1. Erweiterte Dokumentationspflicht. Bei Außergeschäftsraum- oder Fernabsatzverträgen, 19 die die Lieferung von digitalen Inhalten zum Gegenstand haben, ist auf der Abschrift oder in der Bestätigung des Vertrags nach den Abs 1 und 2 ggf auch festzuhalten, dass der Verbraucher vor Ausführung des Vertrags (1.) ausdrücklich zugestimmt hat, dass der Unternehmer mit der Ausführung des Vertrags vor Ablauf der Widerrufsfrist beginnt, und (2.) seine Kenntnis davon bestätigt hat, dass er durch seine Zustimmung mit Beginn der Ausführung des Vertrags sein Widerrufsrecht verliert. **Unionsrechtliche Grundlage** ist RL 2011/83/EU Art 8 Abs 7 lit b. Bezug nehmen die erweiterten Dokumentationspflichten auf die in § 356 Abs 5 beschriebenen Umstände, unter denen der Verbraucher beim Erwerb digitaler Inhalte sein Widerrufsrecht verliert. Im Streitfall erleichtert dies dem Unternehmer den Nachweis derjenigen Umstände, die auf Seiten des Verbrauchers zum Verlust des Widerrufsrechts geführt haben[32].

2. Der digitale Inhalt und seine Lieferung. Wegen des Begriffs der digitalen Inhalte verweist 20 Abs 3 auf § 327 Abs 2 Satz 1, in dem diese als „Daten, die in digitaler Form erstellt und bereitgestellt werden" legaldefiniert werden. Beispielhaft nennt der Richtliniengeber Computerprogramme, Anwendungen (Apps), Spiele, Musik, Videos oder Texte[33]. Auch virtuelles Spielgeld, durch das der Verbraucher als Teilnehmer eines Online-Spiels Ausrüstungsgegenstände für seinen Avatar erwerben kann, ist ein digitaler Inhalt in diesem Sinn[34]. Erforderlich ist aber, dass der digitale Inhalt ein selbständiger Vertragsgegenstand ist und seine Erstellung nicht lediglich eine Vorbedingung dafür, dass der Unternehmer seine primäre Leistungspflicht gegenüber dem Verbraucher ordnungsgemäß erbringen kann[35].

Abs 3 gilt nur für diejenigen Fälle, in denen der vertragsgegenständliche digitale Inhalt nicht 21 auf einem körperlichen Datenträger bereitgestellt wird. Die erweiterte Dokumentationspflicht besteht demnach zunächst dort, wo der Unternehmer den digitalen Inhalt als Datenpaket per **E-Mail** an den Verbraucher versendet[36]. Erfasst sind aber auch die Fälle, in denen der Unternehmer seine primäre vertragliche Leistungspflicht dadurch erfüllt, dass er dem Verbraucher den digitalen

---

29 MünchKommBGB/Wendehorst Rz 17; einschränkend Staud/Thüsing Rz 13.
30 MünchKommBGB/Wendehorst Rz 18.
31 Ähnlich MünchKommBGB/Wendehorst Rz 19; aA Grüneberg/Grüneberg Rz 3; Staud/Thüsing Rz 13, die maßgeblich auf die Umstände des Einzelfalls abstellen.
32 BeckOGK BGB/Busch Rz 27.
33 Erwägungsgrund 19 zur RL 2011/83/EU; s auch Erwägungsgrund 19 zur RL 2019/770/EU.
34 LG Karlsruhe MMR 2017, 51, 52; Ernst CR 2016, 605; Mankowski EWiR 2016, 775, 776.
35 EuGH NJW 2020, 3771 Rz 44 – EU/PE Digital GmbH.
36 Spindler/Schuster/Schirmbacher Rz 38.

Inhalt dergestalt öffentlich zugänglich macht, dass er von ihm entweder eine dauerhafte digitale Kopie auf einem eigenen Datenträger fertigt (**„Download"**) oder ihn lediglich vorübergehend speichert und in Echtzeit nutzt (**„Streaming"**)[37].

22   Gemäß § 327 Abs 1 ist das digitale Produkt der Oberbegriff für digitale Inhalte und für digitale Dienstleistungen. Diese Unterscheidung entspricht den unionsrechtlichen Vorgaben aus RL 2019/770/EU Art 2 Nr 1 und Nr 2. Abs 3 und das in Bezug genommene Erlöschen des Widerrufsrechts gemäß § 356 Abs 5 gelten dabei in Übereinstimmung mit RL 2011/83/EU Art 8 Abs 7 lit b) iVm Art 16 lit m) nur für Verträge über die Lieferung von digitalen Inhalten. Die danach erforderliche **Abgrenzung von der digitalen Dienstleistung** erfolgt anhand der Begriffsbestimmungen in § 327 Abs 2 Satz 1 und Satz 2.

23   **3. Der Inhalt der zusätzlichen Dokumentation.** Aufgrund von Abs 3 ist die Abschrift oder die Bestätigung, die der Unternehmer dem Verbraucher nach Abs 1 und Abs 2 ohnehin zur Verfügung stellen muss, (i) um die Zustimmung des Verbrauchers zu ergänzen, dass der Unternehmer bereits vor dem Ablauf der Widerrufsfrist mit der Lieferung der digitalen Daten beginne, und (ii) um die Erklärung des Verbrauchers, dass er Kenntnis davon habe, infolge seiner Zustimmung mit dem Beginn der Lieferung sein Widerrufsrecht zu verlieren.

24   **4. Der Zeitpunkt der Bestätigung.** Für das Wirksamwerden der zusätzlichen Dokumentation gelten dieselben Regeln wie für die Abschrift oder die Bestätigung, in die sie aufgenommen ist. Ist der Vertrag über die Lieferung eines digitalen Inhalts – wie regelmäßig – ein Fernabsatzvertrag muss dem Verbraucher die Dokumentation einschließlich der Information nach Abs 3 spätestens in dem Moment zugehen, in dem der Unternehmer mit der Erfüllung seiner primären Leistungspflicht beginnt. Das ist entweder die Versendung des Datenpakets per E-Mail oder das Zurverfügungstellen des digitalen Inhalts zum Download oder zur Nutzung durch Streaming[38].

25   In der praktischen Abwicklung sieht der Ablauf beim Fernabsatz in etwa folgendermaßen aus[39]: Nachdem der Verbraucher auf den Button „Kostenpflichtig bestellen" geklickt hat, öffnet sich ein weiteres Fenster, über das er auswählen kann, ob er den digitalen Inhalt unter Verzicht auf sein Widerrufsrecht sofort erhalten oder ob er bis zum Ablauf der Widerrufsfrist warten möchte. Entscheidet der Verbraucher sich für den sofortigen Bezug des digitalen Inhalts, versendet der Unternehmer eine E-Mail mit der Vertragsbestätigung, die dem Verbraucher nach Abs 2 Satz 1 Alt 1 spätestens in dem Moment zugegangen sein muss, in dem der Unternehmer den digitalen Inhalt liefert. Das lässt sich unproblematisch bewerkstelligen, wenn der Unternehmer den digitalen Inhalt selbst als Datenpaket per E-Mail an den Verbraucher versendet. Enthält diese E-Mail nämlich zusätzlich die Vertragsbestätigung, geht diese gleichzeitig mit dem digitalen Inhalt zu. Ebenso rechtzeitig wird die Vertragsbestätigung wirksam, wenn der Unternehmer sie mit derselben E-Mail versendet, mit der er dem Verbraucher einen Download- oder Streaminglink auf den digitalen Inhalt zuschickt. Sollen der Download oder der Stream hingegen direkt über die jeweilige Internetseite des Unternehmers erfolgen (sog „One-Click-Download"), ist es jedenfalls nahezu ausgeschlossen, dass die E-Mail mit der Vertragsbestätigung dem Verbraucher noch rechtzeitig vor der Lieferung des digitalen Inhalts zugeht. Denn selbst wenn – was von einer Reihe unternehmerseits unbeherrschbarer Faktoren abhängt[40] – die E-Mail das Postfach des Verbrauchers erreicht, bevor Download oder Stream starten, bleibt zu bedenken, dass nach ganz hM der Zugang noch nicht mit dem Eingang in den Machtbereich beim Verbraucher bewirkt ist. Um die Abwicklung des Vertriebs digitaler Inhalte im One-Click-Download-Verfahren nicht durch die Anforderungen der Abs 1 bis 3 von vornherein verbraucherrechtswidrig zu machen, will es die GD-Justiz in ihrem Umsetzungsleitfaden zur RL 2011/83/EU ausreichen lassen, dass die Bestätigung einschließlich der Informationen nach Abs 3 vor dem Start des Download abgesandt werden[41]. Für die Rechtzeitigkeit der Bestätigung ist dann also nicht mehr der Zugang, sondern die Abgabe maßgeblich. Auf Basis des deutschen § 312f lässt sich das nur im Wege einer teleologischen Reduktion von Abs 2 und Abs 3 umsetzen.

V.   Rechtsfolgen einer Verletzung der Dokumentationspflicht

26   Der Unternehmer kann seine Pflichten aus § 312f zunächst dadurch verletzen, dass er dem Verbraucher die Abschriften oder Bestätigungen **gar nicht oder zu spät** zur Verfügung stellt. Wegen der Folgen eines solchen Verstoßes gelten im Ausgangspunkt dieselben Grundsätze wie für den Verstoß gegen § 312a Abs 2 iVm EGBGB Art 246 (§ 312a Rz 56 ff).

---

37   BeckOK BGB/Martens Rz 13; Janal/Jung VuR 2017, 332, 333.
38   Spindler/Schuster/Schirmbacher Rz 42.
39   MünchKommBGB/Wendehorst Rz 28.
40   RL 2011/83/EU Umsetzungsleitfaden GD-Justiz, 45.
41   RL 2011/83/EU Umsetzungsleitfaden GD-Justiz, 45; zust BeckOK BGB/Martens Rz 17.

Darüber hinaus sieht RL 2011/83/EU Art 14 Abs 4 lit b) iii) an sich vor, dass der Unternehmer 27 weder die **Gegenleistung** selbst noch einen **Ersatz** in entsprechender Höhe verlangen kann, wenn er bei einem Vertrag über die Lieferung digitaler Inhalte die Bestätigung gemäß Abs 2 und Abs 3 nicht rechtzeitig zur Verfügung stellt. Das soll selbst dann gelten, wenn das Widerrufsrecht des Verbrauchers aufgrund von § 356 Abs 5 wirksam erloschen ist[42]. Diese Richtlinienbestimmung und ihre Interpretation durch die GD-Justiz sind mit Blick auf GRCh Art 15 Abs 1 des Unternehmers mindestens äußerst bedenklich und deshalb im Ergebnis zu Recht nicht in das deutsche Recht umgesetzt worden[43]. Methodisch besteht auch kein Spielraum, diese unverhältnismäßige Sanktion im Wege der richtlinienkonformen Auslegung in das deutsche Recht hineinzulesen[44].

Alternativ kann der Unternehmer seine Pflicht auch dadurch verletzen, dass er dem Verbraucher eine Abschrift oder Bestätigung übersendet, die inhaltlich von den vertraglich getroffenen Verabredungen abweicht. Insoweit ist den Gesetzesmaterialien zu entnehmen, dass der Verbraucher durch dieses Verhalten des Unternehmers keine Nachteile erleiden soll[45]. Dass die Grundsätze über das Schweigen auf ein kaufmännisches Bestätigungsschreiben hier nicht zu Lasten des Verbrauchers entsprechend anwendbar sind[46], ist auch deshalb eine Selbstverständlichkeit. Steht fest, dass die Parteien etwas anderes vereinbart haben als in der Abschrift oder der Bestätigung geschrieben steht, greift zu Gunsten des Verbrauchers das Günstigkeitsprinzip und er hat ein **Wahlrecht**[47]. Ebenso kann der Verbraucher die in der Abschrift oder Bestätigung enthaltene Regelung wählen, wenn sie jedenfalls für ihn günstiger ist als die lediglich behauptete inhaltlich abweichende Variante. Im Übrigen trifft den Unternehmer gemäß § 312k Abs 2 die **objektive Beweislast** dafür, dass er dem Verbraucher den Vertragsinhalt rechtzeitig und inhaltlich zutreffend dokumentiert hat[48]. 28

§ 312g Widerrufsrecht

(1) Dem Verbraucher steht bei außerhalb von Geschäftsräumen geschlossenen Verträgen und bei Fernabsatzverträgen ein Widerrufsrecht gemäß § 355 zu.

(2) Das Widerrufsrecht besteht, soweit die Parteien nichts anderes vereinbart haben, nicht bei folgenden Verträgen:
1. Verträge zur Lieferung von Waren, die nicht vorgefertigt sind und für deren Herstellung eine individuelle Auswahl oder Bestimmung durch den Verbraucher maßgeblich ist oder die eindeutig auf die persönlichen Bedürfnisse des Verbrauchers zugeschnitten sind,
2. Verträge zur Lieferung von Waren, die schnell verderben können oder deren Verfallsdatum schnell überschritten würde,
3. Verträge zur Lieferung versiegelter Waren, die aus Gründen des Gesundheitsschutzes oder der Hygiene nicht zur Rückgabe geeignet sind, wenn ihre Versiegelung nach der Lieferung entfernt wurde,
4. Verträge zur Lieferung von Waren, wenn diese nach der Lieferung auf Grund ihrer Beschaffenheit untrennbar mit anderen Gütern vermischt wurden,
5. Verträge zur Lieferung alkoholischer Getränke, deren Preis bei Vertragsschluss vereinbart wurde, die aber frühestens 30 Tage nach Vertragsschluss geliefert werden können und deren aktueller Wert von Schwankungen auf dem Markt abhängt, auf die der Unternehmer keinen Einfluss hat,
6. Verträge zur Lieferung von Ton- oder Videoaufnahmen oder Computersoftware in einer versiegelten Packung, wenn die Versiegelung nach der Lieferung entfernt wurde,
7. Verträge zur Lieferung von Zeitungen, Zeitschriften oder Illustrierten mit Ausnahme von Abonnement-Verträgen,
8. Verträge zur Lieferung von Waren oder zur Erbringung von Dienstleistungen, einschließlich Finanzdienstleistungen, deren Preis von Schwankungen auf dem Finanzmarkt abhängt, auf die der Unternehmer keinen Einfluss hat und die innerhalb der Widerrufsfrist auftreten können, insbesondere Dienstleistungen im Zusammenhang mit Aktien, mit Anteilen an offenen Investmentvermögen im Sinne von § 1 Absatz 4 des Kapitalanlagegesetzbuchs und mit anderen handelbaren Wertpapieren, Devisen, Derivaten oder Geldmarktinstrumenten,
9. Verträge zur Erbringung von Dienstleistungen in den Bereichen Beherbergung zu anderen Zwecken als zu Wohnzwecken, Beförderung von Waren, Kraftfahrzeugvermietung,

---

42 RL 2011/83/EU Umsetzungsleitfaden GD-Justiz, 80.
43 MünchKommBGB/Wendehorst Rz 32.
44 BeckOK BGB/Martens Rz 20.
45 BT-Drucks 17/12637, 55.
46 BT-Drucks 17/12637, 55.
47 BeckOGK BGB/Busch Rz 32; Grüneberg/Grüneberg Rz 5; MünchKommBGB/Wendehorst Rz 10.
48 BeckOGK BGB/Busch Rz 30.

Lieferung von Speisen und Getränken sowie zur Erbringung weiterer Dienstleistungen im Zusammenhang mit Freizeitbetätigungen, wenn der Vertrag für die Erbringung einen spezifischen Termin oder Zeitraum vorsieht,

10. Verträge, die im Rahmen einer Vermarktungsform geschlossen werden, bei der der Unternehmer Verbrauchern, die persönlich anwesend sind oder denen diese Möglichkeit gewährt wird, Waren oder Dienstleistungen anbietet, und zwar in einem vom Versteigerer durchgeführten, auf konkurrierenden Geboten basierenden transparenten Verfahren, bei dem der Bieter, der den Zuschlag erhalten hat, zum Erwerb der Waren oder Dienstleistungen verpflichtet ist (öffentlich zugängliche Versteigerung),

11. Verträge, bei denen der Verbraucher den Unternehmer ausdrücklich aufgefordert hat, ihn aufzusuchen, um dringende Reparatur- oder Instandhaltungsarbeiten vorzunehmen; dies gilt nicht hinsichtlich weiterer bei dem Besuch erbrachter Dienstleistungen, die der Verbraucher nicht ausdrücklich verlangt hat, oder hinsichtlich solcher bei dem Besuch gelieferter Waren, die bei der Instandhaltung oder Reparatur nicht unbedingt als Ersatzteile benötigt werden,

12. Verträge zur Erbringung von Wett- und Lotteriedienstleistungen, es sei denn, dass der Verbraucher seine Vertragserklärung telefonisch abgegeben hat oder der Vertrag außerhalb von Geschäftsräumen geschlossen wurde, und

13. notariell beurkundete Verträge; dies gilt für Fernabsatzverträge über Finanzdienstleistungen nur, wenn der Notar bestätigt, dass die Rechte des Verbrauchers aus § 312d Absatz 2 gewahrt sind.

(3) Das Widerrufsrecht besteht ferner nicht bei Verträgen, bei denen dem Verbraucher bereits auf Grund der §§ 495, 506 bis 513 ein Widerrufsrecht nach § 355 zusteht, und nicht bei außerhalb von Geschäftsräumen geschlossenen Verträgen, bei denen dem Verbraucher bereits nach § 305 Absatz 1 bis 6 des Kapitalanlagegesetzbuchs ein Widerrufsrecht zusteht.

ÜBERSICHT

I. Normzweck und Systematik	1–3
II. Das Widerrufsrecht bei Außergeschäftsraum- und Fernabsatzverträgen, Abs 1	4–6
1. Wirksamkeit des Vertrags	4
2. Information über ein noch nicht von Gesetzes wegen bestehendes Widerrufsrecht	5
3. Teilwiderruf	6
III. Ausschluss oder Erlöschen des Widerrufsrechts, Abs 2	7–86
1. Abweichende Vereinbarungen	8
2. Ausschluss und Erlöschen bei gemischten Verträgen	9–12
3. Informationspflichten	13
4. Die einzelnen Tatbestände des Abs 2	14–86
a) Individuell zugeschnittene Waren, Nr 1	14–22
aa) Erfasste Verträge	15, 16
bb) Herstellung nach individueller Auswahl oder Bestimmung	17–20
cc) Auf die persönlichen Bedürfnisse des Verbrauchers zugeschnittene Waren	21
dd) Widerruf vor Herstellungs- oder Bearbeitungsbeginn	22
b) Schnell verderbliche Waren, Nr 2	23–30
aa) Sinn und Zweck	23
bb) Das Verderben der Ware	24, 25
cc) Schnell	26, 27
dd) Entsprechende Anwendung	28–30
c) Versiegelte Waren, Nr 3	31–35
aa) Sinn und Zweck	31
bb) Gesundheitsschutz und Hygiene	32, 33
cc) Versiegelung	34
dd) Entfernung des Siegels	35
d) Untrennbare Vermischung mit anderen Gütern, Nr 4	36–40
e) Spekulationsgeschäfte über alkoholische Getränke, Nr 5	41
f) Ton- oder Videoaufnahmen und Computerprogramme, Nr 6	42–50
aa) Sinn und Zweck	42, 43
bb) Gegenstand des Vertrags	44–46
cc) Entfernen einer Versiegelung	47–49
dd) Software-Hardware-Kombinationen	50
g) Zeitungen, Zeitschriften und Illustrierte, Nr 7	51–56
aa) Sinn und Zweck	51
bb) Erfasste Medien	52–55
cc) Abonnement	56
h) Waren- und Dienstleistungen mit schwankenden Preisen, Nr 8	57–60
i) Verträge mit einem spezifischen Termin oder Zeitraum, Nr 9	61–71
aa) Sinn und Zweck	61
bb) Spezifischer Termin oder Zeitraum für die Erbringung der Dienstleistung	62, 63
cc) Die einzelnen erfassten Dienstleistungen	64
aaa) Beherbergung zu anderen Zwecken als zu Wohnzwecken	65
bbb) Beförderung von Waren	66, 67
ccc) Kraftfahrzeugvermietung	68, 69
ddd) Lieferung von Speisen und Getränken	70
eee) Weitere Dienstleistungen im Zusammenhang mit Freizeitbetätigungen	71
j) Öffentlich zugängliche Versteigerung, Nr 10	72–75
k) Dringende Reparatur- und Instandhaltungsarbeiten, Nr 11	76–79

l) Wett- und Lotteriedienstleistungen, Nr 12 80–84
m) Notariell beurkundete Verträge, Nr 13 . . . . 85, 86
IV. Verhältnis zu anderen Widerrufsrechten, Abs 3 87

I. Normzweck und Systematik

Aus Abs 1 ergibt sich, dass der Verbraucher Außergeschäftsraumverträge iSd § 312b sowie Fernabsatzverträge iSd § 312c widerrufen kann. Inhaltlich bedeutet das, dass der Verbraucher sich einseitig von dem wirksam geschlossenen Vertrag lossagen kann, und zwar ohne dass dafür irgendwelche weiteren Voraussetzungen erfüllt sein müssten[1]. Gegenstand des Widerrufs ist dabei gemäß § 355 Abs 1 Satz 1 die auf den Vertragsschluss gerichtete Willenserklärung des Verbrauchers. Die in diesem voraussetzungslosen Recht zur Vertragsaufsage liegende **Abweichung von der Grundregel des § 311 Abs 1** wird letztlich mit denselben Gründen gerechtfertigt wie die gesteigerten Informationspflichten gemäß § 312d Abs 1 und 2. So ist der typische Verbraucher in der Situation des § 312b zu überrumpelt und/oder einem zu starken psychischen Druck ausgesetzt, als dass er seine Interessen gegenüber dem Unternehmer angemessen verfolgen könnte (§ 312b Rz 4)[2]. In der Situation des § 312c ist es weniger die Drucksituation, die dem Verbraucher eine angemessene Interessenverfolgung erschwert, als vielmehr der Umstand, dass er den Vertragsgegenstand vor der Abgabe seiner Willenserklärung nicht in Augenschein nehmen kann (§ 312c Rz 4)[3]. 1

Mit dem Widerrufsrecht betrifft die Vorschrift das Kernstück des Verbraucherschutzes bei diesen Vertragstypen, regelt es aber dennoch nur ausschnittweise. So sind die Bestimmungen über die **Widerrufsfrist** und über die **Ausübung des Widerrufsrechts** nicht in den §§ 312b ff zu finden, sondern in §§ 355 ff. Die **Rechtsfolgen des erklärten Widerrufs** sind sodann Regelungsgegenstand von § 357. Der wesentliche Aussagegehalt der Vorschrift besteht in den **Ausschluss- und Erlöschensgründen** für das Widerrufsrecht gemäß Abs 2. Ergänzend müssen hierzu allerdings noch die Erlöschensgründe gemäß § 356 Abs 4 und 5 gelesen werden. Abs 3 regelt schließlich die Konkurrenz zu verschiedenen anderen Verbraucherwiderrufsrechten. Von der Existenz eines Verbraucherwiderrufsrechts unberührt bleiben ggf **gleichzeitig bestehende Gestaltungsrechte oder Ansprüche**, aufgrund derer der Verbraucher sich einseitig von dem Vertrag lossagen bzw Befreiung von der Belastung mit diesem verlangen kann[4]. 2

Die **unionsrechtlichen Grundlagen** für das Bestehen des Widerrufsrechts finden sich in RL 2011/83/EU Art 9 Abs 1 sowie in RL 2002/65/EG Art 6 Abs 1. Die in Abs 2 aufgenommenen Ausschluss- und Erlöschensgründe haben ihre Grundlagen größtenteils in RL 2011/83/EU Art 16 und in RL 2002/65/EG Art 6 Abs 2. 3

II. Das Widerrufsrecht bei Außergeschäftsraum- und Fernabsatzverträgen, Abs 1

1. Wirksamkeit des Vertrags. Das Widerrufsrecht besteht vorbehaltlich der gesetzlich vorgesehenen Ausnahmen bei allen Außergeschäftsraum- und Fernabsatzverträgen. Nach hM besteht das Widerrufsrecht auch dort, wo der Vertrag wegen einer rechtshindernden Einwendung unwirksam ist[5]. Macht der Verbraucher von diesem Recht Gebrauch, erfolgt die Rückabwicklung aufgrund der §§ 355, 357 und nicht aufgrund von §§ 812 ff. Insoweit argumentieren die Vertreter der hM, dass dem Verbraucher die Vorteile der Abwicklung aufgrund von §§ 355, 357 nicht deshalb entgehen dürfen, weil der geschlossene Vertrag nichtig sei. Dagegen mag man einwenden, dass es bei einem unwirksamen Vertrag keine Willenserklärung gebe, an die der Verbraucher gebunden sei und die deshalb Gegenstand eines Widerrufs sein könne[6]. Auch ist es durchaus fraglich, ob es der Sinn und Zweck des Verbraucherschutzes sein kann, den Verbraucher von den negativen Folgen des § 817 Satz 2 zu befreien. Entscheidend für die hM spricht allerdings, dass nur der Widerruf eines auch unwirksamen Vertrags eine rasche und einfache Lösung vom Vertrag gewährleistet[7]. Andernfalls könnte der Unternehmer nämlich die Unwirksamkeit des Vertrags zunächst behaupten und den Verbraucher so in einen womöglich langwierigen Rechtsstreit verwickeln. 4

2. Information über ein noch nicht von Gesetzes wegen bestehendes Widerrufsrecht. Zuweilen kommt es vor, dass der Unternehmer den Verbraucher versehentlich über ein nach der Gesetzeslage tatsächlich nicht bestehendes Widerrufsrecht informiert. Ob der Unternehmer dem Verbraucher durch solch eine objektiv fehlerhafte Information anträgt, ein Widerrufsrecht privat- 5

---

[1] MünchKommBGB/Wendehorst (8. Aufl 2019) Rz 1.
[2] Erman/Koch Rz 1.
[3] Erman/Koch Rz 1.
[4] MünchKommBGB/Wendehorst Rz 68.
[5] BGHZ 183, 235 Rz 12; MünchKommBGB/Fritsche § 355 Rz 39; Looschelders SchuldR AT § 41 Rz 35.
[6] Staud/Thüsing Rz 8.
[7] BGHZ 183, 235 Rz 17.

autonom zu begründen, ist nach herkömmlicher Auffassung eine Frage der Auslegung[8]. Dort, wo der Unternehmer aus einer maßgeblichen objektiven Perspektive[9] lediglich auf ein anderweitig angeordnetes Widerrufsrecht hinweisen wolle, sei kein entsprechender Antrag anzunehmen[10]. Anders liege es, wenn der Unternehmer das Widerrufsrecht werblich herausstelle[11]. Tatsächlich ergibt sich bereits aus § 312d Abs 1 Satz 2, dass die von dem Unternehmer **vorab zur Verfügung gestellten Informationen** zum Vertragsinhalt werden. Informiert der Unternehmer den Verbraucher also vor Abgabe von dessen vertragskonstituierender Willenserklärung über ein tatsächlich nicht bestehendes Widerrufsrecht, so ist dieses Widerrufsrecht bei einer späteren Einigung wirksam vertraglich vereinbart. Freilich dürfte die objektive Auslegung hier kaum jemals zu einem abweichenden Ergebnis führen (§ 312d Rz 5 f)[12]. Wird die **Widerrufsbelehrung demgegenüber erstmals in einer nachvertraglich überlassenen Abschrift oder Bestätigung iSd § 312f erwähnt**, greift zu Gunsten des Verbrauchers das Günstigkeitsprinzip (§ 312f Rz 28), so dass das Widerrufsrecht auch in diesem Fall als vereinbart anzusehen ist. Problematisch bleiben damit alleine diejenigen Fälle, in denen die Widerrufsbelehrung erst im Anschluss an die Übersendung von Abschrift oder Bestätigung erfolgt. Hier kann man einen Antrag auf vertragliche Begründung eines von Gesetzes wegen nicht bestehenden Widerrufsrechts in der Tat nur annehmen, wenn die nachgeschobene Änderung nach den Grundsätzen über die objektive Auslegung entweder eine Informationslücke über den als vereinbart angesehenen Vertragsinhalt schließen soll oder der bestehende Vertragsinhalt nachträglich zu Gunsten des Verbrauchers abgeändert werden soll[13].

6 3. **Teilwiderruf.** Nach den allgemeinen Regeln kann der Verbraucher seinen Widerruf auf einen Teil des Vertrags beschränken, sofern die Leistungspflicht des Unternehmers **teilbar** ist[14]. Das ist der Fall, wenn die Leistungspflicht des Unternehmers ohne Wertminderung und ohne Beeinträchtigung des Leistungszwecks in einzelne Bestandteile zerlegt werden kann[15].

III. Ausschluss oder Erlöschen des Widerrufsrechts, Abs 2

7 Abs 2 enthält einen Katalog von Fällen, in denen dem Verbraucher auch bei einem Außergeschäftsraum- oder Fernabsatzvertrag deshalb kein Widerrufsrecht zusteht, weil dort die Konsequenzen aus einem einseitigen und voraussetzungslosen Recht zur Vertragsaufsage als sachwidrig angesehen werden[16]. Teils besteht das Widerrufsrecht hier von vornherein nicht („Ausschluss"), teils verliert der Verbraucher das Widerrufsrecht erst aufgrund von nach dem Vertragsschluss eingetretenen Umständen („Erlöschen"). Da die Ausschluss- und Erlöschensgründe in Abs 2 dem Verbraucher sein zentrales Schutzinstrument bei Außergeschäftsraum- und Fernabsatzverträgen nehmen, sind sie **eng auszulegen**[17].

8 1. **Abweichende Vereinbarungen.** Die einzelnen in Abs 2 aufgeführten Ausschluss- und Erlöschensgründe sind **teils dispositives Recht**, denn sie gelten nur, soweit die Parteien nicht etwas anderes vereinbart haben. Zwar sind sie insoweit zwingend, als dass der Unternehmer und der Verbraucher gemäß § 312k Abs 1 Satz 1 nicht wirksam zusätzliche Ausschluss- und Erlöschensgründe privatautonom vereinbaren können. Wohl aber ist es zulässig, ein Widerrufsrecht des Verbrauchers auch für solche Fälle zu vereinbaren, für die es gemäß Abs 2 an sich nicht vorgesehen ist[18].

9 2. **Ausschluss und Erlöschen bei gemischten Verträgen.** Nicht selten kommt es vor, dass der Leistungsgegenstand eines einheitlichen Außergeschäftsraum- oder Fernabsatzvertrags einzelne Elemente enthält, für die der Widerruf ausgeschlossen ist, während für die übrigen Elemente das Widerrufsrecht isoliert betrachtet besteht. So liegt es etwa, wenn der Verbraucher von ein und demselben Lieferdienst mehrere Waren bezieht, von denen nur einzelne schnell verderblich iSd Abs 2 Nr 2 sind. Ein weiteres Beispiel sind Werkverträge mit Handwerkern, bei deren Erfüllung bestimmungsgemäß Waren mit anderen Gütern des Verbrauchers untrennbar vermischt werden[19].

10 Unproblematisch sind insoweit noch die Fälle, in denen die Leistung des Unternehmers in mehrere einzelne Elemente aufgeteilt werden kann („faktische Teilbarkeit"; → Rz 6), dieser Aufteilung in einzelne Elemente auch keine rechtlichen Hindernisse entgegenstehen („rechtliche Teilbarkeit") und die einzelnen Elemente auch **nicht iSd § 360 Abs 2 zusammenhängen**. Hinsichtlich

---

8 BGH NJW 2012, 1066 Rz 21; ZIP 2013, 1372 Rz 35; Erman/Koch Rz 3.
9 BGH NJW 2012, 1066 Rz 21.
10 Erman/Koch Rz 3.
11 Erman/Koch Rz 3.
12 Vgl Staud/Thüsing Rz 90.
13 BGH NJW 2012, 1066 Rz 24 ff.
14 MünchKommBGB/Wendehorst Rz 4; Staud/Thüsing Rz 88; aA Kotowski VuR 2016, 291, 296.
15 Hk-BGB/Schulze § 266 Rz 4.
16 MünchKommBGB/Wendehorst Rz 5.
17 EuGH NJW 2005, 3055 Rz 21 – easycar; BGH NJW 2018, 453 Rz 10; Staud/Thüsing Rz 20.
18 Spindler/Schuster/Schirmbacher Rz 4.
19 MünchKommBGB/Wendehorst Rz 7.

der Widerruflichkeit und des Widerrufs sind hier sämtliche einzelnen Elemente jeweils gesondert zu betrachten[20]. Kann der Verbraucher danach hinsichtlich einzelner Elemente den Widerruf erklären und macht er von diesem Recht Gebrauch, bleibt er hinsichtlich des Elements, für das der Widerruf ausgeschlossen ist, dennoch gebunden.

Ebenfalls keine größeren Schwierigkeiten entstehen, soweit die Leistung des Unternehmers faktisch und rechtlich teilbar ist, ihre einzelnen Elemente aber **iSd § 360 Abs 2 zusammenhängen**. Hängen nämlich ein widerrufliches und ein nach Abs 2 nicht widerrufliches Element zusammen, so ist der Verbraucher nach der Ausübung seines Widerrufsrechts gemäß der Wertung des § 360 Abs 2 auch an das für sich betrachtet unwiderrufliche Element nicht mehr gebunden[21]. Dass er seine auf den Vertragsschluss gerichtete Willenserklärung insoweit nicht isoliert hätte widerrufen können, ändert daran nichts.

Sind die einzelnen Elemente der unternehmerischen Leistungspflicht **faktisch oder rechtlich unteilbar**, kommt es mit der hM auf den **Schwerpunkt des Vertrags** an[22]. Dafür spricht, dass es bei Mischfällen auch für die Einordnung als Verbrauchervertrag auf den überwiegenden Zweck ankommt[23]. In dem typischen Handwerkerbeispiel kann der Verbraucher sich demnach durch seinen Widerruf von dem gesamten Vertrag lossagen, ohne dass hinsichtlich einzubauender oder eingebauter Sachen Abs 2 Nr 1 oder Nr 4 eingriffe[24]. In solchen Fällen muss – sofern das Widerrufsrecht nicht ohnehin über § 356 Abs 4 Satz 1 zum Erlöschen kommt – der Unternehmer sicherstellen, dass ihm für etwaige vor dem Wirksamwerden des Widerrufs erbrachte Teilleistungen nach § 357 Abs 8 eine Vergütung zukommt.

3. Informationspflichten. Der Unternehmer muss den Verbraucher gemäß § 312d Abs 1 iVm EGBGB Art 246a § 1 Abs 3 sowie gemäß § 312d Abs 2 iVm EGBGB Art 246b § 1 Abs 1 Nr 12 über das anfängliche Nichtbestehen und/oder über die Umstände informieren, die zu einem späteren Verlust des Widerrufsrechts führen. Die unterlassene Information kann dazu führen, dass der Verbraucher von dem Unternehmer im Wege des Schadensersatzes gemäß § 280 Abs 1, § 241 Abs 2 iVm § 249 Abs 1 die Befreiung von dem Vertrag verlangen kann[25]. Das setzt allerdings voraus, dass der Verbraucher dartun kann, dass er bei gehöriger Information den Vertrag nicht abgeschlossen oder die Umstände für das Erlöschen des Widerrufsrechts nicht herbeigeführt hätte[26]. Dabei können die Grundsätze über die Vermutung für das aufklärungsrichtige Verhalten je nach den Umständen des einzelnen Falles zu einer entsprechenden tatsächlichen Vermutung führen[27].

4. Die einzelnen Tatbestände des Abs 2. – a) Individuell zugeschnittene Waren, Nr 1. Gemäß Abs 2 Nr 1 besteht kein Widerrufsrecht bei Verträgen, zur Lieferung von Waren, die nicht vorgefertigt sind und für deren Herstellung eine individuelle Auswahl oder Bestimmung durch den Verbraucher maßgeblich ist oder die eindeutig auf die persönlichen Bedürfnisse des Verbrauchers zugeschnitten sind. Unionsrechtliche Grundlage ist RL 2011/83/EU Art 16 lit c). Hier ist das Widerrufsrecht deshalb von vornherein ausgeschlossen, weil eine entsprechend den individuellen Wünschen und Bedürfnissen des konkreten Kunden gefertigte Sache für den Unternehmer am Markt meist allenfalls mit Mühe und unter Inkaufnahme von Preisabschlägen anderweitig verwertbar sein würde[28].

aa) Erfasste Verträge. Nr 1 betrifft zunächst nur **Verträge über die Lieferung von Waren**. Es gilt der allgemeine Warenbegriff des RL 2011/83/EU Art 2 Nr 3 („bewegliche körperliche Gegenstände"). Begrifflich geht es demnach in erster Linie um **Kauf-** (§ 433) und **Werklieferungsverträge** (§ 650)[29], uU aber auch um Gebrauchsüberlassungsverträge[30]. Werklieferungsverträge fallen dabei unter Nr 1 Alt 1, bei der die vertragsgegenständliche Ware zu dem Zeitpunkt, in dem der Verbraucher seine auf den Vertragsschluss gerichtete Willenserklärung abgibt, noch nicht vorgefertigt ist, sondern erst hergestellt oder erzeugt werden muss. Gleichgültig ist es dabei, ob der Unternehmer selbst oder ein Dritter die Herstellung oder die Erzeugung nach den Wünschen des Verbrauchers vornimmt[31]. Kaufverträge sind demgegenüber Regelungsgegenstand von Nr 1 Alt 2. Dort geht es um Waren, die zur Zeit des Vertragsschlusses bereits existieren und die

---

20 MünchKommBGB/Wendehorst Rz 8; Staud/Thüsing Rz 89; Seidenberg NJW 2019, 1254.
21 MünchKommBGB/Wendehorst Rz 9; Staud/Thüsing Rz 89; Becker/Föhlisch NJW 2005, 3377, 3379.
22 EuGH BeckRS 2020, 8830 Rz 59; OLG Stuttgart ZfBR 2018, 252 (254); Grüneberg/Grüneberg Rz 3; MünchKommBGB/Wendehorst Rz 10; Staud/Thüsing Rz 89; Becker/Föhlisch NJW 2005, 3377, 3379; s auch BGH NJW 2018, 3380 Rz 20 ff; aA BeckOK BGB/Martens Rz 12.
23 MünchKommBGB/Fritsche § 355 Rz 18.
24 BGH NJW 2018, 3380 Rz 19.
25 I Erg ebenso MünchKommBGB/Wendehorst Rz 12; Sesing/Baumann VuR 2017, 415, 418; Sesing/Baumann MMR 2018, 85, 88.
26 MünchKommBGB/Wendehorst Rz 12.
27 BGH GRUR 2021, 1531 Rz 31 – Kurventreppenlift; AG Köln VuR 2014, 273, 275.
28 Grüneberg/Grüneberg Rz 4; MünchKommBGB/Wendehorst Rz 15.
29 BGH NJW 2018, 3380 Rz 20.
30 OLG München DAR 2020, 515.
31 MünchKommBGB/Wendehorst Rz 18.

erst auf die individuellen Wünsche des Verbrauchers zugeschnitten werden, nachdem er seine auf den Vertragsschluss gerichtete Willenserklärung abgegeben hat[32]. Zwar mag die Zuordnung des Sachverhalts zu einer der beiden Alternativen zuweilen Schwierigkeiten bereiten[33]. Gewiss ist allerdings, dass das Widerrufsrecht nicht nach Nr 1 ausgeschlossen sein kann, wenn die zu liefernde Sache nach dem Vertragsschluss keine Veränderung mehr erfährt. Folglich kann ein Unternehmer, der sich gegenüber dem Verbraucher dazu verpflichtet, eine seltene, aber im maßgeblichen Zeitpunkt bereits existente Sache zu beschaffen, nicht auf Nr 1 berufen[34]. Ebenso wenig greift Nr 1 ein, wenn die Ware zwar auf individuelle Bedürfnisse des Verbrauchers zugeschnitten ist, der Unternehmer sie aber gewissermaßen auf Vorrat gefertigt hat, noch bevor der Verbraucher seine auf den Vertragsschluss gerichtete Willenserklärung abgegeben hat[35]. So liegt es etwa bei Wettkampffotos der Teilnehmer an Breitensportereignissen, bei Luftbildaufnahmen bewohnter Hausgrundstücke[36] oder auch bei mit gängigen Namen vorab individualisierten Gegenständen.

16 **Werkverträge** sind keine Verträge über die Lieferung einer Ware[37]. Bei diesen steht nämlich das persönliche Tätigwerden des Unternehmers im Vordergrund, weshalb der Werkvertrag unionsrechtlich auch als Dienstleistungsvertrag einzuordnen ist, für den Nr 1 nicht gilt[38]. So verhält es sich insbesondere auch dort, wo sich das persönliche Tätigwerden des (Werk)Unternehmers in einem körperlichen Gegenstand manifestiert. Folgerichtig kann sich ein Architekt, der mit einem Verbraucher einen Vertrag nur über die Planung eines Hauses geschlossen hat, nicht mit dem Argument auf Nr 1 berufen, dass die Pläne letztlich auf Papier oder einem anderen körperlichen Datenträger verkörpert und so dem Verbraucher übergeben werden[39]. In diesem Fall liegt der Schwerpunkt der Architektentätigkeit nämlich auf der geistigen Leistung und nicht darauf, dass der Architekt dem Verbraucher die Datenträger übereignet, auf denen das Ergebnis dieser Leistung gespeichert und sinnlich wahrnehmbar wird. Aus diesem Grund können auch Verträge über „**maßgeschneiderte digitale Inhalte**" nicht unter Nr 1 gefasst werden[40]. Auch bei diesen Verträgen steht nämlich die geistige Leistung des Schöpfers des maßgeschneiderten digitalen Inhalts im Vordergrund, so dass hier ebenfalls Werkverträge vorliegen[41]. Folglich ist für Nr 1 auch dann kein Raum, wenn der Unternehmer dem Verbraucher eine individuell erstellte Software auf einem körperlichen Datenträger überlässt[42].

17 bb) **Herstellung nach individueller Auswahl oder Bestimmung**. Zahlreiche Unternehmer eröffnen ihren Kunden unterschiedliche Möglichkeiten, um ein Produkt an ihre individuellen Bedürfnisse anzupassen, und beginnen mit der Fertigung erst, nachdem der Vertrag geschlossen und die Bestellung eingegangen ist. So liegt es namentlich bei Verträgen über neu hergestellte Pkw, für die der Verbraucher zwischen mannigfachen Motorisierungs-, Farb- und Ausstattungsoptionen wählen kann. Ähnlich verhält es sich in einigen Segmenten des Möbelhandels. Wegen des Grundsatzes der engen Auslegung (Rz 7) kann freilich nicht jede Berücksichtigung eines spezifischen Kundenbedürfnisses automatisch eine Herstellung nach individueller Auswahl oder Bestimmung darstellen[43]. Vielmehr muss nach dem **Sinn und Zweck von Nr 1** der Individualisierungsgrad so hoch sein, dass die nach den Kundenwünschen hergestellte Ware im Prinzip ein Unikat ist[44], für das es deshalb kaum einen zweiten Abnehmer gibt[45]. Typische **Beispiele für einen derart hohen Individualisierungsgrad** sind[46]: (i) Waren, für die der Verbraucher Spezifikationen vorgelegt hat, wie Maße für Möbel oder die Abmessungen eines Stoffes; (ii) Waren, für die der Verbraucher besondere, auf die persönlichen Bedürfnisse zugeschnittene Eigenschaften erbeten hat, wie beispielsweise die spezielle Bauart eines Pkw, die auf Bestellung angefertigt wird, oder eine besondere Komponente für einen Computer, die für diesen speziellen Auftrag eigens beschafft werden muss und die nicht Bestandteil des allgemeinen Angebots war, das vom Unternehmer öffentlich unterbreitet wurde; (iii) Adressaufkleber mit den Kontaktangaben des Verbrauchers. Ebenfalls unter Nr 1 fallen nach individuellen Maßen für den Verbraucher gefertigte Wintergärten zur Selbstmontage[47].

---

32 OLG Celle NJW 2020, 2341, 2343; BeckOGK BGB/Busch Rz 15.
33 OLG Celle NJW 2020, 2341, 2343.
34 OLG Celle NJW 2020, 2341, 2343.
35 MünchKommBGB/Wendehorst Rz 18.
36 OLG Brandenburg GRUR-RR 2018, 73, 75.
37 BGH NJW 2018, 3380 Rz 22; OLG Schleswig MDR 2021, 921; Spindler/Schuster/Schirmbacher Rz 13; Staud/Thüsing Rz 21; zweifelnd BeckOK BGB/Martens Rz 21.
38 BGH NJW 2018, 3380 Rz 22.
39 EuGH BeckRS 2020, 8830 Rz 63.
40 BeckOK BGB/Martens Rz 20; BeckOGK BGB/Busch Rz 15; aA MünchKommBGB/Wendehorst Rz 20.
41 Vgl MünchKommBGB/Busche § 650 Rz 12.
42 AA Spindler/Schuster/Schirmbacher Rz 17.
43 Spindler/Schuster/Schirmbacher Rz 14.
44 RL 2011/83/EU Umsetzungsleitfaden GD-Justiz, 65.
45 OLG München DAR 2020, 515, 517; BeckOGK BGB/Busch Rz 17; zweifelnd Spindler/Schuster/Schirmbacher Rz 14.
46 RL 2011/83/EU Umsetzungsleitfaden GD-Justiz, 65.
47 OLG Schleswig MDR 2021, 921.

Demgegenüber soll eine individuelle Auswahl oder Bestimmung noch nicht gegeben sein, 18
wenn der Verbraucher die zu liefernde Ware lediglich nach bestimmten, vom Unternehmer vorgegebenen **Standardoptionen** zusammenstellen könne[48]. Zum einen mag es bei einer solchermaßen standardisierten Individualisierung nämlich durchaus weitere Abnehmer geben, die sich für gerade diese Zusammensetzung der einzelnen, von dem Unternehmer standardmäßig zur Auswahl gestellten Module begeistern können[49]. Zum anderen ist es in diesen Fällen möglich, die nach dem erklärten Widerruf zurückgesandte Sache ohne größeren Aufwand wieder zurückzubauen und die einzelnen Module für andere Kunden zu verwenden[50]. Dementsprechend ist Nr 1 einschlägig, wenn solch ein Rückbau mit hohen Kosten verbunden ist und/oder die einzelnen Module durch den Rückbau in ihrer Substanz und/oder in ihrer Funktionsfähigkeit beeinträchtigt werden[51]. Dass die gelieferte Ware als Ganze erst und lediglich durch ihre bestimmungsgemäße Ingebrauchnahme erheblich an Wert verliert, führt allerdings noch nicht zu einem Ausschluss des Widerrufsrechts nach Nr 1[52]. Das entspricht der Wertung von § 357 Abs 7[53].

Zu FernAbsG § 3 Abs 2 Nr 1 (später § 312d Abs 4 Nr 1 aF) hat der BGH eine Anfertigung nach 19
Kundenspezifikation deshalb für ein **Notebook** abgelehnt, weil es auf Bestellung des Verbrauchers aus Standardbauteilen zusammengefügt wurde und mit einem Aufwand von weniger als 5 % des Warenwerts wieder auseinandergebaut werden konnte, ohne dass die einzelnen Bauteile dadurch irgendeine Beeinträchtigung erlitten hätten[54]. Angesichts der entsprechenden Ausführungen im Umsetzungsleitfaden zur RL 2011/83/EU besteht kein Anlass, die Fortgeltung dieser Rechtsprechungsgrundsätze für Nr 1 infrage zu stellen[55]. Dementsprechend steht bei einem Kaufvertrag über Fahrzeugräder, bei denen der Verbraucher die Kombination von Reifen und Felge aus den von dem Unternehmer angebotenen Optionen aussucht, Nr 1 einem Widerruf nicht entgegen[56]. Gleiches gilt für die Zusammenstellung einer Couch aus von dem Unternehmer zur beliebigen Kombination zur Verfügung gestellten Standardbauteilen[57]. Bei der Lieferung eines Kfz, für das der Verbraucher nur eine gängige Sonderausstattung mit vorgefertigten Serienbauteilen verlangt, ist der Widerruf deshalb nicht nach Nr 1 ausgeschlossen, weil für solch ein Fahrzeug ein Gebrauchtwagenmarkt existiert[58]. An dem für Nr 1 erforderlichen Individualisierungsgrad fehlt es ferner, wenn der Verbraucher für einen Toilettensitz mit Standardmaßen die Auswahl zwischen drei unterschiedlichen Nanobeschichtungen hat[59].

Erst recht kann es für die individuelle Auswahl oder Bestimmung natürlich nicht ausreichen, 20
wenn der Unternehmer auch ein vollkommen standardisiertes Produkt erst nach Eingang jeder einzelnen Bestellung fertigt[60].

cc) **Auf die persönlichen Bedürfnisse des Verbrauchers zugeschnittene Waren.** Auf die 21
persönlichen Bedürfnisse des Verbrauchers zugeschnitten sind Waren, die bei Vertragsschluss gewissermaßen als Rohling vorrätig sind und sodann entsprechend den individuellen Wünschen des Verbrauchers bearbeitet werden[61]. So liegt es etwa bei Konfektionsware, die an die Körpermaße des Verbrauchers angepasst wird[62]. Weitere Beispiele sind das Beflocken vorrätiger T-Shirts oder Fußballtrikots mit dem Namen des Verbrauchers[63]. Was seine individuellen Bedürfnisse sind, muss der Verbraucher dem Unternehmer aktiv mitteilen. Kein Fall von Nr 1 liegt vor, wenn die Ware auf individuelle Merkmale zugeschnitten wird, dies von dem Verbraucher jedoch nicht gewünscht wurde[64]. Versieht der Unternehmer danach ein Konfektionshemd ohne Rücksprache mit dem Verbraucher mit dessen Monogramm, ändert dies nichts an der Widerruflichkeit des Vertrags[65].

dd) **Widerruf vor Herstellungs- oder Bearbeitungsbeginn.** Nr 1 kann nicht einschränkend 22
dahingehend ausgelegt werden, dass der Widerruf erst ab dem Moment ausgeschlossen sei, in dem der Unternehmer mit der Herstellung oder der Bearbeitung begonnen habe[66]. Für eine entsprechende teleologische Reduktion spricht zwar, dass die wirtschaftlichen Nachteile, vor denen Nr 1 den Unternehmer bewahren soll, erst eintreten, sobald dieser die individualisierte Ware herstellt oder die vorhandene Ware nach den Wünschen des Verbrauchers nachträglich indi-

---

48 RL 2011/83/EU Umsetzungsleitfaden GD-Justiz, 66.
49 OLG München DAR 2020, 515, 517.
50 BGHZ 154, 239, 242, 244 f; KG BeckRS 2016, 3764.
51 Schirmbacher/Schmidt CR 2014, 107, 112.
52 OLG Dresden NJW-RR 2001, 1710, 1711; OLG Koblenz MDR 2021, 802, 803.
53 Grüneberg/Grüneberg Rz 4.
54 BGHZ 154, 239, 245 f.
55 Engels ITRB 2014, 228, 229; dennoch zweifelnd BeckOGK BGB/Busch Rz 19; Spindler/Schuster/Schirmbacher Rz 15; Hoeren/Föhlisch CR 2014, 242, 245.
56 AG Marienberg VuR 2014, 322.
57 AG Dortmund NJW-RR 2015, 1193, 1195; s aber LG Düsseldorf CR 2014, 397, 398.
58 OLG München DAR 2020, 515, 520.
59 LG Düsseldorf BeckRS 2016, 20917.
60 BGHZ 154, 239, 244.
61 MünchKommBGB/Wendehorst Rz 16.
62 BeckOGK BGB/Busch Rz 16.
63 RL 2011/83/EU Umsetzungsleitfaden GD-Justiz, 66.
64 BeckOGK BGB/Busch Rz 20.
65 Spindler/Schuster/Schirmbacher Rz 18.
66 EuGH NJW 2020, 3707 Rz 30 – Möbel Kraft.

vidualisiert[67]. Entscheidend dagegen sprechen jedoch Erfordernisse der Rechtsklarheit[68]. Ließe man den Widerruf abweichend vom Wortlaut von Nr 1 nämlich bis zu dem Zeitpunkt zu, in dem der Unternehmer mit der Herstellung oder der Bearbeitung beginnt, hinge die Dauer des Bestehens des Widerrufsrechts von einem zukünftigen Ereignis ab, von dem der Verbraucher nicht erkennen kann, wann es eintritt[69].

23 b) **Schnell verderbliche Waren, Nr 2.** – aa) **Sinn und Zweck**. Schnell verderbliche Waren wird der Unternehmer nach ihrer Rücksendung durch den Verbraucher kein weiteres Mal absetzen können. Aus Sicht des Gesetzgebers ist die schnelle Verderblichkeit deshalb eine besondere Wareneigenschaft, die den Widerruf als unzweckmäßig erscheinen lässt[70]. Dementsprechend ist das Widerrufsrecht bei Verträgen zur Lieferung von Waren, die schnell verderben können oder deren Verfallsdatum schnell überschritten würde, gemäß Nr 2 ausgeschlossen. Durch diese Vorschrift wird RL 2011/83/EU Art 16 lit d) nahezu wortlautidentisch umgesetzt. Zu berücksichtigen ist, dass für einige Verträge über die Lieferung von verderblichen Waren das Widerrufsrecht bereits nach § 312 Abs 2 Nr 8 ausgeschlossen ist.

24 bb) **Das Verderben der Ware**. Es gilt der allgemeine Warenbegriff (§ 312 Rz 7 f). Eine entsprechende Anwendung auf Dienstleistungen oder digitale Inhalte kommt nicht in Betracht. Unter dem Verderben ist das Unbrauchbarwerden infolge des **Ablaufs der Produktlebensdauer** zu verstehen[71]. Welche Lebensdauer ein Produkt hat, ergibt sich zwar primär aus tatsächlichen Umständen[72]. Zuweilen wird jedoch die Unbrauchbarkeit eines Produkts aus tatsächlichen Gründen gesetzlich auf einen bestimmten Zeitpunkt fingiert. So liegt es zunächst bei Arzneimitteln, die gemäß AMG § 8 Abs 3[73] nach dem Ablauf ihres **Verfallsdatums** nicht mehr in Verkehr gebracht werden dürfen. Gleiches gilt gemäß VO (EG) 178/2002 Art 14 Abs 1[74] iVm VO (EU) 1169/2011 Art 24 Abs 1 Satz 2[75] für Lebensmittel, deren Verbrauchsdatum abgelaufen ist. Nr 2 Alt 2 nimmt diese Verfallsdaten für die Bestimmung der Produktlebensdauer in Bezug. Dementsprechend kann man den Ablauf des Verfallsdatums in der Tat als einen besonderen Fall des Verderbens der Ware bezeichnen[76]. Als Verfallsdatum iSd Nr 2 sollte man nach ihrem Sinn und Zweck auch das lebensmittelrechtliche Mindesthaltbarkeitsdatum fassen, obwohl dieses in einem strengen technischen Sinn lediglich den Zeitpunkt benennt, bis zu dem ein Lebensmittel bei richtiger Aufbewahrung seine spezifischen Eigenschaften behält (VO (EU) 1169/2011 Art 3 Abs 2 lit r). Gleiches gilt für weitere Warengruppen, für die vergleichbare Daten existieren.

25 Verfallsdaten werden freilich häufig **durch die Hersteller nach bestem Wissen und Gewissen festgelegt**. Im Direktvertrieb besteht hier die abstrakte Gefahr, dass der Unternehmer sich den Zugang zu Nr 2 erschleichen will, indem er für die zu liefernde Ware willkürlich ein nur sehr kurzes Verfallsdatum festsetzt. Dem ist dadurch zu begegnen, dass unter Nr 2 nur solche Verfallsdaten zu subsumieren sind, die in Übereinstimmung mit den jeweils anerkannten technischen Normen ermittelt wurden[77]. Im Streitfall trägt hierfür der Unternehmer die objektive Beweislast.

26 cc) **Schnell**. Schnell verderblich sind Waren, wenn in der Zeitspanne zwischen ihrem Versenden an den Verbraucher und ihrer etwaigen Rückkehr zu dem Unternehmer ein **erheblicher Teil ihrer gattungstypischen Gesamtlebensdauer** ablaufen würde[78]. Zu berücksichtigen sind dabei die übliche Postlaufzeit von drei Tagen, die zweiwöchige Widerrufsfrist (§ 355 Abs 2 Satz 1), weitere zwei Wochen für die Rücksendung an den Unternehmer (§ 357 Abs 1) sowie schließlich drei weitere Tage für diesen Transportweg[79]. Da während dieser etwa fünf Wochen ein so wesentlicher Teil der Gesamtlebensdauer des Produkts verstreichen muss, dass nach der Rücksendung an den Unternehmer keine Möglichkeit zu einer anderweitigen Verwertung mehr besteht, greift Nr 2 nicht zu Gunsten des Unternehmers ein, wenn er ein längerlebiges Produkt erst verhältnismäßig

---

67 AG München VuR 2017, 191, 192; MünchKommBGB/Wendehorst Rz 18; Huber GPR 2021, 137 (139).
68 Huber GPR 2021, 137, 139.
69 EuGH NJW 2020, 3707 Rz 27 – Möbel Kraft.
70 Vgl Erwägungsgrund 49 zur RL 2011/83/EU.
71 MünchKommBGB/Wendehorst Rz 21.
72 Grüneberg/Grüneberg Rz 5.
73 Arzneimittelgesetz in der Fassung der Bekanntmachung vom 12. Dezember 2005 (BGBl I S 3394), das zuletzt durch Artikel 10 des Gesetzes vom 10. August 2021 (BGBl I S 3436) geändert worden ist.
74 Verordnung (EG) Nr 178/2002 des Europäischen Parlaments und des Rates vom 28. Januar 2002 zur Festlegung der allgemeinen Grundsätze und Anforderungen des Lebensmittelrechts, zur Errichtung der Europäischen Behörde für Lebensmittelsicherheit und zur Festlegung von Verfahren zur Lebensmittelsicherheit (ABl L 31 S 1).
75 Verordnung (EU) Nr 1169/2011 des Europäischen Parlaments und des Rates vom 25. Oktober 2011 betreffend die Information der Verbraucher über Lebensmittel (ABl L 304 S 18, ber ABl 2014 L 331 S 41, ber ABl 2015 L 50 S 48, ber ABl 2016 L 266 S 7).
76 MünchKommBGB/Wendehorst Rz 21.
77 Grüneberg/Grüneberg Rz 5; Staud/Thüsing Rz 31.
78 LG Potsdam MMR 2011, 171; MünchKommBGB/Wendehorst Rz 21.
79 BeckOGK BGB/Busch Rz 23.

kurz vor seinem Unbrauchbarwerden an den Verbraucher versendet[80]. Das gilt selbstredend auch dann, wenn das Ende der Produktlebensdauer durch ein Verfallsdatum gekennzeichnet wird[81].

Nr 2 betrifft in erster Linie **Lebensmittel**[82], sofern sie nicht aufgrund ihrer Konservierung länger haltbar sind[83]. Gegenüber dem Verkäufer von Nudeln, Reis, Konserven oder einem Cognac des Jahres 1919[84] kann der Verbraucher demnach den Widerruf erklären, sofern nicht ein Fall von § 312 Abs 2 Nr 8 vorliegt. Unter Nr 2 werden darüber hinaus **Schnittblumen**[85] und wurzellose **Weihnachtsbäume**[86] gefasst, nicht aber **wurzelnackte, lebende Bäume**[87]. 27

dd) **Entsprechende Anwendung.** Auch für Kosmetika, Arzneimittel und dergleichen greift Nr 2 nur ein, wenn ein wesentlicher Teil ihrer Gesamtlebensdauer während der maßgeblichen Frist (Rz 26) verstreicht. Letzteres dürfte bei frisch auf Verschreibung hergestellten Rezepturarzneimitteln häufig zutreffen, nicht aber auf Fertigarzneimittel[88]. Für Fertigarzneimittel, die der Verbraucher nach dem erklärten Widerruf an den Unternehmer zurückschickt, stellt sich allerdings die Frage, ob sie in entsprechender Anwendung von AM-HandelsV § 7b Abs 1 ihre Verkehrsfähigkeit verlieren[89]. Selbst wenn dies zu bejahen wäre, könnte dies auf Basis des geltenden Rechts nicht wegen einer „**rechtlichen Verdorbenheit**" zu einem Ausschluss des Widerrufsrechts in entsprechender Anwendung von Nr 2 führen[90]. Der Verlust der Verkehrsfähigkeit führt vor dem Ablauf des Verfallsdatums nämlich nicht zu einer Unbrauchbarkeit aus (fingierten) tatsächlichen Gründen. Vergleichbar ist die Situation eher mit dem Wertverlust infolge der gewöhnlichen Ingebrauchnahme. Dieser stellt aber gerade kein Verderben iSd Abs 2 dar[91], sofern nicht – wie etwa durch Nr 3 – etwas anderes angeordnet ist. Sollten die Fertigarzneimittel infolge ihrer erstmaligen Versendung jedoch tatsächlich ihre Verkehrsfähigkeit verlieren, besteht auf der Wertungsebene ein dringendes Bedürfnis, die gegenwärtige Rechtslage in Bezug auf die Widerruflichkeit des Vertrags entsprechend zu korrigieren. 28

Auch der **Verbrauch von Strom und Gas** gehört eher in die Kategorie „Wertverlust infolge gewöhnlicher Ingebrauchnahme", weshalb auch hier der Widerruf nicht in entsprechender Anwendung von Nr 2 ausgeschlossen ist[92]. 29

Artikel, die für einen bestimmten Moment der Zeitgeschichte hergestellt werden, mögen **rasch an Aktualität verlieren**. So mag es bei T-Shirts anlässlich der Meisterschaft eines Fußballvereins oder auch bei Teetassen anlässlich einer Hochzeit im britischen Königshaus liegen. Dass die Motive, die solche Produkte zeigen, womöglich rasch veralten, macht sie jedoch nicht funktionell unbrauchbar. Auch in solchen Fällen ist Nr 2 deshalb nicht einschlägig[93]. 30

c) **Versiegelte Waren, Nr 3.** – aa) **Sinn und Zweck.** Insbesondere körpernahe Produkte werden zuweilen in bestimmten Arten von Verpackungen vertrieben, die dem Verbraucher signalisieren sollen, dass die verpackte Ware bislang von niemand anderem auch nur zu Testzwecken verwendet wurden. Mit dem erstmaligen Öffnen dieser Verpackung verliert die Ware sodann entweder aus Rechtsgründen oder aufgrund der Verbrauchererwartungen an die Unbenutztheit objektiv ihre Verkehrsfähigkeit, weshalb sie für den Unternehmer wertlos ist, wenn der Verbraucher sie nach erfolgtem Widerruf an ihn zurücksendet. Um diesen **schweren wirtschaftlichen Nachteil für den Unternehmer zu vermeiden**, ist gemäß Nr 3 der Widerruf ausgeschlossen bei Verträgen zur Lieferung versiegelter Waren, die aus Gründen des Gesundheitsschutzes oder der Hygiene nicht zur Rückgabe geeignet sind, wenn ihre Versiegelung nach der Lieferung entfernt wurde[94]. Mit Nr 3 hat der deutsche Gesetzgeber RL 2011/83/EU Art 16 lit d) nahezu wortlautidentisch in das BGB übernommen. 31

bb) **Gesundheitsschutz und Hygiene.** Zunächst muss sich aus den berechtigten Verbrauchererwartungen an Gesundheitsschutz und Hygiene ergeben, dass die jeweils betroffene Warengattung **nur vollständig unbenutzt und original versiegelt verkehrsfähig** und deshalb nach ihrer Entsiegelung zur Rückgabe nicht mehr geeignet ist. Hierfür genügt es jedenfalls, wenn nach der Entfernung des originalen Siegels **Gesundheitsgefahren** für nachfolgende Nutzer **objektiv** 32

---

80 MünchKommBGB/Wendehorst Rz 22; Staud/Thüsing Rz 29.
81 Staud/Thüsing Rz 31.
82 RL 2011/83/EU Umsetzungsleitfaden GD-Justiz, 66.
83 MünchKommBGB/Wendehorst Rz 21.
84 LG Potsdam MMR 2011, 171 f.
85 Grüneberg/Grüneberg Rz 5; Gößmann MMR 1998, 88, 90.
86 BeckOGK BGB/Busch Rz 22.1.
87 OLG Celle MMR 2013, 240.
88 Bräutigam/Rücker/Schulz, E-Commerce, 3. Teil Rz G 42.
89 S dazu Bräutigam/Rücker/Schulz, E-Commerce, 3. Teil Rz G 45.
90 OLG Naumburg GRUR 2017, 1055, 1057; OLG Karlsruhe VuR 2018, 274, 278; KG CR 2019, 254; Spindler/Schuster/Schirmbacher Rz 19.
91 MünchKommBGB/Wendehorst Rz 23.
92 BeckOGK BGB/Busch Rz 22.1; aA Grüneberg/Grüneberg Rz 5.
93 BeckOGK BGB/Busch Rz 25.
94 EuGH NJW 2019, 1507 Rz 40 – Slewo/Ledowski; BeckOGK BGB/Busch Rz 26.1.

nicht auszuschließen sind. So verhält es sich – sollte ihr weiterer Vertrieb nach einer Entsiegelung überhaupt noch zulässig sein – insbesondere bei solchen Produkten, die unmittelbar am Körper eingesetzt werden und deshalb zur Übertragung von Krankheitserregern besonders geeignet sind[95]. Erforderlich ist eine solche objektive Gefährdung allerdings nicht. Es genügt vielmehr, wenn nach der Verkehrsauffassung mit Ängsten und/oder Ekelgefühlen anderer Verbraucher zu rechnen ist[96]. Dementsprechend ist für Nr 3 von vornherein kein Raum, wenn nach der Verkehrsauffassung die kurzzeitige Benutzung der Ware zur Probe im stationären Vertrieb jedenfalls nicht unter Gesundheits- oder Hygieneaspekten beanstandet wird[97]. Das ist bei Oberbekleidung[98] und Parfum[99] zu bejahen, bei Unterwäsche[100] und Badebekleidung[101] hingegen zu verneinen.

33 Dem Grundsatz der engen Auslegung (Rz 7) entsprechend müssen die objektiven Gesundheitsgefahren bzw die Ängste oder Ekelgefühle selbst dann noch fortbestehen, wenn der Unternehmer die Ware nach der Rücksendung gründlich und fachmännisch **gereinigt** hat, denn nur in diesem Fall verliert die Ware infolge der Entsiegelung ihre Verkehrsfähigkeit endgültig[102]. Deshalb ist für ein Erlöschen des Widerrufsrechts gemäß Nr 3 bei solchen Waren kein Raum, für die ein funktionierender **Gebrauchtmarkt** existiert[103]. Der durch die zwischenzeitliche Versendung an den ersten Erwerber entstandene Wertverlust ist daher von dem Unternehmer zu tragen. Vor diesem Hintergrund wird Nr 3 insbesondere für Matratzen verneint[104]. Hingegen erlischt das Widerrufsrecht bei der Entsiegelung von Zahnbürsten[105], Lippenstiften[106], verpackten Lebensmitteln[107], frei verkäuflichen Arzneien[108], Sexspielzeug[109], im Ohr getragenen Kopfhörern[110], Unterwäsche[111] oder auch Badebekleidung[112].

34 cc) **Versiegelung**. Mit Blick auf die berechtigten Verbrauchererwartungen an Gesundheitsschutz und Hygiene ist unter der Versiegelung diejenige physische Barriere zu verstehen, die die Ware vor einer möglichen hygienischen Kontamination schützt[113]. Welche Form diese körperliche Barriere haben muss, lässt sich nicht pauschal sagen, sondern hängt von den Eigenarten der jeweiligen Ware ab. Erforderlich ist aber, dass Dritte ein Durchbrechen dieser Barriere erkennen können. Von einer Versiegelung kann folglich nur dort die Rede sein, wo durch das Öffnen eine offenkundige und irreversible Beschädigung der Verpackung bewirkt wird[114]. Bei Lippenstiften und Cremetiegeln genügen insoweit spezielle Klebestreifen, bei Lebensmitteln jede Umverpackung, die das Lebensmittel von der Außenwelt trennt, bei Unterwäsche verschweißte Cellophanfolien, bei Getränken der Flaschen-, Dosen- oder TetraPak-Verschluss. Der Begriff der Versiegelung iSd Nr 3 weist somit gewiss einige Schnittmengen mit demjenigen bei Nr 6 auf, ohne dass beide notwendig deckungsgleich sein müssen[115].

35 dd) **Entfernung des Siegels**. Die Versiegelung ist entfernt, wenn die dem Hygieneschutz dienende Barriere durchbrochen wurde. Eine vollständige Entfernung der Schutzbarriere ist demgegenüber nicht erforderlich. Bei der Entfernung des Siegels nach der Anlieferung der Ware bei dem Verbraucher handelt es sich um ein objektives Kriterium. Für das Erlöschen des Widerrufsrechts ist es demnach unerheblich, ob die Entfernung dem Verbraucher zurechenbar ist oder nicht[116]. Freilich besteht das Widerrufsrecht fort, wenn der Unternehmer selbst das Siegel durchbricht[117].

36 d) **Untrennbare Vermischung mit anderen Gütern, Nr 4**. Gemäß Nr 4 ist der Widerruf ausgeschlossen bei Verträgen zur Lieferung von Waren, wenn diese nach der Lieferung auf Grund ihrer Beschaffenheit untrennbar mit anderen Gütern vermischt wurden. Der Gesetzgeber hat damit RL 2011/83/EU Art 16 lit f) nahezu wortlautidentisch in das BGB übernommen.

---

95 OLG Hamm GRUR-RR 2017, 277.
96 OLG Hamm GRUR-RR 2017, 277, 278; MünchKommBGB/Wendehorst Rz 24.
97 MünchKommBGB/Wendehorst Rz 26.
98 Huber GPR 2019, 182, 184.
99 RL 2011/83/EU Umsetzungsleitfaden GD-Justiz, 66.
100 Hoeren/Föhlisch CR 2014, 242, 246; Ernst EWiR 2019, 235, 236; aA Becker/Föhlisch NJW 2008, 3751, 3755.
101 Oelschlägel MDR 2013, 1317, 1319; aA Becker/Föhlisch NJW 2008, 3751, 3755.
102 EuGH NJW 2019, 1507 Rz 40 f – Slewo/Ledowski.
103 EuGH NJW 2019, 1507 Rz 42 – Slewo/Ledowski.
104 EuGH NJW 2019, 1507 Rz 42 – Slewo/Ledowski; Huber GPR 2019, 182, 184; aA RL 2011/83/EU Umsetzungsleitfaden GD-Justiz, 66.
105 BGH NJW 2018, 453 Rz 9; Jauernig/Stadler Rz 6; Specht VuR 2017, 363, 369.
106 BGH NJW 2018, 453 Rz 9; RL 2011/83/EU Umsetzungsleitfaden GD-Justiz, 66.
107 Spindler/Schuster/Schirmbacher Rz 29.
108 KG GRUR-RR 2019, 183, 184; Erman/Koch Rz 9.
109 OLG Hamm GRUR-RR 2017, 277, 278.
110 Clausnitzer/Delfs ZVertriebsR 2015, 3; Schirmbacher BB 2019, 969, 971; aA Becker/Föhlisch NJW 2008, 3751, 3755.
111 BeckOGK BGB/Busch Rz 27; Hoeren/Föhlisch CR 2014, 242, 246; Ernst EWiR 2019, 235 (236); aA Grüneberg/Grüneberg Rz 6; Becker/Föhlisch NJW 2008, 3751, 3755.
112 BeckOGK BGB/Busch Rz 27; Oelschlägel MDR 2013, 1317, 1319; aA Grüneberg/Grüneberg Rz 6; Becker/Föhlisch NJW 2008, 3751, 3755.
113 BeckOGK BGB/Busch Rz 29.
114 So MünchKommBGB/Wendehorst Rz 25.
115 MünchKommBGB/Wendehorst Rz 25; Staud/Thüsing Rz 35; Hilbig-Lugani ZJS 2013, 441, 450.
116 Spindler/Schuster/Schirmbacher Rz 33; aA MünchKommBGB/Wendehorst Rz 25.
117 Vgl AG Berlin-Mitte MDR 2012, 1455, 1456; Spindler/Schuster/Schirmbacher Rz 46.

Wird eine bewegliche Sache nach ihrer Anlieferung bei dem Verbraucher untrennbar mit einer **37** anderen Sache vermischt, so endet gemäß §§ 947, 948 die selbständige Existenz der gelieferten Sache. Im Fall eines Widerrufs wäre die gemäß § 357 Abs 1 geschuldete Rückgabe an den Unternehmer somit unmöglich und gemäß § 275 Abs 1 ausgeschlossen. Die **Unmöglichkeit der Rückgewähr** führt allerdings nicht zwingend zum Verlust des Widerrufsrechts, sondern unter den weiteren Voraussetzungen von § 357 Abs 7 lediglich zur Wertersatzpflicht. Um § 357 Abs 7 für die Vermischungsfälle nicht leerlaufen zu lassen, ist für Nr 4 nur dort Raum, wo die zu liefernde Ware **direkt bei ihrer Anlieferung** bestimmungsgemäß mit anderen Gütern des Verbrauchers (oder Dritter) vermischt wird[118]. Ein häufig genanntes Beispiel ist die Lieferung von Heizöl, das von dem Unternehmer direkt in den Öltank des Verbrauchers gefüllt wird[119].

Der Begriff des Vermischens ist nicht auf den Fall von §§ 947, 948 beschränkt, sondern **richt- 38 linienautonom** zu bestimmen[120]. Dementsprechend fallen alle Verbindungstatbestände, die zum Untergang der gelieferten Ware führen, begrifflich unter Nr 4. Grundsätzlich wäre Nr 4 also durchaus auf Baumaterialien anwendbar, die von Handwerkern beim Verbraucher verbaut werden[121]. Insoweit ist freilich zu berücksichtigen, dass derlei Verträge insgesamt und einheitlich als Werkverträge einzuordnen sind[122], für die Nr 4 nicht gilt.

Die **leitungsgebundene Lieferung von Strom, Wasser oder Gas** führt nicht zu einer Vermi- **39** schung mit anderen Gütern, sondern regelmäßig zu einem sofortigen Verbrauch. In diesem Fall ist das Widerrufsrecht nicht etwa ausgeschlossen[123]. Vielmehr bemessen sich die Folgen des Widerrufs nach § 357 Abs 8.

Digitale Inhalte werden nicht untrennbar mit einem Datenträger des Verbrauchers vermischt, **40** so dass Nr 4 für diesen Fall nicht einschlägig ist[124]. Vielmehr gelten Nr 6, wenn der digitale Inhalt auf einem körperlichen Träger geliefert wird, und § 356 Abs 5, wenn seine Lieferung in körperloser Form erfolgt.

e) **Spekulationsgeschäfte über alkoholische Getränke, Nr 5**. Gemäß Nr 5 besteht das **41** Widerrufsrecht nicht bei Verträgen zur Lieferung alkoholischer Getränke, deren Preis bei Vertragsschluss vereinbart wurde, die aber frühestens 30 Tage nach Vertragsschluss geliefert werden können und deren aktueller Wert von Schwankungen auf dem Markt abhängt, auf die der Unternehmer keinen Einfluss hat. Mit dieser Vorschrift übernimmt der deutsche Gesetzgeber RL 2011/83/EU Art 16 lit g) nahezu wortlautidentisch in das BGB. Hintergrund ist der **spekulative Charakter solcher Geschäfte**[125]. Der Verbraucher soll sich hier seines Spekulationsrisikos nicht durch den Widerruf entledigen können[126].

f) **Ton- oder Videoaufnahmen und Computerprogramme, Nr 6.** – aa) **Sinn und Zweck**. **42** Ton- oder Videoaufnahmen können – ggf sogar ohne Qualitätsverlust – beliebig oft vervielfältigt werden. Ein Verbraucher, der einen solchen Gegenstand im Fernabsatz oder durch einen Außergeschäftsraumvertrag erworben hat, könnte von ihm also ohne Weiteres Kopien anstellen und sodann den Widerruf erklären. Auf diese Weise erhielte er den vollen wirtschaftlichen Wert der Aufnahme oder des Computerprogramms, ohne die Gegenleistung erbringen zu müssen. Um einen derartigen Missbrauch des Widerrufsrechts zu vermeiden, erlischt es gemäß Nr 6 bei Verträgen zur Lieferung von Ton- oder Videoaufnahmen oder Computersoftware in einer versiegelten Packung, wenn die Versiegelung nach der Lieferung entfernt wurde. Der deutsche Gesetzgeber hat damit RL 2011/83/EU Art 16 lit i) nahezu wortlautidentisch in das BGB übernommen[127]. Letztlich geht es hier um den Schutz der wirtschaftlichen Interessen des Urhebers oder des von ihm abweichenden Inhabers des Nutzungsrechts[128].

Natürlich sind diese Interessen wenigstens in gleicher Weise gefährdet, wenn der Inhalt nicht **43** auf einem körperlichen Datenträger, sondern **in anderer Weise geliefert** wird. Dieser Fall ist allerdings nicht von Nr 6 umfasst, sondern von § 356 Abs 5.

bb) **Gegenstand des Vertrags**. Für den Ausschluss des Widerrufsrechts ist die **Art des Daten- 44 trägers unerheblich**. Als digitale Speichermedien kommen insbesondere CDs, USB-Sticks, Disketten, externe Festplatten uÄm in Betracht[129]. Analog kann der Inhalt etwa auf Audiokassetten,

---

118 MünchKommBGB/Wendehorst Rz 27; aA BeckOK BGB/Martens Rz 30; Staud/Thüsing Rz 43: Vermischung als bestimmungsgemäßer Gebrauch.
119 Erwägungsgrund 49 zur RL 2011/83/EU.
120 BeckOK BGB/Martens Rz 29.
121 MünchKommBGB/Wendehorst Rz 28.
122 Vgl MünchKommBGB/Busche § 650 Rz 10.
123 Erman/Koch Rz 10; MünchKommBGB/Wendehorst Rz 30; Staud/Thüsing Rz 40.
124 Spindler/Schuster/Schirmbacher Rz 36.
125 Erwägungsgrund 49 zur RL 2011/83/EU.
126 Staud/Thüsing Rz 44.
127 Erman/Koch Rz 12.
128 Spindler/Schuster/Schirmbacher Rz 40; Staud/Thüsing Rz 46.
129 MünchKommBGB/Wendehorst Rz 32.

auf Videokassetten, auf Filmbändern und dergleichen gespeichert sein[130]. Druckerzeugnisse fallen demgegenüber nicht unter Nr 6[131].

45 Der Verlust des Widerrufsrechts setzt voraus, dass es sich bei dem gespeicherten Inhalt um eine Ton- oder eine Videoaufnahme oder um ein Computerprogramm handelt. Für das Computerprogramm kann auf den dem UrhG § 69a zugrunde liegenden Begriff zurückgegriffen werden. Eine Videoaufnahme kann lediglich eine **Folge bewegter Bilder** darstellen. Ebenso wird man – auch wenn das begrifflich nicht zwingend ist – nur eine **Tonfolge** als Tonaufnahme ansehen können und nicht bereits einen einzelnen Ton. Auf Basis des Wortlauts von Nr 6 kann der Verbraucher sich demnach **einzelne Bilddateien** auf einem digitalen Datenträger zusenden lassen, sodann die Dateien vervielfältigen und schließlich den Vertrag widerrufen. Mit Blick auf den Schutzzweck von Nr 6 entsteht dadurch eine Lücke, denn auch für die einzelne Bilddatei besteht ein urheberrechtlicher Schutz, und zwar entweder nach UrhG § 2 Abs 2 iVm Abs 1 Nr 5 oder nach UrhG § 72 Abs 1. Wegen des Grundsatzes der engen Auslegung (Rz 7) kommt eine Lückenschließung durch Analogie jedoch nicht in Betracht. Da Druckerzeugnisse nicht unter Nr 6 fallen (Rz 44), bleibt der Unternehmer weiter dort schutzlos, wo er dem Verbraucher Abzüge von einzelnen Bildern liefert. Das ist aber hinnehmbar, da die Anfertigung von Vervielfältigungsstücken von solch einer Vorlage kaum attraktiv erscheint.

46 Anders als Nr 1 setzt Nr 6 keinen Vertrag über die Lieferung einer Ware voraus. Folglich greift die Vorschrift auch dort ein, wo der Schwerpunkt des konkreten Vertragsverhältnisses auf der geistigen Leistung des Unternehmers liegt, so dass insgesamt ein Werkvertrag gegeben ist. Für den Verlust des Widerrufsrechts aufgrund von Nr 6 ist es deshalb unerheblich, ob das auf dem Datenträger gespeicherte Computerprogramm eine **Standard- oder eine individuell erstellte Software** ist[132].

47 cc) **Entfernen einer Versiegelung**. Das Widerrufsrecht entfällt nur, wenn der Unternehmer den Datenträger an den Verbraucher in versiegelter Form liefert[133]. Nach dem Wortlaut muss die Packung versiegelt sein. Gemeint ist also eine **physische Barriere**, die der Verbraucher durchbrechen muss, um an den Datenträger zu kommen[134]. Diese Barriere muss an die den Datenträger unmittelbar umgebende Verpackung angebracht sein. Die Versiegelung der äußeren Umverpackung, die neben dem Datenträger noch weitere Gegenstände der Lieferung enthält, reicht für Nr 6 nicht aus[135]. **Elektronische Siegel** wie Passwörter oÄ können nicht auf die Packung aufgebracht werden und sind deshalb ebenfalls keine Versiegelung iSd Nr 6[136]. Es ist auch im Übrigen unerheblich, ob der gespeicherte Inhalt durch ein DRM-System oÄ gegen eine nicht lizenzierte Nutzung geschützt ist[137].

48 Die Versiegelung hat hier eine andere Funktion als bei Nr 3. Dort geht es nämlich um eine Barriere, mit deren Durchbrechen die Ware für den Verbraucher erkennbar der Gefahr einer hygienischen Verunreinigung ausgesetzt wird, während es hier allein darum geht, dass der Verbraucher mit dem Durchbrechen des Siegels nach außen zu erkennen gibt, sich den Datenträger und den wirtschaftlichen Wert der auf ihm gespeicherten Inhalte **endgültig zueignen** zu wollen[138]. Da die Bedeutung des Siegelbruchs bei Nr 6 für den Verbraucher schwieriger zu erkennen sei als bei Nr 3, sollen an die Versiegelung bei Nr 6 strengere Anforderungen zu stellen sein. Dementsprechend reiche das Einschweißen des Datenträgers in eine **Cellophanfolie** nicht aus, da die Folie aus der Sicht eines verständigen Verbrauchers auch nur ein Schutz gegen Beschädigungen sein könne[139]. Auch genüge ein einfacher Klebestreifen nicht, da dieser aus der maßgeblichen Perspektive auch nur dem Schutz davor dienen könne, dass der Datenträger aus der Hülle herausfalle[140]. Vielmehr müsse die Barriere eindeutig dahingehend **gekennzeichnet** sein, dass der Verbraucher durch ihr Entfernen oder Durchbrechen zum Ausdruck bringe, den Datenträger endgültig behalten zu wollen[141]. Dafür genügt allerdings ein entsprechend beschrifteter Aufkleber, den der Verbraucher zerreißen oder entfernen muss, um die Verpackung des Datenträgers zu öffnen[142].

---

130 MünchKommBGB/Wendehorst Rz 32.
131 MünchKommBGB/Wendehorst Rz 32.
132 Spindler/Schuster/Schirmbacher Rz 42.
133 Grüneberg/Grüneberg Rz 9.
134 Spindler/Schuster/Schirmbacher Rz 45.
135 MünchKommBGB/Wendehorst Rz 35.
136 Grüneberg/Grüneberg Rz 9; Spindler/Schuster/Schirmbacher Rz 44; Schwab/Hromek JZ 2015, 271, 281; aA BeckOGK BGB/Busch Rz 39; MünchKommBGB/Wendehorst Rz 34.
137 MünchKommBGB/Wendehorst Rz 32.
138 Staud/Thüsing Rz 46.
139 OLG Hamm VuR 2010, 350, 351; Grüneberg/Grüneberg Rz 9.
140 Grüneberg/Grüneberg Rz 9.
141 OLG Hamm VuR 2010, 350, 351; Grüneberg/Grüneberg Rz 9; MünchKommBGB/Wendehorst Rz 33; Schwab/Hromek JZ 2015, 271 (281).
142 Spindler/Schuster/Schirmbacher Rz 45.

Für die Entfernung des Siegels gelten die Ausführungen zu Nr 3 entsprechend. Insbesondere **49** handelt es sich auch hier um ein objektives Kriterium, so dass die Entfernung dem Verbraucher nicht zurechenbar sein muss[143].

dd) **Software-Hardware-Kombinationen.** Wird Hardware gemeinsam mit einer für ihren **50** Einsatz notwendigen **Treibersoftware** geliefert, handelt es sich um einen einheitlichen Vertrag über die Lieferung der Hardware als Sache. Sollte die den Datenträger mit der Treibersoftware enthaltende Verpackung iSd Nr 6 versiegelt sein, kann ihre Entsiegelung folglich nicht dazu führen, dass der Verbraucher die Hardware mitsamt der Treibersoftware behalten müsste[144]. Erwirbt der Verbraucher hingegen zusätzlich zu einer bestellten Hardware noch Software, die auf ganz unterschiedlichen Geräten verwendet werden kann und deshalb einen **eigenen wirtschaftlichen Wert** hat, wird die Leistungspflicht des Unternehmers häufig teilbar sein. So liegt es etwa, wenn der Verbraucher zusätzlich zu einem Computer noch ein Betriebssystem und ein Microsoft-Office-Paket kauft. Entsiegelt der Verbraucher hier die Verpackung des Datenträgers für die Software, verliert er insoweit aufgrund von Nr 6 sein Widerrufsrecht und kann sich lediglich noch hinsichtlich des Computers einseitig vom Vertrag lossagen[145]. Anders kann es liegen, wenn **Computer und Betriebssystem nach den vertraglichen Abreden als Einheit verkauft** werden und – heutzutage kaum mehr gebräuchlich – dem Computer ein Datenträger mit dem Betriebssystem beigefügt ist („OEM-Version"). In diesem Fall behält der Verbraucher sein Widerrufsrecht in Bezug auf den Computer und ist bei dessen Ausübung auch dann nicht gezwungen, das mitgelieferte Betriebssystem zu behalten, wenn er die entsprechende Verpackung bereits entsiegelt hat. Von vornherein nicht eingreifen kann Nr 6, wenn das Betriebssystem oder eine sonstige Software schon vor der Lieferung an den Verbraucher durch den Unternehmer installiert wurde[146].

g) **Zeitungen, Zeitschriften und Illustrierte, Nr 7.** – aa) **Sinn und Zweck.** Gemäß Nr 7 ist **51** das Widerrufsrecht ausgeschlossen bei Verträgen zur Lieferung von Zeitungen, Zeitschriften oder Illustrierten mit Ausnahme von Abonnement-Verträgen. Mit dieser Vorschrift übernimmt der deutsche Gesetzgeber RL 2011/83/EU Art 16 lit j) nahezu wortlautidentisch in das BGB. Bestünde bei solchen Verträgen das Widerrufsrecht fort, könnte der Verbraucher sich das jeweils vertragsgegenständliche Printmedium liefern lassen, es lesen und anschließend den Widerruf erklären. Auf diese Weise hätte er den vollen wirtschaftlichen Wert des Mediums vereinnahmt, ohne die Gegenleistung erbringen zu müssen. Dies soll durch Nr 7 vermieden werden[147].

bb) **Erfasste Medien.** Der Wortlaut beschränkt den Ausschluss des Widerrufsrechts auf Zeitun- **52** gen, Zeitschriften und Illustrierte. Gemeinsam ist diesen Medienerzeugnissen, dass sie journalistisch-redaktionell gestaltete Inhalte mit einer gewissen Tagesaktualität verbreiten[148]. Nach der Verkehrsauffassung sind sie deshalb allesamt für den einmaligen Konsum gedacht. Für **Zeitungen** wird gemeinhin ihr (werk)tägliches Erscheinen als charakteristisch erachtet[149]. **Zeitschriften** zeichnen sich demgegenüber durch ihr wöchentliches, monatliches oder auch vierteljährliches Erscheinen aus[150]. Die **Illustrierte** hätte keiner selbständigen Erwähnung bedurft. Sie ist lediglich ein Unterfall der Zeitschrift[151].

Kalender können demgegenüber schon deshalb nicht unter den Katalog von Nr 7 subsumiert **53** werden[152], weil durch sie keine aktuellen, redaktionellen Inhalte verbreitet werden. Auch für außerhalb von Geschäftsräumen des Unternehmers oder im Fernabsatz erworbene **Bücher** besteht das Widerrufsrecht uneingeschränkt[153]. Das stößt auf Kritik[154], ist aber immerhin schlüssig, denn Bücher weisen die für den Normzweck maßgeblichen Charakteristika von Zeitungen und Zeitschriften nicht ebenfalls auf. Maßgeblich ist dabei im Ausgangspunkt, dass Bücher nach der Verkehrsauffassung keine Medien zur Berichterstattung über aktuelle Ereignisse und ihre Kommentierung sind. Vielmehr soll der Inhalt eines Buches über den Tag hinaus relevant bleiben. Daraus folgt, dass der aus einem Buch zu ziehende Nutzen sich nicht in der einmaligen Lektüre erschöpft. Dementsprechend hat auch derjenige, der ein Buch einmal gelesen hat, sich anders als bei einer Tageszeitung noch nicht den vollen wirtschaftlichen Wert des Mediums angeeignet. Hinzu kommt, dass gerade bei belletristischen Werken von einer journalistisch-redaktionellen Gestaltung des Inhalts keine Rede sein kann. Zu berücksichtigen bleibt schließlich, dass auch der Buchhänd-

---

143 Spindler/Schuster/Schirmbacher Rz 46; aA Beck-OGK BGB/Busch Rz 40.
144 AG Kehlheim DAR 2013, 388, 389; MünchKommBGB/Wendehorst Rz 35; Brönneke MMR 2004, 127, 128.
145 Staud/Thüsing Rz 49; Brönneke MMR 2004, 127, 128.
146 AG Berlin-Mitte MDR 2012, 1455, 1456; Brönneke MMR 2004, 127, 128.
147 Erman/Koch Rz 13.
148 MünchKommBGB/Wendehorst Rz 37.
149 Staud/Thüsing Rz 51; s auch Dreier/Schulze/Dreier UrhG § 51 Rz 5.
150 Dreier/Schulze/Dreier UrhG § 51 Rz 5.
151 MünchKommBGB/Wendehorst Rz 36.
152 OLG Hamburg NJW 2004, 1114, 1115.
153 Erman/Koch Rz 13; Spindler/Schuster/Schirmbacher Rz 48.
154 Staud/Thüsing Rz 52.

ler nicht völlig ohne Schutz bleibt. Verliert das Buch nämlich dadurch an Wert, dass der Verbraucher es mehr als nur flüchtig durchblättert, hat er dem Unternehmer nach § 357 Abs 7 Nr 1 Ersatz zu leisten[155].

54 Natürlich kann die deshalb erforderliche Abgrenzung zwischen Zeitschriften und Büchern mitunter einige Schwierigkeiten bereiten[156], die noch dadurch verstärkt werden, dass es für die Zuordnung nicht entscheidend auf die äußere Gestaltung ankommt[157]. Printerzeugnisse, die in einem maximal vierteljährlichen Turnus erscheinen und auf inhaltliche Aktualität bedacht sind, sollten dabei auch dann als Zeitschriften behandelt werden, wenn sie von dem Verbraucher nicht nur im Einzelfall, sondern typischerweise archiviert zu werden pflegen[158]. Das betrifft in erster Linie **wissenschaftliche Fachzeitschriften** und **Zeitschriften mit aufwendig gestalteten Einzelausgaben**. Die Verbreitung fiktiver Geschichten hat demgegenüber schon inhaltlich keinen Bezug zum aktuellen Zeitgeschehen und fällt deshalb auch dann nicht unter Nr 7, wenn die Einzelausgaben der entsprechenden Reihe im kurzfristigen Turnus und in Heftform erscheinen[159].

55 Entgegen der hM[160] fallen **elektronische Zeitungen** (E-Paper) und Magazine (E-Zines) nicht unter Nr 7[161]. Insoweit ist § 356 Abs 5 lex specialis, über den sich ebenfalls vermeiden lässt, dass der Verbraucher den Inhalt zur Kenntnis nimmt und im Anschluss den Widerruf erklärt.

56 cc) **Abonnement.** Der Vertrag zur Lieferung von Zeitungen oder Zeitschriften bleibt aber widerruflich, wenn der Verbraucher das Medium nicht einzeln, sondern im Rahmen eines Abonnements bezieht. Es gilt derselbe Begriff wie bei EGBGB Art 246a § 1 Abs 1 Satz 1 Nr 5[162]. Entscheidend ist demnach, dass der Preis für den Bezug mehrerer Zeitungen oder Zeitschriften nicht im Vorhinein bestimmt werden kann[163]. Abonnementverträge können demnach nur Dauerschuldverhältnisse und nicht auch Ratenlieferungsverträge sein[164].

57 h) **Waren- und Dienstleistungen mit schwankenden Preisen, Nr 8**. Gemäß Nr 8 ist das Widerrufsrecht ausgeschlossen bei Verträgen zur Lieferung von Waren oder zur Erbringung von Dienstleistungen, einschließlich Finanzdienstleistungen, deren Preis von Schwankungen auf dem Finanzmarkt abhängt, auf die der Unternehmer keinen Einfluss hat und die innerhalb der Widerrufsfrist auftreten können, insbesondere Dienstleistungen im Zusammenhang mit Aktien, mit Anteilen an offenen Investmentvermögen iSv KAGB § 1 Abs 4 und mit anderen handelbaren Wertpapieren, Devisen, Derivaten oder Geldmarktinstrumenten. Die Regelung beruht für Waren und Dienstleistungen auf RL 2011/83/EU Art 16 lit b) und für Finanzdienstleistungen auf RL 2002/65/EG Art 6 Abs 2 lit a)[165]. Hierdurch soll vermieden werden, dass der Verbraucher die mit derartigen Geschäften für beide Parteien notwendig verbundenen **spekulativen Risiken** einseitig auf den Unternehmer abwälzen kann[166].

58 Im Ausgangspunkt besteht natürlich bei jedem Vertrag über die Beschaffung von vertretbaren Sachen und nicht höchstpersönlich zu erbringenden Dienstleistungen die Möglichkeit, dass der Verbraucher während der Widerrufsfrist den Vertragsgegenstand woanders zu einem günstigeren Preis angeboten bekommt und daraufhin den ersten Vertrag widerruft, ohne dass hier generell zum Schutz des Unternehmers der Widerruf ausgeschlossen wäre. Demgegenüber ergibt sich der spekulative Charakter der von Nr 8 erfassten Geschäfte zunächst in den Fällen, in denen die vertragsgegenständlichen Waren oder Dienstleistungen **unmittelbar selbst auf einem Finanzmarkt gehandelt** werden. Der Begriff des Finanzmarkts ist dabei entsprechend einem allgemeinen Sprachgebrauch weit zu verstehen und betrifft die Gesamtheit aller Märkte, auf denen sich Angebot und Nachfrage nach Finanzmitteln gegenüberstehen, wobei es sich bei den Finanzmitteln ua um Währungen, Wertpapiere oder Rohstoffe handeln kann[167]. Erwirbt der Verbraucher demnach bei dem Unternehmen etwa eine Aktie oder eine bestimmte Menge Gold zu dem am Tag des Vertragsschlusses auf dem maßgeblichen Finanzmarkt gebildeten Preis und fällt dieser Preis während der offenen Widerrufsfrist, so kann der Verbraucher sich dieses Verlusts nicht durch einen Widerruf entledigen.

59 Nach der Rechtsprechung des BGH muss der Vertragsgegenstand aber nicht zwingend selbst auf einem Finanzmarkt gehandelt werden und sich sein Preis iSd Nr 8 dementsprechend auch nicht zwingend unmittelbar dort bilden. Preis iSd Nr 8 könne vielmehr auch ein **den Marktpreis**

---

155 BeckOGK BGB/Mörsdorf § 357 Rz 62.
156 Spindler/Schuster/Schirmbacher Rz 48.
157 MünchKommBGB/Wendehorst Rz 38.
158 MünchKommBGB/Wendehorst Rz 37.
159 MünchKommBGB/Wendehorst Rz 37.
160 BeckOK BGB/Martens Rz 35; Erman/Koch Rz 13; MünchKommBGB/Wendehorst Rz 36; Spindler/Schuster/Schirmbacher Rz 48.
161 Staud/Thüsing Rz 51.
162 Spindler/Schuster/Schirmbacher Rz 49.
163 BeckOGK BGB/Busch EGBGB Art 246a § 1 Rz 17.
164 AA Spindler/Schuster/Schirmbacher Rz 17; Staud/Thüsing Rz 53.
165 BT-Drucks 17/12637, 56.
166 BT-Drucks 17/12637, 56; s bereits BT-Drucks 15/2946, 22.
167 Vgl BGH NJW 2015, 2959 Rz 21.

mittelbar beeinflussender Basiswert sein, der seinerseits Schwankungen auf dem Finanzmarkt unterliege[168]. Diese Erweiterung des Preisbegriffs und damit des Anwendungsbereichs von Nr 8 betrifft in erster Linie Finanzprodukte, die im Vorfeld ihrer Börsennotierung zu einem Festpreis vertrieben werden und deren Marktpreis an einen bestimmten, an einem Finanzmarkt gebildeten Basiswert – etwa einen Aktienindex – gekoppelt ist[169]. Nach Auffassung des BGH müsse es dem Verbraucher nach Sinn und Zweck von Nr 8 in solchen und ähnlichen Fällen verwehrt werden, das Risiko von während der Widerrufsfrist fallender Basiswerte durch den Widerruf auf den Unternehmer abzuwälzen[170].

Dass es danach für Nr 8 ausreichen kann, dass der aktuelle Marktwert einer Ware oder Dienstleistung auch nur mittelbar von Entwicklungen an bestimmten Finanzmärkten beeinflusst wird, bringt natürlich einige **Abgrenzungsschwierigkeiten** mit. Denn gewiss fließt in dem oft bemühten Fall vom Kauf eines **Goldrings** der Rohstoffwert auf die eine oder andere Weise in die Preiskalkulation ein. Der BGH verneint hier einen für Nr 8 erheblichen Einfluss des aktuellen Börsenpreises für den Rohstoff Gold allerdings schon deshalb, weil bei dem zu einem Ring weiterverarbeiteten Rohstoff noch zahlreiche andere Faktoren den aktuellen Marktwert beeinflussen[171]. Andere argumentieren für dasselbe Ergebnis damit, dass es bei dem Kauf des Goldrings nicht um ein spekulatives Geschäft gehe, sondern einzig um Eigenversorgung[172]. Das Argument vom fehlenden spekulativen Zweck des Geschäfts hat der BGH später selbst bemüht, als er es einem Verbraucher, der **Heizöl** zu einem Festpreis gekauft hatte, gestattete, seine auf den Vertragsschluss gerichtete Willenserklärung im Hinblick auf zwischenzeitlich gefallene Preise zu widerrufen[173]. Für den Fall, dass Heizöl tatsächlich an einer Börse gehandelt werden oder sein Marktpreis automatisch an den Rohölpreis als Basiswert gekoppelt sein sollte, ließe sich diese Erwägung freilich nur für eine teleologische Reduktion von Nr 8 ins Feld führen.

i) **Verträge mit einem spezifischen Termin oder Zeitraum, Nr 9**. – aa) **Sinn und Zweck**. Gemäß Nr 9 ist das Widerrufsrecht ausgeschlossen bei Verträgen zur Erbringung von Dienstleistungen in den Bereichen Beherbergung zu anderen Zwecken als zu Wohnzwecken, Beförderung von Waren, Kraftfahrzeugvermietung, Lieferung von Speisen und Getränken sowie zur Erbringung weiterer Dienstleistungen im Zusammenhang mit Freizeitbetätigungen, wenn der Vertrag für die Erbringung einen spezifischen Termin oder Zeitraum vorsieht. Mit dieser Vorschrift übernimmt der deutsche Gesetzgeber RL 2011/83/EU Art 16 lit l) nahezu wortlautidentisch in das BGB. Die von Nr 9 umfassten Verträge waren aufgrund des früheren § 312b Abs 3 Nr 6 aF weitgehend vollständig von den verbraucherschützenden Bestimmungen des Fernabsatzrechts ausgenommen[174]. Mit der immerhin noch fortbestehenden Ausnahme vom Widerrufsrecht trägt der Gesetzgeber dem Umstand Rechnung, dass der Unternehmer für den Verbraucher zu dem vereinbarten Termin oder Zeitraum Kapazitäten reserviert, die er im Fall eines späteren Widerrufs womöglich nicht mehr anderweitig einsetzen kann[175].

bb) **Spezifischer Termin oder Zeitraum für die Erbringung der Dienstleistung**. Nr 9 greift nur ein, wenn die Parteien vertraglich einen spezifischen Termin oder Zeitraum vereinbart haben, zu dem bzw während dessen die versprochene Dienstleistung von dem Unternehmer zu erfüllen sei. Unter dem Termin ist die nach Datum und Uhrzeit im Voraus festgelegte Leistungszeit für die unternehmerische Pflicht zu verstehen[176]. Unerheblich ist es dabei, ob die Parteien das Datum unmittelbar kalendarisch bestimmen oder ob das Datum mittelbar nach dem Kalender ermittelt werden kann. Dementsprechend bezeichnet der Zeitraum einen bestimmten Kalenderabschnitt, wenn die Leistungszeit sich über mehrere Tage hinweg erstrecken soll. Gleiches gilt für mehrere Stunden desselben Tages, wenn die unternehmerische Leistungspflicht nur an einem Tag erfüllt werden soll[177].

Häufig werden Zeiträume vereinbart, innerhalb derer der Gläubiger eine Leistungspflicht seines Schuldners abrufen kann, ohne dass der Schuldner während dieser gesamten Zeit Leistungshandlungen gegenüber seinem Gläubiger vornehmen müsste. So liegt es etwa, wenn eine Bahnfahrkarte eine Gültigkeit von elf Wochen hat, während derer der Verbraucher nach seiner freien und flexiblen Terminwahl eine Hin- und eine Rückfahrt unternehmen kann. In solchen Fällen kann Nr 9 nach ihrem Telos und wegen des Grundsatzes der engen Auslegung (→ Rz 7) nur einschlägig sein, wenn der Unternehmer während des gesamten Leistungszeitraums Kapazitäten

---

168 BGH NJW 2013, 1223 Rz 13.
169 Staud/Thüsing Rz 56.
170 BGH NJW 2013, 1223 Rz 15.
171 BGH NJW 2013, 1223 Rz 16.
172 BeckOGK BGB/Busch Rz 51.
173 BGH NJW 2015, 2959 Rz 26; s auch Alexander EnWZ 2015, 529, 530.
174 BT-Drucks 17/12637, 57.
175 Erwägungsgrund 49 zur RL 2011/83/EU; BT-Drucks 17/12637, 57; s auch EuGH NJW 2005, 3055 Rz 28 f – easycar.
176 Erman/Koch Rz 18.
177 Anders Spindler/Schuster/Schirmbacher Rz 63, der die Festlegung einer Uhrzeit für unerheblich hält. Im Ergebnis bedeutet das keinen Unterschied.

für den Verbraucher reservieren muss, damit er in dem Moment, in dem der Verbraucher die Erfüllung einfordert, auch sicher leistungsfähig sein wird[178]. Im Beispiel der Bahnfahrkarte ist das gewiss nicht der Fall, weshalb der Widerruf dort entgegen der hM möglich ist[179]. Auch bei für einen bestimmten Zeitraum geschlossenen Verträgen über die Nutzung eines Fitnessstudios ist nur dort Raum für Nr 9, wo der Unternehmer im Hinblick auf die begrenzten Kapazitäten nur eine sachgerecht beschränkte Anzahl von Verträgen abschließt[180]. Erst recht ist kein spezifischer Termin iSv Nr 9 vereinbart, wenn der Unternehmer dem Verbraucher lediglich Veranstaltungsvorschläge unterbreitet[181] oder eine Gültigkeitsdauer für einen Gutschein vereinbart[182], ohne dass eine jederzeitige Verfügbarkeit der Leistung versprochen wäre.

64 cc) **Die einzelnen erfassten Dienstleistungen**. Der Katalog von erfassten Dienstleistungen ist **abschließend und nicht analogiefähig**[183]. Die vom Unionsgesetzgeber getroffene Auswahl wird zuweilen kritisiert, weil es nicht genannte Dienstleister gebe, die ihren Kunden in gleicher Weise Kapazitäten reservierten und im Falle eines kurzfristigen Stornos Nachteile zu erleiden drohten[184]. Diese rechtspolitische Kritik ist in Teilen sicherlich berechtigt. Zu berücksichtigen ist freilich, dass in zahlreichen Branchen, die ihren Kunden Kapazitäten zu einem bestimmten Termin reservieren, diese Reservierung aus der maßgeblichen Perspektive eines objektiven Empfängers noch im Vorfeld des Vertragsschlusses stattfindet, wie etwa bei der Tischreservierung in der Gastronomie oder bei der Vereinbarung eines Termins beim Friseur (§ 312c Rz 19). Auch in diesen Fällen hat der Unternehmer keinerlei Gewähr dafür, dass der Verbraucher den Vertrag später schließen und die bereitgestellten Kapazitäten auch tatsächlich in Anspruch nehmen werde.

65 aaa) **Beherbergung zu anderen Zwecken als zu Wohnzwecken**. Der Beherbergungsvertrag ist nach dem allgemeinen bürgerlichrechtlichen Verständnis ein typengemischter Vertrag, der Elemente des Mietvertrags mit solchen des Kauf-, Werk-, Dienst- und Verwahrungsvertrags kombiniert[185]. Der Schwerpunkt liegt freilich in der vorübergehenden Überlassung des Besitzes an einem zu Wohnzwecken geeigneten Raum oder sonstigen Bereich[186]. Dementsprechend wird unter einer Beherbergung zu anderen Zwecken als zu Wohnzwecken jede nur vorübergehende Unterbringung verstanden[187]. Erfasst sind die Buchungen von Hotelzimmern und -suiten[188], von Stell- oder Zeltplätzen auf Campingplätzen[189], von Einzelschlafplätzen im Schlafsaal eines Hostels sowie von Ferienwohnungen und -häusern[190]. Für die Frage, wann eine Überlassung nicht mehr nur zum vorübergehenden Gebrauch erfolgt, kann man sich an den zu § 549 Abs 2 Nr 1 erzielten Erkenntnissen orientieren. Herberge nehmen muss in jedem Fall ein Mensch, so dass die Buchung eines Unterbringungsplatzes in einer Tierpension nach den allgemeinen Regeln widerruflich bleibt[191].

66 bbb) **Beförderung von Waren**. Beförderungsverträge sind auf die Ortsveränderung des zu befördernden Gegenstands gerichtet (§ 312 Rz 117). Erfasst ist nur die Beförderung von Waren. Für Verträge über die Beförderung von Personen gilt gemäß § 312 Abs 8 nur der Minimalanwendungsbereich der §§ 312 ff. Unter den Warenbegriff fallen gemäß den Legaldefinitionen in RL 2011/83/EU Art 2 Nr 3 Hs 1 sowie in § 241a Abs 1 grundsätzlich alle beweglichen Sachen. Beförderungsverträge iSd Nr 9 sind demnach zunächst alle Verträge, bei denen der Unternehmer sich verpflichtet, für den Verbraucher bewegliche Sachen von einem Ort an einen anderen Ort zu transportieren[192]. Mit umfasst sind deshalb Umzüge (auch innerhalb ein und desselben Wohnhauses) und Entrümpelungen[193]. In jedem Fall muss die Warenbeförderung aber den Schwerpunkt der unternehmerischen Leistungspflicht ausmachen. Deshalb ist das Widerrufsrecht dort nicht ausgeschlossen, wo der Verkäufer mit dem Käufer vereinbart, dass er die Kaufsache zu diesem befördere[194].

67 Nach der Rechtsprechung des EuGH zum früheren RL 97/7/EG Art 3 Abs 2 kann auch die Vermietung eines Transportfahrzeugs an den Verbraucher, mit dem dieser selbst Waren befördern will, zu den Dienstleistungen in Zusammenhang mit der Beförderung von Waren gehören[195]. Der Umsetzungsleitfaden der GD-Justiz legt RL 2011/83/EU Art 16 lit l) dasselbe Verständnis

---

178 AA MünchKommBGB/Wendehorst Rz 42.
179 BeckOGK BGB/Busch Rz 57; aA OLG Frankfurt/Main MMR 2010, 535, 536; Erman/Koch Rz 18; Staud/Thüsing Rz 60; mittlerweile fällt dieser Fall freilich unter die Bereichsausnahme des § 312 Abs 2 Nr 5 (Ernst VuR 2015, 337, 339).
180 AA Spindler/Schuster/Schirmbacher Rz 63.
181 LG Halle BeckRS 2017, 122141.
182 OLG Hamm MMR 2013, 441, 442; Ernst VuR 2015, 337, 339.
183 BeckOK BGB/Martens Rz 41.
184 Staud/Thüsing Rz 58.
185 MünchKommBGB/Henssler § 701 Rz 6.
186 MünchKommBGB/Henssler § 701 Rz 6.
187 MünchKommBGB/Wendehorst Rz 44; Spindler/Schuster/Schirmbacher Rz 55.
188 Erwägungsgrund 49 zur RL 2011/83/EU; RL 2011/83/EU Umsetzungsleitfaden GD-Justiz, 67.
189 Spindler/Schuster/Schirmbacher Rz 55.
190 Erwägungsgrund 49 zur RL 2011/83/EU; RL 2011/83/EU Umsetzungsleitfaden GD-Justiz, 67.
191 Ernst VuR 2015, 337, 338.
192 Spindler/Schuster/Schirmbacher Rz 56.
193 BT-Drucks 17/12637, 57.
194 MünchKommBGB/Wendehorst Rz 44.
195 EuGH NJW 2005, 3055 Rz 31 – easycar.

zugrunde[196]. Hintergrund ist, dass der unionsrechtliche Begriff des Mietwagens iSd RL 2011/83/EU Art 16 lit l) auf Fahrzeuge beschränkt sein soll, die für die Personenbeförderung bestimmt sind. Der deutsche Gesetzgeber erstreckt die Mietwagen-Fallgruppe demgegenüber auf alle Kraftfahrzeuge iSd StVG § 1, so dass kein Anlass besteht, etwa die Vermietung von Lastkraftwagen als einen Unterfall der Warenbeförderung anzusehen[197]. Relevant werden kann der unterschiedliche systematische Ansatz aber, wenn es um die Vermietung von **(E-)Lastenfahrrädern** geht, da diese keine Kraftfahrzeuge iSd StVG § 1 sind[198]. In richtlinienkonformer Auslegung ist bei der Vermietung eines solchen Fahrzeugs Nr 9 in der Alternative der Warenbeförderung einschlägig.

ccc) **Kraftfahrzeugvermietung.** Gegenstand des Mietvertrags muss ein Kraftfahrzeug iSd StVG § 1 sein. Die deutsche Umsetzung verfolgt damit einen systematisch anderen Ansatz als RL 2011/83/EU Art 16 lit l), der unter einem Mietwagen nur ein zur Personenbeförderung bestimmtes Fahrzeug vesteht[199]. Im Ergebnis ist die deutsche Umsetzung aber deshalb nicht zu beanstanden, weil auch aus unionsrechtlicher Sicht letztlich alle Fälle der Vermietung von Kraftfahrzeugen iSd StVG § 1 umfasst sein sollen, aber teils auf andere Fallgruppen von RL 2011/83/EU Art 16 lit l) verteilt werden. Das gilt nicht nur für Lastwagen, sondern auch für Motorräder[200], die nach der deutschen Umsetzung ebenfalls unter den Begriff des Kraftfahrzeugs fallen. **68**

Kraftfahrzeugvermietung umfasst die klassischen Modelle der kurzfristigen Automiete, aber auch Car-Sharing-Modelle[201] und die Miete von E-Scootern. Nicht umfasst ist demgegenüber das Leasing, mag es nach deutschem Verständnis auch einen Schwerpunkt bei der Besitzüberlassung iSd § 535 haben. **69**

ddd) **Lieferung von Speisen und Getränken.** Gegenstand des Vertrags muss die Lieferung von zum Verzehr fertig zubereiteten Speisen oder Getränken sein[202]. Als Beispiel wird häufig das Catering für größere Feierlichkeiten genannt[203]. Zu beachten ist, dass für zahlreiche Verträge über die Lieferung von Speisen und Getränken bereits die Bereichsausnahme des § 312 Abs 2 Nr 8 eingreift (§ 312 Rz 54 f). **70**

eee) **Weitere Dienstleistungen in Zusammenhang mit Freizeitbetätigungen.** Der Begriff der Freizeitbetätigung dürfte in erster Linie klarstellen, dass der Verbraucher die Dienstleistung nicht zu beruflichen Zwecken in Anspruch nimmt. Nicht zwingend muss mit der gebuchten Dienstleistung deshalb auch ein persönliches Vergnügen verbunden sein. Typische Beispiele sind der Erwerb von Eintrittskarten für Kultur- oder Sportveranstaltungen[204]. Ebenso umfasst sind aber auch die Buchung von Tennis-, Squash-, Golfplätzen oÄ[205], von Ausrüstung für bestimmte Freizeitaktivitäten (zB Fahrräder) oder auch Kurse zur eigenen privaten Fortbildung[206]. **71**

j) **Öffentlich zugängliche Versteigerung, Nr 10.** Gemäß Nr 10 ist das Widerrufsrecht ausgeschlossen bei Verträgen, die im Rahmen einer Vermarktungsform geschlossen werden, bei der der Unternehmer Verbrauchern, die persönlich anwesend sind oder denen diese Möglichkeit gewährt wird, Waren oder Dienstleistungen anbietet, und zwar in einem vom Versteigerer durchgeführten, auf konkurrierenden Geboten basierenden transparenten Verfahren, bei dem der Bieter, der den Zuschlag erhalten hat, zum Erwerb der Waren oder Dienstleistungen verpflichtet ist. Mit dieser Vorschrift setzt der deutsche Gesetzgeber RL 2011/83/EU Art 16 lit k) iVm Art 2 Nr 13 über die öffentlich zugängliche Versteigerung um. Sie entspricht § 312d Abs 4 Nr 5 aF[207]. Nicht erfasst sind hoheitlich durchgeführte Zwangsversteigerungen, in deren Rahmen bereits kein Verbrauchervertrag zustande kommt. **72**

Der Versteigerungsbegriff der Nr 10 ist nach dem Wortlaut nicht zwingend identisch mit demjenigen des § 156. Hier scheint es nämlich zu genügen, dass mit dem Zuschlag allein der bietende Verbraucher gebunden wird, nicht aber auch der versteigernde Unternehmer. Tatsächlich erfasst Nr 10 aber nur **echte Versteigerungen iSd § 156**[208]. Das folgt zunächst daraus, dass Versteigerungen iSd Nr 10 als „einmalige Verwertungsereignisse" geplant sind, wozu ein einseitiger Vorbehalt seitens des Unternehmers nicht passt[209]. Hinzu kommt, dass § 312d Abs 4 Nr 5 aF noch auf § 156 **73**

---

196 RL 2011/83/EU Umsetzungsleitfaden GD-Justiz, 68.
197 Anders Staud/Thüsing Rz 63.
198 Vgl Burmann/Heß/Hühnermann/Jahnke/Hühnermann StVG § 1 Rz 8b.
199 RL 2011/83/EU Umsetzungsleitfaden GD-Justiz, 68.
200 RL 2011/83/EU Umsetzungsleitfaden GD-Justiz, 68.
201 MünchKommBGB/Wendehorst Rz 44; Spindler/Schuster/Schirmbacher Rz 57.
202 BeckOK BGB/Martens Rz 43.
203 RL 2011/83/EU Umsetzungsleitfaden GD-Justiz, 67; BeckOK BGB/Martens Rz 43; Ernst VuR 2015, 337, 338.
204 RL 2011/83/EU Umsetzungsleitfaden GD-Justiz, 67.
205 Spindler/Schuster/Schirmbacher Rz 61.
206 Staud/Thüsing Rz 63.
207 BT-Drucks 17/12637, 57.
208 Erman/Koch Rz 19; Grüneberg/Grüneberg Rz 13; Staud/Thüsing Rz 67.
209 BeckOGK BGB/Busch Rz 60.

verwies. Mit dessen Überführung in Nr 10 sollten indes gerade keine inhaltlichen Veränderungen verbunden sein[210].

74 Die Versteigerung muss in dem Sinn in **Präsenzform** stattfinden, dass die teilnehmenden Verbraucher wenigstens die Gelegenheit haben, sich an dem Ort persönlich einzufinden, an dem die Versteigerung physisch durchgeführt wird. Verbraucher, die diese Möglichkeit nicht nutzen, sondern stattdessen mithilfe eines Fernkommunikationsmittels mitbieten, haben in dem Fall, dass sie den Zuschlag bekommen und der Vertrag zustande kommt, kein Widerrufsrecht[211]. Umgekehrt besteht das Widerrufsrecht bei **reinen Online-Formaten** fort[212], denn hier gibt es für den Verbraucher von vornherein keine Möglichkeit, den Auktionsgegenstand am Ort der Versteigerung persönlich und unmittelbar in Augenschein zu nehmen.

75 Der **Sinn und Zweck** von Nr 10 besteht darin, einen Verbraucher, der lediglich mithilfe eines Fernkommunikationsmittels mitbietet, nicht besser zu behandeln als den Verbraucher, der sich am Ort der Versteigerung einfindet[213]. Für den Verbraucher, der den Gegenstand ersteigert und dabei die Möglichkeit zur persönlichen und unmittelbaren Inaugenscheinnahme vor Ort bewusst nicht ergreift, ist es auch hinnehmbar, als Konsequenz aus dieser bewussten Entscheidung über kein Widerrufsrecht zu verfügen.

76 k) **Dringende Reparatur- und Instandhaltungsarbeiten, Nr 11.** Gemäß Nr 11 Hs 1 besteht kein Widerrufsrecht bei Verträgen, bei denen der Verbraucher den Unternehmer ausdrücklich aufgefordert hat, ihn aufzusuchen, um dringende Reparatur- oder Instandhaltungsarbeiten vorzunehmen. Mit dieser Vorschrift übernimmt der deutsche Gesetzgeber RL 2011/83/EU Art 16 lit h) Hs 1 nahezu wortlautidentisch in das BGB. **Hintergrund** ist zum einen, dass der Verbraucher keiner ernsthaften Überrumpelungssituation ausgesetzt ist, wenn er den Unternehmer ausdrücklich bittet, ihn aufzusuchen, damit beide einen Vertrag über bestimmte Arbeiten abschließen können. Hinzu kommt, dass der Verbraucher bei einem dringenden Reparatur- oder Instandsetzungsbedürfnis kaum die ernsthafte Option haben dürfte, nach dem Vertragsschluss noch zwei Wochen bis zum Ablauf der Widerrufsfrist abzuwarten, ehe der Unternehmer mit den Arbeiten beginnen kann. Vielmehr wird er in einer solchen Situation ohnehin zwangsläufig gemäß § 356 Abs 4 auf sein Widerrufsrecht verzichten. Gewissermaßen antizipiert Nr 11 also diesen ohnehin zu erwartenden Verzicht. Nr 11 gilt unabhängig davon, ob der Vertrag ausnahmsweise bereits bei der Kontaktaufnahme im Wege der Fernkommunikation zustande kommt oder erst später an dem Ort, an dem die Arbeiten durchgeführt werden sollen[214].

77 Der **Begriff** der Reparatur- und Instandhaltungsarbeiten ist hier ebenso zu verstehen wie bei EGBGB Art 246a § 2 (§ 312d Rz 49). Gleiches gilt für die **ausdrückliche Aufforderung** seitens des Verbrauchers an den Unternehmer, ihn aufzusuchen und solche Arbeiten vorzunehmen. Als **dringend** wird die Vornahme der Arbeiten angesehen, wenn sie aus einer objektiven Perspektive keinen Aufschub duldet[215]. Das ist zunächst jedenfalls dort anzunehmen, wo jedes weitere Zuwarten eine weitere Verschlechterung des zu reparierenden oder instand zu setzenden Gegenstands objektiv wenigstens wahrscheinlich macht[216]. So liegt es etwa bei zerbrochenen Wohnungsfenstern, bei einem undichten Hausdach[217] oÄ. Als dringend wird man die Reparatur- oder Instandsetzungsarbeiten darüber hinaus aber auch dann anzusehen haben, wenn der defekte Gegenstand durch weiteres Zuwarten zwar nicht weiter verschlechtert würde, der Verbraucher auf den funktionsfähigen Gegenstand aber angewiesen ist[218]. Dementsprechend kann auch die Pannenhilfe für ein liegengebliebenes Fahrzeug einen Anwendungsfall von Nr 11 darstellen.

78 **Schlüsseldienste** stellen ein Sonderproblem in Zusammenhang mit Nr 11 dar. Für ihre ausdrückliche Beauftragung ist nach hM zu differenzieren: Für den Fall, dass die Tür defekt sei, greife Nr 11 ein, hingegen nicht für den Fall, dass sie lediglich geöffnet werden müsse[219]. Diese Lösung mag durch den Wortlaut iVm dem Grundsatz der engen Auslegung (Rz 7) geboten sein, ist auf der Wertungsebene aber kaum überzeugend. Der Betreiber des Schlüsseldienstes muss daher für einen zuverlässigen Ausschluss des Widerrufsrechts sicherstellen, dass die Voraussetzungen der § 356 Abs 4 und § 357 Abs 8 erfüllt sind, ehe er mit seiner Dienstleistung beginnt.

---

210 Staud/Thüsing Rz 67.
211 MünchKommBGB/Wendehorst Rz 47.
212 BeckOK BGB/Martens Rz 47; MünchKommBGB/Wendehorst Rz 47.
213 BeckOGK BGB/Busch Rz 60.
214 Spindler/Schuster/Schirmbacher Rz 70.
215 BeckOGK BGB/Busch Rz 63; MünchKommBGB/Wendehorst Rz 50; großzügiger LG Detmold BeckRS 2016, 139276.
216 OLG Hamm BeckRS 2017, 156307.
217 Vgl LG Stuttgart BeckRS 2016, 116215.
218 OLG Köln BeckRS 2016, 117189; OLG Hamm BeckRS 2017, 156307; Grüneberg/Grüneberg Rz 14.
219 BeckOGK BGB/Busch Rz 61; Klocke NJW 2017, 2151, 2154; aA OLG Köln BeckRS 2016, 117189.

Gemäß Nr 11 Hs 2 **bleibt das Widerrufsrecht aber bestehen** hinsichtlich bei dem Besuch 79
erbrachter Dienstleistungen, die der Verbraucher nicht ausdrücklich verlangt hat, oder hinsichtlich solcher bei dem Besuch gelieferter Waren, die bei der Instandhaltung oder Reparatur nicht unbedingt als Ersatzteile benötigt werden. Das entspricht der unionsrechtlichen Vorgabe aus RL 2011/83/EU Art 16 lit h) Hs 2. Das bedeutet, dass das Widerrufsrecht nur für diejenige Dienstleistung ausgeschlossen ist, die der Unternehmer erbringen muss, um die dringende Notsituation zu beheben. Häufig wird sich dies auf ein einfaches Provisorium beschränken.

l) **Wett- und Lotteriedienstleistungen, Nr 12.** Gemäß Nr 12 Hs 1 besteht kein Widerrufs- 80
recht bei Verträgen zur Erbringung von Wett- und Lotteriedienstleistungen. Das entspricht § 312d Abs 4 Nr 4 Hs 1 aF. Nr 12 hat kein Vorbild im Katalog von RL 2011/83/EU Art 16. Vielmehr ist die Richtlinie gemäß RL 2011/83/EU Art 3 Abs 3 lit c) auf Verträge über Glücksspiele gar nicht anwendbar. Dadurch ist den Mitgliedstaaten insoweit ein Handlungsspielraum eröffnet[220], den der Gesetzgeber für Nr 12 genutzt hat. Hintergrund ist der **spekulative Charakter von Glücksspielen**[221]. Ohne Nr 12 könnte der Verbraucher nämlich womöglich seinen Einsatz machen und – sollte sich während der offenen Widerrufsfrist herausstellen, dass er nichts gewonnen hätte – ihn sodann über den rechtzeitigen Widerruf wieder zurückholen. Das würde die Kalkulationen der Wett- und Lotteriedienstleister zunichtemachen. Zu berücksichtigen ist freilich, dass der Unternehmer sich auch ohne Nr 12 nicht auf ein risikoloses Glücksspiel seiner Kunden einzulassen bräuchte, denn er könnte die Teilnahme des Verbrauchers an dem Spiel von der Abgabe einer für § 356 Abs 4 maßgeblichen Erklärung abhängig machen[222].

Zur **Auslegung der Begriffe** Wette und Lotterie ist das entsprechende Begriffspaar in §§ 762, 81
763 kaum geeignet. Dass die Wette in strengem Sinn, nämlich die Bekräftigung eines ernsthaften Meinungsstreits[223], tauglicher Gegenstand einer unternehmerischen Dienstleistung gegenüber dem Verbraucher sein kann, erscheint doch einigermaßen fragwürdig. Auch blieben bei einer unreflektierten Übernahme alle anderen Glücksspiele mit Ausnahme der Lotterien unerfasst. Auch das ist wenig sinnvoll, besteht der spekulative Charakter doch bei Glücksspielen aller Art. Unter Wett- und Lotteriedienstleistungen sollten deshalb alle Spiele gefasst werden, deren Ausgang vom Zufall abhängt und bei denen der Verbraucher als Gegenleistung für den von ihm gezahlten Preis eine Gewinnchance erhält[224]. Unter die Vorschrift fallen demnach Lotterien, Sportwetten, Casinospiele, Poker etc. Für ein Entkoppeln der Begriffe Wette und Lotterie von dem den §§ 762, 763 zugrundeliegenden Verständnis spricht zudem der unionsrechtliche Hintergrund von Nr 11[225], denn auch in RL 2011/83/EU Art 3 Abs 3 lit c) wird allgemein auf Glücksspiele abgestellt, die einen geldwerten Einsatz verlangen.

Verspricht der Unternehmer dem Verbraucher vertraglich lediglich die **Geschäftsbesorgung**, 82
dessen Lottotipps an eine Lottogesellschaft weiterzuleiten, so liegt kein Vertrag über Wett- oder Lotteriedienstleistungen vor[226]. Diesem Vertrag fehlt nämlich das spekulative Element, so dass das Widerrufsrecht bestehen bleibt. Für den Geschäftsbesorger bleibt freilich weiter die Möglichkeit bestehen, sich durch die Einholung einer den Erfordernissen des § 356 Abs 4 entsprechende Verbrauchererklärung abzusichern. Auch in diesem Fall erlischt das Widerrufsrecht aber erst, nachdem der Unternehmer den Tippschein an den Glücksspielveranstalter weitergeleitet hat[227].

Verbreitet wird angenommen, dass Nr 12 das Widerrufsrecht nur für Verträge über solche Wett- 83
und Lotteriedienstleistungen ausschließe, die **staatlich genehmigt** seien[228]. Diese These steht in engem Zusammenhang mit dem allgemeineren Problem, ob der Verbraucher zum Widerruf eines unwirksamen Fernabsatz- oder Außergeschäftsraumvertrags berechtigt sein kann (→ Rz 4), denn ein Vertrag über eine staatlich nicht genehmigte Wett- oder Lotteriedienstleistung ist nach § 134 iVm StGB § 284 Abs 1 oder GlüStV § 4 Abs 4[229] nichtig[230]. Wer die Existenz eines Verbraucherwiderrufsrechts bei unwirksamen Verträgen verneint, hat deshalb in der Tat keinen Anlass, Nr 12 auch auf staatlich nicht genehmigte Lotterien und sonstige Glücksspiele anzuwenden. Ein weiterer Ausschluss eines bereits nach den allgemeinen Regeln inexistenten Widerrufsrechts durch Nr 12 ginge nämlich ersichtlich ins Leere. Hält man mit der hM den Verbraucher hingegen auch zum Widerruf eines unwirksamen Außergeschäftsraum- oder Fernabsatzvertrags berechtigt, muss Nr 12 konsequenterweise aber auch dieses Widerrufsrecht ausschließen. Andernfalls käme der Verbraucher bei der Rückabwicklung nämlich in den Genuss von Privilegien aus § 357, die für diese Art

---

220 Erwägungsgrund 31 zur RL 2011/83/EU.
221 BT-Drucks 14/2658, 44.
222 BeckOGK BGB/Busch Rz 70.
223 MünchKommStGB/Hohmann § 284 Rz 7.
224 Erman/Koch Rz 22; MünchKommBGB/Wendehorst Rz 52.
225 OLG Karlsruhe CR 2002, 682, 683.
226 OLG Karlsruhe CR 2002, 682, 683.
227 OLG Karlsruhe CR 2002, 682, 684.
228 Erman/Koch Rz 22; Grüneberg/Grüneberg Rz 15; Staud/Thüsing Rz 79.
229 Glücksspielstaatsvertrag 2021 (GlüStV 2021) vom 27.10.2020.
230 BeckOGK BGB/Vossler § 134 Rz 219.

§§ 312g, 312h　　　　　　　　　　Abschnitt 3 Schuldverhältnisse aus Verträgen

von Verträgen generell nicht vorgesehen sind. Für die Teilnahme an staatlich nicht genehmigten Glücksspielen bleibt es damit bei den allgemeinen Regeln[231]. Der Verbraucher muss den vereinbarten Preis also nicht bezahlen. Sollte er dies hingegen bereits getan haben, erfolgt die Rückabwicklung aufgrund der §§ 812 ff. Für Fälle, in denen der Vertrag über die Glücksspieldienstleistung trotz fehlender staatlicher Genehmigung wirksam sein sollte, erführe der Verbraucher ausreichenden Schutz über § 762 Abs 1, so dass Nr 12 auch dort das Widerrufsrecht ausschlösse[232].

84　　Gemäß Nr 12 Hs 2 bleibt der Verbraucher aber zum Widerruf berechtigt, wenn er seine auf den Vertragsschluss gerichtete Willenserklärung **telefonisch abgegeben** hat oder der **Vertrag außerhalb von Geschäftsräumen** geschlossen wurde. Auch diese Regelung fand sich bereits in § 312d Abs 4 Nr 4 Hs 2 aF. Sie wurde eingeführt, nachdem man festgestellt hatte, dass unseriöse Anbieter den Verbraucher durch unerwünschte Telefonanrufe oder sonst außerhalb von Geschäftsräumen überrumpelten, zum Vertragsschluss drängten und ihm im späteren Streitfall den Ausschluss des Widerrufsrechts für solche Verträge entgegenhielten[233].

85　　m) **Notariell beurkundete Verträge, Nr 13**. Gemäß Nr 13 Hs 1 besteht kein Widerrufsrecht bei notariell beurkundeten Verträgen. Bei dieser allgemeinen Formulierung von Nr 13 ist zu berücksichtigen, dass zahlreiche notariell beurkundete Verträge gemäß § 312 Abs 2 Nr 1 (§ 312 Rz 33 ff) nur dem Minimalanwendungsbereich der §§ 312 ff unterfallen, so dass dort unabhängig von Nr 13 von vornherein kein Widerrufsrecht besteht. Relevant werden kann Nr 13 danach zunächst für notariell beurkundete **Fernabsatzverträge über Finanzdienstleistungen**[234]. Freilich fällt es schwer, sich einen praktischen Anwendungsbereich für diese Fallgruppe vorzustellen, solange die Möglichkeit eine Beurkundung mittels Videokommunikation gemäß BeurkG § 16a auf GmbH-Gründungen beschränkt ist. Sofern sich ein praktischer Anwendungsbereich eröffnen sollte, stellt Nr 13 Hs 2 den Verlust des Widerrufsrechts unter den weiteren Vorbehalt, dass der Notar in der Urkunde (wahrheitsgemäß) bestätige, dass die Rechte des Verbrauchers aus § 312d Abs 2 gewahrt seien.

86　　In den Vollanwendungsbereich der §§ 312 ff fallen sodann die **fakultativ beurkundeten Verträge**, bei denen der Notar pflichtwidrig nicht darüber belehrt hat, dass das Widerrufsrecht entfalle. Daran, dass das Widerrufsrecht entfällt, ändert diese Pflichtverletzung allerdings nichts[235].

IV. Verhältnis zu anderen Widerrufsrechten, Abs 3

87　　Zuweilen kann ein Vertrag, für den der Verbraucher bereits aus inhaltlichen Gründen ein Widerrufsrecht hat, zugleich außerhalb von Geschäftsräumen des Unternehmers oder im Wege des Fernabsatzes zustande gekommen sein. Insbesondere betrifft das Verbraucherdarlehensverträge (§§ 491 ff), Finanzierungshilfen zwischen einem Unternehmer und einem Verbraucher (506 ff) sowie den Erwerb von Anteilen oder Aktien eines offenen Investmentvermögens (KAGB § 305). Aus Abs 3 ergibt sich hier die **Subsidiarität** des Widerrufsrechts aus Abs 1 gegenüber den durch §§ 495, 506 bis 513 bzw KAGB § 305 Abs 1 bis 6 angeordneten Widerrufsrechten. Dahinter steht der Gedanke, dass das wegen des Vertragsinhalts geregelte Widerrufsrecht Vorrang vor dem Widerrufsrecht haben sollte, das nur im Hinblick auf die Art und Weise des Vertragsschlusses gewährt wird[236]. Voraussetzung ist aber, dass das Widerrufsrecht nach KAGB §§ 495, 506 bis 513 bzw § 305 Abs 1 bis 6 auch tatsächlich besteht[237]. Konkurrenz besteht demgegenüber mit dem Widerrufsrecht aus FernUSG § 4 Abs 1[238, 239].

§ 312h　Kündigung und Vollmacht zur Kündigung

Wird zwischen einem Unternehmer und einem Verbraucher nach diesem Untertitel ein Dauerschuldverhältnis begründet, das ein zwischen dem Verbraucher und einem anderen Unternehmer bestehendes Dauerschuldverhältnis ersetzen soll, und wird anlässlich der Begründung des Dauerschuldverhältnisses von dem Verbraucher
1. die Kündigung des bestehenden Dauerschuldverhältnisses erklärt und der Unternehmer oder ein von ihm beauftragter Dritter zur Übermittlung der Kündigung an den bisherigen Vertragspartner des Verbrauchers beauftragt oder

---

231　BeckOK BGB/Martens Rz 53.
232　BeckOK BGB/Martens Rz 53.
233　BT-Drucks 16/10734, 10 f.
234　MünchKommBGB/Wendehorst Rz 55.
235　MünchKommBGB/Wendehorst Rz 56.
236　Erman/Koch Rz 25.
237　Erman/Koch Rz 26; Grüneberg/Grüneberg Rz 17; Staud/Thüsing Rz 92.
238　Fernunterrichtsschutzgesetz in der Fassung der Bekanntmachung vom 4. Dezember 2000 (BGBl I S 1670), das zuletzt durch Artikel 3 des Gesetzes vom 10. August 2021 (BGBl I S 3483) geändert worden ist.
239　MünchKommBGB/Wendehorst Rz 69.

2. der Unternehmer oder ein von ihm beauftragter Dritter zur Erklärung der Kündigung gegenüber dem bisherigen Vertragspartner des Verbrauchers bevollmächtigt,
bedarf die Kündigung des Verbrauchers oder die Vollmacht zur Kündigung der Textform.

I. Normzweck

Die wortlautidentische[1] Vorgängervorschrift (§ 312f aF) wurde durch TelVertrÄndG Art 1 Nr 3[2] in den damaligen Untertitel 2 („Besondere Vertriebsformen") des Titels 1 („Begründung, Inhalt und Beendigung") im Abschnitt 3 („Schuldverhältnisse aus Verträgen") des Zweiten Buchs des BGB aufgenommen. **1**

Hintergrund sind bestimmte Vertriebspraktiken, die insbesondere in Zusammenhang mit Energielieferungs- und Telekommunikationsverträgen verbreitet auftreten. Dabei tritt der Unternehmer meist telefonisch an den Verbraucher heran und veranlasst diesen, mit ihm einen neuen Vertrag über den Bezug von Energie, Telekommunikationsleistungen oÄ abzuschließen. Gleichzeitig verabredet er mit dem Verbraucher, dass er den bis dahin noch bestehenden Vertrag entweder als dessen Stellvertreter kündige oder als dessen Bote die Kündigung überbringe. Besinnt der Verbraucher sich nun, dass er den Vertrag mit dem neuen Anbieter doch nicht will, kann er ihn natürlich innerhalb der gesetzlichen Frist widerrufen. Ist bei Wirksamwerden des Widerrufs der Vertrag mit dem alten Anbieter jedoch bereits beendet, steht der Verbraucher vor dem Problem, zeitweilig ohne einen Vertrag für den Bezug von Energie, Telekommunikationsleistungen oÄ zu sein („Versorgungslücke")[3]. Hierdurch entsteht ein **Anreiz für den Verbraucher, sein Widerrufsrecht nicht auszuüben**. Dem will der Gesetzgeber entgegentreten, indem er die Erklärung der von dem neuen Anbieter als Erklärungsbote zu überbringenden Kündigung (Nr 1) und ebenso die Erteilung einer Kündigungsvollmacht an den neuen Anbieter (Nr 2) der Textform des § 126b unterwirft. Dies soll der Verbraucher vor einer voreiligen Beendigung des bestehenden Vertrags mit dem bisherigen Anbieter **warnen**[4]. **2**

§ 312h hat **keine unionsrechtliche Grundlage**[5]. Zu RL 2011/83/EU Art 4 entsteht dennoch kein Konflikt, weil die Richtlinie zu dem von § 312h geregelten Problem überhaupt keine Aussage trifft[6]. **3**

II. Voraussetzungen

1. **Begründung eines Dauerschuldverhältnisses nach diesem Untertitel**. Die Formbedürftigkeit gemäß § 312h setzt zunächst voraus, dass zwischen einem Verbraucher und einem Unternehmer ein Dauerschuldverhältnis nach diesem Untertitel begründet wird. Entgegen der hM sind dabei nur Dauerschuldverhältnisse erfasst, die als **Außergeschäftsraum- oder Fernabsatzvertrag** abgeschlossen wurden[7]. Das ergibt sich zunächst aus der systematischen Stellung des § 312h innerhalb der §§ 312b ff. Hätte der Gesetzgeber nämlich beabsichtigt, § 312h auf alle Verbraucherverträge einschließlich der im stationären Vertrieb geschlossenen zu erstrecken, hätte er ihn in das Kapitel über die allgemeinen Grundsätze der Verbraucherverträge aufgenommen. Den Wortlaut, der in der Tat eine Anwendbarkeit von § 312h auf sämtliche Verbraucherverträge nahelegt, sollte man hingegen nicht überbewerten. Denn wie erwähnt ist § 312h wortlautidentisch mit dem früheren § 312 f. Der Untertitel, auf den § 312f seinerzeit Bezug nahm, war jedoch nur derjenige über Haustürgeschäfte und Fernabsatzverträge (§§ 312 bis 312e aF). Eine Beschränkung des Anwendungsbereichs von § 312h auf Außergeschäftsraum- und Fernabsatzverträge entspricht demnach auch der Genese der Vorschrift. Schließlich zwingt auch der Normzweck zu keiner Ausweitung auf sämtliche Verbraucherverträge. So ist insbesondere bei einem Vertragsschluss in einem Geschäftsraum des Unternehmers keine Überrumpelungsgefahr gegeben, die mit derjenigen vergleichbar wäre, die sich bei einem unerwünschten Telefonanruf ergibt. Gerade die zuletzt genannte Situation war aber der Anlass, um die Vorschrift in das BGB aufzunehmen. Hinzu kommt, dass der Verbraucher bei einem Vertragsschluss im stationären Vertrieb kein Widerrufsrecht hat. Scheitert die Mitwirkung des neuen Anbieters an der Beendigung des Vertrags mit dem **4**

---

1 Staud/Thüsing Rz 1.
2 Gesetz zur Bekämpfung unerlaubter Telefonwerbung und zur Verbesserung des Verbraucherschutzes bei besonderen Vertriebsformen v 29.7.2009, BGBl I, 2413 ff.
3 BT-Drucks 16/10734, 12.
4 BGH WRP 2018, 324 Rz 29 – Portierungsauftrag; OLG Düsseldorf MMR 2017, 30, 32; BT-Drucks 16/10734, 12.
5 Erman/Koch Rz 7; Staud/Thüsing Rz 1.
6 Erman/Koch Rz 7.
7 BeckOGK BGB/Busch Rz 6; Spindler/Schuster/Schirmbacher, Recht der elektronischen Medien Rz 7; aA BeckOK BGB/Martens Rz 4; BeckOK IT-Recht/Föhlisch Rz 2; Erman/Koch Rz 1; MünchKommBGB/Wendehorst Rz 4; Staud/Thüsing, BGB Rz 6.

bisherigen Anbieter nun an § 312h, läuft der Verbraucher Gefahr, aus zwei Verträgen verpflichtet zu werden.

5 **2. Begriff des Dauerschuldverhältnisses.** Der **Begriff des Dauerschuldverhältnisses** ist ebenso zu verstehen wie bei § 314[8]. Nach den allgemeinen Regeln wird es begründet, indem der Verbraucher und der Unternehmer die entsprechenden Willenserklärungen austauschen.

6 **3. Anbieterwechsel.** Das mit dem neuen Anbieter eingegangene Dauerschuldverhältnis muss ein zwischen dem Verbraucher und einem anderen Unternehmer **bestehendes Dauerschuldverhältnis ersetzen** sollen. Das ist der Fall, wenn der Verbraucher seinen Bedarf an einer bestimmten Leistung künftig von dem neuen Anbieter bezieht und deshalb das entsprechende Dauerschuldverhältnis mit dem bisherigen Anbieter durch eine Kündigung beendet. § 312h ist demnach nicht einschlägig, wenn durch privatautonome Vereinbarung in dem fortbestehenden Dauerschuldverhältnis lediglich ein **Parteiwechsel auf der Anbieterseite** stattfindet. Gleiches gilt, wenn der neue Anbieter kraft gesetzlich angeordneter Rechtsnachfolge anstelle des bisherigen Anbieters in das fortbestehende Dauerschuldverhältnis eintritt[9]. Nicht erforderlich ist, dass die Kündigung des bestehenden Dauerschuldverhältnisses die rechtliche Voraussetzung für den Abschluss des neuen Dauerschuldverhältnisses ist[10].

7 Der Formulierung vom Ersetzen des bestehenden durch ein neues Dauerschuldverhältnis liegt die Vorstellung zugrunde, dass der Verbraucher den Leistungsgegenstand nur einmal benötigt, so dass es für ihn keinen Sinn ergibt, zwei Dauerschuldverhältnisse über diesen Leistungsgegenstand einzugehen. Dementsprechend müssen die primären Leistungspflichten des bisherigen und des neuen Anbieters zwar nicht identisch, wohl aber **gleichartig** sein[11]. Geht es etwa um die Versorgung mit Energie, steht der Gleichartigkeit nicht entgegen, dass der neue Anbieter konventionell erzeugten Strom liefert, der bisherige demgegenüber Ökostrom. Dementsprechend sind auch Telekommunikationsdienstleitungen unabhängig von der eingesetzten Technik und ihrer Leistungsfähigkeit gleichartig[12]. Erst recht bleibt die Gleichartigkeit gegeben, wenn der neue Anbieter denselben Leistungsumfang für ein geringeres Entgelt anbietet.

8 Probleme entstehen freilich dort, wo die Leistungsgegenstände zwar bis zu einem gewissen Grad gattungsgleich sind, mancher Verbraucher aufgrund von Unterschieden in der Detailebene aber durchaus ein Interesse am Erhalt beider Leistungsgegenstände haben kann. So verhält es sich insbesondere bei Medienerzeugnissen. Beispielsweise mögen manche Verbraucher überregionale Tageszeitungen für austauschbar und einen gleichzeitigen Bezug von SZ und FAZ deshalb für überflüssig halten, während anderen gerade das Nebeneinander unterschiedlicher Tendenzen wichtig ist. Ob ein Wechsel des Abonnements von der FAZ hin zur SZ ein Ersetzen des bisherigen Abonnements iSd § 312h darstellt, ist deshalb fraglich. Als wenig sinnvoll erscheint es, in solchen Fällen allein auf die subjektive Zwecksetzung des konkreten Verbrauchers abzustellen. In diesem Fall könnte der bisherige Anbieter, der von dem neuen Anbieter die Kündigung des Verbrauchers überbracht bekommt, ohne dass die Vertretungsmacht oder die Kündigung in der Form des § 126b nachgewiesen bzw erklärt wäre, nicht ohne Weiteres erkennen, ob die Kündigung in dieser Form gültig ist oder nicht. Für die Gleichartigkeit sollte deshalb maßgeblich sein, ob ein verständiger Durchschnittsverbraucher an der gleichzeitigen Belieferung durch beide Anbieter ein ernsthaftes Interesse haben kann oder nicht.

9 **4. Mitwirkung des neuen Anbieters bei der Kündigung des bisherigen Dauerschuldverhältnisses.** Schließlich erfasst § 312h nur diejenigen Fälle, in denen der neue Anbieter bei der Kündigung des Dauerschuldverhältnisses mit dem bisherigen Anbieter mitwirkt. Diese Mitwirkung kann auf zweierlei Weisen geschehen. Entweder gibt der Verbraucher selbst die Kündigungserklärung ab und erteilt dem neuen Anbieter oder einer von diesem beauftragten Person die Botenmacht, diese Kündigungserklärung an den bisherigen Anbieter zu übermitteln. Oder der Verbraucher erteilt dem neuen Anbieter lediglich die Vollmacht, damit dieser im Namen des Verbrauchers die Kündigung gegenüber dem bisherigen Anbieter erkläre. § 312h bleibt anwendbar, wenn der neue Anbieter einer weiteren Person Untervollmacht erteilt oder er sich seinerseits eines weiteren Erklärungsboten bedient[13].

---

8 MünchKommBGB/Wendehorst Rz 5; Staud/Thüsing, BGB Rz 7.
9 Erman/Koch, BGB, Rz 2; Hk-BGB/Schulte-Nölke Rz 2; aA Staud/Thüsing, BGB Rz 8.
10 Spindler/Schuster/Schirmbacher, Recht der elektronischen Medien Rz 9.
11 BT-Drucks 16/10734, 12.
12 BeckOK BGB/Martens Rz 6.
13 Erman/Koch, BGB, Rz 2; MünchKommBGB/Wendehorst Rz 7.

III. Rechtsfolge: Textformerfordernis gemäß § 126b

Das Textformerfordernis ist im Sinn von § 126b zu verstehen[14]. Welche Erklärung der Textform bedarf, hängt davon ab, in welcher Form der neue Anbieter an der Kündigung mitwirkt. Fungiert er lediglich als Erklärungsbote des Verbrauchers (Nr 1), bedarf dessen Kündigungserklärung der Textform gemäß § 126b. Erklärt der neue Anbieter die Kündigung hingegen selbst im Namen des Verbrauchers gegenüber dem bisherigen Anbieter (Nr 2), muss die Vertretungsmacht in der Form des § 126b erteilt sein.

IV. Folgen eines Formmangels

1. **Kündigung, Nr 1.** Konsequenterweise ist auch wegen der Rechtsfolgen eines Formmangels zwischen den beiden Varianten der Mitwirkung zu unterscheiden. Ist im Fall von Nr 1 die Kündigung selbst nicht in Textform erklärt, ist sie gemäß § 125 Satz 1 **nichtig**. Gleiches gälte für den Antrag zum Abschluss eines Aufhebungsvertrags, den der Verbraucher dem bisherigen Anbieter durch den neuen Anbieter als Boten überbringen ließe[15]. Da bei nichtigen Rechtsgeschäften eine Heilung nicht in Betracht kommt[16], muss der Verbraucher die Kündigung erneut vornehmen[17]. Setzt er für ihre Übermittlung an den bisherigen Anbieter abermals den neuen Anbieter als Erklärungsboten ein, muss er auch die erneute Kündigung jedenfalls wegen § 312k Abs 1 Satz 2 in Textform erklären[18]. § 312h greift demgegenüber nicht ein, wenn der Verbraucher den neuen Anbieter an diesem abermaligen Kündigungsversuch nicht mitwirken lässt[19].

Die Nichtigkeit der Kündigung kann für den Verbraucher freilich zur Folge haben, dass er bis zum Wirksamwerden der neuen Kündigung **aus zwei Verträgen verpflichtet** ist. Um dies zu vermeiden, soll es dem bisherigen Anbieter nach Auffassung mancher gemäß § 242 verwehrt sein, sich auf die Nichtigkeit der Kündigung zu berufen, wenn er anlässlich der Übermittlung einer formnichtigen Kündigung nicht beim Verbraucher nachgefragt hat[20]. Auch nach dieser Auffassung hat der Verbraucher jedoch die Doppelbelastung zu tragen, die zwischen der gescheiterten ersten Kündigung und dem Wirksamwerden der zweiten, auf Nachfrage des bisherigen Anbieters erklärten Kündigung entsteht. Vorzugswürdig erscheint deshalb eine Lösung über den Schadensersatz gemäß § 280. Erbietet sich nämlich der neue Anbieter gegenüber dem Verbraucher, bei der Kündigung des bisherigen in einer der beiden in § 312h beschriebenen Formen mitzuwirken, ist er nach § 241 Abs 2 auch verpflichtet, den Verbraucher auf die Formbedürftigkeit der jeweiligen Erklärung hinzuweisen. Tut er dies nicht und gibt der Verbraucher deswegen eine formnichtige Kündigungserklärung ab, ist der neue Anbieter zum Ersatz derjenigen Vermögenseinbußen verpflichtet, die der Verbraucher aus dem Fortbestand des bisherigen Vertrags erleidet.

2. **Vollmachterteilung, Nr 2.** Sollte der neue Anbieter die Kündigung des bisherigen Vertrags hingegen als Stellvertreter des Verbrauchers erklären, so ist die nicht wenigstens in Textform erteilte Vollmacht (§ 167 Abs 1) nichtig gemäß § 125 Satz 1. Nach § 180 Satz 1 ist die von dem neuen Anbieter erklärte Kündigung folglich ebenfalls **nichtig**. Lediglich **schwebend unwirksam** ist die Kündigung gemäß § 177 Abs 1 iVm § 180 Satz 2 allerdings dann, wenn der bisherige Anbieter die nicht formgerecht nachgewiesene Vertretungsmacht des neuen Anbieters unbeanstandet ließ. In diesem Fall kann der Verbraucher die Genehmigung nach § 182 Abs 1 gegenüber dem bisherigen Anbieter erklären. Dies kann formlos geschehen, sofern der Verbraucher für die Übermittlung der Genehmigung nicht den neuen Anbieter als Boten einsetzt (§ 312k Abs 1 Satz 2)[21]. Die nach § 182 Abs 1 ebenfalls mögliche Genehmigung gegenüber dem neuen Anbieter unterliegt wegen § 312k Abs 1 Satz 2 allerdings dem Formzwang gemäß § 312h[22].

Das Problem der **Verpflichtung aus zwei Verträgen** stellt sich für den Verbraucher in den Fällen der Nr 2 nur, wenn der bisherige Anbieter die fehlende Vertretungsmacht des neuen Anbieters beanstandet und der Verbraucher hiervon zunächst nichts erfährt. Manche wollen auch in dieser Situation dem bisherigen Anbieter aufgrund von § 242 verwehren, sich auf die Nichtigkeit der Vollmachterteilung zu berufen[23]. Vorzugswürdig ist aber wiederum die Lösung über den Schadensersatz.

---

14 MünchKommBGB/Wendehorst Rz 8; Pommerennig GRUR-Prax 2019, 371.
15 BeckOK BGB/Martens Rz 11; Staud/Thüsing, BGB (2019) Rz 15.
16 MünchKommBGB/Busche § 141 Rz 1.
17 Erman/Koch, BGB, Rz 2.
18 BeckOK BGB/Martens Rz 11.
19 BeckOGK BGB/Busch Rz 20; Staud/Thüsing, BGB Rz 15.
20 BeckOK BGB/Martens Rz 11; MünchKommBGB/Wendehorst Rz 9.
21 Erman/Koch, BGB, Rz 6; Spindler/Schuster/Schirmbacher, Recht der elektronischen Medien Rz 19; aA Staud/Thüsing, BGB Rz 16.
22 BeckOK BGB/Martens Rz 12; MünchKommBGB/Wendehorst Rz 10.
23 BeckOK BGB/Martens Rz 12; MünchKommBGB/Wendehorst Rz 10.

15 **3. Lauterkeitsrechtliche Folgen.** Wirkt der neue Anbieter an der Kündigung des bestehenden Vertrags auf die in § 312h beschriebene Art und Weise mit, setzt er sich ggf lauterkeitsrechtlichen Ansprüchen des bisherigen Anbieters aus. Insbesondere wird die Nichtexistenz einer in Textform erteilten Vollmacht zur Kündigung als eine wesentliche Information iSd UWG § 5a angesehen, die der neue Anbieter dem bisherigen Anbieter nicht verschweigen dürfe[24].

V. Beweislast

16 Die Beweislastverteilung beurteilt sich nach **allgemeinen Regeln** und nicht nach § 312k Abs 2[25]. Danach muss derjenige die tatsächlichen Voraussetzungen der Unwirksamkeit einer Kündigung vortragen und nötigenfalls beweisen, der sich darauf beruft[26].

Kapitel 3

Verträge im elektronischen Geschäftsverkehr

§ 312i Allgemeine Pflichten im elektronischen Geschäftsverkehr

(1) Bedient sich ein Unternehmer zum Zwecke des Abschlusses eines Vertrags über die Lieferung von Waren oder über die Erbringung von Dienstleistungen der Telemedien (Vertrag im elektronischen Geschäftsverkehr), hat er dem Kunden
1. angemessene, wirksame und zugängliche technische Mittel zur Verfügung zu stellen, mit deren Hilfe der Kunde Eingabefehler vor Abgabe seiner Bestellung erkennen und berichtigen kann,
2. die in Artikel 246c des Einführungsgesetzes zum Bürgerlichen Gesetzbuche bestimmten Informationen rechtzeitig vor Abgabe von dessen Bestellung klar und verständlich mitzuteilen,
3. den Zugang von dessen Bestellung unverzüglich auf elektronischem Wege zu bestätigen und
4. die Möglichkeit zu verschaffen, die Vertragsbestimmungen einschließlich der Allgemeinen Geschäftsbedingungen bei Vertragsschluss abzurufen und in wiedergabefähiger Form zu speichern.

Bestellung und Empfangsbestätigung im Sinne von Satz 1 Nummer 3 gelten als zugegangen, wenn die Parteien, für die sie bestimmt sind, sie unter gewöhnlichen Umständen abrufen können.

(2) Absatz 1 Satz 1 Nummer 1 bis 3 ist nicht anzuwenden, wenn der Vertrag ausschließlich durch individuelle Kommunikation geschlossen wird. Absatz 1 Satz 1 Nummer 1 bis 3 und Satz 2 ist nicht anzuwenden, wenn zwischen Vertragsparteien, die nicht Verbraucher sind, etwas anderes vereinbart wird.

(3) Weitergehende Informationspflichten auf Grund anderer Vorschriften bleiben unberührt.

Art 246c
Informationspflichten bei Verträgen im elektronischen Geschäftsverkehr

Bei Verträgen im elektronischen Geschäftsverkehr muss der Unternehmer den Kunden unterrichten
1. über die einzelnen technischen Schritte, die zu einem Vertragsschluss führen,
2. darüber, ob der Vertragstext nach dem Vertragsschluss von dem Unternehmer gespeichert wird und ob er dem Kunden zugänglich ist,
3. darüber, wie er mit den nach § 312i Absatz 1 Satz 1 Nummer 1 des Bürgerlichen Gesetzbuchs zur Verfügung gestellten technischen Mitteln Eingabefehler vor Abgabe der Vertragserklärung erkennen und berichtigen kann,
4. über die für den Vertragsschluss zur Verfügung stehenden Sprachen und
5. über sämtliche einschlägigen Verhaltenskodizes, denen sich der Unternehmer unterwirft, sowie über die Möglichkeit eines elektronischen Zugangs zu diesen Regelwerken.

---

[24] OLG Köln VuR 2020, 189, 190.
[25] MünchKommBGB/Wendehorst Rz 11.
[26] Spindler/Schuster/Schirmbacher, Recht der elektronischen Medien Rz 20.

Kapitel 3 Verträge im elektronischen Geschäftsverkehr

ÜBERSICHT

I. Normzweck und Systematik ... 1–4

II. Der Vertrag im elektronischen Geschäftsverkehr, Abs 1 Satz 1 Hs 1 ... 5–22
 1. Vertrag über die Lieferung von Waren oder die Erbringung von Dienstleistungen ... 6, 7
 2. Einsatz von Telemedien ... 8–13
  a) Die Legaldefinition in TMG § 1 . 8–12
  b) Telemedien und Dienste der Informationsgesellschaft ... 13
 3. Durch einen Unternehmer ... 14
 4. Sich Bedienen zum Zwecke des Abschlusses eines Vertrags ... 15–22
  a) Der Begriff „Sich Bedienen" ... 15–18
  b) Zum Zwecke des Vertragsschlusses ... 19–22

III. Die Pflichten des Unternehmers . 23–57
 1. Bereitstellung von technischen Mitteln zur Berichtigung von Eingabefehlern, Abs 1 Satz 1 Nr 1 ... 24–31
  a) Eingabefehler während des Bestellvorgangs ... 25, 26
  b) Zurverfügungstellung technischer Mittel ... 27, 28
  c) Vor der Abgabe ... 29–31
 2. Informationen gemäß EGBGB Abs 1 Satz 1 Nr 2 iVm Art 246c ... 32–43
  a) Vertragsschluss, EGBGB Art 246c Nr 1 ... 33, 34
  b) Speicherung des Vertragstextes, EGBGB Art 246c Nr 2 ... 35

  c) Erkennen und Berichtigen von Eingabefehlern, EGBGB Art 246c Nr 3 ... 36
  d) Sprachen, EGBGB Art 246c Nr 4 ... 37–39
  e) Verhaltenskodizes, EGBGB Art 246c Nr 5 ... 40–42
  f) Zeitpunkt sowie Art und Weise der Information ... 43
 3. Bestätigung des Zugangs der Bestellung, Abs 1 Satz 1 Nr 3 ... 44–50
  a) Zugang der Bestellung des Kunden beim Unternehmer ... 45
  b) Bestätigungserklärung ... 46, 47
  c) Auf elektronischem Weg ... 48
  d) Unverzüglich ... 49, 50
 4. Abruf und Speicherung von Vertragsbestimmungen, Abs 1 Satz 1 Nr 4 .. 51–57
  a) Vertragsbestimmungen ... 52, 53
  b) Abrufen und speichern ... 54
  c) Bei Vertragsschluss ... 55–57

IV. Ausnahmen gemäß Abs 2 ... 58–67
 1. Individuelle Kommunikation, Abs 2 Satz 1 ... 58–63
 2. Abdingbarkeit, Abs 2 Satz 2 ... 64–67

V. Rechtsfolgen einer Pflichtverletzung ... 68–71

VI. Verhältnis zu anderen Informationspflichten, Abs 3 ... 72

VII. Beweislast ... 73

I. Normzweck und Systematik

Die **Informations- und Organisationspflichten** des Unternehmers beim Vertragsschluss über das Internet[1] ergaben sich früher einheitlich aus § 312g aF und noch früher aus § 312e aF. § 312g Abs 1, 5 und 6 Satz 1 wurden in leicht modifizierter Form in § 312i als eine allgemeine Bestimmung über Informations- und Organisationspflichten im elektronischen Geschäftsverkehr überführt, wohingegen die spezifisch verbraucherschützenden Elemente dieser Pflichten (§ 312g Abs 2, 4 und 6 Satz 2) im Hinblick auf RL 2011/83/EU Art 8 ohnehin überarbeitet werden mussten und sich nun in dem selbständigen § 312j wiederfinden. In seiner jetzigen Form ähnelt § 312i wieder dem § 312e idFv 26.11.2001[2], durch den mit Wirkung vom 1.1.2002 erstmals unternehmerische Informations- und Organisationspflichten gerade für den elektronischen Geschäftsverkehr in das BGB implementiert wurden[3]. Ihre unionsrechtliche Grundlage haben alle diese Unternehmerpflichten damals wie heute in RL 2000/31/EG Art 10 und 11[4].

Bei § 312j handelt es sich um eine echte Verbraucherschutzvorschrift[5]. § 312i bildet hingegen deshalb, weil sein sachlicher Anwendungsbereich gerade nicht auf Verbraucherverträge beschränkt ist, in gewisser Weise einen Fremdkörper innerhalb der §§ 312 ff[6]. Dennoch ist die Vorschrift hier systematisch richtig verortet. Denn zum einen steht ihr Regelungsbereich in einem engen sachlichen Zusammenhang mit dem sonstigen Fernabsatzrecht[7]. Zum anderen lässt sich auch nicht leugnen, dass zahlreiche der über Internetmedien geschlossenen Verträge tatsächlich Verbraucherverträge sind, weshalb die Informationspflichten aus § 312i praktisch auch in entsprechend großer Zahl Verbrauchern zugutekommen. Man kann daher durchaus sagen, dass § 312i **auch den Belangen des Verbraucherschutzes** diene[8]. Konsequenterweise ordnet UKlaG § 2 Abs 2 Nr 2 den § 312i auch als ein Verbraucherschutzgesetz ein.

---

1 Bülow/Artz, Verbraucherprivatrecht, Rz 108.
2 Gesetz zur Modernisierung des Schuldrechts vom 26. November 2001, BGBl I, 3138 ff.
3 BeckOK BGB/Maume Rz 4.
4 Richtlinie 2000/31/EG des Europäischen Parlaments und des Rates vom 8. Juni 2000 über bestimmte rechtliche Aspekte der Dienste der Informationsgesellschaft, insbesondere des elektronischen Geschäftsverkehrs, im Binnenmarkt („Richtlinie über den elektronischen Geschäftsverkehr") (ABl L 178 S 1).
5 Bülow/Artz, Verbraucherprivatrecht, Rz 107.
6 MünchKommBGB/Wendehorst Rz 1.
7 MünchKommBGB/Wendehorst Rz 1.
8 MünchKommBGB/Wendehorst Rz 5.

3 Die Informationspflichten gemäß § 312i hat der Unternehmer neben den allgemeinen verbrauchervertraglichen Informationen gemäß § 312a Abs 2 und § 312d zu beachten[9]. Für die Notwendigkeit dieser zusätzlichen, gerade auf die spezifische Form des Vertragsschlusses im Internet bezogenen Pflichten werden mehrere Einzelaspekte angeführt. Diese haben zu einem wesentlichen Teil damit zu tun, dass – jedenfalls bezogen auf die Zeit, in der die § 312i entsprechenden Vorschriften erstmals erlassen wurden – der Vertragsschluss im Internet für den durchschnittlichen Teilnehmer am Rechtsverkehr weniger transparent und selbsterklärend vonstattengeht als im stationären Vertrieb oder im Versandhandel früherer Prägung (Bestellkarte, Telefon)[10]. Konkret könne der Kunde hier öfter Willenserklärungen ohne Erklärungsbewusstsein abgeben (Abofalle), einem Erklärungsirrtum erliegen (zB falsche Eingabe in die Bestellmaske), eine Sache wegen eines Missverständnisses über die von dem Unternehmer eingesetzte Technik mehrfach bestellen oder ganz einfach unsicher sein, ob seine auf den Vertragsschluss gerichtete Willenserklärung dem Unternehmer zugegangen sei[11]. Berücksichtigt man weiter, dass der Unternehmer die Technik, derer er sich für den Vertragsschluss im Internet bedient, weitaus besser versteht als seine (potentiellen) Kunden[12], kann man zu Recht formulieren, dass § 312i eine formal faire Vertragsanbahnung und einen formal fairen Vertragsschluss sicherstellen solle[13]. Auf einer übergeordneten Ebene sollen § 312i und die zugrunde liegenden unionsrechtlichen Bestimmungen auch etwaige Vorbehalte gegen Vertragsschlüsse im elektronischen Geschäftsverkehr abbauen. Dem Unionsgesetzgeber ist dies ein großes Anliegen, erkennt er dem elektronischen Geschäftsverkehr doch großes Potential zu, den grenzüberschreitenden Handel zu befördern[14].

4 § 312i weist **erhebliche Schnittmengen mit dem sonstigen Fernabsatzrecht** auf, ohne mit diesem deckungsgleich zu sein. Einerseits hat § 312i nämlich einen engeren Anwendungsbereich, weil anders als beim klassischen Versandhandel nur mittels Telemedien geschlossene Verträge erfasst sind[15]. Andererseits geht § 312i aber auch über den Anwendungsbereich des allgemeinen Fernabsatzrechts hinaus, erstens weil die Bereichsausnahmen des § 312a Abs 2 nicht auch den § 312i betreffen, zweitens weil auch solche Verträge von § 312i erfasst sind, die nicht im Rahmen eines für den Fernabsatz organisierten Vertriebs- oder Dienstleistungssystems geschlossen wurden, und drittens weil der Vertrag auch nicht ausschließlich über Telemedien zustandekommen muss, um § 312i zu unterfallen[16].

II. Der Vertrag im elektronischen Geschäftsverkehr, Abs 1 Satz 1 Hs 1

5 Gemäß der **Legaldefinition** in Abs 1 Satz 1 Hs 1 liegt ein Vertrag im elektronischen Geschäftsverkehr vor, wenn sich ein Unternehmer zum Zwecke des Abschlusses eines Vertrags über die Lieferung von Waren oder über die Erbringung von Dienstleistungen der Telemedien bedient.

6 1. **Vertrag über die Lieferung von Waren oder die Erbringung von Dienstleistungen.** Mit dem Vertrag über die Lieferung von Waren oder die Erbringung von Dienstleistungen ist nur das **schuldrechtliche Geschäft** gemeint[17]. Für die Geltung von § 312i ist es deshalb unerheblich, ob die Erfüllung der schuldrechtlichen Pflicht ebenfalls elektronisch erfolgt[18].

7 Für den Vertragsgegenstand gelten im Ausgangspunkt die allgemeinen Begrifflichkeiten (Ware: § 312 Rz 7 f; Dienstleistung: § 312 Rz 9). Beließe man es dabei, würden die Unternehmerpflichten gemäß § 312i nicht für Verträge über **sonstige unverkörperte Gegenstände** (§ 312 Rz 11 f) gelten. Das scheint den Vorgaben der RL 2000/31/EG Art 10 und Art 11 zu entsprechen. Zwar ist dort lediglich von der Bestellung die Rede. Jedoch beschränkt sich die Terminologie der RL 2000/31/EG im Übrigen konsequent auf Waren und Dienstleistungen. Dabei ist freilich zu berücksichtigen, dass die Verwendung von Kaufvertrag und Dienstleistungsvertrag als begriffliche Gegensätze unionsrechtlich durchaus üblich ist (§ 312 Rz 9). Danach sind alle Verpflichtungsverträge, die keine Kaufverträge sind, automatisch als Dienstleistungsverträge zu qualifizieren[19]. Mit diesem Verständnis ging lange Zeit die auch noch der RL 2000/31/EG zugrunde liegende Vorstellung einher, dass man auch sämtliche denkbaren Leistungsgegenstände mit den beiden Begriffen „Ware" und „Dienstleistung" beschreiben könne[20]. Dass zwischenzeitlich manche Vertragsgegenstände aus dem Dienstleistungsbegriff ausgegliedert wurden, kann dabei nicht zur Folge haben, dass sie von RL 2000/31/EG Art 10 und Art 11 sowie den nationalen Umsetzungsvorschriften nicht

---

9 BeckOK BGB/Maume Rz 1; Bülow/Artz, Verbraucherprivatrecht, Rz 108.
10 Spindler/Schuster/Schirmbacher Rz 2.
11 MünchKommBGB/Wendehorst Rz 3.
12 Martinek/Semler/Flohr/Martinek, HdB-VertriebsR, § 11 Rz 4; s auch Grigoleit NJW 2002, 1151, 1152.
13 BeckOGK BGB/Busch Rz 2; MünchKommBGB/ Wendehorst Rz 3.
14 Erwägungsgründe 3 und 4 zur RL 2003/31/EG.
15 Spindler/Schuster/Schirmbacher Rz 11.
16 Bülow/Artz, Verbraucherprivatrecht, Rz 108.
17 Bülow/Artz, Verbraucherprivatrecht, Rz 108.
18 MünchKommBGB/Wendehorst Rz 38; Bülow/Artz, Verbraucherprivatrecht, Rz 108.
19 S etwa EuGH BeckRS 2020, 8830 Rz 62.
20 MünchKommBGB/Wendehorst Rz 38.

mehr erfasst würden. Für § 312i gebietet das eine richtlinienkonforme Auslegung des Dienstleistungsbegriffs, der jeden beliebigen Vertragsgegenstand erfasst, sofern er seinem Wesen nach geeignet ist, gegen die Zahlung eines Preises – der nicht notwendig in Geld bestehen muss[21] – erbracht zu werden[22]. Unerheblich ist, ob der Unternehmer im konkreten Fall tatsächlich einen Preis verlangt[23].

2. **Einsatz von Telemedien.** – a) **Die Legaldefinition in TMG § 1.** Der Vertrag im elektronischen Geschäftsverkehr ist dadurch gekennzeichnet, dass bei seinem Abschluss Telemedien zum Einsatz kommen[24]. Abs 1 Satz 1 nimmt damit die in TMG § 1[25] enthaltene Legaldefinition in Bezug[26]. Danach sind Telemedien alle elektronischen Informations- und Kommunikationsdienste, soweit sie nicht Telekommunikationsdienste nach TKG § 3 Nr 24[27], die ganz in der Übertragung von Signalen über Telekommunikationsnetze bestehen, telekommunikationsgestützte Dienste nach TKG § 3 Nr 25 oder Rundfunk nach § 2 RStV[28] sind. Seit dem 7. November 2020 findet sich in MStV § 2 Abs 1 Satz 3[29] eine inhaltlich abweichende Definition der Telemedien, die durch das Außerkrafttreten des RStV zu erklären ist. Für die Zwecke der Interpretation von § 312i muss jedoch die bundesrechtliche Regelung in TMG § 1 den Ausgangspunkt bilden. Für die Anwendung von § 312i ergeben sich aus dem neu gefassten Rundfunkbegriff letztlich allerdings keine Änderungen, weil der Rundfunk in beiden Varianten als Medium zur Übermittlung einer Willenserklärung vom Empfänger zu dem Sender nicht in Betracht kommt. **8**

Der regelungstechnische Ausgangspunkt der alles andere als griffigen Definition des Telemediums ist der extrem weite Oberbegriff des **elektronischen Informations- und Kommunikationsdienstes**. Er umfasst zunächst sämtliche Einrichtungen, mit denen Informationen als elektrische Signale versendet oder ausgetauscht werden können[30]. Schon auf dieser Ebene nicht umfasst ist damit der Informationsaustausch von (im strengen Wortsinn) gleichzeitig räumlich Anwesenden. Gleiches gilt für die Informationsübermittlung zwischen räumlich Abwesenden mithilfe von Druckerzeugnissen[31]. Schließlich betreibt auch derjenige keinen elektronischen Informations- und Kommunikationsdienst, der eine Information auf einen elektronischen Datenspeicher (zB USB-Stick) bannt und sodann diesen Datenspeicher versendet[32]. Hier wandert nämlich kein elektrisches Signal vom Absender zum Empfänger, sondern eine bewegliche Sache. Vom Begriff umfasst sind demgegenüber alle Internetauftritte, die Informationen zum Abruf bereithalten und/oder den Austausch von Informationen zwischen dem Betreiber und dem Nutzer ermöglichen, E-Mail- und Messengerdienste, Internetsuchmaschinen, vollautomatisierte Geschäftsräume, aber auch Radio- und Fernsehrundfunk oder Sprachtelefonie[33]. **9**

Um den Begriff der Telemedien besser fassbar zu machen, nimmt der Gesetzgeber sodann zwei Bereiche aus diesem zunächst sehr weiten Begriffsfeld heraus, von denen die sog Telekommunikation im engeren Sinn[34] der erste ist. Insoweit verweist der Gesetzgeber des TMG § 1 zunächst auf TKG § 3 Nr 24. Keine Telemedien sind demnach **Telekommunikationsdienste** im Sinne von in der Regel gegen Entgelt erbrachten Diensten, die ganz oder überwiegend in der Übertragung von Signalen über Telekommunikationsnetze bestehen, einschließlich Übertragungsdiensten in Rundfunknetzen. Hiermit sind die Dienstleistungen gemeint, die allein in dem Transport der Information als elektrisches Signal von dem Sender hin zu dem Empfänger bestehen[35], oder darin, die technischen Voraussetzungen für diesen Transport bereitzustellen[36]. In diesem Sinn wird die Sprachtelefonie durch Anbieter von Telekommunikationsdiensten erbracht, so dass insoweit – und zwar unabhängig von der eingesetzten Technik – keine Telemedien gegeben sind[37]. Gleiches gilt für das Telefax[38]. Ebenfalls der Telekommunikation im engeren Sinn ordnet der Gesetzgeber des TMG die in TKG § 3 Nr 25 genannten **telekommunikationsgestützten Dienste** zu. Diese sind **10**

---

21 BGH NZM 2022, 202 Rz 52.
22 MünchKommBGB/Wendehorst Rz 38; Spindler/Schuster/Schirmbacher Rz 8; Staud/Thüsing Rz 26.
23 MünchKommBGB/Wendehorst Rz 40; Spindler/Schuster/Schirmbacher Rz 9.
24 Staud/Thüsing Rz 7.
25 Telemediengesetz vom 26. Februar 2007 (BGBl I S 179, 251), das zuletzt durch Artikel 3 des Gesetzes vom 12. August 2021 (BGBl I S 3544) geändert worden ist.
26 BeckOK BGB/Maume Rz 11; Erman/Koch Rz 7; Grüneberg/Grüneberg Rz 2; Spindler/Schuster/Schirmbacher Rz 10; nur im Ausgangspunkt abweichend Staud/Thüsing Rz 9.
27 Telekommunikationsgesetz vom 22. Juni 2004 (BGBl I S 1190), das zuletzt durch Artikel 30 des Gesetzes vom 5. Juli 2021 (BGBl I S 3338) geändert worden ist.
28 Rundfunkstaatsvertrag (RStV) in der Fassung der Bekanntmachung vom 27. Juli 2001 (GVBl S 502, 503, BayRS 02-16-S), der zuletzt durch Art 1 des Vertrages vom 17. November 2017 (GVBl 2018, 210; 2020, 203) geändert worden und am 6. November 2020 außer Kraft getreten ist.
29 Medienstaatsvertrag (MStV) vom 23. April 2020 (GVBl S 450, 451, BayRS 02-33-S).
30 BeckOK InfoMedienR/Martini TMG § 1 Rz 8.
31 OLG Frankfurt/Main MMR 2004, 683, 684; BeckOK IT-Recht/Sesing TMG § 1 Rz 16.1.
32 BeckOK InfoMedienR/Martini TMG § 1 Rz 9.
33 Vgl BT-Drucks 16/3078, 13.
34 Vgl BPatG BeckRS 2011, 4452.
35 Müller-Broich TMG § 1 Rz 3.
36 BeckOK InfoMedienR TMG § 1 Rz 11.
37 Spindler/Schmitz/Spindler TMG § 1 Rz 21.
38 Spindler/Schuster/Schirmbacher Rz 11.

beschrieben als Dienste, die keinen räumlich und zeitlich trennbaren Leistungsfluss auslösen, sondern bei denen die Inhaltsleistung noch während der Telekommunikationsverbindung erfüllt wird. Als typische Beispiele hierfür sind über das Telefon erbrachte Mehrwert-[39] oder auch Premium-SMS- und MMS-Dienste[40] zu nennen. Die E-Mail-Übertragung soll demgegenüber weder unter Nr 24 noch unter Nr 25 des TKG § 3 fallen und deshalb durch Telemedien erfolgen[41]. Die Einordnung von Messengerdiensten wie zB WhatsApp ist vollkommen ungeklärt[42].

11 Weiter sind Telemedien negativ auch gegen den **Rundfunk** abzugrenzen. Maßgeblich ist nach wie vor RStV § 2 aF und nicht MStV § 2[43], was für die Anwendung von § 312i indes keinen Unterschied bedeutet (Rz 8). Danach ist Rundfunk definiert als ein linearer Informations- und Kommunikationsdienst; er ist die für die Allgemeinheit und zum zeitgleichen Empfang bestimmte Veranstaltung und Verbreitung von Angeboten in Bewegtbild oder Ton entlang eines Sendeplans unter Benutzung elektromagnetischer Schwingungen (RStV § 2 Abs 1 Satz 1 aF). Neben dem klassischen Radio- und Fernsehrundfunk gehören hierher deshalb auch das sog Live-Streaming sowie das Webcasting[44].

12 Nach alledem fallen insbesondere folgende Dienste unter den Telemedienbegriff: Online-Shops[45] für Waren und/oder Dienstleistungen sowie Online-Auktionshäuser[46]; Online-Informationsdienste und Online-Datenbanken (zB Angebot von Verkehrs-, Wetter-, Umwelt- oder Börsendaten, Newsgroups, Chatrooms, elektronische Presse, juristische Datenbanken)[47]; Internet-Suchmaschinen[48]; Dash-Buttons[49]. Steuert der Nutzer den jeweiligen Dienst mithilfe eines Sprachassistenten wie etwa Apples Siri an, wird der Vorgang dadurch noch nicht zur Telekommunikation im engeren Sinn[50]. Warenautomaten und vollautomatisierte Geschäftsräume sollen Telemedien sein, wenn bei der Abwicklung des Bestellvorgangs die Daten nicht lokal verarbeitet, sondern aus dem Gerät heraus übertragen werden[51]. Für den Schutz des Kunden vor einem womöglich intransparenten Verfahren zum Vertragsschluss kann es auf den Ort der Datenverarbeitung aber schon deshalb kaum ankommen, weil ihm die internen Datenverarbeitungsvorgänge des Unternehmers verborgen bleiben. Vorzugswürdig ist es deshalb, Warenautomaten und vollautomatisierte Geschäftsräume stets dann nicht als Telemedien anzusehen, wenn die Leistungen sofort ausgetauscht werden[52]. Gemeinhin werden auch Vertragsschlüsse per E-Mail, per SMS, Messenger-App oÄ dem elektronischen Geschäftsverkehr iSd § 312i zugeordnet[53]. Freilich bereitet in diesem Bereich die negative Abgrenzung zur Telekommunikation im engeren Sinn teils ganz erhebliche Schwierigkeiten. Für die Anwendung von § 312i wird das Problem allerdings durch Abs 2 Satz 1 entschärft.

13 b) **Telemedien und Dienste der Informationsgesellschaft**. Die RL 2000/31/EG verwendet demgegenüber nicht den Begriff „Telemedien", sondern regelt bestimmte rechtliche Aspekte der Dienste der Informationsgesellschaft. Für die Begriffsbestimmung verweist RL 2000/31/EG Art 2 lit a) auf RL 98/48/EG Art 1 Nr 2[54]. Danach ist unter einem Dienst der Informationsgesellschaft jede in der Regel gegen Entgelt, elektronisch im Fernabsatz und auf individuellen Abruf eines Empfängers erbrachte Dienstleistung zu verstehen. Im Ergebnis beschreiben die unterschiedlichen Begriffe jedoch dieselben Phänomene. Insbesondere werden im weiteren Verlauf von RL 98/48/EG Art 1 Nr 2 sowie durch RL 98/48/EG Art 1 Nr 5 der Rundfunk bzw die Telekommunikationsleistungen im engeren Sinn aus den Diensten der Informationsgesellschaft herausgenommen. Soweit der Begriff der Telemedien für sich betrachtet in einzelnen Bereichen dennoch über den Regelungsbereich der RL 2000/31/EG hinausgeht („Verteildienste"), ist das für die Anwendung von § 312i unerheblich, denn dort erfolgt die erforderliche Beschränkung jedenfalls über das weitere Tatbestandsmerkmal, wonach sich ein Unternehmer des Telemediums zum Zwecke des Abschlusses eines Vertrags bedienen muss[55].

---

39 Müller-Broich TMG § 1 Rz 3.
40 Bräutigam/Rücker/Jandt, E-Commerce, 10. Teil Rz C8.
41 BT-Drucks 16/3078, 13; für Internettelefonie teils abweichend Erman/Koch Rz 11; MünchKommBGB/Wendehorst Rz 16.
42 S etwa BeckOK InfoMedienR/Martini TMG § 1 Rz 13a ff.
43 AA BeckOK InfoMedienR/Martini TMG § 1 Rz 26; BeckOK IT-Recht/Sesing TMG § 1.
44 BT-Drucks 16/3078, 13.
45 BT-Drucks 16/3078, 13.
46 BeckOK BGB/Maume Rz 13.
47 BT-Drucks 16/3078, 13; Staud/Thüsing Rz 12.
48 BT-Drucks 16/3078, 13.
49 OLG München MMR 2019, 532, 534; Spindler/Schuster/Schirmbacher Rz 14.
50 Spindler/Schuster/Schirmbacher Rz 13; Koch/Schmidt-Hern WRP 2018, 671, 675.
51 MünchKommBGB/Wendehorst Rz 17.
52 BeckOK BGB/Maume Rz 13.
53 Erman/Koch Rz 11; Spindler/Schuster/Schirmbacher Rz 12.
54 Richtlinie 98/48/EG des Europäischen Parlaments und DES Rates vom 20. Juli 1998 zur Änderung der Richtlinie 98/34/EG über ein Informationsverfahren auf dem Gebiet der Normen und technischen Vorschriften (ABl L 217 vom 05. August 1998, S 18-26).
55 BT-Drucks 14/6040, 170.

3. Durch einen Unternehmer. In persönlicher Hinsicht muss sich ein Unternehmer der Telemedien bedienen. Die Unternehmereigenschaft ist anhand von § 14 zu beurteilen. Ob der potentielle Vertragspartner ebenfalls Unternehmer, Verbraucher oder keines von beiden ist, spielt für § 312i keine Rolle[56]. Er wird deshalb in Abs 1 auch ganz allgemein als der Kunde des Unternehmers bezeichnet.

4. Sich Bedienen zum Zwecke des Abschlusses eines Vertrags. – a) **Der Begriff „Sich Bedienen".** Schließlich liegt ein Vertrag im elektronischen Geschäftsverkehr nur vor, wenn der Unternehmer sich der Telemedien zum Zwecke des Abschlusses eines Vertrags bedient. Dabei ergibt sich nicht schon auf den ersten Blick, in welchem Verhältnis das Tatbestandsmerkmal des „Sich Bedienens" zu der in Abs 2 Satz 1 vorgesehenen Ausnahme steht, wonach den Unternehmer die Pflichten aus Abs 1 Satz 1 Nrn 1 bis 3 nicht treffen, wenn der Vertrag ausschließlich durch individuelle Kommunikation geschlossen wird.

Ausgangspunkt für die Antwort auf die Frage ist der Schutzzweck von § 312i für den Kunden. Danach beherrscht der Unternehmer die auf den Vertragsschluss gerichtete Kommunikation[57], indem er ein weitgehend anonymes und standardisiertes Procedere einrichtet, durch das er die erforderliche Willenserklärung seines Kunden entgegennimmt[58]. Für den Kunden ist der Gesamtablauf dieses Procederes typischerweise nicht vorhersehbar, weshalb er selbst während der einzelnen Schritte womöglich nicht weiß, ob er mit deren Abschluss seinen Rechtsbindungswillen verbindlich formulieren und seine entsprechende Willenserklärung abgeben werde oder noch nicht. Es sind gerade diese Unsicherheiten auf Seiten seines Kunden, die der Unternehmer durch die Informationen gemäß § 312i ausräumen soll. Dort hingegen, wo das Procedere zum Austausch von Antrag und Annahme für den Kunden keine derartigen Ungewissheiten mit sich bringt, bedarf es auch seines Schutzes durch die entsprechenden Informationen nicht[59].

Man kann diesen Schutzzweck nun schon bei der Interpretation des Tatbestandsmerkmals „Sich Bedienen" berücksichtigen und folglich schon den Abschluss eines Vertrags im elektronischen Geschäftsverkehr verneinen, wenn der Kunde seinen Antrag dem Unternehmer in elektronischer Form zuleitet, ohne dass zuvor der Unternehmer dem Kunden wenigstens eine invitatio ad offerendum mithilfe eines Telemediums kundgetan hätte[60]. Demnach läge kein Fall des § 312i vor, wenn ein Kunde einem Einzelhändler eine WhatsApp-Nachricht an eine extra zu diesem Zweck bereitgestellte Telefonnummer mit dem Inhalt sendete, dass er eine bestimmte Ware aus dem Schaufenster kaufen wolle. Im Hinblick auf Wortlaut und Systematik des § 312i sowie zur Vermeidung von Abgrenzungsschwierigkeiten erscheint es demgegenüber vorzugswürdig, an das „Sich Bedienen der Telemedien" einen großzügigen Maßstab anzulegen und das wegen der fehlenden Herrschaft des Unternehmers über das Einigungsprocedere fehlende Schutzbedürfnis des Kunden erst bei Abs 2 Satz 1 zu berücksichtigen. Der Unternehmer bedient sich der Telemedien demnach stets dann, wenn er ein bestimmtes Telemedium **bewusst und zielgerichtet verwendet, um Verträge mit seinen Kunden zu schließen**[61]. Das setzt voraus, dass der Unternehmer die Möglichkeit hat, über das Ob und das Wie der Verwendung dieses Telemediums zu entscheiden[62]. Diese Voraussetzung ist aber schon dann erfüllt, wenn der Unternehmer seinen Kunden elektronische Kommunikationskanäle gezielt zu dem Zweck eröffnet, Willenserklärungen mit ihnen auszutauschen.

Diese Sicht auf das Verhältnis von „Sich Bedienen" zur „individuellen Kommunikation" gemäß Abs 1 hat freilich einen entsprechend weitreichenden Geltungsbereich von Abs 1 Satz 1 Nr 4 zur Konsequenz. Das ist aber jedenfalls dann hinnehmbar, wenn man mit der hM diese Information auch dann noch als rechtzeitig erteilt ansieht, wenn der Unternehmer dem Kunden die Vertragsbestimmungen unmittelbar nach Vertragsschluss in der geforderten Form zur Verfügung stellt (Rz 57)[63]. Ist im Beispiel (Rz 17) der Kunde nämlich ein Verbraucher und soll der Vertrag tatsächlich über den Austausch von WhatsApp-Nachrichten zustandekommen, liegt ein Fernabsatzvertrag vor, so dass der Unternehmer zu dieser Zeit die geforderten Informationen dem Verbraucher ohnehin nach § 312f überlassen muss. Ist der Kunde hingegen ein Unternehmer, so hat er nach den allgemeinen Regeln über die Einbeziehung von Allgemeinen Geschäftsbedingungen im unternehmerischen Verkehr den anderen Teil wenigstens regelmäßig unmittelbar nach dem Vertragsschluss über die Allgemeinen Geschäftsbedingungen zu informieren, sofern dies nicht ohnehin schon im Vorfeld geschehen ist[64].

---

56 Grüneberg/Grüneberg Rz 3.
57 Bülow/Artz, Verbraucherprivatrecht, Rz 108.
58 BeckOGK BGB/Busch Rz 49.
59 Bülow/Artz, Verbraucherprivatrecht, Rz 108.
60 MünchKommBGB/Wendehorst Rz 31.
61 Staud/Thüsing Rz 21.
62 MünchKommBGB/Wendehorst Rz 27.
63 BeckOGK BGB/Busch Rz 38; Grigoleit NJW 2002, 1151, 1157; sogar großzügiger MünchKommBGB/Wendehorst Rz 105.
64 Vgl MünchKommBGB/Basedow § 305 Rz 103 f.

19 b) **Zum Zwecke des Vertragsschlusses.** Interpretationsbedürftig ist schließlich auch das letzte Tatbestandsmerkmal, wonach der Unternehmer sich der Telemedien gerade zu dem Zweck bedienen muss, einen Vertrag abzuschließen. Der Wortlaut ließe nämlich durchaus eine großzügige Deutung dahingehend zu, dass bereits reine **Werbemaßnahmen** unter Einsatz von Telemedien dem Ziel dienten, Verträge abzuschließen. In diesem Fall wäre dann bereits die jeweilige Werbung mit den Informationen nach § 312i zu versehen. Freilich ginge man mit solch einem Verständnis deutlich über die Anordnungen in RL 2000/31/EG Art 10 und Art 11 hinaus. Dort heißt es nämlich, dass die Informationen im Vorfeld bzw für den Fall einer Bestellung durch den Kunden zur Verfügung zu stellen sind. Dadurch, dass der Unternehmer sich der Telemedien aber gerade zum Zwecke des Vertragsschlusses bedienen muss, soll exakt diesen einschränkenden Vorgaben aus RL 2000/31/EG Art 10 und Art 11 Rechnung getragen werden[65]. Für den Einsatz zum Vertragsschluss ist deshalb erforderlich, dass der Kunde das Telemedium auch elektronisch zum Zwecke einer Bestellung individuell abrufen kann[66]. Das ist jedenfalls zu verneinen bei reinen Werbeseiten, die nicht unmittelbar eine telemediengestützte Bestelloption eröffnen[67].

20 Unproblematisch liegt danach ein Vertrag im elektronischen Verkehr vor, wenn sowohl die invitatio ad offerendum als auch die beiden auf den Vertragsschluss gerichteten Willenserklärungen telemediengestützt abgegeben und übermittelt werden. So liegt es etwa, wenn der Kunde seinen Antrag (§ 145) an den Unternehmer über dessen Online-Shop übermittelt und der Unternehmer ebendort oder durch eine gesonderte E-Mail dem Kunden seine Annahmeerklärung zugehen lässt. Ebenfalls keine Schwierigkeiten bereiten die Fälle, in denen zwar die Vertragsanbahnung nicht über ein Telemedium erfolgt, wohl aber der Austausch von Antrag und Annahme[68]. Dementsprechend bedient sich der Unternehmer der Telemedien zum Zwecke des Abschlusses eines Vertrags, wenn der Kunde als Reaktion auf einen papiernen Werbeprospekt seinen Antrag an den Unternehmer per E-Mail formuliert und der Unternehmer auf demselben Weg die Annahme erklärt. Dass der Kunde hier womöglich deshalb gar nicht erst schutzwürdig ist, weil er sich keinem von dem Unternehmer dominierten Kommunikationsprocedere unterwirft, ist erst bei Abs 2 Satz 1 zu berücksichtigen. Freilich wird namentlich im Versandhandel dem Kunden eine gesonderte Annahmeerklärung des Unternehmers vielfach gar nicht erst zugehen, denn dort existiert eine Verkehrssitte, der zufolge die Versendung der Ware als Annahmeerklärung iSd § 151 Satz 1 anzusehen ist[69]. Forderte man auch vor diesem Hintergrund für die Anwendung von § 312i, dass beide Willenserklärungen telemediengestützt abgegeben würden, bliebe der Kunde somit überall dort ohne den Schutz des § 312i, wo er seinen Antrag an den Betreiber eines Online-Shops telemediengestützt abgäbe, dieser auf die Abgabe iSd § 130 Abs 1 einer gesonderten Annahmeerklärung aber im Hinblick auf § 151 Satz 1 verzichtete. Da der Kunde in dieser Situation wegen seiner eigenen Willenserklärung aber ggf dennoch dem von dem Unternehmer dominierten Kommunikationsprocedere unterworfen ist, kann solch ein Ergebnis keinesfalls dem Sinn und Zweck von § 312i oder von RL 2000/31/EG Art 10 und Art 11 entsprechen. Deshalb muss es für die Anwendung von § 312i jedenfalls ausreichen, dass die invitatio ad offerendum sowie die auf den Vertragsschluss gerichtete Willenserklärung des Kunden telemediengestützt unterbreitet bzw abgegeben werden[70]. Nach hier vertretener Ansicht (Rz 18) bedient sich der Unternehmer aber auch dann schon der Telemedien zum Zwecke des Vertragsschlusses, wenn er nur Vorrichtungen zur Verfügung stellt, mit denen er die auf den Vertragsschluss gerichtete Willenserklärung des Kunden – gleichviel, ob es sich dabei um den Antrag oder um die Annahme handelt – entgegennimmt. Dass der Kunde hier uU nicht schutzbedürftig sein wird, ist abermals eine Frage des Abs 2 Satz 1.

21 Für die Anwendung des § 312i genügt es, wenn der Unternehmer seine Kommunikationskanäle zu den Kunden so eingerichtet hat, dass mit **dem Zugang telemediengestützter Willenserklärungen zu rechnen** ist[71]. Bietet der Unternehmer danach auf seinen Webseiten verschiedene Möglichkeiten zur Übermittlung von Anträgen an ihn an, von denen manche telemediengestützt sind und andere nicht, so sind seine Seiten zwar den Vorgaben des § 312i entsprechend zu gestalten. Jedoch bleibt eine Missachtung dieser Pflicht für den konkreten Fall ohne Folgen, wenn der Kunde seinen Antrag per Telefon, Brief oder Telefax abgibt[72]. Teleologisch zu reduzieren ist § 312i schließlich für die Fälle, in denen **nur der Unternehmer seinen rechtsgeschäftlich relevanten Willen in telemediengestützter Form erklärt**[73]. Besteht zwischen dem Unternehmer und dem

---

65 BT-Drucks 14/6040, 170.
66 BT-Drucks 14/6040, 170.
67 OLG Brandenburg MMR 2018, 248, 249; Erman/Koch Rz 12; Grüneberg/Grüneberg Rz 2; Grigoleit NJW 2002, 1151, 1152; s auch Spindler/Schuster Schirmbacher Rz 15; Micklitz EuZW 2001, 133, 138.
68 MünchKommBGB/Wendehorst Rz 29; Staud/Thüsing Rz 22.
69 OLG Hamburg MMR 2005, 617, 618; MünchKommBGB/Busche § 151 Rz 5; Wiese MMR 2010, 751.
70 MünchKommBGB/Wendehorst Rz 29; Staud/Thüsing Rz 22.
71 BeckOK BGB/Maume Rz 16; MünchKommBGB/Wendehorst Rz 30.
72 MünchKommBGB/Wendehorst Rz 30.
73 MünchKommBGB/Wendehorst Rz 31.

Kunden ein **Rahmenvertrag**, innerhalb dessen der Kunde immer wieder aufs Neue einzelne Bestellungen aufgibt, so sollen die Unternehmerpflichten für jeden einzelnen dieser Bestellvorgänge gelten[74]. Dem ist zuzustimmen, denn zum einen hat der Rahmenvertrag einen anderen Inhalt als die einzelnen Ausführungsverträge und zum anderen ist für den Kunden auch keineswegs ersichtlich, dass der Prozess und die Bedingungen des Vertragsschlusses nach dem ersten Ausführungsvertrag auch künftig unverändert fortbestehen werden.

Umstritten ist, ob Unternehmer, die als **Plattformbetreiber** lediglich Anbietern und Nachfragern von Waren und/oder Dienstleistungen die Infrastruktur bereitstellen, über die diese eigene Verträge miteinander schließen, nicht nur hinsichtlich ihrer eigenen rechtlichen Beziehungen zu ihren Nutzern die Pflichten aus § 312i zu beachten haben, sondern auch hinsichtlich der zwischen den Nutzern geschlossenen Verträge. Die Frage wird erheblich, wenn auf der Plattform ein Nichtunternehmer seine Waren oder Dienstleistungen anbietet, denn in diesem Fall ist der persönliche Anwendungsbereich von § 312i nicht eröffnet. Hier besteht namentlich für den Nachfrager der Leistung das Problem, mit einem Vertragsschlussprocedere konfrontiert zu werden, das er womöglich nicht überblickt, ohne dass jemand verpflichtet wäre, ihm gegenüber für Transparenz zu sorgen. Dieses Schutzbedürfnis des Nachfragers spricht dafür, § 312i auch in dem Verhältnis von Plattformbetreiber und Nachfrager anzuwenden. Eine solche Interpretation der Vorschrift legt ihr Wortlaut allerdings nicht sonderlich nahe[75], mag er sie auch nicht gänzlich ausschließen[76]. Außerdem kann der Plattformbetreiber den Nachfrager über einige Umstände aus dem Katalog des § 312i von vornherein nicht informieren (zB Abs 1 Satz 1 Nr 4). Um aber den Plattformbetreiber gegenüber dem Nachfrager zu verpflichten, wenigstens diejenigen Informationen aus dem Katalog des § 312i zu liefern, die er zur Verfügung stellen kann, ist eine direkte oder analoge Anwendung von § 312i gar nicht erforderlich. Zu berücksichtigen ist nämlich, dass zwischen dem Plattformbetreiber und dem Nachfrager jedenfalls dann eine vertragliche oder wenigstens doch gemäß § 311 Abs 2 Nr 3 vertragsähnliche Sonderverbindung entsteht, sobald der Nachfrager auf der Plattform eine anhand von bestimmten Kriterien konkretisierte Suche nach passenden Anbietern initiiert[77]. Dementsprechend ist der Plattformbetreiber ab diesem Zeitpunkt gemäß § 241 Abs 2 auch verpflichtet, auf die Rechte, Rechtsgüter und sonstigen Interessen des Nachfragers Rücksicht zu nehmen. Sind diese Interessen des Nachfragers durch ein für ihn zunächst nicht überblickbares Vertragsschlussprocedere gefährdet und ist es der Plattformbetreiber, der dieses Procedere dominiert, so ist er mithin schon wegen § 241 Abs 2 verpflichtet, gegenüber dem Nachfrager für Transparenz zu sorgen[78]. Das geschieht durch Zurverfügungstellung der Informationen gemäß § 312i Abs 1 Satz 1 Nr 3 sowie gemäß § 312i Abs 1 Satz 1 Nr 2 iVm EGBGB Art 246c Nrn 1 bis 4[79]. Daneben gelten für den Plattformbetreiber die Informationspflichten gemäß § 312l in der ab dem 1.7.2022 geltenden Fassung.

III. Die Pflichten des Unternehmers

Die einzelnen Pflichten des Unternehmers lassen sich unterteilen in echte Informationspflichten (§ 312i Abs 1 Satz 1 Nrn 1, 3 und 4; § 312i Abs 1 Satz 1 Nr 2 iVm EGBGB Art 246c) sowie in die Pflicht zur Bereitstellung technischer Mittel, mit denen der Kunde den aktuellen Status seiner rechtsgeschäftlichen Willensbildung deutlich erkennen und ggf korrigieren kann (§ 312i Abs 1 Satz 1 Nr 2). Auch bei dieser Organisationspflicht geht es letztlich aber um Informationen, und zwar um Informationen des Unternehmers an den Kunden darüber, welchen Rechtsbindungswillen dessen Willenserklärung hätte, wenn er sie mit dem aktuellen Inhalt abschicken würde. Die Pflichten gemäß Abs 1 entstehen erstmals in dem Moment, in dem der Unternehmer potentiellen Kunden die Möglichkeit eröffnet, ihm über das Telemedium (zB Online-Shop mit integrierter Bestellfunktion) Erklärungen zum Abschluss von Verträgen oder zur Aufnahme von Vertragsverhandlungen (Rz 25) zukommen zu lassen[80].

1. Bereitstellung von technischen Mitteln zur Berichtigung von Eingabefehlern, Abs 1 Satz 1 Nr 1. Gemäß Abs 1 Satz 1 Nr 1 hat der Unternehmer dem Kunden angemessene, wirksame und zugängliche technische Mittel zur Verfügung zu stellen, mit deren Hilfe der Kunde Eingabefehler vor Abgabe seiner Bestellung erkennen und berichtigen kann. Unionsrechtliche Grundlage ist RL 2000/31/EG Art 11 Abs 2. Über die Existenz dieser technischen Mittel und die Art und Weise, wie sie bedient werden, hat der Unternehmer den Kunden außerdem zu informieren (Abs 1

---

[74] OLG München MMR 2019, 532, 534; MünchKommBGB/Wendehorst Rz 33.
[75] MünchKommBGB/Wendehorst Rz 35.
[76] BeckOGK BGB/Busch Rz 8.
[77] Hauck/Blaut NJW 2018, 1425, 1426 f; s auch BeckOK IT-Recht/Funk BGB § 662 Rz 2.
[78] MünchKommBGB/Wendehorst Rz 36.
[79] BeckOGK BGB/Busch Rz 8.
[80] Spindler/Schuster/Schirmbacher Rz 30.

Satz 1 Nr 2 iVm EGBGB Art 246c Nr 3). Diese ergänzende Informationspflicht basiert auf RL 2000/31/EG Art 10 Abs 1 lit c).

25 a) **Eingabefehler während des Bestellvorgangs.** Unter einer **Bestellung** soll nach praktisch einhelliger Lesart jede Kontaktaufnahme zwischen dem Kunden und dem Unternehmer zu verstehen sein, die dem Vertragsschluss vorgelagert ist[81]. Konsequenterweise wird danach auch die unverbindliche Anfrage nach der Verfügbarkeit einer Ware bereits als eine Bestellung iSd Abs 1 Nr 1 angesehen[82], selbst wenn das kaum demjenigen entsprechen dürfte, was der durchschnittliche Teilnehmer am Rechts- und Geschäftsverkehr mit dem Begriff der Bestellung assoziiert.

26 Der praktisch relevanteste Anwendungsfall der Bestellung – und bei Lichte besehen auch derjenige, bei dem ein ernsthaftes Schutzbedürfnis des Kunden erst entsteht – ist freilich die **auf den Vertragsschluss gerichtete Willenserklärung** des Kunden[83]. Soll das technische Mittel helfen, Eingabefehler zu erkennen und zu korrigieren, noch ehe der Kunde diese Willenserklärung abgibt, können Eingabefehler sich nur ereignen, während der Kunde seinen rechtsgeschäftlich relevanten Willen formuliert. Entscheidend ist, dass objektiv Erklärtes und subjektiv Gewolltes auseinanderfallen[84]. Der Begriff ist damit dem Irrtum iSd § 119 Abs 1 sehr ähnlich. Der wesentliche Unterschied besteht darin, dass dort der Zeitpunkt der Abgabe entscheidend ist, während es hier um die Phase geht, bevor der Kunde seine Erklärung in Richtung auf den Unternehmer in den Rechtsverkehr entlässt. Im Übrigen dürften die allermeisten Eingabefehler ihre Ursache in einem Vertippen oder Verklicken haben[85]. Das entspricht den Erklärungsirrtümern gemäß § 119 Abs 1 Alt 2[86]. In Betracht kommen etwa die Auswahl des falschen Produkts, die versehentlich mehrfache Auswahl des gewünschten Produkts, die Eingabe falscher Daten wegen eines Verrutschens im Drop-Down-Menü, das versehentliche Setzen oder Vergessen eines für den Vertragsinhalt wesentlichen Häkchens und Ähnliches mehr[87].

27 b) **Zurverfügungstellung technischer Mittel.** Der Unternehmer kann technische Mittel zum Erkennen und Korrigieren solcher Eingabefehler sinnvollerweise nur zur Verfügung stellen, wenn er durch das für den Vertragsschluss eingesetzte Telemedium Einfluss auf die Art und Weise nimmt, wie der Kunde seinen rechtsgeschäftlichen Willen nach außen wahrnehmbar formuliert. Formuliert nämlich der Kunde seinen rechtsgeschäftlich erheblich werdenden Willen in einer E-Mail, WhatsApp-Nachricht oÄ autonom und frei, so hat der Unternehmer keinen Zugang zu des Kunden Eingabemaske und deshalb auch keinerlei Möglichkeit, bei der möglichst willensmangelfreien Formulierung der Erklärung Unterstützung zu leisten. Relevant wird Abs 1 Satz 1 Nr 1 deshalb nur dort, wo der Kunde zur Formulierung und Abgabe seiner Erklärung durch ein von dem Unternehmer strukturiertes und formularmäßig organisiertes Procedere geleitet wird. Unter den zur Verfügung zu stellenden technischen Mitteln sind vor diesem Hintergrund in das Procedere integrierte Funktionalitäten zu verstehen, die dem Kunden den gegenwärtigen Inhalt und Status seiner Erklärung übersichtlich anzeigen und es ihm ermöglichen, etwaige Eingabefehler durch einfaches Überschreiben oÄ des jeweiligen Eingabefensters zu korrigieren. **Angemessen, wirksam und zugänglich** sind diese technischen Mittel, wenn der Kunde sie mit zumutbarem Aufwand[88] und ohne über das durchschnittliche Alltagswissen hinausgehende Sachkunde[89] zweckentsprechend einsetzen kann. Das beinhaltet, dass bereits das Procedere zur Formulierung und Abgabe der Kundenerklärung sowie die hierbei zum Einsatz kommenden Formulare und Eingabefenster übersichtlich und eindeutig gestaltet sein müssen[90].

28 Regelmäßig ausreichend, aber auch erforderlich ist eine Gestaltung, bei der der Kunde nach dem Durchlaufen des gesamten Eingabeprocederes auf einer **Übersichtsseite** noch einmal den gesamten Inhalt seiner Bestellung übersichtlich zusammengestellt bekommt, ehe er die Erklärung durch den Klick auf „Zahlungspflichtig bestellen" oÄ abgibt[91]. Voraussetzung ist dabei aber, dass der Kunde von der finalen Übersichtsseite einfach zurückblättern und die falsch ausgefüllten Eingabefelder einzeln korrigieren kann[92]. Kein angemessenes Mittel zur Korrektur ist es also,

---

[81] BeckOK BGB/Maume Rz 24; BeckOGK BGB/Busch Rz 16; Erman/Koch Rz 15; Grüneberg/Grüneberg Rz 5; MünchKommBGB/Wendehorst Rz 66; Spindler/Schuster/Schirmbacher Rz 31; Staud/Thüsing Rz 39, jeweils unter Hinweis auf BT-Drucks 14/7052, 192.
[82] MünchKommBGB/Wendehorst Rz 66; Staud/Thüsing Rz 39.
[83] Klimke CR 2005, 582, 584.
[84] Spindler/Schuster/Schirmbacher Rz 29.
[85] JurisPK-BGB/Junker Rz 15; Spindler/Schuster/Schirmbacher Rz 29.
[86] MünchKommBGB/Wendehorst Rz 62.
[87] Staud/Thüsing Rz 40; Klimke CR 2005, 582 (583).
[88] Spindler/Schuster/Schirmbacher Rz 36.
[89] BeckOK BGB/Maume Rz 23.
[90] MünchKommBGB/Wendehorst Rz 63; aA Klimke CR 2005, 582, 583 f.
[91] BeckOK BGB/Maume Rz 23; Grigoleit NJW 2002, 1151, 1157; Klimke CR 2005, 582, 583.
[92] Spindler/Schuster/Schirmbacher Rz 35.

wenn der Kunde, der auf dem finalen Übersichtsfenster einen Eingabefehler entdeckt, den gesamten Bestellungsprozess von vorn beginnen muss[93].

c) **Vor der Abgabe.** Das technische Mittel muss so eingerichtet sein, dass der Kunde seinen Eingabefehler ohne zumutbaren Aufwand erkennen und korrigieren kann, bevor er seine Erklärung abgibt, wobei für den Abgabebegriff auf § 130 Abs 1 abzustellen ist. Dadurch soll vermieden werden, dass der Kunde durch einen – womöglich versehentlich erfolgten – **einfachen Klick** auf das Leistungsangebot eine verbindliche Erklärung abgibt[94]. 29

Vor diesem Hintergrund sind zunächst **Ein-Klick-Bestellungen** problematisch, bei denen der Kunde zur Abgabe seiner Willenserklärung nicht den vollständigen, von dem Unternehmer vorgesehenen Bestellvorgang durchläuft, sondern mit einem einzigen Klick auf eine entsprechend eingerichtete Schaltfläche sofort eine auf den Vertragsschluss gerichtete Willenserklärung abgibt. Solche Gestaltungen werden wohl überwiegend unter der Voraussetzung für zulässig erachtet, dass der Verbraucher im Nachhinein noch eine gewisse Frist zur Verfügung habe, innerhalb derer er etwa erforderliche Korrekturen noch vornehmen könne[95]. Angesichts der Wortlaute von Abs 1 Satz 1 Nr 1 und RL 2000/31/EG Art 11 Abs 2 wird man dem allerdings allenfalls für den Fall zustimmen können, dass der Kunde von dem Unternehmer nach dem ersten Klick etwa per E-Mail oder in einem gesonderten Fenster eine Übersicht über den Bestellungsinhalt erhält, den er sodann aktiv bestätigen muss, um seine Erklärung wirksam werden zu lassen. Bei einer solchen Konstruktion würde man allerdings nicht mehr im eigentlichen Sinn von einer Ein-Klick-Bestellung sprechen können. Würde die Erklärung hingegen ohne eine aktive Bestätigung durch bloßes Nichtabändern innerhalb der offenen Frist endgültig wirksam, wäre den Anforderungen von Abs 1 Satz 1 Nr 1 nicht genügt[96]. 30

Im Ergebnis nicht anders verhält es sich bei den (von einigen Anbietern deshalb auch schon wieder deaktivierten) sog **Dash-Buttons**[97]. Bei diesen handelt es sich um kleine, WLAN-fähige Geräte, die über eine Smartphone-App des Unternehmers konfiguriert werden und sodann die Möglichkeit eröffnen, den hinterlegten Gegenstand mit einem einzigen Knopfdruck zu bestellen[98]. Da diese Geräte aktuell über keinerlei Display verfügen, das dem Kunden den Inhalt seiner Erklärung vor dem Drücken des Dash-Buttons anzeigen könnte, entsprechen die Geräte in ihrer derzeitigen Form nicht den Vorgaben von (ua) Abs 1 Satz 1 Nr 1 und RL 2000/31/EG Art 11 Abs 2[99]. 31

2. **Informationen gemäß EGBGB Abs 1 Satz 1 Nr 2 iVm Art 246c.** Gemäß Abs 1 Satz 1 Nr 2 hat der Unternehmer dem Kunden die in EGBGB Art 246c aufgelisteten Informationen klar und verständlich mitzuteilen, und zwar rechtzeitig, bevor dieser seine Bestellung abgibt. Durch EGBGB Art 246c wurden RL 2000/31/EG Art 10 Abs 1 und Abs 2 in das BGB überführt. Die Richtlinienvorschrift stellt dabei klar, dass diese Informationspflichten zusätzlich zu allen anderen, insbesondere verbraucherrechtlichen Informationspflichten bestehen. Mit der Ausgliederung dieser Informationen in eine gesonderte Vorschrift meinte der Gesetzgeber, die Lesbarkeit von § 312i zu verbessern[100]. 32

a) **Vertragsschluss, EGBGB Art 246c Nr 1.** Bei Verträgen im elektronischen Geschäftsverkehr muss der Unternehmer den Kunden über die einzelnen technischen Schritte unterrichten, die zu einem Vertragsschluss führen. Das knüpft an die Ungewissheit des Kunden über den vollständigen Verlauf eines von dem Unternehmer vorgegebenen, standardisierten und formularmäßig organisierten Procederes zur Erklärung seines rechtsgeschäftserheblichen Willens an. Hier muss für den Kunden bei jeder Handlung, die er innerhalb dieses Procederes auf den einzelnen Formularseiten vornimmt, deutlich sein, ob diese Handlung noch dem Vorbereitungsstadium zuzuordnen ist oder ob er damit eine verbindliche Erklärung abgibt[101]. Wichtig ist das insbesondere beim Blättern zur nächsten Formularseite durch Klick auf die „Weiter"-Schaltfläche. Üblich und ausreichend sind insoweit (i) Beschreibungen des Inhalts der nächsten Formularseite (zB „Zu den Liefer- und Rechnungsdaten"), (ii) Flussdiagramme am Seitenrand, die den Fortschritt des Procederes anzeigen[102] und/oder (iii) Hinweise darauf, dass der Kunde den Inhalt seiner Bestellung vor der endgültigen 33

---

93 MünchKommBGB/Wendehorst Rz 64; Spindler/Schuster/Schirmbacher Rz 36; Klimke CR 2005, 582, 583.
94 Spindler/Schuster/Schirmbacher Rz 33.
95 MünchKommBGB/Wendehorst Rz 68; Spindler/Schuster/Schirmbacher Rz 39; aA BeckOGK BGB/Busch Rz 15.
96 Leeb MMR 2017, 89, 93.
97 Zur Gleichbehandlung beider Phänomene Spindler/Schuster/Schirmbacher Rz 40.
98 Stiegler MDR 2020, 1100, 1101.
99 OLG München VuR 2019, 429, 431; Leeb MMR 2017, 89, 93; Vogt ITRB 2018, 180, 181; aA Stiegler MDR 2020, 1100, 1101.
100 BT-Drucks 14/6040, 171.
101 BeckOGK BGB/Busch EGBGB Art 246c Rz 5.
102 BeckOGK BGB/Busch EGBGB Art 246c Rz 5; Spindler/Schuster/Schirmbacher EGBGB Art 246c Rz 4.

Abgabe einer verbindlichen Erklärung noch einmal zusammengefasst angezeigt bekommen werde. Deutlich hervorzuheben ist schließlich diejenige Handlung, mit der der Kunde seinen fertig gebildeten rechtsgeschäftlichen Willen in Richtung auf den Unternehmer abgibt (§ 130 Abs 1)[103]. Das wird jedenfalls durch die sog „**Button-Lösung**" gewährleistet, die an sich erst bei § 312j Abs 3 Satz 1 zu verorten ist, aber auch die Erfüllung allgemeineren Pflichten gemäß EGBGB Art 246c Nr 1 sicherstellen kann. Danach erfolgt die Abgabe der Willenserklärung durch den Klick auf eine ausschließlich mit den Wörtern „Zahlungspflichtig bestellen" oder vergleichbar eindeutig beschriftete Schaltfläche[104].

34 Da der Wortlaut eine Beschreibung des vollständigen Vertragsschlusses fordert, muss aus den von dem Unternehmer bereitgestellten Informationen schließlich hervorgehen, welche Handlung die auf den Vertragsschluss gerichtete **Willenserklärung des Unternehmers** ist[105]. Diese Information kann zulässigerweise in die Allgemeinen Geschäftsbedingungen des Unternehmers aufgenommen werden[106].

35 b) **Speicherung des Vertragstextes, EGBGB Art 246c Nr 2**. Bei Verträgen im elektronischen Geschäftsverkehr muss der Unternehmer den Kunden darüber unterrichten, ob der Vertragstext nach dem Vertragsschluss von dem Unternehmer gespeichert wird und ob er dem Kunden zugänglich ist. Der Kunde soll danach erkennen können, ob er die Vertragsbestätigung gemäß Abs 1 Satz 1 Nr 4 und/oder gemäß § 312f Abs 2 archivieren muss oder ob er sie entsorgen kann, weil der Unternehmer in jedem Fall eine Kopie bei sich behalten wird[107]. Für diese Information genügt die Aufnahme in die Allgemeinen Geschäftsbedingungen des Unternehmers[108]. Schließen der Unternehmer und der Kunde ihren Vertrag auf einer von einem Dritten zur Verfügung gestellten Plattform, ist der Informationspflicht bereits dann genügt, wenn beide sich den Prozessen und Regeln des Plattformbetreibers unterwerfen und dieser alle relevanten Informationen in seinen Allgemeinen Geschäftsbedingungen zur Verfügung stellt[109].

36 c) **Erkennen und Berichtigen von Eingabefehlern, EGBGB Art 246c Nr 3**. Bei Verträgen im elektronischen Geschäftsverkehr muss der Unternehmer den Kunden darüber unterrichten, wie er mit den nach Abs 1 Satz 1 Nr 1 zur Verfügung gestellten technischen Mitteln Eingabefehler vor Abgabe der Vertragserklärung erkennen und berichtigen kann. Diese Vorschrift ist überflüssig[110]. Die technischen Mittel zum Erkennen und Korrigieren von Eingabefehlern genügen den Anforderungen an ihre Angemessenheit, Wirksamkeit und Zugänglichkeit nämlich nur, wenn der Kunde sie ohne zumutbaren Aufwand und ohne eine über das durchschnittliche Alltagswissen hinausgehende Sachkunde zweckentsprechend verwenden kann (Rz 27). Mit anderen Worten müssen diese technischen Mittel von vornherein als selbsterklärend ausgestaltet sein, so dass jede weitere Information über sie ins Leere gehen muss.

37 d) **Sprachen, EGBGB Art 246c Nr 4**. Bei Verträgen im elektronischen Geschäftsverkehr muss der Unternehmer den Kunden über die für den Vertragsschluss zur Verfügung stehenden Sprachen informieren. Trotz des insoweit leicht missverständlichen Wortlauts kommt es nicht darauf an, in welchen Sprachen die auf den Vertragsschluss gerichteten Willenserklärungen abgegeben werden können. Vielmehr steht eine Sprache nur dann für den Vertragsschluss zur Verfügung, wenn in ihr nicht nur der den Vertragsgegenstand betreffende Teil des Online-Auftritts des Unternehmers gehalten ist, sondern auch alle sonstigen Vertragsbestimmungen einschließlich der gesetzlich geschuldeten Informationen, und wenn die Willenserklärungen der Parteien ebenfalls in dieser Sprache verfasst werden[111]. Letztlich geht es also ebenso wie bei EGBGB Art 246b § 1 Abs 1 Nr 17 um eine Information über die zur Verfügung stehenden Vertragssprachen (wegen der Einzelheiten § 312d Rz 111 f).

38 Für die entsprechende Information genügt es, wenn der Unternehmer in seinen Online-Auftritt Schaltflächen entsprechend den **Flaggen der Länder** einbettet, deren Sprachen für den Vertragsschluss zur Verfügung stehen, so dass der Kunde mit einem einzigen Klick zu der von ihm gewünschten Version des Online-Auftritts gelangt[112]. Steht diese Sprache dann tatsächlich doch nur für Teile des Vertragsverhältnisses zur Verfügung, hat der Unternehmer irreführend mit einer Vertragssprache geworben, die er in Wahrheit nicht anbietet. Das ist aber kein Problem des EGBGB Art 246c Nr 4[113].

---

103 BeckOGK BGB/Busch EGBGB Art 246c Rz 5.
104 Bülow/Artz, Verbraucherprivatrecht, Rz 112.
105 MünchKommBGB/Wendehorst Rz 69.
106 Spindler/Schuster/Schirmbacher EGBGB Art 246c Rz 5.
107 MünchKommBGB/Wendehorst Rz 72.
108 Spindler/Schuster/Schirmbacher EGBGB Art 246c Rz 14.
109 LG Frankenthal BeckRS 2008, 177559.
110 So zu Recht MünchKommBGB/Wendehorst Rz 73.
111 MünchKommBGB/Wendehorst Rz 76.
112 MünchKommBGB/Wendehorst Rz 77; Spindler/Schuster/Schirmbacher EGBGB Art 246c Rz 22; aA OLG Hamm MMR 2011, 586, 587.
113 AA OLG Hamm MMR 2011, 586, 587.

Steht für den Vertragsschluss **nur eine einzige Sprache** zur Verfügung, braucht der Unternehmer hierüber nicht gesondert zu informieren[114]. 39

e) **Verhaltenskodizes, EGBGB Art 246c Nr 5**. Bei Verträgen im elektronischen Geschäftsverkehr muss der Unternehmer den Kunden über sämtliche einschlägigen Verhaltenskodizes unterrichten, denen der Unternehmer sich unterwirft. Zu unterrichten ist außerdem über die Möglichkeit eines elektronischen Zugangs zu diesen Regelwerken. 40

Obwohl es systematisch an sich naheliegt, sind mit den Kodizes iSd EGBGB Art 246c Nr 5 und RL 2000/31/EG Art 10 Abs 2 nicht nur die in RL 2000/31/EG Art 16 genannten gemeint. Der Kunde hat nämlich nicht nur ein Interesse an Verhaltenskodizes, die spezifisch über die Art und Weise des Geschäftemachens im E-Commerce bestehen, sondern gerade auch in Bezug auf solche Verhaltenskodizes, die generell in Bezug auf die Erbringung des Leistungsgegenstands existieren und die der Unternehmer als für sich gültig anerkennt. Der **Begriff** des Verhaltenskodexes ist vielmehr identisch mit demjenigen des RL 2011/83/EU Art 6 Abs 1 lit n) iVm RL 2005/29/EG Art 2 lit f)[115]. Dort ist der Verhaltenskodex legaldefiniert als eine Vereinbarung oder ein Vorschriftenkatalog, die bzw der nicht durch die Rechts- und Verwaltungsvorschriften eines Mitgliedstaates vorgeschrieben ist und das Verhalten der Gewerbetreibenden definiert, die sich in Bezug auf eine oder mehrere spezielle Geschäftspraktiken oder Wirtschaftszweige auf diesen Kodex verpflichten. Berufs- und standesrechtliche Regeln, welche ein Hoheitsträger in dieser Funktion erlassen hat, können daher keine Verhaltenskodizes in diesem unionsrechtlichen Sinn sein[116]. 41

Der Unternehmer kommt seiner entsprechenden Informationspflicht jedenfalls nach, indem er einen **Link** auf die Webseite setzt, über die der Verhaltenskodex abrufbar ist[117], den er entweder beim Impressum, in einer Rubrik „Über uns" oÄ ansiedeln kann. Hat der Unternehmer sich keinem solchen Kodex unterworfen, besteht keine Pflicht zu einer entsprechenden Negativanzeige[118]. 42

f) **Zeitpunkt sowie Art und Weise der Information**. Die Informationen sind dem Kunden rechtzeitig vor der Abgabe von dessen Bestellung klar und verständlich mitzuteilen. Es gelten also auch **die allgemeinen Gebote von Rechtzeitigkeit und Transparenz**, die der Gesetzgeber im Regelungszusammenhang der §§ 312 ff bereits in § 312a Abs 1 iVm EGBGB Art 246 Abs 1, § 312d Abs 1 iVm EGBGB Art 246a § 4 Abs 1 sowie in § 312d Abs 2 iVm EGBGB Art 246b § 1 Abs 1 in Bezug nimmt. Wegen der sachlichen Nähe und des identischen Schutzzwecks sind diese Gebote hier nicht anders zu handhaben als bei den Regelungen des EGBGB Art 246a § 4 Abs 1, soweit sie den Fernabsatz betreffen (allgemeine Grundsätze § 312d Rz 67 ff; besondere Regeln für Informationen auf Webseiten § 312d Rz 75 ff; M-Commerce (§ 312d Rz 79). 43

3. **Bestätigung des Zugangs der Bestellung, Abs 1 Satz 1 Nr 3**. Der Unternehmer hat seinem Kunden unverzüglich den Zugang von dessen Bestellung auf elektronischem Wege zu bestätigen. Dies dient der Versicherung des Kunden darüber, dass seine Willenserklärung den Unternehmer erreicht hat und in Bearbeitung ist, damit er nicht wegen der objektiv unberechtigten Befürchtung, die Übermittlung könnte fehlgeschlagen sein, weitere Bestellungen vornimmt[119]. Unionsrechtliche Grundlage dieser Information über den Zugang der Bestellung ist RL 2000/31/ EG Art 11 Abs 1. 44

a) **Zugang der Bestellung des Kunden beim Unternehmer**. Erste Voraussetzung ist, dass die Bestellung des Kunden dem Unternehmer auch tatsächlich zugegangen ist. Dabei soll es auf den Zugangsbegriff des § 130 Abs 1 ankommen[120]. Die Zugangsfiktion in Abs 1 Satz 2 diene der möglichst wortlautgetreuen Umsetzung der Richtlinienvorgaben und sei lediglich an den bei § 130 herrschenden Zugangsbegriff angepasst worden[121]. Danach müsste man die Möglichkeit des Abrufs unter gewöhnlichen Umständen in Abs 1 Satz 2 an sich als die Möglichkeit der Kenntnisnahme unter gewöhnlichen Umständen verstehen. Daran ist freilich problematisch, dass eine E-Mail, die den Unternehmer außerhalb seiner üblichen Geschäftszeiten erreicht, erst am Morgen des nächsten Werktags zugeht[122]. Folglich würde ein Kunde, der seine Bestellung erst nach den üblichen Geschäftszeiten absendete, erst am nächsten Morgen erfahren, ob sie den Unternehmer bestimmungsgemäß erreicht hätte oder nicht[123]. Das Ziel, den Kunden von durch seine Ungewissheit über die erfolgreiche Übermittlung bedingten, überflüssigen Mehrfachbestellungen abzuhal- 45

---

114 BeckOGK BGB/Busch EGBGB Art 246c Rz 13.
115 Spindler/Schuster/Schirmbacher EGBGB Art 246c Rz 24.
116 AA BeckOGK BGB/Busch EGBGB Art 246c Rz 11; MünchKommBGB/Wendehorst Rz 80.
117 MünchKommBGB/Wendehorst Rz 82; Spindler/ Schuster/Schirmbacher EGBGB Art 246c Rz 26.
118 BeckOK BGB/Maume EGBGB Art 246c Rz 11.
119 Spindler/Schuster/Schirmbacher Rz 51; Bergt NJW 2011, 3752, 3753.
120 BT-Drucks 14/6040, 172.
121 BT-Drucks 14/6040, 172.
122 OLG Düsseldorf BeckRS 2012, 5968; BeckOK BGB/ Wendtland § 130 Rz 15; BeckOGK BGB/Gomille § 130 Rz 75; Wietzorek MMR 2007, 156.
123 AA Spindler/Schuster/Schirmbacher Rz 52.

ten, bliebe somit über Stunden und ggf sogar Tage hinweg unerreicht. Allerdings lassen sich das Ziel von Abs 1 Satz 1 Nr 3, dem Kunden möglichst rasch Gewissheit von der erfolgreichen Nachrichtenübermittlung zu verschaffen, und der Wunsch des Gesetzgebers, am Zugangsbegriff des § 130 festzuhalten, durchaus zusammenführen. Der Grundsatz, dass eine außerhalb der Geschäftszeiten in den Machtbereich des Unternehmers gelangte E-Mail erst am nächsten Tag zugeht, gilt nämlich dort nicht, wo der Unternehmer sich aufgrund der Besonderheiten des Rechtsverhältnisses auch außerhalb der Geschäftszeiten empfangsbereit halten muss[124]. Eine solche Pflicht des Unternehmers wird man hier angesichts des mit Abs 1 Satz 1 Nr 3 und RL 2000/31/EG Art 11 Abs 1 verfolgten Zwecks anzunehmen haben. Folglich gehen Bestellungen des Kunden dem Unternehmer gemäß Abs 1 Satz 2 bereits in dem Moment zu, in dem sie seinen Machtbereich erreichen, also erstmals für den Empfänger abrufbar gespeichert bereitliegt[125]. Dem entspricht es, dass eingehende E-Mails, die bei dem empfangenden Unternehmen voll automatisiert bearbeitet werden, ebenfalls sogleich und unabhängig von den Geschäftszeiten zugehen (Rz 49 f)[126].

46 b) **Bestätigungserklärung**. Die Vorschrift verpflichtet den Unternehmer lediglich zur Abgabe einer **Wissenserklärung**, deren Inhalt sich auf die Mitteilung beschränkt, dass er die Bestellung des Kunden erhalten habe[127]. Das ändert allerdings nichts daran, dass der rechtsgeschäftlich erhebliche Bedeutungsgehalt dieser Erklärung anhand von §§ 133, 157 ermittelt wird und deshalb die nur als Wissenserklärung beabsichtigte Antwort dennoch eine **Annahme gemäß § 147** sein kann[128]. Unproblematisch als bloße Wissenserklärungen einzuordnen sind Erklärungen wie „Wir haben Ihre Bestellung wie folgt aufgenommen (…)"[129] oder „Wir bestätigen den Eingang Ihrer Bestellung (…)". Umgekehrt liegt in einer Erklärung mit dem Inhalt „Vielen Dank für Ihren Auftrag, den wir so schnell wie möglich ausführen werden" ebenso eine Annahmeerklärung[130] wie in einer im Übrigen zwar mehrdeutigen Erklärung, die aber mit „Auftragsbestätigung" überschrieben ist[131]. Zu berücksichtigen ist, dass die Auslegung nicht nur auf den Wortlaut beschränkt sein kann, sondern auch die Begleitumstände miteinbeziehen muss. Hat demnach der Unternehmer in Erfüllung seiner Pflicht aus Abs 1 Satz 1 Nr 2 iVm EGBGB Art 246c Nr 1 darüber informiert, dass seine unverzüglich erfolgende elektronische Antwort auf die Bestellung den Vertrag noch nicht zustande bringe, dann kann eine solche Antwort nur als Annahmeerklärung verstanden werden, wenn ihr dahingehender Erklärungswert eindeutig ist[132]. Dementsprechend kann man die häufig verwendete Formulierung „Vielen Dank für Ihren Auftrag. Wir werden Ihre Bestellung umgehend bearbeiten" nur in Ausnahmefällen als Annahmeerklärung des Unternehmers verstehen dürfen[133]. Um jeden Zweifel von vornherein auszuschließen, sollte der Unternehmer in der Bestätigungsmail noch einmal ausdrücklich herausstellen, dass durch diese Nachricht lediglich der Zugang der Bestellung bestätigt werde und noch nicht der Vertrag zustande komme[134].

47 Wirksam wird die Zugangsbestätigung erst mit dem **Zugang bei dem Kunden**, was sich jedenfalls aus Abs 1 Satz 2 ergibt. Für den Zeitpunkt des Zugangs gilt hier Entsprechendes wie für den Zugang der Bestellung bei dem Unternehmer. Zum einen legt Abs 1 Satz 2 nämlich die Gleichbehandlung beider Zugänge zugrunde. Zum anderen kann man den Kunden, der auf die Zugangsbestätigung des Unternehmers wartet, auch durchaus als verpflichtet ansehen, sich entsprechend empfangsbereit zu halten.

48 c) **Auf elektronischem Weg**. Der Unternehmer hat dem Kunden die Bestätigungserklärung auf elektronischem Weg zu übermitteln. Als Alternativen stehen dem Unternehmer hierfür zunächst die Übersendung einer E-Mail an den Kunden oder die Anzeige einer entsprechenden Webseite zur Verfügung, die sich unmittelbar im Anschluss an den vollendeten Bestellvorgang automatisch öffnet[135]. Nach Erwägungsgrund 34 zur RL 2000/31/EG kann die Zugangsbestätigung durch den Unternehmer auch darin bestehen, dass er die bestellte Dienstleistung online erbringt. In dieser Konstellation fallen die Zugangsbestätigung und die Annahmeerklärung zusammen.

---

124 BeckOGK BGB/Gomille § 130 Rz 75.
125 BeckOGK BGB/Busch Rz 23; Erman/Koch Rz 18; MünchKommBGB/Wendehorst Rz 92; Spindler/Schuster/Schirmbacher Rz 52; Staud/Thüsing Rz 52.
126 MünchKommBGB/Einsele § 130 Rz 19.
127 BeckOK BGB/Maume Rz 26; Grüneberg/Grüneberg Rz 7; MünchKommBGB/Wendehorst Rz 93; Mankowski EWiR 2003, 961, 962; Fritz NJW 2021, 1697, 1698.
128 BGHZ 195, 126 Rz 19; OLG Düsseldorf NJW-RR 2016, 1073, 1075; Grüneberg/Grüneberg Rz 7; Sut-

schet NJW 2014, 1041, 1046; Janal AcP 215 (2015), 830, 834 f; Fritz NJW 2021, 1697, 1698.
129 LG Hamburg NJW-RR 2004, 1568.
130 OLG Frankfurt/Main MMR 2003, 405, 406; LG Köln MMR 2003, 481.
131 OLG Düsseldorf NJW-RR 2016, 1073, 1075.
132 Vgl AG Wolfenbüttel MMR 2003, 492.
133 OLG Nürnberg MMR 2010, 31, 32; Mankowski EWiR 2003, 961, 962; aA BeckOK BGB/Maume Rz 27; Bodenstedt MMR 2004, 719, 720.
134 Mankowski EWiR 2003, 961, 962.
135 MünchKommBGB/Wendehorst Rz 96.

d) **Unverzüglich**. Schließlich hat die Bestätigung unverzüglich zu erfolgen. Wegen der Definition kann auf den herkömmlichen deutschen Sprachgebrauch zurückgegriffen werden, ohne gegen die Richtlinienvorgaben zu verstoßen[136]. Unverzüglich bedeutet also auch hier im Ausgangspunkt **„ohne schuldhaftes Zögern"** und nicht „sofort". Zu berücksichtigen ist freilich, dass das wenig starre Verständnis von der Unverzüglichkeit bei § 121 eine Einzelfallbetrachtung ermöglichen soll, bei der die Interessen des Anfechtungsgegners und des zur Anfechtung Berechtigten an Rechtssicherheit bzw einem überlegten Vorgehen abgewogen werden sollen[137]. Einer solchen Einzelfallbetrachtung bedarf es im Fall von Abs 1 Satz 1 Nr 3 allerdings nicht. So steht auf der einen Seite stets das Interesse des Kunden, möglichst rasch über die erfolgreiche Nachrichtenübermittlung an den Unternehmer unterrichtet zu werden. Auf der anderen Seite gibt es für den Unternehmer aber nichts zu überlegen, denn er hat lediglich eine Tatsache zu bestätigen[138]. Hinzu kommt, dass es ihm ohne Weiteres möglich ist, durch sein zum Vertragsschluss verwendetes Telemedium für jede Bestellung eine automatische Antwort-E-Mail an den Absender verschicken zu lassen, die den Eingang der Bestellung bestätigt (**„Autoreply"**). Unverzüglich bestätigt der Unternehmer dem Kunden den Eingang von dessen Bestellung demnach nur, wenn er einen Autoresponder einrichtet, der die Bestätigungsmail sofort im Anschluss an deren Eingang absendet[139]. 49

Teils wird aber auch in Zusammenhang mit Abs 1 Satz 1 Nr 3 eine **Einzelfallbetrachtung** für erforderlich erachtet. Differenzieren müsse man ggf je danach, welche Funktionalitäten das von dem Unternehmer eingesetzte Telemedium zur Verfügung stelle[140]. Außerdem gebe es durchaus Kleinunternehmer, die ihre elektronische Post vollständig manuell bearbeiten[141]. Zu berücksichtigen ist freilich, dass eine zuverlässige Autoresponder-Software mittlerweile schon sehr niedrigschwellig zur Verfügung steht. Vor diesem Hintergrund kann von einem unzumutbaren Aufwand für den Unternehmer keine Rede sein[142], zumal er ja auch Vorteile daraus zieht, dass er durch das von ihm eingesetzte Telemedium den Kommunikationsprozess hin zu dem Vertragsschluss mit dem Kunden dominiert. Den Interessen derjenigen, die eingehende Bestellungen manuell bearbeiten wollen, wird durch Abs 2 Satz 1 hinreichend Rechnung getragen. 50

4. **Abruf und Speicherung von Vertragsbestimmungen, Abs 1 Satz 1 Nr 4**. Schließlich hat der Unternehmer dem Kunden die Möglichkeit zu verschaffen, die Vertragsbestimmungen einschließlich der Allgemeinen Geschäftsbedingungen bei Vertragsschluss abzurufen und in wiedergabefähiger Form zu speichern. Dies dient der Umsetzung von RL 2000/31/EG Art 10 Abs 3. Der Kunde soll so die Möglichkeit zur **Archivierung des Vertragsinhalts** erhalten[143]. Die Vorschrift lässt die allgemeinen Regeln über das Zustandekommen und den Inhalt des Vertrags unberührt. Gleiches gilt für die Einbeziehung von Allgemeinen Geschäftsbedingungen in den Vertrag[144]. Zu informieren ist also nur über den Inhalt von Vereinbarungen, die nach diesen Regeln wirksam getroffen wurden[145] oder jedenfalls zum Inhalt des verbindlichen Antrags des Kunden geworden sind. Die Ausnahmetatbestände des Abs 2 können den Unternehmer von dieser Informationspflicht nicht befreien. Abs 1 Satz 1 Nr 4 hat einige **Schnittmengen mit § 312f Abs 2**. Anders als dort muss der Unternehmer hier den Vertragsinhalt dem Kunden aber nicht auf einem dauerhaften Datenträger zugehen lassen, sondern es genügt, wenn er diesem die Möglichkeit verschafft, sich selbst eine elektronische Kopie davon anzufertigen. 51

a) **Vertragsbestimmungen**. Mit den Vertragsbestimmungen ist der gesamte privatautonom vereinbarte Inhalt des Schuldverhältnisses zwischen dem Unternehmer und dem Kunden gemeint[146]. Naturgemäß sind lediglich konkludent getroffene Abreden nicht umfasst[147]. Würden sie nämlich zum Gegenstand einer Information nach Abs 1 Satz 1 Nr 4, wären sie nicht mehr nur konkludent getroffen. Ebenfalls nicht aufzunehmen sind die Regelungen des dispositiven Gesetzesrechts, welche die Pflichten der Parteien konkretisieren. 52

Bei der Diskussion darüber, inwieweit der Unternehmer Umstände aufzunehmen habe, die die Soll-Beschaffenheit der unternehmerseits geschuldeten Leistung definieren[148], sind zunächst die Fälle unproblematisch, in denen der Kunde seine Vorstellungen in ein von dem Unternehmer zur Verfügung gestelltes Formular ausdrücklich aufnimmt. Derlei Beschaffenheitsmerkmale sind 53

---

136 MünchKommBGB/Wendehorst Rz 97; Staud/Thüsing Rz 54; Grabitz/Hilf/Marly RL 2000/31/EG Art 11 Rz 6; s aber BeckOGK BGB/Busch Rz 29.
137 MünchKommBGB/Armbrüster § 121 Rz 7.
138 BeckOGK BGB/Busch Rz 30; Staud/Thüsing Rz 54.
139 BeckOK BGB/Maume Rz 26; BeckOGK BGB/Busch Rz 30; Staud/Thüsing Rz 54; Roßnagel/Tamm RTD-Kommentar Rz 29.
140 Spindler/Schuster/Schirmbacher Rz 54.
141 Spindler/Schuster/Schirmbacher Rz 54.
142 Hoeren/Sieber/Holznagel MMR-Hdb/Föhlisch Teil 13.4 Rz 243.
143 BeckOK BGB/Maume Rz 30; von Wallenberg MMR 2005, 661, 665.
144 Grüneberg/Grüneberg Rz 8.
145 MünchKommBGB/Wendehorst Rz 101; Staud/Thüsing Rz 57.
146 MünchKommBGB/Wendehorst Rz 98.
147 MünchKommBGB/Wendehorst Rz 98.
148 Vgl MünchKommBGB/Wendehorst Rz 100.

dokumentiert und ohne Weiteres in der Vertragsbestätigung zu benennen. Sind bestimmte Beschaffenheitsmerkmale nicht ausdrücklich vereinbart, können sie sich entweder aus dem schlüssigen Parteienverhalten ergeben oder anhand der entsprechenden Bestimmungen des dispositiven Gesetzesrechts festgelegt werden (zB § 434 Abs 3 Satz 1). Auf auf diese Weise zum Vertragsinhalt gewordene Beschaffenheitsmerkmale erstreckt sich die Informationspflicht aus Abs 1 Satz 1 Nr 4 aber von vornherein nicht (Rz 52). Es verbleiben die Fälle, in denen der Kunde dem Unternehmer über dessen Online-Shop einen Vertragsschluss anträgt, den der Unternehmer aber nicht annimmt. Stattdessen wendet er sich (telemediengestützt) an den Kunden und bietet ihm einen anderen Leistungsgegenstand mit anderen Beschaffenheitsmerkmalen an. Hier mag deshalb kein Fall von Abs 2 Satz 1 vorliegen, weil die Vertragsanbahnung über ein von dem Unternehmer eingesetztes Telemedium erfolgte (Rz 60). Allerdings dürfte es für den Unternehmer keinen unzumutbar hohen Aufwand bedeuten, die in dieser anschließenden individuellen Kommunikation getroffenen Abreden ebenfalls in die Vertragsbestätigung aufzunehmen.

54 b) **Abrufen und speichern.** Anders als bei § 312f Abs 2 muss der Unternehmer dem Kunden die geschuldeten Informationen hier nicht auf einem dauerhaften Datenträger zugehen lassen. Vielmehr muss er sie lediglich als geschriebenen Text elektronisch so zugänglich machen, dass der Kunde ihn am Bildschirm lesen und ihn als Datei auf einem eigenen dauerhaften Datenträger speichern kann[149]. Dies kann dadurch geschehen, dass sich unmittelbar nach dem Zugang der Bestellung eine Seite öffnet, die nicht nur den Zugang iSd Abs 1 Satz 1 Nr 3 bestätigt, sondern auch sämtliche Vertragsbestimmungen iSd Abs 1 Satz 1 Nr 4 zusammenstellt. Alternativ kann der Unternehmer den Kunden auch auf eine solche Seite verlinken oder ihm – namentlich per E-Mail – die Informationen auf einem dauerhaften Datenträger zukommen lassen. Verfügt der Kunde über ein Nutzerkonto mit integriertem Postfach bei dem Unternehmer, kann dieser die Datei mit den Informationen gemäß Abs 1 Satz 1 Nr 2 auch dort hinterlegen. Macht der Unternehmer danach die Informationen gemäß Abs 1 Satz 1 Nr 4 bereits zugänglich, bevor er den Antrag des Kunden angenommen hat, muss er bei der Gestaltung – idealerweise durch eine ausdrückliche, blickfangartig herausgestellte Erklärung – nach §§ 133, 157 deutlich machen, dass diese reine Wissenserklärung den Vertrag noch nicht zustande bringe.

55 c) **Bei Vertragsschluss.** RL 2000/31/EG Art 10 Abs 3 ist nichts über den Zeitpunkt zu entnehmen, zu dem der Unternehmer seine Pflicht aus Abs Satz 1 Nr 4 zu erfüllen hat. Der Umsetzungsgesetzgeber markiert den Vertragsschluss als den maßgeblichen Zeitpunkt. Für dessen konkrete Bestimmung bildet das unionsrechtliche Verständnis vom Vertragsschluss als Kontinuum von Rechtsbeziehungen, das von der ersten Anbahnung bis zu seinem Abschluss reicht (§ 312c Rz 9), den Ausgangspunkt. Demnach ist es möglich und zulässig, dass der Unternehmer dem Kunden die Vertragsbestimmungen speicherbar zugänglich macht, nachdem der Antrag (§ 145) des Kunden wirksam geworden ist und bevor der Unternehmer seine Annahme erklärt hat.

56 Allerdings scheidet solch eine Gestaltung aus, wenn der Antrag von dem Unternehmer stammt und der Kunde die Annahme erklärt. In diesem Fall kann man freilich bereits den speicherbar zugänglich gemachten Antrag des Unternehmers für ausreichend erachten, da dieser definitionsgemäß den gesamten Vertragsinhalt enthalten und auch die Voraussetzungen für die Einbeziehung der Allgemeinen Geschäftsbedingungen sicherstellen muss. Zwar mag der Kunde auch hier noch ein berechtigtes Interesse an der Information über den Zugang seiner Annahmeerklärung und über den damit erfolgten Vertragsschluss zu den Konditionen des Antrags haben. Dieses Interesse sollte allerdings bereits durch die Unternehmererklärung nach Abs 1 Satz 1 Nr 3 ausreichend bedient sein.

57 Die hM versteht die Voraussetzung „bei Vertragsschluss" dennoch nicht in einem derart strengen Sinne, dass die Vertragsbestimmungen spätestens gleichzeitig mit dem Wirksamwerden der zweiten auf den Vertragsschluss gerichteten Willenserklärung vorliegen müssten[150]. Da nämlich der Vertragsinhalt erst mit dem Wirksamwerden der Annahmeerklärung feststehe, müsse es ausreichen, wenn der Unternehmer dem Kunden die Vertragsbestimmungen erst unmittelbar nach diesem Zeitpunkt abruf- und speicherbar zugänglich mache[151]. Relevant wird das zunächst dort, wo der Kunde die Annahme erklärt und man den Antrag des Unternehmers für Abs 1 Satz 1 Nr 4 nicht ausreichen lässt, und außerdem auch dort, wo der Unternehmer den Antrag des Kunden nach § 151 Satz 1 annimmt und ihm die Vertragsbestimmungen nicht sogleich im Anschluss an den Zugang des Antrags abruf- und speicherbar zur Verfügung gestellt hat. Gleichzeitig mit dem Vertragsschluss erhält der Kunde die Informationen nach Abs 1 Satz 1 Nr 4 allerdings, wenn der

---

149 MünchKommBGB/Wendehorst Rz 102; Spindler/Schuster/Schirmbacher Rz 59.
150 BeckOGK BGB/Busch Rz 38; Grigoleit NJW 2002, 1151, 1157.
151 BeckOGK BGB/Busch Rz 38; Grigoleit NJW 2002, 1151, 1157; s auch MünchKommBGB/Wendehorst Rz 105.

Unternehmer den Antrag per E-Mail annimmt und mit dieser die Vertragsbestimmungen in speicherbarer Form übersendet[152].

IV. Ausnahmen gemäß Abs 2

1. **Individuelle Kommunikation, Abs 2 Satz 1.** Abs 1 Satz 1 Nr 1 bis Nr 3 sind nicht anzuwenden, wenn der Vertrag ausschließlich durch individuelle Kommunikation geschlossen wird. Die Vorschrift dient der Umsetzung von RL 2000/31/EG Art 10 Abs 4, Art 11 Abs 3, nach denen die Unternehmerpflichten nach Abs 1 Satz 1 Nrn 1 bis 3 nicht für Verträge gelten, die ausschließlich durch den Austausch von elektronischer Post oder durch damit vergleichbare individuelle Kommunikation geschlossen werden. 58

Die Vertragsschlüsse, die der Gesetzgeber aus dem Pflichtenkatalog von Abs 1 teilweise ausnehmen wollte, sind mit dem **Begriff der individuellen Kommunikation** nicht sonderlich gelungen umschrieben[153]. Tatsächlich bedeutet nämlich jeder Austausch von Antrags- und Annahmeerklärung einen Kommunikationsakt zwischen den beiden Parteien und lässt sich deshalb als individuelle Kommunikation zwischen diesen bezeichnen. Deshalb führen auch Vorschläge nicht weiter, wonach es für die individuelle Kommunikation darauf ankommen soll, ob der Erklärungsaustausch **technisch-formal** die Individualisierung der Parteien erfordere[154]. Will man Abs 2 Satz 1 durch Auslegung schärfere Konturen verleihen, muss man vielmehr berücksichtigen, dass der Kunde die Informationen aus Abs 1 Satz 1 Nrn 1 bis 3 dort nicht benötigt, wo er seinen rechtsgeschäftlich erheblichen Willen auch unter Einsatz von Telemedien **vollkommen frei formulieren kann** und gerade nicht durch ein von dem Unternehmer dominiertes, strukturiertes und formularmäßig organisiertes Procedere geleitet wird[155]. 59

Weitere Voraussetzung für das Eingreifen von Abs 2 Satz 1 zu Gunsten des Unternehmers ist, dass der **Vertrag ausschließlich durch individuelle Kommunikation geschlossen** wird. Nach dem soeben Gesagten bedeutet das, dass der Kunde während des gesamten auf den Vertragsschluss gerichteten Kommunikationsvorgangs vollkommen frei sein muss, seinen Willen zu formulieren und die Bedeutung seiner Erklärung – unverbindliche Anfrage, Aufnahme von Vertragsverhandlungen, Willenserklärung etc – selbst zu bestimmen. Vorzugswürdig ist es, auch in diesem Zusammenhang auf das unionsrechtliche Verständnis vom Vertragsschluss als einem Kontinuum von Rechtsbeziehungen abzustellen, das von der ersten Anbahnung bis zu seinem Abschluss reicht (§ 312c Rz 9)[156]. Danach kommt Abs 2 Satz 1 nicht in Betracht, wenn der Kunde entweder für die Vertragsanbahnung selbst oder für eine seiner anschließenden Erklärungen inklusive seiner schlussendlich auf den Vertragsschluss gerichteten Willenserklärung ein Formular des Unternehmers verwendet[157]. 60

Vor diesem Hintergrund liegt gewiss ein Fall von Abs 2 Satz 1 vor, wenn der Kunde **im Schaufenster eines Einzelhandelsgeschäfts** eine interessante Ware entdeckt und sodann über sein eigenes E-Mail-Programm, per SMS, WhatsApp oÄ einen Antrag an den Unternehmer sendet, diese Ware zu dem ausgezeichneten Preis kaufen zu wollen. Akzeptiert der Unternehmer durch ausdrückliche Erklärung oder durch eine Erklärung gemäß § 151 Satz 1, ist der Vertrag ausschließlich durch individuelle Kommunikation geschlossen worden. Nicht anders liegt es, wenn der Kunde nicht durch eine Auslage im Schaufenster, sondern durch einen **papiernen Prospekt** auf den Gegenstand seines Interesses aufmerksam wurde. Schlecht gewählt ist vor diesem Hintergrund das Beispiel des Umsetzungsgesetzgebers, dem zufolge bereits das **Ins-Internet-Stellen des Verkaufsprospekts** durch den Unternehmer die Anwendung von Abs 2 Satz 1 ausschließen soll[158]. Dieser Vorgang beschreibt nämlich eine reine Werbemaßnahme, für die noch nicht einmal der sachliche Anwendungsbereich von § 312i eröffnet ist (Rz 19) und die deshalb zeitlich auch noch vor der Vertragsanbahnung liegt. Dementsprechend gilt Abs 2 Satz 1 gerade auch dort, wo der Kunde den Gegenstand seines Interesses auf einem Internetauftritt des Unternehmers entdeckt, er sodann seinen Antrag zum Abschluss des Kauf- oder Dienstleistungsvertrags mithilfe seines eigenen E-Mail-Programms, einer SMS, einer WhatsApp oÄ selbständig formuliert und sodann der Unternehmer entweder ausdrücklich oder durch Erklärung gemäß § 151 Satz 1 akzeptiert[159]. Ebenso liegt es, wenn der Unternehmer zwar einen direkten Kommunikationskanal über seine Website eröffnet, das hinterlegte Formular aber keine Vorgaben enthält, sondern dem Kunden das 61

---

152 BeckOGK BGB/Busch Rz 38; MünchKommBGB/Wendehorst Rz 105; Staud/Thüsing Rz 58.
153 Staud/Thüsing Rz 30.
154 S auch Winkemann CR 2020, 451, 455.
155 Erman/Koch Rz 22; Bülow/Artz, Verbraucherprivatrecht Rz 108.
156 Wenigstens ähnlich MünchKommBGB/Wendehorst Rz 52; aA Staud/Thüsing Rz 32.
157 BeckOK BGB/Maume Rz 21; MünchKommBGB/Wendehorst Rz 53.
158 BT-Drucks 14/6040, 172.
159 AA Spindler/Schuster/Schirmbacher Rz 21.

Verfassen eines völlig freien Textes ermöglicht[160]. Nicht mehr individuell ist die Kommunikation erst, wenn der Unternehmer den Kunden zum Zwecke der Bestellung auf ein von ihm dominiertes, strukturiertes und formularmäßig organisiertes Procedere zur Formulierung und zur Abgabe seines rechtsgeschäftlich erheblichen Willens umleitet. Nicht anders sind die Fälle zu behandeln, in denen der Kunde auf die Werbemaßnahme im **Social-Media-Umfeld** aufmerksam wird, etwa auf dem Kanal eines Influencers, der direkt auf den Online-Shop des Unternehmers verlinkt[161].

62 **Sendet der Unternehmer dem Kunden einen Antrag zum Vertragsschluss** per E-Mail, per SMS, per WhatsApp oÄ und antwortet der Kunde hierauf ebenfalls per E-Mail, per SMS, per WhatsApp oÄ mit „Ja", so liegt ebenfalls ein Fall von Abs 2 Satz 1 vor[162]. Das gilt entgegen einer verbreiteten Annahme[163] auch dann, wenn der Unternehmer einen Antrag mit im Übrigen identischem Inhalt an unübersehbar viele andere Empfänger versendet (**„Spam-E-Mail"**). Die Freiheit des Empfängers, seine Antwort mittels seines eigenen E-Mail-Programms oÄ so zu verfassen, wie er es individuell für richtig hält, wird nämlich nicht dadurch beeinträchtigt, dass womöglich tausende von anderen Personen eine identische E-Mail erhalten haben. Beeinträchtigt wird sie vielmehr erst, wenn die Annahme nicht mehr durch eine frei formulierte Nachricht des Empfängers erfolgen soll, sondern etwa durch einen Klick auf eine von dem Unternehmer bereitgestellte Schaltfläche, auf einen Link oder durch Übersenden eines von dem Unternehmer mitversandten Formulars[164].

63 Solche Massennachrichten werden idR freilich keine Willenserklärungen des Absenders transportieren, sondern vielmehr als invitationes ad offerendum zu verstehen sein. In diesem Fall handelt es sich für die Zwecke von § 312i zunächst um eine bloße Werbemaßnahme. Ob Abs 2 Satz 1 in der Folge greift oder nicht, hängt davon ab, ob der Unternehmer den Kunden bei dessen Reaktion durch ein strukturiertes und formularmäßig organisiertes Procedere leitet oder nicht.

64 **2. Abdingbarkeit, Abs 2 Satz 2.** Die Informationen gemäß Abs 1 Satz 1 Nr 1 bis Nr 3 sind auch dort nicht zu erteilen, wo zwischen Parteien, die keine Verbraucher sind, entsprechendes vereinbart wurde. Das geht zurück auf die Einschränkungen in RL 2000/31/EG Art 10 Abs 1 und Abs 2, sowie RL 2000/31/EG Art 11 Abs 2. Zugrunde liegt die Vorstellung, dass Nichtverbraucher als Kunden im elektronischen Geschäftsverkehr deutlich weniger schutzbedürftig seien[165].

65 Der Wortlaut legt es nahe, dass beide Vertragsparteien Nichtverbraucher sein müssen, damit die Abbedingung gemäß Abs 2 Satz 2 möglich werde. In solchen Fällen sind sämtliche Pflichten aus § 312i indes schon deshalb unbeachtlich, weil mangels Beteiligung eines Unternehmers bereits kein Vertrag im elektronischen Geschäftsverkehr iSd Abs 1 gegeben ist. Abs 2 Satz 2 ist deshalb nach praktisch einhelliger Lesart bereits einschlägig, wenn **nur der Kunde kein Verbraucher** iSd § 13 ist[166]. Dabei muss der Kunde nicht zwingend ein Unternehmer sein[167]. Es genügt vielmehr, dass der Kunde weder das eine noch das andere ist, etwa ein Idealverein[168].

66 Der Verzicht auf die Bereitstellung von Informationen gemäß Abs 2 Satz 2 setzt voraus, dass der Unternehmer und sein Kunde die entsprechende Vereinbarung getroffen haben, bevor sie den Schuldvertrag über die Ware oder die Dienstleistung unter Einsatz eines von dem Unternehmer verwendeten Telemediums abschließen[169]. Praktisch relevant dürfte die Vorschrift somit nur für solche Online-Shops werden, zu denen man nur mit einer individuellen Kennung Zugang erlangt, die ein Verbraucher nicht erhalten kann. Im Rahmen der Registrierung und Kennungserteilung würde dann zulässigerweise ein **Rahmenvertrag** darüber geschlossen, dass bei künftigen Vertragsschlüssen unter Einsatz eines bestimmten Telemediums die Informationen gemäß Abs 1 Satz 1 Nr 1 bis Nr 3 nicht erteilt werden[170]. Für eine entsprechende Einmalvereinbarung dieses Inhalts dürfte es hingegen kaum praktische Anwendungsfälle geben. Hier liegt es sehr viel näher, dass die Parteien sogleich eine individuelle Vereinbarung gemäß Abs 2 Satz 1 über die Ware oder die Dienstleistung abschließen.

67 Nach hM soll die Vereinbarung nach Abs 2 Satz 2 nur als **Individualvereinbarung** und nicht als Allgemeine Geschäftsbedingung abgeschlossen werden können[171]. Damit dürfte die praktische Relevanz von Abs 2 Satz 2 vollends gegen Null tendieren.

---

160 Ähnlich Staud/Thüsing Rz 32.
161 BeckOGK BGB/Busch Rz 52.
162 BT-Drucks 14/6040; aA Spindler/Schuster/Schirmbacher Rz 32.
163 BeckOK BGB/Maume Rz 20; Staud/Thüsing Rz 30; Raue MMR 2012, 438, 441.
164 BeckOGK BGB/Busch Rz 51.1.
165 Spindler/Schuster/Schirmbacher Rz 24.
166 MünchKommBGB/Wendehorst Rz 55; Spindler/Schuster/Schirmbacher Rz 23; Staud/Thüsing Rz 34.
167 AA Erman/Koch Rz 23; Grüneberg/Grüneberg Rz 10.
168 MünchKommBGB/Wendehorst Rz 55.
169 BT-Drucks 14/6040, 172.
170 BT-Drucks 14/6040, 172.
171 BeckOK BGB/Maume Rz 32; BeckOGK BGB/Busch Rz 58; Erman/Koch Rz 25; Grüneberg/Grüneberg Rz 10; aA MünchKommBGB/Wendehorst Rz 58 f; Spindler/Schuster/Schirmbacher Rz 24.

V. Rechtsfolgen einer Pflichtverletzung

In § 312i selbst sind keine Rechtsfolgen für den Fall angeordnet, dass der Unternehmer die 68 Pflichten aus Abs 1 S 1 nicht erfüllt. Das hat den Hintergrund, dass zum einen auch die zugrunde liegenden RL 2000/31/EG Art 10 und Art 11 keine spezifischen Sanktionen definieren und zum anderen die Organisations- und Informationspflichten zu unterschiedlich sind, als dass eine einheitliche Regelung sinnvoll erschiene[172]. Vielmehr sollen die im Einzelfall sich ergebenden Sanktionen anhand der allgemeinen schuldrechtlichen Regeln über die Verletzung vorvertraglicher Pflichten ermittelt werden[173].

Festzuhalten ist dabei zunächst, dass die **Wirksamkeit des Vertrags** allein durch die 69 Nichtbeachtung der Pflichten aus Abs 1 Satz 1 nicht infragesteht[174]. Allerdings kann namentlich die Verletzung von Abs 1 Satz 1 Nr 1 dazu führen, dass der Kunde eine Willenserklärung **ohne aktuelles Erklärungsbewusstsein** abgibt. In diesem Fall ist die Erklärung wirksam und analog § 119 Abs 1 Alt 1 anfechtbar, sofern der Kunde wenigstens mit potentiellem Erklärungsbewusstsein handelte[175]. Anders als der Gesetzgeber meint[176], wird man Letzteres nicht pauschal verneinen können[177]. War sich der Kunde hingegen bewusst, dass sein Klick einen Rechtsbindungswillen kundtun werde, kann er bei der Abgabe immer noch einem **Erklärungsirrtum** unterliegen und aufgrund von § 119 Abs 1 Alt 2 zur Anfechtung berechtigt sein. Macht der Kunde in diesen Fällen von seinem Anfechtungsrecht Gebrauch, ergibt sich aus § 142 Abs 1 zunächst die Nichtigkeit und darüber hinaus aus § 122 Abs 1 ein Schadensersatzanspruch des Unternehmers wegen des enttäuschten Vertrauens auf die Gültigkeit der Kundenerklärung. Dieser Schadensersatzanspruch ist aber ausgeschlossen, was sich entweder über die Figur des venire contra factum proprium gemäß § 242[178] oder aber mit dem allgemeinen Gedanken von den Folgen der zurechenbaren Veranlassung des Irrtums durch den Anfechtungsgegner begründen lässt[179].

Nach den allgemeinen schuldrechtlichen Regelungen der **§ 280 Abs 1 iVm § 241 Abs 2** 70 kann dem Verletzten wegen einer Verletzung von vorvertraglichen Organisations- und/oder Informationspflichten des anderen Teils ein **Anspruch auf Schadensersatz** zustehen. Dieser Anspruch soll auf der Rechtsfolgenseite auf die Auflösung oder ggf sogar die Anpassung des Vertrags gerichtet sein[180]. Das mag man bejahen bei Mehrfachbestellungen, die der Kunde nicht getätigt hätte, wenn ihm eine Bestätigung nach Abs 1 Satz 1 Nr 3 zugegangen wäre[181]. Relevant wird der Schadensersatzanspruch aber nur, wenn der Kunde kein Verbraucher ist und sich deshalb nicht durch einfachen Widerruf von dem Vertrag lösen kann[182]. Eine Vermutung für ein aufklärungsrichtiges Verhalten wird sich nur in besonderen Einzelfällen begründen lassen, etwa bei einer Mehrfachbestellung und gleichzeitiger Verletzung der Unternehmerpflicht aus Abs 1 Satz 1 Nr 3.

Der Umsetzungsgesetzgeber sieht in den Pflichten gemäß Abs 1 Satz 1 Nrn 1 bis 3 **Neben-** 71 **pflichten, auf deren Erfüllung der Kunde einen Anspruch** habe[183]. Dementsprechend kann der Kunde auch nach dem Vertragsschluss Erfüllung verlangen, sofern das zu diesem Zeitpunkt noch sinnvoll ist. Denkbar sind schließlich Unterlassungsklagen gegen den Unternehmer nach Maßgabe der UWG §§ 13 iVm 8 ff und/oder UKlaG §§ 8 ff.

VI. Verhältnis zu anderen Informationspflichten, Abs 3

Gemäß Abs 3 bleiben weitergehende Informationspflichten des Unternehmers gegenüber 72 seinem Kunden unberührt. Insbesondere im Fernabsatz hat es also nicht mit der Erfüllung der Pflichten aus Abs 1 sein Bewenden, vielmehr sind § 312d Abs 2, § 312f Abs 2 selbständig zu beachten. Erfüllt der Unternehmer jedoch aus anderen Quellen stammende Pflichten, die deckungsgleich mit denjenigen aus Abs 1 sind oder sogar über diese hinausgehen, ist Abs 1 Genüge getan.

---

172 BT-Drucks 14/6040, 173.
173 BT-Drucks 14/6040, 173.
174 BT-Drucks 14/6040, 173.
175 BGHZ 91, 324, 330.
176 BT-Drucks 14/6040, 173.
177 MünchKommBGB/Wendehorst Rz 106.
178 BT-Drucks 14/6040, 173.
179 MünchKommBGB/Armbrüster § 122 Rz 24.
180 BT-Drucks 14/6040, 173.

181 Spindler/Schuster/Schirmbacher Rz 63; aA MünchKommBGB/Wendehorst Rz 108, die der zweiten Bestellung nach §§ 133, 157 schon keine rechtsgeschäftliche Relevanz zuerkennt.
182 MünchKommBGB/Wendehorst Rz 107.
183 BT-Drucks 14/6040, 173; s zur Klagbarkeit von Nebenpflichten allgemein MünchKommBGB/Bachmann § 241 Rz 66 ff.

VII. Beweislast

73 Abs 1 definiert Ansprüche des Kunden gegen den Unternehmer, so dass nach den allgemeinen Regeln der Kunde die Voraussetzungen von Abs 1 darzulegen und nötigenfalls zu beweisen hat. Nach dem hier vertretenen Verständnis davon, wann der Unternehmer sich der Telemedien zum Zwecke des Vertragsschlusses bedient (Rz 19 ff), bedarf es insoweit auch keiner Beweiserleichterungen für den Kunden[184]. Nachdem Abs 2 Ausnahmen von der Grundregel des Abs 1 beschreibt, ist hierfür der Unternehmer darlegungs- und objektiv beweisbelastet.

§ 312j Besondere Pflichten im elektronischen Geschäftsverkehr gegenüber Verbrauchern

(1) Auf Webseiten für den elektronischen Geschäftsverkehr mit Verbrauchern hat der Unternehmer zusätzlich zu den Angaben nach § 312i Absatz 1 spätestens bei Beginn des Bestellvorgangs klar und deutlich anzugeben, ob Lieferbeschränkungen bestehen und welche Zahlungsmittel akzeptiert werden.

(2) Bei einem Verbrauchervertrag im elektronischen Geschäftsverkehr, der den Verbraucher zur Zahlung verpflichtet, muss der Unternehmer dem Verbraucher die Informationen gemäß Artikel 246a § 1 Absatz 1 Satz 1 Nummer 1, 5 bis 7, 8, 14 und 15 des Einführungsgesetzes zum Bürgerlichen Gesetzbuche, unmittelbar bevor der Verbraucher seine Bestellung abgibt, klar und verständlich in hervorgehobener Weise zur Verfügung stellen.

(3) Der Unternehmer hat die Bestellsituation bei einem Vertrag nach Absatz 2 so zu gestalten, dass der Verbraucher mit seiner Bestellung ausdrücklich bestätigt, dass er sich zu einer Zahlung verpflichtet. Erfolgt die Bestellung über eine Schaltfläche, ist die Pflicht des Unternehmers aus Satz 1 nur erfüllt, wenn diese Schaltfläche gut lesbar mit nichts anderem als den Wörtern „zahlungspflichtig bestellen" oder mit einer entsprechenden eindeutigen Formulierung beschriftet ist.

(4) Ein Vertrag nach Absatz 2 kommt nur zustande, wenn der Unternehmer seine Pflicht aus Absatz 3 erfüllt.

(5) Die Absätze 2 bis 4 sind nicht anzuwenden, wenn der Vertrag ausschließlich durch individuelle Kommunikation geschlossen wird. Die Pflichten aus den Absätzen 1 und 2 gelten weder für Webseiten, die Finanzdienstleistungen betreffen, noch für Verträge über Finanzdienstleistungen.

ÜBERSICHT

I. Allgemeines 1	IV. Die Gestaltung der Bestellsituation, Abs 3 28–41
II. Angaben über Lieferbeschränkungen und Zahlungsmittel, Abs 1 2–16	1. Normzweck 29, 30
1. Normzweck 3, 4	2. Zahlungspflicht des Verbrauchers .. 31
2. Anwendungsbereich 5–7	3. Ausdrückliche Bestätigung und Betätigung einer Schaltfläche 32–41
3. Angaben über Lieferbeschränkungen 8–12	a) Begriff der Schaltfläche 34, 35
4. Angaben über Zahlungsmittel 13	b) Text auf der Schaltfläche 36–39
5. Zeitpunkt der Angaben 14, 15	c) Gut lesbar und mit nichts anderem beschriftet 40, 41
6. Form der Angaben 16	V. Folgen eines ungenügenden Hinweises auf die Zahlungspflicht, Abs 4 42–49
III. Zusammenfassende Informationen, Abs 2 17–27	1. Unwirksamkeit des Vertrags 42–45
1. Anwendungsbereich 18	2. Rückabwicklung 46–49
2. Gegenstand der Informationspflicht . 19, 20	VI. Beweislast 50
3. Unmittelbar vor der Bestellung ... 21–23	
4. Art und Weise der Darstellung 24–26	
5. Rechtsfolgen eines Verstoßes 27	

---

[184] AA MünchKommBGB/Wendehorst Rz 37; Spindler/Schuster/Schirmbacher Rz 70, die aber auch eine andere Interpretation vom Einsatz des Telemediums zum Zwecke des Vertragsschlusses vertreten.

I. Allgemeines

§ 312j ergänzt den allgemein für den elektronischen Geschäftsverkehr geltenden § 312i um 1
einige spezifisch gegenüber Verbrauchern zu beachtende Pflichten. Im Verhältnis zu § 312d hat
die Vorschrift eine ergänzende und konkretisierende Funktion. Inhaltlich umfasst sie in den Abs 1
bis 4 unterschiedliche Informationspflichten, die jeweils unterschiedliche Normzwecke verwirklichen sollen, während Abs 5 bestimmte Verträge im elektronischen Geschäftsverkehr von dem
Anwendungsbereich ausnimmt.

II. Angaben über Lieferbeschränkungen und Zahlungsmittel, Abs 1

Gemäß Abs 1 hat der Unternehmer auf Webseiten für den elektronischen Geschäftsverkehr mit 2
Verbrauchern zusätzlich zu den Angaben nach § 312i Abs 1 spätestens bei Beginn des Bestellvorgangs klar und deutlich anzugeben, ob Lieferbeschränkungen bestehen und welche Zahlungsmittel akzeptiert werden. Unionsrechtlicher Hintergrund dieser Informationspflicht ist RL 2011/83/
EU Art 8 Abs 3.

1. Normzweck. Nach wie vor sieht die zum deutschen Recht wenigstens ganz hM in der 3
Warenpräsentation eines Händlers nur eine invitatio ad offerendum. Deshalb kann der Unternehmer in seinem Telemedium vertragsrechtlich gefahrlos Leistungen präsentieren, über die er keinen
Vertrag abschließen will, weil er die entsprechenden Leistungen in Wahrheit gar nicht erbringt.
Der Vorteil für den Unternehmer mag bei diesem Vorgehen zum einen darin bestehen, den Verbraucher auf seine Vertriebsplattform gelotst zu haben, so dass er diesem nun womöglich eine
andere als die ursprünglich gesuchte Leistung verkaufen kann. Insoweit liegt die Situation hier
nicht anders als bei den lauterkeitsrechtlichen Fällen der **Lockvogelwerbung**[1]. Zum anderen
kann der Unternehmer dieses Vorgehen aber auch allein dazu einsetzen, um anhand der von dem
Verbraucher vergeblich formulierten Anträge dessen personenbezogene Daten zu erlangen. Gerade
auch der **Gefahr einer nutzlosen Preisgabe von personenbezogenen Daten** soll Abs 1 entgegenwirken[2]. Da diese nach Ansicht des Gesetzgebers auch dort besteht, wo der Verbraucher
zunächst auf mehreren Formularseiten seine Informationen übermittelt, ehe er später feststellen
muss, dass der Unternehmer kein für ihn geeignetes Zahlungsmittel akzeptiert, wurde die frühzeitige Informationspflicht auch auf die zur Vertragsabwicklung zur Verfügung stehenden Informationspflichten erstreckt[3].

Freilich ist der Unternehmer bereits aufgrund von § 312d Abs 1 iVm EGBGB Art 246a § 1 Abs 1 4
Satz 1 Nr 7, § 4 Abs 1 dazu verpflichtet, dem Verbraucher rechtzeitig vor der Abgabe von dessen
Vertragserklärung Informationen über die Zahlungs-, Liefer- und Leistungsbedingungen sowie
über den Zeitpunkt für die Erbringung der unternehmerischen Pflicht zur Verfügung zu stellen.
Allerdings ist der allgemeinen Pflicht aus § 312d Abs 1 bereits genügt, wenn der Verbraucher die
Information rechtzeitig vor der Abgabe seiner auf den Vertragsschluss gerichteten Willenserklärung erhält. Das kann aber uU auch ein Zeitpunkt sein, zu dem er seine sämtlichen für den
Abschluss des Vertrags und seine Abwicklung erforderlichen persönlichen Daten bereits übermittelt hat und er für die Abgabe seiner Willenserklärung lediglich noch einen Klick tätigen müsste.
Dieser Zeitpunkt wäre für § 312j Abs 1 zu spät, so dass die selbständige Bedeutung von Abs 1
gegenüber § 312d Abs 1 zu Recht in einer **zeitlichen Vorverlagerung der Informationspflicht**
gesehen wird[4].

2. Anwendungsbereich. Abs 1 ist nur auf **Webseiten für den elektronischen Geschäftsverkehr** 5
von Unternehmern (§ 14) mit Verbrauchern (§ 13) anwendbar. Da nach dem weiten
Begriffsverständnis von TMG § 1[5] auch eine einzelne Webseite ein Telemedium sein kann, geht es
in Zusammenschau mit § 312i Abs 1 um Webseiten, derer sich ein Unternehmer zum Zwecke des
Abschlusses eines Vertrags über die Lieferung von Waren oder über die Erbringung von Dienstleistungen mit einem Verbraucher bedient. Schon aus systematischen Gründen kann diese Beschreibung des elektronischen Geschäftsverkehrs nicht grundsätzlich anders zu verstehen sein als bei
§ 312i Abs 1 (§ 312i Rz 5 ff)[6]. Entscheidend kommt es demnach auch hier darauf an, dass der
Unternehmer seine Webseite verwendet, um Willenserklärungen von Verbrauchern entgegenzunehmen (§ 312i Rz 17). Dazu muss der aus einer einzelnen oder mehreren Webseiten bestehende
Internetauftritt des Unternehmers **auf die entsprechende Kommunikation mit Verbrauchern
ausgerichtet** sein[7]. Diese Ausrichtung ist allerdings nur ausgeschlossen, wenn der Unternehmer

---

1 AA Spindler/Schuster/Schirmbacher Rz 5.
2 MünchKommBGB/Wendehorst Rz 2; aA Spindler/Schuster/Schirmbacher Rz 4.
3 MünchKommBGB/Wendehorst Rz 2; aA Spindler/Schuster/Schirmbacher Rz 4.
4 MünchKommBGB/Wendehorst Rz 2.
5 BeckOK InfoMedienR/Martini § 1 Rz 8.
6 BeckOGK BGB/Busch Rz 4.
7 BeckOGK BGB/Busch Rz 7.

hinreichend deutlich erklärt, dass er nur mit anderen Unternehmern kontrahieren will, und er diese Beschränkung seines Angebots auf Unternehmer auch durch geeignete Zugangsbeschränkungen absichert[8].

6 Völlig zu Recht geht die wenigstens ganz hM davon aus, dass Abs 1 nur Internetauftritte betrifft, in die der Unternehmer eine **Funktion zur standardisierten Entgegennahme von Verbraucherwillenserklärungen integriert** hat[9]. Namentlich nicht unter Abs 1 fallen demnach Webseiten, auf denen eine Ware oder Dienstleistung lediglich beworben wird, die auf einen Vertragsschluss gerichtete Kommunikation zwischen dem Unternehmer und dem Verbraucher aber individuell erfolgen muss[10]. Dem steht nicht entgegen, dass Abs 5 Satz 1 nicht auch auf Abs 1 verweist. Hier muss der Unternehmer sich für den Vertragsschluss nämlich nicht lediglich irgendwelcher Telemedien bedienen, was begrifflich auch den Austausch von E-Mails über ein gewöhnliches Mailprogramm erfasste (§ 312i Rz 20)[11], sondern gerade seines aus einer oder mehreren Webseiten bestehenden Internetauftritts. Auch im Übrigen legt der Wortlaut zugrunde, dass der Bestellvorgang durch den Verbraucher gerade über eine von dem Unternehmer betriebene Webseite erfolgt[12].

7 Ebenso wie bei § 312i Abs 1 (§ 312i Rz 7) muss **Gegenstand des über die Unternehmerwebseite zu schließenden Vertrags** eine Leistung sein, die ihrem Wesen nach geeignet ist, gegen die Zahlung eines Preises – der nicht notwendig in Geld bestehen muss[13] – erbracht zu werden[14]. Unerheblich ist hingegen, ob der Unternehmer im konkreten Fall tatsächlich einen Preis verlangt[15]. Webseiten, die **Finanzdienstleistungen** betreffen, und Verträge über Finanzdienstleistungen sind gemäß Abs 5 Satz 2 von dem Anwendungsbereich des Abs 1 ausgenommen. Insoweit gilt derselbe Begriff wie bei § 312 Abs 5[16].

8 **3. Angaben über Lieferbeschränkungen.** Inhaltlich muss der Unternehmer zunächst Angaben über etwa bestehende Lieferbeschränkungen machen. Unter dem nicht legaldefinierten Begriff der Lieferbeschränkung ist jeder Umstand zu verstehen, aufgrund dessen der Verbraucher die begehrte Ware oder sonstige Leistung entweder gar nicht oder erst zu einem späteren als dem erwarteten Zeitpunkt erhalten wird. Einer klaren und deutlichen Information iSd Abs 1 bedarf es allerdings nur über **Abweichungen vom Erwartungshorizont des Verbrauchers**. Dieser ist anhand der berechtigten Verkehrserwartungen festzulegen[17].

9 Vor diesem Hintergrund zählen zu den aufklärungspflichtigen Lieferbeschränkungen zunächst **Beschränkungen des geographischen Gebiets**, innerhalb dessen der Unternehmer seine Leistungen erbringt. So wird ein Mainzer Weinhändler, der einen allgemein zugänglichen Online-Shop unterhält, darauf hinzuweisen haben, dass er lediglich im Stadtgebiet ausliefert. Ebenso hinweispflichtig ist es, wenn der Unternehmer generell nicht zur Lieferung bereit ist, sondern seine Leistungen nur zur Entgegennahme an seinem Sitz anbietet. Eine Pflicht zur klaren und deutlichen Angabe iSd Abs 1 besteht aber nur, wenn und soweit die geographische Beschränkung von den berechtigten Verbrauchererwartungen abweicht. So wird ein in Deutschland ansässiger Verbraucher bei der Nutzung eines nur in deutscher Sprache zur Verfügung stehenden Online-Shops zwar regelmäßig davon ausgehen dürfen, dass der Unternehmer seine Leistungen auch im deutschsprachigen Ausland erbringe[18], nicht aber davon, dass dies etwa auch in Russland der Fall sei.

10 Auch Beschränkungen, die ihre **Ursache in der Person des Verbrauchers** haben, werden gemeinhin unter Abs 1 gefasst[19]. AGG § 1 bleibt davon freilich unberührt. Zwar mag aufgrund von Abs 1 keine Hinweispflicht zu gesetzlichen Abgabebeschränkungen bestehen[20], etwa von Alkohol an Minderjährige. Dennoch muss der Unternehmer seine öffentlich-rechtlichen Pflichten, etwa aus JuSchG § 9, beachten, so dass der von der persönlichen Abgabebeschränkung betroffene Verbraucher jedenfalls in diesem Zusammenhang von der kraft Gesetzes bestehenden Lieferbeschränkung erfährt. Unter Abs 1 fällt aber etwa die Konstellation, dass der Unternehmer nur zu Geschäften mit anderen Unternehmern bereit ist.

---

8 OLG Hamm MMR 2012, 596; GRUR-RR 2017, 198, 199; LG Dortmund MMR 2016, 460, 461; LG Leipzig BeckRS 2013, 13273; BeckOK BGB/Maume Rz 4; BeckOGK BGB/Busch Rz 7; Staud/Thüsing Rz 2.
9 BeckOGK BGB/Busch Rz 5; MünchKommBGB/Wendehorst Rz 4.
10 BeckOGK BGB/Busch Rz 5; MünchKommBGB/Wendehorst Rz 4; Spindler/Schuster/Schirmbacher Rz 6; wohl auch BeckOK BGB/Maume Rz 3.
11 BT-Drucks 17/7745, 10.
12 BeckOGK BGB/Busch Rz 5.
13 BGH NZM 2022, 202 Rz 52.
14 MünchKommBGB/Wendehorst Rz 3.
15 AA Grüneberg/Grüneberg Rz 3.
16 MünchKommBGB/Wendehorst Rz 5.
17 MünchKommBGB/Wendehorst Rz 6; Staud/Thüsing Rz 6.
18 MünchKommBGB/Wendehorst Rz 6; Staud/Thüsing Rz 6.
19 BeckOGK BGB/Busch Rz 9.
20 Spindler/Schuster/Schirmbacher Rz 10; aA BeckOGK BGB/Busch Rz 9.

Auch **Beschränkungen der Abgabemenge** sind anzugeben, sofern sie von den berechtigten Verkehrserwartungen abweichen[21]. Demnach muss ein Online-Einzelhändler keineswegs gesondert darauf hinweisen, dass er seine Waren nicht in einem für den Großhandel typischen Umfang an seine Kunden abgibt. Vielmehr entspricht die Beschränkung auf eine haushaltsübliche Abgabemenge von vornherein den Erwartungen des Verkehrs. Bei Verkäufen von Eintrittskarten zu Veranstaltungen mag dabei dem einzelnen Verbraucher zwar ebenfalls einleuchten, dass er nicht das ganze Kontingent aufkaufen kann. Dennoch sollte hier auf die konkrete Abgabemenge nach Abs 1 hingewiesen werden. Sieht der Unternehmer bestimmte Mindestabnahmemengen vor, sind diese ebenfalls hinweispflichtig[22].

Umstritten ist, ob der Unternehmer auch nach Abs 1 angeben muss, dass er seine Leistung aus einem **beschränkten Vorrat** erbringt[23]. In Betracht kann eine Angabenpflicht dieses Inhalts dabei ohnehin nur dort kommen, wo im Übrigen eine berechtigte Verkehrserwartung besteht, dass der Unternehmer den Vertragsgegenstand stetig neu beschaffen könne und werde. Tatsächlich bedarf es auch in diesen Fällen keiner entsprechenden Information, um den Schutzzweck von Abs 1 zu erreichen[24]. Dies gelingt vielmehr bereits dadurch, dass der Verbraucher beim Klick auf den begehrten Leistungsgegenstand sofort erkennen kann, dass dieser **gegenwärtig nicht lieferbar** ist. Dementsprechend schuldet der Unternehmer nach Abs 1 auch nur diese Angabe. Ist der Leistungsgegenstand lieferbar, bei dem Unternehmer aber aktuell nicht vorrätig, so ist weiter danach zu differenzieren, ob wegen der erforderlichen Beschaffung eine Lieferverzögerung eintritt oder nicht. Danach besteht aus § 271 Abs 1 ersichtlich grundsätzlich eine berechtigte Verkehrserwartung, dass der Schuldner seine letzte geschuldete Leistungshandlung sofort vornehmen werde. Ist er hierzu nicht in der Lage, muss der Unternehmer dies nach Abs 1 angeben[25].

4. Angaben über Zahlungsmittel. Nach Abs 1 hat der Unternehmer spätestens bei Beginn des Bestellvorgangs ebenfalls klar und deutlich anzugeben, welche Zahlungsmittel akzeptiert werden. Der **Begriff** des Zahlungsmittels ist identisch mit demjenigen in § 312a Abs 4 (§ 312a Rz 75 ff)[26]. Anzugeben ist nur, welche Zahlungsmittel der Unternehmer aufgrund seines Geschäftsmodells grundsätzlich akzeptiert[27]. Diese Angabe hindert den Unternehmer aber nicht, bestimmte Nutzer von bestimmten der grundsätzlich akzeptierten Zahlungsmittel auszuschließen, etwa Erstbesteller von der Zahlung auf Rechnung[28]. Über derlei Beschränkungen und deren Bedingungen muss der Unternehmer keine Angaben nach Abs 1 machen[29].

5. Zeitpunkt der Angaben. Die Angaben über bestehende Lieferbeschränkungen und akzeptierte Zahlungsmittel müssen für den Verbraucher spätestens **bei Beginn des Bestellvorgangs** wahrnehmbar sein. Was unter einem Bestellvorgang iSd Abs 1 zu verstehen ist und wann genau er beginnt, wird gesetzlich nirgendwo näher definiert. Bedauerlicherweise ist der Begriff der Bestellung iSd Abs 1 trotz des nahen systematischen Zusammenhangs nicht in demselben Sinn wie bei § 312i Abs 2 (§ 312i Rz 25) zu verstehen[30]. Hintergrund ist, dass der Begriff der Bestellung bei § 312i und bei § 312j der Umsetzung unterschiedlicher Richtlinien dient und sich weder der Unions- noch der Umsetzungsgesetzgeber darum bemüht haben, in einem einheitlichen systematischen Zusammenhang für verschiedene zu beschreibende Phänomene auch verschiedene Begriffe zu verwenden.

Aufschluss über die Bedeutung des Bestellvorgangs bei Abs 1 liefert jedoch der **systematische Zusammenhang mit Abs 2**. Wenn dort mit der Abgabe der Bestellung die Abgabe der auf den Vertragsschluss gerichteten Willenserklärung des Verbrauchers gemeint ist[31], dann folgt daraus, dass der Beginn des Bestellvorgangs vor der Abgabe dieser Willenserklärung liegen muss[32]. Richtigerweise wird der Beginn des gesamten auf die Abgabe der Verbraucherwillenserklärung gerichteten Vorgangs dabei auf den Klick festgelegt, mit dem der Verbraucher den begehrten Leistungsgegenstand in den virtuellen Warenkorb legt[33]. Dies ist nämlich die maßgebliche Vorbereitungshandlung, um bei der Abgabe den Vertragsgegenstand als essentiale negotii zu bestimmen. Spätestens bei der Vornahme dieses Klicks müssen die von dem Unternehmer nach Abs 1 geschuldeten Angaben also wahrnehmbar sein. Das bedeutet letztlich, dass der Verbraucher

---

21 Staud/Thüsing Rz 6.
22 Staud/Thüsing Rz 6.
23 Dafür OLG München GRUR-RR 2019, 31, 34; BeckOK BGB/Maume Rz 6; Grüneberg/Grüneberg Rz 3; dagegen BeckOGK BGB/Busch Rz 9; Spindler/Schuster/Schirmbacher Rz 8.
24 Differenzierend MünchKommBGB/Wendehorst Rz 8.
25 MünchKommBGB/Wendehorst Rz 7; Staud/Thüsing Rz 7; aA Spindler/Schuster/Schirmbacher Rz 8.
26 MünchKommBGB/Wendehorst Rz 10.
27 BT-Drucks 17/12637, 58.
28 BT-Drucks 17/12637, 58.
29 Erman/Koch Rz 4; Grüneberg/Grüneberg Rz 3; MünchKommBGB/Wendehorst Rz 10; Staud/Thüsing Rz 9.
30 AA Staud/Thüsing Rz 12.
31 BT-Drucks 17/7745, 10.
32 Staud/Thüsing Rz 4.
33 MünchKommBGB/Wendehorst Rz 11; Spindler/Schuster/Schirmbacher Rz 17.

schon bei der Durchsicht des Leistungsangebots die Informationen über etwa bestehende Lieferbeschränkungen sowie über die im Allgemeinen akzeptierten Zahlungsmittel zur Kenntnis nehmen können muss[34].

16   **6. Form der Angaben.** Der Unternehmer muss die Angaben über Lieferbeschränkungen und Zahlungsmittel in klarer und deutlicher Form machen. Es gilt also auch hier das allgemeine unionsrechtliche **Transparenzgebot** für Verbraucherinformationen. Im Ausgangspunkt kann deshalb auf die Ausführungen zu § 312d Abs 1 iVm EGBGB Art 246a § 4 verwiesen werden (§ 312d Rz 67 ff). Für allgemeine Lieferbeschränkungen ebenso wie für die akzeptierten Zahlungsmittel genügt dabei die Aufnahme in die Allgemeinen Geschäftsbedingungen des Unternehmers, sofern diese durch leicht auffindbare und eindeutig gekennzeichnete Schaltflächen ohne Weiteres zugänglich sind[35]. Informationen, insbesondere über Lieferbeschränkungen, die nur ein konkretes Produkt betreffen, müssen demgegenüber bei der Leistungspräsentation in einem unmittelbaren räumlichen Zusammenhang mit der von dem Verbraucher begehrten Leistung angegeben werden[36].

III. Zusammenfassende Informationen, Abs 2

17   Bei einem Verbrauchervertrag im elektronischen Geschäftsverkehr, der den Verbraucher zur Zahlung verpflichtet, muss der Unternehmer dem Verbraucher die Informationen gemäß EGBGB Art 246a § 1 Abs 1 Satz 1 Nrn 1, 5 bis 7, 8, 14 und 15, unmittelbar bevor der Verbraucher seine Bestellung abgibt, klar und verständlich in hervorgehobener Weise zur Verfügung stellen. Hier soll der Verbraucher in einem direkten zeitlichen Zusammenhang mit der Abgabe seiner auf den Vertragsschluss gerichteten Willenserklärung noch einmal diejenigen Informationen über den intendierten Vertrag zusammengefasst bekommen, die den Gesetzgebern als besonders wichtig erscheinen („Kerninformationen"). Üblicherweise erhält der Verbraucher diese Informationen in der sog **Warenkorbansicht** auf der letzten Seite des Bestellvorgangs, in die auch die Schaltfläche integriert ist, mittels derer der Verbraucher seine Willenserklärung abgibt[37]. Unionsrechtliche Grundlage dieser Vorschrift RL 2011/83/EU Art 8 Abs 2 UAbs 1.

18   **1. Anwendungsbereich.** Abs 2 gilt für **Verbraucherverträge im elektronischen Geschäftsverkehr.** Für den Vertrag im elektronischen Geschäftsverkehr gilt die Begriffsbestimmung in § 312i Abs 1[38]. Ausgenommen sind nach Abs 5 Satz 1 solche Verträge, die ausschließlich durch individuelle Kommunikation geschlossen werden. Insoweit gilt nichts anderes als bei § 312i Abs 2 Satz 1 (§ 312i Rz 58 ff)[39]. Der Verbrauchervertrag ist in demselben Sinn zu verstehen wie bei § 310 Abs 3[40]. Da die Zahlungspflicht des Verbrauchers dort nicht aufgenommen ist und § 312 Abs 1 auf § 312j nicht anwendbar ist, musste der Gesetzgeber hier die Zahlungspflicht gesondert aufnehmen, um RL 2011/83/EU Art 8 Abs 2 UAbs 1 korrekt umzusetzen. Abs 2 gilt nicht für **einseitige Willenserklärungen** des Verbrauchers, wie zum Beispiel Weisungen im Rahmen laufender Vertragsbeziehungen, etwa die Erteilung von Zahlungsaufträgen im Online-Banking[41].

19   **2. Gegenstand der Informationspflicht.** Die **Kerninformationen**, die der Unternehmer für den Verbraucher noch einmal zusammenstellen soll, sind die wesentlichen Eigenschaften der zu bestellenden unternehmerischen Leistung (EGBGB Art 246a § 1 Abs 1 Satz 1 Nr 1), der von dem Verbraucher zu zahlende Preis (EGBGB Art 246a § 1 Abs 1 Satz 1 Nrn 5 bis 8) sowie die Laufzeit von Verträgen, die nicht auf den einmaligen Leistungsaustausch beschränkt sind (EGBGB Art 246a § 1 Abs 1 Satz 1 Nrn 14 und 15). Das Zurverfügungstellen weiterer, nicht gesetzlich geforderter Informationen begründet erst einen Pflichtenverstoß des Unternehmers, wenn die Transparenz der Information darunter leidet[42].

20   Aus dem Verweis auf die vorvertragliche Informationspflicht aus Art EGBGB 246a § 1 Abs 1 Satz 1 Nr 1 ziehen manche die Schlussfolgerung, dass der Unternehmer in der Warenkorbansicht in vollem Umfang noch einmal dieselben Informationen zu den wesentlichen Eigenschaften der Ware oder Dienstleistung zur Verfügung stellen müsse wie bereits zuvor bei der Präsentation des Leistungsangebots[43]. Andere gehen demgegenüber davon aus, dass es hier lediglich um eine **sachgerecht verkürzte Wiedergabe** der Eigenschaften gehen könne[44]. Der zuletzt genannten

---

34   LG Frankfurt/Main BeckRS 2019, 19178; MünchKommBGB/Wendehorst Rz 11; Spindler/Schuster/Schirmbacher Rz 17.
35   MünchKommBGB/Wendehorst Rz 12.
36   MünchKommBGB/Wendehorst Rz 12.
37   Spindler/Schuster/Schirmbacher Rz 21.
38   BT-Drucks 17/7745, 10.
39   MünchKommBGB/Wendehorst Rz 14.
40   MünchKommBGB/Wendehorst Rz 13.
41   BT-Drucks 17/7745, 10.
42   OLG Köln MMR 2017, 552, 553.
43   OLG Hamburg MMR 2014, 818; OLG Köln BeckRS 2016, 119172; OLG München GRUR-RR 2019, 265, 266.
44   LG München I MMR 2018, 478, 480; MünchKommBGB/Wendehorst Rz 18; Spindler/Schuster/Schirmbacher Rz 26; Föhlisch MMR 2014, 447, 450.

Ansicht ist schon deshalb zuzustimmen, weil andernfalls die Transparenz und Übersichtlichkeit für den Verbraucher Schaden zu nehmen droht. Auch methodisch ergeben sich insoweit keine Probleme. Nach Art EGBGB 246a § 1 Abs 1 Satz 1 Nr 1 müssen die wesentlichen Eigenschaften der Waren oder Dienstleistungen nämlich stets nur in dem sowohl für das Kommunikationsmittel als auch für die Waren und Dienstleistungen angemessenen Umfang zur Verfügung gestellt werden. Dieser angemessene Umfang muss aber in der sog Warenkorbansicht nicht zwingend derselbe sein wie bei der Präsentation des Leistungsangebots. Welche Informationen von dieser sachlich verkürzten Wiedergabe aber zwingend umfasst sein müssen, lässt sich nicht generell sagen, sondern ist eine **Frage des Einzelfalls**[45].

3. **Unmittelbar vor der Bestellung.** Der Unternehmer muss dem Verbraucher die Informationen zur Verfügung stellen, unmittelbar bevor dieser seine Bestellung abgibt. In den Gesetzesmaterialien zu § 312g Abs 2 aF wird die Bestellung als verbindliche Erklärung des Verbrauchers beschrieben, eine Ware erwerben oder eine Dienstleistung in Anspruch nehmen zu wollen[46]. Gemeint ist also die auf den Vertragsschluss gerichtete Willenserklärung des Verbrauchers, und zwar unabhängig davon, ob es sich dabei um den Antrag oder um die Annahme handelt[47].

Die Unmittelbarkeit ist dabei zunächst **zeitlich** zu verstehen. Insoweit bedeutet das Kriterium, dass die Informationen in dem Moment zur Verfügung stehen müssen, in dem die Willenserklärung des Verbrauchers fertig vorformuliert ist und lediglich noch ein Klick auf die entsprechende Schaltfläche vorzunehmen ist, um die Erklärung auch abzugeben[48]. Folglich bedeutet die zu einem früheren Zeitpunkt erfolgte Bereitstellung der vorvertraglichen Informationen nach § 312d nicht zugleich eine Erfüllung der Pflichten nach Abs 2[49].

Mit dieser zeitlichen Komponente ist aber zwingend auch eine **räumliche** verbunden[50]. Sollte der Verbraucher nämlich Bedienungselemente verwenden müssen, um von dem räumlichen Sichtbereich der Schaltfläche zum Versenden seiner Bestellung zu dem Sichtbereich mit den Kerninformationen zu gelangen und umgekehrt, so stehen die Informationen nicht mehr in dem Moment zur Verfügung, in dem der Verbraucher nur noch einen Klick tätigen muss, um seine Willenserklärung abzugeben. Vielmehr müssen die Informationen und die Schaltfläche zur Abgabe der Willenserklärung gleichzeitig sichtbar sein[51]. Deshalb ist dem Unmittelbarkeitskriterium grundsätzlich nicht genügt, wenn der Verbraucher auch bei üblicher Bildschirmauflösung **scrollen** muss, um die Informationen wahrnehmen zu können[52]. Nicht übersehen werden darf dabei freilich, dass die Anzeigefläche des Bildschirms recht rasch erschöpft sein kann, insbesondere wenn der Verbraucher mehrere Artikel in seinen virtuellen Warenkorb legt. In diesen Fällen kann deshalb nicht verlangt werden, dass sämtliche Kerninformationen auf einen Blick gleichzeitig mit der Schaltfläche zur Abgabe der Willenserklärung wahrnehmbar sind[53]. Jedenfalls verfehlt ist das Unmittelbarkeitskriterium aber, wenn der Verbraucher nur über einen **Link zu den Kerninformationen** gelangen kann[54].

4. **Art und Weise der Darstellung.** Der Unternehmer muss dem Verbraucher die Informationen nach Abs 2 klar und verständlich in hervorgehobener Weise zur Verfügung zu stellen. Bei dieser Formulierung handelt es sich um eine weitere Ausprägung des verbraucherschutzrechtlichen **Transparenzgebots**, für die deshalb im Ausgangspunkt wiederum auf die entsprechenden allgemeinen Grundsätze verwiesen werden kann (§ 312d Rz 67 ff).

Im konkreten Kontext mag darauf hinzuweisen sein, dass die Klarheit und Verständlichkeit sich auf die Transparenz der Information im Hinblick auf ihre **sprachliche Gestaltung** beziehen[55]. So müssen die Informationen eindeutig formuliert und auf das Wesentliche beschränkt sein. Im durchschnittlichen Sprachgebrauch nicht geläufige Begriffe sind ebenso zu vermeiden wie womöglich Verwirrung stiftende Zusatzinformationen[56]. Zur Verfügung stehen müssen die Informationen jeweils in derjenigen Sprache, in der die Parteien den Vertrag abschließen.

---

45 OLG Hamburg MMR 2014, 818; Spindler/Schuster/Schirmbacher Rz 28; Bergt NJW 2012, 3541, 3542.
46 BT-Drucks 17/7745, 10.
47 Erman/Koch Rz 6; Grüneberg/Grüneberg Rz 7; weitergehend Spindler/Schuster/Schirmbacher Rz 20; Staud/Thüsing Rz 12.
48 BT-Drucks 17/7745, 10; OLG Koblenz WRP 2014, 876, 878.
49 OLG Koblenz WRP 2014, 876, 878; LG Arnsberg MMR 2016, 541; LG Hamburg BeckRS 2016, 118952; LG München I MMR 2018, 478, 479.
50 BT-Drucks 17/7745, 10; Grüneberg/Grüneberg Rz 7; aA Spindler/Schuster/Schirmbacher Rz 31.
51 OLG Köln MMR 2017, 552; strenger LG Berlin MMR 2013, 780.
52 BT-Drucks 17/7745, 10; aA Spindler/Schuster/Schirmbacher Rz 31.
53 Jauernig/Stadler Rz 3; Spindler/Schuster/Schirmbacher Rz 31; Bergt NJW 2012, 3541, 3542.
54 BT-Drucks 17/7745, 10; s auch BGH GRUR-RS 2019, 35413; OLG München GRUR-RR 2019, 265, 266; OLG Nürnberg MMR 2021, 348; LG Frankfurt/Main WRP 2021, 548, 549; Grüneberg/Grüneberg Rz 7; Bergt NJW 2012, 3541.
55 MünchKommBGB/Wendehorst Rz 16.
56 BT-Drucks 17/7745, 11.

26 Die Zurverfügungstellung in hervorgehobener Weise betrifft demgegenüber eher die **optische Gestaltung** der Information[57]. Der Begründung zum Entwurf der Bundesregierung zu § 312g aF ist insoweit zu entnehmen[58], dass die Informationen nach Abs 2 sich in unübersehbarer Weise vom übrigen Text und den sonstigen Gestaltungselementen abheben müssen und nicht im Gesamtlayout des Internetauftritts oder dem sonstigen Online-Angebot untergehen dürfen. Schriftgröße, Schriftart und Schriftfarbe müssen so gewählt sein, dass die Informationen nicht versteckt, sondern klar und einfach erkennbar sind. Dementsprechend kann eine Präsentation der Informationen durch den sog „Mouse-Over-Effekt" schon deshalb nicht den Vorgaben aus Abs 2 entsprechen, weil diese nur gelegentlich und nicht stets auf den ersten Blick wahrnehmbar sind[59]. Die Präsentation dieser Informationen in Form eines Fließtextes ist als solche aber unschädlich[60].

27 **5. Rechtsfolgen eines Verstoßes.** Für einen Verstoß gegen Abs 2 gilt Abs 4 weder direkt noch analog[61]. Vielmehr bemessen sich die Rechtsfolgen nach den allgemeinen Grundsätzen über den Verstoß gegen vorvertragliche Informationspflichten (§ 312a Rz 56 ff)[62].

IV. Die Gestaltung der Bestellsituation, Abs 3

28 Gemäß Abs 3 Satz 1 hat der Unternehmer bei jedem Verbrauchervertrag im elektronischen Geschäftsverkehr, der nicht ausschließlich durch individuelle Kommunikation geschlossen wird, die Bestellsituation so zu gestalten, dass der Verbraucher mit seiner Bestellung ausdrücklich bestätigt, dass er sich zu einer Zahlung verpflichtet. Für den Fall, dass die Bestellung über eine Schaltfläche erfolgt, enthält Abs 3 Satz 2 die weitergehende Konkretisierung, dass diese Schaltfläche gut lesbar mit nichts anderem als den Worten „zahlungspflichtig bestellen" oder mit einer entsprechenden eindeutigen Formulierung beschriftet ist. Sollte der Unternehmer die Bestellsituation nicht gemäß diesen Vorgaben gestalten, ergibt sich aus Abs 4, dass zwischen ihm und dem Verbraucher kein Vertrag zustande kommt. Für die Gestaltung der Bestellsituation gemäß Abs 3 ist die Bezeichnung als **„Button-Lösung"**[63] geläufig. Die unionsrechtliche Grundlage ist RL 2011/83/EU Art 8 Abs 2 UAbs 2.

29 **1. Normzweck.** Konkreter Anlass für die Schaffung von Abs 3 und seiner unionsrechtlichen Grundlage waren die sog **„Abofallen"** und ähnliche Unlauterkeiten im elektronischen Geschäftsverkehr[64]. Typischerweise bietet ein Unternehmer hierbei eine auf den ersten Blick kostenlose Leistung, wie Routenplaner, Horoskope oder sonstiges Informationsmaterial, an und verbindet mit dem letzten Schritt zum Abruf der angebotenen Leistung entweder eine Pflicht zur einmaligen Entgeltzahlung oder zum Abschluss eines Dauerschuldverhältnisses, ohne auf diese Rechtsfolge des finalen Klicks deutlich hinzuweisen[65]. In einer typischen Gestaltung wird dem nur oberflächlich aufmerksamen Verbraucher dabei suggeriert, dass er mit diesem Klick lediglich seine Kontaktdaten bestätige[66]. Nach den allgemeinen Regeln der Rechtsgeschäftslehre fehlt dem Verbraucher hier natürlich wenigstens der Geschäftswille, in den meisten Fällen sogar bereits das Erklärungsbewusstsein. Folglich ist er in direkter bzw analoger Anwendung von § 119 Abs 1 Alt 1 zur Anfechtung berechtigt, die jedenfalls dann auch konkludent erklärt ist, wenn der Verbraucher seine Verwunderung über die Rechnung und den Nichtwillen zur Zahlung gegenüber dem Unternehmer kundtut. Auch wäre in der Konstellation der Irrtumsanfechtung der an sich vorgesehene Ersatzanspruch hier im Ergebnis deshalb ausgeschlossen, weil der Unternehmer den Irrtum des Verbrauchers (schuldhaft) herbeigeführt hat[67]. Freilich sind diese Zusammenhänge einigermaßen subtil, bieten einige Unsicherheit über die Nachweisbarkeit der tatsächlichen Grundlagen und konnten deshalb nicht effektiv verhindern, dass Verbraucher sich von Abofallenbetreibern einschüchtern ließen und deshalb schlussendlich bezahlten. Die klaren Aussagen in Abs 3 und Abs 4 iVm mit der Beweislastverlagerung auf den Unternehmer[68] dienen vor diesem Hintergrund zunächst dazu, die Verteidigungssituation für den Verbraucher gegen ungerechtfertigte Forderungsbeitreibungen deutlich zu verbessern[69].

30 Es kommt hinzu, dass sich der Verbraucher in den von Abs 3 umfassten Konstellationen in gleicher Weise einem von dem Unternehmer eingerichteten Procedere zur Formulierung und Abgabe seiner Willenserklärung unterwirft, mit dessen Ablauf er oftmals nicht vollständig vertraut

---

57 Spindler/Schuster/Schirmbacher Rz 39.
58 BT-Drucks 17/7745, 11.
59 MünchKommBGB/Wendehorst Rz 16; Bergt NJW 2012, 3541.
60 OLG Köln MMR 2017, 552, 553.
61 Spindler/Schuster/Schirmbacher Rz 42.
62 Spindler/Schuster/Schirmbacher Rz 42.
63 MünchKommBGB/Wendehorst Rz 21; Bülow/Arzt, Verbraucherprivatrecht, Rz 112; Ast/Klocke VuR 2016, 410, 413.
64 MünchKommBGB/Wendehorst Rz 1; Staud/Thüsing Rz 18; Lange/Werneburg NJW 2015, 193, 195; Föhlich MMR 2017, 2017, 447, 449;.
65 Ast/Klocke VuR 2016, 440, 413 f.
66 BT-Drucks 17/7745, 12.
67 MünchKommBGB/Armbrüster § 122 Rz 24; Klimke CR 2005, 582, 590.
68 MünchKommBGB/Wendehorst Rz 39.
69 MünchKommBGB/Wendehorst Rz 1.

sein wird. Die Gesetzgeber hielten deshalb eine § 312i Abs 1 Satz 1 Nr 2 iVm EGBGB Art 246c Nr 1 ergänzende Verpflichtung des Unternehmers für sinnvoll, diejenige Handlung des Verbrauchers, die die **Abgabe** einer auf den Abschluss eines mit einer Zahlungspflicht versehenen Vertrags gerichteten Willenserklärung bedeuten werde, **plakativ und eindeutig zu kennzeichnen**[70].

2. Zahlungspflicht des Verbrauchers. Mit der Abgabe der Verbraucherwillenserklärung muss eine Zahlungspflicht verbunden sein. Das trifft zunächst auf **Annahmeerklärungen** des Verbrauchers zu, mit denen dieser einen Vertrag zustande bringt, der ihn zur Leistung einer Zahlung verpflichtet. Nach dem Schutzzweck der Norm sind aber auch **Anträge** des Verbrauchers erfasst, denn das mit ihnen für den Fall der Annahme verbundene Zahlungsversprechen hat nach § 145 Abs 1 Bindungswirkung. In vergleichbarer Weise verbindlich abgegeben ist das Zahlungsversprechen des Verbrauchers aber auch dann, wenn die Zahlungspflicht nicht unmittelbar mit dem Vertragsschluss wirksam entsteht, sondern, wie es etwa beim Maklervertrag der Fall ist, erst mit **Eintritt weiterer Voraussetzungen**[71]. Auch dort ist deshalb eine mit der Abgabe der Willenserklärung verbundene Zahlungspflicht des Verbrauchers anzunehmen, so dass Abs 3 grundsätzlich zur Anwendung kommt[72]. Für die zuletzt genannten Fälle ist freilich exakt zu prüfen, ob der Verbraucher bei der elektronisch gestützten Kommunikation mit dem Unternehmer nach § 133 tatsächlich bereits eine Willenserklärung abgibt oder ob nicht – was häufig zutreffen wird – dieses Stadium noch dem vorvertraglichen Bereich zuzuordnen ist und der die Zahlungspflicht begründende Vertrag erst später im Wege ausschließlich individueller Kommunikation geschlossen wird[73]. Ist mit der Willenserklärung des Verbrauchers eine Zahlungsverpflichtung in diesem Sinn verbunden, wird Abs 3 nicht etwa deshalb unanwendbar, weil der Verbraucher sie später durch einen Widerruf (§ 355 Abs 1) oder durch eine andere Gestaltungserklärung **wieder beseitigen** kann[74]. Ohne Weiteres fallen deshalb auch kostenlose Probeabos unter Abs 3, sofern sie nach Ablauf einer bestimmten Zeit in ein zahlungspflichtiges Rechtsverhältnis übergehen, sollte der Verbraucher nicht rechtzeitig widersprochen haben[75]. In teleologischer Reduktion von Abs 3 sollen aber solche Verträge nicht erfasst sein, bei denen das Entgelt in einer Erfolgsbeteiligung besteht, die im Misserfolgsfall nicht geschuldet ist[76].

3. Ausdrückliche Bestätigung und Betätigung einer Schaltfläche. Die ausdrückliche Bestätigung wird in den Gesetzesmaterialien als eine Erklärung beschrieben, die sich gerade auf den Umstand der Zahlungspflichtigkeit bezieht[77]. Allein mit dieser Formulierung ist dabei gerade in den Abofallen-Konstellationen für den Verbraucher allerdings noch nicht allzu viel gewonnen. Denn aus dem zum Bestandteil der Bestellung gewordenen sprichwörtlichen Kleingedruckten geht wenigstens für den objektiven Empfänger regelmäßig eindeutig hervor, dass der Verbraucher hier eine Zahlungspflicht eingeht. Dem Schutz des Verbrauchers vor derlei Geschäftspraktiken ist allerdings nur gedient, wenn gerade ihm selbst ausdrücklich klargemacht wird, dass er mit einer bestimmten Aktion innerhalb des von dem Unternehmer dominierten Vertragsschlussprocederes eine Zahlungspflicht für sich selbst begründet.

Dieses Ziel wird aber erst durch den für den Verbraucherschutz deshalb sehr viel wichtigeren Abs 3 Satz 2 erreicht, wonach für den Fall, dass diese Aktion in dem Betätigen einer Schaltfläche liegt, diese Schaltfläche selbst den ausdrücklichen Hinweis an den Verbraucher richten muss. Fälle, in denen Abs 3 einschlägig ist, ohne dass der Verbraucher seine auf den Vertragsschluss gerichtete Willenserklärung mittels einer solchen Schaltfläche abgeben würde, sind gegenwärtig praktisch allenfalls mit Mühe vorstellbar[78].

a) **Begriff der Schaltfläche.** Bei einer Schaltfläche handelt es sich nach allgemeinem Sprachverständnis ein **Steuerelement graphischer Benutzeroberflächen**, das dem Nutzer die Ausführung einer bestimmten, zugeordneten Funktion ermöglicht, hier also das Absenden der auf den Vertragsschluss gerichteten Willenserklärung[79]. Dieses Verständnis vom Begriff der Schaltfläche kommt auch in der Begründung des Regierungsentwurfs zu § 312g aF zum Ausdruck, wenn es dort heißt, dass unter einer Schaltfläche jedes graphische Bedienelement zu verstehen sei, das es dem Anwender erlaube, eine Aktion in Gang zu setzen oder dem System eine Rückmeldung zu geben[80]. Auf die Art des graphischen Bedienelements kommt es nicht an. Auch Hyperlinks und

---

70 Erwägungsgrund 39 zur RL 2011/83/EU; s auch OLG Köln MMR 2017, 552, 554.
71 MünchKommBGB/Roth § 651 Rz 44; Lange/Werneburg NJW 2015, 193, 195.
72 MünchKommBGB/Wendehorst Rz 22; Lange/Werneburg NJW 2015, 193, 195; Würdinger NZM 2017, 545, 546.
73 Lange/Werneburg NJW 2015, 193, 195; Würdinger NZM 2017, 545, 546.
74 MünchKommBGB/Wendehorst Rz 23.
75 BeckOGK BGB/Busch Rz 39.1.
76 BGH NZM 2022, 202 Rz 55.
77 BT-Drucks 17/7745, 11.
78 Vgl BT-Drucks 17, 7745, 11; MünchKommBGB/Wendehorst Rz 30 f.
79 Vgl Staud/Thüsing Rz 19.
80 BT-Drucks 17/7745, 12.

Auswahlkästen sollen nach einem funktionellen Verständnis von Abs 3 Satz 2 umfasst sein[81]. Vor diesem Hintergrund ist es gewiss auch konsequent, die sog Dash-Buttons als Schaltflächen anzusehen[82]. Diese verstoßen in der gegenwärtig nur zur Verfügung stehenden Form jedoch generell gegen die Vorgaben aus § 312i Abs 1 Satz 1 Nr 1 und RL 2000/31/EG Art 11 Abs 2 (§ 312i Rz 31).

35 Unerheblich ist es, ob der Verbraucher die so verstandene Schaltfläche durch Mausklick, Tastendruck, Sprachsteuerung oder auf eine andere Weise betätigt[83].

36 b) **Text auf der Schaltfläche**. Die Schaltfläche darf mit nichts anderem als den Wörtern „**zahlungspflichtig bestellen**" oder mit einer **entsprechend eindeutigen Formulierung** beschriftet sein. Eine abweichende Formulierung ist nur gleichwertig, wenn sie dem Verbraucher ausdrücklich deutlich macht, dass er mit dem Betätigen der beschrifteten Schaltfläche eine rechtlich verbindliche Erklärung abgibt, die für ihn eine Zahlungspflicht auslöst[84]. Als Beispiele für wenigstens gleichwertige alternative Formulierungen nennt die Regierungsbegründung zu § 312g aF „kostenpflichtig bestellen" und „zahlungspflichtigen Vertrag schließen"[85]. Dagegen ist nichts einzuwenden. Auch erscheint es sinnvoll, bei Willenserklärungen des Verbrauchers in Zusammenhang mit **Internet-Auktionen** eine Beschriftung mit „Gebot abgeben", „Jetzt bieten" oÄ für ausreichend zu erachten[86]. Würde hier nämlich ebenfalls mit dem Vorschlag aus dem Gesetzeswortlaut gearbeitet, könnte der unzutreffende Eindruck entstehen, dass der Vertragsschluss nicht noch des Zuschlags bedürfte. Auch dürfte dem Teilnehmer an der Auktion, der zuvor sein maximales Gebot individuell formuliert und eingegeben hat, das mögliche Entstehen einer Zahlungspflicht durchaus geläufig sein. Da man sich aber vom Wortlaut der Vorschrift entfernt, bedarf es insoweit einer teleologischen Reduktion.

37 Die ganz herrschende Auffassung, wonach die schlichte Beschriftung mit „**Kaufen**" ausreichend sei[87], vermag angesichts des strikt formulierten Wortlauts nicht vollends zu überzeugen[88]. Denn zwar mag die Zahlungspflicht des Käufers dem Begriff vom Kauf immanent sein. Das ist aber etwas anderes als der vom Gesetzeswortlaut geforderte ausdrückliche Hinweis auf die Zahlungspflicht. Beschriftungen wie „Anmelden", „Bestellen", „Bestellung abgeben", „Weiter" oÄ, denen die Begründung einer Zahlungspflicht für den Verbraucher noch nicht einmal immanent ist, genügen den Anforderungen des Abs 3 natürlich erst recht nicht[89]. Die These, wonach die Kennzeichnung der maßgeblichen Schaltfläche mit einem einzelnen Euro-Symbol zulässig sein soll[90], dürfte schon mit dem Wortlaut von Abs 3 Satz 2 nicht zu vereinbaren sein, denn das Symbol für eine Währung lässt sich schwerlich als eine Formulierung bezeichnen.

38 In den Fällen schließlich, in denen der Unternehmer dem Abschluss eines zahlungspflichtigen Dauerschuldverhältnisses eine kostenlose Probephase voranschaltet und deshalb die Schaltfläche zur Abgabe der Verbrauchererklärung mit „**Jetzt kostenlos testen**" beschriftet, geht es nicht um die Frage, ob eine zu „zahlungspflichtig bestellen" gleichwertige Alternative verwendet wird, sondern darum, ob der Unternehmer den Hinweis auf die Kostenpflicht des Anschlussabos verschweigen darf. Das ist nur dann der Fall, wenn der Verbraucher zum Abschluss des kostenpflichtigen Abos eine neue Willenserklärung formulieren und abgeben muss. Wird hingegen die kostenlose Probeversion mangels Widerspruchs des Verbrauchers automatisch in eine kostenpflichtige Version überführt, liegt ohne Weiteres ein Verstoß gegen Abs 3 vor[91]. Der Versuch, den Verbraucher zur Abgabe seiner Willenserklärung mit Beschriftungen wie „**Jetzt gratis testen- danach kostenpflichtig**" zu verleiten, steht jedenfalls deshalb nicht in Einklang mit Abs 3 Satz 2, weil hier zusätzliche Informationen angebracht werden, die von der im Zentrum stehenden Zahlungspflicht des Verbrauchers ablenken (sollen)[92].

39 Die durch Abs 3 Satz 2 vorgeschlagene Formulierung mag der Leser intuitiv eher mit punktuellen Austauschverträgen als mit dem Abschluss von Dauerschuldverhältnissen verbinden. Dennoch ergibt sich aus dem insoweit kaum missverständlichen Wortlaut der Vorschrift, dass der Unterneh-

---

81 BT-Drucks 17/7745, 12; AG Köln CR 2015, 196; AG Göttingen BeckRS 2018, 39482.
82 OLG München GRUR-RR 2019, 372, 377; MünchKommBGB/Wendehorst Rz 25; Staud/Thüsing Rz 21; Hergenröder VuR 2017, 174, 177 f.
83 Spindler/Schuster/Schirmbacher Rz 45.
84 Staud/Thüsing Rz 20.
85 BT-Drucks 17/7745, 12.
86 BT-Drucks 17/7745, 12.
87 BT-Drucks 17/7745, 12; OLG Koblenz WRP 2014, 876, 878; OLG Nürnberg MMR 2021, 348, 349; Erman/Koch Rz 8; Grüneberg/Grüneberg Rz 9; Spindler/Schuster/Schirmbacher Rz 48, 51; Boos/Bartsch/Volkamer, CR 2014, 119, 121.
88 AG Köln CR 2015, 196, 197; MünchKommBGB/Wendehorst Rz 28.
89 BT-Drucks 17/7745, 12; s auch OLG Hamm CR 2014, 326, 327; LG Dortmund MMR 2016, 460, 461; AG Mönchengladbach BeckRS 2013, 14741.
90 Spindler/Schuster/Schirmbacher Rz 51; Boos/Bartsch/Volkamer CR 2014, 119, 121.
91 LG München I VuR 2013, 393, 394; BeckOGK BGB/Busch Rz 39.1; Erman/Koch Rz 8.
92 OLG Köln MMR 2016, 602, 604; MMR 2017, 552, 554; KG MMR 2020, 480, 481; BeckOGK BGB/Busch Rz 39.1; Staud/Thüsing Rz 20; aA Spindler/Schuster/Schirmbacher Rz 53.

mer seinen Pflichten aus Abs 3 jedenfalls genügt, wenn er die für die Abgabe der Verbraucherwillenserklärung vorgesehene Schaltfläche mit „Zahlungspflichtig bestellen" beschriftet. Wenn es in der Literatur heißt, dass bei der Gestaltung der Schaltfläche die Wortwahl dem Vertragsgegenstand angepasst sein müsse[93], betrifft das demnach nur die Fälle, in denen der Unternehmer eine abweichende Formulierung verwendet[94]. Im Übrigen gilt auch hier, dass der Unternehmer die entstehende Zahlungspflicht ausdrücklich in die Beschriftung aufnehmen muss. Dementsprechend müssen Schaltflächen für den Abschluss von Mietverträgen über Kraftfahrzeuge oder für Hotelbuchungen mit „Zahlungspflichtig mieten", „Zahlungspflichtig buchen" beschriftet sein. Beschränkt der Unternehmer sich demgegenüber auf „Mieten", „Buchen" oder „Buchung bestätigen" ist die Zahlungspflicht des Verbrauchers nicht mehr ausdrücklich in den Wortlaut aufgenommen, so dass den Anforderungen von Abs 3 nicht genügt ist[95].

c) **Gut lesbar und mit nichts anderem beschriftet.** Die Schaltfläche darf mit keinen anderen Informationen als dem ausdrücklichen Hinweis auf die Zahlungspflicht versehen sein. **Zusätze** sind deshalb zwar nicht kategorisch ausgeschlossen. Sie dürfen aber weder einen selbständigen Informationswert haben noch einen Umfang einnehmen, der den Verbraucher jeweils von der Kerninformation ablenkt, dass er mit dem Betätigen dieser Schaltfläche eine Zahlungspflicht eingehe[96]. Vor diesem Hintergrund ist eine Beschriftung mit „Jetzt zahlungspflichtig bestellen" unbedenklich[97]. Zu Recht als unzulässig angesehen wurden demgegenüber „Jetzt verbindlich anmelden (kostenpflichtiger Reisevertrag)"[98] und „Ihre Selbstauskunft kostenpflichtig absenden"[99]. Dieser Umgang mit Abs 3 Satz 2 mag zuweilen zwar arg formalistisch erscheinen, doch ist gerade dieser Formalismus das Instrument, mit dem die Gesetzgeber das von ihnen verfolgte verbraucherschutzrechtliche Ziel zu erreichen versuchen. Eine bedenkliche Einschränkung der Vertragsfreiheit[100] hat das aber jedenfalls schon deshalb nicht zur Folge, weil eine gemäß den Vorgaben von Abs 3 gestaltete Schaltfläche keineswegs den gesamten Inhalt der Verbraucherwillenserklärung enthält, sondern lediglich das Entstehen einer Zahlungspflicht noch einmal plakativ hervorhebt.

Nach den Erläuterungen in der Begründung des Regierungsentwurfs zu § 312g aF ist der Hinweis auf die Zahlungspflicht gut lesbar, wenn der Verbraucher die Beschriftung **bei üblicher Bildschirmauflösung gut erkennen** kann[101]. Dieses Tatbestandselement dient in erster Linie der Klarstellung, dass unseriöse bis betrügerische Diensteanbieter keine ordnungsgemäße Erfüllung der Vorgaben aus Abs 3 geltend machen können, wenn sie eine außerordentlich kleine, unscharfe, verschnörkelte oÄ Schrift oder einen schwachen Kontrast verwenden[102].

V. **Folgen eines ungenügenden Hinweises auf die Zahlungspflicht, Abs 4**

1. **Unwirksamkeit des Vertrags.** Gemäß Abs 4 kann eine vertragliche Zahlungspflicht für den Verbraucher nur begründet werden, wenn der Unternehmer seine Pflicht aus Abs 3 erfüllt. Das bedeutet, dass bei Nichterfüllen dieser Pflicht kein wirksamer Vertrag zustande kommt[103]. Abs 4 begründet demnach eine **rechtshindernde Einwendung** und lässt Abs 3 ähnlich wirken wie eine Formvorschrift[104]. Ansprüche im Verhältnis zwischen dem Unternehmer und dem Verbraucher entstehen deshalb selbst dort nicht, wo ungeachtet der fehlerhaft ausgestalteten Schaltfläche sowohl ein objektiver als auch ein subjektiver Konsens über die zahlungspflichtige Bestellung bestand und besteht. Dort, wo nur ein objektiver Konsens besteht, besteht nach allgemeinen Regeln ein Anfechtungsrecht nach § 119. Dessen bedarf es vorliegend zwar nicht, um die Wirkungen der Verbrauchererklärung zu beseitigen. Nach der Lehre von den Doppelwirkungen im Recht bleibt diese Anfechtungsmöglichkeit aber erhalten[105]. Das gilt natürlich erst recht für den Fall, dass das Anfechtungsrecht sich sogar auf § 123 Abs 1 Alt 1 stützen lässt.

Das Zusammenwirken von Abs 3 und Abs 4 ist gewiss angemessen für die Abofallenfälle, die der unmittelbare Anlass für die Schaffung dieser Vorschriften gewesen sind. Recht streng mutet die Geltung aber für solche Fälle an, in denen der Unternehmer die Zahlungspflicht nicht verschleiert, die Schaltfläche nur versehentlich falsch beschriftet und der Verbraucher keinerlei Irrtum über Grund und Höhe seiner Zahlungspflicht erliegt. Für den Unternehmer begründet diese strenge Sicht auf die Dinge aber **keinesfalls eine unangemessene Härte**. Er kann die Folge des

---

93 MünchKommBGB/Wendehorst Rz 29; Spindler/Schuster/Schirmbacher Rz 52.
94 Vgl OLG Nürnberg MMR 2021, 348, 349.
95 AA Spindler/Schuster/Schirmbacher Rz 52.
96 BT-Drucks 17/7745, 12.
97 Staud/Thüsing Rz 20.
98 LG Berlin VuR 2013, 474.
99 LG Hagen BeckRS 2019, 15887.
100 BeckOK BGB/Maume Rz 25.
101 BT-Drucks 17/7745, 12.
102 BT-Drucks 17/7745, 12.
103 Staud/Thüsing Rz 26.
104 MünchKommBGB/Wendehorst Rz 32; Spindler/Schuster/Schirmbacher Rz 56.
105 Staud/Thüsing Rz 26.

Abs 4 nämlich auf denkbar einfache Weise dadurch vermeiden, dass er für die Beschriftung seiner Schaltfläche den stets zulässigen und ausreichenden Vorschlag aus Abs 3 verwendet[106].

44 Als problematischer gestaltet sich hingegen die weitergehende Konsequenz, dass wegen der Unwirksamkeit des Vertrags auch der **Verbraucher weder primäre noch sekundäre Ansprüche** daraus erwerben kann. Dies wird verbreitet weder als sachgerecht noch als durch RL 2011/83/EU Art 8 Abs 2 UAbs 2 Satz 3 intendiert angesehen. So heiße es dort, dass der Verbraucher an seine Willenserklärung lediglich nicht gebunden sei, weshalb die in Abs 4 angeordnete kategorische Unwirksamkeit richtlinienwidrig sei[107]. Abs 4 sei deshalb richtlinienkonform entweder in dem Sinne auszulegen oder teleologisch zu reduzieren, dass der Vertrag schwebend unwirksam sei und der Verbraucher ihn durch ein ausdrückliches Leistungsverlangen mit Wirkung ex tunc konkludent genehmigen könne[108]. Der Unternehmer könne den Unternehmer jedoch analog § 108 Abs 2 dazu auffordern, sich über die Genehmigung zu erklären, um so eine rasche Beendigung des Schwebezustands herbeiführen zu können[109]. Als alternative Vorschläge zur Korrektur von Abs 4 werden die entsprechende Anwendung von § 476 Abs 1[110] sowie der Rückgriff auf § 242[111] unterbreitet. Alle diese Lösungsvorschläge stellen Verbraucher im Verhältnis zur geschriebenen Regelung des Abs 4 tatsächlich besser, da sie ihm ein Mehr an Optionen eröffnen. Hinsichtlich einer richtlinienkonformen Auslegung besteht freilich das methodische Problem, dass die Umdeutung eines nicht zustande gekommenen Vertrags in einen schwebend unwirksamen Vertrag die Wortlautgrenze überschreitet[112]. Die stattdessen erwogenen Alternativen dürften sämtlich daran scheitern, dass der Gesetzgeber ganz gezielt diese Formulierung von Abs 4 gewählt hat[113]. Es kommt hinzu, dass der Wortlaut von RL 2011/83/EU Art 8 Abs 2 UAbs 2 Satz 3 ein Wahlrecht des Verbrauchers über das Geltenlassen oder Nichtgeltenlassen des Vertrags nicht zwingend anordnet[114]. Tatsächlich ist die von dem Umsetzungsgesetzgeber gewählte Formulierung eine denkbare Deutungsvariante der unionsrechtlichen Vorgabe, denn es lässt sich nicht leugnen, dass der Verbraucher auch bei der kategorischen Unwirksamkeit des Vertrags nicht an seine Willenserklärung gebunden ist[115]. Betrachtet man nur den Wortlaut von RL 2011/83/EU Art 8 Abs 2 UAbs 2 Satz 3 könnte die Annahme eines nur schwebend unwirksamen Vertrags sogar deshalb richtlinienwidrig sein, weil hier der Verbraucher im Falle der Genehmigung des Vertrags doch an seine Willenserklärung gebunden wäre.

45 Vor diesem Hintergrund ist es vorzugswürdig, es **bei der von Abs 4 angeordneten Unwirksamkeit des Vertrags zu belassen**[116]. Zu für den Verbraucher evident sachwidrigen Ergebnissen gelangt man auf diese Weise nicht. So kann es zunächst nach §§ 133, 157 als ein Neuabschluss des Vertrags angesehen werden, wenn der Verbraucher später durch einen individuellen Kommunikationsakt die Leistung verlangt und der Unternehmer liefert[117], sofern man darin nicht sogar eine Bestätigung im Sinne von § 141 Abs 1 sehen möchte[118]. Außerdem kann der Verbraucher von dem Unternehmer nach Maßgabe von § 280 Abs 1, § 241 Abs 2, § 311 Abs 2 Schadensersatz verlangen, sofern er wegen des gescheiterten ersten Vertrags eine Vermögenseinbuße erlitten hat[119].

46 **2. Rückabwicklung.** Hat der Verbraucher aufgrund des wegen Abs 4 nicht zustande gekommenen Vertrags eine Zahlung an den Unternehmer geleistet, ohne dass er bereits die Gegenleistung erhalten hätte, besteht ein Rückzahlungsanspruch aus § 812 Abs 1 Satz 1 Alt 1[120]. Hat umgekehrt der Unternehmer seine Leistung bereits erbracht und noch keine Zahlung erhalten, hat grundsätzlich auch er den Rückforderungsanspruch aus § 812 Abs 1 Satz 1 Alt 1[121]. Manche entgegnen dem, dass Abs 4 dem Zustandekommen eines unentgeltlichen Vertrags zwischen dem Unternehmer und dem Verbraucher nicht entgegenstehe[122]. Allerdings fehlt es insoweit sowohl an einem objektiven als auch an einem subjektiven Konsens zwischen den Parteien. In diesem Fall ist die Rückgabe auch unproblematisch, wenn der Gegenstand der unternehmerischen Leis-

---

106 Leier CR 2012, 378, 383.
107 BeckOGK BGB/Busch Rz 48; Hk-BGB/Schulte-Nölke Rz 3; Jauernig/Stadler Rz 3; jurisPK-BGB/Junker Rz 63; Alexander NJW 2012, 1985, 1989; aA BeckOK IT-Recht/Föhlisch Rz 15; Leier CR 2012, 378, 384.
108 BeckOGK BGB/Maume Rz 36; jurisPK-BGB/Junker Rz 63; MünchKommBGB/Wendehorst Rz 33; Kirschbaum MMR 2012, 8, 11; Rudkowski/Werner MMR 2012, 711, 714 f; Paulus/Matzke ZfPW 2018, 431, 459.
109 MünchKommBGB/Wendehorst Rz 33.
110 BeckOGK BGB/Busch Rz 51.
111 Erman/Koch Rz 9; Spindler/Schuster/Schirmbacher Rz 56; Heinig MDR 2012, 8, 12.
112 Bülow/Artz, Verbraucherprivatrecht, Rz 112a; Rudkowski/Werner MMR 2012, 711, 714 f.
113 BT-Drucks 17/7745, 12; Leier CR 2012, 378, 384.
114 Heinig MDR 2012, 8, 12.
115 Leier CR 2012, 378, 384.
116 Erman/Koch Rz 9; Spindler/Schuster/Schirmbacher Rz 56; Staud/Thüsing Rz 26; Bülow/Artz, Verbraucherprivatrecht, Rz 112a.
117 MünchKommBGB/Wendehorst Rz 33.
118 Spindler/Schuster/Schirmbacher Rz 56; Raue MMR 2012, 438, 443; Fervers NJW 2016, 2289, 2293.
119 Erman/Koch Rz 9; jurisPK-BGB/Junker Rz 62.
120 Erman/Koch Rz 9; jurisPK-BGB/Junker Rz 62.
121 AA jurisPK-BGB/Junker Rz 63.
122 Bülow/Artz, Verbraucherprivatrecht, Rz 112a.

tung eine Ware ist, die zurückgegeben werden kann. Damit der Verbraucher hier aber nicht etwa mit Rücksendekosten belastet wird, ist seine Herausgabepflicht aus § 812 Abs 1 Satz 1 Alt 1 als eine Holschuld zu qualifizieren.

Schwieriger fällt die Beurteilung, wenn der Verbraucher von dem Unternehmer eine **unkör- 47 perliche Leistung** erhalten hat, die **Ware zwischenzeitlich untergegangen** ist oder er das erlangte Etwas aus einem ähnlichen Grund gegenständlich nicht herausgeben kann. Für diesen Fall ordnet § 818 Abs 2 eine Wertersatzpflicht des Verbrauchers an. Dass hierdurch der Schutzzweck von RL 2011/83/EU Art 8 Abs 2 UAbs 2 sowie von Abs 3 und Abs 4 unterlaufen wird[123], ist wegen des Entreicherungseinwands gemäß § 818 Abs 3 vermeidbar. Suggeriert der Unternehmer mit der von ihm geschaffenen Bestellsituation dem Verbraucher nämlich, dass dieser die Leistung kostenlos erhalten werde, so spricht nichts dafür, dass der Verbraucher für den Erhalt der gleichen Leistung von einem anderen Unternehmer Geld zu zahlen bereit gewesen wäre. Folglich lässt sich auch kaum sagen, dass dem Verbraucher nach dem gegenständlichen und ersatzlosen Wegfall einer solchen Leistung noch ein Ersatzvorteil in Form von anderweitig ersparten Aufwendungen verbliebe. Für die Konstellationen der Abo- und sonstigen Kostenfallen ist auf diese Weise gewährleistet, dass der Verbraucher auch auf dem Umweg des Rückgewährschuldverhältnisses keine Zahlung zu leisten hat. War dem Verbraucher aber umgekehrt aufgrund der von dem Unternehmer geschaffenen Bestellsituation trotz der mangelhaft beschrifteten Schaltfläche bewusst, dass er eine mit dem Eingehen einer Zahlungspflicht verbundene Willenserklärung abgeben werde, so hat er dokumentiert, für den Erhalt der unternehmerischen Leistung Geld ausgeben zu wollen. Dementsprechend verbleibt ihm der Ersatzvorteil in Form der ersparten Aufwendungen, wenn der Leistungsgegenstand später ersatzlos wegfällt. Das hat beispielsweise zur Konsequenz, dass ein Verbraucher, der eine Transport- oder Reiseleistung des Unternehmers bewusst und gewollt zu einem bestimmten Preis über eine falsch beschriftete Schaltfläche bestellt hat, die Zahlung nicht mehr verweigern kann, nachdem er die Leistung in Anspruch genommen hat[124]. Mit dem Schutzzweck von RL 2011/83/EU Art 8 Abs 2 UAbs 2 ist das deshalb vereinbar, weil es dort primär darum geht, dass der Verbraucher durch irgendeine eindeutige Formulierung auf das Entstehen einer Zahlungspflicht hingewiesen wird[125]. Für die Zwecke der Rückabwicklung ist dem aber genügt, wenn der Unternehmer diesen Hinweis anders als durch die korrekte Beschriftung der Schaltfläche erteilt hat. Die Beweislast dafür, dass der Verbraucher trotz der mangelhaft beschrifteten Schaltfläche eindeutig auf die Zahlungspflicht hingewiesen wurde und sich ihr bei der Abgabe der Bestellung deshalb bewusst sein musste, trägt allerdings der Unternehmer.

Wurden **beide Leistungen bereits erbracht**, so sind sie nach dem soeben Gesagten Zug um 48 Zug zurückzugewähren, soweit sie in den beiden Vermögensmassen noch vorhanden und nicht gleichartig sind[126]. Sind sie gleichartig, erfolgt eine Verrechnung von Amts wegen. Ist der Verbraucher wegen der von dem Unternehmer empfangenen Leistung entreichert, ist es dem Unternehmer anders als nach den allgemeinen Regeln wegen der vorrangigen Wertung der RL 2011/83/EU Art 8 Abs 2 UAbs 2 sowie der Abs 3 und Abs 4 verwehrt, den objektiven Wert seiner Leistung von seiner eigenen Rückgewährschuld abzuziehen.

Wenn man es demgegenüber für ausgeschlossen hält, die Wertungen der 8 Abs 2 UAbs 2 sowie 49 der Abs 3 und Abs 4 innerhalb der bereicherungsrechtlichen Rückabwicklung bei § 818 Abs 3 abzubilden, gelangt man zu weitgehend identischen Ergebnissen, indem man in einem ersten Schritt die **§§ 812 ff für unanwendbar erklärt** und in einem zweiten Schritt ggf dort Korrekturen über § 242 vornimmt, wo die Berufung des Verbrauchers auf den **Ausschluss der Kondiktion** sich als **rechtsmissbräuchlich** darstellt[127].

VI. Beweislast

Die Beweislast für Erfüllung der Pflichten aus § 312j liegt beim Unternehmer. 50

Kapitel 4

Abweichende Vereinbarungen und Beweislast

§ 312k Abweichende Vereinbarungen und Beweislast

(1) Von den Vorschriften dieses Untertitels darf, soweit nichts anderes bestimmt ist, nicht zum Nachteil des Verbrauchers oder Kunden abgewichen werden. Die Vorschriften dieses

---

123 MünchKommBGB/Wendehorst Rz 36.
124 Fervers NJW 2016, 2289, 2293.
125 Erwägungsgrund 39 zu RL 2011/83/EU.
126 JurisPK-BGB/Junker Rz 63.
127 MünchKommBGB/Wendehorst Rz 37.

Untertitels finden, soweit nichts anderes bestimmt ist, auch Anwendung, wenn sie durch anderweitige Gestaltungen umgangen werden.

(2) Der Unternehmer trägt gegenüber dem Verbraucher die Beweislast für die Erfüllung der in diesem Untertitel geregelten Informationspflichten.

I. Keine Abweichung zum Nachteil des Verbrauchers, Abs 1 Satz 1

1   Von den Vorgaben der §§ 312 ff darf nur dort zum Nachteil des Verbrauchers abgewichen werden, wo dies gesetzlich ausdrücklich zugelassen ist. Diese Formulierung von Abs 1 Satz 1 lässt Abweichungen zu Gunsten des Verbrauchers ohne Weiteres zu. Deshalb werden §§ 312 ff auch als **halbzwingendes Recht** bezeichnet[1]. Die **unionsrechtlichen Grundlagen** für diese Ausgestaltung finden sich in RL 2011/83/EU Art 25 sowie in RL 2002/65/EG Art 12 Abs 2. § 312k in der hier kommentierten Fassung wird ab dem 1.7.2022 zu § 312m.

2   Eine Abweichung liegt vor, wenn der Verbraucher eine vorvertragliche Information, eine Vertragsinformation oder ein Widerrufsrecht nicht erhalten soll, obwohl sie bzw es ihm aufgrund von §§ 312 ff zusteht. Keine Rolle spielt es, ob der Verlust der geschuldeten Information oder des Widerrufsrechts **kompensiert** werden soll[2]. Das Widerrufsrecht kann folglich auch dort nicht abbedungen werden, wo der Unternehmer den Verbraucherinteressen etwa dadurch Rechnung zu tragen versucht, dass er den Vertrag zB unter eine aufschiebende oder auflösende Bedingung stellt[3]. Das **Zurverfügungstellen von mehr als den geschuldeten Informationen** stellt den Verbraucher nicht zwingend besser als es die gesetzliche Regelung verlangt. Zum einen können die zusätzlichen Informationen nämlich einen Verstoß gegen das Transparenzgebot begründen, zum anderen wird ein Mehr an Informationen innerhalb der §§ 312 ff zuweilen ausdrücklich untersagt, namentlich in § 312j Abs 3 Satz 2. Stets muss der Unternehmer dem Verbraucher die geschuldeten Informationen lediglich zur Verfügung stellen, sei es, indem er sie ihm zugehen lässt (§ 312d Rz 72; § 312f Rz 17 f), oder sei es, indem er dem Verbraucher die zumutbare Möglichkeit verschafft, die Informationen selbst in seinen Machtbereich zu holen (§ 312d Rz 74). Keinesfalls hat der Unternehmer sicherzustellen, dass der Verbraucher die Informationen auch tatsächlich zur Kenntnis nimmt. Deshalb handelt es sich auch nicht um eine Abweichung iSv Abs 1 Satz 1, wenn der Verbraucher seine auf den Vertragsschluss gerichtete Willenserklärung abgeben kann, ohne zuvor eine Zwangsführung durch alle vorvertraglich geschuldeten Informationen erdulden zu müssen[4].

3   Technisch kann die Abweichung zunächst durch ein **Rechtsgeschäft** zwischen dem Verbraucher und dem Unternehmer erfolgen, und zwar entweder als Individualvereinbarung oder unter Einbeziehung der Allgemeinen Geschäftsbedingungen des Unternehmers. Nach den allgemeinen Regeln sind namentlich Gestaltungsrechte in großem Umfang auch einem **einseitigen Verzicht** zugänglich[5]. In Bezug auf das Verbraucherwiderrufsrecht handelt es sich dabei aber ebenfalls um eine verbotene Abweichung iSd Abs 1 Satz 1[6].

4   Grundsätzlich kann sich der Verbraucher seines bestehenden Widerrufs- oder Informationsrechts auch nicht durch einen Prozess- oder rein materiellrechtlich wirkenden **Vergleich** begeben. Einem Vergleich dieses Inhalts stünde Abs 1 Satz 1 zunächst unmittelbar entgegen[7]. Abs 1 Satz 1 nimmt dem Verbraucher aber zugleich die Dispositionsbefugnis über seine Rechte aus §§ 312 ff, so dass der Vergleich auch aus diesem unwirksam wäre[8]. Diese Grenzen gelten auch für Einigungen, die aufgrund eines **Schlichtungsvorschlags gemäß VSBG § 19** zur Beilegung eines Streits zwischen Verbrauchern und Unternehmern zustande kommen[9]. Der Wortlaut von Abs 1 Satz 1 erfasst zwingend aber nur den Fall, dass der Verbraucher vor oder mit dem Abschluss des Verbrauchervertrags auf Rechte gemäß §§ 312 ff verzichtet, an deren Bestehen gegenüber dem Unternehmer im Übrigen keinerlei Zweifel besteht. Streiten die Parteien – etwa deshalb, weil die Unternehmer- oder Verbrauchereigenschaft einer von ihnen unklar ist – hingegen nach dem Abschluss des Vertrags darüber, ob im Verhältnis zwischen ihnen Informationspflichten oder Widerrufsrechte nach §§ 312 ff bestehen, kann eine Partei auch in Anbetracht von Abs 1 Satz 1 eine vergleichsweise Einigung eingehen, mit der sie das Nichtbestehen ihres vermeintlich bestehenden Verbraucher-

---

1   Grüneberg/Grüneberg Rz 1; MünchKommBGB/Wendehorst Rz 7.
2   BeckOGK BGB/Busch Rz 9.
3   MünchKommBGB/Wendehorst Rz 7.
4   BeckOGK BGB/Busch Rz 8.1; MünchKommBGB/Wendehorst Rz 4.
5   MünchKommBGB/Schlüter § 397 Rz 19.
6   Grüneberg/Grüneberg Rz 1; Spindler/Schuster/Schirmbacher Rz 5; s bereits LG Fulda NJW-RR 1987, 1460, 1461.
7   Vgl OLG München BeckRS 2021, 7485.
8   Staud/Hau BGB § 779 Rz 158; aA Erman/Koch Rz 6.
9   Staud/Hau BGB § 779 Rz 158.

recht anerkennt[10]. Dieses Ergebnis lässt sich auch teleologisch rechtfertigen. Gestattete man es dem Verbraucher nämlich nicht, den Streit oder die Ungewissheit über das Bestehen seines Verbraucherrechts im Wege gegenseitigen Nachgebens zu beseitigen, könnte er nur entweder einen risikobehafteten Prozess eingehen oder erst gar nicht den Versuch unternehmen, sein möglicherweise bestehendes Recht durchzusetzen. Das wäre kein sachgerechtes Verständnis von Abs 1 Satz 1[11].

Das Verbot aus Abs 1 Satz 1 gilt **zeitlich** so lange, bis der Verbrauchervertrag restlos abgewickelt ist[12]. Inhaltlich steht es unter dem Vorbehalt, dass speziellere gesetzliche Bestimmungen eine Abweichung zum Nachteil des Verbrauchers gestatten. Insoweit ist etwa auf § 356 Abs 4 und Abs 5 hinzuweisen. Demgegenüber betrifft § 312d Abs 1 Satz 2 nur die Festlegung des Vertragsinhalts und nicht Abweichungen von gesetzlichen Verbraucherrechten. § 312i Abs 2 Satz 2 gestattet zwar Abweichungen von den gesetzlichen Vorschriften, nicht aber im Verhältnis zu Verbrauchern.

Eine Verbrauchererklärung, aus der sich eine Abweichung zu seinem Nachteil ergibt, ist **nach § 134 unwirksam**[13]. Ist die abweichende Klausel Bestandteil der Allgemeinen Geschäftsbedingungen des Unternehmers, folgt aus § 306 Abs 1 das Wirksambleiben des Vertrags im Übrigen, und zwar ergänzt um die zwingende Vorschrift, von der abgewichen werden sollte. Bei individuell vereinbarten Abweichungen würde nach § 139 zwar die Nichtigkeit des gesamten Rechtsgeschäfts vermutet. Diese Rechtsfolge entspricht aber weder den Interessen des Verbrauchers noch der Wertung des § 312a Abs 6[14]. Dementsprechend bleibt auch hier der Vertrag mit seinem übrigen Inhalt wirksam[15]. Das gilt auch hinsichtlich solcher Vorteile, die der Unternehmer dem Verbraucher für den Verzicht auf die betroffene verbraucherschützende Position versprochen hat[16]. Andernfalls könnte der Verbraucher nämlich faktisch gezwungen sein, zwischen der Ausübung des Verbraucherrechts und dem Erhalt des Vorteils zu wählen.

II. Umgehungsgestaltungen, Abs 1 Satz 2

Die kunden- und verbraucherschützenden Bestimmungen der §§ 312 ff finden gemäß Abs 1 Satz 2 auch Anwendung, wenn sie durch anderweitige Gestaltungen umgangen werden sollen. Der deutsche Gesetzgeber will damit der Gefahr begegnen, dass unseriöse Anbieter kreative Konstruktionen finden, um sich von den mit der Beachtung verbraucherschützender Bestimmungen verbundenen Lasten zu befreien[17]. Das besondere Unionsrecht liefert zwar **keine ausdrückliche Grundlage** für dieses Umgehungsverbot. Gestützt wird die Vorschrift deshalb wahlweise auf die allgemeinen Grundsätze über die praktische Wirksamkeit[18] oder über das unionsfreundliche Verhalten[19].

Objektiv liegt eine Umgehung iSd Abs 1 Satz 2 vor, wenn die Parteien ihre vertraglichen Beziehungen so gestalten, dass §§ 312 ff ihrem Wortlaut nach nicht eingreifen, obwohl sie es nach ihrem Schutzzweck müssten[20]. Eine **Umgehungsabsicht** oder sonstige Komponenten müssen nicht hinzutreten, damit Abs 1 Satz 2 anwendbar wird[21]. Begrifflich werden die Umgehungen unterteilt in die Fälle der Tatbestandsvermeidung und der Tatbestandserschleichung[22].

Von einer **Tatbestandsvermeidung** spricht man, wenn die Parteien mittels ihrer Vertragsgestaltung einzelne Voraussetzungen der §§ 312 ff entfallen lassen, der Vertrag aber bei einer wertenden Betrachtung wie ein Außergeschäftsraumvertrag, wie ein Fernabsatzvertrag oder wie ein Vertrag im elektronischen Geschäftsverkehr behandelt werden müsste[23]. Das bedeutet, dass der Verbraucher oder Kunde in der von den Parteien herbeigeführten Situation exakt denselben spezifischen Risiken ausgesetzt sein muss wie in den gesetzlich beschriebenen Vertragsabschlusstatbeständen. Danach soll eine Umgehung von § 312c vorliegen, wenn der Unternehmer den Antrag (§ 145) des Verbrauchers per Fernkommunikationsmittel entgegennimmt und die Annahme (§ 147) erst bei einem anschließenden persönlichen Gespräch in seinen Geschäftsräumen erklärt oder gar erst bei der Lieferung oder der Abholung des Vertragsgegenstands[24]. Allerdings dürfte es in diesen Konstellationen im Ergebnis deshalb nicht auf Abs 1 Satz 2 ankommen, weil hier gemäß

---

10 Grüneberg/Grüneberg Rz 2; Staud/Hau BGB § 779 Rz 159; vgl auch OLG Koblenz BKR 2017, 153, 155.
11 BeckOGK BGB/Busch Rz 10; MünchKommBGB/Wendehorst Rz 5.
12 Grüneberg/Grüneberg Rz 2; aA Erman/Koch Rz 6.
13 LG Mannheim MMR 2009, 568, 569; Grüneberg/Grüneberg Rz 2.
14 BeckOGK BGB/Busch Rz 11.
15 Spindler/Schuster/Schirmbacher Rz 5; MünchKommBGB/Wendehorst Rz 9.
16 Erman/Koch Rz 8.
17 BT-Drucks 14/2658, 45.
18 BeckOGK BGB/Busch Rz 12.
19 MünchKommBGB/Wendehorst Rz 2; Staud/Thüsing Rz 2.
20 MünchKommBGB/Wendehorst Rz 10; Staud/Thüsing Rz 16; ähnlich OLG Köln BeckRS 2016, 1996.
21 Grüneberg/Grüneberg Rz 3.
22 S nur Staud/Thüsing Rz 15.
23 MünchKommBGB/Wendehorst Rz 11.
24 OLG Frankfurt/Main GRUR-RR 2019, 287, 288; WRP 2021, 797, 800; MünchKommBGB/Wendehorst Rz 11.

§ 312b Abs 1 Satz 1 Nr 1 bzw Nr 2 jedenfalls ein Außergeschäftsraumvertrag gegeben ist. Keine Vermeidung des Tatbestands von § 312i Abs 1 liegt vor, wenn der Unternehmer seine Leistung in Onlinemedien bewirbt, jedoch nur individuell formulierte Willenserklärungen des Verbrauchers entgegennimmt. Gleiches gilt, wenn der Unternehmer objektiv kein für den Fernabsatz organisiertes Vertriebs- oder Dienstleistungssystem unterhält und deshalb in seiner Werbung auch nicht auf die Möglichkeit von Bestellungen anhand von Fernkommunikationsmitteln hinweist[25].

10 Bei der **Tatbestandserschleichung** geht es demgegenüber darum, dass der Unternehmer versucht, eine für sich günstige Ausnahme von den verbraucherschützenden Bestimmungen herbeizuführen, obwohl die von ihm geschaffene Situation wertungsmäßig nicht unter die Ausnahme fallen dürfte[26]. Das insoweit früher bemühte Beispiel von der Gestaltung eines Warenverkaufs als Internetversteigerung zum Zwecke der Umgehung des Verbraucherwiderrufsrechts[27] ist angesichts der aktuellen Fassung von § 312g Abs 2 Nr 10 obsolet geworden[28]. Für den Fall der funktionell unnötigen und irreversiblen Kennzeichnung von Waren mit dem Namen des Kunden[29] ist zu unterscheiden. Nimmt der Unternehmer diese Kennzeichnung eigenmächtig vor, ist der § 312g Abs 2 Nr 1 schon tatbestandlich nicht erfüllt (→ § 312g Rz 21). Wünschte der Verbraucher demgegenüber eine tatbestandsmäßige Individualisierung, besteht kein Anlass, ihm das Widerrufsrecht über Abs 1 Satz 2 dennoch zu erhalten.

11 Für die **Rechtsfolgenseite** ist Abs 1 Satz 2 zunächst zu entnehmen, dass bei der Auslegung von mehreren Deutungsvarianten der betroffenen Norm diejenige zu wählen ist, in der die zu beurteilende Konstellation unter den verbraucherschützenden Tatbestand fallen bzw keinen Ausnahmetatbestand verwirklichen[30]. Dementsprechend wird es als ein Verstoß gegen § 312a Abs 4 angesehen, wenn der Unternehmer für alle Zahlungsmethoden mit Ausnahme einer bestimmten, nicht gängigen Variante der Kartenzahlung ein zusätzliches Entgelt erhebt[31]. Lassen sich die Wertungen der §§ 312 ff jedoch wegen der Wortlautgrenze nicht schon im Wege der Auslegung durchsetzen, folgt aus Abs 1 Satz 2 ein Gebot zur Analogie oder zur teleologischen Reduktion, um Tatbestandsvermeidungen bzw Tatbestandserschleichungen wirksam zu begegnen[32]. Da das Gebot, den Wertungen hinter §§ 312 ff zur praktischen Durchsetzung zu verhelfen, auch ohne Abs 1 Satz 2 gälte, hat die Vorschrift letztlich nicht mehr als eine Klarstellungs- und Appellfunktion[33]. Ihre Notwendigkeit wird deshalb bezweifelt[34].

III. Beweislast, Abs 2

12 Gemäß Abs 2 trägt der Unternehmer gegenüber dem Verbraucher die Beweislast für die Erfüllung der in diesem Untertitel geregelten Informationspflichten. Die **unionsrechtliche Grundlage** für diese Vorschrift ist RL 2011/83/EU Art 6 Abs 9. Die Beweislastverteilung gilt zunächst für sämtliche Rechtsstreitigkeiten im Verhältnis zwischen dem Unternehmer und dem Verbraucher, in denen die Frage nach der Erfüllung der Informationspflichten erheblich ist[35]. Sie gilt aber – was sich jedenfalls aus RL 2011/83/EU Art 6 Abs 9 ergibt – auch dann, wenn Dritte gegen den Unternehmer wegen der Verletzung seiner Informationspflichten Ansprüche, etwa aus UWG §§ 3, 3a, 8, geltend machen[36].

Untertitel 4

Einseitige Leistungsbestimmungsrechte

§ 315 Bestimmung der Leistung durch eine Partei

(1) Soll die Leistung durch einen der Vertragschließenden bestimmt werden, so ist im Zweifel anzunehmen, dass die Bestimmung nach billigem Ermessen zu treffen ist.
(2) Die Bestimmung erfolgt durch Erklärung gegenüber dem anderen Teil.
(3) Soll die Bestimmung nach billigem Ermessen erfolgen, so ist die getroffene Bestimmung für den anderen Teil nur verbindlich, wenn sie der Billigkeit entspricht. Entspricht sie

---

25 MünchKommBGB/Wendehorst Rz 11; Staud/Thüsing Rz 16.
26 MünchKommBGB/Wendehorst Rz 13.
27 Heiderhoff MMR 2001, 640, 643.
28 Erman/Koch Rz 11.
29 MünchKommBGB/Wendehorst Rz 13.
30 MünchKommBGB/Wendehorst Rz 14.
31 OLG Dresden MMR 2021, 75, 76; OLG Hamburg MMR 2021, 425, 426.
32 OLG München BeckRS 2017, 103848; MünchKommBGB/Wendehorst Rz 14.
33 Staud/Thüsing Rz 14.
34 BeckOGK BGB/Busch Rz 12; Staud/Thüsing Rz 14.
35 MünchKommBGB/Wendehorst Rz 19.
36 BeckOGK BGB/Busch Rz 17.

Untertitel 4 Einseitige Leistungsbestimmungsrechte § 315

nicht der Billigkeit, so wird die Bestimmung durch Urteil getroffen; das Gleiche gilt, wenn die Bestimmung verzögert wird.

ÜBERSICHT

I. **Allgemeines**	1–3
II. **Vertragsbindung**	4–23
1. Bestimmbarkeit	6–9
2. Verhältnis zu §§ 154, 155	10, 11
3. Beiderseitiger Rechtsbindungswille bzgl Leistungspflicht erforderlich	12–19
a) Schuldner	13–17
b) Gläubiger	18, 19
4. Aushebelung der Richtigkeitsgewähr des Vertrags	20–22
a) Auslegungsregel: Kompensation durch Ermessenskontrolle	21
b) Allgemeine Schranken der Vertragsfreiheit als Grenzen des Leistungsbestimmungsrechts bzw Unterwerfungsvereinbarung	22
5. Formbedürftigkeit des Vertrags	23
III. **Parteileistungsbestimmungsrecht**	24–149
1. Rechtsnatur	25–39
a) Einmaliges Bestimmungsrecht oder fortlaufendes Anpassungsrecht	27, 28
b) Übertragbarkeit	29–39
aa) Leistungsbestimmungsbefugnis aufgrund der Person	32
bb) Isolierte Abtretung des Leistungsbestimmungsrechts	33
cc) Abtretung des zugrundeliegenden Anspruchs	34, 35
dd) Universalsukzession	36
ee) Schuldübernahme und Schuldbeitritt	37, 38
ff) Vertragsübernahme	39
2. Abgrenzungen	40–58
a) Abgrenzung zur Vertragsauslegung	41–46
aa) Einseitiges Leistungsbestimmungsrecht oder gemeinsame Leistungsvereinbarung	42, 43
bb) Auslegungsregeln der §§ 315 Abs 1, 316 und Parteiwille	44
cc) Gerichtliche Ersatzleistungsbestimmung (§ 315 Abs 3 S 2) und ergänzende Vertragsauslegung	45, 46
b) Abgrenzung zu dispositiven gesetzlichen Auffangregeln zur Vergütung	47, 48
c) Abgrenzung zu Gattungs- und Wahlschuld	49–51
d) Abgrenzung zur Neuverhandlungspflicht	52, 53
e) Abgrenzung zum Anspruch auf Zustimmung zur Vertragsänderung	54
f) Abgrenzung zu §§ 745 Abs 2, 1024, 1246 Abs 1	55
g) Abgrenzung zur (Änderungs-)Kündigung und § 313	56–58
3. Voraussetzungen	59–87
a) Begründung des Parteileistungsbestimmungsrechts	60–82
aa) Vertrag	62–79
aaa) Unbestimmte, aber bestimmbare Leistung	63
bbb) Auslegung	64–66
ccc) AGB	67–77
ddd) Grenzen der Vertragsfreiheit	78, 79
bb) Einseitiges Rechtsgeschäft	80
cc) Tarifvertrag und Mitgliedschaftsverhältnisse	81
dd) Gesetz	82
b) Ermächtigung eines Vertragsschließenden	83–87
4. Gegenstand	88–97
a) Leistung	89–93
b) (Untergeordnete) Leistungsmodalitäten	94
c) Tatsachenfeststellung und Subsumtion	95
d) Voraussetzungen der Leistungsbestimmungsermächtigung?	96, 97
5. Ausübung	98–122
a) Zeitpunkt	99–101
b) Form (§ 315 Abs 2)	102
c) Allgemeine Vorschriften über Willenserklärungen	103–112
aa) Geschäftsfähigkeit	104
bb) Bestimmtheit und Auslegung	105, 106
cc) Stellvertretung	107
dd) Unwiderruflichkeit und ausnahmsweise zulässige nachträgliche Korrekturen	108, 109
ee) Anfechtung	110
ff) Bedingungen und Befristungen	111, 112
d) Keine Begründungspflicht	113–115
e) Verfahrensvorgaben	116
f) Willensbildung bei mehreren Berechtigten	117
g) Leistungsbestimmungspflicht	118–122
6. Maßstab	123–147
a) Auslegungsregel des § 315 Abs 1	125–128
aa) Anwendungsbereich	126, 127
bb) Inhalt	128
b) Billiges Ermessen	129–138
aa) Ausübungs- und Kontrollmaßstab	130–137
bb) Gleichsetzung mit verwaltungsrechtlichen Letztentscheidungsbefugnissen	138
c) Freies Belieben (vgl § 319 Abs 2)	139
d) Freies Ermessen	140–142
e) Ermessen	143
f) Keine Willkür	144
g) Billigkeit	145
h) Sonstige Maßstäbe	146, 147
7. Grenzen	148, 149
IV. **Rechtsfolgen**	150–176
1. Unwirksamkeit	151–155
2. Einseitige Unverbindlichkeit bei Unvereinbarkeit mit dem Kontrollmaßstab	156–162
a) Billigkeit oder sonstiger Kontrollmaßstab	157
b) Einseitige Unverbindlichkeit	158, 159
c) Geltendmachung der Unverbindlichkeit	160–162
3. Bestätigung	163, 164
4. Verbindlichkeit bei wirksamer Ausübung und Vereinbarkeit mit dem Kontrollmaßstab	165–171
a) Wirkung ex nunc	166–169
b) Vertraglich vereinbarte Rückbeziehung	170, 171
5. Rechtslage vor Ausübung des Bestimmungsrechts	172, 173
6. Rechtslage bei Verzögerung der Ausübung des Leistungsbestimmungsrechts	174–176

§ 315

V. Gerichtliche Kontrolle und Ersatzleistungsbestimmung (§ 315 Abs 3) 177–211
1. Gerichtliche Kontrolle 179–190
   a) Vertragliche Disposition und Mindestgehalt 180–182
   b) Kontrollmaßstab: „Billigkeit", § 315 Abs 3 S 1 183–186
   c) Sonstige Kontrollmaßstäbe 187
   d) Maßgeblicher Entscheidungszeitpunkt 188–190
2. Gerichtliche Ersatzleistungsbestimmung 191–206
   a) Vertraglicher Ausschluss 192, 193
   b) Unbillige Leistungsbestimmung (§ 315 Abs 3 S 2 Hs 1) 194
   c) Verstoß gegen sonstigen Kontrollmaßstab 195
   d) Überschreiten der Unterwerfungserklärung und Verstoß gegen §§ 134, 138 196
   e) Verzögerte Leistungsbestimmung (§ 315 Abs 3 S 2 Hs 2) und Weigerung 197–200
   f) Nicht: Neuverhandlungspflicht . 201
   g) Keine gerichtliche Erstleistungsbestimmung 202
   h) Übernahme des Maßstabs des Leistungsbestimmungsberechtigten 203, 204
   i) Wirkung 205
   j) Maßgeblicher Entscheidungszeitpunkt 206
3. Abgrenzung zu §§ 343 Abs 1, 655, RVG § 3a Abs 2 S 1, StBGebV § 4 Abs 2 und § 574a Abs 2 S 1 ... 207
4. Keine allgemeine Billigkeitskontrolle für Verträge gem § 315 analog 208–211

VI. Prozessuales 212–234
1. Klagearten 213–220
2. Beweislast 221–224
3. Beweismaß 225, 226
4. Berufung und Revision 227–231
5. Vollstreckung, einstweiliger Rechtsschutz, Mahnverfahren 232, 233
6. Rechtsschutz im Vorfeld der Parteileistungsbestimmung 234

VII. Anwendungsbereiche und Sonderregelungen 235–293
1. Dienst- und Werkvertragsrecht 237–245
   a) Anwaltsvertrag 240
   b) Steuerberater- und Wirtschaftsprüfervertrag 241, 242
   c) Architekten- und Ingenieurvertrag 243
   d) Arztvertrag 244
   e) Bauvertrag 245
2. Energielieferungs- und Netznutzungsverträge 246–257
   a) Parteileistungsbestimmungsrecht des Versorgers 247–249
   b) Entgeltkontrolle als Inhaltskontrolle 250–252
   c) Ausübungskontrolle 253–256
   d) Verhältnis zum Kartellrecht ... 257
3. Arbeitsrecht 258–274
   a) Direktionsrecht des Arbeitgebers, GewO § 106 259–264
   b) Entlohnung und weitere Vertragsbestandteile 265–268
   c) Urlaub 269
   d) Kündigung und Wiedereinstellung 270
   e) Betriebliche Altersversorgung .. 271, 272
   f) Betriebsverfassungsrecht 273, 274
4. Mietrecht 275, 276
5. Pauschalreisevertrag 277
6. Auslobung 278
7. Erbrecht 279
8. Handelsrecht 280, 281
9. Gesellschaftsrecht 282, 283
10. Bankrecht 284–286
11. Versicherungsrecht 287–290
12. Urheberrecht 291, 292
13. Erbbaurecht 293

VIII. Europäische und internationale Bezüge 294–296

Schrifttum: Neumann-Duesberg, Gerichtliche Ermessensentscheidungen nach §§ 315 ff BGB, JZ 1952, 705; Lukes, § 315 BGB als Ausgangspunkt für die Inhaltskontrolle allgemeiner Geschäftsbedingungen, NJW 1963, 1897; Bötticher, Gestaltungsrecht und Unterwerfung im Privatrecht, 1964; Laule, Zur Bestimmung einer Summe durch mehrere Dritte nach billigem Ermessen, DB 1966, 769; Söllner, Einseitige Leistungsbestimmung im Arbeitsverhältnis, 1966; Kornblum, Die Rechtsnatur der Bestimmung der Leistung, AcP 168 (1968), 450; Sonntag, Die Bestimmung der Leistung nach billigem Ermessen (§§ 315-319 BGB), 1971; Bilda, Anpassungsklauseln in Verträgen, 2. Aufl, 1973; Bilda, Zur Wirkung vertraglicher Anpassungsklauseln, MDR 1973, 537; Hagen, Zur Anwendung des § 316 BGB, SeuffBl 1973, 821; Hoyningen-Huene, Die Billigkeit im Arbeitsrecht, 1978; Horn, Neuverhandlungspflicht, AcP 181 (1981), 255; Baur, Vertragliche Anpassungsregelungen, 1983; Kronke, Zur Funktion und Dogmatik der Leistungsbestimmung, AcP 183 (1983), 114; Mayer-Maly, Das Ermessen im Privatrecht, in: FS Melichar, 1983, S 441; Blomeyer, Die "Billigkeitskontrolle" der abändernden Betriebsvereinbarung über betriebliche Ruhegelder, DB 1984, 926; Baur, Preisänderungsklauseln, Vertragsanpassungsklauseln und Höhere-Gewalt-Klauseln in langfristigen Lieferverträgen über Energie, ZIP 1985, 905; Horn, Vertragsbindung unter veränderten Umständen, NJW 1985, 1118; Schilling/Winter, Einseitige Leistungsbestimmungsrechte in Gesellschaftsverträgen, in: FS Stiefel, 1987, S 665; Grunewald, Numerus clausus der Gestaltungsklagen und Vertragsfreiheit, ZZP 101 (1988), 152; Gernhuber, Das Schuldverhältnis, 1989; Rieble, Die Kontrolle des Ermessens der betriebsverfassungsrechtlichen Einigungsstelle, 1990; Wiedemann, Preisänderungsvorbehalte, 1991; Fastrich, Richterliche Inhaltskontrolle im Privatrecht, 1992; Plüm, Die tarifliche Erweiterung von Leistungsbestimmungsrechten des Arbeitgebers, DB 1992, 735; Kunkel, Zur nachträglichen Leistungsbestimmung nach §§ 315, 316 BGB: Anwendungsbereiche, Funktionen, Verwendung in Allgemeinen Geschäftsbedingungen, 1993; Hromadka, Das Leistungsbestimmungsrecht des Arbeitgebers, DB 1995, 1609; Zöllner, Regelungsspielräume im Schuldvertragsrecht, AcP 196 (1996), 1; Metz, Variable Zinsvereinbarungen bei Krediten und Geldanlagen, BKR 2001, 21; Acker/Garcia-Stolz, Möglichkeiten und Grenzen der Verwendung von Leistungsbestimmungsklauseln nach § 315 in Pauschalpreisverträgen, BauR 2002, 550; Schebesta, Wirksamkeit von Zinsanpassungsklauseln für Spareinlagen aus Bankensicht, BKR 2002, 564; Hau, Vertragsanpassung und Anpassungsvertrag, 2003; Lakies, Das Weisungsrecht des Arbeitgebers (§ 106 GewO) – Inhalt und Grenzen, BB 2003, 364; Stappert, Zivilrechtliche Überprüfung von Strompreisen und Netznutzungsentgelten, NJW 2003, 3177; Kamanabrou, Vertragliche Anpassungsklauseln, 2004; Schürnbrand, Gestaltungsrechte als Verfügungsgegenstand, AcP 204 (2004), 177; Büdenbender, Zulässigkeit der Preiskontrolle von Fernwärmeversorgungsverträgen nach § 315 BGB, 2005; Ehricke, Die Kontrolle von einseitigen Preisfestsetzungen in Gaslieferungsverträgen, JZ 2005, 599; Kunth/Tüngler, Die gerichtliche Kontrolle von Gaspreisen, NJW 2005, 1313; Reinecke,

Untertitel 4 Einseitige Leistungsbestimmungsrechte § 315

Gerichtliche Kontrolle von Chefarztverträgen, NJW 2005, 3383; Bork, Über die Billigkeitsprüfung nach § 315 BGB bei Preisabsprachen für die Stromnetznutzung, JZ 2006, 682; Halfmeier, Gaspreiskontrolle im Vertragsrecht, VuR 2006, 417; Hanau, Die Billigkeitskontrolle von Gaspreisen, ZIP 2006, 1281; Jesgarzewski, Die Grenzen formularmäßiger Vereinbarung einseitiger Leistungsbestimmungsrechte, 2006; Kühne, Billigkeitskontrolle und Verbotsgesetze, NJW 2006, 2520; Kühne, Gerichtliche Entgeltkontrolle im Energierecht, NJW 2006, 654; Riesenhuber, Die gerichtliche Kontrolle von Verteilungsregeln der Verwertungsgesellschaften, GRUR 2006, 201; Rösler/Lang, Zinsklauseln im Kredit- und Spargeschäft der Kreditinstitute: Probleme mit Transparenz, billigem Ermessen und Basel II, ZIP 2006, 214; Büdenbender, Die Bedeutung der Preismissbrauchskontrolle nach § 315 BGB in der Energiewirtschaft, NJW 2007, 2945; Dreher, Die richterliche Billigkeitsprüfung gemäß § 315 BGB bei einseitigen Preisanpassungen in der Energiewirtschaft, ZNER 2007, 103; Hempel, Verjährung von Rückforderungsansprüchen bei unbilliger Leistungsbestimmung im Sinne von § 315 BGB, ZIP 2007, 1196; Säcker, Zum Verhältnis von § 315 BGB zu §§ 19 GWB 29 RegE GWB Konsequenzen aus den Entscheidungen des Achten Senats des Bundesgerichtshofes vom 28.3. und 13.6.2007, ZNER 2007, 114; Strohe, Energiepreiskontrolle durch den BGH nach § 315 BGB, NZM 2007, 871; Linsmeier, Gesetzliches Leistungsbestimmungsrecht bei Netznutzungsentgelten, NJW 2008, 2162; Markert, Zur Kontrolle von Strom- und Gaspreiserhöhungen nach § 307 und § 315 BGB, ZNER 2008, 44; Martini, Zwischen Vertragsfreiheit und gesetzlicher Bindung – Entgeltkontrolle im Energiewirtschaftsrecht und die Suche nach dem "pretium iustium" im Recht, DVBl 2008, 21; Meinhold/Diedrich, Zur Billigkeitskontrolle von Stromnetznutzungsentgelten und ihrer Umsetzung, ZNER 2008, 141; Metzger, Energiepreise auf dem Prüfstand: Zur Entgeltkontrolle nach Energie-, Kartell- und Vertragsrecht, ZHR 172 (2008), 458; Rieble, Leistungsbestimmung nach § 315 BGB in tariflichen Entgeltbändern, in: FS Birk, 2008, S 755; Rieble/Gutfried, Spezifikationskauf und BGB-Schuldrecht, JZ 2008, 593; Stannek, Die Anwendung des § 315 BGB auf Gaslieferungsverträge, 2008; Wielsch, Die Kontrolle von Energiepreisen zwischen BGB und GWB, JZ 2008, 68; Bredt, Zivilgerichtliche Prüfung von Eisenbahninfrastrukturnutzungsentgelten, N&R 2009, 235; Büdenbender, Die neue Rechtsprechung des BGH zu Preisanpassungsklauseln in Energielieferungsverträgen, NJW 2009, 3125; Büdenbender, Begründung von Gestaltungsrechten als Wirksamkeitsvoraussetzung?, AcP 210 (2010), 611; Bremer/Höppner, Gerichtliche Billigkeitskontrolle von Infrastrukturentgelten im Eisenbahnsektor, N&R Beilage 1 2010, 1; Dauner-Lieb/Friedrich, Zur Reichweite des § 87 II AktG, NZG 2010, 688; Gleim/Malirsch, Problemfelder der gerichtlichen Billigkeitskontrolle einseitiger Energiepreisanpassungen, ZNER 2010, 228; Metz, Variable Zinsen: Präzisierung bei § 315 BGB erforderlich?, BKR 2010, 265; Piekenbrock, Das Zeitregime von § 315 BGB am Beispiel der Elektrizitätsnutzung, ZIP 2010, 1925; Röckrath/Linsmeier, Zivilrechtliche Billigkeitskontrolle nach § 315 BGB und Eisenbahnrecht, 2010; Wimmer/Rösler, Zinsanpassungsklauseln: Praxisfragen zur BGH-Rechtsprechung, WM 2011, 1788; Hromadka, Grenzen des Weisungsrechts, NZA 2012, 233; Peters, Weisungen des Bestellers nach VOB/B und BGB, NZBau 2012, 615; Boemke, (Un-)Verbindlichkeit unbilliger Arbeitgeberanweisungen, NZA 2013, 6; Büdenbender, Neugestaltung von Preisanpassungsklauseln in Energielieferungsverträgen über Elektrizität und Gas, NJW 2013, 3601; Kling, Die Rechtskontrolle von Netzentgelten im Energiesektor nach Kartellrecht, Energierecht und Zivilrecht, ZHR 177 (2013), 90; Kling, Rechtskontrolle von Netzentgelten im Energiesektor, 2013; Säcker/Mengering, Rechtsfolgen unwirksamer Preisanpassungsklauseln in Endkundenverträgen über Strom und Gas, BB 2013, 1859; Schellhase, Gesetzliche Rechte zur einseitigen Vertragsgestaltung, 2013; Kleinlein/Schubert, Kontrolle von Entgelten monopolistischer und marktbeherrschender Anbieter, NJW 2014, 3191; Linck, Die Billigkeit im Spiegel der neueren Rechtsprechung des Bundesarbeitsgerichts, in: FS v Hoyningen-Huene, 2014, S 255; Salamon, Einseitige Leistungsbestimmungsrechte bei variablen Entgelten, NZA 2014, 465; Fricke, Die gerichtliche Kontrolle von Entgelten der Energiewirtschaft, 2015; Kühn, Rechtsfolgen rechtswidriger Weisungen, NZA 2015, 10; Kühne, Rechtsfolgen unwirksamer Preisanpassungsklauseln in Energielieferungsverträgen, NJW 2015, 2546; Preis, Unbillige Weisungsrechte und überflüssige Änderungskündigungen, NZA 2015, 1; Spindler, Die Herabsetzung von Vorstandsvergütungen in der Insolvenz, DB 2015, 908; Stoffels, Arbeitsvertraglich verankerte, einseitige Leistungsbestimmungsrechte des Arbeitgebers – wo bleibt das Transparenzgebot?, RdA 2015, 276; Eckhoff, Zur Zulässigkeit von Preisanpassungsklauseln in AGB, GWR 2016, 243; Latzel, Rückbewirkte Leistungsstörungen, AcP 216 (2016), 674; Markert, Preisanpassung in der Strom- und Gasversorgung, EnWZ 2016, 195; Uffmann, Das „vertragliche" Preisanpassungsrecht im Tarifkundenbereich der Energieversorger, NJW 2016, 1696; Bergwitz, Arbeitgeberweisungen: unbillig und doch verbindlich?, NZA 2017, 1553; Büdenbender, Die Rechtsprechung des Bundesgerichtshofs zu Preisanpassungen in der Elektrizitäts- und Gaswirtschaft, ZIP 2017, 1041; Büdenbender, Preisänderungen in Energielieferungsverträgen mit Tarif- und Grundversorgungskunden, NJW 2017, 299; Ahnis/Deinert, Praxisbeitrag zur höchstrichterlichen Rechtsprechung in Sachen Preisanpassungen, EnWZ 2017, 16; Hromadka, Unbillige Weisungen, NZA 2017, 601; Preis/Rupprecht, Die Verbindlichkeit einer unbilligen Weisung – Auch Richter können irren!, NZA 2017, 1353; Salamon/Wessels, Variable Vergütung aufgrund einseitiger Leistungsbestimmung in der Praxis, BB 2017, 885; Abel/Schönfeld, Das Anordnungsrecht des Bestellers nach § 650b BGB-Teil 1, BauR 2017, 1901; Liebers/Theisinger, Neujustierung des Direktionsrechts: Keine (vorläufige) Verbindlichkeit unbilliger Weisungen, NZA 2017, 1357; Berg, Der Anfang vom Ende der zivilgerichtlichen Billigkeitskontrolle energiewirtschaftsrechtlicher Nutzungsentgelte?, RdE 2018, 184; Fröhlich, Neues zum Umgang mit unbilligen Weisungen, ArbRB 2018, 20; Hromadka, Unbillige Weisung unverbindlich!?, NZA 2018, 7; Bremer/Scheffczyk, Die Rückforderung überhöhter Eisenbahninfrastrukturentgelten auf Grundlage von § 315 BGB und Kartellrecht, NZKart 2018, 121; Staebe, Grenzen der zivilgerichtlichen Kontrolle regulierter Infrastrukturnutzungsentgelte, EuZW 2018, 118; Keding, Folgen des EuGH-Urteils zu § 315 BGB-Rechtsschutz gegen alte Entgelte?, IR 2019, 90; Mohr, Energienetzregulierung als Zivilrechtsgestaltung, EuZW 2019, 229; Wirtz/Rempe, Eingeschränkte revisionsgerichtliche Überprüfbarkeit der tatrichterlichen Erwägungen zur Anwendung von § 315 BGB bei variabler Vergütung, NZG 2019, 794; Gottschalk, Leistungsbezogene Bestimmungsrechte im BGB, 2020; Grambow, Honorar des Beisitzers einer Einigungsstelle, DB 2020, 1126; Grüneberg, Zur Zulässigkeit der zivilrechtlichen Billigkeitskontrolle von regulierten Entgelten nach § 315 BGB – ein Streifzug durch Zivil-, Kartell- und öffentliches Recht, ZHR 184 (2020), 253; Mecke/Huck, Billigkeit im Recht oder Billigkeit versus Recht?, AcP 220 (2020), 861; Otte, Angemessenheit, Transparenz und Diskriminierungsfreiheit – Gedanken zum regulierungsrechtlichen Prüfmaßstab, IR 2020, 196; Schmidt-Lauber, Leistungsbestimmungsrechte und Arbeitsentgelt, 2020; Stelter, Veränderte Rahmenbedingungen für die gerichtliche Kontrolle von Strom- und Gasnetznutzungsentgelten, EnWZ 2020, 51; Sura, AGB-Kontrolle bei Ermessensbonusregelungen für Vorstandsmitglieder, DB 2020, 343; Grüneberg, Zur Zulässigkeit einer zivilrechtlichen Billigkeitskontrolle von anreizregulierten Netzentgelten nach § 315 BGB, GRUR 2021, 216; Kunnes, Zivilgerichtliche Kontrolle in regulierten Netzen nach der EuGH-Entscheidung „CTL Logistics", GRUR 2021, 281; Peters, Das Weisungsrecht der Arbeitgeber, 2. Aufl, 2021; Rahlmeyer/Eiff, Die Herabsetzung der Vorstandsvergütung gem § 87 II AktG,

NZG 2021, 397; Ungern-Sternberg, Die Verteilung der Wahrnehmungserlöse der Verwertungsgesellschaften an die Berechtigten nach billigem Ermessen, GRUR 2021, 1017.

I. Allgemeines

1 § 315 ist die Grundnorm der §§ 315 ff[1] und steht zu Beginn des Untertitels zu den einseitigen Leistungsbestimmungsrechten. Diese Leistungsbestimmungsrechte können eine Vertragspartei (sog Parteileistungsbestimmungsrechte) oder einen Dritten (sog Drittleistungsbestimmungsrechte) zur einseitigen Bestimmung der vertraglichen Leistung berechtigen. §§ 315, 316 befassen sich mit Partei-, §§ 317-319 mit Drittleistungsbestimmungsrechten. Für beide Arten einseitiger Leistungsbestimmungsrechte sind weiter Leistungserstbestimmungsrechte, die die Leistung erstmalig bestimmen und damit den Vertrag erst vollziehbar machen, und Leistungsänderungsrechte zu unterscheiden, die es ermöglichen, eine bereits im Vertrag bestimmte Leistung nachträglich einseitig anzupassen. Zu gesetzlichen Sonderregeln siehe Rz 233 ff.

2 Die Vorschrift verfolgt drei Regelungsanliegen. Zum einen ergänzt sie, weniger ausdrücklich als implizit, die Regeln zur **Vertragsbindung**, indem § 315 Abs 1 auf die Bestimmtheit des Vertragsinhalts verzichtet, nicht aber vom Vertragsprinzip abweicht (Rz 6). Es genügt eine Bestimmbarkeit der Leistung, deren Konkretisierung einseitig einer Vertragspartei zugewiesen werden kann. Zum zweiten enthält § 315 Abs 2 Vorgaben für die Ausübung des Parteileistungsbestimmungsrechts. Diese bleiben recht zurückhaltend (Rz 102). Auch gibt § 315 Abs 1 keinen Maßstab für die **Ausübung des Leistungsbestimmungsrechts** vor, sondern enthält insoweit in Abs 1 nur eine **Auslegungsregel** zugunsten einer Ausübung nach billigem Ermessen[2]. Die Vorschrift kann daher (schon aus diesem Grund) nicht zur Grundlage einer allgemeinen gerichtlichen Billigkeitskontrolle gemacht werden (Rz 208 ff). Zum dritten enthält § 315 Abs 3 Vorgaben für die **gerichtliche Kontrolle und die gerichtliche Ersetzung** einer unbilligen einseitigen Leistungsbestimmung (Rz 177 ff).

3 § 315 Abs 2, 3 sind **dispositiv**[3]. Die Parteien können durch vertragliche Vereinbarung von den gesetzlichen Vorgaben abweichen. Erforderlich ist ein übereinstimmender Parteiwille. Im Anschluss an die Erörterung des gesetzlichen Modellfalls sind im Folgenden stets privatautonome Gestaltungsmöglichkeiten in den Blick zu nehmen. Davon zu unterscheiden ist die Wirkung einer Auslegungsregel, wie § 315 Abs 1 sie enthält. Sie kommt anders als das dispositive Recht bereits dann nicht zur Anwendung, wenn ihr der Wille auch nur einer Vertragspartei entgegensteht. Dies kann zum Scheitern des Vertrages führen (näher Rz 127).

II. Vertragsbindung

4 § 315 Abs 1 liegt implizit zugrunde, dass der Vertrag trotz fehlender vertraglicher Leistungsbestimmung aufgrund der Vereinbarung eines Parteileistungsbestimmungsrechts **wirksam** ist. Dies drückt sich auch in der Parteibezeichnung als „Vertragschließenden" aus.

5 § 315 Abs 1 kommt mit der Möglichkeit, Vertragsschluss und Bestimmung von Inhalt und Umfang der vertraglichen Leistung auseinanderzuziehen, einem großen **praktischen Bedürfnis** nach. Die Parteien möchten frühzeitig eine vertragliche Bindung eingehen, die Leistung aber den später eintretenden Bedingungen, etwa den im Zeitpunkt des Leistungsaustauschs herrschenden, bei Vertragsschluss noch unvorhersehbaren Umständen anpassen, zB durch Wertsicherungs-, Zinsanpassungs- oder Leistungsvorbehaltsklauseln. Die einseitige Leistungsbestimmung gem § 315 Abs 1 ist ein geeignetes Instrument dazu. Es verhindert die Notwendigkeit einer einseitigen Loslösung von einem später als unvorteilhaft erscheinenden Vertrag oder die Notwendigkeit einer Neuverhandlung. Vielmehr ist den Parteien durch die fortbestehende vertragliche Bindung ein Mehr an Rechtssicherheit gegeben.

6 1. **Bestimmbarkeit.** § 315 Abs 1 weicht nicht vom **formalen Vertragsprinzip** ab, sondern verlangt, dass sich die Parteien auf die Ermächtigung einer Partei zur einseitigen Leistungsbestim-

---

1 JurisPK[9]/Völzmann-Stickelbrock, § 315 Rz 4; Soergel[12]/M Wolf, § 315 Rz 3.
2 Mot II S 192; Düsseldorf NJW-RR 1997, 271; BAG NJW 2021, 1772, 1774 (Rz 43); Erman[16]/Hager, § 315 Rz 1; BeckOGK[01.09.2021]/Netzer, § 315 Rz 4; NomosKommentar, BGB[4]/Ring/F Wagner § 315 Rz 7; jurisPK[9]/Völzmann-Stickelbrock § 315 Rz 4; Soergel[12]/M Wolf § 315 Rz 1; aA MünchKomm[8]/Würdinger, § 315 Rz 29 (dispositives Recht).
3 BGH NJW-RR 1986, 164, 165; Grüneberg[81]/Grüneberg, § 315 Rz 3; BeckOGK[01.09.2021]/Netzer § 315 Rz 4; NomosKommentar, BGB[4]/Ring/F Wagner § 315 Rz 1, 23; jurisPK[9]/Völzmann-Stickelbrock § 315 Rz 5; Soergel[12]/M Wolf § 315 Rz 1; MünchKomm[8]/Würdinger § 315 Rz 29.

mung einigen[4]. Gleiches gilt gem § 317 Abs 1 für das Drittleistungsbestimmungsrecht. Das Partei- oder Drittleistungsbestimmungsrecht erfährt so seine Legitimation durch die Privatautonomie[5]. In § 315 Abs 1 kommt zum Ausdruck, dass sich die Parteien nicht selbst auf alle regelungsbedürftigen Punkte einigen und sie im Vertrag selbst konkretisieren müssen, es genügt vielmehr, wenn sich die Parteien auf einen **Konkretisierungsmechanismus** verständigen. So können sie die Bestimmung des Vertragsinhalts auf einen späteren Zeitpunkt verlagern. Ein solcher Konkretisierungsmechanismus kann ein Vorbehalt einer späteren Einigung (zum Nachverhandlungsvorbehalt Rz 52) oder eben ein Leistungsbestimmungsrecht einer Vertragspartei oder eines Dritten sein. Dies wird überwiegend als Ausnahme oder Lockerung des vertraglichen Bestimmtheitsgrundsatzes[6], vereinzelt auch als dessen Regel[7] verstanden. Bei diesem wenig ergiebigen Streit geht es letztlich darum, ob man §§ 315 ff für die Definition des dogmatischen und nicht gesetzlichen Begriffs der Bestimmtheit mitheranzieht, sodass §§ 315 ff das Verständnis mitprägen, oder ein in anderen Vorschriften vorgefundenes Verständnis mit §§ 315 ff abgleicht und so zu einem Ausnahmefall kommt. BGB-E § 352, der den heutigen §§ 315 ff vorausgehen sollte, setzte klarstellend die Bestimmung durch die Vertragsparteien im Vertrag und die Bestimmbarkeit der Leistung gleich, wurde aber nicht ins BGB übernommen[8].

Jedenfalls die Einigung auf einen Mechanismus zur Ermittlung von Inhalt und Umfang der Leistung muss mit Vertragsschluss vorliegen und bestimmt sein. Daraus folgt, dass die zunächst noch nicht von den Vertragsparteien selbst bestimmte Leistung **bestimmbar** ist[9]. Dies sichert, dass die Parteien ihre vertraglichen Bindungen, die sie im Vertrag begründen, absehen können. Es muss also der **Leistungsbestimmungsberechtigte** (nötigenfalls durch die Auslegungsregel des § 316) festgelegt werden ebenso wie ein **Maßstab** (nötigenfalls durch die Auslegungsregel des § 315 Abs 1), anhand dessen die Leistungsbestimmung zu erfolgen hat[10]. Dabei genügt es, dass der Maßstab bestimmt wird, es muss kein objektiv nachprüfbarer sein. Der Maßstab kann auch subjektiv sein, etwa dann, wenn die Leistungsbestimmung in das „freie Belieben" (dazu noch Rz 15, 139) des Leistungsbestimmungsberechtigten gestellt wird. Dies genügt, damit sich die andere Partei vorstellen kann, welche Gestalt die vereinbarte Leistung annehmen kann. Das Zustandekommen des Vertrages scheitert nicht an fehlender vertraglicher Bestimmtheit. Auf einem anderen Blatt steht gleichwohl das Ergebnis einer etwaigen Inhaltskontrolle (dazu Rz 22, zur Rechtsfolge Rz 152). Fehlt es an der Bestimmbarkeit, fehlt es hingegen an den Grundlagen für eine Auslegung und der Vertrag ist unwirksam[11]. 7

Wird die Leistungsbestimmung in das billige **Ermessen** des Leistungsbestimmungsberechtigten gestellt oder ergibt dies die Auslegungsregel des § 315 Abs 1, müssen im Vertrag Anhaltspunkte niedergelegt sein, die wiederum den Maßstab für die Ermessensausübung bilden[12]. Ohne erkennbare **Vertragszwecke** kann das final ausgerichtete Ermessen nicht ausgeübt werden (zum Wesen des Ermessens noch Rz 129 ff). Die Auslegungsregel des § 315 Abs 1 beugt zwar dem Scheitern des Vertrags vor, führt aber nicht automatisch zur Bestimmbarkeit der Leistung. Sie ist vielmehr in Gestalt der Vertragszwecke auf eine Substanz im Vertrag angewiesen, die die Ermessensausübung leiten kann. 8

Ein einseitiges Leistungsbestimmungsrecht kann auch vereinbart werden, wenn die Leistung durch die Vertragsparteien im Vertrag bestimmt ist, eine Partei aber zur einseitigen Änderung der Leistung befugt sein soll (Rz 1)[13]. Ein solches liegt etwa bei Preisänderungsklauseln oder 9

---

4   Versteht man das Vertragsprinzip hingegen materiell als Einigung auf eine Leistung im Vertrag, wird dieses freilich durchbrochen. Wie hier auch Staud[Nb 2020]/Rieble, § 315 Rz 46, siehe aber auch das materielle Verständnis dort in Rz 50; ebenfalls materielles Verständnis bei Soergel[12]/M Wolf § 315 Rz 1.
5   Vgl Kleinschmidt, Delegation von Privatautonomie auf Dritte, 2014, S 183.
6   Fricke, Die gerichtliche Kontrolle von Entgelten der Energiewirtschaft, 2015, S 187 ff; Joussen AcP 203 (2003), 429, 430; ders, Schlichtung als Leistungsbestimmung und Vertragsgestaltung durch einen Dritten, 2005, S 34 f; Staud[Nb 2020]/Rieble § 315 Rz 5; Soergel[12]/M Wolf § 315 Rz 1, 11 ff.
7   Kleinschmidt, Delegation von Privatautonomie auf Dritte, 2014, S 181 ff.
8   Prot I S 464.
9   Vgl RGZ 124, 81, 83 f; BGHZ 55, 248, 250 = NJW 1971, 653; NJW 1986, 845; Düsseldorf NJW-RR 1997, 271, 272; BeckOGK[01.09.2021]/Netzer § 315 Rz 58; Staud[Nb 2020]/Rieble § 315 Rz 48, 290 ff.
10 Vgl Staud[Nb 2020]/Rieble § 315 Rz 291, 294. Zur Unterscheidung von an den Leistungsbestimmungsberechtigten adressierten Ausübungs- und gerichtlichem Kontrollmaßstab noch unten Rz 130 ff.
11 BGHZ 55, 248, 250 = NJW 1971, 653; Düsseldorf NJW-RR 1997, 271, 272; Erman[16]/Hager § 315 Rz 8; MünchKomm[8]/Würdinger § 315 Rz 15.
12 Vgl BGHZ 55, 248, 250 f = NJW 1971, 653; Düsseldorf NJW-RR 1997, 271, 272; BeckOGK[01.11.2020]/Netzer § 315 Rz 58; MünchKomm[8]/Würdinger § 315 Rz 15.
13 Vgl nur BGHZ 90, 69, 72 f = NJW 1984, 1177; 185, 166 = NJW 2010, 1742; NJW-RR 2011, 625, 626 (Rz 13 ff) (wenngleich im Fall ablehnend); Gernhuber, Das Schuldverhältnis, 1989, S 280 (§ 12 I 4); Horn NJW 1985, 1118, 1020 f; Schellhase, Gesetzliche Rechte zur einseitigen Vertragsgestaltung, 2013, S 186 ff; jurisPK[9]/Völzmann-Stickelbrock § 315 Rz 15; Wiedemann, Preisänderungsvorbehalte, S 19 f; Soergel[12]/M Wolf § 315 Rz 5; MünchKomm[8]/Würdinger § 315 Rz 17. Verbreitet werden §§ 315 ff analog herangezogen.

Zinsanpassungsklauseln vor. Ein solches **einseitiges nachträgliches Leistungsanpassungsrecht** bedeutet wie bei anderen Gestaltungsrechten (zur Rechtsnatur noch Rz 25 ff) die bloße Bestimmbarkeit der Leistung für die Zukunft. Der Leistungsbestimmungsberechtigte muss auch in diesem Fall im Vertrag ebenso bestimmt werden wie ein Maßstab zur Ausübung des Anpassungsrechts (Rz 7). Freilich kann ein Parteileistungsänderungsrecht auch erst in einem nachfolgenden Vertrag vereinbart werden.

10 2. **Verhältnis zu §§ 154, 155.** Das BGB geht davon aus, dass ein Vertrag erst dann wirksam zustande kommt, wenn sich die Parteien über alle regelungsbedürftigen Punkte geeinigt haben. Konnten sich die Parteien nicht auf alle, wenigstens aus Sicht einer Vertragspartei regelungsbedürftigen Punkte einigen, ist der Vertrag gem § 154 Abs 1 S 1 im Zweifel nicht geschlossen. Fehlt es indes bereits an einer Einigung über ein Element der essentialia negotii, kann erst gar kein Vertrag zustande kommen. § 154 Abs 1 S 1 findet insoweit keine Anwendung[14]. § 315 gerät damit schon gar nicht in Konkurrenz zu § 154 Abs 1 S 1, wenn sich das einseitige Bestimmungsrecht auf eine Leistung bezieht, die den essentialia negotii zuzurechnen ist. Dies gilt jedenfalls für die Hauptleistungspflicht(en). Der Begriff der „Leistung" iSd § 315 geht aber darüber hinaus (Rz 89 ff). § 315 Abs 1 ist jedoch auch insoweit zu entnehmen, dass es für einen wirksamen Vertragsschluss genügt, wenn sich die Parteien auf den Vertrag im Übrigen einigen und die Leistungsbestimmung einer Vertragspartei vorbehalten (vgl Rz 6). Der **Vertragsschluss ist damit vollkommen, die Inhaltsbestimmung aufgeschoben**[15]. Es genügt, dass die Leistung nach Einigung über den übrigen Vertrag nachträglich einseitig bestimmt wird. Erforderlich ist allerdings eine solche beiderseitige, vertragliche Ermächtigung der leistungsbestimmungsberechtigten Vertragspartei. Hierin liegt spiegelbildlich die Unterwerfungserklärung der anderen Vertragspartei. Diese ist durch Auslegung zu ermitteln. Liegt sie vor, greift die Auslegungsregel[16] des § 154 Abs 1 S 1 nicht. Beide Parteien sind sich vielmehr einig, dass die Leistung einseitig durch eine Vertragspartei nach einem bestimmten Maßstab bestimmt wird. Die **inhaltliche Vertragslücke** – formal ist der Vertrag vollkommen – kann und soll also durch einseitige Leistungsbestimmung beseitigt werden. Dies unterscheidet § 315 von den §§ 154, 155[17]. Es liegt kein Einigungsmangel vor. Die Parteien sind sich (formal) in allen Punkten einig.

11 Die beiderseitige Einigung auf die Ermächtigung zu einer einseitigen Leistungsbestimmung ist freilich ein einigungsbedürftiger Punkt iSd §§ 154, 155, sodass §§ 154, 155 insoweit uneingeschränkte Anwendung finden. Es kommt nicht zu einer Konkurrenz gesetzlicher Auslegungsregeln. Die Auslegungsregeln der §§ 154, 155[18] betreffen den Vertragsschluss, § 315 Abs 1 setzt demgegenüber bereits eine vertragliche Vereinbarung eines einseitigen Leistungsbestimmungsrechts voraus und bezieht sich (nachgelagert) auf dessen Maßstab sowie den gerichtlichen Kontrollmaßstab (Rz 128).

12 3. **Beiderseitiger Rechtsbindungswille bzgl Leistungspflicht erforderlich.** Auch wenn die Parteien die Leistungsbestimmung auf eine Partei delegieren können und es daher keine inhaltliche Einigung über den konkreten Leistungsinhalt gibt und geben muss, verlangt das allgemeine Vertragsrecht, dass beide Parteien eine **Leistungspflicht dem Grunde nach vereinbart** haben. Beide Parteien müssen einen **Rechtsbindungswillen hinsichtlich der Leistungspflicht** haben, dessen Art und Umfang sie der Bestimmung einer Vertragspartei überlassen. Auch der Wortlaut des § 315 Abs 1 setzt (neben den Vertragschließenden, Rz 4) „die Leistung" als Bezugspunkt des einseitigen Bestimmungsrechts voraus.

13 a) **Schuldner.** An diesem Erfordernis fehlt es, wenn dem **Schuldner als Leistungsbestimmungsberechtigtem** offengelassen wird, ob er die Leistung überhaupt erbringt. Ihm steht in diesem Fall das Bestimmungsrecht nicht nur über das „Wie" der Leistung, sondern auch das „Ob" zu. Kann sich der Schuldner aber noch gegen die Erbringung (irgend)einer Leistung entscheiden, hat er im Vertrag nicht rechtlich verbindlich versprochen, zu leisten. Ihm fehlt es durch diesen Vorbehalt an einem **Rechtsbindungswillen hinsichtlich der Leistungspflicht**. Der Vertrag ist jedenfalls nicht über die zu bestimmende Leistung zustande gekommen. Zählt die Leistung zu den essentialia negotii, ist gar kein Vertrag zustande gekommen[19]. Anderenfalls gibt es einen Mindestgehalt eines Vertrags, der aufrecht erhalten werden könnte. § 155 erfasst (ebenso wie § 154) den Fall des partiell fehlenden Rechtsbindungswillens nicht, weil die Vorschrift zwei (vollständig)

---

14 Erman[16]/Armbrüster § 154 Rz 1; MünchKomm[9]/Busche, § 154 Rz 3; Soergel[13]/M Wolf, § 154 Rz 6.
15 Vgl Mot II S 191; BeckOGK[01.09.2021]/Netzer § 315 Rz 42; Staud[Nb 2020]/Rieble § 315 Rz 5.
16 Erman[16]/Armbrüster § 154 Rz 1; BeckOGK[01.02.2018]/Möslein, § 154 Rz 23; Soergel[13]/M Wolf § 154 Rz 5.
17 Vgl BGHZ 41, 271, 275 f = NJW 1964, 1617; Saarbrücken NJW-RR 2006, 1104, 1105; Soergel[12]/M Wolf § 315 Rz 14.
18 Zu § 154 BGB siehe bereits Fn 16; zu § 155 BGB siehe etwa BeckOK[61. Ed]/Eckert, § 155 Rz 12.
19 Siehe die Nachw in Fn 14.

wirksame Willenserklärungen voraussetzt[20]. Die vergleichbare Interessenlage spricht indes für eine analoge Anwendung des § 155. Bei entsprechender Interessenlage kann der Vertrag im Übrigen aufrechterhalten werden.

In diesem Sinne schloss der historische Gesetzgeber eine einseitige Leistungsbestimmung nach der **Willkür des Schuldners** aus. Es fehle „an der Verpflichtung des Schuldners, einem Essentiale des Vertrages."[21] Diese Einschätzung kann sich auf das gemeine Recht stützen. Danach ist in den Worten des RG „ein Vertrag, der die Verpflichtung ihrer Art oder ihrem Umfange nach in die nackte Willkür des Schuldners stellt, nichtig und eine rechtliche Gebundenheit überhaupt nicht erzeugt."[22] Diese Aussagen bieten Anlass für eine begriffliche Klärung und der damit verbundenen Abgrenzung von Willkür und freiem Belieben. Dabei sind zwei Sachfragen auseinanderzuhalten. Zum einen geht es um Willkür als Maßstab des Parteileistungsbestimmungsrechts. In diesem, hier behandelten Kontext beschreibt der Begriff der Willkür eine rein subjektive Entscheidung ohne äußerliche, objektive Begrenzung. Gleiches wird gemeinhin dem freien Belieben zugeschrieben (dazu noch Rz 139)[23]. Eine überzeugende Abgrenzung wird weithin nicht vorgenommen[24], gelingt nicht oder vermengt beide Sachfragen. Weitgehende Einigkeit besteht lediglich darin, dass Willkür einen weitergehenden Freiraum einräumt als freies Belieben. Vereinzelt wird Willkür auch als rechtsmissbräuchliches Verhalten verstanden[25]. Dies bezieht sich indes auf eine andere Sachfrage, nämlich auf eine Ausübungsgrenze des Leistungsbestimmungsrechts. Ihr nehmen sich die gesetzlichen Regelungen der §§ 134, 138, 226, 242 als Ausübungsgrenzen des Leistungsbestimmungsrechts an (dazu Rz 148). 14

Eine Abgrenzung der Maßstäbe gelingt anhand der gesetzlichen Voraussetzungen. Zentrale Bedeutung kommt dem Rechtsbindungswillen hinsichtlich der Leistungspflicht zu. Freies Belieben findet sich in § 319 Abs 2 und wird vom Gesetz als tauglicher Maßstab einer Leistungsbestimmung – jedenfalls für einen Dritten (zum Parteileistungsbestimmungsrecht Rz 139) – angesehen. Die beiden Parteien haben sich mithin wirksam auf eine Leistungsbestimmung durch einen Dritten und damit dem Grunde nach auf eine Leistungspflicht (des Schuldners) geeinigt. Willkür und freies Belieben lassen sich somit anhand des letztgenannten Kriteriums der Leistungspflicht dem Grunde nach abgrenzen. Willkür meint eine völlige Auswahlfreiheit des Leistungsbestimmenden und umfasst damit auch die Entscheidung gegen (irgend)eine Leistung. Freies Belieben setzt demgegenüber einen beiderseitigen Rechtsbindungswillen hinsichtlich der Leistungspflicht, mithin eine Einigung auf eine Leistung dem Grunde nach, voraus. Im Übrigen bezeichnet das freie Belieben eine Entscheidung nach rein subjektiven Vorstellungen, die nicht an objektive Kriterien gebunden (und daher nicht kontrollfähig; dazu noch Rz 180) ist. Gegenüber der Willkür enthält das freie Belieben somit nicht die Option, sich gegen jegliche Leistung zu entscheiden. Versteht man die Willkür des Schuldners in dem beschriebenen Sinne, ist der Aussage des historischen Gesetzgebers zuzustimmen. Die Einräumung von Willkür des Schuldners schließt dessen Rechtsbindungswille hinsichtlich der Leistungspflicht aus. Eine vertragliche Bindung ist zu verneinen. 15

In der Konsequenz gehen die Leistungsbestimmungsrechte nach §§ 315 ff sämtlich von einer Leistungspflicht dem Grunde nach aus. Der Leistungsbestimmungsberechtigte kann nicht über das „Ob" der Leistung entscheiden. Dies schließt es aber nicht aus, dass sich der Leistungsbestimmungsberechtigte in Nichtausübung seines Leistungsbestimmungsrechts von der durch den Vertrag begründeten Leistungspflicht einseitig lösen kann. In der Leistungsbestimmung des Schuldners nach dessen freiem Belieben liegt eine solche **Loslösungsmöglichkeit vom Vertrag**[26]. In Ermangelung eines objektiven Maßstabs verzichten die Parteien, soweit zulässig, auf eine gerichtliche Kontrolle und Ersetzungsbefugnis des Gerichts nach § 315 Abs 3 (Rz 180, 192). Dies befähigt den Leistungsbestimmungsberechtigten durch Nichtvornahme oder Verzögerung der Leistungsbestimmung die Vollziehbarkeit des Vertrags zu unterlaufen. Der Gesetzgeber hat diese Konsequenz des freien Beliebens in der Unwirksamkeitsfolge für das Leistungsbestimmungsrecht eines Dritten in § 319 Abs 2 gesetzlich anerkannt (dazu § 319 Rz 41 ff). Dass bei der Leistungsbestimmung nach 16

---

20 In diese Richtung Erman[16]/Armbrüster § 155 Rz 4; BeckOGK[01.11.2018]/Möslein § 155 Rz 12 hinsichtlich der Perplexität einer Vertragserklärung.
21 Mot II S 192. Zustimmend Soergel[12]/M Wolf § 315 Rz 41; ablehnend Staud[Nb 2020]/Rieble § 315 Rz 57.
22 RGZ 40, 195, 199.
23 Kleinschmidt, Delegation von Privatautonomie auf Dritte, 2014, S 191; BeckOGK[01.09.2021]/Netzer § 315 Rz 78.
24 Etwa RGZ 40, 195, 199 f; BGHZ 172, 315, 320 (Rz 16) = NJW 2007, 2540; BeckOK[61. Ed]/Gehrlein § 315 Rz 11; Joussen, Schlichtung als Leistungsbestimmung und Vertragsgestaltung durch Dritten, 2005, S 379 f; MünchKomm[8]/Würdinger § 315 Rz 34.
25 Kleinschmidt, Delegation von Privatautonomie auf Dritte, 2014, S 191 (Fn 264); vgl auch Neumann-Duesberg JZ 1952, 705, 707. Nebeneinandernennung hingegen bei BeckOGK[01.09.2021]/Netzer § 315 Rz 78.
26 Staud[Nb 2020]/Rieble § 315 Rz 109, 309 ff spricht von einem „Loslösungsrecht", wodurch die Pflichtwidrigkeit nicht in gleicher Weise zum Ausdruck kommt.

freiem Belieben aber eine Leistung dem Grunde nach vertraglich vereinbart ist, führt zu (möglichen) Schadensersatzansprüchen des anderen Teils im Falle der einseitigen Loslösung.

17 Darüber hinaus nähert sich eine Leistungspflicht nach dem freien Belieben des Schuldners einer **Naturalobligation** an[27]. Der Gläubiger kann die Leistung nicht einklagen, weil die Leistung nicht feststeht und auch mangels (objektiven) Maßstabs nicht ersatzweise nach § 315 Abs 3 S 2 durch ein Gericht bestimmt werden kann (dazu siehe noch Rz 192). Der Gläubiger kann allein auf Vornahme der Leistungsbestimmung durch den Schuldner klagen (Rz 220). Das Leistungsversprechen besteht aber gleichwohl. Eine Analogie zu den Rechtsregeln der Naturalobligation ist nur deshalb gerechtfertigt, weil die Leistungspflicht dem Grunde nach besteht. Bei einer Naturalobligation ist ebenfalls lediglich die zwangsweise Erfüllung der Pflicht ausgeschlossen, nicht die Pflicht selbst[28]. Die Analogie kann daher nur für eine Leistungsbestimmung nach freiem Belieben des Schuldners und – mangels Leistungspflicht dem Grunde nach – nicht bei dessen Willkür gezogen werden[29].

18 b) **Gläubiger**. Weniger beachtet ist der Fall, dass der Gläubiger die Leistung nach seiner **Willkür** bestimmen kann. In Übertragung des obigen Verständnisses der Willkür könnte sich der Gläubiger gegen jegliche Leistungserbringung entscheiden. Ist dieser Vorbehalt möglich, liegt kein Rechtsbindungswille des Gläubigers hinsichtlich der Leistungspflicht vor. Die Parteien haben sich nicht auf eine Leistungspflicht dem Grunde nach geeinigt. Zu den Rechtsfolgen siehe Rz 13.

19 Nach § 315 zulässig ist hingegen eine Leistungsbestimmung des Gläubigers nach dessen **freiem Belieben** (vgl Rz 15). Eine Entscheidung des Gläubigers gegen die Leistungserbringung durch den Schuldner kann nach dem Gesagten nicht auf der Ausübung des Leistungsbestimmungsrechts beruhen, sondern ist ein Angebot für einen **eigenständigen Erlass** nach § 397 Abs 1. Dafür spricht zudem, dass ein Erlass im Schuldrecht nur durch Vertrag möglich ist[30]. Auch der Gläubiger kann sich aber wie der Schuldner durch die Nichtausübung des Leistungsbestimmungsrechts (pflichtwidrig) vom Vertrag lösen.

20 4. **Aushebelung der Richtigkeitsgewähr des Vertrags**. Während das Vertragsprinzip bei der Einräumung eines einseitigen Leistungsbestimmungsrechts an eine Vertragspartei formal gewahrt wird, verschieben sich die Machtgewichte zwischen den Parteien zugunsten des Leistungsbestimmungsberechtigten. Der Leistungsbestimmungsberechtigte darf die Vertragslücke einseitig (nach den vereinbarten Vorgaben und innerhalb ihrer Grenzen) füllen. Die auf dem Verhandlungsgleichgewicht der Parteien gründende Richtigkeitsgewähr des Vertrags wird ausgehebelt[31].

21 a) **Auslegungsregel: Kompensation durch Ermessenskontrolle**. Die Machtverteilung unter den Vertragsparteien wird durch den beiderseitig vereinbarten **Maßstab der Leistungsbestimmung weiter austariert**. Je enger die Vorgaben für den Leistungsbestimmungsberechtigten, desto ausgeglichener sind die Machtverhältnisse unter den Parteien. Zugleich hat der Leistungsbestimmungsberechtigte weniger Raum zur Einbringung seiner (einseitigen) Expertise. Diese Abstufung greift der Gesetzgeber mit der Auslegungsregel des § 315 Abs 1 auf. Er wählt mit dem „billigen Ermessen" einen Weg, der dem Leistungsbestimmungsberechtigten einen Freiraum gibt, ihn aber an objektive, vertragsbezogene Grenzen bindet (im Einzelnen Rz 129 ff). Die Ermessenskontrolle soll also die Richtigkeitsgewähr des Vertrags, auf die beide Vertragsparteien durch Einräumung des einseitigen Leistungsbestimmungsrechts verzichtet haben, **kompensieren**[32]. Die Parteien können sich aber gegen eine solche Kompensation entscheiden und einen rein subjektiven Maßstab wie den des „freien Beliebens" (Rz 15, 139) vereinbaren. In AGB bestehen freilich Beschränkungen (siehe Rz 67 ff)

22 b) **Allgemeine Schranken der Vertragsfreiheit als Grenzen des Leistungsbestimmungsrechts bzw Unterwerfungsvereinbarung**. § 315 macht selbst keine Vorgaben, an welchen Maßstab die einseitige Leistungsbestimmung gebunden ist. § 315 Abs 1 ist lediglich eine Auslegungsregel (Rz 2). § 315 zieht dem Bestimmtheits- bzw Bestimmbarkeitsgrundsatz (vgl Rz 6) mithin keine Grenzen. Die formale Wahrung des Vertragsprinzips genügt danach vielmehr als Schutz des Leistungsbestimmungsrechtsunterworfenen. **Die vertragliche Einigung legitimiert die Unterwerfung unter die (spätere) einseitige Leistungsbestimmung**[33]. Dies setzt indes voraus, dass die

---

27 Staud[Nb 2020]/Rieble § 315 Rz 57.
28 G Schulze, Die Naturalobligation, 2008, S 564.
29 AA (für Willkür) Staud[Nb 2020]/Rieble § 315 Rz 57.
30 RGZ 72, 168, 171; 114, 155, 158; MünchKomm[9]/Schlüter § 397 Rz 1; Soergel[13]/Schreiber, § 397 Rz 1; BeckOGK[01.12.2021]/Wolber, § 397 Rz 6, 21.
31 Erman[16]/Hager § 315 Rz 1; Larenz, SchuldR AT[14], 1987, S 80 f (§ 6 II a); Staud[Nb 2020]/Rieble § 315 Rz 50; MünchKomm[8]/Würdinger § 315 Rz 5.
32 BGH NJW 1986, 845; Erman[16]/Hager § 315 Rz 1; Staud[Nb 2020]/Rieble § 315 Rz 52; MünchKomm[8]/Würdinger § 315 Rz 5.
33 Vgl Staud[Nb 2020]/Rieble § 315 Rz 60; Soergel[12]/M Wolf § 315 Rz 1. Allgemein zur Unterwerfung Bötticher, Gestaltungsrecht und Unterwerfung im Privatrecht, 1964, S 7 ff.

Einigung auf die Ermächtigung zur einseitigen Leistungsbestimmung bzw spiegelbildlich die Unterwerfungsvereinbarung wirksam ist. Insoweit kommt es auf die Richtigkeitsgewähr des Vertrages an. Sie wird durch die **allgemeinen Grenzen der Vertragsfreiheit** gesichert. Die Vereinbarung eines einseitigen Leistungsbestimmungsrechts unterliegt damit neben den allgemeinen Vorschriften der §§ 104 ff insbesondere den Grenzen der §§ 134, 138 Abs 1 (dazu noch Rz 78 f) sowie der §§ 305 ff (dazu noch Rz 67 ff) (zur Formbedürftigkeit sogleich Rz 23). § 315 fügt hierzu keine weitere Grenze hinzu. Ein einseitiges Bestimmungsrecht nach dem denkbar weiten freien Belieben (dazu noch Rz 139) des ohnehin schon deutlich stärkeren Gläubigers kann etwa aufgrund der Verstärkung des Ungleichgewichts der Parteien nach § 138 Abs 1 nichtig sein[34]. § 315 stellt hingegen nur die formale Anforderung einer vertraglichen Zustimmung des Schuldners zum Leistungsbestimmungsrecht des Gläubigers und schließt lediglich die Vereinbarung schlechterdings unvorhersehbarer Leistungsinhalte im Wege der Einräumung eines einseitigen Leistungsbestimmungsrechts aus (Rz 7 f).

5. **Formbedürftigkeit des Vertrags.** Eine Formbedürftigkeit des Vertrags steht der Vereinbarung eines einseitigen Leistungsbestimmungsrechts nicht entgegen[35]. Vielmehr bedarf die Vereinbarung des einseitigen Leistungsbestimmungsrechts, dh die Unterwerfungsvereinbarung, ebenso der vorgeschriebenen Form[36]. Eine Bürgschaftserklärung etwa, die sich auf eine Forderung bezieht, die einem Leistungsbestimmungsrecht unterliegt, muss gem § 766 S 1 auch die Angaben über das Leistungsbestimmungsrecht, wie wenn es begründet würde, enthalten, dh den Berechtigten und den Maßstab (dazu Rz 7, zum Drittleistungsbestimmungsrecht § 317 Rz 4), ist aber nicht per se ausgeschlossen[37]. Von der unzulässigen Blankobürgschaft[38] unterscheidet sich diese Bürgschaftserklärung durch die Transparenz und die Bestimmbarkeit, sodass die Warnfunktion der Schriftform anders als dort gewahrt wird. Bei einer Höchstbetragsbürgschaft muss das Leistungsbestimmungsrecht ebenfalls schriftlich nach § 766 S 1 festgehalten werden.

III. Parteileistungsbestimmungsrecht

Das Parteileistungsbestimmungsrecht ermächtigt die leistungsbestimmungsberechtigte Vertragspartei nach den Vorgaben des Vertrags, einen bestimmten Leistungsinhalt einseitig festzulegen. Dieses einseitige Leistungsbestimmungsrecht wird in § 315 aufgegriffen und **gesetzlich anerkannt**. Das einseitige Leistungsbestimmungsrecht als schuldrechtliches Rechtsinstitut ist in seinem Inhalt und seinen Voraussetzungen zu trennen von dem Inhalt, den ihm die gesetzliche Auslegungsregel des § 315 Abs 1 beimisst. Die **Auslegungsregel** des § 315 Abs 1 bindet das einseitige Leistungsbestimmungsrecht „im Zweifel" an den Maßstab billigen Ermessens und ist an gewisse Anwendungsvoraussetzungen gebunden (dazu Rz 125 ff). Beides darf aber nicht für das Institut verallgemeinert werden.

1. **Rechtsnatur.** Das einseitige Leistungsbestimmungsrecht ist ein **Gestaltungsrecht**[39]. Es konkretisiert den bestimmbaren Leistungsinhalt in einen bestimmten Leistungsinhalt. Es definiert oder ändert somit das Schuldverhältnis unmittelbar durch einseitigen Akt. In der Konkretisierung liegt stets ein **Willens- und Wertungsakt des Leistungsbestimmenden.** Dies gilt auch für das billige Ermessen, in dem nicht lediglich ein Erkenntnisakt liegt (dazu noch Rz 131 f)[40], ebenso wie für Schiedsgutachten (§ 317 Rz 130 ff). Ausgeübt wird das Leistungsbestimmungsrecht durch eine **einseitige, empfangsbedürftige Willenserklärung**, vgl § 315 Abs 2 (dazu noch näher Rz 98 ff).

Mit der Einräumung des Parteileistungsbestimmungsrechts einer Vertragspartei geht spiegelbildlich die korrespondierende **Unterwerfungserklärung** der anderen Partei einher (vgl Rz 10, 22). Die eine Vertragspartei ist zur einseitigen Leistungsbestimmung berechtigt, die andere ermächtigt und lässt die Leistungsbestimmung gegen sich gelten. Beim Drittleistungsbestimmungsrecht unterwerfen sich beide Vertragsparteien der Leistungsbestimmung eines Dritten. Sie

---

34 Vgl Larenz, SchuldR AT[14], 1987, S 84 (§ 6 II b); Staud[Nb 2020]/Rieble § 315 Rz 58.
35 RGZ 165, 161, 163 (für Drittleistungsbestimmungsrecht); BGHZ 71, 276, 280 = NJW 1978, 1371; NJW 1986, 845; BGHZ 150, 334, 336 f = NJW 2002, 2247; BeckOGK[01.09.2021]/Netzer § 315 Rz 45; strenger Staud[Nb 2020]/Rieble § 315 Rz 162 ff.
36 BGHZ 71, 276, 280 = NJW 1978, 1371; NJW 1986, 845; Soergel[12]/M Wolf § 315 Rz 8; MünchKomm[8]/Würdinger § 315 Rz 35.
37 AA Staud[Nb 2020]/Rieble § 315 Rz 164. Vgl zu einer Zinsänderungsklausel im Hauptvertrag aber BGH NJW 2000, 2580, 2581 f.
38 BGHZ 132, 119 = NJW 1996, 1467.
39 BAGE 139, 296, 306 (Rz 40) = NJW 2012, 1833; Gernhuber, Das Schuldverhältnis, 1989, S 277 (§ 12 I 1); Larenz, SchuldR AT[14], 1987, S 80 (§ 6 II a); jurisPK[9]/Völzmann-Stickelbrock § 315 Rz 63; Soergel[12]/M Wolf § 315 Rz 31; MünchKomm[8]/Würdinger § 315 Rz 35. AA Kornblum AcP 168 (1968), 450, 463 ff.
40 BGH NJW 1986, 845; Soergel[12]/M Wolf § 315 Rz 31.

schließen beide eine Unterwerfungsvereinbarung und ermächtigen darin spiegelbildlich den Dritten (§ 317 Rz 46).

27 a) **Einmaliges Bestimmungsrecht oder fortlaufendes Anpassungsrecht.** Grundsätzlich ermächtigt ein einseitiges Leistungsbestimmungsrecht zur **einmaligen Ausübung**[41]. Danach ist es verbraucht. Davon zu trennen ist die Frage, ob diese erst- und einmalige Ausübung korrigiert werden darf. Dies richtet sich nach den allgemeinen Regeln über Willenserklärungen (dazu unten Rz 108 ff). Insbesondere ein Widerruf der Ausübungserklärung nach Zugang ist danach ausgeschlossen (Rz 108 ff). Eine **erneute Ausübung** kommt nur bei Nichtigkeit der Gestaltungserklärung in Betracht[42].

28 Den Parteien steht es aber frei, einer Partei ein **fortlaufendes Anpassungsrecht** zu gewähren, das sich nicht in seiner erst- und einmaligen Ausübung erschöpft[43]. Ein solches bietet sich in Dauerschuldverhältnissen an, um die im Vertrag bestimmte Leistung stufenweise, nach Ablauf bestimmter Vertragslaufzeiten oder bei Eintritt von veränderten Rahmenbedingungen anzupassen[44]. Hierin liegt kein ausnahmsweise zulässiger Widerruf der vorgehenden Leistungsbestimmung, sondern eine erneute Ausübung eines fortbestehenden Leistungsbestimmungsrechts. Die vorgehende wirksame und kontrollmaßstabskonforme Leistungsbestimmung bleibt solange verbindlich (dazu Rz 165 ff), bis das Leistungsbestimmungsrecht erneut wirksam ausgeübt wurde. Beispiele sind manche Preisänderungsklauseln sowie das Direktionsrecht des Arbeitgebers (dazu noch Rz 259 ff).

29 b) **Übertragbarkeit.** Das einseitige Leistungsbestimmungsrecht wird gemeinhin als unselbständiges, forderungsbezogenes Gestaltungsrecht qualifiziert[45]. Als solches könne es nicht isoliert abgetreten werden[46]. Im Falle der Abtretung des Anspruchs ginge das Leistungsbestimmungsrecht vielmehr nach § 401 mit auf den Zessionar über[47].

30 Dem ist zu widersprechen. Die Klassifizierung als forderungsbezogenes Gestaltungsrecht beruht darauf, dass es der Durchsetzung des dazugehörigen Anspruchs dient[48]. Das Leistungsbestimmungsrecht bezieht sich aber nicht auf einen bereits bestehenden, bestimmten, erfüllbaren und durchsetzbaren Anspruch, sondern erlaubt erst dessen Konkretisierung. **Seine Ausübung gehört zum „Entstehungstatbestand" des Anspruchs**[49]. Dies bedeutet nicht, dass der Anspruch ohne Ausübung des Leistungsbestimmungsrechts nicht abtretbar sei. Er ist **abtretbar, aber nur in der Gestalt, die er (bis zur Ausübung des Leistungsbestimmungsrechts durch den Berechtigten) hat**: konturiert durch die vertraglichen Vorgaben und im Übrigen unter dem Vorbehalt der ausstehenden Leistungsbestimmung durch den Berechtigten.

31 Bei der überkommenen begrifflichen Einteilung in forderungsbezogene und vertragsbezogene Gestaltungsrechte geht es allein um die Frage, ob das Gestaltungsrecht derart mit der Forderung verbunden ist, dass es nicht isoliert übertragen werden kann, sondern zwingend gem § 401 mit der Forderung übergehen muss, weil Inhaber der Forderung und Inhaber des Gestaltungsrechts nicht auseinanderfallen dürfen. Dies kann aus Gründen der Akzessorietät, der Höchstpersönlichkeit (dazu sogleich Rz 32) oder des Wesens der Mitgliedschaftsrechte der Fall sein[50]. In allen übrigen Fällen steht einer isolierten Abtretung nach § 413 nichts entgegen. Der Schuldner bleibt nach den §§ 404 ff geschützt; vielmehr spricht die Privatautonomie gerade für die isolierte Übertragbarkeit von Gestaltungsrechten allgemein[51]. Man mag das einseitige Leistungsbestimmungsrecht nun den vertraglichen Gestaltungsrechten zuordnen[52] und so eine isolierte Übertragbarkeit behaupten. Entscheidend ist aber zu erkennen, dass das einseitige Leistungsbestimmungsrecht den durchsetzbaren Anspruch erst konstituiert und daher sehr wohl von ihm getrennt werden kann. Der Aufspaltung von Inhaber des Anspruchs und Inhaber des Leistungsbestimmungsrechts steht konstruktiv erst einmal nichts entgegen (vgl auch das Drittleistungsbestimmungsrecht nach § 317 Abs 1; siehe aber noch Rz 33). Eine unselbständige Übertragung mit dem zugrundeliegenden Anspruch nach § 401 ist nicht geboten.

---

41 MünchKomm[8]/Würdinger § 315 Rz 36.
42 Erman[16]/Hager § 315 Rz 14.
43 BGH NJW-RR 2003, 1355, 1356; Bötticher, Gestaltungsrecht und Unterwerfung im Privatrecht, 1964, S 6 f; MünchKomm[8]/Würdinger § 315 Rz 36.
44 Vgl BeckOGK[01.09.2021]/Netzer § 315 Rz 6 f; jurisPK[9]/Völzmann-Stickelbrock § 315 Rz 15; MünchKomm[8]/Würdinger § 315 Rz 36.
45 MünchKomm[8]/G H Roth/Kieninger § 413 Rz 12, § 399 Rz 20; Schürnbrand AcP 204 (2004), 177, 181.
46 MünchKomm[8]/G H Roth/Kieninger § 399 Rz 20; iE auch Staud[Nb 2020]/Rieble § 315 Rz 111.
47 MünchKomm[8]/G H Roth/Kieninger § 399 Rz 20; ablehnend Bydlinski, Die Übertragung von Gestaltungsrechten, 1986, S 268.
48 Vgl MünchKomm[8]/G H Roth/Kieninger § 413 Rz 12.
49 BGH NJW-RR 2009, 490, 491 (Rz 11).
50 Vgl Schürnbrand AcP 204 (2004), 177, 185 ff.
51 Schürnbrand AcP 204 (2004), 177, 183 f mwN.
52 So Staud[Nb 2020]/Rieble § 315 Rz 114, der diese Klassifizierung aber nicht bei der Frage einer isolierten Übertragbarkeit des Leistungsbestimmungsrechts bemüht.

aa) **Leistungsbestimmungsbefugnis aufgrund der Person.** Zunächst sind Leistungsbestim- 32
mungsrechte auszusondern, welche die Vertragsparteien **an die Person des Berechtigten
geknüpft** haben. Es kommt ihnen gerade auf die Person der berechtigten Vertragspartei an, auf
ihre persönliche Kompetenz und nicht allein auf ihre Rolle als Vertragspartei. Eine andere Person,
auch wenn sie Vertragspartei wird, soll nach dem übereinstimmenden Willen die Leistungsbestimmung nicht vornehmen können. Solche Leistungsbestimmungsrechte sind als **höchstpersönliche Gestaltungsrechte** nicht übertragbar. Eine isolierte Abtretung ist nach §§ 413, 399 Alt 1
ausgeschlossen[53]. Auch ist ein solches Leistungsbestimmungsrecht nicht nachfolgefähig im Rahmen der Universalsukzession. Der Rechtsgedanke des § 399 Alt 1 bzw der Höchstpersönlichkeit
ist auch insoweit anwendbar[54]. Durch die beiderseitige Zustimmung im Vertrag ist hingegen eine
Übertragung auch höchstpersönlicher Rechte im Wege der Vertragsübernahme möglich[55].

bb) **Isolierte Abtretung des Leistungsbestimmungsrechts.** Konstruktiv ist eine isolierte 33
Abtretung des Leistungsbestimmungsrechts möglich (Rz 31). Dass das Leistungsbestimmungsrecht den Anspruch erst durch einen Willens- und Wertungsakt (dazu Rz 25) konkretisiert und in
seiner bestimmten Form entstehen lässt, führt jedoch dazu, dass eine Änderung des Leistungsbestimmungsberechtigten zu einer Inhaltsänderung des Anspruchs wird. Eine isolierte Abtretung
des Leistungsbestimmungsrechts führt also zu einer **einseitigen Inhaltsänderung des
Anspruchs**[56]. Dies sogar in zweifacher Hinsicht. Leistungsbestimmungsberechtigt ist nun eine
vertragsexterne Person und zudem eine Person, die nicht vertraglich vereinbart war. Letzteres
erlangt dann Relevanz, wenn die Parteien das Leistungsbestimmungsrecht an die Person des
Berechtigten geknüpft haben. Es schließt eine einseitige Übertragung nach §§ 413, 399 Alt 1 aus
(Rz 32). In der Berechtigung eines vertragsexternen Dritten, der nicht zugleich Gläubiger des
Anspruchs wird oder gar in das Schuldverhältnis eintritt (vgl § 317), liegt weiterhin eine Inhaltsänderung des Anspruchs, die der Zustimmung des Leistungsbestimmungsrechtsunterworfenen
bedarf[57]. Stimmt der leistungsbestimmungsrechtsunterworfene Schuldner zu, haben die Parteien
durch konkludenten Vertrag den Anspruchsinhalt geändert. Das einseitige Leistungsbestimmungsrecht darf daher **nur mit Zustimmung des Schuldners isoliert abgetreten** werden[58].

cc) **Abtretung des zugrundeliegenden Anspruchs.** Ein noch nicht durch Parteileistungsbe- 34
stimmungsrecht konkretisierter Anspruch kann abgetreten werden, weil er zwar nicht bestimmt,
aber bestimmbar ist[59]. Die Anwendung des § 401 ist nicht geboten, weil Leistungsbestimmungsrecht und Anspruch nicht derart miteinander verbunden sind (Rz 31). Hinzu kommt, dass die
Bestimmung des Leistungsbestimmungsberechtigten nur beiderseitig durch Vertrag geschehen
kann (Rz 33). Auch bei einer Anwendung des § 401 bei Abtretung des zugrundeliegenden, zu
bestimmenden Anspruchs käme es zu einer einseitigen Änderung des Leistungsbestimmungsberechtigten, die den Inhalt des Anspruchs verändert. **§ 401** ist daher im Hinblick auf das einseitige
Leistungsbestimmungsrecht nicht auf den noch zu konkretisierenden Anspruch anzuwenden. Zur
Leistungsbestimmung **bleibt der Zedent berechtigt**. Der Zessionar wird mit seiner Zustimmung Inhaber der Forderung, so wie sie vor der Abtretung bestand: konturiert durch die vertraglichen Vorgaben und im Übrigen unter dem Vorbehalt der ausstehenden Leistungsbestimmung
durch den Berechtigten. Durch die Ausübung des Leistungsbestimmungsrechts bestimmt also
der Zedent über den Anspruch des Zessionars. Hierin liegt eine Inhaltsbestimmung und keine
Einwirkung auf die Position des Zessionars[60]. Freilich können Zessionar und Zedent im Rahmen
der Abtretung Absprachen über die Ausübung des Leistungsbestimmungsrechts durch den Zeden-
ten treffen[61].

Der Zedent kann **mit dem Anspruch zugleich isoliert** (und nicht von Gesetzes wegen gem 35
§ 401) das einseitige Leistungsbestimmungsrecht auf den Zessionar übertragen. Hierzu bedarf es
aber der **Zustimmung des leistungsbestimmungsrechtsunterworfenen Schuldners** (Rz 33).

dd) **Universalsukzession.** Durch Universalsukzession tritt die neue Partei in das gesamte 36
Schuldverhältnis ein. Es bleibt also anders als bei der Abtretung Personenidentität von Vertragspar-

---

53 Vgl zur Anwendung des § 399 Alt 1 auf § 413 MünchKomm[8]/G H Roth/Kieninger § 413 Rz 1; RGRK[12]/Weber, § 413 Rz 1.
54 Zu § 1922 vgl BGHZ 219, 243, 252 (Rz 34) = NJW 2018, 3178; Soergel[14]/Fischinger, § 1922 Rz 49; MünchKomm[8]/Leipold, § 1922 Rz 28 ff; BeckOGK[01.02.2022]/Preuß, § 1922 Rz 185.
55 Vgl BeckOGK[01.01.2021]/Herresthal, § 311 Rz 151; MünchKomm[8]/G H Roth/Kieninger § 398 Rz 190.
56 Staud[Nb 2020]/Rieble § 315 Rz 111, 115 ff vgl auch Bydlinski, Die Übertragung von Gestaltungsrechten, 1986, S 267 f; Schürnbrand AcP 204 (2004), 177, 190; vgl zum Verbraucherwiderrufsrecht BGH ZIP 2018, 2211, 2213 (Rz 26 ff).
57 Vgl Bydlinski, Die Übertragung von Gestaltungsrechten, 1986, S 267 f.
58 Staud[Nb 2020]/Rieble § 315 Rz 111 verlangt einen Vertrag. AA (gegen isolierte Übertragbarkeit) MünchKomm[8]/Würdinger § 315 Rz 41.
59 Gernhuber, Das Schuldverhältnis, 1989, S 278 (§ 12 I 1); Staud[Nb 2020]/Rieble § 315 Rz 488.
60 Bydlinski, Die Übertragung von Gestaltungsrechten, 1986, S 268; Staud[Nb 2020]/Rieble § 315 Rz 118.
61 Staud[Nb 2020]/Rieble § 315 Rz 118.

tei, Gläubiger/Schuldner des bestimmbaren Anspruchs und Leistungsbestimmungsberechtigtem bestehen. Der neue Leistungsbestimmungsberechtigte unterliegt daher denselben Bindungen und Interessenzwängen wie sein Rechtsvorgänger. Eine Zustimmung des Leistungsbestimmungsrechtsunterworfenen ist daher nicht erforderlich[62]. Eine Universalsukzession ist einzig bei höchstpersönlichen Leistungsbestimmungsrechten ausgeschlossen bzw bedarf eine Sukzession in diesen Fällen der Zustimmung des Betroffenen (Rz 32). Bei der Auslegung, ob die Vertragsparteien das Leistungsbestimmungsrecht an die Person des Berechtigten geknüpft haben, ist zu berücksichtigen, dass der Vertrag etwa im Falle dessen Versterbens vollständig scheitert, weil die gerichtliche Ersatzleistungsbestimmung gem § 315 Abs 3 S 2 durch die Höchstpersönlichkeit ebenfalls ausscheidet (Rz 193).

37 ee) **Schuldübernahme und Schuldbeitritt.** Auch bei der **Schuldübernahme** (§§ 414 ff) sind bestimmbarer Anspruch und Leistungsbestimmungsrecht zu trennen. Der Übernehmer übernimmt die Schuld, so wie sie besteht: konturiert durch die vertraglichen Vorgaben und im Übrigen unter dem Vorbehalt der ausstehenden Leistungsbestimmung durch den Berechtigten. Der Übernehmer ist also dem Leistungsbestimmungsrecht des Gläubigers ebenso unterworfen wie der Leistungsbestimmung durch den Altschuldner. Steht das Leistungsbestimmungsrecht dem Altschuldner zu, so kann dieser es nur mit Zustimmung des Gläubigers auf den Übernehmer übertragen (Rz 33). Es ist durch Auslegung zu ermitteln, ob in der Zustimmung des Gläubigers zur Schuldübernahme nach §§ 414, 415 zugleich eine Zustimmung zur (isolierten) Übertragung des Leistungsbestimmungsrechts auf den Übernehmer liegt. Selbst wenn dies bejaht wird, bedarf es freilich der Abtretung durch den Altschuldner.

38 Beim **Schuldbeitritt** unterwirft sich der neue Schuldner dem fortbestehenden Leistungsbestimmungsrecht des jeweiligen Berechtigten. Seine Gesamtschuldnerschaft berechtigt ihn nicht zur Mitwirkung an der Leistungsbestimmung durch den Schuldner. Eine Berechtigung zur Mitwirkung an der Leistungsbestimmung bedarf ebenso wie eine vollständige Übertragung des Leistungsbestimmungsrechts der Zustimmung des Gläubigers.

39 ff) **Vertragsübernahme.** Bei der Vertragsübernahme tritt der Übernehmer vollständig in das Schuldverhältnis ein. Da Partei des Vertrages, Gläubiger/Schuldner des bestimmbaren Anspruchs und Leistungsbestimmungsberechtigter wie bei der Universalsukzession zusammenfallen, liegt in der Zustimmung zur Vertragsübernahme in aller Regel eine Zustimmung zum Übergang des Leistungsbestimmungsrechts auf den Übernehmer. Mit dem Vertrag geht daher auch das Leistungsbestimmungsrecht über[63]. Steht das Parteileistungsbestimmungsrecht hingegen der anderen Vertragspartei zu, ist der Übernehmer diesem freilich (in gleicher Weise wie sein Rechtsvorgänger) unterworfen.

40 2. **Abgrenzungen.** Funktional übernimmt das einseitige Leistungsbestimmungsrecht die **inhaltliche Lückenfüllung im Vertrag** oder die nachträgliche **inhaltliche Anpassung des Vertrags**. Diese Funktion übernehmen auch andere Institute, die nachfolgend vom einseitigen Leistungsbestimmungsrecht nach §§ 315 ff abgegrenzt werden sollen.

41 a) **Abgrenzung zur Vertragsauslegung.** Bei der Bestimmung des Verhältnisses des einseitigen Leistungsbestimmungsrechts nach §§ 315 ff zur Vertragsauslegung sind drei Ebenen zu unterscheiden.

42 aa) **Einseitiges Leistungsbestimmungsrecht oder gemeinsame Leistungsvereinbarung.** Die Vertragsauslegung nach §§ 133, 157 dient als **Erkenntnismittel**, um den Parteiwillen zu ermitteln und diesem zur Durchsetzung zu verhelfen. Das Gericht hat den gemeinsamen wirklichen Willen (erläuternde Auslegung), hilfsweise den gemeinsamen hypothetischen Parteiwillen (ergänzende Auslegung) zu ermitteln. Betrachtet man die Ergebnisse der Vertragsauslegung, tritt das einseitige Leistungsbestimmungsrecht in **Konkurrenz zur beiderseitigen Leistungsvereinbarung**. Beide **schließen sich gegenseitig aus**. Von einem Vorrang des einen oder anderen kann nicht gesprochen werden. Der übereinstimmende, wirkliche Wille kann darin bestehen, dass eine der Vertragsparteien (§ 315) oder ein Dritter (§ 317) die im Vertrag nur umrissene Leistung näher konkretisiert. Stellt das Gericht einen solchen Parteiwillen im Wege der **erläuternden Auslegung** fest, ist der Weg zu einer ergänzenden Vertragsauslegung versperrt[64]. Stellt das Gericht hingegen fest, dass die Parteien nach ihrem wirklichen Willen die Leistung gemeinsam bestimmt haben,

---

62 Bydlinski, Die Übertragung von Gestaltungsrechten, 1986, S 268; Staud[Nb 2020]/Rieble § 315 Rz 114.
63 Staud[Nb 2020]/Rieble § 315 Rz 114. Vgl allgemein zu Gestaltungsrechten BeckOGK[01.03.2022]/Heinig, § 414 Rz 99; Soergel[13]/Schreiber Vor § 398 Rz 5. Auch „höchstpersönliche" Gestaltungsrechte werden durch die beiderseitige vertragliche Zustimmung übernommen, siehe Rz 32.
64 Soergel[12]/M Wolf § 315 Rz 61.

scheidet ein einseitiges Leistungsbestimmungsrecht aus[65]. Eine gemeinsame Leistungsvereinbarung liegt etwa vor, wenn die **Leistung anhand objektiver Maßstäbe ermittelt** oder anhand verschiedener Faktoren **berechnet** werden kann[66]. So liegt es etwa bei einem Verkauf zum Tagespreis, der anhand des Kalenders und der tagesaktuellen Preisliste ermittelt werden kann, oder der Addition von Preisen aus mehreren Preisbestandteilen. Gleiches gilt für sog Kostenelementeklauseln, in denen Preisänderungen vorab durch beide Parteien für die Veränderung von Preisbestandteilen vereinbart werden (vgl PreisklG § 1 Abs 2 Nr 3)[67]. Auslöser und Ausmaß der Preisanpassungen beruhen unmittelbar auf der vertraglichen Einigung. Ein weiteres Beispiel sind sog **Zinsgleitklauseln**, die sich automatisch einem vereinbarten Referenzzinssatz anpassen.

Bleibt die erläuternde Auslegung ergebnislos, muss das Gericht im Wege der **ergänzenden** **43** **Vertragsauslegung** ermitteln, ob es den beiderseitigen Interessen entspricht, dass einer der beiden Vertragsparteien ein Leistungsbestimmungsrecht zukommt oder ob eine beiderseitige Leistungsvereinbarung ihrem hypothetischen gemeinsamen Parteiwillen entspricht. Im Rahmen dieser ergänzenden Vertragsauslegung kann eine **Auslegungsregel aufgestellt werden, wonach die beiderseitige Leistungsvereinbarung der einseitigen Leistungsbestimmung vorzuziehen ist**. Es liegt in der Regel eher im Interesse der Vertragsparteien, gemeinsam den Inhalt des Schuldverhältnisses zu bestimmen als dies auf eine Partei zu delegieren[68]. Für die beiderseitige Leistungsvereinbarung spricht zudem die Richtigkeitsgewähr des Vertrages. Diese wird durch Beachtung des gemeinsamen Vertragszwecks, der beiderseitigen Interessen und des Grundsatzes von Treu und Glauben[69] auch bei der ergänzenden Vertragsauslegung aufrechterhalten. Für eine Annahme einer einseitigen Leistungsbestimmung im Rahmen der ergänzenden Vertragsauslegung müssen dagegen gute Gründe sprechen. Hiervon kann auszugehen sein, wenn die Vertragsparteien am Vertrag festhalten wollen, eine inhaltliche Einigung aber nicht festgestellt werden kann, der Vertrag also ohne ein Parteileistungsbestimmungsrecht scheiterte[70]. Zu Einzelfällen siehe noch Rz 65 f.

bb) **Auslegungsregeln der §§ 315 Abs 1, 316 und Parteiwille**. Soweit durch Auslegung ein **44** gemeinsamer Parteiwille festgestellt werden kann – gleich ob in Gestalt der Begründung eines einseitigen Leistungsbestimmungsrechts, dessen Maßstabs oder einer beiderseitigen Leistungsvereinbarung –, kommen die Auslegungsregeln der §§ 315 Abs 1, 316 sowie das dispositive Gesetzesrecht nicht zur Anwendung. Die Auslegungsregeln kommen ferner nicht zur Anwendung, wenn die Vertragsauslegung ergibt, dass eine Partei den Inhalt der Auslegungsregel ablehnt (näher Rz 127, 3). In diesem Fall kann die Auslegungsregel nicht den Vertrag aufrechterhalten, vielmehr scheitert er. Der Vertragsauslegung gebührt insoweit der Vorrang[71]. Siehe noch Rz 126 f, § 316 Rz 5 ff.

cc) **Gerichtliche Ersatzleistungsbestimmung (§ 315 Abs 3 S 2) und ergänzende Vertrags- 45 auslegung**. Die gerichtliche Vertragsauslegung unterscheidet sich von der gerichtlichen Ersatzleistungsbestimmung nach § 315 Abs 3 S 2 darin, dass das Gericht lediglich den Parteiwillen oder den hypothetischen Parteiwillen feststellt. Bei der gerichtlichen Ersatzleistungsbestimmung tritt das Gericht dagegen an die Stelle der leistungsbestimmungsberechtigten Vertragspartei und vervollständigt den Vertrag inhaltlich. Der beiderseitige (hypothetische) Parteiwille ist dabei für das Gericht kein Maßstab. Vielmehr ist das Gericht an denselben Maßstab wie die zur Leistungsbestimmung berechtigte Vertragspartei gebunden (Rz 203).

Vertragsauslegung und gerichtliche Ersatzleistungsbestimmung sind völlig unterschiedliche **46** Tätigkeiten. Das Gericht kann nicht zur Ersatzleistungsbestimmung übergehen, wenn es die inhaltliche Vertragslücke bereits durch (ergänzende) Vertragsauslegung schließen kann[72]. Eine solche Vertragshilfe ist dem Gericht versagt. Die Parteien müssen sich auf den Vertragsinhalt geeinigt haben. Dazu kann die Einigung auf ein Parteileistungsbestimmungsrecht gehören (Rz 10 f). Eine fehlende Einigung darf das Gericht nicht durch gerichtliche Ersatzleistungsbestimmung überge-

---

65 BGHZ 185, 166, 172 f (Rz 18 f) = NJW 2010, 1742; 221, 145, 159 f (Rz 35) = NJW 2019, 2298.
66 BGHZ 208, 52, 61 (Rz 21) = NJW 2016, 936.
67 BGH NJW-RR 2005, 1717; Büdenbender NJW 2007, 2945, 2946 f; Kleinschmidt, Delegation von Privatautonomie auf Dritte, 2014, S 125 (Fn 151) Vgl auch BGH NJW 2007, 210, 211 (Rz 19) zu sog automatischen Preisgleitklauseln.
68 In diesem Sinne BGHZ 185, 166, 172 (Rz 18) = NJW 2010, 1742; Hamm, Urt v 30.09.2021, I-18 U 74/20, juris, Rz 119 f.
69 Zum Maßstab für die Ermittlung des hypothetischen Willens siehe etwa BGHZ 9, 273, 278 f = NJW 1953, 937; 164, 286, 292 = NJW 2006, 54; 192, 252, 258 (Rz 21) = NJW 2012, 1348; Erman[16]/Armbrüster § 157 Rz 20; Soergel[13]/M Wolf § 157 Rz 129 ff.
70 Vgl BGHZ 41, 271, 275 f = NJW 1964, 1617; NJW 1983, 1777; NJW-RR 2006, 915, 915 f (Rz 12); NJW-RR 2008, 562, 563 (Rz 15); NVwZ 2012, 189, 190 (Rz 12); LG Köln NJW-RR 1999, 563.
71 BGHZ 185, 166, 172 (Rz 18) = NJW 2010, 1742.
72 AA Staud[Nb 2020]/Rieble § 315 Rz 61, 56.

47 b) Abgrenzung zu dispositiven gesetzlichen Auffangregeln zur Vergütung. Dispositive gesetzliche Auffangregeln lassen sich in den Prozess der Vertragsauslegung zur Ermittlung, ob die Parteien eine beiderseitige Leistungsvereinbarung getroffen oder ein einseitiges Leistungsbestimmungsrecht vereinbart haben (Rz 42 f), einfügen. Ergibt die erläuternde Vertragsauslegung kein Ergebnis, besteht also eine Vertragslücke, stößt in diese die gesetzliche Auffangregelung. Etwa fingieren §§ 612 Abs 1, 632 Abs 1, 653 Abs 1 die **stillschweigende Vereinbarung einer Vergütung**, wenn die vereinbarte Leistung den Umständen nach nur gegen eine Vergütung zu erwarten ist. §§ 612 Abs 2, 632 Abs 2, 653 Abs 1 oder HGB §§ 59, 87b Abs 1, 354 Abs 1, 403 machen die **taxmäßige oder übliche Vergütung** zum Vertragsinhalt. Die ergänzende Vertragsauslegung kann aber ergeben, dass die dispositiven gesetzlichen Auffangregelungen **abbedungen** wurden[73]. Sollte der hypothetische Parteiwille danach auf ein einseitiges Leistungsbestimmungsrecht gerichtet sein, setzt sich dieses gegenüber dem dispositiven Gesetzesrecht durch.

48 Führt die Vertragsauslegung nicht zu einem Parteileistungsbestimmungsrecht, sind die **Auslegungsregeln der §§ 315 Abs 1, 316** gegenüber den dispositiven gesetzlichen Auffangregelungen **nachrangig**. Sie kommen erst zur Anwendung, wenn die Voraussetzungen der dispositiven gesetzlichen Auffangregeln nicht gegeben sind, etwa weil eine übliche Vergütungshöhe nicht festgestellt werden kann, und eine Vertragslücke verbleibt sowie der Parteiwille ihnen nicht entgegensteht (Rz 3)[74]. Wird das dispositive Gesetzesrecht durch eine vertragliche Einigung über die Vergütung abbedungen, greifen auch die Auslegungsregeln nicht. Siehe auch noch Rz 237.

49 c) Abgrenzung zu Gattungs- und Wahlschuld. Auch bei Gattungs- (§ 243) und Wahlschulden (§§ 262 ff) sind der Leistungsgegenstand bzw der Leistungsinhalt **im Vertrag noch nicht vollständig bestimmt**. In beiden Fällen bedarf es einer Auswahl, bei Gattungsschulden zwingend durch den Schuldner, bei der Wahlschuld durch Schuldner oder Gläubiger. Dies ist bei der Gattungsschuld ein Realakt[75], bei der Wahlschuld wie beim einseitigen Leistungsbestimmungsrecht die Ausübung eines Gestaltungsrechts durch eine Gestaltungserklärung, § 263[76]. In beiden Fällen handelt es sich um eine Wahl aus **gleichwertigen Alternativen**.

50 Anders als beim einseitigen Leistungsbestimmungsrecht ist bei der **Wahlschuld** jeder einzelne **zur Wahl gestellte Leistungsinhalt bestimmt**[77]. Der dem Wahlrecht unterworfenen Vertragspartei sind die alternativen Leistungen im Vertrag vorhersehbar. Zudem sind sie nach dem Vertrag gleichwertig, sodass es seines Schutzes nicht bedarf[78]. Das einseitige Leistungsbestimmungsrecht legt das vertragliche Äquivalenzverhältnis erst fest. Die Ausübung des Wahlrechts erfolgt nach rein **subjektiven Maßstäben**, kann und muss aber auch nicht auf seine Billigkeit überprüft und ggf gerichtlich ersetzt werden. Das Wahlrecht wechselt vielmehr zu seiner Durchsetzung die Seiten, § 264. Freilich können beide Institute kombiniert werden. Eine Wahlschuld kann eine bestimmte Leistung und eine unbestimmte Leistung mit Leistungsbestimmungsrecht zur Wahl stellen[79].

51 Ebenso wie bei der Wahlschuld ist die Leistung bei der **Gattungsschuld hinreichend bestimmt**[80]. Die Parteien haben sich auf einen Leistungsgegenstand mit bestimmten Gattungsmerkmalen oder „mittlerer Art und Güte" (§ 243 Abs 1) geeinigt. Die Konkretisierung auf einen bestimmten Leistungsgegenstand verlangt nicht die Bestimmtheit bzw Bestimmbarkeit der vertraglichen Bindung, sondern ist eine Notwendigkeit der Erfüllung[81]. Jenseits des vertraglichen Konkretisierungsgrades bestehen keine Interessen des Gläubigers[82]. Die Auswahl des konkreten Leistungsgegenstandes trifft nach dem gesetzlichen Grundfall entsprechend der Schuldner. Anders als beim einseitigen Leistungsbestimmungsrecht ist das vertragliche Äquivalenzverhältnis nicht betroffen[83]. Eine gerichtliche Kontrolle der Auswahl oder Ersetzungsbefugnis unterbleibt. Es wird

---

73 BGH NJW-RR 1990, 817, 818 f; Erman[16]/Armbrüster § 157 Rz 19; Soergel[13]/M Wolf § 157 Rz 114. Bei atypischen Verträgen soll die ergänzende Vertragsauslegung den dispositiven gesetzlichen Auffangregelungen ohnehin vorgehen (so etwa Erman[16]/Armbrüster § 157 Rz 19; Soergel[13]/M Wolf § 157 Rz 110). Insoweit stellt sich das Verhältnis zum einseitigen Leistungsbestimmungsrecht nach den §§ 315 ff nicht.

74 Vgl BGH NJW 1982, 185, 187; BGHZ 94, 98, 101 f = NJW 1985, 1895; NJW-RR 2007, 103, 105 (Rz 24); BayObLG NJW-RR 1986, 1080, 1081.

75 BeckOGK[01.09.2021]/Beurskens, § 243 Rz 72; Staud[Nb 2020]/Rieble § 315 Rz 204.

76 Soergel[13]/Forster, § 263 Rz 2; Gernhuber, Das Schuldverhältnis, 1989, S 264 (§ 11 II 2); MünchKomm[8]/Krüger § 262 Rz 14.

77 Gernhuber, Das Schuldverhältnis, 1989, S 257 (§ 11 I 4); Staud[Nb 2020]/Rieble § 315 Rz 204; Soergel[12]/M Wolf § 315 Rz 62.

78 LAG Hamm NZA-RR 2022, 87, 90 (Rz 39); Staud[Nb 2020]/Rieble § 315 Rz 201.

79 Gernhuber, Das Schuldverhältnis, 1989, S 258 (§ 11 I 4); Soergel[12]/M Wolf § 315 Rz 62.

80 BeckOGK[01.10.2020]/Beurskens § 243 Rz 18, 22; Staud[Nb 2020]/Rieble § 315 Rz 204.

81 Gernhuber, Das Schuldverhältnis, 1989, S 213 (§ 10 I 1).

82 Vgl Staud[Nb 2020]/Rieble § 315 Rz 204.

83 BeckOGK[01.09.2021]/Beurskens § 243 Rz 22.

hingegen gerichtlich voll überprüft, ob den vertraglich vereinbarten Anforderungen genüge getan wurde, bzw ob der Leistungsgegenstand „mittlere Art und Güte" aufweist. Die Gattungsschuld lässt sich auch als spezielles Parteileistungsbestimmungsrecht nach freiem Belieben bei der Auswahl eines Gattungsgegenstands mittlerer Art und Güte auffassen[84]. § 243 verdrängt freilich § 315.

d) **Abgrenzung zur Neuverhandlungspflicht**. Ausweislich der Überschrift des Untertitels behandeln die §§ 315 ff „einseitige" Leistungsbestimmungsrechte. Eine Neuverhandlungspflicht richtet sich an **beide Parteien** gleichermaßen. Beide Parteien haben sich danach im Vertrag die Pflicht auferlegt, eine anfängliche oder nachträgliche Unbestimmtheit der Leistung durch **einvernehmliche vertragliche Einigung** zu beseitigen[85]. Kommt eine Einigung nicht zustande, besteht der Vertrag unverändert mit seinem bisherigen Inhalt, ggf erkannt durch (ergänzende) Vertragsauslegung, fort. Etwas anderes gilt nur, wenn die Leistung tatsächlich bereits im Vertrag (unerkannt) bestimmt war und durch ergänzende Vertragsauslegung ermittelt werden kann[86]. Eine gerichtliche Ersatzleistungsbestimmung bei Scheitern der Verhandlungen scheidet aus (Rz 201). In Betracht kommen unter den jeweiligen Voraussetzungen Vertragsanpassung nach § 313 Abs 1[87], Rücktritt oder Kündigung[88]. 52

Die Ein- oder Beidseitigkeit der Leistungsbestimmung ist aber nicht das einzige Abgrenzungskriterium. Denkbar ist auch ein **beiderseitiges Leistungsbestimmungsrecht**[89]. Der Unterschied besteht darin, dass die Parteien sich für dessen Ausübung im Vertrag bereits einen Rahmen und Maßstäbe gesetzt haben, die beide bei der Leistungsbestimmung binden. Bei der Neuverhandlungspflicht dürfen die Parteien hingegen ihren eigenen, subjektiven Motiven folgen und müssen diese in einer neuen Einigung zur Übereinstimmung bringen. Folge ist, dass die Leistungsbestimmung aufgrund der vertraglichen Maßstäbe auch bei einem beiderseitigen Leistungsbestimmungsrecht ersatzweise durch das Gericht nach **§ 315 Abs 3 S 2 analog** erfolgen kann. Die beiderseitige Einräumung des Leistungsbestimmungsrechts begründet hinsichtlich der gerichtlichen Ersatzleistungsbestimmung eine vergleichbare Interessenlage. Da bei der Nachverhandlungspflicht die rein subjektiven Maßstäbe zur Deckung gebracht werden müssen, ist dieser Weg dort mangels justiziablen Ausübungsmaßstabs versperrt (Rz 200)[90]. Letzteres ist ein bedeutendes Kriterium bei der Vertragsauslegung zur Unterscheidung der beiden Institute. 53

e) **Abgrenzung zum Anspruch auf Zustimmung zur Vertragsänderung**. Funktionale Ähnlichkeit mit Leistungsänderungsrechten haben Ansprüche auf Zustimmung zu einer Vertragsänderung. Solche Ansprüche auf Zustimmung zur Vertragsänderung sieht das Gesetz etwa in **§§ 313 Abs 1, 593, 558 Abs 1, 651f Abs 4** (dazu noch Rz 277) **und ErbbauRG § 9a** (dazu noch Rz 293) vor. Anders als beim einseitigen Leistungsbestimmungsrecht kommt die **Anpassung durch Vertrag** zustande. Die Vorschriften übergeben lediglich der anspruchsberechtigten Vertragspartei die Initiative zur Anpassung. Der Richter tritt im Streitfall nicht ersatzweise an die Stelle des Leistungsbestimmungsberechtigten, sondern entscheidet unmittelbar über die Vertragsanpassung[91]. 54

f) **Abgrenzung zu §§ 745 Abs 2, 1024, 1246 Abs 1**. Nicht zwangsläufig auf Zustimmung, sondern uU auch auf Duldung gerichtet sind die Ansprüche aus §§ 745 Abs 2, 1024, 1246 Abs 1[92]. Sie unterscheiden sich daher insoweit von Ansprüchen auf Zustimmung zur Vertragsanpassung (Rz 54). Die unterschiedlichen Regelungsmaterien entstammenden Vorschriften der §§ 745 Abs 2, 1024, 1246 Abs 1 behandeln Fälle, in denen einer von mehreren Gleichberechtigten von den übrigen eine „billigem Ermessen" entsprechende Rechtsausübung verlangen kann. Mit dem Begriff des **„billigen Ermessens"** beschreibt das Gesetz hier eine Rechtsausübung, die die Interessen der gleichberechtigt Betroffenen zum Ausgleich bringt. Ein einseitiges Leistungsbestimmungsrecht vermitteln diese Vorschriften nicht[93]. 55

---

84 BeckOGK[01.09.2021]/Beurskens § 243 Rz 22; Staud[Nb] [2019]/Schiemann, § 243 Rz 16.
85 Vgl BGH NJW 2006, 2843, 2884 f (Rz 24 ff); BeckOK[61. Ed]/Gehrlein § 315 Rz 16; Horn AcP 181 (1981), 255; BeckOGK[01.09.2021]/Netzer § 315 Rz 59; Staud[Nb] [2020]/Rieble § 315 Rz 195; Soergel[12]/M Wolf § 315 Rz 32.
86 Soergel[12]/M Wolf § 315 Rz 32; MünchKomm[8]/Würdinger § 315 Rz 44.
87 Soergel[12]/M Wolf § 315 Rz 32; MünchKomm[8]/Würdinger § 315 Rz 44.
88 Soergel[12]/M Wolf § 315 Rz 32.
89 Soergel[12]/M Wolf § 315 Rz 32 unter vorsichtiger Berufung auf München BB 1982, 583.
90 AA (§ 315 analog auf die Neuverhandlungspflicht) Soergel[12]/M Wolf § 315 Rz 32; nachfolgend MünchKomm[8]/Würdinger § 315 Rz 44.
91 Staud[Nb] [2020]/Rieble § 315 Rz 192.
92 BGH NJW 2008, 2032 (Rz 11) zu § 745; Soergel[13]/Hadding, § 745 Rz 11; MünchKomm[8]/Mohr § 1024 Rz 3; MünchKomm[8]/K Schmidt § 745 Rz 36. § 1246 Abs 1 ist auf eine Einigung unter den Betroffenen, hilfsweise auf eine gerichtliche Anordnung gem § 1246 Abs 2 gerichtet.
93 Staud[Nb] [2020]/Rieble § 315 Rz 194; MünchKomm[8]/Würdinger § 315 Rz 8.

56 g) **Abgrenzung zur (Änderungs-)Kündigung und § 313.** Das einseitige Leistungsbestimmungsrecht ermöglicht auch eine nachträgliche Anpassung einer im Vertrag bestimmten Leistung (Rz 9) und lässt sich klar von der **Änderungskündigung** abgrenzen. Eine Kündigung beendet lediglich das Dauerschuldverhältnis. Für eine neue Leistungsvereinbarung bedarf es eines Vertrags. Dies gilt auch für eine Änderungskündigung, die Kündigung und Vertragsangebot kombiniert, vgl KSchG § 2 S 1. Das nachträgliche einseitige Leistungsänderungsrecht ermöglicht dagegen die einseitige Aufhebung des bestehenden Leistungsinhalts und dessen Neubestimmung[94]. Zudem ist das einseitige Leistungsbestimmungsrecht nicht auf Dauerschuldverhältnisse beschränkt. Ferner liegt beim einseitigen Leistungsbestimmungsrecht der Schwerpunkt auf der Ausübungskontrolle, während die Kündigung an Kündigungsgründe und Fristen gebunden und ihre Rechtsfolge bestimmt ist, das Gebrauchmachen von der Kündigungsmöglichkeit aber in der Freiheit des Kündigungsberechtigten steht.

57 Ist ausnahmsweise bei teilbaren Schuldverhältnissen eine **Teilkündigung (oder ein Teilrücktritt)** möglich, ist bei der Abgrenzung zum einseitigen Leistungsänderungsrecht danach zu unterscheiden, ob die Teile eines Schuldverhältnisses nach dem gemeinsamen Parteiwillen ein einheitliches oder voneinander unabhängiges Schicksal nehmen sollen. Sehen die Parteien einen Regelungszusammenhang der Teile vor, ist eine Teilkündigung (oder ein Teilrücktritt) ausgeschlossen. Das als Teilkündigung eines Teils erscheinende Gestaltungsrecht ist vielmehr als ein einseitiges Leistungsänderungsrecht im Hinblick auf den Gesamtvertrag, für den es eine Neubestimmung der gesamten Leistung vornimmt, zu verstehen und als solches zulässig[95].

58 Von einer **Vertragsanpassung nach § 313** unterscheidet sich das einseitige Leistungsbestimmungsrecht im Wesentlichen dadurch, dass die Vertragsanpassung durch das Gericht vollständig kontrolliert wird, während das Leistungsbestimmungsrecht dem Berechtigten einen Spielraum, nach der Auslegungsregel des § 315 Abs 1 billiges Ermessen, einräumt. Zudem unterliegt das einseitige Leistungsänderungsrecht den vertraglich vereinbarten Anwendungsvoraussetzungen, die freilich von den gesetzlichen Voraussetzungen einer Störung der Geschäftsgrundlage abweichen, insbesondere früher eingreifen, können[96].

59 3. **Voraussetzungen.** Die Voraussetzungen des einseitigen Leistungsbestimmungsrechts und seiner Ausübung ergeben sich vorrangig aus dem ausfüllungsbedürftigen Vertrag, in dem es vereinbart ist. Es setzt eine inhaltliche Lücke im Vertrag bei Einigung auf die leistungsbestimmungsberechtigte Vertragspartei sowie den Ausübungsmaßstab voraus. § 315 Abs 1 enthält (lediglich) eine Auslegungsregel für den **Ausübungsmaßstab** des Leistungsbestimmungsrechts (Rz 125 ff). § 315 Abs 2 macht dispositive Formvorgaben für seine Ausübung (Rz 102).

60 a) **Begründung des Parteileistungsbestimmungsrechts.** Ein einseitiges Leistungsbestimmungsrecht kann durch Vertrag (Rz 62 ff), einseitiges Rechtsgeschäft (Rz 80), Tarifvertrag, Mitgliedschaftsverhältnis (Rz 81) oder Gesetz (Rz 82) eingeräumt werden. Einher geht spiegelbildlich die **Unterwerfungserklärung** (Rz 10, 22).

61 Bis zur Ausübung des Bestimmungsrechts können die Parteien das Parteileistungsbestimmungsrecht aufheben oder verändern[97]. Freilich müssen sie im Falle der Aufhebung zugleich eine vertragliche Leistungsbestimmung vornehmen oder ein anderweitiges Leistungsbestimmungsrecht vereinbaren, um dem vertraglichen Bestimmbarkeitsgrundsatz (Rz 6 f) zu genügen[98]. Nach Ausübung des einseitigen Leistungsbestimmungsrechts bleibt es den Parteien unbenommen, vertraglich eine abweichende Abrede zu treffen[99].

62 aa) **Vertrag.** § 315 geht vom vertraglich begründeten Parteileistungsbestimmungsrecht aus. Es spricht von einer Leistungsbestimmung „durch einen der Vertragschließenden". Dabei kann das Leistungsbestimmungsrecht ausdrücklich, aber auch konkludent vereinbart sein[100]. Es kann sich sowohl durch erläuternde als auch ergänzende Vertragsauslegung (Rz 42 f) ergeben[101]. Zur Formbedürftigkeit siehe Rz 23.

63 aaa) **Unbestimmte, aber bestimmbare Leistung.** Ein Leistungsbestimmungsrecht ist vertraglich vereinbart, wenn die Leistung nicht bereits vertraglich bestimmt (dazu Rz 42), sondern mit

---

94 Staud[Nb 2020]/Rieble § 315 Rz 207; Soergel[12]/M Wolf § 315 Rz 67; vgl auch BAG NZA 2000, 491, 492; NZA 2017, 1185, 1192 (Rz 69).
95 Staud[Nb 2020]/Rieble § 315 Rz 211.
96 Soergel[12]/M Wolf § 315 Rz 5.
97 Staud[Nb 2020]/Rieble § 315 Rz 49, 299 ff.
98 Staud[Nb 2020]/Rieble § 315 Rz 299.
99 Staud[Nb 2020]/Rieble § 315 Rz 49.
100 BGH NVwZ 2012, 189, 190 (Rz 12); NJW 2012, 3092 (Rz 15); NZA-RR 2013, 327, 328 (Rz 21); BGHZ 205, 107, 115 (Rz 30) = NZM 2015, 497; 208, 52, 61 (Rz 20) = NJW 2016, 936; Grüneberg[81]/Grüneberg § 315 Rz 4; Erman[16]/Hager § 315 Rz 8; Soergel[12]/M Wolf § 315 Rz 15.
101 BGHZ 41, 271, 275 = NJW 1964, 1617; NJW 1983, 1777; BGHZ 164, 336, 339 f = NJW 2006, 684; NJW-RR 2008, 562, 563 (Rz 15); Erman[16]/Hager § 315 Rz 8; Soergel[12]/M Wolf § 315 Rz 15.

den Vorgaben im Vertrag durch den Leistungsbestimmungsberechtigten bestimmbar ist. Dies setzt voraus, dass der Leistungsbestimmungsberechtigte (dazu noch Rz 83 ff) ebenso vertraglich bestimmt ist, wie der Maßstab (Rz 123 ff), anhand dessen er die Leistungsbestimmung vorzunehmen hat (Rz 7 f). Zudem müssen beide Vertragsparteien eine Leistungspflicht vereinbart haben, das Erbringen bzw Fordern der Leistung darf sich der Leistungsbestimmungsberechtigte nicht vorbehalten können (Rz 12 ff).

bbb) **Auslegung.** Ob sich die Parteien auf ein Parteileistungsbestimmungsrecht verständigt haben, ist durch Vertragsauslegung zu ermitteln (Rz 10). Das einseitige Leistungsbestimmungsrecht ist dabei von der vertraglichen Leistungsvereinbarung abzugrenzen (Rz 42 f). Bleibt die Leistung auch nach Vertragsauslegung unbestimmt und ist die Leistungsbestimmung nicht an eine der Vertragsparteien delegiert, ist der Vertrag unwirksam. 64

Beispiele. Die Klausel „Preise freibleibend" sowie der Vorbehalt einer Preisänderung geben dem Gläubiger der Entgeltforderung regelmäßig ein Parteileistungsbestimmungsrecht nach billigem Ermessen (vgl auch Leistungsvorbehaltsklauseln nach PreisklG § 1 Abs 2 Nr 1)[102]. Die Vereinbarung einer „voraussichtlichen Abflugzeit" in einem Reisevertrag[103] oder der Vorbehalt der Abflugzeit innerhalb eines vereinbarten Rahmens[104] begründen ein Parteileistungsbestimmungsrecht des Reiseveranstalters. Gleiches kann auch für salvatorische Klauseln gelten, die eine unwirksame Vertragsklausel durch eine dieser möglichst nahekommenden Neuregelung ersetzt[105]. Auch die Vereinbarung von „Tagespreisen" kann ein Parteileistungsbestimmungsrecht begründen[106]. Dies kommt auch mit Blick auf § 316 in Betracht, wenn sich dem Parteiwillen nicht entnehmen lässt, anhand welcher Kennziffern oder aus welcher Quelle der Tagespreis zu ermitteln ist. Vereinbaren Gesellschaft und Geschäftsführer eine Tantieme, für die einen Sockelbetrag übersteigende Summe die Gesellschaft noch eine Bemessungsgrundlage zu erarbeiten habe, liegt darin ein Parteileistungsbestimmungsrecht der Gesellschaft zur Bestimmung über die den Sockelbetrag übersteigende Höhe der Tantieme nach billigem Ermessen[107]. Ein Parteileistungsbestimmungsrecht der GEMA folgt aus „Sinn und Zweck des Berechtigungsvertrags" mit den Wahrnehmungsberechtigten[108]. Werden einige von mehreren verfügbaren Parkplätzen[109] oder eines von mehreren Kellerabteilen vermietet[110], ohne dass sich deren Lage aus dem Vertrag ergibt, liegt darin die Vereinbarung eines Leistungsbestimmungsrechts des Vermieters nach § 315 Abs 1. Soll eine Vertragsstrafe durch eine Vertragspartei festgelegt werden, liegt auch darin ein Parteileistungsbestimmungsrecht nach § 315 Abs 1[111]. Wird in einem Anzeigenauftrag die Auflagenstärke nicht angegeben, wollen die Parteien aber am Vertrag festhalten, ergibt die ergänzende Vertragsauslegung ein Parteileistungsbestimmungsrecht der Verlegerin[112]. Sind sog Tagespreisklauseln nach § 306 Abs 2 unwirksam, nimmt die Rechtsprechung va in Dauerverträgen in ergänzender Vertragsauslegung ein Parteileistungsbestimmungsrecht des Dienstleisters an[113]. Weitere Judikatur zu einzelnen Anwendungsbereichen in Rz 235 ff. Zur Anwendung der Auslegungsregel des § 316 siehe § 316 Rz 4 ff. 65

In Abgrenzung zu den vorgenannten Beispielen kann die wörtliche Inbezugnahme oder der Verweis auf § 315 nach dem beiderseitigen (hypothetischen) Parteiwillen auch allein den **Maßstab der Billigkeit für eine vertragliche Neuanpassung** betreffen. Es muss nicht zugleich ein Leistungsbestimmungsrecht vereinbart sein[114]. 66

ccc) **AGB.** Das einseitige Leistungsbestimmungsrecht kann auch in AGB enthalten sein. Handelt es sich – wie typischerweise – um ein Parteileistungsbestimmungsrecht des Verwenders, sind die Grenzen der §§ **309 Nr 1, 308 Nr 3, 4** sowie des § **307** zu beachten. 67

(1) **Eröffnung der AGB-Inhaltskontrolle.** In der Vereinbarung eines Parteileistungsbestimmungsrechts liegt eine Abweichung von den gesetzlichen Vorschriften gem § 307 Abs 3 S 1, sodass die **AGB-Inhaltskontrolle eröffnet** ist[115]. Die Bestimmung von Leistung und Gegenleistung ist 68

---

102 RGZ 103, 414, 415; 104, 306, 307 f; BGHZ 1, 353, 354 = NJW 1951, 711; Erman[16]/Hager § 315 Rz 24; jurisPK[9]/Völzmann-Stickelbrock § 315 Rz 44; Soergel[12]/M Wolf § 315 Rz 24.
103 BGH NJW 2014, 1168, 1169 (Rz 22).
104 BGH NJW 2014, 1168, 1168 (Rz 21).
105 MünchKomm[8]/Würdinger § 315 Rz 12.
106 BGHZ 164, 11, 25 ff = NJW-RR 2005, 1496 behandelt einen Sonderfall einer die Tagespreisklausel ergänzenden Abrede.
107 BGH NJW-RR 1994, 1055, 1056.
108 BGHZ 163, 119, 128 f = NJW 2005, 2708.
109 BGH NJW 2013, 1082, 1083 (Rz 16).
110 BGH NJW 2008, 1661, 1662 (Rz 21).
111 BGH GRUR 1978, 192, 193 (Hamburger Brauch); Hamburg WRP 1968, 301, 302; GRUR-RR 2022, 128, 135 (Rz 80); Soergel[12]/M Wolf § 315 Rz 26.
112 LG Köln NJW-RR 1999, 563.
113 BGH NJW 1983, 1777. Vgl auch BGHZ 164, 336, 339 f = NJW 2006, 684; aA München ZIP 1983, 837, 838.
114 BGH NJW 2009, 679, 679 (Rz 7).
115 BGHZ 81, 229, 232 = NJW 1981, 2351; 93, 252, 255 = NJW 1985, 853; 124, 351, 362 = NJW 1994, 1060; 158, 149, 153 = NJW 2004, 1588; 213, 302, 312 (Rz 26) = NJW 2017, 1301; NJW 2022, 311, 312 f (Rz 28); Grüneberg[81]/Grüneberg § 315 Rz 4; Erman[16]/Hager § 315 Rz 9; BeckOGK[01.09.2021]/Netzer § 315 Rz 46; Wiedemann, Preisänderungsvorbehalte, 1991, S 36 f.

nach den gesetzlichen Vorschriften Sache der vertraglichen Einigung beider Parteien. Zwar erkennen §§ 315 ff einseitige Leistungsbestimmungen gesetzlich an, allerdings lediglich insoweit, als sie ihre vertragliche Vereinbarung ermöglichen. In der Vereinbarung eines Parteileistungsbestimmungsrechts und damit in dem Gebrauchmachen von der gesetzlichen Gestaltungsmöglichkeit liegt daher eine die Rechtsvorschriften ergänzende Regelung iSd § 307 Abs 3 S 1[116].

69 Die AGB-rechtliche Inhaltskontrolle umfasst auch ein einseitiges Leistungsbestimmungsrecht (des Verwenders) in Bezug auf die **Hauptleistungspflicht**[117]. Zwar sind die Hauptleistungspflichten nach § 307 Abs 3 S 1 der Inhaltskontrolle entzogen[118]. Die Hauptleistungspflichten sind für den Vertrag derart bedeutsam, dass ihnen die Aufmerksamkeit beider Parteien sicher ist. Fehlendes dispositives Recht zu den Hauptleistungspflichten zeigt ebenfalls, dass ihre Festlegung Sache der Vertragsparteien ist[119]. Dabei geht es um eine inhaltliche Festlegung. Diese liegt nicht vor, wenn ein einseitiges Leistungsbestimmungsrecht vereinbart wird. Vielmehr lassen die Vertragsparteien eine inhaltliche Lücke (Rz 10). Der berechtigten Partei wird ein Auswahlspielraum eingeräumt, der zu einer Verschiebung der Machtverhältnisse unter den Parteien führt (Rz 20 f). Die einseitige Leistungsbestimmung legitimiert sich zudem allein durch ihre vertragliche Vereinbarung (Rz 22). Letzterer kommt die Richtigkeitsgewähr des Vertrags zu, die auch durch die AGB-Inhaltskontrolle nach den §§ 305 ff abzusichern ist. Für die hier vertretene Ansicht spricht schließlich auch die Gleichbehandlung von nachträglichem Leistungsänderungsrecht und Erstbestimmungsrecht. Es ist wertungsmäßig nicht einsichtig, warum die Einräumung eines nachträglichen Leistungsänderungsrechts als Änderung einer bereits „beschriebenen" Hauptleistung der AGB-Inhaltskontrolle unterliegen soll, das Erstbestimmungsrecht als dessen „Beschreibung" bzw Konstituierung aber nicht[120]. In beiden Fällen unterliegt die (endgültige) Leistung dem Auswahlspielraum einer Partei, typischerweise dem Verwender der AGB. In beiden Fällen besteht gerade kein Konsens über den Inhalt der Hauptleistung, der dann der gerichtlichen Inhaltskontrolle entzogen sein könnte, sondern nur über dessen Bestimmungsrecht. Letzteres unterliegt gem § 307 Abs 3 S 1 der gerichtlichen Inhaltskontrolle.

70 (2) §§ **309, 308.** § 309 Nr 1 umfasst neben einer starren, bereits in der Klausel festgelegten Preiserhöhung auch ein einseitiges Leistungsänderungsrecht des Verwenders[121]. Ein etwaiges einseitiges Entgeltänderungsrecht (**Preisänderungsklausel**) müsste, mit Ausnahme von Dauerschuldverhältnissen, erst nach einer Karenzzeit von vier Monaten eingreifen. § 309 Nr 1 erfasst keine Erstbestimmungsrechte[122]. Dies ergibt sich bereits aus dem Wortlaut. Eine „Erhöhung" setzt eine erstmalige Preisvereinbarung voraus.

71 § **308 Nr 3** kommt keine Bedeutung zu[123]. Ein von § 308 Nr 3 erfasstes, einseitiges Loslösungsrecht liegt allein in einem Parteileistungsbestimmungsrecht nach der Willkür des Verwenders. In einem solchen Fall ist aber bereits mangels Rechtsbindungswillens kein Vertrag über die Leistung zustande gekommen (Rz 16). In einem Leistungsbestimmungsrecht nach freiem Belieben liegt hingegen kein einseitiges Loslösungsrecht, sondern eine bloße – und pflichtwidrige – Loslösungsmöglichkeit (Rz 12 ff). Diese genügt für § 308 Nr 3 nicht. Der Maßstab freien Beliebens darf aber nach § 307 Abs 1 S 1, Abs 2 Nr 1 nicht formularvertraglich vereinbart werden (Rz 74).

72 § **308 Nr 4** verbietet ein Parteileistungsänderungsrecht des Verwenders, wenn dieses nicht unter Berücksichtigung der Interessen des Verwenders für den anderen Vertragsteil zumutbar ist[124]. Auf ein Leistungserstbestimmungsrecht ist § 308 Nr 4 – bereits nach dem Wortlaut – nicht anwendbar[125]. § 308 Nr 4 erfasst zudem nur Parteileistungsbestimmungsrechte hinsichtlich der Leistung des Verwenders, nicht aber der ihm geschuldeten Gegenleistung[126]. Die §§ 309, 308

---

116 MünchKomm[8]/Wurmnest § 307 Rz 10; vgl auch Soergel[13]/Fritzsche, § 307 Rz 15.
117 BGHZ 81, 229, 232 = NJW 1981, 2351; 93, 252, 255 = NJW 1985, 853; 124, 351, 362 = NJW 1994, 1060; Soergel[13]/Fritzsche § 307 Rz 19; aA Staud[Nb] 2020/Rieble § 315 Rz 306.
118 BGHZ 123, 83, 84 = NJW 1993, 2369; 146, 331, 338 = NJW 2001, 2399; 164, 11, 25 = NJW-RR 2005, 1496; 142, 46, 49 = NJW 1999, 3260; Soergel[13]/Fritzsche § 307 Rz 18; MünchKomm[8]/Wurmnest § 307 Rz 13, 17.
119 BGHZ 146, 331, 338 = NJW 2001, 2399.
120 So aber Staud[Nb] 2020/Rieble § 315 Rz 306. Für eine Gleichbehandlung siehe aber die Nachw in Fn 117 sowie jurisPK[9]/Völzmann-Stickelbrock § 315 Rz 43.
121 BGH NJW 1985, 855, 856; Erman[16]/Hager § 315 Rz 9.
122 Staud[Nb] 2020/Rieble § 315 Rz 308; BeckOGK[01.06.2021]/Weiler, § 309 Nr 1 Rz 60; vgl auch Staud[Nb] 2019/Coester-Waltjen § 309 Nr 1 Rz 17; Soergel[13]/Knops § 309 Nr 1 Rz 8; MünchKomm[8]/Wurmnest § 309 Nr 1 Rz 13.
123 AA Staud[Nb] 2020/Rieble § 315 Rz 309.
124 BGHZ 158, 149, 154 = NJW 2004, 1588; NJW-RR 2009, 1641, 1642 f (Rz 23 f); BGHZ 185, 166, 170 (Rz 15) = NJW 2010, 1742; BeckOGK[01.09.2021]/Netzer § 315 Rz 48 f.
125 BGHZ 158, 149, 153 f = NJW 2004, 1588; BeckOGK[01.09.2021]/Netzer § 315 Rz 48; MünchKomm[8]/Wurmnest § 308 Nr 4 Rz 7.
126 BAG NZA 2006, 1149, 1151 (Rz 31).

(3) **§ 307.** Bei der Inhaltskontrolle nach § 307 kann zwischen der Einräumung eines Parteileistungsbestimmungsrechts des Verwenders und dem Maßstab für dessen Ausübung unterschieden werden. Die **Einräumung eines Parteileistungsbestimmungsrechts** in AGB ist nicht unzulässig, verlangt nach **§ 307 Abs 1 S 1** aber ein berechtigtes Interesse des Verwenders[127]. Ein einseitiges Erstbestimmungsrecht bedarf ebenso wie ein nachträgliches Leistungsänderungsrecht eines **gewichtigen Sachgrunds**, der seine formularmäßige Einräumung rechtfertigt[128]. Bereits in der Einräumung eines Parteileistungsbestimmungsrechts liegt eine Belastung des Klauselgegners[129]. Das Ungleichgewicht der Parteien, dem sich die §§ 305 ff annehmen, darf sich nicht in einem einseitigen Leistungsbestimmungsrecht des Verwenders perpetuieren. Das einseitige Leistungsbestimmungsrecht legitimiert sich vielmehr nur durch eine vertragliche Vereinbarung gleichberechtigter Partner, die eine Richtigkeitsgewähr des Vertrages sicherstellt (vgl Rz 22). 73

Bereits nach allgemeinem Vertragsrecht, dh auch im Individualvertrag, muss ein **Maßstab** für die Ausübung des Leistungsbestimmungsrechts vereinbart werden (Rz 7). **§ 307 Abs 1 S 1, Abs 2 Nr 1** verlangt darüber hinaus, dass das formularmäßige Parteileistungsbestimmungsrecht des Verwenders der **gerichtlichen Kontrolle nach § 315 Abs 3** unterliegt[130]. Die gerichtliche Kontrolle nach § 315 Abs 3 ist formularmäßig unabdingbar; dem Klauselgegner darf also der Einwand der Unverbindlichkeit der Leistungsbestimmung nicht abgeschnitten werden. Diese Position der Rechtsprechung setzt sich nicht dem Einwand aus, die Auslegungsregel des § 315 Abs 1 systemwidrig zu einem Grundsatz auszubauen[131]. § 307 Abs 2 Nr 1 stellt lediglich auf die „wesentlichen Grundgedanken" des § 315 ab, § 307 Abs 2 Nr 2 sichert die Erreichung der Vertragszwecke, der eine Ermessensbindung bei der Ausübung des Parteileistungsbestimmungsrechts ebenfalls maßgeblich dient. Aus der formularmäßigen Unabdingbarkeit des § 315 Abs 3, der eine gerichtliche Kontrolle auf „Billigkeit" erlaubt, kann auf den Maßstab der Ausübung des Leistungsbestimmungsrechts zurückgeschlossen werden. Der Verwender muss sein formularmäßiges Leistungsbestimmungsrecht nach „billigem Ermessen" ausüben[132]. Dies schließt insbesondere die formularmäßige Vereinbarung eines Parteileistungsbestimmungsrechts nach freiem Belieben aus. Dieses Ergebnis ließe sich auch nach § 307 Abs 2 Nr 2, Abs 1 S 1 erreichen. Wesentliche Rechte und Pflichten würden so eingeschränkt, dass die Erreichung des Vertragszwecks gefährdet würde, wenn die Ausübung des einseitigen Leistungsbestimmungsrechts gar nicht an die Vertragszwecke gebunden würde. Eine solche Bindung ist aber einer Ermessensbindung inhärent (siehe Rz 134). 74

Das **Transparenzgebot gem § 307 Abs 1 S 2** bezieht sich sowohl auf die Einräumung des Leistungsbestimmungsrechts des Verwenders als auch auf den Maßstab seiner Ausübung. Es schließt das vertragliche Bestimmtheits- bzw Bestimmbarkeitsgebot (Rz 6 ff) ein[133]. Das einseitige Leistungsbestimmungsrecht muss sich danach klar und verständlich aus den AGB ergeben[134] sowie den Maßstab ebenso klar und verständlich in den AGB ausdrücken[135]. Etwa kann die Rechtslage irreführend dargestellt werden, wenn die Möglichkeit der Billigkeitskontrolle nach § 315 Abs 3 nicht hinreichend deutlich wird[136]. Ein Hinweis auf § 315 Abs 1 oder die Wiedergabe seines Wortlauts genügen demgegenüber für die Bezeichnung des Maßstabs[137], ersterer ist aber nicht verpflichtend[138]. 75

Preisänderungsklauseln etwa in Energielieferungsverträgen sind grundsätzlich zulässig, weil sie dem Versorger als Verwender das Risiko langfristiger Kalkulation abnehmen und ihm ermöglichen, ohne Kündigung Kostensteigerungen weiterzugeben, sowie den Kunden als Klauselgegner davor schützen, dass der Verwender seine Risiken bereits in das Ausgangsentgelt einpreist[139]. Sie 76

---

127 BGHZ 213, 302, 312 (Rz 27) = NJW 2017, 1301. Vgl auch BeckRS 2021, 30598 Rz 38.
128 BGHZ 164, 11, 26 f = NJW-RR 2005, 1496; 213, 302, 313 (Rz 27) = NJW 2017, 1301; aA Staud[Nb] 2020/Rieble § 315 Rz 310 für das Erstbestimmungsrecht.
129 BGHZ 158, 149, 153 = NJW 2004, 1588; 213, 302, 312 (Rz 26) = NJW 2017, 1301; aA Staud[Nb] 2020/ Rieble § 315 Rz 310, 314 ff.
130 BGH NJW 2005, 2919, 2923 (insoweit nicht in BGHZ 163, 321); BGHZ 198, 111, 129 (Rz 44) = NJW 2013, 3647; Karlsruhe EnWZ 2014, 575, 576 (Rz 10).
131 In diese Richtung Staud[Nb] 2020/Rieble § 315 Rz 311.
132 BGHZ 213, 302, 314 (Rz 32) = NJW 2017, 1301; BAGE 156, 38, 45 (Rz 21) = NZA 2016, 1334; vgl auch BGHZ 136, 394, 402 = NJW 1998, 454.
133 BGHZ 164, 11, 16 = NJW-RR 2005, 1496.
134 Erman[16]/Hager § 315 Rz 9; BeckOGK[01.09.2021]/Netzer § 315 Rz 50. Vgl auch allgemein BGHZ 164, 11, 15 f = NJW-RR 2005, 1496.
135 BGH BeckRS 2012, 16299 Rz 15 ff; BGHZ 213, 302, 313 (Rz 27), 314 ff (Rz 31 ff) = NJW 2017, 1301; Staud[Nb] 2020/Rieble § 315 Rz 315; MünchKomm[8]/Würdinger § 315 Rz 21.
136 BGHZ 198, 111, 129 (Rz 44) = NJW 2013, 3647; Karlsruhe EnWZ 2014, 575, 576 (Rz 11).
137 BGH NJW 2012, 2187, 2188 (Rz 27); Karlsruhe EnWZ 2014, 575, 576 (Rz 11); BeckOGK[01.09.2021]/ Netzer § 315 Rz 50.
138 Karlsruhe EnWZ 2014, 575, 576 (Rz 11).
139 BGH NJW-RR 2005, 1717; NJW 2007, 1054, 1055 (Rz 20); NJW-RR 2008, 134, 135 (Rz 19); BGHZ 180, 257, 266 f (Rz 25) = NJW 2009, 2051; vgl auch BGHZ 172, 315, 323 (Rz 22) = NJW 2007, 2540; 178, 362, 375 (Rz 30) = NJW 2009, 502.

benachteiligen den Klauselgegner aber dann unangemessen, wenn sie es dem Verwender ermöglichen, über die Abwälzung der Kostensteigerung hinaus den vereinbarten Preis ohne jede Begrenzung einseitig anzuheben[140]. Dies ermöglicht nicht nur (legitimerweise, vgl Rz 73) insgesamt gestiegene Kosten an die Kunden weiterzugeben, sondern zusätzliche Gewinne zu erzielen und so das vertragliche Äquivalenzverhältnis zu eigenen Gunsten zu verschieben. Um dem Transparenzgebot zu genügen, müssen vorformulierte Preisänderungsklauseln Umfang und Voraussetzungen einer Preiserhöhung ebenso nennen wie die Kostenelemente und ihre Gewichtung, damit der Klauselgegner absehen kann, in welchen Bereichen Kostenerhöhungen eintreten können und auf welche Höhe sie sich belaufen[141]. Erst mit diesen Angaben ist zudem eine Nachprüfbarkeit der Preiserhöhung möglich. Eine jederzeitige Kündigungsmöglichkeit durch den Klauselgegner kompensiert nicht per se die Unangemessenheit einer isoliert betrachtet unwirksamen Preisänderungsklausel[142]. Zu § 309 Nr 1 siehe bereits Rz 70, speziell zu Energielieferungsverträgen Rz 249, zu Zinsanpassungsklauseln Rz 284.

77 (4) **Rechtsfolge der Unwirksamkeit**. Die Unwirksamkeit der Einräumung des Parteileistungsbestimmungsrechts des Verwenders nach §§ 307 ff lässt das Parteileistungsbestimmungsrecht entfallen[143] und nimmt dem Vertrag die Vollziehbarkeit. Ihm fehlt die vertragliche Bestimmtheit. Gleiches gilt, wenn der Maßstab des Leistungsbestimmungsrechts des Verwenders nach §§ 307 ff unwirksam ist (vgl Rz 7 f, 63). Diese Vertragslücken sind nach § 306 Abs 2 vorrangig durch das dispositive Gesetzesrecht zu füllen. Sekundär kommt eine ergänzende Vertragsauslegung in Betracht[144]. Als dispositives Recht kommen die dispositiven Auffangregelungen zur Entgelthöhe (Rz 47 f) in Betracht. Da in der Vereinbarung eines Parteileistungsbestimmungsrechts einschließlich seines Maßstabs allerdings eine die Rechtsvorschriften ergänzende Regelung iSd § 307 Abs 3 S 1 liegt (Rz 68), mangelt es im Übrigen meist an dispositivem Recht und die ergänzende Vertragsauslegung erlangt Bedeutung[145]. Erst dahinter reihen sich die Auslegungsregeln der §§ 315 Abs 1, 316 ein (vgl Rz 44; § 316 Rz 6)[146].

78 ddd) **Grenzen der Vertragsfreiheit**. Die Vereinbarung eines Leistungsbestimmungsrechts unterliegt nicht nur den allgemeinen Regeln des Vertragsrechts (zu §§ 154, 155 Rz 11, zur vertraglichen Bestimmtheit Rz 11, 63, zur Formbedürftigkeit Rz 23), sondern auch den allgemeinen Grenzen der Vertragsfreiheit. Die Vereinbarung eines Leistungsbestimmungsrechts kann etwa nach § 134 oder § 138 nichtig sein[147]. Eine einseitige Preisanpassungsklausel nach billigem Ermessen unterliegt gem PreisklG § 1 Abs 2 Nr 1 nicht der Preisklauselkontrolle nach PreisklG § 1 Abs 1. Zu §§ 305 ff siehe bereits Rz 67 ff. § 315 verhält sich hingegen nicht zur Zulässigkeit der Vereinbarung eines Parteileistungsbestimmungsrechts.

79 **Beispiele**. Eine arbeitsvertragliche Vereinbarung, die bei arbeitszeitabhängiger Vergütung den Arbeitgeber berechtigen soll, die zunächst festgelegte Arbeitszeit später einseitig nach Bedarf zu reduzieren (hier sog Parteileistungsänderungsrecht), stellt eine objektive Umgehung von zwingenden Vorschriften des Kündigungs- und Kündigungsschutzrechts dar und ist daher nach § 134 nichtig[148]. Eine Sittenwidrigkeit der Unterwerfungserklärung bzw spiegelbildlich der Vereinbarung eines Parteileistungsbestimmungsrechts kommt etwa dann in Betracht, wenn das Machtgefälle zwischen den Parteien dadurch massiv verstärkt wird, dass die stärkere Partei sich ein Parteileistungsbestimmungsrecht einräumen lässt. Ein Verstoß gegen § 138 kommt dabei umso eher in Betracht, je größer der Spielraum, dh je großzügiger der Maßstab, und je weitreichender der Gegenstand des Leistungsbestimmungsrechts ausfällt.

80 bb) **Einseitiges Rechtsgeschäft**. Ein einseitiges Leistungsbestimmungsrecht kann auch durch einseitiges Rechtsgeschäft begründet werden[149]. Überlässt der Erblasser bei einem Zweckvermächtnis nach § 2156 S 1 die Bestimmung der Leistung dem Beschwerten, kommt diesem ein Parteileistungsbestimmungsrecht zu. § 2156 erklärt die §§ 315 ff für anwendbar. Begründet wurde dieses Parteileistungsbestimmungsrecht durch einseitiges Rechtsgeschäft des Erblassers. Im Falle des

---

140 BGHZ 82, 21, 25 = NJW 1982, 331; NJW 1985, 855, 856; NJW 2008, 360, 361 (Rz 12); BGHZ 180, 257, 266 f (Rz 25) = NJW 2009, 2051; NJW 2012, 2187, 2188 (Rz 31 ff); KG MMR 2020, 480, 482 (Rz 53).
141 BGHZ 164, 11, 16 f = NJW-RR 2005, 1496; NJW 2008, 360, 361 (Rz 11); BGHZ 179, 186, 191 (Rz 14) = NJW 2009, 578; Frankfurt aM BKR 2011, 154, 158; KG MMR 2020, 480, 482 (Rz 50).
142 BGHZ 136, 394, 402 = NJW 1998, 454; NJW 2007, 1054, 1056 (Rz 27); NJW 2008, 360, 361 (Rz 13); ZNER 2010, 65, 66; NJW 2017, 325, 327 (Rz 22 f); KG MMR 2020, 480, 482 (Rz 56 ff); dazu auch BGH NJW 1982, 331, 332.
143 BGHZ 90, 69, 72 f = NJW 1984, 1177; 185, 166, 173 (Rz 19) = NJW 2010, 1742; NJW-RR 2011, 625, 626 (Rz 14); BGHZ 192, 372, 376 f (Rz 20) = NJW 2012, 1865; NJW 2022, 311, 314 (Rz 41).
144 BGHZ 143, 103, 120 = NJW 2000, 1110; 151, 229, 234 = NJW 2002, 3098; 191, 150, 156 f (Rz 17) = NJW 2012, 222; MünchKomm[8]/Basedow § 306 Rz 31 ff; Soergel[13]/Fritzsche § 306 Rz 20.
145 Siehe die Nachw in Fn 143. Vgl allgemein Soergel[13]/Fritzsche § 306 Rz 20.
146 BGHZ 185, 166, 172 (Rz 18) = NJW 2010, 1742.
147 Soergel[12]/M Wolf § 315 Rz 18.
148 BAG NJW 1985, 2151 (Leitsatz).
149 Gernhuber, Das Schuldverhältnis, 1989, S 277 (§ 12 I 1); Soergel[12]/M Wolf § 315 Rz 15.

§ 661 Abs 2 S 2 erlaubt das Gesetz sogar, dass der Auslobende sich selbst zur Entscheidung ermächtigt. Dazu noch § 317 Rz 144. § 2048 S 2 betrifft ebenso wie Var 2 des § 2156 S 1 ein Drittleistungsbestimmungsrecht (dazu § 317 Rz 3).

cc) **Tarifvertrag und Mitgliedschaftsverhältnisse.** Ein einseitiges Leistungsbestimmungsrecht kann schließlich in Tarifverträgen und Mitgliedschaftsverhältnissen vereinbart werden[150]. Sog Vereinsverwaltungsakte, die dem Verein einseitige Regelungen, etwa eine Beitragserhöhung oder eine Vereinsstrafe, aufgrund einer Ermächtigung in der Satzung erlauben, stellen Parteileistungsbestimmungsrechte dar[151]. Zu Parteileistungsbestimmungsrechten im Gesellschaftsvertrag siehe noch Rz 282. 81

dd) **Gesetz.** Ein Parteileistungsbestimmungsrecht kann auch gesetzlich begründet werden[152]. Beispiele finden sich in BetrAVG § 16 Abs 1, GOÄ § 5 Abs 2, RVG § 14 Abs 1 S 1, ArbnErfG § 12 Abs 3, VVG § 164 und DMBilG § 32 über die Festsetzung und Anpassung von Leistungen in Deutscher Mark[153]. Zu diesen und weiteren Parteileistungsbestimmungsrechten näher Rz 235 ff. Das gesetzliche Parteileistungsbestimmungsrecht muss wenigstens der Billigkeitskontrolle nach § 315 Abs 3 S 1 unterliegen[154]. Soweit sich dem Gesetz (durch Auslegung) kein Maßstab für die Ausübung des Parteileistungsbestimmungsrechts entnehmen lässt, findet § 315 Abs 1 Anwendung[155]. Strengere Maßstäbe sind ebenso wie Konkretisierungen der durch billiges Ermessen erforderlichen Abwägungsentscheidung (so die Rechtsprechung zum EnWG, siehe Rz 255) möglich. 82

b) **Ermächtigung eines Vertragschließenden.** Das Gesetz erkennt sowohl die Leistungsbestimmungsberechtigung **einer Vertragspartei** (§ 315) oder eines **Dritten** (§ 317) an. Es muss durch Auslegung bestimmt werden, wer zur Leistungsbestimmung ermächtigt wird. Zur erforderlichen Bestimmtheit der Begründung eines Leistungsbestimmungsrechts gehört die Bestimmung des Berechtigten (Rz 7, 63). Lässt sich durch Vertragsauslegung nicht klären, welche Vertragspartei zur Leistungsbestimmung berechtigt ist, ist das Parteileistungsbestimmungsrecht unwirksam und mit ihm mangels Bestimmtheit der gesamte Vertrag, es sei denn die Leistung kann durch Auslegung bestimmt werden und ist daher bereits (unerkannt) vertraglich bestimmt. Dieselbe Person kann in verschiedenen Rechtsverhältnissen einmal als Partei die Leistung nach § 315 Abs 1, einmal als Dritter gem § 317 Abs 1 bestimmen[156]. 83

Die Parteien können auch sich selbst gemeinsam, dh **beide Vertragsparteien**, zur Leistungsbestimmung berechtigen. Dies erscheint zunächst merkwürdig, hat im Vergleich zur Neuverhandlungspflicht aber den Vorteil, dass das Gericht ersatzweise die Leistung anhand der im Vertrag zwingend vorgegebenen Maßstäbe (Rz 7, 63) analog § 315 Abs 3 S 2 bestimmen kann (Rz 53). 84

Denkbar ist schließlich auch, dass bei mehrseitigen Verträgen **mehrere Vertragsparteien** zur Leistungsbestimmung berechtigt werden. In diesen Fällen erfordert die vertragliche Bestimmtheit eine vertragliche Vorgabe zum Willensbildungsprozess unter den Berechtigten (siehe auch Rz 117). Dies ist durch Auslegung zu ermitteln. Regelmäßig ist davon auszugehen, dass die Berechtigten einstimmig entscheiden müssen. Dies entspricht auch der Auslegungsregel des § 317 Abs 2 für das Drittleistungsbestimmungsrecht (dazu § 317 Rz 88 ff). 85

Die Auslegungsregel des § 315 Abs 1 umfasst anders als die des § 316 (§ 316 Rz 19) keine Regelung zur Person des Berechtigten[157]. Sowohl die Begründung des Parteileistungsbestimmungsrechts als auch die Bestimmung des Berechtigten müssen durch vertragliche Einigung der Parteien erfolgen und durch Auslegung erkannt werden. Die Auslegungsregel des § 316 bleibt auf die Gegenleistung (dazu § 316 Rz 11) beschränkt. 86

Ist beim **Vertrag zugunsten Dritter** der Drittbegünstigte zur Leistungsbestimmung berechtigt, kommen wertungsmäßig die Regeln zum Parteileistungsbestimmungsrecht zur Anwendung, auch wenn der Drittbegünstigte keine Vertragspartei ist (näher § 317 Rz 72). 87

4. **Gegenstand.** Den Gegenstand des Leistungsbestimmungsrechts legen die Parteien vertraglich fest. Er ist durch Auslegung zu ermitteln. Die Auslegungsregel des § 315 Abs 1 bezieht sich 88

---

150 BAG NZA 2019, 1367, 1370 (Rz 27); NJW 2021, 1772, 1773 (Rz 38); Soergel[12]/M Wolf § 315 Rz 9.
151 MünchKomm[8]/Würdinger § 315 Rz 28.
152 BGHZ 126, 109, 120 = NJW 1995, 386; 172, 315, 319 (Rz 14) = NJW 2007, 2540; ZIP 2016, 1877, 1878 (Rz 23); BAGE 123, 319, 321 (Rz 11) = NJOZ 2010, 172; 129, 292, 295 f (Rz 10) = NZA 2010, 95; NZA 2010, 568, 570 f (Rz 33); Büdenbender AcP 210 (2010), 611, 628; Staud[Nb 2020]/Rieble § 315 Rz 330.
153 Siehe hierzu BGHZ 122, 32 = NJW 1993, 1387; BeckOGK[01.09.2021]/Netzer § 315 Rz 37; MünchKomm[8]/Würdinger § 315 Rz 8.
154 BGHZ 126, 109, 120 = NJW 1995, 386; 172, 315, 320 (Rz 16) = NJW 2007, 2540; BAG NZA 2010, 568, 570 f (Rz 33); Staud[Nb 2020]/Rieble § 315 Rz 330.
155 BSG BeckRS 2001, 30416846; BAG NZA 2010, 568, 570 f (Rz 33); Erman[16]/Hager § 315 Rz 10.
156 BAG NJW 1980, 470, 471.
157 RGRK[12]/Ballhaus § 315 Rz 1.

§ 315 89–93 Abschnitt 3 Schuldverhältnisse aus Verträgen

auf ein Parteileistungsbestimmungsrecht für „die Leistung". Das Institut des Parteileistungsbestimmungsrechts ist freilich nicht auf den Anwendungsbereich der Auslegungsregel beschränkt (vgl Rz 24).

89 a) **Leistung.** Der Begriff der Leistung iSd § 315 Abs 1 nimmt Bezug auf § 241 Abs 1[158]. Die Parteien können damit **jede vertraglich begründete Pflicht** zum Gegenstand eines Leistungsbestimmungsrechts machen. Das Leistungsbestimmungsrecht konkretisiert die vertraglich vereinbarte Pflicht.

90 Zunächst können die Parteien Art, Inhalt und Umfang von **Haupt- und Gegenleistung** dem Bestimmungsrecht einer Vertragspartei überlassen[159]. Die Leistungen können den essentialia negotii zuzurechnen sein, aber auch darüber hinausgehen. Ferner können die Parteien **Nebenleistungen** zum Gegenstand des Parteileistungsbestimmungsrechts machen[160]. Gegenstand des Parteileistungsbestimmungsrechts können schließlich auch **sekundäre Leistungen** sein, die an die Verletzung von Primärpflichten anknüpfen[161]. Beispielhaft seien Vertragsstrafen[162] genannt. Die Parteileistungsbestimmung kann schließlich auch zur Benennung eines leistungsbestimmungsberechtigten Dritten berechtigen (§ 317 Rz 60).

91 Parteileistungsänderungsrechte können sich auch auf **Gegenstände erstrecken, die ursprünglich als AGB in den Vertrag eingeführt wurden**. Es bestehen keine Besonderheiten. Die AGB werden, wenn sie den §§ 305 ff standhalten, zu „gewöhnlichen" und gleichwertigen Vertragsbestandteilen. Bei den §§ 305 ff und ihrem Schutzzweck geht es um die Kontrolle, ob die AGB wirksamer Bestandteil des Vertrags werden (vgl § 306 Abs 1). Dieses Schutzbedürfnis bei AGB folgt daraus, dass sie formal durch das Vertragsprinzip legitimiert sind (vgl § 305 Abs 2), aber einseitig gestellt wurden. Dieser Schutzzweck ist bei einer nachträglichen, einseitigen Änderung kraft Parteileistungsbestimmungsrechts nicht berührt. Es ist allein zu prüfen, ob das Parteileistungsbestimmungsrecht wirksam vereinbart wurde (Rz 62 ff). Insbesondere, wenn das Parteileistungsbestimmungsrecht selbst in den AGB enthalten ist, gelten die strengen Voraussetzungen der §§ 305 ff. Die §§ 307 ff greifen indes als Inhaltskontrolle der Ausübung des Leistungsbestimmungsrechts grundsätzlich nicht[163], weil die Parteileistungsbestimmung zwar eine ursprüngliche AGB ersetzt, selbst aber nicht wie diese formal durch das Vertragsprinzip legitimiert ist, sodass der Schutzzweck der §§ 305 ff nicht Platz greift. Der Schutz der unterworfenen Vertragspartei vollzieht sich nach den allgemeinen Regeln zum Parteileistungsbestimmungsrecht, nämlich bei der Wirksamkeitskontrolle der Unterwerfungserklärung bzw spiegelbildlich der Begründung des Parteileistungsbestimmungsrechts sowie der Ausübungskontrolle. Anders ist das freilich nur, wenn die Parteileistungsbestimmung in einer Vielzahl von Verträgen zur Anwendung kommt bzw kommen soll. Dies ist etwa nach VVG §§ 164 Abs 1, 176, 204 Abs 4 der Fall (dazu siehe noch Rz 288). Die Leistungsbestimmung selbst unterliegt in diesem Fall der Inhaltskontrolle nach §§ 305 ff. Selbstverständlich können die Parteien vertraglich oder das Gesetz, welches das Parteileistungsbestimmungsrecht verleiht, das Leistungsrecht auch in anderen Fällen auf das nach §§ 307 ff Zulässige beschränken, so dass die Leistungsbestimmung auch insoweit der AGB-Inhaltskontrolle unterliegt.

92 Die Leistung als Gegenstand des Parteileistungsbestimmungsrechts bezieht sich typischerweise auf den **Vertrag oder das Rechtsverhältnis**, in dem das Leistungsbestimmungsrecht begründet wurde. Es kann aber auch als **nachvertragliches Leistungsbestimmungsrecht** auf ein Rückgewährschuldverhältnis bezogen sein[164]. Gleichermaßen kann ein einseitiges Leistungsbestimmungsrecht auch bereits in einem **Vorvertrag** vereinbart werden. Auf Vorverträge finden die §§ 315 ff ebenso Anwendung[165]. Für eine solche atypische Vertragsgestaltung bedarf es hinreichender Ansatzpunkte im Rahmen der Auslegung.

93 Nicht dem Parteileistungsbestimmungsrecht überlassen werden darf das **„Ob" der Leistung**. In diesem Fall mangelt es am Rechtsbindungswillen, sodass kein wirksamer Vertrag über die

---

158 Staud[Nb 2020]/Rieble § 315 Rz 146, 153 f.
159 Soergel[12]/M Wolf § 315 Rz 13.
160 BGH NJW 1986, 845; NJW 2008, 1661, 1662 (Rz 21) (Zuweisung eines Kellerabteils); BAGE 147, 128, 131 (Rz 17) = NJW 2014, 2379; Erman[16]/Hager § 315 Rz 11; Staud[Nb 2020]/Rieble § 315 Rz 147.
161 JurisPK[9]/Völzmann-Stickelbrock § 315 Rz 9; Soergel[12]/M Wolf § 315 Rz 13.
162 BGH NJW 1985, 191, 192; NJW-RR 1990, 1390, 1391; NJW 1994, 45, 46; BAG NJW 1980, 470, 471; jurisPK[9]/Völzmann-Stickelbrock § 315 Rz 59; MünchKomm[8]/Würdinger § 315 Rz 27.

163 So aber Staud[Nb 2020]/Rieble § 315 Rz 183; 387 ff.
164 JurisPK[9]/Völzmann-Stickelbrock § 315 Rz 10; Soergel[12]/M Wolf § 315 Rz 8; aA Köln NJW-RR 1987, 1451, 1452. Dieser Fall hätte über die AGB-Inhaltskontrolle gelöst werden können (dazu Rz 67 ff). Ein nachvertragliches Leistungsbestimmungsrecht bedarf danach der umso erhöhten Rechtfertigung.
165 Vgl RGZ 66, 116, 121; Gruchot 56 (1912), 917, 918; BeckOGK[01.09.2021]/Netzer § 315 Rz 10 f; Soergel[12]/M Wolf § 315 Rz 8.

Leistung zustande kommt (Rz 12 ff). Es besteht lediglich eine (pflichtwidrige) Loslösungsmöglichkeit bei freiem Belieben (Rz 16). Ebenfalls können **Schutzpflichten nach § 241 Abs 2** nicht zum Gegenstand eines Leistungsbestimmungsrechts gemacht werden[166]. Rücksichtnahmepflichten können nur zum Gegenstand eines einseitigen Leistungsbestimmungsrechts werden, wenn sie vertraglich vereinbart werden. Sie sind dann als Nebenleistungspflichten zu qualifizieren. Schutzpflichten konkretisieren sich hingegen situationsbezogen, ausgerichtet an der Integrität der Vertragspartei als Bezugspunkt. Deutlich wird dies, wenn man die Pflichten nach § 241 Abs 2 als nichtvertraglicher oder gar gesetzlicher Natur qualifiziert[167].

b) **(Untergeordnete) Leistungsmodalitäten**. Auch Leistungsmodalitäten, selbst untergeordnete Leistungsmodalitäten, können die Parteien zum Gegenstand eines Leistungsbestimmungsrechts machen. Als solche kommen etwa Zeit[168] und Ort[169] der Leistung, Transportmittel[170], die Art der Verpackung[171] oder der Leistungsempfänger[172] in Betracht. Eine andere, davon zu unterscheidende Frage ist, ob die Auslegungsregeln der §§ 315 Abs 1, 316 auf diese (untergeordneten) Leistungsmodalitäten Anwendung finden. Dies wird mitunter[173] verneint. Diese seien nicht einseitig nach billigem Ermessen zu bestimmen, sondern obliegen dem freien Belieben des Schuldners. Die Frage beantwortet sich indes differenzierter und nach der gesetzlichen Systematik zwischen dispositivem Recht, das verschiedentlich Regelungen über die Risikoverteilung unter den Parteien enthält, den Auslegungsregeln der §§ 315 Abs 1, 316, 317 Abs 1 und dem vorrangigen Parteiwillen (dazu bereits Rz 44). Ein wirksam (Rz 62 ff) vereinbartes Parteileistungsbestimmungsrecht – auch über (untergeordnete) Leistungsmodalitäten – geht in jedem Fall vor. Steht der Parteiwille auch nur einer Vertragspartei einer Auslegungsregel entgegen – wie es bei (untergeordneten) Leistungsmodalitäten va in Person des Schuldners häufig der Fall sein wird –, kommt diese nicht zur Anwendung. Es findet vielmehr das dispositive Recht Anwendung, das dem Schuldner weitergehende Freiheit einräumt.

c) **Tatsachenfeststellung und Subsumtion**. Für die Leistungsbestimmung durch einen Dritten (§§ 317 ff) ist anerkannt, dass der Dritte zur Feststellung von Tatsachen und deren Subsumtion unter den Vertrag oder das Gesetz in einem **Schiedsgutachten** ermächtigt werden kann (§ 317 Rz 126 ff). Die Parteien können aber **auch einer Vertragspartei** die Tatsachenfeststellung im Wege des einseitigen Leistungsbestimmungsrechts zuweisen[174]. Da die Leistungsbestimmung an die Stelle einer vertraglichen Regelung tritt, kann zur Begründung auf die Hilfsüberlegung zurückgegriffen werden, ob die Parteien vertraglich gemeinsam streitige Tatsachen feststellen und sich nach einer gemeinsamen Subsumtion behandeln können. Dies erlauben Vergleich (§ 779) und kausales (auch: deklaratorisches) Schuldanerkenntnis. Eine solche Befugnis wird mit dem einseitigen Leistungsbestimmungsrecht schlicht auf eine der Parteien delegiert. Durch Auslegung ist auch zu ermitteln, ob eine **gerichtliche Kontrolle** eröffnet ist und anhand welchen Kontrollmaßstabs sie erfolgen soll. In Parallele zu Schiedsgutachten eines Dritten, die gem § 319 Abs 1 (analog) nach allgemeiner Ansicht auf „offenbare Unrichtigkeit" überprüft werden, enthält die Billigkeitskontrolle nach § 315 Abs 3 S 1 bei der Kontrolle von Tatsachenfeststellungen und Subsumtionen eine Überprüfung auf **„Unrichtigkeit"** (vgl die Argumentation bei § 319 Rz 29). Die leistungsbestimmungsberechtigte Vertragspartei könnte danach einen Marktwert einer Sache oder einen Sachmangel verbindlich feststellen. Auch das „Vertragsparteischiedsgutachten" vollzieht sich in einem materiell-rechtlichen Feststellungsvertrag, dem die Vertragsparteien Vorrang vor dem Hauptvertrag einräumen (vgl § 317 Rz 145 ff).

d) **Voraussetzungen der Leistungsbestimmungsermächtigung?** Bei einem vertraglichen Parteileistungsbestimmungsrecht ist die Entscheidung über die Voraussetzungen, Ausübungsvorgaben und den Gegenstand des Leistungsbestimmungsrechts grundsätzlich beiden Parteien gemeinsam zugewiesen. Über die Voraussetzungen seiner eigenen Berechtigung darf der Berechtigte grundsätzlich nicht einseitig bestimmen. Auch die Auslegungsregel des § 315 Abs 1 greift insoweit nicht. Die Leistungsbestimmung nach billigem Ermessen erfasst grundsätzlich nicht die

---

166 IE ebenso Staud[Nb 2020]/Rieble § 315 Rz 153 f.
167 Zum Meinungsstreit siehe etwa Staud[Nb 2019]/Olzen § 241 Rz 393 ff.
168 BGH NJW 1983, 2934, 2935; NJW 2005, 1772; NJW 2006, 3271, 3271 (Rz 7); ZIP 2016, 1877, 1878 (Rz 23); vgl auch RGZ 64, 114, 116; BGH NJW-RR 1991, 822.
169 BGHZ 213, 302, 312 f (Rz 25 ff) = NJW 2017, 1301.
170 Düsseldorf NJW-RR 1993, 1061; Erman[16]/Hager § 315 Rz 11; MünchKomm[8]/Würdinger § 315 Rz 24.
171 Erman[16]/Hager § 315 Rz 11; MünchKomm[8]/Wür-

dinger § 315 Rz 24. Allgemein für „Nebenpunkt des Vertrages" BGH NJW 1986, 845.
172 Vgl auch Grüneberg[81]/Grüneberg § 315 Rz 2.
173 Für untergeordnete Leistungsmodalitäten Larenz, SchuldR AT[14], 1987, S 81 f (§ 6 II a); MünchKomm[8]/Würdinger § 315 Rz 26. Für Anwendbarkeit NomosKommentar, BGB[4]/Ring/F Wagner § 315 Rz 1; jurisPK[9]/Völzmann-Stickelbrock § 315 Rz 9. Ähnlich wie hier Staud[Nb 2020]/Rieble § 315 Rz 150 f.
174 Grüneberg[81]/Grüneberg § 315 Rz 2; Staud[Nb 2020]/Rieble § 315 Rz 139 f.

Feststellung von dessen Voraussetzungen[175]. Unterliegen die Voraussetzungen des Leistungsbestimmungsrechts der Disposition beider Parteien, sind sie auch vollständig gerichtlich überprüfbar. Ihre Ermittlung ist Sache der (gerichtlichen) Vertragsauslegung[176]. Die eingeschränkte Kontrolldichte nach § 315 Abs 3 S 1 findet keine Anwendung. Darf der Leistungsbestimmungsberechtigte etwa „bei einer wesentlichen Änderung des Marktumfelds" die im Vertrag vereinbarte „Miete" nach billigem Ermessen anpassen, sind im Ausgangspunkt (siehe aber sogleich Rz 97) sowohl die Voraussetzungen der wesentlichen Änderung des Marktumfelds als auch der Gegenstand der Miete vollumfänglich gerichtlich überprüfbar. Das Ermessen des Leistungsbestimmungsberechtigten bezieht sich nur auf das „Wie" der Anpassung. Gleiches gilt, wenn unter bestimmten Voraussetzungen eine der Höhe nach zu bestimmende Leistung gewährt werden „kann". Bei der Prüfung der ermessenseröffnenden Voraussetzungen besteht für den Leistungsbestimmungsberechtigten grundsätzlich kein Spielraum[177].

97 Allerdings können die Vertragsparteien die leistungsbestimmungsberechtigte Vertragspartei auch zur Feststellung der Voraussetzungen ihres Parteileistungsbestimmungsrechts ermächtigen[178]. Gegenstand eines Leistungsbestimmungsrechts können auch Subsumtionen unter vertragliche oder gesetzliche Regelungen sein (Rz 95). Die leistungsberechtigte Partei kann daher zusätzlich dazu ermächtigt werden, im obigen Beispiel die wesentliche Änderung des Marktumfelds selbst festzustellen und sodann ihr Parteileistungsbestimmungsrecht auszuüben. Für eine solche zusätzliche Ermächtigung bedarf es nach allgemeinen Regeln einer vertraglichen Vereinbarung. Eine solche muss sich durch (ergänzende) Vertragsauslegung ergeben. Sie liegt nach der Rechtsprechung im gewählten Beispiel sogar nahe, da sich Voraussetzung (Änderung der Verhältnisse) und Gegenstand des Leistungsbestimmungsrechts (Reaktion darauf durch Leistungsanpassung) teilweise decken[179]. Die Vertragsparteien übertragen damit auch die Entscheidung über den Zeitpunkt und bei Leistungsänderungsrechten über das „Ob" einer Leistungsanpassung anhand des vereinbarten Maßstabs. Eine Auslegungsregel zugunsten einer solchen Feststellungsbefugnis existiert hingegen nicht.

98 5. **Ausübung.** Das einseitige Leistungsbestimmungsrecht wird als Gestaltungsrecht durch einseitige, empfangsbedürftige Willenserklärung ausgeübt, vgl § 315 Abs 2[180].

99 a) **Zeitpunkt.** Das einseitige Leistungsbestimmungsrecht wird **nach Vertragsschluss** ausgeübt. Dies gilt unabhängig davon, ob es eine Erstbestimmung oder eine Leistungsänderung vornimmt. Einseitige Vorstöße zur Konkretisierung der Leistung vor Vertragsschluss können allenfalls als Angebot zum Abschluss eines entsprechenden Vertrags verstanden werden. Die Vertragsparteien können dem Berechtigten zudem vertraglich – ggf nach Auslegung – vorgeben, wann dieser die Bestimmung über die Leistung vorzunehmen hat. Eine **Befristung** des Bestimmungsrechts ist möglich[181]. Ebenfalls können **Bedingungen und Voraussetzungen** formuliert werden, bei deren Vorliegen die Leistungsbestimmung zu erfolgen hat. Beispielhaft können gewisse Markt- oder Wirtschaftsdaten genannt werden (vgl zu deren Feststellungskompetenz Rz 96 f). Der Zeitpunkt der Leistungsbestimmungsrechtsausübung kann aber auch in das **Ermessen oder freie Belieben** des Berechtigten gestellt werden. Zu den Rückwirkungen auf die Verzögerung siehe Rz 197, auf die Leistungsbestimmungspflicht Rz 121.

100 Das Parteileistungsbestimmungsrecht **unterliegt nicht der Verjährung**[182]. Es ist als Gestaltungsrecht kein „Anspruch" iSd § 194 Abs 1[183]. Zur Verjährung des (nicht) konkretisierten Leistungsanspruchs Rz 167, 172. Das (fakultative, siehe Rz 120) nachträgliche Parteileistungsänderungsrecht kann aber **verwirkt** werden (zur Verwirkung der Unverbindlichkeitseinwendung siehe Rz 162). Die Verzögerung der Leistungsbestimmung ist in § 315 Abs 3 S 2 Hs 2 geregelt (dazu Rz 197). Der Leistungsbestimmungsrechtsunterworfene kann die Ersatzleistungsbestimmung durch das Gericht herbeiführen.

101 Eine **Ankündigungsfrist** bei nachträglicher Leistungsänderungsbestimmung (im Dauerschuldverhältnis) zum Schutz des Leistungsbestimmungsrechtsunterworfenen vor einer plötzlichen Vertragsänderung kann vertraglich vereinbart werden, ist aber nicht allgemein zu beach-

---

175 Soergel[12]/M Wolf § 315 Rz 36.
176 Zum Schiedsgutachten BGH NJW 1982, 1878, 1879.
177 BAG BB 1982, 1731, 1732.
178 Vgl zum Schiedsgutachten BGHZ 48, 25, 29 f = NJW 1967, 1804; NJW 1975, 1556 f.
179 In diesem Sinne BGHZ 48, 25, 30 f = NJW 1967, 1804; WM 1975, 772, 773 (insoweit nicht in NJW 1975, 1557).
180 Siehe die Nachw in Fn 186, 39.

181 Vgl jurisPK[9]/Völzmann-Stickelbrock § 315 Rz 69.
182 Wie hier Staud[Nb 2020]/Rieble § 315 Rz 493; aA BeckOGK[01.11.2020]/Netzer § 315 Rz 96.
183 Dazu, dass Gestaltungsrechte nicht der Verjährung unterliegen, siehe BGH NJW 2015, 1023, 1025 (Rz 34); NJW 2018, 225, 226 (Rz 18); Stuttgart NZG 2007, 239, 240; MünchKomm[9]/Grothe § 194 Rz 4; BeckOK[61. Ed]/Henrich, § 194 Rz 17; Soergel[13]/Niedenführ § 194 Rz 18.

ten[184]. Sie kann spezialgesetzlich vorgeschrieben sein, zB in TzBfG § 12 Abs 3, GasGVV § 5 Abs 2 oder StromGVV § 5 Abs 2. Im Übrigen unterliegt die **Umsetzungsfrist**, dh der Eintritt der Änderung, dem vereinbarten Maßstab einschließlich einer etwaigen gerichtlichen Kontrolle und muss gem § 315 Abs 1 im Zweifel nach billigem Ermessen gewählt werden[185]. Dies dient dem Schutz der unterworfenen Partei hinreichend.

b) **Form (§ 315 Abs 2)**. Die Leistungsbestimmung erfolgt nach § 315 Abs 2 durch **einseitige, empfangsbedürftige Willenserklärung**[186]. Sie wird mit **Zugang** (§ 130) beim anderen Vertragspartner wirksam. Die Leistungsbestimmung wirkt lediglich gestaltend durch Leistungskonkretisierung und nicht schuldbegründend, sodass sie nicht der Form bedarf, die für die Begründung des Schuldverhältnisses verlangt wird[187]. Zur etwaigen Formbedürftigkeit der vertraglichen Einräumung des Leistungsbestimmungsrechts oben Rz 23. Die einseitige Leistungsbestimmung ist damit, auch bei formbedürftigen Rechtsgeschäften, **formfrei**[188]. Sie ist mithin auch konkludent möglich[189]. Die Parteien können gleichwohl vertraglich einen Formzwang für die Ausübung des Leistungsbestimmungsrechts vereinbaren[190]. In Formularverträgen ist allerdings § 309 Nr 13 zu beachten. Gleichfalls können die Vertragsparteien das Zugangserfordernis **abbedingen** und etwa eine Leistungsbestimmung durch testamentarische Anordnung[191] oder rein interne Ausübung[192] individualvertraglich vereinbaren. Eine solche Regelung in den AGB zugunsten des Verwenders ist gem § 307 Abs 1 S 1 hingegen unzulässig[193]. 102

c) **Allgemeine Vorschriften über Willenserklärungen**. Das einseitige Leistungsbestimmungsrecht unterliegt des Weiteren den allgemeinen Vorschriften über Willenserklärungen[194]. 103

aa) **Geschäftsfähigkeit**. Zunächst muss der Leistungsbestimmungsberechtigte geschäftsfähig sein. Ein **beschränkt geschäftsfähiger Leistungsbestimmungsberechtigter** – gleich ob Gläubiger oder Schuldner – bedarf nicht der Einwilligung des gesetzlichen Vertreters nach §§ 107, 111, weil es sich um ein rechtlich neutrales Geschäft handelt[195]. Das „Ob" der Leistungspflicht, die Leistung dem Grunde nach, wurde ebenso wie das Leistungsbestimmungsrecht bereits im (ggf zustimmungsbedürftigen) Vertrag begründet. Die Leistungsbestimmung konkretisiert lediglich den Leistungsinhalt nach einem Maßstab und ggf in einem Rahmen, die ebenfalls im Vertrag festgelegt sind. Durch die Ausübung des Leistungsbestimmungsrechts wird also keine Schuld begründet oder aufgehoben, diese wird lediglich anhand der vertraglichen Vorgaben konkretisiert. In einer nachteiligen Leistungsbestimmung des beschränkt Geschäftsfähigen liegt allenfalls allein ein wirtschaftlicher, kein rechtlicher Nachteil. Auch der Verlust des Leistungsbestimmungsrechts durch dessen Ausübung begründet keinen solchen rechtlichen Nachteil[196]. 104

bb) **Bestimmtheit und Auslegung**. Während nach den §§ 315 ff unter den Parteien zur (vertraglichen) Schuldbegründung noch die bloße Bestimmbarkeit des Leistungsinhalts ausreichend ist, muss die Ausübung des Leistungsbestimmungsrechts zu einem **bestimmten Leistungsinhalt** führen und so die üblicherweise bereits zwischen den Parteien erforderliche Bestimmtheit der Leistung nachholen. Eine Leistungsbestimmung verlangt damit die Festlegung auf einen bestimmten Leistungsinhalt, der zum Vertragsinhalt werden kann. Daher muss die Gestaltungserklärung bestimmt sein und den Leistungsinhalt genau angeben[197]. Die Gestaltungserklärung unterliegt der **Auslegung nach §§ 133, 157**. 105

---

184 Vgl Staud[Nb 2020]/Rieble § 315 Rz 383 ff.
185 Vgl BAGE 113, 140, 149 = NJW 2005, 1820; NJW 2007, 536, 539 (Rz 37); NJW 2012, 1756, 157 f (Rz 18); Staud[Nb 2020]/Rieble § 315 Rz 384.
186 Grüneberg[81]/Grüneberg § 315 Rz 11; BeckOGK[01.-09.2021]/Netzer § 315 Rz 65; NomosKommentar, BGB[4]/Ring/F Wagner § 315 Rz 10; jurisPK[9]/Völzmann-Stickelbrock § 315 Rz 63; Soergel[12]/M Wolf § 315 Rz 33.
187 Gernhuber, Das Schuldverhältnis, 1989, S 277 f (§ 12 I 1); Soergel[12]/M Wolf § 315 Rz 33.
188 RGZ 165, 161, 163 f; BGH NJW 1969, 131, 132; NJW 1984, 612, 613; NJW-RR 1988, 970, 971; NJW 2008, 1661, 1662 (Rz 21); Grüneberg[81]/Grüneberg § 315 Rz 11; BeckOGK[01.09.2021]/Netzer § 315 Rz 66; Staud[Nb 2020]/Rieble § 315 Rz 371.
189 Grüneberg[81]/Grüneberg § 315 Rz 11; Erman[16]/Hager § 315 Rz 14; jurisPK[9]/Völzmann-Stickelbrock § 315 Rz 68; Soergel[12]/M Wolf § 315 Rz 33; MünchKomm[8]/Würdinger § 315 Rz 35.
190 Grüneberg[81]/Grüneberg § 315 Rz 11; Staud[Nb 2020]/Rieble § 315 Rz 371; MünchKomm[8]/Würdinger § 315 Rz 35.
191 BGH NJW-RR 1986, 164, 165; Erman[16]/Hager § 315 Rz 14; Soergel[12]/M Wolf § 315 Rz 34; MünchKomm[8]/Würdinger § 315 Rz 35.
192 BAGE 92, 358, 385 = NZA 2001, 221; NJOZ 2005, 4868, 4874; München DB 1984, 919; Saarbrücken NJW 1988, 3210, 3211; BeckOK[61. Ed]/Gehrlein § 315 Rz 13; Erman[16]/Hager § 315 Rz 14; MünchKomm[8]/Würdinger § 315 Rz 35.
193 Vgl Saarbrücken NJW 1988, 3210, 3211; BeckOK[56. Ed]/Gehrlein § 315 Rz 13; MünchKomm[8]/Würdinger § 315 Rz 35.
194 Mot II S 192; Erman[16]/Hager § 315 Rz 14; BeckOGK[01.09.2021]/Netzer § 315 Rz 65; jurisPK[9]/Völzmann-Stickelbrock § 315 Rz 63; MünchKomm[8]/Würdinger § 315 Rz 36.
195 AA für den leistungsbestimmungsberechtigten Schuldner Staud[Nb 2020]/Rieble § 315 Rz 368.
196 Staud[Nb 2020]/Rieble § 315 Rz 369; aA wohl HK[10]/Dörner, § 107 Rz 7.
197 BGH NJW 1974, 1464 f; Saarbrücken NJW 1988, 3210, 3211; Erman[16]/Hager § 315 Rz 14; Soergel[12]/M Wolf § 315 Rz 33; MünchKomm[8]/Würdinger § 315 Rz 35.

106 In der Leistungsbestimmung muss eine abschließende Regelung zum Ausdruck kommen[198]. Diese abschließende Regelung kann auch nur einen Teil der Leistung umfassen (sog **Teilleistungsbestimmung**)[199]. Auch eine Teilleistungsbestimmung ersetzt eine vertragliche Regelung und ist vollwertige Leistungsbestimmung. Ihr kann sich eine Schlussleistungsbestimmung anschließen, die keine Änderung der Teilleistungsbestimmungen, sondern lediglich die Vervollständigung der Leistungsbestimmung zum Gegenstand haben darf. Allerdings muss die Entscheidung für eine Teilleistungsbestimmung ihrerseits dem vereinbarten Maßstab entsprechen. Die Aufspaltung in Teilleistungsbestimmungen muss im Fall des § 315 Abs 1 also billigem Ermessen entspechen. Eine Leistungsbestimmung liegt hingegen noch nicht vor, wenn der Berechtigte sich lediglich **auf einzelne Abwägungsfaktoren festlegt**[200].

107 cc) **Stellvertretung**. Der Berechtigte kann sich bei der Ausübung seines Leistungsbestimmungsrechts vertreten lassen[201]. Insbesondere findet § **174** Anwendung. Bei **höchstpersönlichen Leistungsbestimmungsrechten**, die die Berechtigung an eine bestimmte Person knüpfen (Rz 32), ist eine Stellvertretung ausgeschlossen.

108 dd) **Unwiderruflichkeit und ausnahmsweise zulässige nachträgliche Korrekturen**. Ein Widerruf der Gestaltungserklärung ist nur vor Zugang möglich, § 130 Abs 1 S 2. Mit dem **Zugang** der Gestaltungserklärung beim Erklärungsempfänger ist das Leistungsbestimmungsrecht wie alle Gestaltungsrechte unwiderruflich[202]. Eine entsprechende Vorschrift im ersten Entwurf des BGB[203] wurde von der Zweiten Kommission als selbstverständlich gestrichen[204]. Die Unwiderruflichkeit dient dem Schutz des Leistungsbestimmungsrechtsunterworfenen, der sein Verhalten auf die nunmehr endgültig konkretisierte Leistung einrichten darf[205]. Der Widerruf als Korrektur der Ausübung eines Leistungsbestimmungsrechts ist zu unterscheiden von der zeitlich gestaffelten mehrfachen Ausübung eines fortbestehenden Leistungsbestimmungsrechts, das eine fortlaufende Anpassung der Leistung ermöglicht (Rz 28).

109 **Verändern sich die tatsächlichen oder rechtlichen Grundlagen**, kann der Leistungsbestimmungsberechtigte nach dem **Rechtsgedanken des § 313** seine Leistungsbestimmung an die veränderten Umstände anpassen, wenn bei einer gedachten vertraglichen Vereinbarung des einseitig bestimmten Leistungsinhalts die Voraussetzungen des § 313 vorliegen. Soweit möglich, vor allem in Dauerschuldverhältnissen, ist der Berechtigte zur Anpassung seiner Leistungsbestimmung mit Wirkung ex nunc berechtigt (vgl § 313 Abs 1). Anderenfalls kann der Leistungsbestimmungsberechtigte seine Bestimmung mit Wirkung ex tunc korrigieren. Dies nimmt Anleihe an die ausnahmsweise zulässige Lösung vom – ebenfalls grundsätzlich unwiderruflichen, beachte aber § 145 Hs 2 – Vertragsangebot nach § 145, um den Antragenden vor einer Änderung der Umstände zwischen Zugang des Angebots und möglicherweise bewusst verzögertem Zugang der Annahme zu schützen[206]. Mit dieser Auffassung lässt sich der Fall lösen, dass sich die Leistungsbestimmung in Form einer ergebnisabhängigen Vorstandstantieme auf einen Jahresabschluss der Gesellschaft stützt, der mit den Folgen der Finanzkrise abgeändert und neu festgestellt wird[207]. Da eine Anpassung für die Zukunft nicht möglich ist, darf der Berechtigte seine Leistungsbestimmung ausnahmsweise mit Wirkung ex tunc korrigieren. Ebenfalls lösbar sind die Fälle von Dauerschuldverhältnissen, in denen das BAG aus Billigkeitsgründen ausnahmsweise eine Korrektur des ausgeübten einseitigen Leistungsbestimmungsrechts erwägt, wenn sich durch Änderung der tat-

---

[198] BAG NJW 2012, 1830, 1831 (Rz 30); BAGE 139, 296, 303 f (Rz 30) = NJW 2012, 1833; Urt v 26.09.2012, 10 AZR 370/11, juris, Rz 53 sprechen von einer abschließenden Ermessensausübung hinsichtlich des Teils der Leistung.

[199] BGH NJW 1974, 1464 f; KG DB 1979, 1124; Grüneberg[81]/Grüneberg § 315 Rz 11; Erman[16]/Hager § 315 Rz 14; aA (nur bei vertraglicher Vereinbarung) Staud[Nb 2020]/Rieble § 315 Rz 382; offengelassen in BGH NJW-RR 2003, 1355, 1356; BAGE 139, 296, 303 f (Rz 30) = NJW 2012, 1833; NJW 2012, 1830, 1831 (Rz 30). Zum Schiedsgutachten Karlsruhe NZBau 2015, 775, 776 (Rz 14).

[200] BAGE 139, 296, 303 f (Rz 30) = NJW 2012, 1833; NJW 2012, 1830, 1831 (Rz 30); Urt v 26.09.2012, 10 AZR 370/11, juris, Rz 53 f; Staud[Nb 2020]/Rieble § 315 Rz 382.

[201] Staud[Nb 2020]/Rieble § 315 Rz 380.

[202] BGH NJW 2002, 1421, 1424; NJW 2013, 3102, 3102 (Rz 7); BAGE 139, 296, 306 (Rz 40) = NJW 2012, 1833; Grüneberg[81]/Grüneberg § 315 Rz 11; Erman[16]/Hager § 315 Rz 14; Staud[Nb 2020]/Rieble § 315 Rz 372; PWW[16]/M Stürner, § 315 Rz 1.

[203] § 353 Abs 2 BGB-E. Siehe Mot II S 192.

[204] Vgl Jakobs/Schubert, Die Beratung des Bürgerlichen Gesetzbuchs in systematischer Zusammenstellung der unveröffentlichten Quellen, 1978, S 430; siehe auch MünchKomm[8]/Würdinger § 315 Rz 36.

[205] BAGE 139, 296, 306 (Rz 40) = NJW 2012, 1833; Erman[16]/Hager § 315 Rz 14.

[206] Dazu etwa Bork, BGB AT[4], 2016, Rz 724; Soergel[13]/M Wolf § 145 Rz 13; weitergehend MünchKomm[9]/Busche § 145 Rz 25; ablehnend hingegen BeckOGK[01.05.2019]/Möslein, § 145 Rz 119.

[207] AA Düsseldorf NZG 2012, 20 ff, das zwischen einem ermessensausübenden Teil des Leistungsbestimmungsrechts und den zugrundeliegenden Berechnungsgrundlagen unterscheidet und einen Widerruf zulässt, da der ermessensausübende Teil nicht korrigiert werde, sondern allein die Berechnungsgrundlagen. Hilfsweise stützt sich das Gericht auf eine ergänzende Vertragsauslegung der Einräumung des Leistungsbestimmungsrechts, die eine Änderungsbefugnis ergebe (nur abgedruckt in BeckRS 2011, 26420).

sächlichen oder rechtlichen Voraussetzungen ursprünglich der Billigkeit entsprechende Leistungsbestimmungen nachträglich als unbillig und unbrauchbar erweisen[208]. Dabei handelt es sich um eine Änderung mit Wirkung ex nunc.

ee) **Anfechtung.** Die einseitige Willenserklärung, die die Leistungsbestimmung erklärt, unterliegt der Anfechtung nach §§ 119, 123[209]. Die Vorschrift des § 318 Abs 2 betrifft die Anfechtung einer Drittleistungsbestimmung durch eine Vertragspartei und damit eine Besonderheit, die die §§ 119 ff nicht erfassen und eine Sonderregelung (vgl etwa auch §§ 2078 ff) erst erforderlich macht. Für die Anfechtung der eigenen Parteileistungsbestimmung gelten die allgemeinen Vorschriften der §§ 119 ff[210]. Dies führt auch im Ergebnis zu angemesseneren Anfechtungs- (§ 124 anstatt unverzüglich) und Ausschlussfristen (§§ 121 Abs 2, 124 Abs 3 anstatt 30 Jahre). **110**

ff) **Bedingungen und Befristungen.** An einer strengen Bedingungs- und Befristungsfeindlichkeit der Leistungsbestimmung wird allgemein nicht mehr festgehalten. Verbreitet werden Bedingungen, deren Eintritt der Erklärungsempfänger selbst beeinflussen oder feststellen kann, für zulässig gehalten[211]. Dem ist zu folgen. Die Wirksamkeit von einseitigen Gestaltungserklärungen muss der Erklärungsempfänger grundsätzlich bei Zugang der Gestaltungserklärung beurteilen können, vgl §§ 111 S 2, 174, 182 Abs 3, 388 S 2. Eine schwebende Unwirksamkeit ist bei einseitigen Rechtsgeschäften ausgeschlossen, vgl § 182 Abs 3. Im Grundsatz sind Gestaltungserklärungen also bedingungs- und befristungsfeindlich. Dies dient dem Schutz des Erklärungsempfängers vor einem **unsicheren Schwebezustand**. Wo dieser nicht besteht, sind auch Bedingungen und Befristungen zulässig. Der Erklärungsempfänger sieht sich nur dann nicht dieser Unsicherheit ausgesetzt, wenn er den **Bedingungseintritt selbst herbeiführen kann,** und **wenn er im Zeitpunkt des Zugangs feststellen kann, ob die Bedingung eingetreten ist.** Möglich ist freilich auch eine vertragliche Gestattung von Bedingungen. **111**

Dasselbe gilt für **Befristungen,** deren Start- oder Endtermin zwar eintreten wird, bezüglich des Zeitpunkts aber ungewiss sind. In diesen Fällen besteht ein identisches Schutzbedürfnis vor einem unsicheren Schwebezustand. Bei Befristungen, deren Start- oder Endtermin gewiss sind, kann ein solcher Schwebezustand nicht entstehen. Gleichwohl enthalten solche Befristungen eine Bestimmung der leistungsbestimmungsberechtigten Vertragspartei über den Zeitpunkt der Herbeiführung der Wirkungen der Leistungsbestimmung, die ihr nach der Unterwerfungsvereinbarung nicht zukommen können und daher in diesem Fall unzulässig sind. Hinzukommt, dass solche Befristungen im Falle von Leistungserstbestimmungsrechten über den Bestand des Vertrags entscheiden. Solange die Leistung nicht bestimmt ist, ist der Vertrag nicht durchführbar bzw tritt dieser Zustand wieder mit einer auflösenden Befristung ein. **112**

d) **Keine Begründungspflicht.** Einigkeit herrscht, dass eine Begründung grundsätzlich **keine Wirksamkeitsvoraussetzung** der Gestaltungserklärung ist[212]. Die Gestaltungserklärung muss lediglich die bloße Bestimmbarkeit des Vertrags in Bestimmtheit wandeln und selbst hinreichend klar sein (Rz 105). Eine vorhandene Begründung kann zur Auslegung der Bestimmungserklärung herangezogen werden. Scheitert eine Auslegung der Gestaltungserklärung – ua mangels erklärender Begründung – ist die Leistungsbestimmung unwirksam, das Parteileistungsbestimmungsrecht aber nicht verbraucht und kann (erneut) ausgeübt werden. Daraus folgt aber keine Begründungspflicht. Sie kann aber vertraglich oder gesetzlich (zB § 560 Abs 4, HOAI § 8)[213] vorgeschrieben werden. **113**

Eine Begründungspflicht folgt auch nicht daraus, dass und soweit die Leistungsbestimmung der **gerichtlichen Kontrolle unterworfen** ist (§ 315 Abs 3 S 1). Zwar umfasst eine Ermessenskontrolle auch **Vorgangsfehler** und geht damit über eine Ergebniskontrolle hinaus (Rz 184 ff). Eine Kontrolle auf Vorgangsfehler setzt die Kenntnis der Beweggründe der Ermessensentscheidung voraus. Diese kann aber auch vollständig nachträglich außergerichtlich (siehe sogleich Rz 115) **114**

---

208 BAGE 139, 296, 306 (Rz 41) = NJW 2012, 1833.
209 Staud[Nb 2020]/Rieble § 315 Rz 379; jurisPK[9]/Völzmann-Stickelbrock § 315 Rz 64; MünchKomm[8]/Würdinger § 315 Rz 36).
210 Ebenso BeckOK[61. Ed]/Gehrlein § 315 Rz 13; jurisPK[9]/Völzmann-Stickelbrock § 315 Rz 65. AA Soergel[12]/M Wolf § 315 Rz 33.
211 JurisPK[9]/Völzmann-Stickelbrock § 315 Rz 64; Soergel[12]/M Wolf § 315 Rz 33; MünchKomm[8]/Würdinger § 315 Rz 38. Gegen Bedingungsfeindlichkeit auch Erman[16]/Hager § 315 Rz 14. Nur für die Zulässigkeit von Potestativ- und Rechtsbedingungen Staud[Nb 2020]/Rieble § 315 Rz 372. Offengelassen von BGH NJW-RR 2003, 1355, 1356. Für grundsätzliche Bedingungsfeindlichkeit Nomos-Kommentar, BGB[4]/Ring/F Wagner § 315 Rz 13; für das Drittleistungsbestimmungsrecht auch BeckOGK[01.09.2021]/Netzer § 318 Rz 7.
212 Gernhuber, Das Schuldverhältnis, 1989, S 289 (§ 12 II 6 c); Erman[16]/Hager § 315 Rz 15; Staud[Nb 2020]/Rieble § 315 Rz 373; MünchKomm[8]/Würdinger § 315 Rz 39; siehe auch Büdenbender AcP 210 (2010), 611, 650, der gleichwohl ein Begründungserfordernis annimmt.
213 Staud[Nb 2020]/Rieble § 315 Rz 374.

oder auch erst im Prozess gegeben werden[214]. Mit Blick auf die Beweislastverteilung (dazu Rz 221 ff) kann eine Begründung freilich die leistungsbestimmende Vertragspartei entlasten.

115 Im Vorfeld einer gerichtlichen Überprüfung kann dem Erklärungsempfänger ein **Auskunfts- und Informationsanspruch** zukommen[215]. Auch dieser Anspruch folgt der Leistungsbestimmungserklärung nach und begründet daher keine Begründungspflicht. Ein solcher Auskunfts- und Informationsanspruch folgt aus GewO § 108, BetrVG § 82, HGB § 87c Abs 2 und 3[216] und kann im Einzelfall aus **§ 242** hergeleitet werden[217]. Er ist auf Mitteilung der Gründe für die Leistungsbestimmung gerichtet, im Falle einer Ermessensausübung also auf die tragenden Abwägungsposten und -gewichte. Kommt der Leistungsbestimmungsberechtigte diesem Anspruch nicht nach, berührt dies nicht die Wirksamkeit der Leistungsbestimmung, sondern kann lediglich Schadensersatzansprüche nach sich ziehen[218].

116 e) **Verfahrensvorgaben.** Die Vertragsparteien können dem Leistungsbestimmungsberechtigten im ausfüllungsbedürftigen Vertrag Verfahrensvorgaben zur Leistungsbestimmung machen. Werden diese nicht eingehalten, ist im Rahmen der Vertragsauslegung zu fragen, ob sie zur Nichtigkeit der Leistungsbestimmung (mit etwaiger Neuausübungsmöglichkeit; vgl Rz 151 ff) oder zur einseitigen Unverbindlichkeit führen sollen, mit der Folge, dass die leistungsbestimmungsunterworfene Partei die Leistungsbestimmung trotz des Verfahrensverstoßes gegen sich gelten lassen kann (Rz 163). Vereinbaren die Vertragsparteien ein **Widerspruchsrecht** der leistungsbestimmungsunterworfenen Partei,[219] muss im Einzelfall durch Auslegung ermittelt werden, ob der unterlassene Widerspruch eine Wirksamkeitsbedingung der Parteileistungsbestimmung ist, was das Widerspruchsrecht in die Nähe einer vertraglichen Einigung brächte, oder ob dieses lediglich ein weiterer Rechtsbehelf neben § 315 Abs 3 darstellt.

117 f) **Willensbildung bei mehreren Berechtigten.** Sind mehrere Parteien eines mehrseitigen Vertrags zur Leistungsbestimmung berechtigt, muss der vertraglichen Ermächtigung zugleich das Willensbildungsverfahren der Berechtigten, ggf durch Auslegung, zu entnehmen sein (vgl allgemein Rz 7 f, 63). Anderenfalls ist die Leistung nach dem Vertrag nicht mehr bestimmbar. Grundsätzlich ist von einer einstimmigen Leistungsbestimmung auszugehen (vgl auch Rz 85). Zur Erleichterung der Rettung des Vertrags mag § 317 Abs 2 Hs 2 analog angewandt werden.

118 g) **Leistungsbestimmungspflicht.** Ein Leistungsbestimmungsrecht korrespondiert mit einer Leistungsbestimmungspflicht, wenn dem Berechtigten die Entscheidung über das „Ob" der Leistungsbestimmung entzogen ist. Dies unterscheidet sich zwischen Leistungserstbestimmungsrecht und Leistungsänderungsrecht.

119 Bei einem **Leistungserstbestimmungsrecht** wird die Leistung nicht im Vertrag bestimmt, sondern der einseitigen Bestimmung durch eine Vertragspartei vorbehalten. Gleichwohl haben beide Parteien beiderseits den Leistungsaustausch versprochen. Das „Ob" der Leistung wurde bereits im Vertrag vereinbart und steht nicht zur Disposition des Berechtigten (Rz 12 ff). Diesem ist lediglich die Entscheidung über das „Wie" der Leistung und gegebenenfalls die Entscheidung über den Zeitpunkt der Ausübung des Bestimmungsrechts zugewiesen. Daraus folgt für den Leistungsbestimmungsberechtigten – gleich ob Schuldner oder Gläubiger – **zwingend eine Leistungsbestimmungspflicht**[220]. Spiegelbildlich bedeutet dies einen Leistungsbestimmungsvornahmeanspruch des Leistungsbestimmungsrechtsunterworfenen. §§ 660 Abs 1 S 1, 661 sowie HGB § 375 Abs 1, die jeweils eine Leistungserstbestimmung betreffen und eine Leistungsbestimmungspflicht vorsehen, bestätigen die hier getroffene Differenzierung. Für das Leistungserstbestimmungsrecht ist schließlich keine abweichende vertragliche Regelung möglich[221]. Eine solche stellte das „Ob" der Leistung in Frage und wäre Ausdruck fehlenden Rechtsbindungswillens (vgl Rz 12 ff).

---

214 Vgl Dresden NJW-RR 2002, 801.
215 Gernhuber, Das Schuldverhältnis, 1989, S 289 (§ 12 II 6 c); Staud[Nb 2020]/Rieble § 315 Rz 471 ff; MünchKomm[8]/Würdinger § 315 Rz 39; für (nachzuholendes) Begründungserfordernis Büdenbender AcP 210 (2010), 611, 632 ff.
216 Staud[Nb 2020]/Rieble § 315 Rz 472.
217 Gernhuber, Das Schuldverhältnis, 1989, S 289 (§ 12 II 6 c); Staud[Nb 2020]/Rieble § 315 Rz 474; MünchKomm[8]/Würdinger § 315 Rz 39. Vgl auch BAG NZA 2022, 261, 266 (Rz 60).
218 MünchKomm[8]/Würdinger § 315 Rz 39.
219 Dazu etwa Wiedemann, Preisänderungsvorbehalte, 1991, S 139 ff.

220 Jeweils ohne Differenzierung zwischen Leistungserstbestimmungs- und Leistungsänderungsrecht Mot II S 192; BAG BB 1982, 1731, 1733; NZA-RR 2015, 229, 232 (Rz 30); BeckOK[61. Ed]/Gehrlein § 315 Rz 14; Gernhuber, Das Schuldverhältnis, 1989, S 284 (§ 12 II 3 b); Erman[16]/Hager § 315 Rz 17; Omlor BKR 2021, 228 f; Staud[Nb 2020]/Rieble § 315 Rz 541 ff (getrennte Darstellung, aber ohne Differenzierung im Ergebnis); NomosKommentar, BGB[4]/Ring/F Wagner § 315 Rz 14; aA RGRK[12]/Ballhaus § 315 Rz 7 f (Pflicht nur des Schuldners); Soergel[12]/M Wolf § 315 Rz 35. Zur Rspr des BGH siehe sogleich Rz 120.
221 AA MünchKomm[8]/Würdinger § 315 Rz 40.

Diese Begründung trägt für das **Leistungsänderungsrecht** nicht. Dieses unterscheidet sich **120** vom Leistungserstbestimmungsrecht dadurch, dass die Leistung bereits vertraglich bestimmt und der Vertrag vollziehbar ist. Die vertragliche Bindung ist bereits hergestellt. Eine Leistungsänderungspflicht kann sich in diesen Fällen nur aus dem Vertrag ergeben. So können die Vertragsparteien etwa eine Leistungsänderungspflicht vereinbart haben, zB durch Vereinbarung bestimmter Voraussetzungen, bei denen die Leistung anzupassen ist, wie das Erreichen bestimmter Kennziffern oder Daten (beachte aber die Feststellungskompetenz, dazu Rz 96 f). Damit ist ferner dem BGH für Leistungsänderungsrechte zuzustimmen, dass der Gläubiger zur Leistungsbestimmung verpflichtet ist, wenn der Schuldner ein Interesse an der Vertragsanpassung hat[222]. Schließlich kann sich eine Leistungsänderungspflicht unter den Voraussetzungen des § 313 Abs 1 oder aus dem Vertrag, ggf iVm § 242, ergeben. Die danach geschuldete Vertragsanpassung erfolgt durch Ausübung des Leistungsänderungsrechts durch den Berechtigten.

Aus einer Ermessensreduktion auf Null hinsichtlich eines etwaigen **Entschließungsermes-** **121** **sens** des Berechtigten, dh Ermessen bzgl des „Ob" der Anpassung, kann eine Leistungsänderungspflicht nicht abgeleitet werden. In dem Aufrechterhalten der vereinbarten (oder bereits zuvor bestimmten) Leistung, dh in der unterlassenen Leistungsanpassung, liegt eine Ausübung des Entschließungsermessens. Diese kann nach § 315 Abs 3 S 1 nachträglich auf Ermessensfehler kontrolliert werden (Rz 184). Wäre das Leistungsänderungsrecht danach auszuüben gewesen (Ermessensreduktion auf Null), ist die Leistungsänderung verzögert (Rz 197). Der Leistungsbestimmungsrechtsunterworfene kann daher nach § 315 Abs 3 S 2 Hs 2 eine gerichtliche Ersatzleistungsbestimmung über den Inhalt der Leistung erwirken.

Im **Arbeitsrecht** kann eine Leistungsänderungspflicht des Arbeitgebers mit dem **Beschäfti-** **122** **gungsanspruch des Arbeitnehmers** als Nebenpflicht des Arbeitgebers[223] begründet werden. Dessen Direktionsrecht (dazu noch Rz 259 ff) muss danach als fortlaufendes Dauerleistungsbestimmungsrecht dann neu ausgeübt und die Leistungspflicht des Arbeitnehmers angepasst werden, wenn dessen Arbeitsleistung ein Leistungshindernis, etwa nach § 275, entgegensteht[224].

6. Maßstab. Mit der Einräumung des Leistungsbestimmungsrechts an eine Partei muss stets **123** der Maßstab seiner Ausübung benannt sein (hier sog **Ausübungsmaßstab**). Dies gilt für vertragliche (Rz 7 f, 63) und gesetzliche[225] Leistungsbestimmungsrechte gleichermaßen.

Der Ausübungsmaßstab bindet allein den Leistungsbestimmungsberechtigten. Eine gerichtli- **124** che Kontrolle und Ersetzung richtet sich hingegen nach dem hier sog **Kontrollmaßstab**. Beide Maßstäbe unterscheiden sich nicht nur nach ihren Adressaten. Die Parteien können vorsehen, dass **Ausübungs- und Kontrollmaßstab nicht identisch** sind. Der Kontrollmaßstab kann hinter dem Ausübungsmaßstab zurückbleiben. Konsequenz ist ein **Spielraum des Leistungsbestimmungsberechtigten**. Einen solchen sieht das „billige Ermessen" nach der Auslegungsregel des § 315 Abs 1 vor. Andersherum kann der Kontrollmaßstab nicht über den Ausübungsmaßstab hinausgehen. Der Leistungsbestimmungsberechtigte kann nicht an Vorgaben gemessen werden, die sich nicht an ihn richten. Ausübungs- und Kontrollmaßstab sind getrennt und unabhängig voneinander – ggf durch Auslegung – dem Vertrag bzw Gesetz zu entnehmen.

a) **Auslegungsregel des § 315 Abs 1.** Die Auslegungsregel des § 315 Abs 1 betrifft den Maßstab **125** des Parteileistungsbestimmungsrechts. Danach ist im Zweifel anzunehmen, dass die Bestimmung nach billigem Ermessen zu treffen ist, wenn die Leistung durch einen der Vertragschließenden bestimmt werden soll.

aa) **Anwendungsbereich.** § 315 Abs 1 spricht von der Beteiligung von „Vertragschließen- **126** den". Nach dem Wortlaut ist der Anwendungsbereich des § 315 Abs 1 damit auf Verträge beschränkt. Die Vorschrift wird aber in analoger Anwendung erstreckt auf Schuldverhältnisse und Rechtsverhältnisse wie etwa Tarifverträge[226]. Auch auf einseitige Rechtsgeschäfte ist § 315 Abs 1 analog anwendbar, vgl zutreffend § 2156 S 2 (siehe bereits Rz 80)[227]. Keine Anwendung findet § 315 Abs 1 hingegen auf faktische Bestimmungsrechte, die sich durch das faktische Übergewicht einer Vertragspartei also durch eine gestörte Verhandlungsparität auszeichnen[228]. Zum Begriff der Leistung siehe Rz 88 ff, zum Vertragschließenden als Bestimmungsberechtigten siehe Rz 84 ff.

---

222 BGH NJW 2012, 2187, 2189 (Rz 37); siehe auch-Grüneberg[81]/Grüneberg § 315 Rz 12.
223 BeckOGK[01.08.2021]/Maties, § 611a Rz 1369; MünchKomm[8]/Spinner § 611a Rz 887 mwN.
224 Vgl Staud[Nb 2020]/Rieble § 315 Rz 549 ff.
225 Vgl Erman[16]/Hager § 315 Rz 10.
226 Soergel[12]/M Wolf § 315 Rz 9.
227 Gernhuber, Das Schuldverhältnis, 1989, S 277 (§ 12 I 1).
228 BGH ZIP 2009, 1367, 1370 (Rz 33); NZA-RR 2013, 327, 328 (Rz 21); BGHZ 204, 172, 180 f (Rz 20) = NJW 2015, 2809; Grüneberg[81]/Grüneberg § 315 Rz 4; Erman[16]/Hager § 315 Rz 1; NomosKommentar, BGB[4]/Ring/F Wagner § 315 Rz 4 f; Soergel[12]/M Wolf § 315 Rz 30.

127 Die Auslegungsregel des § 315 Abs 1 findet „**im Zweifel**" Anwendung. Die Zweifel beziehen sich nicht global auf das Bestehen eines Leistungsbestimmungsrechts an sich, sondern spezifisch auf dessen Ausübungsmaßstab. § 315 Abs 1 enthält nämlich anders als § 316 (§ 316 Rz 15 ff) keine Auslegungsregel zugunsten des Bestehens eines Parteileistungsbestimmungsrechts oder dessen Berechtigten. Die Parteien müssen sich vielmehr über die übrigen Voraussetzungen des Parteileistungsbestimmungsrechts, berechtigte Vertragspartei und Gegenstand, einig sein. Als Auslegungsregel kommt § 315 Abs 1 nur dann zur Anwendung, „Zweifel" bestehen also nur dann, wenn sich ein Maßstab nicht durch vorrangige Vertragsauslegung ermitteln lässt. Das Ergebnis der vorrangigen Vertragsauslegung kann neben einem vereinbarten Maßstab freilich auch sein, dass sich die Parteien zwar nicht auf einen abweichenden Maßstab geeinigt haben, aber jedenfalls den Maßstab billigen Ermessens und damit das Ergebnis der Auslegungsregel des § 315 Abs 1 ablehnen. Dies ist insbesondere bereits der Fall, wenn der Parteiwille einer Partei sich gegen den Maßstab billigen Ermessens ausspricht. Als materiale Auslegungsregel, die sich aus der Privatautonomie speist,[229] kann sie nämlich keine Anwendung finden, wenn die Willenserklärungen den von ihr favorisierten Inhalt nicht durch Auslegung hergeben. In der Konsequenz findet die Auslegungsregel daher keine Anwendung, wenn der Parteiwille jedenfalls einer Vertragspartei sich gegen ihr Auslegungsergebnis, im Falle des § 315 Abs 1 also gegen den Maßstab billigen Ermessens, ausspricht (Rz 3, 44). Wenn keine ergänzende Vertragsauslegung in Betracht kommt, zieht die betreffende Vertragspartei das Scheitern des Vertrags einem Parteileistungsbestimmungsrecht der avisierten Vertragspartei nach billigem Ermessen vor. Diese Folge ist bei der Vertragsauslegung freilich zu berücksichtigen. Die vertragliche Formulierung, dass eine Vertragspartei eine bestimmte Leistung bestimmen „**kann**", enthält nicht mehr als die Ermächtigung. Sie weist typischerweise auf die Einräumung von Ermessensspielräumen hin und begründet regelmäßig Zweifel iSd § 315 Abs 1, sodass eine Leistungsbestimmung nach billigem Ermessen vorzunehmen ist[230]. Zur Abgrenzung eines Leistungsbestimmungsrechts zu gesetzlichen Auffangregeln wie etwa § 612 Abs 2 siehe bereits Rz 47 f.

128 bb) **Inhalt**. Als Ausübungsmaßstab sieht § 315 Abs 1 „billiges Ermessen" vor. Daran knüpft § 315 Abs 3 S 1 an und nennt die „Billigkeit" als Kontrollmaßstab. Hierzu sogleich Rz 129 ff, 183 ff. Anders als § 316 umfasst die Auslegungsregel des § 315 Abs 1 nicht das Bestimmungsrecht selbst. Dieses muss vielmehr vertraglich begründet und durch Vertragsauslegung ermittelt werden (Rz 6 ff, 64). Auch bezieht sich § 315 Abs 1 anders als § 316 nicht auf die Person des Leistungsbestimmungsberechtigten (Rz 86).

129 b) **Billiges Ermessen**. Dem historischen Gesetzgeber stand bei der Formulierung „billiges Ermessen" das Leitbild des arbitrium boni viri vor Augen[231]. Während die Billigkeit ein zentraler Begriff des Zivilrechts ist, ist das Ermessen eine Domäne (auch und vor allem) des Öffentlichen Rechts. Nicht nur[232] in § 315 finden sich beide Konzepte kombiniert.

130 aa) **Ausübungs- und Kontrollmaßstab**. Über das Verhältnis und das Zusammenwirken von Billigkeit und Ermessen besteht keine Einigkeit. Überwiegend wird das **Begriffspaar einheitlich** verstanden[233]. Es handele sich um eine Einzelfallentscheidung des Berechtigten, die einem objektiven Maßstab genügen müsse. Die Billigkeit grenze das Ermessen ein. Nur gelegentlich wird das Begriffspaar getrennt und mal dem Ermessen[234], mal der Billigkeit[235] der Vorrang zuerkannt.

131 Weitestgehende Einigkeit besteht darin, dass dem Leistungsbestimmungsberechtigten ein **gewisser Spielraum** eingeräumt werden soll[236]. Es gebe für den Leistungsbestimmungsberechtigten nicht nur eine richtige, sondern mehrere Entscheidungsmöglichkeiten. Dieser Spielraum wird mit dem Wesen des Ermessens (und dann häufig als Ermessensspielraum bezeichnet) oder der

---

229 MünchKomm⁹/Busche § 133 Rz 71; Grüneberg⁸¹/Ellenberger § 133 Rz 22; M. Wolf/Neuner, BGB AT¹², 2020, § 35 Rz 57 (mit nicht einschlägiger Einschränkung).
230 BAGE 148, 381-392, 384 (Rz 12) = AP TV-L § 16 Nr 9; NZA 2019, 1367, 1370 (Rz 27). Vgl auch LG Berlin BeckRS 2021, 40428 Rz 19 ff.
231 Vgl Mot II S 192.
232 So auch in §§ 556a Abs 3 S 2, 660 Abs 1, 745 Abs 2, 1024, 1246 Abs 1, 2048 S 2, 2156 S 1.
233 BGH NJW 2012, 2187, 2188 (Rz 27); NZA-RR 2013, 327 Rz 27 ff; BAG NZA-RR 1996, 313, 314; NZA 1998, 555, 557; BeckOK⁶¹·Ed/Gehrlein § 315 Rz 11; Kronke AcP 183 (1983), 114, 138 ff; Kunkel, Zur nachträglichen Leistungsbestimmung nach §§ 315, 316 BGB, 1993, S 24; BeckOGK⁰¹·¹¹·²⁰²⁰/Netzer § 315 Rz 74 f; Soergel¹²/M Wolf § 315 Rz 38; MünchKomm⁸/Würdinger § 315 Rz 29 f.
234 Neumann-Duesberg JZ 1952, 705, 707.
235 Kornblum AcP 168 (1968), 450, 461; jurisPK⁹/Völzmann-Stickelbrock § 315 Rz 24; für Gleichstellung von Hoyningen-Huene, Die Billigkeit im Arbeitsrecht, 1978, S 41 ff.
236 BGHZ 163, 119, 130 = NJW 2005, 2708; 174, 48, 55 f (Rz 20) = NVwZ 2008, 110; NJW 2012, 2187, 2188 (Rz 27) = BAGE 11, 318, 325 f = NJW 1962, 268; 63, 267, 271 = NZA 1990, 559; NZA 2017, 1185, 1189 (Rz 47); BeckOK⁶¹·Ed/Gehrlein § 315 Rz 11; Grüneberg⁸¹/Grüneberg § 315 Rz 10; Erman¹⁶/Hager § 315 Rz 19; Kunkel, Zur nachträglichen Leistungsbestimmung nach §§ 315, 316 BGB, 1993, S 24 f; Neumann-Duesberg JZ 1952, 705, 707; Piekenbrock ZIP 2010, 1925, 1926; Sonntag, Die Bestimmung der Leistung nach billigem Ermessen (§§ 315-319 BGB), 1971, S 31 ff; Ungern-Sternberg GRUR 2021, 1017, 1021; Soergel¹²/M Wolf § 315 Rz 38; MünchKomm⁸/Würdinger § 315 Rz 30.

Billigkeit als eines unbestimmten Rahmenbegriffes, der ein Wahlrecht gebe, (und dann meist als Beurteilungsspielraum bezeichnet) begründet. Nur wer vom Vorrang der Billigkeit ausgeht und in der Ausübung des Leistungsbestimmungsrechts lediglich die Feststellung eines bereits zuvor (als einzigen) feststehenden objektiv billigen Ergebnisses sieht, muss einen Spielraum verneinen[237].

Ein solcher Spielraum des Leistungsbestimmungsberechtigten lässt sich aber nicht allein dem Maßstab entnehmen, anhand dessen der Leistungsbestimmungsberechtigte die Leistungsbestimmung vornehmen soll (Ausübungsmaßstab). Ein **Spielraum ergibt sich erst bei vergleichender Betrachtung mit dem gerichtlichen Kontrollmaßstab**. Setzt das Gericht nicht seine Ermessensausübung an die Stelle des leistungsbestimmenden Vertragschließenden, sondern kontrolliert die Leistungsbestimmung an einem zurückgenommenen Kontrollmaßstab, kommt dem Leistungsbestimmenden ein gewisser Spielraum zu. Der Leistungsbestimmungsberechtigte bleibt an den Ausübungsmaßstab gebunden, das Gericht kontrolliert aber nicht dessen vollständige Einhaltung, sondern die Einhaltung eines verschiedenen, abgeschwächten Kontrollmaßstabs. Im Verwaltungsrecht wird dies als **beschränkte Kontrolldichte** bezeichnet. Im Folgenden sind daher für das billige Ermessen **Ausübungs- und Kontrollmaßstab zu unterscheiden**. 132

Der Begriff des **Ermessens** wird nur richtig erfasst, wenn zwischen Ausübungs- und Kontrollmaßstab unterschieden wird. Das Ermessen betrifft dessen Verhältnis zueinander und eröffnet durch die beschränkte Kontrolldichte einen Handlungsspielraum des Leistungsbestimmungsberechtigten. Die Verwendung des Begriffs Ermessen allein als Bezeichnung des Ausübungsmaßstabs ist daher verfehlt. Ermessen beschreibt vielmehr den Kontrollmaßstab im Verhältnis zu einem bereits bestehenden Ausübungsmaßstab. Mit der **Auslegungsregel des § 315 Abs 1 beschreibt der Gesetzgeber also auch bereits die gerichtliche Kontrollnorm**. Dem Begriff des Ermessens lassen sich aber gleichfalls Aussagen zum Ausübungsmaßstab entnehmen. 133

Das Ermessen setzt eine **Zweckbindung** voraus. Für das Verwaltungsrecht besteht diese Zweckbindung in den Gesetzeszwecken. Nach VwVfG § 40 hat die Behörde ua ihr Ermessen entsprechend dem Zweck der Ermächtigung auszuüben. Nach § 315 Abs 1 ist das Ermessen an den **Vertragszwecken** auszurichten[238]. Der Leistungsbestimmungsberechtigte hat die gegenseitigen Interessen anhand der Vertragszwecke abzuwägen. Durch diese Abwägung hat er die abstrakten Vertragszwecke auf die konkreten Umstände des Einzelfalls zu konkretisieren. Die Ausübung des Leistungsbestimmungsrechts ist als Ermessensausübung mithin eine **Konkretisierung**. Der Leistungsbestimmungsberechtigte entscheidet über die Fortschreibung des vertraglich vereinbarten Programms. Nur soweit **Gemeinwohl- und Drittinteressen** sich mit den Vertragszwecken decken, sind sie bei der Ermessensausübung – und zwar als Vertragszwecke – zu berücksichtigen[239]. 134

§ 315 Abs 1 beschreibt das Ermessen als „billig" und ergänzt es so um die **Billigkeit**. Der Maßstab der Billigkeit ergibt sich erst mit Blick auf das Ermessen. Es sind die Vertragszwecke (Rz 134). Es geht damit zwar um eine objektive Billigkeit[240], Bezugspunkte sind aber die Vertragszwecke und die Interessen der Vertragsparteien[241]. Die Billigkeit stellt Anforderungen an das Ergebnis der Abwägung der beiderseitigen Interessen anhand der Vertragszwecke. Der Leistungsbestimmungsberechtigte hat in dieser Abwägung (bzw Konkretisierung, Rz 134) eine billige Entscheidung zu treffen. Der Ausübungsmaßstab nach § 315 Abs 1 besteht damit in der **an den Vertragszwecken ausgerichteten Billigkeit**. Der Leistungsbestimmungsberechtigte hat die (aus seiner Sicht) zweckmäßigste, billigste Lösung zu wählen. Im (pflichtgemäßen) billigen Ermessen steckt mit Blick auf den Ausübungsmaßstab daher bereits der Maßstab des arbitrium boni viri[242]. 135

Auf den ersten Blick besteht der **Kontrollmaßstab** hingegen (allein) aus der „Billigkeit", § 315 Abs 3 S 1. Aber auch der Kontrollmaßstab wird durch den Begriff des Ermessens geprägt (Rz 133). Dieser ergänzt die Regelung des § 315 Abs 3 S 1. Die Billigkeit ist damit vom Wortlaut her sowohl Ausübungs- als auch Kontrollmaßstab. Entscheidend ist aber die **Kontrolldichte**. Billigkeit und Ermessen sind daher auch aufseiten des Kontrollmaßstabs gemeinsam heranzuziehen. Ein durch das Ermessen ausgedrückter Spielraum des Leistungsbestimmungsberechtigten entsteht dadurch, dass die „Billigkeit" aufseiten des Kontrollmaßstabs abweichend, und zwar zurückgenommen zu 136

---

237 So Kornblum AcP 168 (1968), 450, 461; jurisPK[9]/Völzmann-Stickelbrock § 315 Rz 24; so auch von Hoyningen-Huene, Die Billigkeit im Arbeitsrecht, 1978, S 41 ff.
238 BGH NJW-RR 1992, 183, 184; BGHZ 172, 315, 320 f (Rz 17) = NJW 2007, 2540; BeckOGK[01.09.2021]/Netzer § 315 Rz 75; Soergel[12]/M Wolf § 315 Rz 38.
239 Ebenso, wenngleich wohl von unterschiedlichen Regel-Ausnahme-Verhältnissen ausgehend Staud[Nb] [2020]/Rieble § 315 Rz 402; MünchKomm[8]/Würdinger § 315 Rz 32.
240 RGZ 99, 105, 106 ff; BAGE 104, 55, 62 f = NZA-RR 2003, 613; NZA 2018, 162, 165 (Rz 33); Staud[Nb] [2020]/Rieble § 315 Rz 418; vgl auch HKK/Hofer, §§ 315-319 Rz 2.
241 BeckOGK[01.09.2021]/Netzer § 315 Rz 75; Soergel[12]/M Wolf § 315 Rz 38.
242 Vgl Mot II S 192.

verstehen ist[243]. **Das Gericht hat keine eigene vollständige Billigkeitsentscheidung vorzunehmen** und daran, dh an dieser aus seiner Sicht besten, zweckmäßigsten, billigsten Entscheidung, die Leistungsbestimmung des Berechtigten zu messen[244]. Dies entspräche einer vollen Kontrolldichte. Vielmehr kommt dem Leistungsbestimmungsberechtigten ein Ermessen, eine Letztentscheidungsbefugnis, zu. Hierin liegt eine beschränkte Kontrolldichte. Das Gericht kontrolliert lediglich die **Grenzen des Ermessens** (dazu noch Rz 184 ff)[245]. Die Billigkeit fungiert aufseiten des Kontrollmaßstabs mithin nicht als ein vom Gericht vollständig zu konkretisierender Rechtsbegriff, an dessen vollständiger konkretisierender Abwägungsentscheidung die Leistungsbestimmungsrechtsausübung des Berechtigten zu messen wäre. Vielmehr kann er als Äquivalent zum Verhältnismäßigkeitsgrundsatz als Ermessensgrenze im Öffentlichen Recht verstanden werden. Im Rahmen der Ermessensüberschreitung werden Ergebnisse ausgeschieden, die nicht mehr verhältnismäßig bzw nach den Vertragszwecken billig sind. Die Billigkeit bezeichnet damit eine Ergebniskontrolle. Eine Vorgangskontrolle folgt aus den weiteren Ermessensfehlern (Ermessensnicht- und -fehlgebrauch).

137 Die beschränkte gerichtliche Kontrolldichte bezieht sich nur auf die Abwägungsentscheidung der verschiedenen Parteiinteressen anhand der Vertragszwecke. Eine volle Kontrolle findet grundsätzlich hingegen hinsichtlich der **Voraussetzungen des Leistungsbestimmungsrechts** statt. Das Gericht prüft, vorbehaltlich einer abweichenden Vertragsabsprache (dazu bereits Rz 96 f) vollumfänglich, ob die Partei tatsächlich zur Leistungsbestimmung berechtigt ist und ob die Voraussetzungen vorliegen, unter denen das Leistungsbestimmungsrecht besteht.

138 bb) **Gleichsetzung mit verwaltungsrechtlichen Letztentscheidungsbefugnissen**. Aus dem Vorgenannten ergibt sich, dass das billige Ermessen iSd § 315 Abs 1 dem pflichtgemäßen Ermessen des Öffentlichen Rechts strukturell gleichgesetzt werden kann[246]. In beiden Fällen wird die Ermessensberechtigung delegiert, im Öffentlichen Recht vom Gesetz, im Zivilrecht von beiden Vertragsparteien oder dem Gesetz. In beiden Fällen ist es die Instanz, die zur Regelung der Sachfrage ursprünglich befugt ist. Durch die Ermessensausübung konkretisiert der Berechtigte abstrakte Maßstäbe auf einen konkreten Einzelfall. Gemeinsam ist, dass dieser Maßstab ein fremdbestimmter und zwar ein von der delegierenden Instanz und nicht vom Ausübungsberechtigten geschaffener ist. Im Öffentlichen Recht ist es das Gesetz, im Falle einseitiger Leistungsbestimmungsrechte sind es die Vertragszwecke, die nur beiderseitig und nicht einseitig vom Berechtigten gesetzt werden können. Die Fremdzweckbindung bestimmt zudem mit über die Grenzen des Ermessens. Neben den äußeren Grenzen des gesetzten Rahmens ist auch die Abwägungsentscheidung nicht frei, sondern unterliegt den Fremdzweckbindungen. Gemeinsam bilden sie den Kontrollmaßstab. Das kontrollierende Gericht stellt nicht seine Abwägungsentscheidung an die Stelle jener des Berechtigten. Die gerichtliche Kontrolldichte ist vielmehr beschränkt. Dem Berechtigten kommt die Letztentscheidungsbefugnis zu. Die öffentlich-rechtliche Abwägungsfehlerlehre lässt sich übertragen[247]. Dazu noch unten Rz 184. Allerdings unterscheiden sich freilich die Rechtsfolgen, die die verschiedenen Ermessensfehler auslösen.

139 c) **Freies Belieben (vgl § 319 Abs 2)**. § 315 Abs 1 ist eine Auslegungsregel (Rz 2), § 315 Abs 3 S 1 (ebenfalls) dispositiv (Rz 3). Die Parteien können auch andere Ausübungs- und Kontrollmaßstäbe vorsehen. Dass Ausübungs- und Kontrollmaßstab unabhängig voneinander zu bestimmen sind, eröffnet den Parteien vielfältige Gestaltungsmöglichkeiten. Der Freiraum des Leistungsbestimmungsberechtigten ist dann am größten, wenn eine **gerichtliche Kontrolle bis an die zulässigen Grenzen ausgeschlossen** wird (Rz 180 ff). Wird der Leistungsbestimmungsberechtigte zudem nicht an die Vertragszwecke gebunden, sondern wird die Entscheidung den **subjektiven Vorstellungen des Berechtigten** überantwortet, kann von einem freien Belieben gesprochen

---

243 Vgl BAGE 11, 318, 326 = NJW 1962, 268 (kein wörtliches Verständnis der Billigkeit).
244 Vgl BGHZ 41, 271, 280 = NJW 1964, 1617; NJW-RR 1991, 1248, 1249; BGHZ 163, 119, 130 = NJW 2005, 2708. Häufig wird formuliert, das Gericht dürfe die Entscheidung nicht durch seine eigene, für besser und billiger gehaltene Entscheidung „ersetzen". Die Ersetzung ist der gerichtlichen Kontrolle aber nachgelagert und setzt eine volle Kontrolldichte erst voraus.
245 BGH NZA-RR 2013, 327, 329 (Rz 27); BAGE 11, 318, 326 = NJW 1962, 268.
246 Otto, Privates Ermessen (in Vorbereitung); aA BAGE 104, 55, 63 = NZA-RR 2003, 613, das als Unterschied darauf verweist, dass das Verwaltungsgericht anders als das Zivilgericht die Ermessensentscheidung nicht selbst treffen kann. Dies betrifft aber nicht die Ermessenskontrolle, sondern bereits die Kontrollfolgenbefugnis.
247 BGH NZA-RR 2013, 327, 329 (Rz 27); Staud[Nb] [2020]/Rieble § 315 Rz 419 ff; vgl auch Rieble, Die Kontrolle des Ermessens der betriebsverfassungsrechtlichen Einigungsstelle, 1990, S 109 ff; Söllner, Einseitige Leistungsbestimmung im Arbeitsverhältnis, 1966, S 131 f.

werden[248]. Dieses greift der Gesetzgeber in § 319 Abs 2 für das Drittleistungsbestimmungsrecht auf. Mangels justiziablen Ausübungsmaßstabs, bzw durch das Überantworten der Ausübung nach den subjektiven Vorstellungen des Berechtigten, ist eine gerichtliche Kontrolle und Ersetzung ausgeschlossen (§ 317 Rz 104, § 319 Rz 6, 50). Ein Kontrollmaßstab müsste den Ausübungsmaßstab zwingend und unzulässig übersteigen. Freies Belieben unterscheidet sich von der unzulässigen Willkür dadurch, dass die Willkür entgegen des beiderseitigen Rechtsbindungswillens auch eine Aufhebung der vertraglichen Verpflichtung erlaubt (siehe bereits Rz 14 ff).

d) **Freies Ermessen**. Verbreitet wird ein „freies Ermessen" als weitere Kategorie vorgeschlagen[249]. Darunter soll eine Ermessensbindung verstanden werden, die nach dem Vorbild des § 319 Abs 1 S 1 bloß auf eine **offenbare Unbilligkeit** zu kontrollieren sei. Dies ist terminologisch widersprüchlich. Vom billigen Ermessen unterschiede sich der Ausübungsmaßstab dann nicht. Der Leistungsbestimmungsberechtigte ist auch hier an die Vertragszwecke gebunden. Lediglich der Kontrollmaßstab ist zurückgenommen. Eine Kontrollfreiheit besteht nicht, weshalb das Attribut „frei" in die Irre leitet[250]. Da eine gerichtliche Kontrolle vorgesehen ist und sich der Ausübungsmaßstab nach den Vertragszwecken richtet und damit vom Gericht (objektiv) nachvollzogen werden kann, ist eine gerichtliche Ersetzung möglich[251]. **140**

Eine neue Kategorie hat jüngst der Gesetzgeber geschaffen. In **COVMG § 1 Abs 2 S 2**[252] sieht er ein „pflichtgemäßes, freies Ermessen" des Vorstands bei der Beantwortung von Fragen vor. Hierin kann eine Fortschreibung des Begriffs des freien Ermessens mit dem genannten Inhalt gesehen werden. Das Attribut „frei" bezieht sich mithin auf eine weiter zurückgenommene Kontrolldichte. Das Attribut „pflichtgemäß" betont lediglich die Zweckbindungen des Ermessens. Die obige Kritik ist auch hier vorzubringen. **141**

Denkbar ist auch, den Berechtigten an die Vertragszwecke zu binden, eine gerichtliche Kontrolle aber auszuschließen, soweit zulässig. Dieses Ermessen wäre dann tatsächlich „frei" iSe Kontrollfreiheit[253]. Im Vergleich zum freien Belieben läge ein objektiver und justiziabler Ausübungsmaßstab vor. Aus der Kontrollperspektive besteht hingegen kein Unterschied. Mangels gerichtlicher Kontrolle kommt die darauf aufbauende gerichtliche Ersatzbestimmung nicht in Betracht. **142**

e) **Ermessen**. Vereinzelt wird ein (einfaches) Ermessen als Kategorie vorgeschlagen, die zwischen billigem und freiem Ermessen anzusiedeln sei[254]. Unklar bleibt, was genau damit gemeint ist. In Abgrenzung zum freien Ermessen könnte zwar eine Vorgangskontrolle durch das Gericht vorzunehmen sein, die die Ermessensausübung betrifft, dagegen aber keine Ergebniskontrolle, die sich nach der Billigkeit richtet. **143**

f) **Keine Willkür**. Als Ausübungsmaßstab kommt Willkür nicht in Betracht[255]. Dies folgt schon daraus, dass der Vertrag einen beiderseitigen Rechtsbindungswillen voraussetzt, der ausschließt, dass der Leistungsbestimmungsberechtigte sich vorbehält, zu leisten oder die Leistung zu fordern (siehe bereits Rz 12 ff). **144**

g) **Billigkeit**. Die Vertragschließenden können den Kontrollmaßstab gegenüber dem billigen Ermessen auch verschärfen. Dies ist der Fall, wenn der Leistungsbestimmungsberechtigte nach „Billigkeit" entscheiden soll. Ausübungs- und Kontrollmaßstab sind kongruent. Es findet eine volle gerichtliche Kontrolle statt. Es kann dahinstehen, ob es eine einzige billige Leistungsbestimmung gibt, die gefunden werden muss. Das Gericht nimmt bei seiner Kontrolle eine – aus seiner Sicht billige – Leistungsbestimmung vor. An dieser und nicht an einer etwaigen rein objektiv billigen Leistungsbestimmung wird der Berechtigte gemessen. Ihm kommt **kein Spielraum** zu[256]. **145**

---

248 BAG AP HGB § 87a Nr 5; Gernhuber, Das Schuldverhältnis, 1989, S 283 (§ 12 II 3 a); BeckOGK 01.09.2021/Netzer § 315 Rz 78; Neumann-Duesberg JZ 1952, 705, 707; Staud[Nb 2020]/Rieble § 315 Rz 412 ff; ablehnend aus römisch-rechtlichen Gründen Schirmer AcP 91 (1901), 136, 139 ff; als unzulässig ablehnend Erman[16]/Hager § 315 Rz 21. Beide messen dem freien Belieben einen Gehalt bei, der nach hiesigem Verständnis von der Willkür erfasst wird.
249 BGHZ 205, 107, 116 f (Rz 38 f) = NZM 2015, 497; RGRK[12]/Ballhaus § 315 Rz 12; Gernhuber, Das Schuldverhältnis, 1989, S 286 f (§ 12 II 4); BeckOGK[01.09.2021]/Netzer § 315 Rz 77; MünchKomm[8]/Würdinger § 315 Rz 33.
250 Ablehnend auch Kleinschmidt, Delegation von Privatautonomie auf Dritte, 2014, S 191.
251 IE ebenso MünchKomm[8]/Würdinger § 315 Rz 33.

252 Gesetz über Maßnahmen im Gesellschafts-, Genossenschafts-, Vereins-, Stiftungs- und Wohnungseigentumsrecht zur Bekämpfung der Auswirkungen der COVID-19-Pandemie vom 27.03.2020, BGBl I S 569, 570, zuletzt geändert durch Art 11 Gesetz zur weiteren Verkürzung des Restschuldbefreiungsverfahrens und zur Anpassung pandemiebedingter Vorschriften im Gesellschafts-, Genossenschafts-, Vereins- und Stiftungsrecht sowie im Miet- und Pachtrecht vom 22.12.2020, BGBl I S 3328.
253 In diesem Sinne LAG Baden-Württemberg ZTR 2012, 580,.
254 Soergel[12]/M Wolf § 315 Rz 42.
255 I E allg M; Mot II S 192; RGZ 40, 195, 199 f; RGRK[12]/Ballhaus § 315 Rz 13; BeckOK[61. Ed]/Gehrlein § 315 Rz 11; Grüneberg[81]/Grüneberg § 315 Rz 5; Staud[Nb 2020]/Rieble § 315 Rz 56 ff.
256 Soergel[12]/M Wolf § 315 Rz 42.

146 h) **Sonstige Maßstäbe.** Neben den behandelten Kategorien können die Parteien vertraglich in den Grenzen der §§ 134, 138, 305 ff jeden erdenklichen Maßstab vereinbaren. Ausübungs- und Kontrollmaßstab sind getrennt und unabhängig voneinander – ggf durch Auslegung – zu bestimmen (Rz 124). So kann der Spielraum des Leistungsbestimmungsberechtigten durch einen **Rahmen**, der sich auf das gefundene Ergebnis bezieht, eingeschränkt werden[257]. Etwa darf er einen Preis innerhalb einer gewissen Preisspanne bestimmen. Dies kann als Ermessensentscheidung, aber auch als volle Kontrolldichte ausgestaltet sein. Dogmatisch ist eine solche Beschränkung der Grenze der eingeräumten Befugnis bzw spiegelbildlich der Unterwerfungsvereinbarung zuzuordnen (vgl Rz 149).

147 Gleichfalls denkbar sind Maßstäbe, die weniger am Ergebnis denn beim **Verfahren** ansetzen. Danach muss der Leistungsbestimmungsberechtigte ein gewisses Verfahren zur Ausübung seines Bestimmungsrechts durchlaufen. Auch hier können lediglich Verfahrensverstöße zum Kontrollmaßstab erhoben oder mit einer Ermessenskontrolle sowie einer Ergebniskontrolle kombiniert werden. Schließlich kann das Ermessen dahingehend eingeschränkt werden, dass eine Regelausübung vertraglich bestimmt wird, etwa dass üblicherweise ein Regeltarif gezahlt wird.

148 7. **Grenzen.** Das einseitige Leistungsbestimmungsrecht gibt ein von beiden Vertragsparteien abgeleitetes Recht zur Vertragsgestaltung (vgl Rz 6). Seine äußeren Grenzen ergeben sich daher zum einen aus den Begrenzungen der Befugnisse beider Vertragsparteien. Diese können keine Kompetenz delegieren, die sie nicht innehaben. Die einseitige Leistungsbestimmung tritt an die Stelle einer vertraglichen Einigung (vgl Rz 6). Was die Parteien gemeinsam im Vertrag nicht vereinbaren dürfen, darf eine Partei im Wege des einseitigen Leistungsbestimmungsrechts ebenso wenig festsetzen. Die allgemeinen Grenzen der Vertragsfreiheit nach §§ **134, 138, 226** schlagen also auf die einseitige Inhaltsbestimmung durch[258]. Eine Leistungsbestimmung, die gegen §§ 134, 138 verstößt, ist nichtig; die Ausübung des Leistungsbestimmungsrechts gem § 226 unzulässig. Das Leistungsbestimmungsrecht ist verbraucht; der Berechtigte kann es nicht erneut ausüben. Eine gerichtliche Ersatzleistungsbestimmung ist analog § 315 Abs 3 S 2 möglich (Rz 196). Für die Ausübung des Gestaltungsrechts kann keine AGB-Kontrolle vorgenommen werden; auch nicht, wenn AGB geändert werden (Rz 91).

149 Zum anderen ergeben sich die inhaltlichen Grenzen des einseitigen Leistungsbestimmungsrechts aus der **vertraglichen Ermächtigung, spiegelbildlich aus der Unterwerfungserklärung**. Das Leistungsbestimmungsrecht wird auf bestimmte Gegenstände beschränkt oder an gewisse Voraussetzungen gebunden. Etwa kann ein zulässiger Rahmen (zB 200 bis 500 Euro) vorgegeben werden, der nach billigem Ermessen konkretisiert werden muss[259]. Überschreitet der Leistungsbestimmungsberechtigte die ihm eingeräumte Befugnis, handelt er jenseits seines Leistungsbestimmungsrechts. Er kann die Leistung nicht wirksam konkretisieren. Ihm fehlt schlicht die Befugnis, die Gestaltungsmacht. Spiegelbildlich hat sich die andere Vertragspartei einer solchen Leistungsbestimmung nicht unterworfen. Dieser Fall ist von der Unbilligkeit oder dem Nichtentsprechen mit einem sonstigen Kontrollmaßstab zu unterscheiden. Es greift daher auch nicht die Rechtsfolge des § 315 Abs 3 S 1. Eine gerichtliche Ersatzleistungsbestimmung kommt gleichwohl in Betracht (Rz 196). In Parallele zur Vertretungsmacht kann die Unterscheidung vom äußeren Können (Befugnisgrenzen) und inneren Dürfen (Ermessen) herangezogen werden. Gleichermaßen können die Befugnisgrenzen als äußere und die Ermessensbindungen als innere Grenzen bezeichnet werden.

IV. Rechtsfolgen

150 Für die Rechtsfolgen einer Parteileistungsbestimmung ist naturgemäß zwischen einer wirksamen sowie einer fehlerhaften und daher unwirksamen Parteileistungsbestimmung zu unterscheiden. Das Gesetz kennt in § 315 Abs 3 S 1 zudem die Rechtsfolge der einseitigen Unverbindlichkeit der Parteileistungsbestimmung. Zu den Rechtsfolgen von Verfahrensverstößen bei der Leistungsbestimmung siehe bereits Rz 116.

151 1. **Unwirksamkeit.** Eine Parteileistungsbestimmung kann aus mehreren Gründen unwirksam und für beide Vertragsparteien unverbindlich sein. § 315 greift diese Unwirksamkeitsgründe nicht auf. Als Folgefrage stellt sich die Frage nach dem **Verbrauch des Parteileistungsbestimmungsrechts** bzw der Möglichkeit einer erneuten Ausübung und mittelbar die Frage nach einer gerichtlichen Ersatzleistungsbestimmung.

---

257 Vgl etwa BAG NZA 2022, 268, 274 (Rz 63).
258 Vgl Staud[Nb 2020]/Rieble § 315 Rz 386; vgl auch BAG AP HGB § 87a Nr 5.

259 Zum Weisungsrecht des Arbeitgebers siehe noch Rz 261.

152 Die Parteileistungsbestimmung ist unwirksam, wenn das Parteileistungsbestimmungsrecht **nicht wirksam vereinbart** wurde, etwa weil die Unterwerfungserklärung nichtig ist oder es an der Bestimmtheit mangelt, und es daher nicht entstanden ist. Zur Bestimmtheit des Parteileistungsbestimmungsrechts Rz 7; zu seinen Voraussetzungen bzw spiegelbildlich den Voraussetzungen der Unterwerfungserklärung Rz 59 ff. Die Frage nach dem Verbrauch stellt sich ebensowenig wie die nach einer gerichtlichen Ersatzleistungsbestimmung. Das Gericht ist nicht zu einer solchen Vertragshilfe befugt.

153 Die Parteileistungsbestimmung ist ferner unwirksam, wenn sie aufgrund eines **Verstoßes gegen die §§ 134, 138** nichtig ist (Rz 148). Eine erneute Ausübung des Bestimmungsrechts scheidet aus; es ist verbraucht. Eine gerichtliche Ersatzleistungsbestimmung ist nach § 315 Abs 3 S 2 zulässig (Rz 196).

154 Gleiches gilt, wenn die Vertragspartei ihr **eingeräumtes Bestimmungsrecht überschreitet** und eine Leistungsbestimmung vornimmt, die nicht von der Unterwerfungserklärung gedeckt ist (dazu Rz 196).

155 Die Parteileistungsbestimmung bindet schließlich beide Vertragsparteien ebenfalls dann nicht, wenn die **Gestaltungserklärung nichtig** ist, etwa wegen einer Anfechtung gem § 142 Abs 1 (dazu Rz 103 ff). Das Parteileistungsbestimmungsrecht kann aber (erneut) ausgeübt werden, eine gerichtliche Ersatzleistungsbestimmung scheidet aus.

156 **2. Einseitige Unverbindlichkeit bei Unvereinbarkeit mit dem Kontrollmaßstab.** Fehlt eine der vier Wirksamkeitsvoraussetzungen (soeben Rz 151 ff), ist die Leistungsbestimmung unwirksam. Das Rechtsverhältnis besteht ohne Leistungskonkretisierung fort, die Leistungsbestimmung kann ggf erneut vorgenommen oder durch das Gericht nach § 315 Abs 3 S 2 analog ersetzt werden. Dies nimmt der leistungsbestimmungsrechtsunterworfenen Vertragspartei die Option, die Leistungsbestimmung gleichwohl hinzunehmen. Genügt die Leistungsbestimmung hingegen nicht dem Kontrollmaßstab (zum Begriff Rz 124), ist sie nicht unmittelbar unwirksam oder nichtig[260], sondern entfaltet (zunächst) Rechtswirkungen. **§ 315 Abs 3 S 1** bestimmt, dass die Leistungsbestimmung nach billigem Ermessen für den anderen Teil nur dann verbindlich ist, wenn sie der Billigkeit entspricht.

157 a) **Billigkeit oder sonstiger Kontrollmaßstab.** § 315 Abs 1 S 1 setzt nach seinem Wortlaut ein Parteileistungsbestimmungsrecht voraus, das nach billigem Ermessen auszuüben ist. Ein solcher Maßstab kann gesetzlich vorgegeben, vertraglich vereinbart werden oder sich aus der Auslegungsregel des § 315 Abs 1 ergeben. Die Vorschrift kann aber auf alle Fälle erweitert werden, in denen die Leistungsbestimmung nicht dem Kontrollmaßstab entspricht[261]. In diesem Fall ist die Leistungsbestimmung ebenfalls einseitig unverbindlich.

158 b) **Einseitige Unverbindlichkeit.** Rechtsfolge der unbilligen bzw nicht dem Kontrollmaßstab entsprechenden Leistungsbestimmung ist die einseitige Unverbindlichkeit. Die einseitige Unverbindlichkeit bedeutet keine (vollständige) Unwirksamkeit. Der **Leistungsbestimmungsberechtigte** bleibt an die unbillige bzw nicht kontrollmaßstabskonforme Leistungsbestimmung **gebunden**. Er darf sich nicht auf die Unbilligkeit im Fall des § 315 Abs 1, 3 S 1 oder dem Nichtentsprechen mit einem sonstigen Kontrollmaßstab berufen[262]. Eine „zweite Chance" oder ein Nachbesserungsrecht steht ihm nicht zu[263]. Er kann lediglich die vier in Rz 152 ff genannten Unwirksamkeitsgründe, die zur beiderseitigen Unverbindlichkeit führen, geltend machen. Die Bindung hindert den Berechtigten freilich nicht, ein fortlaufendes Leistungsbestimmungsrecht erneut auszuüben. Der einseitig gebundene Gläubiger kann auch bei einer unbilligen bzw dem Kontrollmaßstab nicht entsprechenden Leistungsbestimmung in Annahmeverzug, der einseitig gebundene Schuldner in Schuldnerverzug geraten, sofern die leistungsbestimmungsrechtsunterworfene Partei an der Leistungsbestimmung festhalten will (dazu Rz 163)[264]. Seine Bindung an die unbillige bzw nicht kontrollmaßstabskonforme Leistungsbestimmung endet materiell-rechtlich erst mit Rechtskraft des gerichtlichen Gestaltungsurteils nach § 315 Abs 3 S 2[265]. Mit Rechtskraft des Feststellungsurteils über die einseitige Unverbindlichkeit gem § 315 Abs 3 S 1, das inzident (da als Vorfrage, dazu noch Rz 213) die Unvereinbarkeit mit dem Kontrollmaßstab ausspricht, und auf entsprechenden richterlichen Hinweis im Rahmen seiner Leistungsklage (vgl Rz 217), ist

---

260 BAGE 141, 34, 39 f (Rz 24) = NZA 2012, 858; Grüneberg[81]/Grüneberg § 315 Rz 16; Kornblum AcP 168 (1968), 450, 466; Soergel[12]/M Wolf § 315 Rz 46. Siehe aber auch Rz 159.
261 Soergel[12]/M Wolf § 315 Rz 46.
262 Staud[Nb 2020]/Rieble § 315 Rz 633; jurisPK[9]/Völzmann-Stickelbrock § 315 Rz 85.
263 Vgl Prot I S 465; BeckOGK[01.09.2021]/Netzer § 315 Rz 82.
264 Vgl Staud[Nb 2020]/Rieble § 315 Rz 530.
265 Vgl Gernhuber, Das Schuldverhältnis, 1989, S 290 (§ 12 II 7 a).

die unbillige Leistungsbestimmung (materiell-rechtlich) nicht beseitigt. Der Leistungsbestimmungsberechtigte kann sich aber prozessual auf die festgestellte Rechtslage berufen und so kann auch er ab diesem Zeitpunkt gerichtliche Ersatzleistungsbestimmung beantragen.

159 Ist lediglich ein **Teil der Parteileistungsbestimmung unbillig** bzw entspricht dieser nicht dem Kontrollmaßstab, findet § 139 analoge Anwendung[266]. Das Gericht kann gem § 315 Abs 3 S 2 die Leistung, soweit ihre einseitige Bestimmung dem Kontrollmaßstab nicht entspricht, ersatzweise bestimmen (vgl § 317 Rz 71). Es ist allerdings sorgfältig zu prüfen, ob die Leistungsbestimmung wirklich teilbar ist. Der Schutzzweck des § 315 Abs 3 S 1 verbietet eine teleologische Reduktion einer nur quantitativ teilbaren Drittleistungsbestimmung. § 139 darf danach den Vertragsinhalt nicht modifizieren. Zudem betreffen Vorgangsfehler die Leistungsbestimmung in aller Regel im Ganzen und führen zur Gesamtunbilligkeit. Zum Drittleistungsbestimmungsrecht siehe § 319 Rz 40, 71.

160 c) **Geltendmachung der Unverbindlichkeit**. Die Rechtsfolge der (einseitigen) Unverbindlichkeit ist eine Besonderheit der einseitigen Leistungsbestimmungsrechte. Die Terminologie zeigt ihre Nähe zum Recht des Vertragsschlusses, wie etwa § 154 Abs 1 S 2 („nicht bindend") oder § 763 S 1 (ein Lotterie- oder Ausspielvertrag ist „verbindlich") zeigen. Auch § 352 BGB-E, der nicht ins BGB aufgenommen wurde, sollte als vorangestellte, allgemeine Vorschrift die Bestimmtheit bzw Bestimmbarkeit des Vertrags und damit auch einer Willenserklärung[267] behandeln (Rz 6) und hätte so eine klare Verbindung zum Vertragsschluss hergestellt. Die (einseitige) Unverbindlichkeit der Leistungsbestimmung bedeutet daher, dass die unterworfene Vertragspartei nicht vertraglich gebunden wird. Mit dieser dogmatischen Deutung wird klar, dass die einseitige Unverbindlichkeit bereits von Gesetzes wegen eintritt und nicht von der unterworfenen Person einredeweise geltend gemacht werden muss[268]. Es besteht schlicht **keine (vertragliche) Bindung**, der auch **keine nur vorläufige Verbindlichkeit** zukommen kann, die von der unterworfenen Vertragspartei durch Klage beseitigt werden muss[269]. Dieses Ergebnis überzeugt auch in der Sache, weil es verhindert, dass die leistungsbestimmende Vertragspartei aus ihrer unbilligen oder dem Kontrollmaßstab nicht entsprechenden Leistungsbestimmung für sie vorteilhafte Rechtsfolgen, wie etwa Leistung (bei späterer Kondiktion nach gerichtlicher Feststellung der Unbilligkeit), Fälligkeit oder Beginn der Verjährung, ziehen kann[270]. Die gesetzliche Risikoverteilung fällt zulasten der leistungsbestimmungsberechtigten Vertragspartei aus. Sie kann sich nur auf die Leistungsbestimmung berufen, wenn sie der Billigkeit oder dem sonstigen Kontrollmaßstab entspricht. Bei unverbindlicher Leistungsbestimmung ist weiterhin von einer nicht konkretisierten, dh nicht bestimmten Leistung auszugehen (dazu noch Rz 172). Bereits Geleistetes kann kondiziert werden[271].

161 Mit der vorgehenden Begründung ist die Geltendmachung der Unbilligkeit und der daraus folgenden Unverbindlichkeit nicht auf eine **Klage** nach § 315 Abs 3 S 1 beschränkt[272], sondern auch als **Einwendung** gegen die Leistungsklage der leistungsbestimmenden Vertragspartei möglich[273].

162 Eine gesetzliche **Frist** für die klageweise Geltendmachung der Unbilligkeit bzw des Nichtentsprechens mit dem Kontrollmaßstab nach § 315 Abs 3 S 1[274] besteht ebenso wenig wie für die Gestaltungsklage nach § 315 Abs 3 S 2[275]. Das Klagerecht kann aber **verwirkt** werden[276]. Das

---

266 AA (für Gesamtnichtigkeit) Staud[Nb 2020]/Rieble § 315 Rz 519 f.
267 Vgl Mot II S 191.
268 IE ebenso zT unter Verweis darauf, dass die Unverbindlichkeit eine Form der Unwirksamkeit darstelle, BeckOGK[01.09.2021]/Netzer § 315 Rz 80; Staud[Nb 2020]/Rieble § 315 Rz 509 ff; MünchKomm[8]/Würdinger § 315 Rz 45.
269 So aber für die Geltendmachung durch die leistungsbestimmungsrechtsunterworfene Vertragspartei ähnlich eines Gestaltungsrechts oder weitergehend für das Erfordernis gerichtlicher Feststellung BAGE 141, 34, 39 f (Rz 24) = NZA 2012, 858; BeckOK[61. Ed]/Gehrlein § 315 Rz 18; Gernhuber, Das Schuldverhältnis, 1989, S 289 f (§ 12 II 7 a); Grüneberg[81]/Grüneberg § 315 Rz 16 f; Kornblum AcP 168 (1968), 450, 466; Soergel[12]/M Wolf § 315 Rz 46; iE wie hier LG Mainz, Urt v 05.03.2007, 5 O 94/06, juris, Rz 44 ff; Bötticher, in: FS Dölle, 1963, S 41, 67; Staud[Nb 2020]/Rieble § 315 Rz 509 ff; MünchKomm[8]/Würdinger § 315 Rz 45 und nunmehr auch BAG NZA 2017, 1185, 1191 f (Rz 60 ff); NZA 2017, 1452.
270 Staud[Nb 2020]/Rieble § 315 Rz 509; MünchKomm[8]/Würdinger § 315 Rz 45.
271 LG Mainz, Urt v 05.03.2007, 5 O 94/06, juris, Rz 47; Staud[Nb 2020]/Rieble § 315 Rz 522.
272 So aber Gernhuber, Das Schuldverhältnis, 1989, S 289 f (§ 12 II 7 a); Soergel[12]/M Wolf § 315 Rz 46.
273 Vgl BGH WM 1967, 1201, 1202; NJW 1983, 1777, 1778; vgl auch BGHZ 163, 321, 324 = NJW 2005, 2919: „Einrede nach § 315 Abs 3 BGB".
274 BGHZ 97, 212, 220 = NJW 1986, 1803; Gernhuber, Das Schuldverhältnis, 1989, S 290 (§ 12 II 7 a); Piekenbrock ZIP 2010, 1925, 1928 f; Staud[Nb 2020]/Rieble § 315 Rz 476; NomosKommentar, BGB[4]/Ring/F Wagner § 315 Rz 16.
275 BGH NJW 2011, 212, 212 f (Rz 20).
276 BGHZ 97, 212, 220 = NJW 1986, 1803; NJW 2011, 212, 212 f (Rz 20); Gernhuber, Das Schuldverhältnis, 1989, S 290 (§ 12 II 7 a); BeckOGK[01.09.2021]/Netzer § 315 Rz 96; Staud[Nb 2020]/Rieble § 315 Rz 516; NomosKommentar, BGB[4]/Ring/F Wagner § 315 Rz 16; jurisPK[9]/Völzmann-Stickelbrock § 315 Rz 83; Soergel[12]/M Wolf § 315 Rz 46; MünchKomm[8]/Würdinger § 315 Rz 48; kritisch Piekenbrock ZIP 2010, 1925, 1932 f.

Zeitmoment wird grundsätzlich auf einen Monat taxiert[277]. Die Parteien können schließlich vertraglich eine Frist für die Geltendmachung vereinbaren. Unter engen Voraussetzungen scheint auch eine Verwirkung der Einwendung nicht ausgeschlossen[278].

3. Bestätigung. Die leistungsbestimmungsunterworfene Vertragspartei kann die unbillige Leistungsbestimmung gleichfalls **gegen sich gelten lassen** und den Vertrag ohne Beanstandung der Billigkeit bzw Unvereinbarkeit mit dem Kontrollmaßstab vollziehen[279]. Wird in der Klage nach § 315 Abs 3 S 1 (zu Unrecht, Rz 162) ein Gestaltungsrecht gesehen[280], liegt darin der Verzicht auf dessen Ausübung. Sieht man in der Unverbindlichkeit hingegen eine Einwendung, die gerade nicht geltend zu machen ist[281], scheidet der Weg einer unterlassenen Geltendmachung aus[282]. In diesem Fall wird in der Akzeptanz der unbilligen Leistungsbestimmung eine Bestätigung analog § 144 gesehen[283]. Nach hier vertretener Auffassung scheidet dieser Weg aus, weil anders als bei der Anfechtung (oder der unverhältnismäßig hohen Vertragsstrafe nach § 343 Abs 1 S 1) kein ohne die Leistungsbestimmung wirksamer Vertragsinhalt vorliegt, der bestätigt werden könnte. Die „Bestätigung" liegt vielmehr in einem konkludenten Vertragsschluss[284]. Die unbillige Leistungsbestimmung ist gem § 140 in ein Vertragsangebot umzudeuten, das die leistungsbestimmungsunterworfene Vertragspartei (konkludent) annimmt. Eine **vertragliche Änderung** des unbilligen oder billigen, einseitig bestimmten Leistungsinhalts ist zudem freilich stets möglich[285]. In beiden Fällen greift die vertragliche Richtigkeitsgewähr. Eine besondere gerichtliche Inhaltskontrolle findet nicht statt. Es finden lediglich die allgemeinen Grenzen der Vertragsfreiheit §§ 134, 138, 305 ff Anwendung. Eine solche „Heilung" der einseitigen Parteileistungsbestimmung kommt hingegen für Leistungsbestimmungen, die gegen §§ 134, 138 verstoßen, nicht in Betracht, weil die Grenzen insoweit identisch sind (Rz 148, 153).

Übersteigt die Parteileistungsbestimmung die Unterwerfungserklärung, ist die Gestaltungserklärung nichtig oder wurde ein Leistungsbestimmungsrecht erst gar nicht vereinbart, kann dessen inhaltliche Regelung nur durch vertragliche Regelung zum Vertragsbestandteil gemacht werden. Die Parteileistungsbestimmung ist unwirksam und entfaltet keinerlei Wirkungen und kann daher keine Grundlage einer einseitigen „Bestätigung" darstellen.

4. Verbindlichkeit bei wirksamer Ausübung und Vereinbarkeit mit dem Kontrollmaßstab. Die wirksam ausgeübte Leistungsbestimmung (zu den Unwirksamkeitsgründen Rz 151 ff), die dem Kontrollmaßstab entspricht, macht den konkretisierten Leistungsinhalt **für die Parteien verbindlich**[286]. Zur grundsätzlichen Unwiderruflichkeit Rz 108 f, zur Anfechtung Rz 110. Auch eine später eintretende Unmöglichkeit nach § 275 führt nicht zu einem Wiederaufleben des Leistungsbestimmungsrechts[287]. Dieses wurde verbraucht. Die Leistung ist durch die Leistungsbestimmung nun bestimmt und ebenso zu behandeln, wie wenn die Parteien sie im Vertrag vereinbart hätten. Eine Parteileistungsbestimmung wird wirksam mit dem **Zugang** (Rz 102) der Erklärung, eine gerichtliche Ersatzleistungsbestimmung mit **Rechtskraft** des Urteils[288].

a) **Wirkung ex nunc.** Die Leistungsbestimmung wirkt ex nunc[289]. Sie begründet das Schuldverhältnis nicht, sondern gestaltet und fügt sich – auch zeitlich – in dieses ein. Eine echte Rückwirkung ist ausgeschlossen.

Mit der Leistungserstbestimmung wird die nunmehr konkretisierte Schuld **fällig**[290] und **erfüllbar**, mit der Leistungsänderungsbestimmung entsprechend die geänderte Schuld. Zudem ermöglicht sie die **Aufrechnung** mit und gegen die Forderung. Der Eintritt des **Verzugs** vor Leistungsbestimmung ist damit grundsätzlich ausgeschlossen (siehe noch Rz 174 ff). **Fälligkeits-, Verzugs- und Prozesszinsen** (§ 291 S 1 Hs 2) sind erst mit wirksamer Leistungsbestimmung

---

277 Soergel[12]/M Wolf § 315 Rz 46.
278 Vgl allgemein BeckOGK[01.03.2022]/Kähler § 242 Rz 1632 ff.
279 BeckOGK[01.09.2021]/Netzer § 315 Rz 80; Staud[Nb] [2020]/Rieble § 315 Rz 501, 479 ff; Soergel[12]/M Wolf § 315 Rz 46. Vgl auch BGHZ 172, 315, 328 (Rz 36) = NJW 2007, 2540.
280 So die Nachw in Fn 265.
281 So iE zu Recht die Nachw in Fn 265.
282 Gleichwohl nimmt Staud[Nb] [2020]/Rieble § 315 Rz 501 ohne Begründung eine solche Möglichkeit, die Leistungsbestimmung gegen sich gelten zu lassen an, und grenzt sie von der Bestätigung ab. Ohne Qualifizierung BeckOGK[01.09.2021]/Netzer § 315 Rz 80.
283 Dazu Staud[Nb] [2020]/Rieble § 315 Rz 479 ff.
284 So (rechtstechnisch) auch BGHZ 172, 315, 329 (Rz 36) = NJW 2007, 2540.
285 Vgl KG, Urt v 17.02.2003, 8 U 392/01, juris, Rz 18 ff (konstitutives Schuldanerkenntnis); Erman[16]/Hager § 315 Rz 22; Staud[Nb] [2020]/Rieble § 315 Rz 484.
286 RGRK[12]/Ballhaus § 315 Rz 15; Grüneberg[81]/Grüneberg § 315 Rz 11; jurisPK[9]/Völzmann-Stickelbrock § 315 Rz 77; Soergel[12]/M Wolf § 315 Rz 46.
287 Staud[Nb] [2020]/Rieble § 315 Rz 537.
288 BGHZ 167, 139, 149 (Rz 21 f) = NJW 2006, 2472; NJW-RR 2007, 56, 58 (Rz 22 f); RGRK[12]/Ballhaus § 315 Rz 15, 20; BeckOGK[01.11.2020]/Netzer § 315 Rz 79, 81; MünchKomm[8]/Würdinger § 315 Rz 37.
289 Staud[Nb] [2020]/Rieble § 315 Rz 489; Soergel[12]/M Wolf § 315 Rz 44.
290 BGH NJW-RR 2007, 56, 58 (Rz 22 f); BGHZ 167, 139, 149 (Rz 21 f) = NJW 2006, 2472; Staud[Nb] [2020]/Rieble § 315 Rz 489.

geschuldet[291]. Mit wirksamer Leistungsbestimmung beginnt schließlich die **Verjährung** zu laufen[292].

168 Erst mit der Konkretisierung der Leistung durch die Leistungsbestimmung kann die **Unmöglichkeit der Leistung** beurteilt werden. Die Rechtslage einer vor Vertragsschluss eintretenden und einer nach Ausübung des Leistungsbestimmungsrechts eintretenden Unmöglichkeit ist klar: Eine anfängliche Unmöglichkeit bei Vertragsschluss kann es nur geben, wenn alle zulässigen Leistungsbestimmungen zu einer unmöglichen Leistung führen. Insoweit findet § 311a Abs 2 Anwendung. Eine nach Ausübung des Leistungsbestimmungsrechts eintretende Unmöglichkeit richtet sich nach den allgemeinen Vorschriften der §§ 275, 280 Abs 1, 3, 283, 326. Problematisch ist eine nach Vertragsschluss und vor Ausübung des Leistungsbestimmungsrechts eintretende Unmöglichkeit. In diesem Zeitraum ist die Leistung noch unbestimmt. Die Unmöglichkeit kann erst im Zeitpunkt der Leistungsbestimmung festgestellt werden. Aus dieser Perspektive handelt es sich um eine anfängliche Unmöglichkeit. Gleichwohl liegt der Zeitpunkt nach Vertragsschluss, weshalb aus dieser Sicht eine nachträgliche Unmöglichkeit vorliegt. Der Gedanke der anfänglichen Unmöglichkeit ist wieder aufzugreifen, wenn das Leistungsbestimmungsrecht dem Schuldner zusteht. Ob er eine anfänglich unmögliche Leistung vertraglich verspricht oder eine solche einseitig bestimmt, ist gleich zu behandeln. Der maßgebliche Zeitpunkt ist nunmehr allerdings die Ausübung des Leistungsbestimmungsrechts. Dem Gläubiger steht daher unter den weiteren Voraussetzungen des § 311a Abs 2 ein Schadensersatzanspruch zu. Steht das Leistungsbestimmungsrecht hingegen dem Gläubiger zu, kommt ein Schadensersatzanspruch nicht in Betracht. § 311a Abs 2 findet keine Anwendung, weil der Schuldner an der Leistungsbestimmung nicht beteiligt ist, §§ 275, 280 Abs 1, 3, 283 nicht, weil den Schuldner keine Vorhaltenspflicht für jede zulässige, aber noch nicht konkretisierte Leistung trifft und daher ein Verschulden ausgeschlossen ist (siehe auch Rz 170). Auch wenn der Schuldner von Schadensersatzansprüchen entlastet wird, heißt dies nicht, dass der leistungsbestimmungsberechtigte Gläubiger das Irrtumsrisiko alleine tragen müsste. Die unverschuldete Unmöglichkeit trifft beide Vertragsparteien gleichermaßen. Daher ist es angemessen, dem leistungsbestimmungsberechtigten Gläubiger eine Anfechtung nach § 119 Abs 2 (analog) zu erlauben. So kann er entscheiden, ob er an der unmöglichen Leistung und dem Scheitern des Vertrags festhalten oder seine Gestaltungserklärung vernichten und sein Leistungsbestimmungsrecht neu ausüben möchte. Einem bewussten Ausnutzen der Unmöglichkeit zum Zwecke der Vertragslösung ist mit § 242 zu begegnen. Zudem ist das bewusste Bestimmen einer unmöglichen Leistung, sofern dies als Maßstab vereinbart ist, ermessensfehlerhaft, da es nicht an den Vertragszwecken ausgerichtet ist, sondern diese sabotiert. In diesen Fällen steht die gerichtliche Ersatzbestimmung nach § 315 Abs 3 S 2 Hs 1 offen.

169 Demgegenüber überzeugt es konstruktiv nicht, eine Lösung über **§ 265 (analog)** zu suchen[293]. Danach sei eine Reduktion der Wahlmöglichkeiten des ermessensgebundenen Leistungsbestimmungsberechtigten anzunehmen und im Fall der Unmöglichkeit der Leistung die Ausübung des Leistungsbestimmungsrechts ggf nicht als verbraucht anzusehen. Die Interessenlage bei der Wahlschuld ist jedoch eine andere. Dort sind die alternativen Leistungsinhalte bereits vertraglich bestimmt, sodass jeweils die Unmöglichkeit beurteilt werden und § 265 den Vertrag im Übrigen aufrechterhalten kann. Die einseitige Leistungsbestimmung führt die Bestimmtheit vielmehr erst herbei und tritt an die Stelle der vertraglichen Einigung über die Leistung. Die Unmöglichkeit kann daher auf die Wirksamkeit des einseitigen Leistungsbestimmungsrechts wie der Vertragsabrede (vgl § 311a Abs 1) keine Auswirkungen haben.

170 b) **Vertraglich vereinbarte Rückbeziehung.** Auch wenn der einseitigen Leistungsbestimmung keine echte Rückwirkung zukommt, können die Vertragsparteien vertraglich eine **Rückbeziehung der Wirkungen nach § 159** vereinbaren[294]. Danach haben sie einander so zu stellen, als wenn die Leistung bereits zum vereinbarten Zeitpunkt bestimmt worden wäre. Dieser vereinbarte Zeitpunkt kann der Vertragsschluss, aber auch ein späterer Stichtag sein. Er ist durch Vertragsauslegung zu ermitteln[295]. Die Vornahme der Leistungsbestimmung wird für diesen Zeitpunkt fingiert. Etwa ist ein einseitig bestimmter Erbbauzins bereits rückwirkend ab einem in der Vergangenheit

---

291 Staud[Nb 2020]/Rieble § 315 Rz 490; zu Prozess- und Verzugszinsen BGH NJW-RR 2014, 492, 494 (Rz 38) (zu § 317); BAG NZA 2014, 1026, 1030 (Rz 34 f); NZA 2019, 387, 398 (Rz 109 ff); zu Verzugszinsen auch NZA-RR 2016, 366, 370 (Rz 38).
292 BGH NJW 1996, 1054, 1056; Staud[Nb 2020]/Rieble § 315 Rz 493; jurisPK[9]/Völzmann-Stickelbrock § 315 Rz 76.
293 So Staud[Nb 2020]/Rieble § 315 Rz 528 ff.

294 BGH NJW 1996, 1748; NJW-RR 2003, 1355, 1357 f; BAG NZA-RR 2016, 366, 370 (Rz 39); Gernhuber, Das Schuldverhältnis, 1989, S 289 (§ 12 II 6 b); Staud[Nb 2020]/Rieble § 315 Rz 496; jurisPK[9]/Völzmann-Stickelbrock § 315 Rz 77; Soergel[12]/M Wolf § 315 Rz 44; MünchKomm[8]/Würdinger § 315 Rz 37.
295 BGH NJW 1996, 1748; NJW-RR 2003, 1355, 1358.

liegenden Stichtag zu zahlen[296]. Für die rechtliche Bewertung von Handlungen im Schwebezeitraum, dh während des Rückwirkungszeitraums, bleibt die in diesem Zeitpunkt bestehende Rechtslage maßgeblich[297]. **Schuldner- und Gläubigerverzug** sowie Pflichtverletzungen zu einer Zeit, als die Leistung noch nicht konkretisiert war, können nicht begründet werden[298]. Auch der **Verjährungsbeginn** kann im Ergebnis nicht rückbewirkt werden[299]. Dies gilt für die kenntnisabhängige Verjährung, weil die Kenntnis als innere Tatsache anders als Rechtsfolgen keine rückwirkende Wirkung entfalten kann[300]. Der Rückwirkung der kenntnisunabhängigen Verjährung steht der Grundsatz entgegen, dass die Klageerhebung zumutbar sein muss[301], was wegen der Unbestimmtheit der Leistung im Rückwirkungszeitraum zu verneinen ist[302]. Die Rückbeziehung nach § 159 erlangt vielmehr vor allem für die Verzinsung Relevanz[303].

Eine solche Rückwirkungsabrede muss nicht ausdrücklich getroffen werden, sondern kann sich **171 auch aus den Umständen** ergeben[304]. Im Rahmen der Vertragsauslegung spricht grundsätzlich viel dafür, dass bei einem Leistungserstbestimmungsrecht eine Wirkung ex tunc gewollt ist, bei einem Leistungsänderungsrecht hingegen eine Wirkung ex nunc[305]. Geht es um die **Gegenleistung**, spricht viel für eine Rückbewirkung, wenn der Schuldner bereits früher in den Genuss der Leistung gekommen ist, insbesondere bei Dauerschuldverhältnissen[306].

5. Rechtslage vor Ausübung des Bestimmungsrechts. Vor Ausübung des Parteileistungsbe- **172** stimmungsrechts handelt es sich um einen mit Vertragsschluss wirksamen Vertrag (oben Rz 4) mit einer unbestimmten, aber bestimmbaren Leistung. Die nur bestimmbare, aber (noch) nicht bestimmte Forderung ist **weder erfüllbar**[307] **noch fällig**[308]. Mit ihr und gegen sie kann **nicht aufgerechnet** werden[309]. Eine **Abtretung** ist hingegen möglich, weil diese keine Bestimmtheit verlangt, sondern Bestimmbarkeit genügen lässt (Rz 34). Zu Annahme- und Schuldnerverzug sogleich Rz 174 ff.

Ist der Berechtigte zur Leistungsbestimmung oder -änderung verpflichtet (ausführlich Rz 118 **173** ff), steht dem Leistungsbestimmungsrechtsunterworfenen ein **Leistungsbestimmungsvornahmeanspruch** zu. Dieser dient auch der Durchsetzung der Gegenleistung im **gegenseitigen Vertrag**. Im gegenseitigen Vertrag tritt dieser Anspruch zudem ins Synallagma, wenn er auf eine Hauptleistung bezogen ist. Die nicht erfolgte Leistungsbestimmung kann nach § 320 dem leistungsbestimmungsberechtigten Gläubiger entgegengehalten werden[310]. Den Leistungsbestimmungsrechtsunterworfenen trifft schließlich gem **§ 160 Abs 1** die Pflicht, die noch zu bestimmende Leistung nicht zu vereiteln[311]. Anders als bei der Wahlschuld die alternativen Leistungen ist die Leistung noch nicht konkretisiert und der Schuldner daher nicht verpflichtet, sämtliche zulässigen Leistungen vorzuhalten (Rz 169).

6. Rechtslage bei Verzögerung der Ausübung des Leistungsbestimmungsrechts. Verzö- **174** gert der Berechtigte die Ausübung des Leistungsbestimmungsrechts, eröffnet § 315 Abs 3 S 2 Hs 2 für den Leistungsbestimmungsrechtsunterworfenen die Möglichkeit einer **gerichtlichen Ersatzleistungsbestimmung**. Die andere Vertragspartei muss die Leistungsbestimmung grundsätzlich auf diesem Klagewege durchsetzen und darf bei verzögerter Leistungsbestimmung nicht etwa nach § 323 vom Vertrag zurücktreten, wenn keine Leistungsbestimmungspflicht besteht[312]. Besteht hingegen eine **Leistungsbestimmungspflicht** – auch bei einem Leistungsänderungsrecht – (Rz 118 ff), kann der Schuldner den leistungsbestimmungsberechtigten Gläubiger nach

---

296 Beispiel nach BGH NJW 1996, 1748 zur Drittleistungsbestimmung.
297 Vgl Staud[Nb 2020]/Bork § 159 Rz 6; MünchKomm[9]/Westermann § 159 Rz 2.
298 Staud[Nb 2020]/Rieble § 315 Rz 497; aA im Grundsatz Latzel AcP 216 (2016), 674, 690 ff, der allerdings einen Schuldnerverzug (und schuldhafte Pflichtverletzungen) nur für den rein zufälligen Fall annähme, dass der Schuldner die Leistungsbestimmung durch den Gläubiger vorhersieht und daher schuldhaft nicht leistet, sowie einen Gläubigerverzug jedenfalls nach § 242 ausschließt.
299 Allgemein Latzel AcP 216 (2016), 674, 694 f. Zu § 184 hM; Staud[Nb. 2019]/Klumpp § 184 Rz 95; Soergel[13]/Leptien § 184 Rz 8 jew mwN.
300 Latzel AcP 216 (2016), 674, 694 f.
301 Dazu BGHZ 160, 216, 231 f = NJW 2005, 429; 179, 260, 276 f (Rz 47) = NJW 2009, 2046; 203, 115, 126 f (Rz 35) = NJW 2014, 3713.
302 Latzel AcP 216 (2016), 674, 695.
303 BGH NJW-RR 2003, 1355, 1357 f; Staud[Nb 2020]/Rieble § 315 Rz 496. Weitergehend zum Finanzierungsrisiko Habersack/Tröger DB 2009, 44, 46 f.
304 BGH NJW 1996, 1748; NJW-RR 2003, 1355, 1358; BAG NZA-RR 2016, 366, 370 (Rz 39).
305 Vgl jurisPK[9]/Völzmann-Stickelbrock § 315 Rz 78 f; MünchKomm[8]/Würdinger § 315 Rz 37.
306 BAG NZA-RR 2016, 366, 370 (Rz 39); NZA 2016, 903, 370 (Rz 39); Soergel[12]/M Wolf § 315 Rz 44; MünchKomm[8]/Würdinger § 315 Rz 37. Vgl auch BGH NJW 1978, 154 f.
307 Staud[Nb 2020]/Rieble § 315 Rz 488. Gernhuber, Das Schuldverhältnis, 1989, S 278 (§ 12 I 1) weist auf den Sonderfall hin, dass die Forderung vorbehaltlich einer endgültigen Abrechnung erfüllt werden könne.
308 Soergel[12]/M Wolf § 315 Rz 45.
309 Gernhuber, Das Schuldverhältnis, 1989, S 278 (§ 12 I 1).
310 Staud[Nb 2020]/Rieble § 315 Rz 543.
311 Staud[Nb 2020]/Rieble § 315 Rz 535.
312 Soergel[12]/M Wolf § 315 Rz 53; vgl auch BeckOK[61. Ed]/Gehrlein § 315 Rz 15.

den allgemeinen Voraussetzungen hinsichtlich des Leistungsbestimmungsvornahmeanspruchs in Schuldnerverzug setzen. Der leistungsbestimmungsrechtsunterworfene Schuldner kann in diesem Fall nicht nur den Verzugsschaden geltend machen, sondern auch nach §§ 323 Abs 1, 281 Abs 1 eine Frist zur Leistungsbestimmung setzen und sich über den Rücktritt oder den Schadensersatz statt der Leistung vom Vertrag lösen[313].

175 Hinsichtlich der Leistung tritt grundsätzlich vor der Bestimmung der Leistung kein **Schuldnerverzug** ein, da der unkonkretisierte Leistungsanspruch nicht fällig ist[314]. Steht dem Schuldner das Leistungsbestimmungsrecht zu, besteht eine Besonderheit. Die Parteien können im Vertrag nicht nur die Leistungsbestimmung, sondern auch die Leistung selbst **sofort oder mit kurzer Frist fällig** stellen. Damit bedingen sie den Grundsatz ab, dass eine nicht konkretisierte Schuld erst mit der gerichtlichen Ersatzleistungsbestimmung fällig wird. Dies führt zu höherer Rechtsklarheit[315]. Ohne die vertragliche Fälligkeitsregelung könnte der Schuldner mit der Konkretisierung einseitig die Fälligkeit herbeiführen. Eine Benachteiligung des Schuldners liegt darin ebenfalls nicht. Der Schuldner konkretisiert seine Leistungspflicht selbst, bevor er leistet. In diesen Fällen kann der Schuldner damit schon vor Ausübung seines Leistungsbestimmungsrechts in Verzug geraten[316]. Auf dieser Linie liegt auch die Rechtsprechung des BGH: Ist der Schuldner durch Parteileistungsbestimmung zur Festlegung der Leistungszeit berechtigt, kommt er mit der Leistung in Verzug, wenn der Gläubiger ihm eine angemessene Frist zur Leistung gesetzt hat[317].

176 Ein **Annahmeverzug** des leistungsbestimmungsberechtigten Gläubigers durch Verzögerung der Leistungsbestimmung ist nur bei Leistungserstbestimmungsrechten möglich. Nur in diesen Fällen stellt die Leistungsbestimmung eine notwendige Mitwirkungshandlung gem § 295 S 1 Var 2 dar[318], weil sie erst die Vollziehbarkeit des Vertrags herstellt. Mit der Aufforderung zur Leistungsbestimmung setzt der Schuldner den leistungsbestimmungsberechtigten (und -verpflichteten) Gläubiger gem § 295 S 2 in Annahmeverzug. Bei Leistungsänderungsrechten ist die Leistung hingegen bereits vertraglich oder durch eine vorhergehende einseitige Leistungsbestimmung bestimmt und der Schuldner kann die (unveränderte) Leistung selbst nach § 294 anbieten. Der Gläubiger kommt hinsichtlich dieser Leistung nach allgemeinen Regeln in Annahmeverzug. Ein Annahmeverzug hinsichtlich der noch zu ändernden Leistung scheidet dagegen aus. Die noch zu ändernde Leistung ist nicht erfüllbar und der Gläubiger auch ggf nicht zur Leistungsbestimmung verpflichtet (Rz 120).

V. Gerichtliche Kontrolle und Ersatzleistungsbestimmung (§ 315 Abs 3)

177 Die Parteileistungsbestimmung unterliegt selbstverständlich der gerichtlichen Kontrolle. Diese ist im Zivilrecht **grundsätzlich eine volle gerichtliche Kontrolle**. Das Gericht nimmt eine volle, eigenständige Rechtsanwendung vor und zieht diese als Kontrollmaßstab heran. Genügt das kontrollierte Verhalten diesem Maßstab nicht, fällt die gerichtliche Kontrolle negativ aus und das Gericht setzt seine Rechtsanwendung durch. **§ 315 Abs 3 S 1** enthält eine hiervon abweichende **Sonderregel**, indem es eine **beschränkte Kontrolldichte** anordnet (Rz 131 ff). Der Ausübungsmaßstab des „billigen Ermessens" nach § 315 Abs 1 wird lediglich auf „Billigkeit" kontrolliert. So verbleibt dem Leistungsbestimmungsberechtigten ein Handlungsspielraum. Er konkretisiert die Vertragszwecke letztverbindlich (sog Letztentscheidungsbefugnis). Das Gericht stellt gerade nicht seine eigene Auffassung der billigen Konkretisierung an dessen Stelle. Die gerichtliche Kontrolle beschränkt sich vielmehr auf die Einhaltung der Grenzen billigen Ermessens (Rz 136). Die Absage an eine volle gerichtliche Kontrolle kommt auch darin zum Ausdruck, dass das Gericht nach **§ 315 Abs 3 S 2** nicht stets eine eigene Leistungsbestimmung vornimmt, sondern nur im Fall der Unbilligkeit oder verzögerten Leistungsbestimmung des Berechtigten. Bei einer vollen gerichtlichen Kontrolldichte wäre diese Vorschrift überflüssig.

178 Die gerichtliche Kontrolle geht einer gerichtlichen Ersatzleistungsbestimmung im Sinne einer **Zweistufigkeit** voraus. Letztere muss sich aber nicht zwingend anschließen. Der Leistungsbestimmungsrechtsunterworfene kann auch **lediglich die Feststellung der Unbilligkeit** bzw des Abweichens vom vereinbarten Kontrollmaßstab beantragen[319]. Dies führt bei einem Leistungsän-

---

313 Staud[Nb 2020]/Rieble § 315 Rz 568. Vgl auch BAG NZA-RR 2009, 499, 502 f (Rz 41 f).
314 BeckOGK[01.09.2021]/Netzer § 315 Rz 70; Staud[Nb 2020]/Rieble § 315 Rz 529; jurisPK[9]/Völzmann-Stickelbrock § 315 Rz 75.
315 Vgl BGH NJW 1983, 2934, 2935.
316 Vgl Soergel[12]/M Wolf § 315 Rz 45 Offenlassend BGHZ 122, 32, 46 = NJW 1993, 1387.
317 BGH NJW 1983, 2934, 2935.
318 Ohne Differenzierung zwischen Leistungserstbestimmungs- und -änderungsrecht Staud[Nb 2020]/Rieble § 315 Rz 572; iE auch jurisPK[9]/Völzmann-Stickelbrock § 315 Rz 74. Zu HGB § 375 MünchKomm[8]/Ernst § 295 Rz 8; vgl auch RGZ 14, 243, 245; 43, 101, 103.
319 Soergel[12]/M Wolf § 315 Rz 47.

Untertitel 4 Einseitige Leistungsbestimmungsrechte 179–184 § 315

derungsrecht zum Fortbestehen der vertraglich vereinbarten oder zuvor einseitig bestimmten Leistung. Auch kann zunächst eine beiderseitige Nach- oder Neuverhandlung gesucht werden.

1. Gerichtliche Kontrolle. § 315 Abs 3 S 1 behandelt mit der gerichtlichen Billigkeitskontrolle lediglich einen Ausschnitt der gerichtlichen Kontrolle der Parteileistungsbestimmung. Zum einen behandelt sie lediglich den Maßstab billigen Ermessens. Vereinbaren die Parteien einen abweichenden Maßstab, so weicht regelmäßig auch der gerichtliche Kontrollmaßstab ab. Zum anderen erstreckt sich die gerichtliche Kontrolle auf die Vereinbarkeit mit dem Kontrollmaßstab hinaus auf die in Rz 151 ff aufgezählten Unwirksamkeitsgründe der Parteileistungsbestimmung (Rz 181). Eine behördliche Genehmigung schließt eine gerichtliche Kontrolle nicht aus (vgl zur Beweislast Rz 223)[320]. 179

a) **Vertragliche Disposition und Mindestgehalt.** Den Vertragsparteien steht es frei, die gerichtliche **Billigkeitskontrolle** des Parteileistungsbestimmungsrechts auszuschließen[321]. Dies kann ausdrücklich geschehen oder durch Auslegung zu ermitteln sein. So können die Parteien zwar einen Ausübungsmaßstab vorgeben, diesen aber durch Verzicht auf einen privatautonomen Kontrollmaßstab kontrollfrei stellen. So mag der Berechtigte an die Vertragszwecke gebunden werden. Dieser Ausübungsmaßstab wird aber nicht in einen gerichtlichen Kontrollmaßstab übernommen. Eine gerichtliche Kontrolle ist ferner auch dann ausgeschlossen, wenn die Parteien einen **nicht justiziablen Maßstab** vereinbaren, etwa die Leistungsbestimmung in das freie Belieben des Berechtigten stellen (dazu bereits Rz 138). Die Parteien verzichten (konkludent) auf einen privatautonomen gerichtlichen Kontrollmaßstab. 180

Die **gerichtliche Kontrolle gänzlich ausschließen können die Parteien indes nicht**. Unabhängig vom vereinbarten Maßstab für die Leistungsbestimmung hat das Gericht diese stets auf das Vorliegen der in Rz 151 ff aufgezählten Unwirksamkeitsgründe zu kontrollieren. Insoweit steht die gerichtliche Kontrolle nicht zur Disposition der Parteien. Als gesetzliche Inhaltskontrolle sind ebenfalls bereichsspezifische Schutzvorschriften wie etwa § 343 Abs 1 S 1 unabdingbar[322]. Schließlich sind die gesetzlichen Vorschriften einer **Ausübungskontrolle** wie das Verbot des Rechtsmissbrauchs oder § 226 stets anwendbar. 181

Grundsätzlich der vollen gerichtlichen Kontrolle unterliegen schließlich die **vertraglichen Voraussetzungen des Leistungsbestimmungsrechts** (siehe bereits oben Rz 96, 137). Dies ist nur dann anders, wenn die Vertragsparteien der leistungsbestimmungsberechtigten Vertragspartei auch die Kompetenz zur Feststellung dieser Voraussetzungen übertragen haben. Dann ist die Feststellung der Vertragspartei gem § 315 Abs 3 S 1 lediglich auf ihre Richtigkeit (vgl zum Schiedsgutachten § 319 Rz 29) zu kontrollieren, es sei denn die Parteien haben diese Billigkeitskontrolle entsprechend Rz 180 f ausgeschlossen. 182

b) **Kontrollmaßstab: „Billigkeit", § 315 Abs 3 S 1.** § 315 Abs 3 S 1 behandelt den Fall, dass die Leistungsbestimmung nach „billigem Ermessen" zu treffen ist. Für diesen Fall wird die „Billigkeit" zum gerichtlichen Kontrollmaßstab erhoben. Wie gezeigt behandelt der Begriff des Ermessens, der lediglich in § 315 Abs 1 enthalten ist, bereits den Kontrollmaßstab mit (Rz 132 f). Die „Billigkeit" ist danach als eine **beschränkte Kontrolldichte** zu verstehen (Rz 136). Auf diesem Weg kommt dem Leistungsbestimmungsberechtigten der allseits angenommene Handlungsspielraum zu (vgl Rz 131). Das Gericht misst den Berechtigten nicht an der aus seiner Sicht zweckmäßigsten, „billigsten" Leistungsbestimmung, sondern überprüft lediglich die Einhaltung der Grenzen billigen Ermessens (Rz 136). Den objektiven Bezugspunkt der Billigkeit bilden dabei die Vertragszwecke (Rz 135). 183

Die **Grenzen billigen Ermessens** können in Anlehnung an die verwaltungsrechtliche Ermessensfehlerlehre formuliert werden (Rz 138). Zunächst einmal ist zu prüfen, ob der Leistungsbestimmungsberechtigte vom **zutreffenden Sachverhalt** ausgegangen ist[323]. Es schließen sich eine **Vorgangs- und Ergebniskontrolle** an. Das Gericht hat zu prüfen, ob der Leistungsbestimmungsberechtigte eine Abwägungsentscheidung vorgenommen hat und sich nicht zu einem bestimmten Ergebnis verpflichtet sah (sog **Ermessensnichtgebrauch**)[324]. Den Abwägungsvorgang hat das Gericht auf die Berücksichtigung sachfremder oder willkürlicher Belange und Motive zu überprüfen (sog **Ermessensfehlgebrauch**)[325]. Die Ermessensentscheidung ist an den Vertragszwecken 184

---

320 Soergel[12]/M Wolf § 315 Rz 47.
321 Vgl jurisPK[9]/Völzmann-Stickelbrock § 315 Rz 80.
322 Vgl Staud[Nb 2020]/Rieble § 315 Rz 674.
323 BGH NZA-RR 2013, 327, 329 (Rz 27).
324 Vgl BGHZ 41, 271, 279 = NJW 1964, 1617; Düsseldorf NJOZ 2002, 1681, 1688 f; BAG NZA-RR 1996, 313, 314; NZA 1998, 555, 557; NZA 2018, 162, 165 (Rz 33); Staud[Nb 2020]/Rieble § 315 Rz 419; Söllner, Einseitige Leistungsbestimmung im Arbeitsverhältnis, 1966, S 131.
325 BGH WM 1983, 1006; NZA-RR 2013, 327, 329 (Rz 27); BAGE 11, 318, 326 = NJW 1962, 268; Staud[Nb 2020]/Rieble § 315 Rz 419.

auszurichten. In den Worten des BGH erfordert dies vom Gericht „die Abwägung der objektiven wirtschaftlichen Interessen beider Vertragspartner und eine umfassende Würdigung des Vertragszwecks, in die weitere Gesichtspunkte einfließen können."[326] Schließlich hat das Gericht zu kontrollieren, ob die Leistungsbestimmung im Ergebnis (zur Qualifikation als Ergebniskontrolle Rz 136) nicht die Grenzen der Billigkeit überschreitet (sog **Ermessensüberschreitung**)[327]. Letztere bildet das zivilrechtliche Äquivalent zur Ermessensüberschreitung wegen Verstoßes gegen den Verhältnismäßigkeitsgrundsatz als Übermaßverbot (Rz 136). Die der Billigkeit zugrundeliegenden Vertragszwecke hat das Gericht ggf durch Vertragsauslegung zu ermitteln. Die Perspektive ist daher eine objektive, der Bezugspunkt aber die beiderseitigen, subjektiven Vertragszwecke (Rz 135).

185 Ebenso als Ermessensüberschreitung angesehen werden könnten als äußere Grenzen Verstöße gegen §§ 134, 138, 226, besondere bereichsspezifische Vorschriften (vgl Rz 181) oder gegen die inhaltlichen Vorgaben des Vertrags, zB einen bestimmten zulässigen Preisrahmen, und damit die Befugnis bzw spiegelbildlich die Unterwerfungserklärung (dazu bereits Rz 149). Allerdings führen diese Verstöße bereits zur Unwirksamkeit und beiderseitigen Unverbindlichkeit der Leistungsbestimmung. In der Folge kann sich auch die leistungsbestimmungsberechtigte Partei hierauf berufen. Eine Differenzierung ist daher vorzugswürdig.

186 Auffallend ist, dass § 315 Abs 3 S 1 den Maßstab der „Billigkeit" und damit einen strengeren Maßstab als **§ 319 Abs 1 S 1 und § 660 Abs 1 S 2** vorsieht. Dort kommt es auf eine **„offenbare" Unbilligkeit** an. Dazu noch § 319 Rz 13 ff. Die Verschärfung der Kontrolle liegt darin begründet, dass der Parteileistungsbestimmungsberechtigte als Richter in eigener Sache tätig wird. Seine Leistungsbestimmung betrifft und bindet, verpflichtet oder berechtigt, ihn unmittelbar, während der Leistungsbestimmungsberechtigte im Fall des § 319 Abs 1 S 1 ein unbeteiligter Dritter ist. Diesem kommt ein höheres Richtigkeitsvertrauen zu (§ 317 Rz 2). Im Fall des § 660 Abs 1 S 2 ist der Leistungsbestimmungsberechtigte zwar beteiligt und wird verpflichtet, allerdings entscheidet er deshalb nicht vergleichbar in eigener Sache, weil die Verteilung der Auslobung deren Höhe und damit die Verpflichtung des Berechtigten weder erhöht noch in Bezug auf die Personen der Gläubiger verändert.

187 c) **Sonstige Kontrollmaßstäbe.** § 315 Abs 3 erfasst lediglich den Kontrollmaßstab der „Billigkeit". Die Vertragsparteien können aber auch andere Kontrollmaßstäbe (und Ausübungsmaßstäbe) vereinbaren. Zum Ausschluss gerichtlicher Kontrolle siehe bereits Rz 180 ff. Solche Kontrollmaßstäbe sind – ggf durch Auslegung – dem Vertrag zu entnehmen. Stimmen Ausübungs- und Kontrollmaßstab überein, hat das Gericht mit voller Kontrolldichte zu kontrollieren. Bleibt der Kontrollmaßstab hinter dem Ausübungsmaßstab zurück, ist die Kontrolldichte zurückgenommen und dem Berechtigten ein Handlungsspielraum eröffnet. In jedem Fall hat das Gericht auf die vier Unwirksamkeitsgründe aus Rz 151 ff zu kontrollieren.

188 d) **Maßgeblicher Entscheidungszeitpunkt.** Maßgeblicher Zeitpunkt für die gerichtliche Kontrolle – gleich ob auf die Einhaltung der vertraglichen oder gesetzlichen Vorgaben – ist grundsätzlich der **Zeitpunkt der Ausübung des Leistungsbestimmungsrechts**[328]. Bei zulässigen Teilleistungen (Rz 106) kommt es auf den Zeitpunkt der jeweiligen Teilleistungsbestimmung an.

189 Wurde vertraglich eine **Rückbewirkung**, etwa auf einen bestimmten Stichtag, vereinbart (Rz 169 ff), so kommt es für die Beurteilung auf den Zeitpunkt dieses Stichtags an[329]. Dies erlangt freilich nur für die Ergebniskontrolle Bedeutung.

190 Soweit bei laufenden oder wiederkehrenden Leistungen in **Dauerschuldverhältnissen** auf den Zeitpunkt der letzten mündlichen Tatsachenverhandlung abgestellt wird[330], kommt es zu einer Verschiebung des Betrachtungsgegenstands. Maßgeblich ist die Beurteilung des Leistungsbestimmungsrechts, nicht der Leistung. Dieses kann als Gestaltungsrecht nur zum Zeitpunkt seiner Ausübung beurteilt werden[331]. Im Zeitpunkt der letzten mündlichen Verhandlung kann lediglich über eine aktuelle Leistungsbestimmungspflicht, etwa eines fortlaufenden Parteileistungsbestimmungsrechts, oder eine Verzögerung der Ausübung befunden werden.

---

326 BGHZ 174, 48, 55 f (Rz 20) = NVwZ 2008, 110; siehe auch BGH NJW-RR 1992, 183, 184.
327 BGH BeckRS 1977, 30376957; NJW 2012, 2187, 2188 (Rz 27); NZA-RR 2013, 327, 329 (Rz 27); BeckOK[61. Ed]/Gehrlein § 315 Rz 11; BeckOGK[01.-09.2021]/Netzer § 315 Rz 74, 89; Staud[Nb 2020]/Rieble § 315 Rz 419; Söllner, Einseitige Leistungsbestimmung im Arbeitsverhältnis, 1966, S 131; MünchKomm[8]/Würdinger § 315 Rz 31.
328 Soergel[12]/M Wolf § 315 Rz 49 Mit Einschränkungen für fortlaufende und wiederkehrende Leistungen auch die Nachw in Fn 327.
329 Staud[Nb 2020]/Rieble § 315 Rz 460.
330 So BeckOK[61. Ed]/Gehrlein § 315 Rz 19; BeckOGK[01.09.2021]/Netzer § 315 Rz 90; Soergel[12]/M Wolf § 315 Rz 49; MünchKomm[8]/Würdinger § 315 Rz 53; wie hier ablehnend Staud[Nb 2020]/Rieble § 315 Rz 457 ff.
331 Vgl BGH NJW 1991, 2761, 2762; BAG NZA 2022, 268, 277 (Rz 97); Staud[Nb 2020]/Rieble § 315 Rz 456.

2. Gerichtliche Ersatzleistungsbestimmung. Nach Feststellung der Unbilligkeit sieht § 315 **191**
Abs 3 S 2 Hs 1 als zweite Stufe eine gerichtliche Ersatzleistungsbestimmung vor. Diese tritt an
die Stelle der Parteileistungsbestimmung, unterliegt daher denselben Bindungen, va demselben
vertraglichen Ausübungsmaßstab, (Rz 203 f) und vervollständigt den Vertrag. § 315 Abs 3 S 2 Hs 2
erlaubt eine gerichtliche Leistungsbestimmung bei Verzögerung der Parteileistungsbestimmung.

a) **Vertraglicher Ausschluss.** Die Parteien können, zusätzlich zur gerichtlichen Kontrolle **192**
(Rz 180 f) oder hierauf beschränkt, die gerichtliche Ersetzungsbefugnis ausschließen. Dies erfolgt
entweder ausdrücklich oder dadurch, dass sie im Vertrag **keinen für das Gericht operablen
Ausübungsmaßstab** vorgeben. Die gerichtliche Ersatzleistungsbestimmung setzt einen für das
Gericht intersubjektiv nachvollziehbaren und daher justiziablen und operablen Ausübungsmaßstab voraus. Fehlt dieser, ist die Ersatzleistungsbestimmung unmöglich gemacht. Das Gericht darf
daher nicht nach freiem Belieben iSd § 319 Abs 2 entscheiden[332]. Es muss bei der gerichtlichen
Feststellung der Billigkeit (bzw der Unvereinbarkeit mit dem gerichtlichen Kontrollmaßstab)
verbleiben.

Eine gerichtliche Ersatzleistungsbestimmung ist ferner bei **höchstpersönlichen Leistungsbe- 193
stimmungen** ausgeschlossen[333], die bereits einer Übertragbarkeit des Leistungsbestimmungsrechts auf andere als die Person des Berechtigten entgegenstehen (Rz 32). Das BAG bemüht diesen
Gedanken der Höchstpersönlichkeit, wenn die Leistungsbestimmung über das Rechtsverhältnis
der Parteien hinausgeht und kollektive Wirkung hat[334]. In solchen Fällen komplexer (betrieb-
licher) Versorgungssysteme und komplexer Versicherungssysteme nimmt es eine teleologische
Reduktion des § 315 Abs 3 S 2 Hs 2 an und beschränkt die gerichtliche Kompetenz auf die Billigkeitskontrolle. Auch das Direktionsrecht des Arbeitgebers kann aufgrund seiner Höchstpersönlichkeit in Teilen nicht durch das Gericht ausgeübt werden[335]. Ist die richterliche Ersatzleistungsbestimmung bei einem Leistungserstbestimmungsrecht ausgeschlossen, bleibt der Vertrag bei
unbilliger oder verzögerter bzw verweigerter Leistungsbestimmung mangels Bestimmtheit
undurchführbar. Bei einem fortlaufenden Leistungsänderungsrecht bleibt der Berechtigte zur Leistungsanpassung berufen und ggf (Rz 120 ff) verpflichtet.

b) **Unbillige Leistungsbestimmung (§ 315 Abs 3 S 2 Hs 1).** Das Gericht darf gem § 315 **194**
Abs 3 S 2 Hs 1 erst dann eine eigene Leistungsbestimmung vornehmen, wenn es die Unbilligkeit
festgestellt hat. Die gerichtliche Leistungsbestimmung ist **subsidiär**[336]. Das Gericht darf sein
eigenes Ermessen nicht an die Stelle des eigentlich zur Leistungsbestimmung Berechtigten setzen[337]. Hierin liegt eine konsequente Fortsetzung der beschränkten Kontrolldichte (vgl Rz 131
ff, 183).

c) **Verstoß gegen sonstigen Kontrollmaßstab.** § 315 Abs 3 S 2 Hs 1 nimmt lediglich Bezug **195**
auf den Maßstab der Billigkeit bzw billigen Ermessens. Eine gerichtliche Ersetzungsbefugnis
kommt aber gleichermaßen bei Feststellung der Unvereinbarkeit mit einem abweichenden vertraglichen Kontrollmaßstab in Betracht[338]. Dies setzt aber voraus, dass die Parteien einen auch für das
Gericht **operablen Ausübungsmaßstab** vereinbart haben (Rz 192). Wird die Ausfüllung des
vertraglichen Rahmens in das Ermessen des Berechtigten gestellt oder an andere justiziable Vorgaben, etwa die Berücksichtigung externer Parameter, gebunden, steht eine gerichtliche Ersatzleistungsbestimmung nach Feststellung der Nichteinhaltung des Kontrollmaßstabs offen.

d) **Überschreiten der Unterwerfungserklärung und Verstoß gegen §§ 134, 138.** Eine **196**
gerichtliche Ersatzleistungsbestimmung kommt ferner in Betracht, wenn die leistungsbestimmungsberechtigte Vertragspartei ihre Befugnis bzw spiegelbildlich die Unterwerfungsvereinbarung
der anderen Vertragspartei überschreitet (Rz 154) oder gegen die §§ 134, 138, 226 (Rz 153) verstößt. In beiden Fällen ist das Leistungsbestimmungsrecht verbraucht, die Leistungsbestimmung
aber fehlgeschlagen. Subsidiäre Abhilfe schafft das Gericht. Bei den beiden anderen Unwirksamkeitsgründen (dazu Rz 151 ff), Nichtigkeit der Gestaltungserklärung und Nichtigkeit der Unterwerfungsvereinbarung bzw spiegelbildlich der Einräumung des Parteileistungsbestimmungsrechts,
kommt hingegen keine gerichtliche Ersatzleistungsbestimmung in Betracht. Im erstgenannten Fall
ist das Parteileistungsbestimmungsrecht noch nicht verbraucht. Insoweit führt erst eine Verzögerung gem § 315 Abs 3 S 2 Hs 2 zur gerichtlichen Ersatzleistungsbestimmung. Im zweitgenannten

---

332 Staud[Nb 2020]/Rieble § 315 Rz 21; Soergel[12]/M Wolf § 315 Rz 50 ("freies Ermessen").
333 Staud[Nb 2020]/Rieble § 315 Rz 25.
334 BGH NZA-RR 2013, 327, 330 (Rz 35); BAGE 125, 11, 23 (Rz 38) = NZA-RR 2008, 520.
335 Vgl Staud[Nb 2020]/Rieble § 315 Rz 589.
336 Soergel[12]/M Wolf § 315 Rz 52. Zur Frage, ob das bei einer Ermessensreduktion auf Null anders sein kann, am Beispiel einer (pandemiebedingten) Arbeit im Homeoffice Schwarz NZA-RR 2021, 633.
337 BGHZ 41, 271, 280 = NJW 1964, 1617; NJW-RR 1991, 1248, 1249; BGHZ 163, 119, 130 = NJW 2005, 2708; Soergel[12]/M Wolf § 315 Rz 50.
338 BeckOK[61. Ed]/Gehrlein § 315 Rz 20; Soergel[12]/M Wolf § 315 Rz 50.

§ 315 197–201 Abschnitt 3 Schuldverhältnisse aus Verträgen

Fall läge eine unzulässige gerichtliche Vertragshilfe vor, da es um die „Heilung" der Wirksamkeit des ausfüllungsbedürftigen Vertrags selbst und nicht erst um seine Durchführbarkeit geht.

197 e) **Verzögerte Leistungsbestimmung (§ 315 Abs 3 S 2 Hs 2) und Weigerung.** Gem § 315 Abs 3 S 2 Hs 2 trifft das Gericht ersatzweise auch dann die Leistungsbestimmung, wenn die Bestimmung durch den primär Leistungsbestimmungsberechtigten verzögert wird. Eine Ausübung des Leistungsbestimmungsrechts wird anders als nach Hs 1 nicht vorausgesetzt. Vielmehr fehlt diese oder wurde nicht wirksam erklärt und nicht verbraucht, etwa im Falle der Anfechtung (Rz 110), obwohl sie vorliegen müsste. Der Begriff der Verzögerung ist nicht mit Verzug des Leistungsbestimmungsberechtigten gleichzusetzen und erfordert kein Verschulden[339]. Eine **Verzögerung** der Leistungsbestimmung liegt vielmehr vor, wenn sie nicht innerhalb einer vereinbarten **Frist** oder zu einem vereinbarten Zeitpunkt getroffen wurde[340]. Sind weder eine Frist noch ein Ausübungszeitpunkt vereinbart, kommt es auf das objektive Verstreichen einer durch Vertragsauslegung ermittelten angemessenen Zeitspanne an. Der Zeitpunkt der Ausübung des Leistungsbestimmungsrechts kann allerdings, sowohl beim Leistungserstbestimmungs- wie beim Leistungsänderungsrecht, dem Berechtigten überlassen sein. Steht der Zeitpunkt (das „Wann") im **freien Belieben** des Berechtigten, ist eine Verzögerung ausgeschlossen[341]. Liegt der Zeitpunkt im Ermessen des Berechtigten, kommt eine Verzögerung bei einer **Ermessensreduktion auf Null** in Betracht. Dies ist der Zeitpunkt, in dem das Leistungsbestimmungsrecht gemessen an den vertraglichen Vorgaben bzw den Vertragszwecken hätte ausgeübt werden müssen, sei es, weil ein Zuwarten (als einzig mögliches Alternativverhalten) ermessenswidrig gewesen ist oder § 313 eine Ausübung gebietet (dazu Rz 120).

198 Die gerichtliche Ersatzleistungsbestimmung nach § 315 Abs 3 S 2 Hs 2 wegen Verzögerung der Leistungsbestimmung steht auch bei **anderen Maßstäben als billigem Ermessen** offen[342]. Voraussetzung ist lediglich, dass dieser Maßstab justiziabel ist und das Gericht daher eine Leistungsbestimmung vornehmen kann.

199 § 315 Abs 3 S 2 Hs 2 trifft keine ausdrückliche Aussage zum Fortbestehen des Parteileistungsbestimmungsrechts und der Frage, ob der Berechtigte die Leistungsbestimmung nachholen darf, wenn das Gericht mit einer Ersatzleistungsbestimmung betraut ist. Es wurde vorgeschlagen, das Parteileistungsbestimmungsrecht als bis zur Rechtskraft des Gestaltungsurteils fortbestehend anzusehen, sodass es zu einem Wettlauf zwischen Gericht und dem Leistungsbestimmungsberechtigten kommt[343]. Dies entspricht nicht dem typischen Parteiwillen, wie er auch in § 315 Abs 3 S 2 Anklang findet. Beantragt die leistungsbestimmungsrechtsunterworfene Vertragspartei die gerichtliche Ersatzleistungsbestimmung nach (vom Gericht) zu prüfender Verzögerung der Parteileistungsbestimmung, gibt sie die ursprüngliche Unterwerfungsvereinbarung gem § 315 Abs 3 S 2 Hs 2 auf und entzieht der anderen Vertragspartei das Mandat zur Leistungsbestimmung. Mit Rechtshängigkeit der Gestaltungsklage nach Verzögerung der Leistungsbestimmung ist daher allein das Gericht zur Leistungsbestimmung befugt und die Parteileistungsbestimmung kann nicht mehr nachgeholt werden.

200 **Verweigert** der Berechtigte die Ausübung des Leistungsbestimmungsrechts endgültig, findet § 315 Abs 3 S 2 Hs 2 analoge Anwendung[344]. Dies ist etwa der Fall, wenn der Berechtigte trotz Aufforderung der anderen Vertragspartei eine in seinem Ermessen stehende Vergütungserhöhung von vornherein ablehnt[345]. Ist ein abweichender Ausübungsmaßstab vereinbart, muss dieser wiederum justiziabel sein (Rz 192).

201 f) **Nicht: Neuverhandlungspflicht.** Haben die Parteien kein einseitiges Leistungsbestimmungsrecht, aber eine (beiderseitige) Neuverhandlungspflicht über die Leistungsbestimmung vereinbart, findet § 315 Abs 3 S 2 Hs 2 entgegen hM[346] keine analoge Anwendung, wenn die Neuverhandlungen scheitern. Bei einer Neuverhandlungspflicht steht der Vertrag im jeweiligen subjektiven Belieben der Vertragsparteien, die zur Übereinstimmung gebracht werden müssen (Rz 52). Es existiert somit kein justiziabler Ausübungsmaßstab, der Voraussetzung der gerichtlichen Ersatzleistungsbestimmung ist (Rz 198; zur Abgrenzung zu § 574a Abs 2 S 1 noch Rz 207).

---

339 RG JW 1912, 386; BGHZ 74, 341, 345 = NJW 1979, 1543; RGRK[12]/Ballhaus § 315 Rz 18; Staud[Nb 2020]/Rieble § 315 Rz 356; jurisPK[9]/Völzmann-Stickelbrock § 315 Rz 84; Soergel[12]/M Wolf § 315 Rz 53 Vgl aber noch Mot II S 192 zum „schuldhaften Verzögern".
340 Siehe Nachw wie vor Fn 336.
341 Vgl auch Staud[Nb 2020]/Rieble § 315 Rz 356, der allerdings entgegen oben Rz 12 ff ein Leerlaufen des Vertrags durch den Berechtigten zulässt.
342 BeckOK[61. Ed]/Gehrlein § 315 Rz 20; aA MünchKomm[8]/Würdinger § 315 Rz 47.
343 So Staud[Nb 2020]/Rieble § 315 Rz 358 f.
344 Soergel[12]/M Wolf § 315 Rz 55.
345 Vgl BGH BB 1973, 723, 724.
346 BGH BB 1973, 723, 724; NJW 1998, 1388, 1390; NJW 1995, 1360; BeckOK[61. Ed]/Gehrlein § 315 Rz 16; Soergel[12]/M Wolf § 315 Rz 32, 55 ff; MünchKomm[8]/Würdinger § 315 Rz 44; vgl auch Celle BauR 1982, 381, 382.

Eine gerichtliche Ersatzleistungsbestimmung ist dagegen möglich, wenn ein beiderseitiges Leistungsbestimmungsrecht nach einem justiziablen Maßstab vereinbart ist und die Parteien sich nicht auf dessen Ausübung einigen können, die Leistungsbestimmung also scheitert oder sich verzögert (Rz 53). Bei gescheiterter Neuverhandlung besteht der Vertrag vielmehr mit seinem bisherigen Inhalt, ggf erkannt durch ergänzende Vertragsauslegung, fort bzw kommt nicht zustande (Rz 52).

g) **Keine gerichtliche Erstleistungsbestimmung**. Die gerichtliche Leistungsbestimmung ist nach §§ 315 ff lediglich **subsidiär** zur Partei- oder Drittleistungsbestimmung. Die Parteien können **kein Erstleistungsbestimmungsrecht** des Gerichts vereinbaren[347]. Der gerichtlichen Leistungsbestimmung muss vielmehr eine Leistungsbestimmung eines Privaten und dessen gerichtliche Kontrolle bzw deren Verzögerung vorausgehen[348]. §§ 315 ff sehen ein Erstleistungsbestimmungsrecht des Gerichts nicht vor. Der staatliche Richter ist weder Vertragschließender iSd § 315 Abs 1 noch Dritter iSd § 317 Abs 1 (§ 317 Rz 64)[349]. Die Parteien können über den gesetzlichen Aufgabenbereich des Gerichts nicht disponieren. Mangels Eröffnung einer solchen weiteren Gestaltungsklage in den §§ 315 ff steht der numerus clausus der Gestaltungsklagen einem richterlichen Erstleistungsbestimmungsrecht entgegen[350]. Die vertragliche Einigung ist vielmehr ausschließlich Sache der Parteien. Eine gerichtliche Vertragshilfe widerspricht grundsätzlich dem Aufgabenbereich staatlicher Gerichte. Die Leistungsbestimmung im unbestimmten Vertrag tritt an die Stelle einer vertraglichen Regelung. Sie nimmt daher auch an dieser grundsätzlichen Zuständigkeitsverteilung teil. Dem Gericht kommt vielmehr im Wege der erläuternden und ergänzenden Vertragsauslegung die Rekonstruktion des Parteiwillens, aber nicht dessen Ersetzung zu[351]. Nur ausnahmsweise und gewissermaßen als Notkompetenz sehen §§ 315 Abs 3 S 2, 319 Abs 1 S 2 eine gerichtliche Vertragsgestaltung – freilich gebunden an den vertraglichen Ausübungsmaßstab – vor. Diese gesetzliche Kompetenz kann nicht vertraglich ausgeweitet werden. Gemeinsame Voraussetzung ist der vergebliche Versuch einer privaten Vertragsgestaltung und freilich ein justiziabler Ausübungsmaßstab, den das Gericht bei seiner Leistungsbestimmung konkretisieren kann. Diese dient auch der Gerichtsentlastung[352].

h) **Übernahme des Maßstabs des Leistungsbestimmungsberechtigten**. Mit der gerichtlichen Ersatzleistungsbestimmung schlüpft der Richter in eine **vertragsgestaltende Rolle**. Er tritt in die Position des ursprünglich zur Leistungsbestimmung Berechtigten ein und unterliegt denselben Bindungen, keinen weitergehenden und keinen dahinter zurückbleibenden[353]. § 315 Abs 3 S 2 kann nicht entnommen werden, dass das Gericht stets an den Maßstab billigen Ermessens gebunden sei, um eine Ersatzleistungsbestimmung zu ermöglichen, wenn die Parteien einen anderen Ausübungsmaßstab vereinbart haben. Dies wäre vom Parteiwillen nicht gedeckt. Vielmehr muss das Gericht die Leistungsbestimmung anhand des **vertraglichen Ausübungsmaßstabs** vornehmen, der auch den Berechtigten gebunden hat oder gebunden hätte. Zum Erfordernis eines justiziablen Maßstabs Rz 192. Hat das Gericht nach „billigem Ermessen" zu entscheiden, ist dem Gericht derselbe Handlungsspielraum eröffnet wie dem Berechtigten, er muss sich nicht „tunlich in der Mitte" halten[354]. Eine solche Begrenzung ist schon deshalb nicht möglich, weil das „billige Ermessen" das Gericht bei der Ausübung des Leistungsbestimmungsrechts auf das nach seiner Ansicht zweckmäßigste, beste, billigste Ergebnis festlegt. Die Mitte einer zulässigen Spanne kann daher mit BGHZ 94, 98, 104 nur der Ausgangspunkt der richterlichen Ermessensausübung anhand der Vertragszwecke sein. Zur gerichtlichen Kontrolle im Instanzenzug siehe Rz 228 f.

Für die gerichtliche Ersatzleistungsbestimmung ist die als unbillig festgestellte Parteileistungsbestimmung ohne Relevanz. Das Gericht nimmt eine **vollständig eigene Leistungsbestimmung** anhand desselben Ausübungsmaßstabs vor. Es besteht **kein Verbot der reformatio in peius**[355]. Eine Ersatzleistungsbestimmung kann den Richter freilich nicht von seinen gesetzlichen

---

347 BGH GRUR 1978, 192, 193; BAG NJW 1981, 1799; Staud[Nb 2020]/Rieble § 315 Rz 27 ff; jurisPK[9]/Völzmann-Stickelbrock § 315 Rz 86 f; MünchKomm[8]/Würdinger § 315 Rz 43; aA Soergel[12]/M Wolf § 315 Rz 56 (bei berechtigtem Bedürfnis).
348 Siehe Nachw wie vor Fn 344. Vgl auch BGH NJW 1995, 1360. Dieses Urteil wird unter Missachtung des Erfordernisses einer fehlgeschlagenen Einigung über den Erbbauzins als gerichtliche Erstleistungsbestimmung verstanden (MünchKomm[8]/Würdinger § 315 Rz 43). Teils wird eine gerichtliche Erstleistungsbestimmung unter Hinweis auf die Prozesssituation verneint (Staud[Nb 2020]/Rieble § 315 Rz 32). Diese Entscheidung wird auch als Ausnahme verstanden, dass das staatliche Gericht Dritter iSd § 317 Abs 1 sein könne (Joussen AcP 203 (2003), 429, 435 f).
349 BGH NJW 1995, 1360.
350 Grunewald ZZP 101 (1988), 152, 155 ff.
351 Vgl BAG NJW 1981, 1799.
352 Grunewald ZZP 101 (1988), 152, 157, 159.
353 Vgl BGHZ 146, 280, 286 = NJW 2001, 1928 (zu §§ 317, 319).
354 So aber Gernhuber, Das Schuldverhältnis, 1989, S 290 (§ 12 II 7 b): "mittlere Linie"; Larenz, SchuldR AT[14], 1987, S 81 (Fn 9) (§ 6 II a); PWW[16]/M Stürner § 315 Rz 17; MünchKomm[8]/Würdinger § 315 Rz 31. Weitergehend verneint jurisPK[9]/Völzmann-Stickelbrock § 315 Rz 90 ff einen richterlichen Spielraum. AA Baur, Vertragliche Anpassungsregelungen, 1983, S 66: auch die bestimmungsberechtigte Partei müsse der „mittleren Linie" folgen.
355 Staud[Nb 2020]/Rieble § 315 Rz 507.

Bindungen befreien. Er hat die Vertragszwecke nach §§ 133, 157 zu ermitteln und – wie der Parteileistungsbestimmungsberechtigte (Rz 148) – neben den Grenzen der Unterwerfungserklärung die gesetzlichen Grenzen der §§ 134, 138 zu wahren.

205 i) **Wirkung**. Bei der Beurteilung der Wirkung der gerichtlichen Ersatzleistungsbestimmung sind drei Zeitpunkte zu unterscheiden. Die gestaltende gerichtliche Ersatzleistungsbestimmung wird mit Rechtskraft des Gestaltungsurteils wirksam (Rz 165)[356]. Die Fälligkeit der Leistung tritt somit erst mit Rechtskraft der gerichtlichen Ersatzleistungsbestimmung ein[357]. Erst mit **Rechtskraft** und nicht bereits mit Verkündung des Gestaltungsurteils kann der Schuldner daher in Verzug geraten[358], sind Zinsen geschuldet[359] und kann die Verjährung zu laufen beginnen (dazu bereits Rz 166 f)[360]. Die Rechtskraft des Gestaltungsurteils macht schließlich eine Mahnung zur Begründung des Schuldnerverzugs entbehrlich[361]. Allerdings tritt die gerichtliche Ersatzleistungsbestimmung an die Stelle der unbilligen oder verzögerten Parteileistungsbestimmung; auch in zeitlicher Hinsicht. Anstatt der unbilligen Leistung war **von Anfang an**, dh ab Ausübung des Drittleistungsbestimmungsrechts bzw ab dem Zeitpunkt, zu dem dieses ausgeübt werden musste, die gerichtlich bestimmte Leistung geschuldet[362]. Haben die Vertragsparteien vertraglich eine **Rückbewirkung** des Drittleistungsbestimmungsrechts auf einen Zeitpunkt vor Ausübung vereinbart (Rz 170 f), so gilt diese auch für die gerichtliche Ersatzleistungsbestimmung, weil das Gericht an die Stelle des Drittleistungsbestimmungsberechtigten tritt[363].

206 j) **Maßgeblicher Entscheidungszeitpunkt**. Auch wenn die Gestaltungswirkung erst mit Rechtskraft des Urteils eintreten kann, tritt die richterliche Ersatzleistungsbestimmung inhaltlich an die Stelle der unbilligen oder unterbliebenen Parteileistungsbestimmung. Sie wirkt gewissermaßen auf den **Zeitpunkt, zu dem die Leistungsbestimmung vorgenommen wurde oder vorzunehmen war**, zurück (Rz 205). Dieser Zeitpunkt ist gleichermaßen maßgeblich für die richterliche Ersatzleistungsbestimmung[364]. Von diesem Zeitpunkt aus gesehen nachträgliche Entwicklungen hätte der Berechtigte nicht berücksichtigen können. Im Dauerschuldverhältnis sind möglicherweise mehrere Zeitpunkte maßgeblich, wenn das fortlaufende Leistungsbestimmungsrecht im Entscheidungszeitraum mehrfach hätte ausgeübt werden müssen. Nur wenn dabei eine Leistungsbestimmung für die Zukunft vorzunehmen ist, ist die Sachlage im Zeitpunkt der letzten mündlichen Tatsachenverhandlung maßgeblich. Der maßgebliche Entscheidungszeitpunkt für die Unbilligkeit als Voraussetzung der gerichtlichen Ersatzleistungsbestimmung ist der Zeitpunkt der Ausübung des Parteileistungsbestimmungsrechts (Rz 188). Die Verzögerung als alternative Voraussetzung ist demgegenüber im Zeitpunkt der letzten mündlichen Verhandlung zu beurteilen.

207 3. **Abgrenzung zu §§ 343 Abs 1, 655, RVG § 3a Abs 2 S 1, StBGebV § 4 Abs 2 und § 574a Abs 2 S 1**. Hinsichtlich der Rolle des Gerichts bei der Vertragskontrolle und -gestaltung besteht eine Ähnlichkeit zu den §§ 343 Abs 1, 655 sowie RVG § 3a Abs 2 S 1, StBGebV § 4 Abs 2 in Bezug auf die Billigkeitskontrolle (Rz 179 ff) und § 574a Abs 2 S 1 in Bezug auf die gerichtliche Ersatzleistungsbestimmung (Rz 191 ff). Nach §§ 343 Abs 1, 655 sowie RVG § 3a Abs 2 S 1, StBGebV § 4 Abs 2 findet eine gerichtliche Angemessenheitskontrolle der Höhe der Vertragsstrafe bzw des Entgelts statt. Anders als nach § 315 Abs 3 S 1 beurteilt das Gericht eine Vertragsabrede und nicht ein einseitiges Parteihandeln. Anders als nach § 315 kann daher die vertragliche Einigung im Wege geltungserhaltender Reduktion aufrecht erhalten bleiben[365]. Dies geschieht ebenfalls durch Gestaltungsurteil[366]. Wird die Bestimmung der Höhe der Vertragsstrafe oder des Entgelts einer Partei überlassen, tritt § 315 als eigenständige Kontrolle kumulativ hinzu[367]. Nach § 574a Abs 2 S 1 muss das Gericht mangels Einigung der Parteien von Grund auf gestalten. Auch

---

356 BGHZ 122, 32, 46 = NJW 1993, 1387.
357 BGH NJW-RR 2007, 56, 58 (Rz 23); BGHZ 167, 139, 149 (Rz 22) = NJW 2006, 2472; BAG NZA 2016, 903, 905 (Rz 20); NZA-RR 2016, 366, 370 (Rz 38).
358 BGH NJW 1996, 1054, 1056; BGHZ 167, 139, 149 (Rz 22) = NJW 2006, 2472; NJW-RR 2007, 56, 58 (Rz 23).
359 BAG NZA 2016, 903, 905 (Rz 20); NZA-RR 2016, 366, 370 (Rz 38); Staud[Nb 2020]/Rieble § 315 Rz 490 f.
360 BGH NJW 1996, 1054, 1056; jurisPK[9]/Völzmann-Stickelbrock § 315 Rz 76, 101.
361 BGH NJW-RR 2007, 56, 58 (Rz 23); BGHZ 167, 139, 149 (Rz 22) = NJW 2006, 2472.
362 BGH NJW 1983, 1777, 1778; Soergel[12]/M Wolf § 315 Rz 46; MünchKomm[8]/Würdinger § 315 Rz 53.

363 Dies liegt auch BGH NJW 1996, 1748 zugrunde.
364 Differenzierend (für laufende und wiederkehrende Leistungen letzte mündliche Tatsachenverhandlung) LAG Baden-Württemberg ZTR 2012, 580, 582; MünchKomm[8]/Würdinger § 315 Rz 53; aA (immer letzte mündliche Tatsachenverhandlung) Staud[Nb 2020]/Rieble § 315 Rz 463.
365 Soergel[13]/Engel § 655 Rz 2; Soergel[13]/Lindacher § 343 Rz 21; BeckOGK[01.02.2022]/Meier § 655 Rz 2; MünchKomm[8]/H Roth § 655 Rz 1; BeckOGK[01.09.2021]/Ulrici, § 343 Rz 85.
366 Soergel[13]/Lindacher § 343 Rz 8; BeckOGK[01.02.2022]/Meier § 655 Rz 13; BeckOGK[01.09.2021]/Ulrici § 343 Rz 87.
367 BGH GRUR 1966, 574, 575; Soergel[13]/Lindacher § 343 Rz 27; Staud[Nb 2020]/Rieble § 315 Rz 674; BeckOGK[01.09.2021]/Ulrici § 343 Rz 37 ff.

dies geschieht durch Gestaltungsurteil[368]. Eine vorhergehende Billigkeitskontrolle findet nicht statt. Das Gericht agiert rein lückenausfüllend. In allen genannten Fällen der richterlichen Bestimmung eines angemessenen Vertragsinhalts tritt das Gericht anders als bei § 315 Abs 3 S 2 nicht in die privatautonomen Bindungen der berechtigten Vertragspartei ein, sondern unterliegt allein hoheitlichen Bindungen und Bewertungs- bzw Ermessensspielräumen. Maßstab des Gerichts ist allein das Gesetz, nicht vorrangig der vertraglich vereinbarte wie bei § 315 Abs 3 S 2 (Rz 203).

4. **Keine allgemeine Billigkeitskontrolle für Verträge gem § 315 analog**. Aufbauend 208 darauf, dass § 315 mit dem einseitigen Leistungsbestimmungsrecht einen Fall einseitiger Gestaltungsmacht erfasst, wurde § 315 dahingehend erweitert, dass eine Billigkeitskontrolle von Verträgen mit dem Ziel vorzunehmen sei, **einseitige Verhandlungsmacht zu begrenzen**.

Seinen Ausgangspunkt fand diese Erweiterung vor Inkrafttreten des AGBG bei der **Inhalts-** 209 **kontrolle von AGB**[369]. Der Klauselgegner sei vor dem Verwender durch eine Billigkeitskontrolle zu schützen.[370] Diese Funktion übernahm seit dessen Inkrafttreten das AGBG und wird heute von den §§ 305 ff fortgeführt. Für eine Anwendung des § 315 besteht **kein praktisches Bedürfnis mehr**[371]. Das einseitige Leistungsbestimmungsrecht kann gleichwohl formularvertraglich begründet und ausgestaltet werden (Rz 67 ff). Die Billigkeitskontrolle nach § 315 tritt dann neben die AGB-Inhaltskontrolle[372]. Letztere betrifft die wirksame Begründung des Parteileistungsbestimmungsrechts, erstere setzt dessen Bestehen voraus und betrifft dessen Ausübung. Auch bei der Unwirksamkeit von AGB sind ergänzende Vertragsauslegung und dispositives Gesetzesrecht nach § 306 Abs 2 vorrangig gegenüber den Auslegungsregeln der §§ 315 Abs 1, 316 (Rz 77).

Im Recht der Publikums-KG sieht der BGH ein ähnliches Schutzbedürfnis für die Anleger- 210 Kommanditisten wie bei AGB. Zur Inhaltskontrolle greift er aber nicht auf § 315, sondern auf § 242 zurück[373]. Damit anerkennt der BGH zu Recht, dass § 315 **keine allgemeine Billigkeitskontrolle** von Verträgen ermöglicht. Dies stützt sich auf mehrere Gründe: Erstens bezieht sich die Billigkeit iSd § 315 Abs 3 S 1 aufgrund der Verknüpfung mit dem Ermessen auf die Vertragszwecke und ihre Konkretisierung in einer Abwägungsentscheidung. Es geht mithin nicht um eine verallgemeinerungsfähige, rein objektive Billigkeit (Rz 135). Einen solchen generellen Maßstab bieten aber § 242[374] und § 138[375]. Zweitens bestimmt die Privatautonomie nicht nur mit den Vertragszwecken den Bezugspunkt der Billigkeit als gesetzlichen Begriff, sondern entscheidet erst über dessen Anwendung. § 315 Abs 1 ist eine Auslegungsregel (Rz 2). Es ist kein Gesetzesrecht, das einen eigenen gesetzlichen Maßstab enthält[376]. Als Auslegungsregel (re-)konstruiert sie vielmehr (nachrangig, siehe Rz 44) den Parteiwillen. Dieser bestimmt über den Kontrollmaßstab und daher in Grenzen auch darüber, ob eine gerichtliche Kontrolle überhaupt stattfinden kann (Rz 180). § 315 enthält damit als „schwache" Auslegungsregel gar keinen Maßstab, der daher auch nicht erweiterungsfähig sein kann. Drittens setzt § 315 einen bestehenden Vertrag voraus, der seinerseits der gerichtlichen Inhaltskontrolle standhalten muss (Rz 67 ff, 78). Für die Begründung des Parteileistungsbestimmungsrechts ist gerade von der Parität der Parteien auszugehen und es greift die Richtigkeitsgewähr des Vertrags. § 315 betrifft daher keine Vertragskontrolle, sondern nur eine Ausübungskontrolle vertraglich begründeter Rechte. Viertens ermöglicht § 315 Abs 3 S 2 eine gerichtliche Ersatzleistungsbestimmung, die zu einer richterlichen Vertragskorrektur ausgeweitet würde. Einer solchen allgemeinen Billigkeitskorrektur ist mit Skepsis zu begegnen[377]. Das Gericht vervollständigt nämlich nicht das Normprogramm der Parteien wie bei § 315 Abs 3 S 2, sondern soll gerade rein objektive Wertungen durchsetzen. Eine solche externe Vertragsanpassung bei Aufrechterhaltung des Vertrags ist über andere Rechtsgrundlagen zu erreichen und dies auch nur zurückhaltend[378]. Zur **Entgeltkontrolle von Monopolanbietern** siehe noch Rz 251.

Soweit das BVerfG § 315 in einem Atemzug mit den §§ 138, 242 als **„Einfallstor der Grund-** 211 **rechte"** nennt[379], verkennt es – wie vorgenannt – den Charakter des § 315, dessen Maßstabslosigkeit sowie dessen individualbezogene Ausfüllung über das Ermessen.

---

368 So iE hM; BVerfG NZM 2015, 161, 162 (Rz 14); MünchKomm⁸/Häublein § 574a Rz 9; Soergel¹³/Heintzmann, § 574a Rz 6.
369 BGHZ 38, 183, 186 = NJW 1963, 99.
370 BGHZ 38, 183, 186 = NJW 1963, 99.
371 Erman¹⁶/Hager § 315 Rz 2; MünchKomm⁸/Würdinger § 315 Rz 9.
372 BGH WM 2011, 1042, 1044 f (Rz 19); BGHZ 189, 131, 156 f (Rz 53) = NJW 2011, 2501; BAGE 113, 140, 149 = NJW 2005, 1820.
373 BGHZ 102, 172, 177 = NJW 1988, 969; 104, 50, 53 f = NJW 1988, 1903 jew mwN.
374 Erman¹⁶/Hager § 315 Rz 2; MünchKomm⁸/Würdinger § 315 Rz 11; krit Fastrich, Richterliche Inhaltskontrolle im Privatrecht, 1992, S 65 ff.
375 Dafür jurisPK⁹/Völzmann-Stickelbrock § 315 Rz 149.
376 MünchKomm⁸/Würdinger § 315 Rz 11.
377 Kritischer Staud^Nb 2020/Rieble § 315 Rz 67 ff; zurückhaltend MünchKomm⁸/Würdinger § 315 Rz 10.
378 Siehe zu den wenigen Ausnahmevorschriften einer ausdrücklichen Verhältnismäßigkeitskontrolle Rz 207.
379 BVerfGE 81, 242, 256.

VI. Prozessuales

212 Die Kontrolle der Parteileistungsbestimmung sowie die Ersatzleistungsbestimmung ist den staatlichen Gerichten nach den allgemeinen Zuständigkeitsvorschriften zugewiesen. Die Parteien können die gerichtliche Kontrolle einer Parteileistungsbestimmung und die Ersatzleistungsbestimmung auch nach ZPO §§ 1025 ff und unter den dortigen Voraussetzungen einem **Schiedsgericht** übertragen[380].

213 **1. Klagearten.** Der Antrag auf gerichtliche Kontrolle auf Unbilligkeit oder die Einhaltung eines anderen Kontrollmaßstabs ist auf die Feststellung eines Rechtsverhältnisses nach ZPO § 256 Abs 1 gerichtet. Die gerichtliche Entscheidung ist **Feststellungsurteil**[381]. Der Feststellungsantrag muss nicht mit einem Gestaltungsantrag auf Ersatzleistungsbestimmung verbunden werden, sondern ist auch isoliert statthaft[382]. Gegenstand der Feststellung ist das Rechtsverhältnis, das der einseitigen Leistungsbestimmung unterliegt, nicht die Billigkeit bzw Unbilligkeit der Leistungsbestimmung selbst[383]. Letzteres ist eine bloße Vorfrage. Es geht um die (einseitige) Unverbindlichkeit der Parteileistungsbestimmung.

214 Die Feststellungsklage kommt vor allem für den leistungsunterworfenen **Schuldner** als (isolierte) negative Feststellungsklage in Betracht. Das Feststellungsinteresse entfällt indes zugunsten einer Leistungsklage auf Rückzahlung, wenn die Feststellung für die Vergangenheit begehrt wird[384]. Der **Gläubiger** ist dagegen auf die Leistungsklage verwiesen. Ist der Schuldner leistungsbestimmungsberechtigt, liegt in der Forderung der Leistung zugleich eine verdeckte Gestaltungsklage (sogleich Rz 216), die der Feststellungsklage vorgeht. Ist der Gläubiger leistungsbestimmungsberechtigt, ist ihm wie dem leistungsbestimmungsberechtigten Schuldner die Geltendmachung der Unbilligkeit bzw die Unvereinbarkeit mit dem Kontrollmaßstab verwehrt (Rz 158).

215 Der Antrag auf gerichtliche Ersetzung der unbilligen (oder einem sonstigen Kontrollmaßstab nicht genügenden) Leistungsbestimmung ist auf gerichtliche Gestaltung gerichtet. Es ergeht ein **Gestaltungsurteil**[385]. Es ist ein Instrument vor allem des Leistungsbestimmungsrechtsunterworfenen[386]. Der Bestimmungsberechtigte, der (einseitig) an seine unbillige Leistungsbestimmung gebunden bleibt (Rz 158 f), kann erst gerichtliche Gestaltung verlangen, wenn die Leistungsbestimmung durch gerichtliche Feststellung (vgl Rz 154) oder parteiautonom für nicht bindend befunden wird[387]. Der die Leistungsbestimmung verzögernde Berechtigte kann hingegen keine gerichtliche Gestaltung verlangen. Mit Rechtshängigkeit der Gestaltungsklage nach Verzögerung der Leistungsbestimmung scheidet zudem das Nachholen der Leistungsbestimmung aus (Rz 199).

216 In aller Regel wird die Gestaltungsklage vom **leistungsbestimmungsunterworfenen Gläubiger** erhoben, der seinen Anspruch auf die Leistung durchzusetzen versucht. In seiner Leistungsklage verbirgt sich die Gestaltungsklage (sog **verdeckte Gestaltungsklage** oder auch **Festsetzungsurteil**). Aus Gründen der Prozessökonomie muss nicht zunächst gesondert Gestaltungsklage erhoben werden[388]. Das Gericht nimmt die Gestaltung inzident vor. Weil der Anspruch von der gerichtlichen Gestaltung, die erst mit Rechtskraft eintritt, abhängt, muss der Klageantrag nicht beziffert werden, sofern die für die Ersatzleistungsbestimmung erforderlichen Tatsachen beigebracht und eine Größenordnung der Forderung genannt werden[389].

---

380 Mot II S 192; RGZ 153, 193, 196 (zu § 317); Staud[Nb 2020]/Rieble § 315 Rz 651; MünchKomm[8]/Würdinger § 315 Rz 5. Zur Abgrenzung von gerichtsersetzender Entscheidung durch Schiedsspruch und gerichtlich ein schiedsgerichtlich kontrollierbarer Drittleistungsbestimmung im Schiedsgutachten siehe § 317 Rz 142.

381 BGHZ 172, 315, 318 (Rz 10) = NJW 2007, 2540; NJW 2014, 1877, 1879 (Rz 24 f); BeckOGK 01.09.2021/Netzer § 315 Rz 85; Staud[Nb 2020]/Rieble § 315 Rz 582; jurisPK[9]/Völzmann-Stickelbrock § 315 Rz 99; Soergel[12]/M Wolf § 315 Rz 47.

382 BGHZ 172, 315, 318 (Rz 10) = NJW 2007, 2540; Staud[Nb 2020]/Rieble § 315 Rz 583; Soergel[12]/M Wolf § 315 Rz 47.

383 Ebenso Staud[Nb 2020]/Rieble § 315 Rz 584. Terminologisch wird mitunter verkürzt von einer „Feststellung der Unbilligkeit" gesprochen, siehe etwa BGHZ 172, 315, 318 (Rz 10) = NJW 2007, 2540; Soergel[12]/M Wolf § 315 Rz 47. Die Feststellung der Billigkeit oder Unbilligkeit schlägt aber zwingend auf die Feststellung des Rechtsverhältnisses durch.

384 BGH NJW 2014, 1877, 1879 (Rz 25 f); Staud[Nb 2020]/Rieble § 315 Rz 584.

385 Frankfurt aM, Urt v 12.06.2012, 11 U 55/09, juris, Rz 27; jurisPK[9]/Völzmann-Stickelbrock § 315 Rz 90; Soergel[12]/M Wolf § 315 Rz 51.

386 Vgl Mot II S 192.

387 Staud[Nb 2020]/Rieble § 315 Rz 593.

388 Prot I S 465; BGHZ 41, 271, 280 = NJW 1964, 1617; NJW 1983, 1777, 1778; NJW 1996, 1054, 1056; NJW-RR 2007, 103, 105 (Rz 24); BayObLG NJW-RR 1986, 1080, 1081; BeckOK[61. Ed]/Gehrlein § 315 Rz 19; Staud[Nb 2020]/Rieble § 315 Rz 595; jurisPK[9]/Völzmann-Stickelbrock § 315 Rz 100; Soergel[12]/M Wolf § 315 Rz 51.

389 BAGE 123, 319, 321 (Rz 11) = NJOZ 2010, 172; 129, 292, 295 f (Rz 10) = NZA 2010, 95; Staud[Nb 2020]/Rieble § 315 Rz 596; vgl auch BGH ZIP 1973, 61, 62.

Im Sinne des Dispositionsgrundsatzes bedarf das Gestaltungsurteil eines entsprechenden **Antrags**, eine Gestaltung von Amts wegen ist unzulässig[390]. Nur scheinbar abweichend wird darauf verwiesen, die richterliche Gestaltung bedürfe keines „besonderen Antrags"[391]. Der Antrag auf gerichtliche Gestaltung kann bei der verdeckten Gestaltungsklage im Leistungsbegehren enthalten sein. Eines gesonderten Antrags bedarf es nicht. Vielmehr ist das klägerische Begehr (ggf auch der Wille des Beklagten im Rahmen einer Widerklage) nach allgemeinen Regeln auszulegen. Das Gericht muss entscheiden, ob im Leistungsverlangen zugleich ein konkludenter[392] Antrag auf gerichtliche Gestaltung liegt. Davon ist in der Regel bei der Leistungsklage des leistungsbestimmungsunterworfenen Gläubigers auszugehen. Genauere Betrachtung bedarf hingegen die Leistungsklage des bestimmungsberechtigten Gläubigers, der von der Billigkeit und Wirksamkeit seines ausgeübten Leistungsbestimmungsrechts ausgeht und darauf sein Leistungsbegehren stützt. Sieht das Gericht die Leistungsbestimmung als unbillig an, bleibt dem Kläger die Freiheit, auf die gerichtliche Gestaltung zu verzichten (Das Gericht weist in diesem Fall die Leistungsklage dann vollumfänglich ab. Anderenfalls wird der Leistungsantrag nach der gerichtlichen Gestaltung aufrechterhalten), bzw dem beklagten Schuldner die gerichtliche Leistungsbestimmung (ggf im Wege der Gestaltungswiderklage[393]) herbeizuführen (zu den Gründen siehe noch Rz 218). Klarheit kann in der Praxis ein gerichtlicher Hinweis nach ZPO § 139 schaffen. Das Risiko des unbestimmten, aber bestimmbaren Vertrags liegt darin, dass dieser undurchführbar ist. Das Gericht ist nicht von Amts wegen verpflichtet, den Leistungsaustausch zu retten, sondern steht nur ersatzweise und auf Abruf zur Leistungsbestimmung bereit.

Auch bei einer Klage auf eine Leistung, der im Synallagma eine noch zu bestimmende Gegenleistung gegenübersteht, muss die gerichtliche Ersatzleistungsbestimmung im Erkenntnisverfahren herbeigeführt werden. Erst sie ermöglicht eine **Zug-um-Zug-Verurteilung**. Anderenfalls verlagerte sich die Leistungsbestimmung systemwidrig in das Vollstreckungsverfahren[394]. In diesem Fall kommt auch eine Gestaltungsklage des **bestimmungsunterworfenen Schuldners** in Betracht. Zudem ermöglicht ihm die verdeckte Gestaltungsklage die Durchsetzung eines Abnahmeanspruchs hinsichtlich der unbestimmten Leistung[395]. Im Übrigen ist die Leistung mangels Leistungsbestimmung oder ihm gegenüber unwirksamer Leistungsbestimmung (§ 315 Abs 3 S 1; Rz 157) nicht fällig, sodass der leistungsbestimmungsrechtsunterworfene Schuldner in aller Regel kein Interesse an einer (seine Verpflichtung herstellenden) gerichtlichen Ersatzleistungsbestimmung hat.

Auch eine **Stufenklage**, gerichtet auf Auskunft zu den Kriterien der Parteileistungsbestimmung, gerichtliche Gestaltung und Leistung, steht offen. Die begehrte Auskunft muss dem Kläger nach allgemeinen Grundsätzen dienen, einen zulässigen Leistungsantrag zu stellen, insbesondere also die Benennung der für die gerichtliche Ersatzleistungsbestimmung nach § 315 Abs 3 S 1 erforderlichen Tatsachen sowie die Angabe einer Größenordnung und eines Mindestbetrags zur Flankierung eines nach ZPO § 253 Abs 2 Nr 2 unbestimmten Klageantrags[396] ermöglichen.[397]

Eine **Klage auf Vornahme der Leistungsbestimmung** ist Leistungsklage. Ihr wird indes das Rechtsschutzbedürfnis abgesprochen, wenn eine gerichtliche Ersatzleistungsbestimmung möglich ist[398]. Mit § 315 Abs 3 S 2 wollte der Gesetzgeber bewusst diesen Umweg vermeiden[399]. Lediglich wenn eine gerichtliche Ersatzleistungsbestimmung nach § 315 Abs 3 S 2 ausscheidet (dazu Rz 192 ff), steht die Leistungsklage auf Vornahme der Leistungsbestimmung offen. Zur erforderlichen Leistungsbestimmungspflicht siehe Rz 118 ff. Die Zwangsvollstreckung erfolgt nach ZPO § 888.

2. **Beweislast**. Nach dem allgemeinen Grundsatz trägt jede Partei die Darlegungs- und Beweislast für die ihr günstigen Umstände. Daraus folgt, dass derjenige, der Rechte aus seiner einseitigen Leistungsbestimmung ableitet, für das Vorliegen dieses **Parteileistungsbestimmungsrechts** darlegungs- und beweisbelastet ist. Den Leistungsbestimmenden trifft zudem nach § 315 Abs 3 S 2 Hs 1 die Darlegungs- und Beweislast, dass seine Ausübung des Leistungsbestimmungsrechts **billig**

---

390 Ebenso Staud[Nb 2020]/Rieble § 315 Rz 598.
391 So LAG Baden-Württemberg ZTR 2012, 580, 582 (obiter dictum); MünchKomm[8]/Würdinger § 315 Rz 52. Unergiebig BAG NZA 2015, 227, 231 (Rz 28). Offenlassend BGH NJW-RR 2003, 1355, 1358.
392 Zur Auslegung des Klageantrags siehe nur BGH NJW 2016, 2181, 2182 (Rz 18); MünchKomm ZPO[6]/Becker-Eberhard, § 253 Rz 25.
393 Vgl Gernhuber, Das Schuldverhältnis, 1989, S 290 (§ 12 II 7 a).
394 Dazu Staud[Nb 2020]/Rieble § 315 Rz 614 f.
395 Staud[Nb 2020]/Rieble § 315 Rz 594.
396 Siehe dazu in und bei Fn 389.
397 BAG NZA 2022, 261, 263 ff (Rz 26 ff).
398 Staud[Nb 2020]/Rieble § 315 Rz 612.
399 Mot II S 192.

ist[400]. Dabei bezieht sich die subjektive Beweislast freilich auf die zugrundeliegenden, dem Leistungsbestimmungsberechtigten günstigen Tatsachen. Die objektive Beweislast bezieht sich hingegen auf den Rechtsbegriff der Billigkeit. Dass die danach vom Gericht nicht feststellbare Billigkeit zulasten des Bestimmungsberechtigten geht, ergibt sich bereits aus der einschränkenden Formulierung des § 315 Abs 1 S 1 („nur verbindlich, wenn sie der Billigkeit entspricht") sowie der daran anknüpfenden Verneinung in § 315 Abs 3 S 2 („Entspricht sie nicht der Billigkeit") (zum abweichenden § 319 Abs 1 S 1 siehe § 319 Rz 84). Dieselbe Beweislastverteilung gilt für die **Vereinbarkeit mit dem Kontrollmaßstab**, wenn ein anderer Kontrollmaßstab als die Billigkeit bzw billiges Ermessen vereinbart wurde. Der Leistungsbestimmungsberechtigte, der sich auf die Verbindlichkeit der Leistungsbestimmung beruft, hat darzulegen und zu beweisen, dass die Ausübung des Leistungsbestimmungsrechts dem Kontrollmaßstab entspricht[401].

222 Bestehen Zweifel über den anzuwendenden Maßstab für die Ausübung des einseitigen Leistungsbestimmungsrechts (dazu Rz 127), greift die **Auslegungsregel** des § 315 Abs 1. Danach ist von einer Ausübung nach billigem Ermessen auszugehen. Wer einen **anderen Maßstab** behauptet, trägt insoweit die Darlegungs- und Beweislast, dass dieser wirksam vereinbart wurde[402]. Da die Auslegungsregel des § 315 Abs 1 sowohl den Ausübungs- als auch den Kontrollmaßstab betrifft (Rz 130 ff), findet diese Beweislastverteilung sowohl für einen abweichenden Ausübungsmaßstab und dem damit identischen Maßstab der gerichtlichen Leistungsbestimmung als auch für einen abweichenden gerichtlichen Kontrollmaßstab Anwendung[403].

223 Der BGH misst einer **behördlichen Genehmigung nach EnWG § 23a** eine Indizwirkung für die Billigkeit des Entgelts für den Netzzugang bei[404]. Dies wird als Beweislastumkehr contra legem kritisiert[405], wurde vom BVerfG aber mangels einer hinreichend substanziierten Darlegung einer Grundrechtsverletzung gebilligt[406]. Die behördliche Genehmigung ist nach EnWG § 23a Abs 2 S 1 an die Einhaltung der gesetzlichen Anforderungen gebunden. Diese stellen rein objektive Anforderungen und unterscheiden sich daher von den vertragszweckbezogenen Bindungen des Ermessens. Da der BGH aber den Maßstab der Billigkeit aufgrund der Besonderheiten des und die Prägung durch das EnWG typisiert und damit objektiviert[407], ist diese Indizwirkung folgerichtig. Sie wird abzuschwächen sein, sobald es um individualisierte Verträge geht, deren Vertragszwecke sich von der typischen Vertragssituation unterscheiden.

224 Bei einer **gerichtlichen Ersatzleistungsbestimmung** besteht keine Darlegungs- und Beweislast im prozessualen Sinne. Die Parteien sind im Sinne einer Obliegenheit gehalten, die für sie sprechenden Abwägungsgesichtspunkte vorzutragen[408]. Das Gericht hat das gesamte Vorbringen der Parteien auszuschöpfen. Die gerichtliche Ersatzleistungsbestimmung nach „billigem Ermessen" darf nach der Rechtsprechung nur dann unterbleiben – und einseitig zulasten einer vermeintlich beweisbelasteten Partei ausfallen –, wenn es für die Abwägungsentscheidung an greifbaren Anhaltspunkten mangelt[409].

225 3. **Beweismaß**. Aus dem Wesen der **gerichtlichen Ermessenskontrolle** bzw der Kontrolle auf Einhaltung des Kontrollmaßstabs ergeben sich **keine Besonderheiten** in Bezug auf das Beweismaß. Zwar streiten die Parteien typischerweise über die Höhe einer Forderung, allerdings kommt auch in diesen typischen Fällen eine Anwendung des ZPO § 287 Abs 2 nicht in Betracht[410]. Das Gericht hat nämlich die bereits von einer Partei bestimmte und von der anderen Partei angegriffene Forderungshöhe anhand des Kontrollmaßstabs (im Falle des § 315 Abs 1 S 1 der „Billigkeit") zu beurteilen. Das Gericht hat – und hierauf baut ZPO § 287 Abs 2 auf[411] – nicht die Höhe der Forderung selbst zu bestimmen.

---

400 BGHZ 41, 271, 279 = NJW 1964, 1617; NJW 1981, 571, 572; NJW 1983, 1777, 1778; NJW 2011, 212, 213 (Rz 27); ZNER 2012, 179, Rz 15; NJW 1969, 1809; BAG NZA 1998, 555, 557; BAGE 156, 38, 47 (Rz 28) = NZA 2016, 1334; BeckOGK[01.09.2021]/Netzer § 315 Rz 93; jurisPK[9]/Völzmann-Stickelbrock § 315 Rz 104; Soergel[12]/M Wolf § 315 Rz 59; MünchKomm[8]/Würdinger § 315 Rz 55; aAStaud[Nb 2020]/Rieble § 315 Rz 625 (keine Beweislast, da Rechtsbegriff).

401 JurisPK[9]/Völzmann-Stickelbrock § 315 Rz 104.

402 RGZ 57, 46, 48 f; RGRK[12]/Ballhaus § 315 Rz 9; Erman[16]/Hager § 315 Rz 23; Staud[Nb 2020]/Rieble § 315 Rz 624; Soergel[12]/M Wolf § 315 Rz 58; MünchKomm[8]/Würdinger § 315 Rz 54.

403 IE ebenso Soergel[12]/M Wolf § 315 Rz 58.

404 BGH NJW 2011, 212, 214 f (Rz 41 ff); NJW 2012, 3092, 3094 (Rz 36).

405 Staud[Nb 2020]/Rieble § 315 Rz 630, 640.

406 BVerfG NJW 2017, 3507, 3508 (Rz 29 f).

407 BGH NJW 2012, 3092, 3094 (Rz 34).

408 BAGE 156, 38, 48 (Rz 30) = NZA 2016, 1334; vgl auch zu § 319 Abs 1 S 2 BAGE 155, 109, 123 (Rz 44) = NZA 2016, 1089.

409 BGH ZNER 2012, 179, 180 (Rz 25).

410 AA Staud[Nb 2020]/Rieble § 315 Rz 628. BGHZ 207, 209, 242 ff (Rz 91 ff) = NJW 2016, 1718 behandelt eine ergänzende Vertragsauslegung, keine Billigkeitskontrolle, bei der das Gericht – in diesem Fall über die Entgelthöhe in einem Gasversorgungsvertrag – selbst entscheidet.

411 Vgl MünchKomm ZPO[6]/Prütting § 287 Rz 20.

ZPO § 287 Abs 2 findet ebenfalls keine Anwendung, auch nicht in Analogie[412], bei der **gerichtlichen Ersatzleistungsbestimmung** im Rahmen der (verdeckten) Gestaltungsklage[413]. Die Parteien tragen dem Gericht die für sie sprechenden Abwägungsgesichtspunkte vor (Rz 224), das Gericht kontrolliert nicht, sondern gestaltet auf dieser Tatsachengrundlage das Schuldverhältnis selbst. Im Rahmen des ZPO § 287 spricht man bei den von den Parteien beizubringenden Tatsachen von sog Anknüpfungstatsachen. Auf sie findet ZPO § 286 Anwendung[414]. Die Beweiserleichterungen des ZPO § 287 Abs 2 beziehen sich lediglich auf die Forderungshöhe. Diese Forderungshöhe liegt aber als Ersatzleistungsbestimmung im (privatautonom delegierten) Ermessen des Gerichts, sodass sich Fragen der Beweiserleichterung erst gar nicht stellen. Sie ist Rechtsfrage. ZPO § 287 geht hingegen von einer Tatsachenfrage aus. 226

4. Berufung und Revision. Die gerichtliche Billigkeitskontrolle bzw Kontrolle auf Einhaltung des Kontrollmaßstabs sowie die gerichtliche Ersatzleistungsbestimmung sind zuvörderst **Sache des Tatrichters**[415]. Bei der gerichtlichen **Kontrolle** auf „Billigkeit" bzw auf die Einhaltung des Kontrollmaßstabs finden die allgemeinen Vorschriften Anwendung. Bezugspunkt ist allerdings die beschränkte Kontrolldichte nach § 315 Abs 3 S 1. Das Berufungsgericht ist gem ZPO § 529 Abs 1 an die Tatsachenfeststellungen des Tatrichters eingeschränkt und das Revisionsgericht vollständig gebunden. Auf dieser Grundlage kontrolliert das Revisionsgericht gem ZPO § 545 Abs 1 auf Rechtsfehler. In rechtlicher Hinsicht wird damit mit voller Kontrolldichte (einer bereits beschränkten Kontrolldichte) kontrolliert. Insoweit haben beide Positionen, das Revisionsgericht überprüfe mit voller[416] oder mit eingeschränkter Kontrolldichte[417] ihre Berechtigung. Nicht revisibel ist damit im Ergebnis der Ermessensfehler, ob die leistungsbestimmungsberechtigte Vertragspartei vom zutreffenden Sachverhalt ausgegangen ist. Die übrigen Ermessensfehler werden in einer Rechtskontrolle mit voller Kontrolldichte überprüft. Nach dieser Maßgabe mag man den „Rechtsbegriff der Billigkeit" gem § 315 Abs 3 als „revisibel" beschreiben[418]. Diese instanzgerichtliche Billigkeitskontrolle ist zu unterscheiden von der instanzgerichtlichen Kontrolle der gestaltenden gerichtlichen Ersatzleistungsbestimmung, auch wenn sich im Ergebnis derselbe Prüfungsmaßstab einstellt. 227

Bei der **richterlichen Ersatzleistungsbestimmung** handelt es sich nicht um „richterliches Ermessen", wie es etwa bei der gerichtlichen Bemessung des Schmerzensgeldanspruchs gegeben ist. Dies ist ein hoheitliches Ermessen. Die richterliche Ersatzleistungsbestimmung tritt hingegen an die Stelle einer Parteileistungsbestimmung und unterliegt denselben vertraglichen und gesetzlichen Bindungen (Rz 203). Es handelt sich um ein vom Gericht ausgeübtes, originär privates Ermessen. Zu denselben Bindungen zählt auch der Kontrollmaßstab. Wie die Parteileistungsbestimmung kann die gerichtliche Ersatzleistungsbestimmung des Tatrichters nur auf die Grenzen des Ermessens kontrolliert werden. Für eine solche beschränkte Kontrolldichte des Berufungsgerichts spricht auch, dass es im Grundfall, dass eine Vertragspartei die Leistungsbestimmung vornimmt, zwar den Tatrichter mit voller Kontrolldichte kontrolliert, gegenüber dem Leistungsbestimmenden aber lediglich eine beschränkte Kontrolle auf Ermessensfehler vornimmt. Der Tatrichter muss vom zutreffenden Sachverhalt ausgegangen sein und ihm dürfen keine Ermessensfehler unterlaufen sein (siehe Rz 184). Der gerichtliche Instanzenzug nach der ZPO schränkt diesen Kontrollmaßstab gleichwohl in einer Hinsicht ein. Die Tatsachenkontrolle ist gem ZPO § 529 Abs 1 in der Berufungsinstanz beschränkt und findet in der Revisionsinstanz nicht statt. 228

Es ist daher im Ergebnis dem **BGH** zuzustimmen, der seine (eingeschränkte) Kontrolle dahingehend beschreibt, ob das Berufungsgericht „den Begriff der Billigkeit verkannt, ob es die gesetzlichen Grenzen seines Ermessens überschritten oder von dem Ermessen in einer dem Zweck der Ermächtigung nicht entsprechenden Weise Gebrauch gemacht hat und ob es von einem rechtlich unzutreffenden Ansatz ausgegangen ist, der ihm den Zugang zu einer fehlerfreien Ermessensentscheidung versperrt hat"[419]. 229

---

412 Bei dem Prozessstand einer verdeckten Gestaltungsklage ist vom Wortlaut her die „Höhe einer Forderung" nicht „streitig", da mangels Bestimmtheit noch gar keine Forderung existiert. Gleiches gilt bei einem vorhergehenden Feststellungsurteil.
413 AA Staud[Nb 2020]/Rieble § 315 Rz 636.
414 BGH NJW 1988, 3016, 3017; NJW 2000, 2272, 2275; NJW 2012, 2267, 2268 (Rz 9); BeckOK ZPO[43. Ed]/Bacher, § 287 Rz 14; Musielak/Voit ZPO[18]/Foerste, § 287 Rz 7.
415 BGH NJW-RR 2005, 960, 961; BGHZ 174, 48, 56 (Rz 21) = NVwZ 2008, 110; BAG NJW 2012, 1830, 1833 (Rz 46); Erman[16]/Hager § 315 Rz 23; Staud[Nb 2020]/Rieble § 315 Rz 616 f; Soergel[12]/M Wolf § 315 Rz 48.
416 So etwa BAG NZA 2006, 1149, 1153 (Rz 50); Erman[16]/Hager § 315 Rz 23 Zur uneinheitlichen Rspr des BAG siehe BAG NZA 2017, 1185, 1189 f (Rz 50 ff).
417 So etwa BGHZ 174, 48, 56 (Rz 21) = NVwZ 2008, 110; GMP ArbGG[9]/Müller-Glöge, § 73 Rz 10.
418 So Soergel[12]/M Wolf § 315 Rz 48.
419 BGHZ 155, 311, 321 = NJW 1992, 171; 172, 315, 322 (Rz 20) = NJW 2007, 2540; NJW 2011, 212, 214 (Rz 39); siehe auch BGH NJW-RR 2005, 960, 961; BGHZ 174, 48, 56 (Rz 21) = NVwZ 2008, 110.

230 **Materiell-rechtliche Mängel der richterlichen Ersatzleistungsbestimmung** erlangen keine Relevanz. Das entsprechende Gestaltungsurteil bestimmt die Leistung erst mit dessen Rechtskraft und kann daher gerade nicht mehr gerichtlich angefochten werden[420].

231 Das Revisionsgericht kann nur unter den Voraussetzungen des **ZPO § 563 Abs 3** die Parteileistungsbestimmung als unbillig selbst feststellen bzw die Ersatzleistungsbestimmung selbst vornehmen[421]. Die Sache ist zur Endentscheidung reif, wenn sie nicht mehr zurückverwiesen werden muss, insbesondere weil alle maßgeblichen Tatsachen festgestellt sind. Über die Billigkeit bzw Unvereinbarkeit mit dem Kontrollmaßstab kann das Revisionsgericht daher abschließend nur entscheiden, wenn die Parteileistungsbestimmung aufrechterhalten wird oder keine Ersatzleistungsbestimmung erforderlich oder diese ausgeschlossen ist bzw das Revisionsgericht diese selbst vornimmt. Der für eine gerichtliche Ersatzleistungsbestimmung erforderliche Gestaltungsantrag kann erstmalig nicht vor dem Revisionsgericht, sondern unter den Einschränkungen des **ZPO § 533** nur noch vor dem Berufungsgericht gestellt werden[422].

232 5. **Vollstreckung, einstweiliger Rechtsschutz, Mahnverfahren**. Durch ein Leistungsbestimmungsrecht zu konkretisierende, also dem Grunde nach bestehende (vgl Rz 12) Ansprüche können durch Arrest oder einstweilige Verfügung gesichert werden[423]. Eine (verdeckte) gerichtliche Gestaltung ist im **einstweiligen Rechtsschutz** hingegen ebenso ausgeschlossen wie eine (negative) Feststellung des Rechtsverhältnisses wegen Unbilligkeit bzw Nichtentsprechen mit dem Kontrollmaßstab[424].

233 Die Schuld kann erst nach ihrer Konkretisierung durch die Leistungsbestimmung **tituliert** werden[425]. Ihre Unbestimmtheit und fehlende Fälligkeit steht zudem der Durchführung eines **Mahnverfahrens** entgegen[426].

234 6. **Rechtsschutz im Vorfeld der Parteileistungsbestimmung**. Bei Drittleistungsbestimmungen ist eine Feststellungsklage im Vorfeld der Leistungsbestimmung (§ 317 Rz 125) sowie – und das ist der Ursprung der hier übertragenen Rechtsprechung – des Schiedsgutachtens (§ 317 Rz 160 f) zulässig, um die Grenzen der Unterwerfungsvereinbarung zu klären und die maßgeblichen Kriterien festzustellen, deren Nichtberücksichtigung zwingend zu einer offenbar unbilligen Entscheidung führt (§ 317 Rz 125, 160). Dies gilt auch für die Parteileistungsbestimmung. Auch hier hat die unterworfene Partei, bevor das Leistungsbestimmungsrecht ausgeübt wird, ein Feststellungsinteresse zur gerichtlichen Klärung der Reichweite seiner Unterwerfung sowie der Kriterien, deren Nichtberücksichtigung in jedem Falle (im Unterschied zu § 319 Abs 1 S 1 lediglich) unbillig ist. Im Falle einer Leistungsbestimmungspflicht (Rz 118 ff), ist die Feststellungsklage freilich zur Leistungsklage subsidiär.

VII. Anwendungsbereiche und Sonderregelungen

235 Die Anwendungsbereiche von § 315 und spezialgesetzlichen Sonderregelungen sind vielfältig. Im Folgenden sollen nach Sachbereichen geordnet die jeweiligen Besonderheiten skizziert werden. Ergänzend finden die vorbeschriebenen allgemeinen Grundsätze Anwendung.

236 Ganz **aktuell** wurde über Preisanpassungsklauseln in den AGB eines Video-Streamingdiensts entschieden (vgl dazu bereits Rz 76)[427]. Die sog Coronapandemie hat die Rechtsprechung zudem dazu bewogen, im Sportrecht bei der Beurteilung eines Ligaabbruchs, dem die Liga veranstaltenden Verband ein Leistungsbestimmungsrecht über ihren Ausgang nach § 315 Abs 1 zuzugestehen[428]. Im Kartellrecht könnte ein Lizenzgegenangebot mit Leistungsbestimmungsrecht des Patentinhabers nach billigem Ermessen ein Ausweg zur Einigung auf FRAND-Bedingungen (fair, reasonable and non-discriminatory) in Bezug auf standardessentielle Patente (SEP) sein.[429]

237 1. **Dienst- und Werkvertragsrecht**. Das Gesetz enthält in verschiedenen Vertragstypen **Auffangregelungen** bereit, die eingreifen, falls die Vergütung nicht vertraglich vereinbart ist[430]. Diese gehen den Auslegungsregeln der §§ 315 Abs 1, 316 vor, sie können aber zugunsten eines

---

420 Staud[Nb 2020]/Rieble § 315 Rz 608 f.
421 Zur Ersatzleistungsbestimmung BGH NJW-RR 2005, 960, 961; BAG NZA 2006, 1149, 1153 (Rz 50); Staud[Nb 2020]/Rieble § 315 Rz 620; Münch-Komm[8]/Würdinger § 315 Rz 53. Vgl auch BAG NZA 2006, 1149, 1153 (Rz 50); Urt v 23.06.2015, 9 AZR 125/14, juris, Rz 26; NZA 2016, 1541, 1543 (Rz 16).
422 Staud[Nb 2020]/Rieble § 315 Rz 601.
423 Staud[Nb 2020]/Rieble § 315 Rz 644.
424 Vgl Staud[Nb 2020]/Rieble § 315 Rz 644 f.
425 Vgl Staud[Nb 2020]/Rieble § 315 Rz 647 f.
426 Staud[Nb 2020]/Rieble § 315 Rz 653.
427 KG MMR 2020, 480; Hinweisbeschluss zur beabsichtigten Verwerfung der Nichtzulassungsbeschwerde BGH BeckRS 2021, 13595; siehe nachfolgend auch LG Berlin GRUR-RS 2021, 46471.
428 Frankfurt aM NJOZ 2021, 59, 62 f (Rz 48).
429 Vgl Karlsruhe, GRUR-RS 2021, 9325.
430 § 612 Abs 2, § 632 Abs 2, § 653 Abs 2, HGB § 59, HGB § 87b Abs 1, HGB § 354 Abs 1, HGB § 403.

einseitigen Leistungsbestimmungsrechts abbedungen werden (Rz 47 f). Ein Leistungsbestimmungsrecht des Schuldners nach §§ 315, 316 kommt auch dann in Betracht, wenn es an einer vertraglichen Vergütungsabrede sowie einer „üblichen" Vergütung fehlt und der (hypothetische) Parteiwille nicht entgegensteht[431]. Gleiches gilt, wenn die „übliche" Vergütung einen Spielraum lässt[432].

Weisungsrechte, wie sie in § 665, HGB §§ 384 Abs 1, 418 oder auch im Bauvertragsrecht anerkannt werden, konkretisieren die vertragliche Leistungspflicht und stellen daher einseitige Leistungsbestimmungsrechte dar[433]. Der jeweilige Maßstab ist durch Auslegung zu ermitteln. Daraus ergibt sich in aller Regel auch der Ausschluss einer gerichtlichen Ersatzleistungsbestimmung. **238**

Ein Hauptanwendungsfall der §§ 315, 316 ist die **Vergütung „höherer" Dienste**. Dies liegt darin begründet, dass eine „übliche" Vergütung meist fehlt, Gebührenordnungen im Einzelfall keine Anwendung finden oder einen Auswahlspielraum lassen[434]. Im Folgenden werden typische Fallgruppen behandelt[435]: **239**

a) **Anwaltsvertrag**. Nach **RVG § 4 Abs 3 S 1** kann ein Drittleistungsbestimmungsrecht des Vorstands der Rechtsanwaltskammer nach § 317 über die Vergütung des Rechtsanwalts vereinbart werden. Es gilt die Sonderregelung, dass die bestimmte Vergütung nach RVG § 3a Abs 2 S 1 Alt 2 im Rechtsstreit auf den angemessenen Betrag bis zur Höhe der gesetzlichen Vergütung herabgesetzt werden kann. **RVG § 4 Abs 3 S 2** schließt demgegenüber eine Parteileistungsbestimmung des Anwalts wie des Mandanten aus, indem stattdessen die gesetzliche Vergütung als vereinbart gilt. Ein gesetzliches einseitiges Leistungsbestimmungsrecht des Rechtsanwalts nach § 315 besteht aber zur Konkretisierung von **Rahmengebühren nach RVG § 14 Abs 1 S 1**[436]. Wie in GOÄ § 5 Abs 2 (dazu Rz 244) gilt die Besonderheit, dass die maßgeblichen Abwägungsgesichtspunkte in RVG § 14 Abs 1 näher – anders als im Arztvertrag aber nicht abschließend („vor allem") – spezifiziert sind. RVG § 3a Abs 2, der eine volle gerichtliche Kontrolle der Vergütung und eine gerichtliche Herabsetzung auf das Angemessene vorsieht, verdrängt die Billigkeitskontrolle nach § 315 Abs 3 nicht[437]. RVG § 3a ist auf Vergütungsvereinbarungen und das Drittleistungsbestimmungsrecht aus RVG § 4 Abs 3 S 1 beschränkt und daher nicht anwendbar. Die Rechtsprechung erkennt bei der gerichtlichen Kontrolle vielmehr einen Toleranzbereich von 20 % Abweichung vom Angemessenen an (allgemein zu einer solchen Erheblichkeitsschwelle § 319 Rz 16 f)[438]. Eine weitere Besonderheit regelt RVG § 14 Abs 1 S 4, wonach die getroffene Bestimmung nicht verbindlich ist, wenn sie unbillig ist, sofern die Gebühr von einem Dritten zu ersetzen ist[439]. Gegenüber dem Mandanten findet grundsätzlich die abweichende **Beweislastverteilung** nach § 315 Abs 3 S 1 Anwendung. Allerdings wird die Darlegungs- und Beweislast des Rechtsanwalts von der herrschenden Meinung auf die Billigkeit oberhalb der Mittelgebühr beschränkt[440]. Diese Abweichung von § 315 Abs 3 S 1 ist indes nicht einzusehen. Die Wahl des Rechtsanwalts zwischen einer Abrechnung nach § 1836 iVm dem VBVG oder nach dem RVG ist kein Anwendungsfall des § 315[441]. Ist schließlich keine Gebührenordnung anwendbar, weil der Anwalt etwa Buchführungsarbeiten erbringt, finden §§ 611, 612, 315 ff Anwendung[442]. **240**

---

431 Vgl BGH NJW 1982, 185, 187; BGHZ 94, 98, 100 ff = NJW 1985, 1895; NJW-RR 2005, 762, 765; NJW-RR 2007, 56, 57 (Rz 15); BGHZ 167, 139, 142 (Rz 8), 143 f (Rz 10) = NJW 2006, 2472; BAGE 100, 1, 10 f = NZA 2002, 624.
432 BAG NZA 2012, 808, 810 (Rz 22); MünchKomm[8]/Müller-Glöge § 612 Rz 31; BeckOGK[01.09.2021]/Netzer § 315 Rz 15; ErfK, ArbR[22]/Preis, § 612 BGB Rz 42. Zu Gebührenordnungen etwa der Rechtsanwälte oder Ärzte siehe noch Rz 238, 242.
433 Staud[Nb 2020]/Rieble § 315 Rz 205; speziell zum Bauvertragsrecht Peters NZBau 2012, 615.
434 Kronke AcP 183 (1983), 114, 115.
435 Darüber hinaus kommen aber auch etwa in Betracht: freie Mitarbeit eines Chemikers (BGH NJW 1961, 1251), die Tätigkeit von Schiedsrichtern (RG WarnR 1926, 142; BB 1978, 327, 328; BSG BeckRS 2001, 30416846 zu § 10 S 1 SchiedsamtVO), Croupier (BAG AP BGB § 611 Croupier Nr 10), Sachverständige und Gutachter (BGH NJW-RR 2007, 56, 57 f (Rz 15 ff); BGHZ 167, 139 = NJW 2006, 2472; AG Schwerin NJW-RR 1999, 510 (Kfz-Schadensgutachter); BAG NZA 1993, 605 (Einigungsstellenmitglied); NZA 1997, 222, 223 (Einigungsstellenvorsitzender); Stuttgart ZIP 1988, 864 (Vorsitzender tariflicher Schiedsstelle); KG EnWZ 2022, 72, 74 (Rz 20) (Schiedsstellenvergütung nach EnWG § 111b Abs 6 S 1)).
436 BGH NJW 2013, 3102, 3102 (Rz 7); Hamm NJW-RR 2008, 232, 234; LG Krefeld NJW-RR 2011, 1403; BeckOGK[01.11.2020]/Netzer § 315 Rz 17; Staud[Nb 2020]/Rieble § 315 Rz 264; jurisPK[9]/Völzmann-Stickelbrock § 315 Rz 34.
437 AA Düsseldorf NJW 1974, 653 f zum alten Recht; MünchKomm[8]/Würdinger § 315 Rz 59.
438 BGH NJW-RR 2007, 420, 421 (Rz 5); NJW 2011, 1603, 1605 (Rz 18); NJW 2012, 2813, 2814 (Rz 10); zust Erman[16]/Hager § 315 Rz 24.
439 Ablehnend Staud[Nb 2020]/Rieble § 315 Rz 632.
440 Düsseldorf VersR 2008, 1347, 1348; BeckOGK[01.09.2021]/Netzer § 315 Rz 18; Mayer/Kroiß RVG[8]/Winkler, § 14 Rz 40 f.
441 Hamm NJW-RR 2008, 232; Staud[Nb 2020]/Rieble § 315 Rz 265.
442 Düsseldorf NJW-RR 2005, 1152, 1154; BeckOGK[01.09.2021]/Netzer § 315 Rz 19; MünchKomm[8]/Würdinger § 315 Rz 59.

241 b) **Steuerberater- und Wirtschaftsprüfervertrag.** Die **Steuerberatervergütung** bei **Rahmengebühren** verläuft parallel zur Anwaltsvergütung (Rz 240): Rahmengebühren nach StBVV §§ 21 ff kann der Steuerberater gem StBVV § 11 einseitig konkretisieren. StBVV § 11 wird von § 315 ergänzt[443]. Es findet eine Billigkeitskontrolle statt[444]. Der Steuerberater soll – zu Unrecht – gleichfalls die Darlegungs- und Beweislast nur für eine die Mittelgebühr übersteigende Billigkeit tragen[445]. StBVV § 11 Abs 1 S 4 entspricht RVG § 14 Abs 1 S 4. StBVV § 4 schließt anders als RVG § 4 Abs 3 S 1 ein Parteileistungsbestimmungsrecht nicht aus, sieht aber auch kein Drittleistungsbestimmungsrecht vor. **Einseitige Leistungsbestimmungsrechte**, va Vergütungsanpassungsrechte des Steuerberaters[446], können daher nach allgemeinen Regeln unter den Formvorgaben des StBVV § 4 vereinbart werden. Die Billigkeitskontrolle und eine etwaige gerichtliche Ersatzleistungsbestimmung nach § 315 Abs 3 setzen sich gegenüber der Angemessenheitskontrolle und etwaigen Herabsetzung nach StBVV § 4 Abs 2 durch, dürften aber allgemein nicht zu abweichenden Ergebnissen führen.

242 Für **Wirtschaftsprüfer** ist bislang gem WPO § 55 keine Gebührenordnung erlassen worden. Es finden die allgemeinen Regeln Anwendung.

243 c) **Architekten- und Ingenieurvertrag.** Die HOAI kennt kein einseitiges Leistungsbestimmungsrecht des Architekten nach §§ 315, 316. Das Architektenhonorar ist daher gerichtlich vollständig überprüfbar; einer Schlussrechnung des Architekten kommt ferner keine Bindung nach § 315 zu[447]. Architekt und Auftraggeber können nach HOAI § 7 Honorarvereinbarungen schließen und von der HOAI abweichen. Darin können unter den Formvorgaben des HOAI § 7 und in den allgemeinen Grenzen (Rz 60 ff) auch einseitige Leistungsbestimmungsrechte vereinbart werden. Fehlt eine wirksame Honorarvereinbarung richtet sich das Honorar nach der HOAI[448].

244 d) **Arztvertrag.** Vereinbaren Arzt und Patient, von der Gebührenordnung gem **GOÄ § 2** abzuweichen, aber keine vertragliche Vergütung, kann der Arzt die Vergütung nach §§ 315, 316 bestimmen[449]. Findet bei einer privatärztlichen Behandlung dagegen die GOÄ Anwendung, vereinbaren die Parteien einen Gebührenrahmen, den der Arzt gem **GOÄ § 5 Abs 2** nach billigem Ermessen zu konkretisieren berechtigt ist. GOÄ § 5 Abs 2 modifiziert § 315 als lex specialis dahingehend, dass die Vorschrift die leitenden Gesichtspunkte billigen Ermessens abschließend nennt. Im Übrigen findet § 315 Anwendung[450]. Ein einseitiges Leistungsbestimmungsrecht besteht auch für Krankenhäuser bei der Abrechnung von **Wahlleistungen nach BPflV § 16 S 2 iVm KHEntgG § 17**, zB die nicht medizinisch indizierte Chefarztbehandlung. KHEntgG § 17 S 3-5 verdrängen dabei § 315[451]. Insbesondere findet eine vollständige gerichtliche Kontrolle auf Angemessenheit und ggf eine Reduzierung auf das angemessene Maß statt (KHEntgG § 17 S 3, 5).

245 e) **Bauvertrag. § 650b Abs 2 S 1, VOB/B § 1 Abs 3** und **Abs 4** sehen jeweils ein einseitiges Vertragsänderungsrecht des Bestellers vor. Die Vergütungsanpassung folgt nach § 650c, VOB/B § 2 Abs 5 bzw Abs 6. Jeweils handelt es sich um ein Leistungsbestimmungsrecht, bei VOB/B §§ 1 Abs 3, Abs 4 um ein vertragliches[452], bei § 650b Abs 2 S 1 um ein gesetzliches[453]. Die Ausgestaltung variiert. VOB/B § 1 Abs 3 enthält keine Voraussetzungen, weshalb § 315 Anwendung findet[454]. VOB/B § 1 Abs 4 ist ein vertragliches Leistungsbestimmungsrecht des Auftraggebers[455], das (gerichtlich) an der Erforderlichkeit zur Ausführung der vertraglichen Leistung und dem Betriebsgegenstand des Auftragnehmers gemessen werden muss, im Übrigen aber im Belieben des Auftraggebers steht. Eine gerichtliche Ersatzleistungsbestimmung kommt nicht in Betracht. § 650b Abs 2 S 1 muss der Notwendigkeit zur Erreichung des vereinbarten Werkerfolgs (§ 650b

---

443 Köln NJW-RR 1993, 1073, 1074.
444 BeckOGK[01.09.2021]/Netzer § 315 Rz 20.
445 So BeckOGK[01.09.2021]/Netzer § 315 Rz 20; wie hier Hamm NJW-RR 1999, 510; Düsseldorf NJW-RR 2005, 1152, 1154; LG Duisburg DStR 2007, 2035. Unklar Düsseldorf NJOZ 2002, 1681, 1688 f (Beweislast für jede die Mindestgebühr überschreitende Vergütung, aber Rückfall auf Mittelgebühr).
446 Zu den AGB-rechtlichen Anforderungen v Westphalen/Thüsing VertrR/AGB-Klauselwerke/Kilian Steuerberater Rz 60 [46 Lfg: Oktober 2017].
447 BGHZ 120, 133, 137 f = NJW 1993, 659; BeckOGK[01.09.2021]/Netzer § 315 Rz 23; jurisPK[9]/Völzmann-Stickelbrock § 315 Rz 32.
448 BGHZ 120, 133, 138 = NJW 1993, 659.
449 Frankfurt aM NJW 1977, 1497; BeckOGK[01.09.2021]/Netzer § 315 Rz 25; jurisPK[9]/Völzmann-Stickelbrock § 315 Rz 31; MünchKomm[8]/Würdinger § 315 Rz 58.
450 BeckOGK[01.09.2021]/Netzer § 315 Rz 25.
451 Vgl auch Staud[Nb 2020]/Rieble § 315 Rz 270 (keine Leistungsbestimmung nach § 315).
452 Zu VOB/B § 1 Abs 3 vgl Staud[Nb 2020]/Rieble § 315 Rz 196; Messerschmidt/Voit Priv BauR[3]/Rintelen, § 650b BGB Rz 10; aA BeckOK VOB/B[31.01.2021]/Wieseler § 1 Abs 3 Rz 4, der fälschlicherweise nur ein einmaliges Leistungserstbestimmungsrecht im Blick hat. Zu VOB/B § 1 Abs 4 siehe die Nachw in Fn 448.
453 AA Staud[Nb 2020]/Rieble § 315 Rz 196 (vergleichbar Optionsrecht).
454 Vgl Messerschmidt/Voit Priv BauR[4]/Rintelen § 650b BGB Rz 10. Im Maßstab billigen Ermessens können dabei die Voraussetzungen der beiden anderen Leistungsbestimmungsrechte Berücksichtigung finden, Peters NZBau 2012, 615, 617 f.
455 BGHZ 131, 392, 398 = NJW 1996, 1346; BeckOGK[01.09.2021]/Netzer § 315 Rz 26; MünchKomm[8]/Würdinger § 315 Rz 62.

Abs 1 S 1 Nr 1) bzw der Zumutbarkeit für den Unternehmer (§ 650b Abs 1 S 1 Nr 2) entsprechen, besteht im Übrigen aber ebenfalls im Belieben des Bestellers. Auch hier scheidet eine gerichtliche Ersatzleistungsbestimmung daher aus. Vertraglich können weitere einseitige Leistungsbestimmungsrechte vereinbart werden[456].

2. Energielieferungs- und Netznutzungsverträge. Ein weiterer Anwendungsschwerpunkt 246 einseitiger Parteileistungsbestimmungsrechte sind Verträge der Versorgung mit Gas, Strom, Fernwärme[457] und Wasser sowie Netznutzungsverträge. Dabei handelt es sich um langfristige Verträge. Der Versorger, der das Entgelt kalkuliert, hat ein legitimes Interesse daran, seine Kosten, die aufgrund externer Effekte im Verlauf der langen Vertragslaufzeit gestiegen sind, an seine Kunden weiterzugeben, ohne den schwerfälligen Weg einer Kündigung und eines Neuvertrags zu beschreiten. Aus der einseitigen Vertragsänderung wird aber nur dann ein im gemeinsamen Interesse beider Vertragsparteien liegendes Instrument der **Wahrung der Vertragsäquivalenz**, wenn die Entgeltanpassung gleichermaßen nach oben wie nach unten erfolgt. Auf diesen Gedanken wird noch maßgeblich bei der AGB-Kontrolle (Rz 249) sowie der Billigkeitskontrolle (Rz 254) zurückzukommen sein. Aufgrund der Marktbesonderheiten spielen kartell- und regulierungsrechtliche Fragen hinein. Bei der Anwendung des § 315 auf Energielieferungs- und Netznutzungsverträge sind drei Fragestellungen zu unterscheiden: a) die Einräumung eines Leistungsbestimmungsrechts des Versorgers, b) eine etwaige Inhaltskontrolle in Form der Entgeltkontrolle und c) die Ausübung des Parteileistungsbestimmungsrechts.

a) **Parteileistungsbestimmungsrecht des Versorgers.** Dem Versorger kann ein Preisände- 247 rungsrecht als Parteileistungsbestimmungsrecht durch Vertrag oder durch Gesetz eingeräumt sein. Für **Grundversorger** (siehe EnWG § 36 Abs 1) erkennt die Rechtsprechung gegenüber Haushaltskunden (Tarifkunden) gem EnWG § 39 Abs 2 iVm StromGVV § 5 Abs 2 S 1 bzw GasGVV § 5 Abs 2 S 1 ein gesetzliches Leistungsbestimmungsrecht im Sinne von § 315 an[458]. Dass § 315 Anwendung findet – gleich ob dieses Leistungsbestimmungsrecht als gesetzlich oder vertraglich (vgl diese Rz aE) qualifiziert wird – ergibt sich aus StromGVV § 17 Abs 1 S 3 bzw GasGVV § 17 Abs 1 S 3. Das Unionsrecht verlangt als Wirksamkeitsvoraussetzung die rechtzeitige Information der Verbraucher über die Anlassvoraussetzungen und den Umfang der Preisänderung[459], wie sie nunmehr in StromGVV § 5 Abs 2 S 2 bzw GasGVV § 5 Abs 2 S 2 mit Wirkung zum 30.10.2014 aufgenommen wurde. Für Altfälle ist daher ein gesetzliches Leistungsbestimmungsrecht nach der StromGVV bzw der GasGVV zu verneinen[460]. Der BGH behilft sich stattdessen mit einer ergänzenden Vertragsauslegung, die zu einem vertraglichen Leistungsbestimmungsrecht des Versorgers nach § 315 führt[461]. Dieses Vorgehen ist im konkreten Fall weniger bedenklich, als es zunächst erscheint. Man mag argumentieren, dass StromGVV und GasGVV ein Leistungsbestimmungsrecht selbst gar nicht (gesetzlich) begründen, sondern lediglich ein vertragliches anerkennen, zumal die Bestimmungen dieser Verordnungen gem StromGVV § 1 Abs 1 S 2 bzw GasGVV § 1 Abs 2 S 2 Bestandteil des Grundversorgungsvertrags zwischen Versorger und Haushaltskunde sind.

Im Geschäft mit **Sonderkunden**, dh Verträgen außerhalb der Grundversorgung gem EnWG 248 § 36 Abs 1[462], finden StromGVV und GasGVV keine Anwendung. Ein Leistungsbestimmungsrecht des Versorgers muss vertraglich begründet werden und findet sich landläufig. EnWG § 41 Abs 5 S 1 anerkennt dieses, indem dem Letztverbraucher bei dessen Ausübung ein Kündigungsrecht eingeräumt wird[463]. EnWG § 41 Abs 5 S 1 nennt neben der einseitigen Anpassung von Preisen durch den Versorger auch die einseitige Änderung sonstiger Vertragsbedingungen[464]. Die beanstandungslose Hinnahme der Preiserhöhung bei Weiterbezug legt die Rechtsprechung zwar dahingehend aus, dass der Kunde die Billigkeit der Preiserhöhung nicht in Frage stellt (dazu noch Rz 253), die (vertragliche) Begründung eines Leistungsbestimmungsrechts des Versorgers liegt hierin aber nicht[465]. In Netznutzungsverträgen muss ebenfalls ein Leistungsbestimmungsrecht des Netzbetreibers vertraglich vereinbart werden, was verbreitet geschieht.

---

456 Düsseldorf NJW-RR 1997, 1004; Hamburg BauR 2004, 1618, 1619; BeckOGK[01.09.2021]/Netzer § 315 Rz 26.
457 Siehe spezialgesetzlich AVBFernwärmeV § 24 Abs 4.
458 BGHZ 172, 315, 319 f (Rz 14 ff) = NJW 2007, 2540; NJW 2011, 1342, 1343 (Rz 22) zu AVBGas § 4; zust Büdenbender NJW 2009, 3125, 3126.
459 EuGH NJW 2015, 840 – Schulz und Egbringhoff.
460 BGH NJW 2016, 3593.
461 BGHZ 207, 209, 209 f (Rz 66 ff) = NJW 2016, 1718; NJW 2016, 3593; NJW-RR 2021, 626, 628 (Rz 28).
462 Zur Abgrenzung siehe BGHZ 182, 59, 64 (Rz 13 f) = NJW 2009, 2662; 182, 41, 45 ff (Rz 11 ff) = NJW 2009, 2667; NJW 2011, 1342, 1343 (Rz 22 ff).
463 Vgl dazu BGH NJW-RR 2017, 1206, 1209 (Rz 20); BeckRS 2021, 30598 Rz 44 ff. Wohl für gesetzliches Leistungsbestimmungsrecht Erman[16]/Hager § 315 Rz 10.
464 BGH BeckRS 2021, 30598 Rz 47.
465 BGHZ 186, 180, 202 (Rz 59) = NJW 2011, 50; NJW 2011, 1342, 1345 (Rz 41 f); NJW 2011, 2800, 2802 (Rz 35); NJW-RR 2012, 690, 692 (Rz 27).

249 **Formularvertraglich** vereinbarte Leistungsbestimmungsrechte unterliegen der AGB-Kontrolle nach §§ 305 ff (dazu allgemein Rz 67 ff). Die gesetzlichen Leistungsbestimmungsrechte nach EnWG § 39 Abs 2 iVm GasGVV § 5 und StromGVV § 5 Abs 2 in der Grundversorgung sind als solche der AGB-Kontrolle entzogen[466]. Die vertraglichen Parteileistungsbestimmungsrechte der Versorger mit Sonderkunden sind gem § 310 Abs 2 nicht der Inhaltskontrolle gem § 307 entzogen. Preisanpassungsklauseln unterliegen als Preisnebenabreden der Inhaltskontrolle nach § 307 Abs 1, 2 (Rz 68 f, 76)[467]. Die Differenzierung zwischen Tarif- und Sonderkunden setzt sich dabei darin fort, dass GasGVV und StromGVV nicht pauschal als gesetzliches Leitbild herangezogen werden können. Dem einseitigen Leistungsbestimmungsrecht des GasGVV § 5 Abs 2 S 2 bzw StromGVV § 5 Abs 2 S 1 bzw der Vorgängervorschriften wurde für Sonderkunden jedoch Leitbildfunktion zugemessen[468]. Nach dem Urteil des EuGH in der Rechtssache RWE[469] hat der BGH diese Rechtsprechung aufgegeben[470]. Nunmehr kommt es darauf an, „ob der Vertrag den Anlass und den Modus der Änderung der Entgelte für die zu erbringende Leistung so transparent darstellt, dass der Verbraucher die etwaigen Änderungen dieser Entgelte anhand klarer und verständlicher Kriterien vorhersehen kann. Das wiederum erfordert eine klare und verständliche Information über die grundlegenden Voraussetzungen der Ausübung eines solchen Änderungsrechts."[471] Eine Übernahme der gesetzlichen Vorschrift genügt damit der AGB-Kontrolle nicht mehr[472]. Eine Lösungsmöglichkeit des Verbrauchers gleicht dessen unangemessene Benachteiligung nicht aus[473]. Zu den allgemeinen Anforderungen des Transparenzgebots siehe Rz 75. Preisänderungsklauseln nach billigem Ermessen müssen zur Wahrung des Äquivalenzverhältnisses gem § 307 aber vorsehen, dass der Versorger zwar gestiegene Kosten weitergeben kann, dies aber nicht zur Gewinnsteigerung nutzt[474]. Letzteres wäre der Fall, wenn die Klausel nicht zu Preissenkungen in der gleichen Weise[475] und zu demselben Zeitpunkt[476] wie Preiserhöhungen verpflichtet oder gefallene Kosten einen Kostenanstieg des Versorgers ausgleichen[477].

250 b) **Entgeltkontrolle als Inhaltskontrolle**. Ein vertraglich vereinbartes Entgelt unterliegt anders als die einseitige Preisanpassung keiner Billigkeitskontrolle[478]. Auch eine AGB-Kontrolle findet nicht statt, weil das vereinbarte Entgelt gem § 307 Abs 3 S 1 kontrollfrei ist (Rz 69). **Ausgangspreise** unterliegen aber dann der Billigkeitskontrolle, wenn sie in Ausübung eines einseitigen Leistungserstbestimmungsrechts nach § 315 festgesetzt wurden[479].

251 Ausnahmsweise erlaubt die **sog Monopolrechtsprechung**[480] hingegen eine Billigkeitskontrolle vereinbarter (Ausgangs-)Preise. Eine Billigkeitskontrolle entsprechend § 315 Abs 3 sei geboten, wenn in der Daseinsvorsorge das Versorgungsunternehmen Monopolist ist[481], auf dem Markt kein funktionierender Wettbewerb herrscht[482] oder ein Anschluss- und Benutzungszwang besteht[483]. In diesen Fällen besteht für den Kunden ein Kontrahierungszwang, auch wenn er den Vertragspreis nicht zu zahlen bereit ist[484]. Die Monopolrechtsprechung stellt eine Anwendung des § 315 Abs 3 auf faktische Leistungsbestimmungsrechte dar. Sie liegt auf einer Linie mit dem Bestreben der Rechtsprechung, § 315 Abs 3 analog für eine allgemeine Billigkeitskontrolle von

---

466 Büdenbender NJW 2009, 3125, 3126; Erman[16]/Hager § 315 Rz 26.
467 BGHZ 182, 59, 66 f (Rz 18) = NJW 2009, 2662; 182, 41, 48 (Rz 17) = NJW 2009, 2667; NJW 2010, 993, 994 (Rz 22).
468 BGHZ 138, 118, 126 f = NJW 1998, 1640; 176, 244, 253 (Rz 25) = NJW 2008, 2172; 182, 59, 67 f (Rz 19 f) = NJW 2009, 2662; 186, 180, 192 f (Rz 33 f) = NJW 2011, 50; NJW 2011, 1342, 1344 (Rz 27).
469 EuGH NJW 2013, 2253 – RWE.
470 BGHZ 198, 111, 136 (Rz 58) = NJW 2013, 3647.
471 BGHZ 198, 111, 136 f (Rz 59) = NJW 2013, 3647.
472 BGHZ 198, 111, 136 f (Rz 59) = NJW 2013, 3647.
473 BGHZ 176, 244, 254 (Rz 27) = NJW 2008, 2172; 198, 111, 137 (Rz 60) = NJW 2013, 3647.
474 BGHZ 176, 244, 253 f (Rz 26) = NJW 2008, 2172; 182, 59, 69 (Rz 23) = NJW 2009, 2662; 182, 41, 52 f (Rz 26) = NJW 2009, 2667; NJW 2010, 993, 994 (Rz 25).
475 BGH NJW 2010, 993, 994 (Rz 25); NJW-RR 2010, 1202, 1203 (Rz 18).
476 BGHZ 182, 41, 54 f (Rz 29) = NJW 2009, 2667; NJW 2010, 993, 994 (Rz 27); NJW-RR 2010, 1202, 1203 (Rz 18 f).
477 BGH NJW-RR 2005, 1717, 1718; BGHZ 172, 315, 324 (Rz 26) = NJW 2007, 2540; 176, 244, 251 (Rz 20) = NJW 2008, 2172; 178, 362, 378 f (Rz 39) = NJW 2009, 502; 185, 96, 111 f (Rz 35) = NJW 2010, 2789.
478 BGH NJW-RR 1990, 1204 f; BGHZ 171, 374, 377 f (Rz 10) = NJW 2007, 1672; 172, 315, 325 (Rz 29) = NJW 2007, 2540; 178, 362, 368 (Rz 15) = NJW 2009, 502; NJW 2009, 2894 (Rz 15).
479 BGHZ 164, 336, 339 f = NJW 2006, 684; 171, 374, 379 (Rz 14) = NJW 2007, 1672; 178, 362, 368 (Rz 15) = NJW 2009, 502.
480 So die allg Bezeichnung; BGHZ 176, 244, 247 (Rz 12) = NJW 2008, 2172; NJW 2009, 2894, 1894; Erman[16]/Hager § 315 Rz 27; MünchKomm[8]/Würdinger § 315 Rz 23.
481 BGH NJW 1987, 1828, 1829; NJW-RR 2006, 133, 134; BGHZ 171, 374, 380 (Rz 17) = NJW 2007, 1672; 172, 315, 326 f (Rz 33) = NJW 2007, 2540; 195, 144, 151 f (Rz 21) = NJW 2013, 595.
482 BGH NJW 2008, 2175, 2177 (Rz 23 f); NJW 2011, 212 (Rz 17).
483 BGH NJW 2005, 1772; NJW 2005, 2919, 2920 (insoweit nicht in BGHZ 163, 321); NJW-RR 2006, 133, 134; BGHZ 171, 374, 380 f (Rz 17) = NJW 2007, 1672; 172, 315, 326 f (Rz 33) = NJW 2007, 2540; 195, 144, 151 f (Rz 20 f) = NJW 2013, 595.
484 BGH NJW 1987, 1828, 1829; NJW 2005, 2919, 2920 (insoweit nicht in BGHZ 163, 321); NJW-RR 2006, 133, 134; BGHZ 172, 315, 326 f (Rz 33) = NJW 2007, 2540; 195, 144, 151 f (Rz 21) = NJW 2013, 595.

Verträgen heranzuziehen, um einseitiger Verhandlungsmacht zu begegnen, und sieht sich denselben Bedenken ausgesetzt (Rz 208 ff)[485]. Zudem stehen mit dem Kartell- und Regulierungsrecht Rechtsgrundlagen bereit, die der Marktstärke des Versorgers begegnen. Der Fokus liegt dabei auf dem Kartellrecht, weil es im sog private enforcement auch die individuelle Rechtsdurchsetzung ermöglicht und die Abwehr individueller Rechtsverletzungen nicht der Durchsetzung durch die Kartell- oder Regulierungsbehörde bedarf. Die private Kartellrechtsdurchsetzung ermöglicht zudem eine richterliche Vertragskorrektur, wie sie treibender Beweggrund der analogen Anwendung des § 315 Abs 3 in diesen Fällen ist[486]. So erlaubt die Nichtigkeitsfolge des Marktmachtmissbrauchs gem AEUV Art 102, GWB §§ 19, 20, § 134 eine Vertragsanpassung in Form einer Herabsetzung der Preise und einer nachfolgenden Kondiktionsmöglichkeit[487]. Freilich setzt dies einen Kartellrechtsverstoß des Versorgers voraus. Dies ist aber auch angemessen, weil dieses das Marktverhalten des Versorgers vorgibt, nicht § 315 Abs 3 analog. Zum Verhältnis zum Kartellrecht siehe ferner Rz 257.

Für die **Energieversorgung** hat die Monopolpreisrechtsprechung **ihre Bedeutung verloren**, 252 weil der BGH ihre Voraussetzungen auf den Märkten nicht mehr als gegeben ansieht. Auf dem Strommarkt habe der Kunde ein Wahlrecht zwischen den Anbietern[488]. Die Nichtanwendbarkeit der Monopolrechtsprechung auf den Gasmarkt, begründete der BGH zunächst damit, dass ein (Substitutions-) Wettbewerb mit Anbietern konkurrierender Heizenergieträger wie Heizöl, Strom, Kohle und Fernwärme bestehe[489] und nachfolgend mit einer entgegenstehenden Intention des Gesetzgebers, der sich gegen eine staatliche Regulierung der Tarife ausgesprochen habe[490]. Dagegen hat der BGH die Monopolrechtsprechung auf **Netznutzungsverträge** übertragen[491]. Dies ist von Fällen zu unterscheiden, in denen der BGH eine Leistungserstbestimmung des Netzbetreibers angenommen hat[492]. Auf diese Fälle findet § 315 Abs 1 unmittelbar Anwendung.

c) **Ausübungskontrolle**. Die Ausübungskontrolle bezieht sich bei **Energielieferungsverträ-** 253 **gen** auf Preisanpassungen, soweit der Ausgangspreis vertraglich vereinbart wurde. Die Rechtsprechung stellt die beanstandungslose Hinnahme einer Jahresrechnung bei Fortbezug der Leistung einer vertraglichen Vereinbarung gleich[493]. In der Folge unterliegen solche **vorhergehenden Preisanpassungen** nicht mehr der Billigkeitskontrolle nach § 315 Abs 3.

Die einseitige Entgeltbestimmung in Energielieferungsverträgen umfasst nicht nur das Recht 254 zur Preiserhöhung, sondern gerade auch die **Pflicht zur Preisreduktion** (siehe zur Klauselkontrolle Rz 76, 249)[494]. Von dieser Möglichkeit muss im Einzelfall auch Gebrauch gemacht werden. Dies wird durch die Ausübungskontrolle nach § 315 Abs 3 kontrolliert. Man mag hierin ein intendiertes Ermessen sehen, wie es das Verwaltungsrecht herausgebildet hat.

EnWG § 111 regelt das Verhältnis der entgeltrelevanten Regelungen des EnWG zu § 315 Abs 3 255 nicht. Weder schließen eine regulierungsbehördliche Genehmigung nach EnWG § 23a[495] noch die EnWG §§ 21 ff die zivilgerichtliche Billigkeitskontrolle des einseitig bestimmten **Netznutzungsentgelts** aus. Vielmehr konkretisieren letztere sowie die Vorschriften der Stromnetzentgeltverordnung die Billigkeit[496]. Die Billigkeit iSd § 315 Abs 3 wird dabei zu einem **typisierten Maßstab**. Zudem kommt der behördlichen Genehmigung eine gewisse indizielle Bedeutung zu (Rz 221)[497].

---

485 Ablehnend auch Staud[Nb 2020]/Rieble § 315 Rz 80 f; jurisPK[9]/Völzmann-Stickelbrock § 315 Rz 148 ff; einschränkend auch Karlsruhe ZNER 2004, 397 f.
486 So auch Wielsch JZ 2008, 68, 71. Vgl auch Dresden NZKart 2021, 191 zu Trassenentgelten (dazu noch Rz 254). Ebenfalls für den Vorrang kartellrechtlicher Vorschriften Staud[Nb 2020]/Rieble § 315 Rz 81; jurisPK[9]/Völzmann-Stickelbrock § 315 Rz 151.
487 Immenga/Mestmäcker WettbR[6]/Fuchs, Art 102 AEUV Rz 430 mwN.
488 BGHZ 171, 374, 380 f (Rz 17) = NJW 2007, 1672.
489 BGHZ 172, 315, 327 (Rz 34) = NJW 2007, 2540 dagegen für die kartellrechtliche Marktabgrenzung BGHZ 176, 244, 247 (Rz 12) = NJW 2008, 2172.
490 BGHZ 178, 362, 369 (Rz 18 ff) = NJW 2009, 502; NJW 2009, 2894, 2894 f (Rz 17); BGHZ 195, 144, 151 ff (Rz 21 ff) = NJW 2013, 595; NJW 2016, 3589, 2591 (Rz 23); kritisch Erman[16]/Hager § 315 Rz 13, 27.
491 BGH NJW 2008, 2175, 2177 (Rz 23 ff).
492 BGHZ 164, 336, 339 f = NJW 2006, 684; NJW-RR 2006, 915 f (Rz 12 f).
493 BGHZ 172, 315, 328 (Rz 36) = NJW 2007, 2540; NJW 2011, 1342, 1345 (Rz 41); NJW-RR 2016, 1190, 1192 (Rz 22); ablehnend Staud[Nb 2020]/Rieble § 315 Rz 483.
494 BGHZ 176, 244, 253 (Rz 26) = NJW 2008, 2172; 182, 41, 52 f (Rz 26) = NJW 2009, 2667; NJW 2010, 993, 994 (Rz 25); NJW-RR 2010, 1202, 1203 (Rz 18).
495 Vgl BGHZ 73, 114, 116 = NJW 1979, 597; NJW 1998, 3188, 3192; BGHZ 164, 336, 343 f = NJW 2006, 684; NJW 2012, 3092, 3093 (Rz 17 ff).
496 BGH NJW-RR 2006, 915, 916 (Rz 19); NJW 2011, 212, 214 (Rz 32); NJW 2012, 3092, 3094 (Rz 34); aA Staud[Nb 2020]/Rieble § 315 Rz 84. Vgl für Entgelte für die Nutzung eines Frachtübergabepunkts Frankfurt aM, Urt v 12.06.2012, 11 U 55/09, juris, Rz 35.
497 BGH NJW 2005, 2919, 2934 (insoweit nicht in BGHZ 163, 321); BGHZ 164, 336, 344 = NJW 2006, 684; gebilligt von BVerfG NJW 2017, 3507. Anders liegt es, wenn das Entgelt behördlich festgesetzt wird, vgl dazu BGHZ 73, 114, 116 f = NJW 1979, 597; NJW 1998, 3188, 3192.

256 Besonderheiten gelten schließlich bei der Beurteilung von **Netznutzungsentgelten im Eisenbahnverkehr**. Eine Billigkeitskontrolle nach § 315 Abs 3 steht nach der Rechtsprechung des **EuGH** im Widerspruch zur Richtlinie 2001/14[498]. Das Zivilgericht muss abwarten, bis die ausschließlich zuständige Regulierungsbehörde (Bundesnetzagentur) die Eisenbahnrechtswidrigkeit der Nutzungsentgelte beurteilt hat[499]. Die Übertragbarkeit auf **Nutzungsverträge über Energienetze** ist umstritten[500]. Dagegen spricht, dass die Regulierungsbehörde hier kein konkretes Entgelt beurteilt, sondern die Konkretisierung der Erlösobergrenzen in Einzelverträgen beim Netzbetreiber verbleibt, Behörde und Gericht konkurrieren daher nicht funktionell[501]. Ein – auch hier in Rz 251 vertretenes – private enforcement des kartellrechtlichen Marktmissbrauchsverbots gem Art 102 AEUV dürfte der sekundärrechtlichen Richtlinie nicht entgegenstehen[502].

257 d) **Verhältnis zum Kartellrecht**. Nach alledem ist auch für die Bestimmung des Verhältnisses von § 315 zum Kartellrecht zwischen dem vertraglich vereinbarten Erstpreis und der Vereinbarung eines Parteileistungsbestimmungsrechts und dessen Ausübung zu unterscheiden. Das Kartellrecht sichert die Handlungsfreiheit beim Abschluss eines Vertrags vor Unternehmensabsprachen und dem Missbrauch marktbeherrschender Stellungen und schützt damit auch die Richtigkeitsgewähr des Vertrags. Es findet daher auf das vertraglich vereinbarte Entgelt alleine Anwendung. Es verdrängt insoweit die Monopolrechtsprechung (dazu Rz 251). Dem Kartellrecht unterliegt weiter die Kontrolle der Vereinbarung eines Parteileistungsbestimmungsrechts. § 315 stellt dazu hingegen keine Voraussetzungen auf. Die Billigkeitskontrolle nach § 315 Abs 3 setzt ein wirksam vertraglich vereinbartes (oder gesetzliches) Parteileistungsbestimmungsrecht gerade voraus und kompensiert erst die dadurch verschobenen Machtverhältnisse zwischen den Vertragsparteien im Vertrag (Rz 21). In der Ausübung eines Parteileistungsbestimmungsrechts kann hingegen sowohl ein Verstoß gegen das kartellrechtliche Missbrauchsverbot als auch § 315 Abs 3 liegen. Vertrags- und Deliktsrecht stehen nebeneinander. Die jeweils aufgestellten Grenzen fallen nicht zusammen; § 315 ist in den Fällen der Ausübungskontrolle daher nicht subsidiär[503].

258 3. **Arbeitsrecht**. Auch im Arbeitsrecht finden Parteileistungsbestimmungsrechte verbreitet Anwendung. Nachfolgend sind wesentliche Anwendungsfelder zusammengetragen. Zur Abgrenzung des § 315 zur (Änderungs-)Kündigung siehe schon oben Rz 56.

259 a) **Direktionsrecht des Arbeitgebers, GewO § 106**. Das Direktionsrecht des Arbeitgebers wird in GewO § 106 und § 611a Abs 1 S 2 geregelt. Der Anwendungsbereich des GewO § 106 erstreckt sich gem GewO § 6 Abs 2 auf alle Arbeitnehmer[504]. Das Direktionsrecht des Arbeitgebers umfasst nach GewO § 106 S 1 „Inhalt, Ort und Zeit der Arbeitsleistung"[505] sowie gem S 2 Ordnung und Verhalten der Arbeitnehmer im Betrieb. „Das Weisungsrecht betrifft danach zum einen die Konkretisierung der Hauptleistungspflicht. Es ermöglicht dem Arbeitgeber, dem Arbeitnehmer bestimmte Aufgaben zuzuweisen und den Ort und die Zeit ihrer Erledigung verbindlich festzulegen. [Es tritt] eine nicht abschließend aufzählbare, je nach den Umständen näher zu bestimmende Vielzahl von Pflichten hinzu, deren Erfüllung unumgänglich ist, um den Austausch der Hauptleistungen sinnvoll zu ermöglichen [...]. Schließlich kann das Weisungsrecht auch den in fast allen Arbeitsverhältnissen bestehenden kollektiven Bereich betreffen, in dem es um diejenigen Regelungsbedürfnisse geht, die durch das Zusammenwirken mehrerer Arbeitnehmer im Betrieb entstehen. Auch auf diese Bereiche können Weisungen bezogen sein. Dagegen erstreckt sich das Weisungsrecht nicht auf die Bestandteile des Austauschverhältnisses, also die Höhe des Entgelts und den Umfang der geschuldeten Arbeitsleistung."[506] Umfasst sind etwa die Anordnung (pandemiebedingter) Kurzarbeit[507], Vorgaben zur Arbeitskleidung[508], Geheimhaltungspflich-

---

498 EuGH, Urt v 09.11.2017, Rs C-489/15, ECLI:EU:C:2017:834, Rz 70 ff – CTL Logistics.
499 EuGH, Urt v 09.11.2017, Rs C-489/15, ECLI:EU:C:2017:834, Rz 97 – CTL Logistics.
500 Befürwortend (mit Einschränkungen) Berg RdE 2018, 184, 188 ff; Fricke, N&R 2018, 66 ff; Ludwigs N&R 2018, 55, 58 f; ablehnend Mohr EuZW 2019, 229, 235; offenlassend Düsseldorf RdE 2018, 365, 369.
501 So auch Mohr EuZW 2019, 229, 235 Vgl gleichgerichtet zur Wirkung der behördlichen Genehmigung BGH NJW 2012, 3092, 3093 (Rz 20).
502 In diesem Sinne BGH NJW 2020, 1436; EuZW 2022, 169.
503 BGHZ 41, 271, 278 f = NJW 1964, 1617; NJW-RR 1992, 183, 185; BGHZ 172, 315, 321 f (Rz 18) = NJW 2007, 2540; vgl auch BGHZ 164, 336, 346 = NJW 2006, 684; NJW-RR 2006, 915, 917 (Rz 24); aA Staud[Nb 2020]/Rieble § 315 Rz 80 f.
504 SeeArbG § 32, BinnSchG § 23 und BBiG § 13 S 2 enthalten eigenständige Regelungen des Arbeitgeberweisungsrechts. Gleichwohl richten sich Gegenstand und Ausübungsmaßstab nach GewO § 106 (zu SeeArbG § 32 Bubenzer/Peetz/Mallach, Seearbeitsgesetz, 2016, § 32 Rz 2.
505 In Abweichung von GewO § 106 bezeichnet § 611a Abs 1 S 2 als Umfang des Weisungsrechts des Arbeitgebers neben Inhalt, Ort und Zeit der Arbeitsleistung noch die „Durchführung" der Tätigkeit. Die Gesetzesbegründung geht auf diese sprachliche Diskrepanz nicht ein. GewO § 106 bliebe unberührt (BT-Drucks 18/9232, S 31 f).
506 BAG NZA 2009, 1011, 1012 (Rz 17); nachfolgend etwa NZA 2017, 183, 184 f (Rz 24 f).
507 ArbG München BeckRS 2021, 24333 Rz 23 ff.
508 BAG NZA 2017, 183, 184 f (Rz 25).

ten⁵⁰⁹, mit der Tätigkeit zusammenhängende Qualifizierungsmaßnahmen⁵¹⁰ oder die Verpflichtung zu Gesprächen zur Vorbereitung, Erteilung von Weisungen oder Beanstandung ihrer Nichterfüllung⁵¹¹. Weisungen zur Ordnung und Verhalten im Betrieb können etwa in einem Rauchverbot⁵¹², einer Maskenpflicht während einer Pandemie⁵¹³ oder einem Verbot, Pfandflaschen auf dem Betriebsgelände für eigene Zwecke zu sammeln⁵¹⁴, bestehen.

GewO § 106 regelt lediglich den Gegenstand (Konkretisierung der Arbeitsleistung (S 1) und **260** der allgemeinen Verhaltenspflichten (S 2)) und den zwingenden Ausübungsmaßstab („billiges Ermessen") des Leistungsbestimmungsrechts. Das Leistungsbestimmungsrecht selbst wird im Arbeitsvertrag begründet und von GewO § 106 vorausgesetzt⁵¹⁵. Auf dieses vertragliche Leistungsbestimmungsrecht mit dem gesetzlichen Inhalt findet **§ 315** grundsätzlich Anwendung⁵¹⁶. Der Maßstab ist stets billiges Ermessen, auf die Auslegungsregel des § 315 Abs 1 kommt es nicht an⁵¹⁷. Für das Weisungsrecht des Arbeitgebers bestehen zwei Besonderheiten⁵¹⁸, die sich in die allgemeine Dogmatik des § 315 einfassen lassen: Es handelt sich um ein fortlaufendes Leistungsbestimmungsrecht, das mehrfach ausgeübt werden kann (vgl Rz 27 f)⁵¹⁹. Zudem scheidet aufgrund der Höchstpersönlichkeit des Leistungsbestimmungsrechts des Arbeitgebers eine gerichtliche Ersatzleistungsbestimmung nach § 315 Abs 3 S 2 aus (Rz 193)⁵²⁰. Mangels Einsicht in den Betrieb und dessen Organisation ist die Leistungsbestimmung nicht dem Gericht, sondern ausschließlich dem Arbeitgeber zugewiesen. Im Übrigen gelten die obigen Ausführungen zu § 315. Insbesondere ist der Arbeitnehmer – auch nicht vorläufig (Rz 160) – an unbillige Weisungen des Arbeitgebers gebunden⁵²¹. Auch im Arbeitsverhältnis müssen die vertraglichen und gesetzlichen Grenzen des Leistungsbestimmungsrechts eingehalten werden und unterliegen der gerichtlichen Kontrolle. GewO § 106 S 1 stellt dies klar⁵²², indem es den Spielraum des Arbeitgebers durch Festlegungen im Arbeitsvertrag, Bestimmungen einer Betriebsvereinbarung, eines anwendbaren Tarifvertrags oder gesetzliche Vorschriften begrenzt.

Der Ausübungsmaßstab des Weisungsrechts des Arbeitgebers ist zwingend **„billiges Ermes-** **261** **sen"**. GewO § 106 S 1 verschärft insoweit die Auslegungsregel des § 315 Abs 1 S 1 zu zwingendem Recht. Dies gilt unterschiedslos auch für untergeordnete Weisungen („Hau Ruck")⁵²³. Da das Ermessen an die Vertragszwecke gebunden ist, sind die widerstreitenden Interessen der Vertragsparteien nach den Umständen des Einzelfalls umfassend gegeneinander abzuwägen (Rz 134). Diese Interessen und Umstände des Einzelfalls umfassen im Arbeitsrecht „die Vorteile aus einer Regelung, die Risikoverteilung zwischen den Vertragsparteien, die beiderseitigen Bedürfnisse, außervertragliche Vor- und Nachteile, Vermögens- und Einkommensverhältnisse sowie soziale Lebensverhältnisse wie familiäre und Unterhaltsverpflichtungen."⁵²⁴ Der Maßstab „billigen Ermessens" ermöglicht daher, zu berücksichtigen, dass der Arbeitnehmer nicht nur dem Leistungsbestimmungsrecht unterworfen, sondern vom Arbeitgeber persönlich abhängig ist, vgl § 611a Abs 1 S 1. In die gerichtliche Billigkeitskontrolle finden daher (mittelbar) die Freiheitsgrundrechte ebenso Eingang⁵²⁵ wie der arbeitsrechtliche Gleichbehandlungsgrundsatz⁵²⁶. Als weiteren Abwägungsgesichtspunkt nennt GewO § 106 S 3 eine etwaige Behinderung des Arbeitnehmers.

Die **Grenzen** des Direktionsrechts (Rz 260) bildet zunächst der Rahmen des Arbeitsvertrags. **262** Dieser wiederum wird durch den (ursprünglichen) Arbeitsvertrag, etwaige (konkludente) Änderungsverträge und die betriebliche Übung gezogen⁵²⁷. Diese Grenze wird virulent, wenn der Arbeitgeber dem Arbeitnehmer eine **höher- oder geringwertigere als die vertragliche Tätig-**

---

509 BAG NZA 2017, 183, 185 (Rz 27).
510 Staud^(Nb 2020)/Rieble § 315 Rz 228.
511 BAG NZA 2009, 1011, 1012 (Rz 17); NZA 2017, 183, 184 (Rz 24).
512 Staud^(Nb 2020)/Rieble § 315 Rz 235.
513 ArbG Siegburg NZA-RR 2021, 129, 129 f (Rz 17 ff); bestätigt durch LArbG Köln, Urt v 12.04.2021, 2 SaGa 1/21, juris.
514 BAG AP BGB § 626 Nr 272, Rz 15.
515 Staud^(Nb 2020)/Rieble § 315 Rz 220; MünchKomm⁸/Würdinger § 315 Rz 68; vgl auch BAG NZA 2017, 1452, 1454 (Rz 24).
516 BAG NZA 2017, 1452, 1459 f (Rz 61 ff); BeckOGK^(01.09.2021)/Netzer § 315 Rz 27; Staud^(Nb 2020)/Rieble § 315 Rz 220; MünchKomm⁸/Würdinger § 315 Rz 68; aA ErfK, ArbR²²/Preis § 106 GewO Rz 1.
517 BAG NZA 2017, 1452, 1460 (Rz 71).
518 Zu § 308 Nr 4, der auf Leistungsbestimmungsrechte hinsichtlich der Arbeitsleistung des Arbeitgebers keine Anwendung findet, siehe bereits Rz 72.
519 BAG NZA 2017, 1452, 1460 (Rz 71); ErfK, ArbR²²/Preis § 106 GewO Rz 2; MünchKomm⁸/Würdinger § 315 Rz 69.
520 Vgl BAG NZA 2017, 1452, 1460 (Rz 69), 1461 (Rz 71 ff). Zu einer vermeintlichen Ausnahme zum Schutz des Arbeitnehmers bei der Zuweisung höherwertiger Tätigkeit siehe noch Rz 260.
521 BAG NZA 2017, 1185, 1191 ff (Rz 60 ff); NZA 2017, 1452, 1458 ff (Rz 58 ff); aA 5. Senat des BAG BAGE 141, 34, 39 f (Rz 24) = NZA 2012, 858.
522 BAGE 132, 210, 215 f (Rz 18) = NZA 2010, 327.
523 Staud^(Nb 2020)/Rieble § 315 Rz 224; MünchKomm⁸/Würdinger § 315 Rz 75.
524 BAGE 63, 267, 272 = NZA 1990, 559.
525 BAGE 47, 363, 375 = NJW 1986, 85; 62, 59, 67 = NJW 1990, 203; 103, 111, 119 = NZA 2003, 483; NZA 2009, 1011, 1012 (Rz 17); Staud^(Nb 2020)/Rieble § 315 Rz 248.
526 BAG NZA 1998, 555, 557 ff; Staud^(Nb 2020)/Rieble § 315 Rz 249, 408.
527 BAG NJW 1999, 669, 670 ff; Staud^(Nb 2020)/Rieble § 315 Rz 237.

keit zuweist. In beiden Fällen bedarf die Zuweisung der Tätigkeit eines entsprechenden vertraglichen oder tarifvertraglichen Leistungsbestimmungsrechts des Arbeitgebers[528]. Ausnahmen gelten für Ausnahme- und Notsituationen[529]. Bei der vorübergehenden Zuweisung einer höherwertigen Tätigkeit erstreckt das BAG die Billigkeitskontrolle neben der Zuweisung der höherwertigen Tätigkeit an sich auch auf ihre Beschränkung auf eine Interimszeit (sog doppelte Billigkeitsprüfung)[530]. Entspricht letztere, dh die Beschränkung der Zuweisung nur für eine vorübergehende Zeit, nicht der Billigkeit, sei das Gericht zu einer Ersatzleistungsbestimmung „in entsprechender Anwendung des § 315 Abs 3 S 2" mit dem Inhalt befugt, eine Zuweisung auf Dauer oder jedenfalls eine längere Zeit zu erkennen[531]. Dieser Ansatz ist dogmatisch verfehlt. Gegen eine gerichtliche Ersatzleistungsbestimmung spricht auch hier dessen Höchstpersönlichkeit (siehe Rz 193). Der Arbeitgeber kann etwa eine andere Person für eine dauerhafte Hochstufung vorsehen oder mit dem betreffenden Arbeitnehmer andere Pläne haben. Die Rechtsprechung des BAG lässt sich im Ergebnis aber weitgehend aufrechterhalten, wenn man sie als Auslegung des vertraglichen bzw tarifvertraglichen Leistungsbestimmungsrechts versteht. Bereits das Leistungsbestimmungsrecht selbst muss zwischen Zuweisung und ihrer Dauer unterscheiden und für letztere von § 315 Abs 3 abweichende Rechtsfolgen vorsehen. Ansonsten handelt es sich um eine einheitliche und nicht in Zuweisung und Dauer aufteilbare Billigkeitsabwägung[532]. Dies ist möglich, wenn man das vertraglich bzw tarifvertraglich erweiterte Weisungsrecht des Arbeitgebers unter Berücksichtigung der Tarifautomatik, dh einer automatischen Höherstufung, im Wege systematischer Auslegung dahingehend versteht, dass eine Zuweisung grundsätzlich auf Dauer erfolgt. Will der Arbeitgeber ausnahmsweise[533] abweichen und die höherwertige Tätigkeit nur vorübergehend zuweisen, so muss seine Entscheidung auch diesbezüglich billigem Ermessen entsprechen[534]. Tut sie dies nicht, so ergibt sich bereits aus dem Arbeitsvertrag bzw dem Tarifvertrag, dass die nur vorübergehende Zuweisung unwirksam ist und die Zuweisung auf Dauer als Grundfall an ihre Stelle tritt. Insoweit weichen Arbeitsvertrag bzw Tarifvertrag von den Rechtsfolgen des § 315 Abs 3 ab. Da eine gerichtliche Gestaltung ausgeschlossen ist, kann keine Zuweisung für eine bestimmte längere Zeit erreicht werden. Grundfall ist vielmehr immer die Zuweisung auf Dauer. Der Arbeitgeber darf sein Weisungsrecht hingegen fortlaufend ausüben und in den Grenzen billigen Ermessens korrigieren. Anders als bei der vertraglichen bzw tarifvertraglichen Einräumung eines Leistungsbestimmungsrechts des Arbeitgebers zur Zuweisung einer niedrigeren Tätigkeit[535] bestehen hier keine Bedenken im Hinblick auf eine Inhaltskontrolle, weil die Änderungen nicht zulasten des Arbeitnehmers und Klauselgegners gehen. In die hier entwickelte Richtung weist ein jüngeres Urteil des BAG, in dem das Gericht zwar sprachlich an einer entsprechenden Anwendung des § 315 Abs 3 S 2 festhält[536], die gewünschte Rechtsfolge aber mit der isolierten Kassation der zeitlichen Begrenzung begründet[537] und alternativlos eine Zuweisung der Tätigkeit auf Dauer annimmt[538]. In einer aktuellen Entscheidung entschied das BAG, dass die vorbeschriebene doppelte Billigkeitskontrolle bei einer befristeten Übertragung einer Führungsposition im Rahmen des TVöD-AT § 32 Abs 3 keine Anwendung finde.[539] Anders als nach TVöD-AT § 14 schlösse TVöD § 32 Abs 3 bereits die Möglichkeit einer dauerhaften Übertragung aus und sehe tarifvertragliche Fristenregelungen vor, was einer Ermessensentscheidung des Arbeitgebers über die Dauer der Übertragung keinen Raum ließe. Ob der Arbeitgeber eine Stelle als „Führungsposition auf Zeit" ausweist, steht in seinem freien Ermessen, die Auswahl unter den konkreten Arbeitnehmern ist aber Ausübung des Direktionsrechts und ist daher nach billigem Ermessen zu treffen[540].

263 Als **gesetzliche Vorschriften**, die nach GewO § 106 S 1 das Direktionsrecht des Arbeitgebers begrenzen, kommen strafrechtliche und öffentlich-rechtliche Bestimmungen und Arbeitsschutz-

---

528 Zur Zuweisung einer geringwertigen Tätigkeit BAG AP TVG § 1 Tarifverträge: Papierindustrie Nr 18. Zur Zuweisung einer höherwertigen Tätigkeit siehe etwa BAT § 24, BAT-O § 24 und TV-L § 14, wonach die Zulässigkeit eines solchen Leistungsbestimmungsrechts vorausgesetzt wurde und wird (vgl st Rspr; AP BAT-O § 24 Nr 6, Rz 34 mwN). Vgl allgemein AP BGB § 615 Böswilligkeit Nr 4, unter II.1.
529 BAG AP BGB § 611 Direktionsrecht Nr 18; AP BGB § 615 Böswilligkeit Nr 4, unter II.2. ff; NZA 2014, 264, 266 (Rz 29).
530 BAG NZA 2003, 159, 161 f; BeckRS 2003, 30797852, unter 5.; AP BAT-O § 24 Nr 6, Rz 37; AP TVöD § 14 Nr 1, Rz 17 f; NZA 2016, 903, 904 (Rz 19). Früher Rechtsmissbrauchskontrolle, dazu etwa BAG NZA 1999, 384, 386.
531 BAG NZA 2003, 159, 162; BeckRS 2003, 30797852, unter 5. b); AP BAT-O § 24 Nr 6, Rz 38; AP TVöD § 14 Nr 1, Rz 19.
532 So auch Staud[Nb 2020]/Rieble § 315 Rz 227.
533 Die Zuweisung auf Dauer bildet nach dem Tarifvertrag die Regel, die nur vorübergehende Zuweisung die rechtfertigungsbedürftige Ausnahme, siehe die Nachw in Fn 523.
534 Vgl BAG AP TVöD § 14 Nr 1, Rz 20; NZA 2016, 903, 905 (Rz 24).
535 Zu § 307 Abs 2 Nr 1 BAGE 118, 184, 189 (Rz 23) = NZA 2007, 145; NZA 2010, 1355, 1358 (Rz 28).
536 BAG NZA 2016, 903, 904 (Rz 19).
537 BAG NZA 2016, 903, 905 (Rz 22).
538 BAG NZA 2016, 903, 904 f (Rz 19 aE).
539 BAG BeckRS 2021, 44658 Rz 18 ff.
540 BAG BeckRS 2020, 33448 Rz 28 zu TVöD-V §§ 32 Abs 3, 14 Abs 1; BeckRS 2021, 44658, Rz 16 zu TVöD-AT §§ 32 Abs 3, 14 Abs 1.

vorschriften in Betracht[541], aber auch Pflichten nach § 241 Abs 2[542]. Eine weitere, implizite, Begrenzung ergibt sich aus dem Gegenstand des Direktionsrechts, das nach GewO § 106 S 1 „Arbeitsbedingungen" umfasst. Es besteht kein Weisungsrecht des Arbeitgebers, das in den **Privat- und Freizeitbereich** des Arbeitnehmers hineinreicht (vgl Rz 149)[543].

Weisungen des Arbeitgebers sind **formlos** und damit auch mündlich möglich (vgl Rz 102)[544]. **264** Die Ausübung des Weisungsrechts des Arbeitgebers kann nach BetrVG §§ 87, 99 die Zustimmung des Betriebsrats erfordern[545]. Wird das Weisungsrecht nach GewO § 106 formularvertraglich erweitert, greift freilich eine AGB-Kontrolle[546]. Zu den Anforderungen des AGB-rechtlichen Transparenzgebots siehe Rz 75.

b) **Entlohnung und weitere Vertragsbestandteile.** Überlassen Arbeitgeber und Arbeitneh- **265** mer vertraglich (oder tarifvertraglich (Rz 81)[547] oder in einer Betriebsvereinbarung[548],) die **Lohnhöhe oder die Höhe einzelner Lohnbestandteile** wie etwa übertarifliche Zulagen, variable Vergütungsbestandteile oder Prämien der einseitigen Festlegung durch den Arbeitgeber, findet § 315 Anwendung[549]. Ein Anspruch auf Sonderzahlung kann auch konkludent durch Zahlungen des Arbeitgebers entstehen, dessen Höhe nach § 315 im Einzelfall im billigen Ermessen des Arbeitgebers steht[550]. Die Ausübung des Parteileistungsbestimmungsrechts des Arbeitgebers findet im Vertragsverhältnis zum Arbeitnehmer statt; der Betriebsrat hat aufgrund seines Durchführungsanspruchs gem BetrVG § 77 Abs 1 S 1 daher lediglich einen Anspruch auf Vornahme der Leistungsbestimmung durch den Arbeitgeber, nicht einen Anspruch, dass diese gem § 315 Abs 1 nach billigem Ermessen erfolgt.[551] Zur Abgrenzung zu § 612 Abs 2 siehe bereits Rz 47 f, 237. Die Vereinbarung der Ausübung nach freiem Ermessen ist in **AGB** unzulässig (Rz 74)[552]. Gleiches gilt für eine Klausel, die es dem Arbeitgeber erlaubt, einseitig von einer Zahlung abzusehen, obwohl die Arbeitsleistung erbracht wurde und die Zahlung Teil der Vergütung für die Arbeitsleistung ist[553]. Ein **Widerrufsrecht** hinsichtlich der Vergütung oder einzelner ihrer Teile muss sich in AGB an §§ 308 Nr 4, 307, seine Ausübung an billigem Ermessen nach § 315 messen lassen[554]. Das BAG geht in einer aktuellen Entscheidung davon aus, dass auch ein privater Arbeitgeber in Ausnahmefällen einer **Selbstbindung** bei der Ermessensausübung nach § 315 Abs 1 unterliegen kann[555]. Basis einer solchen Selbstbindung könnten etwa Bonus-Guidelines sein, aus denen sich ein gewisses Maß an Verbindlichkeit für die Ermessensausübung ergebe. Dogmatisch stützt das BAG diese Selbstbindung auf das Verbot widersprüchlichen Verhaltens gem § 242[556].

Auch auf weitere einseitige Leistungsbestimmungsrechte des Arbeitgebers im Arbeitsverhältnis, **266** wie etwa die Freistellung zum Ausgleich von Überstunden,[557] die Kündigung von Urlaubsgeld nach EFZG § 4a[558] oder die Bemessung einer Karenzentschädigung gem HGB § 74 Abs 2[559], findet § 315 Anwendung. Ein gesetzliches Leistungsbestimmungsrecht des Arbeitgebers verleiht **ArbN-ErfG § 12 Abs 3 S 3** für die Festsetzung der Vergütung für eine Arbeitnehmererfindung[560]. Schließlich hat der Arbeitgeber entsprechend § 315 Abs 1 nach billigem Ermessen über die Verteilung der Stunden bei **Teilzeittätigkeit**[561] sowie seine Zustimmung zur Verlängerung der Elternzeit nach **BEEG § 16 Abs 3 S 1** zu entscheiden[562]. **TV ATZ § 2 Abs 1** weist dem Arbeitgeber die Kompetenz zu, über einen Antrag auf Altersteilzeitarbeit zu entscheiden („kann"). Der Arbeitnehmer hat einen Anspruch, dass der Arbeitgeber bei seiner „Entscheidung billiges Ermessen entspre-

---

541 LArbG Köln, Urt v 12.04.2021, 2 SaGa 1/21, juris; ErfK, ArbR[22]/Preis § 106 GewO Rz 5; Staud[Nb 2020]/Rieble § 315 Rz 245.
542 BAG NZA 2017, 183, 185 (Rz 32); vgl auch, wenngleich zurückhaltender Staud[Nb 2020]/Rieble § 315 Rz 241.
543 Vgl BAG NZA 2003, 166, 167 f.
544 BAG NZA 2009, 1011, 1012 (Rz 17).
545 Dazu mwN Staud[Nb 2020]/Rieble § 315 Rz 250 f.
546 Staud[Nb 2020]/Rieble § 315 Rz 237.
547 BAG AP TVG § 1 Tarifverträge: Rundfunk Nr 4; AP BGB § 611 Croupier Nr 10.
548 BAGE 139, 296, 302 f (Rz 25 f) = NJW 2012, 1833. Zum einseitigen Leistungsbestimmungsrecht zur Ermittlung einer vergütungsrelevanten Kennziffer durch Spruch der Einigungsstelle BAG AP BGB § 315 Nr 112, Rz 15 ff.
549 BAG AP BGB § 611 Fleischbeschauer-Dienstverhältnis Nr 8; AP TVG § 1 Tarifverträge: Rundfunk Nr 4; AP HGB § 87a Nr 5; NZA 2013, 1150, 1154 (Rz 24); BAGE 147, 322, 329 ff (Rz 27 ff) = NZA 2014, 595; 156, 38, 45 (Rz 21) = NZA 2016, 1334.
550 BAG NZA 2014, 567.
551 BAG NJW 2021, 1772, 1773 (Rz 36 ff).
552 BAGE 156, 38, 45 (Rz 21) = NZA 2016, 1334.
553 BAGE 147, 322, 337 f (Rz 48 ff) = NZA 2014, 595; 156, 38, 44 f (Rz 20) = NZA 2016, 1334.
554 BAGE 113, 140, 146 ff = NJW 2005, 1820; 137, 383, 387 (Rz 20) = NJW 2011, 2153; NJW 2012, 1756, 1757 (Rz 22), 1758 (Rz 22); vgl weiter Staud[Nb 2020]/Rieble § 315 Rz 434 ff; MünchKomm[8]/Würdinger § 315 Rz 66.
555 BAG NZA 2022, 268, 277 (Rz 103).
556 BAG NZA 2022, 268, 277 (Rz 103).
557 MünchKomm[8]/Würdinger § 315 Rz 66.
558 LAG Mecklenburg-Vorpommern BeckRS 2021, 44143 Rz 36 ff.
559 BAG NJW 2014, 2379, 2381 (Rz 30 ff).
560 BGHZ 126, 109, 120 f = NJW 1995, 386; NZA-RR 2008, 317, 318 (Rz 15). Vgl zum ähnlich gelagerten Fall einer ersatzweisen Leistungsbestimmung bei gescheiterter vertraglicher Einigung – indes durch das Gericht – § 574a Abs 2 S 1 Rz 206.
561 BAGE 123, 30, 35 (Rz 22) = NZA 2007, 1352; NZA 2010, 447, 449 (Rz 24); BAGE 137, 319, 325 (Rz 29) (Altersteilzeit).
562 BAGE 139, 323, 329 f (Rz 31 ff) = NZA 2012, 262.

chend § 315 I BGB wahrt"[563]. Hierin liegt jedoch rechtstechnisch kein Parteileistungsbestimmungsrecht, sondern die an ein Ermessen gebundene Entscheidung über eine vertragliche Vereinbarung mit dem Arbeitnehmer.

267 Besonderheiten hinsichtlich der **Beweislast** bestehen, wenn die dem Arbeitgeber zugewiesene Leistungsbestimmung über die variable Vergütung die Beurteilung der individuellen Leistung des Arbeitnehmers umfasst. Während der Leistungsbestimmungsberechtigte für harte (quantitative) Leistungsziele die Darlegungs- und Beweislast trägt, stuft das BAG diese für weiche (qualitative) Ziele ab[564]. Zwar nehmen auch diese Ziele an der grundsätzlichen Darlegungs- und Beweislast für die Billigkeit der Leistungsbestimmung nach § 315 Abs 3 S 1 teil, jedoch sei der Arbeitgeber erst zu einer substanziierten Begründung verpflichtet, wenn der Arbeitnehmer bestimmte Bewertungen bestreitet. Bestreitet der Arbeitnehmer solchen Vortrag substanziiert auf Grundlage der ihm zur Verfügung stehenden Informationen, so hat der Arbeitgeber die Richtigkeit der Beurteilung zu beweisen. Schließlich sei ein Beurteilungsspielraum des Arbeitgebers zu beachten.

268 Auch dem **Arbeitnehmer** kann der Arbeitsvertrag ein einseitiges Leistungsbestimmungsrecht nach § 315 einräumen. Im Einzelfall kann ein Leistungsbestimmungsrecht nach §§ 315, 316 zur Festsetzung der Vergütung bestehen[565]. Dazu müssen gleichzeitig beide Auslegungsregeln greifen. Ein einseitiges Leistungsbestimmungsrecht des Arbeitnehmers liegt auch dann vor, wenn dieser die Arbeitszeit festlegen[566] oder die tariflich vorgesehenen bezahlten arbeitsfreien Tage aus Anlass seiner bürgerlichen Eheschließung auswählen[567] darf.

269 c) **Urlaub**. BUrlG §§ **7 Abs 1, 12** sehen ein einseitiges Leistungsbestimmungsrecht des Arbeitgebers zur Konkretisierung des Urlaubsanspruchs des Arbeitnehmers in Form der zeitlichen Festlegung gem BUrlG § 1 vor. Auf dieses findet die Auslegungsregel des § 315 keine Anwendung. Die maßgeblichen Gesichtspunkte enthalten BUrlG §§ 7 Abs 1, 12 abschließend. In verwaltungsrechtlicher Terminologie mag man von einem „intendierten Ermessen" dahingehend sprechen, dass der Arbeitgeber verpflichtet ist, den Urlaub zum beantragten Termin festzusetzen, sofern die Voraussetzungen des BUrlG § 7 Abs 1 S 2 nicht gegeben sind. Billigkeitskontrolle nach § 315 Abs 3 S 1 sowie gerichtliche Ersatzleistungsbestimmung nach § 315 Abs 3 S 2 finden nicht statt[568].

270 d) **Kündigung und Wiedereinstellung**. Das BAG zieht §§ 315, 242 heran, um die **Auswahlentscheidung des Arbeitgebers**, welchem Arbeitnehmer gekündigt wird, an „billiges Ermessen" zu binden und die Lücke zu schließen, die sich auftut, wenn die Vorschrift zur sozialen Auswahl bei der betriebsbedingten Kündigung gem KSchG § 1 Abs 3 im Einzelfall keine Anwendung findet[569]. Dies bedarf der dogmatischen Präzisierung. § 315 setzt ein einseitiges Leistungsbestimmungsrecht voraus, das beim Direktionsrecht des Arbeitgebers gegeben ist (Rz 259 ff), nicht aber bei einer Auswahlentscheidung unter mehreren Arbeitnehmern vorliegt. In diesen Fällen wird allenfalls das Arbeitsverhältnis der ausgewählten Arbeitnehmer konkretisiert. Die Pflicht zur Abwägungsentscheidung kann allein in § 242 verankert werden. § 315 kann allenfalls in Bezug auf den Modus und Maßstab der Abwägungsentscheidung analog[570] herangezogen werden, eine solche aber – auch nicht in Analogie – selbst erfordern. Gleiches gilt für eine Auswahlentscheidung, welcher Arbeitnehmer nach KSchG § 1 Abs 2 S 2 Nr 1 lit b weiterbeschäftigt wird[571], sowie für die Auswahlentscheidung, welcher von mehreren Arbeitnehmern bei Wegfall des betriebsbedingten Kündigungsgrundes wiedereingestellt wird[572]. In beiden Fällen kommt es sogar zu einem neuen Arbeitsvertrag, nicht zu dessen einseitiger Anpassung. Auch wenn man auf die Konkretisierung des Weiterbeschäftigungsanspruchs abstellen möchte, so liegt ebenfalls kein einseitiges Leistungsbestimmungsrecht vor, weil sich die Konkretisierungsleistung gerade zwischen verschiedenen Ansprüchen und Arbeitnehmern vollzieht. Auch hier kann eine Pflicht zur Sozialauswahl allein auf § 242 gestützt und § 315 analog allenfalls für Modus und Maßstab der Abwägungsentscheidung herangezogen werden. Das BAG erwägt zudem eine Analogie zu KSchG § 1 Abs 3[573].

271 e) **Betriebliche Altersversorgung**. Nach **BetrAVG § 16 Abs 1** hat der Arbeitgeber alle drei Jahre eine Anpassung der laufenden Leistungen der betrieblichen Altersversorgung zu prüfen und

---

563 BAGE 96, 363, 369 = NZA 2001, 1209; NZA-RR 2008, 547, 549 (Rz 30); NZA-RR 2010, 551, 552 (Rz 25); vgl weiter Erman[16]/Hager § 315 Rz 33.
564 BAG NZA 2013, 1150, 1156 f (Rz 52); NZA 2022, 268, 278 f (Rz 121 ff).
565 BAG NZA 1990, 488, 489 (Vergütung für die Beförderung von Arbeitnehmern zur Baustelle).
566 Staud[Nb 2020]/Rieble § 315 Rz 233.
567 BAG NJW 1983, 2600, 2601.
568 BAGE 54, 63, 66 = NZA 1987, 379; NZA-RR 2010, 473, 474 (Rz 29); MünchKomm[8]/Würdinger § 315 Rz 76. Wie hier für die Qualifizierung als einseitiges Leistungsbestimmungsrecht, aber keine Festlegung an Ausübungsmaßstab Staud[Nb 2020]/Rieble § 315 Rz 266.
569 BAG NZA 1996, 585, 587 f; NZA 1996, 644, 645 f; NZA 1996, 703, 704; BAGE 84, 72, 76 f = NZA 1997, 604; 84, 82, 91 = NZA 1997, 1347.
570 Vgl BAGE 87, 221, 230 f = NJW 1998, 2379.
571 BAGE 79, 66, 77 f = NJW 1996, 339; NZA 2001, 535, 539.
572 BAGE 87, 221, 230 f = NJW 1998, 2379; 95, 171, 180 f = NZA 2000, 1097.
573 BAG NZA 2001, 535, 539.

hierüber nach billigem Ermessen zu entscheiden. BetrAVG § 17 Abs 1 S 2 erweitert den Anwendungsbereich auf Personen, die nicht Arbeitnehmer sind, wenn ihnen – wie etwa Vorständen oder Geschäftsführern – Leistungen der Alters-, Invaliditäts- oder Hinterbliebenenversorgung aus Anlass ihrer Tätigkeit für ein Unternehmen zugesagt worden sind. Auf die Anpassungsentscheidung des Arbeitgebers nach BetrAVG § 16 Abs 1 S 1 ist § 315 entsprechend anzuwenden[574]. § 16 Abs 1 nennt dabei in der Abwägungsentscheidung „insbesondere" zu berücksichtigende Belange. § 315 Abs 3 S 2 wird vom BAG mit dem Gedanken der Höchstpersönlichkeit dahingehend teleologisch reduziert, dass bei komplexen betrieblichen Versorgungssystemen mit kollektiver Wirkung eine gerichtliche Ersatzleistungsbestimmung ausscheidet (Rz 193). § 315 findet ferner Anwendung auf die einseitige Festsetzung des sog Sanierungsgelds[575], dagegen nicht, auch nicht in Analogie, auf die Ausübung des Abfindungsrechts des Insolvenzverwalters gem BetrAVG § 3 Abs 4[576].

Auch auf **vertraglich vereinbarte Anpassungsrechte** der Leistungen der Altersversorgung findet § 315 Anwendung mit der Folge, dass der Arbeitgeber „billiges Ermessen" auszuüben hat[577]. Gleiches gilt für einseitige Bestimmungsrechte des Arbeitgebers aus **Betriebsvereinbarungen**[578]. Ist die Anpassung der Altersversorgung einem (Arbeitgeber-)Verband zugewiesen, liegt darin keine Drittleistungsbestimmung nach § 317 Abs 1. Der Verband handelt vielmehr für den Arbeitgeber als eines seiner Mitglieder (dazu noch § 317 Rz 67)[579]. 272

f) **Betriebsverfassungsrecht. Tarifverträge und Betriebsvereinbarungen** können einseitige Leistungsbestimmungsrechte begründen (Rz 60, 81, 265, 272). Im Zweifel ist dieses gem § 315 Abs 1 nach billigem Ermessen auszuüben. Ein Tarifvertrag kann dem Arbeitgeber aber auch ein „freies, nicht an billiges Ermessen" gebundenes Bestimmungsrecht einräumen[580]. Ebenfalls kann eine Betriebsvereinbarung eine gerichtliche Kontrolle nach § 315 Abs 3, freilich aber nicht jegliche gerichtliche Kontrolle (Rz 180 f) ausschließen[581]. 273

BetrVG § 75 bindet Arbeitgeber und Betriebsrat zwar an die Grundsätze von Recht und Billigkeit, räumt aber keiner der Parteien ein Leistungsbestimmungsrecht ein[582]. Gleichfalls wird die betriebliche Einigungsstelle gem **BetrVG § 76 Abs 5 S 3** an den Maßstab billigen Ermessens gebunden. Auch dies begründet kein einseitiges Leistungsbestimmungsrecht der Einigungsstelle. Vielmehr sieht BetrVG § 76 ein eigenständiges Streitbeilegungsverfahren vor. Mit dem Maßstab des billigen Ermessens der Einigungsstelle korrespondiert – und insoweit in Parallele zu § 315 (Rz 184) – die Überschreitung der Grenzen des Ermessens als gerichtlicher Kontrollmaßstab. Lediglich die (betriebsfremden) Einigungsstellenmitglieder können ihre gesetzliche Vergütung nach BetrVG § 76a Abs 3 in Ermangelung einer Gebührenordnung sowie einer vertraglichen Abrede nach §§ 315, 316 in Anlehnung an BetrVG § 76a Abs 3 S 3-5 einseitig bestimmen[583]. 274

4. **Mietrecht.** Im Wohnraummietrecht schließen die §§ 557 ff ein Leistungsbestimmungsrecht des Vermieters oder eines Dritten[584] über die **Mieterhöhung** aus[585]. Im Gewerbemietrecht kann die Miete einer einseitigen Leistungsbestimmung überlassen werden[586]. Auch im Wohnraummietrecht können **nebensächliche Vertragsbestandteile** der einseitigen Leistungsbestimmung nach § 315 Abs 1 überlassen werden.[587] Die Ermittlung des Umlageschlüssels von **Modernisierungskosten** auf mehrere Wohnungen nach § 559 Abs 3 unterliegt der Billigkeitskontrolle gem § 315[588]. Als Bestandteil zur Berechnung der Mieterhöhung liegt in der Festlegung des Umlageschlüssels 275

---

574 BAG ZIP 1985, 889, 890; NZA 1997, 155, 157; BAGE 84, 38, 49 ff = NZA 1997, 535; NJOZ 2003, 1872, 1875; NJOZ 2004, 2832, 2836 ff; Staud[Nb 2020]/Rieble § 315 Rz 336; Soergel[12]/M Wolf § 315 Rz 63; MünchKomm[8]/Würdinger § 315 Rz 78 Vgl auch BAG NJOZ 2005, 4868, 4870.
575 BGH NZA-RR 2013, 327, 329 (Rz 22); LG Münster BeckRS 2021, 46852 Rz 48.
576 BAG NZA 2010, 568, 570 f (Rz 33 f).
577 BAG AP BGB § 242 Ruhegehalt Nr 167; NZA 2003, 875, 877; AP BGB § 315 Nr 87; NZA 2016, 1541, 1542 (Rz 11).
578 BAG AP BGB § 315 Nr 112; NZA 2016, 1541 1542 (Rz 11 ff).
579 BAG NZA 1988, 611, 612; BAGE 84, 38, 48 = NZA 1997, 535; NZA 2015, 227, 229 f (Rz 19).
580 BAG NZA 2019, 1367, 1370 (Rz 27).
581 Vgl BAG NZA 2003, 810, 812.
582 Soergel[12]/M Wolf § 315 Rz 65.
583 BAG NZA 1993, 605, 606.
584 BeckOGK[01.09.2021]/Netzer § 315 Rz 32 sieht in der Indexmiete nach § 557b ein gesetzliches Leistungsbestimmungsrecht. Dies ist abzulehnen, da das Statistische Bundesamt als Dritter zwar den Preisindex ermittelt, aber keinerlei Bezug zum betreffenden Mietvertrag vornimmt und keinerlei Verbindung zu den Vertragsparteien aufweist. Die Inbezugnahme des dynamischen Indexes erfolgt vielmehr durch beide Parteien.
585 Staud[Nb 2020]/Rieble § 315 Rz 174.
586 BGH NJW 2012, 2187; Hamburg NJW-RR 1997, 458; vgl auch BayObLG NJW-RR 1986, 892 Zum Drittleistungsbestimmungsrecht Frankfurt aM NJW-RR 1999, 379.
587 ZB Zuweisung eines Kellerraums zur Wohnung (BGH NJW 2008, 1661, 1662 (Rz 21)); Zuweisung von Parkplätzen bei Gewerbemiete (BGH NJW 2013, 1082, 1083 (Rz 16)); Hausordnung (Staud[Nb 2020]/Rieble § 315 Rz 175; Schmid NJW 2013, 2145, 2147); Nutzflächenberechnung der Individualräume in Gewerbeeinheit (im entschiedenen Fall unwirksam Düsseldorf NJW-RR 2000, 1681); Gartennutzung (LG Berlin, Urt v 27.01.2006, 63 S 287/05, juris, Rz 7).
588 LG Berlin BeckRS 2019, 31761 Rz 4; AG Hamburg, Urt v 21.01.2022, 48 C 115/21, juris, Rz 23 ff; Staud[Nb 2021]/Emmerich, § 559 Rz 42; BeckOGK[01.01.2022]/Schindler, § 559 Rz 80.

ebenso ein Parteileistungsbestimmungsrecht des Vermieters wie bereits in der Möglichkeit einer Mieterhöhung anch § 559 Abs 1. Freilich ist Letzteres lediglich durch einen oberen Rahmen (8 % der aufgewendeten Kosten) begrenzt, während aus der Angemessenheit der Aufteilung auf mehrere Wohnungen nach § 559 Abs 3 der Maßstab billigen Ermessens gelesen wird. In Abweichung von § 556a Abs 1 S 1 kann der Umlagemaßstab für **Betriebskosten** dem Vermieter vertraglich zur Bestimmung nach billigem Ermessen zugewiesen werden[589]. Freilich bleibt § 556 Abs 3 dessen gesetzliche Grenze. Damit wurde sich dem Zustand von vor der Mietrechtsreform[590] weitgehend angenähert. Innerhalb des Rahmens der HeizkostenVO obliegt die Bemessung des Verteilungsschlüssels gem § 315 dem Vermieter nach billigem Ermessen[591]. Die nach HeizkostenVO § 9a Abs 1 S 1 eröffnete Wahl des Schätzungsverfahrens für den anteiligen Wärme- und Wasserverbrauch bei Ausfall der technischen Erfassung hat der Gebäudeeigentümer gem § 315 nach billigem Ermessen zu treffen[592]. § 556a Abs 2 verleiht dem Vermieter ein gesetzliches Leistungsänderungsrecht hinsichtlich der Nebenkosten, die nach Verbrauch oder Verursachung durch die Mieter erfasst werden können, wenn bisher verbrauchsunabhängig abgerechnet wurde[593]. Zudem kann der Vermieter bei preisfreiem Wohnraum nach billigem Ermessen gem § 315 mehrere Gebäude zu einer Wirtschafts- und Abrechnungseinheit zusammenfassen, wenn vertraglich nichts anderes bestimmt ist[594]. Ferner räumt § 560 Abs 4 beiden Parteien gleichermaßen ein Leistungsbestimmungsrecht zur Anpassung von Betriebskostenvorauszahlungen im Wohnraummietrecht ein[595]. In der Geschäftsraummiete kann die Bestimmung der Nebenkostenvorauszahlungen der einseitigen Bestimmung durch den Vermieter zugewiesen werden[596].

276 In Formularmietverträgen ist freilich die **AGB-Kontrolle** zu beachten. Ein einseitiges Leistungsbestimmungsrecht des Vermieters zur Abweichung von einem starren Fristenplan für Schönheitsreparaturen in der Wohnung nach billigem Ermessen gem § 315 Abs 1 ist danach zulässig[597]. Gleiches gilt im gewerblichen Mietvertrag für eine Klausel, die dem Vermieter ein Leistungsbestimmungsrecht dahingehend einräumt, bei einer Änderung der ortsüblichen oder angemessenen Miete den vom Mieter zusätzlich oder weniger zu zahlenden Betrag nach billigem Ermessen gem § 315 Abs 1 festzusetzen[598]. Formularvertraglich verlangt § 307 Abs 2 für das Parteileistungsbestimmungsrecht des Vermieters und Klauselverwenders als Abweichung von § 556a Abs 1 die Bindung an billiges Ermessen, was die Klausel nach dem Transparenzgebot auch erkennen lassen muss[599]. Zu § 574a Abs 2 S 1 siehe bereits Rz 207.

277 **5. Pauschalreisevertrag.** §§ 651f Abs 1-3, 651g Abs 1 beschränken die Zulässigkeit von Parteileistungsänderungsrechten des Reiseveranstalters. Leistungserstbestimmungsrechte des Veranstalters und Leistungsbestimmungsrechte des Reisenden bleiben unberührt. § 651f Abs 4 gibt dem Reisenden kein Parteileistungsbestimmungsrecht, sondern einen Anspruch auf Zustimmung zur Vertragsänderung vergleichbar §§ 313, 558 Abs 1. § 651f und § 651g Abs 1 enthalten gegenüber § 315 speziellere Anforderungen zur Form der vertraglichen Vereinbarung des Parteileistungsbestimmungsrechts (§ 651f Abs 1 S 1 Nr 1), inhaltliche Voraussetzungen (§ 651f Abs 1 S 1 Nr 2, Abs 2 S 1, § 651g Abs 1) sowie Vorgaben zu Form und Zeitpunkt der Erklärung (§ 651f Abs 1 S 2, 3, Abs 2 S 2, 3). Anwendbar bliebe nach rein deutschem Recht § 315 Abs 3[600]. Gleichwohl findet in richtlinienkonformer Auslegung keine Billigkeitsprüfung der Ermessensausübung statt, weil die Pauschalreiserichtlinie[601] gem ihres Art 4 vollharmonisierend ist und die Gewährleistung „eines anderen Schutzniveaus für den Reisenden" ausschließt. Gänzlich verdrängt werden gem § 651f Abs 3 §§ 308 Nr 4, 309 Nr 1.

278 **6. Auslobung.** §§ 660, 661 Abs 2 S 1 enthalten **Sonderregeln** für ein einseitiges Leistungsbestimmungsrecht im Recht der Auslobung. Bei § 660 trifft der Auslobende als Schuldner die **Verteilungsentscheidung**. Gleichwohl ist sein Leistungsbestimmungsrecht auf die Verteilung unter den Berechtigten beschränkt, sodass seine Rechtsposition als Schuldner unverändert bleibt. Das

---

589 BGH NJW 2015, 952, 953 f (Rz 21 ff); ablehnend MünchKomm⁸/Zehelein § 556a Rz 27.
590 Dazu etwa BGH NJW 1993, 1061, 1062.
591 BGH NJW-RR 2015, 457, 458 (Rz 18).
592 BGH NJW-RR 2022, 228, 229 (Rz 17).
593 Staud^Nb 2021/Artz, § 556a Rz 38 f; Staud^Nb 2020/Rieble § 315 Rz 174; vgl auch Soergel¹³/Heintzmann § 556a Rz 8.
594 BGH NJW 2005, 3135, 3137; NJW 2010, 3229, 3230 (Rz 10); NJW 2011, 368, 369 f (Rz 17 ff); zu preisgebundenem Wohnraum siehe II. BerechnungsVO § 2 Abs 2.
595 Staud^Nb 2020/Rieble § 315 Rz 263.
596 BGH NJW 2013, 41, 44 (Rz 31).
597 BGH NJW 2005, 1188, 1189 f.
598 BGH NJW 2012, 2187, 2188 (Rz 27).
599 BGH NJW 2015, 952, 954 (Rz 24); ablehnend MünchKomm⁸/Zehelein § 556a Rz 27.
600 Enger (lex specialis) jurisPK⁹/Steinrötter, § 651f Rz 3; großzügiger (nur Unterwerfungsvereinbarung betroffen) Staud^Nb 2020/Rieble § 315 Rz 328.
601 Richtlinie (EU) 2015/2302 des Europäischen Parlaments und des Rates vom 25. November 2015 über Pauschalreisen und verbundene Reiseleistungen, zur Änderung der Verordnung (EG) Nr 2006/2004 und der Richtlinie 2011/83/EU des Europäischen Parlaments und des Rates sowie zur Aufhebung der Richtlinie 90/314/EWG des Rates, ABl 2015 L 326, S 1.

Gesetz behandelt ihn daher als Dritten (vgl bereits Rz 186). Dies zeigt sich im Kontrollmaßstab der offenbaren Unbilligkeit, der sich auch in § 319 Abs 1 S 1 findet. §§ 317-319 sind daher ergänzend analog heranzuziehen[602]. Zum **Preisausschreiben** nach § 661 Abs 2 S 1 siehe § 317 Rz 144.

7. Erbrecht. Auf ein Zweckvermächtnis finden nach **§ 2156 S 2** die §§ 315-319 entsprechende Anwendung. Ermächtigt der Erblasser den Beschwerten, steht ihm ein Parteileistungsbestimmungsrecht zu (Rz 78). Der Verweis auf § 316 geht indes fehl (§ 316 Rz 3). **§ 2048 S 2** erlaubt Teilungsanordnungen lediglich nach dem billigen Ermessen eines Dritten (dazu § 317 Rz 3).

8. Handelsrecht. Der handelsrechtliche **Bestimmungs- oder Spezifikationskauf gem HGB § 375** regelt ein Leistungserstbestimmungsrecht. HGB § 375 kommt in seinem Anwendungsbereich als lex specialis der Vorrang vor § 315 zu[603]. Der inhaltliche Unterschied liegt in den abweichenden Rechtsfolgen. Die ausdrücklich in HGB § 375 Abs 1 S 1 normierte Bestimmungspflicht ist ebenso keine Besonderheit bei Leistungserstbestimmungsrechten (vgl Rz 119) wie eine Pflicht des leistungsbestimmungsberechtigten Käufers, eine Leistung abzunehmen und sich nicht durch die Leistungsbestimmung vom Vertrag zu lösen[604] (vgl Rz 12 ff). Vielmehr sieht HGB § 375 keine gerichtliche Ersatzleistungsbestimmung vor. Dagegen kann der Verkäufer bei Verzug des bestimmungsberechtigten und -pflichtigen Käufers (nicht bloße Verzögerung wie § 315 Abs 3 S 2 Alt 2) die Leistungsbestimmung selbst vornehmen, nach §§ 280, 281 Schadensersatz statt der Leistung verlangen[605] oder gem § 323 vom Vertrag zurücktreten.

Der Anwendungsbereich des HGB § 375 und damit das Verhältnis zu § 315 ist in vierfacher Hinsicht zu präzisieren: Erstens behandelt HGB § 375 den (einseitigen, HGB § 345) Handelskauf beweglicher Sachen. HGB § 381 erstreckt die Vorschrift auf den Kauf von Wertpapieren (Abs 1) und Werklieferungsverträge (Abs 2; § 650 S 1). Zweitens setzt HGB § 375 zwingend ein Leistungsbestimmungsrecht des Käufers voraus. Bei einem originären[606] Drittberechtigten findet § 317 Anwendung[607]. Ein Leistungsbestimmungsrecht des Verkäufers beurteilt sich nach § 315[608]. Drittens muss das Leistungsbestimmungsrecht „Form, Maß oder ähnliche Verhältnisse" zum Gegenstand haben. Was unter „ähnliche Verhältnisse" zu verstehen ist, ist im Einzelnen umstritten[609]. Dabei geht es auch um die Abgrenzung zur Wahlschuld (§ 262). Gesichert ist jedenfalls, dass Leistungsmodalitäten nicht mehr von HGB § 375 umfasst sind[610]. Insoweit findet § 315 Anwendung, wenn ein einseitiges Leistungsbestimmungsrecht vereinbart wurde (vgl Rz 94). Viertens ist umstritten, ob HGB § 375 einen Maßstab für die Leistungsbestimmung, namentlich freies Ermessen, vorgibt[611] oder ob die Auslegungsregel des § 315 Abs 1 Platz greift[612]. Dem Streit ist nicht allzu großes Gewicht beizumessen, da ein vertraglich vereinbarter Maßstab stets vorrangig ist (vgl auch Rz 127). HGB § 375 ist ganz oder teilweise **dispositiv**[613]. Wird die Vorschrift abbedungen, greift § 315 Platz, wenn nicht der Parteiwille wenigstens einer Partei entgegensteht (vgl Rz 3).

9. Gesellschaftsrecht. Auch im **Gesellschaftsvertrag** können Parteileistungsbestimmungsrechte vereinbart werden. Die Rechtsprechung hat dies angenommen für die Wahl eines OHG-Gesellschafters über die Art der Auseinandersetzung nach Kündigung zwischen mehreren im Gesellschaftsvertrag möglichen[614]. Dabei handelt es sich um eine analoge Anwendung des § 315, weil die Gesellschaft zwar Schuldnerin und nicht Dritte ist, nicht aber Partei des Gesellschaftsvertrags, der das Bestimmungsrecht begründet.[615]

---

602 Soergel[13]/von Reden § 660 Rz 6 ff; MünchKomm[8]/F L Schäfer § 660 Rz 4; vgl auch Prot II S 349.
603 Oetker HGB[7]/R Koch, § 375 Rz 1; Staub HGB[5]/Koller, § 375 Rz 7; Baumbach/Hopt HGB[40]/Leyens, § 375 Rz 1; Rieble/Gutfried JZ 2008, 593, 595; Soergel[12]/M Wolf § 315 Rz 68; aA mit Blick auf § 315 Abs 3 S 2 MünchKomm HGB[5]/Grunewald, § 375 Rz 2.
604 EBJS HGB[4]/Achilles, § 375 Rz 19; MünchKomm HGB[5]/Grunewald § 375 Rz 6.
605 Es ist umstritten, ob am Wortlaut und dem Verzugserfordernis festzuhalten ist (so EBJS HGB[4]/Achilles § 375 Rz 39; Oetker HGB[7]/R Koch § 375 Rz 47; Baumbach/Hopt HGB[40]/Leyens § 375 Rz 9; BeckOK HGB[35. Ed]/Schwartze, § 375 Rz 12) oder eine Angleichung an die Schulrechtsreform vorzunehmen (so MünchKomm HGB[5]/Grunewald § 375 Rz 22; Staud[Nb 2020]/Rieble § 315 Rz 257; Rieble/Gutfried JZ 2008, 593, 600) ist.
606 Wählt der leistungsbestimmungsberechtigte Käufer zur Bestimmung einen Dritten aus, bleibt es bei HGB § 375; EBJS HGB[4]/Achilles § 375 Rz 10; MünchKomm HGB[5]/Grunewald § 375 Rz 6.
607 EBJS HGB[4]/Achilles § 375 Rz 10; Staub HGB[5]/Koller § 375 Rz 7; BeckOK HGB[35. Ed]/Schwartze § 375 Rz 3.
608 EBJS HGB[4]/Achilles § 375 Rz 10; Oetker HGB[7]/R Koch § 375 Rz 6.
609 Zum Meinungsstand siehe etwa Staub HGB[5]/Koller § 375 Rz 9.
610 EBJS HGB[4]/Achilles § 375 Rz 12; MünchKomm HGB[5]/Grunewald § 375 Rz 8; Oetker HGB[7]/R Koch § 375 Rz 12; Baumbach/Hopt HGB[40]/Leyens § 375 Rz 2.
611 So Oetker HGB[7]/R Koch § 375 Rz 8; Staub HGB[5]/Koller § 375 Rz 7; Baumbach/Hopt HGB[40]/Leyens § 375 Rz 5.
612 So EBJS HGB[4]/Achilles § 375 Rz 16 f; MünchKomm HGB[5]/Grunewald § 375 Rz 6.
613 EBJS HGB[4]/Achilles § 375 Rz 43; MünchKomm HGB[5]/Grunewald § 375 Rz 29 (mit kleiner Einschränkung in Rz 30).
614 RGZ 114, 393, 395 f.
615 Schilling/M Winter, in: FS Stiefel, 1987, S 665, 666 ff.

283 Auch die Vergütung von Leitungsorganen kann einem Parteileistungsbestimmungsrecht unterliegen, so etwa die einen Mindestbetrag übersteigende, am Jahreserfolg orientierte Tantieme des GmbH-Geschäftsführers[616]. Das Anpassungsrecht der Vorstandsvergütung gem **AktG § 87 Abs 2** ist ein gesetzliches Leistungsbestimmungsrecht[617]. Maßstab der Herabsetzung ist die Angemessenheit der Bezüge, nicht deren Billigkeit. Die Unbilligkeit ist nach AktG § 87 Abs 2 S 1 vielmehr Tatbestandsvoraussetzung des Leistungsbestimmungsrechts. Gleichwohl ist auch die Angemessenheit nach AktG § 87 Abs 2 S 1, Abs 1 S 1 ebenfalls nur eingeschränkt gerichtlich überprüfbar[618]. Zudem besteht ein Entschließungsermessen des Aufsichtsrats, wenngleich dieses intendiert ist („soll") und damit im Regelfall eine Anpassungspflicht besteht[619]. Ist dies der Fall, kann das Gericht auf eine Leistungsklage des Vorstandsmitglieds auf Zahlung der vollen vertraglichen Vergütung die Höhe der Vergütung auf das Maß bestimmen, das gerade noch nicht unbillig iSd AktG § 87 Abs 2 S 1 ist und daher keine Anpassungspflicht des Aufsichtsrats auslöst[620]. Dies ergibt sich daraus, dass das Leistungsbestimmungsrecht nur insoweit zu einer Vertragsanpassung gegenüber dem Vorstandsmitglied berechtigt[621]. Eine analoge[622] Anwendung des § 315 Abs 3 S 2 liegt hierin nicht[623]. Die gebotene, weitere Herabsetzung der Vergütung bleibt dem Aufsichtsrat vorbehalten und erfolgt nicht durch das Gericht[624]. Anderes kann nur bei einer Ermessensreduktion auf Null, dh wenn nur eine Vergütungshöhe rechtmäßig ist, gelten[625]. Schließlich bleiben im Finanz- und Versicherungssektor aufsichtsrechtliche Grenzen variabler Vergütungssysteme gem der Instituts-VergV zu beachten. Verstöße führen aber nicht zur zivilrechtlichen Unwirksamkeit der Leistungsbestimmung[626]. Auch sog Härteklauseln in Versorgungsordnungen etwa für Vorstandsmitglieder erlauben eine Parteileistungsbestimmung in Ermangelung eines festgelegten Maßstabs gem § 315 Abs 1 nur nach billigem Ermessen[627].

284 10. **Bankrecht.** **Zinsanpassungsklauseln** und **Anpassungsrechte von Nebenentgelten** wie Kontoführungs- und Depotgebühren sind Parteileistungsänderungsrechte der Banken. Ihrer Zulässigkeit stehen AGB- und verbraucherschutzrechtliche Bedenken entgegen. Eine AGB-rechtliche Inhaltskontrolle erstreckt sich allerdings nicht auf variable Zinssätze und den anfänglichen Zinssatz[628]. Der BGH verlangt, dass eine Zinsanpassungsklausel nach § 307 das vertragliche Äquivalenzverhältnis wahrt. Die (im billigen Ermessen der Bank stehende) Zins- oder Entgelterhöhung muss an einen tatsächlichen Kostenanstieg gebunden sein, Kostenminderungen müssen zwingend an die Kunden weitergegeben werden[629]. Hinzutritt, dass die Klausel gem § 308 Nr 4 ein erforderliches Mindestmaß an Kalkulierbarkeit möglicher Zinsänderungen aufweist[630]. Siehe allgemein zur AGB-Kontrolle bereits Rz 67 ff. Hält die Zins- oder Entgeltanpassungsklausel der AGB-Kontrolle nicht stand, entfällt das Leistungsbestimmungsrecht ersatzlos[631]. An seine Stelle tritt eine vom Gericht im Wege ergänzender Vertragsauslegung erkannte Regelung, die auch der Auslegungsregel des § 316, die zu einem Bestimmungsrecht des Kunden führte, vorgeht (Rz 77)[632]. **AGB-Banken Nr 12 Abs 2 UAbs 3** sieht ein im Vergleich zur Vorgängervorschrift begrenztes Leistungsbestimmungsrecht der Bank hinsichtlich der Höhe von Zinsen und Entgelten gegenüber Kunden, die keine Verbraucher sind, vor. Einer AGB-Kontrolle hält ferner ein vorformuliertes einseitiges Leistungsbestimmungsrecht nicht stand, das einem Kreditkartenunternehmen erlaubt, ein angemessenes Entgelt für die Fremdwährungsumrechnung zu berechnen[633].

285 Im **Verbraucherdarlehensrecht** ist die einseitige Leistungsbestimmung der Bank über die Sollzinsanpassung ausgeschlossen. Dies ergibt sich aus einem Erst-recht-Schluss aus § 492 Abs 7.

---

616 BGH WM 1975, 761, 762 f; NJW-RR 1994, 1055, 1056. Siehe auch Oldenburg NZG 2000, 939, 940.
617 BeckOGK AktG[01.02.2022]/Fleischer § 87 Rz 84; Rahlmeyer/Eiff NZG 2021, 397, 398; Staud[Nb 2020]/Rieble § 315 Rz 261; MünchKomm AktG[5]/Spindler, § 87 Rz 209; MünchKomm[8]/Würdinger § 315 Rz 87; vgl auch BGHZ 207, 190, 195 (Rz 20) = NJW 2016, 1236.
618 MünchKomm AktG[5]/Spindler § 87 Rz 183, 93 ff.
619 BGHZ 207, 190, 204 (Rz 43) = NJW 2016, 1236.
620 BGHZ 207, 190, 204 f (Rz 44 f) = NJW 2016, 1236.
621 BGHZ 207, 190, 204 f (Rz 45) = NJW 2016, 1236.
622 Leistungsbestimmungsberechtigter ist der Aufsichtsrat, Schuldnerin die Gesellschaft. Gleichwohl handelt es sich nicht um ein Drittleistungsbestimmungsrecht. Vgl zur Rolle der Gesellschaft bereits in und bei Fn 617 (Rz 282).
623 Die hM zieht hingegen § 315 Abs 3 S 2 (analog) heran BeckOGK AktG[01.02.2022]/Fleischer § 87 Rz 85; Hüffer/Koch, AktG[16]/J Koch, § 87 Rz 61; Staud[Nb 2020]/Rieble § 315 Rz 262; MünchKomm AktG[5]/Spindler § 87 Rz 214; ders DB 2015, 908, 912. Ablehnend auch Neumann-Duesberg JZ 1952,

705, 710 f, der auf eine Pflicht zur Leistungsbestimmung abstellt, die allerdings bei sämtlichen Leistungsänderungsrechten vorbehaltlich einer vertraglichen Vereinbarung nicht besteht (Rz 120 ff).
624 BGHZ 207, 190, 205 f (Rz 46) = NJW 2016, 1236.
625 Großzügiger (und die Schwierigkeiten seines Ansatzes einräumend) Spindler DB 2015, 908, 912.
626 Staud[Nb 2020]/Rieble § 315 Rz 346.
627 Hamm BeckRS 2021, 21511 Rz 58 f.
628 BGHZ 185, 166, 171 (Rz 16) = NJW 2010, 1742.
629 BGHZ 180, 257, 266 ff (Rz 22 ff) = NJW 2009, 2051.
630 BGH NJW 2008, 3422 (Rz 12); BGHZ 185, 166, 171 (Rz 15) = NJW 2010, 1742; NJW-RR 2011, 625, 626 (Rz 11); NJW-RR 2017, 942, 943 (Rz 18); NJW 2022, 311, 313 (Rz 29); Dresden BeckRS 2021, 6404 Rz 31.
631 BGHZ 185, 166, 173 (Rz 19) = NJW 2010, 1742; NJW-RR 2011, 625, 626 (Rz 14); NJW-RR 2017, 942, 943 (Rz 19).
632 BGHZ 185, 166, 173 ff (Rz 19 ff) = NJW 2010, 1742; NJW-RR 2011, 625, 626 (Rz 16 ff).
633 AG Frankfurt aM NJW-RR 1993, 1136.

Wenn bei einem veränderlichen Sollzinssatz, der sich nach einem Index oder Referenzzinssatz richtet, Index oder Referenzzinssatz hinreichend transparent und objektiv nachvollziehbar sein müssen, schließt dies erst recht ein einseitiges Bestimmungsrecht der Bank aus. Denkbar wäre es lediglich, die Entscheidung, ob die in der Höhe vorbestimmte Sollzinserhöhung angewendet wird, der Bank zu überlassen, während eine Anpassung nach unten zwingend vorzunehmen ist. Im **Zahlungsdiensterecht nach §§ 675c ff** ist ein einseitiges Leistungsbestimmungsrecht der Bank gegenüber dem Zahlungsdienstnutzer, der Verbraucher ist, ausgeschlossen. Dies ergibt sich daraus, dass § 675g für Vertragsänderungen am Vertragsprinzip festhält und hiervon nach § 675e Abs 1, 3 nicht zum Nachteil des Verbrauchers abgewichen werden kann[634].

Der Sicherungsgeber hat bei revolvierenden Globalsicherungen und nachträglicher Übersicherung einen **gesetzlichen Freigabeanspruch**[635]. Die Entscheidung, welche von mehreren Sicherheiten freigegeben wird, richtet sich nach § 262 und dem Rechtsgedanken des § 1230 S 1[636]. Insoweit liegt mangels Zweckbindung keine Ermessensbindung des Sicherungsnehmers vor, sondern er kann frei nach seinen eigenen Beweggründen entscheiden[637]. **286**

11. **Versicherungsrecht.** Vertragliche Parteileistungsbestimmungsrechte des Versicherers wurden früher (bis 1994) vorab kontrolliert und ihre Ausübung bedurfte der Genehmigung durch die Aufsichtsbehörde. Nunmehr greift allein die AGB-Kontrolle[638]. **VVG § 163 Abs 1** erlaubt weiterhin die einseitige Prämien- und Leistungsänderung durch den Versicherer bei der Lebensversicherung. VVG § 176 erstreckt diese Regelung auf die Berufsunfähigkeitsversicherung. VVG § 203 enthält eine eigenständige Regelung für die private Krankenversicherung. VVG § 163 Abs 1 gibt dem Versicherer ein gesetzliches Leistungsänderungsrecht, auf das aufgrund eigenständiger Sonderregeln § 315 keine Anwendung findet[639]. Insbesondere verlangt VVG § 163 Abs 1 S 1 Nr 2 die **Angemessenheit** der neu festgesetzten Prämie bzw Versicherungsleistung (VVG § 163 Abs 2 S 1). Dies wird nach VVG § 163 Abs 1 S 1 Nr 3 von einem unabhängigen Treuhänder überprüft und bestätigt. Sowohl Versicherer als auch Treuhänder kommt kein Ermessen zu; die Angemessenheit tritt an dessen Stelle[640]. Es erfolgt eine vollständige zivilgerichtliche Kontrolle[641]; die (aufsichtsrechtliche Frage der) Unabhängigkeit des Treuhänders ist demgegenüber nicht vom Zivilgericht zu prüfen[642]. Es besteht ferner nach VVG § 163 Abs 2 S 1 ein Anspruch des Versicherungsnehmers auf entsprechende Prämienherabsetzung gem VVG § 163 Abs 1. **287**

Nach **VVG § 164 Abs 1** kann der Versicherer bei der Lebensversicherung einseitig unwirksame Bestimmungen in Allgemeinen Versicherungsbedingungen ersetzen. VVG § 164 dient mithin der Lückenfüllung, nicht der Anpassung einer Vertragsbedingung. VVG § 176 erstreckt die Regelung wiederum auf die Berufsunfähigkeitsversicherung, VVG § 203 Abs 4 auf die private Krankenversicherung. VVG § 164 Abs 1 gibt dem Versicherer ein einseitiges Leistungsbestimmungsrecht[643], auf das § 315 keine Anwendung findet. Die einseitige Ersetzungsregelung ist aufgrund der zahlreichen parallelen Versicherungsverträge ihrerseits AGB (vgl Rz 91), sodass die §§ 305 ff Maßstab der gerichtlichen Inhaltskontrolle bleiben[644]. Maßstab der Ersetzung durch den Versicherer bildet § 306 Abs 2[645]. Der Versicherer muss gem VVG § 164 Abs 1 S 2 unter Wahrung des Vertragsziels die Belange der Versicherungsnehmer angemessen berücksichtigen. Letztlich handelt es sich um eine Art ergänzende Vertragsauslegung durch den Versicherer[646]. Es findet eine vollständige gerichtliche Kontrolle statt. **288**

Gem VVG § 204 Abs 1 S 1 Nr 1 iVm VVG § 203 Abs 1 S 2 kann der private Krankenversicherer bei einem Wechsel von einem Tarif mit Pauschalprämie in einen Tarif mit Grundprämie für ein Basisrisiko und Risikozuschlägen einen individuellen Risikozuschlag für das bislang nicht erfasste Risiko verlangen. Lehnt der Versicherungsnehmer eine Vereinbarung dieses Risikozuschlags ab, **289**

---

634 Staud[Nb 2020]/Rieble § 315 Rz 329, 431 ff.
635 BGHZ 137, 212, 218 ff = NJW 1998, 671.
636 BGH WM 1997, 750, 754; BGHZ 137, 212, 219 = NJW 1998, 671; ohne dogmatische Verankerung BGH WM 1997, 1197, 1199 ff (billiges Ermessen); aA (§ 315)Grüneberg[81]/Grüneberg § 315 Rz 9; MünchKomm[8]/Würdinger § 315 Rz 86; vertiefend Pfeiffer ZIP 1997, 49.
637 BGHZ 137, 212, 219 = NJW 1998, 671 spricht gleichwohl irrtümlich von einem „Ermessensspielraum" des Sicherungsnehmers. Einen solchen gewähren aber weder § 262 noch § 1230 S 1.
638 BT-Drucks 16/3945, S 99; Beckmann/Matusche-Beckmann VersRHdb[3]/Wandt § 11 Rz 18.
639 BGHZ 159, 323, 328 = NJW 2004, 2679; Langheid/Rixecker VVG[6]/Grote, § 163 Rz 1.
640 BT-Drucks 16/3945, S 99.
641 BVerfG NVersZ 2000, 132 f; BGHZ 159, 323, 325 f = NJW 2004, 2679; vgl Langheid/Rixecker VVG[6]/Grote § 163 Rz 18 ff.
642 BGHZ 220, 297, 305 f (Rz 30) = NJW 2019, 919.
643 Vgl HK VVG[4]/Brambach, § 164 Rz 12; MünchKomm VVG[2]/Wandt, § 164 Rz 1, 65 (einseitiges Gestaltungsrecht); vgl auch Prölss/Martin VVG[31]/Schneider, § 164 Rz 21.
644 BT-Drucks 16/3945, S 100; Langheid/Rixecker VVG[6]/Grote § 164 Rz 24; MünchKomm VVG[2]/Wandt § 164 Rz 68.
645 BGHZ 164, 297, 309 f = NJW 2005, 3559 (zur Vorgängerregelung); Langheid/Rixecker VVG[6]/Grote § 164 Rz 4.
646 Beckmann/Matusche-Beckmann VersRHdb[3]/Brömmelmeyer § 42 Rz 121; Langheid/Rixecker VVG[6]/Grote § 164 Rz 71.

ist der Versicherer nach der Rechtsprechung des BGH gem § 316 berechtigt, den individuellen Risikozuschlag zu bestimmen[647].

290 Nach VVG § 153 haben die Versicherungsnehmer Anspruch auf **Überschussbeteiligung** bei Kapitallebensversicherungen. Nach VVG § 153 Abs 2 S 1 hat der Versicherer die Beteiligung an dem Überschuss nach einem verursachungsorientierten Verfahren durchzuführen. Es stellen sich zwei abgestufte Fragen: Zunächst ist umstritten, ob der einzelne Versicherungsnehmer zivilrichterlichen Rechtsschutz zur Überprüfung der Zuführungsentscheidung des Versicherers in Anspruch nehmen kann oder ob diese Entscheidung allein aufsichtsrechtlich kontrolliert wird. Wird diese Frage mit verfassungsrechtlicher Argumentation zu Recht bejaht, umfasst die gerichtliche Kontrolle des Überschussbeteiligungsanspruchs des Versicherers auch die vorgelagerte Ermittlung des Überschusses durch den Versicherer[648]. Es stellt sich die nachgelagerte Frage, anhand welchen Kontrollmaßstabs das Zivilgericht dies überprüft. Das Verteilungsverfahren, das vereinbarte wie das gesetzlich vorgeschriebene verursachungsorientierte, muss angemessen sein. Damit geht das Gesetz von einem justiziablen Verteilungsverfahren aus. Der Kontrollmaßstab ist gleichwohl herabgesetzt. Es wird keine verursachungsgerechte, sondern nur eine verursachungsorientierte Verteilung gefordert[649]. Insoweit besteht ein gewisser Spielraum des Versicherers[650]. Der Versicherer erfüllt nach der Gesetzesbegründung diese Verpflichtung schon dann, wenn er ein Verteilungssystem entwickelt und widerspruchsfrei praktiziert, das die Verträge unter dem Gesichtspunkt der Überschussbeteiligung sachgerecht zu Gruppen zusammenfasst, den zur Verteilung bestimmten Betrag nach den Kriterien der Überschussverursachung einer Gruppe zuordnet und dem einzelnen Vertrag dessen rechnerischen Anteil an dem Betrag der Gruppe zuschreibt[651]. Es wird vorgeschlagen, in diesem Spielraum § 315 Abs 1 anzuwenden[652]. Der BGH lehnt dies ab[653]. Die Begründung, VVG § 153 Abs 2 räume dem Versicherer kein billiges Ermessen ein und lasse auch keine Lücke, trägt. Bezugspunkt des billigen Ermessens nach § 315 Abs 1 sind zudem die (individuellen) Vertragszwecke. Diese treten bei der (kollektiven) Zuführungsentscheidung des Versicherers in den Hintergrund. Vielmehr wird § 315 Abs 1 durch das Tatbestandsmerkmal des verursachungsorientierten, angemessenen Verfahrens verdrängt. Gleichwohl ist die Kontrolldichte wie gesehen wie im Fall des billigen Ermessens beschränkt und die Entscheidung des Versicherers bleibt nicht kontrollfrei.

291 **12. Urheberrecht.** Für die **Urhebervergütung nach UrhG § 32** sieht das Gesetz einen eigenen Mechanismus, bestehend aus einer Auffangregelung zugunsten der angemessenen Vergütung (S 2) sowie einen Anspruch auf Einwilligung in die Änderung des Vertrags (S 3) vor. Ein einseitiges Leistungsbestimmungsrecht besteht nicht. § 315 kommt nicht zur Anwendung. Offensichtlich gibt UrhG § 39 kein einseitiges Leistungsbestimmungsrecht[654].

292 Gem VGG § 27 Abs 1 hat jede Verwertungsgesellschaft (VGG § 2) und gem VGG § 3 Abs 2 S 1 jede abhängige Verwertungseinrichtung (VGG § 3), soweit sie Tätigkeiten einer Verwertungsgesellschaft ausübt, einen Verteilungsplan aufzustellen, der feste Regeln enthält, die ein willkürliches Vorgehen bei der Verteilung der Einnahmen aus den Rechten ausschließen. Diese Pflicht zur Aufstellung eines solchen Verteilungsplans soll eine gerechte Verteilung gewährleisten und folgt aus der Treuhandstellung der Verwertungsgesellschaft[655]. Die **Aufstellung eines Verteilungsplans nach VGG § 27** bereitet die Ausübung des Parteileistungsbestimmungsrechts der Verwertungsgesellschaft nach § 315 vor[656] und bindet die Verwertungsgesellschaft bei dessen Ausübung gegenüber den Berechtigten nach billigem Ermessen[657]. Dieses Parteileistungsbestimmungsrecht der Verwertungsgesellschaft folgt nach der Rechtsprechung aus Sinn und Zweck des Berechti-

---

647 BGH NJW-RR 2015, 1309, 1310 (Rz 7), 1311 (Rz 14).
648 Beckmann/Matusche-Beckmann VersRHdb³/Brömmelmeyer § 42 Rz 287; MünchKomm VVG²/Heiss § 153 Rz 35 ff; BeckOGK[01.09.2021]/Netzer § 315 Rz 36.
649 BT-Drucks 16/3945, S 96.
650 So auch Langheid/Rixecker VVG⁶/Grote § 153 Rz 27.
651 BT-Drucks 16/3945, S 96.
652 So Beckmann/Matusche-Beckmann VersRHdb³/Brömmelmeyer § 42 Rz 288; PraxisKomm VVG⁴/Ortmann/Rubin, § 153 Rz 40 f; Bruck/Möller VVG⁹/G Winter, § 153 Rz 208; in diese Richtung auch MünchKomm VVG²/Heiss § 153 Rz 39. Vgl dazu auch BVerfG NJW 2017, 1593, 1595 (Rz 37 f).
653 BGHZ 204, 172, 180 ff (Rz 20 ff) = NJW 2015, 2809; vgl zum alten Recht auch BGHZ 128, 54, 57 f = NJW 1995, 589 Siehe auch BVerfG NJW 2017, 1593, 1595 (Rz 37 f).
654 BeckOGK[01.09.2021]/Netzer § 315 Rz 33; Staud[Nb] 2020/Rieble § 315 Rz 268; MünchKomm⁸/Würdinger § 315 Rz 90.
655 BGH GRUR 2013, 375, 376 (Rz 13 f); Schricker/Loewenheim UrhR⁶/Reinbothe, § 27 VGG Rz 5; Riesenhuber GRUR 2006, 201, 202 (Regelung zum Anspruch aus § 667).
656 BGHZ 163, 119, 129 = NJW 2005, 2708 (zur Vorgängerregelung des UrhWG § 7); LG Köln GRUR-RS 2022, 4201 Rz 45; Ungern-Sternberg GRUR 2021, 1017, 1018 ff; weniger eindeutig BGH GRUR 2016, 606, 611 (Rz 54) (ebenfalls zur Vorgängerregelung).
657 Ungern-Sternberg GRUR 2021, 1017, 1021 ff.

gungsvertrags[658]. Aufsichtsrechtlich relevante Fehler im Innenverhältnis der Verwertungsgesellschaft berühren die Ausübung des Leistungsbestimmungsrechts gegenüber den Berechtigten nicht[659]. Hinsichtlich des Vertragsinhalts von Nutzungsverträgen nach VGG §§ 34, 35 besteht kein einseitiges Parteileistungsbestimmungsrecht. Die Kontrolle durch Schiedsstelle (VGG § 92 ff) und Gericht (VGG §§ 128 ff) erfährt eine besondere Regelung. Insbesondere ist VGG § 130 Abs 1 S 2 kein Anwendungsfall des § 315 Abs 3 S 2[660].

13. **Erbbaurecht. Keinen Anwendungsfall** eines Parteileistungsbestimmungsrechts nach § 315 regelt ErbbauRG § 9a. Beide Vorschriften teilen sich zwar den Maßstab der Billigkeit. ErbbauRG 9a regelt indes einen vertraglichen Anspruch auf Zustimmung zur Erhöhung des Erbbauzinses[661]. Im Ergebnis wird der Erbbauzins vertraglich angepasst, nicht durch einseitiges Leistungsbestimmungsrecht (siehe allgemein Rz 54).   **293**

VIII. Europäische und internationale Bezüge

In den europäischen Rechtsordnungen ist das einseitige Leistungsbestimmungsrecht weithin bekannt[662]. Mitunter werden jedoch lediglich Drittleistungsbestimmungsrechte gesetzlich anerkannt. Während die vertragsrechtliche Beurteilung (Lockerung der Vertragsbestimmtheit, Rz 6 f), die Bindung ua an eine allgemeine, generalklauselartige Grenze (Angemessenheit, (offenbare) Billigkeit, gute Sitten) sowie die gerichtliche Kontrolle vergleichbar behandelt werden, besteht größere Zurückhaltung bei der (subsidiären) richterlichen Ersatzleistungsbestimmung als in Deutschland[663].   **294**

Dieses Bild spiegelt sich auch in den europäischen Kodifikationsentwürfen, die gleichwohl nah an § 315 verbleiben: **PECL Art 6:105** (Principles of European Contract Law) („Lando-Principles")[664], **DCFR II.-9:105** (Draft Common Frame of Reference)[665], **GEKR Art 74** (Verordnung über ein Gemeinsames Europäisches Kaufrecht)[666]. Ein Eintreten des Gerichts in die Position des Leistungsbestimmungsberechtigten findet sich in der Form des § 315 Abs 3 S 2 nicht. Das Gericht korrigiert vielmehr den „unangemessenen" Preis. Eine gerichtliche Kompetenz bei verzögerter Leistungsbestimmung ist nicht vorgesehen.   **295**

Nach **CISG**[667] Art 14 Abs 1 S 2 aE ist der Bestimmtheit eines Angebots genügt, wenn die Festsetzung von Menge und Preis ermöglicht werden. Überwiegend wird darin nicht allein die Zulässigkeit der Angabe objektiver Kriterien, anhand derer Menge und Preis bestimmt werden können, verstanden (sog objektive Bestimmungsklausel), sondern ebenso die Vereinbarung einseitiger Parteileistungsbestimmungsrechte (sog subjektive Bestimmungsklausel)[668]. Ein solches geht, entsprechend der deutschen Rechtslage (Rz 47), der Auffangregelung des CISG Art 55 vor, wonach mangels gegenteiliger Anhaltspunkte (widerleglich) vermutet wird, dass die Parteien sich stillschweigend auf den Kaufpreis bezogen haben, der bei Vertragsabschluss allgemein für derartige   **296**

---

658 BGHZ 163, 119, 128 = NJW 2005, 2708; KG GRUR-RR 2011, 354, 357; zust Riesenhuber GRUR 2006, 201, 203 f.
659 BGHZ 163, 119, 129 = NJW 2005, 2708.
660 Vgl auch Staud[Nb 2020]/Rieble § 315 Rz 267.
661 Wie hier BGH NJW 2009, 679, 680 (Rz 11); Staud[Nb 2020]/Rieble § 315 Rz 193; aA (wohl) BeckOGK[01.09.2021]/Netzer § 315 Rz 37; MünchKomm[8]/Würdinger § 315 Rz 8.
662 Vgl von Bar/Clive/Schulte-Nöle ua, Principles, Definitions and Model Rules of European Private Law, Draft Common Frame of Reference (DCFR), Articles and Comments, S 262, abrufbar unter https://www.ccbe.eu/fileadmin/speciality_distribution/public/documents/EUROPEAN_PRIVATE_LAW/EN_EPL_20100107_Principles__definitions_and_model_rules_of_European_private_law_-_Draft_Common_Frame_of_Reference__DCFR_.pdf [letzter Abruf: 01.04.2021].
663 Staud[Nb 2020]/Rieble § 315 Rz 273 Vgl Auch, wenngleich mit deutlich engerem Fokus Behar-Touchais/Martial-Braz/Sauphanor-Brouillaud, Study on all mandatory rules applicable to contractual obligations in contracts for sales of tangible goods sold at a distance and, in particular online, Juni 2016, S 370 ff, abrufbar unter: https://ec.europa.eu/info/sites/info/files/14_september_-_final_report_study_on_all_national_mandatory_rules.pdf [letzter Abruf 01.04.2021].
664 Lando/Beale, Principles of European Contract Law, Part I and II, 2000 und Lando/Clive/Prüm/Zimmermann, Principles of European Contract Law, Part III, 2003.
665 Von Bar/Clive/Schulte-Nöle ua, Principles, Definitions and Model Rules of European Private Law, Draft Common Frame of Reference (DCFR), Articles and Comments, abrufbar unter: https://www.ccbe.eu/fileadmin/speciality_distribution/public/documents/EUROPEAN_PRIVATE_LAW/EN_EPL_20100107_Principles__definitions_and_model_rules_of_European_private_law_-_Draft_Common_Frame_of_Reference__DCFR_.pdf [letzter Abruf: 01.04.2021].
666 Kommission, Vorschlag für eine Verordnung des Europäischen Parlaments und Rates über ein Gemeinsames Europäisches Kaufrecht, KOM (2011) 635 endg.
667 Übereinkommen der Vereinten Nationen über Verträge über den internationalen Warenkauf vom 11.04.1980, BGBl 1989 II S 586, ber BGBl 1990 II S 1699.
668 BeckOGK CISG[01.02.2022]/Buchwitz Art 14 Rz 40 f; MünchKomm[8]/Gruber Art 14 CISG Rz 20; Soergel[14]/Kreße, Art 14 CISG Rz 4; Schlechtriem/Schwenzer/Schroeter, CISG[7]/Schroeter, Art 14 Rz 74.

Ware berechnet wurde, die in dem betreffenden Geschäftszweig unter vergleichbaren Umständen verkauft wurde[669]. Fehlen eine Preisvereinbarung, ein einseitiges Parteileistungsbestimmungsrecht ebenso wie ein üblicherweise geforderter Preis nach Art 55 CISG, ist der Kaufvertrag unwirksam. § 316 bzw dessen Rechtsgedanke findet keine Anwendung[670]. Die Vereinbarung eines einseitigen Parteileistungsbestimmungsrechts unterliegt nach CISG Art 4 S 2 lit a der AGB-Kontrolle nach nationalem Recht, seine Ausübung im Falle der Anwendbarkeit deutschen Rechts der Billigkeitskontrolle nach § 315 Abs 3[671]. Schließlich findet HGB § 375 (dazu Rz 280 f) eine Entsprechung in CISG Art 65.

§ 316 Bestimmung der Gegenleistung

Ist der Umfang der für eine Leistung versprochenen Gegenleistung nicht bestimmt, so steht die Bestimmung im Zweifel demjenigen Teil zu, welcher die Gegenleistung zu fordern hat.

ÜBERSICHT

I. Allgemeines 1–3	f) Unbestimmtheit des Bestimmungsberechtigten 14
II. Auslegungsregeln 4–20	2. Bestehen eines Leistungsbestimmungsrechts 15–18
1. Voraussetzungen 5–14	3. Gläubiger der Gegenleistung als Bestimmungsberechtigter 19, 20
a) Vorrang des Parteiwillens 6	**III. Parteigegenleistungsbestimmungsrecht** 21
b) Vorrang der gesetzlichen Auffangregelungen zur Vergütung 7	**IV. Beweislast** 22
c) Vertrag 8, 9	
d) Bestimmtheit der Leistung 10	
e) Unbestimmtheit des Umfangs der Gegenleistung 11–13	

Schrifttum: Siehe die Angaben bei § 315

I. Allgemeines

1 § 316 behandelt den Fall, dass der Umfang der Gegenleistung im Vertrag unbestimmt bleibt. § 316 stellt **zwei Auslegungsregeln** auf; zum einen für das Bestehen eines Parteileistungsbestimmungsrechts hinsichtlich der Gegenleistung (Rz 15 f) und zum anderen für den Gläubiger der Gegenleistung als Bestimmungsberechtigten (Rz 19 f). Sie findet gegenüber der (ergänzenden) Vertragsauslegung und den gesetzlichen Auffangvorschriften über die Vergütung nur **nachrangige Anwendung** (Rz 6, 7). Dies sichert, dass die Vorschrift nur zur Anwendung kommt, wenn die Parteien (trotz der unbestimmten Gegenleistung) am Vertrag festhalten wollen. Das Hauptaugenmerk der Vorschrift liegt auf Dienst- und Werkverträgen höherer Art (vgl § 315 Rz 237 ff), bei denen die Höhe des Entgelts unbestimmt bleibt[1]. Mithilfe der Auslegungsregeln möchte § 316 die Verträge trotz ihrer partiellen Unbestimmtheit aufrecht erhalten, wenn die Parteien am Vertrag festhalten wollen. Dieser Normzweck kann auf weitere Verträge erweitert werden (Rz 11 f).

2 **§ 316 und § 315** ergänzen sich. § 315 enthält eine Auslegungsregel zum Ausübungsmaßstab, nicht aber zur Begründung des Leistungsbestimmungsrechts oder zum Berechtigten. § 316 enthält demgegenüber Auslegungsregeln zu den beiden letztgenannten Punkten, nicht aber zum Ausübungsmaßstab. Die Gesetzesbegriffe von Leistung und Gegenleistung können nicht nach inhaltlichen Kriterien abgegrenzt werden. Leistung iSd § 315 ist auch eine Gegenleistung (§ 315 Rz 90), Gegenleistung iSd § 316 kann auch eine das Vertragsverhältnis qualifizierende Leistung sein, wenn sie einer vertraglich bestimmten Leistung gegenübersteht (Rz 11).

---

669 BeckOGK[01.09.2021]/Netzer § 315 Rz 38; vgl auch BeckOGK CISG[01.02.2022]/Buchwitz Art 14 Rz 43; Soergel[14]/Budzikiewicz Art 55 CISG Rz 6; MünchKomm[8]/Gruber Art 14 CISG Rz 24.
670 BGH NJW 1990, 3077, 3079 zur Vorgängervorschrift.
671 MünchKomm[8]/Gruber Art 14 CISG Rz 21; BeckOGK[01.09.2021]/Netzer § 315 Rz 38; Schlechtriem/Schwenzer/Schroeter, CISG[7]/Schroeter Art 14 Rz 75.

1 Vgl Mot II S 192.

§ 2156 verweist für das Zweckvermächtnis (dazu § 315 Rz 279) auch auf § 316. Dieser Verweis geht indes fehl[2]. Das Vermächtnis ist eine unentgeltliche Zuwendung. Es kommt kraft des Vermächtnisses zu keinem Leistungsaustausch zwischen Beschwertem und Vermächtnisnehmer[3]. Lediglich Letzterer schuldet den vermachten Gegenstand. Allein der vermachte Gegenstand kann eine Gegenleistung beinhalten, wie dies etwa bei einem Anspruch auf Abschluss eines entgeltlichen Vertrags der Fall ist[4]. Diesen Gegenstand bestimmt indes bereits gem § 2156 Abs 1 („Leistung") nach Wahl des Erblassers der Beschwerte oder der Dritte. Bei Anwendung des § 316 käme es hingegen mitunter zu einem Auseinanderfallen der Berechtigungen des Dritten aus § 2156 und des Beschwerten als Gläubiger der Gegenleistung gem § 316. Der Wille des Erblassers muss dabei vorgehen. § 316 kann keine Anwendung finden.

II. Auslegungsregeln

§ 316 enthält als Rechtsfolge **zwei gesetzliche Auslegungsregeln** – für das Bestehen eines Leistungsbestimmungsrechts (Rz 15 f) sowie für die Person des Gläubigers der Gegenleistung als Bestimmungsberechtigter (Rz 19 f)[5]. § 316 begründet indes weder das Leistungsbestimmungsrecht an sich noch weist es dieses dem Gläubiger der Gegenleistung zu. Beide finden vielmehr jeweils im Vertrag ihre Grundlage. § 316 stellt lediglich Auslegungsregeln auf.

1. **Voraussetzungen.** § 316 nennt mehrere, für beide Auslegungsregeln einheitliche Anwendungsvoraussetzungen. Die wichtigste Anwendungsvoraussetzung folgt bereits aus der Natur der Auslegungsregel und findet im Wortlaut in der Formulierung „im Zweifel" seine Stütze. Die Auslegungsregeln finden nämlich nur **subsidiär** Anwendung[6].

a) **Vorrang des Parteiwillens.** Die Auslegungsregeln greifen lediglich „im Zweifel". Der durch **Vertragsauslegung** erkannte Parteiwille – positiv für das Leistungsbestimmungsrecht (Partei- oder Drittleistungsbestimmung) wie den Berechtigten[7], aber auch negativ gegen ein Leistungsbestimmungsrecht[8] – sind vorrangig. Gleiches gilt für den mutmaßlichen Parteiwillen, der im Wege **ergänzender Vertragsauslegung** ermittelt wird. Ergibt also die erläuternde Vertragsauslegung, dass der Wille auch nur einer Vertragspartei gegen ein einseitiges Leistungsbestimmungsrecht gerichtet ist, oder kommt die ergänzende Vertragsauslegung zu diesem Ergebnis, kommt § 316 nicht zur Anwendung (§ 315 Rz 7)[9]. Dies ist etwa der Fall, wenn sich die Gegenleistung nach objektiven Kriterien bemisst[10] oder neu verhandelt[11] werden soll (§ 315 Rz 42 f) sowie der Bestimmungsberechtigte im Vertrag benannt ist (vgl Rz 14). Die Vertragsauslegung hat also Vorrang. § 316 vermag es nicht, einen echten Einigungsmangel nach § 154 Abs 1 S 1 zu überbrücken[12] und sich über den Parteiwillen hinwegzusetzen. Erst wenn der (mutmaßliche) Parteiwille nicht entgegensteht, kommt § 316 zur Anwendung. So wird gesichert, dass § 316 nur Anwendung findet,

---

2   So iE auch Staud[Nb 2019]/Otte § 2156 Rz 4; aA MünchKomm[8]/Rudy § 2156 Rz 6, der einen praktischen Anwendungsbereich etwa bei Übernahmerechten sieht; aA auch Soergel[14]/Ludyga, § 2156 Rz 4. Dazu sogleich im Text.

3   Soergel[14]/Fischinger § 1939 Rz 2; MünchKomm[8]/Leipold § 1939 Rz 2; BeckOK[58. Ed]/Müller-Christmann § 1939 Rz 2.

4   BayOLG FamRZ 1984, 825; MünchKomm[8]/Leipold § 1939 Rz 12; BeckOK[61. Ed]/Müller-Christmann § 1939 Rz 4.

5   BGHZ 94, 98, 102 = NJW 1985, 1895; NJW-RR 1988, 970, 971; BeckOK[61. Ed]/Gehrlein § 316 Rz 1; Gernhuber, Das Schuldverhältnis, 1989, S 282 (§ 12 II 1 b); Erman[16]/Hager § 316 Rz 1; BeckOGK[01.09.2021]/Netzer § 316 Rz 2, 9; jurisPK[9]/Völzmann-Stickelbrock § 316 Rz 17; Soergel[12]/M Wolf § 316 Rz 3 ff; MünchKomm[8]/Würdinger § 316 Rz 1; aA Staud[Nb 2020]/Rieble § 316 Rz 6 ff. Zur Qualifikation als Auslegungsregel siehe bereits Mot II S 192; BGHZ 71, 276, 284 = NJW 1978, 1371; 94, 98, 101 f = NJW 1985, 1895; 185, 166, 172 (Rz 18) = NJW 2010, 1742.

6   BGHZ 94, 98, 101 f = NJW 1985, 1895; NJW-RR 1988, 970, 971; NJW-RR 1992, 142; NJW-RR 2007, 103, 105 (Rz 20); BGHZ 185, 166, 172 = NJW 2010, 1742; NJW-RR 2011, 625, 627 (Rz 21); NJW-RR 2017, 942, 943 (Rz 19); Stuttgart NJW-RR 2011, 202, 204; Erman[16]/Hager § 316 Rz 3; BeckOGK[01.09.2021]/Netzer § 316 Rz 13; jurisPK[9]/Völz-

mann-Stickelbrock § 316 Rz 9 f; Soergel[12]/M Wolf § 316 Rz 4; MünchKomm[8]/Würdinger § 316 Rz 2.

7   Stuttgart NJW-RR 2011, 202, 204. Vgl auch BGHZ 41, 271, 276 = NJW 1964, 1617; 71, 276, 284 = NJW 1978, 1371.

8   BGH AP HGB § 87 Nr 3; BGHZ 94, 98, 102 = NJW 1985, 1895; NJW-RR 1992, 142; NJW 2002, 817, 818; NJW-RR 2020, 1106, 1106 ff (Rz 16 ff). Vgl auch NJW-RR 2006, 1139, 1141 (Rz 21); BGHZ 185, 166, 172 (Rz 18) = NJW 2010, 1742; Urt v 06.05.2020, VIII ZR 44/19, juris, 852 (Rz 15). Zum Maklerhonorar siehe noch in und bei Fn 21. Speziell zum nachträglichen Abschluss von Preisabreden nach § 151 BGHZ 221, 145, 161 (Rz 40) = NJW 2019, 2298. Zur Abgrenzung zu § 745 BGH NJW 1974, 364.

9   BGH NJW 1961, 1251; BGHZ 94, 98, 101 f = NJW 1985, 1895; NJW-RR 1988, 970, 971; NJW-RR 1992, 142; speziell zur ergänzenden Vertragsauslegung BGHZ 185, 166, 172 (Rz 18) = NJW 2010, 1742; NJW-RR 2017, 942, 943 (Rz 19) und deren Besonderheiten bei AGB BGH NJW-RR 2011, 625, 626 (Rz 15 ff).

10 BGH NJW-RR 1986, 50, 51; NJW-RR 1992, 142; BeckOGK[01.09.2021]/Netzer § 316 Rz 12; MünchKomm[8]/Würdinger § 316 Rz 7 und § 315 Rz 41 f.

11 Vgl BGH NJW-RR 1992, 142; BeckOGK[01.11.2020]/Netzer § 316 Rz 11 und § 315 Rz 52.

12 BeckOGK[01.09.2021]/Netzer § 316 Rz 3; MünchKomm[8]/Würdinger § 316 Rz 1.

wenn die Parteien am Vertrag festhalten wollen. Davon zu sprechen, § 316 sei dispositiv[13], ist missverständlich. Als Auslegungsregel steht bereits der (mutmaßliche) Wille einer Partei ihrer Anwendung entgegen (vgl § 315 Rz 3).

7 **b) Vorrang der gesetzlichen Auffangregelungen zur Vergütung.** Wie die Auslegungsregel des § 315 (§ 315 Rz 48) sind die Auslegungsregeln des § 316 gegenüber den dispositiven gesetzlichen Auffangregelungen zur Vergütung, etwa §§ 612 Abs 2, 632 Abs 2, 653 Abs 1 oder HGB §§ 59, 87a Abs 1, 354 Abs 1, nachrangig[14]. Die **taxmäßige oder übliche Vergütung**, so eine zu ermitteln und nicht im Einzelfall von den Parteien abbedungen[15] ist, geht einem nach § 316 ermittelten einseitigen Leistungsbestimmungsrecht über die Vergütung vor[16]. Gleiches gilt gem CISG Art 55 im UN-Kaufrecht[17]. Ein durch Vertragsauslegung erkanntes Parteileistungsbestimmungsrecht geht hingegen dem dispositiven Recht vor, das dadurch abbedungen wird (vgl § 315 Rz 47 f).

8 **c) Vertrag.** § 316 setzt einen **wirksamen Vertrag** voraus. Dies folgt konstruktiv schon daraus, dass § 316 eine Auslegungsregel ist und das Leistungsbestimmungsrecht nicht selbst begründet, sondern der Auslegung der vertraglichen Einigung dient. Ein Einigungsmangel kann mithilfe des § 316 nicht überwunden werden (Rz 6). Insbesondere müssen die beiden Vertragsparteien bestimmt sein. Zur Bestimmtheit der Leistung sogleich Rz 10 f.

9 § 316 erfasst in erster Linie **gegenseitige Verträge** iSd §§ 320 ff. Dies zeigt sich in den Motiven[18] und mag im Wortlaut „Gegenleistung" als nachgewiesen angesehen werden[19]. Indes kommt es für den Normzweck, der Aufrechterhaltung des anderenfalls aufgrund einer unbestimmten Gegenleistung gem § 154 Abs 1 S 1 insgesamt nicht geschlossenen Vertrags (vgl sogleich Rz 15), lediglich darauf an, dass die Vertragsparteien Leistungen austauschen. Dass diese im Synallagma stehen, ist nicht entscheidend. § 316 ist daher auch auf nicht synallagmatische Verträge anwendbar[20]. Im Wesentlichen erlangt dies nur Bedeutung für den **Maklervertrag**. Auch hier ist nach allgemeinen Regeln die Vertragsauslegung sowie § 635 Abs 2 vorrangig (Rz 6, 7), was eine Anwendung des § 316 weitgehend ausschließt[21].

10 **d) Bestimmtheit der Leistung.** Die unbestimmte Gegenleistung wird nach dem Wortlaut „für eine Leistung" versprochen. Die Leistung ist die Referenz für den Umfang der Gegenleistung. Bleibt die Leistung offen, kann eine Gegenleistung nicht bestimmt werden. Die hL folgert daraus, dass die Leistung bereits vertraglich bestimmt sein muss[22]. Auch die Motive weisen in diese Richtung[23]. Dies ist indes nur insofern richtig, als dass § 316 keine Anwendung findet, wenn sowohl Leistung als auch Gegenleistung unbestimmt sind und § 316 das Leistungsbestimmungsrecht dem jeweiligen Gläubiger zuweist[24]. Die beiderseitige Anwendung des § 316, sofern die (ergänzende) Vertragsauslegung eine solche erlaubt (vgl Rz 6), führte zu einem gegenseitigen Abwarten und damit zu einer Lähmung der Vertragsdurchführung[25]. Dass § 316 eine bestimmte Leistung als Referenz für die Gegenleistung verlangt, lässt sich auch in zeitlicher Hinsicht verstehen. Im Zeitpunkt der Ausübung des Gegenleistungsbestimmungsrechts durch den Gläubiger muss die Leistung bestimmt sein. § 316 findet daher, freilich vorbehaltlich der (ergänzenden) Vertragsauslegung (Rz 6), auch dann Anwendung, wenn die Parteien ein einseitiges Leistungsbestimmungsrecht hinsichtlich der Leistung vereinbaren[26]. Wie sich aus §§ 315 Abs 1, 317 Abs 1 ergibt (dazu § 315 Rz 4 ff, § 317 Rz 4 f), ist der Vertrag auch dann wirksam geschlossen (vgl Rz 8). § 316 verlangt allerdings, dass das Gegenleistungsbestimmungsrecht dem Leistungsbestimmungsrecht zeitlich nachfolgt, es auf dessen Ausübung reagiert. Ein „Langsamkeitsrennen"[27] wird verhindert, der Vertrag im Sinne des Normzwecks aufrechterhalten, wenn die Parteien daran festhalten wollen. Diese

---

13 So etwa Soergel[12]/M Wolf § 316 Rz 7; ähnlich MünchKomm[8]/Würdinger § 316 Rz 6.
14 BGH NJW 1982, 185, 187; BGHZ 94, 98, 100 f = NJW 1985, 1895; NJW-RR 1986, 50, 51; NJW-RR 2007, 56, 57 (Rz 10); BGHZ 167, 139, 142 ff (Rz 9 ff) = NJW 2006, 2472; NJW-RR 2007, 103, 105 (Rz 21).
15 Vgl Frankfurt aM NJW 1977, 1497 f.
16 Zur Anwendung des § 316 im Falle des Fehlens einer üblichen oder taxmäßigen Vergütung siehe noch Rz 16.
17 Dazu BGH NJW 1990, 3077, 3079) zur Vorgängervorschrift; Grüneberg[81]/Grüneberg § 316 Rz 1; Erman[16]/Hager § 316 Rz 10.
18 Mot II S 192.
19 So Erman[16]/Hager § 316 Rz 2; Staud[Nb] [2020]/Rieble § 316 Rz 18.
20 RG JW 1915, 658; BGHZ 94, 98, 100 = NJW 1985, 1895; NJW-RR 1986, 50, 51; BeckOK[61. Ed]/Gehrlein § 316 Rz 2; Gernhuber, Das Schuldverhältnis, 1989, S 282 (Fn 13) (§ 12 II 1 a); Grüneberg[81]/Grüneberg § 316 Rz 2; BeckOGK[01.09.2021]/Netzer § 316 Rz 4; Soergel[12]/M Wolf § 316 Rz 2; MünchKomm[8]/Würdinger § 316 Rz 3; aA Staud[Nb] [2020]/Rieble § 316 Rz 18 (ergänzende Vertragsauslegung); (wohl) beschränkt auf gegenseitige Verträge RGRK[12]/Ballhaus § 316 Rz 1.
21 BGHZ 94, 98, 102 = NJW 1985, 1895.
22 BeckOGK[01.09.2021]/Netzer § 316 Rz 10; Staud[Nb] [2020]/Rieble § 316 Rz 26; NomosKommentar, BGB[4]/Ring/F Wagner § 316 Rz 26; jurisPK[9]/Völzmann-Stickelbrock § 316 Rz 6; MünchKomm[8]/Würdinger § 316 Rz 8; vgl auch BGH NJW-RR 1988, 970, 971.
23 Mot II S 192.
24 So aber Soergel[12]/M Wolf § 316 Rz 3.
25 Staud[Nb] [2020]/Rieble § 316 Rz 26.
26 So auch Soergel[12]/M Wolf § 316 Rz 3; aA Staud[Nb] [2020]/Rieble § 316 Rz 26.
27 Staud[Nb] [2020]/Rieble § 316 Rz 26.

Auslegung ermöglicht etwa die Anwendung des § 316 auf Verträge mit einem Leistungsänderungsrecht (zum Begriff § 315 Rz 1) hinsichtlich der Leistung[28]. Fielen hingegen die beiden Bestimmungsberechtigungen in einer Person zusammen, kommt es auf die zeitliche Abfolge der Ausübung nicht an, jedoch wird die (ergänzende) Vertragsauslegung in der Regel der Anwendung des § 316 entgegenstehen.

e) **Unbestimmtheit des Umfangs der Gegenleistung.** § 316 setzt ferner voraus, dass der Umfang der Gegenleistung nicht bestimmt ist. Typischerweise besteht die Gegenleistung in einer **Entgeltforderung**[29]. Dies ist aber **nicht zwingend**[30]. Der Begriff der Gegenleistung ist nicht inhaltlich als Abgrenzung zur Leistung zu verstehen. Gegenleistung iSd § 316 ist vielmehr diejenige der beiden auszutauschenden Leistungen, die im Vertrag unbestimmt bleibt bzw der Leistung als Referenz bedarf. Dieses Begriffsverständnis stimmt mit dem Begriff der Leistung iSd § 315 Abs 1 überein, wonach auch eine Gegenleistung im inhaltlichen Sinne erfasst ist (§ 315 Rz 90). Eine nicht auf Geld gerichtete Gegenleistung iSd § 316 kann etwa in Lage und Grenzziehung eines zu belastenden Grundstücksteils[31] oder im Angebot auf Abschluss eines Bierlieferungsvertrags[32] bestehen.

Der Wortlaut des § 316 setzt voraus, dass lediglich der **Umfang** der Gegenleistung unbestimmt ist. Im Übrigen muss die Gegenleistung vertraglich vereinbart sein. Umfang meint die Quantität, dh die „Größe" der Gegenleistung[33]. Typischerweise geht es um die Höhe der Entgeltforderung (vgl Rz 11). Der Umfang der Gegenleistung bleibt unbestimmt, wenn die Parteien sich weder vertraglich darauf einigen noch ein Berechnungs- oder sonstiges von rein objektiven Faktoren abhängendes Bestimmungsverfahren oder die Bestimmung durch einen Dritten vereinbaren (vgl § 315 Rz 42 f). § 316 findet hingegen auf unbestimmt bleibende **(Gegen-)Leistungsmodalitäten** keine Anwendung[34]. Hierfür ist die Leistung keine Referenz (vgl Rz 10), das Äquivalenzverhältnis nicht betroffen.

Die hL wendet § 316 auch dann **analog** an, wenn die **Art oder die Qualität der Gegenleistung** unbestimmt bleibt[35]. Löst man sich zu Recht vom (ursprünglichen) Fokus der Vorschrift auf Entgeltforderungen (Rz 11), deren Unbestimmtheit sich lediglich auf die Höhe beschränken kann, ist diese Erweiterung die logische Ergänzung. Auch wenn bei einer andersgearteten Gegenleistung Art oder Qualität unbestimmt bleiben und die Parteien am Vertrag festhalten wollen, was sich durch die vorrangige (ergänzende) Vertragsauslegung ergibt (Rz 6), entspricht es dem Normzweck, auch diesen Vertrag aufrechtzuerhalten. Eine abschließende Regelung ist im Wortlaut nicht zu erkennen. Vielmehr lässt sich die Beschränkung mit dem Fokus auf die Entgeltforderung erklären[36]. Maßgeblich ist aber, dass die bestimmte Leistung als Referenz auch für die Art und Qualität der Gegenleistung dient.

f) **Unbestimmtheit des Bestimmungsberechtigten.** Schließlich setzt § 316 voraus, dass der Gegenleistungsbestimmungsberechtigte unbestimmt bleibt. Daran fehlt es, wenn die Parteien eine Vertragspartei oder einen Dritten im Vertrag zur Gegenleistungsbestimmung berechtigen, ein Bestimmungsverfahren zur Auswahl der Person des Berechtigten oder eine Nachverhandlung[37] vereinbaren. Als ein solches Bestimmungsverfahren kommt etwa die Ernennung durch einen bestimmten Dritten oder ein Losverfahren in Betracht[38]. Um eine solche Vereinbarung zu ermitteln, ist auf die (ergänzende) Vertragsauslegung zurückzugreifen, die auch in Bezug auf die Person des Bestimmungsberechtigten der Auslegungsregel des § 316 vorgeht (Rz 6). Auch insoweit genügt es, dass eine Vertragspartei (mutmaßlich) mit einem Parteileistungsbestimmungsrecht des von § 316 eingesetzten Schuldners nicht einverstanden ist[39]. Ferner kann das Leistungsbestimmungsrecht durch langjährige Übung im Einzelfall konkludent dem Schuldner der Gegenleistung zugewiesen sein[40].

---

28 Ähnlich für Sukzessivlieferungsverträge mit Abrufrecht Erman[16]/Hager § 316 Rz 12.
29 Vgl auch Mot II S 192.
30 Staud[Nb 2020]/Rieble § 316 Rz 20; vgl auch Gernhuber, Das Schuldverhältnis, 1989, S 282 (§ 12 II 1 a).
31 BGH NJW-RR 1988, 970; Brandenburg, Urt v 19.12.2012, 4 U 126/11, juris, Rz 59.
32 BGH NJW 1963, 900.
33 Mot II S 192.
34 LG Aachen NJW-RR 1986, 645, 646; Staud[Nb 2020]/Rieble § 316 Rz 25.
35 Erman[16]/Hager § 316 Rz 11; PWW[16]/M Stürner § 316 Rz 3; jurisPK[9]/Völzmann-Stickelbrock § 316 Rz 11; Soergel[12]/M Wolf § 316 Rz 3; MünchKomm[8]/Würdinger § 316 Rz 4; in diese Richtung auch Gernhuber, Das Schuldverhältnis, 1989, S 282 f (§ 12 II 1 c); aA Staud[Nb 2020]/Rieble § 316 Rz 22 f (ergänzende Vertragsauslegung).
36 Vgl auch Mot II S 192.
37 BGH BB 1978, 580 f.
38 Staud[Nb 2020]/Rieble § 316 Rz 29.
39 BGHZ 94, 98, 102 = NJW 1985, 1895; NJW-RR 1992, 142.
40 Stuttgart NJW-RR 2011, 202, 204.

15 2. **Bestehen eines Leistungsbestimmungsrechts.** § 316 enthält eine **Auslegungsregel zugunsten des Bestehens eines Leistungsbestimmungsrechts**[41]. § 316 geht von der Vorstellung aus, dass Vertragspartner, die den Umfang einer geschuldeten Gegenleistung nicht vertraglich festlegen, bei Vertragsschluss im Allgemeinen beide mit einem entsprechenden Bestimmungsrecht des Gläubigers der Gegenleistung einverstanden sind[42]. Mit dieser (unterstellten) Vorstellung geht die Auslegungsregel davon aus, dass die Parteien den **Vertrag aufrechterhalten** und ihn nicht an seiner Unbestimmtheit nach **§ 154 Abs 1 S 1** (dazu § 315 Rz 10 f) scheitern lassen wollen[43]. Durch den Vorrang des Parteiwillens und der gesetzlichen Auffangregelungen zur Vergütung (Rz 6, 7) wird dieses Normverständnis den systematischen Gesetzeswertungen und den Parteiinteressen gerecht. Bedenken lassen sich auch nicht aus Wortlaut oder Systematik herleiten[44]. Insbesondere nimmt § 316 nicht auf § 315 Abs 1 Bezug und setzt die von der dortigen Auslegungsregel vorausgesetzte vertragliche Vereinbarung eines Parteileistungsbestimmungsrechts voraus.

16 Aufgrund des Vorrangs des Parteiwillens (Rz 6) und gesetzlicher Auffangregelungen für die Vergütung etwa nach § 612 Abs 2 (Rz 7) verbleibt dieser Auslegungsregel ein **eher schmaler Anwendungsbereich**. Sie wird bemüht, wenn sich eine taxmäßige oder übliche Vergütung nicht bestimmen lässt oder eine entsprechende gesetzliche Auffangregelung fehlt und sich der (mutmaßliche) Parteiwille nicht gegen ein einseitiges Leistungsbestimmungsrecht allgemein und ein solches des von § 316 berufenen Schuldners richtet, sondern beide Parteien entsprechend der Auslegungsregel am Aufrechterhalten des Vertrags interessiert sind[45]. Gleichfalls lässt sich auf § 316 zurückgreifen, wenn die vertragliche oder gesetzliche Vergütung lediglich einen Rahmen absteckt, den der Gläubiger der Entgeltforderung nach §§ 316, 315 (zur Anwendung des § 315 noch Rz 21) ausfüllen darf[46]. Zu RVG und GOÄ § 315 Rz 240, 244.

17 Die Rechtsprechung wendet § 316 ferner in Fällen an, in denen die **vertraglich vorgesehene Einigung über die Gegenleistung oder ihre spätere Anpassung nicht zustande kommt**[47]. Auch in diesen Fällen bleibt der Parteiwille freilich vorrangig und muss im Einzelfall durch (ergänzende) Vertragsauslegung ermittelt werden (Rz 6). Dabei kommt es maßgeblich darauf an zu ermitteln, ob den Parteien die gemeinsame Vereinbarung (und gerade nicht einseitige Festsetzung) der Gegenleistung oder das Festhalten am Vertrag durch einseitige Leistungsbestimmung durch den Gläubiger der Gegenleistung wichtiger ist. Entspricht es den Parteiinteressen, an einer gemeinsamen Festlegung der Gegenleistung zum Preis des Scheiterns des Vertrags festzuhalten, ist § 316 versperrt. Gleiches gilt, wenn der Parteiwille nur einer Partei der Rechtsfolge des § 316 entgegensteht (§ 315 Rz 3). Eine allgemeine Regel lässt sich hier nicht aufstellen, die Anwendungsvoraussetzungen des § 316 sind gleichwohl recht eng[48]. Ein gerichtliches Erstleistungsbestimmungsrecht kommt nicht in Betracht (§ 315 Rz 202). Soweit formuliert wird, das Gericht solle nach dem (mutmaßlichen) Parteiwillen die angemessene Gegenleistung festlegen, ohne dass es einer besonderen Bestimmung durch eine Vertragspartei bedürfe[49], ist damit lediglich eine ergänzende Vertragsauslegung gemeint, die einen mutmaßlichen Vertragspreis ermittelt.

18 Nach Beendigung von **Energielieferverträgen** (dazu auch § 315 Rz 246 ff) und damit dem Wegfall einer Vergütungsvereinbarung oder eines Tarifs, geht die Rechtsprechung davon aus, dass das Versorgungsunternehmen in entsprechender Anwendung der §§ 315, 316 berechtigt ist, nach

---

41 HM; siehe die Nachw in Fn 5; aA Staud[Nb 2020]/Rieble § 316 Rz 4, 6 ff; NomosKommentar, BGB[4]/Ring/F Wagner § 316 Rz 3. Allerdings laufen die Ansichten aufeinander zu, wenn man beachtet, dass § 316 unstreitig eine bloße Auslegungsregel enthält, die sowohl dem Parteiwillen als auch gesetzlichen Auffangregeln für die Vergütung nachrangig ist.
42 BGHZ 94, 98, 102 ff = NJW 1985, 1895.
43 Vgl Mot II S 192; BGH NJW-RR 1988, 970, 971 (§ 316 „ergänzt" § 154 Abs 1).
44 So aber Staud[Nb 2020]/Rieble § 316 Rz 7. Wie hier Erman[16]/Hager § 316 Rz 1.
45 RG JW 1915, 658 (Maklerhonorar); BGH BeckRS 1953, 31203979 (Werklohn Holzschälen); NJW 1961, 1251, 1251 (Vergütung für freie Mitarbeiter); NJW 1966, 539, 540 (Gutachterhonorar); NJW 1970, 699, 700 (Vermögensverwalterhonorar); MDR 1970, 754, 755 (Architektenvergütung); BGHZ 167, 139, 142 ff (Rz 8 ff) (Gutachterhonorar) = NJW 2006, 2472; BAG NZA 1997, 222, 223 (Vergütung eines Einigungsstellenvorsitzenden); BAGE 100, 1, 10 f (Arbeitsverhältnis Volkshochschullehrerin) = NZA 2002, 624; Frankfurt aM NJW 1977, 1497, 1498 f (Arzthonorar); Stuttgart ZIP 1988, 864, 865 (Schiedsrichtervergütung); München NJW-RR 1994, 161, 161 (Kaufpreis); Köln NJW-RR 2012, 1520, 1521 (Vergütung im Werklieferungsvertrag); BAG ZIP 1981, 524, 526 (Vergütung eines Einigungsstellenbeisitzers). Siehe auch BGHZ 94, 98, 101 = NJW 1985, 1895; NJW-RR 2015, 1309, 1310 (Rz 7), 1311 (Rz 14) (Tarifwechsel in der privaten Krankenversicherung); dazu bereits § 315 Rz 289). Für die Festsetzung der Vergütung durch den Arbeitnehmer Staud[Nb 2020]/Rieble § 316 Rz 28; MünchKomm[8]/Würdinger § 316 Rz 6.
46 Soergel[12]/M Wolf § 316 Rz 4.
47 BGH NJW-RR 1988, 970, 971; Hamburg NJW-RR 1997, 458; Düsseldorf NJW-RR 1997, 271; kritisch Erman[16]/Hager § 316 Rz 12; Staud[Nb 2020]/Rieble § 316 Rz 12; zu Recht zurückhaltend auch BGHZ 71, 276, 284 = NJW 1978, 1371.
48 Regelmäßig gegen eine Anwendung des § 316 Erman[16]/Hager § 316 Rz 7; wohl grundsätzlich für dessen Anwendung BeckOGK[01.09.2021]/Netzer § 316 Rz 8; wie hier auf Parteiwillen abstellend MünchKomm[8]/Würdinger § 315 Rz 5.
49 So etwa BGHZ 94, 98, 103 f = NJW 1985, 1895.

billigem Ermessen die Höhe des Entgelts zu bestimmen, wenn der Kunde die Versorgungsleistung weiter bezieht[50]. Trotz Beendigung des vorherigen Vertragsverhältnisses liegt in der Auslegung des Weiterbezugs durch den Kunden und die Weiterbelieferung durch das Versorgungsunternehmen ein neuer Vertragsschluss[51]. Es liegt also kein bloß „faktischer" Vertrag vor[52]. Diesem (konkludenten) Vertragsschluss fehlt freilich eine Einigung über die Vergütung, die in (direkter) Anwendung des § 316 überwunden werden kann. Voraussetzung ist einmal mehr, dass der durch (ergänzende) Vertragsauslegung zu ermittelnde Parteiwille nicht entgegensteht (Rz 6). Steht der Parteiwille des Kunden einem Parteileistungsbestimmungsrecht des Versorgers (nach billigem Ermessen, § 315 Abs 1) entgegen, ist der Vertrag wegen seiner Unbestimmtheit nach § 154 Abs 1 S 1 nicht geschlossen und es kommt zur bereicherungsrechtlichen Rückabwicklung. In der Regel liegt im Fortbezug der Leistung durch den Kunden – nicht selten auch aufgrund seiner Angewiesenheit auf die Leistung – ein Interesse am Festhalten des Vertrags[53].

3. Gläubiger der Gegenleistung als Bestimmungsberechtigter. § 316 enthält zudem eine Auslegungsregel mit dem Inhalt, dass das einseitige Leistungsbestimmungsrecht zur Festsetzung der Gegenleistung dem Gläubiger der Gegenleistung zusteht[54]. Die Auslegungsregel gilt unterschiedslos bei einem nach allgemeinen Regeln vertraglich oder gesetzlich begründeten sowie einem erst unter Rückgriff auf die Auslegungsregel des § 316 erkannten einseitigen Leistungsbestimmungsrecht. Auch bei Anwendung der Auslegungsregel des § 316 handelt es sich nämlich um ein vertragliches einseitiges Leistungsbestimmungsrecht (vgl Rz 4). **19**

Der nach § 316 zur Leistungsbestimmung berechtigte Gläubiger der Gegenleistung ist in aller Regel Vertragspartei. Lediglich beim (echten) Vertrag zugunsten Dritter wird der Drittbegünstigte berechtigt[55]. Es handelt sich gleichwohl auch in diesem Fall um ein Parteileistungsbestimmungsrecht nach § 315 (§ 317 Rz 72). **20**

III. Parteigegenleistungsbestimmungsrecht

§ 316 behandelt den Fall eines einseitigen Bestimmungsrechts über die Gegenleistung. Dieses ist Parteileistungsbestimmungsrecht (Rz 20). Damit finden die **allgemeinen Regeln über Parteileistungsbestimmungsrechte** Anwendung (dazu § 315 Rz 24 ff). Da § 316 lediglich eine Auslegungsregel ist, können die Parteien vertraglich vereinbaren, dass die Bestimmung der Gegenleistung auch dem Schuldner der Gegenleistung (oder einem Dritten) zusteht (vgl auch Rz 6)[56]. Ebenso kann das Bestimmungsrecht über den Umfang der Gegenleistung hinaus erweitert werden. Zur Ausübung des einseitigen Gegenleistungsbestimmungsrechts nach § 315 Abs 2 siehe § 315 Rz 98 ff. Zu den äußeren Grenzen des Bestimmungsrechts und ihren Rechtsfolgen siehe § 315 Rz 148 f, 153. Da der Begriff der Leistung iSd § 315 Abs 1 auch die Gegenleistung erfasst (§ 315 Rz 90) findet die **Auslegungsregel des § 315 Abs 1** gleichfalls Anwendung[57]. Im Zweifel ist das einseitige Gegenleistungsbestimmungsrecht nach billigem Ermessen auszuüben. Für die gerichtliche Kontrolle findet dann § 315 Abs 3 Anwendung. Bei anderen Maßstäben gelten die Ausführungen zu § 315 Rz 139 ff. **21**

IV. Beweislast

Die Partei, die sich zu ihren Gunsten auf die Auslegungsregeln beruft, trifft nach allgemeinen Regeln die Beweislast für das Vorliegen der Voraussetzungen des § 316[58]. Es gelten die prozessrechtlichen Ausführungen unter § 315 Rz 212 ff, da das von § 316 behandelte Parteigegenleistungsbestimmungsrecht lediglich eine Spielart eines vertraglich begründeten Parteileistungsbestimmungsrechts ist. **22**

---

50 BGH WM 1971, 1456, 1457; NJW 1983, 1777; NJW-RR 1992, 183, 184; München NJW-RR 1999, 421, 422.
51 BGH NJW 1983, 1777 („Sonderabnahmevertrag"); NJW-RR 1992, 183, 184 („sog Interimsverhältnis"); München NJW-RR 1999, 421, 422; Erman[16]/Hager § 316 Rz 8.
52 So aber Staud[Nb 2020]/Rieble § 316 Rz 15.
53 BGH NJW 1983, 1777; Erman[16]/Hager § 316 Rz 8. IE auch MünchKomm[8]/Würdinger § 316 Rz 5; aA Staud[Nb 2020]/Rieble § 316 Rz 15.
54 BGH NJW 1973, 1498, 1500; NJW 1981, 341 und die Nachw in Fn 5.
55 BGH NJW-RR 2003, 1355, 1357; MünchKomm[8]/Würdinger § 316 Rz 9; aA unter Verweis auf ein von ihm gefordertes Synallagma Staud[Nb 2020]/Rieble § 316 Rz 3.
56 MünchKomm[8]/Würdinger § 316 Rz 6.
57 Mot II S 192; RGRK[12]/Ballhaus § 316 Rz 9; Grüneberg[81]/Grüneberg § 316 Rz 4; Erman[16]/Hager § 316 Rz 1; BeckOGK[01.09.2021]/Netzer § 316 Rz 14; Staud[Nb 2020]/Rieble § 316 Rz 16; MünchKomm[8]/Würdinger § 316 Rz 9.
58 RGZ 57, 46, 49; Erman[16]/Hager § 316 Rz 13; Staud[Nb 2020]/Rieble § 316 Rz 30; jurisPK[9]/Völzmann-Stickelbrock § 316 Rz 19; Soergel[12]/M Wolf § 316 Rz 9.

§ 317 Bestimmung der Leistung durch einen Dritten

(1) Ist die Bestimmung der Leistung einem Dritten überlassen, so ist im Zweifel anzunehmen, dass sie nach billigem Ermessen zu treffen ist.

(2) Soll die Bestimmung durch mehrere Dritte erfolgen, so ist im Zweifel Übereinstimmung aller erforderlich; soll eine Summe bestimmt werden, so ist, wenn verschiedene Summen bestimmt werden, im Zweifel die Durchschnittssumme maßgebend.

ÜBERSICHT

I. Allgemeines	1–3
II. Vertragsbindung der Parteien	4, 5
III. Rechtsverhältnis zum Dritten	6–21
1. Pflichten des Dritten	9–14
2. Gegenleistung	15
3. Haftung des Dritten	16–21
IV. Drittleistungsbestimmungsrecht	22–108
1. Rechtsnatur	23–31
a) Leistungserstbestimmung und Leistungsänderungen	25
b) Einmaliges Bestimmungsrecht oder fortlaufendes Anpassungsrecht	26
c) Übertragbarkeit	27–30
d) Verzicht	31
2. Abgrenzungen	32–41
a) Vertraglicher (dynamischer) Verweis auf eine Fremdregelung oder -feststellung eines Dritten	33–35
b) Parteileistungsbestimmungsrecht	36, 37
c) Zustimmung zur Parteileistungsbestimmung	38
d) Wahlschuld	39
e) Mediation, Schlichtung und Vergleich	40
f) Vergleichsvertrag durch selbstkontrahierenden Dritten	41
3. Voraussetzungen	42–71
a) Unbestimmte, aber bestimmbare Leistung	43
b) Begründung des Drittleistungsbestimmungsrechts	44–58
aa) Vertrag	45–50
bb) AGB	51–56
cc) Grenzen der Vertragsfreiheit	57
dd) Einseitiges Rechtsgeschäft	58
c) Ermächtigung eines oder mehrerer Dritter	59–71
aa) Dritter	61–63
bb) Mehrere Dritte	64
cc) Nicht neutrale Dritte	65–71
4. Gegenstand	72, 73
5. Ausübung	74–98
a) Form (§ 318 Abs 1)	76, 77
b) Zeitpunkt	78
c) Allgemeine Vorschriften über Willenserklärungen	79–85
aa) Geschäftsfähigkeit	80
bb) Bestimmtheit und Auslegung	81
cc) Stellvertretung	82
dd) Unwiderruflichkeit	83
ee) Anfechtung (§ 318 Abs 2)	84
ff) Bedingungen und Befristungen	85
d) Keine Begründungspflicht	86
e) Willensbildung bei mehreren Dritten (§ 317 Abs 2)	87–92
f) Verfahrensvorgaben	93–96
g) Keine Leistungsbestimmungspflicht	97, 98
6. Maßstab	99–105
a) Auslegungsregel des § 317 Abs 1	100–102
aa) Anwendungsbereich	101
bb) Inhalt	102
b) Sonstige Maßstäbe	103–105
7. Grenzen	106–108
a) Vertragliche Ermächtigung: Unterwerfungsvereinbarung	107
b) Allgemeine Grenzen der Vertragsfreiheit	108
V. Rechtsfolgen	109–122
1. Unwirksame Drittleistungsbestimmung	110–116
2. Unverbindlichkeit	117
3. Bestätigung	118
4. Wirksame und verbindliche Drittleistungsbestimmung	119, 120
5. Rechtslage vor Ausübung des Leistungsbestimmungsrechts	121
6. Verzögerung und Verweigerung	122
VI. Gerichtliche Kontrolle und gerichtliche Ersatzleistungsbestimmung	123, 124
VII. Schiedsgutachten	125–170
1. Arten	127–140
a) Schiedsgutachten im weiteren Sinne	128
b) Schiedsgutachten im engeren Sinne	129–137
c) Begleitendes Stillhalteabkommen (pactum de non petendo)	138, 139
d) Kombinationen	140
2. Abgrenzung zum Schiedsspruch	141–143
3. Rechtsnatur der Schiedsgutachtenvereinbarung	144–148
4. Anwendung der §§ 317, 319	149–167
a) Schiedsgutachtenvereinbarung	150, 151
b) Ausübungsmaßstab	152
c) Neutralität des Schiedsgutachters	153
d) Verfahren, insb Gewährung rechtlichen Gehörs	154–157
e) Mehrere Schiedsgutachter	158
f) Rechtsschutz im Vorfeld der Gutachtenerstellung	159, 160
g) Rechtsfolgen	161–165
h) Gerichtliche Kontrolle und gerichtliche Ersetzungsbefugnis	166, 167
5. Schiedsgutachtervertrag	168–170
VIII. Europäische und internationale Bezüge	171

Schrifttum: Weismann, Das Schiedsgutachten, AcP 72 (1888), 269; Bachmann, Der Schiedsgutachter, 1949; Habscheid, Das Schiedsgutachten, in: FS Lehmann, Bd II, 1956, S 789; Sieg, Die feststellenden Schiedsgutachter im Privatversicherungsrecht, VersR 1965, 629; Gelhaar, Die gerichtliche Nachprüfung von Schiedsgutachten, DB 1968, 743; Rauscher, Das Schiedsgutachtenrecht unter besonderer Berücksichtigung der Praxis des Massenverkehrs, 1969; Wedemeyer, Zum Leistungsvorbehalt und zur Schiedsgutachterklausel insbesondere in Mietverträgen, DB 1969, 1925; Dütz, Rechtsstaatlicher Gerichtsschutz im Privatrecht, 1970; Habscheid, Zur Frage der rechtsstaatlichen Ausgestaltung des Schiedsgutachtenverfahrens, in: FS Laufke, 1971, S 303; Nicklisch, Schätzorganisationen, ZHR 136 (1972), 1 und 97; Gleiss/Bechtold, Schätzorganisationen - "Organisationen nichtstaatlicher Gerichtsbarkeit"?, BB 1973, 868; Rauscher, DAT-Schätzungen – Schiedsgutachten auf unzureichender Grundlage, BB 1974, 629; Bulla, Neufestsetzung des Mietzinses durch Schiedsgutachter – BGH NJW 1974, 1235, JuS 1976, 19; Bulla, Schiedsgutachtenklauseln in Wertsicherungsabreden, BB 1976, 389; Bulla, Gerichtliche Nachprüfbarkeit von Schiedsgutachten, NJW 1978, 397; Wittmann, Struktur und Grundprobleme des Schiedsgutachtenvertrages, 1978; Straatmann, Die Qualitätsarbitrage, in: FS Stödter, 1979, S 109; Winter, Die Bestimmung der Leistung durch den Vertragspartner oder Dritte (§§ 315 bis 319 BGB) unter besonderer Berücksichtigung der Rechtsprechung und Lehre des 19. Jahrhunderts, 1979; Nicklisch, Gutachter-, Schieds- und Schlichtungsstellen – rechtliche Einordnung und erforderliche Verfahrensgarantien, in: FS Bülow, 1981, S 159; Wolf, Wertsicherungs-, Kostenelements- und Schiedsgutachtenklauseln in der neueren Rechtsprechung des Bundesgerichtshofs, ZIP 1981, 235; Döbereiner, Anfechtung und Geltendmachung der Unwirksamkeit eines Schiedsgutachtens durch den/die Schiedsgutachter, VersR 1983, 712; Schreiber, Der Schiedsvertrag in Arbeitsstreitigkeiten, ZfA 14 (1983), 31; Volmer, Das Schiedsgutachtenrecht – Bestandsaufnahmen und Fragen der Praxis, BB 1984, 1010; von Thun und Hohenstein, Der Begriff "offenbar unbillig" in § 319 I 1 BGB, 1988; Nicklisch, Der Ingenieur als Schiedsgutachter und quasi-Schiedsrichter bei internationalen Bau- und Anlagenprojekten, in: FS Habscheid, 1989, S 217; Kurth, Zur Kompetenz von Schiedsrichtern und Schiedsgutachtern, NJW 1990, 2038; Walter, Dogmatik der unterschiedlichen Verfahren zur Streitbeilegung, ZZP 103 (1990), 142; Wagner, Prozessverträge, 1998; Garger, Das Sachverständigenverfahren im Versicherungsvertragsrecht, 2001; Gottwald/Reichenberger/Wagner, Die Bindungswirkung der Entscheidungen von Kfz-Schiedsstellen, NZV 2000, 6; Joussen, Das Gestaltungsrecht des Dritten nach § 317 BGB, AcP 203 (2003), 429; Joussen, Schlichtung als Leistungsbestimmung und Vertragsgestaltung durch einen Dritten, 2005; Schwab/Walter, Schiedsgerichtsbarkeit, 7. Aufl, 2005; Volze, Das Sachverständigenverfahren in der Sachversicherung, VersR 2006, 627; Witte/Mehrbrey, Variable Kaufpreisregelungen in Unternehmenskaufverträgen im Geflecht von Schiedsgutachtervereinbarungen und Schiedsgerichtsklauseln, NZG 2006, 241; Greger/Stubbe, Schiedsgutachten, 2007; Hecht, Schiedsgutachtenklauseln in IT-Verträgen, ITRB 2008, 184; Pauly, Die Erstattung von Privat- und Schiedsgutachterkosten im Bauprozess, MDR 2008, 777; Habersack/Tröger, Preisfeststellung durch Schiedsgutachten beim Unternehmenskauf, DB 2009, 44; Kantenwein, Schiedsgutachtenklauseln in Verträgen, in: FS Spiegelberger, 2009, S 750; Joussen, Schiedsgutachtenvereinbarung zu Nachträgen – eine kostengünstige Lösung von Streitfällen, BauR 2010, 518; Lembcke, Zur Teilanfechtung einer schiedsgutachterlichen Entscheidung, ZGS 2010, 261; Stubbe, DIS-Schiedsgutachtensordnung (DIS-SchGO) und DIS-Gutachtensordnung (DIS-GO), SchiedsVZ 2010, 130; Volze, Der Ablauf des Sachverständigenverfahrens in der Sachversicherung, DS 2010, 139; Lembcke, Haftung des Schiedsgutachters und des Adjudikators, DStR 2011, 96; Kleinschmidt, Die Bestimmung durch einen Dritten im Europäischen Vertragsrecht, RabelsZ 76 (2012), 785; Lembcke, Kernprobleme des Schiedsgutachtens in Bausachen, NZBau 2012, 85; Kasolowsky/Schnabl, Schiedsgutachten als Alternative zu Schiedsverfahren bei Streit über Rechtsfragen, SchiedsVZ 2012, 84; Greger, Schiedsgutachten: Konfliktmanagement mit Sachverstand, ZKM 2013, 43; Würdinger, Schadensersatzansprüche bei Schiedsgutachterverträgen durch die andere Partei der Schiedsgutachtenabrede, LMK 2013, 344768; Kleinschmidt, Delegation von Privatautonomie auf Dritte, 2014; Zuck, Die Rechtskontrolle der Schiedsperson – Bestimmungsverfahren nach § 132a Abs 2 S 7 SGB V, NZS 2014, 401; Elsing, Bindungswirkung von Schiedsgutachten, ZVglRWiss 114 (2015), 568; Schackmann/Mellert, Kaufpreisbestimmung beim Unternehmenskauf – die Streitbeilegung bei Closing Accounts als Minenfeld für Schiedsgutachter?, BB 2018, 840; Stieglmeier, Das verkannte Verfahren – Vertraglich bindende Entscheidungen Dritter und deren Durchsetzung im Urkundenprozess, SchiedsVZ 2021, 155; Maus, Das Schiedsgutachten im Allgemeinen bürgerlichen Recht, 2021.

I. Allgemeines

§ 317 enthält drei Auslegungsregeln. Das Bestehen des Drittleistungsbestimmungsrechts einschließlich der Festlegung der Person des berechtigten Dritten wird jeweils vorausgesetzt. § 317 Abs 1 betrifft den Ausübungsmaßstab des Drittleistungsbestimmungsrechts, der nach der Auslegungsregel in einer Leistungsbestimmung nach billigem Ermessen liegt. Insoweit stimmt die Auslegungsregel mit der Parallelvorschrift des § 315 Abs 1 überein. § 317 Abs 2 behandelt den Fall, dass mehrere Dritte zur Leistungsbestimmung berufen sind. Im Zweifel ist danach die Übereinstimmung aller erforderlich (Hs 1). Hs 2 sieht eine Erleichterung bei der Bestimmung einer Summe vor. Bestimmen die leistungsbestimmungsberechtigten Dritten voneinander abweichende Summen, ist im Zweifel die Durchschnittssumme maßgebend. Die gerichtliche Kontrolle der Drittleistungsbestimmung sowie die daran anknüpfende Rechtsfolge sind in § 319 geregelt. Insoweit entspricht § 319 der Vorschrift des § 315 Abs 3. Ausübung und etwaige Anfechtung des Drittleistungsbestimmungsrechts erfahren in § 318 eine (partielle) Regelung. 1

Im **Vergleich zur Parteileistungsbestimmung** kommt bei der Drittleistungsbestimmung mit der Person des Dritten ein möglicherweise fachlich geeigneter, in jedem Fall aber nichtbeteiligter Berechtigter zum Zuge, für den ein **Neutralitäts-** und damit einhergehend ein **größeres Richtigkeitsvertrauen** streitet[1]. Dies zeigt sich vor allem im gerichtlichen Kontrollmaßstab der offenbaren Unbilligkeit gem § 319 Abs 1 S 1. Die Neutralität und Unbefangenheit des Dritten wird aber nicht eigens gesetzlich, etwa durch Befangenheitsregeln, abgesichert, wie es für den staatlichen Richter und den Schiedsrichter gem ZPO §§ 1025 ff geschieht. Die Einschaltung eines Dritten dient so im Wege der Vertragsgestaltung der Beilegung von Streitigkeiten zwischen den Vertragsparteien, im Falle der Drittleistungsänderungsrechte der Beilegung antizipierter Streitig- 2

---

1 Vgl BGH NJW-RR 2003, 1355, 1357.

keiten². Noch offenbarer wird diese Befriedigungsfunktion bei Schiedsgutachten (siehe noch Rz 125 ff).

3   **Hauptanwendungsfall** der §§ 317, 319 sind sog Schiedsgutachten, die keine ausdrückliche gesetzliche Erwähnung gefunden haben, auf die aber die Vorschriften – nach hM nur analoge – Anwendung finden (Rz 125 ff). **Gesetzliche Sonderregeln** finden sich in § 660 Abs 1 (dazu bereits § 315 Rz 277), § 2048 S 2, 3 und § 2156 für Teilungsanordnungen des Erblassers und das Zweckvermächtnis. Aufgrund der inhaltsgleichen Regelung in § 660 Abs 1 und § 2048 S 2, 3 können die §§ 317-319 ergänzende Anwendung finden³. In § 2156 S 2 findet sich gleich ein gesetzlicher Verweis. Auch VVG § 84 Abs 1 ist für die Sachverständigenfeststellung einzelner Anspruchsvoraussetzungen oder der Schadenshöhe in der Schadensversicherung §§ 317, 319 nachgebildet. Hierauf wird in VVG § 189 für die Unfallversicherung Bezug genommen. §§ 318, 319 können ergänzend analoge Anwendung finden⁴. RVG § 4 Abs 3 S 1 schließlich nennt ausdrücklich die Möglichkeit der vertraglichen Begründung eines Drittleistungsbestimmungsrechts des Vorstands der Rechtsanwaltskammer in anwaltlichen Honorarverträgen, VOB/B § 18 Abs 4 die Möglichkeit eines Schiedsgutachtens einer staatlichen oder staatlich anerkannten Materialprüfungsstelle. Die sog Dispache, die Berechnung der Schäden im Falle einer großen Haverei (HGB § 588 Abs 1) durch einen Sachverständigen, folgt gem HGB § 595, FamFG §§ 403 ff eigenständigen Regeln ohne Rückgriff auf §§ 317 ff⁵. Zum Preisrichter nach § 661 Abs 2 S 1 siehe Rz 144, § 315 Rz 278. Im Sozialrecht wird in SGB V §§ 132a Abs 4 S 9 Anleihe an §§ 317, 319 genommen⁶.

II. Vertragsbindung der Parteien

4   In Bezug auf die Vertragsbindung und die Bestimmbarkeitsanforderungen des Vertragsprinzips unterscheiden sich Partei- und Drittleistungsbestimmung nicht voneinander (siehe bereits § 315 Rz 4 ff). Die vertraglich vereinbarte Leistung muss auch beim Drittleistungsbestimmungsrecht **bestimmbar** sein. Fehlt also eine Einigung der Parteien über die **Person des bestimmungsberechtigten Dritten** oder die Personen der bestimmungsberechtigten Dritten sowie den **Maßstab für die Leistungsbestimmung**, ist der Vertrag nicht geschlossen, § 154⁷. Sind aber der bestimmungsberechtigte Dritte benannt und der Maßstab vereinbart, ist der **Vertrag wirksam**. Dies ergibt sich auch aus § 319 Abs 2 e contrario. Das in den Motiven⁸ noch angedachte und der Wissenschaft und Praxis zur Klärung überlassene Verständnis als bedingter Vertrag hat sich, auch durch Nichtübernahme der in Bezug genommenen Regeln zur Drittwahlschuld (BGB-E § 212) (dazu Rz 39), zu Recht nicht durchgesetzt.

5   Erst die Drittleistungsbestimmung macht den (wirksamen) Vertrag durchführbar. Auch der leistungsbestimmungsberechtigte Dritte füllt eine **inhaltliche Lücke im Vertrag** anhand des vertraglich vorgegebenen Maßstabs (vgl § 315 Rz 10). In dieser Konkretisierung steckt wie beim Parteileistungsbestimmungsrecht ein Gestaltungsakt, der dem Berechtigten einen **gewissen Wertungsspielraum** gibt (vgl bereits § 315 Rz 25). Fehlt diese Abhängigkeit von einem Willensakt, ließe sich die Leistung bereits aus dem Vertrag entnehmen und es läge eine vertraglich vereinbarte Leistung vor (siehe bereits § 315 Rz 42, § 316 Rz 6). Ein solcher Spielraum kommt entgegen weitläufiger Behauptung auch dem Schiedsgutachter zu (näher Rz 135). Ob dieser auch gegenüber dem Gericht aufrechterhalten bleibt, ist eine Frage des Zurückbleibens des Kontrollmaßstabs gegenüber dem Ausübungsmaßstab des Dritten und damit eine Frage der gerichtlichen Kontrolldichte (vgl § 315 Rz 130 ff).

III. Rechtsverhältnis zum Dritten

6   § 317 behandelt das Verhältnis der Parteien zum leistungsbestimmungsberechtigten Dritten nicht. Die Vorschrift hat ebenso wie § 319 allein das ausfüllungsbedürftige Vertragsverhältnis im Blick. Das Rechtsverhältnis des Dritten zu den Vertragsparteien ist vom Leistungsbestimmungs-

---

2   Vgl MünchKomm⁸/Würdinger § 319 Rz 2.
3   MünchKomm⁸/Ann § 2049 Rz 21; Soergel¹³/von Reden § 660 Rz 7 f; Soergel¹²/M Wolf § 319 Rz 6 sowie die Nachw in Fn 582 zu § 315 Rz 278.
4   RG JW 1931, 3194; Soergel¹²/M Wolf § 319 Rz 6 zu den Vorgängervorschriften. Vgl auch MünchKomm VVG²/Halbach, § 84 Rz 35 zu § 318 Abs 2.
5   Vgl dazu RGZ 147, 58, 60.
6   Vgl BSGE 123, 254, 259 (Rz 20); LSG Baden-Württemberg BeckRS 2021, 30265 Rz 28 jeweils zur Vorgängervorschrift des SGB V § 132a Abs 2 S 6.
7   Mot II S 193; BGHZ 55, 248, 250 = NJW 1971, 653; 141, 391, 395 f = NJW 1999, 2662; BeckOK⁶¹·ᴱᵈ/Gehrlein § 317 Rz 2 f; Erman¹⁶/Hager § 317 Rz 1; BeckOGK⁰¹·⁰⁹·²⁰²¹/Netzer § 317 Rz 12, 15; Soergel¹²/M Wolf § 317 Rz 16.
8   Mot II S 193.

recht zu trennen. Ihre Wirksamkeit und ihre jeweiligen Rechtswirkungen sind separat zu beurteilen (**Trennungs- und Abstraktionsprinzip**)[9].

Das Rechtsverhältnis des Dritten zu einer oder beiden Vertragsparteien ist gleichwohl inhaltlich auf den ausfüllungsbedürftigen Vertrag bezogen. Es nimmt eine dienende Funktion ein. Es hat zum Gegenstand, dass der Dritte die im Vertrag fehlende Konkretisierung oder Feststellung der Leistung vornimmt. In der Regel ist die **verbindliche Leistungsbestimmung die vom Dritten geschuldete Leistung**. Im Einzelfall kann der Vertrag, ggf auch durch Auslegung, weitergehende Pflichten enthalten. Zur Auslegung der beiden Verträge kann der jeweils andere Vertrag ergänzend herangezogen werden.

Das Vertragsverhältnis mit dem Dritten kann daher im Fall der Unentgeltlichkeit als Auftragsverhältnis im Übrigen als Geschäftsbesorgungsvertrag mit Werk- oder Dienstvertragscharakter **qualifiziert** werden[10]. Da die offenbare Unbilligkeit, die nach der gesetzlichen Auslegungsregel gem §§ 317 Abs 1, 19 Abs 1 S 1 über die Verbindlichkeit der Drittleistungsbestimmung entscheidet, nicht bloß eine Ergebnis-, sondern auch eine Vorgangskontrolle umfasst (§ 319 Rz 18 ff), ist die Qualifizierung nicht auf einen Werkvertrag festgelegt. Vielmehr enthält der Vertrag mit dem Dritten, wenn der Maßstab des billigen Ermessens in Bezug genommen wird, stets gleichberechtigt dienst- und werkvertragliche Elemente. Der Dritte kann aber gleichwohl auch im Rahmen eines bloßen Gefälligkeitsverhältnisses tätig werden[11]. Zur Qualifizierung des Schiedsgutachtervertrags siehe noch Rz 169.

1. **Pflichten des Dritten**. Der Dritte kann mit beiden Vertragsparteien oder auch nur mit einer vertraglich verbunden sein[12]. Denkbar ist ferner auch ein Vertrag des Dritten mit einer Nichtvertragspartei[13]. Dieser Vertrag regelt die gegenseitigen Pflichten, also auch die Pflichten des Dritten zur Leistungsbestimmung abschließend. In dem ausfüllungsbedürftigen Vertrag hingegen wird keine Pflicht des leistungsbestimmungsberechtigten Dritten begründet. Die Pflichten des Dritten bestehen aufgrund der Relativität des Schuldverhältnisses nur gegenüber dem jeweiligen Vertragspartner. Dies kann entsprechend auch nur eine der beiden Vertragsparteien sein. Wird der Dritte allerdings für ihn erkennbar als neutraler Dritter eingesetzt, stellt sich der Vertrag des Dritten mit nur einer Vertragspartei als **Vertrag zugunsten Dritter** nach §§ 328 ff dar. Der Dritte ist auch der anderen Vertragspartei gleichermaßen zur ordnungsgemäßen Leistungsbestimmung verpflichtet[14].

Hauptgegenstand des Vertrags mit dem Dritten ist die **Vornahme der Leistungsbestimmung**. Der Ausübungsmaßstab ist der vertraglich vereinbarte. Dies kann durch Verweis der im ausfüllungsbedürftigen Vertrag vereinbarte Maßstab sein, es kann aber auch zu einem Auseinanderfallen kommen. In aller Regel entspricht ein Gleichlauf dem Parteiwillen, sodass der Dritte im Vertrag auf den **Ausübungsmaßstab, der zwischen den Parteien im ausfüllungsbedürftigen Vertrag vereinbart wurde**, verpflichtet wird. Nach der Auslegungsregel des § 317 Abs 1 ist das eine billige Leistungsbestimmung. Der Hinweis auf ein billiges Ermessen betrifft bereits den Kontrollmaßstab, der herabgesetzt ist (dazu § 315 Rz 130 ff). Der Dritte wird daher im Vertrag mit einer oder beiden Vertragsparteien auf **Billigkeit** bzw im Falle eines Schiedsgutachtens auf dessen Richtigkeit verpflichtet. Der Dritte soll nicht bloß eine nicht offenbar unbillige, sondern positiv eine billige Leistungsbestimmung vornehmen[15]. Zum Kontrollmaßstab und der Haftung des Dritten sogleich Rz 16 ff.

Aus dem ausfüllungsbedürftigen Vertrag ergibt sich keine **Leistungsbestimmungspflicht des Dritten**[16]. Der Dritte ist nicht einmal Vertragspartei und kann daher nicht gebunden werden. Eine Pflicht zur Leistungsbestimmung muss mit dem Dritten vereinbart werden und ergibt sich nur gegenüber der jeweiligen Vertragspartei des Dritten (vgl Rz 9). Aus einem Vertrag zugunsten

---

9 Hamm, Urt v 21.07.2004, 21 U 20/03, juris, Rz 133; Gehrlein VersR 1994, 1009, 1010; BeckOK[61. Ed]/ders § 317 Rz 9; Joussen AcP 203 (2003), 429, 437; BeckOGK[01.09.2021]/Netzer § 317 Rz 59; Staud[Nb 2020]/Rieble § 317 Rz 50.
10 Joussen AcP 203 (2003), 429, 436; Staud[Nb 2020]/Rieble § 317 Rz 115; jurisPK[9]/Völzmann-Stickelbrock § 317 Rz 4 (gegen werkvertragliche Qualifikation); Soergel[12]/M Wolf § 317 Rz 10; MünchKomm[8]/Würdinger § 317 Rz 21. Speziell zum Schiedsgutachtervertrag siehe noch Rz 171.
11 Staud[Nb 2020]/Rieble § 317 Rz 115; Soergel[12]/M Wolf § 317 Rz 10.
12 Staud[Nb 2020]/Rieble § 317 Rz 118; Soergel[12]/M Wolf § 317 Rz 10; zum Schiedsgutachten BGH NJW-RR 1994, 1314; NJW 2013, 1296, 1297 (Rz 14); Gehrlein VersR 1994, 1009, 1011.
13 MünchKomm[8]/Würdinger § 317 Rz 53 zum Schiedsgutachtervertrag.
14 Joussen AcP 203 (2003), 429, 437 (Vertrag mit Schutzwirkung oder Stellvertretung); Staud[Nb 2020]/Rieble § 317 Rz 118; Soergel[12]/M Wolf § 317 Rz 10. Zum Schiedsgutachten RGZ 87, 190, 194; BGH NJW-RR 1994, 1314; NJW 2013, 1296, 1297 (Rz 18); RGRK[12]/Ballhaus § 317 Rz 17; Gehrlein VersR 1994, 1009, 1011; MünchKomm[8]/Würdinger § 317 Rz 53.
15 Ebenso Staud[Nb 2020]/Rieble § 317 Rz 125; vgl auch Soergel[12]/M Wolf § 317 Rz 11.
16 Vgl Mot II S 193.

Dritter ergibt sich auch nur dann eine Pflicht zur Leistungsbestimmung gegenüber dem Drittbegünstigten, wenn eine solche gegenüber dem Vertragspartner (Versprechensempfänger) besteht.

12 Den Dritten können **Informations- und Auskunftspflichten** gegenüber den Vertragsparteien des ausfüllungsbedürftigen Vertrags treffen. So bestehen Informations- und Auskunftspflichten des Dritten gegenüber der Vertragspartei, die ihn in ein mehrköpfiges Gremium, dem die Leistungsbestimmung übertragen ist, bestellt hat[17]. Diese Informationspflicht erstreckt sich auf alle Umstände, die für eine offenbare Unbilligkeit iSd § 319 Abs 1 S 1 bzw der Unwirksamkeit der Leistungsbestimmung, wenn ein anderer Kontrollmaßstab vereinbart wird, von Bedeutung sind. Der Dritte hat nämlich eine billige Leistungsbestimmung zunächst durch Stimmabgabe im Gremium zu verfolgen und ist nachgelagert gegenüber seinem Vertragspartner zur Information verpflichtet, damit die Vertragspartei eine offenbar unbillige Leistungsbestimmung durch gerichtliche Kontrolle nach § 319 Abs 1 abwenden kann[18]. Eine Informationspflicht gegenüber den Vertragsparteien besteht aus demselben Grund auch dann, wenn der Dritte nachträglich eines Fehlers gewahr wird, der die Unverbindlichkeit seiner Leistungsbestimmung bzw seines Schiedsgutachtens nach § 319 Abs 1 S 1 begründet[19]. Gleiches gilt bei Kenntnis eines Anfechtungsgrundes[20]. Um die Beurteilung eines Vorgangsfehlers zu ermöglichen, kann der Dritte auch zur Auskunft über seine Beweggründe und Entscheidungsfindung verpflichtet sein (vgl auch § 319 Rz 18)[21].

13 Der Dritte ist vorbehaltlich vertraglicher Vorgaben grundsätzlich nicht zu eigener Sachverhaltsermittlung verpflichtet. Er kann sich grundsätzlich auf die Informationen und Unterlagen, die die Vertragsparteien ihm zur Verfügung stellen, stützen (vgl Rz 96 f, vgl auch § 319 Rz 15)[22]. Erkennt der Dritte darin aber Widersprüche oder Unregelmäßigkeiten, ist er zum **Hinweis und zur Rückfrage an die Vertragsparteien** verpflichtet[23].

14 Der Vertrag kann schließlich **Verfahrensvorgaben** für den Dritten enthalten. Fehlen solche Vorgaben im Vertrag ebenso wie im Hauptvertrag zwischen den Vertragsparteien, bestimmt der Dritte gem § 315 Abs 1 grundsätzlich nach billigem Ermessen über sein Vorgehen zur Informationsgewinnung und Leistungsbestimmung. Allerdings kann er dabei auch zur Gewährung rechtlichen Gehörs verpflichtet werden (Näheres Rz 95). Zu unterscheiden ist auch insoweit, ob eine Pflichtverletzung sich auf die Wirksamkeit des Drittleistungsbestimmungsrechts auswirkt und/ oder eine vertragliche Pflichtverletzung des Dritten begründet (vgl Rz 6).

15 2. **Gegenleistung.** Das Rechtsverhältnis einer oder beider Vertragsparteien mit dem Dritten regelt auch dessen Vergütung. Der vertragliche Vergütungsanspruch setzt die pflichtgemäße Erfüllung der vertraglichen Leistung durch den Dritten voraus. Maßgeblich für die Beurteilung ist der Kontrollmaßstab, der hinter dem Ausübungsmaßstab (Rz 10) zurückbleiben kann, um dem Dritten auch im Vertragsverhältnis zu einer oder beiden Vertragsparteien einen Spielraum einzuräumen. Der Kontrollmaßstab ist durch Auslegung zu ermitteln. In jedem Fall scheidet ein Vergütungsanspruch des Dritten aus, wenn seine Leistungsbestimmung oder Schiedsgutachten nach § 319 Abs 1 S 1 unverbindlich ist[24] oder sogar die eingeräumte Befugnis überschreitet oder wegen Verstoßes gegen §§ 134, 138 nichtig ist (dazu noch Rz 114 f). Der Vergütungsanspruch kann aber auch bereits für eine verbindliche Drittleistung bzw für ein verbindliches Schiedsgutachten zu verneinen sein, wenn mit dem Dritten ein strengerer Kontrollmaßstab vereinbart wurde. Parallel zur Haftung des Dritten sogleich Rz 16, 18. Speziell zur Schiedsgutachtervergütung siehe noch Rz 169.

16 3. **Haftung des Dritten.** Die Haftung des Dritten bestimmt sich allein aus dem **Rechtsverhältnis zu einer oder beiden Vertragsparteien**, nicht aus dem ausfüllungsbedürftigen Vertrag. Diesem Rechtsverhältnis sind der Gläubiger, die Pflichten und der Sorgfaltsmaßstab zu entnehmen[25]. §§ 317, 319 treffen dazu keine Aussage. Sie betreffen allein den ausfüllungsbedürftigen Vertrag. Insbesondere kann eine Haftung nicht erst dann Platz greifen, wenn der Dritte eine offenbar unbillige Leistungsbestimmung iSd § 319 Abs 1 S 1 vorgenommen hat[26].

---

17 BGHZ 22, 343, 346 = NJW 1957, 587.
18 BGHZ 22, 343, 346 = NJW 1957, 587.
19 Döbereiner VersR 1983, 712, 715; Grüneberg[81]/Grüneberg § 318 Rz 2; MünchKomm[8]/Würdinger § 317 Rz 38, 55.
20 Döbereiner VersR 1983, 712, 715; BeckOGK[01.-09.2021]/Netzer § 318 Rz 16; Staud[Nb 2020]/Rieble § 318 Rz 14; Soergel[12]/M Wolf § 318 Rz 9.
21 OGHBrZ Köln NJW 1950, 781 f; BeckOK[61. Ed]/Gehrlein § 319 Rz 5; Grüneberg[81]/Grüneberg § 319 Rz 7; BeckOGK[01.09.2021]/Netzer § 319 Rz 51; Soergel[12]/M Wolf § 319 Rz 15; MünchKomm[8]/Würdinger § 319 Rz 11.

22 Hamm NJOZ 2003, 1828, 1829; Staud[Nb 2020]/Rieble § 319 Rz 14.
23 Staud[Nb 2020]/Rieble § 319 Rz 14.
24 Zum Schiedsgutachten BGHZ 43, 374, 376 f = NJW 1965, 1523; Frankfurt aM NJOZ 2006, 4142 f.
25 BGHZ 22, 343, 345 = NJW 1957, 587; 43, 374, 376 = NJW 1965, 1523; Joussen AcP 203 (2003), 429, 437; jurisPK[9]/Völzmann-Stickelbrock § 317 Rz 5; Soergel[12]/M Wolf § 317 Rz 11; MünchKomm[8]/Würdinger § 317 Rz 21.
26 Soergel[12]/M Wolf § 317 Rz 11; aA aber BGHZ 43, 374, 376 f = NJW 1965, 1523; NJW 2013, 1296, 1297 (Rz 16). Siehe auch noch sogleich Rz 19.

Schadensersatzansprüche setzen nach allgemeinen Regeln ein **Verschulden** nach § 276 Abs 1 **17**
S 1 voraus. Auf das Spruchrichterprivileg des **§ 839 Abs 2**[27] und die Haftungsbeschränkung des
gerichtlichen Sachverständigen gem **§ 839a**[28] kann sich der Dritte nicht berufen.

Für die Beurteilung der Haftung des Dritten ist nicht der im Vertrag vereinbarte Ausübungs- **18**
maßstab, sondern der **Kontrollmaßstab** maßgeblich (zur grundlegenden Unterscheidung § 315
Rz 131). Dieser darf aber ebenfalls nicht §§ 317 Abs 1, 319 Abs 1 S 1 entnommen werden, weil
diese Vorschriften allein den ausfüllungsbedürftigen Vertrag betreffen und ausschließlich über die
Verbindlichkeit der Drittleistungsbestimmung für die Vertragsparteien entscheiden. Der Kontrollmaßstab muss wie der Ausübungsmaßstab allein dem Rechtsverhältnis zwischen dem Dritten und
einer oder beiden Vertragsparteien entnommen werden[29]. Freilich werden die Maßstäbe der beiden Verträge häufig identisch sein, weil der Vertrag mit dem Dritten auf die Leistungsbestimmung
im ausfüllungsbedürftigen Vertrag bezogen ist (vgl Rz 10 zum Ausübungsmaßstab). Klar ist, dass
auch in diesem Vertrag die **gerichtliche Kontrolldichte meist beschränkt** ist. Dem Dritten
sollen gerade aufgrund seiner Expertise und Neutralität Bewertungsspielräume verbleiben, die
nicht im Wege einer vollen Kontrolldichte durch das Gericht nivelliert werden. Der Kontrollmaßstab bleibt damit hinter dem Ausübungsmaßstab zurück. Ob und in welchem Maß dies der Fall
ist, ist eine Frage der **Vertragsauslegung**.

Für **Schiedsgutachten** nimmt der BGH an, der Schiedsgutachter hafte „(nur) dann, wenn er **19**
ein offenbar unrichtiges und damit entsprechend BGB § 319 unverbindliches Gutachten erstellt."[30]
Diese bis auf den für den auszufüllenden Vertrag geltenden Maßstab des § 319 Abs 1 S 1 zurückgenommene Kontrolldichte ist keinesfalls zwingend. Sie mag mit dem beiderseitigen Parteiwillen
erklärt werden, den Schiedsgutachter anstelle des Gerichts einzusetzen, der bereits dann erfüllt
wird, wenn das Gutachten verbindlich ist und so dem Gericht keine Entscheidungsgewalt belässt.
Dass der Gutachter gleichwohl ein „unrichtiges", verstanden als fehlerhaftes (siehe noch Rz 135,
§ 319 Rz 27 ff), Gutachten erstellt hat, soll daher keine haftungsauslösende Pflichtverletzung
begründen. Steht dagegen – auch bei Schiedsgutachtenvereinbarungen – weniger die (rasche)
Befriedung der Vertragsparteien ohne Rückgriff auf die staatlichen Gerichte als die sachlich angemessene Leistungsbestimmung im Vordergrund, wird der Dritte über die Verbindlichkeit seiner
Leistungsbestimmung hinausgehend auf die Vornahme einer nicht unbilligen Leistungsbestimmung hin kontrolliert. Es ergibt sich damit ein Kontrollmaßstab, wie er für ein Parteileistungsbestimmungsrecht nach § 315 Abs 1 besteht (dazu ausführlich § 315 Rz 183 ff). Der Dritte haftet,
wenn er **ermessensfehlerhaft** handelt[31]. Eine „offenbare Unbilligkeit" iSd § 319 Abs 1 S 1 ist
nicht erforderlich. Diese Offenbarkeit hat in diesem Fall nur für die Verbindlichkeit der Leistungsbestimmung Relevanz. Auf einen groben Pflichtverstoß kommt es nicht an[32]. Der Dritte kann
wegen Verstoßes gegen eine vertragliche Pflicht auch dann haften, wenn seine Leistungsbestimmung für die Vertragsparteien verbindlich ist, etwa weil sie nach § 319 Abs 1 S 1 nicht offenbar
unbillig ist.

Die **Haftung für sonstige Pflichtverletzungen**, etwa für Verstöße gegen Informations- oder **20**
Verfahrenspflichten, richtet sich nach allgemeinen Regeln. Schwierig gestaltet sich dabei häufig
der Schadensnachweis.

Eine deliktische Haftung des Dritten kommt lediglich aus **§ 826** in Betracht[33]. Sie kommt in **21**
Betracht, wenn der Dritte kollusiv mit einer der Vertragsparteien die andere Vertragspartei schädigt
oder die maßgeblichen Tatsachen und Umstände ignorierend „ins Blaue hinein" die Leistungsbestimmung vornimmt und damit mit bedingtem Vorsatz eine Schädigung mindestens einer Vertragspartei in Kauf nimmt.

---

27 RG JW 1933, 217; BGHZ 22, 343, 345 = NJW 1957, 587; NJW 2013, 1296, 1297 (Rz 18); RGRK[12]/Ballhaus § 317 Rz 18; Erman[16]/Hager § 317 Rz 14; Soergel[12]/M Wolf § 317 Rz 11; MünchKomm[8]/Würdinger § 317 Rz 55.
28 Staud[Nb 2020]/Rieble § 317 Rz 131; MünchKomm[8]/Würdinger § 317 Rz 55.
29 Vgl die Nachw in Fn 24. Vgl auch Erman[16]/Hager § 317 Rz 14.
30 BGH NJW 2013, 1296, 1296 (Rz 16, 18); siehe auch BGHZ 22, 343, 345 = NJW 1957, 587; 43, 374, 376 f = NJW 1965, 1523; Schleswig NJW 1989, 175; Frankfurt aM NJOZ 2006, 4142 f; zust RGRK[12]/Ballhaus § 317 Rz 18; Gernhuber, Das Schuldverhältnis, 1989, S 308 (§ 12 IV 12); Erman[16]/Hager § 317 Rz 14; BeckOGK[01.09.2021]/Netzer § 317 Rz 65.
31 Ähnlich für ein verbindliches, aber fehlerhaftes Schiedsgutachten Staud[Nb 2020]/Rieble § 317 Rz 125 ff; Soergel[12]/M Wolf § 317 Rz 11; wohl auch Greger/Stubbe, Schiedsgutachten, 2007, Rz 179; MünchKomm[8]/Würdinger § 317 Rz 55.
32 Soergel[12]/M Wolf § 317 Rz 11; MünchKomm[8]/Würdinger § 317 Rz 55; aA RG JW 1933, 217, 218.
33 BGH NJW 2013, 1296, 1298 (Rz 24); Joussen AcP 203 (2003), 429, 437; Staud[Nb 2020]/Rieble § 317 Rz 129; MünchKomm[8]/Würdinger § 317 Rz 55.

IV. Drittleistungsbestimmungsrecht

22 § 317 setzt ein Drittleistungsbestimmungsrecht voraus und begründet es nicht. Die Vorschrift enthält lediglich drei Auslegungsregeln, die das Drittleistungsrecht näher konturieren – Abs 1 bzgl seines Maßstabs, Abs 2 in zweifacher Hinsicht bzgl der Leistungsbestimmung durch mehrere Dritte.

23 **1. Rechtsnatur.** Das Drittleistungsbestimmungsrecht ist wie das Parteileistungsbestimmungsrecht ein **Gestaltungsrecht**[34]. Ob aus dem ausfüllungsbedürftigen Vertrag ferner ein **subjektives Recht des Dritten**, die Leistung bestimmen zu dürfen, folgt, hängt davon ab, ob man das subjektive Recht als ausschließliche Rechtsmacht, eigene Interessen zu verfolgen, qualifiziert oder auf den Schutz auch fremder Interessen erstreckt. Im ersteren Fall verleiht ein Drittleistungsbestimmungsrecht im Unterschied zum Parteileistungsbestimmungsrecht dem Dritten kein subjektives Recht[35]. Ein subjektives Recht des Dritten könne aber durch eine Unterwerfungsvereinbarung zugunsten des Dritten (§ 328) begründet werden[36]. Nach dem weiteren Verständnis gibt hingegen auch ein Drittleistungsbestimmungsrecht ein subjektives Recht[37].

24 Die Vertragsparteien **unterwerfen** sich im ausfüllungsbedürftigen Vertrag der Regelungsmacht des leistungsbestimmungsberechtigten Dritten (zur Unterwerfung bereits § 315 Rz 10, 22; zur Abgrenzung zum Vertrag mit dem Dritten Rz 6 ff). Da dies privatautonom geschieht, liegt im Drittleistungsbestimmungsrecht **keine Fremdbestimmung**[38].

25 **a) Leistungserstbestimmung und Leistungsänderungen.** Wie für das Parteileistungsbestimmungsrecht (§ 315 Rz 1) sind für das Drittleistungsbestimmungsrecht Leistungserstbestimmungen und Leistungsänderungen zu unterscheiden. Im ersten Fall ist der Vertrag ohne Ausübung des Drittleistungsbestimmungsrechts nicht vollziehbar. Im zweitgenannten Fall ist der Vertrag von Beginn an vollziehbar und bleibt dies auch, wenn das Drittleistungsbestimmungsrecht nicht ausgeübt wird. Ein solches Anpassungsrecht bietet sich vor allem in Dauerschuldverhältnissen an, um den Vertragsinhalt an geänderte Umstände anpassen zu lassen[39]. Beispielhaft können Wertsicherungsklauseln genannt werden.

26 **b) Einmaliges Bestimmungsrecht oder fortlaufendes Anpassungsrecht.** Ein Drittleistungsbestimmungsrecht kann wie ein Parteileistungsbestimmungsrecht (§ 315 Rz 27 f) grundsätzlich nur einmalig ausgeübt werden. Mit seiner Ausübung ist das Gestaltungsrecht verbraucht. Davon zu trennen ist die Frage nach einer Korrektur dieser Ausübung etwa durch Anfechtung oder Widerruf (dazu Rz 84 f). Die Parteien können allerdings vereinbaren, dass der Dritte sein Leistungsbestimmungsrecht mehrmals ausüben darf und dies ggf jeweils an Voraussetzungen binden[40]. Ein solches fortlaufendes Drittleistungsanpassungsrecht kann sowohl für ein Leistungsänderungsrecht als auch für ein ursprüngliches Erstleistungsbestimmungsrecht vereinbart werden. Im letztgenannten Fall ist die zweite und jede nachfolgende Ausübung freilich Leistungsanpassung.

27 **c) Übertragbarkeit.** Das Drittleistungsbestimmungsrecht ist aufgrund des dem Dritten von den Vertragsparteien entgegengebrachten Vertrauens grundsätzlich **in Person auszuüben**[41]. Eine **Stellvertretung** scheidet aus. Auch eine gesetzliche oder rechtsgeschäftliche **Sukzession** ist aufgrund des grundsätzlich höchstpersönlichen Charakters des Drittleistungsbestimmungsrechts nicht möglich[42]. Eine Stellvertretung müsste dem Dritten ebenso wie eine Übertragung an eine andere Person von den Vertragsparteien gestattet werden. Auch ein Übergang auf den Rechtsnachfolger muss sich aus dem ausfüllungsbedürftigen Vertrag, genauer der Unterwerfungsvereinbarung, ergeben. Dies ist durch Auslegung zu ermitteln. Von einer Übertragung des Drittleistungsbestimmungsrechts ist das Recht zur Bestimmung des Dritten zu unterscheiden, wie es etwa einer Handelskammer zur Bestimmung eines Schiedsgutachters eingeräumt sein kann. Dieses ist selbst Drittleistungsbestimmungsrecht (dazu Rz 60, 73).

---

34 Bötticher, Gestaltungsrecht und Unterwerfung im Privatrecht, 1964, S 16 ff; Joussen AcP 203 (2003), 429, 456 ff; ders, Schlichtung als Leistungsbestimmung und Vertragsgestaltung durch einen Dritten, 2005, S 206; Staud[Nb 2020]/Rieble § 315 Rz 100, § 317 Rz 5; Soergel[12]/M Wolf § 317 Rz 4.
35 So Bydlinski, Die Übertragung von Gestaltungsrechten, 1986, S 275 f; Staud[Nb 2020]/Rieble § 317 Rz 112, § 315 Rz 101; wohl auch jurisPK[9]/Völzmann-Stickelbrock § 317 Rz 4.
36 Staud[Nb 2020]/Rieble § 315 Rz 101.
37 So Joussen AcP 203 (2003), 429, 447 ff.
38 Kleinschmidt, Delegation von Privatautonomie auf Dritte, 2014, S 112 f Vgl auch Grüneberg[81]/Grüneberg § 317 Rz 1; Erman[16]/Hager § 317 Rz 1.
39 Vgl nur BGHZ 48, 25 = NJW 1967, 1804; 62, 314 = NJW 1974, 1235; 74, 341 = NJW 1979, 1543; 146, 280 = NJW 2001, 1928; NJW 2001, 1930.
40 Staud[Nb 2020]/Rieble § 317 Rz 28; vgl auch BGH NJW-RR 2003, 1355, 1356.
41 Mot II S 194; Erman[16]/Hager § 318 Rz 1; BeckOGK[01.09.2021]/Netzer § 318 Rz 6; jurisPK[9]/Völzmann-Stickelbrock § 318 Rz 2; MünchKomm[8]/Würdinger § 318 Rz 2.
42 Vgl Joussen AcP 203 (2003), 429, 434; Staud[Nb 2020]/Rieble § 317 Rz 79.

Untertitel 4 Einseitige Leistungsbestimmungsrechte 28–32 § 317

Für die Zulässigkeit der Leistungsbestimmung durch den **Rechtsnachfolger des Dritten** 28
müssen im Vertrag hinreichende Anhaltspunkte gefunden werden[43]. Beim Versterben einer drittleistungsberechtigten **natürlichen Person** dürfte dies äußerst selten sein. Anders ist es etwa, wenn es für die Parteien weniger auf die persönlichen Fähigkeiten des Dritten und das seiner Person entgegengebrachte Vertrauen als dessen Funktion ankommt (etwa als „Steuerberater der Gesellschaft"[44]). Dies mag etwa beim Präsidenten einer Handelskammer oder eines Vereins anzunehmen sein, weil er zwar als Person (Ermächtigung der Person, nicht der dahinterstehenden Institution), aber in seiner Funktion bzw in seinem Amt als Präsident ausgewählt wurde. Nach Auslegung der Unterwerfungsvereinbarung ist dann der **Amtsnachfolger** zur Leistungsbestimmung berechtigt.

Bei einer **juristischen Person** als leistungsbestimmungsberechtigte Dritte bringen die Ver- 29
tragsparteien von Beginn an nicht den handelnden Organen, sondern der Institution besonderes Vertrauen entgegen und ermächtigen diese nach ihren Regeln der internen Willensbildung (vgl Rz 88 ff) zur Leistungsbestimmung. In diesen Fällen ist das jeweils amtierende Organ zur Leistungsbestimmung für die juristische Person befugt. Ein Übergang des Drittleistungsbestimmungsrechts liegt darin nicht[45]. Beim Erlöschen einer juristischen Person ist die Berechtigung des Rechtsnachfolgers, etwa des aufnehmenden Rechtsträgers, wiederum im Einzelnen durch Auslegung der Unterwerfungsvereinbarung zu klären. Auch hier bedarf es in aller Regel hinreichender Anhaltspunkte.

Entfällt der vorgesehene Dritte und haben die Vertragsparteien, auch nach Vertragsausle- 30
gung, keine Nachfolgeregelung vorgesehen, nimmt das **Gericht gem § 319 Abs 1 S 2 Hs 2 eine Ersatzleistungsbestimmung** vor[46]. Dies verdient Zustimmung (§ 319 Rz 67). § 319 Abs 1 S 2 Hs 2 verlangt, dass die Parteien sich auf einen Dritten geeinigt haben. Fällt dieser ersatzlos weg oder wird (unerkannt) geschäftsunfähig, kann er die Leistungsbestimmung nicht mehr treffen. Das Gericht wird nur subsidiär tätig und übernimmt keine Vertragshilfe. Durch die Einigung auf den leistungsbestimmungsberechtigten Dritten sind die Vertragsparteien ihrer „Vorleistung" gerecht geworden und haben einen (jedenfalls im Zeitpunkt seines Abschlusses) wirksamen Vertrag geschlossen (Rz 4 f). Das Gericht leistet hingegen eine unzulässige Vertragshilfe, wenn ein Mangel der Unterwerfungsvereinbarung selbst kompensiert und nicht allein die Vollziehbarkeit des Vertrags sichergestellt wird. Dies ist allerdings erst der Fall, wenn die Unterwerfungsvereinbarung die Person des Dritten nicht bestimmt. In diesem Fall ist der Vertrag nicht wirksam geschlossen (Rz 4 f). Das Gericht darf nicht nach § 319 Abs 1 S 2 Hs 2 die Leistung bestimmen und so den Vertrag heilen. Ein solcher Fall lag BGHZ 57, 47 zugrunde. Die Parteien haben vereinbart, dass „die Preisbehörde oder eine andere amtliche Schätzstelle" die Leistung bestimme. Fällt nun die Preisbehörde weg, verbleibt die vertragliche Alternative einer anderen amtlichen Schätzstelle. Diese ist zunächst durch Vertragsauslegung zu bestimmen. Entfällt auch dieser Dritte, ist der Weg zu einer gerichtlichen Ersatzleistungsbestimmung nach § 319 Abs 1 S 2 Hs 2 eröffnet. Die Feststellung des Wegfalls der Preisbehörde berechtigt das Gericht hingegen noch nicht zur Ersatzleistungsbestimmung nach § 319 Abs 1 S 2 Hs 2 analog[47]. Für diesen Fall soll nach dem Vertrag die andere Variante als funktionale Alternative, und nicht das Gericht, entscheiden. Es lässt sich festhalten: § 319 Abs 1 S 2 Hs 2 findet erst dann (analoge) Anwendung, wenn alle alternativ zur Leistungsbestimmung berufene Dritte wegfallen.

d) **Verzicht.** Der Dritte wird aus dem ausfüllungsbedürftigen Vertrag nicht zur Leistungsbe- 31
stimmung verpflichtet (Rz 97). Er kann anders als die Vertragspartei beim Parteileistungsbestimmungsrecht (§ 315 Rz 119 f) auf die Ausübung des Drittleistungsbestimmungsrechts verzichten und sein Gestaltungsmandat niederlegen (vgl § 319 Abs 1 S 2 Hs 2 Alt 2)[48]. In diesem Fall kann das Gericht nach § 319 Abs 1 S 2 Hs 2 Alt 2 eine Ersatzleistungsbestimmung vornehmen. Der Dritte kann sich allerdings Ansprüchen aus seinem Vertrag mit einer oder beiden Vertragsparteien ausgesetzt sehen (dazu allgemein Rz 6 ff).

2. **Abgrenzungen.** Das Drittleistungsbestimmungsrecht gilt es in verschiedene Richtungen 32
abzugrenzen. Zum Schiedsgutachten siehe gesondert Rz 125 ff, speziell zur Abgrenzung zum Schiedsvertrag Rz 141 f.

---

43 Erman[16]/Hager § 317 Rz 2; BeckOGK[01.09.2021]/Netzer § 317 Rz 21; Staud[Nb 2020]/Rieble § 317 Rz 79.
44 Vgl BGH NJW 2001, 3775, 3776.
45 AA wohl Staud[Nb 2020]/Rieble § 317 Rz 80, der für eine großzügige Vertragsauslegung zugunsten des Nachfolgers plädiert.
46 BGHZ 57, 47, 52 f = NJW 1971, 1838; NJW-RR 1994, 1314, 1315; NJW 1998, 1388, 1389 f; zust Joussen AcP 203 (2003), 429, 434; Kleinschmidt, Delegation von Privatautonomie auf Dritte, 2014, S 230 ff; BeckOGK[01.09.2021]/Netzer § 317 Rz 21; aA (als überschießende Vertragshilfe ablehnend) Staud[Nb 2020]/Rieble § 317 Rz 81.
47 AA BGHZ 57, 47, 52 = NJW 1971, 1838. Insoweit zu Recht kritisch Staud[Nb 2020]/Rieble § 317 Rz 81.
48 Staud[Nb 2020]/Rieble § 315 Rz 303 f.

33 **a) Vertraglicher (dynamischer) Verweis auf eine Fremdregelung oder -feststellung eines Dritten.** In Ausübung eines Drittleistungsbestimmungsrechts entscheidet der Dritte kraft „Delegation von Privatautonomie"[49] für die Parteien. Darin unterscheidet sich das Drittleistungsbestimmungsrecht von einer Verweisung auf eine Fremdregelung oder eine Tatsachenfeststellung durch einen Dritten, auf die die Vertragsparteien im Vertrag Bezug nehmen. Durch den (dynamischen) Verweis stellen die Parteien den notwendigen Bezug der – üblicherweise abstrakt und ohne Bezug zu ihrem Rechtsverhältnis und in aller Regel ohne dessen Kenntnis vorgenommenen – Fremdregelung oder Fremdfeststellung des Dritten zu ihrem Vertrag her. Die Parteien machen sich die Fremdregelung oder Feststellung zu eigen und zum Inhalt ihres Vertrags. Durch den Verweis ist der Vertrag daher **bereits hinreichend bestimmt**. Bei einem Drittleistungsbestimmungsrecht hingegen vervollständigt der Dritte anstelle der Parteien den Vertrag und stellt dessen Bestimmtheit und Vollziehbarkeit gerade erst her. Es wirkt mithin vertragskonkretisierend und -ergänzend (zum Parteileistungsbestimmungsrecht siehe bereits § 315 Rz 6). Der Dritte stellt daher beim Drittleistungsbestimmungsrecht den notwendigen Bezug zum Vertrag selbst her. Das Zeitmoment, ob auf eine bestehende Fremdregelung verwiesen wird oder zukünftig eine Leistungsbestimmung vorgenommen wird, ist dagegen nicht entscheidend. Durch einen dynamischen Verweis können die Parteien gleichfalls auf zukünftige Regelungen oder Feststellungen bzw Änderungen Bezug nehmen.

34 An der Herstellung einer solchen Beziehung auf das auszufüllende Vertragsverhältnis fehlt es etwa, wenn ein Tarifvertrag in Bezug genommen wird[50] oder ein Dritter gesamtvolkswirtschaftliche Parameter ermittelt. So nimmt zB das Statistische Bundesamt keine Drittleistungsbestimmung nach § 317 Abs 1 vor, wenn es aktuelle Inflationsdaten veröffentlicht[51]. Es fehlt an der Beziehung zum Vertrag und damit wird das Rechtsverhältnis unter den Vertragsparteien nicht berührt[52]. Die Gegenprobe des Kriteriums der vertragsersetzenden Natur der Leistungsbestimmung ergibt: Selbst wenn die Parteien sich auf einen bestimmten Parameter wie die Inflation einigen, aber keinen Bezug zu ihrer Rechtsbeziehung herstellen, können daraus keine Rechtsfolgen zwischen ihnen hergeleitet werden. Parameter und Vertrag stehen nebeneinander. Es fehlt die notwendige (inhaltliche) Verknüpfung.

35 Die Fremdfeststellung eines Dritten kann schließlich auch **Geschäftsgrundlage** des Vertrags nach § 313 Abs 1 sein. Auch in diesen Fällen ist der Vertrag hinreichend bestimmt und unterscheidet sich insoweit von einem Drittleistungsbestimmungsrecht.

36 **b) Parteileistungsbestimmungsrecht.** Drittleistungs- und Parteileistungsbestimmungsrecht unterscheiden sich in vielfacher Weise[53]. Aus dem offensichtlichen Unterschied in der Rollenfunktion des Leistungsbestimmungsberechtigten folgt aufgrund des Neutralitäts- und Richtigkeitsvertrauens gegenüber dem Dritten ein großzügigerer gerichtlicher Kontrollmaßstab des Drittleistungsbestimmungsberechtigten[54]. Kontrolliert wird vorbehaltlich abweichender Vertragsvereinbarung lediglich auf „offenbare Unbilligkeit" (§ 319 Rz 11 ff). Mit einer geht eine abweichende Verteilung der Darlegungs- und Beweislast, die beim Drittleistungsbestimmungsrecht auf der Vertragspartei lastet, die sich auf Vorteile aus der Drittbestimmung beruft (§ 319 Rz 11, 84). Auch die Risiken einer unbilligen Leistungsbestimmung sind beim Drittleistungsbestimmungsrecht zwischen beiden Vertragsparteien gleich verteilt. Die unbillige Drittleistungsbestimmung bindet keine Vertragspartei (§ 319 Rz 37), wohingegen die unbillige Leistungsbestimmung einseitig die leistungsbestimmungsberechtigte Partei bindet (§ 315 Rz 158). § 316 enthält nach hM eine Vermutungsregel zugunsten des Bestehens eines Parteileistungsbestimmungsrechts (§ 316 Rz 15 ff). Eine entsprechende Vermutungsregel existiert für das Drittleistungsbestimmungsrecht nicht.

37 Auch die Position des Leistungsbestimmungsberechtigten unterscheidet sich. Der Dritte ist anders als die Vertragspartei (dazu § 315 Rz 118 ff) in keinem Fall aus der Unterwerfungsvereinbarung zur Leistungsbestimmung verpflichtet (Rz 97 f), dafür hat er das Leistungsbestimmungsrecht anders als eine Vertragspartei (§ 315 Rz 29 ff, 107) in aller Regel in Person auszuüben, was etwa eine Stellvertretung ausschließt (Rz 27, 82). Pflichtverletzungen der Vertragspartei beurteilen sich

---

49 Kleinschmidt, Delegation von Privatautonomie auf Dritte, 2014, S 112 f und passim; zust MünchKomm[8]/Würdinger § 317 Rz 1. Vgl auch Bötticher, Gestaltungsrecht und Unterwerfung im Privatrecht, 1964, S 17; Joussen, Schlichtung als Leistungsbestimmung und Vertragsgestaltung durch einen Dritten, 2005, S 127 ff; Staud[Nb 2020]/Rieble § 315 Rz 121.
50 Staud[Nb 2020]/Rieble § 317 Rz 13.
51 RG JW 1904, 289; JW 1907, 5; LG Mannheim BB 1971, 1259, 1260; Staud[Nb 2020]/Rieble § 317 Rz 15; Soergel[12]/M Wolf § 317 Rz 5, 8.
52 LG Mannheim BB 1971, 1259, 1260; ähnlich Soergel[12]/M Wolf § 317 Rz 5 (bewusst in Ausübung des Drittleistungsbestimmungsrechts).
53 Siehe auch Staud[Nb 2020]/Rieble § 317 Rz 12.
54 BGH NJW-RR 2003, 1355, 1356; Erman[16]/Hager § 317 Rz 2; BeckOGK[01.09.2021]/Netzer § 317 Rz 6. Siehe auch § 319 Rz 11.

nach dem ausfüllungsbedürftigen Vertrag, Pflichtverletzungen des Dritten nach seinem Vertrag mit einem oder beiden Vertragsparteien (Rz 9 ff). Schließlich kann der Dritte seine Gestaltungserklärung nicht anfechten, § 318 Abs 2 e contrario.

c) **Zustimmung zur Parteileistungsbestimmung**. Kein Drittleistungsbestimmungsrecht besteht in der bloßen Zustimmung zu einer Parteileistungsbestimmung. So übt etwa der Treuhänder bei der Prämienanpassung im Versicherungsrecht nach VVG §§ 163 Abs 1 Nr 3, 176, 203 Abs 2 S 1, Abs 3 kein eigenes Drittleistungsbestimmungsrecht aus (§ 315 Rz 287). Dieser Gedanke kann auf jegliche Mitwirkung an einem fremden Leistungsbestimmungsrecht ausgeweitet werden. Der Dritte muss in Ausübung eines Drittleistungsbestimmungsrechts eine eigene Entscheidung treffen[55]. 38

d) **Wahlschuld**. Das Recht der Wahlschuld kennt kein Wahlrecht eines Dritten. Dieses steht stets einer Vertragspartei zu, §§ 262, 264. Die ursprünglich vorgesehene „Drittwahlschuld" (BGB-E § 212)[56] wurde im Hinblick auf §§ 317 ff gestrichen[57]. Ein Dritter kann lediglich das Wahlrecht für eine der Vertragsparteien ausüben. Wird die Wahl als eigene einem Dritten übertragen, finden nach hM die §§ 317 ff Anwendung[58]. Fasst man die Wahl des Dritten mit Blick auf den historischen Gesetzgeberwillen als Drittleistungsbestimmungsrecht auf, so scheidet gleichwohl eine Ermessensbindung und damit insbesondere die Auslegungsregel des § 315 Abs 1 aus. Nach den Vertragszwecken, dem Bezugspunkt des Ermessens, beurteilen die Vertragsparteien die Leistungsalternativen gerade gleichwertig. Der Dritte ist nicht berufen, dies zu ändern. Die Wahl des Dritten erfolgt vielmehr in aller Regel nach freiem Belieben. 39

e) **Mediation, Schlichtung und Vergleich**. Auch wenn der Rückgriff auf einen neutralen und besonders qualifizierten Dritten die Institute vereint, besteht zwischen dem Drittleistungsbestimmungsrecht nach § 317 Abs 1 und der Mediation, der Schlichtung sowie einem Vergleich ein maßgeblicher Unterschied. Beim Drittleistungsbestimmungsrecht unterwerfen sich die Parteien (im Voraus) der Regelungsmacht des Dritten. Der Dritte ergänzt den Vertrag oder stellt im Falle eines Schiedsgutachtens verbindlich fest. Im Rahmen der Mediation[59], der Schlichtung nach EGZPO § 15a, der Güterverhandlung vor dem Güterichter nach ZPO § 278 Abs 5 oder auch bei einem Vergleichsvorschlag durch das Gericht (ZPO § 278 Abs 6 S 1 Alt 2) wirkt der Dritte lediglich vorbereitend, unterstützend und anleitend und hat keinerlei Befugnis, das Rechtsverhältnis der beteiligten Parteien zu gestalten[60]. **Jede Regelung ihres Rechtsverhältnisses treffen die Parteien selbst**. Der Sache nach gilt dies auch für das Schiedsverfahren nach ArbnErfG §§ 28 ff, wobei hier die Zustimmung der Parteien zum Einigungsvorschlag der Schiedsstelle nach ArbnErfG § 34 Abs 3 fingiert wird. 40

f) **Vergleichsvertrag durch selbstkontrahierenden Dritten**. Konstruktiv denkbar ist es, dass die Vertragsparteien nicht einen Dritten zur Leistungsbestimmung ermächtigen und sich seiner Regelung (vorab) unterwerfen, sondern beide denselben Dritten zu ihrem Vertreter bestellen und vom Verbot des Selbstkontrahierens nach § 181 befreien. Dieser Dritte schließt dann in ihrer beider Namen einen Vergleichsvertrag mit dem Inhalt, der nach § 317 Abs 1 Inhalt der Leistungsbestimmung wäre. Dieser Vergleichsvertrag unterliegt keiner Billigkeitskontrolle[61]. Diese kann aber auch beim Drittleistungsbestimmungsrecht abbedungen werden (§ 319 Rz 5 ff). Unterschiede ergeben sich daher lediglich aus der unterschiedlichen Konstruktion, etwa in Bezug auf Willensmängel und Anfechtung. 41

3. **Voraussetzungen**. Das Drittleistungsbestimmungsrecht entsteht unter vier Voraussetzungen. Der Vertrag muss i) ausfüllungsbedürftig sein, ii) das Leistungsbestimmungsrecht muss durch eine Unterwerfungsvereinbarung begründet werden, iii) es muss darin ein Dritter zur Leistungsbestimmung ermächtigt werden und iv) es muss darin ein Maßstab für die Ausübung vereinbart werden (Rz 4, näher Rz 99 ff). 42

a) **Unbestimmte, aber bestimmbare Leistung**. Ein Drittleistungsbestimmungsrecht kommt nur in Betracht, wenn der Vertrag **ausfüllungsbedürftig** ist, indem er eine inhaltliche Lücke 43

---

[55] Staud[Nb 2020]/Rieble § 317 Rz 18.
[56] Dazu Mot II S 10, 193.
[57] Jakobs/Schubert, Die Beratung des Bürgerlichen Gesetzbuchs in systematischer Zusammenstellung der unveröffentlichten Quellen, 1978, S 169.
[58] Staud[Nb 2019]/Bittner/Kolbe § 262 Rz 15; Soergel[13]/Forster § 262 Rz 6; MünchKomm[8]/Krüger § 262 Rz 4; Rieble/Gutfried JZ 2008, 593, 595; ablehnend Gernhuber, Das Schuldverhältnis, 1989, S 266 (§ 11 II 2 c); Kleinschmidt, Delegation von Privatautonomie auf Dritte, 2014, S 194 f (Fn 276).
[59] Vgl die Begriffsbestimmung in Art 3 lit a RL 2008/52/EG (Richtlinie 2008/52/EG des Europäischen Parlaments und des Rates vom 21. Mai 2008 über bestimmte Aspekte der Mediation in Zivil- und Handelssachen, ABl 2008 L 136, S 3).
[60] Zu Mediation und Schlichtung Staud[Nb 2020]/Rieble § 317 Rz 6 f; zur Mediation Elsing ZVglRWiss 114 (2015), 568, 573.
[61] Vgl Staud[Nb 2020]/Rieble § 317 Rz 31.

enthält. Dies ist nicht der Fall, wenn sich die Vertragsparteien, ggf nach Auslegung, bereits auf alle Punkte geeinigt haben und sich die Leistung ggf auch anhand objektiver Kriterien ohne Wertungsspielraum ermitteln lässt (vgl § 315 Rz 42, § 316 Rz 6). Erst wenn die Vertragsparteien die Leistung nur bestimmbar vereinbaren, ist Platz für ein Drittleistungsbestimmungsrecht. In der Drittleistungsbestimmung liegt damit zugleich die **Ausfüllung eines Wertungsspielraums durch den Dritten** (Rz 5).

44 b) **Begründung des Drittleistungsbestimmungsrechts.** Das Drittleistungsbestimmungsrecht wird **vertraglich oder durch einseitiges Rechtsgeschäft** begründet[62].

45 aa) **Vertrag.** Die Vertragsparteien begründen das Drittleistungsbestimmungsrecht vertraglich. Es ergibt sich nicht aus dem Rechtsverhältnis einer oder beider Parteien mit dem Dritten. Mit der Begründung des Drittleistungsbestimmungsrechts geht die **Unterwerfung** beider Vertragsparteien unter die vertragsausfüllende Regelung des Dritten einher (vgl Rz 24). Wo es an der Vereinbarung einer solchen Unterwerfung fehlt, wurde kein Drittleistungsbestimmungsrecht vereinbart. So liegt in dem – auch beiderseitigen – Gutachtenauftrag an den Dritten nicht automatisch ein Leistungsbestimmungsrecht (zu Trennung und Abstraktion der Rechtsverhältnisse Rz 6)[63]. Die Parteien müssen zusätzlich übereinkommen, dass die vom Dritten getroffene Regelung ihren Vertrag konkretisierend ergänzt und dadurch bestimmt und durchführbar macht bzw seine Feststellung im Fall eines Schiedsgutachtens (für diesen Vertrag) verbindlich ist. Ob ein Drittleistungsbestimmungsrecht vereinbart wurde, dass sich die Vertragsparteien also der Leistungsbestimmung eines Dritten unterwerfen, ist durch Auslegung zu ermitteln[64]. Es kann wie ein Parteileistungsbestimmungsrecht (§ 315 Rz 62) ausdrücklich oder konkludent vereinbart werden oder sich aus einer ergänzenden Vertragsauslegung ergeben[65].

46 Ist der ursprüngliche Vertrag hinreichend bestimmt und durchführbar, können die Parteien auch erst in einem **nachfolgenden, weiteren Vertrag** ein **Drittleistungsänderungsrecht** vereinbaren oder einen Schiedsgutachter bestellen[66]. Das Drittleistungserstbestimmungsrecht macht den Vertragsinhalt erst bestimmbar und muss daher im ausfüllungsbedürftigen Vertrag selbst enthalten sein (vgl Rz 4 f)

47 Wenngleich eine durch den Dritten auszufüllende Lücke im Vertrag bleibt (Rz 43), müssen die Parteien sich auf die **Person des Dritten** (dazu sogleich Rz 59 ff) ebenso einigen wie auf den **Maßstab** (dazu noch Rz 99 ff), den dieser anwenden soll, um seinen Wertungsspielraum auszufüllen (Rz 4 f, § 315 Rz 63). Anderenfalls ist der Vertrag unbestimmt (Rz 4).

48 Die Begründung eines Drittleistungsbestimmungsrechts bzw die Unterwerfungsvereinbarung bedarf **keiner Form**[67]. ZPO § 1031 findet keine Anwendung.

49 Ein Drittleistungsbestimmungsrecht kann auch **in einem Vertrag zugunsten Dritter** vereinbart werden[68]. Der Anspruch des Drittberechtigten wird dann von dem Dritten bestimmt. Zur Person des Dritten im Vertrag zugunsten Dritter noch Rz 71.

50 Eine **Auslegungsregel für das Bestehen eines Drittleistungsbestimmungsrechts existiert nicht** und lässt sich auch nicht mit den typischen Parteiinteressen rechtfertigen[69]. § 316, dem mit der hM eine Auslegungsregel für das Bestehen eines Parteileistungsbestimmungsrechts zu entnehmen ist (§ 316 Rz 15 ff), kann nicht herangezogen werden.

51 bb) **AGB.** Die Begründung eines Drittleistungsbestimmungsrechts bzw die Unterwerfungsvereinbarung in AGB **unterliegt der Inhaltskontrolle nach §§ 307 ff**[70]. Auch die auf Hauptleistungen des Vertrags bezogenen Drittleistungsbestimmungsrechte sind schon deshalb nicht nach § 307 Abs 3 ausgenommen, weil in der Drittleistungsbestimmung eine Abweichung vom gesetzlichen

---

62 Soergel[12]/M Wolf § 317 Rz 6.
63 Vgl Celle BauR 2008, 2074, 2075; Staud[Nb 2020]/Rieble § 317 Rz 47. Vgl zur Abgrenzung zum Privatgutachten auch BGH NJW-RR 1994, 1314 f; Hamm, Urt v 21.07.2004, 21 U 20/03, juris, Rz 134 ff. Davon ist zu unterscheiden ist, ob ein Schiedsgutachtervertrag zustande gekommen ist.
64 Vgl etwa BGH NJW 1983, 2244, 2245 (insoweit nicht in BGHZ 87, 367).
65 BeckOGK[01.09.2021]/Netzer § 317 Rz 10; jurisPK[9]/Völzmann-Stickelbrock § 317 Rz 12; Soergel[12]/M Wolf § 317 Rz 6.
66 Zur Schiedsgutachtenvereinbarung Kasolowsky/Schnabl SchiedsVZ 2012, 84, 88; BeckOGK[01.09.2021]/Netzer § 317 Rz 44.
67 Staud[Nb 2020]/Rieble § 317 Rz 47; zur Schiedsgutachtenvereinbarung BeckOGK[01.09.2021]/Netzer § 317 Rz 11; jurisPK[9]/Völzmann-Stickelbrock § 317 Rz 25; Soergel[12]/M Wolf § 317 Rz 24; MünchKomm[8]/Würdinger § 317 Rz 34, 43; siehe auch Rz 152.
68 Für das Schiedsgutachten KG NJW 1980, 1342; vgl für das Schiedsgericht BGHZ 48, 35, 45 = NJW 1967, 2057.
69 Staud[Nb 2020]/Rieble § 317 Rz 47; Soergel[12]/M Wolf § 317 Rz 6; vgl auch BGH NJW-RR 2003, 1355, 1357.
70 BGHZ 81, 229, 232 = NJW 1981, 2351; 101, 307, 318 = NJW 1987, 2818; BeckOGK[01.09.2021]/Netzer § 317 Rz 11, 54; Staud[Nb 2020]/Rieble § 317 Rz 82; jurisPK[9]/Völzmann-Stickelbrock § 317 Rz 13; MünchKomm[8]/Würdinger § 317 Rz 5, 35.

Regelmodell der Parteivereinbarung liegt[71]. Dies gilt auch für Schiedsgutachtenklauseln. Gleichwohl hat der BGH in einer Entscheidung eine mangels Marktes unbestimmte, aber bestimmbare Hauptleistung, die durch einen Schiedsgutachter festzulegen war, einer Inhaltskontrolle entzogen[72]. Richtig ist dieser Ansatz nur mit Blick auf den Hauptvertrag. Insoweit haben die Vertragsparteien eine bestimmte Hauptleistung vereinbart, die im Streitfall auch durch das Gericht festgestellt werden kann (zur Schiedsgutachtenabrede noch Rz 144 ff). Indes übersieht der BGH den mit der Schiedsgutachtenvereinbarung verbundenen Vorrang des materiell-rechtlichen Feststellungsvertrags (dazu näher Rz 138 ff) und bezieht diesen nicht in seine Prüfung ein. Mit ihm entziehen die Vertragsparteien dem Gericht zunächst die Entscheidungsgewalt und übertragen sie auf den Schiedsgutachter. Darin liegt aber ein Abweichen von Rechtsvorschriften iSd § 307 Abs 1 S1, das die AGB-Kontrolle eröffnet. Die nachträgliche Kontrolle nach § 319 macht die AGB-rechtliche Inhaltskontrolle schließlich nicht entbehrlich[73]. Bereits durch die Unterwerfung als solcher werden die Interessen der anderen Vertragspartei betroffen, was bei der neben die AGB-Inhaltskontrolle tretenden gerichtlichen Kontrolle auf offenbare Billigkeit keine Berücksichtigung findet.

Die Begründung eines Drittleistungsbestimmungsrechts und dessen Gegenstand müssen sich nach dem **Transparenzgebot** klar aus dem Vertragstext ergeben[74]. Zweifel gehen gem § 305c Abs 2 zulasten des Verwenders[75]. Ferner darf die Klausel nicht den Eindruck erwecken, der Rechtsweg sei – wie bei einer Schiedsvereinbarung nach ZPO § 1029 – ausgeschlossen, weil dies dem Vertragspartner die gerichtliche Kontrolle nach § 319 Abs 1 erschwert[76]. **52**

Ein Drittleistungsbestimmungsrecht und die damit verbundene zurückgenommene gerichtliche Kontrolle nach § 319 Abs 1 verstößt nicht gegen **§ 309 Nr 12 lit a**, weil es die Beweislast nicht von vornherein zulasten des Vertragspartners verschiebt[77]. **53**

Nach der Generalklausel des **§ 307** muss die Unterwerfung unter ein Drittleistungsbestimmungsrecht wegen der geringeren gerichtlichen Kontrolle von einem berechtigten Interesse des Verwenders gedeckt sein und die Interessen des Vertragspartners wahren[78]. Dies wird nach der Rechtsprechung umso unwahrscheinlicher, je komplizierter der Vertrag und je höher das Geschäftsrisiko der anderen Vertragspartei ist. Etwa bei Verträgen über die Errichtung von Fertig-[79] oder Einfamilienhäusern[80] überwiege im Vergleich zum Gebrauchtwagenkauf[81] das gravierende Risiko einer (gerichtlich nicht überprüfbaren) Fehlentscheidung des Dritten das Interesse des Verwenders an einer schnellen und möglicherweise günstigen Streitbeilegung. Weil die Rechtsschutzmöglichkeiten des Vertragspartners nicht eingeschränkt werden, sind fakultative Schiedsgutachten[82] und Drittleistungsbestimmungsrechte unbedenklich, die gerichtlich voll überprüfbar sind[83], oder dem Vertragspartner angemessene (dazu auch § 315 Rz 76) kompensatorische Rechte einräumen[84]. **54**

Die wenngleich zurückgenommene gerichtliche Kontrolle der Drittleistungsbestimmung nach **§ 319 Abs 1 kann in AGB nicht abgeschwächt werden**[85]. Damit kann der Dritte in AGB **55**

---

71 BGHZ 81, 229, 232 f = NJW 1981, 2351; NJW 1983, 1854, 1855; BGHZ 93, 252, 255 = NJW 1985, 853; 94, 335, 337 ff = NJW 1985, 2270; 124, 351, 362 = NJW 1994, 1060; Kleinschmidt, Delegation von Privatautonomie auf Dritte, 2014, S 124 ff.
72 BGHZ 146, 331, 338 = NJW 2001, 2399.
73 BGHZ 82, 21, 26 = NJW 1982, 331; 89, 206, 213 = NJW 1984, 1182; 124, 351, 361 f = NJW 1994, 1060 (jeweils zu § 315); Kleinschmidt, Delegation von Privatautonomie auf Dritte, 2014, S 129; Staud[Nb] [2020]/Rieble § 317 Rz 82.
74 Kleinschmidt, Delegation von Privatautonomie auf Dritte, 2014, S 130; Staud[Nb] [2020]/Rieble § 317 Rz 83; Soergel[12]/M Wolf § 317 Rz 24.
75 Siehe dazu BGH NJW 1983, 1854; LG Frankfurt aM NJW-RR 1988, 1132; jurisPK[9]/Völzmann-Stickelbrock § 317 Rz 13.
76 BGHZ 101, 307, 319 f = NJW 1987, 2818.
77 Kleinschmidt, Delegation von Privatautonomie auf Dritte, 2014, S 131; MünchKomm[8]/Würdinger § 317 Rz 35; vgl auch Soergel[12]/M Wolf § 317 Rz 24; aA LG Frankfurt aM NJW-RR 1988, 1132.
78 Grüneberg[81]/Grüneberg § 317 Rz 1; Kleinschmidt, Delegation von Privatautonomie auf Dritte, 2014, S 132; zum Schiedsgutachten MünchKomm[8]/Würdinger § 317 Rz 35; zum Parteileistungsbestimmungsrecht etwa BGHZ 124, 351, 362 = NJW 1994, 1060; 142, 358, 381 = NJW 2000, 515; 164, 11, 26 f = NJW-RR 2005, 1496 und § 315 Rz 73.
79 BGHZ 115, 329, 331 f = NJW 1992, 433; ablehnend G Wagner, Prozessverträge, 1998, S 681 ff (Lösung über konkrete Ausgestaltung).
80 Düsseldorf BauR 1995, 559, 561.
81 So die Gegenüberstellung von BGHZ 115, 329, 331 f = NJW 1992, 433.
82 BGH NJW-RR 1991, 350, 351; Celle NJW-RR 1995, 1046.
83 Kleinschmidt, Delegation von Privatautonomie auf Dritte, 2014, S 134.
84 Köln NJW-RR 1993, 1016, 1017; Frankfurt aM NJW-RR 1989, 435, 436 (Recht des Leasingnehmers, einen Abnehmer zum Marktpreis zu benennen anstelle einer Drittschätzung über den Restwert des Leasingfahrzeugs, sog Drittkäuferbenennungsrecht); offenlassend BGH NJW 1996, 453, 455; zu § 315 siehe auch BGHZ 82, 21, 27 = NJW 1982, 331.
85 Grüneberg[81]/Grüneberg § 319 Rz 10, § 307 Rz 130; Erman[16]/Hager § 319 Rz 2, § 317 Rz 1; Kleinschmidt, Delegation von Privatautonomie auf Dritte, 2014, S 134; G Wagner, Prozessverträge, 1998, S 669 f; vgl auch BGHZ 101, 307, 320 = NJW 1987, 2818. Zu § 315 Abs 3 siehe BGH NJW 2005, 2919, 2923 (insoweit nicht in BGHZ 163, 321) und § 315 Rz 74.

lediglich an billiges Ermessen oder einen strengeren Maßstab gebunden werden. Namentlich eine Drittleistungsbestimmung nach freiem Belieben scheidet in AGB aus.

56 Die Rechtsprechung nutzt die Inhaltskontrolle nach § 307, um die **Neutralität des Dritten** zu sichern. Dies verdient Zustimmung. Die Benennung eines dem Verwender nahe stehenden oder von diesem wirtschaftlich, rechtlich oder persönlich abhängigen Dritten oder eines Dritten mit eigenem wirtschaftlichen Interesse begründet die Gefahr einer Parteinahme für den Verwender und benachteiligt daher die andere Vertragspartei nach § 307 Abs 1 unangemessen[86]. Fehlen Verfahrensregeln, liegt darin allein noch keine unangemessene Benachteiligung des Vertragspartners[87]. Diese liegt erst vor, wenn das vorgesehene Verfahren den Verwender bevorteilt, dieser etwa im Rahmen der Einschaltung des Dritten den Dritten nicht nur beauftragt, sondern typischerweise oder sogar zwangsläufig seine Sicht der Dinge mitteilt, während dem Vertragspartner durch den Dritten kein rechtliches Gehör oder Möglichkeit der Stellungnahme einzuräumen ist. Diese Hürde ist schnell erreicht. Da ferner der Dritte mangels vertraglicher Verfahrensvorgaben selbst über sein Vorgehen entscheidet (Rz 93), dürfen ihm keine vorformulierten, den Klauselgegner benachteiligenden Vorgaben im ausfüllungsbedürftigen Vertrag gemacht werden. Insbesondere darf in AGB nicht ausgeschlossen werden, dass der anderen Partei **rechtliches Gehör** gewährt wird oder diese mit einer Stellungnahme an den Dritten herantreten darf[88]. Andere Benachteiligungen im Verfahren können erst ex post im Rahmen des § 319 Abs 1 überprüft werden (dazu § 319 Rz 18 ff).

57 cc) **Grenzen der Vertragsfreiheit**. Die Vereinbarung eines Drittleistungsbestimmungsrechts darf schließlich **nicht gegen zwingendes Recht verstoßen**. Neben §§ 134, 138 steht auch das KSchG einem Drittleistungsbestimmungsrecht bzw einem Schiedsgutachten entgegen, wenn dieses den Kündigungsschutz einschränkt. So liegt es etwa, wenn ein Dritter einen Kündigungsgrund feststellen soll und das Arbeitsgericht nach § 319 Abs 1 in seiner Kontrolle eingeschränkt wäre[89]. § 317 selbst verhält sich nicht zur Zulässigkeit der Vereinbarung eines Parteileistungsbestimmungsrechts.

58 dd) **Einseitiges Rechtsgeschäft**. Ein Drittleistungsbestimmungsrecht kann auch durch einseitiges Rechtsgeschäft begründet werden. Dies zeigen §§ 2048 S 2, 2156. Der Erblasser unterwirft den oder die Erben bzw im Falle des Zweckvermächtnisses mitunter einen Vermächtnisnehmer der Regelungsmacht des Dritten. In beiden Fällen müssen die Betroffenen aber nach allgemeinen Regeln die Annahme der Erbschaft bzw des Vermächtnisses erklären und erklären sich damit konkludent mit der Unterwerfung einverstanden. Zu § 661 Abs 2 S 1 siehe noch Rz 143.

59 c) **Ermächtigung eines oder mehrerer Dritter**. Die Vertragsparteien müssen sich zudem auf die Person des oder der Dritten **geeinigt** haben. Fehlt eine solche Einigung, ist der Vertrag mangels Bestimmtheit nicht geschlossen (vgl Rz 4, § 315 Rz 6 f)[90]. Das Gericht nimmt keine Ersatzbenennung vor[91]. Eine solche Einigung auf einen leistungsbestimmungsberechtigten Dritten liegt nach § 315 Abs 1 allerdings auch dann vor, wenn die Parteien sich einigen, dass **eine Vertragspartei** den leistungsbestimmungsberechtigten Dritten bestimmen darf (vgl § 315 Rz 90)[92]. Ferner muss die Benennung des Dritten nicht durch einen oder beide Vertragsparteien selbst, sondern kann **durch einen weiteren Dritten**, etwa der Industrie- und Handelskammer, erfolgen[93]. Es handelt sich um hintereinandergeschaltete Drittleistungsbestimmungsrechte. Nach VVG § 84 Abs 2, 189 ist auch eine Ernennung durch das Gericht möglich. Diese Vorschrift kann auch nur für den Fall einer verzögerten Benennung des Dritten durch eine Partei vertraglich vorgesehen werden[94]. Als zuständigkeitsbegründende Vereinbarung kann diese Vorschrift nicht über den Anwendungsbereich der VVG §§ 84, 189 hinaus verallgemeinert werden. Die Vertragsparteien kön-

---

86 BGHZ 81, 229, 236 = NJW 1981, 2351; NJW 1983, 1854, 1855; in diese Richtung auch Düsseldorf NJW-RR 2000, 279, 281.
87 Im Ergebnis auch, allerdings ohne die nachfolgende Einschränkung Staud[Nb 2020]/Rieble § 317 Rz 86; jedenfalls für unangemessene Benachteiligung bei fehlender Einräumung rechtlichen GehörsGrüneberg[81]/Grüneberg § 307 Rz 130; Kleinschmidt, Delegation von Privatautonomie auf Dritte, 2014, S 137 f. Vgl auch Celle NJW-RR 1995, 1046; LG Frankfurt aM NJW-RR 1988, 1132, 1133.
88 Vgl G Wagner, Prozessverträge, 1998, S 671 f, 677 f und die Nachw soeben in Fn 87.
89 BAGE 34, 365, 370 ff = AP TVG § 1 Tarifverträge: Bundesbahn Nr 4; Staud[Nb 2020]/Rieble § 317 Rz 32; Soergel[12]/M Wolf § 317 Rz 6.
90 Mot II S 193.
91 RGZ 94, 172, 174 ff.
92 Vgl Soergel[12]/M Wolf § 317 Rz 10.
93 BGH NJW 2001, 3775, 3777; Celle BB 1966, 802; BeckOK[61. Ed]/Gehrlein § 317 Rz 2; BeckOGK[01.09.2021]/Netzer § 317 Rz 15; jurisPK[9]/Völzmann-Stickelbrock § 317 Rz 14; Soergel[12]/M Wolf § 317 Rz 6; MünchKomm[8]/Würdinger § 317 Rz 1.
94 Vgl Sieg VersR 1965, 629, 632; MünchKomm[8]/Würdinger § 319 Rz 20.

nen schließlich ein bestimmtes **Benennungsverfahren** im Vertrag vereinbaren[95]. Dies kann Regeln zur Besorgnis der **Befangenheit** oder Ablehnungsrechte umfassen[96].

Die **Leistungsbestimmungsberechtigung des Dritten muss bei Ausübung des Bestimmungsrechts** (fort-)bestehen. Dies gilt freilich auch für das Parteileistungsbestimmungsrecht, stellt dort aber kein Problem dar, weil die leistungsbestimmungsberechtigte Vertragspartei nicht ohne ihre Zustimmung abberufen werden kann. Beim Drittleistungsbestimmungsrecht ist das anders. Die Vertragsparteien oder die zur Benennung berechtigte Vertragspartei kann den Dritten **abberufen** und ihm so die Leistungsbestimmungsberechtigung entziehen. Der ausfüllungsbedürftige Vertrag wird so mitunter wieder undurchführbar. Die Abberufung schlägt nicht unmittelbar auf das Rechtsverhältnis zum Dritten durch (vgl Rz 70). Bei einem einseitigen Benennungsrecht einer Vertragspartei, das sich als ein Parteileistungsbestimmungsrecht nach § 315 Abs 1 darstellt, ist daher zu fragen, ob eine Leistungsbestimmungspflicht besteht (dazu § 315 Rz 118 ff). Besteht diese wie etwa bei Leistungserstbestimmungsrechten, wo es keine Rückfalloption gibt, darf der Dritte jedenfalls nicht ersatzlos abberufen werden. Die Durchführung des Vertrags verlangt vielmehr eine Neubenennung. Einem solchen Wechsel in der Person des Leistungs(mit)bestimmungsberechtigten steht grundsätzlich nichts entgegen[97]. Die Auslegung des ausfüllungsbedürftigen Vertrags kann, etwa aufgrund detaillierter Verfahrensvorgaben, die von der Person des Dritten abhängen, oder anderer Vertrauensregelungen, aber ergeben, dass eine einseitige Abberufung des zur Leistungsbestimmung benannten Dritten unzulässig ist. Einer beiderseitigen (ersatzlosen) Abberufung stehen freilich keine Einwände entgegen. Die Vertragsparteien akzeptieren damit mitunter das Scheitern des Vertrags.

aa) **Dritter**. Dritter iSd § 317 Abs 1 ist jede Person, die **nicht Vertragspartei** des ergänzungsbedürftigen Vertrags ist. Wird hingegen eine Vertragspartei ermächtigt, handelt es sich um ein Parteileistungsbestimmungsrecht nach § 315 Abs 1 (zur Abgrenzung siehe Rz 36). Dabei ist nach den einzelnen Rechtsverhältnissen zu unterscheiden; eine Person kann in dem einen als Partei und in dem anderen als Dritter die Leistung bestimmen (§ 315 Rz 83). § 315 findet gleichfalls Anwendung, wenn ein Dritter gemeinsam mit einer Vertragspartei entscheiden soll[98]. Leistungsbestimmungsberechtigter Dritter kann jede **natürliche oder juristische Person** sein[99]. Da die Ausübung des Leistungsbestimmungsrechts durch Willenserklärung erfolgt (Rz 79), muss der benannte Dritte mindestens beschränkt geschäftsfähig sein (Rz 82)[100]. Auch kann ein Schiedsgericht gem ZPO §§ 1025 ff als Dritter eingesetzt werden[101].

Behörden können außerhalb der Erfüllung ihrer gesetzlich zugewiesenen Aufgaben und damit außerhalb ihrer hoheitlichen Befugnisse Drittleistungsbestimmungsrechte ausüben und Dritter iSd § 317 Abs 1 sein[102]. Freilich darf die Behörde wie ein Privater auch nicht Vertragspartei des ausfüllungsbedürftigen Vertrags sein. Wie jener unterliegt auch die Drittleistungsbestimmung der Behörde der zivilrichterlichen Kontrolle nach § 319 Abs 1[103]. Das Statistische Bundesamt wird nicht als leistungsbestimmungsberechtigter Dritter eingesetzt, wenn sich die vertragliche Leistung an eine von diesem festgestellte Entwicklung anpasst. Der Grund liegt darin, dass die maßgebliche Statistik allgemein sowie ohne Willensausübung und Gebrauchmachen von einem Wertungsspielraum und Bezug auf den ausfüllungsbedürftigen Vertrag erstellt wird (dazu siehe Rz 33)[104].

---

95 Staud[Nb 2020]/Rieble § 317 Rz 74 f; vgl auch Celle BB 1966, 802.
96 Siehe zB BGH NJW 1972, 827.
97 Vgl ohne Berücksichtigung einer Leistungsbestimmungspflicht, die eine Neubenennung erforderlich macht, RGZ 152, 201, 206; Soergel[12]/M Wolf § 317 Rz 10; MünchKomm[8]/Würdinger § 317 Rz 21.
98 München NZV 2003, 141; BeckOGK[01.09.2021]/Netzer § 317 Rz 2.
99 Erman[16]/Hager § 317 Rz 2; BeckOGK[01.09.2021]/Netzer § 317 Rz 15; Staud[Nb 2020]/Rieble § 317 Rz 53; jurisPK[9]/Völzmann-Stickelbrock § 317 Rz 14; Soergel[12]/M Wolf § 317 Rz 7; MünchKomm[8]/Würdinger § 317 Rz 14; offenlassend BAG NZA-RR 2010, 7, 13 (Rz 64); vgl auch NJW 1980, 470, 471.
100 Erman[16]/Hager § 317 Rz 2; Staud[Nb 2020]/Rieble § 317 Rz 55; NomosKommentar, BGB[4]/Ring/F Wagner § 316 Rz 8; NomosKommentar, BGB[4]/

dies § 317 Rz 8; jurisPK[9]/Völzmann-Stickelbrock § 317 Rz 15.
101 BGH NJW 1998, 1388, 1390; Erman[16]/Hager § 317 Rz 4; MünchKomm[8]/Würdinger § 317 Rz 15.
102 BGH NJW 1955, 665; BGHZ 57, 47 = NJW 1971, 1838; 73, 114, 116 = NJW 1979, 597; RGRK[12]/Ballhaus § 317 Rz 5; BeckOK[61. Ed]/Gehrlein § 317 Rz 2; BeckOGK[01.09.2021]/Netzer § 317 Rz 18; jurisPK[9]/Völzmann-Stickelbrock § 317 Rz 16; Soergel[12]/M Wolf § 317 Rz 8.
103 BGH NJW 1955, 665; OVG Lüneburg NJW 1950, 924; jurisPK[9]/Völzmann-Stickelbrock § 317 Rz 16; Soergel[12]/M Wolf § 317 Rz 8; MünchKomm[8]/Würdinger § 317 Rz 17.
104 LG Mannheim BB 1971, 1259, 1260; Soergel[12]/M Wolf § 317 Rz 5; vgl auch RGZ 96, 57, 60 („Feststellung [von Tatsachen] speziell für das Vertragsverhältnis der Parteien bestimmt").

63 Als Dritte iSd § 317 scheiden hingegen die **staatlichen Gerichte** aus[105]. Der gerichtliche Aufgabenbereich unterliegt nicht der Parteidisposition. Das staatliche Gericht wird nur im Rahmen der (gesetzlich zugewiesenen) gerichtlichen Kontrolle tätig und nimmt nötigenfalls ersatzweise die Leistungsbestimmung nach §§ 315 Abs 3 S 2, 319 Abs 1 S 2 vor (dazu § 319 Rz 48 ff). Eine Leistungserstbestimmung durch staatliche Gerichte scheidet aus (vgl § 315 Rz 202). Zudem würden sie in Ausübung ihrer hoheitlichen Befugnisse tätig. Dies ist nur durch gesetzliche Ermächtigung, eben nach §§ 315 Abs 3 S 2, 319 Abs 1 S 2, zulässig (siehe soeben Rz 62 zur Behörde).

64 bb) **Mehrere Dritte**. Bei einer **Personenmehrheit** ist nach ihrer Rechtsfähigkeit zu unterscheiden. Ist die Personenmehrheit rechtsfähig, so handelt es sich um eine Leistungsbestimmung durch einen einzigen Dritten. Dieser ist rechts- und geschäftsfähig. Die rechtsfähige Personenmehrheit bildet ihren (internen) Willen nach den satzungsmäßigen oder gesetzlichen Regeln und erklärt ihn gem § 318 Abs 1 nach den entsprechenden Vertretungsregeln. Bei einer nicht rechtsfähigen Personenmehrheit, etwa dreier unverbundener, gemeinsam zur Leistungsbestimmung berufener Personen, handelt es sich dagegen um eine Leistungsbestimmung durch mehrere Dritte. Für diesen Fall sieht § 317 Abs 2 zwei Auslegungsregeln vor. Jedes Mitglied der nicht rechtsfähigen Personenmehrheit muss mindestens beschränkt geschäftsfähig sein, weil es so an der Willensbildung teilnimmt (vgl Rz 80). Zur Willensbildung mehrerer Dritter siehe Rz 87 ff.

65 cc) **Nicht neutrale Dritte**. In den allgemeinen Grenzen der Vertragsfreiheit (dazu Rz 57) steht es den Parteien zunächst frei, außerhalb von AGB (dazu bereits Rz 51 ff) auch **befangene oder nicht neutrale Dritte** zur Leistungsbestimmung zu ermächtigen. Darf eine Vertragspartei einseitig den leistungsbestimmungsberechtigten Dritten bestimmen, liegt darin ein einseitiges Parteileistungsbestimmungsrecht. Die Benennung eines leistungsbestimmungsberechtigten Dritten, ist nach § 315 Abs 1 im Zweifel an billiges Ermessen mit dem Maßstab einer sachgerechten Vertragskonkretisierung gebunden (dazu § 315 Rz 125 ff) und unterliegt damit einem strengeren Maßstab.

66 Die **Rechtsprechung** ist strenger, indem sie über das formale Verständnis des Dritten als eine Person, die nicht Vertragspartei ist (Rz 61), hinausgeht. Als materielles Kriterium verlangt sie eine sachliche Unabhängigkeit des Dritten. Ist der (formale) Dritte mit einer Partei eng verbunden oder steht in dessen Lager, sei das Neutralitäts- und Richtigkeitsvertrauen nicht gegeben. Vielmehr sei der strengere Kontrollmaßstab des Parteileistungsbestimmungsrechts nach § 315 anzuwenden. Als solchen parteiischen Dritten hat das BAG den sog Bochumer Verband angesehen, der als Arbeitgeberverband zum Zwecke der Koordinierung der betrieblichen Altersversorgung auch der Vertragspartei handelte[106]. Gleiches gilt für den sog Essener Verband, der als Arbeitgeberverband das Leistungsbestimmungsrecht für seine Mitglieder ausübt[107]. Ein weiteres Beispiel bilden konzernverbundene Gesellschaften oder Geschäftsbereiche unter derselben Leitung[108]. § 317 wendete das BAG hingegen an, wenn tariflich vorgesehene und paritätisch zusammengesetzte Kommissionen über Leistungsbeurteilungen oder über die Prämienvergabe für betriebliche Verbesserungsvorschläge entschieden[109]. Auch den DFB hat das BAG im Verhältnis zu einem Mitgliedsverein und dessen angestelltem Spieler als Dritten iSd § 317 Abs 1 angesehen[110]. Ebenso entschied das Gericht, wenn die Einflussmöglichkeiten der Vertragspartei durch mehrere Stufen vermittelt und deshalb so gering sind, dass der strenge Maßstab des § 315 nicht in Betracht kommt[111]. Zur Mitwirkung einer Vertragspartei unter mehreren Dritten siehe noch Rz 69.

67 Das Grundanliegen der Rechtsprechung einer strengeren gerichtlichen Kontrolle ist richtig. Dies gilt für Drittleistungsbestimmung und Schiedsgutachten gleichermaßen. Allerdings kennt das Gesetz dieses zusätzliche Kriterium der sachlichen Unabhängigkeit nicht. In §§ 315 ff drückt sich dieses lediglich mittelbar durch einen verschärften Kontrollmaßstab der Parteileistungsbestimmung aus. Ausreichend ist es, die gerichtliche Kontrolle beim Parteileistungsbestimmungsrecht zu verschärfen, weil parteiische Dritte das Richtigkeitsvertrauen ihrer Leistungsbestimmung nicht erfüllen. Ansatzpunkt einer teleologischen Korrektur ist daher allein der gerichtliche Kontrollmaßstab der Drittleistungsbestimmung nach § 319 Abs 1 S 1[112]. Da sich die Ermessenskontrolle nicht

---

105 BGH NJW 1998, 1388, 1390; NJW 1995, 1360; BeckOK[61. Ed]/Gehrlein § 317 Rz 2; Grüneberg[81]/Grüneberg § 317 Rz 2; Erman[16]/Hager § 317 Rz 4; Joussen, Schlichtung als Leistungsbestimmung und Vertragsgestaltung durch einen Dritten, 2005, S 40; BeckOGK[01.09.2021]/Netzer § 319 Rz 19; NomosKommentar, BGB[4]/Ring/F Wagner § 317 Rz 9; jurisPK[9]/Völzmann-Stickelbrock § 317 Rz 18; MünchKomm[8]/Würdinger § 317 Rz 16; aA Soergel[12]/M Wolf § 317 Rz 9 (Gericht als Erstbestimmungsberechtigter mit Ausnahme des Maßstabs freien Ermessens).

106 BAG NZA 1988, 611, 612; BAGE 92, 358, 378 f = NZA 2001, 221; vgl auch 106, 151, 155 f = AP BGB § 315 Nr 82.
107 BAG NZA 2015, 227, 229 f (Rz 19).
108 Vgl BAG NJW 2021, 1772, 1774 (Rz 47).
109 BAG NZA 1997, 837, 838; BAGE 109, 193, 200 ff = NZA 2004, 994.
110 BAG NJW 1980, 470, 471.
111 BAG NZA-RR 2010, 7, 13 (Rz 62).
112 Ebenso Staud[Nb 2020]/Rieble § 317 Rz 69 f; Soergel[12]/M Wolf § 317 Rz 26.

in einer Ergebniskontrolle erschöpft, sondern eine Vorgangskontrolle umfasst (§ 319 Rz 18 ff), beinhaltet sie die **Überprüfung auf die Berücksichtigung sachfremder Erwägungen des Dritten**. Diese Kontrolle auf „offenbare Unbilligkeit" kann daher die Parteilichkeit oder eigeninteressengeleitete Entscheidung des Dritten erfassen. Da sich die „offenbare Unbilligkeit" am vertraglichen Maßstab orientiert, ist sie hinreichend flexibel, auch Fälle zu erfassen, in denen die Parteien der Unparteilichkeit der Leistungsbestimmung großes Gewicht beimessen. Diese Lösung hat zudem den Vorteil, dass die strukturellen Unterschiede von Partei- und Drittleistungsbestimmung (siehe Rz 36 f) bestehen bleiben[113]. Zudem schlägt die Kontrolle nur an, wenn der einer Partei nahestehende oder persönlich betroffene Dritte tatsächlich sachfremde Erwägungen vorgenommen hat. Eine abstrakte Gefahr der Befangenheit genügt nicht. Dies wäre zudem widersprüchlich, weil die Parteien sich auf den Dritten vertraglich verständigt haben. Lediglich die Grenzen der Vertragsfreiheit, §§ 134, 138 und §§ 305 ff (dazu Rz 51 ff, 57) können diese Gefahr der Befangenheit aufgreifen und daher die vertragliche Einigung auf den Dritten ex ante nicht anerkennen. So wird die AGB-Kontrolle zu Recht zur Sicherung der Neutralität des Dritten eingesetzt (Rz 56).

Entscheiden sich die Parteien bewusst für einen parteinahen Dritten und vereinbaren einen **68** von § 319 Abs 1 S 1 abweichenden oder diesen bestätigenden, vertraglichen Kontrollmaßstab, so ist diese parteiautonome Entscheidung in den Grenzen der allgemeinen Vertragsfreiheit und der AGB-Kontrolle (siehe Rz 65) zu akzeptieren. Eine Modifizierung dieses Kontrollmaßstabs mit objektiven Gerechtigkeitserwägungen scheidet aus. Auch die prozessrechtlichen Regelungen zur Unabhängigkeit des (Schieds-)Gerichts und der Besorgnis der Befangenheit finden keine Anwendung auf den materiell-rechtlichen Vertrag (dazu noch näher zum Schiedsgutachter Rz 153).

Soll nach dem Vertrag eine **Vertragspartei mit einem oder mehreren Dritten** gemeinsam **69** die Leistung bestimmen, so ist auch dies in den Grenzen der Vertragsfreiheit und der AGB-Kontrolle zu akzeptieren. Allerdings finden die Auslegungsregeln der §§ 315 Abs 1, 317 Abs 1 jeweils keine Anwendung. Der Ausübungsmaßstab muss sich aus dem Vertrag ergeben. Auch der Kontrollmaßstab richtet sich weder nach § 315 Abs 3 S 1 noch nach § 317 Abs 1 S 2. Er muss sich ebenfalls aus dem Vertrag ergeben[114].

In aller Regel entspricht die Parteilichkeit oder Abhängigkeit des Dritten nicht dem gemeinsa- **70** men Parteiwillen. Die Vertragsparteien wünschen vielmehr eine neutrale, sachverständige Entscheidung. Sie können vertragliche Regeln zur Abberufung oder dem Verfahren bei Besorgnis der Befangenheit aufstellen. Fehlen solche, bietet der Parteiwille gleichwohl einen dogmatischen Ansatzpunkt zur Reaktion auf einen parteilichen oder abhängigen zur Drittleistungsbestimmung berechtigten Dritten. Richtigerweise muss sich die benachteiligte Vertragspartei hierauf berufen und kann sich alternativ an der Leistungsbestimmung des nicht neutralen Dritten festhalten lassen. Die Neutralität des Dritten stellt meist eine **Geschäftsgrundlage nach § 313 Abs 1 bzw eine wesentliche Vorstellung gem § 313 Abs 2** dar. Bei Auslegung des Vertrags kommt es dabei auf die berechtigte Neutralitätserwartung an, wie sie für die Besorgnis der Befangenheit nach den Prozessordnungen maßgeblich ist. Dass mitunter eine Partei in Kenntnis der Parteilichkeit oder Abhängigkeit des Dritten handelt, steht einer solchen Subsumtion nicht entgegen. Eine einseitige Unabhängigkeitserwartung genügt, da die andere Vertragspartei diese im Regelfall kennt bzw ihr jedenfalls erkennbar ist[115]. Nach Treu und Glauben soll der Dritte eine „billige" bzw nach einem vertraglichen Maßstab die beiderseitigen Interessen versöhnende Leistung bestimmen. Die Anwendung des § 313 führt zu angemessenen Rechtsfolgen: **Vor Ausübung des Leistungsbestimmungsrechts** kann die benachteiligte Partei Vertragsanpassung und damit, bei Aufrechterhaltung des Vertrags im Übrigen, Austausch des Dritten verlangen. In diesem Sinne kann die benachteiligte Partei den Dritten **abberufen**[116]. Zugleich kommt es zu einer Neubesetzung. Einhergehen muss, dass bis dahin der abzusetzende Dritte sein Leistungsbestimmungsrecht nicht mehr ausübt, etwa durch Kündigung seines (Schiedsgutachter-)Vertrags[117], bzw dessen Ausübung keine Verbind-

---

113 So auch Staud[Nb 2020]/Rieble § 317 Rz 69.
114 Für eine Annäherung an den Prüfungsmaßstab des § 315 Abs 3 MünchKomm[8]/Würdinger § 319 Rz 9.
115 Vgl zur einseitigen Vorstellung nur einer Vertragspartei st Rspr; BGHZ 120, 10, 23 = NJW 1993, 259; 129, 236, 252 = ZIP 1995, 1021; NJW 2001, 1204, 1205; ZIP 2006, 765, 765 f (Rz 8).
116 Im Ergebnis ebenso Rosenberg/Schwab/Gottwald, ZPO[18], 2018, § 175 Rz 16; G Wagner, Prozessverträge, 1998, S 673 ff; MünchKomm[8]/Würdinger § 317 Rz 45, die sich für eine analoge Anwendung der ZPO §§ 1036, 1037 aussprechen, sowie die Vertreter einer prozessualen Deutung der Schiedsgutachtenvereinbarung (Kornblum, Probleme der

schiedsrichterlichen Unabhängigkeit, 1968, S 102 f; Nicklisch ZHR 136 (1972), 1, 16; Schwab/Walter, Schiedsgerichtsbarkeit[7], 2005, Kap 2 Rz 12; Wittmann, Struktur und Grundprobleme des Schiedsgutachtenvertrages, 1978, S 97 ff; dazu unten noch Rz 146 ff); gegen diese Analogie RGZ 152, 201, 204 ff; München NJOZ 2008, 1079, 1083; Grüneberg[81]/Grüneberg § 317 Rz 7; BeckOGK[01.09.2021]/ Netzer § 317 Rz 68; sowie die Nachw in Fn 217.
117 Die Kündigung des (Schiedsgutachter-)Vertrags, auf die etwa BeckOGK[01.09.2021]/Netzer § 317 Rz 68, 62 verweist, lässt demgegenüber das ausfüllungsbedürftige Vertragsverhältnis unberührt (Rz 6) und kann daher alleine nicht genügen.

lichkeit beigemessen wird. Auch **nach Ausübung des Leistungsbestimmungsrechts** käme eine Vertragsanpassung durch Behandlung der Drittleistungsbestimmung als **unverbindlich** in Betracht. Das Gericht wäre nach § 319 Abs 1 S 2 zur Ersatzleistungsbestimmung befugt. Vorzugswürdig ist aber die Berücksichtigung der Befangenheit bzw fehlenden Neutralität des Dritten im Rahmen der Vorgangskontrolle, die zu einer offenbaren Unbilligkeit und damit ebenfalls zur Unverbindlichkeit und gerichtlichen Ersatzleistungsbestimmung führen kann (soeben Rz 67). Zu diesem Ergebnis kommt auch die Rechtsprechung, die einen befangenen bzw nicht neutralen Dritten als untauglich ansieht und deshalb § 319 Abs 1 S 2 anwendet (dazu noch § 319 Rz 54)[118].

71 Besondere Probleme stellen sich bei der **Leistungsbestimmungsberechtigung des Drittbegünstigten im (echten) Vertrag zugunsten Dritter** nach § 328. Dieser erwirbt einen originären Anspruch gegen den Versprechenden, wird aber nicht Vertragspartei[119]. Der BGH sieht darin ein Parteileistungsbestimmungsrecht nach § 315 Abs 1[120]. Dies ist mit der Begründung der Rechtsprechung zu den parteiischen Dritten (Rz 66) konsistent. Zudem zieht der BGH zur Begründung § 316 heran, woraus sich ergebe, dass derjenige, der die Leistung zu fordern hat, nicht Dritter iSd § 317 Abs 1 sein könne[121]. Weil der Drittbegünstigte im Vertrag ein eigenes Forderungsrecht erwirbt, ist die Gleichstellung mit einer Vertragspartei und die Annahme eines Parteileistungsbestimmungsrechts nach § 315 gerechtfertigt[122]. Auf dieses Forderungsrecht bezieht sich das Leistungsbestimmungsrecht; dieses wird konkretisiert. Lediglich die Vereinbarung des Leistungsbestimmungsrechts betrifft hingegen den Gesamtvertrag zwischen den Vertragsparteien und sichert seine Wirksamkeit. Fälligkeit und Erfüllbarkeit dieser Forderung hängen von der Leistungsbestimmung des Dritten ab (vgl § 315 Rz 167). Es ist daher gerechtfertigt, über die Anpassung des gerichtlichen Kontrollmaßstabs hinaus auch die weiteren Konsequenzen des Parteileistungsbestimmungsrechts, namentlich eine etwaige Leistungsbestimmungspflicht Anwendung finden zu lassen. Der Drittbegünstigte kann sich der etwaigen Leistungsbestimmungspflicht nach § 333 entziehen, allerdings auf Kosten des Verlusts des gesamten Forderungsrechts.

72 4. **Gegenstand**. Gegenstand eines Drittleistungsbestimmungsrechts ist wie beim Parteileistungsbestimmungsrecht die „Leistung". Der Gegenstand beider Gestaltungsrechte ist **deckungsgleich**[123]. Die Ausführungen bei § 315 Rz 88 ff gelten daher entsprechend. Gegenstand eines Leistungsbestimmungsrechts kann auch der Verzicht auf eine Leistung[124] oder die Benennung des in der Sache leistungsbestimmungsberechtigten Dritten (vgl Rz 27, 59) sein. Gleichfalls kann auch der Dritte grundsätzlich nicht über die seine Leistungsbestimmungsermächtigung begründenden Voraussetzungen entscheiden (vgl § 315 Rz 96 f). Ihr Vorliegen unterliegt vielmehr grundsätzlich der vollen gerichtlichen Kontrolle. Anders ist dies, wenn die Vertragsparteien den Dritten vertraglich dazu ermächtigen, was nach der Rechtsprechung des BGH anzunehmen ist, wenn sich Voraussetzung und Rechtsfolgenanpassung inhaltlich weitgehend decken. Dies ist zB bei Wertsicherungsklauseln der Fall, die bei einer wesentlichen Veränderung der Verhältnisse greifen und den Dritten darauf reagieren lassen[125].

73 Die hM wendet §§ 317 ff analog auf Schiedsgutachten (ieS) an[126]. Damit wird das Drittleistungsbestimmungsrecht auf die (wertungsabhängige) **Tatsachenfeststellung und Rechtsanwendung** erweitert. Dazu im Einzelnen Rz 125 ff.

---

118 BGH NJW-RR 1994, 1314, 1315; München NJOZ 2008, 1079, 1083.
119 Siehe nur Soergel[13]/Hadding § 328 Rz 14; Staud[Nb] [2020]/Klumpp § 328 Rz 65.
120 BGH NJW-RR 2003, 1355, 1356 f.
121 BGH NJW-RR 2003, 1355, 1357.
122 Ebenso Erman[16]/Hager § 317 Rz 2; BeckOGK[01.09.2021]/Netzer § 317 Rz 16, § 319 Rz 19; Nomos-Kommentar, BGB[4]/Ring/F Wagner § 317 Rz 6; jurisPK[9]/Völzmann-Stickelbrock § 317 Rz 14; aA Staud[Nb] [2020]/Rieble § 317 Rz 67; vgl auch Staud[Nb] [2020]/Klumpp § 328 Rz 67 (sowohl § 315 als auch § 317 in Abhängigkeit von der Vereinbarung im Deckungsverhältnis).
123 BeckOGK[01.09.2021]/Netzer § 317 Rz 5; Soergel[12]/M Wolf § 317 Rz 4; MünchKomm[8]/Würdinger § 317 Rz 6.
124 BGHZ 141, 391, 394 = NJW 1999, 2662 (Verzicht auf verwirkte Vertragsstrafe). Der BGH lässt offen, ob § 317 direkte oder analoge Anwendung findet.

Für direkte Anwendung Erman[16]/Hager § 317 Rz 1; für analoge Anwendung BeckOGK[01.09.2021]/Netzer § 317 Rz 5; MünchKomm[8]/Würdinger § 317 Rz 6.
125 Vgl BGHZ 48, 25, 28 f = NJW 1967, 1804; WM 1975, 772, 773 (insoweit nicht in NJW 1975, 1557); NJW 1975, 1556 f; BB 1982, 1077, 1078.
126 Siehe nur BGHZ 43, 374, 376 = NJW 1965, 1523; NJW 1990, 1231, 1232; NJW 2001, 3775, 3776; NJW 2013, 1296, 1297 (Rz 13); NJW-RR 2014, 492, 493 (Rz 27); Erman[16]/Hager § 317 Rz 8; BeckOGK[01.09.2021]/Netzer § 317 Rz 33; Staud[Nb] [2020]/Rieble § 317 Rz 23; jurisPK[9]/Völzmann-Stickelbrock § 317 Rz 9; MünchKomm[8]/Würdinger § 317 Rz 9; mit Überlagerung durch ZPO §§ 1025 ff auch Stein/Jonas ZPO[23]/Schlosser, vor § 1025 Rz 63 ff; aA Dütz, Rechtsstaatlicher Gerichtsschutz im Privatrecht, 1970, S 256 ff; Kornblum, Probleme der schiedsrichterlichen Unabhängigkeit, 1968, S 102.

5. Ausübung. Die Drittleistungsbestimmung erfolgt wie die Parteileistungsbestimmung (§ 315 Rz 98) durch **einseitige, empfangsbedürftige Willenserklärung**[127]. 74

Auch bei der internen Willensbildung unter mehreren leistungsbestimmungsberechtigten Dritten durch Beschluss (Rz 91 f) erfolgt die Ausübung des Leistungsbestimmungsrechts durch Erklärung gegenüber einem der Vertragschließenden. Dies geschieht durch **Vertretung der Personenmehrheit** (Rz 91). 75

a) **Form (§ 318 Abs 1)**. Bei der Drittleistungsbestimmung stellt sich die Frage, wem gegenüber die Leistungsbestimmung zu erklären ist. § 318 Abs 1 beantwortet sie dahingehend, dass die Erklärung **gegenüber einem der Vertragschließenden** erfolgt. Der Zugang bei einem der Vertragsparteien lässt die Leistungsbestimmung wirksam werden. Die empfangende Vertragspartei ist zur Weiterleitung an die andere Vertragspartei verpflichtet (Rz 95). Die Vorschrift dient der von den Parteien erstrebten Beschleunigung[128]. Dass im Vertrag mit dem Dritten weitergehende Anforderungen gestellt werden, die der Dritte nicht erfüllt, steht nicht entgegen. Die Rechtsverhältnisse sind getrennt zu beurteilen (Rz 6). Im Vertrag selbst können die Vertragsparteien von § 318 Abs 1 **abweichen**, was Wirksamkeitsvoraussetzung der Leistungsbestimmung ist (§ 318 Rz 2). 76

Die Ausübung des Leistungsbestimmungsrechts bedarf **keiner bestimmten Form**, es sei denn die Vertragsparteien vereinbaren dies im Vertrag (nicht im Vertrag mit dem Dritten, dies hat keine Auswirkungen auf die Wirksamkeit der Leistungsbestimmung, Rz 6)[129]. 77

b) **Zeitpunkt**. Das Drittleistungsbestimmungsrecht wird nach Abschluss des ausfüllungsbedürftigen Vertrags ausgeübt. Die Parteien können das Drittleistungsbestimmungsrecht **befristen** (zur Verzögerung siehe § 319 Rz 60)[130], und vor allem ein Drittleistungsänderungsrecht an bestimmte Zeitpunkte oder Voraussetzungen knüpfen. Der Zeitpunkt der Leistungsanpassung kann aber auch in das billige Ermessen oder das Belieben des Dritten gestellt werden (zum Maßstab noch Rz 99). Zum Parteileistungsbestimmungsrecht siehe § 315 Rz 99 ff. 78

c) **Allgemeine Vorschriften über Willenserklärungen**. Auch die Drittleistungsbestimmung ist wie die Parteileistungsbestimmung (§ 315 Rz 98) Willenserklärung[131]. Dies gilt auch für Schiedsgutachten[132]. Es finden vorbehaltlich der Sonderregelungen in § 318 und vertraglichen Vereinbarungen die allgemeinen Vorschriften über Willenserklärungen (§§ 104 ff) Anwendung[133]. 79

aa) **Geschäftsfähigkeit**. Der leistungsbestimmungsberechtigte Dritte muss geschäftsfähig sein, weil er eine Willenserklärung abgeben können muss. Allerdings genügt **beschränkte Geschäftsfähigkeit**[134]. Aus der Leistungsbestimmung folgen für den Dritten nämlich keine nachteiligen Folgen, vgl entfernt § 165[135]. Er wird allein mit Wirkung für die Vertragsparteien tätig. 80

bb) **Bestimmtheit und Auslegung**. Der Dritte muss einen bestimmten Leistungsinhalt festlegen. In der bloßen Bestimmung dafür maßgeblicher Faktoren liegt noch keine Leistungsbestimmung, es sei denn, die Vertragsparteien haben eben dies vertraglich vereinbart. Teilleistungsbestimmungen sind mitunter zulässig (vgl § 315 Rz 106). Die Drittleistungsbestimmung unterliegt wie die Parteileistungsbestimmung (§ 315 Rz 105) der Auslegung. 81

cc) **Stellvertretung**. Eine Stellvertretung des Dritten ist in aller Regel wegen der Höchstpersönlichkeit **ausgeschlossen**. Die Parteien müssten sie im Vertrag erlauben (Rz 27). 82

dd) **Unwiderruflichkeit**. Die Drittleistungsbestimmung ist nur vor Zugang widerruflich, § 130 Abs 1 S 2. Nach Zugang ist sie wie alle Gestaltungserklärungen **unwiderruflich**[136]. Dies wird dem Interesse der Vertragsparteien an einer raschen und endgültigen Klärung gerecht[137]. Ursprünglich sollte eine entsprechende Klarstellung in das Gesetz aufgenommen werden[138]. Vom Widerruf zu trennen ist die erneute Ausübung eines fortlaufenden Drittleistungsänderungsrechts. 83

---

127 RG JW 1931, 3194; BGH NJW-RR 1987, 21, 22; Kornblum AcP 168 (1968), 450, 452; BeckOGK[01.-09.2021]/Netzer § 318 Rz 4; Staud[Nb 2020]/Rieble § 318 Rz 1; jurisPK[9]/Völzmann-Stickelbrock § 317 Rz 15; Soergel[12]/M Wolf § 318 Rz 2; MünchKomm[8]/Würdinger § 318 Rz 1.
128 Mot II S 194.
129 RGRK[12]/Ballhaus § 318 Rz 1; Erman[16]/Hager § 318 Rz 1; BeckOGK[01.09.2021]/Netzer § 318 Rz 5; Staud[Nb 2020]/Rieble § 318 Rz 2; Soergel[12]/M Wolf § 318 Rz 5; MünchKomm[8]/Würdinger § 318 Rz 1.
130 Vgl Mot II S 193.
131 Siehe die Nachw in Fn 125.
132 JurisPK[9]/Völzmann-Stickelbrock § 317 Rz 15; Soergel[12]/M Wolf § 317 Rz 15.
133 Soergel[12]/M Wolf § 318 Rz 2.
134 Erman[16]/Hager § 317 Rz 2; Joussen AcP 203 (2003), 429, 434; Staud[Nb 2020]/Rieble § 317 Rz 55; jurisPK[9]/Völzmann-Stickelbrock § 317 Rz 14.
135 Staud[Nb 2020]/Rieble § 317 Rz 55; jurisPK[9]/Völzmann-Stickelbrock § 317 Rz 15; Soergel[12]/M Wolf § 317 Rz 15.
136 BGH NJW-RR 1987, 21, 22; BeckOGK[01.09.2021]/Netzer § 318 Rz 7; MünchKomm[8]/Würdinger § 318 Rz 3.
137 Mot II S 194.
138 Mot II S 194; Prot I S 467.

Darin liegt eine zulässige erneute Ausübung des Drittleistungsbestimmungsrechts. Eine Widerrufs- oder Korrekturmöglichkeit kann von den Vertragsparteien vertraglich vereinbart werden[139]. Kleinere Korrekturen, wie etwa Schreib- und Rechenfehler, dürften dem Dritten von den Vertragsparteien in aller Regel konkludent im Vertrag erlaubt sein[140].

84   ee) **Anfechtung (§ 318 Abs 2)**. Die Anfechtung der Drittleistungsbestimmung hat in § 318 Abs 2 eine eigene Regelung erfahren. Danach können nur die Vertragspartner gegenüber dem jeweils anderen die Anfechtung erklären, **nicht der Dritte**. Dies erklärt sich daraus, dass die Leistungsbestimmung aus Sicht des Dritten ausschließlich Fremdwirkungen tätigt. Die Anfechtungsgründe sind den allgemeinen Vorschriften zu entnehmen. Einzelheiten bei § 318 Rz 1 ff.

85   ff) **Bedingungen und Befristungen**. Auch das Drittleistungsbestimmungsrecht kann wie das Parteileistungsbestimmungsrecht vorbehaltlich einer vertraglichen Gestattung nur mit solchen Bedingungen ausgeübt werden, die einen Schwebezustand bei den Adressaten nicht eintreten lassen (§ 315 Rz 111). Zu Befristungen § 315 Rz 112. Die Drittleistungsbestimmung hat nun materiell mit den Vertragsparteien mehrere, in aller Regel zwei Adressaten. Auf den Gedanken des § 318 Abs 1 und damit nur auf die Vertragspartei abzustellen, der gegenüber die Leistungsbestimmung erklärt wurde, überzeugt nicht. Beide Vertragsparteien werden von der Gestaltung gleichermaßen betroffen und sind daher in gleicher Weise vor dem beschriebenen Schwebezustand zu bewahren. Drittleistungserstbestimmungen sind daher grundsätzlich bedingungsfeindlich, es sei denn, beide Parteien können im Zeitpunkt des Zugangs der Gestaltungserklärung (nach § 318 Abs 1 auch bei nur einer von ihnen) beurteilen, ob die Bedingung eingetreten ist oder sie können den Bedingungseintritt gemeinsam herbeiführen.

86   d) **Keine Begründungspflicht**. Aus dem Leistungsbestimmungsrecht ergibt sich für den Dritten wie für den Parteileistungsbestimmungsberechtigten (§ 315 Rz 113) keine Begründungspflicht, es sei denn die Parteien haben eine solche vereinbart. Eine etwaige Begründungspflicht aus dem Rechtsverhältnis mit dem Dritten ist wiederum nicht maßgeblich für die Wirksamkeit der Leistungsbestimmung (Rz 6 ff). Zu den Besonderheiten beim Schiedsgutachten siehe noch Rz 156, § 319 Rz 30.

87   e) **Willensbildung bei mehreren Dritten (§ 317 Abs 2)**. Bei mehreren Dritten (dazu bereits Rz 64) stellt sich die Frage nach der Willensbildung und der damit verbundenen Festlegung der Leistungsbestimmung. Dieses Innenverhältnis ist zu trennen von der Erklärung gegenüber einer oder beiden Vertragsparteien nach § 318 Abs 1. § 317 Abs 2 nimmt sich dieses Problems dahingehend an, dass die Vorschrift zwei **Auslegungsregeln** bereithält. Eine Auslegungsregel ist vom dispositiven Recht zu unterscheiden[141]. Letzteres greift, wenn die Parteien nicht übereinstimmend Abweichendes vereinbart haben. Auch die Auslegungsregel findet in diesem Fall keine Anwendung. Sie findet nämlich immer dann keine Anwendung, wenn die Auslegung des Vertrags etwas anderes ergibt (§ 315 Rz 3). Ist danach mindestens eine Partei nach ihrem durch Auslegung erkannten Willen nicht mit dem durch die Auslegungsregel herbeigeführten Ergebnis einverstanden, findet die Auslegungsregel (anders als das dispositive Recht) keine Anwendung. Dies geht sogar so weit, dass die Parteien stattdessen das Scheitern des Vertrags in Kauf nehmen. Freilich ist der Parteiwille im Lichte dieses alternativen Ergebnisses zu würdigen.

88   Bei mehreren Drittleistungsbestimmungsberechtigten sind zwei Verfahren der Leistungsbestimmung denkbar: Erstens, die Dritten nehmen eine gemeinsame Leistungsbestimmung vor. Dies wirft Fragen der internen Willensbildung und der Vertretungsberechtigung auf. Zweitens, jeder Dritte bestimmt nach § 318 Abs 1 für sich den Leistungsinhalt. Die Leistungsbestimmung erfolgt erst durch die Gewichtung der verschiedenen Leistungsinhalte durch die Vertragsparteien im Vertrag. Die Ergebnisübereinstimmung wird in diesem Fall aus der internen Willensbildung unter den Dritten in das Außenverhältnis mit den Vertragsparteien gekehrt. Dadurch verhindert es Blockaden bei der internen Willensbildung[142]. Dieses Verfahren ist allerdings nur praktikabel, wenn man (vorab im Vertrag) aus den verschiedenen Leistungsinhalten rechnerisch eine Leistungsbestimmung ermitteln kann, etwa einen Durchschnitt (aus allen oder ausgewählten Ergebnissen, etwa nach Streichung des höchsten und geringsten Leistungsinhalts) oder von einer ungeraden

---

[139] Vgl zum Schiedsgutachten BGH, Urt v 27.06.1973, VIII ZR 220/72, juris, Rz 33 (insoweit weder in BGHZ 61, 84 noch NJW 1973, 1501); allgemein MünchKomm[8]/Würdinger § 318 Rz 3.

[140] Soergel[12]/M Wolf § 318 Rz 6. Ebenso BeckOK[61. Ed]/Gehrlein § 318 Rz 1; MünchKomm[8]/Würdinger § 318 Rz 3 (ZPO § 319 analog). Für korrigierende (gerichtliche) Auslegung der Gestaltungserklärung des Dritten Staud[Nb 2020]/Rieble § 318 Rz 9.

[141] Die Aussage, die Auslegungsregel des § 317 Abs 2 sei dispositiv (so etwa BeckOK[61. Ed]/Gehrlein § 317 Rz 4; Grüneberg[81]/Grüneberg § 317 Rz 9; Erman[16]/Hager § 317 Rz 13), ist daher „schief", vgl bereits § 316 Rz 6.

[142] Mot II S 194 zu § 317 Abs 2 Alt 2: Zweckmäßigkeitsgründe.

Untertitel 4 Einseitige Leistungsbestimmungsrechte   89–91 § 317

Anzahl leistungsbestimmungsberechtigter Dritter abgegebenen Leistungsinhalte den mittleren. Eine Beratung unter Dritten ist nicht maßgeblich, sondern ist in beiden Verfahren möglich. Sie steht zur Disposition der Vertragsparteien. Zu den Verfahrensregelungen siehe Rz 93 ff. Wie die Parteien die Leistungsbestimmung bei mehreren Dritten ausgestalten, steht vollständig zu ihrer Disposition. § 317 Abs 2 enthält lediglich Auslegungsregeln.

Nach dem Vorgesagten überrascht es nicht, dass die auf das zweitgenannte Verfahren rekurrierende **Auslegungsregel des § 317 Abs 2 Hs 2** dem Wortlaut nach auf Leistungsbestimmungen beschränkt ist, die eine Summe zum Gegenstand hat. Soll eine Summe bestimmt werden, so ist, wenn verschiedene Summen bestimmt werden und damit dem Einstimmigkeitsprinzip der Auslegungsregel des § 317 Abs 2 Hs 1 nicht genügt wird, im Zweifel die Durchschnittssumme maßgeblich. Hauptanwendungsfall ist ein Entgelt (als Gegenleistung)[143]. Die Auslegungsregel lässt sich aber vor dem Hintergrund, dass die rechnerische Ermittlung der Leistungsbestimmung von einer gemeinsamen Willensbildung unter den Dritten entlastet, auf sämtliche **quantitativen Leistungsbestimmungen**, zB den Umfang einer Leistung, erweitern[144]. Die Durchschnittssumme ist der Quotient der Summe der von allen leistungsbestimmungsberechtigten Dritten angegebenen Einzelsumme geteilt durch die Anzahl der Stimmen[145]. Die Auslegungsregeln des § 317 Abs 2 gehen davon aus, dass alle berechtigten Dritten (gemeinsam) die Leistung bestimmen. Enthält sich ein Dritter, ließe sich gleichwohl ein Mittelwert durch Verkleinerung des Divisors berechnen. Die Leistungsbestimmung erfolgte dann aber nicht durch alle berechtigten Dritten. Daher setzt § 317 Abs 2 Hs 2 eine Summenangabe aller berechtigter Dritten voraus; eine Enthaltung ist unzulässig[146]. Eine Einstellung der Enthaltung mit dem Wert Null und seine Berücksichtigung im Rahmen der Billigkeitskontrolle scheidet daher aus. Die Summenangabe aller ist Voraussetzung der Leistungsbestimmung und des § 317 Abs 2 Hs 2. Zur **gerichtlichen Kontrolle** siehe § 319 Rz 33. 89

Grundfall der Leistungsbestimmung durch mehrere Dritte ist indes die **gemeinsame Leistungsbestimmung**. Jenseits quantitativer Größen ist die parallele, individuelle Festlegung der Leistung schlicht nicht praktikabel. Zu Recht wird die **Auslegungsregel des § 317 Abs 2 Hs 1** daher allgemein dahingehend verstanden, dass die Dritten eine gemeinschaftliche Leistungsbestimmung vornehmen und der erforderliche Beschluss (siehe sogleich Rz 91) der Einstimmigkeit bedarf[147]. Dies ergibt sich zwar nicht eindeutig aus dem Wortlaut („Übereinstimmung aller", nicht „einstimmig"), wird aber gestützt durch die Motive[148]. Für die Einstimmigkeit spricht die Gleichberechtigung aller Dritten, die gleichermaßen zur Leistungsbestimmung berufen sind, nach Zähl- und Erfolgswert ihrer Stimmen. ZPO § 1052 Abs 1, wonach Entscheidungen im Schiedsrichterkollegium mit der Mehrheit der Stimmen zu treffen sind, kann nicht analog herangezogen werden[149]. **Einstimmigkeit** liegt vor, wenn sämtliche zur Leistungsbestimmung berechtigten Dritte für die Leistungsbestimmung stimmen (vgl § 33 Abs 1 S 2 Hs 1). Fehlende Stimmabgaben und Stimmenthaltungen stehen der Einstimmigkeit entgegen[150]. Kann aus diesem oder aus einem inhaltlichen Grund keine Einstimmigkeit erzielt werden, erfolgt die Leistungsbestimmung gem § 319 Abs 1 S 2 Hs 2 durch das Gericht (§ 319 Rz 72)[151]. Das Einstimmigkeitsprinzip ist eine Auslegungsregel. Ein abweichender Parteiwille geht vor. Ein solcher ist indes (ohne weitere Anzeichen) noch nicht darin zu sehen, dass eine ungerade Anzahl Dritter, die eine Mehrheitsentscheidung ermöglicht, zur Leistungsbestimmung bestellt wird[152]. 90

In der Praxis geläufig sind **Mehrheitsentscheidungen** unter mehreren Dritten. Hierauf müssen sich die Parteien im Vertrag einigen und können zudem Verfahrensvorgaben aufstellen (siehe noch sogleich Rz 93 ff). Treffen die Vertragsparteien keine Verfahrensregeln, eröffnet dies nicht etwa einen Spielraum für die leistungsbestimmungsberechtigte (nicht rechtsfähige, zur Unter- 91

---

143 Erman[16]/Hager § 317 Rz 13; Staud[Nb] [2020]/Rieble § 317 Rz 93; jurisPK[9]/Völzmann-Stickelbrock § 317 Rz 44.
144 Vgl BeckOGK[01.09.2021]/Netzer § 317 Rz 24; Staud[Nb] [2020]/Rieble § 317 Rz 93; jurisPK[9]/Völzmann-Stickelbrock § 317 Rz 44.
145 Erman[16]/Hager § 317 Rz 1; BeckOGK[01.09.2021]/Netzer § 317 Rz 24; Staud[Nb] [2020]/Rieble § 317 Rz 94; jurisPK[9]/Völzmann-Stickelbrock § 317 Rz 44.
146 Ebenso Staud[Nb] [2020]/Rieble § 317 Rz 95 (unter Berufung auf den m E offenen Wortlaut); MünchKomm[8]/Würdinger § 317 Rz 25.
147 RGZ 87, 190, 195; 152, 201, 208; BGH NJW 1982, 1878, 1879; BeckOK[61. Ed]/Gehrlein § 317 Rz 4; Erman[16]/Hager § 317 Rz 13; Laule DB 1966, 769; BeckOGK[01.09.2021]/Netzer § 317 Rz 23; Staud[Nb] [2020]/Rieble § 317 Rz 91; jurisPK[9]/Völzmann-Stickelbrock § 317 Rz 41; Soergel[12]/M Wolf § 317 Rz 12; MünchKomm[8]/Würdinger § 317 Rz 24.
148 Mot II S 194.
149 RGZ 87, 190, 195 zu ZPO § 1038 a F; Staud[Nb] [2020]/Rieble § 317 Rz 91; siehe auch allgemein die Nachw in Fn 222.
150 Staud[Nb] [2020]/Rieble § 317 Rz 91.
151 BGH NJW 1982, 1878, 1879; BAGE 21, 305, 311 f = BB 1969, 579; BeckOK[61. Ed]/Gehrlein § 317 Rz 4; Erman[16]/Hager § 317 Rz 13; BeckOGK[01.09.2021]/Netzer § 317 Rz 23; Staud[Nb] [2020]/Rieble § 317 Rz 92; jurisPK[9]/Völzmann-Stickelbrock § 317 Rz 42; Soergel[12]/M Wolf § 317 Rz 12; MünchKomm[8]/Würdinger § 319 Rz 21.
152 Laule DB 1966, 769; Staud[Nb] [2020]/Rieble § 317 Rz 88; Wedemeyer DB 1969, 1925, 1928; Soergel[12]/M Wolf § 317 Rz 12.

scheidung siehe Rz 64) Personenmehrheit, sich selbst Regeln zu geben[153]. Hierzu bedürften die Dritten wiederum einer eigenen Ermächtigung durch die Vertragsparteien. Die Willensbildung in der nicht rechtsfähigen Personenmehrheit vollzieht sich vielmehr in Analogie zu den nicht rechtsfähigen Personenmehrheiten im BGB (Bruchteilsgemeinschaft, Erbengemeinschaft, Innen-GbR, Gesamthandsgemeinschaft und (insoweit wenig aussagekräftig) eheliche Gütergemeinschaft) durch Beschluss. Der Beschluss erfolgt durch Abgabe von Willenserklärungen. Jeder Drittleistungsbestimmungsberechtigte muss daher mindestens beschränkt geschäftsfähig sein (siehe bereits Rz 61). Mit der Festlegung einer Mehrheitsentscheidung ermächtigen die Parteien – auch insoweit in Analogie zu den nicht rechtsfähigen Personenmehrheiten unter Ausblendung jeder Bindung im Innenverhältnis unter den Dritten[154] – jeden Dritten zugleich, ihnen gegenüber das Beschlussergebnis zu erklären und damit nach § 318 Abs 1 die Leistungsbestimmung vorzunehmen. Die Leistungsbestimmung bleibt gleichwohl eine gemeinschaftliche der Personenmehrheit. Die Vertretungsmacht ist auf die Umsetzung des Beschlusses, der Erklärung des Beschlussergebnisses nach § 318 Abs 1, beschränkt[155]. Durch Anordnung einer Mehrheitsentscheidung räumen die Vertragsparteien jedem Dritten von vornherein nur denselben Zählwert seiner Stimme ein, sodass Enthaltungen bei Mehrheitsentscheidungen zulässig sind. Fehlt eine vertragliche Regelung zur Stimmengleichheit, erfolgt die Leistungsbestimmung gem § 319 Abs 1 S 2 Hs 2 durch das Gericht (§ 319 Rz 72)[156].

92 Da die Personenmehrheit als solche die Leistungsbestimmung vornimmt und nur diese der Billigkeitskontrolle unterliegt, ist das Beschlussergebnis nach § 319 Abs 1 S 1 gerichtlich auf seine **Billigkeit zu kontrollieren.** Fehler im Beschlussverfahren können nur inzident als Fehler des Beschlussergebnisses geltend gemacht werden (§ 319 Rz 32 ff). Auch kann nur die in Vertretung der Personenmehrheit abgegebene, die Gestaltung herbeiführende Willenserklärung nach § 318 Abs 2 **angefochten** werden (§ 318 Rz 14). Davon zu unterscheiden ist die Anfechtung der einzelnen Stimmabgaben durch die Abstimmenden gem §§ 119 ff, die den Beschluss ebenfalls zu Fall bringen können.

93 f) **Verfahrensvorgaben.** Die Vertragsparteien können sowohl für ihr Verhalten im Prozess der Leistungsbestimmung[157], als auch für die Benennung (Rz 59) des oder der Dritten und schließlich für dessen oder deren Vorgehensweise, etwa der Gewährung rechtlichen Gehörs, Verfahrensregeln aufstellen. Dabei ist wiederum zu unterscheiden, welche Verfahrensvorgaben Wirksamkeitsvoraussetzungen des Leistungsbestimmungsrechts und welche Pflichten aus dem Vertragsverhältnis zwischen den Parteien und dem oder den Dritten sind, deren Verletzung keine Auswirkungen auf die Drittleistungsbestimmung haben (Rz 6). In den allgemeinen Grenzen der Vertragsfreiheit und der AGB-Kontrolle (siehe Rz 57) sind die Parteien frei, ein passendes Verfahren zu vereinbaren. Die Parteien können dabei auch auf die Verfahrensordnung einer Schiedsinstitution Bezug nehmen[158]. Denkbar ist auch der Einsatz eines Obergutachters, wenn sich die zunächst zuständigen Schiedsgutachter nicht einigen[159]. Zu einer Leistungsbestimmungsfrist siehe bereits Rz 78.

94 Fehlen Vorgaben der Vertragsparteien, **bestimmt der Dritte über das Verfahren.** Nach § 315 Abs 1 hat er sich innerhalb seines Vertrags mit einer oder beiden Vertragsparteien am Zweck seiner Leistungsbestimmung für die Vertragsparteien auszurichten und nach billigem Ermessen ein zweckmäßiges Verfahren zu wählen[160]. Danach hat er Stellungnahmen der Vertragsparteien entgegenzunehmen[161] und, wenn er eine Vertragspartei anhört, auch der anderen rechtliches Gehör zu gewähren[162]. Eine andere Frage ist, wann die Nichteinhaltung dieser Verfahrensvorgaben, insbesondere die **Verweigerung rechtlichen Gehörs**, auf die Wirksamkeit und Verbindlichkeit seiner Leistungsbestimmung durchschlägt. Zum einen kann sich ein Verfahrensfehler des Dritten bei der Leistungsbestimmung auf die Verbindlichkeit seiner Leistungsbestimmung nach § 319

---

153 Ebenso Staud[Nb 2020]/Rieble § 317 Rz 89.
154 Vgl etwa Soergel[13]/Hadding § 745 Rz 9; Münch-Komm[8]/K Schmidt § 745 Rz 31.
155 Vgl zu (§ 2038 iVm) § 745 Abs 1 BGHZ 56, 47, 49 = NJW 1971, 1265; 183, 131, 138 (Rz 27) = NJW 2010, 765; NJW 2011, 61, 63 (Rz 20); Münch-Komm[8]/K Schmidt § 745 Rz 31.
156 BAG AP BetrVG 1972 § 112 Nr 3; MünchKomm[8]/Würdinger § 317 Rz 24; zur nicht erreichten Einstimmigkeit siehe die Nachw in Fn 152.
157 Vgl etwa die Benachrichtigungspflicht nach VOB/B § 18 Abs 4 S 1.
158 Kasolowsky/Schnabl SchiedsVZ 2012, 84, 88; Beck-OGK[01.09.2021]/Netzer § 317 Rz 48; Staud[Nb 2020]/Rieble § 317 Rz 51; Stubbe SchiedsVZ 2010, 130.
159 Siehe etwa BGH NJW 1982, 1878.
160 Für die Anwendung des § 317 Soergel[12]/M Wolf § 317 Rz 28; ebenfalls für ein Ermessen Gernhuber, Das Schuldverhältnis, 1989, S 304 (§ 12 IV 8 a); BeckOGK[01.09.2021]/Netzer § 317 Rz 68; Staud[Nb 2020]/Rieble § 317 Rz 104; MünchKomm[8]/Würdinger § 317 Rz 54; ähnlich Hamm NJOZ 2003, 1828, 1829; hingegen für eine „freie" Wahl des Dritten BGHZ 6, 335, 340 f = NJW 1952, 1296; Beck-OK[61. Ed]/Gehrlein § 317 Rz 10; Grüneberg[81]/Grüneberg § 317 Rz 7; Erman[16]/Hager § 317 Rz 11; Kasolowsky/Schnabl SchiedsVZ 2012, 84, 88; jurisPK[9]/Völzmann-Stickelbrock § 317 Rz 37. Gemeint ist letztgemeinte Position va in Abgrenzung zur Bindung des Schiedsgerichts nach ZPO §§ 1025 ff.
161 Vgl Celle NJW-RR 1995, 1046.
162 BGH VersR 1976, 821, 823.

Abs 1 S 1 durchschlagen. Auch Verfahrensfehler können eine offenbare Unbilligkeit begründen (§ 319 Rz 18 ff). Zudem begründet die einseitige Gewährung rechtlichen Gehörs Misstrauen in die Person des Dritten[163], was zu seiner Abberufung nach § 313 führen kann (siehe näher Rz 70). Verstöße gegen von den Vertragsparteien vertraglich gesetzte Verfahrensregeln führen stets zur Unverbindlichkeit der Drittleistungsbestimmung[164], weil die Voraussetzungen der Unterwerfungsvereinbarung vom Dritten nicht erfüllt wurden.

Die **Vertragsparteien** haben den leistungsbestimmungsberechtigten Dritten, soweit nötig, zu 95 unterstützen und ihm die nötigen Informationen für die Leistungsbestimmung zuzuleiten, ihm Zugang für etwaige Untersuchungen zu gewähren und Störungen zu unterlassen[165]. Die Einhaltung dieser Pflicht kann durch Erfüllungsklage erreicht werden; Pflichtverletzungen können Schadensersatzansprüche oder Rücktrittsrechte begründen[166]. Ferner ist die Vertragspartei, der die Gestaltungserklärung nach § 318 Abs 1 zugeht, zur Weiterleitung an die andere Vertragspartei verpflichtet[167].

Der Dritte darf sich auf die von den Vertragsparteien zur Verfügung gestellten Informationen 96 und Unterlagen verlassen. Ihn trifft nach billigem Ermessen (Rz 94) **keine eigene Sachverhaltsermittlungspflicht**[168]. Zu Informations- und Hinweispflichten siehe Rz 12.

g) **Keine Leistungsbestimmungspflicht**. Den Dritten trifft keine Leistungsbestimmungs- 97 pflicht aus dem im ausfüllungsbedürftigen Vertrag begründeten Drittleistungsbestimmungsrecht[169]. Dies ergibt sich bereits daraus, dass § 319 Abs 1 S 2 Hs 2 – anders als der parallele § 315 Abs 3 S 2 Hs 2 – neben der Verzögerung die Variante enthält, dass der Dritte die Leistungsbestimmung „nicht treffen kann oder will". Eine etwaige Verpflichtung kann sich allein aus dem Rechtsverhältnis des Dritten mit einer oder beiden Vertragsparteien ergeben. Beide Verhältnisse sind aber zu trennen und abstrakt zu beurteilen (Rz 6).

Dies gilt auch für die **Mitwirkung innerhalb der zur Leistungsbestimmung berechtigten** 98 **Personenmehrheit**. Auch wenn im Einzelfall Enthaltungen unzulässig sind, weil sie zur Unwirksamkeit der Leistungsbestimmung führen (siehe Rz 89, 90), folgt daraus keine Leistungsbestimmungspflicht der Einzelnen gegenüber den Parteien.

6. **Maßstab**. Für die Umschreibung des Maßstabs greift das Gesetz in §§ 317 Abs 1, 319 auf 99 die bereits in § 315 Abs 1, 3 enthaltenen Konzepte zurück. Dazu § 315 Rz 123 ff. Bezugspunkt der Ausübung des Drittleistungsbestimmungsrechts sind stets die Vertragszwecke. Diese konkretisiert der Dritte mit seiner Leistungsbestimmung (vgl § 315 Rz 134).

a) **Auslegungsregel des § 317 Abs 1**. Wie § 315 Abs 1 für die Parteileistungsbestimmung 100 (§ 315 Rz 125 ff) enthält § 317 Abs 1 für die Drittleistungsbestimmung eine Auslegungsregel, dass das Drittleistungsbestimmungsrecht im Zweifel nach billigem Ermessen auszuüben ist.

aa) **Anwendungsbereich**. Die Auslegungsregel des § 317 Abs 1 setzt die Vereinbarung eines 101 Drittleistungsbestimmungsrechts voraus, für das die Vertragsparteien – nach Auslegung des Vertrags – weder Ausübungs- noch Kontrollmaßstab vereinbart haben. In diesem Fall verbleiben „Zweifel" hinsichtlich des Maßstabs, die durch die Auslegungsregel beseitigt werden.

bb) **Inhalt**. Nach der Auslegungsregel des § 317 Abs 1 ist vom Maßstab billigen Ermessens 102 auszugehen. Damit wird eine Aussage über den Ausübungsmaßstab des Dritten und zugleich den Kontrollmaßstab des Gerichts getroffen. Zum Maßstab billigen Ermessens eingehend § 315 Rz 129 ff. Die dortigen Ausführungen zusammenfassend bleibt festzuhalten, dass der Dritte nach billigem Ermessen die Vertragszwecke in seiner Leistungsbestimmung zu konkretisieren hat und dabei einer nur eingeschränkten Kontrolldichte unterliegt. Die Kontrolldichte ist für das Drittleistungsbestimmungsrecht im Vergleich zum Parteileistungsbestimmungsrecht noch weiter zurückgenommen, indem nach § 319 Abs 1 S 1 lediglich auf „offenbare Unbilligkeit" der Leistungsbestimmung kontrolliert wird (dazu noch § 319 Rz 11 ff).

b) **Sonstige Maßstäbe**. Zwischen den Vertragsparteien vertraglich vereinbarte Maßstäbe, Aus- 103 übungs- wie Kontrollmaßstäbe, gehen der Auslegungsregel des § 317 Abs 1 vor. In § 319 Abs 2 greift das Gesetz den Maßstab freien Beliebens des Dritten auf. Dies zeigt zum einen, dass sich die Parteien auch dem **freien Belieben**, dh den in den gesetzlichen Grenzen objektiv ungebunde-

---

163 Vgl Celle NJW-RR 1995, 1046.
164 Staud[Nb 2020]/Rieble § 317 Rz 104.
165 BGH VersR 1976, 821, 823; Gernhuber, Das Schuldverhältnis, 1989, S 304 (§ 12 IV 8 b); MünchKomm[8]/Würdinger § 317 Rz 54.
166 BGH VersR 1976, 821, 823; Gernhuber, Das Schuldverhältnis, 1989, S 304 (§ 12 IV 8 b).
167 Schleswig, Beschluss v 23.09.2007, 5 W 31/07, juris, Rz 11 (insoweit nicht in MDR 2008, 96); Erman[16]/Hager § 317 Rz 1; BeckOGK[01.09.2021]/Netzer § 318 Rz 4; Staud[Nb 2020]/Rieble § 318 Rz 3.
168 Hamm NJOZ 2003, 1828, 1829; Staud[Nb 2020]/Rieble § 319 Rz 14.
169 Mot II S 193; Staud[Nb 2020]/Rieble § 317 Rz 12.

nen und gerichtlich nicht kontrollierten, subjektiven Vorstellungen des Dritten (zum Begriff § 315 Rz 138), unterwerfen können. Zum anderen schließt § 319 Abs 2 eine gerichtliche Ersatzleistungsbestimmung im Falle der Einräumung freien Beliebens aus. Der Grund liegt darin, dass das freie Belieben keinen justiziablen Maßstab bildet und daher eine Leistungsbestimmung vom Gericht nicht vorgenommen werden kann (siehe § 315 Rz 192). Vielmehr sind die subjektiven Vorstellungen allein des benannten Dritten maßgeblich.

104 Die Parteien sind aber nicht auf die Vereinbarung freien Beliebens oder billigen Ermessens beschränkt. Sie können dem Dritten vielmehr privatautonom den gewünschten **Ausübungsmaßstab** vorgeben und auch über den gerichtlichen **Kontrollmaßstab** entscheiden. Zu verschiedenen Maßstäben siehe § 315 Rz 140 ff zum Parteileistungsbestimmungsrecht.

105 Wie beim Parteileistungsbestimmungsrecht und mit derselben Begründung (§ 315 Rz 14 f, 144) kann dem Dritten das Drittleistungsbestimmungsrecht jedoch nicht zur Ausübung nach **Willkür** eingeräumt werden[170]. Willkür umfasst die Aufhebung der vertraglichen Verpflichtung (§ 315 Rz 14 f). Dies widerspricht der vertraglich gewollten Bindung der Vertragsparteien. Eines Rückgriffs auf § 138 zur Begründung des Willkürverbots bedarf es nicht[171].

106 **7. Grenzen.** Parallel zum Parteileistungsbestimmungsrecht (§ 315 Rz 148 f) sind auch der Leistungsbestimmungsbefugnis des Dritten vertragliche und gesetzliche (äußere) Grenzen gesetzt.

107 a) **Vertragliche Ermächtigung: Unterwerfungsvereinbarung.** Wie der Vertragspartei beim Parteileistungsbestimmungsrecht wird dem leistungsbestimmungsberechtigten Dritten vertraglich in aller Regel nur eine bestimmte und keine vollumfassende Befugnis übertragen. Erkennbar wird dies etwa, wenn die Parteien dem Dritten im Vertrag einen Rahmen, etwa eine Preisspanne, vorgeben, den dieser ausfüllen soll. Überschreitet er sie, handelt er ohne Befugnis. Er kann – gleich einem Vertreter ohne Vertretungsmacht – die Parteien nicht binden. Diese Grenzen der Befugnis des Dritten sind die **Grenzen der Unterwerfung**, dh der privatautonomen Erklärung beider Vertragsparteien, die Bestimmung des Dritten für und gegen sich gelten zu lassen. Werden sie überschritten, sind die Parteien nicht an die Drittleistungsbestimmung gebunden. Zum Parteileistungsbestimmungsrecht bereits § 315 Rz 148.

108 b) **Allgemeine Grenzen der Vertragsfreiheit.** Mit der Drittleistungsbestimmung trifft der Dritte wie die Vertragspartei beim Parteileistungsbestimmungsrecht (§ 315 Rz 148) eine vertragsersetzende Regelung. Was die Vertragsparteien nicht vereinbaren dürfen, darf nicht durch das vertragsersetzende Drittleistungsbestimmungsrecht festgelegt werden. Daher muss sich auch die Drittleistungsbestimmung (inhaltlich) innerhalb der allgemeinen Grenzen der Vertragsfreiheit, namentlich §§ 134, 138, bewegen (vgl § 315 Rz 148 zum Parteileistungsbestimmungsrecht).

V. Rechtsfolgen

109 Für die Rechtsfolgen ist naturgemäß zwischen einer wirksamen sowie einer fehlerhaften und daher unwirksamen Drittleistungsbestimmung zu unterscheiden. Das Gesetz kennt in § 319 Abs 1 S 1 zudem die Rechtsfolge der Unverbindlichkeit der Drittleistungsbestimmung. Auch wenn die Drittleistungsbestimmung wirksam ausgeübt wurde, muss sie für die Parteien nicht verbindlich sein. Nach § 319 Abs 1 S 1, den es zusammen mit der Auslegungsregel des § 317 Abs 1 zu lesen gilt, ist die Drittleistungsbestimmung unverbindlich, wenn sie offenbar unbillig ist. Zudem enthält es in § 319 Abs 1 S 2, Abs 2 eigene Regelungen für verweigerte oder verzögerte Drittleistungsbestimmungen (dazu § 319 Rz 58 ff).

110 1. **Unwirksame Drittleistungsbestimmung.** Die Unwirksamkeit der Drittleistungsbestimmung kann sich aus verschiedenen Mängeln ergeben, die für die jeweils eintretenden Rechtsfolgen zu unterscheiden sind (vgl zum Parteileistungsbestimmungsrecht § 315 Rz 151 ff).

111 Zum einen kann die **Willenserklärung des Dritten**, mit der er das Leistungsbestimmungsrecht ausübt, **nichtig** sein, etwa nach Anfechtung gem § 318 Abs 2 (§ 318 Rz 7 ff). Das Leistungsbestimmungsrecht wurde in diesem Fall nicht ausgeübt und daher auch nicht verbraucht (vgl § 315 Rz 155). Der Dritte kann die Leistungsbestimmung mitunter erneut vornehmen. Erst wenn dies nicht möglich ist, der Dritte die Bestimmung also nicht treffen kann (oder will) oder es zu einer Verzögerung kommt, kommt eine gerichtliche Ersatzleistungsbestimmung nach § 319 Abs 1 S 2 in Betracht (§ 319 Rz 58 ff).

---

170 Erman[16]/Hager § 319 Rz 13; BeckOGK[01.09.2021]/Netzer § 319 Rz 56; Staud[Nb] 2020/Rieble § 319 Rz 2, 4 ff.

171 So aber Erman[16]/Hager § 319 Rz 13; Staud[Nb] 2020/Rieble § 319 Rz 4; wohl auch jurisPK[9]/Völzmann-Stickelbrock § 319 Rz 2.

Ferner kann die **vertragliche Einsetzung des Dritten unwirksam** sein (dazu Rz 45 ff), mit der Folge, dass gar kein Drittleistungsbestimmungsrecht besteht, dem sich die Vertragsparteien unterworfen hätten. Die Willenserklärung des Dritten kann daher keinerlei Wirkung auf den ausfüllungsbedürftigen und in aller Regel (je nach Restvertrag) zugleich unbestimmten und unwirksamen Vertrag haben. Eine gerichtliche Ersatzleistungsbestimmung kommt in diesem Fall nicht in Betracht. **112**

Die Vertragsparteien werden ebenfalls dann nicht an die Leistungsbestimmung des Dritten gebunden, wenn sie zwar ein Drittleistungsbestimmungsrecht vereinbaren, das der Dritte auch ausübt, dabei aber seine **vertragliche Ermächtigung und damit die Unterwerfungsvereinbarung überschreitet** (dazu Rz 107). In diesem Fall überschreitet er seine Befugnis und kann die Vertragsparteien daher – ähnlich einem Vertreter ohne Vertretungsmacht – nicht binden. Seine Leistungsbestimmung ist nicht von der Unterwerfungsvereinbarung der Vertragsparteien gedeckt (parallel zu § 315 Rz 154, 196). Mit einer Leistungsbestimmung, die die Grenzen der Unterwerfungsvereinbarung verletzt, verbraucht der Dritte das Leistungsbestimmungsrecht. Es kommt eine gerichtliche Ersatzleistungsbestimmung in Betracht. Gleiches gilt bei Verstößen des Dritten gegen Verfahrensvorgaben, die Wirksamkeitsvoraussetzung der Leistungsbestimmung sind (Rz 94). **113**

Überschreitet der Dritte mit dem Inhalt seiner Leistungsbestimmung hingegen die **Grenzen der Vertragsfreiheit (§§ 134, 138)**, kann die Rechtsordnung diesen Vertragsinhalt zwischen den Vertragsparteien nicht anerkennen und die Leistungsbestimmung ist unwirksam, aber verbraucht (parallel zu § 315 Rz 153, 196). Es kommt eine gerichtliche Ersatzleistungsbestimmung in Betracht[172]. Der zunächst berufene Dritte konnte keine Bindung der Parteien herstellen. **114**

Werden **mehrere Dritte** zur Leistungsbestimmung berufen, ergibt sich ein weiterer Unwirksamkeitsgrund, wenn die beiden Auslegungsregeln des § 317 Abs 2 greifen bzw entsprechende Regeln vereinbart werden. Enthaltungen sind in diesen Fällen nämlich unzulässig (Rz 89 f). Zudem kann die Willensbildung unter mehreren Dritten scheitern. Die Leistungsbestimmung kann nicht wirksam ausgeübt werden, das Gericht entscheidet gem § 319 Abs 1 S 2 Alt 1 ersatzweise. **115**

Pflichtverletzungen aus dem Vertrag zwischen einer oder beiden Vertragsparteien mit dem Dritten schlagen hingegen nicht per se auf die Wirksamkeit der Drittleistungsbestimmung durch (Rz 6). **116**

2. Unverbindlichkeit. Allein für den Fall, dass der Dritte dem vertraglichen Kontrollmaßstab nicht genügt, trifft § 319 Abs 1 S 1 eine Regelung. In diesem Fall, nach der gesetzlichen Auslegungsregel des § 317 Abs 1 zugunsten eines billigen Ermessens, ist die Drittleistungsbestimmung für die Vertragsparteien (und zwar sämtliche, anders als die einseitige Verbindlichkeit beim Parteileistungsbestimmungsrecht, § 315 Rz 158) nicht verbindlich, wenn sie offenbar unbillig ist (dazu § 319 Rz 37 ff). Das Gesetz schafft wie bei § 315 Abs 3 S 1 (dort einseitig) für diesen Fall die Kategorie der fehlenden Verbindlichkeit. Das Leistungsbestimmungsrecht wurde wirksam und innerhalb der vertraglich eingeräumten Befugnis ausgeübt und achtet die Grenzen der Vertragsfreiheit. Es könnte aufrechterhalten werden, entspricht aber nicht den inneren Bindungen aus dem Vertrag. Der Ausweg führt gem § 319 Abs 1 S 1 über eine gerichtliche Ersatzleistungsbestimmung. **117**

3. Bestätigung. Die Vertragsparteien können durch vertragliche Vereinbarung eine gem § 319 Abs 1 S 1 unverbindliche Drittleistungsbestimmung zum Vertragsbestandteil machen. Es greift die vertragliche Richtigkeitsgewähr, die diese Vereinbarung der gerichtlichen Inhaltskontrolle über die §§ 134, 138, 305 ff hinaus entzieht. Gleiches gilt für Drittleistungsbestimmungen, die die Unterwerfungsvereinbarung überschreiten. Gleichgerichtet können die Parteien das nicht einstimmige, sie aber überzeugende Ergebnis mehrerer Dritter ebenso zu einer vertraglichen Regelung machen wie die Regelung, die ein nicht wirksam eingesetzter Dritter bestimmt. Gleiches gilt für eine nichtige Gestaltungserklärung des Dritten. Eine gegen §§ 134, 138 verstoßende Drittleistungsbestimmung kann hingegen von den Vertragsparteien nicht „bestätigt" werden, weil die Vorschriften in gleicher Weise Anwendung finden (vgl Rz 108). **118**

4. Wirksame und verbindliche Drittleistungsbestimmung. Die wirksame und verbindliche Drittleistungsbestimmung vervollständigt den Vertrag und macht ihn **vollziehbar**. Die konkretisierte Schuld wird **fällig und erfüllbar**, die Verjährung beginnt zu laufen. Eingehend zu diesen und weiteren Rechtsfolgen § 315 Rz 167 ff. **119**

---

[172] So auch für die Nichtigkeit der Leistungsbestimmung wegen Kollusion des Dritten mit einer Vertragspartei BeckOGK[01.09.2021]/Netzer § 318 Rz 13.

120 Die Drittleistungsbestimmung wird nach § 318 Abs 1 im **Zeitpunkt** des Zugangs bei einer Vertragspartei wirksam (dazu Rz 76). Ihre Wirkungen treten ex nunc ein, es sei denn die Parteien haben ihre Rückwirkung nach § 159 vereinbart (zum Parteileistungsbestimmungsrecht siehe § 315 Rz 170 ff)[173]. Dies ist durch Vertragsauslegung zu ermitteln. Bei einem Drittleistungsänderungsrecht, etwa einer Wertsicherungsklausel, ist davon auszugehen, dass die Parteien sich so stellen wollen, dass die Drittleistungsanpassung ab dem Zeitpunkt wirkt, in dem das (berechtigte) Erhöhungsverlangen des Gläubigers dem Schuldner zugeht. Ab diesem Zeitpunkt muss der Schuldner nach Treu und Glauben mit einer Erhöhung seiner Leistung rechnen. Dies gilt für Schiedsgutachten[174] und gewöhnliche Drittleistungsbestimmungsrechte gleichermaßen[175].

121 5. **Rechtslage vor Ausübung des Leistungsbestimmungsrechts.** Bis zur wirksamen Ausübung des Drittleistungsbestimmungsrechts oder bis zur richterlichen Ersatzleistungsbestimmung ist der Vertrag unbestimmt und undurchführbar, die Forderung weder erfüllbar noch fällig. Es gelten die Ausführungen bei § 315 Rz 172.

122 6. **Verzögerung und Verweigerung.** Kann oder will der Dritte die Leistungsbestimmung nicht vornehmen oder verzögert er sie, kann gem § 319 Abs 1 S 2 Alt 2, 3 das Gericht um Ersatzleistungsbestimmung ersucht werden. Dazu § 319 Rz 52 ff. Scheidet eine solche aus, weil der Dritte die Leistung nach freiem Belieben treffen soll (dazu Rz 103, § 315 Rz 139), ist der Vertrag (endgültig) unwirksam, wenn der Dritte die Leistungsbestimmung verweigert oder verzögert. Dazu § 319 Rz 41 ff.

VI. Gerichtliche Kontrolle und gerichtliche Ersatzleistungsbestimmung

123 Die gerichtliche Kontrolle des Drittleistungsbestimmungsrechts ist in § 319 geregelt. Der komplementäre gerichtliche Kontrollmaßstab zur Auslegungsregel nach § 317 Abs 1 ist eine offenbare Unbilligkeit. Hierin liegt eine weitere Beschränkung gerichtlicher Kontrolldichte im Vergleich zu § 315 Abs 3. Das Gericht ist zur Ersatzleistungsbestimmung im Falle offenbar unbilliger Drittleistungsbestimmungen, ihrer Verweigerung oder Verzögerung berufen, § 319 Abs 1. Einzelheiten siehe § 319 Rz 48 ff.

124 Der BGH eröffnet für Schiedsgutachten **gerichtlichen Rechtsschutz vor Erstellung des Gutachtens im Wege der Feststellungsklage** gem ZPO § 256 Abs 1 (dazu Rz 159 f). Diese Rechtsprechung ist auf Drittleistungsbestimmungsrechte und Parteileistungsbestimmungsrechte (§ 315 Rz 234) im Allgemeinen zu erstrecken. Die Reichweite der Unterwerfungsvereinbarung der Parteien bzw spiegelbildlich die **Voraussetzungen und Grenzen der Drittleistungsermächtigung** können vor Gutachtenerstellung einem staatlichen Gericht im Wege der Feststellungsklage zur Entscheidung vorgelegt werden. Gleiches gilt für die Feststellung von **Kriterien, von denen feststeht, dass jede Entscheidung offenbar unbillig ist** (bzw gegen den jeweiligen Kontrollmaßstab verstößt), die das vorgegebene Kriterium außer Betracht lässt. Eine vorrangige Leistungsklage scheidet aus, weil die geforderte Leistung nach dem Willen der Parteien unter dem Vorbehalt der schiedsgutachterlichen Feststellung steht und durch das Stillhalteabkommen blockiert wird (vgl Rz 138 f). Das Feststellungsinteresse besteht darin, nicht erst eine unwirksame oder offenbar unbillige Leistungsbestimmung abwarten zu müssen und sie dann nach § 319 Abs 1 anzugreifen.

VII. Schiedsgutachten

125 Schiedsgutachten bilden den **Hauptanwendungsfall der §§ 317, 319**. Die hM geht von einer analogen Anwendung aus (Rz 129). Nach hier vertretener Auffassung handelt es sich hingegen um eine unmittelbare Anwendung (Rz 145 f). Schiedsgutachten spielen in der Praxis eine bedeutende Rolle. Schiedsgutachter werden häufig als neutrale und sachkompetente Instanz einer gerichtlichen oder schiedsgerichtlichen (dazu § 319 Rz 77) Streitbeilegung vorgeschaltet[176]. Gerade wenn absehbar ist, dass sich das Gericht oder ein Schiedsgericht maßgeblich auf ein Sachverständigengutachten stützen wird, kann es zweckmäßig, günstiger und schneller sein, einen Sachverständigen unmittelbar als Schiedsgutachter einzusetzen und ihm die Streitbeilegung nach § 317 Abs 1 anzuvertrauen[177]. Weil die Vertragsparteien im Zuschnitt des Schiedsgutachtenauftrags

---

173 Staud[Nb 2020]/Rieble § 318 Rz 4; jurisPK[9]/Völzmann-Stickelbrock § 317 Rz 4; Soergel[12]/M Wolf § 318 Rz 7; vgl auch Habersack/Tröger DB 2009, 44, 46.
174 BGH NJW 1978, 154 f.
175 Staud[Nb 2020]/Rieble § 318 Rz 4; Jauernig, BGB[18]/Stadler, § 317 Rz 2; MünchKomm[8]/Würdinger § 317 Rz 23 jew unter Berufung auf BGH, NJW 1978, 154.

176 BGH NJW 1990, 1231, 1232; Elsing ZVglRWiss 114 (2015), 568, 572; MünchKomm[8]/Würdinger § 317 Rz 28.
177 Dazu aus jüngerer Zeit etwa Kasolowsky/Schnabl SchiedsVZ 2012, 84; Stieglmeier SchiedsVZ 2021, 155; Stubbe SchiedsVZ 2010, 130.

bzw spiegelbildlich der Unterwerfungsvereinbarung in der Verfahrensgestaltung weitgehend frei sind (Rz 93 ff, zu AGB Rz 56), können sie den Schiedsgutachter nach ihren Bedürfnissen passgenau einsetzen. So können sie dem Schiedsgutachter einen Rahmen für seine Feststellung vorgeben. Dieser kann etwa zwischen dem Verständnis der einen Vertragspartei auf der einen und dem der anderen Vertragspartei auf der anderen aufgespannt sein. Geht es zum Beispiel um den „Marktwert" des Kaufgegenstands, so setze der Verkäufer die obere Grenze der Befugnis des Schiedsgutachters, der Käufer die untere.

Die Drittleistungsbestimmung nach § 317 Abs 1 setzt einen unbestimmten, ausfüllungsbedürftigen Vertrag voraus, dessen Unbestimmtheit der Dritte mit seiner Leistungsbestimmung behebt und ihn dadurch erst durchführbar macht. Eine solche Unbestimmtheit besteht bei echten Schiedsgutachtenvereinbarungen isoliert für den Hauptvertrag nicht, wohl aber für einen begleitenden Feststellungsvertrag (dazu noch Rz 144 ff). Letzterer bezieht sich inhaltlich auf den Hauptvertrag. Sein Inhalt wird vom Schiedsgutachter im Wege der Drittleistungsbestimmung festgelegt. Die Vertragsparteien möchten sich so stellen, wie der Schiedsgutachter die zwar hinreichend bestimmte, aber zwischen den Vertragsparteien umstrittene Regelung des Hauptvertrags versteht (zum Gegenstand des Schiedsgutachtens noch Rz 131 ff). Dabei erklären die Parteien diese Festlegung durch den Schiedsgutachter für verbindlich und gegenüber dem gerichtlichen Rechtsschutz nach dem Hauptvertrag vorrangig (zu einem vom BGH erkannten konkludenten Stillhalteabkommen Rz 138 f und Stellungnahme zur Rechtsnatur Rz 145 ff). **126**

1. **Arten.** Der Begriff des Schiedsgutachtens wird allgemein großzügig verwandt. Lediglich für die echten Schiedsgutachten oder Schiedsgutachten im engeren Sinne bestehen Besonderheiten, die nachfolgend näher zu betrachten sind. **127**

a) **Schiedsgutachten im weiteren Sinne.** Auf sog Schiedsgutachten im weiteren Sinne finden die **§§ 317-319 direkte Anwendung**[178]. Die Begrifflichkeit ist überflüssig. Sie bezeichnet die bislang besprochene Drittleistungsbestimmung nach § 317 Abs 1, die den unbestimmten Hauptvertrag bestimmt und durchführbar macht. Sie kann als Leistungserstbestimmung (dann sog rechtsbegründendes bzw vertragsergänzendes Schiedsgutachten) oder als Leistungsänderung bzw -anpassung auftreten (Rz 25). Bezugspunkt der Drittleistungsbestimmung sind nach § 317 Abs 1 stets die Vertragszwecke (Rz 99). Der Dritte gestaltet den Vertrag, indem er eine Sachregelung trifft, die an die Stelle einer vertraglichen Einigung zwischen den Vertragsparteien tritt. **128**

b) **Schiedsgutachten im engeren Sinne.** Den Schiedsgutachten im weiteren Sinne sind die Schiedsgutachten im engeren Sinne gegenüberzustellen. Sie unterscheiden sich in ihrem Gegenstand (dazu va noch Rz 131 ff), und der Anwendung des Ausübungs- und Kontrollmaßstabs (Rz 152, § 319 Rz 71). Der Schiedsgutachter ieS soll eine **bereits im Hauptvertrag von den Vertragsparteien hinreichend bestimmte Leistung verbindlich** (dazu noch Rz 161 ff) **aussprechen**[179]. Der Hauptvertrag ist bereits vor seiner Feststellung bestimmt und durchführbar, mangels Sachkunde können die Parteien den Leistungsinhalt nicht erkennen oder der Inhalt steht aufgrund unterschiedlicher Vorstellungen oder Interpretationen unter den Vertragsparteien im Streit. Weil der Hauptvertrag bereits (vertragsrechtlich) bestimmt ist, könnte darüber das staatliche Gericht entscheiden, die Parteien ziehen aber eine vorrangige Feststellung durch den Schiedsgutachter vor. Überwiegend wird die Unterscheidung von Schiedsgutachten iwS (echte Leistungsbestimmung) und Schiedsgutachten ieS (echtes Schiedsgutachten) anhand der Begriffspaare Feststellung/schöpferische Bestimmung[180] oder kognitiv/voluntativ[181] beschrieben. Der Schiedsgutachter ieS treffe eine kognitive Feststellung. Ihm komme keine „Auswahlentscheidung" zu[182]. Daher treffe der Schiedsgutachter ieS keine „Ermessensentscheidung"[183]; ihm komme aber ein „Beurteilungsspielraum" zu[184]. Eine sachliche Abgrenzung dieser Spielräume wird jedoch nicht vorgenommen. Aufgrund seiner bloß erkennenden Leistung habe der Schiedsgutachter anstatt einer „billi- **129**

---

[178] RGRK[12]/Ballhaus § 317 Rz 7; BeckOK[61. Ed]/Gehrlein § 317 Rz 6; Grüneberg[81]/Grüneberg § 317 Rz 3; BeckOGK[01.09.2021]/Netzer § 317 Rz 30; Staud[Nb 2020]/Rieble § 317 Rz 42; MünchKomm[8]/Würdinger § 317 Rz 30 f.

[179] RGZ 96, 57, 60; BGH NJW 1990, 1231, 1232; NJW 2013, 1296, 1297 (Rz 13); Döbereiner VersR 1983, 712 f; BeckOK[61. Ed]/Gehrlein § 317 Rz 7; Erman[16]/Hager § 317 Rz 8; BeckOGK[01.09.2021]/Netzer § 317 Rz 31; jurisPK[9]/Völzmann-Stickelbrock § 317 Rz 20; MünchKomm[8]/Würdinger § 317 Rz 32.

[180] Vgl BGH NJW 1991, 2761, 2761 (rechtsgestaltend/feststellend); NJW-RR 2014, 492, 492 f (Rz 27); BeckOGK[01.09.2021]/Netzer § 317 Rz 25, 28 ff (vertragsergänzend/feststellend); ähnlich BeckOK[61. Ed]/Gehrlein § 317 Rz 6 ff (Vertragswille vervollständigend/feststellend).

[181] Erman[16]/Hager § 317 Rz 8; Joussen, Schlichtung als Leistungsbestimmung und Vertragsgestaltung durch einen Dritten, 2005, S 56; MünchKomm[8]/Würdinger § 319 Rz 14; ablehnend auch Staud[Nb 2020]/Rieble § 317 Rz 26, siehe dort aber auch Rz 22.

[182] MünchKomm[8]/Würdinger § 317 Rz 39.

[183] BAGE 155, 109, 117 f (Rz 25) = NZA 2016, 1089; Erman[16]/Hager § 317 Rz 8, § 319 Rz 7; MünchKomm[8]/Würdinger § 317 Rz 39.

[184] BeckOGK[01.09.2021]/Netzer § 317 Rz 33; jurisPK/Völzmann-Stickelbrock § 317 Rz 29; MünchKomm[8]/Würdinger § 317 Rz 39; vgl auch BGH NJW-RR 2014, 492, 493 (Rz 35).

gen" eine „richtige" Feststellung zu treffen[185]. Entsprechend sei der gerichtliche Kontrollmaßstab der offenbaren Unbilligkeit durch den der „offenbaren Unrichtigkeit" zu ersetzen[186]. Die §§ 317-319 sind nach hM analog anzuwenden[187]. Dies ist nach hier vertretener Auffassung nicht zutreffend. Richtigerweise übt der Schiedsgutachter ein Drittleistungsbestimmungsrecht aus, auf das die Auslegungsregel des § 317 Abs 1 Anwendung findet (siehe aber noch zur konkreten Ausformung Rz 135, § 319 Rz 29). Dessen Bezugspunkt ist nicht der Hauptvertrag, sondern der im Schiedsgutachtenvertrag liegende Feststellungsvertrag (Rz 145 f).

130 Besteht für den Schiedsgutachter ein Spielraum, ob er nun als Ermessens- oder Beurteilungsspielraum bezeichnet wird, kann der Kontrollmaßstab allerdings nicht in der durch das Gericht erkannten „Richtigkeit" bestehen. Dies schlösse jeglichen Spielraum aus. Damit wäre auch das Hauptanliegen, einen selbst gewählten sachverständigen Dritten einzusetzen, vollständig entwertet. Dem Gericht käme die Letztentscheidungsbefugnis zu. Dem Maßstab der offenbaren Unrichtigkeit der hM ist im Ergebnis zuzustimmen. Es sind aber die in der offenbaren Unrichtigkeit zum Ausdruck kommende beschränkte gerichtliche Kontrolle und der Maßstab der Richtigkeit auseinanderzuhalten. Dabei hilft eine genauere Betrachtung und eine Differenzierung nach dem Gegenstand des Schiedsgutachten ieS.

131 Ein Schiedsgutachten kann sich zunächst auf die **Feststellung von Tatsachen** beziehen[188]. Insoweit ist richtig, dass der Kontrollmaßstab nur in der Richtigkeit dieser Feststellung bestehen kann. Eine Tatsache liegt vor oder nicht, sie wird zutreffend erfasst oder eben nicht.

132 Allerdings bedienen sich die Parteien eines Schiedsgutachters in aller Regel aufgrund seiner Neutralität und vor allem seines Sachverstands. In aller Regel geht es nicht um die bloße Feststellung von Tatsachen, sondern um ihre **Feststellung und Bewertung**. Dies ist auch der Grund, warum ein Streit unter den Vertragsparteien besteht. Die Bewertung ist dabei anhand der **vertraglichen Maßstäbe** vorzunehmen. Diese können auf **außerrechtliche Maßstäbe** weiterverweisen. Es geht etwa nicht um die Feststellung des Kaufpreises, der aus dem Kaufvertrag abgelesen oder berechnet werden könnte, sondern etwa um den **Marktwert einer Sache** oder ein **veränderten Verhältnissen angemessenes Entgelt**[189]. Dessen Feststellung bedarf der Bewertung, etwa „nach den allgemeinen wirtschaftlichen Grundsätzen"[190]. Gleiches gilt für die **(Orts-)Üblichkeit eines Entgelts**[191], den **Zeitwert einer Sache**[192], **die Ordnungsgemäßheit einer Kfz-Reparatur**[193] oder die **Höhe von Betriebskosten**[194]. Hierhin gehört auch die sog **Qualitätsarbitrage**, wonach ein Dritter verbindlich feststellen soll, ob die gelieferte Ware den vertraglichen Anforderungen entspricht. Zwar kann eine solche außerrechtliche Bewertung einer Tatsachenbasis „richtig" sein, die Beispiele zeigen aber bereits auf, dass die Bewertung (anhand der außerrechtlichen Maßstäbe) durch verschiedene Personen zu verschiedenen Ergebnissen führen kann. Die Üblichkeit bezeichnet etwa einen Korridor vertretbarer Entgelte, keinen exakten Durchschnitt. Den Parteien kommt es dabei auf die (sachverständige) Einschätzung des Schiedsgutachters an. Damit verbunden ist der Parteiwille, dass das kontrollierende Gericht nicht seine Bewertung an die Stelle des Schiedsgutachters setzt. Dem Parteiwillen entspricht also neben dem Vorrang des Schiedsgutachters vor dem Gericht eine **beschränkte Kontrolldichte**.

133 Ein Schiedsgutachten kann sich schließlich auch auf die **Subsumtion festgestellter Tatsachen unter gesetzliche Tatbestandsmerkmale** und damit auf **Rechtsfragen** beziehen[195]. Die

---

185 BGHZ 207, 316, 332 (Rz 39) = MDR 2016, 142; BAGE 155, 109, 117 f (Rz 25) = NZA 2016, 1089; Erman[16]/Hager § 317 Rz 8; jurisPK[9]/Völzmann-Stickelbrock § 317 Rz 29; MünchKomm[8]/Würdinger § 317 Rz 9, 32, 39.
186 St Rspr; RGZ 96, 57, 61 f; BGHZ 43, 374, 376 = NJW 1965, 1523; 81, 229, 237 = NJW 1981, 2351; NJW 2001, 3775, 3776 f; NJW 2013, 1296, 1297 (Rz 13); BAGE 155, 109, 117 f (Rz 25) = NZA 2016, 1089; Gernhuber, Das Schuldverhältnis, 1989, S 306 (§ 12 IV 11 b); Grüneberg[81]/Grüneberg § 319 Rz 4; Staud[Nb] 2020/Rieble § 317 Rz 23; MünchKomm[8]/Würdinger § 317 Rz 39.
187 Siehe nur BGH NJW 1983, 244, 2245 (insoweit nicht in BGHZ 87, 367); NJW 1990, 1231, 1232; NJW 2013, 1296, 1297 (Rz 13); NJW-RR 2014, 492, 492 f (Rz 27); BeckOK[61. Ed]/Gehrlein § 317 Rz 8; Grüneberg[81]/Grüneberg § 317 Rz 3; Erman[16]/Hager § 317 Rz 8; BeckOGK[01.09.2021]/Netzer § 317 Rz 33; NomosKommentar, BGB[4]/Ring/F Wagner § 317 Rz 14; MünchKomm[8]/Würdinger § 317 Rz 9, 39. I E wie hier für direkte Anwendung mit Ausnahme bloßer Tatsachenfeststellungen Sonntag,
Die Bestimmung der Leistung nach billigem Ermessen (§§ 315 – 319 BGB), 1971, S 68 f.
188 RGZ 96, 57, 60; BGH NJW 1991, 2761; BeckOK[61. Ed]/Gehrlein § 317 Rz 8; Erman[16]/Hager § 317 Rz 8; jurisPK[9]/Völzmann-Stickelbrock § 317 Rz 20.
189 BGHZ 48, 25 = NJW 1967, 1804 (Pacht); 57, 47 = NJW 1971, 1838 (Erbbauzins); NJW 1975, 1556 (Miete).
190 So im Fall BGH WM 1976, 251, 253.
191 BGH NJW 1965, 150.
192 BGH WM 1975, 256 (Wert eines Einfamilienhauses); NJW 2013, 1296 (Leasingfahrzeug); Habersack/Tröger DB 2009, 44 (Unternehmenswert); vgl auch zum Wert eines Gesellschaftsanteils BGH WM 1976, 251, 253.
193 LG Nürnberg-Fürth NJW 1976, 972.
194 Düsseldorf NJW-RR 2000, 279.
195 BGHZ 9, 138, 144 f = NJW 1953, 825; NJW 1955, 665; BGHZ 48, 25, 29 f = NJW 1967, 1804; NJW 1975, 1556 = BAGE 5, 38, 41 = NJW 1958, 315; Erman[16]/Hager § 317 Rz 8; Kasolowsky/Schnabl SchiedsVZ 2012, 84; MünchKomm[8]/Würdinger § 317 Rz 9.

Bewertung der Tatsachenbasis erfolgt dann anhand gesetzlicher Maßstäbe. Auch insoweit geht der Parteiwille dahin, dass die Rechtsanwendung des Schiedsgutachters nicht durch eine eigene vollständige Rechtsanwendung des Gerichts ersetzt werden soll. Das Gericht soll also auch hinsichtlich der Rechtsanwendung nur eingeschränkt kontrollieren. Kontrollmaßstab ist daher auch hier nicht die Richtigkeit iSd gerichtlichen Rechtsanwendung. Vielmehr hat das Gericht die Einhaltung des gesetzlichen Rahmens durch den Schiedsgutachter zu kontrollieren. Ihm verbleiben Auslegungsspielräume. Das Gericht kontrolliert mithin nur auf eine vertretbare Rechtsanwendung. Der konkrete Kontrollmaßstab richtet sich (ggf nach Auslegung) nach der vertraglichen Vereinbarung. Die Parteien können die gerichtliche Kontrolle innerhalb der gesetzlichen Grenzen ganz ausschließen oder sich der gesetzlichen Maßstäbe der Unbilligkeit oder offenbaren Unbilligkeit (dazu noch § 319 Rz 4 ff) bedienen.

Die vom Gutachter erwarteten (streitbeilegenden) Feststellungen können die gesamte geschuldete vertragliche Leistung betreffen. Der Schiedsgutachter subsumiert dabei also unter die vertragliche Leistungsvereinbarung und füllt sie vollständig aus. Mit der Feststellung der „ortsüblichen Miete" mag zugleich die (gesamte) vom Dritten zu bestimmende Leistung liegen. Solche Schiedsgutachten werden als **rechtsklärende oder rechtsfeststellende Schiedsgutachten** bezeichnet[196]. Die „ortsübliche Miete" mag aber auch lediglich einen Bestandteil oder Faktor der geschuldeten Leistung darstellen. Das Schiedsgutachten dient in diesem Fall nicht der Bestimmung der geschuldeten Leistung insgesamt, sondern der Streitbeilegung über einzelne Tatsachen oder Tatbestandselemente. Solche Schiedsgutachten werden als **Beweisgutachten**[197] oder **Tatbestandselemente feststellendes Schiedsgutachten**[198] bezeichnet. Außer in der Reichweite des Gegenstands bestehen keine Unterschiede zwischen rechtsfeststellenden Schiedsgutachten und Beweisgutachten.

Dem Schiedsgutachter soll in beiden Fällen ein **Bewertungsspielraum** zukommen. Dieser wird von der überwiegenden Ansicht in Abgrenzung zum Ermessensspielraum als Beurteilungsspielraum bezeichnet[199]. Dieser Spielraum des Schiedsgutachter unterscheidet sich von dem des echten leistungsbestimmenden Dritten (Schiedsgutachter im weiteren Sinne) nicht konstruktiv. Auch im Verwaltungsrecht wird nunmehr zunehmend Ermessen und Beurteilungsspielraum als konstruktiv identische Letztentscheidungsbefugnisse der Verwaltung aufgefasst, die terminologisch nur noch nach ihrem Standort auf Tatbestands- oder Rechtsfolgenseite unterschieden werden[200]. Der Unterschied liegt allein darin, dass die Schiedsgutachtenabrede einen materiell-rechtlichen Feststellungsvertrag schafft, der neben den Hauptvertrag tritt. Gegenstand dieses Feststellungsvertrags ist die Leistung oder ein oder mehrere Bestandteile des Hauptvertrags (Rz 134). Der Schiedsgutachter nimmt in diesem materiell-rechtlichen Feststellungsvertrag seine Drittleistungsbestimmung vor. Dabei ist er wie ein leistungsbestimmungsberechtigter Dritter im Hauptvertrag an dessen Vertragszwecke gebunden. Diese bestehen in der Beilegung von Streitigkeiten über das Verständnis des Hauptvertrags. Als Maßstäbe sehen die Parteien die Vertragsregelungen, außerrechtliche Maßstäbe oder gesetzliche Vorschriften vor (Rz 129 ff). Der Schiedsgutachter konkretisiert also die Vertragszwecke des materiell-rechtlichen Feststellungsvertrags, indem er unter den Vertrag, außerrechtliche Maßstäbe oder das Gesetz subsumiert. Aus einer **billigen Konkretisierung des Vertragszwecks der Streitbelegung wird so der Maßstab einer richtigen Feststellung**; und zwar einer richtigen Feststellung am Maßstab des Hauptvertrags. Auch der **Kontrollmaßstab ist konstruktiv identisch**, hat aber freilich ebenfalls einen anderen Bezugspunkt. Das Gericht prüft jeweils die Einhaltung des Spielraums, also auf die **Einhaltung der von den Gesetzeszwecken bzw die von den außerrechtlichen Maßstäben gezogenen Grenzen**. Die bekannten Ermessensfehler (§ 315 Rz 184 f, § 319 Rz 20) erscheinen damit im jeweils anderen Gewand (näher § 319 Rz 27 ff). Der Schiedsgutachter ieS muss vom zutreffenden Sachverhalt ausgehen, die wesentlichen Maßstäbe heranziehen und nachvollziehbar gewichten. Da das Gericht keine eigene vollständige Bewertung vornimmt, ist die gerichtliche Kontrolldichte beschränkt.

---

196 Dütz, Rechtsstaatlicher Gerichtsschutz im Privatrecht, 1970, S 251; Habscheid, in: FS Lehmann, Bd II, 1956, S 789, 798 ff; Joussen, Schlichtung als Leistungsbestimmung und Vertragsgestaltung durch Dritten, 2005, S 55; BeckOGK[01.09.2021]/Netzer § 317 Rz 31; MünchKomm[8]/Würdinger § 317 Rz 32.
197 Staud[Nb 2020]/Rieble § 317 Rz 21; MünchKomm[8]/Würdinger § 317 Rz 33.
198 Dütz, Rechtsstaatlicher Gerichtsschutz im Privatrecht, 1970, S 252; Habscheid, in: FS Lehmann, Bd II, 1956, S 789, 807 ff; Joussen, Schlichtung als Leistungsbestimmung und Vertragsgestaltung durch einen Dritten, 2005, S 55 f.
199 Siehe Nachw in Fn 182.
200 Vgl Ehlers/Pünder Allg VerwR[15]/Jestaedt § 11 Rz 10 ff m w N.

136 In VVG § 84 (ggf iVm VVG § 189) und VVG § 128[201] (vgl auch ARB 2021 Nr 3.4 (Variante Schiedsgutachter[202])) haben Schiedsgutachten eine **spezialgesetzliche Regelung** erfahren. Gleiches gilt für VOB/B § 18 Abs 4[203], nicht aber VOB/B § 18 Abs 2 für Verträge mit Behörden[204].

137 Schiedsgutachtenvereinbarungen (ieS) können nach VwVfG §§ 54 ff auch im **Öffentlichen Recht** geschlossen werden[205]. Gem VwVfG § 62 S 2 finden die §§ 317-319 entsprechende Anwendung[206].

138 c) **Begleitendes Stillhalteabkommen (pactum de non petendo).** Zusätzlich zum Schiedsgutachten (ieS)[207] vereinbaren die Parteien nach der Rechtsprechung des BGH (konkludent) ein Stillhalteabkommen[208]. Dieser pactum de non petendo hat den Inhalt, dass der Gläubiger bis zur Erstattung des Gutachtens oder dessen endgültigen Ausbleibens (vgl § 319 Abs 1 S 2 Hs 2) die betreffende Forderung nicht vor Gericht einklagt. Eine solche zusätzliche Abrede ist **notwendig**, weil die Leistung zum einen, anders als bei der Drittleistungsbestimmung (Schiedsgutachten im weiteren Sinne), im Hauptvertrag bestimmt und daher einklagbar ist (vgl Rz 129) sowie zweitens die Vereinbarung eines Schiedsgutachtens, anders als eine Schiedsvereinbarung, nicht die Schiedseinrede nach ZPO § 1032 Abs 1 verleiht. Wollen die Vertragsparteien also dem Schiedsgutachten Vorrang vor der gerichtlichen Klärung einräumen, so entspricht das Stillhalteabkommen dem Parteiwillen und wird in aller Regel konkludent mitvereinbart. In einer aktuellen Entscheidung spricht der BGH nunmehr ohne Auseinandersetzung mit seiner früheren Judikatur und Erklärung davon, die Einholung des Schiedsgutachtens sei eine „Anspruchsvoraussetzung"[209]. Die daran geknüpften Rechtsfolgen (sogleich Rz 139) blieben unverändert. Zu den Auswirkungen auf die Fälligkeit siehe Rz 164. Zur Rechtsnatur des Stillhalteabkommens siehe Rz 144 ff.

139 Das Stillhalteabkommen folgt der Vereinbarung eines Schiedsgutachtens. Dessen Nichtigkeit schlägt auf den pactum de non petendo durch. Das Stillhalteabkommen endet, wenn sein Zweck, der Vorrang des Schiedsgutachtens, erreicht wurde oder nach § 319 Abs 1 S 2 Hs 2 nicht (mehr) erreicht werden kann[210]. Ist das Gutachten erstellt oder kann es nicht erstellt werden oder wird es verzögert, besteht keine Bindung mehr. Der pactum de non petendo bewirkt nach hM gem § 205 eine **Verjährungshemmung**[211]. Nach hier vertretener Auffassung hat die Verjährung hingegen mangels Fälligkeit nicht zu laufen begonnen (Rz 146). Eine Klage wird vom BGH bis zur Vorlage des Schiedsgutachtens **„als derzeit unbegründet" bzw „als zurzeit unbegründet" abgewiesen** (dazu noch Stellungnahme Rz 145 f)[212]. Das Gericht kann nach Ansicht des BGH gem ZPO §§ 356, 431 eine Frist zur Beibringung des Gutachtens setzen[213]. Eine Schiedsgutachtenabrede steht einem selbstständigen Beweisverfahren (ZPO §§ 485 ff) nur dann nicht entgegen, soweit der vertraglich intendierte Vorrang des Schiedsgutachtens gewahrt wird. Es besteht aufgrund der vorrangigen Schiedsgutachtenabrede kein rechtliches Interesse gem ZPO § 485 Abs 2, soweit das Beweisthema des beabsichtigten selbstständigen Beweisverfahrens sich mit dem gegenständlichen Anwendungsbereich der Schiedsgutachtenabrede deckt[214]. Dies ist etwa der Fall, wenn

---

201 Vgl BGHZ 9, 195, 198 = NJW 1953, 939; NJW 1971, 1455, 1456; RGRK[12]/Ballhaus § 317 Rz 14; Döbereiner VersR 1983, 712, 713; Greger/Stubbe, Schiedsgutachten, 2007, Rz 275 ff; Langheid/Rixecker VVG[6]/Langheid § 84 Rz 2; Staud[Nb 2020]/Rieble § 317 Rz 24; jurisPK[9]/Völzmann-Stickelbrock § 317 Rz 38; MünchKomm[8]/Würdinger § 317 Rz 50.
202 Zur Variante Stichentscheid vgl Hamm NJOZ 2005, 214.
203 Celle NJW-RR 1995, 1046; Nicklisch/Weick/Jansen/Seibel VOB/B[5]/Kaminsky, § 18 Rz 36; Beck'scher VOB-Kommentar[3]/Kölbl, § 18 Abs 4 Rz 6; Messerschmidt/Voit Priv BauR[4]/Voit § 18 VOB/B Rz 4.
204 Nicklisch/Weick/Jansen/Seibel VOB/B[5]/Kaminsky § 18 Rz 28; Beck'scher VOB-Kommentar[3]/Kölbl § 18 Abs 2 Rz 5; Lembcke BauR 2009, 1666, 1671 (Parteileistungsbestimmungsrecht nach § 315); MünchKomm[8]/Würdinger § 317 Rz 49.
205 BVerwGE 84, 258, 266 = NJW 1990, 1926; MünchKomm[8]/Würdinger § 317 Rz 9.
206 BVerwGE 84, 258, 266 = NJW 1990, 1926; MünchKomm[8]/Würdinger § 317 Rz 9.
207 Im Folgenden bezeichnet der Begriff Schiedsgutachten allein Schiedsgutachten im engeren Sinne.
208 BGH NJW 1990, 1231, 1232; NJW-RR 2014, 492, 493 (Rz 28); BGHZ 207, 316, 333 (Rz 40) = MDR 2016, 142; siehe auch NJW-RR 1988, 1405; Celle NJW-RR 1995, 1046, 1047; zust BAG NZA 2020, 1050, 1052 (Rz 22); Grüneberg[81]/Grüneberg § 317 Rz 3; Erman[16]/Hager § 317 Rz 10; BeckOGK[01.-09.2021]/Netzer § 317 Rz 58; Staud[Nb 2020]/Rieble § 317 Rz 43; MünchKomm[8]/Würdinger § 317 Rz 26.
209 BGH NJW 2021, 1593, 1596 (Rz 33).
210 Ebenso G Wagner, Prozessverträge, 1998, S 667. Vgl auch BGH NJW 1990, 1231, 1232; Düsseldorf NZM 2004, 501, 502.
211 BGH NJW 1990, 1231, 1232; Celle NJW-RR 1995, 1046, 1047; Düsseldorf NZM 2004, 501, 502 zu § 202 aF; BeckOGK[01.09.2021]/Netzer § 315 Rz 58. MünchKomm[8]/Würdinger § 317 Rz 26 verweist zudem auf den Hemmungstatbestand nach § 203 S 1, der möglicherweise bereits verwirklicht ist.
212 BGH NJW-RR 1988, 1405; BGHZ 146, 331, 341 = NJW 2001, 2399; NJW-RR 2006, 212, 213 (Rz 13); NJW-RR 2014, 492, 493 (Rz 28); BGHZ 207, 316, 333 (Rz 40) = MDR 2016, 142; NJW 2021, 1593, 1596 (Rz 33); zust BeckOK[61. Ed]/Gehrlein § 317 Rz 10; Grüneberg[81]/Grüneberg § 317 Rz 3; Erman[16]/Hager § 317 Rz 10; Staud[Nb 2020]/Rieble § 317 Rz 43; Soergel[12]/M Wolf § 317 Rz 21; MünchKomm[8]/Würdinger § 317 Rz 26.
213 BGH NJW-RR 1988, 1405; NJW-RR 1994, 1314, 1315; NJW 2021, 1593, 1596 (Rz 33); zust BeckOK[61. Ed]/Gehrlein § 317 Rz 10; aA Düsseldorf NJW-RR 1986, 1061 G Wagner, Prozessverträge, 1998, S 666; MünchKomm[8]/Würdinger § 317 Rz 26.
214 BGH BeckRS 2022, 2417 Rz 12 ff = MDR 2022, 359 (zu VOB/B § 18 Abs 4).

die Beweisfragen über den Gutachtenauftrag hinausreichen; das rechtliche Interesse iSd ZPO § 485 Abs 2 ist entsprechend auszulegen[215]. Gleiches gilt, wenn Beweismittel für die Feststellung der Unverbindlichkeit des Schiedsgutachtens verloren zu gehen drohen[216]. Ob sich die gegnerische Partei auf die Schiedsgutachtenabrede berufen muss (Der BGH spricht von einer „Einrede der Schiedsgutachtenabrede".), konnte der BGH in einer aktuellen Entscheidung offen lassen[217]. Da im bloßen Unterlassen der Geltendmachung noch keine vertragliche Abkehr von der Schiedsgutachtenabrede liegt, bleibt ihr vertraglicher Vorrang auch in diesem Fall bestehen. Anders mag es bei einem (aktiven, auch konkludenten) Zustimmen zum selbständigen Beweisverfahren liegen.

d) **Kombinationen.** Die Drittleistungsbestimmung nach § 317 Abs 1 hat die Bestimmung des Vertragsinhalts, grundsätzlich nicht aber die Entscheidung über die Voraussetzungen des Tätigwerdens des Dritten zum Gegenstand (Rz 72, § 315 Rz 96 f). Gleichwohl können die Parteien vereinbaren, dass der Dritte genau diese selbst verbindlich feststellen soll. Darin liegt eine Drittleistungsbestimmung, wenn die Feststellung nach § 319 Abs 1 S1 der gerichtlichen Kontrolle unterliegen soll[218]. Wird der Rechtsweg ausgeschlossen, kann darin auch eine Schiedsvereinbarung nach ZPO §§ 1029 ff liegen (siehe noch Rz 142)[219]. Gleichfalls kann die Kontrolle nach § 319 Abs 1 S 1 auch einem Schiedsgericht zugewiesen werden (§ 319 Rz 77). **140**

2. **Abgrenzung zum Schiedsspruch.** Das Schiedsgutachten ist kein Schiedsspruch iSd ZPO §§ 1051 ff, der oder die Schiedsgutachter kein Schiedsgericht iSd ZPO §§ 1034 ff. Auch wenn beide dieselbe Sachfrage behandeln können (zum Gegenstand von Schiedsgutachten siehe Rz 131 ff), unterscheiden sich Schiedsgutachten und Schiedsspruch darin, dass ein Schiedsgutachten diese als Einzelfrage beurteilen und der Schiedsspruch einen **Rechtsstreit abschließend entscheiden** soll[220]. Das Schiedsgericht tritt an die Stelle des staatlichen Gerichts, vgl ZPO § 1032 Abs 1. Der Schiedsspruch erwächst anders als das Schiedsgutachten in **Rechtskraft** und steht einem rechtskräftigen Urteil gleich, ZPO § 1055. Nur auf einen Aufhebungsantrag hin kann ein staatliches Gericht einen Schiedsspruch überprüfen, vgl ZPO § 1059, während das Schiedsgutachten nach § 319 Abs 1 S 1 der (eingeschränkten) gerichtlichen Kontrolle unterliegt. Die ZPO §§ 1025 ff finden daher keine analoge Anwendung[221]. **141**

Die **Abgrenzung**, ob die Parteien ein Schiedsgutachten vereinbart oder eine Schiedsvereinbarung (ZPO § 1029) geschlossen haben, erfolgt im Einzelfall nach dem **Parteiwillen**. Bei der Auslegung sind weder die gewählte Terminologie[222], die übertragene Aufgabenstellung[223] noch ein typischerweise für Schiedsgerichte verwandtes Besetzungsverfahren maßgeblich[224]. Beiden Instrumenten wird gleichermaßen eine „verbindliche" Streitentscheidung zugemessen[225]. Auch einer **142**

---

215 Vgl Koblenz BauR 1995, 1055 f; Köln BeckRS 2015 1998, 3151738; Brandenburg NJW-RR 2002, 1537; Köln NZBau 2009, 252, 253; Karlsruhe NZBau 2015, 775, 776 (Rz 12 ff).
216 Bremen NJW-RR 2009, 1294; Staud[Nb 2020]/Rieble § 319 Rz 47.
217 BGH BeckRS 2022, 2417, Rz 19 (insoweit nicht in MDR 2022, 359).
218 BGHZ 48, 25, 28 = NJW 1967, 1804; NJW 1975, 1556 f; NJW 1978, 631, 632; Greger/Stubbe, Schiedsgutachten, 2007, Rz 86, 99; BeckOGK[01.09.2022]/Netzer § 317 Rz 29; MünchKomm[8]/Würdinger § 317 Rz 13.
219 MünchKomm[8]/Würdinger § 317 Rz 13.
220 BGHZ 6, 335, 338 = NJW 1952, 1296; 48, 25, 27 f = NJW 1967, 1804; Elsing ZVglRWiss 114 (2015), 568, 573; BeckOK[61. Ed]/Gehrlein § 317 Rz 11; Gernhuber, Das Schuldverhältnis, 1989, S 301 (§ 12 IV 5 b); Kleinschmidt, Delegation von Privatautonomie auf Dritte, 2014, S 773 ff; BeckOGK[01.09.2021]/Netzer § 317 Rz 35; Staud[Nb 2020]/Rieble § 317 Rz 33; jurisPK[9]/Völzmann-Stickelbrock § 317 Rz 21; MünchKomm[8]/Würdinger § 317 Rz 11 f. Für eine funktionale Übereinstimmung mit historisch-rechtsvergleichender Begründung H. J. Winter, Die Bestimmung der Leistung durch den Vertragspartner oder Dritte (§§ 315 bis 319 BGB) unter besonderer Berücksichtigung der Rechtsprechung und Lehre des 19. Jahrhunderts, 1979, S 48 ff.
221 RGZ 152, 201, 204; BGHZ 6, 335, 341 = NJW 1952, 1296; NJW 1975, 1556, 1557; Gernhuber, Das Schuldverhältnis, 1989, S 300 (§ 12 IV 4); Grüneberg[81]/Grüneberg § 317 Rz 7; Erman[16]/Hager § 317 Rz 11; Kasolowsky/Schnabl SchiedsVZ 2012, 84,

88; BeckOGK[01.09.2021]/Netzer § 317 Rz 68; Staud[Nb 2020]/Rieble § 317 Rz 31; NomosKommentar, BGB[4]/Ring/F Wagner § 317 Rz 15; jurisPK[9]/Völzmann-Stickelbrock § 317 Rz 26; Soergel[12]/M Wolf § 317 Rz 21; MünchKomm[8]/Würdinger § 317 Rz 42; aA Dütz, Rechtsstaatlicher Gerichtsschutz im Privatrecht, 1970, S 260; Habscheid, in: FS Kralik, 1986, S 189, 202; Kornblum, Probleme der schiedsrichterlichen Unabhängigkeit, 1968, S 102; vgl auch Rauscher, Das Schiedsgutachtenrecht, 1969, S 262 ff; für analoge Anwendung ausgewählter Vorschriften Maus, Das Schiedsgutachten im Allgemeinen bürgerlichen Recht, 2021, S 216 ff; Stein/Jonas ZPO[23]/Schlosser Vor § 1025 Rz 64 ff.
222 BGHZ 6, 335, 338 = NJW 1952, 1296; München NJW 2016, 1964, 1964 f (Rz 10); BeckOK[61. Ed]/Gehrlein § 317 Rz 11; Grüneberg[81]/Grüneberg § 317 Rz 8; Erman[16]/Hager § 317 Rz 12; BeckOGK[01.09.2021]/Netzer § 317 Rz 39; Staud[Nb 2020]/Rieble § 317 Rz 36; jurisPK[9]/Völzmann-Stickelbrock § 317 Rz 22; MünchKomm[8]/Würdinger § 317 Rz 8; für mehr Gewicht Kurth NJW 1990, 2038, 2040.
223 RGRK[12]/Ballhaus § 317 Rz 10; BeckOK[61. Ed]/Gehrlein § 317 Rz 11; Grüneberg[81]/Grüneberg § 317 Rz 6; Erman[16]/Hager § 317 Rz 12; vgl auch BGHZ 9, 138, 144 f = NJW 1953, 825; 48, 25, 30 = NJW 1967, 1804; aA Kurth NJW 1990, 2038, 2040.
224 Döbereiner VersR 1983, 712, 713; BeckOGK[01.09.2021]/Netzer § 317 Rz 39; MünchKomm[8]/Würdinger § 317 Rz 10; vgl auch Rz 95.
225 Vgl München NJW 2016, 1964, 1965 (Rz 13); vgl ähnlich zum Begriff „endgültig" BGH BB 1982, 1077.

Inbezugnahme der §§ 317, 319 bedarf es für die Annahme eines Schiedsgutachtens nicht[226]. Entscheidend ist vielmehr, welche Wirkungen die Parteien der Entscheidung des oder der eingesetzten Dritten beimessen[227]. Dies umfasst maßgeblich die gerichtliche Kontrolle und den Umstand, dass ein Schiedsspruch einen vollstreckbaren Titel darstellt[228]. Aufgrund der im Ausschluss des Rechtswegs liegenden, einschneidenderen Wirkung der Schiedsvereinbarung, ist **im Zweifel von einem Schiedsgutachten auszugehen**[229].

143 Ein **Preisrichter gem § 661 Abs 2** wird von der Rechtsprechung nicht als Schiedsgutachter angesehen, sondern in der Nähe eines Schiedsrichters verortet[230]. Nicht der materielle Gehalt des Preisanspruchs, sondern allenfalls das Verfahren des Preisgerichts unterliege der gerichtlichen Kontrolle[231]. §§ 315 ff fänden keine Anwendung. Es ist allerdings auch zu erkennen, dass ZPO §§ 1025 ff ihrerseits nicht vollumfänglich (analog) anwendbar sind[232].

144 **3. Rechtsnatur der Schiedsgutachtenvereinbarung.** Wurde das Schiedsgutachten soeben (negativ) vom Schiedsspruch abgegrenzt (Rz 141 ff), so steht eine (positive) rechtliche Qualifizierung noch aus. Die Schiedsgutachtenvereinbarung, dh die Absprache der Vertragsparteien, einen Schiedsgutachter einzusetzen, wird überwiegend als ein rein materiell-rechtlicher Vertrag angesehen[233]. Die Gegenansicht, vornehmlich aus dem prozessrechtlichen Schrifttum, sieht im Schiedsgutachtenvertrag (auch) einen Prozessvertrag[234]. Der Streit dreht sich darum, wie die Bindung des Gerichts an das Schiedsgutachten hergestellt wird. Die überwiegende Ansicht sieht im Schiedsgutachtenvertrag ein antizipiertes kausales Schuldanerkenntnis in Gestalt eines **materiell-rechtlichen Feststellungsvertrags** mit der Besonderheit, dass ein Dritter dessen Inhalt festlegt[235]. Die Bindung des Gerichts folgt dann aus dessen verfassungsrechtlicher Bindung an das materielle Recht bzw den privatautonom geschlossenen Verträgen der Parteien. Aufseiten einer prozessualen Qualifikation kann der Schiedsgutachtenvertrag als Geständnisvertrag angesehen werden, mit dem die Parteien über ihr Bestreiten im Prozess disponieren und den Inhalt des Schiedsgutachtens so der gerichtlichen Beweiserhebung entziehen[236]. Daneben und in Kombination[237] lässt sich der Schiedsgutachtenvertrag als Beweismittelvertrag verstehen[238], mit dem die Parteien die zulässigen Beweismittel einzig auf das Schiedsgutachten verengen und die Partei beweisfällig bleibt, wenn sie dieses (noch) nicht vorlegen kann, oder als Vertrag über die gerichtliche Beweiswürdigung[239], der dem Gericht die Beweiswürdigung über den Gegenstand des Schiedsgutachtens entzieht. In dem Ergebnis einer gerichtlichen Bindung an das Schiedsgutachten stimmen diese Auffassungen überein, auch in Bezug auf die Abweisung der Klage vor Einreichung des Schiedsgutachtens als „zurzeit unbegründet" (Rz 138 f) besteht weitgehende Einigkeit. Unterschiede ergeben sich demgegenüber in den postulierten Wirksamkeitsvoraussetzungen. Namentlich der prozessrechtlichen Lesart ist es ein Anliegen, die Beachtung verfahrensrechtlicher Grundprinzipien, insbesondere der

---

226 BGH NJW 1975, 1556, 1557.
227 BGHZ 6, 335, 338 = NJW 1952, 1296; 48, 25, 28 = NJW 1967, 1804; München NJW 2016, 1964, 1964 f (Rz 10); Grüneberg[81]/Grüneberg § 317 Rz 8; jurisPK[9]/Völzmann-Stickelbrock § 317 Rz 22.
228 BeckOK[61. Ed]/Gehrlein § 317 Rz 11; Erman[16]/Hager § 317 Rz 12; BeckOGK[01.09.2021]/Netzer § 317 Rz 38; jurisPK[9]/Völzmann-Stickelbrock § 317 Rz 22 f.
229 BGH BB 1982, 1077, 1078; München NJW 2016, 1964, 1965 (Rz 15); Elsing ZVglRWiss 114 (2015), 568, 573; BeckOK[61. Ed]/Gehrlein § 317 Rz 11; Kornblum, Probleme der schiedsrichterlichen Unabhängigkeit, 1968, S 104; Staud[Nb 2020]/Rieble § 317 Rz 37; jurisPK[9]/Völzmann-Stickelbrock § 317 Rz 23; MünchKomm[8]/Würdinger § 317 Rz 12.
230 BGHZ 17, 366, 372 f = NJW 1955, 1473; zust BeckOK[61. Ed]/Gehrlein § 317 Rz 11; Grüneberg[81]/Grüneberg § 317 Rz 8; Soergel[13]/von Reden § 660 Rz 32; Stein/Jonas ZPO[23]/Schlosser Vor § 1025 Rz 54; MünchKomm[8]/Würdinger § 317 Rz 11.
231 BGHZ 17, 366, 373 ff = NJW 1955, 1473.
232 Staud[Nb 2020]/Bergmann § 661 Rz 28; MünchKomm[8]/F L Schäfer § 661 Rz 25 ff.
233 BGHZ 6, 335, 340 f = NJW 1952, 1296; BAGE 5, 38, 41 = NJW 1958, 315; Gernhuber, Das Schuldverhältnis, 1989, S 300 (§ 12 IV 4); Erman[16]/Hager § 317 Rz 11; BeckOGK[01.09.2021]/Netzer § 317 Rz 44; Staud[Nb 2020]/Rieble § 317 Rz 31; jurisPK[9]/Völzmann-Stickelbrock § 317 Rz 20; Soergel[12]/M Wolf § 317 Rz 21. Vgl auch RGZ 96, 57, 60, wo ein Beweisvertrag ausdrücklich abgelehnt wird. Die auf S 61 gleichwohl erkannte „Beschränkung auf dieses Beweismittel", dh das Schiedsgutachten kann materiell-rechtlich verstanden werden. Der Inhalt des materiell-rechtlichen Feststellungsvertrags kann allein mit dem Schiedsgutachten bewiesen werden.
234 Zöller ZPO[33]/Geimer § 1029 Rz 5; Habscheid, in: FS Kralik, 1986, S 189, 201; Kornblum, Probleme der schiedsrichterlichen Unabhängigkeit, 1968, S 102; Nicklisch ZHR 136 (1972), 1, 8 ff; Rauscher, Das Schiedsgutachtenrecht, 1969, S 110 ff; Schwab/Walter, Schiedsgerichtsbarkeit[7], 2005, Kap 2 Rz 5; Walter ZZP 103 (1990), 142, 153; vermittelnd Maus, Das Schiedsgutachten im Allgemeinen bürgerlichen Recht, 2021, S 157 ff (materiell-rechtlicher Vertrag über prozessuale Rechtsbeziehungen mit schwerpunktmäßig prozessualen Wirkungen); MünchKomm[8]/Würdinger § 317 Rz 41 f.
235 Gernhuber, Das Schuldverhältnis, 1989, S 300 (§ 12 IV 4); Staud[Nb 2020]/Rieble § 317 Rz 31; JurisPK[9]/Völzmann-Stickelbrock § 317 Rz 25 f; G. Wagner, Prozessverträge, 1998, S 663.
236 Rauscher, Das Schiedsgutachtenrecht, 1969, S 116, 133 f.
237 Maus, Das Schiedsgutachten im Allgemeinen bürgerlichen Recht, 2021, S 160 ff; Nicklisch ZHR 136 (1972), 1, 10 f; Rauscher, Das Schiedsgutachtenrecht, 1969, S 133; Stein/Jonas ZPO[23]/Schlosser Vor § 1025 Rz 60.
238 Rauscher, Das Schiedsgutachtenrecht, 1969, S 122, 133.
239 Habscheid, in: FS Lehmann, Bd II, 1956, S 789, S 803, 808; Kornblum, Probleme der schiedsrichterlichen Unabhängigkeit, 1968, S 101; Rauscher, Das Schiedsgutachtenrecht, 1969, S 133.

Gewährung rechtlichen Gehörs, durch den Schiedsgutachter sicherzustellen[240]. Dies geht so weit, dass die ZPO §§ 1025 ff analog herangezogen werden[241]. Die materiell-rechtliche Lesart des Schiedsgutachtens vermag verfahrensrechtliche Anforderungen ex ante über die allgemeinen Grenzen der Vertragsfreiheit und die AGB-Kontrolle (Rz 51 ff) und ex post im Rahmen der Kontrolle nach § 319 Abs 1 S 1 (dazu noch § 319 Rz 30) zu etablieren.

Stellungnahme: Die aufgeführten Meinungen unterscheiden sich in den Wirkungen, die dem Schiedsgutachtenvertrag beigemessen werden. Maßgeblich sind allerdings die Wirkungen, die die Vertragsparteien ihrem privatautonomen Vertrag beimessen. Maßgeblich ist daher eine Vertragsauslegung, die im Einzelfall unter Beachtung der Interessenlage klärt, welche – materiell-rechtlichen sowie prozessualen Wirkungen – die Parteien herbeiführen wollten. Materiell-rechtliche und prozessuale Lesart schließen einander daher nicht aus. Der typische Schiedsgutachtenvertrag wird zur Vermeidung eines gerichtlichen Rechtsstreits geschlossen. Der Dritte soll als (außergerichtlicher) Schlichter den Streit beilegen. Die materiell-rechtlichen Wirkungen stehen im Vordergrund. Mit den prozessualen Lesarten lässt sich der Streit nur gerichtlich beilegen. Außergerichtlich, dh ohne gerichtliches Urteil, entfaltete das Schiedsgutachten für die Vertragsparteien keinerlei Bindungen. Diese sind aber in erster Linie von den Vertragsparteien gewollt. Der Schiedsgutachtenvertrag ist daher in jedem Fall **materiell-rechtlich zu qualifizieren als antizipiertes kausales Schuldanerkenntnis in Gestalt eines materiell-rechtlichen Feststellungsvertrags**[242]. 145

Zu klären bleibt weiter das Verhältnis des isoliert betrachtet hinreichend bestimmten Hauptvertrags und des Feststellungsvertrags. In aller Regel wird die Interessenlage der Parteien darauf gerichtet sein, dem vom Dritten bestimmten Feststellungsvertrag Vorrang einzuräumen. Der BGH versteht diesen Parteiwillen als **(konkludentes) Stillhalteabkommen** (Rz 138 f). Dieser stellt eine Verbindung zum Prozess her. Der Anspruch soll bis zum Vorliegen des Schiedsgutachtens nicht eingeklagt werden können (Rz 138 f). Hier ist der eigentliche Platz für den obigen Meinungsstreit und es bestünde Raum für ein prozessrechtliches Verständnis[243]. Behält man aber die materielle Rechtslage im Auge, dass die Parteien zum einen die Leistung im Hauptvertrag hinreichend bestimmt haben, aber zugleich einen Schiedsgutachter zur Bestimmung eines Feststellungsvertrags berufen haben, liegt ein **Konkurrenzproblem der beiden materiell-rechtlichen Regelungen, Hauptvertrag und Feststellungsvertrag**, vor. Dieses lässt sich allein materiell-rechtlich lösen. Der Parteiwille ist in aller Regel darauf gerichtet, dass der Feststellungsvertrag vorgeht. Anderenfalls entschiede das Gericht nach dem Hauptvertrag und nicht der Schiedsgutachter. Der von den Parteien in aller Regel gewollte Vorrang des Feststellungsvertrags vor dem Hauptvertrag bedeutet: Die Pflichten aus dem Vertrag folgen nicht aus dem vermeintlich hinreichend bestimmten Hauptvertrag, sondern aus dem Feststellungsvertrag. Dieser ist ein kausales Schuldanerkenntnis. Die Parteien wollen sich so behandeln, wie der Dritte die Tatsachen feststellt oder den Vertrag interpretiert. Der Hauptvertrag ist nur ohne die Schiedsgutachtenvereinbarung, dh isoliert, hinreichend bestimmt und vollziehbar. Aufgrund der Schiedsgutachtenvereinbarung begründet dieser Vertrag indes nicht die Leistungspflichten, sondern enthält lediglich den Maßstab für die Leistungsbestimmung des Dritten. Diese bezieht sich nicht auf den Hauptvertrag, sondern den Feststellungsvertrag als kausales Schuldanerkenntnis. Der Dritte bestimmt den Inhalt des Schuldanerkenntnisses, nach dem sich die Vertragsparteien, unabhängig vom gerichtlichen Verständnis des Hauptvertrags, (zur Streitbeilegung) behandeln lassen möchten. Insoweit übt der Schiedsgutachter ein Drittleistungsbestimmungsrecht aus, auf das §§ 317, 318 direkte Anwendung finden. Vor Vorliegen des Gutachtens zum Anspruchsinhalt kann der Kläger schlicht nicht vortragen, weil der Feststellungsvertrag noch keinen Inhalt hat. Entsprechend kann er auch keinen Beweis führen. Aus diesem Grund sowie der fehlenden Fälligkeit weist der BGH eine Klage vor Erstellen des Schiedsgutachtens zu Recht als „zurzeit unbegründet" ab (Rz 139). 146

Im Verhältnis zwischen Haupt- und materiell-rechtlichem Feststellungsvertrag stellt sich noch die Frage, ob das Gericht nach § 319 Abs 1 S 2 ersatzweise die Leistungsbestimmung im Feststellungsvertrag trifft[244] oder der Feststellungsvertrag als gescheitert anzusehen ist und das Gericht unmittelbar über den Hauptvertrag urteilt[245]. Im ersteren Fall wird das Gericht (feststellungs-)ver- 147

---

240 Vgl nur Habscheid, in: FS Laufke, 1971, S 303, 316 ff; Nicklisch ZHR 136 (1972), 1, 27 ff; Rauscher, Das Schiedsgutachtenrecht, 1969, 250 ff; Stein/Jonas ZPO[23]/Schlosser vor § 1025 Rz 70; Schwab/Walter, Schiedsgerichtsbarkeit[7], 2005, Kap 2 Rz 5; Wittmann, Struktur und Grundprobleme des Schiedsgutachtenvertrages, 1978, S 129 ff.
241 Kornblum, Probleme der schiedsrichterlichen Unabhängigkeit, 1968, S 102 f; Rauscher, Das Schiedsgutachtenrecht, 1969, S 150 f, 158 ff; Stein/Jonas ZPO[23]/Schlosser Vor § 1025 Rz 64 ff; Sieg VersR 1965, 629, 631 ff. Dagegen bereits Rz 143.
242 Sie die Nachw in Fn 236.
243 So etwa G Wagner, Prozessverträge, 1998, S 665 f (dilatorischer Klageverzicht, der zu einer Klageabweisung als zurzeit unzulässig führt).
244 So Kleinschmidt, Delegation von Privatautonomie auf Dritte, 2014, S 238 f.
245 So G Wagner, Prozessverträge, 1998, S 667.

tragsgestaltend tätig, im zweiten fällt es auf seine ursprüngliche Rechtsanwendungsaufgabe zurück. Vorzugswürdig ist es, auch für Schiedsgutachten am allgemeinen Verständnis des § 319 Abs 1 S 2 festzuhalten. Danach tritt das Gericht an die Stelle des Schiedsgutachters und nimmt ersatzweise die Leistungsbestimmung vor. Dabei ist es an dieselben Vorgaben und denselben Maßstab gebunden wie der Schiedsgutachter (vgl § 319 Rz 73 f). Diese können abweichen von den richterlichen Bindungen bei unmittelbarer Entscheidung über den Hauptvertrag. Etwa können die Parteien dem Schiedsgutachter vertraglich einen Rahmen vorgegeben haben, innerhalb dessen er seine Feststellung zu treffen hat. Eine solche Bindung würde nach der Gegenansicht aufgehoben. Der Parteiwille wird von der Gegenansicht zudem dahingehend nicht beachtet, dass die Vertragsparteien eine Klage auf (haupt-)vertragliche Leistung anstrengen müssten, auch wenn lediglich die auf den Schiedsgutachter übertragene Feststellung in Streit steht. Auch prozessökonomisch erscheint dies in diesen Fällen nicht sinnvoll. Will eine Vertragspartei die Leistung aus dem Hauptvertrag einklagen, so kann sie neben der Gestaltungsklage auch Leistungsklage erheben (§ 319 Rz 80). Diese Position hat schließlich auch der Gesetzgeber in VVG § 84 Abs 1 S 3 eingenommen, indem er das Eintreten des Gerichts in die Position des Dritten ausdrücklich auch für Feststellungen angeordnet hat[246].

148 **Ausnahmsweise ist ein Schiedsgutachten dann prozessrechtlich zu qualifizieren**, wenn die Parteien, typischerweise während des Prozesses, einen Schiedsgutachtenvertrag schließen, mit dem sie allein auf den laufenden Prozess Einfluss nehmen wollen. In diesem Fall entspricht die Interessenlage einem rein prozessualen Verständnis dieses Schiedsgutachtens[247]. Eine Bindung der Vertragsparteien an das Schiedsgutachten erfolgt in diesem Fall dann allein über das gerichtliche Urteil. In diesem Fall bleibt die Schiedsgutachtenvereinbarung ohne Einfluss auf die Fälligkeit, da der Haupt- und einzige materiell-rechtliche Vertrag von Beginn an hinreichend bestimmt ist. Aus der prozessrechtlichen Qualifikation folgt zudem nicht unmittelbar die Anwendung der ZPO §§ 1025 ff. Insbesondere unterliegt der Schiedsgutachter nicht den dortigen verfahrensrechtlichen Sicherungen, wie der Gewährung rechtlichen Gehörs, weil der Schiedsgutachter auch in diesem Fall (vgl auch noch Rz 154 f) nicht an die Stelle des staatlichen Gerichts tritt und den Rechtsstreit mit Rechtskraftwirkung beilegt. Auch in diesem Fall findet die Verfahrenssicherung über die allgemeinen Grenzen der Vertragsfreiheit, die AGB-Kontrolle und § 319 Abs 1 S 1 statt.

149 **4. Anwendung der §§ 317, 319.** Nach hier vertretener Auffassung finden die §§ 317-319 direkte Anwendung auf den in der Schiedsgutachtenvereinbarung liegenden materiell-rechtlichen Feststellungsvertrag (soeben Rz 145 ff). Auf die obigen Ausführungen zum Drittleistungsbestimmungsrecht (Rz 22 ff) kann daher umfassend verwiesen werden. Im Folgenden werden lediglich die zum Schiedsgutachten diskutierten Aspekte besonders hervorgehoben.

150 a) **Schiedsgutachtenvereinbarung.** In der Schiedsgutachtenvereinbarung, dh in der Absprache, einen Schiedsgutachter einzusetzen, liegt zugleich – parallel zur Unterwerfungsvereinbarung (dazu Rz 24, 45 f) – die Selbstbindung der Vertragsparteien an dessen Feststellung. Es finden die allgemeinen Regeln und Grenzen nach Rz 44 ff Anwendung. Auch die Schiedsgutachtenvereinbarung **bedarf keiner Form**. Insbesondere findet ZPO § 1031 keine Anwendung[248]. Weil der Hauptvertrag isoliert hinreichend bestimmt und durchführbar ist, kann auch erst in einem späteren Vertrag ein Schiedsgutachter eingesetzt werden (Rz 46). Zum Ausnahmefall eines Prozessvertrags siehe Rz 148. Eine Schiedsvereinbarung kann auch im Vertrag zugunsten Dritter nach §§ 328 ff vereinbart werden (Rz 49). Zur Vereinbarung in AGB siehe Rz 51 ff.

151 Weil Drittleistungsbestimmungsrechte und Schiedsgutachten von Schiedsvereinbarungen zu unterscheiden sind (siehe Rz 141 ff), kommt ein Verstoß gegen die **ArbGG §§ 101 ff** von vorneherein nicht in Betracht[249]. Schiedsgutachtenvereinbarungen sind auch in **Tarifverträgen** und Betriebsvereinbarungen zulässig[250].

152 b) **Ausübungsmaßstab.** Überwiegend wird formuliert, der Schiedsgutachter habe anstatt einer „billigen" eine **„richtige" Entscheidung** zu treffen (Rz 129). Nach hier vertretener Auffassung bestimmt der Schiedsgutachter den Inhalt des Feststellungsvertrags zwischen den Parteien

---

246 Kleinschmidt, Delegation von Privatautonomie auf Dritte, 2014, S 239.
247 G Wagner, Prozessverträge, 1998, S 665; vgl zum Vergleichsvertrag auch BeckOGK[01.03.2022]/Hoffmann § 779 Rz 6.
248 BGH NJW 1975, 1556, 1557 (zu ZPO § 1027 aF); BeckOGK[01.09.2021]/Netzer § 317 Rz 44; MünchKomm[8]/Würdinger § 317 Rz 43; zur Nichtanwendbarkeit der ZPO §§ 1025 ff insgesamt siehe die Nachw in Fn 222.
249 BAGE 109, 193, 200 = NZA 2004, 994; 155, 109, 116 (Rz 21) = NZA 2016, 1089.
250 BAG NZA 1997, 837, 838; BAGE 109, 193, 201 = NZA 2004, 994; 155, 109, 116 (Rz 21) = NZA 2016, 1089; MünchKomm[8]/Würdinger § 317 Rz 36; für die Betriebsvereinbarung BAG NZA 2015, 640; NZA-RR 2015, 229, 231 (Rz 25 ff).

(Rz 145 ff). Dabei ist er an den Vertragszweck des Feststellungsvertrags, der Streitbeilegung über die dem Schiedsgutachter zur Klärung überlassenen Punkte des Hauptvertrags gebunden. Vereinbaren die Vertragsparteien ein Schiedsgutachten nach billigem Ermessen oder ergibt dies die Auslegungsregel des § 317 Abs 1, so ist Bezugspunkt des Ermessens die Streitbeilegung. Eine billige Streitentscheidung nimmt vor, wer den Hauptvertrag „richtig" versteht und subsumiert. Aus dem Maßstab billigen Ermessens wird daher mit der hM der Maßstab der Richtigkeit. Zum Kontrollmaßstab noch § 319 Rz 71.

c) **Neutralität des Schiedsgutachters.** Für die Neutralität des Schiedsgutachters sind in den **153 AGB** Vorkehrungen zu treffen (vgl Rz 56). In Individualverträgen können ebenfalls entsprechende Regelungen etwa zum Umgang mit der Besorgnis der Befangenheit vereinbart werden[251]. So können die Vertragsparteien Anhörungsfehler und Verstöße gegen die schiedsgutachterliche Neutralität als Kündigungsgründe des Schiedsgutachtervertrags vereinbaren und dessen Kündigung vertraglich mit dem Entfall der Schiedsgutachtenvereinbarung verknüpfen[252]. Allerdings bedarf es zum einen der vertraglichen Vereinbarung solcher Kündigungsgründe. Zum anderen betrifft die Kündigung, wenn die Parteien nicht wie im vorgenannten Fall vertraglich eine Verknüpfung herstellen, lediglich den Vertrag mit dem Schiedsgutachter, der von der Schiedsgutachtenvereinbarung zu trennen ist (vgl Rz 6). Das Gesetz enthält solche Sicherungen der Unabhängigkeit nicht. ZPO § 1036 findet auf Schiedsgutachter keine (analoge) Anwendung (vgl Rz 141)[253]. Auch aus den weiteren zivilprozessualen Regelungen zur Sicherung der Unabhängigkeit von Richtern (ZPO §§ 41 ff), Sachverständigen (ZPO §§ 406, 404) und Dolmetschern (GVG § 191) lassen sich keine gesetzlichen Anforderungen ableiten, weil die Schiedsgutachtenvereinbarung meist (Rz 146, 148) nicht prozessualer Natur ist[254]. Die Bindung des Gerichts folgt allein aus der verfassungsrechtlichen Bindung an das materielle Recht bzw der danach begründeten vertraglichen Vereinbarungen (Rz 144). Zu Unrecht war der BGH daher in einer Entscheidung der Ansicht, aus der (vermutlich entgegen seiner Auffassung [siehe Rz 144] prozessual verstandenen) Bindung des Gerichts folge das Erfordernis der Unabhängigkeit des Schiedsgutachters[255]. Aus den §§ 315 ff ergibt sich lediglich, dass aus der Neutralitäts- und Richtigkeitsvertrauen gegenüber dem Dritten eine eingeschränkte gerichtliche Kontrolldichte folgt. Folgerichtig kann die Abhängigkeit und Parteilichkeit des Dritten im Wege teleologischer Auslegung des § 319 Abs 1 S 1 im Rahmen der Ermessenskontrolle Berücksichtigung finden (siehe bereits Rz 65 ff). Darüber hinaus stellt die Unabhängigkeit des Schiedsgutachters, genauer die berechtigte Unabhängigkeitserwartung, die hinter der Besorgnis der Befangenheit steht, die Geschäftsgrundlage nach § 313 Abs 1 bzw eine wesentliche Vorstellung nach § 313 Abs 2 dar (näher Rz 70). Die Vertragsanpassung ermöglicht eine (**klageweise**) **Abberufung** und Auswechslung des Schiedsgutachters vor Erstellung des Schiedsgutachtens[256]. Die Loslösung vom Vertrag nach Erstellung des Schiedsgutachtens erfolgt über die Vorgangskontrolle im Rahmen der gerichtlichen Ermessenskontrolle gem § 319 Abs 1 S 1 und begründet so die **Unverbindlichkeit des Schiedsgutachtens** für die Parteien[257] und öffnet den Weg für eine gerichtliche Ersatzleistungsbestimmung nach § 319 Abs 1 S 2 (siehe bereits Rz 70).

d) **Verfahren, insb Gewährung rechtlichen Gehörs.** Die Vertragsparteien können Verfah- **154** rensvorgaben vereinbaren, die Wirksamkeitsvoraussetzung des Schiedsgutachtens sind. Diese können sich auf ihre Mitwirkung und ihr Verhalten beziehen oder dem Schiedsgutachter Verfahrensvorgaben, einschließlich der Gewährung rechtlichen Gehörs, machen (vgl Rz 93). Diese sind von den Pflichten des Schiedsgutachters aus dem Schiedsgutachtervertrag zu trennen (vgl Rz 6). Die verbreitete Frage, ob der Schiedsgutachter den Vertragsparteien rechtliches Gehör gewähren muss, ist damit unpräzise gestellt. Um Rechtsfolgen für das Schiedsgutachten ableiten zu können, muss geklärt werden, dass sich die Verfahrensvorgaben aus dem Hauptvertrag, nicht dem Schiedsgutachtervertrag, ergeben. Insoweit kann in **AGB** die Gewährung rechtlichen Gehörs durch den Schiedsgutachter nicht ausgeschlossen werden (Rz 56, 93). Fehlen Verfahrensvorgaben, entscheidet der

---

251 BGH NJW 1972, 827; Hamm, Urt v 16.10.2006, 17 U 30/06, juris, Rz 66.
252 BGH DB 1980, 967; zust BeckOK[61. Ed]/Gehrlein § 317 Rz 10; Grüneberg[81]/Grüneberg § 317 Rz 7; Kantenwein, in: FS Spiegelberger, 2009, S 750, 756; BeckOGK[01.09.2021]/Netzer § 317 Rz 68, 62; ablehnend G Wagner, Prozessverträge, 1998, S 675 (Kündigungsrecht sei „zweckentfremdet").
253 RGZ 152, 201, 207; München BB 1976, 1047; NJOZ 2008, 1079, 1086; NJW 2016, 1964, 1964 (Rz 8); BeckOK[61. Ed]/Gehrlein § 317 Rz 8); Gernhuber, Das Schuldverhältnis, 1989, S 303 f (§ 12 IV 7 b); Grüneberg[81]/Grüneberg § 317 Rz 7; BeckOGK[01.09.2021]/Netzer § 317 Rz 68; Staud[Nb 2020]/Rieble § 317 Rz 71, 76, 106; jurisPK[9]/Völzmann-Sti- ckelbrock § 317 Rz 28; aA G Wagner, Prozessverträge, 1998, S 676 f; MünchKomm[8]/Würdinger § 317 Rz 45.
254 AA G Wagner, Prozessverträge, 1998, S 674 f, der allerdings für eine prozessrechtliche Rechtsnatur des Stillhalteabkommens eintritt.
255 BGH NJW-RR 1994, 1314.
256 Im Ergebnis ebenfalls für ein Ablehnungsrecht G Wagner, Prozessverträge, 1998, S 676 f; MünchKomm[8]/Würdinger § 317 Rz 45 f (über ZPO § 1037 Abs 2, 3 analog).
257 Im Ergebnis ebenso Düsseldorf NJW-RR 2000, 279, 281; G Wagner, Prozessverträge, 1998, S 674; Soergel[12]/M Wolf § 317 Rz 26; MünchKomm[8]/Würdinger § 317 Rz 45.

Schiedsgutachter über sein Vorgehen zur Informationsermittlung und zur Erstellung des Schiedsgutachtens selbst (vgl Rz 93 f)[258]. Eine verbreitete Lehre, die sich auf eine (auch) prozessrechtliche Rechtsnatur der Schiedsgutachtenvereinbarung stützt (dazu Rz 144), verlangt, dass der Schiedsgutachter den Vertragsparteien rechtliches Gehör gewährt[259]. Die angeführte prozessrechtliche Begründung überzeugt nicht, weil das Gericht (meist) nicht über das Prozessrecht, sondern durch das materielle Recht bzw die privatautonome Vereinbarung gebunden wird (Rz 145 f). Der BGH[260] wiederum übersieht in der Begründung zwar, dass eine bloße Ergebniskontrolle nach § 319 Abs 1 S 1 nicht ausreicht, sondern auch eine Vorgangskontrolle stattfindet, verneint aber im Ergebnis – gefolgt von der hL[261] – zu Recht, ein (konstitutives) Recht der Vertragsparteien auf Gewährung rechtlichen Gehörs durch den Schiedsgutachter. Allerdings können die Parteien, sofern sie es nicht vertraglich ausschließen, grundsätzlich von sich aus auf den Schiedsgutachter zugehen und eine Stellungnahme abgeben[262]. Wird diese ignoriert, kann darin ein Verfahrensfehler liegen, der zur offenbaren Unrichtigkeit des Schiedsgutachtens bzw nach hier vertretener Auffassung zur **offenbaren Unbilligkeit der Leistungsbestimmung** im Feststellungsvertrag (vgl Rz 145 f) führen kann (§ 319 Rz 29)[263]. Der BGH sieht solche „einseitigen" Gutachten ohne Begründung, im Ergebnis aber zutreffend, nicht als „(verbindliche) Schiedsgutachten" an[264]. Zugleich kann die bloß einseitige Gewährung rechtlichen Gehörs zur Besorgnis der Befangenheit führen, was die benachteiligte Partei zur **Abberufung** des Schiedsgutachters nach § 313 berechtigen kann (Rz 70, 94).

155 Weil die Schiedsvereinbarung (meist) nicht prozessrechtlich zu qualifizieren ist (Rz 145 ff), scheidet es schließlich aus, von Verfahrensfehlern nach ZPO § 1059 analog und ZPO § 580 analog auf die Unverbindlichkeit des Schiedsgutachtens zu schließen[265].

156 Auch das Schiedsgutachten bedarf **keiner Begründung** (vgl Rz 86)[266]. Die Parteien können eine solche vertraglich aber zur Wirksamkeitsvoraussetzung erheben. Zu den Auswirkungen einer Begründung auf die gerichtliche Kontrolle siehe § 319 Rz 30.

157 Die Vertragsparteien sind zur **notwendigen Mitwirkung** am Schiedsgutachten verpflichtet (Rz 95). Ferner ist die Vertragspartei, der das Schiedsgutachten nach § 318 Abs 1 zugeht, verpflichtet, dieses an die andere Vertragspartei weiterzuleiten (vgl Rz 95).

158 e) **Mehrere Schiedsgutachter.** Sind mehrere Schiedsgutachter berufen, richtet sich ihre Meinungsbildung nach den vereinbarten Vorgaben. ZPO § 1052 findet keine Anwendung[267]. Vielmehr ist auf die Grundsätze in Rz 87 ff zurückzugreifen.

159 f) **Rechtsschutz im Vorfeld der Gutachtenerstellung.** Mit Abschluss einer Schiedsgutachtenabrede haben sich die Parteien für den Vorrang des Schiedsgutachtens vor der gerichtlichen Streitbeilegung entschieden (Rz 148 f). Eine Leistungsklage wird von den Gerichten „als zurzeit unbegründet" abgewiesen, wenn der Anspruch Gegenstand eines Schiedsgutachtens ist (Rz 139). Gleichwohl können die **vertraglichen Voraussetzungen**, bei deren Vorliegen das Schiedsgutachten zu erstellen ist, die **Grenzen des Gutachtenauftrags** sowie **weitere Vorfragen**, etwa der maßgebliche Beurteilungszeitpunkt, zum Gegenstand einer Feststellungsklage gemacht werden[268]. Die beiden erstgenannten Fälle betreffen die Reichweite der Unterwerfungsvereinbarung. Handelt

---

258 Vgl Celle NJW-RR 1995, 1046.
259 LG Frankfurt aM NJW-RR 1988, 1132, 1133; Habscheid, in FS Laufke, 1971, S 303, 316 ff; Kornblum, Probleme der schiedsrichterlichen Unabhängigkeit, 1968, S 102 f; Nicklisch ZHR 136 (1972), 1, 27 f; Rauscher, Das Schiedsgutachtenrecht, 1969, S 250 ff; NomosKommentar, BGB[4]/Ring/F Wagner § 317 Rz 19; Rosenberg/Schwab/Gottwald, ZPO[18], 2018, § 175 Rz 16; Stein/Jonas ZPO[23]/Schlosser Vor § 1025 Rz 70; Schwab/Walter, Schiedsgerichtsbarkeit[7], 2005, Kap 2 Rz 5; Sieg VersR 1965, 629, 633 f; Walter ZZP 103 (1990), 142, 153 f; Wittmann, Struktur und Grundprobleme des Schiedsgutachtenvertrages, 1978, S 129 ff; MünchKomm[8]/Würdinger § 317 Rz 44.
260 BGHZ 6, 335, 341 = NJW 1952, 1296; NJW 1955, 665; WM 1968, 617, 618; zust Celle NJW-RR 1995, 1046; Hamm NJOZ 2003, 1828, 1834.
261 Celle NJW-RR 1995, 1046; RGRK[12]/Ballhaus § 317 Rz 19; Gernhuber, Das Schuldverhältnis, 1989, S 304 (§ 12 IV 8 a); Grüneberg[81]/Grüneberg § 317 Rz 7; Staud[Nb 2020]/Rieble § 317 Rz 101; jurisPK[9]/Völzmann-Stickelbrock § 317 Rz 26; Soergel[12]/M Wolf § 317 Rz 28; zurückhaltend auch G Wagner, Prozessverträge, 1998, S 678 f.
262 Celle NJW-RR 1995, 1046.
263 Staud[Nb 2020]/Rieble § 317 Rz 102; jurisPK[9]/Völzmann-Stickelbrock § 317 Rz 26; Soergel[12]/M Wolf § 317 Rz 28; MünchKomm[8]/Würdinger § 317 Rz 44.
264 BGH NJW-RR 2014, 492, 493 (Rz 29) unter Berufung auf NJW-RR 1994, 1314, 1315.
265 So aber etwa Greger/Stubbe, Schiedsgutachten, 2007, Rz 163 ff; Straatmann, in: FS Stödter, 1979, S 109, 126; ähnlich, für (nicht näher spezifizierten) Verfahrensfehler, der zu Unverbindlichkeit führt, Elsing ZVglRWiss 114 (2015), 568, 584 f.
266 Staud[Nb 2020]/Rieble § 317 Rz 108 ff; aA auf dem Boden der prozessrechtlichen Ansicht etwa Nicklisch ZHR 136 (1972), 97 ff.
267 Siehe allgemein zur Nichtanwendbarkeit der ZPO §§ 1025 ff die Nachw in Fn 217.
268 BGH NJW 1982, 1878, 1879; vgl auch zur Abschichtung zwischen den Voraussetzungen des Drittleistungsbestimmungsrechts bzw Schiedsgutachtens und dessen Ausübung BGHZ 74, 341, 343 f = NJW 1979, 1543.

der Dritte außerhalb dieser bzw – spiegelbildlich – außerhalb seiner Befugnis, ist die Drittleistungsbestimmung bzw das Schiedsgutachten unwirksam. Um eine solche Unwirksamkeit nicht abwarten zu müssen, darf der Kläger im Vorfeld eine Feststellungsklage anstrengen[269]. Auch weitere Vorfragen für das Schiedsgutachten sind **Fragen der Vertragsauslegung**, für die dem Schiedsgutachter grundsätzlich (zu Ausnahmen siehe Rz 72) keine Kompetenz eingeräumt wird. Die Schiedsgutachtenabrede steht einer Klage daher nicht entgegen[270]. Eine vorrangige Leistungsklage kommt zwischen den Parteien ferner nicht in Betracht, da die geforderte Leistung zunächst noch vom Schiedsgutachter festgestellt werden muss und daher durch das (konkludente) Stillhalteabkommen blockiert ist (vgl Rz 138 f)[271].

Eine Feststellungsklage gem ZPO § 256 Abs 1 ist ferner zulässig für die gerichtliche Feststellung **160** eines **Kriteriums, das bei der Erstellung des Schiedsgutachtens zu berücksichtigen ist**[272]. Das erforderliche Feststellungsinteresse des Klägers besteht darin, nicht erst ein unrichtiges Schiedsgutachten abwarten und dann nach § 319 Abs 1 S 1 angreifen zu müssen[273]. Vielmehr soll dem Schiedsgutachter im Vorfeld das maßgebliche Kriterium vorgegeben werden, auch wenn dieser nicht Partei des Vertrags und daher nicht durch das Urteil gebunden wird. Maßgeblich ist, dass dieses Kriterium zwischen den Vertragsparteien für maßgeblich erklärt wird. Aufgrund der beschränkten Kontrolldichte nach § 319 Abs 1 S 1 beschränkt sich die gerichtliche Feststellung auf **solche Kriterien, deren Nichtberücksichtigung zwingend zu einer grob unbilligen Entscheidung führt**[274]. Bei einem anderen Kontrollmaßstab sind die Anforderungen an den feststellungsfähigen Kriterien entsprechend anzupassen.

g) **Rechtsfolgen.** Für die Rechtsfolgen eines Schiedsgutachtens ist entsprechend Rz 109 ff zu **161** unterscheiden: Das wirksame und dem gerichtlichen Kontrollmaßstab entsprechende Schiedsgutachten ist **für die Vertragsparteien verbindlich**. Es stellt – im Wege des materiell-rechtlichen Feststellungsvertrags als kausales Schuldanerkenntnis (Rz 145 f) – die geschuldete, vertragliche Leistung fest oder bindet die Parteien an seine (bewertenden) Tatsachenfeststellungen[275]. Auch das Gericht ist an das dem Kontrollmaßstab genügende Schiedsgutachten gebunden. Eine gerichtliche Beweisaufnahme über eine Tatsache, die Gegenstand eines Beweisgutachtens ist, ist unzulässig[276]. Der Schiedsgutachter kann sein Schiedsgutachten nicht nachträglich wegen Unrichtigkeit oder aus anderen Gründen anfechten (Rz 84, § 318 Rz 8 f) oder widerrufen (vgl Rz 83).

Ein **unwirksames Schiedsgutachten** ist für die Parteien nicht verbindlich. Ein Schiedsgut- **162** achten ist erstens **unwirksam**, wenn die Willenserklärung nach § 318 Abs 1 analog nichtig oder durch Anfechtung vernichtet ist (vgl Rz 111). Zweitens kann das Schiedsgutachten aufgrund von Mängeln in der Willensbildung unter mehreren Schiedsgutachtern unwirksam sein (vgl Rz 115). Drittens ergibt ein Verstoß gegen §§ 134, 138 die Unwirksamkeit des Schiedsgutachtens. Gleiches gilt viertens, wenn der Schiedsgutachter seine Befugnis überschreitet (vgl Rz 112 f). In diesen Fällen kann das unwirksame Schiedsgutachten durch gerichtliche Ersatzleistungsbestimmung ersetzt werden (§ 319 Rz 71). Ist allerdings der Schiedsgutachtenvertrag bzw spiegelbildlich die Unterwerfungsvereinbarung nichtig oder durch Anfechtung, Widerruf oder Rücktritt vernichtet, schlägt dies auf den materiell-rechtlichen Feststellungsvertrag durch. Das Rechtsverhältnis zwischen den Parteien richtet sich (wieder bzw weiterhin) nach dem (bestimmten) Hauptvertrag. Dieser ist auch Gegenstand einer gerichtlichen Vertragsauslegung nach allgemeinen Grundsätzen. Das Gericht wird nicht gestaltend tätig[277].

Damit ein **wirksames Schiedsgutachten** für die Vertragsparteien **verbindlich** ist, muss es **163** dem gerichtlichen Kontrollmaßstab genügen. Nach § 319 Abs 1 S 1 ist dies der Fall, wenn das Schiedsgutachten **nicht offenbar unrichtig** ist (dazu noch § 319 Rz 27 ff)[278]. Obliegt die Unterrichtung des Sachverständigen allein einer der Vertragsparteien und erfolgt sie nur unvollständig, ist das Schiedsgutachten ferner für die andere Vertragspartei unverbindlich[279].

Eine Schiedsgutachtenvereinbarung berührt für sich die **Fälligkeit der Leistung**, die im **164** Hauptvertrag bestimmt ist, erst einmal nicht[280]. Ebenso wie ein Stillhalteabkommen (Rz 138 f) ist eine Vereinbarung über die Leistungszeit gleichwohl sinnvoll. Entsprechend sieht der BGH in

---

269 Vgl BGH NJW 1996, 453 (dazu sogleich Rz 162). Vgl auch Soergel[12]/M Wolf § 319 Rz 18; MünchKomm[8]/Würdinger § 319 Rz 27.
270 BGH NJW 1982, 1878, 1879; Soergel[12]/M Wolf § 319 Rz 18; MünchKomm[8]/Würdinger § 319 Rz 27.
271 BGH NJW 1982, 1878, 1879.
272 BGH NJW 1996, 453; NJW 2001, 1930.
273 BGH NJW 1996, 453.
274 BGH NJW 1996, 453; NJW 2001, 1930.
275 BGH NJW 1983, 2244, 2245 (insoweit nicht in BGHZ 87, 367); NJW-RR 1994, 1314.
276 MünchKomm[8]/Würdinger § 317 Rz 37.
277 Staud[Nb 2020]/Rieble § 319 Rz 31.
278 Siehe die Nachw in Fn 187.
279 BGH WM 1976, 251, 253; NJW-RR 1987, 21, 22; Düsseldorf NJW-RR 2000, 279, 281.
280 G Wagner, Prozessverträge, 1998, S 664; MünchKomm[8]/Würdinger § 317 Rz 40.

der Schiedsgutachtenvereinbarung zugleich eine (konkludente) Vereinbarung über die Leistungszeit gem § 271 Abs 1[281]. Die Fälligkeit werde bis zur Vorlage des Gutachtens aufgeschoben. Dem entspricht die Sonderregel in VVG § 14 Abs 1. Alternativ wird ein Aufschub der Fälligkeit auf den Zeitpunkt der Erstellung des Schiedsgutachtens und die damit einhergehende Bezifferung des Anspruchs dogmatisch über die Umstände des Falles gem § 271 Abs 1 begründet[282]. Letztere dogmatische Begründung beschreitet allerdings den Weg einer ergänzenden Vertragsauslegung[283]. Die dogmatischen Begründungen sind daher angenähert. Maßgeblich ist die Vertragsauslegung. Nach hier vertretener Auffassung stellt die Schiedsgutachtenvereinbarung nach Vertragsauslegung in aller Regel einen gegenüber dem Hauptvertrag vorrangigen materiell-rechtlichen Feststellungsvertrag dar, dessen Inhalt der Dritte nach dem Maßstab des Hauptvertrags bestimmt (Rz 145 ff). Da der Inhalt des Feststellungsvertrags und damit die Leistung erst durch den Dritten bestimmt wird, wird sie nach allgemeinen Grundsätzen (Rz 119 ff, § 315 Rz 167, 172) frühestens mit der Bestimmung fällig.

165 Der durch (ergänzende) Auslegung ggf ermittelte Aufschub der Fälligkeit setzt sich fort, wenn das Gericht nach § 319 Abs 1 S 2 Hs 1 in die Position des Schiedsgutachters tritt (dazu § 319 Rz 71) und die Feststellungen ersatzweise trifft[284]. Die Leistung wird daher wie bei der Drittleistungsbestimmung (Rz 119) **erst mit Rechtskraft des Urteils fällig**[285]. Dies ist für die weiteren Rechtsfolgen der Fälligkeit wie Fälligkeits-, Verzugs- und Prozesszinsen zu beachten (siehe auch § 315 Rz 167 ff). Einem pflichtwidrigen Hinauszögern der Fälligkeit durch den Schuldner ist mit § 280 Abs 1 zu begegnen[286]. Die Vertragsauslegung mag allerdings auch eine Differenzierung zwischen (aufgeschobener) Fälligkeit und (rückbewirktem, vgl § 159 und Rz 120, § 315 Rz 170 f) Zeitpunkt der Verzinsung nach dem Modell des VVG § 91 ergeben.

166 h) **Gerichtliche Kontrolle und gerichtliche Ersetzungsbefugnis.** Der **gerichtliche Kontrollmaßstab** nach § 319 Abs 1 S 1 liegt in der Überprüfung des Schiedsgutachtens auf **offenbare Unrichtigkeit** (dazu noch § 319 Rz 27 ff)[287]. Dies entspricht der gesetzlichen Regelung in VVG § 84 Abs 1 S 1 (ggf iVm VVG § 189). Gemeint ist eine nicht offenbare Unvertretbarkeit. Dies drückt besser aus, dass dem Schiedsgutachter ein Spielraum zukommt und die gerichtliche Kontrolldichte beschränkt ist. Auch der Schiedsgutachter ist grundsätzlich nicht befugt, die Voraussetzungen seiner Entscheidungsbefugnis festzustellen, wenn die Parteien ihm dies nicht ausnahmsweise vertraglich gestatten (vgl Rz 72; vgl § 315 Rz 96 f).

167 Im Falle offenbarer Unbilligkeit bzw offenbarer Unrichtigkeit oder bei Verstoß gegen einen abweichenden vertraglich vereinbarten gerichtlichen Kontrollmaßstab, tritt das **Gericht nach § 319 Abs 1 S 2 Hs 1 an die Stelle des Schiedsgutachters**. Das gleiche gilt gem § 319 Abs 1 S 2 Hs 2, wenn der Schiedsgutachter die Leistungsbestimmung nicht treffen kann oder will oder wenn er sie verzögert. Das Gericht nimmt ersatzweise die Leistungsbestimmung im materiell-rechtlichen Feststellungsvertrag vor und entscheidet nicht unmittelbar über den Hauptvertrag (siehe bereits Rz 147). Dazu noch § 319 Rz 71.

168 5. **Schiedsgutachtervertrag.** Der Vertrag zwischen einer oder beiden Vertragsparteien (oder einer Nichtvertragspartei) und dem Dritten wird als Schiedsgutachtervertrag bezeichnet[288]. Auf ihn finden die in Rz 6 ff genannten Grundsätze Anwendung. Hervorzuheben ist: Schiedsgutachtervertrag und Schiedsgutachtenvereinbarung sind unabhängig voneinander zu bewerten. Wird der Schiedsgutachter zwar nur von einer Vertragspartei verpflichtet, ist ihm aber erkennbar, dass er kein Parteigutachten, sondern ein neutrales Gutachten erstellen soll, so liegt ein Vertrag zugunsten Dritter vor, der den Schiedsgutachter zur Erstellung eines ordnungsgemäßen Gutachtens gegenüber beiden Vertragsparteien verpflichtet (Rz 9). Dem Schiedsgutachtenvertrag ist auch die **Vergütung** des Schiedsgutachters zu entnehmen. Im Zweifel tragen die Vertragsparteien sie hälftig[289]. Die Schiedsgutachtervergütung zählt grundsätzlich nicht zu den Kosten des Rechtsstreits nach ZPO § 91 Abs 1 S 1[290].

---

281 BGH NJW-RR 2014, 492, 493 (Rz 28); BGHZ 207, 316, 333 (Rz 40) = MDR 2016, 142.
282 Würdinger LMK 2013, 344768, 351277; MünchKomm⁸/ders § 317 Rz 40.
283 Vgl dazu, dass die „Umstände" iSd § 271 Abs 1 der (ergänzenden) Vertragsauslegung zuzuordnen sind, MünchKomm⁸/Krüger § 271 Rz 5, 31; etwas zurückhaltender Soergel¹³/Forster § 271 Rz 23.
284 Vgl BGH NJW-RR 2014, 492, 493 f (Rz 32 ff).
285 BGH NJW-RR 2014, 492, 493 f (Rz 32 ff); MünchKomm⁸/Würdinger § 317 Rz 40.
286 BGH NJW-RR 2014, 492, 494 (Rz 37); MünchKomm⁸/Würdinger § 317 Rz 40.

287 Siehe die Nachw in Fn 187.
288 BGH NJW 2013, 1296, 1297 (Rz 18); BeckOK⁶¹·ᴱᵈ/Gehrlein § 317 Rz 9; Erman¹⁶/Hager § 317 Rz 14; Kleinschmidt, Delegation von Privatautonomie auf Dritte, 2014, S 29 f; Maus, Das Schiedsgutachten im Allgemeinen bürgerlichen Recht, 2021, S 40; BeckOGK⁰¹·⁰⁹·²⁰²¹/Netzer § 317 Rz 59.
289 LG Hamburg MDR 1975, 143; Gehrlein VersR 1994, 1009, 1011; Grüneberg⁸¹/Grüneberg § 317 Rz 7; Erman¹⁶/Hager § 317 Rz 14; MünchKomm⁸/Würdinger § 317 Rz 53.
290 BGH NJW-RR 2006, 212, 213 (Rz 12 f).

Der BGH hat die **Rechtnatur** des Schiedsgutachtervertrags bislang offengelassen[291]. Der Schiedsgutachtervertrag sei jedenfalls entsprechend § 626 aus wichtigem Grund fristlos kündbar[292]. In der Literatur wird vereinzelt ein dem Schiedsrichtervertrag ähnlicher Vertragstyp sui generis angenommen[293]. Überwiegend werden mal der dienst-, mal der werkvertragliche Charakter betont. Kombinierend lässt sich der Schiedsgutachtervertrag regelmäßig als Geschäftsbesorgungsvertrag gem § 675 mit werk- und dienstvertraglichen Elementen qualifizieren (vgl Rz 8)[294].

169

Die **Haftung des Schiedsgutachters** richtet sich nach den in Rz 16 ff beschriebenen Grundsätzen. Während der BGH eine vertragliche Haftung des Schiedsgutachters nur bei unverbindlichen, dh gem § 319 Abs 1 S 1 offenbar unbilligen bzw offenbar unrichtigen Schiedsgutachten annimmt, kommt je nach Schiedsgutachtervertrag auch eine Haftung für bloße Ermessensfehler in Betracht (Rz 19). Die gerichtlichen Kontrollmaßstäbe im Schiedsgutachtervertrag und in der Schiedsgutachterabrede müssen nicht übereinstimmen. Der Schiedsgutachter haftet bei einem Schiedsgutachtenvertrag zugunsten Dritter (Rz 49, 150) beiden Vertragsparteien gegenüber für vertragliche Schlechtleistungen[295]. Nach der Rechtsprechung des BGH steht es einem ersatzfähigen Schaden nicht entgegen, dass gem § 319 Abs 1 S 2 eine gerichtliche Ersatzleistungsbestimmung verlangt werden kann, die den Schaden entfallen lassen kann[296]. Der BGH verweist zur Begründung auf § 255 und darauf, dass der Gläubiger unter mehreren (alternativen) Schuldnern auswählen darf, gegen wen er vorgehen will. Dem ist nicht zuzustimmen. Der Schiedsgutachter hat die benachteiligte Vertragspartei so zu stellen, wie wenn er ein rechtzeitiges und ordnungsgemäßes Schiedsgutachten erstellt hätte. In diesem Fall hätte die Vertragspartei einen Anspruch in einer bestimmten Höhe. Mit dem unverbindlichen Schiedsgutachten fällt der Vorrang des Feststellungsvertrags weg und es gilt der Hauptvertrag uneingeschränkt (Rz 139, 146). Dieser ist hinreichend bestimmt, sodass der daraus erwachsende Anspruch nun vom Gericht niedriger bemessen werden könnte, als es der Schiedsgutachter bei ordnungsgemäßer Schiedsgutachtenerstellung getan hätte. Ein solcher Beweis wird nur äußerst schwer zu führen sein. Es kommen vielmehr Verzögerungsschäden in Betracht, also Schäden, die auf einer Verzögerung der Anspruchsfeststellung beruhen[297].

170

VIII. Europäische und internationale Bezüge

Drittleistungsbestimmungsrechte finden im europäischen Rechtsvergleich mehr Anerkennung und Verbreitung als Parteileistungsbestimmungsrechte und haben Eingang in die europäischen Kodifikationsentwürfe gefunden[298]. Art 6:106 PECL (Principles of European Contract Law) („Lando-Principles")[299] und II.-9:106 DCFR (Draft Common Frame of Reference)[300] ähneln dabei inhaltlich stark den §§ 317, 319. Dies gilt im Grundsatz auch für Art 75 GEKR (Verordnung über ein Gemeinsames Europäisches Kaufrecht[301]), wenngleich auffällt, dass eine gerichtliche Ersatzleistungsbestimmung nicht vorgesehen ist, sondern das Gericht eine andere Person bestellen kann oder eine nach objektiven Kriterien bestimmte Regelung an die Stelle der grob unangemessenen Drittleistungsbestimmung tritt.

171

---

291 BGHZ 43, 374, 376 = NJW 1965, 1523; DB 1980, 967, 968; NJW 2013, 1296, 1297 (Rz 18).
292 BGH DB 1980, 967, 968.
293 Maus, Das Schiedsgutachten im Allgemeinen bürgerlichen Recht, 2021, S 41; MünchKomm[8]/Würdinger § 317 Rz 53; siehe bereits RGZ 87, 190, 194.
294 Ebenso Erman[16]/Hager § 317 Rz 14; ebenfalls für werk- und dienstvertragliche Elemente. BeckOGK[01.09.2021]/Netzer § 317 Rz 60; für Werkvertrag BeckOK[61. Ed]/Gehrlein § 317 Rz 9; für Geschäftsbesorgungsvertrag in der Form des Dienstvertrags Gernhuber, Das Schuldverhältnis, 1989, S 303 (§ 12 IV 7 a).
295 BGH NJW 2013, 1296, 1297 (Rz 18).
296 BGH NJW 2013, 1296, 1297 f (Rz 20 f); zust MünchKomm[8]/Würdinger § 317 Rz 56; aA Staud[Nb 2020]/Rieble § 317 Rz 122 f (Vertragspartei obliege, gerichtliche Ersatzleistungsbestimmung herbeizuführen, da diese das Recht des Gutachters zur Nachbesserung verdrängt).
297 Im Ergebnis ebenso Erman[16]/Hager § 317 Rz 14; Staud[Nb 2020]/Rieble § 317 Rz 124.

298 Vgl Staud[Nb 2020]/Rieble § 317 Rz 273. Zu den letzteren vertiefend Kleinschmidt RabelsZ 76 (2012), 785.
299 Lando/Beale, Principles of European Contract Law, Part I and II, 2000 und Lando/Clive/Prüm/Zimmermann, Principles of European Contract Law, Part III, 2003.
300 Von Bar/Clive/Schulte-Nöle ua, Principles, Definitions and Model Rules of European Private Law, Draft Common Frame of Reference (DCFR), Articles and Comments, abrufbar unter https://www.ccbe.eu/fileadmin/speciality_distribution/public/documents/EUROPEAN_PRIVATE_LAW/EN_EPL_20100107_Principles_definitions_and_model_rules_of_European_private_law_-_Draft_Common_Frame_of_Reference__DCFR_.pdf [letzter Abruf: 01.04.2021].
301 Kommission, Vorschlag für eine Verordnung des Europäischen Parlaments und Rates über ein Gemeinsames Europäisches Kaufrecht, KOM (2011) 635 endg.

§ 318 Anfechtung der Bestimmung

(1) Die einem Dritten überlassene Bestimmung der Leistung erfolgt durch Erklärung gegenüber einem der Vertragschließenden.

(2) Die Anfechtung der getroffenen Bestimmung wegen Irrtums, Drohung oder arglistiger Täuschung steht nur den Vertragschließenden zu; Anfechtungsgegner ist der andere Teil. Die Anfechtung muss unverzüglich erfolgen, nachdem der Anfechtungsberechtigte von dem Anfechtungsgrund Kenntnis erlangt hat. Sie ist ausgeschlossen, wenn 30 Jahre verstrichen sind, nachdem die Bestimmung getroffen worden ist.

ÜBERSICHT

I. Allgemeines 1, 2	3. Anfechtungserklärung und Anfechtungsgegner 15
II. Ausübung des Drittleistungsbestimmungsrechts (§ 318 Abs 1) .. 3–6	4. Anfechtungsfrist und -ausschluss ... 16, 17
III. Anfechtung der Drittleistungsbestimmungserklärung (§ 318 Abs 2) 7–20	5. Rechtsfolge 18
1. Anfechtungsberechtigte 8–10	6. Verhältnis zur gerichtlichen Kontrolle und Ersatzleistungsbestimmung nach § 319 .... 19, 20
2. Anfechtungsgründe 11–14	

Schrifttum: Siehe die Angaben bei § 317.

I. Allgemeines

1 § 318 enthält Regelungen zur **Gestaltungserklärung**, mit der das Drittleistungsbestimmungsrecht ausgeübt wird. Diese ist Willenserklärung, sodass die allgemeinen Regeln der §§ 104 ff Anwendung finden (§ 317 Rz 79 ff). Abs 1 regelt deren Wirksamwerden mit Zugang bei nur einer der Vertragsparteien. Abs 2 enthält Sonderregeln für die Anfechtung.

2 § 318 ist **dispositiv**[1]. Die Vertragsparteien können daher abweichende vertragliche Regelungen über die Ausübung des Drittleistungsbestimmungsrechts sowie dessen Anfechtung oder Widerruf vereinbaren (§ 317 Rz 76 f).

II. Ausübung des Drittleistungsbestimmungsrechts (§ 318 Abs 1)

3 Nach § 318 Abs 1 erfolgt die einem Dritten überlassene Bestimmung der Leistung durch Erklärung gegenüber einem der Vertragschließenden. Damit geht das Gesetz davon aus, dass die Ausübung des Drittleistungsbestimmungsrechts wie die des Parteileistungsbestimmungsrechts (§ 315 Rz 98) nicht Wissens-, sondern Willenserklärung ist. Die Ausübung des Drittleistungsbestimmungsrechts erfolgt durch **einseitige, empfangsbedürftige Willenserklärung** (§ 317 Rz 74). Aus Gründen der Beschleunigung[2] muss die Erklärung in Parallele zu § 182 Abs 1 **nur einer Vertragspartei zugehen**. Dies entlastet den Dritten ggf davon, die andere Vertragspartei ausfindig zu machen, wenn er nur von einer Vertragspartei als neutraler Dritter (zum Vertrag zugunsten Dritter § 317 Rz 9) beauftragt wurde[3]. Gleichfalls kann er auch ausschließlich gegenüber der Vertragspartei, mit der er nicht vertraglich verbunden ist, die Leistung bestimmen[4]. Die Vertragspartei, der die Erklärung zugegangen ist, ist zur Weiterleitung an den Vertragspartner verpflichtet (§ 317 Rz 95).

4 Das Drittleistungsbestimmungsrecht muss **in Person** ausgeübt werden. Eine Vertretung scheidet vorbehaltlich einer vertraglichen Gestattung aus (§ 317 Rz 27, 82). Die Erklärung unterliegt **keiner Form** (§ 317 Rz 78).

5 Die Drittleistungsbestimmungserklärung ist vorbehaltlich einer vertraglichen Gestattung nach Zugang **unwiderruflich** (§ 317 Rz 83). Zu **Bedingungen** und **Befristungen** siehe § 317 Rz 85.

6 § 318 Abs 1 wird von der hM für **Schiedsgutachten** analog herangezogen[5]. Nach hier vertretener Auffassung (§ 317 Rz 145) ist § 318 Abs 1 direkt anwendbar. Die Drittleistungsbestimmung wird im materiell-rechtlichen Feststellungsvertrag ausgeübt, nicht im Hauptvertrag.

---

1 BeckOGK[01.09.2021]/Netzer § 318 Rz 5; Staud[Nb 2020]/Rieble § 318 Rz 2; jurisPK[9]/Völzmann-Stickelbrock § 318 Rz 2; Soergel[12]/M Wolf § 318 Rz 1.
2 Mot II S 194.
3 Soergel[12]/M Wolf § 318 Rz 3.
4 JurisPK[9]/Völzmann-Stickelbrock § 318 Rz 3; Soergel[12]/M Wolf § 318 Rz 3.
5 RG JW 1931, 3194; Grüneberg[81]/Grüneberg § 318 Rz 1; Soergel[12]/M Wolf § 318 Rz 2; MünchKomm[8]/Würdinger § 318 Rz 4.

III. Anfechtung der Drittleistungsbestimmungserklärung (§ 318 Abs 2)

Als Willenserklärung unterliegt die Drittleistungsbestimmungserklärung der Anfechtung nach **7**
§§ 119, 123. § 318 Abs 2 modifiziert die Anfechtungsberechtigung (S 1 Hs 1) und die Anfechtungsfristen (S 2, 3) nach diesen allgemeinen Vorschriften. § 318 Abs 2 S 1 Hs 2 wiederholt in Bezug auf den Anfechtungsgegner den Inhalt des § 143 Abs 2 Hs 1. § 318 Abs 2 findet ungeachtet des jeweiligen vertraglichen Maßstabs zur Ausübung des Drittleistungsbestimmungsrechts Anwendung[6].

1. **Anfechtungsberechtigte.** Das Drittleistungsbestimmungsrecht tätigt lediglich für die Vertragsparteien Rechtsfolgen. Daher ist nicht nur ein beschränkt Geschäftsfähiger zur Ausübung eines Drittleistungsbestimmungsrechts befugt (§ 317 Rz 80), sondern weist § 318 Abs 2 S 1 Hs 1 die Anfechtungsberechtigung **allein den Vertragsparteien** zu. Der leistungsbestimmungsberechtigte Dritte ist nicht zur Anfechtung seiner eigenen Willenserklärung berechtigt. Darin liegt eine Abweichung von §§ 119, 123, wonach der Erklärende zur Anfechtung der eigenen Willenserklärung berechtigt ist. § 318 Abs 1 S 2 Hs 1 erlaubt damit die Anfechtung einer fremden Willenserklärung. Aus § 318 Abs 2 S 1 Hs 1 folgt weiter, dass der Dritte ebenfalls nicht zur Geltendmachung anderer Unwirksamkeitsgründe seiner Leistungsbestimmung berechtigt ist[7]. Er ist vielmehr zur Information über eigene Fehler, die die Unverbindlichkeit begründen, sowie Anfechtungsgründe aus seinem Vertrag mit einer oder beiden Vertragsparteien verpflichtet (§ 317 Rz 12). **8**

Das Vorgesagte gilt auch für das **Schiedsgutachten**[8]. Der Schiedsgutachter kann sein Gutachten nicht im Nachhinein anfechten oder widerrufen (§ 317 Rz 161). **9**

Vor Zugang der Erklärung kann der Dritte freilich seine Willenserklärung gem § 130 Abs 1 **10** S 2 widerrufen. Mit Zugang ist er weder zur Anfechtung (Rz 8) noch, vorbehaltlich einer vertraglichen Regelung, zum Widerruf seiner Erklärung berechtigt (Rz 5). Anderes gilt für fortlaufende Drittleistungsänderungsrechte. Allerdings liegt darin eine erneute (abändernde) Ausübung und keine Korrektur einer vorhergehenden Ausübung (§ 315 Rz 28, § 317 Rz 25).

2. **Anfechtungsgründe.** § 318 Abs 2 enthält keine Sonderregeln zu den Anfechtungsgründen. **11**
S 1 Hs 1 verweist auf eine Anfechtung wegen Irrtums, Drohung oder arglistiger Täuschung. Damit wird auf die allgemeinen Anfechtungsgründe gem **§ 119 und § 123** verwiesen. In seltenen Fällen mag auch eine Falschübermittlung nach **§ 120** in Betracht kommen[9].

§ 318 Abs 2 S 1 Hs 1 bedarf der teleologischen Reduktion in Bezug auf eine Anfechtung wegen **12** arglistiger Täuschung gem **§ 123** in zweifacher Hinsicht: Die selbst täuschende oder widerrechtlich drohende Vertragspartei ist erstens nicht zur Anfechtung berechtigt[10]. Zweitens findet § 123 Abs 2 bei Täuschung durch eine Vertragspartei keine Anwendung[11]. § 318 Abs 1 S 1 Hs 1 stellt auf die Leistungsbestimmungserklärung des Dritten ab. Dieser muss getäuscht worden sein. „Dritter" iSd § 123 Abs 2 ist in diesem Fall die andere Vertragspartei, die zugleich Anfechtungsgegner (Rz 15) ist. Die Täuschung geht damit nicht von einem zu beiden Vertragsparteien neutralen „Dritten" aus. Auf den besonderen Zurechnungsgrund der Kenntnis der anfechtungsberechtigten Vertragspartei von der Täuschung durch die andere Vertragspartei kommt es daher nicht an. § 123 Abs 2 ist anwendbar, wenn ein Vierter, weder Vertragsparteien noch Dritter, die Täuschung beim leistungsbestimmungsberechtigten Dritten herbeigeführt hat[12].

Der Anfechtungsgrund des Eigenschaftsirrtums nach **§ 119 Abs 2** gerät in Konkurrenz zur **13** Regelung des § 319 Abs 1 S 1. Nicht jeder Irrtum des Dritten über eine verkehrswesentliche Eigenschaft kann die Anfechtung begründen, wenn die Drittleistungsbestimmung nach § 319 Abs 1 S 1 verbindlich ist. Die Anfechtung nach § 119 Abs 2 unterliefe den gewollten Spielraum des Dritten. Ein Eigenschaftsirrtum nach § 119 Abs 2 berechtigt daher nur dann zur Anfechtung, wenn die Drittleistungsbestimmung nach § 319 Abs 1 S 1 unverbindlich ist[13]. Der Dritte dürfte nach Anfechtung der Leistungsbestimmung die Leistung noch einmal bestimmen, wohingegen diese

---

6 Soergel[12]/M Wolf § 318 Rz 9.
7 Döbereiner VersR 1983, 712, 714; Soergel[12]/M Wolf § 318 Rz 1.
8 Hamm VersR 1979, 149, 150; Döbereiner VersR 1983, 712, 713 f; Soergel[12]/M Wolf § 318 Rz 9; MünchKomm[8]/Würdinger § 318 Rz 5.
9 Grüneberg[81]/Grüneberg § 318 Rz 2; BeckOGK[01.09.2022]/Netzer § 318 Rz 11; Staud[Nb] [2020]/Rieble § 318 Rz 10; NomosKommentar, BGB[4]/Ring/F Wagner § 318 Rz 2.
10 BeckOK[61. Ed]/Gehrlein § 318 Rz 2; Erman[16]/Hager § 318 Rz 3; BeckOGK[01.09.2021]/Netzer § 318 Rz 15; jurisPK[9]/Völzmann-Stickelbrock § 318 Rz 6; MünchKomm[8]/Würdinger § 318 Rz 7 (jew § 242); Staud[Nb] [2020]/Rieble § 318 Rz 12 (arg ex § 123 Abs 2); RGRK[12]/Ballhaus § 318 Rz 2; Soergel[12]/M Wolf § 318 Rz 9 (jew ohne Begründung).
11 Soergel[12]/M Wolf § 318 Rz 9.
12 Erman[16]/Hager § 318 Rz 3; BeckOGK[01.09.2021]/Netzer § 318 Rz 15; Staud[Nb] [2020]/Rieble § 318 Rz 12; MünchKomm[8]/Würdinger § 318 Rz 5; aA RGRK[12]/Ballhaus § 318 Rz 2; BeckOK[61. Ed]/Gehrlein § 318 Rz 2; Grüneberg[81]/Grüneberg § 318 Rz 2.
13 Zum Schiedsgutachten Döbereiner VersR 1983, 712, 714; MünchKomm[8]/Würdinger § 317 Rz 38.

Unverbindlichkeit nach § 319 Abs 1 S 1 die Möglichkeit der gerichtlichen Ersatzleistungsbestimmung gem § 319 Abs 1 S 2 Hs 1 eröffnet (vgl Rz 18, 20).

14 Sind **mehrere Dritte** zur Leistungsbestimmung berufen, genügt ein Anfechtungsgrund in Person nur eines von ihnen, sofern die betreffende Stimme im internen Prozess der Willensbildung – wie nach den gesetzlichen Auslegungsregeln gem § 317 Abs 2 (dazu § 317 Rz 87 ff) – kausal für die Ausübung des Drittleistungsbestimmungsrechts war[14]. Die Anfechtung führt in diesem Fall zur Nichtigkeit (§ 142 Abs 1) der gesamten Drittleistungsbestimmung.

15 3. **Anfechtungserklärung und Anfechtungsgegner.** Die Anfechtung ist gem § 318 Abs 2 S 1 Hs 2 **gegenüber der anderen Vertragspartei** zu erklären. Sie bedarf keiner Form. Es finden die allgemeinen Regeln Anwendung.

16 4. **Anfechtungsfrist und -ausschluss.** Die Anfechtung muss gem § 318 Abs 2 S 2 **unverzüglich** erfolgen, nachdem der Anfechtungsberechtigte von dem Anfechtungsgrund Kenntnis erhalten hat. Hierin liegt eine Bestätigung des § 121 Abs 1 für die Irrtumsanfechtung und eine Abweichung von § 124 Abs 1 für die Anfechtung wegen Täuschung oder widerrechtlicher Drohung. Die Jahresfrist nach § 124 Abs 1 kommt dem Getäuschten zugute. Diesen treffen hier allerdings keine Rechtsfolgen, sodass § 318 Abs 2 S 1 Hs 1 gerade nicht auf ihn abstellt (vgl Rz 8). Für die anfechtungsberechtigten Vertragsparteien steht vielmehr das Interesse einer raschen Klärung im Vordergrund, weshalb die Frist deutlich verkürzt ist[15].

17 In Abweichung von § 121 Abs 2 und § 124 Abs 3 (jeweils 10 Jahre) ist die Anfechtung gem § 318 Abs 2 S 3 erst 30 Jahre nach Ausübung des Drittleistungsbestimmungsrechts ausgeschlossen. Im Zuge der Schuldrechtsmodernisierung wurden die **Ausschlussfristen** der §§ 121 Abs 2, 124 Abs 3 in Anpassung an das neue Verjährungsrecht[16] von 30 auf 10 Jahre verkürzt. Offenbar wurde § 318 Abs 2 S 3 übersehen[17]. Viel spricht für ein Redaktionsversehen.

18 5. **Rechtsfolge.** Die Rechtsfolge der Anfechtung bestimmt sich nach **§ 142 Abs 1**. Danach ist das Rechtsgeschäft von Anfang an nichtig. Die rückwirkende Nichtigkeit bezieht sich dabei allein auf die Ausübung des Drittleistungsbestimmungsrechts, nicht den ausfüllungsbedürftigen Vertrag. Das Drittleistungsbestimmungsrecht ist damit als **nicht ausgeübt anzusehen**. Das Drittleistungsbestimmungsrecht ist nicht verbraucht und kann daher (erneut) ausgeübt werden und **sperrt grundsätzlich eine gerichtliche Ersatzleistungsbestimmung** (vgl § 317 Rz 111, § 319 Rz 70)[18]. Die bloße Anfechtung der Drittleistungsbestimmung kann noch nicht zu einer gerichtlichen Ersatzleistungsbestimmung führen. Das Gericht kann aber wegen Weigerung oder Verzögerung nach § 319 Abs 1 S 2 Hs 2 zur Ersatzleistungsbestimmung befugt sein. Der Anfechtungsgrund kann zudem einen offenbaren Ermessensfehler begründen, der der benachteiligten Partei ein Vorgehen nach § 319 Abs 1 S 1, 2 Hs 1 erlaubt (siehe sogleich Rz 19 f). Ferner mag der Anfechtungsgrund Anlass zur Besorgnis der Befangenheit geben (zB beim Anfechtungsgegner, der sich über die „plötzliche" Einräumung eines Inhaltsirrtums durch den Dritten wundert), die, in Abwesenheit (vorrangiger) vertraglicher Regelungen, über § 313 zur Abberufung des Dritten führen kann (siehe § 317 Rz 70). In Ausnahmefällen wie etwa Täuschung oder Drohung durch die andere Vertragspartei[19] kann die benachteiligte Partei schließlich nach § 242[20] nicht mehr an das Fortbestehen des Leistungsbestimmungsrechts des Dritten festgehalten werden und nach § 319 Abs 2 S 2 gerichtliche Ersatzleistungsbestimmung verlangen[21].

19 6. **Verhältnis zur gerichtlichen Kontrolle und Ersatzleistungsbestimmung nach § 319.** Anfechtung der Drittleistungsbestimmung und gerichtliche Geltendmachung der Unverbindlichkeit der Leistungsbestimmung gem § 319 Abs 1 S 1, so sie möglich ist, vgl § 319 Abs 2, stehen nebeneinander. Die berechtigte Vertragspartei kann wählen[22]. Die Unverbindlichkeit kann auch

---

14 Gernhuber, Das Schuldverhältnis, 1989, S 295 (§ 12 III 4 b); Erman[16]/Hager § 318 Rz 3; BeckOGK[01.-09.2021]/Netzer § 318 Rz 10; Staud[Nb 2020]/Rieble § 318 Rz 13; jurisPK[9]/Völzmann-Stickelbrock § 318 Rz 7 (für die Fälle des § 317 Abs 2); MünchKomm[8]/Würdinger § 318 Rz 5; siehe auch Soergel[12]/M Wolf § 318 Rz 9 (ohne die ausdrückliche Einschränkung der Kausalität).
15 BAGE 18, 54, 59 = MDR 1966, 271; Staud[Nb 2020]/Rieble § 318 Rz 16; jurisPK[9]/Völzmann-Stickelbrock § 318 Rz 8; Soergel[12]/M Wolf § 318 Rz 10.
16 BT-Drucks 14/6040, S 98.
17 So auch Staud[Nb 2020]/Rieble § 318 Rz 17.
18 RGRK[12]/Ballhaus § 318 Rz 2; Erman[16]/Hager § 318 Rz 5; Staud[Nb 2020]/Rieble § 318 Rz 20; Soergel[12]/M Wolf § 318 Rz 12; MünchKomm[8]/Würdinger § 318 Rz 9.
19 jurisPK[9]/Völzmann-Stickelbrock § 318 Rz 9.
20 RGRK[12]/Ballhaus § 318 Rz 2.
21 Vgl BeckOGK[01.09.2021]/Netzer § 318 Rz 20; jurisPK[9]/Völzmann-Stickelbrock § 318 Rz 9; MünchKomm[8]/Würdinger § 318 Rz 9.
22 RG WarnR 1943, 7; DR 1943, 296; RGRK[12]/Ballhaus § 318 Rz 2; Döbereiner VersR 1983, 712, 714; Gernhuber, Das Schuldverhältnis, 1989, S 295 (§ 12 III 4 b); Erman[16]/Hager § 318 Rz 5; BeckOGK[01.-09.2021]/Netzer § 318 Rz 12; Staud[Nb 2020]/Rieble § 318 Rz 20; jurisPK[9]/Völzmann-Stickelbrock § 318 Rz 10; Soergel[12]/M Wolf § 318 Rz 12; MünchKomm[8]/Würdinger § 318 Rz 10.

hilfsweise im Anfechtungsprozess geltend gemacht werden[23]. Mit Ausnahme des Eigenschaftsirrtums (dazu Rz 13) ist die Anfechtung auch dann möglich, wenn die Leistungsbestimmung gem § 319 Abs 1 S 1 verbindlich ist.

Die erfolgreiche Anfechtung unterscheidet sich von dem erfolgreichen Erstreiten einer gerichtlichen Unverbindlichkeitsfeststellung dadurch, dass sie dem Dritten eine erneute Ausübung des Drittleistungsbestimmungsrechts ermöglicht (Rz 18). Erst bei einer Verzögerung kommt es nach § 319 Abs 2 S 2 Hs 2 zu einer gerichtlichen Ersatzleistungsbestimmung (Rz 19). Mit Rechtshängigkeit der Gestaltungsklage nach Verzögerung der Leistungsbestimmung kann der Dritte die Drittleistungsbestimmung nicht mehr nachholen (vgl § 315 Rz 199). Das Gericht ist vielmehr ausschließlich zur Leistungsbestimmung gem § 319 Abs 2 S 2 Hs 2 befugt. Die gerichtliche Unverbindlichkeitsfeststellung gem § 319 Abs 2 S 2 Hs 1 eröffnet dagegen unmittelbar die Möglichkeit der gerichtlichen Ersatzleistungsbestimmung. 20

§ 319 Unwirksamkeit der Bestimmung; Ersetzung

(1) Soll der Dritte die Leistung nach billigem Ermessen bestimmen, so ist die getroffene Bestimmung für die Vertragschließenden nicht verbindlich, wenn sie offenbar unbillig ist. Die Bestimmung erfolgt in diesem Falle durch Urteil; das Gleiche gilt, wenn der Dritte die Bestimmung nicht treffen kann oder will oder wenn er sie verzögert.

(2) Soll der Dritte die Bestimmung nach freiem Belieben treffen, so ist der Vertrag unwirksam, wenn der Dritte die Bestimmung nicht treffen kann oder will oder wenn er sie verzögert.

ÜBERSICHT

I. Allgemeines 1–3	b) Nichtentsprechen mit abweichendem vertraglichen Kontrollmaßstab 55
II. Gerichtliche Kontrolle 4–47	
1. Vertragliche Disposition und Mindestgehalt 5–7	c) Unmöglichkeit der Drittleistungsbestimmung (§ 319 Abs 1 S 2 Hs 2 Alt 1) 56, 57
2. Kontrollmaßstab 8–34	
a) Drittleistungsbestimmung 10–26	d) Verweigerung (§ 319 Abs 1 S 2 Hs 2 Alt 2) und Verzicht 58, 59
aa) Offenbare Unbilligkeit (§ 319 Abs 1 S 1) 11	
aaa) Unbillig 12	e) Verzögerung (§ 319 Abs 1 S 2 Hs 2 Alt 3) 60, 61
bbb) Offenbar 13–15	
ccc) Erheblichkeitsschwelle . 16, 17	f) Verzögerungen durch eine Vertragspartei 62–64
ddd) Ergebnis- und Vorgangskontrolle 18–23	
eee) Einzelfälle 24	g) Fehlschlag der Drittleistungsbestimmung im Übrigen bei Verbrauch des Drittleistungsbestimmungsrechts 65–70
bb) Freies Belieben (§ 319 Abs 2) 25	
cc) Sonstige Maßstäbe 26	3. Schiedsgutachten 71
b) Schiedsgutachten 27–31	4. Mehrere Dritte 72
c) Mehrere Dritte 32–34	5. Übernahme des Maßstabs des Dritten 73, 74
3. Maßgeblicher Entscheidungszeitpunkt 35	6. Wirkung 75
4. Rechtsfolgen 36–47	7. Maßgeblicher Entscheidungszeitpunkt 76
a) Beiderseitige Unverbindlichkeit . 37–40	
b) Unwirksamkeit des Vertrags (§ 319 Abs 2) 41–47	IV. Prozessuales 77–89
	1. Klagearten 80–82
III. Gerichtliche Ersatzleistungsbestimmung 48–76	2. Beweisfragen 83–88
1. Vertraglicher Ausschluss (vgl § 319 Abs 2) 50, 51	a) Gerichtliche Kontrolle 84, 85
	b) Gerichtliche Ersatzleistungsbestimmung 86, 87
2. Drittleistungsbestimmung 52–70	c) Unwirksamkeit (§ 319 Abs 2) . . . 88
a) Offenbare Unbilligkeit (§ 319 Abs 1 S 2 Hs 1) 53, 54	3. Berufung und Revision 89

---

23 RG DR 1943, 296; MünchKomm[8]/Würdinger § 318 Rz 10.

Schrifttum: Siehe die Angaben bei § 317.

I. Allgemeines

1 § 319 behandelt die gerichtliche Kontrolle von Drittleistungsbestimmungsrechten und die gerichtliche Ersatzleistungsbestimmung. Für den gerichtlichen Kontrollmaßstab nimmt § 319 Abs 1 S 1 auf die Auslegungsregel des § 317 Abs 1 Bezug und setzt eine vorausgehende Ausübung des Drittleistungsbestimmungsrechts nach billigem Ermessen voraus. Dabei **beschränkt § 319 Abs 1 S 1 die gerichtliche Kontrolldichte**, indem das Gericht nicht jede, sondern lediglich eine offenbare Unbilligkeit kontrolliert. Dem Dritten soll ein größerer Spielraum zukommen als im Falle eines Parteileistungsbestimmungsrechts (vgl auch § 317 Rz 2). Die Streitbeilegung soll dem Dritten, nicht zuvörderst dem Gericht überlassen werden[1]. Eine volle gerichtliche Kontrolldichte wäre damit unvereinbar. Zudem verfolgt § 319 den Zweck, den ausfüllungsbedürftigen Vertrag möglichst aufrecht zu erhalten. Mittel der Wahl ist eine gerichtliche Ersatzleistungsbestimmung.

2 § 319 ist die Parallelvorschrift zu § 315 Abs 3 zum Parteileistungsbestimmungsrecht. Die amtliche Überschrift „Unwirksamkeit der Bestimmung" ist überschießend. Rechtsfolge einer offenbar unbilligen Drittleistungsbestimmung ist gem § 319 Abs 1 S 1 Hs 1 die (beiderseitige) Unverbindlichkeit. Daneben bestehen weitere Unwirksamkeitsgründe der Drittleistungsbestimmung, die in § 317 Rz 110 ff aufgelistet sind, aber keine Regelung in § 319 erfahren (Rz 39). Die Unverbindlichkeit der Drittleistungsbestimmung wegen offenbarer Unbilligkeit weist gem § 319 Abs 1 S 2 Hs 1 die Besonderheit auf, dass der ausfüllungsbedürftige Vertrag durch eine gerichtliche Ersatzleistungsbestimmung aufrechterhalten werden kann. Diese Möglichkeit sieht das Gesetz bei den übrigen Unwirksamkeitsgründen nicht vor. Allerdings kann die allgemeine Regel aufgestellt werden, dass jede unwirksame Drittleistungsbestimmung, die das an einen justiziablen Maßstab gebundene Drittleistungsbestimmungsrecht verbraucht und deren Unwirksamkeit nicht bereits im Vertrag angelegt ist, den Weg zu einer gerichtlichen Ersatzleistungsbestimmung öffnet (dazu näher Rz 52, 65). Ist die Leistungsbestimmung nichtig, das Drittleistungsbestimmungsrecht aber nicht verbraucht, ist der Dritte vorrangig zur (erneuten) Ausübung berufen. Die Unwirksamkeit des ausfüllungsbedürftigen Vertrags ist die Rechtsfolge allein des § 319 Abs 2, wenn der Dritte, der die Leistung nach freiem Belieben bestimmen soll, diese nicht trifft oder verzögert. Mangels justiziablen Maßstabs scheidet eine gerichtliche Ersatzleistungsbestimmung aus, wie § 319 Abs 2 zeigt (vgl Rz 50, § 315 Rz 139, 192, § 317 Rz 103).

3 Allgemein wird § 319 Abs 1 S 1 für **Schiedsgutachten** (zum Begriff § 317 Rz 127 ff) analog herangezogen. Das Gericht überprüfe diese statt auf offenbare Unbilligkeit auf „offenbare Unrichtigkeit" (dazu Rz 27 ff). Eine Anwendung von ZPO § 1059 auf Schiedsgutachten ist abzulehnen (siehe bereits § 317 Rz 141)[2]. Auf Schiedssprüche findet § 319 dagegen keine Anwendung[3]. Ihre gerichtliche Kontrolle richtet sich allein nach ZPO § 1059. Zu gesetzlichen Sonderregelungen siehe § 317 Rz 136.

II. Gerichtliche Kontrolle

4 § 319 Abs 1 S 1 behandelt mit der gerichtlichen Kontrolle auf offenbare Unbilligkeit lediglich einen Ausschnitt der gerichtlichen Kontrolle der Drittleistungsbestimmung. Zum einen bezieht sich die Vorschrift auf die Auslegungsregel des § 317 Abs 1, wonach der Dritte die Leistungsbestimmung nach billigem Ermessen zu treffen hat. Vereinbaren die Parteien einen abweichenden Maßstab, so bildet dieser die Grundlage der Inhaltskontrolle entsprechend § 319 Abs 1 S 1 (Rz 26). Zum anderen erstreckt sich die gerichtliche Kontrolle über die Kontrolle des Entsprechens mit dem Kontrollmaßstab hinaus auf weitere Wirksamkeitsvoraussetzungen der Drittleistungsbestimmung (dazu Rz 7 f).

---

[1] Vgl BGH NJW 1957, 1834; DB 1970, 827; NJW 1983, 2244, 2245 (insoweit nicht in BGHZ 87, 367) zum Schiedsgutachten.
[2] G Wagner, Prozessverträge, 1998, S 668; siehe zur allgemeinen Unanwendbarkeit der ZPO §§ 1025 ff die Nachweise in Fn 217 zu § 317; auf dem Boden eines prozessrechtlichen Verständnisses der Schiedsgutachtenvereinbarung (dazu § 317 Rz 146 ff) auch Nicklisch ZHR 136 (1972), 97, 102 ff; für analoge Anwendung des ZPO § 1059 Abs 1 Nr 1 lit d Stein/Jonas ZPO[23]/Schlosser vor § 1025 Rz 73; für uneingeschränkte Anwendung wohl Kornblum, Probleme der schiedsrichterlichen Unabhängigkeit, 1968, S 102 f.
[3] Soergel[12]/M Wolf § 319 Rz 5.

Untertitel 4 Einseitige Leistungsbestimmungsrechte 5–9 § 319

1. Vertragliche Disposition und Mindestgehalt. § 319 ist **dispositiv**[4]. Dies gilt für Drittleistungsbestimmungen und Schiedsgutachten gleichermaßen (zum Verhältnis zueinander § 317 Rz 144 ff). Die Parteien können – in den Grenzen der §§ 134, 138, 305 ff (zur AGB-Kontrolle § 317 Rz 55) – eine gerichtliche Billigkeitskontrolle ausschließen, einen abweichenden Kontrollmaßstab vereinbaren und auch eine offenbar unbillige Drittleistungsbestimmung gegen sich gelten lassen[5]. Ein solcher Parteiwille darf nicht vorschnell angenommen werden. Insbesondere kann aus dem Parteiwillen, ein Dritter solle „verbindlich" entscheiden, nicht ohne weitere Anhaltspunkte geschlossen werden, dass ein Verzicht auf eine gerichtliche Billigkeitskontrolle vorliege[6]. Auch die Vereinbarung im Schiedsgutachtenvertrag, ein Dritter entscheide „unter Ausschluss des Rechtswegs" kann eine gerichtliche Billigkeitskontrolle im Einzelfall nicht ausschließen, sondern vielmehr auf die Bindung der Gerichte und Verwaltungsbehörden an das Schiedsgutachten verweisen (dazu § 317 Rz 144 f)[7]. 5

Durch die Vereinbarung **freien Beliebens** als Ausübungsmaßstab des Dritten, schließen die Vertragsparteien eine gerichtliche Billigkeitskontrolle und einhergehend eine gerichtliche Ersatzleistungsbestimmung (Rz 50) aus. Dies ergibt sich aus **§ 319 Abs 2**. Danach ist der Vertrag (endgültig) unwirksam, wenn der Dritte, der die Leistung nach freiem Belieben zu bestimmen hatte, dies nicht tut oder die Leistungsbestimmung verzögert. Auch eine offenbar unbillige Drittleistungsbestimmung ist bei diesem Maßstab wirksam. Es kommt lediglich eine Anfechtung nach § 318 Abs 2 in Betracht[8]. Gleiches gilt für weitere nicht justiziable Ausübungsmaßstäbe. Aufgrund der weitreichenden Rechtsfolgen (weitestmöglicher Ausschluss gerichtlicher Kontrolle [sogleich Rz 7] und Ausschluss der gerichtlichen Ersatzleistungsbestimmung) sollte auch (vgl soeben Rz 5) ein nicht justiziabler Ausübungsmaßstab nicht vorschnell angenommen werden[9]. Bleiben insoweit Zweifel, greift die Auslegungsregel des § 317 Abs 1 zugunsten des Maßstabs billigen Ermessens (§ 317 Rz 100 ff). 6

Die **gerichtliche Kontrolle gänzlich ausschließen können die Parteien indes nicht**. Das Gericht hat stets die Wirksamkeit der vertraglichen Einsetzung des Dritten, eine etwaige Nichtigkeit der Drittleistungsbestimmung, die Einhaltung der vertraglichen Ermächtigung, dh der Unterwerfungsvereinbarung, sowie die Beachtung der Grenzen der Vertragsfreiheit nach §§ 134, 138 und ggf §§ 305 ff (dazu jeweils § 317 Rz 110 ff) zu überprüfen. Zur Disposition der Vertragsparteien steht damit lediglich die gerichtliche Billigkeitskontrolle. Auch eine Leistungsbestimmung nach freiem Belieben kann damit nach den genannten Vorschriften unwirksam sein[10]. Zur **Verschärfung** der gerichtlichen Kontrolle siehe noch Rz 51. 7

2. Kontrollmaßstab. § 319 Abs 1 S 1 behandelt mit der Kontrolle auf offenbare Billigkeit einen Ausschnitt des Kontrollmaßstabs des ausfüllungsbedürftigen Vertrags. Hinzutreten stets die nicht dispositiven Anforderungen der Wirksamkeit des Drittleistungsbestimmungsrechts aus Rz 7. § 319 Abs 1 S 1 setzt diese wirksame Ausübung voraus. 8

Der Kontrollmaßstab des ausfüllungsbedürftigen Vertrags ist vom Kontrollmaßstab des Vertrags des Dritten mit einer oder beiden Vertragsparteien zu unterscheiden (vgl allgemein zur Trennung beider Verträge § 317 Rz 6). Diese Kontrollmaßstäbe können auseinanderfallen. Eine pflichtwidrige Drittleistungsbestimmung kann verbindlich, eine pflichtgemäße Drittleistungsbestimmung (jedenfalls in der Theorie) gem § 319 Abs 1 S 1 unverbindlich sein. In der Praxis werden die Kontrollmaßstäbe aber in aller Regel angeglichen sein. Handelt der Dritte pflichtwidrig, bindet aber gleichwohl die Parteien, kommen vertragliche Schadensersatzansprüche gegen den Dritten in Betracht (zur Haftung des Dritten § 317 Rz 16 ff)[11]. 9

---

4   HM; RGZ 67, 71, 74 f; BGH NJW 1972, 827; RGRK[12]/Ballhaus § 319 Rz 16; Gernhuber, Das Schuldverhältnis, 1989, S 297 (§ 12 III 6 a); Grüneberg[81]/Grüneberg § 319 Rz 10; Erman[16]/Hager § 319 Rz 2; Kleinschmidt, Delegation von Privatautonomie auf Dritte, 2014, S 639 f; BeckOGK[01.-09.2021]/Netzer § 319 Rz 11; jurisPK[9]/Völzmann-Stickelbrock § 319 Rz 2; G Wagner, Prozessverträge, 1998, S 669; Soergel[12]/M Wolf § 319 Rz 3; MünchKomm[8]/Würdinger § 319 Rz 3; aA wohl Staud[Nb 2020]/Rieble § 319 Rz 22, der sich aber in Rz 4 allgemein der hM anschließt.

5   Vgl RGZ 67, 71, 74; BGH NJW 1972, 827; RGRK[12]/Ballhaus § 319 Rz 16; Gernhuber, Das Schuldverhältnis, 1989, S 297 (§ 12 III 6 a); Erman[16]/Hager § 319 Rz 2; Kleinschmidt, Delegation von Privatautonomie auf Dritte, 2014, S 639 f; BeckOGK[01.-09.2021]/Netzer § 319 Rz 11; G Wagner, Prozessverträge, 1998, S 669; Soergel[12]/M Wolf § 319 Rz 3;

MünchKomm[8]/Würdinger § 319 Rz 3 (mit Beschränkung auf nicht näher definierte Willkür); aA, soweit die gerichtliche Kontrolle verschärft wird, jurisPK[9]/Völzmann-Stickelbrock § 319 Rz 2.

6   Celle BB 1966, 802, 803; Erman[16]/Hager § 319 Rz 2; Soergel[12]/M Wolf § 319 Rz 3; MünchKomm[8]/Würdinger § 319 Rz 3; vgl auch RGZ 150, 7, 9.

7   BGHZ 9, 138, 144 f = NJW 1953, 825.

8   Erman[16]/Hager § 319 Rz 12; Soergel[12]/M Wolf § 319 Rz 22; MünchKomm[8]/Würdinger § 319 Rz 28.

9   So wohl auch BeckOGK[01.09.2021]/Netzer § 319 Rz 58; MünchKomm[8]/Würdinger § 319 Rz 28.

10 Vgl BayObLGZ 1913, 226; OGHBrZ Köln NJW 1950, 781, 782; Erman[16]/Hager § 319 Rz 13; Soergel[12]/M Wolf § 319 Rz 22; MünchKomm[8]/Würdinger § 319 Rz 28.

11 Soergel[12]/M Wolf § 319 Rz 3; MünchKomm[8]/Würdinger § 319 Rz 3.

§ 319 10–14   Abschnitt 3 Schuldverhältnisse aus Verträgen

10   a) **Drittleistungsbestimmung.** Der Kontrollmaßstab für Drittleistungsbestimmungen, die nach billigem Ermessen auszuüben sind, liegt gem § 319 Abs 1 S 1 in deren offenbarer Unbilligkeit. Damit ergänzt § 319 Abs 1 S 1 die Auslegungsregel des § 317 Abs 1 zugunsten des Ausübungsmaßstabs billigen Ermessens um den komplementären Kontrollmaßstab. Den Parteien steht es aber frei, Ausübungs- und Kontrollmaßstab nach eigenen Bedürfnissen vertraglich zu vereinbaren (§ 317 Rz 104).

11   aa) **Offenbare Unbilligkeit (§ 319 Abs 1 S 1).** Die heutige Formulierung erhielt der Kontrollmaßstab des § 319 Abs 1 S 1 erst durch die Kommission zur zweiten Lesung[12]. Im ersten Entwurf wich der Kontrollmaßstab der Drittleistungsbestimmung von dem der Parteileistungsbestimmung lediglich durch die Beweislastverteilung ab[13]. In beiden Fällen war die (unqualifizierte) Unbilligkeit der Leistungsbestimmung maßgeblich. Sie wurde mit rechtsvergleichendem Hinweis auf das gemeine und französische Recht zur offenbaren Unbilligkeit verschärft[14]. Diese Verschärfung wird dem Neutralitäts- und Richtigkeitsvertrauen gerecht, das dem Dritten entgegengebracht wird (vgl § 317 Rz 2), und ist durch das Parteiinteresse an Streitvermeidung und Beschleunigung gerechtfertigt. Die Zurücknahme der gerichtlichen Kontrolle begegnet (noch) keinen verfassungsrechtlichen Bedenken[15].

12   aaa) **Unbillig.** Der Begriff der **Unbilligkeit** entspricht dem der Billigkeit in § 315 Abs 3 S 1 mit umgedrehten Vorzeichen. Unbillig ist das, was nicht mehr billig ist. Die Abweichung zwischen § 315 Abs 3 S 1 und § 319 Abs 1 S 1 liegt in der unterschiedlichen Darlegungs- und Beweislastverteilung (dazu noch Rz 84). Nach hier vertretener Auffassung (§ 315 Rz 129 ff) sind der Ausübungsmaßstab nach „billigem Ermessen" und die Kontrolle auf „Unbilligkeit" bzw „Billigkeit" zu einer Kontrolle auf Ermessensfehler zusammenzulesen. Diese umfassen eine Ergebnis- und Vorgangskontrolle. Dies ist für § 319 Abs 1 S 1 zu übernehmen.

13   bbb) **Offenbar.** Die Unbilligkeit muss „offenbar" sein. Unbilligkeit allein genügt nicht (vgl auch Rz 11). Der Begriff der **Offenbarkeit** ist unklar. Ausgangspunkt ist, dass die Unbilligkeit nach dem Wortlaut offen zutage treten bzw klar ersichtlich sein muss. Gleichbedeutend wird dies als „Evidenz" umschrieben[16] oder formuliert, die Unbilligkeit müsse „ins Auge springen"[17] oder sich „aufdrängen"[18] bzw „sofort aufdrängen"[19]. Maßgeblich ist eine objektive Sichtweise; ein Verschulden oder treuwidriges Motiv des Dritten ist nicht erforderlich[20]. Entscheidend ist aber nicht, dass die Unbilligkeit für jedermann (oder das erkennende Gericht) leicht erkennbar ist. Es genügt, wenn die Unbilligkeit einem unbefangenen Sachkundigen ins Auge springt[21]. Einigkeit besteht schließlich, dass die leichte Erkennbarkeit nicht auf ein Zeitmoment abstellt. Die offenbare Unbilligkeit muss nicht besonders rasch erkennbar sein. Auch das leichte Erkennen nach einer eingehenden Prüfung durch einen Sachkundigen genügt[22].

14   Diese vorbeschriebene Offenbarkeit als leichte Erkennbarkeit kann unterschiedlich verstanden werden[23]. Zum einen kann mit einem **prozessrechtlichen Verständnis** die Offenbarkeit anhand der Entscheidungsgrundlage des Gerichts bestimmt werden. Nicht der Billigkeitsverstoß zeichnet sich besonders aus, sondern die beschränkte, offen zu Tage liegende Entscheidungsgrundlage. Das Gericht überprüfte die Drittleistungsbestimmung auf jegliche Billigkeitsverstöße, dies aber nur auf der Grundlage einer eingeschränkten Entscheidungsgrundlage. Der Vorteil dieses Ansatzes

---

12 Vgl Jakobs/Schubert, Die Beratung des Bürgerlichen Gesetzbuchs in systematischer Zusammenstellung der unveröffentlichten Quellen, 1978, S 438 ff.
13 Vgl dazu Mot II S 195.
14 Vgl Prot I S 469.
15 Im Ergebnis auch Soergel[12]/M Wolf § 319 Rz 1; aA Dütz, Rechtsstaatlicher Gerichtsschutz im Privatrecht, 1970, S 250 ff.
16 BeckOK[61. Ed]/Gehrlein § 319 Rz 2; BeckOGK[01.-09.2021]/Netzer § 319 Rz 17; Staud[Nb 2020]/Rieble § 319 Rz 7; Soergel[12]/M Wolf § 319 Rz 7; ablehnend MünchKomm[8]/Würdinger § 319 Rz 7.
17 RGZ 96, 57, 62; ähnlich RGZ 69, 167, 168 („in die Augen fallen").
18 BGH NJW 1977, 801; NJW 1983, 2244, 2245 (insoweit nicht in BGHZ 87, 367); NJW-RR 1987, 21, 22; NJW 1996, 453, 454; NJW 2001, 3775, 3777; MünchKomm[8]/Würdinger § 319 Rz 6.
19 RGZ 99, 105, 106; BGH NJW 1958, 2067 f; NJW 1979, 1885; BGHZ 81, 229, 237 = NJW 1981, 2351; NJW-RR 1993, 1034, 1035; NJW 2001, 3775, 1297 (Rz 16); BAG NZA 2009, 1275, 1278 (Rz 40); jurisPK[9]/Völzmann-Stickelbrock § 319 Rz 4.
20 RG JW 1904, 554; RGRK[12]/Ballhaus § 319 Rz 5; BeckOK[61. Ed]/Gehrlein § 319 Rz 2; Grüneberg[81]/Grüneberg § 319 Rz 3; Erman[16]/Hager § 319 Rz 3; jurisPK[9]/Völzmann-Stickelbrock § 319 Rz 5; Soergel[12]/M Wolf § 319 Rz 7; MünchKomm[8]/Würdinger § 319 Rz 6.
21 RGZ 96, 57, 62; BGH NJW 1958, 2067 f; NJW 1979, 1885; BGHZ 81, 229, 237 = NJW 1981, 2351; NJW-RR 1988, 506; NJW 1991, 2761; BAG NZA 2009, 1275, 1278 (Rz 40); BeckOK[61. Ed]/Gehrlein § 319 Rz 2; Erman[16]/Hager § 319 Rz 3; BeckOGK[01.09.2021]/Netzer § 319 Rz 17; jurisPK[9]/Völzmann-Stickelbrock § 319 Rz 4; von Hoyningen-Huene, Die Billigkeit im Arbeitsrecht, 1978, S 39; MünchKomm[8]/Würdinger § 319 Rz 6.
22 BGH NJW 1983, 224, 2245 (insoweit nicht in BGHZ 87, 367); NJW 2001, 3775, 3777; NJW-RR 2004, 760, 761; NJW 2013, 1296, 1297 (Rz 16); Karlsruhe NJW-RR 2005, 248, 251; BAGE 155, 109, 121 (Rz 38) = NZA 2016, 1089; Erman[16]/Hager § 319 Rz 3; Soergel[12]/M Wolf § 319 Rz 7; MünchKomm[8]/Würdinger § 319 Rz 7.
23 Vgl auch Staud[Nb 2020]/Rieble § 319 Rz 6 f.

Untertitel 4 Einseitige Leistungsbestimmungsrechte 15, 16 § 319

liegt in der Abkürzung gerichtlicher Verfahren, die im Parteiinteresse liegt. Dabei ist zu beachten, dass „offenbar" nicht gleichzusetzen ist mit dem strengeren offenkundig iSd ZPO § 291[24]. Eine größere Nähe bestünde zur Offenbarkeit[25] iSd ZPO § 319[26]. Ein Billigkeitsverstoß sei offenbar, wenn er sich ohne Weiteres aus dem vorliegenden Prozessstoff ergibt. Das RG wollte bei der Beurteilung der offenbaren Unrichtigkeit eines Schiedsgutachtens (dazu noch gesondert Rz 27 ff) in einem Urteil als Beurteilungsgrundlage allein das Schiedsgutachten („aus sich selbst" heraus) heranziehen[27]. Dies ist wiederum zu eng. Beurteilungsgrundlage des Gerichts ist darüber hinaus selbstverständlich auch der ausfüllungsbedürftige Vertrag (im Übrigen), der den Maßstab der Drittleistungsbestimmung enthält, sowie der gesamte Parteivortrag[28]. Auch eine Beweisaufnahme ist möglich[29]. In jedem Fall muss sich das Gericht nach ZPO § 144 über den Sachverständigenbeweis ggf die nötige Sachkunde zur Beurteilung der Offenbarkeit (vgl Rz 13) einholen können. Auch eine Beschränkung auf eine summarische Prüfung oder präsente Beweismittel iSd ZPO § 294 Abs 2 bringt daher keine Beschleunigung mit sich. Muss in aller Regel ein Sachverständigengutachten eingeholt werden, spricht der Zeitaufwand nicht mehr gegen eine gewöhnliche Beweisaufnahme des Gerichts (dazu noch Rz 83 ff).

Die Offenbarkeit ist vielmehr mit der überwiegenden Meinung bezogen auf das materielle **15** Recht zu verstehen. Nur ein grober oder schwerer Verstoß gegen die Billigkeit führt zu einer offenbaren Unbilligkeit[30]. „Bloße Zweifel oder kleinere Fehler der Leistungsbestimmung" sind hinzunehmen[31]. Gleichbedeutend wird darauf abgestellt, ob der **Grundsatz von Treu und Glauben in grober Weise verletzt** werde[32]. Das Gericht nimmt lediglich eine Kontrolle auf qualifizierte Billigkeitsverstöße vor; der Kontrollmaßstab und die Kontrolldichte werden entsprechend herabgesetzt. Der Prozessstoff bestimmt sich hingegen nach allgemeinen Regeln (siehe noch Rz 83 ff). Das Gericht akzeptiert also (bewiesene) Billigkeitsverstöße, die nicht hinreichend qualifiziert sind. Dies ist nach hier vertretener Auffassung verfassungsrechtlich zulässig, weil der Kontrollmaßstab des Gerichts das Mindestmaß gerichtlicher Kontrollintensität noch wahrt. **Beurteilungsgrundlage** ist nach der Rechtsprechung der Sachverhalt, der für den Dritten bei der Leistungsbestimmung bzw der Erstellung des Schiedsgutachtens erkennbar war (zum maßgeblichen Entscheidungszeitpunkt siehe noch Rz 35)[33]. Dies ist im Wesentlichen der Sachverhalt, den ihm die Vertragsparteien unterbreitet haben.

ccc) **Erheblichkeitsschwelle.** Die Rechtsprechung liest in das Kriterium der offenbaren Unbil- **16** ligkeit iSd § 319 Abs 1 S 1 für Schiedsgutachten eine Erheblichkeitsschwelle hinein. In diesem Sinne findet im Rahmen der Ergebniskontrolle eine **Quantifizierung der Schwere des Verstoßes** statt. Wenn eine Mindestabweichung vom Angemessenen nicht überschritten wird, ist der Billigkeitsverstoß unerheblich. Ihren Ausgangspunkt findet diese Rechtsprechung in VVG §§ 84, 184 bzw ihren jeweiligen Vorgängervorschriften über die gerichtliche Kontrolle im versicherungsrechtlichen Sachverständigenverfahren, das einem Schiedsgutachten entspricht. Danach muss die vom Sachverständigen getroffene Feststellung von der wirklichen Sachlage offenbar erheblich abweichen. In § 319 Abs 1 S 1 findet sich dieses zusätzliche Merkmal nicht. Gleichwohl hat die Rechtsprechung es auf die Kontrolle von Schiedsgutachten nach § 319 Abs 1 S 1 analog erstreckt[34]. Begründet wird dies mit dem Parteiwillen der Vertragsparteien, dass mit der Schiedsgutachtenvereinbarung ein zeitraubendes und kostspieliges gerichtliches Verfahren vermieden werden solle[35]. Die Erheblichkeitsschwelle wird somit als Ausdruck der beschränkten Kontrolldichte von Schiedsgutachten angesehen. Im Schrifttum wird die Erheblichkeitsschwelle auf sämtliche Drittleistungs-

---

24 Staud[Nb 2020]/Rieble § 319 Rz 7; jurisPK[9]/Völzmann-Stickelbrock § 319 Rz 4.
25 Dazu etwa MünchKomm, ZPO[6]/Musielak § 319 Rz 7.
26 In der Sache ablehnend MünchKomm[8]/Würdinger § 319 Rz 15.
27 RGZ 96, 57, 62.
28 Siehe noch in und bei Fn 33.
29 RGZ 147, 58, 63; BGH NJW 1979, 1885; NJW-RR 1993, 1034, 1035; RGRK[12]/Ballhaus § 319 Rz 5; BeckOK[61. Ed]/Gehrlein § 319 Rz 2; Greger/Stubbe, Schiedsgutachten, 2007, Rz 123; Soergel[12]/M Wolf § 319 Rz 14; MünchKomm[8]/Würdinger § 319 Rz 13, 15.
30 Von Hoyningen-Huene, Die Billigkeit im Arbeitsrecht, 1978, S 38.
31 BGH NJW 1996, 453, 454; Hamm NJOZ 2003, 1828, 1829.
32 BGH NJW 1958, 2067 f; WM 1982, 767, 768; NJW 1991, 2761; NJW 2001, 3775, 1297 (Rz 16); RGRK[12]/Ballhaus § 319 Rz 5; Döbereiner VersR 1983, 712, 713; BeckOK[61. Ed]/Gehrlein § 319 Rz 2 („Maßstäbe der Einzelfallgerechtigkeit"); Grüneberg[81]/Grüneberg § 319 Rz 3; Erman[16]/Hager § 319 Rz 3; BeckOGK[01.09.2021]/Netzer § 319 Rz 17; jurisPK[9]/Völzmann-Stickelbrock § 319 Rz 4; MünchKomm[8]/Würdinger § 319 Rz 6; ablehnend Soergel[12]/M Wolf § 319 Rz 7.
33 BGH NJW 1979, 1885, 1886; NJW 1983, 2244, 2245 (insoweit nicht in BGHZ 87, 367); NJW-RR 1987, 21, 22; NJW 1991, 2698; Hamm NJOZ 2003, 1828, 1829; BGH WM 1985, 174; zust Erman[16]/Hager § 319 Rz 3; BeckOGK[01.09.2021]/Netzer § 319 Rz 27.
34 BGH NJW 1991, 2761, 2762. Dabei setzt der BGH sich nicht näher mit der Übertragbarkeit auseinander, sondern verweist lediglich auf BGHZ 9, 195, 198 und eine „Allg Auff". Allerdings behandelt BGHZ 9, 195 VVG § 64 aF (VVG § 84) und nicht § 319.
35 BGH NJW 1991, 2761, 2762.

bestimmungen erstreckt[36]. Dem ist aufgrund der rechtlichen Identität von Schiedsgutachten und Drittleistungsbestimmung (§ 317 Rz 144 ff) zuzustimmen. Die Erheblichkeit ist in die Offenbarkeit von Ergebnisfehlern nach § 319 Abs 1 S 1 hineinzulesen. Ein Ergebnisfehler ist offenbar unbillig iSd § 319 Abs 1 S 1, wenn die Abweichung vom angemessenen Ergebnis erheblich ist. Für VVG §§ 84, 189 besteht hingegen die Besonderheit, dass die Unrichtigkeit danach sowohl offenbar als auch erheblich sein muss. Dadurch wird die Offenbarkeit nicht überflüssig. Sie bezieht sich in diesem Tatbestand (auch) auf die miterfassten (sogleich Rz 18 ff) Vorgangsfehler. Auch nach § 319 Abs 1 S 1 müssen Vorgangsfehler offenbar sein, indem sie zu einem offenbar unbilligen, dh erheblich vom Angemessenen abweichenden, Ergebnis führen können.

17   Die Erheblichkeit ist im jeweiligen Einzelfall zu beurteilen. Die Rechtsprechung setzt die Erheblichkeitsschwelle im Versicherungsrecht als Richtschnur bei einer Abweichung von **ca 15 % bis 25 %** an[37]. Für ein Schiedsgutachten sah der BGH auch eine Abweichung von 16,79 % als nicht offenbar unbillig bzw nicht offenbar unrichtig[38], eine Abweichung von rund 23,5 % hingegen als erheblich an[39]. Instanzgerichtlich wurde eine Abweichung von 20 % toleriert[40]. Die Literatur erstreckt diese Erheblichkeitsschwelle für Schiedsgutachten ebenfalls auf eine Abweichung von bis zu 25 %[41].

18   ddd) **Ergebnis- und Vorgangskontrolle.** Gegenstand des Kontrollmaßstabs der offenbaren Unbilligkeit iSd § 319 Abs 1 S 1 ist nach überkommener überwiegender Meinung allein das Ergebnis[42]. Dies wird aber in mehrerlei Hinsicht nicht durchgehalten. Konsequenz dieser Auffassung müsste sein, dass die Vorgehensweise des Dritten keiner gerichtlichen Kontrolle unterliegt. Dies wird aber nicht eingehalten. Vereinzelt werden Vorgangsfehler als ein Indiz für die Unbilligkeit herangezogen[43]. Dies ist aber nur möglich, wenn der Bestimmungsvorgang kontrolliert wird. Da Vorgangs- und Ergebnisfehler nicht trennscharf unterschieden werden können, werden zudem auch Vorgangsfehler zur Begründung einer offenbar unbilligen Entscheidung herangezogen, so wenn der Dritte den Vertragsinhalt ignoriert und allein die Interessen einer Vertragspartei berücksichtigt[44] (zur Befangenheit und nicht neutralen Dritten § 317 Rz 65 ff, 153). Die von der Rechtsprechung formulierte Maßgeblichkeit des Ergebnisses[45] lässt sich vor diesem Hintergrund unschwer als Erfordernis einer Ergebniskausalität von Vorgangsfehlern verstehen (dazu noch Rz 22). Ein Auskunftsanspruch gegen den Dritten (dazu § 317 Rz 12) mit dem Ziel, seine Beweggründe in Erfahrung zu bringen und so auf offenbare Unbilligkeit zu kontrollieren[46], ist ferner nur sinnvoll, wenn diese Motive über die Kategorie der Vorgangsfehler zur offenbaren Unbilligkeit der Drittleistungsbestimmung führen können. Eine Vorgangskontrolle findet der Sache nach schließlich auch dann statt, wenn die Rechtsprechung eine Leistungsbestimmung durch mehrere Dritte nach § 317 Abs 2 Hs 2 neben der Durchschnittssumme, dem Ergebnis, auf die Einzelsummen erstreckt (dazu noch Rz 33). Bei der gerichtlichen Kontrolle von Schiedsgutachten wird der Bruch der hM mit ihrem Postulat der Beschränkung auf eine Ergebniskontrolle eingeräumt. Schiedsgutachten werden auch von der überwiegenden Meinung auf Ergebnis und Vorgang kont-

---

36   So etwa MünchKomm[8]/Würdinger § 319 Rz 6.
37   BGH VersR 1987, 601 f; Celle VersR 2014, 830 f; vgl auch LSG Bayern NZS 2014, 785.
38   BGH NJW 1991, 2761 (Erbbauzinserhöhung); zu einer minimalen Abweichung auch Hamm NJOZ 2003, 1828, 1830 ff.
39   BGH NJW 1964, 2401 ff (Mittelwert zweier offenbar unbilliger Schätzungen eines Kaufpreises). NJW 2013, 1296, 1297 (Rz 17) spricht unspezifisch von einer Abweichung „in erheblichem Ausmaß".
40   Frankfurt aM NZG 2007, 758, 760; für Toleranzgrenze bei 20 bis 25 % Karlsruhe NJW-RR 2005, 248, 251.
41   SoGrüneberg[81]/Grüneberg § 319 Rz 3 (bis 20-25 %); von Hoyningen-Huene, Die Billigkeit im Arbeitsrecht, 1978, S 38 (bis 25 %); Laule DB 1966, 769, 770 (bis 25 %); Staud[Nb 2020]/Rieble § 319 Rz 16 (für das Sachverständigenverfahren nach VVG ca 10 %); Soergel[12]/M Wolf § 319 Rz 8 (bis 20 %); MünchKomm[8]/Würdinger § 319 Rz 6 (bis 20-25 %).
42   BGHZ 6, 335, 341 = NJW 1952, 1296; 9, 195, 198 = NJW 1953, 939; NJW 1958, 2067; NJW 1977, 801; NJW 1991, 2761 f; NJW 1996, 453, 454; WM 1968, 617, 618; RGRK[12]/Ballhaus § 319 Rz 7; Grüneberg[81]/Grüneberg § 319 Rz 5; Joussen, Schlichtung als Leistungsbestimmung und Vertragsgestaltung durch einen Dritten, 2005, S 506; jurisPK[9]/Völzmann-Stickelbrock § 319 Rz 5; Soergel[12]/M Wolf § 319 Rz 7; MünchKomm[8]/Würdinger § 319 Rz 8; nunmehr zurückhaltender („im Grundsatz") BGHZ 146, 280, 285 = NJW 2001, 1928; ähnlich Grüneberg[81]/Grüneberg § 319 Rz 5 („grundsätzlich").
43   Soergel[12]/M Wolf § 319 Rz 7; vgl zum Schiedsgutachten auch MünchKomm[8]/Würdinger § 319 Rz 17.
44   BGHZ 62, 314, 316 = NJW 1974, 1235; NJW 2001, 1930 f; MünchKomm[8]/Würdinger § 319 Rz 8. Ähnlich G Wagner, Prozessverträge, 1998, S 670, der zwischen exogenen Fehlern und endogenen Fehlern unterscheidet. Letztere seien stets zu berücksichtigen und erfassen weitgehend Verfahrensfehlern. Vgl auch BGH NJW 1996, 453, 454.
45   BGHZ 6, 335, 340 f = NJW 1952, 1296; NJW 1991, 2761 f; NJW 1996, 453, 454.
46   So auch zuerkannt von OGHBrZ Köln NJW 1950, 781 f; BeckOK[61. Ed]/Gehrlein § 319 Rz 5; Grüneberg[81]/Grüneberg § 319 Rz 7; BeckOGK[01.09.2021]/Netzer § 319 Rz 51; Soergel[12]/M Wolf § 319 Rz 15; MünchKomm[8]/Würdinger § 319 Rz 11.

rolliert[47]. Zutreffend werden auch Transparenzanforderungen an Schiedsgutachten gestellt (siehe noch Rz 30). Ein Differenzierungskriterium für diese (vermeintliche) Ungleichbehandlung bringt die überwiegende Ansicht nicht vor. Vielmehr erscheint der Kontrollmaßstab der offenbaren Unrichtigkeit, den die hM bei Schiedsgutachten zugrunde legt und den VVG §§ 84, 189 vorgeben, sogar anders als die allgemeinere offenbare Unbilligkeit allein auf das Ergebnis gemünzt.

Es sollte anerkannt werden, dass Schiedsgutachten und Drittleistungsbestimmungen nach § 319 Abs 1 S 1 gleichermaßen einer **Ergebnis- und Vorgangskontrolle**[48] unterliegen. Über die Ergebniskontrolle hinaus überprüft die Rechtsprechung etwa auch die Transparenz des Schiedsgutachtens[49] sowie die Kriterien, an denen sich der Schiedsgutachter orientiert[50]. Der gerichtliche Kontrollmaßstab der offenbaren Unbilligkeit bezieht sich auf den Maßstab billigen Ermessens. Dies ergibt sich aus § 319 Abs 1 S 1 Hs 2, wonach der gerichtliche Kontrollmaßstab offenbarer Unbilligkeit nur anwendbar ist, wenn der Dritte die Leistung nach billigem Ermessen bestimmen soll. Der Begriff des Ermessens beschreibt nicht allein den Ausübungsmaßstab des Dritten, sondern zugleich auch den gerichtlichen Kontrollmaßstab (§ 315 Rz 133). In ihm kommt eine eingeschränkte Kontrolldichte zum Ausdruck. Dem Dritten soll ein Spielraum eingeräumt werden. Dieses zu § 315 entwickelte Verständnis ist auf § 319 zu übertragen. Der Begriff der (Un-)Billigkeit ist identisch (Rz 12 f). Die Offenbarkeit ist lediglich ein Attribut (Adjektiv), das sich auf die Unbilligkeit bezieht. Es ist also nur auf eine besondere Form der Unbilligkeit zu kontrollieren. Diese behält ihre Gestalt bei. Eine Differenzierung zwischen Drittleistungsbestimmung und Schiedsgutachten scheidet nach hier vertretenem Verständnis eines Schiedsgutachtens als Drittleistungsbestimmungsrecht in einem materiell-rechtlichen Feststellungsvertrag (§ 317 Rz 144 ff) von vornherein aus. 19

Die Vorgangskontrolle entspricht einer **Ermessensfehlerkontrolle** (dazu § 315 Rz 183 ff)[51]. Der Dritte muss danach etwa vom zutreffenden Sachverhalt ausgehen, die richtigen Beurteilungsmaßstäbe heranzuziehen und die vorhandenen Erkenntnisquellen hinreichend ausschöpfen. 20

Durch die Kontrolle auf Verfahrensfehler wird zudem die **Neutralität und Unbefangenheit des Dritten sowie ein rechtsstaatliches Verfahren abgesichert**[52]. Siehe dazu bereits § 317 Rz 153 ff. Die einseitige Berücksichtigung der Interessen einer Partei begründet einen Ermessensfehler[53], ebenso wie wenn der Dritte nur eine Partei um ihre Einschätzung bittet und so nur dieser rechtliches Gehör bietet. 21

Es ist die Drittleistungsbestimmung, die gem § 319 Abs 1 S 1 offenbar unbillig sein muss. Vorgangsfehler müssen sich daher **auf das Ergebnis auswirken**[54]. Anderenfalls liegt zwar ein (offenbarer) Vorgangsfehler vor, dieser kann aber keine offenbare Unbilligkeit der Drittleistungsbestimmung begründen. Fehler im Bewertungsmaßstab (eines Schiedsgutachtens) sind nach der Rechtsprechung unbeachtlich, wenn sie durch andere Fehler, die sich in etwa gleicher Höhe gegenteilig auswirken, wieder ausgeglichen werden[55]. 22

Es besteht gegen den Dritten ein Auskunftsanspruch über seine Entscheidungsfindung, mit dessen Hilfe Vorgangsfehler aufgedeckt werden können (§ 317 Rz 12). Eine Begründungspflicht des Dritten besteht hingegen nicht (§ 317 Rz 86). 23

---

47 BGH NJW-RR 1988, 506; NJW 1996, 453, 454; NJW 2001, 3775, 3777; Köln, Urt v 24.03.2010, 1 U 70/05, juris, Rz 29; CR 2014, 427, 428; nunmehr ausdrücklich BGHZ 146, 280, 285 = NJW 2001, 1928; BAG NJOZ 2005, 3017, 3020; BAGE 155, 109, 121 (Rz 38) = NZA 2016, 1089. Aus dem SchrifttumGrüneberg[81]/Grüneberg § 319 Rz 5a; BeckOGK[01.09.2021]/Netzer § 319 Rz 33; Nicklisch ZHR 136 (1972), 97, 104 ff; Staud[Nb 2020]/Rieble § 319 Rz 9 ff; MünchKomm[8]/Würdinger § 319 Rz 16 ff; einschränkend NomosKommentar, BGB[4]/Ring/F Wagner § 319 Rz 6.
48 IE ebenso Erman[16]/Hager § 319 Rz 4; BeckOGK[01.-09.2021]/Netzer § 319 Rz 25 f; Staud[Nb 2020]/Rieble § 319 Rz 8 f; von Thun und Hohenstein, Der Begriff "offenbar unbillig" in § 319 I 1 BGB, 1988, S 245 ff.
49 Siehe die Nachw Fn 69.
50 BGH NJW 1996, 453, 454 ("maßgeblich an einem Kriterium orientiert, das mit sachgerechter Überlegung schlechthin nichts gemein hat"). Zu einer isolierten Feststellungsklage siehe § 317 Rz 159 f, 124.
51 Vgl BGH NJW 1996, 453, 454: "Erst wenn die Unbilligkeit der Entscheidung sich sofort aufdrängt, wird dieser Rahmen überschritten. Dies ist etwa der Fall, wenn der Schiedsgutachter (iwS; Verf) den Vertragsinhalt als Vorgabe des Bereichs des ihm eingeräumten Ermessens außer Acht lässt oder seine Bestimmung maßgeblich an einem Kriterium orientiert, das mit sachgerechter Überlegung schlechthin nichts gemein hat." (Binnenzitate ausgespart).
52 Ebenso zur Befangenheit Staud[Nb 2020]/Rieble § 319 Rz 11, der aber keine Ablehnungsmöglichkeit im Vorfeld nach § 313 annimmt (vgl dazu § 317 Rz 72). Zum Schiedsgutachten vgl auch BeckOK[56. Ed]/Gehrlein § 319 Rz 4; MünchKomm[8]/Würdinger § 319 Rz 17 ff.
53 IE ebenso BGHZ 62, 314, 316 = NJW 1974, 1235; NJW 2001, 1930 f; MünchKomm[8]/Würdinger § 319 Rz 8.
54 BAGE 109, 193, 202 = NZA 2004, 994; NJOZ 2005, 3017, 3020; Staud[Nb 2020]/Rieble § 319 Rz 15; vgl auch RG Gruchot 50 (1906), 828, 830; BGHZ 9, 195, 198 = NJW 1953, 939; NJW 1996, 453, 454; jurisPK[9]/Völzmann-Stickelbrock § 319 Rz 5.
55 BGHZ 9, 195, 198 = NJW 1953, 939; NJW-RR 1987, 21, 22.

24 eee) **Einzelfälle.** Die Rechtsprechung hat die Leistungsbestimmung für offenbar unbillig gehalten, wenn die Marktlage unbeachtet geblieben ist[56], die Gewerbemiete herabgesetzt wurde, obwohl der Lebenshaltungskostenindex gestiegen ist[57], oder der Dritte einseitig die Interessen einer Vertragspartei berücksichtigt hat[58]. Bei der Festlegung eines Erbbauzinses müssen die Erhöhung des Bodenwertes[59] sowie der Umstand, dass eine Erhöhung aufgrund der Umstände zu dauerhaften Verlusten führen kann, ebenso berücksichtigt werden wie regionale Abweichungen der Lebenshaltungskosten[60]. Zu quantitativen Abweichungen vom Angemessenen siehe Rz 16 f. Zu Einzelfällen beim Schiedsgutachten siehe Rz 31.

25 bb) **Freies Belieben (§ 319 Abs 2).** Soll der Dritte nach freiem Belieben entscheiden, stellen die Vertragsparteien die Leistungsbestimmung in das rein subjektive Dafürhalten des Dritten (§ 315 Rz 139; zur Abgrenzung zur Willkür § 315 Rz 14 f, § 317 Rz 105). Dem Dritten wird kein objektiver Maßstab, anhand dessen er die Drittleistungsbestimmung vorzunehmen habe, vorgegeben. Der Ausübungsmaßstab ist damit nicht justiziabel. Als Konsequenz scheiden eine gerichtliche Billigkeitskontrolle – die Unwirksamkeitsgründe bleiben freilich unberührt und Gegenstand gerichtlicher Kontrolle (dazu Rz 6 f) – und eine gerichtliche Ersatzleistungsbestimmung aus (Rz 6, 50). Scheitert eine Drittleistungsbestimmung nach freiem Belieben oder wird sie verzögert, ist der Vertrag gem § 319 Abs 2 unwirksam (Rz 41 ff).

26 cc) **Sonstige Maßstäbe.** Ausübungs- und Kontrollmaßstab stehen – in den Grenzen der §§ 134, 138, 305 ff – zur Disposition der Vertragsparteien (Rz 5 ff; § 317 Rz 104). Das Gericht hat in diesen Fällen in einem ersten Schritt seinen gerichtlichen Kontrollmaßstab (durch Auslegung) zu ermitteln. In einem zweiten Schritt überprüft es die Drittleistungsbestimmung anhand dieses Kontrollmaßstabs. Der Spielraum des Dritten hängt dabei vom Verhältnis des Ausübungs- zu diesem Kontrollmaßstab ab (§ 315 Rz 131 f). Ein Drittleistungsbestimmungsrecht nach Willkür ist ausgeschlossen (§ 317 Rz 105).

27 b) **Schiedsgutachten.** Die ganz herrschende Meinung wendet § 319 Abs 1 S 1 analog auf Schiedsgutachten an (dazu § 317 Rz 125 ff) und sieht den gerichtlichen Kontrollmaßstab darin, dass das Gericht das Schiedsgutachten auf **offenbare Unrichtigkeit** überprüft[61]. Dieser Kontrollmaßstab ersetze dabei den Maßstab offenbarer Unbilligkeit; beide Maßstäbe seien nicht kumulativ zu prüfen[62]. Der Gesetzgeber hat diesen Ansatz aufgegriffen und sieht für das versicherungsrechtliche Sachverständigenverfahren nach VVG §§ 84 Abs 1 S 1, 189 vor, dass die Feststellungen des Sachverständigen nicht verbindlich sind, wenn sie offenbar von der wirklichen Sachlage erheblich abweichen. Damit wird der gerichtliche Kontrollmaßstab offenbarer Unrichtigkeit um eine Erheblichkeitsschwelle (dazu Rz 16 f) ergänzt. Nur vereinzelt wird die Gleichbehandlung mit einem Schiedsspruch vertreten[63]. Zum abzulehnenden prozessualen Verständnis der Schiedsgutachtenabrede siehe bereits § 317 Rz 144 ff.

28 Die herrschende Meinung nimmt eine offenbare Unrichtigkeit des Schiedsgutachtens an, wenn dieses offenbar **nicht mit den tatsächlichen Verhältnissen übereinstimmt**[64]. Maßgeblich sind nach der Rechtsprechung die Tatsachen, die dem Gutachter bei Erstellung des Gutachtens erkennbar waren, insbesondere weil sie ihm von den Vertragsparteien unterbreitet wurden (Rz 15). Die **Offenbarkeit** wird wie im Falle der direkten Anwendung des § 319 Abs 1 S 1 Hs 1 bestimmt (dazu siehe oben Rz 13 ff)[65].

29 **Nach hier vertretener Auffassung** ist die Schiedsgutachtenabrede materiell-rechtlich zu qualifizieren. Der Schiedsgutachter trifft eine gewöhnliche Drittleistungsbestimmung im (gegenüber

---

56 BGH BB 1977, 619, 620; WM 1982, 102, 103.
57 Celle NJW-RR 2001, 1017.
58 Nachw in Fn 44.
59 BGH NJW 1996, 453, 454.
60 BGH NJW 2001, 1930 f.
61 RGZ 96, 57, 61 f; BGHZ 43, 374, 376 = NJW 1965, 1523; NJW 1979, 1885; BGHZ 81, 229, 237 = NJW 1981, 2351; NJW 1983, 2244, 2245 (insoweit nicht in BGHZ 87, 367); NJW 2013, 1296, 1297 (Rz 13); BAGE 34, 365, 372 f = AP TVG § 1 Tarifverträge: Bundesbahn Nr 4; 155, 109, 115 (Rz 18) = NZA 2016, 1089; BeckOK[61. Ed]/Gehrlein § 319 Rz 3; Grüneberg[81]/Grüneberg § 319 Rz 4; Erman[16]/Hager § 319 Rz 7; BeckOGK[01.09.2021]/Netzer § 319 Rz 32; Staud[Nb 2020]/Rieble § 317 Rz 23; Soergel[12]/M Wolf § 319 Rz 5; MünchKomm[8]/Würdinger § 319 Rz 14; für Gleichsetzung mit offenbarer Unbilligkeit aufgrund der Verneinung einer Ermessensentscheidung nach § 317 Abs 1 jurisPK[9]/Völzmann-Stickelbrock § 319 Rz 8.
62 Soergel[12]/M Wolf § 319 Rz 10.
63 So etwa Stein/Jonas ZPO[23]/Schlosser Vor § 1025 Rz 73 hinsichtlich ZPO § 1059 Abs 1 Nr 1 lit d.
64 BGHZ 9, 195, 198 = NJW 1953, 939; Soergel[12]/M Wolf § 319 Rz 10; MünchKomm[8]/Würdinger § 319 Rz 14.
65 Vgl BGH NJW 1983, 2244, 2245 (insoweit nicht in BGHZ 87, 367); BGH NJW-RR 1987, 21, 22; BAGE 34, 365, 373 f = AP TVG § 1 Tarifverträge: Bundesbahn Nr 4; BeckOK[61. Ed]/Gehrlein § 319 Rz 3; Soergel[12]/M Wolf § 319 Rz 10 Siehe auch Bulla NJW 1978, 397, 400, der zu Recht darauf hinweist, dass es nicht darauf ankommt, ob der Schiedsgutachter grob gegen Treu und Glauben verstößt. Nach hier vertretener Auffassung geht der Maßstab offenbarer Unrichtigkeit in dem offenbarer Unbilligkeit in Bezug auf den Feststellungsvertrag auf (sogleich Rz 29).

dem Hauptvertrag vorrangigen) materiell-rechtlichen Feststellungsvertrag (§ 317 Rz 144 ff). Gegenstand seiner Drittleistungsbestimmung ist die Feststellung des Inhalts des (vollständig bestimmten) Hauptvertrags bzw eines seiner Teilaspekte. Dabei soll ihm ein Spielraum bei der Anwendung der vertraglichen Regelung sowie etwaigen außerrechtlichen und gesetzlichen Maßstäben eingeräumt werden. Dies geschieht durch eine beschränkte Kontrolldichte. Der Schiedsgutachter soll den materiell-rechtlichen Feststellungsvertrag nach der Auslegungsregel des § 317 Abs 1 nach billigem Ermessen ausfüllen. Der gerichtliche Kontrollmaßstab besteht gem § 319 Abs 1 S 1 (in direkter Anwendung) in einer Kontrolle des Schiedsgutachtens auf offenbare Unbilligkeit. Allerdings ist der das Ermessen leitende Vertragszweck des materiell-rechtlichen Feststellungsvertrags die Streitbeilegung und damit die „richtige" Erfassung des Hauptvertrags bzw seiner Teilregelung. Ein Schiedsgutachten ist danach offenbar unbillig, wenn es den Inhalt des Hauptvertrags offenbar fehlerhaft erfasst. Meist geht es weniger um die Richtigkeit einer rechtlichen Subsumtion als um die Richtigkeit einer tatsächlichen Feststellung, etwa des Marktwerts einer Sache (§ 317 Rz 131 ff). Durch den Gegenstand des Schiedsgutachtens erhält der gesetzliche Kontrollmaßstab den Inhalt einer Kontrolle auf offenbare Unrichtigkeit. Es besteht also kein Gegensatz zwischen offenbarer Unbilligkeit und offenbarer Unrichtigkeit. Auch in der Rechtsprechung findet sich vereinzelt eine solche Gleichsetzung[66]. Im Ergebnis ist der hM damit zuzustimmen. Einer analogen Anwendung des § 319 Abs 1 S 1 bedarf es hingegen nicht. Auch in die gesetzgeberische Regelung im Versicherungsrecht fügt sich die hiesige Ansicht ein.

Nach zutreffender hM (Rz 18) erstreckt sich die gerichtliche Kontrolle von Schiedsgutachten – entgegen dem selbstgeschaffenen Wortlaut der offenbaren Unrichtigkeit, der sich nur auf die Tatsache, nicht das Verfahren beziehen kann – auf eine **Ergebnis- und Vorgangskontrolle**[67]. Gleiches ist für die Parallelvorschriften der VVG §§ 84, 189 bzw ihre Vorgängervorschriften anzunehmen[68]. Die Vorgangskontrolle entspricht der Ermessensfehlerkontrolle und sichert ua die Neutralität des Schiedsgutachters ab (Rz 20 f). Darüber hinaus ist zu verlangen, dass das Schiedsgutachten **nachprüfbar** ist. Dies ist nach der Rechtsprechung nicht der Fall, wenn das Schiedsgutachten so lückenhaft ist, dass selbst der Fachmann (siehe zum Sachkundigen als Maßstab der Offenbarkeit Rz 13 ff) das Ergebnis aus dem Zusammenhang nicht überprüfen kann[69]. Eine Begründung ist vorbehaltlich einer vertraglichen Vorgabe hingegen nicht erforderlich (§ 317 Rz 86). 30

Einzelfälle: Nach der Rechtsprechung ist eine Grundstücksbewertung offenbar unrichtig, wenn keine geeigneten Vergleichsgrundstücke herangezogen werden[70]. Gleiches gilt, wenn für die Bewertungsgrundlagen allein auf die Erfahrung und Fachkenntnis des Schiedsgutachters verwiesen wird[71]. Die Schadensermittlung im Schiedsgutachten ist offenbar unrichtig, wenn der Schiedsgutachter von einem unzutreffenden Schadenszeitraum ausgeht[72]. Ein Schiedsgutachten über die Feststellung von Mängeln einer Anlage ist ferner dann offenbar unrichtig, wenn Mängel der Anlage angenommen werden, obwohl ein Bedienungsfehler vorlag[73]. Zur **Erheblichkeitsschwelle** bei der Ergebniskontrolle siehe Rz 16 ff. 31

c) **Mehrere Dritte**. Gegenstand der gerichtlichen Kontrolle ist die **gemeinsame Drittleistungsbestimmung**, die nach § 318 Abs 2 erklärt wurde. Dieses Produkt gemeinsamer Willensbildung ist nach allgemeinen Regeln (Rz 19 ff) auf Vorgangs- und Ergebnisfehler zu kontrollieren (vgl § 317 Rz 92). 32

Eine Besonderheit besteht für Fälle des **§ 317 Abs 2 Hs 2**. Die Rechtsprechung überprüft (auch) die Einzelsummen auf ihre offenbare Unbilligkeit[74]. Dem Fall, dass sich mehrere Einzelsummen im Durchschnitt gegenseitig ausgleichen oder abmildern, begegnet sie mit der zusätzlichen Prü- 33

---

66 RGZ 96, 57, 62; BGH WM 1982, 102, 103; NJW 1991, 2761; für Gleichsetzung (aus gänzlich anderem Grund als hier vertreten) auch jurisPK[9]/Völzmann-Stickelbrock § 319 Rz 8; dagegen und damit für einen sich ausschließenden Gegensatz BAGE 155, 109, 117 f (Rz 25) = NZA 2016, 1089; BeckOGK[01.09.2021]/Netzer § 319 Rz 32; MünchKomm[8]/Würdinger § 319 Rz 14.

67 Siehe die Nachw in Fn 47.

68 BGHZ 9, 195, 198 = NJW 1953, 939; Düsseldorf VersR 1964, 130, 131; Köln r+s 2005, 251, 252; MünchKomm VVG[2]/Halbach § 84 Rz 23; vgl auch RG Gruchot 50 (1906), 828, 830; JW 1931, 3194 f.

69 BGH NJW 1977, 801, 802; NJW 1979, 1885, 1886; NJW-RR 1988, 506; NJW 1991, 2698; NJW 2001, 3775, 3777; Hamm NJW-RR 1994, 1551, 1552; Frankfurt aM NJOZ 2006, 4142, 4144; Köln, Urt v 24.03.2010, 1 U 70/05, juris, Rz 29; CR 2014, 427, 428; BAGE 109, 193, 202 = NZA 2004, 994; 155, 109, 121 (Rz 38) = NZA 2016, 1089; Erman[16]/Hager § 319 Rz 8; BeckOGK[01.09.2021]/Netzer § 319 Rz 33; Staud[Nb 2020]/Rieble § 319 Rz 10; MünchKomm[8]/Würdinger § 319 Rz 17.

70 BGH NJW 1991, 2698; vgl auch zur Leistungsbestimmung BGHZ 62, 314, 319 = NJW 1974, 1235.

71 BGH NJW-RR 1988, 506, 507.

72 Vgl Frankfurt aM NJOZ 2006, 4142, 4144.

73 BGH WM 1973, 311, 312.

74 Celle MDR 1973, 314.

fung des Ergebnisses auf seine offenbare Unbilligkeit[75]. Dies ist nur teilweise zutreffend. In Fällen des § 317 Abs 2 Hs 2 findet keine gemeinsame Willensbildung unter den Dritten statt; die Einzelsummen werden durch die Vertragsparteien selbst im Vertrag (durch Mittelwertbildung) zusammengeführt (§ 317 Rz 88). Das Endergebnis ist damit technisch gesehen keine Leistungsbestimmung durch die Dritten mehr. Als solche unterliegt sie auch nicht der offenbaren Unbilligkeitskontrolle nach § 319 Abs 1 S 1. Die offenbare Unbilligkeitskontrolle verlagert sich vielmehr ausschließlich auf die Einzelsummen. Der (unwahrscheinliche) Fall, dass sich mehrere offenbar unbillige Einzelsummen zu einem nicht offenbar unbilligen Ergebnis ausgleichen, ist durch eine gerichtliche Ersatzleistungsbestimmung zu lösen (dazu noch Rz 72).

34 Eine Drittleistungsbestimmung ist nicht bereits dann offenbar unbillig, wenn drei leistungsbestimmungsberechtigte Dritte nach Vorbild eines Schiedsgerichts gem ZPO § 1035 Abs 3 S 2 benannt werden und den Dritten damit ein Mitglied angehört, das einer Vertragspartei wohlgesonnen oder in gewisser Weise abhängig ist[76]. Zur Befangenheit des Dritten und zur Frage nach der Anwendung des § 315 siehe schon § 317 Rz 65, zur Zusammenarbeit einer Vertragspartei mit einem oder mehreren Dritten § 317 Rz 69.

35 **3. Maßgeblicher Entscheidungszeitpunkt.** Maßgeblicher Zeitpunkt für die Beurteilung der offenbaren Unbilligkeit ist (für Ergebnis- und Vorgangskontrolle gleichermaßen) der Zeitpunkt der **Ausübung des Drittleistungsbestimmungsrechts** (Zugang der Gestaltungserklärung, § 317 Rz 76, 120), nicht der Zeitpunkt der letzten mündlichen Verhandlung[77]. Wurde vertraglich eine Rückwirkung, etwa auf einen bestimmten Stichtag, vereinbart, so kommt es für die Ergebniskontrolle auf diesen Zeitpunkt an (§ 315 Rz 189). Zu fortlaufenden Drittleistungsbestimmungen in Dauerschuldverhältnissen vgl § 315 Rz 190.

36 **4. Rechtsfolgen.** Entspricht die Drittleistungsbestimmung nicht dem Kontrollmaßstab, ist nach dem Gesetz danach zu entscheiden, ob der Ausübungsmaßstab justiziabel ist und daher eine gerichtliche Ersatzleistungsbestimmung nach § 319 Abs 1 S 2 ermöglicht. Diese ersetzt die nach § 319 Abs 1 S 1 unverbindliche Drittleistungsbestimmung. Fehlt es an der Justiziabilität, ist der Vertrag hingegen mangels Bestimmtheit unwirksam, wenn der Dritte die Bestimmung nicht treffen kann oder will oder sie verzögert, § 319 Abs 2. Dieses Rechtsfolgenregime steht zur Disposition der Parteien, indem sie über den gerichtlichen Kontrollmaßstab entscheiden und auch dem Gericht eine Ersatzleistungsbestimmung nach einem abweichenden, aber mit dem Ausübungsmaßstab des Dritten identischen Maßstab aufgeben können (Rz 5, 50 f). Nicht von § 319 behandelt werden Unwirksamkeitsgründe der Drittleistungsbestimmung, die sich aus anderen Vorschriften ergeben (dazu Rz 2, § 317 Rz 110 ff). Vielmehr setzt § 319 Abs 1 S 1 eine wirksame Drittleistungsbestimmung voraus.

37 a) **Beiderseitige Unverbindlichkeit.** Die offenbar unbillige Drittleistungsbestimmung bzw das Schiedsgutachten ist gem § 319 Abs 1 S 1 unverbindlich. Dasselbe gilt für Drittleistungsbestimmungen, die gegen einen abweichenden vertraglichen Kontrollmaßstab verstoßen. Die Unverbindlichkeit gilt in Abweichung von der einseitigen Unverbindlichkeit nach § 315 Abs 3 S 1 für beide Vertragsparteien („für die Vertragschließenden"). Sie greift von Gesetzes wegen und nicht erst mit ihrer Geltendmachung[78]. Es fehlt an der vertraglichen Bindung beider Vertragsparteien (vgl § 315 Rz 160 ff). Hinzu tritt bei § 319 Abs 1 S 1, dass nach hier vertretener Auffassung die offenbare Unbilligkeit den gerichtlichen Kontrollmaßstab auf das verfassungsrechtlich zulässige Mindestmaß herabsenkt (Rz 11, 15). Das Gericht muss also von Verfassung wegen auf offenbare Unbilligkeit kontrollieren und darf eine offenbar unbillige Drittleistungsbestimmung nicht anerkennen. Damit fehlt den Parteien die Dispositionsgewalt.

38 Ist die Drittleistungsbestimmung bzw das Schiedsgutachten für die Vertragsparteien unverbindlich, wäre der ausfüllungsbedürftige Vertrag unbestimmt und undurchführbar. Eine sich anschließende **gerichtliche Ersatzleistungsbestimmung** gem § 319 Abs 1 S 2 vermag den Vertrag aber

---

[75] BGH NJW 1964, 2401; zustimmend Staud[Nb 2020]/Rieble § 317 Rz 97 (unter Verweis auf eine Vorgangs- und Ergebniskontrolle. Allerdings umfasst eine Vorgangskontrolle nach hiesigem Verständnis keine Prüfung auf offenbare Unbilligkeit, sondern Ermessensfehler); Erman[16]/Hager § 317 Rz 13; BeckOGK[01.09.2021]/Netzer § 317 Rz 24; jurisPK[9]/Völzmann-Stickelbrock § 317 Rz 46; Soergel[12]/M Wolf § 317 Rz 6; MünchKomm[8]/Würdinger § 317 Rz 25; wie hier (mit abweichendem Verständnis des Urteils) ablehnend Laule DB 1966, 769, 771.

[76] MünchKomm[8]/Würdinger § 319 Rz 9 unter Berufung auf RGZ 69, 167.

[77] RGZ 69, 167, 168; 96, 57, 62; BGH NJW 1979, 1885, 1886; NJW 1983, 2244, 2245 (insoweit nicht in BGHZ 87, 367); NJW-RR 1987, 21, 22; NJW 1991, 2761, 2762; BeckOK[61. Ed]/Gehrlein § 319 Rz 5; Erman[16]/Hager § 319 Rz 10; BeckOGK[01.-09.2021]/Netzer § 319 Rz 28; Staud[Nb 2020]/Rieble § 319 Rz 19; Soergel[12]/M Wolf § 319 Rz 7; MünchKomm[8]/Würdinger § 319 Rz 10.

[78] Lembcke ZGS 2010, 261-262; Staud[Nb 2020]/Rieble § 319 Rz 20; aA Frankfurt aM NJW-RR 1999, 379; Soergel[12]/M Wolf § 319 Rz 16.

aufrechtzuerhalten. Erst das gerichtliche Urteil bestimmt in diesem Fall die Leistung. Bis zu dieser gerichtlichen Ersatzleistungsbestimmung bleibt die Drittleistungsbestimmung unverbindlich; sie bleibt nicht etwa vorläufig wirksam (vgl § 315 Rz 160)[79]. Alternativ können die Parteien die **unverbindliche Drittleistungsbestimmung bestätigen**, indem sie – freilich in den Grenzen der §§ 134, 138 – einen Änderungsvertrag gleichen Inhalts schließen[80].

Die Unverbindlichkeit nach § 319 Abs 1 S 1 unterscheidet sich von den Unwirksamkeitsgründen, die ebenfalls von Gesetzes wegen eingreifen. Dies ist zum einen die Unwirksamkeit der Einsetzung des Dritten. Eine gerichtliche Ersatzleistungsbestimmung kommt in diesem Fall nicht in Betracht (§ 317 Rz 112). Zum anderen sind dies die Überschreitung der eingeräumten Befugnis, gleichbedeutend mit der Überschreitung der Unterwerfungsvereinbarung sowie Verstöße gegen die Grenzen der Vertragsfreiheit (§§ 134, 138) durch den leistungsbestimmungsberechtigten Dritten. In beiden Fällen kann der Dritte die Parteien nicht binden. Sein Drittleistungsbestimmungsrecht ist verbraucht, sodass eine gerichtliche Ersatzleistungsbestimmung in Betracht kommt. Schließlich ist die Unwirksamkeit der Ausübung des Drittleistungsbestimmungsrechts durch den Dritten abzuschichten. Eine gerichtliche Ersatzleistungsbestimmung kommt nicht in Betracht, weil das Drittleistungsbestimmungsrecht nicht verbraucht ist. Ebenfalls kommt eine „Bestätigung" der Drittleistungsbestimmung durch Änderungsvertrag in Betracht, es sei denn, die Drittleistungsbestimmung verstößt gegen §§ 134, 138 (vgl § 315 Rz 163 f). **39**

Begrenzt sich die offenbare Unbilligkeit auf einen **abgrenzbaren Teil** der Leistungsbestimmung bzw des Schiedsgutachtens, so erstreckt sich die Unverbindlichkeit auf diesen Teil, wenn nach § 319 Abs 1 S 2 Hs 1 das Gericht eine Ersatzleistungsbestimmung vornimmt und der Vertrag so aufrecht erhalten wird (vgl Rz 71). Haben die Parteien hingegen eine gerichtliche Ersatzleistungsbestimmung ausgeschlossen (Rz 50 ff), ist nach § 139 über die Nichtigkeit der Drittleistungsbestimmung bzw des Schiedsgutachtens im Übrigen zu entscheiden (vgl § 315 Rz 159). **40**

b) **Unwirksamkeit des Vertrags (§ 319 Abs 2)**. Für den Ausübungsmaßstab des **freien Beliebens** spricht § 319 Abs 2 die Unwirksamkeit des ausfüllungsbedürftigen Vertrags aus, wenn der Dritte die Bestimmung nicht treffen kann oder will oder wenn er sie verzögert. Diese Vorschrift ist auf alle nicht justiziablen Ausübungsmaßstäbe und höchstpersönlichen Drittleistungsbestimmungsrechte (vgl § 315 Rz 191 f) zu erweitern. § 319 Abs 2 knüpft mit seinen Voraussetzungen (Verweigerung, Unmöglichkeit oder Verzögerung) an die Voraussetzungen einer gerichtlichen Ersatzleistungsbestimmung nach § 319 Abs 1 S 2 an (dazu Rz 48 ff). Eine solche ist neben der gerichtlichen Kontrolle bei nicht justiziablen Ausübungsmaßstäben indes ausgeschlossen (Rz 2). Aus diesem Grund kann das Gericht den ausfüllungsbedürftigen Vertrag nicht aufrechterhalten. Der nicht bestimmte und auch nicht (mehr) bestimmbare Vertrag muss mit dem Scheitern oder Verzögern der Drittleistungsbestimmung unwirksam werden (§ 317 Rz 122). Dies folgt unmittelbar aus seiner Unbestimmtheit[81]. Alternativ wird zur Begründung der Unwirksamkeit darauf verwiesen, der Vertrag sei unter der aufschiebenden Bedingung der Drittleistungsbestimmung geschlossen, die ausfalle[82]. Dies wird aber dem Parteiwillen meist nicht gerecht[83]. Die Rechtsfolge unmittelbar § 319 Abs 2 zu entnehmen,[84] überzeugt nicht, weil dieser Ansatz nicht für höchstpersönliche Drittleistungsbestimmungsrechte trägt. In § 319 Abs 2 kommt vielmehr der Grundsatz, dass der (konkludente) vertragliche Ausschluss einer gerichtlichen Ersatzleistungsbestimmung beim Scheitern der Drittleistungsbestimmung den Vertrag unbestimmt und deswegen unwirksam zurücklässt, allein für das freie Belieben zum Ausdruck. **41**

Mit der Unwirksamkeit des Vertrags erlischt auch das Drittleistungsbestimmungsrecht. Gleichwohl stellt sich wie bei § 319 Abs 1 S 2 Hs 2 (dazu Rz 61) die Frage, ob und ggf wie lange der Dritte sein Drittleistungsbestimmungsrecht nachholen darf, wenn er die Leistungsbestimmung verzögert. Zugunsten der Aufrechterhaltung des Vertrags spricht viel dafür, dem Dritten mit Verstreichen des vereinbarten oder des maßgeblichen Zeitpunkts eine Nachholung der Drittleistungsbestimmung nicht zu versagen. Es ist vorgeschlagen worden, § 319 Abs 2 im Sinne des Grundsatzes der Verhältnismäßigkeit im Falle der Verzögerung – jedenfalls für einen kurzen Übergangszeitraum[85] – nicht im Sinne endgültiger Unwirksamkeit, sondern bloß als Anordnung **42**

---

79 Staud[Nb 2020]/Rieble § 319 Rz 20; siehe auch MünchKomm[8]/Würdinger § 319 Rz 24 (siehe aber auch abweichend Rz 23); aA Frankfurt aM NJW-RR 1999, 379, 380; Erman[16]/Hager § 319 Rz 12.
80 Staud[Nb 2020]/Rieble § 319 Rz 23.
81 Ähnlich Larenz, SchuldR AT[14], 1987, S 84 (§ 6 II b): Unausführbarkeit.
82 Vgl Grüneberg[81]/Grüneberg § 319 Rz 9; offenlassend Soergel[12]/M Wolf § 319 Rz 23. Mot II S 193 überlässt die „juristische Konstruktion des Verhältnisses" bewusst Wissenschaft und Praxis, erwägt aber eine Lösung über die rechtsgeschäftliche Bedingung.
83 Larenz, SchuldR AT[14], 1987, S 84 (Fn 19) (§ 6 II b); MünchKomm[8]/Würdinger § 319 Rz 28.
84 MünchKomm[8]/Würdinger § 319 Rz 28.
85 So einschränkend Erman[16]/Hager § 319 Rz 13; BeckOGK[01.09.2021]/Netzer § 319 Rz 57.

mangelnder Vollziehbarkeit zu verstehen[86]. Dem ist grundsätzlich zuzustimmen. Auch wenn die Unwirksamkeit von Gesetzes wegen eintritt und nicht geltend gemacht werden muss, so sollte das Drittleistungsbestimmungsrecht im Falle der Verzögerung erst erlöschen, wenn eine der Vertragsparteien sich auf die Unwirksamkeit beruft, etwa im Rahmen einer Klage. Ab diesem Zeitpunkt besteht Klarheit, dass eine Vertragspartei sich für das Scheitern des Vertrags entschieden hat und das Drittleistungsbestimmungsrecht damit nicht mehr vom beiderseitigen Parteiwillen getragen wird (vgl die Parallelargumentation Rz 61). Freilich kann die Vertragsauslegung auch ergeben, dass die Parteien mit dem Verstreichen einer vertraglichen Leistungsbestimmungsfrist für den Dritten bereits nicht mehr an dem Vertrag festhalten wollen, etwa weil sie für diesen Fall Alternativregelungen vorgesehen haben.

43 Aufgrund der Unwirksamkeit des Vertrags bestimmt sich das Rechtsverhältnis der Vertragsparteien nach dem (dispositiven) Gesetz[87]. Vereinbaren die Parteien für ein **Schiedsgutachten** einen nicht justiziablen Maßstab, namentlich eine Feststellung nach freiem Belieben[88], ist nach hier vertretener Auffassung lediglich der materiell-rechtliche Feststellungsvertrag (§ 317 Rz 144 ff) unwirksam. Das Gericht hat unmittelbar den Hauptvertrag auszulegen und anzuwenden.

44 § 319 Abs 2 geht im Singular von einem leistungsbestimmungsberechtigten Dritten aus. Die Vorschrift kann erweitert werden auf den Fall, dass **mehrere Dritte** (vgl § 317 Abs 2 und § 317 Rz 87 ff) das Leistungsbestimmungsrecht nach freiem Belieben auszuüben haben. Die Bestimmung kann dann iSd § 319 Abs 2 Alt 1 nicht getroffen werden, wenn die mehreren leistungsbestimmungsberechtigten Dritten die erforderliche Einstimmigkeit nicht erzielen können[89] oder die Willensbildung aus anderen Gründen scheitert.

45 § 319 Abs 2 betrifft nur die Unwirksamkeit des Vertrags, die daraus folgt, dass der Dritte sein Drittleistungsbestimmungsrecht nach freiem Belieben nicht oder nicht rechtzeitig ausübt. Darüber hinaus kommt aber auch die Unwirksamkeit des Vertrags in Betracht, wenn der Dritte sein Drittleistungsbestimmungsrecht ausübt und damit verbraucht, dieses aber nicht die Vertragsparteien bindet. Auch in diesen Fällen kommt eine gerichtliche Ersatzleistungsbestimmung aufgrund des nicht justiziablen Ausübungsmaßstabs nicht in Betracht. Dies gilt gleichfalls für die **Überschreitung der Unterwerfungsvereinbarung** oder einen **Verstoß gegen §§ 134, 138** (vgl Rz 39).

46 Ist die **Gestaltungserklärung des Dritten**, mit der er das Drittleistungsbestimmungsrecht (vermeintlich) ausübt, **nichtig**, ist das Drittleistungsbestimmungsrecht nicht verbraucht und eine gerichtliche Ersatzleistungsbestimmung grundsätzlich möglich. Auch im Falle eines nicht justiziablen Ausübungsmaßstabs bleibt der Dritte zur Drittleistungsbestimmung berechtigt. Erst mit Eintritt der in § 319 Abs 2 genannten Voraussetzungen, insb einer Verzögerung, ist der ausfüllungsbedürftige Vertrag unwirksam[90].

47 Ist die **Einsetzung des Dritten bereits unwirksam**, kommt das Drittleistungsbestimmungsrecht bzw die Unterwerfungsvereinbarung nicht zur Entstehung (§ 317 Rz 4, 47, 112) und der Vertrag ist wegen Unbestimmtheit nichtig. Auf eine gerichtliche Ersatzleistungsbestimmung oder den Ausübungsmaßstab kommt es erst gar nicht an.

III. Gerichtliche Ersatzleistungsbestimmung

48 Die gerichtliche Ersatzleistungsbestimmung nach § 319 Abs 1 S 2 hält einen eigentlich unbestimmten Vertrag aufrecht[91]. Eine Parallelregelung findet sich in VVG § 84 Abs 1 S 2, 3. Nach hier vertretener Ansicht kommt eine Ersatzleistungsbestimmung neben den vier in § 319 Abs 1 S 2 genannten Fällen immer dann in Betracht, wenn die Vertragsparteien einen bestimmbaren Vertrag (§ 317 Rz 4 f) geschlossen haben, die Ausübung des Drittleistungsbestimmungsrechts unwirksam ist und der Dritte sein Leistungsbestimmungsrecht verbraucht hat. In diesem Fall ist die von den Parteien gewollte, vorrangige Drittleistungsbestimmung gescheitert und es darf auf eine gerichtliche Ersatzleistungsbestimmung zurückgegriffen werden, um den ausfüllungsbedürftigen Vertrag aufrecht zu erhalten. Ist die Ausübung des Drittleistungsbestimmungsrechts zwar unwirksam, das

---

[86] Erman[16]/Hager § 319 Rz 13; Staud[Nb 2020]/Rieble § 319 Rz 35 f; ähnlich BeckOGK[01.09.2021]/Netzer § 319 Rz 57.

[87] Ganz allgemein Erman[16]/Hager § 319 Rz 13: „Rechtslage".

[88] So in Frankfurt aM, Urt v 11.03.2005, 2 U 5/04, juris, Rz 13.

[89] Mot II S 194; BeckOGK[01.09.2021]/Netzer § 319 Rz 57; Staud[Nb 2020]/Rieble § 319 Rz 2.

[90] Erman[16]/Hager § 319 Rz 13 setzt hingegen irrig die Nichtigkeit der Gestaltungserklärung mit einer Verzögerung gleich. Der Dritte kann aber bis zum Verstreichen des vertraglich vereinbarten oder angemessenen Zeitpunkts (zum Begriff der Verzögerung Rz 60 f) das Drittleistungsbestimmungsrecht erneut ausüben.

[91] Zur Entstehungsgeschichte Kleinschmidt, Delegation von Privatautonomie auf Dritte, 2014, S 245 ff.

Drittleistungsbestimmungsrecht aber nicht verbraucht, darf der Dritte sein Drittleistungsbestimmungsrecht (erneut) ausüben. Konnten sich die Vertragsparteien nicht auf alle Voraussetzungen eines Drittleistungsbestimmungsrechts einigen, so etwa auf den bestimmungsberechtigten Dritten, oder liegen andere Mängel der Unterwerfungsvereinbarung vor, liegt es allein an den Parteien, den Vertrag durch eine vertragliche Einigung bzw eine Vertragsänderung aufrechtzuerhalten (vgl Rz 65 ff). Den Gerichten ist in diesen Fällen eine Vertragshilfe verwehrt. Ein gerichtliches Erstleistungsbestimmungsrecht, dh eine gerichtliche Leistungsbestimmung ohne gescheiterte Drittleistungsbestimmung besteht nicht (vgl § 315 Rz 202)[92].

Keine gerichtliche Ersatzleistungsbestimmung liegt vor, wenn das Gericht über die **Voraussetzungen** zu entscheiden hat, unter denen der Dritte zur Drittleistungsbestimmung berechtigt ist bzw der Schiedsgutachter eingeschaltet wird. Gleiches gilt für **Vorfragen**, die das Drittleistungsbestimmungsrecht bzw den Schiedsgutachtenauftrag konturieren, wie etwa die Bestimmung des maßgeblichen Zeitpunkts, der einem Schiedsgutachten zur Wertermittlung zugrunde gelegt werden soll[93]. Beides ist (einfache) Vertragsauslegung[94]. Zur prozessualen Behandlung siehe Rz 82. 49

1. **Vertraglicher Ausschluss (vgl § 319 Abs 2)**. Die gerichtliche Ersatzleistungsbestimmung steht – in den Grenzen der §§ 134, 138, 305 ff, 242 – zur **Disposition der Vertragsparteien**[95]. Sie können eine gerichtliche Ersatzleistungsbestimmung ausdrücklich ausschließen und damit das Scheitern des Vertrags in Kauf nehmen. Die gerichtliche Ersatzleistungsbestimmung ist ebenfalls ausgeschlossen, wenn die Vertragsparteien einen nicht justiziablen Ausübungsmaßstab vereinbaren. Dies greift das Gesetz (exemplarisch) für den nicht justiziablen Ausübungsmaßstab des **freien Beliebens** in § 319 Abs 2 auf. In diesem Fall kann das Gericht nicht an die Stelle des Dritten treten und eine Leistungsbestimmung vornehmen. Es müsste sein eigenes freies Belieben anstelle desjenigen des Dritten ausüben, was dem staatlichen Gericht verwehrt ist (§ 315 Rz 192, § 317 Rz 103). Eine gerichtliche Ersatzleistungsbestimmung ist gleichfalls bei höchstpersönlichen Drittleistungsbestimmungen ausgeschlossen (vgl § 315 Rz 193). Zum (nur eingeschränkten) vertraglichen Ausschluss gerichtlicher Kontrolle Rz 5 ff. 50

Es steht auch zur Disposition der Parteien, den Kontrollmaßstab zu verschärfen und damit die Schwelle für eine gerichtliche Ersatzleistungsbestimmung nach § 319 Abs 1 S 2 herabzusetzen, etwa schon bei einfacher Billigkeit eingreifen zu lassen. Dem kann nicht entgegengehalten werden, dass die Vertragsparteien so die gerichtliche Zuständigkeit unzulässig erweitern[96]. Vielmehr stehen Ausübungs- und Kontrollmaßstab zur Disposition der Vertragsparteien. Insbesondere ist § 317 Abs 1 lediglich eine Auslegungsregel. Ferner lässt sich § 319 Abs 1 entnehmen, dass eine gerichtliche Kontrolle anhand des vertraglich vereinbarten Kontrollmaßstabs stattfindet und das Gericht subsidiär nach § 319 Abs 1 S 2 eine Ersatzleistungsbestimmung anhand des vertraglichen Ausübungsmaßstabs vornimmt. Es kommt § 319 Abs 1 S 2 nicht auf die konkreten Ausübungs- und Kontrollmaßstäbe, sondern lediglich auf die Wahrung der gerichtlichen Subsidiarität an. Das Argument einer unzulässigen Erweiterung der gerichtlichen Kompetenz ist indes gegen eine andere Fallgruppe einzuwenden. § 319 Abs 2 wird nämlich auch in dem Sinne für disponibel gehalten, dass die Parteien dem Dritten den Maßstab freien Beliebens vorgeben und für den Fall des Ausbleibens seiner Leistungsbestimmung eine gerichtliche Ersatzleistungsbestimmung nach einem justiziablen Maßstab, etwa billigen Ermessens, vorsehen[97]. Die Parteien erweiterten unzulässig die gerichtlichen Aufgaben, da das Gericht nach § 319 Abs 1 S 2 lediglich an die Stelle des Dritten treten kann, was in diesem Fall aber ebenso wie eine gerichtliche Kontrolle nicht möglich ist. Die unzulässige Abweichung von § 319 Abs 1 S 2 liegt gerade darin, dass die Ausübungsmaßstäbe von Drittem und Gericht auseinanderfallen und daher die Subsidiarität der gerichtlichen Ersatzleistungsbestimmung nicht gewahrt wird. Zur Einsetzung eines Schiedsgerichts siehe noch Rz 77. 51

2. **Drittleistungsbestimmung**. § 319 Abs 1 S 2 sieht die gerichtliche Ersatzleistungsbestimmung bei Drittleistungsbestimmungen nach billigem Ermessen unter vier alternativen Voraussetzungen vor: Erstens bei einer offenbaren Unbilligkeit (§ 319 Abs 1 S 2 Hs 1), zweitens bei Unmöglichkeit der Drittleistungsbestimmung, drittens bei einer Verweigerung des Dritten und viertens 52

---

92 Kleinschmidt, Delegation von Privatautonomie auf Dritte, 2014, S 268 ff.
93 BGH NJW 1982, 1878, 1879; Soergel[12]/M Wolf § 319 Rz 18.
94 Für Vorfragen BGH NJW 1982, 1878, 1879; Soergel[12]/M Wolf § 319 Rz 18.
95 Lediglich allgemein für eine Abdingbarkeit des § 319 Abs 1 ohne Bezug zur gerichtlichen Ersatzleistungsbestimmung RGZ 150, 7, 9; BGH NJW 1972, 827; Zweibrücken NJW 1971, 943; Grüneberg[81]/Grüneberg § 319 Rz 10; Erman[16]/Hager § 319 Rz 2; BeckOGK[01.09.2021]/Netzer § 319 Rz 11 f; Soergel[12]/M Wolf § 319 Rz 3; MünchKomm[8]/Würdinger § 319 Rz 3.
96 So aber jurisPK[9]/Völzmann-Stickelbrock § 319 Rz 2.
97 Vgl BeckOK[61. Ed]/Gehrlein § 319 Rz 8; Erman[16]/Hager § 319 Rz 13; BeckOGK[01.09.2021]/Netzer § 319 Rz 58; Soergel[12]/M Wolf § 319 Rz 24; MünchKomm[8]/Würdinger § 319 Rz 29.

bei einer Verzögerung der Leistungsbestimmung durch den Dritten. Dies ist zu erweitern. Eine gerichtliche Ersatzleistungsbestimmung kommt zunächst auch dann in Betracht, wenn die Drittleistungsbestimmung dem vertraglichen Kontrollmaßstab nicht entspricht und dieser nicht, wie nach §§ 317 Abs 1, 319 Abs 1 S 1, in einer offenbaren Unbilligkeit besteht. Voraussetzung ist indes, dass der Ausübungsmaßstab justiziabel ist und dem Gericht eine Leistungsbestimmung ermöglicht (vgl § 315 Rz 198). Darüber hinaus kommt eine gerichtliche Ersatzleistungsbestimmung immer dann in Betracht, wenn die vorrangige Drittleistungsbestimmung aus Gründen fehlschlägt, die nicht in der Sphäre beider Parteien liegen, und das Drittleistungsbestimmungsrecht verbraucht ist. Dies ist nicht nur beim (ersatzlosen) Wegfall des Dritten (Rz 67) der Fall.

53   a) **Offenbare Unbilligkeit (§ 319 Abs 1 S 2 Hs 1).** Soweit die Drittleistungsbestimmung offenbar unbillig und daher für die Vertragsparteien unverbindlich ist (zur partiellen Unverbindlichkeit Rz 40, speziell des Schiedsgutachtens Rz 71), wird sie durch die gerichtliche Ersatzleistungsbestimmung nach § 319 Abs 1 S 2 Hs 1 ersetzt.

54   Die Drittleistungsbestimmung bzw das Schiedsgutachten kann auch aufgrund von Vorgangsfehlern, etwa aufgrund eines parteilichen Vorgehens offenbar unbillig sein (Rz 18 ff). Mit einer solchen offenbar unbilligen Leistungsbestimmung ist das Drittleistungsbestimmungsrecht verbraucht und das Gericht kann eine Ersatzleistungsbestimmung vornehmen. Der vom BGH[98] in einem solchen Fall gewählten Begründung eines jetzt nicht mehr geeigneten Dritten bedarf es nicht.

55   b) **Nichtentsprechen mit abweichendem vertraglichen Kontrollmaßstab.** Gleiches gilt in Verallgemeinerung des § 319 Abs 1 S 1, 2 Hs 1, wenn die Drittleistungsbestimmung einem abweichenden vertraglichen Kontrollmaßstab nicht genügt und die Parteien die gerichtliche Ersatzleistungsbestimmung nicht vertraglich ausgeschlossen haben (Rz 50 ff).

56   c) **Unmöglichkeit der Drittleistungsbestimmung (§ 319 Abs 1 S 2 Hs 2 Alt 1).** Eine gerichtliche Ersatzleistungsbestimmung kommt gem § 319 Abs 1 S 2 ferner in Betracht, wenn der Dritte die Leistungsbestimmung nicht treffen kann. Der Hinderungsgrund ist ohne Bedeutung[99]. Auch die Partei, die den Hinderungsgrund verursacht hat, kann die gerichtliche Ersatzleistungsbestimmung nach § 319 Abs 1 S 2 Hs 2 verlangen[100].

57   Eine unmögliche Leistungsbestimmung iSd § 319 Abs 1 S 2 Hs 2 Alt 1 liegt nicht vor, wenn der Dritte **mangels Fähigkeiten** die Drittleistungsbestimmung nicht vornehmen kann und sich damit als ungeeignet erweist[101]. Es liegt in der Verantwortung beider Parteien, einen fähigen und geeigneten Dritten zur Leistungsbestimmung zu berufen bzw bei der Änderung der Sachlage durch Änderungsvertrag nunmehr einen sachkundigen Dritten zu bestellen. Der gerichtlichen Ersatzleistungsbestimmung kommt es nicht zu, den Parteien diese Aufgabe abzunehmen. Freilich kann der nicht sachkundige Dritte aus diesem Grund die Drittleistungsbestimmung verweigern. Die gerichtliche Ersatzleistungsbestimmung richtet sich dann nach § 319 Abs 1 S 2 Hs 2 Alt 2. Schließlich kann die fehlende Sachkunde zu einer Verzögerung der Drittleistungsbestimmung nach § 319 Abs 1 S 2 Hs 2 Alt 3 führen. Zum Fall der vorhergehenden Erstattung eines parteiischen Gutachtens, aufgrund dessen der BGH eine fehlende Eignung des Dritten annimmt bereits Rz 54.

58   d) **Verweigerung (§ 319 Abs 1 S 2 Hs 2 Alt 2) und Verzicht.** Der Unmöglichkeit der Leistungsbestimmung ist gem § 319 Abs 1 S 2 Hs 2 der Fall gleichgestellt, dass der Dritte die Leistungsbestimmung nicht treffen will. Unerheblich ist, ob der Dritte eine Pflicht aus seinem Vertrag mit einer oder mit beiden Vertragsparteien (§ 317 Rz 6 ff) verletzt[102]. Die Verweigerung oder der Verzicht kann ausdrücklich oder konkludent erklärt werden. Letzteres ist etwa anzunehmen, wenn der Dritte die Leistungsbestimmung als aussichts- oder sinnlos bezeichnet[103]. Mitunter ist das Verhalten des Dritten auszulegen und zu klären, ob in einem teilweisen Unterlassen eine Drittleistungsbestimmung im Sinne einer Nichtberücksichtigung bzw Nichtregelung oder eine schlichte Nichtbefassung des Dritten liegt. Der BGH hatte etwa den Fall zu entscheiden, dass ein Schiedsgutachter lediglich Feststellungen zu Baumängeln durch den Bauunternehmer traf, nicht aber mögliche Planungsfehler des Architekten behandelte. Der BGH sah darin keine Verneinung von

---

98   BGH NJW-RR 1994, 1314, 1315 zum Schiedsgutachten.
99   Erman[16]/Hager § 319 Rz 11; MünchKomm[8]/Würdinger § 319 Rz 21.
100 BGH NJW 2000, 2986, 2987; BeckOK[61. Ed]/Gehrlein § 319 Rz 6; Erman[16]/Hager § 319 Rz 11; Staud[Nb 2020]/Rieble § 319 Rz 26.
101 AA Gehrlein VersR 1994, 1009, 1013; BeckOK[61. Ed]/ders § 319 Rz 6; G Wagner, Prozessverträge, 1998, S 667; Soergel[12]/M Wolf § 319 Rz 19 meist unter Berufung auf BGH NJW-RR 1994, 1314, 1315, worin es um die fehlende Eignung eines befangenen Schiedsgutachters geht.
102 Soergel[12]/M Wolf § 319 Rz 19.
103 RG HRR 1929, 1781; BGH NJW 1978, 631, 632; BeckOK[61. Ed]/Gehrlein § 319 Rz 6; Soergel[12]/M Wolf § 319 Rz 19.

Planungsfehlern des Architekten, sondern eine schlichte Nichtbefassung[104]. Bei einer schlichten Nichtbefassung durch den Dritten schließt sich die Folgefrage an, ob dies einen Vorgangsfehler (Rz 19 ff) begründet, der zur offenbaren Unbilligkeit der gesamten, im Übrigen getroffenen Drittleistungsbestimmung führt oder ob eine Teilbarkeit vorliegt und die Drittleistungsbestimmung aufrechterhalten werden kann und das Gericht lediglich eine Ersatzleistungsbestimmung für den nicht behandelten Teil vornimmt.

Einer Weigerung des zur Leistungsbestimmung bzw dem Schiedsgutachten berechtigten Dritten hat der BGH den Fall gleichgestellt, dass ein dem Schiedsgutachten **vorgeschalteter Einigungsversuch** deshalb scheitert, weil die zur Vermittlung eingesetzte Stelle einen Einigungsvorschlag nicht unterbreitet[105]. Ebenso müsste entschieden werden, wenn ein Dritter, der zur Bestimmung eines in der Sache leistungsbestimmungsberechtigten Dritten berechtigt ist, sich weigert, den Dritten zu benennen und dessen Leistungsbestimmung daher scheitert. Entsprechend der Argumentation in Rz 64 wäre der gerichtlichen Ersatzleistungsbestimmung in der Sache der Vorzug vor einer ersatzweisen Bestimmung des leistungsbestimmungsberechtigten Dritten zu geben. 59

e) **Verzögerung (§ 319 Abs 1 S 2 Hs 2 Alt 3).** Eine Verzögerung der Drittleistungsbestimmung liegt vor, wenn der Dritte die Leistung nicht bis zu einem vereinbarten oder, ist ein solcher nicht vereinbart, zu einem angemessenen Zeitpunkt getroffen hat (vgl § 315 Rz 197)[106]. Der bloße Zeitablauf genügt, ein Verschulden oder Verzug des Dritten sind nicht erforderlich (vgl § 315 Rz 197)[107]. 60

Ist der vereinbarte oder maßgebliche Zeitpunkt überschritten, liegt eine Verzögerung der Drittleistungsbestimmung vor und das Gericht ist zur Ersatzleistungsbestimmung (auf Klage hin) berechtigt. **§ 319 Abs 1 S 2 Hs 2 Alt 3 verhält sich nicht zum Drittleistungsbestimmungsrecht des Dritten.** Auch mit der Feststellung, das Leistungsbestimmungsrecht gehe auf das Gericht über[108], ist über das Schicksal des Bestimmungsrechts des Dritten nichts gesagt. Dieses könnte bereits mit der Verzögerung, dh des Verstreichens des maßgeblichen Zeitpunkts enden[109], oder neben dem des Gerichts fortbestehen[110]. Im letzteren Falle käme es zu einem Wettlauf zwischen dem Dritten und dem Gericht (vgl § 315 Rz 199). Für letztere Ansicht spricht, dass das Gesetz bemüht ist, den ausfüllungsbedürftigen Vertrag aufrechtzuerhalten. Dem entspricht es, wenn der Dritte seine verspätete Drittleistungsbestimmung noch nachholen kann. Diese Grundtendenz des Gesetzgebers kann aber nicht über den beiderseitigen Parteiwillen erhoben werden. Das Parteileistungsbestimmungsrecht gründet auf der beiderseitigen Unterwerfungsvereinbarung (§ 317 Rz 107). Mit der Klage auf gerichtliche Ersatzleistungsbestimmung nach Verzögerung der Drittleistungsbestimmung gibt eine Vertragspartei, der Kläger, zu erkennen, dass er sich an diese Unterwerfungsvereinbarung nicht mehr gebunden fühlt. Sein Parteiwille geht dahin, den Dritten durch das Gericht nach § 319 Abs 1 S 2 Hs 2 zu ersetzen. Das Drittleistungsbestimmungsrecht ist nicht mehr vom beiderseitigen Parteiwillen getragen. Dem Dritten ist damit gem § 319 Abs 1 S 1 Hs 2 das Mandat entzogen. Mit Rechtshängigkeit erlischt damit das Leistungsbestimmungsrecht des Dritten. 61

f) **Verzögerungen durch eine Vertragspartei.** Zum Schutz der anderen Vertragspartei sind Verzögerungen durch den Dritten gem § 319 Abs 1 S 2 Hs 2 Alt 3 diejenigen Fälle gleichzustellen, in denen die Verzögerung der Drittleistungsbestimmung auf die andere Vertragspartei zurückgeht. Betreibt jene Vertragspartei das vertraglich vereinbarte Verfahren zur Drittleistungsbestimmung bzw Verfahren zur Einholung eines Schiedsgutachtens nicht ordnungsgemäß, kann sie die andere Vertragspartei nicht an der vorrangigen Drittleistungsbestimmung bzw dem vorrangigen Schiedsgutachten festhalten[111]. Vielmehr steht der Weg für eine gerichtliche Ersatzleistungsbestimmung offen. Praktisch geworden ist dies etwa, wenn die eine Vertragspartei „seinen" von zwei Schiedsgut- 62

---

104 BGH NJW-RR 1988, 275.
105 BGH NJW 1978, 631.
106 RG JW 1912, 386 Nr 6; BGHZ 74, 341, 345 = NJW 1979, 1543; NJW 1990, 1231, 1232; NJW 1998, 1388, 1390; BeckOGK[01.09.2021]/Netzer § 319 Rz 42; Staud[Nb 2020]/Rieble § 319 Rz 26; Soergel[12]/M Wolf § 319 Rz 20.
107 BGHZ 74, 341, 345 = NJW 1979, 1543; NJW 1990, 1231, 1232; NJW 1998, 1388, 1390; BeckOK[61. Ed]/Gehrlein § 319 Rz 6; Erman[16]/Hager § 319 Rz 11; BeckOGK[01.09.2021]/Netzer § 319 Rz 44; Staud[Nb 2020]/Rieble § 319 Rz 26; Soergel[12]/M Wolf § 319 Rz 20; MünchKomm[8]/Würdinger § 319 Rz 22.
108 BGH NJW-RR 2014, 492, 493 (Rz 31).
109 So, wenn man den „Übergang" des Drittleistungsbestimmungsrechts auf das Gericht als den bislang berufenen Dritten verdrängend versteht; unklar MünchKomm[8]/Würdinger § 319 Rz 20.
110 So Erman[16]/Hager § 319 Rz 11; Staud[Nb 2020]/Rieble § 319 Rz 27.
111 BGH NJW 1971, 1455, 1456 zu VVG § 64 aF (jetzt VVG § 84) und mit Hinweis auf § 315 Abs 3 S 2 Hs 2; BB 1977, 619, 620; BGHZ 74, 341, 345 = NJW 1979, 1543; NJW 1990, 1231, 1232; NJW 1998, 1388, 1390; NJW 2000, 2986, 2987; NJW-RR 2011, 1059, 1060 f (Rz 15); NJW-RR 2014, 492, 493 (Rz 31); BeckOK[61. Ed]/Gehrlein § 319 Rz 6; BeckOGK[01.09.2021]/Netzer § 319 Rz 40; MünchKomm[8]/Würdinger § 319 Rz 20.

achtern nicht benennt[112] oder sich unter Berufung auf angebliche Mängel eines Schiedsgutachtens weigert, das vereinbarte Oberschiedsgutachten einzuholen[113]. Gleiches gilt für die abredewidrig verweigerte Mitwirkung etwa durch Nichtvorlage von Unterlagen beim Dritten[114].

63 Von der Verzögerung der Drittleistungsbestimmung durch eine Vertragspartei ist die (konkludente) vertragliche Aufhebung des Stillhalteabkommens einer Schiedsgutachtenvereinbarung zu unterscheiden (dazu § 317 Rz 138, 146). In diesem Fall ist keine Vertragspartei gegenüber der anderen schutzwürdig. Vielmehr heben die Vertragsparteien vertraglich den Vorrang des materiellrechtlichen Feststellungsvertrags, den der Schiedsgutachter gestalten sollte, gegenüber dem Hauptvertrag auf (dazu § 317 Rz 145 f). Das Gericht entscheidet daher nicht gestaltend über den Feststellungsvertrag, sondern unmittelbar über den Hauptvertrag. Es nimmt daher keine Gestaltung vor. Der BGH verwies in einem solchen Fall demgegenüber irrig auf § 319 Abs 1 S 2[115].

64 Ist eine Vertragspartei mit der Bestimmung des einzigen bestimmungsberechtigten Dritten bzw des einzigen Schiedsgutachters betraut, liegt darin ein Parteileistungsbestimmungsrecht (§ 317 Rz 72). Verzögert die Vertragspartei die Benennung und damit die Leistungsbestimmung durch den Dritten, ist das Gericht nicht lediglich nach § 315 Abs 3 S 2 Hs 2 zur ersatzweisen Benennung des Dritten bzw des Schiedsgutachters berechtigt, sondern darf mit der obigen Argumentation (Rz 62) unmittelbar ersatzweise die Drittleistungsbestimmung treffen bzw die Feststellungen des Schiedsgutachtens treffen[116]. Im Anwendungsbereich der VVG §§ 84, 189 können die Parteien in diesem Fall auch eine gerichtliche Ersatzschiedsrichterbestellung vertraglich vereinbaren (§ 317 Rz 59). Eine gerichtliche Ersatzbestellung des Schiedsgutachters oder des leistungsbestimmungsberechtigten Dritten nach ZPO § 1035 Abs 3 (analog) scheidet aus (vgl § 317 Rz 141).

65 **g) Fehlschlag der Drittleistungsbestimmung im Übrigen bei Verbrauch des Drittleistungsbestimmungsrechts.** Der BGH lässt eine gerichtliche Ersatzleistungsbestimmung immer dann zu, „wenn sich die von den Vertragsparteien in erster Linie gewollte Bestimmung durch einen Dritten als nicht durchführbar erweist"[117]. Dies ist zu weit. Einschränkend kommt eine gerichtliche Ersatzleistungsbestimmung über die in Rz 52 ff genannten Fallgruppen hinaus immer dann in Betracht, wenn die Drittleistungsbestimmung aufgrund von Gründen aus der Sphäre des Dritten fehlschlägt und das Drittleistungsbestimmungsrecht verbraucht ist. Beide einschränkenden Kriterien lassen sich aus Rolle und Aufgabe des staatlichen Gerichts ableiten.

66 Die gerichtliche Ersatzleistungsbestimmung bezweckt die Aufrechterhaltung des ausfüllungsbedürftigen Vertrags (Rz 2, 48). Für den Vertrag bleiben aber die Vertragsparteien verantwortlich. Die gerichtliche Ersatzleistungsbestimmung darf daher **nicht zu einer allgemeinen Vertragshilfe ausgeweitet** werden. Ist das Fehlschlagen der Drittleistungsbestimmung bereits im ausfüllungsbedürftigen Vertrag angelegt, muss eine gerichtliche Ersatzleistungsbestimmung ausscheiden. Dies ist etwa der Fall, wenn ein Toter zur Drittleistungsbestimmung oder ein ungeeigneter Dritter benannt (Rz 57) ist. Es ist Sache der Parteien, für die Sachkunde des Leistungsbestimmungsberechtigten Sorge zu tragen und ggf den Vertrag durch Austausch des Dritten anzupassen (Rz 57). Hierhin gehört entgegen der Rechtsprechung des BGH auch der Fall, dass die Vertragsparteien sich nicht auf die Person des Dritten einigen können[118]. In diesem Fall liegt allerdings mangels Einigung keine wirksame Unterwerfungserklärung und damit spiegelbildlich erst gar kein Drittleistungsbestimmungsrecht vor (siehe § 317 Rz 47, 59). Der BGH überdehnt demgegenüber, gestützt auf eine irrige Gleichstellung mit dem Fall, dass eine Vertragspartei die Benennung des leistungsbestimmungsberechtigten Dritten verhindert (dazu Rz 62), § 319 Abs 1 S 2, indem er eine gerichtliche Ersatzleistungsbestimmung zulässt[119]. Derselbe Einwand ist dagegen zu erheben, dass der BGH das Gericht zur gerichtlichen Ersatzleistungsbestimmung berufen sieht, weil das zur Drittleistungsbestimmung berechtigte Schiedsgericht aufgrund eines formalen Fehlers der Schiedsvereinbarung nicht als solches handeln kann und eine Drittleistungsbestimmung des Schiedsgerichts außerhalb des Verfahrens nach ZPO §§ 1025 ff den Parteien aufgrund des damit möglicherweise verbundenen Rechtsstreits nicht zumutbar sei[120]. Auch in diesem Fall heilt das

---

112 BGHZ 74, 341, 345 = NJW 1979, 1543; NJW 1990, 1231, 1232; NJW 1998, 1388, 1390; NJW-RR 2011, 1059, 1060 f (Rz 15).
113 BGH NJW 1971, 1455 zu VVG § 64 aF (jetzt VVG § 84) und mit Hinweis auf § 315 Abs 3 S 2 Hs 2.
114 BGH NJW 2000, 2986, 2987; MünchKomm[8]/Würdinger § 319 Rz 20.
115 BGH BB 1977, 619, 620.
116 IE ebenso Staud[Nb 2020]/Rieble § 319 Rz 30; Soergel[12]/M Wolf § 319 Rz 20.
117 BGHZ 57, 47, 52 = NJW 1971, 1838; NJW-RR 1994, 1314, 1315; NJW 2000, 2986, 2987; NJW-RR 2014, 492, 493 (Rz 31); zustGrüneberg[81]/Grüneberg § 319 Rz 8; jurisPK[9]/Völzmann-Stickelbrock § 319 Rz 14; MünchKomm[8]/Würdinger § 319 Rz 20 f.
118 Ebenso Joussen AcP 203 (2003), 429, 433 f; Staud[Nb 2020]/Rieble § 319 Rz 30; kritisch auch Gernhuber, Das Schuldverhältnis, 1989, S 280 f (§ 12 I 5 b); vgl auch Mot II S 193.
119 BGH NJW-RR 2014, 492, 493 (Rz 31); zust BeckOK[61. Ed]/Gehrlein § 319 Rz 6.
120 BGH NJW 1998, 1388, 1390 f (Bühnenschiedsgericht).

Gericht einen ursprünglichen Mangel des Vertrags zwischen den Vertragsparteien bzw wahrt seine Subsidiarität nicht.

Anders liegt der Fall, wenn die Vertragsparteien im Vertrag einen Dritten benennen und dieser später endgültig und ersatzlos wegfällt. Der **Wegfall des Dritten** berechtigt zur gerichtlichen Drittleistungsbestimmung nach § 319 Abs 1 S 2[121], es sei denn, die Vertragsparteien haben das Drittleistungsbestimmungsrecht als ein höchstpersönliches des Dritten vereinbart (vgl § 317 Rz 32). Die Parteien haben eine nach § 317 Abs 1 wirksame Unterwerfungsvereinbarung geschlossen und spiegelbildlich das Drittleistungsbestimmungsrecht begründet. Dass der Dritte später wegfällt, stellt keinen Mangel des Vertrags dar, sondern lediglich ein Problem seiner Durchführung (dazu bereits Rz 32). **67**

Wird das **Scheitern durch eine Vertragspartei verursacht**, steht das einer gerichtlichen Ersatzleistungsbestimmung nicht entgegen (Rz 56, 62 f). Die andere Partei ist in ihrem Interesse an der Aufrechterhaltung des Vertrags schutzwürdig. **68**

Eine gerichtliche Ersatzleistungsbestimmung kommt ebenfalls in Betracht, wenn der Dritte die Unterwerfungsvereinbarung und damit spiegelbildlich die ihm von den Vertragsparteien eingeräumte **Befugnis überschreitet** oder gegen die **§§ 134, 138, 226 verstößt** (§ 317 Rz 113 f). In beiden Fällen ist das Drittleistungsbestimmungsrecht verbraucht, die Leistungsbestimmung aber aus Gründen aus der Sphäre des Dritten fehlgeschlagen. **69**

Die gerichtliche Ersatzleistungsbestimmung kann nur **subsidiär** sein (vgl § 315 Rz 202). Sie muss daher ausscheiden, wenn das Leistungsbestimmungsrecht des Dritten fortbesteht und dieser die Leistungsbestimmung nicht verzögert. Eine gerichtliche Ersatzleistungsbestimmung scheidet daher aus, wenn die (erste) Ausübung, etwa wegen einer Anfechtung[122], unwirksam, aber nicht verbraucht ist. **70**

3. **Schiedsgutachten.** Die hM wendet auch § 319 Abs 1 S 2 auf Schiedsgutachten analog an[123]. Die hier vertretene Auffassung kommt ohne eine Analogie aus (§ 317 Rz 129). Für die Voraussetzungen des gerichtlichen „Ersatz-Schiedsgutachtens" sowie einem vertraglichen Ausschluss kann auf Rz 48 ff verwiesen werden. Liegen die Voraussetzungen des § 319 Abs 1 S 2 vor, nimmt das Gericht gem § 319 Abs 1 S 2 Hs 1 ersatzweise die erforderlichen Feststellungen anstelle des Schiedsgutachters vor[124]. Auch wenn das Gericht durch Urteil entscheidet, füllt es lediglich den materiell-rechtlichen Feststellungsvertrag zwischen den Parteien an der Stelle des Schiedsgutachters aus (§ 317 Rz 147)[125]. Es entscheidet nicht über den Hauptvertrag (vgl zur Unterscheidung von Feststellungsvertrag und Hauptvertrag § 317 Rz 129, 145 ff). Dem Gericht kommt dieselbe Befugnis wie dem Schiedsgutachter zu. Es übernimmt dessen Ausübungsmaßstab (dazu noch Rz 73 f), der in aller Regel bei einem Schiedsgutachten allerdings in der faktischen Richtigkeit besteht und insoweit keine Besonderheiten für die gerichtliche Arbeit mitbringt. Auch die Parallelregelung in VVG §§ 84 Abs 1 S 2, 3, 189 schlägt den Weg einer gerichtlichen Ersatzleistungsbestimmung unter identischen Voraussetzungen ein. Begrenzt sich die offenbare Unrichtigkeit des Schiedsgutachtens auf abgrenzbare Teile (Rz 40), so ersetzt die gerichtliche Ersatzleistungsbestimmung nur diese Teile[126]. Im Übrigen besteht die ursprüngliche Drittleistungsbestimmung, bzw das ursprüngliche Schiedsgutachten fort. **71**

4. **Mehrere Dritte.** Sind mehrere Dritte zur Drittleistungsbestimmung berechtigt, kann die Leistung immer dann nicht getroffen werden iSd § 319 Abs 1 S 2 Hs 2 Alt 1, wenn die interne Willensbildung unter den Dritten scheitert und keine Ausweichlösung etwa über einen Obergutachter vereinbart wurde[127]. Dies gilt, wenn die erforderliche Einstimmigkeit nicht erreicht wird (§ 317 Rz 90), ebenso, wenn trotz Mehrheitserfordernisses Stimmengleichheit vorliegt und eine vertragliche Vorkehrung dafür fehlt (§ 317 Rz 91). Die gerichtliche Ersatzleistungsbestimmung tritt an die Stelle der gemeinsamen Drittleistungsbestimmung. Zur nicht möglichen gerichtlichen **72**

---

121 BGHZ 57, 47, 52 f (Auflösung der leistungsbestimmungsberechtigten Behörde) = NJW 1971, 1838; BeckOK[61. Ed]/Gehrlein § 319 Rz 6; Erman[16]/Hager § 319 Rz 11; Joussen AcP 203 (2003), 429, 434; Kleinschmidt, Delegation von Privatautonomie auf Dritte, 2014, S 232 f; BeckOGK[01.09.2021]/Netzer § 319 Rz 40; Soergel[12]/M Wolf § 319 Rz 19; MünchKomm[8]/Würdinger § 319 Rz 21; aA Staud[Nb 2020]/Rieble § 317 Rz 81.
122 So auch jurisPK[9]/Völzmann-Stickelbrock § 319 Rz 9.
123 BGH NJW 1982, 1878, 1879; NJW-RR 2014, 492, 493 (Rz 30); MünchKomm[8]/Würdinger § 319 Rz 25.
124 BGHZ 57, 47, 52 f = NJW 1971, 1838; NJW 1983, 2244, 2245 (insoweit nicht in BGHZ 87, 367; NJW-RR 1994, 1314, 1315; NJW 2001, 3775, 3777; NJW-RR 2014, 492, 493 (Rz 32); Staud[Nb 2020]/Rieble § 317 Rz 38; MünchKomm[8]/Würdinger § 319 Rz 14.
125 Staud[Nb 2020]/Rieble § 317 Rz 38.
126 BGH NJW 1957, 1834; Lembcke ZGS 2010, 261, 263 f; MünchKomm[8]/Würdinger § 319 Rz 25.
127 Vgl BGH NJW 1982, 1878, 1879; BAGE 21, 305, 311 f = BB 1969, 579; Erman[16]/Hager § 319 Rz 11; BeckOGK[01.09.2021]/Netzer § 319 Rz 41.

Ersatzleistungsbestimmung bei gescheiterter Leistungsbestimmung mehrerer Dritter nach freiem Belieben siehe Rz 44. Ist wie nach § 317 Abs 2 Hs 2 ausnahmsweise keine interne Willensbildung erforderlich, steht jede Drittleistungsbestimmung für sich (Rz 33, § 317 Rz 88) und nur die Erklärungen einzelner Dritter müssten durch das Gericht ersetzt werden. Dies ist aus prozessökonomischen Gründen wenig sinnvoll und entspricht nicht dem Parteiwillen. Die Parteien haben der Gesamtheit der Dritten die Leistungsbestimmung übertragen, nicht einer Kombination aus Dritten und Gericht. Die gerichtliche Ersatzleistungsbestimmung tritt unmittelbar an die Stelle der Durchschnittssumme oder dem Ergebnis einer sonstigen, vertraglich vereinbarten Berechnungsmethode.

73 5. **Übernahme des Maßstabs des Dritten.** Bei seiner Ersatzleistungsbestimmung nach § 319 Abs 1 S 2 übernimmt das Gericht den Ausübungsmaßstab des Dritten, mit dem dieser sein Drittleistungsbestimmungsrecht auszuüben hatte bzw gehabt hätte (§ 315 Rz 203 f). Dieser ist von dem Maßstab des Vertrags mit dem Dritten zu unterscheiden (vgl § 317 Rz 6).

74 Ob von einem „Ermessensspielraum"[128] oder einem „Beurteilungsspielraum"[129] des Gerichts zu sprechen sein soll, ist ebenso müßig wie der Vergleich, dem Gericht komme nicht derselbe weite (sondern nur ein geringerer) Spielraum wie dem Dritten zu[130]. Jeweils soll auf Unterschiede der Maßstäbe zwischen Drittleistungsbestimmung und gerichtlicher Ersatzleistungsbestimmung hingewiesen werden. Solche Unterschiede bestehen indes nicht, weil das Gericht in die Position des Dritten eintritt und auch dessen Ausübungsmaßstab Anwendung findet[131]. Die gerichtliche Ersatzleistungsbestimmung wird im Instanzenzug gerichtlich kontrolliert. Eine Besonderheit besteht deshalb lediglich hinsichtlich des gerichtlichen Kontrollmaßstabs. Grundsätzlich ist auch insoweit von einer Identität auszugehen. Jedoch modifiziert ZPO § 529 Abs 1 den Kontrollmaßstab des Berufungsgerichts gegenüber demjenigen des den Dritten kontrollierenden Tatrichters (§ 315 Rz 228).

75 6. **Wirkung.** Die gerichtliche Ersatzleistungsbestimmung wird mit **Rechtskraft des Gestaltungsurteils** wirksam (§ 315 Rz 165, 205)[132]. Sie wirkt stets auf den (hypothetischen) Zeitpunkt der Ausübung des Drittleistungsbestimmungsrechts durch den Dritten zurück. Darüber hinaus wirkt sie auf den Vertragsschluss bzw den vertraglich vereinbarten Zeitpunkt der Leistungsbestimmung zurück, wenn die Parteien eine solche Rückbewirkung für das Drittleistungsbestimmungsrecht nach § 159 vereinbart haben (vgl § 317 Rz 120; § 315 Rz 205). Erst mit der Rechtskraft wird die durch das Gestaltungsurteil bestimmte Leistung **fällig** (§ 315 Rz 205)[133]. Die an die Fälligkeit anknüpfenden Rechtsfolgen wie Fälligkeits-, Verzugs- und Prozesszinsen treten somit erst mit Rechtskraft des Urteils ein.

76 7. **Maßgeblicher Entscheidungszeitpunkt.** Zum maßgeblichen Entscheidungszeitpunkt vgl § 315 Rz 206.

IV. Prozessuales

77 Die gerichtliche Kontrolle und die Ersatzleistungsbestimmung können die Vertragsparteien einem **Schiedsgericht** nach ZPO §§ 1025 ff überantworten (vgl § 315 Rz 233)[134]. Eine Schiedsgutachtenabrede schließt gleichwohl den ordentlichen Rechtsweg nicht aus[135].

78 Ein Schiedsgutachten bindet das Gericht als materiell-rechtlicher Feststellungsvertrag zwischen den Vertragsparteien (§ 317 Rz 144 ff). Ihm kommt mit Ausnahme des Stillhalteabkommens, das auch auf die Unterlassung von Prozesshandlungen gerichtet ist (§ 317 Rz 138 f, 146), idR keine prozessuale Wirkung zu. Ist ein Schiedsgutachten unwirksam, weil die Schiedsgutachtenabrede der AGB-Kontrolle nicht standhält, kann es im Prozess als Privatgutachten zu behandeln sein.

79 Zu Fragen der Vollstreckung, des einstweiligen Rechtsschutzes sowie Mahnverfahren vgl § 315 Rz 232 f.

---

128 So etwa Neumann-Duesberg JZ 1952, 705, 707 ff; ablehnend Soergel[12]/M Wolf § 319 Rz 17 (Fn 9).
129 So etwa Soergel[12]/M Wolf § 319 Rz 17.
130 Soergel[12]/M Wolf § 319 Rz 17; MünchKomm[8]/Würdinger § 319 Rz 23; unklar BGH BB 1969, 977.
131 So auch Kleinschmidt, Delegation von Privatautonomie auf Dritte, 2014, S 693 ff.
132 BGH WM 1982, 767, 768; BeckOGK[01.09.2021]/Netzer § 319 Rz 53; MünchKomm[8]/Würdinger § 319 Rz 24; siehe auch die Nachw zu § 315 Abs 3 S 2 in § 315 Fn 288, 356.
133 BGH NJW-RR 2014, 492, 493 (Rz 33 ff) (speziell auch zu Schiedsgutachten); BeckOGK[01.09.2021]/Netzer § 319 Rz 53; MünchKomm[8]/Würdinger § 319 Rz 24; siehe auch die Nachw zu § 315 in § 315 Fn 357.
134 Vgl RGZ 153, 193, 196; RGRK[12]/Ballhaus § 319 Rz 16; Grüneberg[81]/Grüneberg § 319 Rz 10; BeckOGK[01.09.2021]/Netzer § 317 Rz 40; Staud[Nb 2020]/Rieble § 319 Rz 46; Jauernig BGB[18]/Stadler § 319 Rz 2; Soergel[12]/M Wolf § 319 Rz 17; MünchKomm[8]/Würdinger § 319 Rz 26.
135 BGHZ 9, 138, 144 f = NJW 1953, 825; NJW 1982, 1878, 1879; Soergel[12]/M Wolf § 319 Rz 17.

1. Klagearten. Die Unverbindlichkeit der Drittleistungsbestimmung ist mit der **Feststellungs-** **80** **klage** geltend zu machen, die gerichtliche Ersatzleistungsbestimmung durch **Gestaltungsklage** zu erreichen (vgl § 315 Rz 213, 215). Zulässig ist auch eine **„verdeckte" Gestaltungsklage**, bei der der Leistungsantrag die vorherige richterliche Gestaltung umfasst (vgl § 315 Rz 216)[136]. In diesen Fällen ist ein unbezifferter Klageantrag zulässig (§ 315 Rz 216). Eine Leistungsklage ist vor Ausübung des Drittleistungsbestimmungsrechts bzw bevor eine gerichtliche Ersatzleistungsbestimmung möglich ist, als zurzeit unbegründet abzuweisen (§ 317 Rz 139). Die Leistung ist noch nicht bestimmt. Auch ein Grundurteil nach ZPO § 304 scheidet deshalb aus[137].

Eine **Vornahmeklage** gegen den Dritten kommt nur dann in Betracht, wenn der Dritte aus- **81** nahmsweise zur Leistungsbestimmung verpflichtet ist. Vorbehaltlich einer vertraglichen Abrede trifft den Dritten keine Leistungsbestimmungspflicht (§ 317 Rz 97 f).

Auskunftsansprüche gegen den Dritten (§ 317 Rz 12) werden nach allgemeinen Regeln mit **82** der Leistungsklage verfolgt. Auf eine Feststellungsklage hin klärt das Gericht die **Voraussetzungen und Vorfragen des Drittleistungsbestimmungsrechts** bzw des Schiedsgutachtens (Rz 49, § 317 Rz 159). Ausnahmsweise kann dem Dritten bzw dem Schiedsgutachter selbst die Entscheidung über die Voraussetzung oder Vorfrage zugewiesen sein (§ 317 Rz 72, 166). Ist dies nicht der Fall, hat das Gericht zu entscheiden und wird auch nicht durch die Drittleistungsbestimmung bzw die Schiedsgutachterklausel daran gehindert[138]. Es steht nämlich gerade in Frage, ob letztere eingreift, was eine Frage der Vertragsauslegung ist, die nach allgemeinen Grundsätzen den Gerichten zugewiesen ist (Rz 49). Auch durch Feststellungsklage können die **Abwägungsgesichtspunkte des Dritten** festgestellt werden, deren Nichtberücksichtigung in jedem Fall zu einer offenbar unbilligen Drittleistungsbestimmung bzw Schiedsgutachten führt (§ 317 Rz 160).

2. Beweisfragen. Zum **Beweismaß** vgl § 315 Rz 225 f. **83**

a) **Gerichtliche Kontrolle.** Das Gesetz geht – basierend auf dem Richtigkeitsvertrauen in den **84** Dritten (dazu § 317 Rz 2) – in § 319 Abs 1 S 1 Hs 1 davon aus, dass die Drittleistungsbestimmung grundsätzlich verbindlich ist. Damit unterscheidet sich die Regelung von § 315 Abs 3 S 1. Danach ist bei einem Parteileistungsbestimmungsrecht im Grundsatz von dessen einseitiger Unverbindlichkeit auszugehen (§ 315 Rz 158). Wer sich also auf die **Unverbindlichkeit der Drittleistungsbestimmung** oder des Schiedsgutachtens beruft, trägt die Darlegungs- und Beweislast für die Umstände, die die offenbare Unbilligkeit bzw die offenbare Unrichtigkeit im Fall eines Schiedsgutachtens begründen[139]. Bei einer Ermessensentscheidung nach § 317 Abs 1 genügt es, wenn ein Ermessensfehler dargelegt und bewiesen wird, der die offenbare Unbilligkeit begründet. Wird die fehlende Nachprüfbarkeit eines Schiedsgutachtens (§ 317 Rz 30) vorgebracht, ist lediglich das Fehlen ausreichender Angaben darzulegen und zu beweisen[140].

Weil die Offenbarkeit für einen Sachkundigen zu beurteilen ist und auch dessen eingehende **85** Prüfung umfassen kann, kann auch eine **Beweiserhebung** des Gerichts erforderlich werden[141]. In Betracht kommt zuvörderst die Hinzuziehung eines Sachverständigen nach ZPO § 144 Abs 1 S 2. Erforderlich ist, dass die beweisbelastete Vertragspartei die Mängel der Drittleistungsbestimmung schlüssig darlegt[142]. Die Beweiserhebung muss sich freilich auf offenbare, nicht jegliche Unbilligkeiten beschränken[143] Zur Zulässigkeit **selbständiger Beweisverfahren** trotz eines mit der Schiedsgutachtenabrede verbundenem pactum de non petendo siehe bereits § 317 Rz 139.

b) **Gerichtliche Ersatzleistungsbestimmung.** Der Kläger muss die Voraussetzungen des **86** § 319 Abs 1 S 2 darlegen und beweisen. Zur offenbaren Unbilligkeit siehe soeben Rz 84 f. Fehlt

---

136 BGH NJW 2000, 2986, 2987; NJW 2013, 1296, 1297 f (Rz 20); Erman[16]/Hager § 319 Rz 12; Kleinschmidt, Delegation von Privatautonomie auf Dritte, 2014, S 698 f; BeckOGK[01.09.2021]/Netzer § 319 Rz 46; Staud[Nb 2020]/Rieble § 319 Rz 41; jurisPK[9]/Völzmann-Stickelbrock § 319 Rz 19; Soergel[12]/M Wolf § 319 Rz 41.
137 BGH NJW-RR 1988, 1405.
138 BGH NJW 1982, 1878, 1879; Soergel[12]/M Wolf § 319 Rz 18.
139 BGH NJW 1984, 43, 45; BAG NZA 1997, 55, 57; Hamm NJOZ 2003, 1828, 1829; Köln BauR 2005, 1199; Frankfurt aM NJW-RR 1989, 435, 436; BeckOK[61. Ed]/Gehrlein § 319 Rz 5; Grüneberg[81]/Grüneberg § 319 Rz 7; Kornblum AcP 168 (1968), 450, 468; BeckOGK[01.09.2021]/Netzer § 319 Rz 49; Staud[Nb 2020]/Rieble § 319 Rz 38; jurisPK[9]/Völzmann-Stickelbrock § 319 Rz 21; Soergel[12]/M Wolf § 319 Rz 13; MünchKomm[8]/Würdinger § 319 Rz 12.
140 Soergel[12]/M Wolf § 319 Rz 13.
141 Siehe die Nachw in Fn 29.
142 BGH NJW 1984, 43, 45; NJW-RR 1993, 1034, 1035; Soergel[12]/M Wolf § 319 Rz 14; MünchKomm[8]/Würdinger § 319 Rz 12.
143 RGZ 96, 57, 62; 147, 58, 63; BGH NJW 1979, 1885; NJW 1983, 2244, 2245 (insoweit nicht in BGHZ 87, 367); NJW 1984, 43, 45; NJW-RR 1993, 1034, 1035; RGRK[12]/Ballhaus § 319 Rz 5; BeckOK[61. Ed]/Gehrlein § 319 Rz 2; Greger/Stubbe, Schiedsgutachten, 2007, Rz 123; Soergel[12]/M Wolf § 319 Rz 14; MünchKomm[8]/Würdinger § 319 Rz 13, 15.

es an einer Drittleistungsbestimmung, muss der Kläger die Unmöglichkeit der Leistungsbestimmung, die Verweigerung oder Verzögerung darlegen und beweisen[144].

87 Das Gericht muss die **Leistungsbestimmung selbst treffen** und darf nicht etwa seinerseits einen Dritten bestellen oder ein Schiedsgutachten einholen[145]. Die Einholung eines Sachverständigengutachtens ist freilich weiterhin zulässig[146]. Eines entsprechenden Beweisantrags der Vertragspartien bedarf es nicht[147].

88 c) **Unwirksamkeit (§ 319 Abs 2)**. Wer sich auf die Unwirksamkeit der Drittleistungsbestimmung beruft, hat deren Grund darzulegen und zu beweisen. Wer sich darauf beruft, der Dritte habe nach freiem Belieben zu entscheiden, trägt dafür die Darlegungs- und Beweislast[148].

89 3. **Berufung und Revision**. Die Feststellung der Unverbindlichkeit der Drittleistungsbestimmung aufgrund offenbarer Unbilligkeit oder sonstigem Abweichen vom Kontrollmaßstab ist **Tatfrage**[149]. Die Auslegung des Begriffs der offenbaren Unbilligkeit ist demgegenüber **revisibel** (§ 315 Rz 227)[150]. Gleiches gilt für die Ermittlung eines abweichenden vertraglichen Kontrollmaßstabs. Dies unterliegt den Regeln der Revisibilität einer Vertragsauslegung[151]. Zur Kontrolldichte bei gerichtlichen Ersatzleistungsbestimmungen siehe § 315 Rz 228.

---

144 Staud[Nb 2020]/Rieble § 319 Rz 39; jurisPK[9]/Völzmann-Stickelbrock § 319 Rz 21.
145 BGH BB 1977, 619, 620; Soergel[12]/M Wolf § 319 Rz 17; MünchKomm[8]/Würdinger § 319 Rz 25.
146 BGH NJW 1998, 1388, 1390; Gehrlein VersR 1994, 1009, 1013; Soergel[12]/M Wolf § 319 Rz 17; siehe auch BGH NJW 2000, 2986, 2987.
147 BGH NJW 2000, 2986, 2987.
148 MünchKomm[8]/Würdinger § 319 Rz 30.
149 Soergel[12]/M Wolf § 319 Rz 9.
150 BGH DB 1970, 827; Staud[Nb 2020]/Rieble § 319 Rz 45; Soergel[12]/M Wolf § 319 Rz 9.
151 Dazu etwa Soergel[13]/Hefermehl § 133 Rz 36.

Stichwortverzeichnis

Die erste, fettgedruckte Zahl nach dem Stichwort bezeichnet den Paragraphen des Gesetzes, die alsdann nach dem Komma folgende Zahl die Bemerkung (Randziffer). Im Übrigen bedeuten: Anh = Anhang, B = Begriff, Einl = Einleitung, Vb/Vor = Vorbemerkung.

Die Umlaute ä, ö und ü werden wie a, o und u angesehen, sie stehen also nicht als ae, oe, ue hinter ad, od und ud.

A

Arbeitsvertrag
- Verbrauchervertrag **312**, 24

Außergeschäftsraumvertrag 312b, 1–32
- beweglicher Gewerberaum **312b**, 13
- Geschäftsraum **312b**, 5–18
- Gewerberaum **312b**, 6–8
- unbeweglicher Gewerberaum **312b**, 9–12
- Vertragsabschrift **312f**, 3–5
- Vertragsbestätigung **312f**, 6

automatisierter Geschäftsraum
- Verbrauchervertrag **312**, 62–66

B

Bargeschäft des täglichen Lebens 312a, 22–24
Bedarfsgegenstände
- Verbrauchervertrag **312**, 54–58

Behandlungsvertrag
- Verbrauchervertrag **312**, 51–53

Belieben, freies 315, 138
Bereichsausnahme 312, 2
Beschwerdemanagement
- Informationspflicht **312a**, 43, **312d**, 18

Bürgschaft
- Verbrauchervertrag **312**, 18–23

D

Daten
- personenbezogene **312**, 28

dauerhafter Datenträger 312d, 72
Dauerschuldverhältnis 312h, 5
Anbieterwechsel 312h, 6
Dienstleistung 312, 9
digitale Inhalte 312, 10
Drittleistungsbestimmungsrecht 316, 24–110
- AGB, **316**, 53–58
- Anfechtung **316**, 86, **317**, 719
- Anfechtungsgründe **317**, 11–14
- Anpassungsrecht **316**, 28
- Ausübung **316**, 76–100
- Bedingung **316**, 87
- Befristung **316**, 87
- Begründung **316**, 46–60
- Dritter **316**, 63–65
- einmaliges **316**, 28
- einseitiges Rechtsgeschäft **316**, 60
- Ergebnis- und Vorgangskontrolle **319**, 18
- Feststellungsklage **319**, 80
- gerichtliche Ersatzleistungsbestimmung **319**, 48–76
- gerichtliche Kontrolle **316**, 125–126, **319**, 4–41
- Gestaltungsklage **319**, 81
- Haftung **316**, 16–23
- Kontrollmaßstab **319**, 8–34
- Leistungsbestimmungspflicht **316**, 99–100
- Maßstab **316**, 101–107
- Mediation **316**, 42
- Pflichten des Dritten **316**, 9–14
- Preisrichter **316**, 145
- Schiedsgutachten **316**, 127–150, **319**, 27
- Schiedsgutachtenvereinbarung **316**, 152
- Schiedsgutachtervertrag **316**, 170–172
- Schiedsspruch **316**, 143
- Schlichtung **316**, 42
- Stellvertretung **316**, 84
- Stillhalteabkommen **316**, 140–141
- Übertragbarkeit **316**, 29–32
- Unterwerfungsvereinbarung **316**, 109
- Unverbindlichkeit **316**, 119
- Unwiderruflichkeit **316**, 85
- Vergleich **316**, 42
- Vergütung **316**, 15
- Verzicht **316**, 33
- Vornahmeklage **319**, 81
- Wahlschuld **316**, 41

E

Ermessen, 315, 143
- billiges **315**, 129–138
- freies **315**, 139–142

F

Fernabsatzsystem 312c, 14–20
Fernabsatzvertrag
- Vertragsbestätigung **312f**, 14–17

Fernkommunikationsmittel 312c, 6–8
- ausschließliche Verwendung **312c**, 9
- bei Vertragsschluss **312c**, 10
- bei Vertragsverhandlungen **312c**, 11–13

Finanzdienstleistung
- Verbrauchervertrag **312**, 96

Finanzdienstleistungsvertrag
- Verbrauchervertrag **312**, 35

Finanzierungshilfe
- Verbrauchervertrag **312**, 97–99

G

Gattungsschuld
- Leistungsbestimmungsrecht **315**, 49

Gegenleistung
- Unbestimmtheit **316**, 11

geistige Leistung 312, 8
Geschäftsraum 312b, 5–18
- beweglicher Gewerberaum **312b**, 13
- Gewerberaum **312b**, 6–8
- unbeweglicher Gewerberaum **312b**, 9–12

Gläubiger
- Leistungsbestimmungsberechtigung **315**, 18–19

gleichzeitige körperliche Anwesenheit 312b, 21–23
Grundstücksvertrag
- Verbrauchervertrag **312**, 41–44

I

individuell zugeschnittene Ware
- Widerrufsrecht **312 g**, 14–22

Informationspflicht 312a, 15–58
- dauerhafter Datenträger **312d**, 72
- ladungsfähige Anschrift **312d**, 90
- mediengerechte **312d**, 77
- Transparenzgebot **312d**, 68, 71

Instandhaltungs- und Reparaturarbeiten
- Widerrufsrecht **312d**, 49–52

Stichwortverzeichnis

K

Kartentelefon
- Verbrauchervertrag **312**, 67–69

Kommunikationsverbindung
- Verbrauchervertrag **312**, 70

Kunden-Hotline 312a, 86–94

L

ladungsfähige Anschrift 312d, 90
Leasing
- Verbrauchervertrag **312**, 99

Leistung
- Begriff **315**, 89–93
- Bestimmtheit **316**, 10
- geistige **312**, 8
- Unternehmer **312**, 6
- vertragscharakteristische **312**, 16

Leistungsbestimmung
- Dritter **316**, 11
- Willkür **315**, 14

Leistungsbestimmungsberechtigung
- Gläubiger **315**, 18–19
- Schuldner **315**, 13–17

Leistungsbestimmungspflicht 315, 118–122

Leistungsbestimmungsrecht
- Abtretung **315**, 33
- AGB **315**, 67–77
- Änderungskündigung **315**, 56
- Anfechtung **315**, 110
- Anwaltsvertrag **315**, 240
- Arbeitsvertrag **315**, 258–272
- Architekten- und Ingenieurvertrag **315**, 243
- Arztvertrag **315**, 244
- Auslobung **315**, 278
- Ausübung **315**, 98–122
- Ausübungsmaßstab **315**, 123–147
- Bankrecht **315**, 284–286
- Bauvertrag **315**, 245
- Bedingung **315**, 111
- Befristung **315**, 112
- Begründung **315**, 60–83
- Betriebsverfassungsrecht **315**, 273–274
- billiges Ermessen **315**, 129–138
- Dienstvertrag **315**, 237–239
- Drittleistungsbestimmungsrecht s dort
- einmalige Ausübung **315**, 27
- einseitiges Rechtsgeschäft **315**, 80
- Energielieferungs- und Netznutzungsvertrag **315**, 246–256
- Erbbaurecht **315**, 293
- Erbrecht **315**, 279
- Feststellungsurteil **315**, 213
- formbedürftige Verträge **315**, 23
- fortlaufende Anpassung **315**, 28
- freies Belieben **315**, 139
- freies Ermessen **315**, 140–142
- Gattungsschuld **315**, 49
- gerichtliche Ersatzleistungsbestimmung **315**, 191–206
- gerichtliche Kontrolle **315**, 177–187
- Gesellschaftsrecht **315**, 282
- gesetzliche Begründung **315**, 82
- Gestaltungsrecht **315**, 25
- Gestaltungsurteil **315**, 215
- Handelsrecht **315**, 280–281
- Kontrollmaßstab **315**, 124
- Leistung **315**, 89–93
- Leistungsklage **315**, 220
- Leistungsmodalitäten **315**, 94
- Mietrecht **315**, 275–276
- Monopolrechtsprechung **315**, 251
- Neuverhandlungspflicht **315**, 52–53
- Pauschalreisevertrag **315**, 277
- Preisänderungsklausel **315**, 76
- Rückbeziehung **315**, 170–171,
- Schuldbeitritt **315**, 38
- Schuldübernahme **315**, 37
- Stellvertretung **315**, 107
- Steuerberater- und Wirtschaftsprüfervertrag **315**, 241–242
- Tarifvertrag **315**, 81
- Tatsachenfeststellung **315**, 95
- Übertragbarkeit **315**, 29–31
- Universalsukzession **315**, 36
- Unterwerfungserklärung **315**, 26
- Unverbindlichkeit **315**, 156–160
- Unwiderruflichkeit **315**, 108
- Urheberrecht **315**, 291–292
- Versicherungsrecht **315**, 287–290
- Vertragsanpassung **315**, 58
- Vertragsübernahme **315**, 39
- Wahlschuld **315**, 50

Leistungsmodalitäten 315, 94
Leistungspflicht
- Rechtsbindungswille **315**, 12

Lieferbeschränkung
- Information **312j**, 8

Lieferung
- regelmäßige und häufige **312**, 61

M

Mängelhaftung
- Informationspflicht **312a**, 44–46, **312d**, 28

Mitgliedschaft 312, 12–15
Münztelefon
- Verbrauchervertrag **312**, 67–69

N

Naturalobligation 315, 17
notariell beurkundeter Vertrag
- Verbrauchervertrag **312**, 33
- Widerrufsrecht **312 g**, 85–86

O

Offenlegungspflicht
- Verbrauchervertrag **312a**, 2–14

öffentlich zugängliche Versteigerung
- Widerrufsrecht **312 g**, 72–75

P

pactum de non petendo 316, 140–141
Parteigegenleistungsbestimmungsrecht 316, 21
Pauschalreisevertrag
- Verbrauchervertrag **312**, 107

Personenbeförderungsvertrag
- Verbrauchervertrag **312**, 115–119

Preisänderungsklausel 315, 76

R

Richtigkeitsgewähr
- Vertrag **315**, 20

Rücksendekosten
- Information **312d**, 43

S

Schaltfläche
- Vertragsbestätigung **312j**, 32–41

Schiedsgutachten 316, 127–150, **319**, 27
- Schiedsgutachtenvereinbarung **316**, 152
- Schiedsgutachtervertrag **316**, 170–172

schnell verderbliche Ware
- Widerrufsrecht **312 g**, 23–30

Schuldbeitritt
- Leistungsbestimmungsrecht **315**, 38

Schuldner
- Leistungsbestimmungsberechtigung **315**, 13–17

Stichwortverzeichnis

Schuldübernahme
- Leistungsbestimmungsrecht **315**, 37

Software-Hardware-Kombination
- Widerrufsrecht **312 g**, 50

soziale Dienstleistung
- Verbrauchervertrag **312**, 78–83

Stillhalteabkommen 316, 140–141

T

Tarifvertrag
- Leistungsbestimmungsrecht **315**, 81

Teilwiderruf 312 g, 6

Telemedien 312i, 8–15

Timesharing-Vertrag
- Verbrauchervertrag **312**, 49–50

Transparenzgebot
- Informationspflicht **312d**, 68–71

U

Überrumpelungsgefahr 312b, 4

Umgehungsgestaltung
- Verbrauchervertrag **312k**, 7–11

Universalsukzession
- Leistungsbestimmungsrecht **315**, 36

Unternehmer
- Geschäftsraum **312b**, 5–18 s a dort
- gleichzeitige körperliche Anwesenheit **312b**, 21–23
- Identität **312a**, 32, **312d**, 13–15
- Informationspflicht **312a**, 15–58
- Offenlegungspflicht **312a**, 2–14

V

Verbraucher
- Bestellung **312**, 111
- gleichzeitige körperliche Anwesenheit **312b**, 21–23
- Überrumpelungsgefahr **312b**, 4
- Widerrufsrecht s dort

Verbraucherbauvertrag, Verbrauchervertrag 312, 45–48

Verbrauchervertrag 312, 5
- Arbeitsvertrag **312**, 24
- automatisierter Geschäftsraum **312**, 62–66
- Bargeschäft des täglichen Lebens **312a**, 22–24
- Bedarfsgegenstände **312**, 54–58
- Behandlungsvertrag **312**, 51–53
- Beschwerdemanagement **312a**, 43, **312d**, 18
- Bürgschaft **312**, 18–23
- Fernabsatzsystem s dort
- Fernkommunikationsmittel s dort
- Finanzdienstleistung **312**, 96
- Finanzdienstleistungsvertrag **312**, 35
- Finanzierungshilfe **312**, 97–99
- Grundstücksvertrag **312**, 41–44
- Informationspflicht **312a**, 15–58, **312d**, 4–10
- Kartentelefon **312**, 67–69
- Kommunikationsverbindung **312**, 70
- Kunden-Hotline **312a**, 86–94
- Leasing **312**, 99
- Mängelhaftung **312a**, 44–46, **312d**, 28
- Münztelefon **312**, 67–69
- notariell beurkundeter Vertrag **312**, 33
- Offenlegungspflicht **312a**, 2–14
- Pauschalreisevertrag **312**, 107
- Personenbeförderungsvertrag **312**, 115–119
- Preisangabe **312a**, 33–38
- Preisnachlass **312a**, 81
- soziale Dienstleistung **312**, 78–83
- Timesharing-Vertrag **312**, 49–50
- Transparenzgebot **312d**, 68–71
- Umgehungsgestaltung **312k**, 7–11
- Unternehmeridentität **312a**, 32, **312d**, 13–15
- Verbraucherbauvertrag **312**, 45–48
- Verkaufsausflug, **312b** 32–37
- Versicherungsvertrag **312**, 106
- Warenautomat **312**, 62–66
- wesentliche Eigenschaften des Vertragsgegenstands **312a**, 28–31, **312d**, 12
- Widerrufsrecht s dort
- Wohnraummiete **312**, 84–90
- Zusatzentgelte **312a**, 65
- Zwangsvollstreckung **312**, 75–77

Verkaufsausflug 312c, 32–37

Versicherungsvertrag
- Verbrauchervertrag **312**, 106

versiegelte Ware
- Widerrufsrecht **312 g**, 31–35

Vertrag im elektronischen Rechtsverkehr 312i, 5
- Bestellzugangsbestätigung **312i**, 44
- Eingabefehler **312i**, 25
- individuelle Kommunikation **312i**, 58–63
- Informationen **312i**, 32
- Lieferbeschränkung **312j**, 8
- Schaltfläche **312j**, 32–4
- Sprachen **312i**, 37
- Telemedien **312i**, 8–15
- Verhaltenskodizes **312i**, 40
- Vertragsbestimmungen **312i**, 52
- Vertragsschluss **312i**, 33
- Vertragstextspeicherung **312i**, 35

Vertrag über digitale Inhalte
- Dokumentation **312f**, 19–25

Vertragsfreiheit
- Schranken **315**, 22

Vertragsprinzip
- formales **315**, 6

Vertragsübernahme
- Leistungsbestimmungsrecht **315**, 39

W

Wahlschuld
- Leistungsbestimmungsrecht **315**, 50

Ware 312, 7

Warenautomat
- Verbrauchervertrag **312**, 62–66

Wertersatzpflicht
- Information **312d**, 45–46

wesentliche Eigenschaften des Vertragsgegenstands 312a, 28–31, **312d**, 12

Wett- und Lotteriedienstleistungen
- Widerrufsrecht **312 g**, 80–84

Widerrufsrecht,
- Belehrung **312a**, 59–63, **312d**, 36–48
- gemischte Verträge **312 g**, 9–13
- individuell zugeschnittene Ware **312 g**, 14–22
- Instandhaltungs- und Reparaturarbeiten **312d**, 49–52
- Musterbelehrung **312d**, 38
- notariell beurkundete Verträge **312 g**, 85–86
- öffentlich zugängliche Versteigerung **312 g**, 72–75
- Rücksendekosten **312d**, 43
- schnell verderbliche Ware **312 g**, 23–30
- Software-Hardware-Kombination **312 g**, 50
- versiegelte Ware **312 g**, 31–35
- Vertragswirksamkeit **312 g**, 4
- Wertersatzpflicht **312d**, 45–46
- Wett- und Lotteriedienstleistungen **312 g**, 80–84
- Zeitschriften **312 g**, 51–56

Wohnraummiete
- Verbrauchervertrag **312**, 84–90

Z

Zeitschriften
- Widerrufsrecht **312 g**, 51–56

Zwangsvollstreckung
- Verbrauchervertrag **312**, 75–77